schaffen¹ (*arbeiten*) werk(*tun*) doen; (*ver~*) verscgen; (*bewältigen*) klaardern) vervoeren, bren**machen** iem veel last
schaffen² scheppen, vostand brengen; *wie ge*(*D*) in de wieg gelegd

Hös·chen *n* (het) brockje; (*Damen~*) DSa.)(het) slipje. ———• Sprechsilben

Piste *f* piste; *Sp* (het) parcours; *Flgw* startbaan. ———• Bezeichnung des Fachgebiets durch Abkürzungen

stapfen (*sn*) stappen.
Star *m* **1.** (*-es*; *-e*) *Zool* spreeuw; *Med* staar; **2.** (*-s*; *-s*) (*Film~*) filmster. ———• Angaben zur Deklination und Konjugation

stark (*-er*; *-st*) sterk (*a. Getränk etc.*); *Adv a.* fors; (*dick*) dik, zwaar; *Regen*, *Schmerzen*: hevig; *Verkehr*: druk. ———• unregelmäßige Steigerungsformen

Wende *f* wending, om(me)keer; (*~punkt*) (het) keerpunt; (*Umschwung a.*) kentering; **~kreis** *m* keerkring; *Auto*: draaicirkel. ———• Die Tilde ersetzt das ganze Stichwort,

Bau|sparkasse *f* bouwspaarkas; **~stelle** *f* (het) bouwterrein; (*Straßen~*) werken *n/pl*; *Achtung ~!* werk in uitvoering!; **~unternehmer** *m* aannemer; **~werk** *n* (het) bouwwerk. ———• einen Teil des Stichworts,

———• ein Stichwort, das selbst schon mit Hilfe der Tilde gebildet worden sein kann.

entsorg|en (-) ontdoen van afval(stoffen) **~ung** *f* opslag van afval(stoffen).

Nachbar *m* (*-s od -n*; *-n*) buur(man); **~in** *f* buurvrouw; **~land** *n* buurland; **~lich** als (*od* tussen) buren; **~schaft** *f* buurt; (*Verhältnis*) nabuurschap. ———• Wechselt die Schreibung von klein zu groß oder umgekehrt, steht die Kreistilde.

LANGENSCHEIDTS
EUROWÖRTERBÜCHER

Langenscheidts Eurowoordenboek Duits

Nederlands-Duits
Duits-Nederlands

door

Lic. Frans Beersmans

Uitgegeven door de
Langenscheidt-redactie

LANGENSCHEIDT
BERLIJN · MUNCHEN · WENEN
ZURICH · NEW YORK

Langenscheidts Eurowörterbuch Niederländisch

Niederländisch-Deutsch
Deutsch-Niederländisch

von

LIC. FRANS BEERSMANS

Herausgegeben von der
Langenscheidt-Redaktion

LANGENSCHEIDT
BERLIN · MÜNCHEN · WIEN
ZÜRICH · NEW YORK

Die Nennung von Waren erfolgt in diesem Werk, wie in Nachschlagewerken üblich, ohne Erwähnung etwa bestehender Patente, Gebrauchsmuster oder Marken. Das Fehlen eines solchen Hinweises begründet also nicht die Annahme, eine nicht gekennzeichnete Ware oder eine Dienstleistung sei frei.

Dit woordenboek kan woorden bevatten die tevens als handels- of merknaam gebruikt worden, zonder vermelding van eventueel bestaande octrooien, gebruiksmodellen of merken. Het ontbreken van een dergelijke vermelding betekent niet dat het betreffende product of de betreffende dienst vrij zou zijn.

Auflage:	11.	10.	9.	8.	7.	Letzte Zahlen
Jahr:	2005	04	03	02	01	maßgeblich

© 1992 Langenscheidt KG, Berlin und München
Druck: Graph. Betriebe Langenscheidt, Berchtesgaden/Obb.
Printed in Germany · ISBN 3-468-12230-6

Inhaltsverzeichnis
Inhoud

Seite

Voorwoord 6
Vorwort 7

Hinweise für die Benutzung des Wörterbuches —
Aanwijzingen voor het gebruik van het woordenboek . 9

Grammatische Angaben im Wörterbuch 12

Grammaticale aanduidingen in het woordenboek 15

Erklärung der Zeichen und Abkürzungen — Verklaring der tekens en afkortingen 18

Erklärung der Aussprache des Niederländischen 20

Algemene regels voor de uitspraak van het Duits 24

Nederlands-Duitse woordenlijst — Wörterverzeichnis
Niederländisch-Deutsch 29

Wörterverzeichnis Deutsch-Niederländisch —
Duits-Nederlandse woordenlijst 297

Liste der starken und unregelmäßigen niederländischen Verben 569

Lijst der sterke en onregelmatige Duitse werkwoorden 571

Zahlwörter — Telwoorden 576

Voorwoord

We staan aan de drempel van het Europa zonder grenzen. Met de voltooiing van de interne markt vanaf 1993 komt Europa een stuk dichter bij de idealen, zoals die na 1945 geformuleerd werden. Dit houdt ook in dat talenkennis nog belangrijker wordt. Dat geldt niet alleen voor de vakantiereiziger, maar speciaal ook voor de zakenman, de technicus, de politicus, de sportman en de kunstenaar.

In de vreemde-talenredacties van Langenscheidt werd een woordenboekopzet ontwikkeld die rekening houdt met de taalbehoeften van Europa. Het resultaat van dit werk is de geheel nieuwe reeks Eurowoordenboeken.

Kenmerkend voor deze Eurowoordenboeken is de opgenomen woordenschat: naast de woorden en uitdrukkingen van de algemene taal lag het zwaartepunt bij de trefwoordkeuze op de gebieden van de economie, de handel, het reizen en de administratie, waarbij echter ook belangrijke gebieden als politiek, techniek en cultuur aan bod komen. Begrippen als *duobaan, ongelood, ontbijttelevisie, opwerkingsfabriek, parkeerklem, spookrijder, telecard* en *VUT* zijn goede voorbeelden van de speciale doelstelling der Eurowoordenboeken, namelijk om zoveel mogelijk mensen een praktische en nuttige hulp bij de communicatie in het nieuwe Europa te bieden.

Vorwort

Wir stehen heute an der Schwelle zu einem Europa ohne Grenzen. Mit der Vollendung des Binnenmarktes von 1993 an ist Europa den Idealen, wie sie nach 1945 formuliert wurden, ein gutes Stück nähergerückt. Das bedeutet auch, daß Sprachkenntnisse an Bedeutung noch gewinnen werden. Dies gilt nicht nur für den Urlaubsreisenden, sondern insbesondere für den Geschäftsmann wie auch für den Techniker, den Politiker, den Sportler, den Künstler.
In den Fremdsprachenredaktionen von Langenscheidt wurden Wörterbuchkonzepte entwickelt, die den neuen sprachlichen Bedürfnissen Europas Rechnung tragen. Das Ergebnis dieser Arbeiten liegt jetzt in der neuentwickelten Reihe der Eurowörterbücher vor.
Wichtigstes Merkmal der Eurowörterbücher ist der dargebotene Wortschatz: Das Schwergewicht bei der Auswahl der über den allgemein-sprachlichen Wortschatz hinausgehenden Wörter und Wendungen lag dabei auf den Sachgebieten Wirtschaft, Handel, Reise und Büro, wobei aber auch so wichtige Gebiete wie Politik, Technik und Kultur gebührende Berücksichtigung fanden. Begriffe wie *Dauerarbeitslosigkeit*, *Euronorm*, *Falschfahrer*, *Frühstücksfernsehen*, *Jungunternehmer*, *Kabelanschluß*, *Ozonloch*, *Parkkralle*, *Quadratmeterpreis*, *Rucksacktourist*, *schadstofffrei*, *Stellenvermittlung*, *Technologietransfer*, *Telefonkarte*, *unverbleit*, *Vorruhestand* und *Wochenarbeitszeit* veranschaulichen beispielhaft die besondere Zielsetzung der Eurowörterbücher, möglichst vielen Menschen eine praktische und nützliche Hilfe bei der sprachlichen Kommunikation im neugestalteten Europa zu bieten.

Hinweise für die Benutzung des Wörterbuches

Aanwijzingen voor het gebruik van het woordenboek

1. **Die alphabetische Reihenfolge** ist überall beachtet worden. Hierbei werden die Umlaute (ä, ö, ü) den Buchstaben a, o, u gleichgestellt. Bei den niederländischen Stichwörtern gilt die sogenannte „bevorzugte Schreibweise", alternative Nebenformen werden nicht angegeben.

   An ihrem alphabetischen Platz sind gegeben:

   a) die verschiedenen Formen der Pronomen;

   b) die wichtigsten Abkürzungen und geographischen Eigennamen.

2. **Die Aussprachebezeichnung** der niederländischen Stichwörter in der Lautschrift der Association Phonétique Internationale ist in eckigen Klammern ([ ]) beigefügt. Aus Platzgründen ist meist nur derjenige Teil des betreffenden Wortes phonetisch wiedergegeben, der dem Fremdsprachigen Schwierigkeiten bereiten könnte.

   Auf Seite 20 und 24 finden sich die allgemeinen Regeln zur Aussprache des Niederländischen bzw. des Deutschen.

3. **Die Bedeutungsunterschiede** der verschiedenen Übersetzungen eines Stichwortes sind durch abgekürzte Bedeutungshinweise (siehe das Abkürzungsverzeichnis Seite 18), durch Zusätze wie *Auto, Karte* usw. oder durch verwandte Ausdrücke (Synonyme) gekennzeichnet. Zwischen verschiedenartigen Begriffen steht ein Semikolon, zwischen verwandten ein Komma.

1. **De alfabetische volgorde** is overal strikt in acht genomen. Hierbij worden de umlautvocalen (ä, ö, ü) als enkelvoudige letters a, o, u beschouwd. Bij de Nederlandse trefwoorden geldt de zogeheten "voorkeurspelling", alternatieve vormen werden niet opgenomen.

   Op hun alfabetische plaats staan:

   a) de verschillende vormen der voornaamwoorden;

   b) de belangrijkste afkortingen en geografische eigennamen.

2. **De aanduiding van de uitspraak** van de Nederlandse trefwoorden in het klankschrift der Association Phonétique Internationale is tussen vierkante haakjes ([ ]) toegevoegd. Om ruimte uit te sparen is meestal slechts dat deel van het betreffende woord fonetisch weergegeven dat voor de anderstalige moeilijk zou kunnen zijn.

   Op pagina 20 en 24 staan de algemene regels voor de uitspraak van het Nederlands resp. het Duits.

3. **De betekenisverschillen** van de verschillende vertalingen van een trefwoord zijn door afgekorte betekenisverklaringen (zie de lijst op pagina 18), door toevoegingen als *auto, kaart* etc. of door verwante uitdrukkingen (synoniemen) duidelijk gemaakt. Tussen van elkaar verschillende begrippen staat een puntkomma, tussen verwante begrippen een komma.

4. **In runden Klammern** ( ) stehende Bestandteile eines Stichwortes oder einer Übersetzung bedeuten, daß das betreffende Wort mit diesen Bestandteilen oder ohne sie gebraucht werden kann.

-(r) steht als Endung bei den substantivierten Adjektiven, und im deutsch-niederländischen Teil auch bei den Zahlwörtern.

Die in runden Klammern stehenden Hinweise hinter den Stichwörtern beziehen sich auf die Formen der Deklination, Steigerung und Konjugation sowie auf die Rektion der betreffenden Stichwortes. Letztere steht auch bei den deutschen Übersetzungen, z. B. **bij** bei (*D*).

5. **Der Punkt** (·) in Wörtern wie **Häus·chen** deutet die Trennung der Sprechsilben an. (Vgl. auch Algemene regels voor de uitspraak van het Duits, Seite 24, E1.)

6. **Hochgestellte Ziffern** (¹, ²) hinter einem Stichwort unterscheiden Wörter von gleicher Schreibung.

7. **Die Tilde (das Wiederholungszeichen)** (~) dient dazu, zusammengehörige und verwandte Wörter zu Gruppen zu vereinigen. Sie vertritt das ganze voraufgegangene Wort oder den Wortteil vor dem senkrechten Strich (|).

Beispiel:
Abend *m* avond; **~land** *n* (= Abendland) (het) avondland.

In den Anwendungsbeispielen vertritt sie das unmittelbar voraufgegangene Stichwort, das auch mit Hilfe der Tilde gebildet sein kann.

Beispiel:
verheirat|en: *sich* ~ (= verheiraten) huwen, trouwen; **~et** (= verheiratet) getrouwd, gehuwd.

Die Tilde mit Kreis (⊘) weist darauf hin, daß sich die Schreibung des Anfangsbuchstabens des voraufgegangenen Wortes ändert (groß in klein oder umgekehrt).

4. **Tussen ronde haakjes** ( ) staande delen van een trefwoord of van een vertaling betekenen dat het betreffende woord zowel met als zonder deze delen gebruikt kan worden.

-(r) staat als uitgang bij de gesubstantiveerde adjectieven, en in het Duits-Nederlandse deel ook bij de telwoorden.

De tussen ronde haakjes staande aanwijzingen achter de trefwoorden geven de vormen van de verbuiging, van de trappen van vergelijking en van de vervoeging alsmede de rectie van het betreffende trefwoord. Deze laatste staat ook bij de Duitse vertalingen, b.v. **bij** bei (*D*).

5. **De punt** (·) in woorden als **Häus·chen** geeft de scheiding van de spreeksyllabes aan. (Vgl. ook de Algemene regels voor de uitspraak van het Duits, pagina 24, E1.)

6. **Hoog geplaatste cijfers** (¹, ²) achter een trefwoord onderscheiden woorden met gelijke schrijfwijze.

7. **De tilde (het herhalingsteken)** (~) verenigt bij elkaar horende en verwante woorden in groepen. De tilde vervangt het hele voorafgaande woord of het woorddeel vóór de verticale streep (|).

Voorbeeld:
Abend *m* avond; **~land** *n* (= Abendland) (het) avondland.

In de toepassingsmogelijkheden vervangt ze het onmiddellijk voorafgaande trefwoord, dat ook met behulp van de tilde kan gevormd zijn.

Voorbeeld:
verheirat|en: *sich* ~ (= verheiraten) huwen, trouwen; **~et** (= verheiratet) getrouwd, gehuwd.

De tilde met kring (⊘) wijst erop dat de schrijfwijze van de beginletter van het voorafgaande woord hier anders wordt (hoofdletter wordt kleine letter of omgekeerd).

Beispiele:
Empfäng|er *m*, **♀lich** (= empfänglich);
midden, ♀-Oosten *n* (= Midden-Oosten).

8. **Feste Wortgruppen, idiomatische Ausdrücke und Wendungen** werden grundsätzlich nur einmal aufgenommen. Aus Platzgründen wurden Verweise weitgehendst vermieden.

Folgende Regeln sollen jedoch das Auffinden der betreffenden festen Einheiten erleichtern:

a) Wenn es ein Substantiv in der Gruppe gibt, ist sie grundsätzlich unter dem betreffenden Substantiv, bei mehreren Substantiven unter dem ersten, zu finden.

Beispiele:
witte pomp nur unter **pomp** (bei **wit** kein Verweis); *j-m das Fell über die Ohren ziehen* nur unter **Fell** (sonst keine Verweise).

b) Sonst ist die Gruppe entweder unter dem Verb der Gruppe oder unter seinem ersten Element zu finden.

Beispiel:
sich dumm stellen nur unter **dumm** (bei **stellen** kein Verweis).

c) Ausnahmen hierzu wurden nach sorgfältiger Abwägung gemacht, wenn z.B. ein anderes Element prägnanter ist oder (fast) nur in der betreffenden Wendung vorkommt.

Beispiel:
abgekartetes Spiel nur unter **abgekartet** (kein Verweis unter **Spiel**).

Voorbeelden:
Empfäng|er *m*, **♀lich** (= empfänglich);
midden, ♀-Oosten *n* (= Midden-Oosten).

8. **Vaste woordgroepen, idiomatische uitdrukkingen en wendingen** worden in principe slechts eenmaal opgenomen. Om ruimte uit te sparen werden verwijzingen meestal weggelaten.

Volgende regels vergemakkelijken echter het naslaan van de betreffende vaste eenheden:

a) Als er een zelfstandig naamwoord in de groep voorkomt, is de groep in principe onder het betreffende zelfstandig naamwoord, bij meerdere zelfstandige naamwoorden onder het eerste, te vinden.

Voorbeelden:
witte pomp alleen onder **pomp** (bij **wit** geen verwijzing); *j-m das Fell über die Ohren ziehen* alleen onder **Fell** (geen verwijzingen elders).

b) In de andere gevallen vindt men de groep onder het werkwoord van de groep of onder zijn eerste element.

Voorbeeld:
sich dumm stellen alleen onder **dumm** (bij **stellen** geen verwijzing).

c) Uitzonderingen hierop worden na zorgvuldige overweging gemaakt, indien b.v. een ander element pregnanter is of (bijna) alleen in de betreffende wending voorkomt.

Voorbeeld:
abgekartetes Spiel alleen onder **abgekartet** (geen verwijzing bij **Spiel**).

Grammatische Angaben im Wörterbuch

1. **Das grammatische Geschlecht** der Substantive (m, f, n) ist bei jedem deutschen Substantiv angegeben.

   Bei den niederländischen Substantiven wird durchgängig nur das Neutrum gekennzeichnet, und zwar durch (het) im deutsch-niederländischen Teil und durch n im niederländisch-deutschen; die anderen, die sogenannten *de-woorden*, gelten heute durchweg als männlich. Nur weibliche Lebewesen und die Wörter auf *-heid*, *-nis*, *-de*, *-te*, *-ij*, *-ie*, *-iek*, *-theek*, *-teit*, *-tuur*, *-sis*, *-ade*, *-ide* oder *-ode* sowie die auf *-ing* oder *-st* nach einem Verbalstamm gelten noch als weiblich. Sie können durch **ze** (= Personalpronomen) bzw. **haar** (= Possessivpronomen) ersetzt werden. Zur Unterscheidung zwischen den männlichen und weiblichen Formen werden bei Lebewesen m bzw. f hinzugefügt.

2. **Weitere grammatische Angaben** finden sich nur, insoweit die Beugung des betreffenden Stichwortes von den Hauptregeln abweicht, und stehen in runden Klammern hinter dem Stichwort:

   a) bei den Substantiven:

   Für die deutschen Substantive gelten folgende Hauptregeln:

   Die männlichen und sächlichen bekommen im Genitiv **-s** und im Plural keine Endung.

   > Beispiele:
   > der Lehrer – des Lehrer**s** – die Lehrer;
   > das Fenster – des Fenster**s** – die Fenster.

   Die weiblichen Substantive bekommen im Genitiv keine Endung und im Plural **-en** oder nach *-e* **-n** oder bei der weiblichen Endung *-in* **-nen**.

   > Beispiele:
   > die Frau – die Frau**en**;
   > die Maschine – die Maschine**n**;
   > die Lehrerin – die Lehrerin**nen**.

   Bei Abweichungen werden sowohl der Genitiv als der Plural angegeben, wobei der Genitiv vor dem Semikolon steht, der Plural danach. Es gibt folgende Zeichen:

   Vor dem Semikolon:
   -     keine Genitivendung
   -s   Genitivendung auf *-s*
   -es   Genitivendung auf *-es*
   -ens   Genitivendung auf *-ens*
   -ns   Genitivendung auf *-ns*
   -̸es   Genitivendung fakultativ auf *-s* oder *-es*
   -ses   Genitivendung auf *-ses*
   -sses bei diesen Wörtern auf *-ß* wird das *-ß* im Genitiv zu *-ss-*

   Hinter dem Semikolon:
   -     keine Pluralendung
    ¨   gibt an, daß das Wort im Plural Umlaut bekommt (und keine Endung)

-e Pluralendung auf *-e*
⸚e gibt an, daß das Wort im Plural Umlaut bekommt und zusätzlich die Endung *-e*
-en Pluralendung *-en*
-er Pluralendung *-er*
⸚er gibt an, daß das Wort im Plural Umlaut bekommt und zusätzlich die Endung *-er*
-n Pluralendung *-n*
-s Pluralendung *-s*
-se Pluralendung *-se*
-sse bei diesen Wörtern auf *-ß* wird das *-ß* im Plural zu *-ss-*
0 ohne Pluralform

Ohne Semikolon:
-en oder *-n* kennzeichnen die schwachen männlichen Substantive, die sowohl im Singular, mit Ausnahme des Nominativs, als auch im Plural die Endung *-en* bzw. *-n* bekommen

Unregelmäßige Plurale werden in ihrer vollen Form angegeben.

> Beispiele:
> **Magazin** *n* (*-s; -e*): das Magazin, des Magazin**s**, die Magazin**e**
> **Gast** *m* (*-es; ⸚e*): der Gast, des Gast**es** *oder* des Gast**s**, die G**ä**st**e**
> **Herz** *n* (*-ens; -en*): das Herz, des Herz**ens**, die Herz**en**
> **Leber** *f* (*-; -n*): die Leber, der Leber, der Leber**n**
> **Land** *n* (*-es; ⸚er*) das Land, des Land**es** *oder* des Land**s**, die L**ä**nd**er**
> **Gebiß** *n* (*-sses; -sse*): das Gebiß, des Gebi**sses**, die Gebi**sse**
> **Student** *m* (*-en*): der Student, des (dem, den) Student**en**, die (der, den, die) Student**en**
> **Museum** *n* (*-s; Museen*): das Museum, des Museum**s**, die **Museen**

Bei den niederländischen Substantiven geht es nur um die Pluralbildung, wobei die Hauptregel ist: Anhängung von **-en**, oder bei Wörtern auf *-e* von **-n**.

> Beispiele:
> het boek - de boek**en**;
> zonde - zonde**n**.

Abweichungen von dieser Hauptregel stehen in runden Klammern hinter dem Stichwort.

Es gibt folgende Zeichen:
-en Pluralendung *-en*
-n Pluralendung *-n*
-eren Pluralendung *-eren*
-s Pluralendung *-s*
-'s Pluralendung *-'s* (mit Apostroph!)

Bei unregelmäßigen Pluralformen, einschließlich eines sich ändernden Stammvokals oder eines sich verdoppelnden oder sich ändernden auslautenden Konsonanten, wird entweder der Plural in seiner vollen Form oder die Endsilbe gegeben.

> Beispiele:
> **bed** *n* (*-den*) het bed, de bed**den**
> **ei** *n* (*-eren*) het ei, de ei**eren**
> **aal** (*alen*) de aal, de **alen**
> **boef** *m* (*boeven*) de boef, de boe**ven**

>   **schip** *n* (*schepen*) het schip, de **schepen**
>   **foto** (*-'s*) de foto, de foto**'s**
>   **museum** *n* (*-s of -sea*) het museum, de museum**s** *of* de muse**a**

b) **bei den deutschen Adjektiven** werden in runden Klammern hinter dem betreffenden Stichwort die unregelmäßigen Steigerungsformen angegeben. Es gibt folgende Zeichen:

⸚*er*; ⸚*est* und ⸚*er*; ⸚*st* } Komparativ- und Superlativbildung mit Umlaut und der Endung -*er* im Komparativ bzw. -*est* oder -*st* im Superlativ

>   Beispiele:
>   **alt** (⸚*er*; ⸚*est*) alt, **älter, ältest**
>   **arm** (⸚*er*; ⸚*st*) arm, **ärmer, ärmst**
>   **gut** (*besser, best-*) gut, **besser, best**

c) **bei den Verben**:
(-) gibt an, daß das Partizip Perfekt ohne *ge-* gebildet wird

>   Beispiele:
>   **studieren** (-): (ich habe) **studiert**
>   **ontdekken** (-): (ik heb) **ontdekt**

* verweist auf die „Liste der starken und unregelmäßigen Verben", Seite 569, und auf die "Lijst de sterke en onregelmatige werkwoorden", Seite 571.

Bei den deutschen Verben finden sich in runden Klammern hinter dem Stichwort:

(*sn*) gibt an, daß die zusammengesetzten Zeiten mit dem Hilfsverb *sein* gebildet werden

>   Beispiel:
>   **gehen** (*sn*): ich **bin** gegangen

(-*βt*) und (-*t*) geben an, daß die 2. Person Präsens Singular ohne -*s*- gebildet wird

>   Beispiele:
>   **fassen** (-*βt*): du fa**ßt**
>   **reisen** (-*t*): du reis**t**

Bei den niederländischen Verben findet sich in runden Klammern hinter dem Stichwort:

(*zn*) gibt an, daß die zusammengesetzten Zeiten mit dem Hilfsverb *zijn* gebildet werden

>   Beispiel:
>   **lukken** (*zn*): het **is** gelukt

3. **Die Rektion der deutschen Verben** wird nur dort angegeben,

a) wo das Verb ein Genitivobjekt oder ein alleinstehendes Dativobjekt hat;

b) wo das Verb zwei Akkusativobjekte hat;

c) wenn dies als Übersetzungshinweis dienlich ist.

>   Beispiele:
>   **abrücken** ... (*von* *D*) zich distantiëren (van) ...
>   **bezichtigen** ... (*j-n G*) betichten (van) ...
>   **slaan** ...; ~ **op** *fig* sich beziehen auf (*A*); gelten (*D*) ...
>   **tegengaan** begegnen (*D*), sich widersetzen (*D*), steuern (*D*) ...

Grammaticale aanduidingen in het woordenboek

1. **Het grammaticale geslacht** van de substantieven (*m, f, n*) is bij elk Duits substantief aangegeven.

   Bij de Nederlandse substantieven wordt in principe alleen het onzijdige geslacht aangegeven, en wel door middel van (het) in het Duits-Nederlandse deel en door *n* in het Nederlands-Duitse; de andere, de zogenaamde *de-woorden*, gelden heden ten dage in de regel als mannelijk. Alleen vrouwelijke levende wezens en de woorden op *-heid, -nis, -de, -te, -ij, -ie, -iek, -theek, -teit, -tuur, -sis, -ade, -ide* of *-ode* evenals die op *-ing* of *-st* na een werkwoordstam gelden nog als vrouwelijk. Deze kunnen vervangen worden door **ze** (= persoonlijk voornaamwoord) resp. **haar** (= bezittelijk voornaamwoord). Ter onderscheiding van de mannelijke en vrouwelijke vormen worden bij levende wezens *m* resp. *f* toegevoegd.

2. **Verdere grammaticale aanduidingen** worden alleen gegeven voor zover de verbuiging van het betreffende trefwoord van de hoofdregels afwijkt, en staan tussen ronde haakjes achter het trefwoord:

   a) bij de substantieven:
   Voor de Duitse substantieven gelden volgende hoofdregels:

   De mannelijke en onzijdige krijgen in de genitief **-s** en in het meervoud geen uitgang.

   > Voorbeelden:
   > der Lehrer – des Lehrer**s** – die Lehrer;
   > das Fenster – des Fenster**s** – die Fenster.

   De vrouwelijke substantieven krijgen in de genitief geen uitgang en in het meervoud **-en** of na *-e* **-n** of bij de vrouwelijke uitgang *-in* **-nen.**

   > Voorbeelden:
   > die Frau – die Frau**en**;
   > die Maschine – die Maschine**n**;
   > die Lehrerin – die Lehrerin**nen**.

   Bij afwijkingen worden zowel de genitief als het meervoud aangegeven, waarbij de genitief vóór de puntkomma staat, het meervoud erna. Er staan volgende tekens:

   Vóór de puntkomma:
   -    geen genitiefuitgang
   -s   genitiefuitgang op *-s*
   -es   genitiefuitgang op *-es*
   -ens   genitiefuitgang op *-ens*
   -ns   genitiefuitgang op *-ns*
   -⌐s   genitiefuitgang facultatief op *-s* of *-es*
   -ses   genitiefuitgang op *-ses*
   -sses bij deze woorden op *-ß* wordt de *-ß* in de genitief *-ss-*

   Na de puntkomma:
   -    geen meervoudsuitgang
   "   geeft aan dat het woord in het meervoud umlaut krijgt (en geen uitgang)

-e meervoudsuitgang op -e
⁓e geeft aan dat het woord in het meervoud umlaut krijgt en bovendien de uitgang -e
-en meervoudsuitgang -en
-er meervoudsuitgang -er
⁓er geeft aan dat het woord in het meervoud umlaut krijgt en bovendien de uitgang -er
-n meervoudsuitgang -n
-s meervoudsuitgang -s
-se meervoudsuitgang -se
-sse bij deze woorden op -ß wordt de -ß in het meervoud -ss-
0 zonder meervoudsvorm

Zonder puntkomma:
-en of -n geven de zwakke mannelijke substantieven aan, die zowel in het enkelvoud, met uitzondering van de nominatief, als ook in het meervoud de uitgang -en resp. -n krijgen

Onregelmatige meervoudsvormen worden in hun volledige vorm aangegeven.

Voorbeelden:
Magazin n (-s; -e): das Magazin, des Magazin**s**, die Magazin**e**
Gast m (-es; ⁓e): der Gast, des Gast**es** of des Gast**s**, die G**ä**st**e**
Herz n (-ens; -en): das Herz, des Herz**ens**, die Herz**en**
Leber f (-; -n): die Leber, der Leber, der Leber**n**
Land n (-es; ⁓er) das Land, des Land**es** of des Land**s**, die L**ä**nd**er**
Gebiß n (-sses; -sse): das Gebiß, des Gebi**sses**, die Gebi**sse**
Student m (-en): der Student, des (dem, den) Student**en**, die (der, den, die) Student**en**
Museum n (-s; Museen): das Museum, des Museum**s**, die **Museen**

Bij de Nederlandse substantieven gaat het alleen om de meervoudsvorming, waarbij de hoofdregel is: toevoeging van **-en**, of bij woorden op **-e** van **-n**.

Voorbeelden:
het boek - de boek**en**;
zonde - zonde**n**.

Afwijkingen van deze hoofdregel staan tussen ronde haakjes achter het trefwoord.

Er staan volgende tekens:
-en meervoudsuitgang -en
-n meervoudsuitgang -n
-eren meervoudsuitgang -eren
-s meervoudsuitgang -s
-'s meervoudsuitgang -'s (met apostrof!)

Bij onregelmatige meervoudsvormen, ook in het geval van een veranderende stamvocaal of van een zich verdubbelende of veranderende eindconsonant, wordt ofwel het meervoud in zijn volledige vorm of de eindlettergreep gegeven.

Voorbeelden:
bed n (-den) het bed, de bed**den**
ei n (-eren) het ei, de ei**eren**
aal (alen) de aal, de **alen**
boef m (boeven) de boef, de boe**ven**
schip n (schepen) het schip, de **schepen**
foto (-'s) de foto, de foto**'s**
museum n (-s of -sea) het museum, de museum**s** of de muse**a**

b) **bij de Duitse adjectieven** worden tussen ronde haakjes achter het betreffende trefwoord de onregelmatige trappen van vergelijking aangegeven. Volgende tekens komen voor:

⁓er; ⁓est en ⁓er; ⁓st } comparatief- en superlatiefvorming met umlaut en met de uitgang -er in de comparatief resp. -est of -st in de superlatief

> Voorbeelden:
> **alt** (⁓er; ⁓est) alt, **älter, ältest**
> **arm** (⁓er; ⁓st) arm, **ärmer, ärmst**
> **gut** (besser, best-) gut, **besser, best**

c) **bij de werkwoorden:**
(-) geeft aan dat het voltooid verleden deelwoord zonder ge- gevormd wordt

> Voorbeelden:
> **studieren** (-): (ich habe) **studiert**
> **ontdekken** (-): (ik heb) **ontdekt**

* verwijst naar de "Liste der starken und unregelmäßigen Verben", pagina 569, en naar de "Lijst der sterke en onregelmatige werkwoorden", pagina 571.

Bij de Duitse werkwoorden staan tussen ronde haakjes achter het trefwoord:
(sn) geeft aan dat de samengestelde tijden met het hulpwerkwoord *sein* gevormd worden

> Voorbeeld:
> **gehen** (sn): ich **bin** gegangen

(-βt) en (-t) geven aan dat de 2e persoon presens enkelvoud zonder -s- gevormd wordt

> Voorbeelden:
> **fassen** (-βt): du **faßt**
> **reisen** (-t): du **reist**

Bij de Nederlandse werkwoorden komt tussen ronde haakjes achter het trefwoord voor:
(zn) geeft aan dat de samengestelde tijden met het hulpwerkwoord *zijn* gevormd worden

> Voorbeeld:
> **lukken** (zn): het **is** gelukt

3. De rectie van de Duitse werkwoorden wordt alleen aangegeven

a) wanneer het werkwoord een genitiefobject of een alleenstaand datiefobject heeft;

b) wanneer het werkwoord twee accusatiefobjecten heeft;

c) waar ze als vertaalhulp van nut is.

> Voorbeelden:
> **abrücken** ... (**von** *D*) zich distantiëren (van) ...
> **bezichtigen** ... (*j-n G*) betichten (van) ...
> **slaan** ...; ~ **op** *fig* sich beziehen auf (*A*); gelten (*D*) ...
> **tegengaan** begegnen (*D*), sich widersetzen (*D*), steuern (*D*) ...

Erklärung der Zeichen und Abkürzungen
Verklaring der tekens en afkortingen

a.	auch, *ook*	*d.h.*	das heißt, *dat wil zeggen*
A	accusatief, 4e naamval, *Akkusativ*	*dt.*	deutsche(r), *Duits(e)*
Abk	Abkürzung, *afkorting*	*d.w.z.*	dat wil zeggen, *das heißt*
adj, Adj	adjectief, bijvoeglijk naamwoord, *Adjektiv*	*EDV*	elektronische Datenverarbeitung, Informatik, *informatica*
adv, Adv	adverbium, bijwoord, *Adverb*	*e-e*	eine, *een*
afk	afkorting, *Abkürzung*	*el., El*	elektriciteit, elektrotechniek, *Elektrizität, Elektrotechnik*
agr	agrarisch, landbouw, *agrarisch, Landwirtschaft*		
alg, allg	algemeen, *allgemein*	*e-m*	einem, *(aan) een*
anat, Anat	anatomie, *Anatomie*	*e-n*	einen, *een*
arch, Arch	architectuur, bouwkunst, *Architektur, Baukunst*	*e-r*	einer, *(aan, van) een*
		e-s	eines, *van een*
Art.	Artikel, *lidwoord*	*Esb*	Eisenbahn, *spoorweg(en)*
astr, Astr	astronomie, *Astronomie*	*etc.*	et cetera, enzovoort(s), *et cetera, und so weiter*
auto:, Auto:	auto(verkeer, -techniek), *Auto(verkehr), Kraftfahrzeug(technik)*	*etw*	etwas, *iets*
		f	feminien, vrouwelijk, *feminin, weiblich*
Bgb	Bergbau, *mijnbouw*	*F*	familiair, gemeenzaam, omgangstaal, *familiär, umgangssprachlich*
biol, Biol	biologie, *Biologie*		
bot, Bot	botanie, plantkunde, *Botanik, Pflanzenkunde*	*fig*	figuurlijk, *figürlich*
bsd	besonders, *vooral*	*foto:, Foto:*	fotografie, *Fotografie*
b.v.	bijvoorbeeld, *zum Beispiel*	*fys*	fysica, natuurkunde, *Physik*
bzw.	beziehungsweise, *respectievelijk*	*G*	genitief, 2e naamval, *Genitiv*
chem, Chem	chemie, scheikunde, *Chemie*	*geogr, Geogr*	geografie, aardrijkskunde, *Geographie*
co	conjunctie, voegwoord, *Konjunktion*	*Geol*	Geologie, *geologie*
com	communicatie(media), radio en televisie, *Kommunikation(smedien), Rundfunk und Fernsehen*	*gr, Gr*	grammatica, *Grammatik*
		hdl, Hdl	handel, *Handel*
		hist	historisch, *historisch*
		iem	iemand, *jemand(en, -em)*
comp	computer(techniek), informatica, *elektronische Datenverarbeitung, Informatik*	*imp, Imp*	imperatief, gebiedende wijs, *Imperativ*
		impf, Impf	imperfectum, onvoltooid verleden tijd, *Imperfekt*
compar	comparatief, *Komparativ*	*inf, Inf*	infinitief, *Infinitiv*
cul	culinair, kookkunst, *kulinarisch, Kochkunst*	*Int*	Interjektion, interjectie, *tusenwerpsel*
D	datief, 3e naamval, *Dativ*	*iron*	ironisch, *ironisch*

j-m	jemandem, (aan) iemand		genwoordige tijd, Präsens
j-n	jemanden, iemand	pron, Pron	pronomen, voornaamwoord, Pronomen
jur	juridisch, juristisch		
Ko	Konjunktion, conjunctie, voegwoord	psych, Psych	psychologie, Psychologie
		rel, Rel	religie, godsdienst, Religion
Komp	Komparativ, comparatief		
Konj	Konjunktiv, conjunctief	resp.	respectievelijk, beziehungsweise
kul	kulinarisch, Kochkunst, culinair, kookkunst	Rf	Rundfunk und Fernsehen, radio en televisie
lidw	lidwoord, Artikel		
m	mannelijk, maskulin, männlich	s.	siehe, zie
		S.	Sache, zaak
Mal.	Malerei, schilderkunst	samenst.	samenstellingen, Zusammensetzungen
mar	maritiem, scheepvaart, maritim, Schiffahrt	schild.	schilderkunst, Malerei
Math	Mathematik, wiskunde	sg	singularis, enkelvoud, Singular, Einzahl
med, Med	medisch, geneeskunde, Medizin		
		s-m	seinem, (aan) zijn
met., Met	meteorologie, Meteorologie	s-n	seinen, zijn
		sp, Sp	sport, Sport
mijnb	mijnbouw, Bergbau	spoorw	spoorweg(en), Eisenbahn
mil	militair, militärisch	s-r	seiner, (van, aan) zijn
mst	meestal, meist(ens)	s-s	seines, van zijn
mus, Mus	muziek, Musik	subst, Su	substantief, substantivisch, Substantiv, substantivisch
n	neutrum, onzijdig, Neutrum, sächlich		
ndl	niederländisch(er), Nederlands(e)	tech, Tech	techniek, Technik
		tel, Tel	telefoon, Telefon
od	oder, of	thea, Thea	theater, Theater
P	populair, volkstaal, populär, salopp	typ., Typ	typografie, druktechniek, Typographie, Drucktechnik
part.pt., Part.pt.	participium perfectum, voltooid verleden deelwoord, Partizip Perfekt		
		u	und, en
		V	vulgair, vulgär
		vgl.	vergelijk, vergleiche
pej	pejoratief, ongunstig, pejorativ, ungünstig	v/i	intransitief/onovergankelijk werkwoord, intransitives Verb
pers., Pers	persoon, Person		
Phys	Physik, fysica, natuurkunde	vlgw	vliegwezen, Flugwesen
		v/t	transitief/overgankelijk werkwoord, transitives Verb
pl	pluralis, meervoud, Plural, Mehrzahl		
pol, Pol	politiek, Politik	wisk	wiskunde, Mathematik
Präp	Präposition, prepositie, voorzetsel	z.B.	zum Beispiel, bijvoorbeeld
Präs	Präsens, presens, onvoltooid tegenwoordige tijd	zeitl	zeitlich, tijdsbepalend
		zoöl, Zool	zoölogie, dierkunde, Zoologie
prep	prepositie, voorzetsel, Präposition		
		Zssgn	Zusammensetzungen, samenstellingen
pres	presens, onvoltooid te-		

Erklärung der Aussprache des Niederländischen

Die niederländische Artikulation ist schlaffer als die deutsche, nicht so schlaff aber wie die englische. So sind im Niederländischen die stimmlosen Explosivlaute **p, t** und **k** unbehaucht. Aus demselben Grund unterbleibt im allgemeinen bei einer mit einem Vokal anfangenden Silbe der typisch deutsche Knacklaut. Diese Silbe wird statt dessen, ähnlich wie im Französischen, oft mit der vorhergehenden verbunden.

Die Betonung der niederländischen Wörter ist weitgehend der deutschen ähnlich: die erste Hauptsilbe trägt in der Regel den Hauptton.

1. Allgemeine Zeichen

[ ] die Lautschrift erscheint immer in eckigen Klammern.
'   die Hauptbetonung bei zwei- oder mehrsilbigen Wörtern hat die auf dieses Zeichen folgende Silbe.
:   hinter einem Vokal in Lautschrift gibt an, daß dieser lang ist.
·   hinter einem Vokal in Lautschrift gibt an, daß dieser halblang ist.

2. Vokale

a) Die haupttonigen niederländischen Vokale

Laut-zeichen	Lautcharakteristik	Beispiele
[aː]	helles **a** wie in W**a**sser, aber lang	straat [straːt] *Straße* straten ['straːtə(n)] *Straßen*
[ɑ]	dunkles **a** wie in Str**a**ße, aber kurz	kan [kɑn] *Kanne*
[eː]	wie **e** in l**e**ben	beek [beːk] *Bach* beken ['beːkə(n)] *Bäche*
[ɛ]	wie **e** in B**e**tt, aber etwas offener	bed [bɛt] *Bett*
[iː]	wie **ie** in B**ie**r (im Ndl. nur vor [r] und in Fremdwörtern lang!)	mier [miːr] *Ameise*
[i·]	wie **i** in Z**i**garre	lied [li·t] *Lied*
[ɪ]	wie **i** in K**i**nd, aber etwas offener	kin [kɪn] *Kinn*
[oː]	wie **o** in Br**o**t	boot [boːt] *Boot* boten ['boːtə(n)] *Boote*
[ɔ]	wie **o** in G**o**tt, aber etwas offener	pot [pɔt] *Topf*
[ə]	ein Laut, etwa zwischen **ö** in k**ö**nnen und **ö** in l**ö**sen, aber kurz	lus [ləs] *Schlinge*
[øː]	wie **ö** in l**ö**sen	deur [døːr] *Tür*
[uː]	wie **u** in Bl**u**se (im Ndl. nur vor [r] und in Fremdwörtern lang!)	boer [buːr] *Bauer*
[u·]	wie **u** in M**u**sik	boek [bu·k] *Buch*
[yː]	wie **ü** in H**ü**gel (im Ndl. nur vor [r] lang!)	muur [myːr] *Mauer* muren ['myːrə(n)] *Mauern*
[y·]	wie **ü** in am**ü**sieren	minuut [mi·'ny·t] *Minute* minuten [mi·'ny·tə(n)] *Minuten*

b) Die Diphthonge

[ɑu]	ähnlich dem deutschen **au** in H**au**s, das **a** aber mit zurückgezogener Zunge	paus [pɑus] *Papst* hout [hɑut] *Holz*
[ɛĭ]	wie **ä** in B**ä**r, aber kurz, übergehend in ein [i] wie **i** in Leg**i**on	leiden ['lɛĭdə(n)] *leiten* lijden ['lɛĭdə(n)] *leiden*
[ɵy]	wie **ö** in k**ö**nnen, aber offener, zweites Element wie das [y] in **eu** in B**eu**le	huis [hɵys] *Haus*

c) Die Vokalverbindungen

[a:ĭ]	wie **eih** in l**eih**en, aber mit langem [a:] und mit einem deutlicheren [j] am Ende	draaien ['dra:ĭə(n)] *drehen*
[o:ĭ]	wie **oj** in B**oj**e	mooi [mo:ĭ] *schön*
[u·ĭ]	wie **ui** in pf**ui**	moeite ['mu·ĭtə] *Mühe*
[aŭ]	wie [ɑu], aber das [u] wird deutlicher ausgesprochen, nämlich wie ein schwaches [w] wie **u** in Et**u**i	pauw [paŭ] *Pfau* vrouw [vraŭ] *Frau*
[e:ŭ]	nach dem **e** wie in l**e**ben ein schwaches [w] wie **u** in Et**u**i	leeuw [le:ŭ] *Löwe*
[i·ŭ]	nach dem **i** wie in Z**i**garre ein schwaches [w] wie **u** in Et**u**i	nieuw [ni·ŭ] *neu*
[y·ŭ]	nach dem **ü** wie in am**ü**sieren ein schwaches [w] wie **u** in Et**u**i	Uw [y·ŭ] *Ihr*

d) Vokale in nebentonigen Silben und in Fremdwörtern

[ã:]	wie **a** in Str**a**ße, aber durch die Nase gesprochen; wie französisch **avant** [a'vã:] *vor*	restaurant [rɛsto·'rã:] *Restaurant*
[e·]	wie **e** in M**e**lodie	melodie [me·lo·'di·] *Melodie*
[ɛ:]	wie **ä** in B**ä**r	affaire [a'fɛ:rə] *Affäre*
[ɛ̃:]	wie **ä** in B**ä**r, aber durch die Nase gesprochen; wie französisch **fin** [fɛ̃:] *Ende*	electricien [e·lɛktri·'sĩɛ̃:] *Elektriker*
[ə]	wie **e** in B**e**ginn	begin [bə'ɣɪn] *Beginn* machtig ['maxtəx] *mächtig*
[o·]	wie **o** in F**o**relle	forel [fo·'rɛl] *Forelle*
[ɔ:]	wie **o** in G**o**tt, aber lang	zone ['zɔ:nə] *Zone*
[ɔ̃:]	wie **o** in G**o**tt, aber lang und durch die Nase gesprochen; wie französisch **on** [ɔ̃:] *man*	pardon [par'dɔ̃:] *Verzeihung*
[ø·]	wie **ö** in **Ö**konomie	eufonisch [ø·'fo:ni·s] *euphonisch*
[œ]	wie **ö** in k**ö**nnen	feuilleton [fœĭə'tɔn] *Feuilleton*
[œ:]	wie **ö** in k**ö**nnen, aber offener und lang; wie französisch **beurre** [bœ:r] *Butter*	oeuvre ['œ:vrə] *Werk*
[œ̃:]	ein durch die Nase gesprochenes [œ:]; wie französisch **humble** ['œ̃:blə] *demütig*	parfum [par'fœ̃:] *Parfüm*

e) Halbvokale

[ĭ]	wie **i** in Leg**i**on	station [sta'sĭɔn] *Bahnhof*
[ŭ]	wie **u** in Et**u**i	eeuw [e:ŭ] *Jahrhundert*

3. Konsonanten

[b]	wie deutsches **b**	beeld [be:lt] *Bild*
[d]	wie deutsches **d**	drie [dri·] *drei*
[f]	wie deutsches **f**	fiets [fi·ts] *Fahrrad*

[g]	wie deutsches **g**	du**ikb**oot [ˈdəɣboːt] *U-Boot*
		grapefruit [ˈgreːpfruːt] *Grapefruit*
[ɣ̊]	wie **ch** in la**ch**en, aber mehr oder weniger stimmhaft	**g**aan [ɣ̊aːn] *gehen*
[ɣ]	wie **ch** in la**ch**en, aber stimmhaft	we**gb**rengen [ˈvɛɣbrɛŋə(n)] *wegbringen*
[ʒ]	wie **j** in **J**ournal	ba**g**age [baˈɣ̊aːʒə] *Gepäck*
[h]	wie deutsches **h**	**h**uis [həys] *Haus*
[j]	wie deutsches **j**	**j**a [jaː] *ja*
[k]	wie deutsches **k**, jedoch nicht behaucht	**k**an [kɑn] *Kanne*
[l]	wie deutsches **l**, aber nicht so gespannt	**l**okken [ˈlɔkə(n)] *locken*
[m]	wie deutsches **m**	**m**oe [muˑ] *müde*
[n]	wie deutsches **n**	**n**aar [naːr] *nach*
[ŋ]	wie **ng** in si**ng**en	bre**ng**en [ˈbrɛŋə(n)] *bringen*
[p]	wie deutsches **p**, jedoch nicht behaucht	**p**as [pɑs] *Paß*
[r]	Zungenspitzen-**r** oder Zäpfchen-**r**	**r**ijden [ˈrɛiə(n)] *fahren*
[s]	wie **ss** in fa**ss**en	su**ss**en [ˈsəsə(n)] *beruhigen*
[ʃ]	wie **sch** in **Sch**ule	mei**sj**e [ˈmɛiʃə] *Mädchen*
		ma**ch**ine [mɑˈʃiˑnə] *Maschine*
[t]	wie deutsches **t**, jedoch nicht behaucht	to**ch** [tɔx] *doch*
[v̊]	ein Laut zwischen **w** in **W**asser und **f** in **f**ahren	**v**oor [v̊oːr] *für*
[v]	wie **w** in **W**asser, aber mit mehr Reibung	af**b**uigen [ˈɑfvəɣ̊ə(n)] *abbiegen*
[ʋ]	wie **w** in **W**asser, aber mit weniger Reibung	**w**ater [ˈʋaːtər] *Wasser*
[x]	wie **ch** in la**ch**en	la**ch**en [ˈlɑxə(n)] *lachen*
[z]	wie **s** in **s**ausen	**z**on [zɔn] *Sonne*

Von den Schriftzeichen ausgehend, sind vor allem folgende Unterschiede zum Deutschen zu beachten:

g	[ɣ̊]	**g**even [ˈɣ̊eːv̊ə(n)] *geben*
	[x] im Auslaut und nach Frikativen und Explosiven (vgl. Assimilation)	we**g** [vɛx] *Weg*; af**g**even [ˈɑfxeːv̊ə(n)] *abgeben*
	[ɣ] vor **b** und **d** (vgl. Assimilation)	we**gb**rengen [ˈvɛɣbrɛŋə(n)] *wegbringen*
	[g] (wie im Deutschen) nur in einigen Fremdwörtern	**g**a**g** [gæg] *Gag*
s	[s]	**s**om [sɔm] *Summe*
	[z] (wie im Deutschen) nur vor **b** und **d** (vgl. Assimilation) und in Fremdwörtern	mi**sd**rijf [ˈmɪzdrɛif] *Verbrechen* analy**s**e [ɑnaˈliːzə] *Analyse*
sch	[s] + [x] (nicht [ʃ]!)	**sch**ip [sxɪp] *Schiff*
	[s] in der Endung -**isch**	tragi**sch** [ˈtrɑːɣ̊is] *tragisch*
s(t)j	[ʃ] (wie deutsch **sch**)	**sj**ouwen [ˈʃɑüə(n)] *schleppen* ka**stj**e [ˈkɑʃə] *Schränkchen*
sp, st	[s] + [p], [s] + [t] (wie norddeutsch)	**sp**elen [ˈspeːlə(n)] *spielen* **st**aan [staːn] *stehen*
z	[z] (nicht [ts]!)	**z**oon [zoːn] *Sohn*

Assimilationsregeln

1. Die Explosive und Frikative werden vor **b** und **d**, im Wort wie im Satz, **stimmhaft**:

Beispiele

[p] > [b]; [t] > [d]; [k] > [g]
 o**p**brengen ['ɔbrɛŋə(n)] *aufbringen*
 han**d**bal ['handbal] *Handbal*
 za**k**doek ['zagduˑk] *Taschentuch*

[f] > [v]; [s] > [z]; [ɣ̊] > [ɣ]
 a**f**brengen ['ɑvbrɛŋə(n)] *abbringen*
 hij i**s d**ood [hɛi̯ ɪz doːt] *er ist tot*
 we**g**doen ['ʋɛɣduˑn] *wegtun*

2. Die stimmhaften Frikative werden nach Explosiven und Frikativen **stimmlos**, im Wort wie im Satz:
nach **p, b** [p], **t, d** [t], **k** oder
nach **f, s, ch** oder **g** [x] werden

[v̊] > [f]
 vallen ['v̊ɑlə(n)] *fallen*; aber:
 we**gv**allen ['ʋɛxfɑlə(n)] *wegfallen*

[z] > [s]
 zenden ['zɛndə(n)] *senden*; aber:
 o**pz**enden ['ɔpsɛndə(n)] *verschicken*

[ɣ̊] > [x]
 geven ['ɣ̊eːvə(n)] *geben*; aber:
 uit**g**even ['ɔy̆txeːv̊ə(n)] *ausgeben*

4. Einige weitere Besonderheiten der niederländischen Aussprache

1. **-en** [-ə(n)]: in dieser Endung wird das [n] im freien Gespräch nicht ausgesprochen. Bei etwas feierlicherem Reden (Rundfunk, Predigt, Vortrag) ist es manchmal zu hören. (Die systematische Aussprache des [n] in dieser Position gilt als Regionalismus: es gibt sie im Südwesten und Nordosten des Sprachgebietes).

2. **-d-**: zwischen zwei Vokalen geht **-d-** in der Umgangssprache oft in (j) oder, nach [u], in [ŭ] über: goe**d**e ['ɣ̊u·iə] neben "schriftsprachlichem" ['ɣ̊uˑdə] *gute*, hou**d**en ['hau̯ə(n)] neben ['hau̯də(n)] *halten*.

3. **-l-, -r-** +**Kons.**: zwischen **-l-** und **-r-** und dem folgenden Konsonanten (außer **d, t** und **s**) wird als Übergang ein farbloses [ə] gesprochen: mel**k** [mɛl(ə)k] *Milch*, er**g** [ɛr(ə)x] *arg*.

4. **-t-**: zwischen Konsonanten fällt **-t-** oft aus: Kers**t**mis ['kɛrsmɪs] *Weihnachten*, pos**t**zegel ['pɔ(st)seˑɣ̊əl] *Briefmarke*.

5. **-ig, -lijk**: diese Suffixe werden mit [ə] gesprochen: last**ig** ['lɑstəx] *lästig*, verschrikke**lijk** [v̊ərˈsxrɪkələk] *schrecklich*.

5. Diakritische Zeichen

¨: das Trema gibt, wenn sonst Mißverständnisse möglich wären, bei zwei oder mehreren aufeinander folgenden Vokalen an, daß es sich um zwei Silben handelt: co**ö**rdinatie [koˑɔrdiˑ'na:(t)si·] *Koordination*; aber kein Trema in: th**eo**loog [te·(j)oˑ'loːx] *Theologe*.

Es fehlt aber nach den Diphthongen und Vokalverbindungen und in einigen fremden Endungen, z.B. mus**eu**m [myˑ'zeːi̯əm] *Museum*.

ʹ: außer in einigen Fremdwörtern, z. B. caf**é** *Kneipe*, ist das Betonungszeichen nicht verbindlich, es kann aber ein Mittel zur Hervorhebung besonders betonter Silben sein.

In zwei Fällen kann es sogar Doppeldeutigkeit vorbeugen:

voor = *für* oder *vor*; **vóór** = *vor*
een = *ein* (Artikel [ən] oder Zahlwort [eːn]); **één** [eːn] = Zahlwort

Algemene regels voor de uitspraak van het Duits

A 1. Het Duits heeft lange, korte en halflange vocalen.

2. De korte vocalen zijn altijd open: [ɛ] [œ] [ɪ] [ʏ] [ɔ] [ʊ]

3. De lange en halflange vocalen zijn met uitzondering van [ɛ] altijd gesloten:
[e:] [ø:] [i:] [y:]
[o:] [u:]
[e·] [ø·] [i·] [y·]
[o·] [u·]
Uitzondering: [ɛ:] [ɛ·]

4. In vreemde woorden komen in natonige lettergrepen (d.w.z. in de lettergreep na de beklemtoonde lettergreep) korte vocalen voor die bijna onsyllabisch worden (d.w.z. die geen eigen lettergreep vormen): [ĭ] [ŭ] [ў] [ŏ]

5. De Duitse **a** is neutraal, d.w.z. zijn klank is, zowel in het geval van de lange als van de korte **a**, even ver van de **o** en **e** verwijderd. Gewoonlijk echter wordt de lange **a** dieper uitgesproken dan de korte.
Wij noteren de lange en halflange diepe (halfvelare) **a** als [ɑ:] [ɑ·]
en de korte heldere (halfpalatale) **a** als [a]

6. In de prefixen **be-** en **ge-**, in de suffixen vóór **-l**, **-ln**, **-lst**, **-m**, **-n**, **-nd**, **-nt**, **-s**, evenals vóór **-r**, **-rm**, **-rn**, **-rt**, **-rst*** en op het einde van een woord (**-e**) wordt **e** als een zogenaamde mengklank met neutrale klankwaarde uitgesproken: [ə]

B De Duitse spelling volgt deels het historische en deels het fonetische principe.
Er kunnen echter toch regels opgesteld worden volgens dewelke veruit de meeste Duitse woorden correct uitgesproken kunnen worden:

1. Een vocaal is altijd kort vóór een dubbele consonant (b.v. **ff**, **mm**, **tt**, **ss**) en **ck** (in plaats van **kk**) en meestal kort vóór twee of meer consonanten.

offen ['ɔfən]
lassen ['lasən]
Acker ['akɐ]
oft [ɔft]

Voor **ß** zie **B** 2e.

2. Een vocaal is lang

a) in open, beklemtoonde lettergreep:
Is de vocaal bij zwakke werkwoorden in de infinitief lang, dan blijft hij ook in de vervoegde vormen lang:

Ware ['vɑ:ʀə]
sagen ['zɑ:gən]
sagte ['zɑ:ktə]
gesagt [gə'zɑ:kt]

b) als hij dubbel geschreven wordt: Paar [p'ɑ:ɐ]

* Zie ook regel **E** 7c.

c) als hij door een stomme **h** gevolgd wordt: Bahn [ba:n]
d) als hij door één enkele consonant gevolgd wordt: Tag [tˈɑ:k]

Uitzonderingen:

ab [ap]	bis [bɪs]	hin [hɪn]
in [ɪn]	man [man]	mit [mɪt]
ob [ɔp]	um [ʊm]	-nis [nɪs]
ver- [fɛʁ]	zer- [tsɛʁ]	
bin [bɪn]	zum [tsʊm]	das [das]
an [an]	von [fɔn]	un- [ʊn]
wes [vɛs]	was [vas]	es [ɛs]
des [dɛs]	weg [vɛk]	

en in enkele samenstellingen: barfuß [ˈbɑːʁfuːs]

e) vóór intervocalische **ß** (d.w.z. een **ß** die tussen twee
vocalen staat): grüßen [ˈgryːsən]

Op het einde van een woord wordt in correct Duits
nooit ss, maar steeds **ß** geschreven.

De lengte of kortheid van de vocaal vóór de op het
einde van een woord staande **ß** kan men vaststel-
len door het meervoud van het betreffende woord
resp. de vergrotende trap van het betreffende ad- Gruß – Grüße
jectief te vormen; blijft de **ß** ook in het meervoud [uː] [yː]
of in de vergrotende trap behouden, dan is de groß – größer
vocaal lang. [oː] [øː]

Wordt het meervoud of de vergrotende trap met naß – nässer
ss geschreven, dan is de vocaal zowel in het enkel- [a] [ɛ]
voud resp. in de stellende trap als ook in het Faß – Fässer
meervoud resp. in de vergrotende trap kort. [a] [ɛ]

f) Daar **ch** en **sch** nooit verdubbeld worden, kan
men niet weten of de vóór deze lettergreep staande Bach [bax]
vocaal lang of kort is. Hij is meestal kort: Wäsche [ˈvɛʃə]

Uitzondering is b.v. Buch [uː]

3. Halflange vocalen komen alleen in onbeklemtoonde vielleicht [fiˈlaɪçt]
lettergrepen voor, meestal in vreemde woorden: monoton [moˑnoˑ-
ˈtoːn]

C Het Duits heeft drie diftongen: ai, ei, ey [aɪ], au [aʊ],
eu, äu, oi [ɔy]

Het eerste element van de diftong ist sterker beklem-
toond dan het tweede.

Het tweede element is zeer open, d.w.z. de open **u** [ʊ] in
au [aʊ] benadert de gesloten **o** [o], de open **i** [ɪ] in **ai, ei,
ey** [aɪ] de gesloten **e** [e]; bij **äu, eu, oi** [ɔy] treedt een lichte
ronding tot **ö** [ø] op. Om deze reden schrijven sommigen
niet [aʊ], [aɪ], [ɔy], maar [ao], [ae], [ɔø].

D Nasale vocalen komen alleen in aan het Frans ontleende
vreemde woorden voor; zij zijn in beklemtoonde positie
– vaak in tegenstelling met het Frans – lang, in onbe-
klemtoonde positie halflang.

In alledaagse woorden worden ze heden ten dage door de
overeenkomstige vocaal + de nasale occlusief [ŋ] ver- Balkon [bal'kɔŋ]
vangen. naast [bal'kɔ̃ː]

E Verder worden enkele bijzonderheden beschreven die
bepaalde Duitse consonanten en hun klankwaarde in
afhankelijkheid van hun positie in het woord betreffen.

1. Vóór iedere beklemtoonde vocaal in het begin van het
   woord wordt in het Duits een lipplofklank gesproken,
   die ook strottehoofdplofklank, *Knacklaut*, harde in-
   zet (in het Engels *glottal stop*, in het Frans *coup de
   glotte*) genoemd wordt. [ʔ]

   In de Duitse spelling wordt hij niet weergegeven.
   Komt hij binnen in het woord voor (na prefixen),
   duiden wij hem in het woordenboek met een kort
   verbindingsteken aan: ab·ändern

2. De **h** wordt in het Duits uitgesproken:

   a) in het begin van het woord: hinein [hɪ'naɪn]
   b) vóór beklemtoonde vocalen; vóór vocalen die deel
      uitmaken van de stam (zij hebben dan een secun- Halt [halt]
      dair accent): anhalten ['ʔanhaltən]
   c) in bepaalde woorden, vooral vreemde woorden: Uhu ['ʔuːhuː]
      Alkohol ['ʔalkoˑhoːl]
      Sahara [zaˑ'hɑːrɑː]

   In alle andere gevallen is de **h** stom: gehen ['geːən]
   sehen ['zeːən]
   Ehe ['ʔeːə]

3. **p – t – k**

   Deze stemloze occlusieven zijn in het Duits in de
   hieronder beschreven gevallen geaspireerd, d.w.z. zij
   zijn met een luchtstroom verbonden die men na het
   ploffen van de occlusief duidelijk hoort. Men spreekt
   van een "plof" omdat de luchtstroom door de sluiting
   van de spreekorganen (lippen, tong) geblokkeerd
   wordt.

   De geaspireerde consonanten staan:

   a) aan het begin van een woord vóór vocaal: Pech [pʻɛç]
      of vóór **l, n, r** en **v** (in **qu**): Plage ['pʻlɑːɡə]
      Kreis [kʻʀaɪs]
      Quelle ['kʻvɛlə]

   b) aan het begin van de beklemtoonde lettergreep
      binnen in het woord: ertragen [ʔɛʁ'tʻrɑːɡən]

   c) in vreemde woorden vóór vocaal, ook in onbe- Krokodil
      klemtoonde lettergreep: [kʻʀokʻoˑ'diːl]

   d) op het einde van een woord: Rock [ʀɔkʻ]
      In alle andere gevallen zijn deze klanken niet of
      slechts heel zwak geaspireerd.

4. b – d – g

Deze stemhebbende occlusieven worden op het einde van het woord stemloos:

ab [ʔap]
und [ʔʊnt]
Weg [veːk]

Hetzelfde geldt voor de consonantengroepen **-gd, -bt, -gt**:

Jagd [jɑːkt]
gibt [ɡiːpt]
gesagt [ɡəˈzɑːkt]

Op het einde van een lettergreep, gevolgd door een consonant van de volgende lettergreep, spreekt men **b, d, g** zonder stemtrilling:
Wij omschrijven dan ook:

b̥, d̥, g̊
ablaufen [ˈʔab̥laʊfən]
endgültig [ˈʔɛnd̥ɡyltɪç]

5. Treffen gelijke stemloze occlusieven op elkaar die deel uitmaken van twee verschillende lettergrepen (b.v. **-tt-**), dan wordt er slechts één uitgesproken, die dan wel langer aangehouden wordt. Heeft men b.v. in "Bettuch" de **-t-** gevormd, dan aarzelt men even vooraleer de sluiting te lossen en de volgende **-u-** uit te spreken. Er vindt dus slechts één ontploffing met daaropvolgende aspiratie plaats.

Bettuch [ˈbɛttʼuːx]
Handtuch [ˈhanttʼuːx]

6. Volgt op een stemloze consonant op het einde van een woord een stemhebbende consonant die aan het begin van de volgende lettergreep staat, vindt geen assimilatie plaats, d.w.z. noch de stemloze consonant op het einde van het woord maakt de volgende stemloos, noch beïnvloedt het stemhebbend zijn van de volgende beginconsonant de vorige stemloze consonant. De stemtrilling zet onmiddellijk na de uitspraak van de stemloze consonant in:

Absicht [ˈʔab̥zɪçt]
aussetzen [ˈʔaʊszɛtsən]

7. De beschaafde Duitstalige spreekt in het algemeen drie **-r-** klanken en wel

a) een huig-**r** aan het begin van een lettergreep en onmiddellijk na consonant. Hij ontstaat door trillingen aan de huig: [ʀ]

rollen [ˈʀɔlən]
Ware [ˈvɑːʀə]
schreiben [ˈʃʀaɪbən]

b) een huig-**r** bijna zonder trillingen op het eind van een woord en vóór een consonant: [ʁ]

für [fyːʁ]
stark [ʃtaʁk]

c) een sterk gevocaliseerde **r** in de onbeklemtoonde eindlettergreep **-er**: [ɐ]

Lehrer [ˈleːrɐ]

Wörterverzeichnis Niederländisch-Deutsch

A

a, A [aː] (*a's*) a, A *n* (*ook mus*); **van a tot z** von A bis Z.
à [ɑ] zu (je); bis (*A*).
aaien ['aːiə(n)] streicheln.
aak (*aken*) Kahn *m*.
aal (*alen*) Aal *m*; **zo glad als een ~** glatt wie ein Aal, aalglatt.
aal|bes [-bɛs] Johannisbeere *f*; **~moes** ['-muːs] (*-moezen*) Almosen *n*; **~moezenier** [-zə'niːr] *m* (*-s of -en*) Militärgeistliche(r); Gefängnisgeistliche(r).
aam|beeld *n* Amboß *m*; **~beien** ['-bɛiə(n)] *pl* Hämorrhoiden *f/pl*.
aan an (*A, D*); (*net*) **~ 't lezen** (*schrijven*) **zijn** (gerade) beim Lesen (Schreiben) sein; **~ 't werken zijn** bei der Arbeit sein; **tot ~** bis zu (*D*).
aan|beeld *n* = **aambeeld**; **~belanden** landen; **~bellen** klingeln.
aanbesteden [-ste:d-] ausschreiben; (*gunnen*) vergeben; **~ing** Ausschreibung *f*; Vergabe *f*.
aanbetaling Anzahlung *f*.
aanbevel|en [-ve:l-] empfehlen; **~enswaardig** ['-va:rdəx] empfehlenswert; **~ing** Empfehlung *f*; **het verdient ~** es empfiehlt sich; **~ings-brief** Empfehlungsschreiben *n*.
aanbid|den [-'bɪd-] (-) anbeten; **~der** *m* (*-s*) Anbeter *m*; **~ster** *f* (*-s*) Anbeterin *f*.
aanbied|en anbieten; sich erbieten; *gelukwensen* aussprechen; **~er** *m* (*-s*) Anbieter *m*; **~ing** Angebot *n*; **speciale ~** Sonderangebot *n*.
aan|blijven ['-blɛiv-] im Amt bleiben; **~blik** Anblick *m*; **~bod** *n* Angebot *n*; **~boren** anbohren; **~bouw** ['-bɑu] *m*: **in ~** im Bau; **~braden** anbraten; **~branden** (*zn*) anbrennen; **~breken** ['-bre:k-] **1.** anbrechen; **2.** *n* Anbruch *m*; **~brengen** anbringen; heranbringen; *kleur* auftragen; (*bij politie*) anzeigen, melden.
aandacht Aufmerksamkeit *f*; (*liefde*) Zuwendung *f*; **~ schenken aan** Beachtung schenken (*D*); **de ~ trekken** die Aufmerksamkeit auf sich ziehen, Beachtung finden; **de ~ vestigen op** aufmerksam machen auf (*A*); **~ig** ['dɑxtəx] aufmerksam.
aandeel *n* Anteil *m*, Teil *m*; *hdl* Aktie *f*; **gewoon ~** Stammaktie *f*; **preferent ~** Vorzugsaktie *f*; **~houder** [-haudər] *m* Aktionär *m*.
aan|delenkoersen [-ku:rs-] *pl* Aktienkurse *pl*; **~denken** *n* Andenken *n*; **~dienen** anmelden; **~dikken** *fig* aufbauschen.
aandoen ['-du·n] antun; *kleding* an-, überziehen; *licht* anmachen, anknipsen; *haven* anlaufen; *vlgw* anfliegen; *proces* anhängen; (*lijken*) wirken, anmuten, erscheinen; **~ing** Rührung *f*; Empfindung *f*; (*kwaal*) Erkrankung *f*; **~lijk** ['-du·nlək] rührend, ergreifend.
aan|draaien ['-draːiə(n)] andrehen; *schroef* anziehen; **~dragen** herantragen; **~drang** Andrang *m*.
aandrijf|as ['-drɛif] Antriebswelle *f*; **~eenheid** *comp* (Disketten-)Laufwerk *n*.
aandrijv|en ['-drɛiv-] antreiben; **~ing** *tech* Antrieb *m*; **~ op alle wielen** Allradantrieb *m*.
aan|dringen (*op*) dringen (*of* drängen) (auf *A*); **~duiden** ['-dœyd-] bezeichnen, andeuten; *weg* kennzeichnen; **~durven** ['-dœrv-] sich zutrauen; **~duwen** ['-dyuə(n)] anschieben; anschieben.
aaneen ['-e:n] aneinander, zusammen; hintereinander; **~gesloten** [-'ɣəsloːt-] aneinandergereiht; **~schakeling** [-sxaːkəl-] Aneinanderreihung *f*; Verkettung *f*; **~sluiten** [-slœyt-]: **zich ~** sich zusammenschließen.
aangaan angehen; eingehen; **~de** [-'ɣa:ndə] betreffs (*G*), bezüglich (*G*).
aange|bonden: kort ~ kurz angebunden; **~boren** angeboren; **~daan** gerührt; **~legd** veranlagt; **~legenheid** [-'le:ɣənhɛit] Angelegenheit *f*, Sache *f*; **~naam** angenehm; **~nomen** [-noːm-]: **1. ~ kind** *n* Adoptivkind *n*; **2. ~ dat ...** angenommen (*of* vorausgesetzt), daß ...; **~schoten** [-sxoːt-] angeschossen;

aangetekend 30

angetrunken, F beschwipst; **~tekend** [-teːkənt] eingeschrieben, per Einschreiben; **~e brief** Einschreibebrief *m*; **~ stuk** *n* Einschreiben *n*; **~trouwd** [-traut] angeheiratet, verschwägert.
aangeven hinüberreichen; *diefstal* anzeigen; *waarde etc.* angeben; (*bij douane*) verzollen; versteuern; **aangegeven waarde** Wertangabe *f*.
aangewezen [-ʋeːzə(n)] geeignet; zuständig; (**op**) angewiesen (auf *A*).
aangezien [ˈaːŋɣəziːn] weil.
aan|gifte Angabe *f*; Meldung *f*; Anzeige *f*; (*douane~*) Verzollung *f*; **~grijpen** [-ˈɣrɛip] erfassen, ergreifen; (*ontroeren*) mitnehmen; **~groeien** anwachsen.
aanhal|en anziehen; *woorden* anführen; **~ig** [-ˈhaːlək] anschmiegsam; **~ings·teken** [-teːkə(n)] *n* Anführungszeichen *n*, Gänsefüßchen *n*.
aanhang Anhang *m*, Gefolgschaft *f*; **~er** *m* (-s) Anhänger *m*; **~ig** [ˈhaŋəx]: **~ maken** anhängig machen; **~sel** *n* (-s *of* -en) Anhängsel *n*, Anhang *m*; Zusatz *m*; **~ster** *f* (-s) Anhängerin *f*; **~wagen** (*auto~*) Anhänger *m*.
aanhankelijk [ˈhaŋkələk] anhänglich.
aan|hebben anhaben; **~hechten** anheften; **~hef** [ˈhɛf] Anfang *m*; **~heffen** anstimmen; **~horen** (sich) anhören.
aanhouden [ˈhaːu̯ə(n)] anhalten; *kleding* anbehalten; (*arresteren*) verhaften; (*aandringen*) beharren; *koers* einhalten; (**op**) zuhalten (auf *A*); **~d** [ˈhaudənt] anhaltend, stetig.
aan|jagen: *iem vrees* (*of* **schrik**) **~** j-m Angst einjagen; **~kaarten** anschneiden; **~kijken** [ˈkɛik-] ansehen, anschauen, angucken; **~klacht** Anklage *f*; *jur ook* Klage *f*; **een ~ indienen** (*of* **erheben**) e-e Klage einreichen (*of* erheben).
aanklag|en anklagen; *jur ook* verklagen; **~er** *m* Ankläger *m*; **openbare ~** Staatsanwalt *m*.
aan|klampen ansprechen; F sich heranmachen an (*A*); **~kleden** (*zich*) (sich) anziehen; **~kloppen** anklopfen.
aanknop|en anknüpfen; **~ings·punt** [-pɛnt] *n* Anhaltspunkt *m*, Handhabe *f*.
aankomen [-koːm-] ankommen, eintreffen; berühren; (*dikker worden*) zunehmen; **~d** angehend; heranwachsend; **~e krachten** *pl* Nachwuchs *m*.

aankomst Ankunft *f*, Eintreffen *n*; **~pier** Flugsteig *m*.
aankondig|en [-dəɣə(n)] ankündigen, ansagen, anzeigen; **~ing** Ankündigung *f*; Ansage *f*.
aan|koop (-*kopen*) Ankauf *m*, Erwerb *m*; **~kopen** ankaufen, erwerben; **~kruisen** [ˈ-krəys-] ankreuzen; **~kunnen** [ˈ-kən-] bewältigen, meistern; *iem ~* j-m gewachsen sein; **~ op** sich verlassen können auf (*A*); **~laten** [ˈ-laːt-] anlassen.
aanleg Anlage *f*; Veranlagung *f*; Bau *m*; **~gen** anlegen; bauen; *het ~ op* es anlegen auf (*A*); **~plaats** Anlegeplatz *m*; **~steiger** [-stɛiɣər] Anlege-, Landungsbrücke *f*.
aan|leiding Anlaß *m*, Veranlassung *f*; **~geven** veranlassen; *naar ~ van* anläßlich (*G*); **~lengen** verdünnen, strecken; **~leren** erlernen; **~leunen** [ˈ-løːn-] (*tegen*) sich anlehnen (an *A*); *zich iets laten ~* sich etw gefallen lassen.
aanlok|kelijk [ˈ-lɔkələk] verlockend, einladend; **~ken** [ˈaːn-] (an)locken.
aanloop Anlauf *m*; Zulauf *m*, Besuch *m*.
aan|lopen anlaufen; (*even*) **~** (*bij*) besuchen, F vorbeikommen (bei *D*); *achter iem ~* hinter j-m hergehen (*of* herlaufen); **~komen ~** angelaufen kommen.
aanmaken [ˈ-maːk-] anmachen; (*bereiden*) zubereiten; anrichten.
aanmanen (er)mahnen, auffordern.
aanmaning (Er-)Mahnung *f*, Aufforderung *f*; Zahlungsaufforderung *f*; **~s·kosten** *pl* Mahngebühr(en *pl*) *f*.
aanmatig|en [ˈ-maːtəɣ-]: *zich iets ~* sich etw anmaßen; **~end** [-ˈ-maːt-] anmaßend; **~ing** Anmaßung *f*, Überheblichkeit *f*.
aanmeld|en anmelden; **~ing** Anmeldung *f*; *voorlopige ~* Voranmeldung *f*.
aanmeldings|formulier [-myˈliːr] *n* Anmeldeformular *n*; **~termijn** [-mɛin] Anmeldefrist *f*.
aanmeren festmachen, anlegen.
aanmerk|elijk [ˈ-mɛrkələk] beträchtlich, merklich; **~en** bemerken; betrachten; *iets aan te merken hebben* (**op**) etw auszusetzen haben an (*D*); **~ing** Bemerkung *f*; **~en** *pl* *maken op* bemängeln, beanstanden; *in ~ nemen* (*komen*) in Betracht ziehen (kommen).
aan|moedigen [ˈ-muːdəɣ-] ermutigen,

aanstormen

ermuntern; ~**monsteren** ['-mɔnstər-] anheuern; ~**naaien** ['aːnaːiə(n)] annähen, ansetzen.

aannem|elijk [-'neːmələk] annehmbar; glaubhaft; ~**en** annehmen; *kind ook* adoptieren; *personeel* einstellen; *houding* einnehmen; *rel* konfirmieren; ~**er** *m* (*-s*) (Bau-)Unternehmer *m*; ~**ing** Annahme *f*; *rel* Konfirmation *f*.

aan|pakken anpacken, zugreifen; herangehen an (*A*), angehen; *ziekte:* mitnehmen; ~**pappen** (**met**) sich anbiedern (bei *D*).

aanpass|en anpassen; angleichen; *kleding* anprobieren; **zich ~** (**aan**) sich anpassen (*D of* an *A*), sich umstellen (auf *A*); **in staat zich aan te passen** anpassungsfähig; ~**ing** Anpassung *f*; Angleichung *f*; Umstellung *f*; ~**ings·vermogen** *n* Anpassungsfähigkeit *f*.

aanplak|biljet [-jɛt] *n* Plakat *n*, Anschlag *m*; ~**ken** ankleben; anschlagen, aushängen; ~**zuil** [-sœyl] Anschlag-, Litfaßsäule *f*.

aan|plant(ing) Anbau *m*; Anpflanzung *f*; ~**porren** anspornen; ~**praten** aufschwatzen, einreden; ~**prijzen** ['-prɛiz-] anpreisen; ~**raden** (an)raten, empfehlen; ~**raken** be-, anrühren; anfassen; streifen; ~**rakings·punt** *n* Berührungspunkt *m*.

aanrand|en überfallen; sich vergehen an (*D*); ~**ing** Angriff *m*, Überfall *m*; Vergewaltigung *f*.

aan|recht Anrichte *f*; ~**reiken** (hinüber)reichen; ~**rekenen** anrechnen; ~**rennen**: **komen ~** angerannt kommen; ~**richten** anrichten.

aanrijd|en ['-rɛiə(n)] anfahren, zusammenstoßen; ~**ing** Zusammenstoß *m*.

aan|roepen ['-ruːp-] anrufen; ~**roeren** an-, berühren; *fig* streifen.

aanschaf|(fing) ['-sxaf(ɪŋ)] Anschaffung *f*; ~**fen** (**zich**) (sich) anschaffen.

aanschieten [-'sxiːt-] F *kleding* schlüpfen in (*A*); (*aanspreken*) ansprechen.

aanschouw|elijk ['-sxɑu̯ələk] anschaulich; ~**n** ['-sxɑu̯ə(n)] *lit* erblicken.

aan|schrijven ['-sxrɛiv̊-] anschreiben; ~**schroeven** ['-sxruːv̊-] anschrauben; ~**schuiven** ['-sxœyv̊-] anschieben; (*in de rij*) Schlange stehen; ~**slaan** anschlagen; (*achten, waarderen*) veranschlagen; *fiscaal* veranlagen, einschätzen; (*in beslag nemen*) beschlagnahmen; *motor:* anspringen; *idee, mode:* zünden; ~**slag** Anschlag *m*; Attentat *n*; (*laag*) Belag *m*; (*belasting*~) Veranlagung *f*, Steuerbescheid *m*; **voorlopige ~** Steuervorauszahlung *f*.

aanslepen ['-sleːp-] *v*/*t* (her)anschleppen; *v*/*i* sich hinziehen; **laten ~** in die Länge ziehen; *ziekte* verschleppen.

aansluit|en ['-slœyt-] anschließen (**op** an *A*); aufrücken; **zich ~** (**bij**) sich anschließen (*D*), beitreten (*D*); ~**ing** Anschluß *m*; *tel ook* Verbindung *f*; **in ~ op** im Anschluß an (*D*).

aan|smeren ['-smeːr-] *iem iets* andrehen; ~**snijden** [-'sneid-] anschneiden (*ook fig*); ~**spannen** *proces* anstrengen; ~**spelden** anstecken; ~**spoelen** ['-spuːl-] anspülen, anschwemmen.

aanspor|en anspornen, anregen; ~**ing** Ansporn *m*, Anregung *f*; **op ~ van** auf Anregung (*of* Betreiben) (*G*).

aanspraak (-**spraken**) Anspruch *m*, Anrecht *n*; **~ maken op** Anspruch erheben auf (*A*), beanspruchen.

aansprakelijk ['-spraːkələk] haftbar, verantwortlich; **~ zijn** (**voor**) haften (für *A*); ~**heid** Haftung *f*; **wettelijke ~** Haftpflicht *f*.

aan|spreekvorm Anredeform *f*; ~**spreken** anreden, ansprechen; *voorraad* anbrechen, angreifen; **met U** (**jij**) **~** siezen (duzen); ~**spreking** Anrede *f*.

aanstaan gefallen (*D*), anstehen (*D*); *deur:* angelehnt sein; ~**d**(**e**) kommend, bevorstehend; nächst.

aanstaren ['-staːr-] anstarren.

aanstek|elijk ['-steːkələk] ansteckend; ~**en** ['aːn-] anstecken (*ook med*), (an)zünden; *vat* anzapfen; ~**er** (*-s*) Feuerzeug *n*.

aanstell|en an-, einstellen; **zich ~** sich anstellen, sich zieren; ~**erig** [-'stɛlərəx] geziert, zimperlich, gespreizt; ~**erij** ['-rɛi] Geziertheit *f*, Gehabe *n*; ~**ing** An-, Einstellung *f*.

aansticht|en anstiften; ~**er** *m* Anstifter *m*; ~**ster** *f* Anstifterin *f*.

aanstippen (an)tupfen; *fig* erwähnen, antippen.

aanstok|en schüren; ~**er** *m* (*-s*) Anstifter *m*, Aufwiegler *m*.

aan|stonds sofort, gleich; ~**stoot** Anstoß *m*, Ärgernis *n*; **~ geven** Anstoß erregen; ~**stormen** (her)anstürmen.

aanstote|lijk [-'sto:tələk] anstößig; **~n** ['a:n-] anstoßen.

aan|strepen ['-stre:p-] anstreichen; **~sturen** ['-sty:r-]: **~ op** ansteuern; **~tal** ['-tɑl] n (-len) (An-)Zahl f; **~tasten** antasten; *chem, fys* angreifen.

aanteken|en ['-te:kənə(n)] notieren, aufzeichnen; *brief* einschreiben; *protest* **~ tegen** Protest erheben gegen (A); **~ing** Aufzeichnung f, Notiz f; Vermerk m, Eintragung f; **~recht** n Einschreibegebühr f.

aan|tijging ['-tɛɪɣ-] Beschuldigung f; **~tikken** antippen; sich summieren; **~tocht: in ~** im Anmarsch, im Anzug; **~tonen** zeigen; nachweisen, aufzeigen, beweisen; **~de wijs** *gr* Indikativ m; **~toonbaar** [-'to:n-] nachweislich; **~treden 1.** (*zn*) antreten; **2.** n Antritt m; **~treffen** antreffen, vorfinden.

aantrekkelijk [-'trɛkələk] anziehend, reizend, reizvoll; **~heid** [-hɛit] (-heden) Reiz m.

aantrekk|en anziehen; *zich* **~** sich zu Herzen nehmen; *zich niets* **~ van** sich nichts machen aus (D), sich nicht kümmern um (A); **~ing** Anziehung f; **~ings-kracht** Anziehungskraft f; Zugkraft f.

aanvaard|baar [-'va:rd-] akzeptabel; *pers.*: tragbar; **~en** [-'va:rdə(n)] (-) annehmen; *ambt, erfenis* antreten; *zo te* **~ huis**: schlüsselfertig; **~ing** Annahme f, Übernahme f; Antritt m; (*van gebouw*) Abnahme f.

aanval Angriff m; Anfall m; **~len** angreifen; anfallen; **~ler** m (-s) Angreifer m; *sp* Stürmer m, Angriffsspieler m.

aan|vang Anfang m; **~vangen** (*ook zn*) anfangen; **~vankelijk** [-'vɑŋkələk] anfänglich; *adv ook* anfangs.

aanvar|en *schip*: zusammenstoßen; *komen* **~** (her)angefahren kommen; **~ing** Zusammenstoß m, Kollision f.

aanvatten in Angriff nehmen; anfassen.

aanvecht|baar [-'vɛɣd-] anfechtbar; **~en** [-ɣə(n)] anfechten.

aanverwant verwandt.

aanvlieg|en anfliegen; **~route** [-rutə] Einflugschneise f.

aan|voegend ['-vuɣ-]: **~e wijs** *gr* Konjunktiv m; **~voelen** ['-vul-] *v/t* nachempfinden, (er)fühlen; *v/i* sich anfühlen.

aanvoer ['-vu:r] Zufuhr f; Nachschub m; **~der** m (-s) Anführer m; **~en** anführen; (*transporteren*) heranschaffen; (*uiten*) vor-, beibringen; **~ster** f (-s) Anführerin f.

aanvraag Anfrage f; Antrag m; Anforderung f; *tel* Anmeldung f; *een* **~ indienen** e-n Antrag stellen; *op* **~** auf Anfrage; **~formulier** [-my'li:r] n Antragsformular n; **~ster** f (-s) Antragstellerin f.

aanvrag|en beantragen; anfordern; *tel* anmelden; **~er** m (-s) Antragsteller m.

aanvull|en ['-vøl-] ergänzen; auffüllen; **~end** ergänzend, zusätzlich; **~e verzekering** Zusatzversicherung f; **~ing** Ergänzung f; Nachtrag m; Zusatz m.

aan|vuren ['-vy:r-] anfeuern; **~wakkeren** *v/t* anfachen; schüren, anheizen; *v/i* (*zn*) *wind*: auffrischen; **~was** (-sen) Zuwachs m.

aanwend|en an-, verwenden; praktizieren; **~ing** An-, Verwendung f.

aan|wennen (*zich*) (sich) angewöhnen; **~werven** anwerben.

aanwezig ['-ve:zəx] *pers.*: anwesend, zugegen; *zaak*: vorhanden; **~ zijn** *ook* dasein; vorliegen; **~heid** [-xɛit] Anwesenheit f; Vorhandensein n, Vorkommen n.

aanwijsbaar [-'vɛiz-] nachweislich.

aanwijz|en zeigen (*of* deuten) auf (A), aufzeigen; *kandidaat* nominieren; **~d voornaamwoord** n Demonstrativpronomen n; **~ing** Anweisung f; (*indicatie*) Hinweis m, Indiz n.

aan|winst Zuwachs m; Gewinn m, Erwerbung f; **~wonende** Anwohner m, Anlieger m; **~wrijven** ['-vrɛiv-] zur Last legen, anhängen.

aanzet|(stuk [-stɛk] n) Ansatz m; **~ten** ansetzen; (*in werking stellen*) einschalten, anstellen; *motor* anlassen; nachziehen; (*tot*) anstiften (*of* treiben) (zu D).

aanzien 1. ansehen, betrachten; **2.** n Ansehen n; *hoog in* **~ zijn** (*of* staan) hohes Ansehen genießen; *ten* **~ van** (*afk t.a.v.*) hinsichtlich (G), in Hinsicht auf (A); **~lijk** [-'zi:nlək] beträchtlich, erheblich, ansehnlich, bedeutend; angesehen.

aan|zitten bei Tisch sitzen; *achter iem* **~** hinter j-m hersein; **~zoek** [-'zu:k] n Bitte f; **~zuiveren** ['-zəyvərə(n)] *schuld* abtragen; ~zwellen anschwellen; ~zwengelen ['-zŭɛŋələ(n)] ankurbeln.

aap m (apen) Affe m.

aar (aren) Ähre f.

aard Art f, Beschaffenheit f; Natur f, Wesen n; *eigen* ~ Eigenart f.

aardappel Kartoffel f; *gebakken ~en* pl Bratkartoffeln pl; *gekookte ~en* pl Salzkartoffeln pl; ~**pannekoek** [-panəku:k] (Kartoffel-)Puffer m, Reibekuchen m; ~**puree** [-py·re:] Kartoffelbrei m, -püree n; ~**sla** Kartoffelsalat m.

aardbei ['-bɛi] Erdbeere f; ~**en-ijs** [-ɛis] n Erdbeereis n.

aardbeving ['-be:vɪŋ] Erdbeben n; ~**bodem** Erdboden m; ~**bol** Erdkugel f, -ball m.

aarde Erde f; *op* ~ auf Erden; *ter* ~ *bestellen* beerdigen.

aarden[1] gedeihen; *el.* erden; ~ *naar* arten nach (D).

aarden[2] irden, tönern; erdig, aus Erde.

aardewerk n Töpfer-, Tonwaren f/pl; *(geglazuurd)* ~ Steingut n.

aardgas ['-xas] n Erdgas n.

aardig ['-dəx] nett, hübsch *(ook aanzienlijk)*, niedlich; artig; ~ *op weg* sein besten Begriff; *heel* ~ *van U!* sehr nett von Ihnen!; ~**heid** (-heden) Spaß m; (kleine) Aufmerksamkeit f.

aarding el. Erdung f.

aard|korst Erdkruste f; ~**noten** pl Erdnüsse f/pl; ~**olie** [-li·] Erdöl n.

aardrijkskund|e ['-rɛikskəndə] Erdkunde f, Geographie f; ~**ig** ['-kəndəx] geographisch.

aards irdisch.

aard|schok Erdstoß m; ~**verschuiving** [-sxəvv-] Erdrutsch m *(ook fig)*.

aarts- in samenst. mst Erz-, b.v. ~**bisdom** n Erzbistum n; ~**bisschop** ['-bɪsxɔp] m Erzbischof m; ~**hertog** (in f) m Erzherzog(in f) m; ~**lui** ['-lɔv] erzfaul; ~**vijand** ['-fɛiɑnt] m Erzfeind m.

aarzel|en ['-zələ(n)] zögern, schwanken; ~**ing** Zögern n.

aas 1. *(azen) (kaart)* As n; 2. n Aas n; Köder m; ~**gier** Aasgeier m *(ook fig)*.

abattoir [-tŭa:r] n *(-s)* Schlachthof m.

abc [a:be:'se:] n Abc n.

abces [-'sɛs] n *(-sen)* Abszeß m.

abd|ij [-'dɛi] Abtei f; ~**is** [-'dɪs] f *(-sen)* Äbtissin f.

abituriënt(e f) [-ty·'riɛnt(ə)] m Abiturient(in f) m.

abnorm|aal unnormal, abnorm; ~**(al)iteit** [-'tɛit] Abnormität f.

abonnee [-'ne:] m of f *(-s)* Abonnent(in f) m; tel Teilnehmer(in f) m; ~**nummer** [-nəmər] n Telefon-, Rufnummer f.

abonnement [-'mɛnt] n Abonnement n; ~**s·kaart** Zeit-, Dauerkarte f; ~**s·prijs** [-prɛis] Bezugspreis m.

abonneren [-'ne:r-]: *zich* ~ *(op)* abonnieren; *geabonneerd zijn op* abonniert haben; *(op krant ook)* beziehen.

abort|eren [-'te:r-] med abtreiben; ~**us** [ɑ'bortəs] *(provocatus* [-'ka:təs]) Schwangerschaftsunterbrechung f, -abbruch m, Abtreibung f.

abrikoos [-'ko:s] *(-kozen)* Aprikose f.

absentie [ɑp'sɛnsi·] *(-s)* Abwesenheit f.

absoluut [-'ly·t] absolut.

absorberen [-'be:r-] absorbieren.

abstract [ɑp'strɑkt] abstrakt.

absurd [-'sərt] absurd.

abt m Abt m.

abuis [ɑ'bœys] n *(abuizen)* Irrtum m.

abusievelijk [ɑby·'zi·vələk] versehentlich, irrtümlicherweise.

acacia [-si·(j)ɑ] *(-'s)* Akazie f.

academ|ica [-'de:mi·kɑ] f *(-'s)* Akademikerin f; ~**icus** [-kəs] m *(-mici* [-si·']) Akademiker m; ~**ie** [-de:mi·'] *(-miën of -s)* Akademie f.

acceler|atie [ɑksə·lɑ·rɑ·(t)si·] Beschleunigung f; ~**eren** [-'re:r-] beschleunigen.

accent [ɑk'sɛnt] n Akzent m, Betonung f; ~**ueren** [-ty·'ŭe:r-] akzentuieren, betonen.

accept|abel [ɑksɛp'tɑ:bəl] akzeptabel; ~**eren** [-'te:r-] akzeptieren; ~**girokaart** [-xi:ro:-] vorgedrucktes Überweisungsformular n.

accessoires [ɑksɛs'ŭa:rs] pl Zubehör n.

accijns [ɑk'sɛins] *(-cijnzen)* Steuer f; ~ *op olie en benzine* Mineralölsteuer f.

acclimatiseren ['-ze:r-] v/i *(zn)* sich akklimatisieren.

acclamatie [ɑklɑ·'mɑ·(t)si·] *(-s)* Akklamation f, Zuruf m.

accomodatie [ɑko·mo·'dɑ·(t)si·] *(-s)* Unterbringung f.

accordeon [ɑ'kordə·(j)ɔn] n of m *(-s)* Akkordeon n, Schifferklavier n.

accountant [ɑ'kɑuntənt] m *(-s)* Rech-

accreditief

nungs-, Wirtschaftsprüfer *m*, Bücherrevisor *m*.
accreditief [-'tiˑf] *n* (*-tieven*) Akkreditiv *n*.
accu ['aky] (*-'s*) Akkumulator *m*; (*auto~*) Batterie *f*; **~mulator** [-myˑ'laːtɔr] (*-s of -en* [-'toː-]) = *accu*; **~satief** [-zatiˑf] (*-tieven*) Akkusativ *m*.
acht[1] acht.
acht[2] : *~ slaan op* achten auf (*A*); *geen ~ slaan op* außer acht lassen; *in ~ nemen* beachten, einhalten; **~baar** achtbar, ehrenwert.
achteloos achtlos, lässig; **~heid** [-hɛit] (*-heden*) Achtlosigkeit *f*, Lässigkeit *f*.
achten achten, ehren, glauben, halten für (*A*); **~s·waardig** [-'vaːrdəx] achtenswert.
achter *prep* hinter (*A*, *D*); **~(aan)** *adv* hinten; *~ staan* (*of zijn*) im Rückstand sein, zurück sein; *~ raken* in Verzug geraten; *van ~(en)* von hinten; **~aankomen** hinterherhinken; **~aanzicht** *n* Rückansicht *f*; **~af** [axtəˈraf] hinterher, nachträglich; **~ (gezien)** im nachhinein, rückblickend; **~baks** ['baks] hinterlistig, hinterhältig; **~band** Hinterreifen *m*; **~bank** Rücksitz *m*.
achterblijv|en [-blɛiˑv-] zurückbleiben; **~er** *m* (*-s*) Zurückgebliebene(r), Nachzügler *m*.
achter|buurt [-byːrt] Armenviertel *n*; **~dek** *n* Achterdeck *n*; **~deur** [-døːr] Hintertür *f*.
achterdocht *n* Argwohn *m*, Mißtrauen *n*; **~ig** ['dɔxtəx] argwöhnisch, mißtrauisch.
achtereen [-'reːn] nach-, hintereinander; **~volgens** [-'vɔl-] nacheinander.
achter|en ['axtərə(n)] *z. achter*; **~gebleven** [-blɛˑv-] zurückgeblieben, rückständig; **~grond** Hintergrund *m* (*ook fig*); *op de ~* im Hintergrund; **~haald** ['haːlt] überholt; **~halen** ['haːl-] (*-*) einholen, ermitteln; **~hoede** ['huːdə] Nachhut *f*; *sp* Abwehr *f*; **~hoofd** *n* Hinterkopf *m*; **~houden** [-hɑuˑðə(n)] zurück(be)halten; (*verduisteren*) unterschlagen; **~kant** Hinter-, Rückseite *f* Heck *n*; **~klap** üble Nachrede *f*; **~kleinkind** *n* Urenkel *m*; **~land** *n* Hinterland *n*; **~laten** zurück-, hinterlassen; **~licht** *n* Schluß-, Rücklicht *n*; **~lijk** [-lək] rückständig, zurückgeblieben; **~lopen**

horloge: nachgehen; **~na** [-'naː] hinterher; **~naam** Familien-, Nach-, Zuname *m*; **~nalopen** [-'naː] nachlaufen (*D*); **~naziten** nachstellen (*D*), hersein hinter (*D*); **~om** [-'rɔm] hintenherum; **~op** [-'ɔp] hintendrauf; zurück(geblieben).
achterover [-'oːvər] rückwärts, rücklings; **~drukken** [-drɔk-] auf die Seite schaffen; **~slaan** *v/t* hinunterschlütten; *v/i* (*zn*): *iem slaat achterover van iets* etw haut j-n um.
achter|poot Hinterbein *n*; **~ruit** [-rəit] Heckscheibe *f*; **~staan** (*bij*) zurückstehen (hinter *D*); **~stallig** ['stalax] rückständig; **~stand** Rückstand *m*; *zijn ~ inlopen* aufholen.
achter|ste 1. hintere; **2.** *n* F Hintern *m*; **~stellen** zurücksetzen; **~ste-voren** [-'voːrə(n)] verkehrt herum.
achteruit [-'əit] **1.** rückwärts, zurück; **2.** *subst auto*: Rückwärtsgang *m*; **~deinzen** (*zn*) zurückweichen, -fahren; **~gaan** (*zn*) zurückgehen; rückwärts gehen; **~gaand** rückläufig; **~gang** Rückgang *m*; ['ax-] Hintertür *f*; **~kijkspiegel** [-kɛik-] Rückspiegel *m*; **~krabbelen** (*zn*) *fig* kneifen; **~rijlicht** *n* Rückfahrscheinwerfer *m*; **~springen** (*zn*) zurückspringen; **~zetten** zurücksetzen; *horloge* zurückstellen.
achtervoegsel [-'vuxsəl] *n* (*-s*) Suffix *n*.
achtervolg|en [-'vɔl-] (*-*) verfolgen; **~er** *m* (*-s*) Verfolger *m*; **~ing** Verfolgung *f*.
achter|waarts *adv* rückwärts; *adj* rückwärtig; **~wand** Rückwand *f*; **~wege** [-'veːɣə]: **~ blijven** unterbleiben; **~ laten** unterlassen; **~wiel** *n* Hinterrad *n*; **~wielaandrijving** [-drɛiˑv-] Hinterradantrieb *m*; **~zak** Gesäßtasche *f*; **~zijde** = *achterkant*.
achting Achtung *f*.
acht|maal achtmal; **~riemsgiek** *sp* Achter *m*; **~ste 1.** achte; **2.** *n* Achtel *n*; **~tien** achtzehn; **~tiende** achtzehnte; **~urendag** [-'yːr-] Achtstundentag *m*.
acne [ak'neː] (*-s*) Akne *f*.
acrob|aat [-'baːt] *m* (*-baten*) Akrobat *m*; **~ate** *f* Akrobatin *f*.
acteren [-'teːrə(n)] spielen, auftreten.
acteur [-'tøːr] *m* (*-s*) Schauspieler *m*, Darsteller *m*.
actie ['aksi] (*-s*) Aktion *f*; *in ~ komen* aktiv werden, in Aktion treten.

actief aktiv, tätig, rührig; ~ **zijn** *ook* sich betätigen.
actiegroep [-ɣru·p] Bürgerinitiative *f*.
activiteit [-'tɛit] Aktivität *f*, Tätigkeit *f*.
actrice [-'tri·sə] *f* (*-s*) Schauspielerin *f*, Darstellerin *f*.
actualiteit [-tyˈʋaliˈtɛit] Aktualität *f*.
actueel [-tyˈʋeːl] aktuell, zeitgemäß.
acupunctuur [akypəŋkˈtyːr] Akupunktur *f*.
acuut [aˈkyt] akut.
adams·appel Adamsapfel *m*.
adder (*-s*) Natter *f*, Otter *f*.
adel Adel *m*; ~**n** adeln; ~**lijk** [-lək] adlig.
adem Atem *m*; *buiten* ~ außer Atem; *in één* ~ in e-m Atemzug; *slechte* ~ Mundgeruch *m*; ~**benemend** [-bənəːmənt] atem(be)raubend; ~**en** atmen.
ademhal|en atmen, Atem holen; ~**ing** Atmung *f*; *kunstmatige* ~ künstliche Beatmung *f*; ~**ings·moeilijkheden** [-muˈilək-] *pl* Atembeschwerden *f/pl*.
adem|loos atemlos; ~**pauze** [-pauzə] Atempause *f*; ~**tocht** Atemzug *m*.
adequaat [-ˈkʋaːt] adäquat.
ader (*-s of -en*) Ader *f*, Vene *f*; ~**lating** Aderlaß *m*; ~**verkalking** Arterienverkalkung *f*.
adjectief *n* (*-tieven*) Adjektiv *n*.
adjudant [-jyˈdant] *m* Adjutant *m*.
adjunct [adˈjəŋkt] *m* Stellvertreter *m*, Vize *m*.
administrat|eur [-ˈtøːr] *m* (*-s of -en*) Verwalter *m*; ~**ie** [-ˈstraː(t)siˑ] (*-s*) Verwaltung *f*; ~**ie·kosten** *pl* Verwaltungsgebühr *f*, -kosten *pl*; ~**rice** [-ˈtriˑsə] *f* (*-s*) Verwalterin *f*.
admiraal *m* (*-s of -ralen*) Admiral *m*.
adolescent(e) *f* *m* [-ˈsɛnt(ə)] Heranwachsende(r).
adopteren [-ˈteːr-] adoptieren.
adres *n* (*-sen*) Adresse *f*, Anschrift *f*; Bittschrift *f*, Eingabe *f*; ~**boek** [-buk] *n* Adreßbuch *n*; ~**kaart** Paketkarte *f*; ~**sen·lijst** [-lɛist] Adressenliste *f*; ~**wijziging** [-vɛizəɣ-] Adressenänderung *f*.
Adriatisch [-tiˑs]; ~**e Zee** Adria *f*.
advent Advent *m*.
adverteerder [-ˈteːr-] *m* (*-s*) Inserent *m*.
advertentie [-ˈtɛnsiˑ] (*-s*) Anzeige *f*, Inserat *n*, Annonce *f*; ~**blad** *n* Anzeigenblatt *n*.
adverteren [-ˈteːr-] inserieren, annoncieren.

advies *n* (*-viezen*) Rat *m*; Gutachten *n*; Beratung *f*; ~ *uitbrengen* (*over*) begutachten; ~**bureau** [-byroː] *n* Beratungsstelle *f*; ~**college** [-leːʒə] *n* Beirat *m*; ~**prijs** [-prɛis] Richtpreis *m*.
advis|eren [-ˈzeːr-] (be)raten; ~**eur** [-ˈzøːr] *m* (*-s*) Berater *m*; ~**euse** [-ˈzøːzə] *f* (*-s of -n*) Beraterin *f*.
advoc|aat [-ˈkaːt] *m* (*-caten*) (Rechts-)Anwalt *m*; ~**ate** [-ˈkaːtə] *f* (Rechts-)Anwältin *f*; ~**atuur** [-kaˈtyːr] Anwaltschaft *f*.
af ab; fertig; herunter; ~ *en toe* ab und zu, dann und wann; *goed* ~ *zijn* fein heraussein; ~ *zijn van* los sein; *van vandaag (het begin)* ~ von heute (Anfang) an; ~ *fabriek* ab Werk; ~**bakenen** [ˈbaːkən-] abstecken, abgrenzen.
afbeeld|en abbilden; ~**ing** Abbildung *f*.
af|bellen telefonisch absagen; herumtelefonieren; ~**bestellen** abbestellen.
afbetal|en abzahlen, F abstottern; ~**ing** Abzahlung *f*; Teil-, Ratenzahlung *f*; *op* ~ in Raten, ratenweise, auf Abzahlung; *koop op* ~ Ratenkauf *m*.
af|betten abtupfen; ~**beulen** [-bøːl-] schinden, strapazieren; *zich* ~ sich abrackern; ~**bijten** [ˈbɛit-] abbeißen; ~**bladderen** [ˈbladərə(n)] abblättern; ~**blazen** abblasen; ~**blijven** [ˈblɛiv-] nicht anrühren; ~**boeken** [ˈbuk-] abbuchen; ~**borstelen** abbürsten.
afbraak Abbruch *m*, Abriß *m*; ~**prijs** [-prɛis] Schleuderpreis *m*.
af|branden *v/i* (*zn*) *en v/t* ab-, niederbrennen; ~**breken** [ˈbreːk-] abbrechen; nieder-, abreißen; *biol* abbauen; ~**brengen** van abbringen (von *D*); ~**breuk** [ˈbrøːk]: ~ *doen aan* beeinträchtigen, Abbruch tun (*D*); ~**brokkelen** [ˈbrɔkəl-] abbröckeln; ~**buigen** [ˈbœyɣ-] (*zn*) abbiegen; *weg ook*: abzweigen; ~**checken** [ˈtʃɛk-] abhaken; ~**dak** *n* Schutz-, Vordach *n*.
afdal|en hinab-, herabsteigen; *mijnb* einfahren; ~**ing** Abstieg *m*; *sp* Abfahrt *f*; ~**ings·wedstrijd** [-vɛtstrɛit] Abfahrtslauf *m*.
af|danken *iem* entlassen; *iets* ablegen, ausrangieren; ~**dekken** abdecken.
afdeling [ˈavdeːlɪŋ] Abteilung *f*; Referat *n*, Ressort *n*; (Krankenhaus-)Station *f*; *sp* Liga *f*; ~ *verkoop* Verkaufs-, Ver-

triebsabteilung *f*; **~s·chef** [-ʃɛf] *m* Abteilungsleiter *m*.
af|dichten *tech* abdichten; **~dingen** feilschen, (herunter)handeln.
afdoen ['du·n] abmachen, abtun; erledigen; **~d** entscheidend, triftig; *bewijs*: schlagend.
af|draaien abdrehen; **~dragen** *kleding* abtragen; *geld* abführen; **~drijven** ['dreɪ̯v-] abtreiben (*ook med*); **~drogen** abtrocknen; **~droogdoek** [-du:k] Geschirrtuch *n*.
afdruk ['drək] Abdruck *m*; *foto*: Abzug *m*; **~ken** abdrucken; abdrücken.
af|dwalen (*zn*) abirren, abschweifen; *van het thema* **~** vom Thema abkommen; **~dwingen** erzwingen.
affaire [ɑ'fɛːrə] (-*s*) Affäre *f*.
affiche [ɑ'fiˑʃə] *n of f* (-*s*) Aushang *m*, Plakat *n*, Anschlag *m*.
affluiten ['-flœy̯t-] *sp* abpfeifen.
affront [ɑ'frɔnt] *n* Affront *m*, Kränkung *f*.
afgaan abgehen; *trap* hinunter-, hinabgehen; **~** *op* zu-, losgehen auf (*A*).
afge|daan erledigt; **~lasten** absagen, F abblasen; **~leefd** abgelebt, altersschwach; **~legen** abgelegen, entlegen; **~lopen** abgelaufen; vergangen; *is* **~** ist aus, ist vorbei; (*en nou is het*) **~**! Schluß (jetzt)!; **~meten** [-meːt-] abgemessen; *fig* gemessen; **~schoten** [-sxoːt-] *ruimte* Verschlag *m*; **~sproken** [-sproːk-] abgemacht, verabredet; **~stompt** abgestumpft; **~studeerde** [-styˑ-] Studierende (in *f*) *m*; **~vaardigde** [-dəɣdə] Abgeordnete(r); *huis* (*kamer*) *van* **~***n* Abgeordnetenhaus *n* (Abgeordnetenkammer *f*).
afgeven abgeben; *pas* ausstellen; *kleur*: abfärben; *zich* **~** *met* sich abgeben mit (*D*); **~** *op* herziehen über (*A*).
afge|zaagd abgedroschen; **~zant(e** *f*) *m* Abgesandte(r); **~zien** **~** *van* abgesehen von (*D*); **~zonderd** abgeschieden, abgelegen; zurückgezogen.
afgiet|en abgießen; **~sel** *n* (-*s*) Abguß *m*.
af|gifte Abgabe *f*; Ausgabe *f*; Ausstellung *f*; **~glijden** [-'ɣlɛɪ̯d-] (*zn*) abgleiten.
afgod Abgott *m*; Götze *m*; **~isch** ['xoːdisˑ] abgöttisch.
af|grazen abgrasen; **~grendelen** ['-xrɛndəl-] abriegeln; **~grijselijk** [-'xrɛɪ̯sələk] gräßlich, grauenhaft, grau-
sig; **~grijzen** ['ɑf-] *n* Grau(s)en *n*; **~grond** Abgrund *m*, Schlund *m*.
afgunst ['-xənst] Neid *m*, Mißgunst *f*; **~ig** [-'xɛnstəx] neidisch.
af|haken abhaken; **~hakken** abhacken; **~halen** abholen; *geld* abheben; *bed* abziehen; (*weghalen*) abmachen, -montieren; **~handelen** erledigen, abwickeln; **~handig** [-'hɑndəx]: **~** *maken* entwenden; abspenstig machen, abjagen; **~hangen** (*van*) abhängen (von *D*).
afhankelijk [-'hɑŋkələk] abhängig; **~heid** (-*heden*) Abhängigkeit *f*.
af|hellen abfallen; **~helpen** (*van*) befreien (von *D*); **~houden** ['-hau̯d-n] ab-, fernhalten, zurückhalten; *geld* abziehen; **~jakkeren** ['-jɑkərə(n)] (ab)hetzen; *zich* **~** sich abhetzen, hetzen, sich beeilen; **~kammen** *fig* heruntermachen, schlechtmachen; **~kappen** abhacken; **~keer** Abneigung *f*, Abscheu *m*, Ekel *m*, Überdruß *m*; **~keren** (*zich*) (sich) abwenden; **~kerig** [-'keːrəx] (*van*) abgeneigt (*D*), abhold (*D*).
afkeuren ['-køːr-] mißbilligen, tadeln, rügen; *waren* beanstanden; *iem voor de dienst* **~** j-n für dienstuntauglich erklären; **~d** mißbilligend, abfällig; **~s·waardig** ['-ʋaːrdəx] tadelnswert.
afkeuring Mißbilligung *f*, Tadel *m*, Rüge *f*; Beanstandung *f*.
af|kleppen F abklappern; **~kloppen** abklopfen; **~knabbelen** abknabbern; **~knijpen** ['-knɛɪ̯p-] abkneifen; **~knippen** abschneiden, abtrennen; **~knotten** stutzen; **~koelen** ['-kuˑl-] *v/i* (*zn*) *en v/t* abkühlen; **~komen** ['-koːm-] herabkommen; herkommen; **~** *op* zugehen (*of* zukommen) auf (*A*); *goed* (*slecht*) **~** *van* gut (schlecht) wegkommen bei (*D*); *er* **~** davonkommen.
afkomst Abkunft *f*, Herkunft *f*; **~ig** ['-kɔmstəx] herstammend, gebürtig; **~** *zijn* (*van*) herrühren (von *D*), stammen (aus *D*).
afkondig|en [-dəɣə(n)] verkünd(ig)en, erlassen; *pej* verhängen; **~ing** Verkünd(ig)ung *f*; Verhängung *f*; Bekanntmachung *f*.
afkoopsom Abfindungssumme *f*.
af|korten abkürzen; **~ing** Abkürzung *f*.
af|krabben abkratzen; **~kraken** ['-krɑːk-] *fig* heruntermachen; **~krijgen** ['-krɛɪ̯ɣ-] abbekommen; fertigbringen;

afslanken

~kunnen ['-kən-] fertig werden mit (D); **~laden** abladen; **~laat** (-laten) Ablaß m; **~laten** ['-la:t-] ablassen.

afleggen ab-, niederlegen; weg zurücklegen; bezoek abstatten; verklaring abgeben; het (moeten) ~ tegen unterliegen (D), unterlegen sein (D).

afleid|en ableiten; (concluderen) folgern, schließen; (ontspannen; storen) ablenken; **~ing** Ableitung f; Ablenkung f; **~ings·manoeuvre** [-nœ:vrə], **~ings·maneuver** [-nœ:vər] m of n Ablenkungsmanöver m.

afleren ['-le:r-] abgewöhnen.

aflever|en abliefern; **~ing** (Ab-)Lieferung f; (van tijdschrift) Lieferung f, Heft n; (van filmserie) Folge f; **~ings·bewijs** [-vɛis] n Lieferschein m.

af|likken ablecken; **~loop** Ablauf m, Ausgang m; **~lopen** ablaufen; ausgehen; **~lossen** schulden abtragen, tilgen; (elkaar) (sich) ablösen, (sich) abwechseln.

afluister|en ['-ləʏstərə(n)] abhören, belauschen; **~installatie** [-la:(t)si·] Abhöranlage f.

af|maaien ['-ma:i-] abmähen; **~maken** erledigen; beend(ig)en; (doden) umbringen, abschlachten; (bekritiseren) fertigmachen; studie absolvieren; zich van iets ~ sich etw vom Halse schaffen; **~mars** Abmarsch m; **~matten** erschöpfen, aufreiben, zermürben; **~meren** ['-me:r-] festmachen; **~meting** f Abmessung f; **~en pl** fig Ausmaß n; **~name** Abnahme f; **~neemster** f (-s) Abnehmerin f, Beziehrin f.

afnem|en v/i (zn) en v/t abnehmen; v/i ook nachlassen, abflauen; kaart abheben; stof wischen; **~er** m (-s) Abnehmer m, Bezieher m; **~ing** Abnahme f.

af|pakken ab-, wegnehmen; **~passen** abmessen; geld abzählen.

afpers|en erpressen; **~er** m (-s) Erpresser m; **~ster** f (-s) Erpresserin f.

af|pingelen feilschen; ~ op herunterhandeln; **~plukken** ['-plœk-] abpflücken; **~poetsen** ['-pu·t-] abputzen; **~prijzen** ['-prɛiz-] (im Preis) herabsetzen; **~raken** (zn) abkommen, abweichen; loswerden; **~ranselen** verprügeln, verhauen; **~rastering** ['-rɑstər-] (Draht-)Zaun m; **~reageren** (zich) (sich) abreagieren (op an D); **~reke-**

~nen ['-re:kən-] abrechnen; **~remmen** abbremsen (ook fig); **~richten** abrichten, dressieren; **~rijden** ['-rɛiə(n)] (hin-, her)abfahren; ~ op zufahren auf (A).

Afrikaan m (-kanen) Afrikaner m; **~s** afrikanisch; **~se** f Afrikanerin f.

af|rit Ab-, Ausfahrt f; **~roepen** ['-ru·p-] abrufen; (afkondigen) ausrufen; **~rollen** abrollen; hinunterrollen; **~ronden** abrunden; naar boven ~ aufrunden; **~rossen** verprügeln, zusammenschlagen; **~ruimen** ['-rœym-] abräumen; **~rukken** ['-rœk-] abreißen; **~schaffen** ['-sxɑfə(n)] abschaffen, abstellen; **~schampen** (zn) abprallen.

afscheid ['-sxɛit] n Abschied m; ~ nemen ook sich verabschieden; **~en** (ab)trennen; vocht ausscheiden, absondern; zich ~ sich abspalten; **~ing** Trennung f; Auscheidung f, Absonderung f; **~s·feestje** [-fe:ʃə] n Abschiedsfeier f.

afschepen ['-sxe:p-] fig abwimmeln, abblitzen lassen; (met) abspeisen (mit D).

afschermen ['-sxɛrmə(n)] abschirmen.

afscheur|en ['-sxœr] abreißen, abtrennen; **~kalender** Abreißkalender m.

afschrift n Abschrift f; (bank~) Auszug m.

afschrijv|en ['-sxrɛiv-] abschreiben (ook hdl); (afboeken) abbuchen; (afzeggen) (schriftlich) absagen; **~ing** Abschreibung f.

afschrik|ken ['-sxrɪk-] abschrecken; **~wekkend** ['-vɛkənt] abschreckend.

af|schroeven ['-sxru·v-] abschrauben; **~schudden** ['-sxœd-]: (van zich) ~ abschütteln, abhängen; **~schuiven** ['-sxœyv-]: (van zich) ~ (von sich) abschieben.

afschuw ['-sxy·u] Abscheu m, Widerwille m; **~e·lijk** ['-sxy·uələk] abscheulich, scheußlich.

afslaan 1. v/t abschlagen; abweisen, ausschlagen; aanval zurückschlagen; 2. v/i (zn) prijzen: billiger werden; motor: aussetzen; verkeer: abbiegen; links ~ (nach) links abbiegen.

af|slachten abschlachten, niedermetzeln; **~slag** ['-slɑx] Auktion f, Versteigerung f; verkeer: Abzweigung f, (Autobahn-)Ausfahrt f; (prijs~) Herabsetzung f; **~slanken** v/i (zn) abmagern;

afslijten

(gesund)schrumpfen; ~**slijten** ['-slɛit-] (sich) abnutzen; ~**sloven**: *zich* ~ sich (ab)quälen, sich (ab)plagen.

afsluit|baar ['-sləvd-] verschließbar; ~**dijk** [-dɛik] Abschlußdeich *m*; ~**en** abschließen (*ook contract*); *kraan* abdrehen; *gas*, *weg* (ab)sperren; ~**ing** Abschluß *m*; Verschluß *m*; Sperre *f*, (Ab-)Sperrung *f*.

af|snauwen ['-snɑ̄üə(n)] anschnauzen; ~**snijden** ['-snɛiə(n)] abschneiden; sperren; ~**snoepen** ['-snu:p-] abjagen, F ausspannen; ~**soppen** abseifen; ~**spelden** abstecken; ~**splijten** ['-splɛit-] abspalten; ~**splitsen** (*zich*) (sich) abspalten; *weg*: abzweigen; ~**spoelen** ['-spu:l-] abspülen; ~**spraak** (-*spraken*) Verabredung *f*, Vereinbarung *f*, Abmachung *f*; (*tijdstip*) Termin *m*; *een* ~ *hebben* verabredet sein; e-n Termin haben; *gas een ~ maken* sich verabreden; *volgens* ~ nach (*of* laut) Verinbarung; wie verabredet; ~**spreken** (*met*) (sich) verabreden (mit *D*); ~**springen** (*zn*) (ab-, herunter)springen; *fig* scheitern, sich zerschlagen; ~**spuiten** ['-spœyt-] abspritzen; ~**staan** abstehen; (*geven*) überlassen, abtreten.

afstamm|eling(e *f*) *m* Nachkomme *m*, Abkömmling *m*; Sprößling *m*; ~**en** (*zn*) ab-, herstammen; ~**ing** Abstammung *f*; Herkunft *f*.

afstand Entfernung *f*, Distanz *f*; Abstand *m*; Abtretung *f*, Überlassung *f*; Verzicht *m*; ~ *doen van* verzichten auf (*A*); ~ *doen van de troon* abdanken; ~**s-bediening** Fernbedienung *f*; ~**s-besturing** [-sty:r-] Fernsteuerung *f*.

af|stappen (*zn*) absteigen; herab-, hinabsteigen; ~ *op* zugehen auf (*A*); ~**steken** ['-ste:k-] abstechen; *vuurwerk* abbrennen; ~ *tegen* sich abheben von (*D*), kontrastieren mit (*D*).

afstel *n* Aufschub *m*; ~**len** abstellen; einstellen, regulieren.

af|stemmen ablehnen; abstimmen; *radio etc.* einstellen; ~ *op* abstimmen (*of* ausrichten) auf (*A*); ~**stempelen** abstempelen (*ook fig*); ~**sterven** absterben, eingehen; *biol* umkippen; ~**stevenen** ['-ste:vənə(n)] (*op*) zusteuern (auf *A*); ~**stoffen** abstauben; ~**stompen** abstumpfen; ~**stormen**: ~ *op* losstürmen auf (*A*).

afstot|elijk [-'sto:tələk] abstoßend; ~**en** ['af-] abstoßen.

af|straffen bestrafen; (*met woorden*) abkanzeln; ~**straling** Abglanz *m*; ~**strijken** ['-strɛik-] abstreichen; ~**strijkje** *n* Abstrich *m*; ~**stropen** *kleding* abstreifen; *winkels* abklappern; ~**studeren** ['-sty:dɛr-] das Studium beenden; ~**takelen** (*zn*) verfallen.

aftakk|en abzweigen; ~**ing** Abzweigung *f*; Autobahndreieck *n*.

af|tands [-'tants] hinfällig; ~**tappen** ablassen, abzapfen; *bier* anzapfen; ~**tasten** abtasten; ~**tekenen** ['-te:kənə(n)] (*zich*) (sich) abzeichnen; ~**tellen** abzählen; ~**tikken** abtippen; ~**tobben**: *zich* ~ sich abmühen; ~**tocht** Rück-, Abzug *m*; *sp* Anstoß *m*; ~**trappen** *sp* anstoßen; ~**treden 1.** (*zn*) ausscheiden, zurücktreten; *vorst*: abdanken; **2.** *n* (-*s*) Rücktritt *m*; Abdankung *f*.

aftrek Absatz *m*; Abzug *m*; *na* ~ *van* nach Abzug (*G*), abzüglich (*G*); ~**baar** abzugsfähig; *fiscaal* ~ steuerlich absetzbar; ~**ken** abziehen; subtrahieren; *fiscaal* absetzen; ~**sel** *n* (-*s*) Aufguß *m*; *fig ook* Abklatsch *m*.

af|troggelen ablisten, abluchsen; ~**tuigen** ['-tœyɣ-] verprügeln; *mar* abtakeln.

afvaardig|en [-dəɣ-] abordnen; ~**ing** Abordnung *f*.

afvaart Abfahrt *f*.

afval *m of n* Abfall *m*; Abfälle *m/pl*, Müll *m*; *giftig* ~ Giftmüll *m*; ~**container** Müllcontainer *m*; ~**emmer** Abfalleimer *m*; ~**len** (ab)fallen; (*vermageren*) abnehmen, abmagern; ~ *van ook* herunterfallen von (*D*); ~**lig** ['-fɑləx] abtrünnig; ~**warmte** Abwärme *f*; ~**water** *n* Abwässer *n/pl*; ~**wedstrijd** [-strɛit] Ausscheidungskampf *m*, -spiel *n*.

af|varen (*zn*) ablegen, abfahren; ~**vegen** abwischen; ~**vijlen** [-fɛil-] abfeilen; ~**vliegen** abfliegen; ~ *op* (*zn*) zufliegen auf (*A*); sich stürzen auf (*A*).

afvloei|en ['-flu:iə(n)] (*zn*) abfließen; *laten* ~ *fig* abbauen; ~**ing** Abfluß *m*; (Personal-)Abbau *m*.

afvoer ['afu:r] Abfuhr *f*; Abfluß *m*; Abzug *m*; ~**en** abtransportieren; (*schrappen*) streichen; ~**pijp** [-pɛip] Abflußrohr *n*, Ausguß *m*.

af|vragen: *zich* ~ sich fragen; ~**vuren** ['-fy:r-] abfeuern, abdrücken.

afwacht|en abwarten; **~ing:** *in ~ van* in Erwartung (*G*).
afwas Abwasch *m*; *de ~ doen* (das Geschirr) spülen; **~bak** Aufwaschschüssel *f*; Spülbecken *n*, Spüle *f*; **~middel** *n* Spülmittel *n*; **~sen** abwaschen; *vaatwerk* spülen.
af|wateren entwässern; **~wegen** abwiegen; *fig* abwägen; **~wenden** (*zich*) (sich) abwenden; **~wennen** abgewöhnen, entwöhnen; **~wentelen** ['-vɛntəl-] (*op*) abwälzen (auf *A*); **~weren** abwehren; **~werken** erledigen; ausführen; vollenden; *afgewerkt produkt n* Fertigprodukt *n*; **~werpen 1.** ab-, hinab-, herabwerfen; **2.** *n* Abwurf *m*.
afwezig [-'ʋe:zəx] abwesend; **~heid** [-xɛit] Abwesenheit *f*; **~ van geest** Geistesabwesenheit *f*; *door* (*zijn*) *~ schitteren* durch Abwesenheit glänzen.
af|wijken ['-ʋɛik-] abweichen; **~wijzen** ab-, zurückweisen, von sich weisen, ablehnen; **~d** *ook* abschlägig; **~wikkelen** abwickeln; *fig ook* erledigen; **~wimpelen** ['-ʋɪmpələ(n)] abwimmeln.
afwissel|en abwechseln; **~d** *ook* wechselseweise; **~ing: ter ~** zur Abwechslung.
af|wissen abwischen; **~wrijven** ['afrɛiv-] abreiben; **~zagen** absägen; **~zakken** herunterrutschen; absinken.
afzegg|en *gasten* ook ausladen; *krant* abbestellen; **~ing** Absage *f*.
afzend|er *m* Absender *m*; **~ster** *f* (*-s*) Absenderin *f*.
afzet Absatz *m*; **~gebied** *n* Absatzgebiet *n*, -markt *m*; **~ster** *f* (*-s*) Betrügerin *f*; **~ten** absetzen; amputieren; *radio, motor* abstellen, ab-, ausschalten; *straat* (ab)sperren; (*bedriegen*) schröpfen, F neppen, übers Ohr hauen; *iem ~ voor* j-n prellen um (*A*); *zich ~* sich absetzen; (*bezinken* *ook*) sich ablagern; **~ter** *m* Betrüger *m*; **~terij** [-tə'rɛi] Schwindel *m*, Prellerei *f*, F Nepp *m*; **~ting** Absetzung *f*; Amputation *f*; Absperrung *f*; Ablagerung *f*.
afzichtelijk [-'sɪxtələk] abscheulich.
afzien absehen; *~ van ook* verzichten auf (*A*); **~baar** [-'sim-] absehbar.
af|zijdig [-'sɛidəx]: *zich ~ houden* (*van*) sich fernhalten (von *D*), sich heraushalten (aus *D*); **~zoeken** ['-suk-] absuchen.
afzonder|en absondern; **~ing** Absonde-

rung *f*; Abgeschiedenheit *f*; **~lijk** [-'sɔndərləkˌ] einzeln, gesondert; getrennt, separat; vereinzelt; *~ geval n* Einzelfall *m*.
afzuig|en ['-səyɣ-] absaugen; **~kap** Abzugshaube *f*.
af|zwakken *v/t* abschwächen; *v/i* (*zn*) sich abschwächen; **~zweren** abschwören.
agenda [ɑ'ɣɛndɑ'] (-'s) Notizbuch *n*, Terminkalender *m*; Tagesordnung *f*.
agent|e *f* [*-s of -n*] *m* Agent(in *f*) *m*; Polizist(in *f*) *m*; **~schap** [-sxɑp] *n* (*-pen*) Agentur *f*, Vertretung *f*.
agglomeratie [-'rɑ:(t)si·] (*-s*) Großraum *m*, Ballungsgebiet *n*; Agglomeration *f*.
agrariër [ɑ'ɣrɑ:ri·(j)ər] *m* (*-s*) Agrarier *m*, Landwirt *m*.
agressie [ɑ'ɣrɛsi·] (*-s*) Aggression *f*; **~f** [-'si·f] aggressiv, angriffslustig; *dier ook:* scharf.
a.h.w. *z. ware.*
ai! [ai] au!
aids [e:ts] Aids *n*; **~ aan ~ lijdend** aidskrank; **~patiënt(e** *f*) *m* Aidskranke(r).
aircondition|ed ['ɛːrkɔndɪʃənt] vollklimatisiert; **~ing** [-ʃənɪŋ] Klimaanlage *f*.
akelig ['a:kələx] widerwärtig; unheimlich, schauerlich.
Aken *n* Aachen *n*; **~s** Aachener.
akker (*-s*) Acker *m*; **~bouw** (*-baŭ*) Ackerbau *m*.
akkoord 1. einverstanden; *~ gaan* (*met*) einverstanden sein (mit *D*); **2.** *n* Einverständnis *n*; Abkommen *n*; *mus* Akkord *m*.
akoestiek [ɑkuˈstiˑk] Akustik *f*.
akte (*-n of -s*) Akte *f*, Urkunde *f*.
aktentas Aktentasche *f*.
al 1. all, alles; *~ de pl* alle *pl*, sämtliche *pl*; *~ mijn pl ook* meine gesamten *pl*; *~ bij ~* alles in allem; **2.** *adv* schon, bereits; **~ te** allzu; *~ naar* je nach (*D*) **3.** *cj* obwohl, wenn auch; *z. ook* alle.
alarm *n* Alarm *m*; *staat van ~* Alarmbereitschaft *f*; *loos ~* blinder Alarm; **~eren** [-'meːr-] alarmieren; **~installatie** [-lɑ:(t)si·] Alarm-, Warnanlage *f*; **~nummer** [-nəmər] *n*: (*algemeen*) Notrufnummer *f*; **~roep** [-ruˑp] Notruf *m*.
Alban|ees [-'neːs] **1.** albanisch; **2.** *m* (*-nezen*) (**~ese** *f*) Albanier(in *f*) *m*.
album ['-bəm] *n* (*-s*) Album *n*.

alcohol [-ɔl] Alkohol m; ~**houdend** [-haudənt] alkoholhaltig; ~**isme** [-'lɪsmə] n Alkoholismus m; ~**ist(e** f [-s]) [-'lɪst(ə)] m Alkoholiker(in f) m; ~**vrij** [-vrɛi] alkoholfrei.

al|daar dort; (in citaat) ebenda; ~**door** unaufhörlich, immerfort; ~**dra** alsbald; ~**dus** [-'dəs] also; folgendermaßen.

alfabet ['alfabɛt] n (-ten) Alphabet n, Abc n; ~**isch** [-'be:tirs] alphabetisch.

alfavakken n/pl geisteswissenschaftliche Fächer n/pl.

algeheel ['alɣəheːl] völlig, total.

algemeen allgemein; **in het** ~ im allgemeinen; **over het** ~ überhaupt; im allgemeinen, im (großen und) ganzen; ~**geldig** [-ɣɛldəx] allgemeingültig; ~**heid** [-hɛit] (-heden) Allgemeinheit f.

algen pl Algen f/pl.

Algerije [-ɣəˈrɛiə] n Algerien n.

al|hier hier; ~**hoewel** [-huˈʋɛl] obwohl, obgleich.

alibi n (-'s) Alibi n.

alimentatie [-'ta:(t)si·] f Alimentation f; Unterhaltsbeitrag m, Alimente n/pl.

alinea [a·'li·ne·a·] (-'s) Absatz m.

allang längst.

alle pl alle pl, sämtliche pl, gesamte pl; ~**bei** [-'bɛi] (alle) beide; ~**daags** alltäglich.

alleen allein; nur, bloß; ~ **al** allein schon, bloß; ~ **maar** nur, bloß; **niet** ~ ... **maar ook** nicht nur ..., sondern auch; ~**heerser** m Alleinherrscher m; ~**spraak** Selbstgespräch n; ~**staand** alleinstehend; ~**vertegenwoordiging** [-dəɣɪŋ] Alleinvertretung f.

allegaartje [-'ɣa·rtʃə] n (-s) Mischmasch m, Sammelsurium n.

allemaal alle pl, sämtliche pl, allesamt; alles, samt und sonders; (het) ~ alles; **wie** ~? wer alles?; ~ **maar** (geklets, ...) alles nur.

allengs [aˈlɛŋs] allmählich.

aller|- in samenst. mst aller-; ~**beroerdst** [-ruːrtst] hundsmiserabel; ~**best** allerbest; ~**eerst** zu(aller)erst, zunächst.

allergie [-'ɣi·] (-ën) Allergie f; ~**isch** [a'lɛrɣi·s] **(voor)** allergisch (gegen A).

aller|hande allerhand; ²**heiligen** [-'hɛilə·ɣə(n)] Allerheiligen n; ~**ijl** [-ɛil]: **in** ~ in aller Eile, eiligst; ~**laatst** allerletzt; ~**lei** allerhand, allerlei; ~**meest**

allermeist; **het** ~ am allermeisten; ~**minst** adj allerwenigst; adv am (allerwenigsten; alles andere als; ~**wegen** [-veːɣə(n)] allerorts, allenthalben; ²**zielen** Allerseelen n.

alles alles; (nog) van ~ alles mögliche, sonstwas; **bij dat** ~ bei alledem; ~ **op** ~ **zetten** aufs Ganze gehen, alles dransetzen; **ondanks** ~ trotz allem, trotz alledem; **voor** ~ vor allen Dingen; ~**behalve** alles andere als; ~**zins** ['aləsɪns] in jeder Hinsicht, durchaus.

alliantie [ali·'(j)ansi·] (-s) Allianz f.

allicht [aˈlɪxt] selbstverständlich; vermutlich, wohl.

all-in [ɔːˈlɪn] pauschal; ~**prijs** [-prɛis] Pauschal-, Inklusivpreis m.

allochtoon 1. autochthon; **2.** subst (-tonen) Allochtone(r), Zugereiste(r).

allooi n Gehalt m; fig pej Sorte f.

all-riskverzekering [ɔːlˈrɪskfərzeːkər-] (Voll-)Kaskoversicherung f.

almaar ständig, dauernd.

almachtig [-'maxtəx] allmächtig.

alom überall, allenthalben; ~**tegenwoordig** [-dəx] allgegenwärtig.

aloud ['-aut] uralt; althergebracht.

alpinopetje [-'pi·-] n (-s) Baskenmütze f.

alras [alˈras] bald.

alruin [alˈrœyn] Alraun m.

als als; (bij vergelijking) wie; (compar) als, denn; (indien) wenn, falls; ~**jeblieft** [alʃəˈbliːft] = **asjeblief**(t); ~**maar** immerzu; ~**mede** [-'meːdə] sowie; ~**nog** [-'nɔx] nachträglich; ~**of** als ob; ~**ook** wie auch.

alstublieft [-ty·'-] bitte (sehr).

altaar n (-taren) Altar m.

alt f of m mus Alt m.

alternatie|f [-'tiːf] **1.** alternativ; **2.** n (-tieven) Alternative f; ~**ve-ling(e** f) m Alternative(r); Aussteiger(in f) m.

althans [-'tɑns] wenigstens, jedenfalls.

altijd ['-tɛit] immer, jederzeit, immerzu; **voor** ~ auf (of für) immer.

aluin [aˈlœyn] Alaun m.

aluminium [aly·'mi·niəm] n Aluminium n; ~**folie** [-foːli·] Aluminiumfolie f.

al|vast [-'vast] inzwischen (schon); einstweilen; ~**vleesklier** Bauchspeicheldrüse f; ~**vorens** [-'voːrə(n)s] bevor; ~**weer** [-'veːr] schon wieder; ~**wetendheid** [-'veːtənt-] Allwissenheit f.

amandel [aˈmɑndəl] (-en of -s) Mandel

f; ~**gebak** *n* Mandelkuchen *m*; ~**spijs** [-speis] Mandelfüllung *f*; ~**ontsteking** [-stɛ:k-] Mandelentzündung *f*.
amateur [-'tœ:r] *m of f* (-*s*) Amateur(in *f*) *m*; Amateursportler(in *f*) *m*; ~**istisch** ['rɪstɪs] amateurhaft; laienhaft; *pej* dilettantisch.
amazone [-'zɔ:nə] *f* (-*s of* -*n*) Amazone *f*.
ambacht Handwerk *n*, Gewerbe *n*; ~**sman** *m* (-*lieden of* -*lui*) Handwerker *m*.
ambassad|e [-'sa:də] (-*s*) Botschaft *f*; ~**eur** [-'dø:r] *m* (-*s of* -*en*) Botschafter *m*; ~**rice** [-'dri·sə] *f* (-*s*) Botschafterin *f*.
ambiance [-'bjã:nsə] Ambiente *n*.
ambt [ɑmt] *n* Amt *n*.
ambte|lijk ['ɑmtələk] amtlich; ~**naar** (-*en of* -*s*) Beamte(r); ~ *van de burgerlijke stand* Standesbeamte(r); ~**narencorps** *f* Beamtenschaft *f*; ~**nares** [-'rɛs] *f* (-*sen*) Beamtin *f*; ~**narij** [-'rɛi] Beamtenschaft *f*.
ambts|eed Amtseid *m*; ~**gebied** *n* Amtsbezirk *m*; ~**halve** von Amts wegen; ~**periode** Amtszeit *f*.
ambulance(wagen) [-by'lã:sə] (-*s of -n*) Rettungswagen *m*, Ambulanz *f*.
Amerikaan|(se *f*) [-'ka:n(sə)] *m* (-*kanen*) Amerikaner(in *f*) *m*; ~**s** amerikanisch.
ameublement [amø·blə'mɛnt] *n* Mobiliar *n*.
ammoniak [-'niɑk] Ammoniak *n*.
amnestie (-*ën*) Amnestie *f*.
amok ['a·mɔk]: ~ *maken* Amok laufen.
amortis|atie [-'za:(t)si·] (-*s*) Amortisation *f*, Tilgung *f*; ~**eren** [-'ze:r-] amortisieren.
amper ['ɑmpər] kaum.
ampère [-pɛ:r(ə)] (-*s*) Ampere *n*.
ampul [-'pøl] (-*len*) Ampulle *f*.
amputeren [-py·'te:r-] amputieren.
Amsterdams ['dɑms] Amsterdamer.
amulet [ɑmy·'lɛt] *n* (-*ten*) Amulett *n*.
amus|ant [ɑmy·'zɑnt] amüsant, unterhaltend; ~**ement** [-'mɛnt] *n* Amüsement *n*, Unterhaltung *f*; ~**eren** [-'ze:r-] (*zich*) (sich) vergnügen, (sich) unterhalten.
analfab|eet [-'be:t] *m* (-*beten*) Analphabet *m*; ~**ete** *f* Analphabetin *f*.
analyse [-'li·zə] (-*n*) Analyse *f*; ~**eren** [-'ze:r-] analysieren.
ananas (-*sen*) Ananas *f*.
anarchie [-'xi'] Anarchie *f*.
anatomisch [-'to:mi·s] anatomisch.

ander ander, sonstig; *aan de ~e kant* andererseits; *onder ~e* unter anderem.
anderhalf anderthalb, eineinhalb.
anders anders; sonst; ~**denkende** Andersdenkende(r); ~**om** [-'ɔm] andersherum, umgekehrt.
ander|soortig [-tɔx] andersartig; ~**zijds** [-zɛits] ander(er)seits.
Andes(gebergte *n*) ['ɑndɛs] Anden *pl*.
andijvie [-'dɛivi·] Endivie *f*.
anekdote (-*s of -n*) Anekdote *f*.
anemoon [-'mo:n] (-*monen*) Anemone *f*.
angel (-*s*) Angelhaken *m*; (*van insekt*) Stachel *m*.
Angelsaksisch [-si·s] angelsächsisch.
angst Angst *f*; ~**aanjagend** beängstigend; ~**gevoel** [-ɣu'l] *n* Angstgefühl *n*; ~**ig** ['ɑŋstəx] ängstlich; ~**vallig** [-'fɑlɔx] ängstlich; peinlich; ~**wekkend** [-'vɛkənt] beängstigend.
anijs [ɑ'nɛis] Anis *m*.
animeren [-'me:rə(n)] animieren, anregen; ~**d** anregend.
anjelier [ɑnjə'li:r], **anjer** (-*s*) Nelke *f*.
anker *n* (-*s*) Anker *m*; *voor ~ gaan* vor Anker gehen; ~**en** ['ɑŋkərə(n)] ankern.
annexeren [-'ksɛ:r-] annektieren.
annuler|en [-ny·'-] annullieren; stornieren; ~**ings·kosten** *pl* Stornierungsgebühr *f*.
anon|iem anonym; ~**imiteit** [-'tɛit] Anonymität *f*.
anorak (-*s*) Anorak *m*.
ansjovis [-'ʃo:-] Anschovis *f*, Sardelle *f*.
antedateren [-'te:r-] (zu)rückdatieren.
antenne (-*s of -n*) Antenne *f*; *centrale ~* Gemeinschaftsantenne *f*.
anti|- *in samenst. mst* anti-, Anti-, *b.v.* ~**bioticum** [-kəm] *n* (-*tica*) Antibiotikum *n*; ~**cipatie** [-'pa:(t)si·] (-*s*) Vorwegnahme *f*; ~**ciperen** [-'pe:r-]: ~ *op* vorwegnehmen, antizipieren; ~**conceptie** [-kɔn'sɛpsi·] Schwangerschaftsverhütung *f*; ~**-Duits** deutschfeindlich.
antiek 1. antik; **2.** *n* Antiquitäten *f/pl*.
antikwiteit = *antiquiteit*.
antilope Antilope *f*.
antipathie (-*ën*) Antipathie *f*.
anti|quair [-'kɛ:r] *m* (-*s*) Antiquitätenhändler *m*, Antiquar *m*; Antiquitätenladen *m*; ~**quariaat** [-kũa·'ria:t] *n* (-*riaten*) Antiquariat *n*; ~**quiteit** [-k(u)i·'tɛit] Antiquität *f*.
anti|semitisme *n* Antisemitismus *m*;

~septisch [-i·s] antiseptisch, keimtötend; **~slip** *adj* rutschfest; **~stof** Abwehrstoff *m*.

anti-vriesmiddel *n* Frostschutzmittel *n*.

antwoord *n* Antwort *f*, Erwiderung *f*; **verzoeke ~** um Antwort wird gebeten (*afk* u.A.w.g.); **~apparaat** *n* Anrufbeantworter *m*; **~en** antworten, erwidern.

anus ['a:nəs] After *m*.

A.O.W. [a:o:'ve:] Alters-, Sozialrente *f*.

apart einzeln, gesondert; apart; *een ~ geval* e-e Sache für sich.

apenootje *n* (*-s*) Erdnuß *f*.

aperitief *n of m* (*-tieven*) Aperitif *m*.

apert [a'pɛrt] offenkundig.

apin [a'pɪn] *f* (*-nen*) Äffin *f*.

apolitiek unpolitisch, apolitisch.

apostrof (*-fen of -s*) Apostroph *m*, Auslassungszeichen *n*.

apothe|ek (*-theken*) Apotheke *f*; **~eker(es** [-'rɛs] *f* [*-sen*]) *m* (*-s*) Apotheker(in *f*) *m*.

appar|aat *n* (*-raten*) Apparat *m*, Gerät *n*; **~atuur** [-'ty:r] Geräte *n/pl*, Apparatur *f*.

appartement [-'mɛnt] *n* Etagenwohnung *f*, Apartment *n*.

appel[1] [ɑpəl] (*-s of -en*) Apfel *m*.

appel[2] [a'pɛl] *m* Appell *m*.

appel|flap Apfeltasche *f*; **~gebak** *n* Apfelstrudel *m*; **~moes** [-'mu·s] Apfelmus *n*; **~taart** Apfelkuchen *m*.

applaudisseren [-'se:r-] Beifall klatschen, applaudieren (*D*); **~s** *n* Applaus *m*, Beifall *m*.

applicatiesoftware [ɑpliˈka:(t)si·sɔftvɛːr] Anwendersoftware *f*.

appre|ciatie [-ˈsia:(t)si] (*-s*) Bewertung *f*; Anerkennung *f*; **~ciëren** [-ˈsie:r-] schätzen, anerkennen.

april April *m*; **~grap** Aprilscherz *m*.

aqua|rel (*-len*) Aquarell *n*; **~rium** [-ri·(j)ɛm] *n* (*-s of -ria*) Aquarium *n*.

Arab|ier [-ˈbi:r] *m* Araber *m*; **~isch** [-ˈra:bi·s] arabisch; **~ische** *f* Araberin *f*.

arbeid Arbeit *f*; **~er** *m* (*-s*) Arbeiter *m*; **~ers-beweging** Arbeiterbewegung *f*.

arbeids|- *in samenst. mst* Arbeits-, *b.v.* **~bemiddeling** Arbeitsvermittlung *f*; **~bureau** [-byˈro:] *n* Arbeitsamt *n*; **~contract** *n* Arbeitsvertrag *m*; **~inspectie** [-spɛksi·] Gewerbeaufsicht *f*; **~kracht** Arbeitskraft *f*; **~markt** Arbeits-, Stellenmarkt *m*; **~ongeschikt** arbeits-, erwerbsunfähig; **~ongeval** *n* Arbeitsunfall *m*; **~overeenkomst** Arbeitsvertrag *m*; *collectieve ~* (Mantel-)Tarifvertrag *m*; **~ter** [ˈarbɛitstər] *f* (*-s*) Arbeiterin *f*; **~voorwaarden** *pl* Arbeitsbedingungen *f/pl*; **~wet** Gewerbeordnung *f*, Arbeitsschutz *m*; **~zaken** *pl*: *rechtbank voor ~* Arbeitsgericht *n*.

arbit|er *m* (*-s*) Schiedsrichter *m*; **~rage** [-ˈtra:ʒə] (*-s*) Arbitrage *f*; Schlichtung *f*; **~procedure** [-pro·seˈdy:rə] Schiedsverfahren *n*.

arceren [ɑrˈse:r-] schraffieren, strichen.

archeologie Archäologie *f*.

archief *n* (*-chieven*) Archiv *n*; (Akten-)Ablage *f*.

archipel [ˈ-xi·-, ˈ-ʃi·-] (*-s*) Archipel *m*.

architect *m* Architekt *m*; **~uur** [-ˈty:r] Architektur *f*.

arena (*-'s*) Arena *f*.

arend [ˈa:rənt] Adler *m*.

arge·loos [ˈɑrɣə-] arglos, ahnungslos.

Argen|tijn(se *f*) [-ˈtɛin(sə)] *m* Argentinier(in *f*) *m*; **~tinië** [-ˈti·niə] *n* Argentinien *n*.

arglist Arglist *f*, Tücke *f*; **~ig** [-ˈlɪstəx] arg-, hinterlistig.

argument [ɑrɣyˈ-] *n* Argument *n*; **~eren** [-ˈte:r-] argumentieren; begründen.

arg|waan Argwohn *m*; **~wanend** [-ˈwa:nənt] argwöhnisch.

aria (*-'s*) Arie *f*.

aristocrat|ie [-kra:ˈ(t)si·] (*-ën*) Aristokratie *f*; **~isch** [-i·s] aristokratisch.

arm[1] arm.

arm[2] Arm *m*; **~band** Armband *n*; **~leuning** [ˈ-lø:nɪŋ] Armlehne *f*.

armoed|e [ˈ-mu·də] Armut *f*; **~ig** [ˈ-mu·dəx] ärmlich; (*schraal*) dürftig.

arm|slag [ˈ-slɑx] *fig* Spielraum *m*; **~stoel** [ˈ-stu·l] Armsessel *m*.

armzalig [-ˈza:ləx] armselig.

Arnhem [ˈ-nɛm] *n* Arnheim *n*.

aromatisch [-i·s] aromatisch.

arrangeren [-ˈʒe:r-] arrangieren.

arrest *n* Arrest *m*; **~atie** [-ˈta:(t)si·] (*-s*) Verhaftung *f*, Festnahme *f*; **~atie·bevel** [-ˈvɛl] *n* Haftbefehl *m*; **~eren** [-ˈte:r-] verhaften, festnehmen.

arriveren (*zn*) ankommen.

arrogant arrogant, überheblich; **~ie** [-ˈɣɑnsi·] Arroganz *f*, Überheblichkeit *f*.

arrondissement ['mɛnt] *n* Bezirk *m*; ~s·**rechtbank** Landgericht *n*.
arsenaal [ɑrsə'naːl] *n* (*-nalen*) Arsenal *n*.
articulatie [-'la(t)si·] (*-s*) Artikulation *f*.
artiest(**e** *f* [*-s of -n*]) *m* Artist(in *f*) *m*.
artikel *n* (*-en of -s*) Artikel *m*; (*wets~*) Paragraph *m*.
artisjok [-'ʃɔk] (*-ken*) Artischocke *f*.
artistiek [-'tik] künstlerisch.
art nouveau [aːr nuˑ'voː] Jugendstil *m*.
arts *m* Arzt *m*; *f* Ärztin *f*.
as 1. (*-sen*) Achse *f*; 2. Asche *f*; ~**bak** Aschenbecher *m*.
asfalt *n* Asphalt *m*; ~**eren** [-'teːr-] asphaltieren, teeren.
asiel *n* Asyl *n*; ~**aanvraag** Asylantrag *m*; ~**aanvrager**, ~**zoeker** [-zuˑkər] *n* Asylant *m*, Asylbewerber *m*.
asjeblieft [ɑʃəbliˑf(t)] bitte (sehr); *pej* gefälligst; ~ **niet!** nicht doch!
asociaal [-'sia·l] unsozial, asozial.
aspect *n* Aspekt *m*.
asperge [-'pɛrʒə] (*-s*) Spargel *m*.
aspic: (*vlees n in*) ~ Sülze *f*.
aspirant *m* Anwärter *m*; ~**tie** [-'ra:(t)siˑ] (*-s*) Ambition *f*, Bestrebung *f*.
assepoester [-puˑstər] *f* (*-s*) Aschenputtel *n* (*ook fig*).
assimilatie [-'la:(t)siˑ] (*-s*) Assimilation *f*.
assistent(**e** *f* [*-s*]) *m* Assistent(in *f*) *m*.
associé [asoˑ'siëː] *m* (*-s*) Teilhaber *m*, Mitinhaber *m*.
assortiment [-'mɛnt] *n* Sortiment *n*.
assur|adeur [asyˑra·'døːr] *m* (*-s of -en*) Versicherer *m*; ~**antie** [-'rɑnsiˑ] (*-s of -tiën*) Versicherung *f*.
aster (*-s*) Aster *f*.
astma *f of n* Asthma *n*.
astrakan *n* Persianer *m*.
astro|logie [-'ɣi·] Astrologie *f*; ~**naut**(**e** *f*) *m* Astronaut(in *f*) *m*; ~**nomie** Astronomie *f*; ~**nomisch** [-'noːmiˑs] astronomisch (*ook fig*).
aswoensdag [-'ʋuˑnz-] Aschermittwoch *m*.
atelier [ɑtəl'jeː] *n* (*-s*) Atelier *n*; Studio *n*.
atheïsme [ɑte·'jismə] *n* Atheismus *m*.
Athene [a·'teːnə] *n* Athen *n*.
atheneum [-'neːiəm] *n* (*-nea of -s*) Gymnasium *n*.
Atlantisch [-'tiˑs]: ~**e Oceaan** Atlantik *m*.
atlas (*-sen*) Atlas *m*.

atl|eet *m* (*-leten*) Athlet *m*; ~**ete** *f* Athletin *f*; ~**etiek** [-'tik] (Leicht-)Athletik *f*.
atmosfeer (*-sferen*) Atmosphäre *f*.
atomair [-'mɛːr] atomar.
atoom *n* (*atomen*) Atom *n*; ~**bom** Atombombe *f*; ~**centrale** [-sɛn-] Kern-, Atomkraftwerk *n*; ~**tijdperk** [-tɛit-] *n* Atomzeitalter *n*.
attaché [-'ʃeː] *m* (*-s*) Attaché *m*.
atten|deren [-'deːr-] (*op*) aufmerksam machen (auf *A*); ~**t** [ɑ'tɛnt] aufmerksam, rücksichtsvoll; ~ **maken op** aufmerksam machen auf (*A*); ~**tie** [ɑ'tɛnsiˑ] (*-s*) Aufmerksamkeit *f*; **ter** ~ **van** (*afk t.a.v.*) zu Händen (*G, von D*) (*afk z.H(d.)*).
attest *n* Attest *n*, Bescheinigung *f*, Zeugnis *n*; ~**eren** [-'teːr-] bescheinigen.
attrac|tie [-'traksiˑ] (*-s*) Attraktion *f*; ~**tief** [-'tiˑf] attraktiv, zugkräftig.
a.u.b. *z.* **alstublieft**.
audiëntie [-diˑ'jɛnsiˑ] (*-s*) Audienz *f*.
auerhaan Auerhahn *m*.
augurk [-'ɣør(ə)k] (Gewürz-)Gurke *f*; ~ **in het zuur** Essiggurke *f*.
augustus [-'ɣøstəs] August *m*.
aula (*-'s*) Aula *f*.
au pair [oː pɛːr] 1. au pair; 2. *f* (*-s*) Aupair-Mädchen *n*.
aureool [-re·'joːl] *f of n* (*-reolen*) Aureole *f*, Heiligenschein *m*.
Australi|ër [ɑu'stra·liˑ(j)ər] *m* (*-s*) Australier *m*; ~**isch** [-iˑs] australisch; ~**ische** *f* Australierin *f*.
auteur [-'tøːr] *m* (*-s*) Autor *m*, Verfasser *m*; Urheber *m*; ~**s·recht** *n* Urheberrecht *n*.
authentiek [-'tik] authentisch, urtümlich.
auto ['ɑutoː, 'oːtoː] (*-'s*) Auto *n*, Wagen *m*; **kleine** ~ Kleinwagen *m*; **tweede** ~ Zweitwagen *m*; ~ **van de zaak** Geschäfts-, Dienstwagen *m*; ~ **zonder chauffeur** Selbstfahrer *m*.
auto- *in samenst. mst* Auto-, *b.v.* ~**accessoires** [-ɑksesüaːrs] *pl* Autozubehör *n*; ~**band** Autoreifen *m*; ~**bus** [-bəs], ~**car** [-kɑr] (*-s*) Autobus *m*.
autochtoon autochton, bodenständig.
auto|coureur [-kuˑrøːr] *m* Rennfahrer *m*; ~**garage** Autogarage *f*; Autowerkstatt *f*.
auto|gram *n* Autogramm *n*; ~**maat** (*-maten*) Automat *m*; ~**matiek** [-'tik]

automatisch 44

Automatenrestaurant *n*; **~matisch** [-i·s] automatisch, selbsttätig; zwangsläufig; **~matisering** [-'ze:r-] Automatisierung *f*, Automation *f*; **~matisme** *n* Automatismus *m*, Automatik *f*.

automob|iel Automobil *n*, Kraftwagen *m*; **~ilist|e** *f* [*-s*]) [-'lɪst(ə)] *m* Auto-, Kraftfahrer(in *f*) *m*; **~ilisten-club** [-klœp] Automobilklub *m*.

autonoom autonom.

auto|papieren *n/pl* Kraftfahrzeugpapiere *n/pl*; **~ped** [-pɛt] (*-s*) Roller *m*; **~race** [-re:s] Autorennen *n*; **~rijden** [-rɛiə(n)] Auto fahren; **~rijschool** [-sxo:l] Fahrschule *f*; **~rit** Autofahrt *f*.

autori|tair [-'tɛ:r] autoritär; **~teit** [-'tɛit] Autorität *f*; (*instantie*) Behörde *f*.

auto|slaaptrein Autoreisezug *m*; **~snelweg** Autobahn *f*; **~veer** *n* Autofähre *f*; **~verhuring** [-hy:r-] Autovermietung *f*; **~wasinstallatie** [-la:(t)si·] Autowaschanlage *f*; **~wasstraat** Waschstraße *f*; **~weg** [-vɛx] Autostraße *f*.

averechts ['a:vərɛx(t)s] verkehrt, entgegengesetzt.

averij [a:və'rɛi] Havarie *f*.

avond ['a:vənt] Abend *m*; **elke ~** jeden Abend, allabendlich.

avond|- *in samenst. mst* Abend-, *b.v.* **~editie** [-dir(t)si·] Abendausgabe *f*; **~eten** [-e:tə(n)] *n* Abendbrot *n*, -essen *n*; **~japon** [-japon] Abendkleid *n*; **~kostuum** [-kɔsty·m] Gesellschaftsanzug *m*; **~les** Abendunterricht *m*; **~lijk** [-lək] abendlich; **~rood** *n* Abendrot *n*; **~s:** 's **~** am Abend, abends; **~schemering** [-sxe:mər-] Abenddämmerung *f*; **~vullend** [-fœlənt] abendfüllend.

avonturier(ster *f*) [avɔnty·ri:r(stər)] *m* (-*s*) Abenteurer(in *f*) *m*.

avontuur [-'ty:r] *n* (*-turen*) Abenteuer *n*; **~lijk** [-lək] abenteuerlich.

azalea [a'za:le·a] (*-'s*) Azalee *f*.

Aziaat [azi·'ja:t] *m* (*Aziaten*) Asiat *m*.

Aziatisch [-i·s] asiatisch; **~e** *f* Asiatin *f*.

azijn [a'zɛin] Essig *m*; **~zuur** [-zy:r] *n* Essigsäure *f*.

B

b, B (*b's*) b, B *n*; *mus ook* h, H *n*.

baai [ba:i] Bai *f*, Bucht *f*.

baal (*balen*) Ballen *m*.

baan (*banen*) Bahn *f*; Stelle *f*, Stellung *f*; Umlaufbahn *f*; **~ om de aarde** Erdumlaufbahn *f*; **op de lange ~ schuiven** auf die lange Bank schieben, verschleppen; **~brekend** ['-bre:kənt] bahnbrechend; **~vak** *n spoorw* (Bahn-)Strecke *f*, Abschnitt *m*.

baar (*baren*) **1.** Bahre *f*; **2.** (Gold-)Barren *m*.

baard Bart *m*, **~ig** ['ba:rdəx] bärtig.

baarmoeder [-'mu·dər] Gebärmutter *f*.

baars (*baarzen*) Barsch *m*.

baas *m* (*bazen*) Meister *m*; Boß *m*, Herr *m*, Chef *m*; **iem de ~ zijn** (*in* j-m überlegen sein (an *D*); **~je** ['ba:ʃə] *n* (-*s*) (*van hond*) Herrchen *n*.

baat (*baten*) Nutzen *m*; **te ~ nemen** (be)nutzen; **ten bate van** zugunsten

(*G*); **~zuchtig** [-'sœxtəx] eigennützig.

babbel|aar *m* (-*s*) Schwätzer *m*; **~en** schwatzen, plaudern; **~kous** [-kaus] *f* Schwätzerin *f*; **~ziek** geschwätzig.

baby *m* (-*'s*) Baby *n*; **te vroeg geboren ~** Frühgeburt *f*; **~sit(ter)** *m* (-*s*) Babysitter *m*; **~uitzet** [-ɛytsɛt] Babyausstattung *f*; **~voeding** ['-vu·dɪŋ] Babynahrung *f*.

bacil [-'sɪl] (*-len*) Bazillus *m*.

backhand ['bɛkhɛnt] (-*s*) *sp* Back-, Rückhand *f*.

bacterien [-'te:ri·(j)ə(n)] *pl* Bakterien *f/pl*.

bad [bat] *n* Bad *n*; **een ~ nemen** (sich) baden.

bad|- *in samenst. mst* Bade-, *b.v.* **~doek** ['-du·k] Badetuch *n*.

baden (sich) baden.

bad|gast *m* Badegast *m*; Kurgast *m*; **~goed** ['-xu·t] *n* Badesachen *f/pl*;

~handdoek [-du·k] Bade-, Frotteetuch n; **~hokje** n Kabine f; **~inrichting** Badeanstalt f; **~jas** Bademantel m; **~kamer** ['ka:mər] Bad(ezimmer) n; **~kuip** ['-kœyp] Badewanne f; **~laken** n Badetuch n; **~meester** m Bademeister m.

badminton ['bɛtmintən] n Federball m.

bad|muts ['-møts] Badekappe f; **~pak** n Badeanzug m; **~plaats** Badeort m, Bad n, Kurort m; **~schuim** ['-sxœym] n Schaumbad n; **~slippers** pl Badeschuhe m/pl; **~stof** Frottee n of m.

bagage [ba'ɣa:ʒə] (-s) Gepäck n; fig Rüstzeug n; **~bureau** [-by·ro:] n Gepäckannahme(stelle) f; **~depot** [-dəpo:] n Gepäckaufbewahrung f; **~drager** Gepäckträger m; **~kluis** [-klœys] Gepäckschließfach n; **~reçu** [-rəsy·] Gepäckschein m; **~rek** n Gepäckhalter m; **~verzekering** [-ze:kər-] Reisegepäckversicherung f; **~wagentje** n Gepäckroller m.

bagatel [-'tɛl] f of n (-len) Bagatelle f, Lappalie f; **~liseren** ['-ze:r-] bagatellisieren, verharmlosen.

baggeren baggern.

baiser [bɛ·'ze:] (-s) Baiser n.

baisse ['bɛsə] (-s) Baisse f.

bajes ['ba:jəs] F Kittchen n, Knast m.

bajonet (-ten) Bajonett n.

bak (-ken) Gefäß n, Behälter m, Kasten m; Trog m; F (auto) Kiste f; (nor) Kittchen n, Knast m.

baken (-s) Bake f.

bakermat [ba:kərmət] fig Wiege f.

bakfiets Lieferrad n.

bakje n (-s) Kästchen n, (kleiner) Kasten m; Napf m; **een ~ koffie** F eine Tasse Kaffee.

bakke|baard Backenbart m; **~en** pl Koteletten pl; **~leien** [-kə'lɛiə(n)] sich (herum)streiten.

bakken* backen; braten.

bakker m (-s) Bäcker m; **~ij** [-'rɛi] Bäckerei f.

bakkes ['bakəs] P Schnauze f.

bak|oven Backofen m; **~plaat** Backblech n; **~poeder** ['-pu·dər, '-pu·jər] n Backpulver n; **~steen** Backstein m, Ziegel(stein) m; **~vis** fig Backfisch m; **~vorm** Kuchen-, Backform f; **~zeil** ['-sɛil]: **~ halen** klein beigeben.

bal¹ m (-len) Ball m, Kugel m; Knödel m, Kloß m; (van hand, voet) Ballen m; P (testikel) Hoden m; **~ gehakt** Bulette f, Frikadelle f.

bal² n (-s) (dans~) Ball m; **gemaskerd ~** Maskenball m.

balanceren [-'se:r-] balancieren.

balans [-'lɑns] Waage f; Bilanz f; **de ~ opmaken** die Bilanz ziehen.

baldadig [-'da:dəx] gewalttätig; **~heid** [-xɛit] (-heden) Übermut m; Mutwille m; (grober) Unfug m.

balen F die Nase voll haben; **~!** null Bock!

balg Balg m.

balie ['ba:li·] (-s) Schalter m; Brüstung f; Gericht n; (in rechtszaal) Schranke f.

baljurk [-'jœr(ə)k] Ballkleid n.

balk Balken m.

Balkan ['bɑlkɑn]: **de ~** der Balkan.

balkon [-'kɔn] n (-s) Balkon m; thea ook Rang m.

ballade (-s of -n) Ballade f.

ballast Ballast m.

ballen ballen; Ball spielen.

ballet n (-ten) Ballett n.

balletje ['bɑlɛtiə] n (-s) Bällchen n; Kügelchen n; Klößchen n.

balling|(e f) m Verbannte(r); **~schap** [-sxɑp] Verbannung f, Exil n.

ballon (-s of -nen) Ballon m.

balorig [ba'lo:rəx] widerspenstig.

balpen ['-pɛn] (-nen), **ballpoint** ['bɔ:lpɔint] (-s) Kugelschreiber m, Kuli m.

balsemen ['bɑlsəmə(n)] balsamieren.

balspel ['-spɛl] n Ballspiel n.

balustrade [-lys'tra:də] (-s of -n) Balustrade f, Geländer n.

balzak Hodensack m.

bamboe ['-bu·] n of m (-zen) Bambus m.

ban Bann m (ook fig); **in de ~ doen** mit dem Bann belegen; fig bannen; ächten.

banaal banal.

banaan (-nanen) Banane f.

banaliteit [-'tɛit] Banalität f.

band Band n of m (geluids~, video~); (boek) (Ein-)Band m; (auto~, fiets~) Reifen m; kleding: Bund m, Binde f; Bindung f; (biljart) Bande f; **lopende ~** Fließband n; **aan de lopende ~** am laufenden Band; **op de ~ opnemen** auf Band aufnehmen; **een lekke ~ hebben** e-e Reifenpanne haben, F e-n Platten haben; **een ~ (ver)wisselen** e-n Reifen wechseln.

bandbreedte Bandbreite f.

bande|loos zügellos; **~n-spanning** Reifendruck *m*; **~pech** Reifenpanne *f*.
banderol [-'rɔl] (*-len*) Banderole *f*.
bandiet *m* Bandit *m*.
bandje *n* (*-s*) Bändchen *n*; Band *n*; (*schouder~*) Träger *m*.
band|opnemer, ~recorder ['bɑntri'kɔrdər] (*-s*) Tonbandgerät *n*.
banen banen.
bang ängstlich; **~ zijn** Angst haben, sich fürchten; **~e-lijk** [-lək] furchtsam; **~erd** ['bɑŋərt] *m* (*-s*) Angsthase *m*, Hasenfuß *m*.
banier [-'ni:r] Banner *n*.
bank Bank *f*; **centrale ~** Zentralbank *f*; **~ van lening** Leihhaus *n*; **door de ~** (*genomen*) durch die Bank.
bank|- *in samenst. mst* Bank-, *b.v.* **~assignatie** ['-ɑsɪŋia:(t)si*] (*-s*) Bankanweisung *f*; **~biljet** [-jɛt] *n* Banknote *f*, Geldschein *m*; **~codenummer** [-nəmər] *n* Bankleitzahl *f*; **~employé(e** *f*) ['-ã:mplüaje:] *m* Bankangestellte(r).
banket *n* (*-ten*) Bankett *n*, Festessen *n*; **~bakker** *m* Konditor *m*; **~bakkerij** [-'rɛi] Konditorei *f*.
bankier [bɑŋ'ki:r] *m* (*-s*) Bankier *m*.
bank|kluis [-'klœys] Banktresor *m*, -safe *m*; **~rekening** ['-re:kən-] Bankkonto *n*; **~relatie** [-la:(t)si'] Bankverbindung *f*.
bankroet [-'rut] **1.** bankrott, pleite; **2.** *n* Bankrott *m*, Pleite *f*.
bank|schroef ['-sxruf] Schraubstock *m*; **~stel** ['-stɛl] *n* Couch-, Polstergarnitur *f*; **~werker** *m* Schlosser *m*.
bar[1] [bɑr] schlimm; rauh; dürr; *kou:* streng.
bar[2] [ba:r] (*-s*) Bar *f*, Nachtlokal *n*; (*tapkast*) Theke *f*, Tresen *m*.
barak (*-ken*) Baracke *f*, Bude *f*.
barbaar [-'ba:r] *m* (*-baren*) Barbar *m*; **~s** barbarisch; **~s-heid** [-hɛit] (*-heden*) Barbarei *f*.
barbecue ['bɑ:rbəkĩu:] (*-s*) Grill *m*, Grillparty *f*; **~n** grillen.
barbeel [-'be:l] (*-belen*) Barbe *f*.
baren gebären; *verdriet, zorg* bereiten; *opzien* erregen.
barkas [-'kɑs] (*-sen*) Barkasse *f*.
bar|keeper ['ba:rki:pər] *m* Barkeeper *m*, Barmann *m*; **~kruk** ['-krɔk] Barhocker *m*; **~meisje** ['-mɛiʃə] *n* Bardame *f*.
barmhartig [-tək] barmherzig; **~heid** [-xɛit] (*-heden*) Barmherzigkeit *f*.

barnsteen *n* Bernstein *m*.
barok 1. barock; **2.** *subst* Barock *m of n*.
barometer Barometer *m*.
baron [-'rɔn] *m* (*-nen*) Baron *m*; **~es** [-'nɛs] *f* (*-sen*) Baronin *f*.
barrevoets ['bɑrəvu:ts] barfuß.
barricad|e Barrikade *f*; **~eren** [-'de:r-] verbarrikadieren.
barrière [-'rĩɛ:rə] (*-s*) Barriere *f*, Schranke *f*.
bars barsch, schroff, unwirsch.
barst Riß *m*, Knick *m*, Knacks *m*; (*in glas*) Sprung *m*; **~en***** (*zn*) bersten, platzen, (zer)springen; **~ van** bersten vor (*D*).
bas *m* (*-sen*) Baß *m*; Bassist *m*; Baßgeige *f*.
basalt [-'zɑlt] *n* Basalt *m*.
bascule [-'ky:lə] (*-s*) Brückenwaage *f*.
base ['ba:zə] *chem* Base *f*.
baseren [-'ze:r-] *v/t* gründen, basieren, zugrunde legen; *gebaseerd zijn* basieren; *zich ~ op* sich stützen auf (*A*).
basis (*-sen of bases*) Basis *f*; *fig ook* Grundlage *f*; Stützpunkt *m*; **~industrie** [-dəstri*] Schlüsselindustrie *f*; **~loon** Ecklohn *m*; **~opleiding** Grundausbildung *f*; **~rente** Leitzins *m*; **~school** [-sxo:l] Grundschule *f*; **~voorwaarde** Grundbedingung *f*.
bassin [-'sɛ̃:] *n* (*-s*) Bassin *n*, Becken *n*.
bast Rinde *f*, Bast *m*.
bastaard [-'ta:rt] *m* (*-s of -en*) Bastard *m*.
bastion [-'tĩɔn] *n* (*-s*) Bastion *f* (*ook fig*).
bat [bɛt] *n* (*-s*) *sp* Schläger *m*.
bataljon [-'jɔn] *n* (*-s*) Bataillon *n*.
bate *z.* **baat; ~n** nützen, nutzen (*D*); *het mag niet ~* es nützt (*of* hilft) nichts.
batig ['-təx]: **~ saldo** Gewinnsaldo *m*.
batist *n* Batist *m*.
batterij [-'rɛi] Batterie *f*.
bauxiet [bou'ksi*t] *n* Bauxit *m*.
baviaan [-'vĩ'ja:n] *m* (*-vianen*) Pavian *m*.
bazaar [-'za:r] (*-s*) Basar *m*.
bazelen F faseln, schwafeln.
bazuin [-'zœyn] Posaune *f*.
beambte [-'ɑmtə] *m* Beamte(r) *m*; *f* Beamtin *f*.
be|amen [bə'a:mə(n)] (-) bestätigen, bejahen; **~angstigen** [-təŋə(n)] (-) (be-)ängstigen.
beantwoord|en (-) beantworten; *bezoek* erwidern; **~ aan** entsprechen (*D*); **~ing** Beantwortung *f*, Erwiderung *f*.

bedrijfsvakantie

beauty-case ['biu:ti·ke:s] (-s) Kosmetikkoffer m.

bebloed ['bluˑt] blutig.

bebopkapsel ['bi·bɔpkɑpsəl] n Bürstenschnitt m.

beboeten [-'buˑt-] (-) mit e-r Geldstrafe belegen.

bebouw|en [-'baůə(n)] (-) bebauen; **~ing** Bebauung f.

bed n (-den) Bett n; (tuin**~**) Beet n; **naar ~ gaan** ins Bett gehen.

bedaard [bə'daˑrt] gelassen, gefaßt.

bedacht: ~ op bedacht auf (A); **~zaam** bedächtig, bedachtsam.

bedank|brief Dankschreiben n; **~en** (-) danken (D); sich bedanken (bei D).

bedaren (-) v/i (zn) sich beruhigen; woede: sich legen; v/t beruhigen.

bedauwd [-'dɑůt] taufeucht, taufrisch.

bedde|laken n Bettlaken n, Bettuch n; **~linnen** n Bettwäsche f.

bedding (Fluß-)Bett n; mijnb Flöz n.

bedeesd schüchtern, kleinlaut, zaghaft; **~heid** [-heĭt] Schüchternheit f, Zaghaftigkeit f.

bedek|ken (-) be-, zudecken; verhüllen; **~king** Bedeckung f; Belag m; **~t** bedeckt; bewölkt; fig versteckt.

bedel|aar [bə·dəˑ-] m (-s) Bettler m; **~ares** ['rɛs] f (-sen) Bettlerin f; **~arij** ['reĭ] Bettelei f.

bedelen¹ ['be·dəl-] betteln.

bedelen² ['deːl-] (-) austeilen, bedenken.

bedelven (-) begraben, verschütten.

bedenk|elijk [-lək] bedenklich; **~en** (-) bedenken; sich ausdenken, sich einfallen lassen; **~ing** Bedenken n, Einwand m; **~sel** n (-s) Erfindung f, Einfall m; **~tijd** [-teĭt] Bedenkzeit f.

bederf n Fäulnis f, **aan ~ onderhevig** (leicht)verderblich; **~elijk** [-'dɛrfələk] verderblich.

bederven* (-) v/i (zn) en v/t verderben; (rotten ook) verfaulen; v/t (verwennen) verziehen, verbilden.

bedevaart [bə·dəˑ-] Wallfahrt f, Pilgerfahrt f; **~ganger** m (**~gangster** f) (-s) Wallfahrer(in f) m, Pilger(in f) m; **~s-oord** n Wallfahrtsort m.

bedframe ['fre:m] n Bettgestell n.

bedien|de m of f (-s of -n) Angestellte(r); Diener(in f) m; **~en** (-) bedienen; betätigen; **zich ~ van** sich bedienen (G); **~ing** Bedienung f; Betätigung f; rel Sterbesakramente n/pl; **met (zonder) ~** Bedienung f (nicht) inbegriffen.

bedisselen [bə·dɪsəl-] (-) regeln, unter sich ausmachen.

bedlegerig [-'leːɣərəx] bettlägerig.

bedoeïen [be:du'ü·rn] m Beduine m.

bedoel|d [-'duˑlt] gemeint, fraglich; **~en** (-) beabsichtigen; (het eerlijk, goed ~; willen zeggen) meinen; **~ing** Absicht f; (doel ook) Zweck m.

be|dompt stickig; **~donderen** (-) F beschummeln; **~dorven** verdorben (ook fig); abgestanden; **~dotten** (-) hereinlegen, betrügen.

bed-overtrek ['o:vərtrɛk] Bettüberzug m.

bedrag [-'drɑx] n Betrag m; **~ ineens** Pauschale f; **ten ~e van** über (A), im Betrage von (D); **~en** [-'draːɣ-] (-) betragen; sich beziffern auf (A).

bedreig|en [-'dreĭɣ-] (-) bedrohen; **iem met iets ~** ook j-m etw androhen; **~ing** (Be-)Drohung f.

be|dremmeld [-'drɛmɘlt] betreten, betroffen; **~dreven** [-'dreːv-] erfahren; bewandert; geübt.

bedrieg|en* (-) betrügen, hintergehen; täuschen; **~er**, **~er m** (-s) Betrüger m; **~erij** ['reĭ] Betrügerei f; **~lijk** [-lək] betrügerisch; trügerisch, täuschend; **~ster** f (-s) Betrügerin f.

bedrijf [-'dreĭf] n (-drijven) Betrieb m, Unternehmen n; Gewerbe n; thea Akt m, Aufzug m.

bedrijfs|- in samenst. mst Betriebs-, b.v. ~advisering Unternehmensberatung f; **~adviseur** [-zøːr] m Unternehmensberater m; **~arts** m Betriebsarzt m; **~belasting** Gewerbesteuer f; **~econoom** m Betriebswirt m; **~intern** betriebsintern, innerbetrieblich; **~jaar** n Wirtschaftsjahr n; **~kapitaal** n Betriebskapital n; **~klaar** betriebsfertig; **~leider** [-leĭdər] m Betriebsleiter m; Geschäftsführer m; Filialleiter m; **~leven** n Wirtschaft f; **particulier ~** Privatwirtschaft f; **~ongeval** n Betriebsunfall m; **~resultaat** [-zəl-] n Ertragslage f; **~sluiting** [-sləʏt-] Betriebsstillegung f; **~systeem** [-si·s-] n comp Betriebssystem n; **~tak** Geschäfts-, Betriebszweig m; Wirtschaftszweig m; **~vakantie** [-kɑnsiˑ] Betriebsferien pl;

bedrijfsvergunning 48

~vergunning [-'ɣən-] Gewerbegenehmigung f, -schein m; ~voertuig [-'fu:rtəyx] n, ~wagen Nutzfahrzeug n; ~winst Betriebsgewinn m.
bedrijv|en [-'drɛi̯v-] (-) misdaad begehen, verüben; ~ig [-'vəx] geschäftig, rührig, betriebsam; ~ig·heid [-'vəxɛit] Tätigkeit f; Geschäftigkeit f; Treiben n.
be|drinken (-): zich ~ sich betrinken; ~droefd [-'dru'ft] betrübt, traurig; ~droeven [-'dru·v-] (-) betrüben, bekümmern; ~d betrüblich; ~drog [-'drɔx] n Betrug m, Schwindel m; Täuschung f; ~drukt [-'drøkt] bedrückt.
bed|rust Bettruhe f; ~sprei Bettdecke f.
be|ducht [-'døxt]: ~ zijn voor sich fürchten vor (D); ~duimeld ['dəyməlt] abgegriffen; ~duusd [-'dyst] bestürzt; ~duvelen ['dy·vəl-] (-) F beschummeln; ~dwang n: in ~ houden in Schach halten, unter Kontrolle halten.
bedwateren ['bɛtva:tər-] Bettnässen n.
be|dwelmen (zich) (sich) berauschen; (sich) betäuben; ~dwingen (-) bezwingen; ~ēdigen [bə'e:dəɣə(n)] (-) vereidigen; ~ēindigen [-'ɛindəɣ-] (-) beenden, abschließen.
beek (beken) Bach m.
beeld n Bild(nis) n; Abbild(ung f) n; Statue f; zich een ~ vormen sich ein Bild machen; houten ~(je) (Holz-) Schnitzerei f; ~buis ['bøys] Bildröhre f; ~end bildhaft, plastisch; kunst: bildend; ~en·storm Bildersturm m.
beeldhouw|er ['haŭər] m (-s) Bildhauer m; ~kunst [-kənst] Bildhauerei f; ~werk [-ʋɛrk] n Bildhauerarbeit f, Skulptur f.
beeld|ig [-'dəx] bildschön; süß; ~plaat Bildplatte f; ~scherm n Bildschirm m; ~schoon bildhübsch; ~snijkunst ['snɛikənst] (Bild-)Schnitzerei f; ~spraak figürliche Rede f; ~telefoon Bildtelefon n.
beeltenis ['-tənɪs] (-sen) Bild(nis) n.
been n (benen) Bein n; wisk Schenkel m; (pl -deren) Knochen m; op de ~ brengen auf die Beine bringen; goed ter ~ zijn gut zu Fuß sein; ~breuk ['brøːk] Bein-, Knochenbruch m; ~der·merg n Knochenmark n; ~houwer [-'haŭər] m (-s) Fleischer m, Metzger m.
beentje n (-s) Knöchelchen n; kleiner Knochen m; een ~ lichten ein Bein stellen.
beer m (beren) Bär m; Eber m.

beest n Bestie f; Tier n, F Biest n, Viech n; ~achtig [-tax] bestialisch, tierisch.
beet (beten) Biß m; Happen m; ~hebben (fest)halten; F hereinlegen; kapieren.
beetje: een ~ ein bißchen, etwas; een (klein) ~ ook ein (klein) wenig.
beetnemen hereinlegen, beschwindeln.
befaamd berühmt, bekannt, renommiert.
begaafd begabt, talentiert; ~heid (-heden) Begabung f; Befähigung f.
begaan¹ (-) betreten; misdaad begehen, verüben; laten ~ gewähren lassen; laat mij maar ~! laß mich nur machen!; (op de) begane grond (im) Erdgeschoß.
begaan²: met iem ~ zijn j-n bemitleiden.
begeerte Begierde f.
begeleid|en (-) begleiten; (bijstaan) betreuen; ~d schrijven n Begleitschreiben n; ~er m (-s) Begleiter m; Betreuer m; ~ing Begleitung f; Betreuung f; ~ster f (-s) Begleiterin f; Betreuerin f.
begeren (-) begehren; ~s·waard(ig) [-'vaːrd(əx)] begehrenswert.
begerig [-'ɣe:rəx] (be)gierig, begehrlich, lüstern; ~heid [-xɛit] Gier f, Begehrlichkeit f.
be|geven (-) versagen; zich ~ (naar) sich begeben (nach D); ~gieten (-) begießen; ~giftigen [-'ɣɪftəɣə(n)] (-) bedenken, beschenken.
begijn [-'ɣɛin] f Begine f.
begin n Anfang m, Beginn m; ~ mei Anfang Mai; in het ~ zu Beginn, am Anfang, anfangs; van het ~ af (aan) von Anfang an; auf Anhieb.
begin|- in samenst. mst Anfangs-, b.v. ~letter Anfangsbuchstabe m; Initiale f.
beginn|eling(e f) m Anfänger(in f) m; ~en* (-; ook zn) anfangen, beginnen, einsetzen; ~er m (-s) Anfänger m.
beginsel n (-en of -s) Grundsatz m, Prinzip n; ~verklaring Grundsatzerklärung f.
begin|signaal [-sɪniaːl] n Startsignal n; sp ook Anpfiff m; ~stadium [-diəm] n Anfangsstadium n.
beglazing Verglasung f.
begonia (-'s) Begonie f.
begoocheling Blendwerk n; Illusion f.
begooien [-'ɣo:iə(n)] (-) bewerfen.
begraafplaats Friedhof m.
begrafenis (-sen) Begräbnis n, Bestattung f, Beerdigung f; ~onderneming

Bestattungsinstitut n, Beerdigungsanstalt f.
be|graven (-) beerdigen, begraben, bestatten; vergraben; ~grenzen (-) begrenzen.
begrijpelijk ['ɣrɛipələk] verständlich, begreiflich; algemeen ~ allgemeinverständlich; ~heid Verständlichkeit f.
begrijpen (-) begreifen, verstehen, erfassen; elkaar ~ sich verstehen; moeilijk te ~ schwerverständlich; ~d verständnisvoll.
begrip n (-pen) Begriff m; Verständnis n; traag van ~ schwer von Begriff, begriffsstutzig; overkoepelend ~ Oberbegriff m; ~s·verwarring Begriffsverwirrung f.
begroeien (-) ['ɣruˑiə(n)] (-) bewachsen.
begroet|en (-) begrüßen; ~ing Begrüßung f.
begrot|en (-) (op) veranschlagen (auf A); ~ing Etat m, Haushalt(splan) m, Budget n; Kostenvoranschlag m.
begrotings|jaar n Haushaltsjahr n; ~tekort n Haushaltsdefizit n.
begunstig|de ['ɣənstəydə] Nutznießer(in f) m, Begünstigte(r); ~en (-) begünstigen; fördern; pej Vorschub leisten; ~er m (-s) Gönner m, Förderer m.
beha [beˑ'ha:] (-'s) BH m.
behaag|lijk ['ha:xləkl] behaglich, wohlig; ~ziek gefallsüchtig.
be|haard behaart; ~hagen (-) behagen (D), gefallen (D); ~halen (-) erzielen, erringen; overwinning ook davontragen; prijs gewinnen.
behalve außer (D), ausgenommen.
behandel|en (-) behandeln; bearbeiten; jur verhandeln; ~ing Behandlung f; Bearbeitung f, jur Verhandlung f.
behang|(sel) n [-s] n Tapete f; ~en (-) tapezieren.
behartigen [-təɣə(n)] (-) beherzigen; belangen vertreten, wahrnehmen.
beheer n Verwaltung f; (Geschäfts-)Führung f; ~der m (-s) Verwalter m.
beheers|en (zich) (sich) beherrschen; ~t beherrscht, gelassen.
beheerster f (-s) Verwalterin f.
be|heksen (-) be-, verhexen; ~helpen (-): zich ~ sich behelfen; zich weten te ~ sich zu helfen wissen; ~helzen [-'hɛlzə(n)] (-) beinhalten, enthalten.
behendig ['hɛndəx] behende, geschickt, gewandt; ~heid [-xɛit] (-heden) Gewandtheit f, Geschicklichkeit f.
behept (met) behaftet (mit D).
beheren [-'heːr-] (-) verwalten, leiten; (exploiteren) bewirtschaften.
behoed|en ['huˑd-] (-) (voor) behüten, bewahren (vor D); ~zaam behutsam.
behoeft|e ['huˑftə] Bedürfnis n; Bedarf m; al naar ~ (je) nach Bedarf; zijn ~ doen seine Notdurft verrichten; ~ig [-təx] bedürftig, notleidend.
behoeve ['huˑvə]: ten ~ van zwecks (G).
behoeven (-) brauchen.
behoorlijk [-lək] passend, ordentlich; gehörig.
behoren (-) (bij of tot) gehören (zu D); (betamen) sich gehören; naar ~ geziemend, gebührend.
behoud [-'haut] n Erhaltung f, Wahrung f; ~en [-'haʊə(n)] 1. (-) behielten; 2. adj wohlbehalten; ~ens vorbehaltlich (G), außer (D).
behui|sd ['hœyst]: klein ~ zijn beengt wohnen; ~zing Behausung f.
behulp ['hɛl(ə)p] n: met ~ van mittels (G), mit Hilfe (G); ~zaam behilflich; hilfreich.
beiaard ['bɛi(j)aːrt] (-s of -en) Glockenspiel n.
beide(n) beide.
Beier m Bayer m; ~en in Bayern n; ~s bayerisch; ~se f Bayerin f.
beige ['bɛːʒə] beige.
beignet [bɛɲˈjeː] (-s) Beignet m, Krapfen m.
be|ïnvloed|en (bəˈɪnvlu·d-] (-) beeinflussen; ~ing Beeinflussung f, Einflußnahme f.
beitel ['bɛi-] (-s) Meißel m; ~en meißeln.
beits [bɛits] m of n Beize f; ~en beizen.
bejaard bejahrt, betagt; ~en·tehuis [-təhœys] n Alters-, Seniorenheim n; ~en·zorg Altersfürsorge f.
bejegenen (-) begegnen (D), behandeln.
bek (-ken) Schnabel m; Maul n; P Schnauze f, Fresse f; zijn ~ houden das Maul (of die Schnauze) halten.
be|kaaid ['kaːit]: er ~ afkomen schlecht davonkommen; ~kabelen (-) verkabeln.
bek-af erschöpft, F fix und fertig.
bekend bekannt; ~heid [-hɛit] Bekanntheit f; Kenntnis f; plaatselijke ~ Ortskenntnis f; ~maken bekanntma-

bekendmaking

chen, -geben; **~making** Bekanntmachung *f*, -gabe *f*; Anschlag *m*; **~staan** bekannt sein.
beken|nen (-) gestehen, bekennen; **~tenis** (*-sen*) Bekenntnis *n*, Geständnis *n*.
beker ['be:kər] (*-s*) Becher *m*; Pokal *m*.
bekeren [-'ke:r-] (-) (*zich*) (sich) bekehren.
bekerwedstrijd [-strɛit] *sp* Pokalspiel *n*.
bekeur|en [-'kø:r-] (-) ein Strafmandat erteilen; **~ing** Anzeige *f*, Strafmandat *n*, gebührenpflichtige Verwarnung *f*.
be|kijken [-'kɛik-] (-) besehen; ansehen; (sich) betrachten; *iets* **~** *ook* sich etw ansehen; **~kisting** Verschalung *f*.
bekken *n* (-) Becken *n*.
beklaagde Angeklagte(r); **~n·bank** Anklagebank *f*.
bekladden (-) beschmieren, beklecksen.
beklag [-'klɑx] Klage *f*, Beschwerde *f*; *zijn* **~** *doen* sich beschweren; **~en** (-) beklagen; *iem ook* bedauern; *zich* **~** *over* sich beklagen über (*A*), sich beschweren über (*A*); **~ens·waardig** [-'va:rdəx] beklagens-, bedauernswert.
bekled|en (-) bekleiden; *ambt ook* innehaben; *muur* verkleiden; (*met stof*) ausschlagen; (*betimmeren*) täfeln; *stoel* polstern; **~er** *m* (*-s*) Inhaber *m*; **~ing** Bekleidung *f*; Verkleidung *f*; Täfelung *f*; (*meubel~*) Polster *n*, Polsterung *f*.
bekleedster *f* (*-s*) Inhaberin *f*.
beklem|men (-) beklemmen; **~tonen** (-) betonen; **~toning** Betonung *f*.
beklijven [-'klɛiv̯-] (-; *ook zn*) haftenbleiben.
beklimm|en (-) be-, erste igen; **~ing** Besteigung *f*, Aufstieg *m*.
be|klinken (-) vereinbaren; erledigen; **~kloppen** (-) ab-, beklopfen; **~knibbelen** (-) schmälern.
beknopt bündig, gedrängt, kurzgefaßt; **~heid** *f* Kürze *f*, Gedrängtheit *f*.
be|knotten (-) beschneiden; **~kocht** betrogen, hintergangen; **~koelen** [-'ku:l-] (-; *zn*) abkühlen; **~kogelen** (-) bewerfen; **~kokstoven** (-) aushecken, einfädeln; **~komen** [-'ko:m-] (-) *v/t* bekommen; *v/i* (*zn*) sich erholen; *wel bekome het U!* wohl bekomm's!
bekommer|d bekümmert; **~en** (-): *zich* **~** *om* sich kümmern um (*A*).
be|komst [bə'kɔmst]: *zijn* **~** *hebben van*

iets etw satt haben; **~konkelen** [-'kɔŋkəl-] (-) = *bekokstoven*.
bekoorlijk [-lək] reizend, anmutig; **~heid** (*-heden*) Anmut *f*, Reiz *m*.
bekopen (-) büßen (für *A*).
bekor|en (-) reizen; bestechen; verführen; **~ing** Reiz *m*, Zauber *m*; (*verleiding*) Versuchung *f*, Verführung *f*.
be|korten (-) (ab)kürzen; **~kostigen** [-'kɔstəx̯-] (-) finanzieren; **~krachtigen** (-) bekräftigen; **~kreunen** ['krø:n-] (-) = *bekommeren*; **~kritiseren** (-) kritisieren, bemängeln; **~krompen** beschränkt; **~** (*van geest*) borniert, kleinlich, spießig; **~kronen** (-) krönen; **~kroond** preisgekrönt; **~kruipen** [-'krœyp-] (-) beschleichen.
bekvechten ['bɛkfɛxtə(n)] sich herumstreiten.
bekwaam tüchtig, fähig, befähigt; **~heid** (*-heden*) Fähigkeit *f*, Befähigung *f*, Tüchtigkeit *f*, Können *n*.
bekwamen (-) ausbilden; befähigen; *zich* **~** sich vervollkommnen, sich qualifizieren.
bel (*-len*) Klingel *f*, Schelle *f*; Glocke *f*; (Luft-)Blase *f*.
be|labberd miserabel, P beschissen; **~lachelijk** [-lək] lächerlich, lachhaft; **~laden** (-) beladen; **~lagen** (-) bedrängen; bedrohen; **~lager** *m* (*-s*) Feind *m*; Verfolger *m*; **~landen** (-) landen.
belang *n* Wichtigkeit *f*, Gewicht *n*; Interesse *n*, Belang *m*; *van* **~** *zijn* von Bedeutung sein; **~e·loos** [-'lɑŋə-] uneigennützig; (*gratis*) unentgeltlich; **~en·gemeenschap** [-sxɑp] Interessengemeinschaft *f*; **~hebbende** Beteiligte(r), Interessent(in *f*) *m*.
belangrijk [-rɛik] wichtig, bedeutend, bedeutungsvoll; **~heid** Wichtigkeit *f*, Bedeutung *f*.
belangstel|len: **~** *in* sich interessieren für (*A*); **~lend** interessiert; **~lende** Interessent(in *f*) *m*; **~ling** Interesse *n*; *in de* **~** *staan* im Blickpunkt stehen.
belangwekkend ['vɛk-] interessant.
belast beauftragt; (*bezwaard*) belastet; **~baar** belastbar; (*fiscaal*) steuerpflichtig; **~en** (-) beladen; *tech en psychisch* belasten; *tech ook* beanspruchen; (*fiscaal*) besteuern; (*opdragen*) beauftragen; *ten volle* **~** auslasten; **~eren** [-tərə(n)] (-) verleumden, diffamieren.

belasting Belasting *f*; Beanspruchung *f*, Inanspruchnahme *f*; Steuer *f*; Besteuerung *f*; ~ **aan de bron** Quellensteuer *f*; ~ **op de toegevoegde waarde** (*afk* **BTW**) Mehrwertsteuer *f*; **~aangifte** Steuererklärung *f*, Jahresausgleich *m*; **~aanslag** [-slɑx] Steuerveranlagung *f*; Steuerbescheid *m*; **~ambtenaar** [-ɑmtə-] *m* Finanz-, Steuerbeamte(r); **~betaler** *m* Steuerzahler *m*; **~consulent** [-sy'lɛnt] *m* Steuerberater *m*; **~faciliteit** [-si·li·tɛit] Steuervergünstigung *f*, **~heffing** Besteuerung *f*; **dubbele ~** Doppelbesteuerung *f*; **~hervorming** Steuerreform *f*; **~kantoor** *n* Finanzamt *n*; **~ontduiking** [-dɔyk-] Steuerhinterziehung *f*; **~opbrengst** Steuereinnahmen *f/pl*, -aufkommen *n*; **~plichtig** steuer-, abgabenpflichtig; **~schaal, ~schijf** [-sxɛif] Steuerklasse *f*; **~verlaging** Steuersenkung *f*; **~vrij** [-vrɛi] steuerfrei; **~e voet** Steuerfreibetrag *m*; **~vrijstelling** Steuerbefreiung *f*.
belazeren [-'lɑ:zər-] (-) F beschummeln.
beledig|en [-lɛ:dəɣ-] (-) beleidigen; **~ing** Beleidigung *f*.
beleefd höflich; verbindlich; **~heid** (*-heden*) Höflichkeit *f*; Verbindlichkeit *f*.
beleg [-'lɛx] *n* Belagerung *f*; (*brood~*) Aufstrich *m*; **staat van ~** Ausnahme-, Belagerungszustand *m*; **~en** [-'le:ɣ̃-] *kaas*: alt; **jong ~** mittelalt; **~eren** [-'le:ɣər-] (-) belagern (*ook fig*).
beleg|gen (-) belegen; anberaumen; *geld* anlegen; **~gings·adviseur** [-zɔːr] *m* Anlageberater *m*; **~sel** *n* (-s) Belag *m*.
beleid [-'lɛit] *n* Politik *f*; Takt *m*, Umsicht *f*; **economisch ~** Wirtschaftspolitik *f*; **~s·lijn** [-lɛin] Politik *f*, Kurs *m*.
belemmer|en [-'lɛmər-] (-) behindern; **~ing** Behinderung *f*; Hindernis *n*; Hemmung *f*.
belendend [-'lɛndənt] angrenzend, benachbart; **~lenen** [-'le:n-] (-) beleihen, verpfänden, versetzen.
belet|sel [-'lɛtsəl] *n* (*-s of -en*) Hindernis *n*, Hemmnis *n*; **~ten** (-) verhindern, verwehren; *iem iets ~* j-n an etw hindern.
beleven (-) erleben; **~is** (*-sen*) Erlebnis *n*.
Belg *m* Belgier *m*; **~ië** [-'ɣi·(j)ə] *n* Belgien *n*; **~ische** [-'ɣi·sə] *f* Belgierin *f*.
belhamel ['bɛlhɑ:məl] *m* (*-s*) Rädelsführer *m*.

belichamen (-) verkörpern.
belicht|en (-) belichten; *fig* beleuchten; **~ing** *foto*: Belichtung *f*; **~ings·meter** Belichtungsmesser *m*.
be|liegen (-) belügen; **~lieven** (-) belieben; **naar ~** nach Belieben.
belijden [-'lɛid-] (-) bekennen; (*aanhangen*) sich bekennen zu (*D*); **~is** [-'lɛidənɪs] (*-sen*) Bekenntnis *n*, Konfession *f*.
bel|knop Klingelknopf *m*; **~len** klingeln, läuten, schellen; *tel* anrufen; **er wordt gebeld** es klingelt.
beloeren [-'lu:r-] (-) belauern.
belofte Versprechung *f*, Versprechen *n*.
belon|en (-) belohnen; **~ing** Belohnung *f*; Entgelt *n*.
be|loop Verlauf *m*; **op zijn ~ laten** (*D*) Lauf lassen (*D*); **~lopen** (-) sich belaufen auf (*A*); **~loven** (-) versprechen; (*vast*) ~ zusichern; **plechtig ~** geloben; **~luisteren** [-'lɔystər-] (-) belauschen; *med* abhorchen; **~lust** [-'lɛst]: **~ op** erpicht auf (*A*); **~machtigen** [-mɑxtəɣ(n)] (-) sich bemächtigen (*G*); sich beschaffen.
bemanning Mannschaft *f*, Besatzung *f*.
be|mantelen (-) bemänteln, verschleiern; **~merken** (-) bemerken, verspüren; **~mesten** (-) düngen.
bemiddel|aar(ster *f*) *m* (*-s*) Vermittler(in *f*) *m*, Schlichter(in *f*) *m*, Mittler(in *f*) *m*; **~d** bemittelt, wohlhabend, begütert; **~en** (-) vermitteln; **~ing** Vermittlung *f*, Schlichtung *f*.
bemin|nelijk [-'mɪnələk] liebenswürdig; **~en** (-) lieben.
be|moedigen [-'mu·dəɣ-] (-) ermutigen; **~moeien** [-'mu'iə(n)] (-): **zich ~ met** sich einmischen in (*A*); **~moeilijken** [-lək ə(n)] (-) erschweren; **~nadelen** [-de:l-] (-) benachteiligen, schädigen.
benader|en (-) sich nähern (*D*), nahekommen (*D*); herantreten an (*A*); **~ing: bij ~** annähernd.
be|nadrukken (-) betonen; **~naming** Bezeichnung *f*; **~nard** [-'nɑrt] bedrängt, mißlich.
benauw|d [-'nɑut] eng; (*bedompt*) stickig; (*zwoel*) schwül; (*bang*) ängstlich; (*drukkend*) beklommen; **~d·heid** [-hɛit] (*-heden*) Beklemmung *f*, Beklommenheit *f*; Schwüle *f*; Angst *f*; **~en** (-) beklemmen; beängstigen.
bende (*-s of -n*) Bande *f*; *fig ook* Haufen *m*, Meute *f*.

beneden [-'ne:də(n)] *adv* unten; *prep* unter (*A, D*), unterhalb (*G*); **naar ~** her-, hinunter; herab, hinab; **~dek** *n* Unterdeck *n*; **~verdieping** Erdgeschoß *n*.
benemen (-) (weg)nehmen; *uitzicht* verdecken; *adem* verschlagen.
benen¹ *adj* beinern, knöchern.
benen² (*ook zn*) F stiefeln.
benepen [-'ne:p-] eng; verlegen; enghertzig.
beneveld [-'ne:vəlt] benebelt; **~en** (-) ver-, umnebeln; (*bedwelmen ook*) benebeln; *blik, verstand* trüben.
benevens [-'ne:və(n)s] nebst (*D*).
bengel *m* (-s) Bengel *m*.
benieuwd [-'ni:üt] ~ *zijn* (*naar*) gespannt sein (auf *A*).
benig ['be:nəx] beinern, knöchern.
benijden [-'nɛid-] (-) beneiden; **~s-waardig** [-'va:rdəx] beneidenswert.
benodigdheden [-'no:dəxthe:də(n)] *pl* Benötigte(s); Bedarfsartikel *m/pl*; Utensilien *n/pl*.
benoemen [-'nu:m-] (-) (*aanstellen*) ernennen, berufen; (*naam geven*) benennen; **~ing** Ernennung *f*, Berufung *f*.
benoorden [-'no:rdə(n)] nördlich (*G*).
benul [-'nəl] *n* Ahnung *f*; *geen* (*flauw*) ~ *hebben* keine (blasse) Ahnung haben.
benutten (-) benutzen, benützen, auswerten; ausnutzen; wahrnehmen.
benzine [-'zi:nə] Benzin *n*; F Sprit *m*; **~blik** *n*, **~bus** [-bəs] Benzinkanister *m*; **~bon** [-bɔn] Benzingutschein *m*; **~meter** Benzinuhr *f*; **~pomp**, **~station** [-stasiɔn] *n* Zapfsäule *f*, Tankstelle *f*.
beoefen|en [-'u:fən-] (-) ausüben, (be)treiben; pflegen; **~ing** Treiben *n*; Beschäftigung *f*; Pflege *f*.
beogen [bə'o:ɣə(n)] (-) beabsichtigen, bezwecken.
beoordel|en [-de:l-] (-) beurteilen, (be)werten, würdigen; **~ing** Beurteilung *f*, Bewertung *f*, Würdigung *f*.
bepaald bestimmt; (*nou*) *niet ~ prettig, veel ...* nicht gerade ...; **~e·lijk** [-dələk] besonders, insbesondere.
bepal|en (-) bestimmen; festsetzen; anordnen, verfügen; *prijs, tijdstip* ansetzen; *vooraf* ~ vorherbestimmen; **~ing** Bestimmung *f*; Anordnung *f*, Verfügung *f*; (*in contract*) Bedingung *f*, Klausel *f*.
beperk|en (-) be-, einschränken, begrenzen; (*zich*) **~ tot** (sich) beschränken auf (*A*); **~ing** Be-, Einschränkung *f*, Begrenzung *f*; **~t** beschränkt.
be|planten (-) bepflanzen; **~pleisteren** [-'plɛistər-] (-) verputzen.
bepleit|en (-) befürworten, verfechten; **~er** *m* (**~ster** *f*) Befürworter(in *f*) *m*.
be|praten [-'pra:t-] (-) besprechen, bereden; (*overhalen*) überreden; **~proefd** [-'pru:ft] erprobt, bewährt; *vanouds ~* altbewährt.
beproev|en (-) versuchen; ausprobieren, erproben; (*teisteren*) prüfen; **~ing** Erprobung *f*; Prüfung *f*, Heimsuchung *f*; **~en** *pl ook* Unbilden *pl*.
beraad *n* Überlegung *f*, Erwägung *f*; *na rijp ~* nach reiflicher Überlegung; *in ~ houden* sich (noch) überlegen; **~slagen** (-) sich beraten, beratschlagen; **~slaging** Beratung *f*.
be|raden (-): *zich ~* sich überlegen, sich besinnen; **~ramen** (-) planen; **~raping** Verputz *m*.
berde ['bɛrdə]: *te ~ brengen* zur Sprache bringen; vorbringen.
be|rechten (-) aburteilen; **~redderen** [-'rɛdərə(n)] (-) ordnen.
bereden|eerd [bərə·də'ne:rt] logisch, überlegt, fundiert; **~eren** [-'ne:r-] (-) erörtern, darlegen; begründen.
bereid [bə'rɛit] bereit; **~en** (-) (zu)bereiten; **~heid** [-hɛit] Bereitschaft *f*; *~ tot onderhandelen* Verhandlungsbereitschaft *f*; **~ing** (Zu-)Bereitung *f*.
bereidwillig [-'ʊlax] bereitwillig; **~heid** Bereitwilligkeit *f*, Bereitschaft *f*.
bereik [bə'rɛik] *n* Bereich *m*; Reichweite *f*; **~baar** erreichbar; **~en** (-) erreichen; (*behalen*) erzielen.
be|reizen [-'rɛiz-] (-) bereisen; **~rekenen** [-'re:kən-] (-) be-, errechnen, kalkulieren.
berg Berg *m*.
berg|- *in samenst. mst* Berg-, *b.v.* **~achtig** [-təx] bergig, gebirgig; **~af** [-'af] bergab.
bergbeklimm|en *n* Bergsteigen *n*; **~er** *m* (-s) Bergsteiger *m*.
berg|bewoner *m* Bergbewohner *m*; **~e·te ~ rijzen** sich sträuben; *de haren rijzen mij te ~* die Haare stehen mir zu Berge; **~en*** bergen (*ook mar*); unterbringen; **~gids** *m* Bergführer *m*; **~helling** Berghang *m*; Halde *f*; **~ing** Ber-

beschuldiging

gung f; (hok) Abstellraum m; ~keten ['-ke:tə(n)] Gebirgskette f, -zug m; ~op ['-ɔp] bergan, -wärts; ~pas Gebirgspaß m; ~plaats Abstellplatz m; Abstell-, Lagerraum m; ~rede Bergpredigt f; ~ruimte ['-rəymtə] Abstellraum m, -kammer f; ~sport Bergsport m; ~tocht Bergtour f; ~wandelen n Bergwandern n; ~weide Alm f.

bericht n Nachricht f, Meldung f; Bericht m; ~en (-) melden, berichten.

berijd|baar ['-rɛɪd-] befahrbar; ~en (-) befahren; dier bereiten.

berin [bə'rɪn] f (-nen) Bärin f.

berisp|en (-) tadeln, rügen, schelten; ~ing Tadel m, Verweis m, Rüge f.

berk Birke f.

Berlijn [-'lɛɪn] n Berlin n; ~s Berliner; ~e bol Berliner m.

berm Straßenrand m, Bankett n; Böschung f; Grünstreifen m.

beroemd [-'ru:mt] berühmt; ~d-heid [-hɛɪt] (-heden) Berühmtheit f; ~en (-): zich ~ op sich rühmen (G).

beroep [bə'ru·p] n Beruf m; Gewerbe n; jur Berufung f; uitoefenaar n van een vrij ~ Freiberufler m; vrijheid van ~ Berufsfreiheit f; als (of van) ~ beruflich, gewerblich; een ~ doen op appellieren an (A); in (hoger) ~ gaan Berufung einlegen; ~en (-): zich ~ op sich berufen auf (A).

beroeps|- in samenst. mst Berufs-, b.v. ~keuzevoorlichting [-kø:zə-] Berufsberatung f; ~leven n Berufsleben n; ~matig ['-ma:təx] berufsmäßig, beruflich; ~onderwijs [-υεɪs] n berufsbildender Unterricht m; ~opleiding [-lɛɪd-] Berufsausbildung f.

beroerd [-'ru:rt] erbärmlich; schäbig, F mies; fig Berührung f; fig Aufruhr m; in ~ brengen aufrühren; ~te (-s of -n) Schlag(anfall) m.

be|rokkenen ['rɔkənə(n)] (-) zufügen; schade ~ schädigen; ~rooid verarmt.

berouw ['-raʊ] n Reue f; ~en (-) bereuen; ~vol reuevoll, reuig, zerknirscht.

berov|en (-) berauben; iem van iets ~ fig j-n um etw bringen; ~ing Beraubung f.

berucht ['-rəxt] berüchtigt, übel verrufen.

berust|en (-): ~ op beruhen auf (D), sich gründen auf (A); ~ (in) sich abfinden (mit D), resignieren; ~end resigniert, ergeben; ~ing Resignation f, Ergebenheit f.

bes [bɛs] (-sen) Beere f.

beschaafd ['-sxa:ft] gebildet; zivilisiert; gesittet; algemeen ~ n Hochsprache f.

beschaamd beschämt; verschämt, schamhaft.

beschadig|d ['-sxa:dəxt] beschädigt, schadhaft; ~en (-) beschädigen.

be|schaduwen ['-sxa:dyʉə(n)] (-) beschatten; ~schamen (-) beschämen; ~schaving Bildung f, Kultur f, Zivilisation f; ~scheiden ['-sxɛɪd-] bescheiden, anspruchslos.

bescherm|eling(e f) [bə'sxɛrmə-] Schützling m; ~en (-) (tegen) (be-)schützen (vor D); ~engel m Schutzengel m; ~er m (-s) Beschützer m.

beschermheer m Schutzherr m, Gönner m; ~schap [-sxap] n Schirmherrschaft f.

bescherm|heilige [-hɛɪləɣə] Schutzheilige(r); ~ing Schutz m; ~ings-factor Lichtschutzfaktor m; ~ster f (-s) Beschützerin f; ~vrouwe f (-vraʉə) Schutzherrin f, Gönnerin f.

beschiet|en ['-sxi·t-] (-) 1. beschießen; 2. (betimmeren) verkleiden, täfeln; ~ing Beschuß m, Beschießung f.

beschijten [bə'sxɛɪt-] (-) P bescheißen.

beschik|baar verfügbar; ~ stellen zur Verfügung stellen, bereitstellen; ~ken (-) anordnen; (over) verfügen (über A); ~king Verfügung f; (besluit ook) Verordnung f, (lot) Fügung f.

be|schilderen ['-sxɪldərə(n)] (-) bemalen, bepinseln; ~schimmelen (-; zn) (ver)schimmeln; ~schonken betrunken; ~schot n (-ten) Bretterwand f.

beschouw|elijk ['-sxaʊələk] beschaulich; ~en (-) betrachten; ~ als betrachten als, erachten; ~ing Betrachtung f; buiten ~ laten (blijven) außer Betracht (of acht) lassen (bleiben).

beschrijv|en ['-sxrɛɪv-] (-) beschreiben, schildern; beschriften; ~ing Beschreibung f, Schilderung f, Darstellung f.

be|schroomd scheu, zaghaft; ~schuit ['-sxœyt] Zwieback m.

beschuldig|d ['-sxəldəxt]: ~ worden jur unter Anklage stehen; ~en (-) beschuldigen; jur anklagen; ~ing Beschuldigung f, Anklage f; in staat van ~ stellen unter Anklage stellen.

beschutt|en [-'sxɵt-] (-) (*tegen*) (be-)schützen (vor *D*); **~ing** Schutz *m*.

besef *n* Bewußtsein *n*, Erkenntnis *f*; Ahnung *f*; **~fen** (-) einsehen, begreifen.

beslaan (-) *v*/*i* (*zn*) *en v*/*t* beschlagen; *v*/*i ruit*: anlaufen.

beslag [-'slax] *n* Beschlag *m*; **~ leggen op, in ~ nemen** beschlagnahmen; sicherstellen; pfänden; beanspruchen; **~en** [-'sla:ɣ̞-] *tong*: belegt; **~legging** Beschlagnahme *f*, Arrest *m*, Pfändung *f*.

beslechten (-) schlichten, beilegen.

beslissen (-) (*nicht*) entscheiden; **~d** entscheidend, maßgebend, maßgeblich.

beslissing Entscheidung *f*; Bescheid *m*; *voorlopige ~* Vorentscheidung *f*; **~s-bevoegdheid** [-'vuːxtheɪt]: *met ~* beschlußfähig.

beslist entschieden, bestimmt, unbedingt, durchaus; **~heid** Bestimmt-, Entschiedenheit *f*.

be|slommering [-'slɔmər-] Beschäftigung *f*, Sorge *f*, Mühe *f*; **~sloten** [-'sloːt-] geschlossen; **~ vergadering** *ook* Klausurtagung *f*.

besluit [-'slœyt] *n* Be-, Entschluß *m*; Erlaß *m*, Verfügung *f*; (*conclusie*) Schluß(folgerung *f*) *m*; **een ~ nemen** e-n Beschluß fassen; **tot ~** abschließend; **~e-loos** [-təloːs] unschlüssig, unentschlossen; **~en** (-) beschließen; (*concluderen*) schließen; **~ tot** sich entschließen zu (*D*); **~vaardigheid** [-'faːrdəxeɪt] Entschlußkraft *f*; **~vorming** Beschlußfassung *f*.

besmeren [-'smeːr-] (-) beschmieren, bestreichen.

besmett|elijk [-'smɛtələk] ansteckend; **~e ziekte** Infektionskrankheit *f*; **~en** (-) anstecken, infizieren; (*vervuilen*) verseuchen; **~ing** Ansteckung *f*, Infektion *f*; Verseuchung *f*, **~ings-gevaar** *n* Ansteckungsgefahr *f*.

be|smeuren [-'smøːr-] (-) be-, verschmieren; be-, verschmutzen; **~snijdenis** [-'snɛɪdənɪs] Beschneidung *f*; **~snoeien** [-'snuːi̯ə(n)] (-) beschneiden; **~snuffelen** [-'snɵfəl-] (-) beschnüffeln, beschnuppern; **~sparen** (-) (er)sparen, einsparen; **~spatten** (-) bespritzen; **~spelen** [-'speːl-] (-) bespielen; **~speuren** [-'spøːr-] (-) (ver)spüren; **~spieden** (-) belauschen; belauern; **~spiegeling** Betrachtung *f*, Kontemplation *f*; **~spikkelen** [-'spɪkələ(n)] (-) tüpfeln, sprenkeln; **~spioneren** [-'neːr-] (-) bespitzeln, nachspionieren (*D*); **~spoedigen** [-'spuːdəɣ̞-] (-) beschleunigen.

bespott|elijk [-'spɔtələk] lächerlich; **~en** (-) verspotten, verhöhnen.

besprek|en [-'spreːk-] (-) besprechen, bereden; erörtern; vorbestellen, reservieren; *plaats ook* belegen; **~ing** Besprechung *f*, Erörterung *f*; Unterredung *f*, Gespräch *n*; Reservierung *f*, Vorbestellung *f*; *thea* Vorverkauf *m*.

be|sprenkelen [-'sprɛŋkəl-] (-) besprengen; **~sproeien** [-'spruːi̯ə(n)] (-) begießen; berieseln; sprengen; **~spugen** [-'spyːɣ̞-] (-) bespucken; **~spuiten** [-'spœyt-] (-) bespritzen.

bessen·sap ['bɛsə(n)sɑp] *n* Johannisbeersaft *m*.

best best; *het ~* am besten; *het ~e!* alles Gute!; *~e in brief*: liebe(r); *op één na de ~e* zweitbeste(r); *zijn ~ doen* sein Bestes tun; *ten ~e geven* zum besten geben; *z. ook eerste*.

bestaan 1. (-) bestehen, existieren; *dat bestaat (toch) niet!* das gibt's (doch) nicht!; *het ~* es wagen; **2.** *n* Dasein *n*, Existenz *f*; Bestehen *n*; Auskommen *n*; *strijd om het ~* Existenzkampf *m*.

bestaans|minimum [-məm] *n* Existenzminimum *n*; **~recht** *n* Daseinsberechtigung *f*.

bestand¹ *n* Waffenstillstand *m*; Bestand *m*; *comp* Datei *f*.

bestand² *adj pers.*: gewachsen (*D*); *zaak*: widerstandsfähig, (-)beständig.

bestanddeel *n* Bestandteil *m*; Zutat *f*.

bested|en [-'steːd-] (-) ausgeben; *geld ook*, *tijd* aufwenden; verwenden; **~ing** Aufwand *m*, Ver-, Aufwendung *f*; Ausgabe *f*.

besteedbaar verfügbar.

bestek *n* (-*ken*) (*eet-*) Besteck *n*; Plan *m*; Baubeschreibung *f*; *fig* Rahmen *m*.

bestel|bon [-bɔn] Bestellschein *m*; **~dienst** Kundendienst *m*, Zubringerdienst *m*; Spedition *f*.

bestelen (-) bestehlen.

bestel|formulier [-liːr] Bestellformular *n*; **~len** (-) bestellen; *hdl ook* ordern, in Auftrag geben; *brieven* austragen, zustellen; **~ler** *m* (-*s*) Besteller *m*; Auftraggeber *m*; Austräger *m*; **~wagen**

betrekking

Lieferwagen *m*; *(gesloten)* ~ Kastenwagen *m*.
bestemm|en (-) *(voor)* bestimmen (zu *D of* für *A*); **~ing** Bestimmung *f*; **plaats van ~** Bestimmungsort *m*.
bestempelen (-) (ab)stempeln; bezeichnen.
bestendig [-dəx] beständig, stetig; **~en** (-) (fort)bestehen lassen, fortsetzen.
be|sterven (-) (er)sterben; *vlees*: abhängen; **~stijgen** [-'stɛiɣ-] (-) besteigen; **~stoft** [-'stɔft] staubig; **~stoken** (-) beschießen; *j-m* zusetzen; **~stormen** (-) (be)stürmen *(ook fig)*.
bestraff|en (-) bestrafen; *jur ook* ahnden; **~ing** Bestrafung *f*, Strafe *f*.
bestralen (-) bestrahlen *(ook med)*, anstrahlen.
bestrat|en [-'stra:t-] (-) pflastern; **~ing** Pflasterung *f*; Pflaster *n*.
bestrijd|en [-'strɛid-] (-) bekämpfen, entgegentreten (*D*); *(betwisten)* bestreiten; **~er** *m* Kämpfer *m*.
be|strijken [-'strɛik-] (-) bestreichen *(ook mil)*; **~strooien** [-'stro:iə(n)] (-) bestreuen.
best-seller (*-s*) Bestseller *m*, Reißer *m*.
bestuderen [-sty'de:r-] (-) studieren.
bestur|en [-'sty:r-] (-) lenken; *voer-, vaartuig ook*, *comp* steuern; *toestel* bedienen; *(leiden)* führen, leiten; *(beheren)* verwalten; **~ing** Steuerung *f*, Lenkung *f*.
bestuur [-'sty:r] *n* (*-sturen*) Verwaltung *f*; Vorstand *m*; Regierung *f*; Behörde *f*; **~der** *m* (**~ster** *f*) (*-s*) Fahrer(in *f*) *m*, Lenker(in *f*) *m*; Leiter(in *f*) *m*, Vorsteher(in *f*) *m*; Verwalter(in *f*) *m*.
bestuurs|ambtenaar [-amtə-] *m* Verwaltungsbeamte(r); **~district** *n* Verwaltungsbezirk *m*; **~lid** *n* Vorstandsmitglied *n*.
bestwil ['bɛstʋɪl]: **voor zijn ~** zu s-m Besten.
betaal|baar zahlbar, fällig; *(op te brengen)* bezahlbar, erschwinglich; **~cheque** [-ʃɛk] Barscheck *m*; **~dag** [-dɑx] Zahltag *m*; **~middel** *n* Zahlungsmittel *n*; **~pasje** [-pɑʃə] *n* Scheckkarte *f*.
betal|en (-) (be)zahlen, entrichten; *betaald zetten* heimzahlen; **~ing** (Be-)Zahlung *f*; **~ in termijnen** Teil-, Ratenzahlung *f*.
betalings|balans Zahlungsbilanz *f*; **~-**

~mandaat *n* Zahlungsanweisung *f*; **~termijn** [-tɛrmɛin] Zahlungsfrist *f*; **~voorwaarden** *pl* Zahlungsbedingungen *pl*.
betam|elijk [-'ta:mələk] schicklich, geziemend; **~en** (-) sich (ge)ziemen, sich gebühren.
be|tasten (-) betasten *(ook med)*; **~tegelen** [-'te:ɣəl-] (-) kacheln; fliesen.
beteken|en [-'te:kənə(n)] (-) bedeuten, heißen; *jur* zustellen; *wat heeft dat te ~?* was soll das heißen (*of* bedeuten)?; **~is** (*-sen*) Bedeutung *f*; **~ hechten aan** Bedeutung beimessen (*D*).
beter ['be:tər] besser; *des te ~* um so (*of* desto) besser; **~ worden**, **~en** ['be:tərə(n)] (*zn*) sich bessern; **~schap** [-sxɑp] Besserung *f*; *(veel)* **~!** gute Besserung!
be|teugelen [-'tøːɣələ(n)] (-) zügeln, bändigen, bezähmen; **~teuterd** [-'tø:tərt] verdutzt, F verdattert; **~tichten** (-) *(van)* bezichtigen (*G*); **~tijen** [-'tɛiə(n)]: *laten ~* gewähren lassen.
betimmering [-'tɪmər-] Täfelung *f*, (Holz-)Verkleidung *f*; Verschalung *f*.
betog|en (-) darlegen; demonstrieren; **~ing** Demonstration *f*, Kundgebung *f*.
beton [-'tɔn] *n* Beton *m*; *gewapend ~* Stahl-, Eisenbeton *m*.
betonen (-) (be)zeigen, bekunden.
betonneren [-'ne:r-] betonieren.
betoog *n* (*-togen*) Darlegung *f*.
betover|en [-'to:vərə(n)] (-) verzaubern, verhexen; *fig* bezaubern, betören; **~end** bezaubernd, zauberhaft; **~ing** Verzauberung *f*; *fig* Zauber *m*.
be|trachten (-) erfüllen, üben; **~trappen** (-) ertappen, erwischen; **~treden** (-) betreten; **~treffen** (-) betreffen, angehen, anbelangen; *het betreft ook* es handelt sich um (*Z*); *wat mij betreft* was mich betrifft; von mir aus; *wat ... betreft ook* betreffs (*G*).
betrek|kelijk [-kələk] verhältnismäßig, relativ; **~ken** (-) beziehen; *woning ook* einziehen in (*A*); *lucht*: sich bewölken, sich beziehen; **~ in** (*of bij*) einbeziehen (in *A*); **~ bij ook** beteiligen an (*D*); *betrokken raken bij ook* hineingeraten in (*A*); **~king** Beziehung *f*, Verhältnis *n*; *(baan)* Stellung *f*, Amt *n*; Bezug *m*; *met ~ tot* bezüglich (*G*), hinsichtlich (*G*), in bezug auf (*A*); **~aangeboden**(-**en** *pl*) Stellenangebot *n*; **wederzijdse ~** *ook*

betreuren 56

Wechselbeziehung *f*; **~ hebben op** sich beziehen (*of* erstrecken) auf (*A*); **zonder ~** stellungslos.
betreuren [-'trøːr-] (-) bedauern, beklagen; **~s·waardig** [-'vaːrdəx] bedauernswert, bedauerlich.
betrokken betreffend; zuständig; *lucht*: bewölkt, bedeckt, trübe; (*bij*) beteiligt (an *D*); **niet ~ bij** *ook* unbeteiligt an (*D*); **~e** Beteiligte(r), Betroffene(r).
betrouwbaar [-'traṷ-] zuverlässig, verläßlich; **~heid** [-heit] Zuverlässigkeit *f*.
betten (be)tupfen.
be|tuigen [-'tœy̆-] (-) bezeugen, beteuern; **~tuttelen** [-'tɵtəl-] (-) bevormunden.
betweter ['bɛtʋeːtər] *m* (-s) Besserwisser *m*; **~ig** [-'ʋeːtərəx] besserwisserisch, rechthaberisch.
betwijfelen [-'tʋɛifələ(n)] (-) bezweifeln.
betwist strittig, umstritten; **~en** (-) streitig machen; (*tegenspreken*; *ontzeggen*) bestreiten; *recht ook* absprechen.
beu [bøː]: **het ~ zijn** es satt haben.
beugel (-s) Bügel *m*; (Zahn-)Spange *f*.
beuk [bøːk] *f* Buche *f*; (*kerk~*) Schiff *n*.
beuken[1] donnern.
beuke|n[2] *adj* buchen, aus Buche; **~nootje** [-'nɔːtjə] *n* (-s) Buchecker *f*.
beul [bøːl] *m* Henker *m*; *fig* Schinder *m*.
beunhaas ['bøːn-] *m* (*knoeier*) Pfuscher *m*; (*zwartwerker*) Schwarzarbeiter *m*.
beuren *geld* kassieren, empfangen.
beurs [bøːrs] (*beurzen*) Börse *f*; (*studie~*) Stipendium *n*; (*handels~*) Messe *f*.
beurs|bericht *n* Börsenbericht *m*; **~student** (*e f*) *m* Stipendiat(in *f*) *m*.
beurt [bøːrt] Reihe *f*, Turnus *m*; (*auto~*) Inspektion *f*; **aan de ~ zijn** an der Reihe sein, dran sein; (*bij spel en fig ook*) am Zuge sein; **aan de ~ komen** drankommen, herankommen; **om de ~**, **~elings** ['-təlɪŋs] der Reihe nach, abwechselnd, turnusmäßig.
beuzelarij [bøːzəla'rɛi] Geschwätz *n*; Lappalie *f*, Spielerei *f*.
bevaarbaar schiffbar, befahrbar.
bevall|en (-) gefallen (*D*), zusagen (*D*), behagen (*D*); (*baren*) entbinden; **~ van** gebären; **~ig** [-ləx] gefällig, graziös, ansprechend; *pers. ook*: zierlich; **~ig·heid** [-xɛit] Anmut *f*, Grazie *f*; **~ing** Geburt *f*, Entbindung *f*; **voortijdige ~** Frühgeburt *f*.

bevatt|elijk [-'ʋatələk] begreiflich; *pers.*: intelligent; **~en** (-) enthalten, fassen, in sich schließen; **~ings·vermogen** *n* Auffassungsgabe *f*, -vermögen *n*; (*capaciteit*) Fassungsvermögen *n*.
beveilig|en [-'ʋɛiləy̆-] (-) (ab)sichern; **~ing** Sicherung *f*, Schutz *m*.
bevel [-'ʋɛl] *n* Befehl *m*; **~en**[*] [-'ʋeːl-] (-) befehlen, anweisen, anordnen; kommandieren; **~end** gebieterisch; **~hebber**, **~voerder** [-'ʋuːrdər] *m* (-s) Befehlshaber *m*.
beven beben, zittern, schlottern.
bever ['beːvər] *m* (-s) Biber *m*.
beverig ['beːvərəx] zittrig.
bevervel *n* Biberfell *n*.
bevestig|en [-təy̆ə(n)] (-) (*vastmaken*) befestigen; (*beamen*) bestätigen, bejahen; bekräftigen; (*attesteren*) bescheinigen; **bevestigd worden** *ook* sich bestätigen; **~ing** Befestigung *f*; Bestätigung *f*, Bejahung *f*; Bekräftigung *f*; Bescheinigung *f*.
beving ['beːvɪŋ] Zittern *n*, Beben *n*.
bevind|en (-) (**zich**) (sich) befinden; **~ing** Befund *m*.
be|vlekken (-) beflecken, beschmutzen; **~vlieging** Anwandlung *f*; **~vochtigen** [-təy̆ə(n)] (-) be-, anfeuchten.
bevoegd [-'ʋuxt] befugt, kompetent; zuständig; **~heid** [-heit] (*-heden*) Befugnis *f*, Kompetenz *f*; Zuständigkeit *f*.
bevoelen [-'ʋuːl-] (-) befühlen.
bevolken (-) bevölkern, besiedeln.
bevolking Bevölkerung *f*; **~s·bureau** *n* (Einwohner-)Meldeamt *n*; **~s·dichtheid** [-heit] Bevölkerungsdichte *f*.
bevoogden (-) bevormunden.
bevoor|delen [-deːl-] (-) begünstigen; **~oordeeld** voreingenommen; **~rading** Nachschub *m*, Versorgung *f*; **~recht** bevorzugt, privilegiert.
bevorder|aar(ster *f*) *m* (-s) Förderer *m*, Förderin *f*; **~en** [-dərə(n)] (-) fördern; (*promoveren*) befördern; *leerling* versetzen; **~ing** Förderung *f*; Beförderung *f*; Versetzung *f*; **~lijk** [-lək] (**voor**) förderlich (*D*), zuträglich (*D*).
bevredig|en [-'ʋreːdəy̆-] (-) befriedigen, zufriedenstellen; **~ing** Befriedigung *f*.
bevreemd|en (-) befremden; **~end** befremdlich; **~ing** Befremden *n*.
be|vreesd ängstlich; **~vriend** befreundet; **~vriezen** (-) *v/i* (*zn*) (er-, ge)frie-

ren; *v/t* gefrieren; *loon, krediet* einfrieren; **bevroren vlees** *n* Gefrierfleisch *n*.
bevrijd|en [-'vrɛid-] (-) befreien; **~er** (**~ster** *f*) *m* (-s) Befreier(in *f*) *m*.
be|vroeden [-'vru·d-] (-) einsehen; ahnen; **~vruchting** [-'vrɛxt-] (-) Befruchtung *f*; **~vuilen** [-'vœyl-] (-) beschmutzen; **~waakster** *f* (-s) Bewacherin *f*, Aufpasserin *f*; Wärterin *f*; Wächterin *f*; **~waakt** *spoorw* beschrankt.
bewaar|heid: ~ worden sich bewahrheiten; **~plaats** Aufbewahrungsort *m*.
bewak|en [-'va:k-] (-) be-, überwachen; **~er** *m* (-s) Bewacher *m*, Aufpasser *m*; Wärter *m*; Wächter *m*.
bewaking Bewachung *f*; Überwachung *f*; **~sdienst** Wachdienst *m*; **~s·personeel** *n* Aufsichtspersonal *n*.
bewandelen [-'vɑndəl-] (-) beschreiten.
bewapen|en [-'va:pənə(n)] (-) bewaffnen; (auf)rüsten; **~ing** Bewaffnung *f*; Aufrüstung *f*; Rüstung *f*; **~ings·wedloop** Wettrüsten *n*.
bewar|en [-'va:r-] (-) bewahren, aufheben, aufbewahren, erhalten, konservieren; wahren; (*behoeden*) bewahren, behüten; **bewaard blijven** *ook* erhalten bleiben, sich erhalten; **~ing** (Auf-)Bewahrung *f*; Verwahrung *f*; **in ~ geven** in Verwahrung geben; **verzekerde ~** *jur* (Polizei-)Gewahrsam *m*.
beweeg|baar beweglich; **~lijk** [-lək] beweglich; *pers.*: lebhaft, wendig; **~reden** Beweggrund *m*.
beweg|en (-) (**zich**) (sich) bewegen, (sich) regen; **~ing** Bewegung *f*; **uit eigen ~** aus freien Stücken, aus eigenem Antrieb, von sich aus.
bewegwijzeren [-'vɛxvɛizər-] (-) aus-, beschildern.
beweerd *adj* an-, vorgeblich.
bewer|en [-'ve:r-] (-) behaupten; **~ing** Behauptung *f*.
bewerk|en [-'vɛrk-] (-) bearbeiten, aufarbeiten; *akker* bestellen, bebauen; (*realiseren*) bewirken; **~er** (**~ster** *f*) *m* Bearbeiter(in *f*) *m*; Herausgeber(in *f*) *m*; **~ing** Be-, Aufarbeitung *f*; Bestellung *f*, Bebauung *f*; **~stelligen** [-stɛləɣ-] (-) bewerkstelligen, zustande bringen.
bewieroken [-'vi·ro:k-] (-) beweihräuchern.
bewijs [-'vɛis] *n* (*bewijzen*) Beweis *m*,

Nachweis *m*; Bescheinigung *f*, Beleg *m*, Schein *m*; **~baar** be-, nachweisbar; **~krachtig** [-tɑx] beweiskräftig; **~stuk** [-stək] *n* Beweisstück *n*, Beleg *m*; **~ken** *pl ook* Unterlagen *pl*, Dokumente *n/pl*.
bewijzen (-) be-, nachweisen, erweisen; belegen; *dienst* leisten, erweisen.
bewimpelen [-'vɪmpəl-] (-) bemänteln.
bewind *n* Regime *n*, Regierung *f*, Regiment *n*; **~voerder** [-fu:rdər] *m* (-s) Machthaber *m*, Herrscher *m*; Verwalter *m*; **~voerster** *f* (-s) Machthaberin *f*, Herrscherin *f*; Verwalterin *f*.
bewogen bewegt; *foto*: verwackelt.
bewolking Bewölkung *f*; **toenemende ~** *ook* Eintrübung *f*.
bewonder|aar(ster *f*) *m* (-s) Bewunderer *m*, Bewunderin *f*; **~en** (-) bewundern; **~ens·waardig** [-'va:rdəx] bewundernswert; **~ing** Bewunderung *f*.
bewon|en (-) bewohnen; **~er** *m* (-s) Bewohner *m*.
bewoon|baar bewohnbar; **~ster** *f* (-s) Bewohnerin *f*.
bewust [-'vəst] bewußt; (*betreffend ook*) fraglich; **je bent je er niet van ~** dir ist (es) nicht bewußt.
bewusteloos [-'vəstə-] bewußtlos; **~heid** [-'lo:shɛit] Bewußtlosigkeit *f*.
bewustzijn [-sɛin] *n* Bewußtsein *n*; **tot ~ komen** zur Besinnung kommen.
be|zadigd [-'za:dəxt] bedächtig, gesetzt; **~zatten** (-): **zich ~** F sich besaufen; **~zegelen** [-'ze:ɣəl-] (-) besiegeln.
bezem ['be:zəm] (-s) Besen *m*; **~steel** Besenstiel *m*.
bezeren [-'ze:r-] (-) verletzen.
bezet besetzt.
bezeten [-'ze:t-] besessen.
bezet|ten (-) besetzen, belegen; **~ting** Besetzung *f*; *mil* Besatzung *f*; **~tings·graad** *hdl* Kapazitätsauslastung *f*; **~toon** *tel* Besetztzeichen *n*.
bezichtigen [-'zɪxtəɣ-] (-) besichtigen.
bezielen (-) beseelen; *fig* begeistern.
bezien (-) besehen.
beziens·waardig [-'va:rdəx] sehenswert; **~heid** [-xɛit] (*-heden*) Sehenswürdigkeit *f*.
bezig ['be:zəx] beschäftigt; **~ zijn met** *ook* dabei sein, zu ...; **~en** gebrauchen; **~heid** (*-heden*) Beschäftigung *f*, Tätigkeit *f*; **~houden** [-hɑuə(n)] beschäfti-

bezingen 58

gen; *zich ~ met* sich beschäftigen mit (*D*), sich befassen mit (*D*).
bezingen (-) besingen.
bezinken (-) niederschlagen, sich absetzen; **~sel** *n* (-s) Niederschlag *m*, Bodensatz *m*.
bezinning Besinnung *f*.
bezit *n* Besitz *m*, Besitzung *f*, Habe *f*; Gut *n*; **~ten** (-) besitzen, innehaben; **~ter** (**~ster** *f*) *m* (-s) Besitzer(in *f*) *m*, Eigentümer(in *f*) *m*, Inhaber(in *f*) *m*; **~tingen** *pl* Besitztümer *n/pl*; Habe *f*, Habseligkeiten *f/pl*.
bezoek [-'zu·k] *n* Besuch *m* (*ook med*); (*kort*) Abstecher *m*; *een ~ brengen* (*of afleggen*) e-n Besuch machen (*of* abstatten); **~en** (-) besuchen; **~er** *m* (-s) Besucher *m*, **~ster** *f* (-s) Besucherin *f*; **~tijd** [-tɛit] Besuchszeit *f*.
bezoldigen [-dəŷ-] (-) besolden; **~ing** Besoldung *f*.
be|zonnen besonnen; **~zopen** ['zo:p-] F besoffen.
bezorgd besorgt, bekümmert, sorgenvoll; *~ zijn* (*om of voor*) sich sorgen (um *A*), sich Sorgen machen (um *A*); *~ maken* Sorgen machen (*D*), bekümmern; **~heid** [-hɛit] (-heden) Besorgnis *f*, Sorge *f*.
bezorgen (-) besorgen, ver-, beschaffen; (*veroorzaken*) bereiten, machen; *iron* bescheren; *post* zustellen; *krant* austragen; **~ing** Besorgung *f*; Zustellung *f*.
bezuinig|en [-'zœynəŷ-] (-) ein|sparen; (sich) einschränken; *~ op* sparen an (*D*); **~ing** Einsparung *f*; Einschränkung *f*; **~ings·beleid** [-lɛit] *n* Sparpolitik *f*.
bezuren [-'zy:r-] (-): (*moeten*) ~ büßen für (*A*).
bezwaar *n* (-zwaren) Beschwerde *f*; Bedenken *n*, Einwand *m*; *~ maken tegen* Einspruch erheben gegen (*A*); *zonder ~* anstandslos, unbedenklich; **~lijk** [-lək] *adj* beschwerlich; *adv* schwerlich.
be|zwaren (-) beschweren; **~*d jur* belastend; **~zweet** verschwitzt; **~zweren** [-'zŭe:r-] (-) beschwören; heraufbeschwören; *gevaar* bannen; **~zwijken*** [-'zŭɛik-] (-; *zn*) erliegen (*D*); sterben; **~zwijming** Ohnmacht *f*.
bibberen ['bɪbər-] zittern, schlottern.
biblioth|ecaresse [-'rɛsə] *f* Bibliotheka-

rin *f*; **~ecaris** [-'ka:rɪs] *m* (-sen) Bibliothekar *m*; **~eek** (*-theken*) Bibliothek *f*.
bibs [bɪps] F Po(po) *m*.
biceps ['bi·seps] Bizeps *m*.
bidden* beten; bitten.
biecht Beichte *f*; **~en** beichten; **~stoel** ['stu·l] Beichtstuhl *m*.
bieden* bieten, anbieten; *weerstand* leisten; *hoger ~* überbieten.
biefstuk ['bi·stœk] Beefsteak *n*; *~ van de haas* Filetsteak *n*.
biel(s) *spoorw* (Bahn-)Schwelle *f*.
bier *n* Bier *n*; *licht* (*donker*) *~* helles (dunkles) Bier.
bier|- *in samenst. mst* Bier-, *b.v.* **~brouwerij** [-broŭə'rɛĭ] Bierbrauerei *f*; **~tje** (-s) (Glas) Bier *n*; **~viltje** *n* (-s) Bierdeckel *m*.
bies Binse *f*; (*boordsel*) Biese *f*; **biezen** *pl ook* Schilf *n*; **~look** *n* Schnittlauch *m*.
biet Rübe *f*; *rode ~* rote Bete *f*.
biezen *adj* Binsen-, Korb-.
big (*-gen*) Ferkel *n*; **~gelen** ['bɪŷəl-] kullern, rollen; **~getje** ['bɪŷətĭə] *n* (-s): *Guinees* [ŷŭi'·] *~* Meerschweinchen *n*.
bij[1] Biene *f*.
bij[2] bei (*D*), zu (*D*); an (*A*, *D*); *~ het station* am Bahnhof; *~ dezen* hiermit; *~ duizenden* zu Tausenden; *er ook ~ zijn* mit dabeisein.
bij|baan(tje *n* [-s]) Nebenbeschäftigung *f*; **~bedoeling** [-du·l-] Nebenabsicht *f*; **~behorend** dazugehörig.
bijbel ['bɛibəl] (-s) Bibel *f*; **~s** biblisch.
bij|benen ['·be:nə(n)] mitkommen; **~bestellen** nachbestellen.
bijbetal|en zuzahlen; nachzahlen; (*in trein*) nachlösen; **~ing** Nachzahlung *f*.
bij|betekenis ['·bətə:kənɪs] Nebenbedeutung *f*; **~betrekking** Nebenbeschäftigung *f*; **~blijven** (-) mitkommen; in der Erinnerung bleiben; **~bouwen** ['·boŭə(n)] anbauen; **~brengen** beibringen; *dehand* gewandt; *kind:* aufgeweckt; *doen* ['·du·n] hinzufügen; **~draaien** (*zn*) einlenken; *mar* beidrehen.
bijdrage Beitrag *m*; **~n** (*aan of tot*) beitragen (zu *D*), beisteuern (zu *D*).
bijeen [bɛĭ'e:n] beieinander, bei-, zusammen; **~binden** zusammenbinden; **~blijven** [-blɛĭv-] zusammenbleiben; **~brengen** zusammenbringen; **~komen** zusam-

menkommen; (*vergaderen ook*) zusammentreten; (*op afspraak*) sich sammeln; **~komst** Zusammenkunft *f*, Versammlung *f*; **~roepen** [-ru·p-] zusammenrufen, versammeln; *vergadering ook* einberufen; **~schrapen** [-sxra:p-] zusammenkratzen; *fig ook* scheffeln.
bijen|honi(n)g ['bɛi̯ə(n)-] Bienenhonig *m*; **~houder** [-hau̯dər] *m* Imker *m*; **~korf** Bienenkorb *m*, -stock *m*.
bije·steek [bɛi̯-] Bienenstich *m*.
bij|gaand anbei, beiliegend; **~gebouw** [-bau̯] *n* Anbau *m*, Nebengebäude *n*; **~gedachte** Nebengedanke *m*; **~geloof** *n* Aberglaube *m*; **~gelovig** [-'lo:vəx] abergläubisch; **~gevolg** [-'γɔl(ə)x] somit, folglich, mithin; **~gieten** nachgießen, aufschütten; **~groeien** ['-γru̯i-] nachwachsen; **~houden** ['-hau̯ə(n)] Schritt halten mit (*D*); führen; **~kantoor** *n* Zweig-, Nebenstelle *f*; **~knippen** nachschneiden, stutzen.
bijkom|en ['-kɔm-] hinzu-, näherkommen; sich erholen; zu sich kommen; **~end** zusätzlich, weiter; **~e kosten** *pl* Nebenkosten *pl*; **~stig** [-'kɔmstəx] nebensächlich.
bijl [bɛi̯l] Beil *n*, Axt *f*.
bij|lage ['bɛi̯-] Beilage *f*; Anlage *f*; **~lange: ~ (na) niet** bei weitem nicht; **~leggen** beilegen; schlichten; *geld* zulegen; **~les** Nachhilfestunde *f*, -unterricht *m*; **~lichten** *j-m* leuchten.
bijna ['bɛi̯na:] beinah(e), fast.
bij|naam ['bɛi̯-] Spitz-, Zuname *m*; **~passen** zuzahlen, zulegen; **~produkt** [-dɔkt] *n* Nebenprodukt *n*; **~rijder** *m* Beifahrer *m*; **~rivier** Nebenfluß *m*; **~rol** Nebenrolle *f*; **~schaven** ['-sxa:v-] glatthobeln; *fig* polieren; **~scholen** ['-sxo:l-] weiter-, fortbilden; **~schrijven** ['-sxrɛi̯v-] hinzuschreiben; *hdl* gutschreiben; **~slag** ['-slax] Zuschlag *m*; **~sluiter** [-'slœy̯tər] (*-s*) Beipackzettel *m*; **~smaak** Beigeschmack *m*; **~springen** beispringen (*D*); **~staan** beistehen (*D*); sich (vage) erinnern; **~stand** Beistand *m*, Unterstützung *f*; Sozialhilfe *f*; Fürsorge *f*, Wohlfahrt *f*; **~stelling** Anpassung *f*; *tech* Nachstellen *n*.
bijster ['bɛi̯stər]: *het spoor* **~** die Spur verloren; auf dem Holzweg; *niet* **~** nicht sonderlich.
bijt·achtig [-təx] bissig.

bij|tanken ['bɛi̯tɛŋk-] auftanken; **~tellen** hinzuzählen.
bijten* beißen; *vis*: anbeißen; *chem* ätzen, beizen; **op elkaar ~** zusammenbeißen; **~d** beißend (*ook fig*), ätzend.
bij|tijds [-'tɛi̯ts] beizeiten; **~vak** *n* Nebenfach *n*; **~val** Beifall *m*, Zuspruch *m*; **~vallen** zustimmen (*D*), beipflichten (*D*); **~verdienste** Nebenverdienst *m*, -erwerb *m*, Nebeneinnahme(n *pl*) *f*; **~verschijnsel** [-sxɛi̯nsəl] *n* Begleiterscheinung *f*; *med* Nebenwirkung *f*; **~vijlen** ['-vɛi̯l-] feilen an (*D*) (*ook fig*).
bijvoeg|en ['-vu·γ-] beifügen; hinzufügen; zusetzen; **~lijk** [-'vu·xlək]: **~ naamwoord** *n* Adjektiv *n*.
bijvoorbeeld [bə'-] (*afk* **b.v.**) zum Beispiel (*afk* z.B.), beispielsweise.
bijvullen ['bɛi̯vɛl-] nachfüllen.
bijwerk|en nachbessern; überarbeiten; hinzuverdienen; **~ing** Nebenwirkung *f*; Nachbesserung *f*; Überarbeitung *f*.
bij|wonen beiwohnen (*D*); **~woord** *n* Adverb *n*; **~zaak** Nebensache *f*; **~zetten** beisetzen, bestatten; **~ziend** kurzsichtig; **~zijn** *n*: *in* (*het*) **~** *van* im Beisein (*G*); *zum* Nebensatz *m*; **~zitter** (**~zitster** *f*) *m* (*-s*) Beisitzer(in *f*) *m*.
bijzonder [biˑ'-] besonder; eigentümlich; *adv* besonders; *in het* **~** insbesondere, besonders; *meer in het* **~** im einzelnen; *niet veel* **~s** *zijn* nicht weit hersein; **~heden** *pl*: (*nadere*) **~** Nähere(s); *in* **~** in (allen) Einzelheiten; **~heid** (*-heden*) Besonderheit *f*; Einzelheit *f*.
bikkelhard eisenhart (*ook fig*).
bikken F futtern, spachteln.
bil (*-len*) (Hinter-)Backe *f*; (*dij*) Oberschenkel *m*; **~len** *pl* Po(po) *m*, Gesäß *n*.
bilateraal bilateral.
biljart [-'jart] *n* (*-s of -en*) Billard *n*; *Amerikaans* **~** Poolbillard *n*; **~bal** Billardkugel *f*; **~en** Billard spielen; **~keu** [-køː] Billardstock *m*.
biljet [-'jɛt] *n* (*-ten*) Schein *m*; (*geld~ ook*) Note *f*; Zettel *m*.
biljoen [-'juˑn] *n* Billion *f*.
billijk ['-lək] gerecht; **~en** ['bɪlək-] billigen, gutheißen; **~heid** [-hɛit] Gerechtigkeit *f*; Billigkeit *f*.
bind|en* binden; knüpfen; schnüren; **~end** bindend, verbindlich; **~ing** Bindung *f* (*ook fig en ski~*); **~middel** *n*

bindvlies 60

Bindemittel n; **~vlies** n Bindehaut f; **~weefsel** n Bindegewebe n.
binnen 1. prep in (D), innerhalb (G), binnen (D of G); **2.** adv innen, drinnen; **~!** herein!; **(naar) ~** herein, hinein; **~ mogen** herein-, hineindürfen; **van ~ uit** von innen heraus; **~antenne** Innenantenne f; **~band** (Luft-)Schlauch m; **~brengen** herein-, hineinbringen; ziekte einschleppen; **~dringen** (zn) (her)eindringen; **~gaan** (zn) herein-, hineingehen; **~halen** hereinholen; oogst einbringen, -fahren; **~huisarchitect** [-həys-] m Innenarchitekt m; **~in** innen(drin); **~kant** Innenseite f; **~komen** ['ko:m-] hereinkommen; eingehen; eintreten; einlaufen; **~kort** [-'kɔrt] demnächst, nächstens, in Kürze.
binnenland n Inland n; Binnenland n; **~s** inländisch, innere(r, -s), Binnen-; innenpolitisch; **~e handel** Binnenhandel m; **~e markt** Inlands-, Binnenmarkt m; **ministerie** n **van ~e zaken** Innenministerium n; **~ telefoongesprek** n Inlandsgespräch n; **~e vlucht** Inlandflug m.
binnen|laten [-la:t-] (her-, hin)einlassen; vorlassen; **~loodsen** herein-, hineinlotsen; pej einschleusen; **~lopen** (zn) hereinlaufen; schip: einlaufen; **~plaats** Hof m, Innen-, Hinterhof m; **~regenen** [-re:ɣənə(n)] hereinregnen; **~reizen** (zn) einreisen; **~rijden** [-rɛi̯ə(n)] **1.** (zn) (her)einfahren; **2.** n Einfahrt f; **~rukken** [-rok-] einrücken in (A); einmarschieren in (A); **~scheepvaart** [-sxe:pfa:rt] Binnenschiffahrt f; **~sluipen** [-slœy̯p-] (zn) sich einschleichen.
binnenst innere(r, -s).
binnenstad Innenstadt f; Altstadt f.
binnenste n Innere(s); **~buiten** [-'bœy̯tə(n)] verkehrt(herum).
binnen|stormen (zn) herein-, hineinstürmen; **~trekken** (zn) einziehen (in A); mil einmarschieren (in A); **~vallen** (zn) herein-, hineinplatzen; mil einfallen (in A); **~varen** (zn) einlaufen; **~waarts** einwärts; **~zak** Innentasche f.
bio|- in samenst. mst Bio-, b.v. **~chemie** [-xe'mi:] Biochemie f.
biografie [-'ɣra:fi:] (-ëen) Biographie f.
bio|-industrie [-dəstri:] Massentierhaltung f; **~loge** f Biologin f; **~logie** [-'ɣi:] Biologie f; **~logisch** [-'lo:ɣi:s]

biologisch; **~loog** m (-logen) Biologe m.
bios ['bi·(j)ɔs] F, **~coop** [-'ko:p] (-copen) Kino n; **naar de ~ gaan** ins Kino gehen.
biotoop (-topen) Biotop m of n.
bips F Po(po) m.
biscuit [-'kɥi] n (-s) Keks m.
bisdom ['-dɔm] n (-men) Bistum n.
bisschop ['-sxɔp] m (-pen) Bischof m; **~pelijk** ['-sxɔpələk] bischöflich.
bits bissig, schnippisch.
bitter bitter, herb; ernst ook: blutig; **~heid** [-hɛit] Bitterkeit f (ook fig); **~koekje** [-ku·kiə] n Makrone f; **~zoet** [-zu·t] bittersüß.
bivakkeren [-'kɛːr-] biwakieren.
bizar [bi'zɑr] bizarr, verschroben.
bizon ['biːzɔn] m (-s) Bison m.
blaadje n (-s) Zettel m.
blaam Tadel m; Makel m.
blaar (blaren), **blaas** (blazen) Blase f.
blaas|balg Blasebalg m; **~ham** Rollschinken m; **~je** ['bla:ʃə] n (-s) Bläschen n; **~ontsteking** Blasenentzündung f.
blad n (papier~: -en; boom~: -eren) Blatt n; (dien~) Tablett n.
blader|deeg ['bla:dər-] n Blätterteig m; **~en** blättern.
blad|goud ['-xaut] n Blattgold n; **~luis** [-ləys] Blattlaus f; **~spiegel** Satzspiegel m; **~zijde** ['-sɛidə] Seite f.
blaffen bellen.
blaken ['bla:kə(n)]: **~ van** strotzen von (of vor) (D).
blam|age [-'ma:ʒə] (-s) Blamage f; **~eren** [-'meːr-] (zich) (sich) blamieren.
blanco blanko, unbeschrieben; **~cheque** [-ʃɛk] Blankoscheck m.
blank blank; weiß; **een ~e** ein Weißer.
blasé [bla'zeː] blasiert.
blaten geit: meckern; schaap: blöken.
blauw blau; **~achtig** [-tǝx] bläulich; **~ogig** ['-oːɣɔs] blauäugig; **~tje** ['blɑutiə] n: **een ~ lopen** (laten lopen) e-n Korb bekommen (geben); **~zuur** ['-zyːr] n Blausäure f.
blazen* blasen, pusten; dier ook: fauchen; gans ook: zischen.
bleek blaß, bleich; **~gezicht** n Bleichgesicht n; **~heid** [-hɛit] Blässe f.
bleken v/i (zn) en v/t bleichen.
blèren ['blɛːr-] plärren, quäken.
bless|eren [-'sɛːr-] verletzen; **~ure** [-'syːrə] (-n of -s) Verletzung f.

blij [blɛĭ] froh, fröhlich; freudig; **~ zijn over** (*of* **om**) froh sein über (*A*).
blijdschap ['blɛĭtsxap] Freude *f*.
blijheid ['-hɛĭt] Heiterkeit *f*.
blijk [blɛĭk] Beweis *m*, Zeichen *n*; **~ geven van** erkennen lassen; vorweisen, zeigen; **~baar** offenbar; **~en*** (*zn*) sich herausstellen, sich zeigen; sich ergeben, hervorgehen; **laten ~** bekunden; *het bleek verkeerd te zijn* es stellte sich als falsch heraus; **~ens** ['-kə(n)s] laut (*G*).
blijmoedigheid [blɛĭ'mu·dəxɛĭt] Frohsinn *m*; **~spel** ['blɛĭspɛl] *n* Lustspiel *n*, Komödie *f*.
blijven* (*zn*) bleiben; dableiben; **beneden iets ~** etw unterbieten; **~ bij** *fig ook* verharren auf (*of* bei) (*D*); **bij elkaar ~** zusammenbleiben, *fig* zusammenhalten; *het blijft* (*maar*) *regenen* es regnet immerfort; **~ liggen** (*zitten, staan*) liegenbleiben (sitzenbleiben, stehenbleiben); **~d** bleibend; nachhaltig.
blik 1. *n* (*-ken*) Blech *n*; Büchse *f*, (Blech-)Dose *f*; Kanister *m*; Blechschaufel *f*; *vlees in* **~** Büchsenfleisch *n*; **2.** *m* Blick *m*; *ruime* **~** Weitblick *m*; **~groente** ['-xru·ntə] Konservengemüse *n*; **~je** *n* (*-s*) Büchse *f*; Dose *f*; **~ken** *adj* blechern; **~opener** ['-o:pənər] Büchsen-, Dosenöffner *m*.
bliksem (*-s*) Blitz *m*; *naar de ~ zijn* F im Eimer sein; **~afleider** [-lɛĭdər] (*-s*) Blitzableiter *m* (*ook fig*); **~bezoek** [-zu·k] *n* Blitzbesuch *m*; **~en** blitzen; **~flits** Blitz(strahl) *m*; **~inslag** [-slax] Blitzschlag *m*; **~snel** blitzschnell.
blikvanger (*-s*) Blickfang *m*.
blind blind; **~ worden** *ook* erblinden; **~doeken** ['-du·k-] *j-m* die Augen verbinden; **~e** Blinde(r).
blindedarm [-'dar(ə)m] Blinddarm *m*; **~ontsteking** [-ste:k-] Blinddarmentzündung *f*.
blindelings ['blɪndə-] blindlings.
blinden|geleidehond [-'ɣəlɛĭdə-] *m* Blindenhund *m*; **~instituut** [-sty·t] *n* Blindenanstalt *f*.
blind|eren ['-de:r-] verblenden; *mil* panzern; **~ganger** (*-s*) Blindgänger *m*; **~vliegen** *n* Blindflug *m*.
blinken* blinken, funkeln, glänzen; **~d** blinkend, glänzend; blank.
bloc: en ~ [ɑ̃: blɔk] geschlossen; in Bausch und Bogen; **~note** ['blɔkno:t] (*-s*) Notiz-, Schreibblock *m*.
bloed [blu·t] *n* Blut *n*.
bloed|- *in samenst*. *mst* Blut-, *b.v*. **~afname** Blutentnahme *f*; **~armoede** [-mu·də] Blutarmut *f*; **~bad** ['-bat] *n* Blutbad *n*, Gemetzel *n*; **~dorstig** ['-dɔrstəx] blutrünstig; **~druk** ['-drœk] Blutdruck *m*; **~eigen** ['-ɛĭɣə(n)] eigen, leiblich; **~en** bluten; *tot ~s toe* bis aufs Blut; **~er** *m* (*-s*) Bluter *m*; **~erig** ['-dərəx] blutig; *fig* blutrünstig; **~gever** ['-xe:vər] *m* Blutspender *m*; **~groep** ['-xru·p] Blutgruppe *f*; **~ig** ['-dəx] blutig; **~lichaampje** *n* (*-s*) Blutkörperchen *n*; **~neus** ['-nø:s] Nasenbluten *n*; **~plas** Blutlache *f*; **~proef** ['-pru·f] Blutprobe *f*; **~s·omloop** Kreislauf *m*; **~spuwing** ['-spy·ŭŋ] Blutsturz *m*; **~stelpend** ['-spy·ŭŋ] Blutsturz *m*; **~stelpend** blutstillend; **~stollend** grausig; **~transfusie** [-fy·zi·] Bluttransfusion *f*; **~uitstorting** ['-œyt-] Bluterguß *m*; **~vat** *n* Blutgefäß *n*; **~verlies** *n* Blutverlust *m*; **~verwant** *m* (Bluts-)Verwandte(r); **~vlek** Blutfleck *m*; **~worst** Blutwurst *f*; **~zuiger** ['-sœyɣər] Blutsauger *m* (*ook fig*); **~zuiverend** blutreinigend.
bloei [blu·ĭ] Blüte *f*; *tot ~ komen ook* aufblühen; **~en** blühen; *fig ook* florieren; **~tijd** ['-tɛĭt] Blütezeit *f* (*ook fig*).
bloem [blu·m] Blume *f*.
bloem|- *in samenst. mst* Blumen-, *b.v*. **~bed** *n* Blumenbeet *n*; **~bol** (Blumen-)Zwiebel *f*.
bloemen|stalletje *n* (*-s*) Blumenstand *m*; **~teelt** Blumenzucht *f*.
bloemist [blu·'mɪst] *m* Blumenzüchter *m*; Blumenhändler *m*; **~lezing** Anthologie *f*; **~erij** [-mɪstə'rɛĭ] Gärtnerei *f*; Blumengeschäft *n*.
bloem|kool Blumenkohl *m*; **~krans** Blumenkranz *m*; **~lezing** Anthologie *f*, Blütenlese *f*; **~pot** Blumentopf *m*; **~scherm** ['-sxɛr(ə)m] *n* Dolde *f*.
bloesem ['blu·səm] (*-s*) Blüte *f*.
blok *n* (*-ken*) Block *m*; Klotz *m*; Würfel *m*; **~fluit** ['-flœyt] Blockflöte *f*; **~je** *n* (*-s*) Würfel *m*; (*rem*-) Backe *f*.
blokkade (*-s*) Blockade *f*.
blokken F pauken, büffeln; **~doos** Baukasten *m*.
blokkeren [-'ke:r-] blockieren, sperren; *sp en fig* abblocken.
blond blond; **~ine** [-'di·nə] *f* (*-s*), **~je** *n* (*-s*) Blondine *f*.

bloot nackt, bloß; **~geven: zich ~** sich e-e Blöße geben; **~heid** ['·hɛit] Blöße f; **~je** n: **in zijn ~** nackt; **~leggen** bloß-, freilegen; fig ook offenlegen; **~staan** (aan) ausgesetzt sein (D); **~stellen** aussetzen; **~s·voets** ['·fu·ts] barfuß.
blos [blɔs] (Wangen-)Röte f.
blouse ['bluˑzə] (-s) Bluse f.
blozen (van) erröten (vor D).
blubber ['blœbər] Matsch m; **~ig** ['·bərəx] matschig.
bluf [blœf] Bluff m, Aufschneiderei f; **~fen** bluffen; aufschneiden, protzen.
blunder (-s) Dummheit f, Schnitzer m.
blus|apparaat ['blœs-] n Löschapparat m; **~sen** löschen; **~toestel** ['·tustɛl] n Löschapparat m.
blut [blœt] F abgebrannt, blank.
bluts Beule f.
boa (-'s) Boa f.
board [bɔːrt] n Holzfaserplatte f.
bobbaan ['bɔbaːn] Bobbahn f.
bobbel ['bɔbəl] (-s) Wulst f; Blase f; (in weg) Unebenheit f.
bobine (-s) Bobine f; Zündspule f.
bobslee ['bɔpsleˑ] Bob m.
bochel ['bɔxəl] Buckel m, Höcker m; pers.: Bucklige(r).
bocht 1. Kurve f, Biegung f, Krümmung f; Schleife f; **scherpe ~** Kehre f, Knick m; **2.** (rommel) Schund m; **~ig** ['·təx] kurvenreich, winkelig.
bod [bɔt] n (An-)Gebot n; **aan ~ komen** an die Reihe kommen.
bode m (-n of -s) Bote m.
bodem (-s) Boden m; (dal-, kanaal~) Sohle f; **~gesteldheid** ['·hɛit] Bodenbeschaffenheit f; **~loos** bodenlos; **~meer** n Bodensee m; **~schatten** pl Bodenschätze m/pl.
Boedapest ['buˑdaˑ·] n Budapest n.
boeddhisme ['buˑ·] n Buddhismus m.
boedel ['buˑdəl] (-s) Besitztum n, Hab und Gut m; (Konkurs-, Erb-)Masse f.
boef m (boeven) Schurke m, Ganove m.
boeg [buˑx] Bug m.
boegeroep ['buˑɣəruˑp] n Buhrufe m/pl.
boei [buˑi] **1.** Fessel f; **2.** mar Boje f; **~en** fesseln (ook fig).
boek [buˑk] n Buch n.
Boekarest ['buˑkaˑ·] n Bukarest n.
boek|- in samenst. mst Buch-; **~band** Einband m; **~binderij** ['·rɛi] Buchbinderei f; **~deel** n Band m; **~drukkunst** ['·drœkənst] Buchdruck m.
boeken buchen (ook reis), eintragen; fig verbuchen, erzielen; **~beurs** [-bøːrs] Buchmesse f; **~kast** Bücherschrank m; **~rek** n Bücherregal n; **~tas** [-tɑs] Schultasche f, -mappe f; **~wurm** [-vər(ə)m] Bücherwurm m.
boekerij ['·rɛi] Bücherei f.
boeket [buˑ'kɛt] n (-ten) Bukett n (ook wijn~), Blumenstrauß m.
boekhandel n Buchhandlung f.
boekhoud|en ['·hɑudə(n)] Buch führen; hdl die Bücher führen; **~er** m Buchhalter m; **~ing** Buchhaltung f, -führung f; **~kundig** ['·kəndəx] buchhalterisch.
boek|jaar n Geschäfts-, Rechnungsjahr n; **~je** n (-s) Büchlein n; Heft n; **~staven** verzeichnen, aufschreiben; **~weit** ['·vɛit] Buchweizen m.
boel [buˑl] Menge f; Kram m, F Krempel m; **~tje** n (-s) Kram m, (Sieben-)Sachen f/pl.
boem! [buˑm] bums!
boemeltrein [-trɛin] Bummelzug m.
boemerang ['buˑmə·] (-s) Bumerang m.
boen|der (-s) Scheuerbürste f; **~en** bohnern; **~was** m of n Bohnerwachs n.
boer [buˑr] m Bauer m; kaart: Bube m; (oprisping) Rülpser m; **~derij** [-daˑ'rɛi] (Bauern-)Hof m; **~en** aufstoßen, F rülpsen.
boeren|bedrog [-drɔx] n Schwindel m; **~kinkel** m (Bauern-)Lümmel m; **~kool** Grünkohl m; **~omelet** Bauernfrühstück n.
boerin ['·rin] f (-nen) Bäuerin f.
boers [buˑrs] bäuerlich; pej bäuerisch.
boete ['buˑtə] (-s of -n) Bußgeld n, Geldstrafe f, Buße f; Sühne f, Buße f; **contractuele ~** Vertragsstrafe f; **~doening** [-duˑniŋ] Buße f, Büßen n; **~n** (voor) büßen (für A), sühnen.
boetiek [buˑ'tiˑk] Boutique f.
boetseren [-'seːr-] modellieren.
boeven|taal Gaunersprache f; **~tuig** [-tœyx] n Pack n, Gesindel n.
boezem ['buˑzəm] (-s) Busen m; (hart~) Vorhof m; **~vriend** Busenfreund m.
bof [bɔf] med Mumps m, Ziegenpeter m.
boffen Glück n (of F Schwein n) haben.
bogen: ~ op sich rühmen (G).
Bohemen [-'heːmə(n)] n Böhmen n.

boiler ['bɔjlər] (-s) Boiler m, Warmwasserspeicher m.
bok m (-ken) Bock m; F (fout) Schnitzer m.
bokaal (-kalen) Pokal m.
bok|ken bocken; **~ke·sprong** Bocksprung m; fig großer Sprung m; **~kig** ['-kəx] bockig; **~king** cul Bückling m.
boks|en boxen; **~er** m (-s) Boxer m; **~kampioen** ['-kampi·(j)u·n] m Boxmeister m; **~wedstrijd** [-strɛit] m Boxkampf m.
bol 1. (-len) Kugel f, Ball m; (bloem~) Blumenzwiebel f; *uit zijn ~ gaan* F ausflippen, außer sich geraten; 2. adj rund; *lens:* konvex; **~hoed** ['-hu·t] steifer Hut m, Melone f; **~ster** ['bɔlstər] (-s) Schale f; Hülse f; Becher m; **~vormig** ['-vɔrmǝx] kugelförmig; **~werk** n Bollwerk n; fig ook Hochburg f.
bom [bɔm] (-men) Bombe f; *een ~ geld* ein Haufen Geld, ein Heidengeld; **~aanval** Bombenangriff m; **~aanslag** [-slɑx] Bombenattentat n.
bombard|ement ['-mɛnt] n Bombardement n; **~eren** [-'de:r-] bombardieren.
bombastisch [-'basti·s] bombastisch, schwülstig.
bomen plaudern; *mar* staken.
bommenwerper (-s) Bombenflugzeug n, Bomber m.
bon [bɔn] (-nen of -s) Bon m, Gutschein m; Kassenbon m; Bezugsschein m; Marke f.
bonbon [bɔm'bɔn] (-s) Bonbon m of n; Praline f.
bond Bund m; Bündnis n; Verband m; (vak~) Gewerkschaft f.
bondgenoot m (-noten) Bundesgenosse m, Verbündete(r); **~schap** [-sxap] n (-pen) Bündnis n, Allianz f.
bondig ['-dǝx] bündig, kurz(gefaßt).
bonds|kanselier [-kansǝli:r] m Bundeskanzler m; **~republiek** [-py·bli·k] Bundesrepublik f.
bonestaak m Bohnenstange f (ook fig).
bons (bonzen) Schlag m; *iem de ~ geven* j-m den Laufpaß geben; ~! bums!
bont[1] bunt, scheckig.
bont[2] n Pelzwaren f/pl; Pelz m; **~jas** Pelzmantel m; **~werker** m Kürschner m.
bonus ['bo:nǝs] (-sen) Bonus m.

bon-vivant [bɔ̃·vi·'vɑ̃:] m (-s) Bonvivant m, Lebemann m.
bonzen (ook zn) schlagen, hämmern, bumsen.
boodschap ['-sxap] (-pen) Besorgung f, Einkauf m; (bericht) Botschaft f, Nachricht f; **~pen** pl ~ doen einkaufen, Besorgungen f/pl machen; **~pen-lijstje** [-lɛiʃǝ] n Einkaufszettel m; **~pen·tas** Einkaufstasche f.
boog [bo:x] (bogen) Bogen m; **~lamp** Bogenlampe f; **~scheut** ['-sxø:t] Katzensprung m; **~schutter** ['-sxøtǝr] m Bogenschütze m.
bookmaker ['bu·kme:kǝr] (-s) Buchmacher m; Wettbüro n.
boom[1] (bomen) Baum m; Stange f; Schlagbaum m.
boom[2] [bu:m] (-s) Boom m.
boom|gaard Obstgarten m; **~kwekerij** [-kṻe:kǝ'rɛi] Baumschule f; **~pje** n (-s) Bäumchen n.
boon (bonen) Bohne f.
boor[1] (boren) Bohrer m.
boor[2] n Bor n.
boord 1. Rand m, Kante f; **2.** m of n Kragen m; *mar* Bord m; *staande ~* Stehkragen m; **~en** einfassen; fig umsäumen; **~e·vol** randvoll; **~sel** ['bo:rtsǝl] n Borte f, Besatz m; **~wijdte** ['-vɛitǝ] Kragenweite f.
boor|eiland ['-ɛilɑnt] n Bohrinsel f; **~put** ['-pǝt] Bohrloch n; **~toren** Bohrturm m; **~water** ['-va:tǝr] n Borwasser n; **~zalf** Borsalbe f.
boos böse, ärgerlich, ungehalten; übel; *z. ook* **boze**; **~aardig** [-'a:rdǝx] boshaft, bösartig, hämisch; **~aardigheid** [-xɛit] (-heden) Bösartigkeit f; Bosheit f; Tücke f; **~doener** ['-du·nǝr] m (-s) Übeltäter m; **~wicht** m Bösewicht m.
boot (boten) Boot n; Schiff n; Dampfer m; **~tocht** Bootsfahrt f; Kreuzfahrt f; **~trailer** ['-tre:lǝr] Bootsanhänger m; **~verhuring** [-hy:r-] Bootsverleih m.
bord n Teller m; (Wand-)Tafel f; Brett n; Schild n.
bordeel n (-delen) Bordell n, P Puff m.
borduren ['-dy:r-] sticken.
borduur|sel ['-dy:rsǝl] n (-s) Stickerei f; **~ster** f (-s) Stickerin f.
boren bohren.
borg Bürge m; Kaution f; **~som**, **~tocht** Bürgschaft f, Sicherheit f, Kaution f.

borrel

borrel (-s) (ein Glas n) Schnaps m, Korn m; Umtrunk m; **~en** sprudeln, wallen; (drinken) einen Schnaps trinken.
borst Brust f; **de ~ geven** stillen; **uit volle ~** aus vollem Halse.
borst- in samenst. mst Brust-.
borstel (-s) Bürste f; (van varken) Borste f; **~en** ['bɔrstələ(n)] bürsten; **~ig** ['-stə-ləx] borstig, struppig.
borst|hoogte: op ~ in Brusthöhe; **~kas** Brustkorb m; **~omvang** Brustweite f; **~slag** ['-slɑx] Brustschwimmen n; **~vliesontsteking** [-ste:k-] Rippenfellentzündung f.
bos (-sen) **1.** n Wald m; Forst m; **2.** Bund n, Bündel n; Büschel n; (Blumen)Strauß m; **~beheer** n Forstverwaltung f; **~bes** ['-bɛs] Heidelbeere f; Preiselbeere f; **blauwe ~** Blaubeere f; **~bouw** ['-bɑu̯] Forst-, Waldwirtschaft f; **~brand** Waldbrand m.
Bosch [bɔs] n: **Den ~** Herzogenbusch n.
bosje n (-s) **1.** Wäldchen n, Hain m; Gebüsch n; **2.** Büschel n; Sträußchen n; **bij ~s** bündelweise; fig reihenweise.
bos|loop Waldlauf m; **~pad** ['-pɑt] n Waldweg m; **~rand** Waldrand m; **~rijk** ['-rɛik] waldig, waldreich; **~wachter** m Förster m, Waldhüter m.
bot[1] (-ten) zoöl Butt m, Flunder f.
bot[2] n (-ten) Knochen m.
bot[3] stumpf; plump.
botan|ie [-'ni·] Botanik f; **~isch** [-'ta:nis]: **~e tuin** botanischer Garten m.
boter ['bo:tər] Butter f; **~bloem** [-blum] Butterblume f; **~ham** ['bo:tərɑm] Butterbrot n, Stulle f; (Brot)Schnitte f; **~vlootje** n Butterdose f; **~zacht** butterweich.
bots|en ['bɔtsə(n)] (ook zn) zusammenstoßen, -prallen, kollidieren (ook fig); prallen; **~ing** An-, Aufprall m, Zusammenstoß m, Kollision f; fig ook Konflikt m; **in ~ komen** kollidieren.
bottel|en ['bɔtəl-] abfüllen; **~ier** [-'li:r] m (-s) Kellermeister m.
botten Knospen treiben, knospen.
botvieren frönen (D).
botweg ['-vɛx] glattweg; schroff.
boud [bɑut] kühn, dreist.
bougie [bu·'ʒi·] (-s) Zündkerze f.
bouillon [bu·'(l)jɔn] Bouillon f, Brühe f; **~blokje** n Brühwürfel m.
boulevard [bu·lə'vɑ·r] (-s) Boulevard m; Strandpromenade f; **~krant** Boulevardblatt n.
Bour|gondiër [bu·r'ɣɔndi·(j)ər] m (-s), **~gogne** [-'ɣɔɲə] Burgunder m.
bout [bɑut] Bolzen m; cul Keule f.
bouw [bɑu̯] Bau m; Anbau m; fig Aufbau m, Gliederung f; **~bedrijf** ['-drɛif] n Bauunternehmen n; (branche) Baugewerbe n; **~commissie** [-misi·] Bauaufsicht f; **~doos** Baukasten m; **~en** bauen, erbauen, erstellen; **op iem ~** fig auf j-n bauen.
bouw- en woningtoezicht [-tu·-] Bauaufsicht f.
bouwer m (-s) Erbauer m; Bauherr m.
bouw|grond Baugelände n, -land n; **~kundig** [-'kɔndəx] baulich, Bau-; **~ingenieur** m Bauingenieur m; **~kunst** ['-kɔnst] Architektur f, Baukunst f; **~nijverheid** ['-nɛivərhɛit] Baugewerbe n; **~onderneming** Bauunternehmen n, -firma f; **~opzichter** m Baufuhrer m; **~pakket** n Bausatz m; **~sel** ['bɑu̯səl] n (-s) Bau m; fig Gebilde n; **~stijl** [-stɛil] Baustil m, -art f; **~terrein** [-tɛrɛin] n Baustelle f; Bauplatz m, -gelände n; **~vakarbeider, ~vakker** m (-s) Bauarbeiter m; **~val** Ruine f; Bruchbude f; **~vallig** [-'ʋɑləx] baufällig, morsch; **~vergunning** [-ɣən-] Baugenehmigung f.
bouwwerk n Gebäude n, Bau(werk n) m; **~en** pl, **~zaamheden** Bauarbeiten f/pl.
boven ['bo:və(n)] **1.** adv oben; **naar ~** her-, hinauf, empor, aufwärts; **van ~** von oben (her); **te ~ gaan** übersteigen; **te ~ komen** über-, vornehmen, überstehen; verkraften; **2.** prep über (A, D), oberhalb (G); **~ iets (uit)** über etw (A) hinaus; **~aan** obenan; **~aards** ['-ɑ:rts] überirdisch; **~al** [-'ɑl] vor allem, zumal; **~arm** Oberarm m; **~been** n Oberschenkel m; **~bouw** [-bɑu̯] (school) Oberstufe f; **~deel** n Oberteil m of n; **~dien** [-'di·n] außerdem, zudem, darüber hinaus; **~genoemd** [-nu·mt] obengenannt; **~gronds** ['-ɣrɔnts] oberirdisch; **~huis** [-həys] n Wohnung f im oberen Stock; **~kaak** Oberkiefer m; **~kant** Oberseite f; **~kleding** Oberkleidung f; **~lichaam** n Oberkörper m; **~lip** Oberlippe f; **~matig** [-'ma:təx] übermäßig; ungemein; **~menselijk**

briesen

[-'mɛnsələk] übermenschlich; ~**natuurlijk** [-'ty:rlək] übernatürlich; ~**op** [-'ɔp] obenauf; *fig* dazu; ~**staand** obig; ~**ste** obere(r, -s), oberste(r, -s); ~**stuk** [-stœk] *n* oberer Teil *m*; (*van kleding*) Oberteil *n*; Aufsatz *m*; ~**verdieping** Oberstock *m*, -geschoß *n*; ~**zinnelijk** [-'zɪnələk] übersinnlich.

bowl [bo:l] (-s) Bowle *f*.
box Box *f*; Laufgitter *n*, -stall *m*.
boycot (-*ten*) Boykott *m*; ~**ten** boykottieren.
boze: *uit den* ~ *zijn* verpönt sein.
braad|jus [-'ʒy·] Bratensoße *f*; ~**kip** Brathähnchen *n*; ~**pan** Bratpfanne *f*; (Braten-)Topf *m*; ~**rooster** *m of n* Bratrost *m*.
braaf brav, bieder, redlich; ~**heid** ['-hɛit] Bravheit *f*, Biederkeit *f*, Redlichkeit *f*.
braak: ~ *liggen* brachliegen (*ook fig*), ~**liggend** brach; ~**land** *n* Brachland *n*.
braak|middel *n* Brechmittel *n*; ~**neiging** ['-nɛiɣ-] Brechreiz *m*.
braam|(bes ['-bɛs]) (*bramen*) Brombeere *f*; ~**struik** ['-strœyk] Brombeerstrauch *m*.
braden* braten.
brailleschrift ['braɪəsxrɪft] *n* Blindenschrift *f*.
brak [brak]: ~ *water* *n* Brackwasser *n*.
braken ['bra:kə(n)] brechen, sich erbrechen, sich übergeben.
bramzeil ['bramzɛil] *n* Bramsegel *n*.
brancard [brã:'ka:r] (-s) Tragbahre *f*.
branche [brã:'ʃə] (-s) Branche *f*, Geschäftszweig *m*.
brand Brand *m*, Feuer *n*; (*er is*) ~! es brennt!; *uitslaande* ~ Großbrand *m*; ~**alarm** *n* Feueralarm *m*; ~**baar** brennbar; ~**blaar** Brandblase *f*; ~**blusser** ['-blœsər] (-s) Feuerlöscher *m*; ~**en** (*fig van*) brennen (vor D); *koffie ook* rösten; ~**er** (-s) Brenner *m*; ~**erij** [-'rɛi] Brennerei *f*; ~**e-wijn** [-'dəvɛin] Branntwein *m*; ~**hout** ['-haut] *n* Brenn-, Kleinholz *n*.
branding Brandung *f*.
brand|kast Tresor *m*, Safe *m*, Panzerschrank *m*; ~**kraan** Hydrant *m*; ~**ladder** Feuerleiter *f*; ~**lucht** ['-lœxt] Brandgeruch *m*; ~**melder** (-s) Feuermelder *m*; ~**merken** brandmarken; ~**netel** ['-ne:təl] Brennessel *f*; ~**punt** ['-pœnt] *n* Brennpunkt *m*; ~**schatten** ['-sxat-]

brandschatzen; ~**spiritus** [-təs] Brennspiritus *m*; ~**stapel** Scheiterhaufen *m*; ~**stichter** *m* Brandstifter *m*; ~**stof** Brennstoff *m*, Heizmaterial *n*; (*motor*~) Treibstoff *m*; ~**weer** Feuerwehr *f*; ~**weerman** *m* (*-nen of -weerlieden*) Feuerwehrmann *m*; ~**wond(e)** Brandwunde *f*, Verbrennung *f*.
brasem ['bra:səm] (-s) Brachse *f*.
brassen prassen.
Brazili|aan(se *f*) [-'lia:n(sə)] *m* Brasilianer(in *f*) *m*; ~**ië** [-'zi'liə] *n* Brasilien *n*.
breed breit; ~**geschouderd** [-sxaudərt] breitschultrig; ~**sprakig** ['-spra:kəx] = *breedvoerig*.
breedte (-s *of* -n) Breite *f*; *in de* ~ (*gemeten*) der Breite nach; ~**graad** Breitengrad *m*; ~**pass** [-pa:s] *sp* Querpaß *m*.
breed|uit ['-œyt] breit; *fig ook* herzhaft; ~**voerig** ['-fu:rəx] ausführlich; *pej* weitschweifig, -läufig.
breek|baar zerbrechlich, brüchig; ~**ijzer** ['-ɛizər] *n* Brecheisen *n*.
breien ['brɛiə(n)] stricken.
brein *n* Hirn *n* (*ook fig*), Gehirn *n*.
brei|naald, ~**pen** ['-pɛn] Stricknadel *f*; ~**wol** Strickwolle *f*.
breken* ['bre:k-] *v/i* (*zn*) *en v/t* brechen, zerbrechen; *v/i ook* reißen; *zijn been* ~ sich ein (*of* das) Bein brechen.
brek|er ['bre:kər] (-s) Brecher *m*, Sturzsee *f*, -welle *f*; ~**ing** Brechung *f*.
brem [brɛm] Ginster *m*.
brengen* bringen; (*leiden ook*) führen; (*transporteren ook*) schaffen; *bij elkaar* ~ zusammenbringen.
bres [brɛs] (*-sen*) Bresche *f* (*ook fig*).
bretels [brə'tɛls] *pl* Hosenträger *m/pl*.
Bret|oens [-'turns], ~**tons** [-'tɔns] bretonisch.
breuk [brøk] Bruch *m*; *wisk ook* Bruchzahl *f*.
brevet [brə'vɛt] *n* (-*ten*) Diplom *n*, Schein *m*.
bridgen ['brɪtʃə(n)] Bridge *n* spielen.
brief (*brieven*) Brief *m*, Schreiben *n*; *per* ~ brieflich; ~**geheim** [-hɛim] *n* Briefgeheimnis *n*; ~**hoofd** *n* Briefkopf *m*; ~**je** *n* (-s) Zettel *m*; ~ *van honderd* (*mark*) Hundertmarkschein *m*, Hunderter *m*; ~**kaart** Postkarte *f*; ~**opener** Brieföffner *m*; ~**port(o)** *n* Briefporto *m*; ~**wisseling** Brief-, Schriftwechsel *m*.
bries Brise *f*; ~**en** schnauben; brüllen.

3 Eurowtb. Niederl.

brievenbesteller 66

brieven|besteller *m* Briefträger *m*; ~**bus** [-bəs] Briefkasten *m*.
brigad|e (-*s of* -*n*) Brigade *f*; ~**ier** [-'di:r] *m* (-*s*) (Politie)Wachtmeister *m*; (*verkeers*~) Schülerlotse *m*.
brij [brɛi] Brei *m*.
briket [-'kɛt] (-*ten*) Brikett *n*.
bril (-*len*) Brille *f*.
briljant 1. brillant; **2.** *subst* Brillant *m*.
brillance ['brɪljəns] *foto*: Brillanz *f*.
bril|ledoos Brillenfutteral *n*; ~**glazen** *n/pl* Brillengläser *n/pl*; ~**montuur** [-'ty:r] *n* Brillenfassung *f*, -gestell *n*.
Brit *m* (-*ten*) Brite *m*.
brits Pritsche *f*.
Brits britisch; ~**e** *f* Britin *f*.
broche [brɔʃ] (-*s*) Brosche *f*.
brochure [-'ʃy:rə] (-*s*) Broschüre *f*.
brodeloos ['bro:də-] brotlos.
broeden [bru'də(n)] brüten.
broeder ['bru:dər] *m* (-*s*) Bruder *m*; ~**lijk** [-lək] brüderlich; ~**schap** [-sxap] *f of n* (-*pen*) Bruderschaft *f*.
broed|machine -[ʃi·nə] Brutapparat *m*; ~**plaats** Brutstätte *f*; ~**sel** *n* (-*s*) Brut *f*.
broei|en [bru'ə(n)] brüten; gären; schwül sein; ~**erig** ['-ərəx] schwül; ~**kas** Treibhaus *n*; ~**nest** *n fig* Brutstätte *f*.
broek Hose *f*; ~**je** *n* (-*s*) Höschen *n*; ~**pak** *n* Hosenanzug *m*; ~**s·band** Hosenbund *m*; ~**s·pijp** ['-pɛip] Hosenbein *n*; ~**zak** Hosentasche *f*.
broer [bru:r] *m* (-*s*) Bruder *m*.
brok (-*ken*) Brocken *m*, Stück *n*.
brokaat *n* Brokat *m*.
brokje *n* (-*s*) Bröckchen *n*, Stückchen *n*.
brokkel|en ['-kələ(n)] (*ook zn*) (zer)bröckeln; ~**ig** [-lək] bröck(e)lig.
brokstukken ['-stək-] *n/pl* Trümmer *pl*.
brom|beer *m fig* Brummbär *m*; ~**fiets** Moped *n*; ~**men** brummen; Moped fahren; ~**mer** (-*s*) Moped *n*; ~**pot** *m* Brummbär *m*; Muffel *m*; ~**vlieg** Brumm-, Schmeißfliege *f*.
bron (-*nen*) Quelle *f* (*ook fig*), Brunnen *m*; ~ **van inkomsten** Einnahme-, Erwerbsquelle *f*.
bronchiën ['brɔxi·(j)ə(n)] *pl* Bronchien *f/pl*.
brons *n* Bronze *f*.
bronst Brunst(zeit) *f*, Brunft(zeit) *f*; ~**ig** ['-təx] brünstig, brunftig; ~**tijd** ['-tɛit] = **bronst**.

bronwater ['-ʋa:tər] *n* Mineralwasser *n*.
bronzen ['brɔnzə(n)] **1.** *adj* bronzen; ~ (**kunst**)**voorwerp** *n* Bronze(arbeit) *f*; **2.** bronzieren.
brood *n* (*broden*) Brot *n*; **een** (**heel**) ~ ein (Laib *m*) Brot; **grijs** (*of Duits*) ~ Graubrot *n*; ~**beleg(sel)** [-lɛx(səl)] *n* Brotbelag *m*, Aufstrich *m*; ~**je** *n* (-*s*) Brötchen *n*; ~**korst** Brotkruste *f*, -rinde *f*; ~**kruimel** ['-krœyməl] Brotkrume *f*; ~**mager** spindeldürr; ~**mandje** *n* (-*s*) Brotkorb *m*; ~**rooster** *m of n* Brotröster *m*, Toaster *m*; ~**winning** Broterwerb *m*.
broom *n chem* Brom *n*.
broos spröde, zerbrechlich; hinfällig.
bros knusp(e)rig; spröde; mürbe.
brouw|en* ['brɑuə(n)] brauen; ~**er** *m* (-*s*) Brauer *m*, ~**erij** [-'rɛi] Brauerei *f*.
brug [brəx] (-*gen*) Brücke *f*; *tech ook* (Hebe-)Bühne *f*; *sp* Barren *m*.
Brugge ['brœɣə] Brügge *n*.
bruggehoofd *n* Brückenkopf *m*.
bruid [brœyt] *f* Braut *f*; ~**e·gom** ['brœydəɣɔm] *m* (-*s*) Bräutigam *m*; ~**s·japon** ['-japɔn], ~**s·jurk** [-jœr(ə)k] Braut-, Hochzeitskleid *n*; ~**s·meisje** [-mɛiʃə] *n* Brautjungfer *f*; ~**s·paar** *n* Brautpaar *n*.
bruik|baar brauchbar, verwendbar, tauglich; verwertbar; ~**leen** *n*: **in** ~ leihweise.
bruiloft Hochzeit *f*; **zilveren** ~ Silberhochzeit *f*; ~**s·feest** *n* Hochzeitsfeier *f*.
bruin [brœyn] braun; ~**en** *v/i* (*zn*) en *v/t* bräunen; *v/i ook* sich bräunen; ~**gebrannt** braungebrannt; ~**kool** Braunkohle *f*, ~**ogig** [-'o:ɣəx] braunäugig; ~**vis** Braunfisch *m*.
bruis|en ['brœysə(n)] brausen, tosen; ~**poeder** ['-pudər, -'pu·dər] *m of n* Brausepulver *n*.
brul|aap ['brəl-] *m* Brüllaffe *m*; ~**len** brüllen; *massa ook*: grölen.
brunette [bry'-] *f* (-*s of* -*n*) Brünette *f*.
Brussel ['brɛsəl] *n* Brüssel *n*; ~**s lof** *n* Chicorée *f*; ~**aar** *m* (-*s*) Brüsseler *m*; ~**s** Brüsseler.
brutaal [bry'ta:l] frech, unverschämt, patzig; (*onopgevoed ook*) ungezogen; ~**weg** [-'vɛx] frech, unverfroren.
brutaliteit [-'tɛit] Frechheit *f*, Unverschämtheit *f*.
bruto ['bry-] brutto; ~ **nationaal produkt** *n* Bruttosozialprodukt *n*; ~**gewicht** *n* Bruttogewicht *n*.

bruusk [bry·sk] brüsk, barsch; **~eren** [-'ke:r-] brüskieren.
bruut [bry·t] **1.** brutal, roh; **2.** m (*bruten*) Rohling m; **~heid** ['-hɛit] (*-heden*) Brutalität f, Roheit f.
BTW z. **belasting**.
budget [bœd'ʒɛt] n (*-ten of -s*) Budget n, Etat m.
buffel ['bœfəl] m (-s) Büffel m.
buffer (-s) Puffer m.
buffet [by·'-] n (*-ten*) Büfett n; (*tapkast*) Schanktisch m, Theke f; **~juffrouw** [-jəfrɑu] f Büfettdame f.
bui [bœy] (Regen-)Schauer m; Bö f; *fig* Laune f.
buidel (-s) Beutel m; **~dier** n Beuteltier n.
buig|en* ['bœyɣ-] biegen, beugen; sich beugen; sich verbeugen; **~ing** Beugung f; Verbeugung f; (*bocht*) Biegung f; *een ~ maken ook* sich verbeugen (*of* verneigen); **~zaam** biegsam, schmiegsam.
buiig ['bœyiəx] regnerisch, wechselhaft.
buik Bauch m; Leib m; *zijn ~ vol hebben van* F die Nase voll haben von (D); **~danseres** f Bauchtänzerin f; **~griep** Darmkatarrh m; **~holte** Bauchhöhle f; **~je** n (-s) Bäuchlein n; **~landing** Bauchlandung f; **~pijn** ['-pɛin] Leib-, Bauchschmerzen m/pl; **~riem** Gürtel m; **~spreker** m Bauchredner m; **~vliesontsteking** [-stɛːk-] Bauchfellentzündung f; **~wand** Bauchdecke f.
buil [bœyl] Beule f.
buis [bœys] (*buizen*) Röhre f; Rohr n; (*T.V.*) F Röhre f, Glotze f; **~leiding** ['-lɛid-] Rohrleitung f.
buit [bœyt] Beute f, Raub m; (*vangst ook*) Fang m.
buiteling ['bœytəliŋ] Purzelbaum m.
buiten ['bœytə(n)] **1.** *prep* außerhalb (G); außer (D); **2.** *adv* außen, draußen; im Freien; auf dem Lande; *~ gaan wonen* aufs Land ziehen; *~ (jij)!* hinaus (*of* F raus) (mit dir)!; *van ~* von auswärts, von außen; auswärtig; *fig* auswendig; *van ~ kennen (leren)* auswendig können (lernen); *naar ~* her-, hinaus; auswärts; ins Freie; *naar ~ toe* nach außen hin; *naar ~ dragen (komen)* heraus-, hinaustragen (heraus-, hinauskommen); *op de ~* im Grünen, auf dem Lande; **~af** [-'ɑf]: *van ~* von auswärts, von außen (her); **~band** (Reifen-)Mantel m; **~beentje** n Außenseiter m; **~boordmotor** [-'boːrtmoːtɔr] Außenbordmotor m; **~dienst** Außendienst m; **~echtelijk** [-'ɛxtələk] außerehelich; **~gewoon** außerordentlich, außergewöhnlich; *adv ook* ungemein; **~gooien** [-ɣoːiə(n)] hinauswerfen; **~haven** Außenhafen m; **~huis** [-hœys] n Sommer-, Landhaus n; **~issig** [-'ɪsəx] extravagant, ausgefallen; **~kans** Glücksfall m; günstige Gelegenheit f; **~kant** Außenseite f; **~komen** heraus-, hinauskommen.
buitenland n Ausland n; **~er** m (-s) Ausländer m; **~s** ausländisch, auswärtig; *minister van ~e zaken* Außenminister m; **~se** f Ausländerin f.
buiten|leven n Landleben n; **~lucht** [-lɔxt] frische Luft f; Landluft f; **~muur** [-myːr] Außenwand f; Außenmauer f; **~s-huis** auswärts, außerhalb; außer Haus(e); **~sluiten** [-slœyt-] ausschließen, -sperren; **~spel** ['-spɛl] n sp Abseits n; *~ staan* im Abseits stehen; **~speler** m sp Außenstürmer m; **~spiegel** Außenspiegel m.
buitensporig ['-spoːrəx] übermäßig, unmäßig; *prijs*: horrend; **~heid** [-xɛit] (*-heden*) Extravaganz f; Exzeß m.
buiten|staander m (-s) Außenstehende(r); **~ste** äußere(r, -s); **~verblijf** [-blɛif] n Sommer-, Landhaus n; **~wereld** Außenwelt f; **~wijk** [-vɛik] Außenviertel n.
buitmaken ['bœyt-] erbeuten.
buizerd ['bœyzərt] (-s) Bussard m.
bukken ['bœk-] (*zich*) sich bücken.
buks [bœks] Büchse f, Flinte f.
bulderen ['bɔldərə(n)] poltern; toben.
buldog ['bɔldɔx] m (*-gen*) Bulldogge f.
Bulgarije [bɔlɣa·'rɛiə] n Bulgarien n.
bulken [bœlk-] brüllen, grölen.
bulldozer ['bɔldoːzər] (-s) Bulldozer m, Planierraupe f.
bult Buckel m, Höcker m; (*buil*) Beule f.
bumper ['bœmpər] (-s) Stoßstange f.
bundel ['bœndəl] (-s) Bündel n; Bund n; Sammlung f; **~en** bündeln (*ook fig*).
bungalow ['bœŋɡaloː] (-s) Bungalow m; **~park** n Feriendorf n; **~tent** Steilwandzelt n.
bungelen ['bœŋəl-] baumeln.
bunker ['bœŋkər] (-s) Bunker m.
burcht [bœr(ə)xt] Burg f.

bureau [by'ro:] *n* (*-s*) Büro *n*; Dienst-, Geschäftsstelle *f*, Amt *n*; (*meubel*) Schreibtisch *m*; ~ **voor gevonden voorwerpen** Fundbüro *n*.
bureau|craat [-'kra:t] *m* (*-craten*) Bürokrat *m*; ~**cratie** [-kra'(t)si·] (*-ën*) Bürokratie *f*; ~**lamp** Schreibtischlampe *f*.
burgemeester [bərɣə'-] *m* Bürgermeister *m*; (*van grote stad*) Oberbürgermeister *m*; (*college n van*) ~ **en wethouders** (*afk B. en W.*) Magistrat *m*.
burger ['bərɣər] *m* (*-s*) Bürger *m*; Zivilist *m*; *in* ~ in Zivil; ~**bevolking** Zivilbevölkerung *f*; ~**es** [-'rɛs] *f* (*-sen*) Bürgerin *f*; ~**ij** [-'rɛi] Bürgertum *n*; ~**kleding** Zivil *n*; ~**lijk** [-lək] bürgerlich; zivil; ~ **recht** *n* Zivilrecht *n*; ~**e staat** Familienstand *m*; (*bureau n van de*) ~**e stand** Standesamt *n*; ~**man**(**netje** *n*) *m* Bürger *m*; *pej* Spießbürger *m*, Spießer *m*; ~**oorlog** Bürgerkrieg *m*; ~**recht** *n* Bürgerrecht *n*.
burggraaf *m* Burggraf *m*.

bus [bəs] (*-sen*) **1.** (Auto-, Omni-)Bus *m*; **2.** Büchse *f*; Dose *f*; Kanister *m*; Briefkasten *m*; ~**chauffeur** ['-ʃofø:r] *m* Busfahrer *m*; ~**halte** Autobushaltestelle *f*; ~**kruit** ['-krəʏt] *n* (Schieß-)Pulver *n*; ~**station** [-sta'siɔn] *n* Busbahnhof *m*.
buste ['bystə] (*-s of -n*) Büste *f*; ~**houder** [-haʊdər] Büstenhalter *m*.
busverbinding Busverbindung *f*.
butagas ['byta·ɣas] *n* Butangas *n*.
buur ['by:r] *m* (*buren*) Nachbar *m*; ~**land** *n* Nachbarland *n*; ~**man** *m* (*-lui*) Nachbar *m*.
buurt Nachbarschaft *f*; Gegend *f*, Nähe *f*; (Stadt-)Viertel *n*; ~**en** die Nachbarn besuchen; ~**verkeer** *n* Nahverkehr *m*; ~**winkel** Tante-Emma-Laden *m*.
buurvrouw ['-vrəʊ] *f* Nachbarin *f*.
BV [be:'ve:] (*-'s*) GmbH *f*.
B.W.: *B. en W. z. burgemeester.*
byte (-*s*) *comp* Byte *n*.
Byzantijns [biˈzan'tɛins] byzantinisch.

C

c, C [se:] (*c's*) c, C *n* (*ook mus*).
cabaret [-'rɛ(t)] *n* (*-s*) Kabarett *n*; ~**ier** [-'tie:] *m* (*-s*) Kabarettist *m*; ~**tière** [-'tiɛ:rə] *f* (*-s*) Kabarettistin *f*.
cabine (*-s*) Kabine *f*; Führerhaus *n*.
cabriolet [-'lɛt] (*-ten*) Kabrio(lett) *n*.
cacao [-'kaʊ] Kakao *m*; ~**boter** [-bo:tər] Kakaobutter *f*.
cachet [ka'ʃɛt] *n* (*-ten*) Gepräge *n*; *fig ook* Stempel *m*, Note *f*.
cactus ['-təs] (*-sen*) Kaktee *f*, Kaktus *m*.
cadeau [ka'do:] *n* (*-s*) Geschenk *n*; *iem een* ~ *geven* j-m ein Geschenk machen; *iets* ~ *krijgen* etw geschenkt bekommen; ~**bon** [-bɔn] Geschenkgutschein *m*; ~**tje** [-'do:tiə] *n* (*-s*) (kleines) Geschenk *n*; Mitbringsel *n*.
cadmium ['katmi·(j)əm] *n* Kadmium *n*.
café [ka'fe:] *n* (-*s*) (Gast-)Wirtschaft *f*, Kneipe *f*, Lokal *n*; ~ *glacé* [ɣlaˈse:] Eiskaffee *m*; ~**houder** [-haʊdər] *m* (Schank-)Wirt *m*.
cafeïne [kafeˈji·nə] Koffein *n*.

café-restaurant [-rɛstoːˈrɑ̃ː] *n* Wirtshaus *n*, Gaststätte *f*.
cafetaria [kafeˈtaːriˑ(j)a] (-'*s*) Schnellimbiß *m*, Erfrischungsraum *m*, Cafeteria *f*.
cahier [ka'je:] *n* (-*s*) Heft *n*.
caissière [kɛˈsiɛːrə] *f* (-*s*) Kassiererin *f*.
cake [ke:k] Rührkuchen *m*.
calcium ['kalsi·(j)əm] *n* Kalzium *n*.
calculatie [-kyˈla:(t)si·] (-*s*) Kalkulation *f*.
calque [kal(ə)k] (-*s*) Pause *f*.
calqueerpapier [-'ke:r-] *n* Pauspapier *n*.
calqueren [-'ke:r-] (durch)pausen.
calvinisme [-'nismə] *n* Kalvinismus *m*.
camera (-'*s*) Kamera *f*.
camoufl|age [kamuˈflaːʒə] Tarnung *f*; ~**eren** [-'fle:r-] (*zich*) (sich) tarnen.
campagne [-'paɲa] (-*s*) Kampagne *f*; *pej ook* Hetze *f*.
camp|er ['kɛmpər] (-*s*) Wohnmobil *n*, Campingbus *m*; ~**ing** ['kɛmpɪŋ] (-*s*) Camping-, Zeltplatz *m*.

Canad|ees [-'de:s] **1.** kanadisch; **2.** m (*-dezen*) Kanadier m; **~ese** [-'de:sə] f Kanadierin f.
canapé [-'pe:] (*-s*) Sofa n.
canard [-'na:r] (*-s*) (Zeitungs-)Ente f.
cancellen ['kɛnsəl-] absagen.
cantharel [-'rɛl] (*-len*) Pfifferling m.
CAO [se·a·'o:] (*-'s*) Tarifvertrag m; **~-loon** n Tariflohn m.
caoutchouc [ka·u·'tʃu·k] m of n Kautschuk m.
capaciteit [-si·'tɛit] Kapazität f; fig ook Fähigkeit f; (*inhoud*) Fassungsvermögen n, Kapazität f; **op (de) volle ~ draaien** voll ausgelastet sein.
cape [ke:p] (*-s*) Cape n, Umhang m.
capitonnering [-'ne:r-] Polsterung f.
capitul|atie [-ty·'la:(t)si·] (*-s*) Kapitulation f; **~eren** [-'le:r-] kapitulieren.
capsule [kɑp's y·lə] (*-s*) Kapsel f.
capuchon [-py·'ʃɔn] (*-s*) Kapuze f.
carambol|age [-'la:ʒə] (*-s*) (*ook sp*), **~e** (*-s*) sp Karambolage f.
caravan ['kɛrəvən] (*-s*) Wohnanhänger m, Wohnwagen m.
carbonpapier [kɑr'bɔn-] n Kohlepapier n.
carburator [-by·'-] (*-s*) Vergaser m.
cardan|as [kɑr'dɑnɑs] Kardanwelle f; **~olie** Getriebeöl n.
cardiogram [kɑrdi(j)o·'-] n Kardiogramm n.
carillon [-rɪl'jɔn] n (*-s*) Glockenspiel n.
carnaval ['kɑrnɑvɑl] n (*-s*) Karneval m, Fasching m; **~s-maandag** [-dɑx] Rosenmontag m; **~s-speech** Büttenrede f.
carpoolen ['kɑ·rpu:l-] eine Fahrgemeinschaft bilden.
carrière [-'rɪɛrə] (*-s*) Karriere f.
carrosserie (*-ën*) Karosserie f.
carrousel [kɑru·'sɛl] m of n (*-s*) Karussell n.
carte: à la ~ à la carte, nach der Karte.
cash [kɛʃ] (**in**) **bar**; **~ and carrybedrijf** [kɛʃ ɛnt 'kɛri·bədrɛif] n Verbrauchermarkt m.
casino [kɑ'zi:no·] n (*-s*) Kasino n.
cassatie [-'sɑ:(t)si·] (*-s*) jur Kassation f, Revision f.
cassette (*-n of -s*) Kassette f.
castreren [-'tre:r-] kastrieren.
casus [kɑ:zəs] (*-[sen]*) Kasus m.
catacombe [-'kɔmbə] Katakombe f.

catalogus [-'ta:loˑɣəs] (*-sen of -logi*) Katalog m.
catastrof|aal [-'fa:l] katastrophal; **~e** [-'strɔ:fə] (*-s of -n*) Katastrophe f.
categor|ie [-ɣo·'ri·] (*-ën*) Kategorie f; **~isch** [-'ɣo:ri·s] kategorisch.
catheter [kɑ·'te:tər] (*-s*) Katheter m.
causerie [koˑzə'ri·] (*-ën*) Plauderei f.
cavall|erie [kɑ·'vɑləˑri·] Kavallerie f; **~ier** [-'lie:] m (*-s*) Kavalier m.
cavia ['kɑ·ˑvi·(j)a·] (*-'s*) Meerschweinchen n.
CD-speler [se·'de·spe:l-] CD-Player m.
cederhout [se:dərhaut] n Zedernholz n.
ceintuur [sɛn'ty:r] (*-turen*) Gürtel m.
cel [sɛl] (*-len*) Zelle f.
celibaat [se·li·'bɑ:t] n Zölibat n of m.
celluloid [sɛly·'lɔit] n Zelluloid n.
Celsius ['sɛlsi·(j)əs]: **tien graden ~** zehn Grad Celsius.
cel|stof ['sɛlstɔf] Zellstoff m; **~weefsel** n Zellgewebe n.
cement [sə'mɛnt] n of m Zement m; **~eren** [-'te:r-] zementieren.
cens|ureren [sɛnsy·'re:r-] zensieren; **~uur** [-'sy:r] Zensur f.
cent [sɛnt] (= *1/100 gulden*) Cent m; fig Pfennig m; **~en** pl F Moneten pl, Piepen pl; **tot (op) de laatste ~** auf Heller und Pfennig.
cent|iem (*-en*), **~ime** (*-s*) [sɛn'ti·m] (= *1/100 belgische frank*) Centime m.
centimeter ['sɛnti·-] Zentimeter m of n; (*meetlint*) (Zenti-)Metermaß n.
centraal [sɛn'-] zentral; **centrale verwarming** Zentralheizung f; **~station** [-stɑ'sjɔn] n Hauptbahnhof m.
central|e [sɛn'-] (*-s*) Zentrale f; **elektrische ~** Elektrizitätswerk n; **thermische ~** Wärmekraftwerk n; **~iseren** [-'ze:r-] zentralisieren.
centrifuge [sɛntri·'fy·ʒə] (*-s*) Zentrifuge f; (*was~*) Wäscheschleuder f; **~ren** [-'ɣe:r-] zentrifugieren; schleudern.
centrum ['sɛntrəm] n (*-s of -tra*) Zentrum n.
ceramiek [ke·rɑ·'-] z. **keramiek**.
ceremonie [se·re·'mo:ni·] (*-s of -niën*) Zeremonie f; **~el** [-'ni·ɛl] zeremoniell.
cer|tificaat [sɛr-] n (*-caten*) Zeugnis n, Zertifikat n; **~velaatworst** [sɛrvə·'-] Zervelatwurst f.
cesuur [se·'zy:r] (*-suren*) Zäsur f, Einschnitt m.

champagne [ʃamˈpanjə] (-s) Sekt *m*, Champagner *m*.
chantage [ʃanˈtaːʒə] Erpressung *f*; **~eren** [-ˈteːr-] erpressen.
chaos [ˈxaːɔs] Chaos *n*.
chaotisch [xaˈoːtis] chaotisch.
charmant [ʃarˈmant] charmant; **~e** [ˈʃarmə] Charme *m*, Reiz *m*.
charter (-s) Charter *f of m*; **~en** chartern; **~vlucht** [-vlext] Charterflug *m*.
chassis [ʃaˈsi·] *n* (*pl* -) Chassis *n*; (*auto~ ook*) Fahrgestell *n*; Rahmen *m*.
chauffeur [ʃoˈføːr] *m* (-s) Autofahrer *m*; Chauffeur *m*.
chauvinist|e (*f*) [ʃoˈvi·-] *m* Chauvinist(in *f*) *m*; **~isch** [-ti·s] chauvinistisch.
checken [ˈtʃɛkə(n)] checken, kontrollieren; abhaken.
chef [ʃɛf] *m* (-s) Chef *m*, Leiter *m*, Vorgesetzte(r); **~fin** [ʃɛˈfin] *f* (-nen) Chefin *f*; **~kok** *m* Küchenchef *m*, Chefkoch *m*; **~staf** *m* (-s) Stabschef *m*.
chemicaliën [xeˈmi·kaːliə(n)] *pl* Chemikalien *f/pl*; **~icus** [ˈxeːmi·kɔs] *m* (*-mici* [-si·]) Chemiker *m*; **~isch** [ˈ-mi·s] chemisch; **~e wapens** *n/pl* chemische Kampfstoffe *m/pl*.
cheque [ʃɛk] (-s) Scheck *m*, (Zahlungs-)Anweisung *f*; Scheckheft *n*; **~kosten** *pl* Scheckgebühr *f*.
chic [ʃi·k] **1.** schick, vornehm; **2.** *subst* Schick *m*, Eleganz *f*; *fig* Pfiff *m*; Schikkeria *f*.
Chil|een [ʃi·ˈ-] *m* (*-lenen*) Chilene *m*; **~eense** Chilenin *f*; **~i** [ˈʃi·-] *n* Chile *n*.
chimpansee [ˈʃimpanseˑ] *m* (-s) Schimpanse *m*.
Chin|ees [ʃi·ˈ-] **1.** chinesisch; **2.** *m* (*-nezen*) Chinese *m*; **~ese** *f* Chinesin *f*.
chip [ʃip] (-s) Chip *m* (*ook comp*).
chirurg [ʃiˈrʏr(ə)x] *m* Chirurg *m*; **~ie** [-ˈʒi·, -ˈɣi·] Chirurgie *f*.
chloor *m of n* Chlor *n*.
chloren chloren.
chocola [ʃoˈkoˑlaː] Schokolade *f*; *een kop ~* e-e Tasse Kakao; **~de** Schokolade *f*; **~de-hagelslag** [-slax] Schokoladenstreusel *m*.
chocopasta [ˈʃoː-] Schokoladencreme *f*.
choke (-s) Choke *m*; *automatische ~* Startautomatik *f*.
choler|a [ˈxoːlərɑ] Cholera *f*; **~isch** [-ˈleːri·s] cholerisch.

choqueren [ʃɔˈkeːr-] schock(ier)en.
choreografie [xoˑreˈjoˑɣraːˈfi·] Choreographie *f*.
christ|elijk [ˈtələk] christlich; **~en** *m* Christ *m*; **~en-dom** *n* Christentum *n*; **~in** [-ˈtɪn] *f* (-nen) Christin *f*; **~us** *m* Christus *m*; *vóór (na) ~* vor (nach) Christus, vor (nach) Christi Geburt.
chromosoom [ˈzoːm] *n* (*-somen*) Chromosom *n*.
chron|isch [ˈxroːni·s] chronisch; **~ologisch** [-ˈloːɣi·s] chronologisch; **~ometer** Chronometer *n*; Stoppuhr *f*.
chroom *n of* Chrom *n*.
chrysant [kriˈzant] Chrysantheme *f*.
cider [ˈsiˑdər] Zider *m*, Apfelwein *m*.
cigarillo [siˑɣaˈrɪloˑ] (-s) Zigarillo *n of f*.
cijfer [ˈsɛifər] *n* (-s) Ziffer *f*; (*getal*) Zahl *f*; (*school~*) Note *f*, Zensur *f*; *een ~ geven voor iets* etw benoten; *van (of met) twee ~s* zweistellig; **~aanduiding** [-dəyd-] Digitalanzeige *f*.
cijns [sɛins] (*cijnzen*) Zins *m*, Tribut *m*.
cilinder [siˑˈ-] (-s) Zylinder *m*; **~inhoud** [-haut] Hubraum *m*.
cilindrisch [-ˈlindri·s] zylindrisch.
cinemascope [siˑnəmaˈskoːp] Breitwand *f*.
circa [ˈsɪrkɑ] zirka.
circuit [sɪrˈkɥi·] *n* (-s) Piste *f*; Kreis *m*; Szene *f*.
circulaire [sɪrkyˈlɛːr(ə)] (-s) Rundschreiben *n*.
circulatie [sɪrkyˈlaː(t)si·] (-s) Zirkulation *f*, Umlauf *m*; **~bank** Notenbank *f*.
circuleren [-ˈleːr-] zirkulieren, umlaufen; *gerucht*: kursieren.
circus [ˈsɪrkəs] *n* (-sen) Zirkus *m*.
cirkel [ˈsɪrkəl] (-s) Kreis *m*; *halve ~* Halbkreis *m*; *vicieuze ~* Teufelskreis *m*; **~en** [ˈ-kələ(n)] kreisen; **~vormig** [-max] kreisförmig; **~zaag** Kreissäge *f*.
ciseleren [siˑzəˈ-] ziselieren.
citaat [siˑˈ-] *n* (-*taten*) Zitat *n*.
citadel [siˑˈ-] (*-len of -s*) Zitadelle *f*.
citer [ˈsiˑtər] (-s) Zither *f*.
citeren [-ˈteːr-] zitieren.
citroen [siˑˈtruˑn] Zitrone *f*; **~pers** Zitronenpresse *f*; **~tje** [-ˈtrʏntiə] *n* (-s) (*drank*) Zitronengenever *m*.
citrusvruchten [ˈsiˑtrəsfrɛxtə(n)] *pl* Zitrusfrüchte *f/pl*.

civiel [si·'-] *zivil*; **~proces** *n* Zivilprozeß *m*; **~ilisatie** [-'za:(t)si·] Zivilisation *f*; **~iliseren** [-'ze:r-] zivilisieren.
claim [kle:m] (-s) Anspruch *m*, Claim *n*; **~en** fordern, beanspruchen.
clandestien [-des'ti·n] illegal, heimlich, Schwarz-; **~ werk** *n* Schwarzarbeit *f*.
classificeren [-'se:r-] klassifizieren.
clausule [-'zy·lə] (-s) Klausel *f*.
claxon [kla'ksɔn] (-s) Hupe *f*; **~neerverbod** *n* Hupverbot *n*; **~neren** [-'ne:r-] hupen.
clerus ['kle:rəs] Klerus *m*.
cliché [kli·'ʃe:] *n* (-s) Klischee *n* (*ook fig*).
cliënt [kli·'jɛnt] (-s) Kunde *m*, Klient *m*; *jur* Mandant *m*; **~e** *f* Kundin *f*; Klientin *f*; *jur* Mandantin *f*; **~èle** [-'tɛ:lə] Kundschaft *f*.
closetpapier *n* Klosett-, Toilettenpapier *n*.
close-up [klo·'zəp] (-s) Nah-, Großaufnahme *f*.
clou [klu·] Clou *m*.
clown [klaun] *m* (-s) Clown *m*.
club [kløp] (-s) Klub *m*; **~fauteuil** ['-fo·tœi] Klubsessel *m*.
coalitie [-'li·(t)si·] (-s) Koalition *f*; **een ~ aangaan** koalieren.
cocaïne [ko·ka·'ji·nə] Kokain *n*.
cockpit (-s) Cockpit *n*.
cocktail ['-te:l] (-s) Cocktail *m*, Mixgetränk *n*.
code (-s) Kode *m*; **~ren** [-'de:r-] kodieren, chiffrieren, verschlüsseln; **~woord** *n* Kode-, Kenn-, Schlüsselwort *n*.
coëfficiënt [ko·efi·'si·ɛnt] Koeffizient *m*.
coffeïne [kɔfe·'ji·nə] Koffein *n*.
cognac [kɔn'jak] (-s) Kognak *m*; Weinbrand *m*.
cokes [ko:ks] Koks *m*.
colbert(jasje) [-'bɛːr(jɔʃə)] *n* (-s) Jackett *n*; Sakko *m of n*; Jacke *f*.
collectant(e *f*) [-'tɑnt(ə)] *m* Sammler(in *f*) *m*; **~e** (-s *of* -*n*) Kollekte *f*; Sammlung *f*; **~e-bus** [-bəs] Sammelbüchse *f*; **~eren** [-'te:r-] sammeln; **~ie** [-'lɛksi·] (-s) Kollektion *f*; **~ief** [-'ti·f] 1. kollektiv; 2. *n* (-*tieven*) Kollektiv *n*.
collega *m of f* (-*'s of* -*gae* [-ɣe:]) Kollege *m*, Kollegin *f*.
college [-'lɛːʒə] *n* (-s) Kollegium *n*; (*les*) Kolleg *n*, Vorlesung *f*; (*les*) Studentenausweis *m*; **~vrij** [-vrɛi]: **~e periode** Semesterferien *pl*; **~zaal** Hörsaal *m*.

collier [kɔl'je:] *n* (-s) Halsband *n*, -kette *f*.
collo *n* (-'s) Kollo *n*, Frachtstück *n*.
colonne (-s) Kolonne *f*.
coltrui ['kɔltrœy] Rollkragenpullover *m*.
combinatie [-'na:(t)si·] (-s) Kombination *f*; **~meubelen** [-mø:bələ(n)] *n*/*pl* Anbaumöbel *n*/*pl*.
combineren [-'ne:r-] kombinieren.
comfort [-] Komfort *m*; **~abel** [-'ta:bəl] komfortabel.
comité *n* (-s) Komitee *n*, Ausschuß *m*.
commandant *m* Kommandant *m*, Kommandeur *m*; **~eren** [-'de:r-] kommandieren; **~itair** [-'tɛ:r]: **~e vennootschap** Kommanditgesellschaft *f*.
commando *n* (-'s) Kommando *n*, Befehl *m* (*ook comp*).
commentaar *m of n* (-*taren*) Kommentar *m*; **~ariëren** [-'ri·e:r-] kommentieren; **~ator** *m* (-s *of* -*en* [-'to:r-]) Kommentator *m*; **~atrice** [-'tri·sə] *f* (-s) Kommentatorin *f*.
commercialiseren [-si·ali·'se:r-] kommerzialisieren; **~cie** [-'mɛrsi·] Kommerz *m*; **~cieel** [-'si·el] kommerziell, kaufmännisch; **~e medewerker** *m* kaufmännische(r) Angestellte(r), Kaufmann *m*; **commerciële televisie** Privatfernsehen *n*.
commissaris [-'sa:rɪs] *m* (-*sen*) Kommissar *m*; *hdl* Aufsichtsrat *m*; **raad van ~sen** Aufsichtsrat *m*.
commissie [-si·] (-s) Kommission *f*, Ausschuß *m*; (*loon*) Kommissionsgebühr *f*.
commode [-'mo:də] (-s) Kommode *f*.
commune [kɔ'my·nə] (-s) Kommune *f*, Wohngemeinschaft *f*.
communicatie [-'ka:(t)si·] (-s) Kommunikation *f*; **~satelliet** Nachrichtensatellit *m*.
communiceren [-my·ni·'se:r-] kommunizieren (*ook rel*); **~ie** [-'my·ni·] (-s *of* -*niën*) Kommunion *f*; **~iqué** [-'ke:] *n* (-s) Kommuniqué *n*, Verlautbarung *f*.
communisme [-'my·-] *n* Kommunismus *m*; **~t(e** *f*) *m* Kommunist(in *f*) *m*.
compagnie [-pɑn'ji·] (-*ën of* -s) Kompagnie *f*; **~on** [-pɑŋ'jɔn] *m* (-s) Kompagnon *m*, Gesellschafter *m*, Sozius *m*.
comparatief [-'ti·f] (-*tieven*) *gr* Komparativ *m*; **~timent** [-'mɛnt] *n* Abteil *n*.
compatibel *comp* kompatibel.
compensatie [-'sa:(t)si·] (-s) Kompen-

compensatiehandel 72

sation *f*, Ausgleich *m*; **~handel** Kompensationsgeschäft *n*.
compenseren [-'se:r-] kompensieren, ausgleichen.
competent kompetent, zuständig; **~ie** [-'tɛnsi-] (*-s*) Kompetenz *f*, Zuständigkeit *f*.
competitie [kɔmpə'ti:(t)si-] (*-s*) Wettbewerb *m*; *sp* Spielsaison *f*.
compleet [-'kle:t] komplett, vollständig; *adv ook* regelrecht; **~eteren** [-ple:'te:r-] vervollständigen.
complex [-'plɛks] *n* Komplex *m* (*ook psych*), Anlage *f*.
compli|catie [-'ka:(t)si-] (*-s*) Komplikation *f*; **~ceren** [-'se:r-] komplizieren; **~ment** [-'mɛnt] *n* Kompliment *n*.
compon|eren [-'ne:r-] komponieren; **~ist**(e *f*) *m* Komponist(in *f*) *m*.
compost [-'pɔst] *n of m* Kompost *m*.
compote [-'pɔt] (*-s*) Kompott *n*.
comprimeren [-'me:r-] komprimieren.
compromi|s [-'mi-, -'mɪs] *n* (*-sen*) Kompromiß *m*; **~itteren** [-'te:r-] kompromittieren, bloßstellen.
computer [-'pjuːtər] (*-s*) Computer *m*, Rechner *m*; **~(be)sturing** [-sty:r-] Computersteuerung *f*; **~gestuurd** [-sty:rt] computergesteuert; **~ondersteund** [-støːnt] computergestützt; **~uitdraai** [-əydra:i] Computerausdruck *m*.
concentratie [-sɛn'tra:(t)si-] (*-s*) Konzentration *f*; **~gebied** *n* Ballungsgebiet *n*; **~kamp** *n* Konzentrationslager *n*.
con|centreren [-'tre:r-] (**zich**) (sich) konzentrieren (*ook fig*); **~cept** [-'sɛpt] *n* Konzept *n*; **~cern** [-'sɛrn, -'sœː(r)n] *n* (*-s*) Konzern *m*; **~cert** [-'sɛrt] *n* Konzert *n*; *naar het ~ gaan* ins Konzert gehen.
con|cessie [-'sɛsi-] (*-s*) Konzession *f*, Zugeständnis *n*; **~ciërge** [-'siɛrʒə] *m of f* (*-s*) Hausmeister(in *f*) *m*; **~cilie** [-'si:li-] *n* (*-s of -liën*) Konzil *n*.
conclu|deren [-'kly-'de:r-] (*-s*) schließen, folgern; **~sie** [-'kly-zi-] (*-s*) Schlußfolgerung *f*, Schluß *m*; *verkeerde ~* Fehl-, Trugschluß *m*.
concreet konkret.
concurr|ent(e *f*) *m* Konkurrent(in *f*) *m*, Wettbewerber(in *f*) *m*; **~entie** [-kə'rɛnsi-] Konkurrenz *f*, Wettbewerb *m*; *buiten* (*alle*) *~* konkurrenzlos; **~entie-**

strijd [-strɛit] Konkurrenzkampf *m*; **~eren** [-'re:r-] konkurrieren; *in staat te ~*, **~erend** konkurrenzfähig.
condens|atie [-'sa:(t)si-] Kondensation *f*; **~(atie)water** [-'dɛns(a:(t)si-)va:tər] *n* Kondenswasser *n*; **~eren** [-'se:r-] kondensieren.
conditie [-'di:(t)si-] (*-s*) Kondition *f*; **~training** [-tre:n-] Konditionstraining *n*.
condoléancekaartje [-le"jã:nsə-] *n* Beileidskarte *f*; **~eren** [-'le:r-] kondolieren (*D*); *gecondoleerd!* herzliches Beileid!
condoom *n* (*-domen of -s*) Kondom *m of n*.
conduct|eur [-dək'tøːr] *m* (*-s*) Schaffner *m*; **~rice** [-'trɪsə] *f* (*-s*) Schaffnerin *f*.
confectie [-'fɛksi-] Konfektion *f*; **~pak** *n* Konfektionsanzug *m*.
conferentie [-'rɛnsi-] (*-s*) Konferenz *f*.
con|fessioneel [-fɛsiɔ-'ne:l] konfessionell; *confessionele school* Konfessionsschule *f*; **~firmatie** [-'ma:(t)si-] (*-s*) *rel* Konfirmation *f*; **~fisqueren** [-fɪs-'ke:r-] konfiszieren.
conflict *n* Konflikt *m*.
confront|atie [-frɔn'ta:(t)si-] (*-s*) Konfrontation *f*; **~eren** [-'te:r-] konfrontieren; *jur* gegenüberstellen.
confuus [-'fy:s] konfus.
congres *n* (*-sen*) Kongreß *m*, Tagung *f*.
conjunctief ['jɔŋkti-] (*-tieven*) *gr* Konjunktiv *m*.
conjunctuur [-jɔŋk'ty:r] (*-turen*) Konjunktur *f*; **~beleid** [-lɛit] *n* Konjunkturpolitik *f*.
consciëntieus [-siɛn'siøːs] gewissenhaft.
consequent konsequent; **~ie** [-'kŭɛnsi-] (*-s*) Konsequenz *f*.
conservat|ief 1. konservativ; **2.** *m* (*-tieven*) Konservative(r); **~orium** [-'to:ri-(j)əm] *n* (*-s of -ria*) Konservatorium *n*.
conserven *pl* Konserven *f/pl*; **~blikje** *n* Konservenbüchse *f*.
consideratie [-'ra:(t)si-] (*-s*) Erwägung *f*; Rücksicht(nahme) *f*, Nachsicht *f*.
con|solideren [-'de:r-] konsolidieren; **~sonant** Konsonant *m*; **~sortium** [-'sɔr(t)si(j)əm] *n* (*-s*) Konsortium *n*; **~stant** [-'stant] konstant, gleichbleibend; **~stateren** [-'sta:'te:r-] konstatieren, feststellen; **~sternatie** [-stɛr'na:(t)si-] (*-s*) Bestürzung *f*.
constitut|ie [-'ty(t)si-] (*-s*) Konstitution

f, Verfassung *f*; **~ioneel** [-ty·(t)sio·-'ne:l] konstitutionell, verfassungsmäßig.

constructeur [-strɛk'tœ:r] *m* (-s) Konstrukteur *m*; **~ie** [-'strœksi·] (-s) Konstruktion *f*; **~ief** [-'ti·f] konstruktiv.

construeren [-stry·'ɥe:rə(n)] konstruieren.

consul ['-səl] *m* (-s) Konsul *m*; **~-generaal** *m* (*consuls-generaal*) Generalkonsul *m*; **~t(atie** [-'ta:(t)si·] *f* [-s]) *n* Konsultation *f*; Beratung *f*; **~tatiebureau** [-byro:] *n* Beratungsstelle *f*; **~teren** [-'te:r-] konsultieren.

consument(e *f*) [-sy·'mɛnt(ə)] *m* Konsument(in *f*) *m*, Verbraucher(in *f*) *m*.

consumentenbond, ~organisatie [-'za:(t)si·] Verbraucherverband *m*.

consumeren [-sy·'me:r-] konsumieren, verbrauchen.

consumptie [-'sɔmpsi·] (-s) Konsum *m*, Verbrauch *m*; Verzehr *m*, das Verzehrte, Zeche *f*; **verplichte ~** Getränkezwang *m*; **~aardappel** Speisekartoffel *f*; **~artikel** *n* Konsumartikel *m*; **~goederen** [-'ɥu·dərə(n)] *n/pl* Konsumgüter *n/pl*; **~ijs** [-ɛis] *n* Speiseeis *n*, Eiscreme *f*; **~maatschappij** [-sxɑpɛi] Konsum-, Überflußgesellschaft *f*.

contact *n* Kontakt *m*; (*auto~*) Zündschloß *n*; **loszittend ~** Wackelkontakt *m*; **~ krijgen** Anschluß finden; **~ opnemen** sich in Verbindung setzen; **~lens** [-lɛns] Haftschale *f*, Kontaktlinse *f*; **~sleutel** [-slø:təl] Zündschlüssel *m*; **~slot** *n* Zündschloß *n*.

container [-'tɛ:nər] (-s) Container *m*.

contant [-'tɑnt] bar; **~ geld** *n* Bargeld *n*, Barschaft *f*; **prijs bij ~e betaling** Barzahlungspreis *m*; **~en** *pl* Barschaft *f*.

contemporain [-tɔ̃·mpo·'rɛ:n] zeitgenössisch; **~e geschiedenis** Zeitgeschichte *f*.

context Kontext *m*.

continent [-'nɛnt] *n* Kontinent *m*; **~aal** [-'ta:l] kontinental.

contingent [-'ɣɛnt] *n* Kontingent *n*; Zuweisung *f*; **~tinu** [-'ny·] kontinuierlich; **~tour** [-'tu:r] Kontur *f*.

contra kontra (*A*), gegen (*A*); **~bande** [-bɑndə] Schmuggelware *f*.

contract *n* Vertrag *m*; **~ant(e** *f*) [-'tɑnt(ə)] *m* Vertragspartner(in *f*) *m*; *jur* Kontrahent(in *f*) *m*; **~breuk** [-brø:k] Vertragsbruch *m*; **~ueel** [-ty·'ɥe:l] vertraglich; **contractuele boete** Konventionalstrafe *f*.

contrasigneren [-si·ŋ'je:r-] gegenzeichnen; **~trast** *n* Kontrast *m*; **~tributie** [-'by·(t)si·] (-s) (Mitglieds-)Beitrag *m*.

controle [-'tro:lə] (-s) Kontrolle *f*, Überprüfung *f*; (Bahn-)Sperre *f*; **medische ~** Nachuntersuchung *f*; **~beurt** [-bø:rt] Inspektion *f*; **~post** Kontrollpunkt *m*.

controleren [-'le:r-] kontrollieren, nach-, überprüfen; **~eur** *m* (-s) Kontrolleur *m*, Prüfer *m*.

controverse [-'vɛrsə] (-s *of* -n) Kontroverse *f*.

conventie [-'vɛnsi·] (-s) Konvention *f*; **~tioneel** [-sio·'ne:l] konventionell.

conversatie [-'sa:(t)si·] (-s) Unterhaltung *f*, Konversation *f*; **~eren** [-'se:r-] sich unterhalten.

converteerbaar konvertierbar.

coöperatie [ko·o·pə'ra:(t)si·] (-s) Kooperation *f*, Genossenschaft *f*; **~atief** [-'ti·f] kooperativ; genossenschaftlich; **coöperatieve vereniging** Genossenschaft *f*; **~eren** [-'re:r-] kooperieren.

coördinatie [-'na:(t)si·] (-s) *f* Koordination *f*; **~eren** [-'ne:r-] koordinieren.

corner ['kɔrnər] (-s) Eckball *m*, Ecke *f*.

corps [kɔr(ə)ps, kɔr] *n* Korps *n*.

corpulent [-py·'lɛnt] korpulent, beleibt.

correct korrekt; **~ie** [-'rɛksi·] (-s) Korrektur *f*; **~ie-lint** *n* Korrekturband *n*.

correspondent(e *f*) *m* Korrespondent (-in *f*) *m*; **buitenlandse ~** Auslandskorrespondent(in *f*) *m*; **~ie** [-'dɛnsi·] (-s) Korrespondenz *f*, Briefwechsel *m*; **~ie-vriend** *m* Brieffreund *m*.

corresponderen korrespondieren.

corrigeren [-'ɣe:r-, -'ʒe:r-] korrigieren.

corrupt [-'rəpt] korrupt; **~ie** [-'rəpsi·] (-s) Korruption *f*.

corsage [kɔr'sa:ʒə] (-s) Ansteckblume *f*.

couchetterijtuig [ku·'ʃɛtərɛityxt] *n* Liegewagen *m*.

coulant [ku·'-] kulant.

coulisse [ku·'-] (*-n of* -s) Kulisse *f*.

counteren ['kauntər-] kontern.

coup [ku·(p)] (-s) Coup *m*, Staatsstreich *m*; **~e** ['ku·p(ə)] (-s) (Zu-)Schnitt *m*, Fasson *f*; (*glas*) Becher *m*; **~é** [ku·'pe:] (-s) Abteil *n*; (*auto*) Coupé *n*; **~ niet-roken** Nichtraucherabteil *n*.

couplet [ku·'plɛt] (-*ten*) Strophe *f*.

coupon [ku·'pɔn] (-s) Kupon m, Coupon m; ~**belasting** Kapitalertragssteuer f.
courant [ku·'rɑnt] **1.** kurant, gangbar; **2.** subst Zeitung f.
cour|eur [ku·'rø:r] m (-s) Rennfahrer m; ~**tage** [ku·'rta:ʒə] (-s) Maklergebühr f.
couvert [-'νε:r] n (-s) Kuvert n, Briefumschlag m; Gedeck n; Besteck n.
couveuse [ku·'νø:zə] (-s) Brutkasten m.
coververhaal ['kʌvər-] n Titelgeschichte f.
crack [krεk] m (-s) As n; sp ook Crack m.
crash [krεʃ] (-es) Flugzeugabsturz m; hdl Krach m.
crawlen ['krɔ:lə(n)] (zwemmen) kraulen.
creat|ief [kre·ĭa·'ti:f] kreativ, schöpferisch; ~**uur** [-'ty:r] n (-turen) Kreatur f.
crèche [krεʃ] (-s) Kinderkrippe f.
credit ['kre·dɪt] n Haben n; ~**card** ['kredɪtkɑ:rt] (-s) Kreditkarte f; ~**eren** [-'te:r-] kreditieren; gutschreiben; ~**ering** Kreditierung f; Gutschrift f; ~**eur** [-'tø:r] m (-en of -s) Gläubiger m; ~**nota** Gutschrift f; ~**rente** Habenzinsen m/pl; ~**saldo** n Haben-, Passivsaldo m; ~**zijde** [-'sεĭdə] Habenseite f.
creëren [kre·'je:r-] kreieren.
crem|atie [-'ma:(t)si·] (-s) Feuerbestattung f, Einäscherung f; ~**atorium** [-'to:ri·(j)əm] n (-s of -ria) Krematorium n; ~**eren** [-'me:r-] einäschern.
crème [krε:m] (-s) Creme f, Krem f.
crêpepapier ['krεp-] n Kreppapier n.
creperen [-'pe:r-] (zn) krepieren; P ook verrecken.
crêpezool ['krεp-] Kreppsohle f.
crimin|aliteit [-'tεɪt] Kriminalität f; ~**eel** [-'ne:l] **1.** kriminell; **2.** m (-nelen) Kriminelle(r).
crisis (-sen of crises) Krise f; economische ~ Wirtschaftskrise f; ~**bestendig** krisenfest; ~**situatie** [-ty·'ŭa:(t)si·] Krisensituation f; ~**team** [-ti:m] n Krisenstab m.
criterium [-'te:ri·(j)əm] n (-ria) Kriterium n.
criticus [-kəs] m (critici [-si·]) Kritiker m.
croquant [krɔ·'kɑnt] knusprig.
cruise [kru:s] (-s) Kreuzfahrt f.
crypte ['krɪptə] Krypta f.
C.S. z. **centraalstation.**
Cubaan(se f) [ky·'-] m (-banen) Kubaner(in f) m.
cul|inair [ky·li·'nε:r] kulinarisch; ~**mineren** [kεlmi·'-] kulminieren; fig ook gipfeln; ~**tiveren** [kεlti·'-] kultivieren.
cultureel [kεlty·'re:l] kulturell; ~ **centrum** n (gebouw) Kulturzentrum n; ~ **verdrag** n Kulturabkommen n.
cultus [-tes] (culten) Kult m.
cultuur [-'ty:r] (-turen) Kultur f; ~**barbaar** m (Kultur-)Banause m.
curator [ky·'ra:tɔr] m (-en [-'to:-] of -s) Kurator m; Nachlaßverwalter m; Konkursverwalter m.
cur|ieus [ky·'ri·ø:s] kurios, sonderbar; ~**iosum** [-'rio:zəm] n (-sa) Kuriosum n.
curriculum vitae [kə'ri·ky·ləm 'νi·te·] n Lebenslauf m.
curs|ist(e f) [kər'sɪst(ə)] m Kursteilnehmer(in f) m; ~**us** ['-səs] (-sen) Kurs m.
curve [kεrνə] Kurve f.
cyaankali [si·(j)a:ŋ-'] Zyankali n.
cybernetica [si·bεr'-] Kybernetik f.
cyclus ['si·kləs] (cycli of -sen) Zyklus m.
cyn|icus ['si·ni·kəs] m (-ci [-si·]) Zyniker m; ~**isch** ['-ni·s] zynisch; ~**isme** [-'nɪsmə] n Zynismus m.
Cyprus ['si·prəs] n Zypern n.
cyste ['kɪstə] Zyste f.

D

d, D (d's) d, D n (ook mus).
daad (daden) Tat f, Akt m; ~**kracht** Tatkraft f.
daag! [da:x] (begroeting) guten Tag!; (afscheid) tschüs!, auf Wiedersehen!; tel auf Wiederhören!
daags [da:xs] täglich; ~ **daarna** (tevoren) am Tage darauf (zuvor).
daar adv dort, da; da-, dorthin; co da, weil, indem; ~**aan** daran; ~**achter** da-

hinter; (ginds) dahinten; ~**bij** [-'bɛi̯] dabei; dazu, hinzu; ~**binnen** [-'bɪn-] (da)drinnen; ~**boven** [-'bo:v̌-] darüber; oben; ~**door** dadurch; ~**enboven** [-'bo:v̌ə(n)] außerdem, überdies, zudem; ~**entegen** [-ɛn'te:ɣ-] da-, hinegegen; ~**ginds** [-'ɣ̌ɪnts] dort; ~**heen** dorthin; ~**in** darin; darein, dahinein; ~**mee** damit; ~**na** danach; (vervolgens ook) darauf; ~**naar** danach; ~**naast** [-'na:st] daneben; ~**net** [-'nɛt] vorhin, soeben; ~**om** darum, deshalb, deswegen; ~**omtrent** diesbezüglich; ~**op** darauf; darauffolgend; ~**opvolgend** [-'fɔlɣ̌ənt] darauffolgend; übernächst; ~**over** darüber; davon; ~**straks** [-'straks] vorhin.

daartegen dagegen; ~**over** [-te:ɣ̌ən-'o:v̌ər] demgegenüber.

daar|toe dazu; ~**van** davon; ~**vandaan** daher, von dort her; ~**uit** daraus; ~**voor** davor; dafür; dazu.

dadel ['da:dəl] (-s) Dattel f.

dadelijk ['da:dələk] (so)gleich; **tot ~!** bis gleich!

dader m (-s) Täter m; ~**es** [-'rɛs] f (-sen) Täterin f; ~**schap** [-sxɑp] Täterschaft f.

dag [dɑx] Tag m; ~**!** z. **daag!**; **de hele ~** den ganzen Tag; **open ~** Tag m der offenen Tür; ~ **aan ~** Tag für Tag; **per ~** pro Tag, täglich; **(op) de ~ vóór (na)** am Tage vor (nach) (D); ~ **van aankomst (vertrek)** Ankunfts-, Anreisetag (Abreise-, Abfahrtstag) m; **voor de ~ halen** hervorholen; **voor de ~ komen** zum Vorschein kommen; **voor de ~ komen met** herausrücken mit (D); **voor halve ~en** halbtags, -tägig; **werk** n **voor halve ~en** Halbtagsarbeit f; ~**afschrift** [-sxrɪft] n Tagesauszug m.

dagblad n (Tages-)Zeitung f; ~**pers** Tagespresse f.

dag|boek ['-bu-k] n Tagebuch n; ~**bouw** ['-bɑu̯] Tagebau m.

dagelijks ['da:ɣ̌ələks] täglich; ~**e pot** Hausmannskost f; ~ **leven** n Alltag m.

dage|n tagen; jur vorladen; ~**n-lang** tagelang; ~**raad** Tagesanbruch m.

dag|indeling Tageseinteilung f, -ablauf m; ~**jesmens** ['dɑxiəs-] m (Sonntags-)Ausflügler m; ~**koers** ['-ku-rs] Tageskurs m; ~**licht** n Tageslicht n; ~**retourtje** ['-rətu:rtiə] n Tagesrückfahrkarte f; ~**schotel** ['-sxo:təl] Tages-, Stammgericht n; ~**tekenen** ['dɑxtе:kən-] datieren; ~**tocht** Tagesausflug m, -fahrt f.

dagvaard|en ['dɑx-] vorladen; ~**ing** (Vor-)Ladung f.

dahlia (-'s) Dahlie f.

daisywiel ['dе:zi'-] n Typenrad n.

dak n Dach n; ~**dekker** m (-s) Dachdecker m; ~**goot** Dachrinne f; ~**je** n: **van een leien ~** wie am Schnürchen; ~**loos** obdachlos; ~**pan** (Dach-)Ziegel m; ~**venster** n Dachfenster n; ~**vilt** n Dachpappe f.

dal [dɑl] n Tal n; fig ook Tief n.

dal|en (zn) sinken, sich senken; abnehmen, fallen, zurückgehen; ~**d** ook rückläufig; ~**ing** Sinken n, Senkung f, Fall m, Rückgang m.

dalkom (Tal-)Mulde f.

dam (-men) Damm m.

damast [-'mɑst] n Damast m.

dame f (-s) Dame f; ~**s en heren!** meine Damen und Herren!, meine Herrschaften!

dames|- in samenst. mst Damen-; ~**blad** n Frauenzeitschrift f; ~**dubbel** [-dəbəl] n sp Damendoppel n; ~**kapper** m Damenfriseur m; ~**kleding** Damenbekleidung f; ~**ondergoed** [-ɣ̌u:t] n Damenwäsche f; ~**toilet** [-tu̯alɛt] n Damentoilette f; ~**verband** n Damenbinde f.

dammen Dame spielen; **het ~** Damespiel n.

damp Dampf m, Dunst m, Qualm m; ~**en** dampfen; qualmen; ~**ig** ['-pəx] dunstig; ~**kring** Atmosphäre f.

dan (als)dann; da; denn; **na** compar als; denn.

dancing ['dɛnsɪŋ] (-s) Tanzlokal n.

danig ['da:nəx] ordentlich, tüchtig.

dank Dank m; ~ **zij** dank (D of G); ~**baar** dankbar; ~**baarheid** [-hɛit] Dankbarkeit f; ~**betuiging** [-təv̌ɣ̌-] Danksagung f; ~**en** danken (D), sich bedanken; ~ **je wel**, ~ **U wel** danke schön (of sehr); **iets te ~ hebben aan iem** j-m etw verdanken; **niets te ~!** keine Ursache!; ~**zij** ['-sɛi̯] dank (D of G).

dans Tanz m; **mag ik deze ~ van U?** darf ich bitten?

dans|- in samenst. mst Tanz-, b.v. ~**cursus** ['-kərsəs] Tanzkurs m; ~**en** tanzen; ~**er(es)** [-'rɛs] f [-sen]) m (-s) Tänzer(in f) m; ~**gelegenheid** Tanzlokal n; ~**orkest** Tanzkapelle f; ~**pas** Tanzschritt m; ~**vloer** [-flu:r] Tanzfläche f.

dapper tapfer, mutig; herzhaft; **~heid** [-hɛit] Tapferkeit *f*.

darm Darm *m*; **dunne** (**dikke**) ~ Dünndarm *m* (Dickdarm); **~ontsteking** [-stɛ:k-] Darmentzündung *f*.

dartel ausgelassen, munter; **~en** ['-tələ(n)] sich tummeln.

das (*-sen*) Krawatte *f*, Schlips *m*; *zoöl* Dachs *m*.

dashboard ['dɛʃbɔrt] *n* (*-s*) Armaturenbrett *n*.

das·hond *m* Dackel *m*, Dachshund *m*.

dat 1. *pron* das; dasjenige; jenes; dieses; **met ~ al** bei alledem; trotz alledem; **2.** *co* daß.

data|bank *comp* Datenbank *f*; **~typist**(**e** *f*) *m* Datentypist(in *f*) *m*.

dat|eren ['-te:r-] datieren, **~um** ['-təm] (*-s of data*) Datum *n*; ~ **van ontvangst** Eingangsdatum *n*.

datgene ['-xe:nə] dasjenige.

datief ['da:ti:f] (*-tieven*) Dativ *m*.

dato: **de ~** vom.

dauw Tau *m*.

daveren ['da:vərə(n)] dröhnen; **~d** *fig* riesig; *applaus*: tosend.

de *lidw* der, die.

dealer ['di:lər] *m* (*-s*) Vertragshändler *m*; Vertragswerkstatt *f*; Drogenhändler *m*.

débâcle [-'ba:kəl] *n of f* Debakel *n*.

debat *n* (*-ten*) Debatte *f*; **~teren** [-'te:r-] debattieren.

debet ['de:bɛt] *n hdl* Debet *n*, Soll *n*; **~nota** Lastschrift *f*; **~rente** Sollzinsen *m/pl*; **~saldo** *n* Aktivsaldo *m*, **~zijde** [-sɛidə] Sollseite *f*.

debit|ering Belastung *f*; Lastschrift *f*; **~eur** [-'to:r] *m* (*-en of -s*) Schuldner *m*; **~rice** [-'tri:sə] *f* (*-s*) Schuldnerin *f*.

debuteren [deby'te:r-] debütieren.

debuut [de-'by:t] *n* (*-buten*) Debüt *n*.

decaan [de-'ka:n] *m* (*-canen*) Dekan *m*.

decadentie [-'dɛnsi] Dekadenz *f*.

december [-'sɛmbər] Dezember *m*.

decennium [-'sɛni·(j)əm] *n* (*-nia of -niën*) Jahrzehnt *n*.

decent [de-'sɛnt] dezent, **~raliseren** [-sɛntra·li·'ze:r-] dezentralisieren.

decharge [de-'ʃarʒə] Entlastung *f*; **getuige à ~** Entlastungszeuge *m*.

decimaal [desi·'-] dezimal.

decimeren [desi·'me:r-] dezimieren.

declameren [-kla·'me:r-] deklamieren.

declar|atie [-'ra:(t)si·] (*-s*) Deklaration *f*; (*rekening*) Rechnung *f*; **~eren** [-'re:r-] deklarieren, verzollen; in Rechnung stellen.

de|coderen [-ko·'de:r-] dekodieren, dechiffrieren; **~colleté** [-kɔl'te:] *n* (*-s*) Dekolleté *n*, Ausschnitt *m*.

decor [-'kɔr] *n* (*-s*) Dekor *m of n*; Bühnenbild *n*; **~atie** ['ra:(t)si·] (*-s*) Dekoration *f*; **~eren** [-'re:r-] dekorieren, **~ontwerper** *m* Bühnenbildner *m*.

decreet [də'kre:t] *n* (*-creten*) Dekret *n*.

deeg *n* Teig *m*; **~roller** (*-s*) Teigrolle *f*.

deel *n* (*delen*) Teil *m of n*; (*boek*) Band *m*; Anteil *m*; **ten ~ vallen** zuteil werden (*D*), zufallen (*D*); **~achtig** [-'ɑxtəx] teilhaftig; **~baar** teilbar; **~genoot** *m* (*-noten*) Teilhaber *m*; **~genote** *f* Teilhaberin *f*; **~name** Teilnahme *f*; **~neemster** *f* (*-s*) Teilnehmerin *f*, Beteiligte.

deelnem|en (*aan of in*) teilnehmen (an *D*), sich beteiligen (an *D*); Anteil nehmen (an *D*); **~er** *m* (*-s*) Teilnehmer *m*, Beteiligte(r); **~ing** Teilnahme *f*, Beteiligung *f*; Anteilnahme *f*; Beileid *n*.

deel|resultaat ['-re·zəl-] *n* Teilergebnis *n*; **~s** teils; **~staat** Bundesland *n*; **~tijdarbeid** ['-tɛit-] Teilzeitarbeit *f*; **~tje** *n* (*-s*) Teilchen *n*; **~woord** *n* Partizip *n*.

deemoed ['-mu·t] Demut *f*, **~ig** [-'mu·dəx] demütig.

Deen *m* (*Denen*) Däne *m*; **~s** dänisch; **~se** *f* Dänin *f*.

deer|lijk ['-lək] kläglich; **~nis** Erbarmen *n*; **~niswekkend** [-'vɛkənt] jämmerlich.

defaitistisch [defɛ'tɪsti·s] defätistisch.

defect 1. defekt, schadhaft; **2.** *n* Defekt *m*, Schaden *m*.

defensie [-'fɛnsi·] (Landes-)Verteidigung *f*; **minister** *m* **van ~** Verteidigungsminister *m*; **~f** [-'si·f] **1.** defensiv; **2.** *n* (*-sieven*) Defensive *f*.

defi|cit [-si·t] *n* (*-s*) Defizit *n*; **~leren** [-'le:r-] defilieren; **~niëren** [-'ni·e:r-] definieren; **~nitie** [-'ni·(t)si·] (*-s*) Definition *f*; **~nitief** [-ti·f] endgültig, definitiv.

deflatie [-'fla:(t)si·] Deflation *f*.

deftig ['dɛftəx] vornehm, würdig.

degelijk ['de:ɣələk] solide, gediegen; **wel ~** (ganz) bestimmt, durchaus; **~heid** [-hɛit] Solidität *f*, Gediegenheit *f*.

degen (*-s*) Degen *m*.

degene [də'ɣe:nə] der-, diejenige(n).

degrad|atie [-'da:(t)si·] (*-s*) Degradie-

rung f; sp Abstieg m; **~eren** [-'de:r-] (ook zn) degradieren; sp absteigen; **~de ploeg** sp Absteiger m.

dein|en ['dɛin-] wiegen; (auf- und nieder)wogen; **~ing** Dünung f; fig Aufsehen n, Aufregung f.

dek n (-ken) Decke f; (Ver-)Deck n; **~bed** n Deck-, Federbett n; **donzen ~** Daunenbett n; **~hengst** m Deck-, Zuchthengst m.

deken ['dɛ:kə(n)] (-s) **1.** (Bett-)Decke f; **2.** m Dekan m.

dek|ken decken; **~ing** Deckung f (ook hdl); **~ings·tekort** n Unterdeckung f; **~mantel** Deckmantel m; **~sel** n (-s) Deckel m, Klappe f; **~sels** verteufelt; **~e kerel** m Teufelskerl m; **~zeil** ['-sɛil] n Plane f.

dele: **ten ~** teils, zum Teil (afk z.T.).

delegatie [-'ɣa:(t)si] (-s) Delegation f, Abordnung f; **~eren** [-'ɣe:r-] delegieren.

dele|n teilen; wisk ook dividieren; verteilen; **iets (onder elkaar) ~** sich etw teilen; **~r** (-s) Teiler m.

delfstof Mineral n.

delgen tilgen.

delicaat [-'ka:t] delikat.

delicatesse [-ka'tɛsə] Delikatesse f, **~n-zaak** Delikatessengeschäft n, Feinkosthandlung f.

delict [de"lɪkt] n Delikt n, Straftat f.

deling ['de:lɪŋ] Teilung f; wisk ook Division f.

delinquent [-lɪn'kʋɛnt] m Delinquent m, Straftäter m.

delta (-'s) Delta n; **~vlieger** m Drachenflieger m.

delven* (aus)graben; mijnb fördern.

de|magogie [-ɣo·'ɣi·] Demagogie f; **~menti** [-'mɛnti·] n (-'s) Dementi n; **~militariseren** ['-zɛ:r-] entmilitarisieren.

demi-sec demi-sec, halbtrocken.

democrat|ie [-'kra(t)si·] (-ën) Demokratie f; **~isch** [-'kra:tis] demokratisch; **~iseren** [-krati·'se:r-] demokratisieren.

demon ['dɛ:mon] m Dämon m; **~isch** [-'mo:nis] dämonisch.

demon|strant(e f) ['strant(ə)] m Demonstrant(in f) m; **~stratie** [-'stra:(t)si] (-s) Demonstration f, Kundgebung f; Vorführung f; **~streren** [-'stre:r-] demonstrieren; **~tage** [-'ta:ʒə] Demontage f; **sociale ~** Sozialabbau m; **~teren** [-'te:r-] ab-, demontieren; ab-, ausbauen.

demoscopie [-sko·'pi·] Demoskopie f.

dempe|n dämpfen; put zuschütten; **~r** (-s) Dämpfer m.

den (-nen) Kiefer f; **grove ~** Föhre f.

denderen ['dɛndərə(n)] donnern; **~d** fig glänzend.

Denemarken ['de:nə-] n Dänemark n.

denkbaar denkbar, erdenklich.

denkbeeld n Idee f, Vorstellung f, Gedanke m; **~ig** [-'be:ldəx] imaginär, eingebildet.

denke|n* denken (**aan** an A); meinen; gedenken, beabsichtigen; **ik denk er niet aan!** ich denke nicht daran!, das fällt mir gar nicht ein!; **doen ~ aan** erinnern an (A); **wat denkt U ervan?** was halten Sie davon?; **~r** m (-s) Denker m; **~fout** ['-faut] Denkfehler m; **~trant, ~wijze** ['-vɛizə] Denkart f.

denne|appel (Tannen-)Zapfen m; **~boom** Kiefer f; alg Tanne f, Tannenbaum m.

deodoran|s [de·o·do·'rans] (-rantia), **~t** n Deo(dorant) n.

de|partement [-'mɛnt] n Ministerium n; (provincie) Departement n; **~poneren** [-'ne:r-] deponieren, hinterlegen; **gedeponeerd merk**: eingetragen; **~porteren** [-'te:r-] deportieren, verschleppen.

deposito [-'po:zi·-] n (-'s) Hinterlegung f; (geld) Depositum n; **~bank** Depositenbank f.

depot [-'po:] n of m (-s) Depot n.

depressie [-si·] (-s) Depression f; Tief (-druckgebiet) n; **~f** [-'si·f] depressiv.

deprimeren [-'me:r-] deprimieren, bedrücken.

derde 1. dritte; **ten ~** drittens; **2.** n Drittel n.

deren ['de:rə(n)] schaden (D); anhaben, kümmern.

der|gelijk ['dɛrɣələik] derartig, solch; **iets ~s** etwas Derartiges (of Ähnliches); **en ~e** (afk **e.d.**) und dergleichen (afk u.ä.), und dergleichen; **~halve** [dɛr'-] deshalb; demnach; **~mate** ['dɛrma:tə] dermaßen.

dertien dreizehn; **~de** dreizehnte.

dertig ['-təx] dreißig; **~er** m (-s), **~jarige** [-'ja:rəɣə] Dreißiger(in f) m; **~ste** dreißigste.

derven

der|ven entbehren; ~ving Verlust m, Ausfall m.

des [dɛs]: ~ te desto, um so; ~alniettemin [-ni·tə'mɪn] dessenungeachtet, nichtsdestoweniger.

desavoueren [dɛ·zɑ·vu·'üɛ:r-] desavouieren.

desbetreffend ['dɛzbətrɛfənt] diesbezüglich, betreffend; einschlägig.

deserteren [-zɛr'te:r-] desertieren; ~ie [-'zɛrsi·] Fahnenflucht f, Desertion f.

desgewenst [dɛsxə-'] auf Wunsch.

designer [di·'zɑ:inər] m of f (-s) Designer(in f) m.

des·infect|eren [-'te:r-] desinfizieren; ~ie [-'fɛksi·] Desinfektion f.

deskundig ['kɔndəx] sachkundig: // Sachverständige(r), Experte m, Expertin f, Fachmann m, Fachfrau f; Gutachter(in f) m; ~heid [-dəxɛit] (-heden) Sachverstand m.

des|niettegenstaande [-te:ɣə(n)'stɑ:ndə] nichtsdestoweniger, ~noods [-'no:ts] nötigenfalls, wenn nötig; notfalls.

desolaat [de·zo·'-] desolat, öde.

des|ondanks ['dɛz-] dessenungeachtet, ~oriënteren [dɛzo·ri·ɛn'-] desorientieren; ~poot [s-po·'] m (-poten) Despot m.

dessert ~ (-s) Dessert n, Nachtisch m.

dessin [dɛ'sɛ̃:] n (-s) Dessin n, Muster n.

destijds ['-tɛits] damals, seinerzeit.

destructief [dɛstrək·'] destruktiv, zerstörerisch.

detacheren [-'ʃɛ:r-] abstellen, abkommandieren.

detail [de·'tɑ·i] n (-s) Detail n, Einzelheit f; in ~(s) treden ins Detail gehen; tot in de kleinste ~s bis ins kleinste (Detail). ~handel Einzelhandel m; Einzelhandelsgeschäft n; ~leren [-ta·'je:r-] detaillieren; ~list [-'jist] m (-s) Einzelhändler m.

detective [di·'tɛktɪf] m (-s) Detektiv m; ~(roman) Krimi(nalroman) m.

deuce [diu:s] n sp Einstand m.

deugd [døːxt] Tugend f; ~ doen wohltun (D), ~elijk ['døːydələk] solide, gediegen; ~elijkheid [-hɛit] Tauglichkeit f; Gediegenheit f, Güte f; ~zaam ['-sɑːm] tugendhaft.

deug|en ['døːɣə(n)] (voor) taugen (zu D); ~niet m Taugenichts m; Schalk m.

deuk Beule f, Delle f; ~en verbeulen.

deun(tje n [-s]) Melodie f.

deur [døːr] Tür f; ~ dicht! Tür zu!; de ~ uit zur Tür hinaus; met (of achter) gesloten ~en hinter verschlossenen Türen; ~hengsel ['-hɛŋsəl] n Türangel f; ~klink, ~knop Türklinke f, -griff m; ~kozijn [-zɛin] n Türrahmen m; ~post, ~stijl ['-stɛil] Türpfosten m; ~waarder m (-s) Gerichtsvollzieher m.

deux-pièces [døː'piɛs] Deux-pièces n, zweiteiliges Kleid n.

de|valuatie [de·vɑly·'üɑ:(t)si·] (-s) Abwertung f; ~vies [də'vi·s] n (-viezen) Devise f, Wahlspruch m.

deviezen pl Devisen pl; ~controle [-trɔ·lə] Devisenkontrolle f, -bewirtschaftung f.

devotie [-'vo:(t)si·] (-s) Devotion f, Andacht f.

deze diese(r).

dezelfde [də'zɛl(ə)vdə] derselbe; dieselbe(n); gleiche(n).

dhr. afk voor De Heer Herrn.

dia ['di·jɑ] (-'s) Dia(positiv) n.

diabetic|a [-'be:ti·kɑ·] f (-'s) Diabetikerin f; ~us [-kəs] m (-ci [-ti·si·]) Diabetiker m.

diadeem [-'de:m] n (-demen) Diadem n.

diafragm|a n (-'s) foto: Blende f; ~eren [-'me:r-] abblenden.

dia|gnose [-'ɣno:zə] (-s of -n) Diagnose f, Befund m; ~gonaal [-ɣo·'-] 1. diagonal; 2. (-nalen) Diagonale f; ~gram [-'ɣrɑm] n Diagramm n, Schaubild n; ~lect n Dialekt m, Mundart f; ~loog [-'lo:x] (-logen) Dialog m, Zwiegespräch n; ~mant Diamant m; ~meter [-me:tər] Durchmesser m; ~raampje n Diarähmchen n.

diarree [di·(j)ɑ're:] Durchfall m.

dicht dicht; zu, verschlossen; ~ opeen (dicht)gedrängt; ~bevolkt dichtbevölkert; ~bij [-'bɛi] nahe (D), dicht an (D); ~binden zubinden, zuschnüren; ~doen ['-du·n] zumachen.

dichten dichten; tech ook abdichten.

dichter(es [-'rɛs] f [-sen]) m (-s) Dichter(in f) m.

dichter·bij ['-bɛi] näher (heran).

dichterlijk [-lək] dichterisch.

dicht|gaan (zn) (sich) schließen, zugehen; ~gooien ['-xo·jə(n)] zuschlagen, zuwerfen; (dempen) zuschütten; ~groeien ['-xrui·ə(n)] zuwachsen; ~heid ['-hɛit] Dichte f, ~houden ['-hɑüə(n)]

diggelen

zuhalten; ~**ing** *tech* Dichtung *f*; ~**klikken** *v*/*i* (*zn*) zu-, einschnappen.
dichtkunst ['-kɛnst] Dichtung *f*, Dichtkunst *f*.
dicht|**naaien** ['-na:i-] zunähen; ~**schroeven** ['-sxru·v̆-] zu-, verschrauben; ~**spijkeren** ['-spɛikər-] zu-, vernageln; ~**springen** (*zn*) = **dichtklikken**.
dichtstbijzijnd ['-bɛizɛint] nächste(r, -s).
dichtvallen zufallen.
dichtwerk *n* (lyrische) Dichtung *f*.
dictaat *n* (*-taten*) Diktat *n*.
dictafoon [-'fo:n] (*-s*) Diktaphon *n*.
dictator [-'ta:tɔr] *m* (*-s*) Diktator *m*; ~**iaal** [-'ria:l] diktatorisch.
dictatuur [-'ty:r] (*-turen*) Diktatur *f*; *militaire* ~ Militärdiktatur *f*.
dic|**tee** [-'te:] *n* (*-s*) Diktat *n*; ~**teer·apparaat** [-'te:r-] *n* Diktiergerät *n*; ~**teren** [-'te:r-] diktieren.
die *pron* der, die; jene(r); welche(r).
dieet *n* Diät *f*; ~**kost**, ~**voeding** [-fu·dɪŋ] Diät-, Schonkost *f*.
dief *m* (*-ven*) Dieb *m*; ~**stal** ['-stɑl] (*-len*) Diebstahl *m*; ~ *met braak* Einbruch(s)diebstahl *m*.
diegene der-, diejenige(n).
dienaangaande ['di·n-] diesbezüglich.
dien|**aar** (~*ares* ['-rɛs] *f* [*-sen*]) *m* (*-s of -naren*) Diener(in *f*) *m*; ~**blad** *n* Tablett *n*; ~**en** dienen (*D*); nützen (*D*); ~ *te* + *inf* sollen, müssen; *het dient tot niets* es nützt nichts.
dien·overeenkomstig ['-kɔmstəx] dementsprechend.
diens dessen.
dienst Dienst *m*; Gefälligkeit *f*; Amt *n*, Dienststelle *f*; *geheime* ~ Geheimdienst *m*; *militaire* ~ Militär-, Wehrdienst *m*; *sociale* ~ Sozialamt *n*; *buiten* ~ außer Dienst, außer Betrieb; *buiten de* ~ außerdienstlich; *in vaste* ~ festangestellt; *ik sta tot Uw* ~ ich stehe zu Ihren Diensten; *voor de* ~ dienstlich; ~**baar** dienlich; dienstbar; ~**betoon** ['-bəto:n] *n* Hilfe *f*; Service *m*; ~**betrekking** Arbeitsverhältnis *n*; Stelle *f*; ~**doend** ['-du·nt] diensthabend; geschäftsführend; ~**en·sector** Dienstleistungsbereich *m*, -gewerbe *n*; ~**er** *f* (*-s*) Servierin *f*; ~**ig** ['-təx] (zweck)dienlich; ~**mededeling** ['-me:dəde:l-] dienstliche Mitteilung *f*, ~**meisje** ['-mɛiʃə] *n* Dienstmädchen *n*.

dienstplicht Wehrpflicht *f*; *vervangende* ~ Zivil-, Ersatzdienst *m*; ~**ig** ['-plɪxtəx] wehrpflichtig.
dienst|**regeling** ['-re:ɣəl-] *spoorw* Fahrplan *m*; *volgens de* ~ planmäßig; ~**tijd** ['-tɛit] Dienstjahre *n*/*pl*; Militärzeit *f*; ~**vaardig** ['-fa:rdəx] dienstfreudig, -fertig; ~**verband** *n* Arbeitsverhältnis *n*; ~**verlenend** Dienstleistungs-; ~ *bedrijf* *n* Dienstleistungsbetrieb *m*; ~**weigeraar** ['-ʋɛiɣəra:r] *m* (*-s*) Wehr-, Kriegsdienstverweigerer *m*; ~**willig** ['-ʋɪləx] dienstbereit.
dienten·gevolge ['-təŋɣə-] infolgedessen, demzufolge.
diep 1. tief; *kleur ook*: satt; **2.** ~ Tief *n*; Tiefe *f*; ~**gaand** tiefgehend, -greifend, einschneidend; ~**gang** Tiefgang *m*; ~**gevroren** ['-xɑvro:r-] tiefgekühlt.
diepte (*-s of -n*) Tiefe *f*; (*put*) Vertiefung *f*; ~**punt** [-pɛnt] *n* Tiefpunkt *m*; *fig ook* Tiefstand *m*.
diepvries Tiefgekühlte(s); ~**kast**, ~**kist** Tiefkühl-, Gefriertruhe *f*; ~**kastje** [-kɑʃə] *n* (*-s*) Gefrierfach *n*.
diep|**zee** Tiefsee *f*; ~**zinnig** ['-sɪnəx] tiefsinnig.
dier *n* Tier *n*; *gewerveld* ~ Wirbeltier *n*; *schadelijk* ~ Schädling *m*.
dierbaar teuer, wert, lieb.
dieren|- *in samenst. mst* Tier-, *b.v.* ~**arts** *m* Tierarzt *m*, Veterinär *m*; ~**bescherming** [-bəskɛr-] Tierschutz *m*; *vereniging voor* ~ Tierschutzverein *m*; ~**bezitter** *m* Tierhalter *m*; ~**kwelling**, ~**mishandeling** Tierquälerei *f*; ~**riem** Tierkreis *m*; ~**tuin** [-təɨn] Zoo *m*, Tiergarten *m*; ~**vriend** *m* Tierfreund *m*.
dierkunde ['-kɛndə] Tierkunde *f*, Zoologie *f*; ~**ig** ['-kɛndəx] zoologisch; ~**ige** Zoologe *m*, Zoologin *f*.
dier|**lijk** ['-lək] tierisch; ~**proef** ['-pru·f] Tierversuch *m*; ~**soort** Tierart *f*.
diesel ['di·zəl] (*-s*) Diesel *m*; ~**olie** [-o:li·] Dieselöl *n*.
dievegge [-'vɛɣə] *f* (*-s of -n*) (*-tiëlen*) Diebin *f*.
differen|**tieel** [-'sie:l] *n* (*-tiëlen*) Differential(getriebe) *n*; ~**tiëren** [-'sie:r-] differenzieren.
diffuus [dɪ'fy:s] diffus.
difterie [-te·'ri·] *f* Diphtherie *f*.
diftong [-'tɔŋ] Diphthong *m*.
diggelen ['dɪɣələ(n)]: *aan* ~ *vallen* in Scherben gehen.

digitaal digital.
dij [dɛɪ] (Ober-)Schenkel *m*.
dijk Deich *m*, Damm *m*; *aan de ~ zetten fig* kaltstellen; **~breuk** ['brøːk] Deichbruch *m*.
dik dick; **~ doen** angeben; sich aufspielen; **~huid(ige)** ['hɑyd(əɣə)] *m* Dickhäuter *m* (*ook fig*); **~kerd** ['dɪkərt] *m* (-s) Dicke(r); **~kop** *m* Dickkopf *m*; *zoöl* Kaulquappe *f*; **~te** (-s *of* -n) Dicke *f*; Stärke *f*.
dikwijls ['ʔdəls] oft, häufig.
dikzak ['sɑk] *m* Dicke(r), Fettwanst *m*.
dilemma [-'lɛmɑ] *n* (-'s) Dilemma *n*.
dille ['dɪlə] Dill *m*.
dimensie [-'mɛnsiˑ] (-s) Dimension *f*.
diminutief [-nyˑ'tif] *n* (-tieven) *gr* Diminutiv *n*.
dim|licht *n* Abblendlicht *n*; **~men** abblenden.
diner [diˑ'neː] *n* (-s) Diner *n*; **~en** [-'neːr-] dinieren, tafeln.
ding *n* Ding *n*, Sache *f*.
dingen* feilschen; **~ naar** sich bewerben um (*A*), werben um (*A*).
dinges ['dɪŋəs]: (*meneer*) ♀ (Herr *m*) Dings(bums, -da) *m*, *f of n*.
dinosaurus [-'zɑurəs] (-sen) Dinosaurier *m*.
dinsdag ['dɪnzdɑx] Dienstag *m*; **~s** dienstags, am Dienstag.
diocees [diˑ(j)oˑ'seːs] *n* (-cesen) Diözese *f*.
dioxine [diˑ(j)ɔk'siːnə] *n* Dioxin *n*.
diploma *n* (-'s) Diplom *n*, Zeugnis *n*.
diplomaat *m* (-maten) Diplomat *m*.
diplomatie [-maˑ'(t)siˑ] Diplomatie *f*; **~k** [-'tiˑk] diplomatisch.
direct direkt; unmittelbar; *adv* sofort.
directeur [-'tøːr] *m* (-s *of* -en) Direktor *m*; **~generaal** *m* (*directeurs-generaal*) Generaldirektor *m*.
directie [-'rɛksiˑ] (-s) Direktion *f*; Vorstand *m*; **~etage** [-eˑ'taːʒə] Vorstands-, Chefetage *f*; **~secretaresse** *f* Chefsekretärin *f*.
directrice [-rɛk'triˑsə] *f* (-s) Direktorin *f*.
dirig|ent(e) [-'ɣɛnt(ə)] *m* Dirigent(in *f*) *m*; **~eren** [-'ɣeːr-] dirigieren (*ook mus*).
discipel [diˑ'sɪpəl] *m* (-en *of* -s) Jünger *m*; Schüler *m*.
disciplin|air [diˑsiˑpliˑ'nɛːr] disziplinarisch; **~e straf** Disziplinarmaßnahme *f*, Ordnungsstrafe *f*; **~e** [diˑsiˑ'-] (-s) Disziplin *f*.

disco ['dɪskoː] (-'s) Disko *f*.
disconto [-'kɔntoː] *n* (-'s) Diskont *m*; **~voet** [-'vuˑt] Diskontsatz *m*.
discotheek [-koˑ'teːk] (-*theken*) Diskothek *f*; **~count** ['-kɑunt] (-s) Discountladen *m*; **~creet** [-'kreːt] diskret; **~crepantie** [-kreˑ'pɑnsiˑ] (-s) Diskrepanz *f*; **~cretie** [-'kreˑ(t)siˑ] Diskretion *f*.
discrimin|atie [-'naː(t)siˑ] Diskriminierung *f*; **~eren** [-'neːr-] diskriminieren.
discus ['dɪskəs] (-sen) Diskus *m*.
discussie [-'kəsiˑ] (-s) Diskussion *f*, Aussprache *f*; Auseinandersetzung *f*; *ter ~ staan* (*stellen*) zur Diskussion stehen (stellen); **~iëren** [-'siːer-] diskutieren, sich auseinandersetzen.
dis|kette [dɪs'-] *comp* Diskette *f*; **~krediet** ['dɪs-] *n* Mißkredit *m*; *in ~ brengen* diskreditieren; **~kwalificeren** [-kūaːliˑfiˑ'seːr-] disqualifizieren; **~puut** [-'pyˑt] *n* (-*puten*) Disput *m*, Streitgespräch *n*.
dissel(boom [-*bomen*]) (-s) Deichsel *f*.
distantiëren [-tɑn'siːer-]: *zich ~* (*van*) sich distanzieren (von *D*).
distillatie [-'laː(t)siˑ] (-s) Destillation *f*.
distributie [-'byˑ(t)siˑ] *f* (-s) Distribution *f*, Zuteilung *f*; Rationierung *f*; **~bon** [-bɔn] Bezugsschein *m*.
distel (-s) Distel *f*.
district *n* Bezirk *m*, (Land-)Kreis *m*; Revier *n*.
dit dies(es); **~maal** diesmal.
divan (-s) Diwan *m*, Couch *f*.
divers [-'vɛrs] divers; ♀*en pl* (*in krant*) Vermischte(s).
dividend [-'dɛnt] *n* Dividende *f*.
divisie [-'viˑziˑ] (-s) Division *f*.
d.m.v. *afk door middel van* durch.
dobbel|en würfeln; **~steen** Würfel *m*.
dobber (-s) Schwimmer *m*; **~en** ['dɔbər-] schaukeln.
docent [-'sɛnt] *m* Dozent *m*; Studienrat *m*, Lehrer *m*; **~e** [-'sɛntə] *f* (-s *of* -n) Dozentin *f*; Studienrätin *f*, Lehrerin *f*.
doceren [-'seːr-] lehren, unterrichten, dozieren.
doch doch; aber.
dochter *f* (-s) Tochter *f*; **~maatschappij** [-sxɑpɛɪ] Tochtergesellschaft *f*.
doctor ['dɔktɔr] *m* (-s *of* -en [-'toː-]) Doktor *m*; **~aalscriptie** [-toˑ'raːlskrɪpsiˑ] Diplomarbeit *f*; Staatsexamensarbeit *f*; **~anda** [-'rɑndɑ] *f* (-*dae of* -'s) (**~andus**

[-'randəs] *m* (*-di*) Doktorand(in *f*) *m*; (*titel*) Magister *m*; *alg* Akademiker(in *f*) *m*; **~es** [-'rɛs] *f* (*-sen*) Doktorin *f*.

doctrine [-'tri·nə] (*-s*) Doktrin *f*.

document [-ky·'mɛnt] *n* Dokument *n*, Urkunde *f*; **~en** *pl ook* Unterlagen *f/pl*; **~aire** [-'tɛːr] (*-s*) Dokumentarfilm *m*; **~eren** [-'teːr-] dokumentieren.

dode Tote(r); **~lijk** ['-dələk] tödlich.

doden töten; *tijd* totschlagen; **~herdenkingsdag** Totensonntag *m*; **~masker** *n* Totenmaske *f*.

doding Tötung *f*.

doe-het-zelver [du·-hət-'sɛlvər] *m* (*-s*) Heimwerker *m*.

doek [duːk] **1.** *m of n* Tuch *n*; **2.** *n* (*scherm*) Leinwand *f*; (*schilderij*) Gemälde *n*; *thea* Vorhang *m*.

doel [duːl] *n* Ziel *n*; Zweck *m*; *sp* Tor *n*; **zich ten ~ stellen** sich zum Ziel setzen; **~bewust** [-vəst] zielbewußt, -strebig; **~einde** ['-ɛində] *n* Zweck *m*; Ziel *n*; **~en** (**op**) (ab)zielen (auf *A*); **~groep** ['-ɣruːp] Zielgruppe *f*; **~lat** Torlatte *f*; **~lijn** [-lɛin] *sp* Torlinie *f*; **~loos** ziellos; zwecklos; **~man** *m* Torwart *m*; **~matig** [-'maːtəx] zweckmäßig; **~paal** Torfposten *m*; **~punt** ['-pənt] *n* Tor *n*, Treffer *m*; **een ~ maken** ein Tor schießen; **~stelling** Ziel(setzung *f*) *n*; **~taal** Zielsprache *f*; **~treffend** [duːl'-] wirksam, wirkungsvoll; **~wit** *n* (*-ten*) Ziel *n*.

doen* [duːn] tun; machen; verrichten, vornehmen, schaffen; *groeten* bestellen, ausrichten; *aangifte* erstatten; *moeite* sich geben, aufwenden; *kamer* (sauber)machen; **~ lachen** (**zwijgen**) lachen machen, zum Lachen (Schweigen) bringen; **~ weten** wissen lassen; *niets* (*veel*) *te* **~ hebben** nichts (viel) zu tun haben; *het goed* **~** sich machen; **~ aan** (be)treiben, ausüben; **aan sport ~** Sport treiben; *ik kan er niets aan* **~** ich kann nichts dafür, ich kann es nicht ändern; *daar is niets meer aan te* **~** da läßt sich nichts mehr machen; *ik heb met hem te* **~** er tut mir leid; *het is met hem gedaan* es ist um ihn geschehen; *het* **~ zonder** auskommen ohne (*A*).

doe-vakantie ['du·ʋakansi·] Aktivurlaub *m*.

doezelen ['duːzəl-] dösen.

dof [dɔf] matt, stumpf, trübe; *geluid*: dumpf; **~ worden** *ook* sich trüben.

doffer ['dɔfər] *m* (*-s*) Täuberich *m*.

dog [dɔx] *m* (*-gen*) Dogge *f*.

dogma ['dɔxma·] *n* (*-'s of -ta*) Dogma *n*.

dok *n* (*-ken*) Dock *n*; **~ken** (**voor**) F blechen (für *A*).

dokter *m* (*-s*) Arzt *m*; **~es** [-'rɛs] *f* (*-sen*) Ärztin *f*; **~s·assistente** *f* Arzthelferin *f*.

dokwerker *m* Docker *m*.

dol toll; närrisch; **~ op** versessen auf (*A*); **~blij** ['-blɛi] sehr froh, heilfroh.

dolen ['doːlə(n)] (umher)irren.

dolfijn [-'fɛin] Delphin *m*.

dol|gelukkig ['-ɣəlœkəx] überglücklich; **~graag** ['-ɣraːx] herzlich (*of* sehr) gern; **~heid** ['-hɛit] (*van dier*) Tollwut *f*.

dolk Dolch *m*; **~stoot** Dolchstoß *m*.

dollar ['dɔlər] (*-s*) Dollar *m*.

dom[1] dumm, blöde, F doof; *zich van den* **~me houden** sich dumm stellen.

dom[2] [dɔm], **~kerk** Dom *m*, Münster *n*.

domein [-'mɛin] *n* Domäne *f*; *fig ook* Bereich *m*.

domheid ['-hɛit] (*-heden*) Dummheit *f*.

domi|cilie [-'si·li] *n* (*-s of -liën*) Domizil *n*, Wohnsitz *m*; **~nee** ['doː-] *m* (*-s*) (evangelischer) Pfarrer *m*, Pastor *m*; **~neren** [-'neːr-] dominieren, vorherrschen.

dommel Nickerchen *n*, Halbschlaf *m*; **~en** ['dɔmələ(n)] dösen.

domoor ['dɔm-] *m* Dummkopf *m*.

dompel|aar ['dɔmpəl-] (*-s*) Tauchsieder *m*; **~en** (ein)tauchen.

domper (*-s*) Dämpfer *m*.

donateur [-'tøːr] *m* (*-s*) Spender *m*.

donder (*-s*) Donner *m*.

donderdag [-dax] Donnerstag *m*; *Witte* **2** Gründonnerstag *m*; **~s** donnerstags.

donder|en (*ook zn*) donnern; **~slag** [-slɑx] Donnerschlag *m*; **~wolk** Gewitterwolke *f*.

donker 1. dunkel, finster; **2.** *n* Dunkel *n*, Finsternis *f*; *in het* **~** im Dunkeln; **~blauw** (**~bruin**) dunkelblau (-braun); **~te** ['dɔŋkərtə] Dunkelheit *f*.

donor ['doːnɔr] *m* (*-s*) (Blut-, Organ-) Spender *m*.

dons [dɔns] *n* Daunen *f/pl*; Flaum *m*.

donzen ['dɔnzə(n)] Daunen-.

dood 1. tot; *zich* **~ houden** sich totstellen; **2.** *subst* Tod *m*; **~bloeden** ['-bluːd-] (*zn*) verbluten; *fig* sich totlaufen; **~doener** ['-duːnər] (*-s*) (abgedroschene)

doodernstig 82

Phrase f; ~**ernst** ['ɛrnstəx] todernst; ~**gaan** (zn) sterben; ~**gemakkelijk** [-lək] kinderleicht; ~**gemoedereerd** ['mu·də-] seelenruhig; ~**graver** m (-s) Totengräber m (ook fig); ~**jammer** jammerschade; ~**kist** Sarg m; ~**moe** ['mu·] moe; ~**op** todmüde, erledigt, F fix und fertig.

doods öde; ~**e stilte** Totenstille f.

doods|- in samenst. mst Todes-, b.v. ~**angst** Todesangst; fig F ook Heidenangst f; ~**bericht** n Todesanzeige f; ~**bleek** toten-, leichenblaß.

dood|schieten ['-sxi·t-] erschießen; ~**s-gevaar** n Todesgefahr f; ~**s-kop** Totenkopf m; ~**slaan** tot-, erschlagen; ~**slag** ['-slax] Totschlag m; ~**steek** Todesstoß m (ook fig); ~**steken** ['-ste:k-] erstechen; ~**straf** ['-straf] Todesstrafe f; ~**strijd** ['-strɛit] Todeskampf m; ~**s-vijand** [-'fɛiɑnt] m Todfeind m; ~**trappen** tot-, zertreten; ~**vallen** zu Tode stürzen; tot umfallen; ~**verven** fig (als) abstempeln (zu D); ~**vonnis** n Todesurteil n; ~**vriezen** (zn) erfrieren; ~**werken: zich ~** sich totarbeiten, sich zu Tode arbeiten; ~**ziek** tod-, sterbenskrank; ~**zonde** Todsünde f; ~**zwijgen** ['-sŭɛiɣ-] totschweigen.

doof taub; ~**heid** ['-hɛit] Taubheit f; ~**pot: in de ~ stoppen** vertuschen; ~**stom** taubstumm.

dooi [do:i] Tauwetter n; ~**en** tauen.

dooier (-s) Dotter m of n; ~**zwam** Pfifferling m.

doolhof ['-hof] Irrgarten m, Labyrinth n.

doop (dopen) Taufe f; **ten ~ houden** aus der Taufe heben; ~**akte, ~bewijs** ['-bəvɛis] n Taufschein m; ~**sel** n (-s) Taufe f; ~**vont** ['-font] Taufbecken n.

door 1. prep durch (A); (passief bij pers.) von (D); **~ te + inf** indem (of dadurch, daß); **2.** adv durch; (durch ...) hindurch; (verder) weiter, fort; **~ en door** durch und durch und über; ~**berekenen** ['-bərɛːkən-] weitergeben, berechnen; ~**betalen** weiterzahlen; ~**bijten** ['-bɛit-] durchbeißen; ~**bladeren** ['-blɑːdər-] durchblättern; ~**bloeding** ['-blu·d-] Durchblutung f; ~**boren** ['-bo:r-] (-) durchbohren, -löchern; ~**braak** (-braken) Durchbruch m; ~**breken** ['-brɛːk-; -'brɛːk- (-)] durchbrechen; ~**brengen** ['do:r-] verbringen; ~**dacht** ['-dɑxt] durchdacht; **goed ~** wohlüberlegt; ~**dat** [-'dɑt] dadurch, daß, indem; ~**de-weeks** [-də'ŭe:ks] werk-, alltäglich; ~**draaien** v/i weiterdrehen; überdrehen; v/t durchdrehen; vernichten; ~**drenken** ['-drɛŋk-] (-) (durch)tränken; ~**drijven** ['-drɛiv-] durchsetzen; **zijn wil ~** sich durchsetzen; ~**dringen** ['do:r-; do:r'- (-)] durchdringen; ~**een** [-'e:n] durcheinander.

doorgaan (zn) hindurchgehen; durchgehen; (voortzetten) weitermachen, fortfahren; (plaatsvinden) stattfinden; ~**d:** **~ rijtuig** n Kurswagen m; **~ verkeer** n Durchgangsverkehr m; **~e weg** Hauptverkehrs-, Durchfahrtstraße f; **~s** gewöhnlich; durchweg.

door|gang Durchgang m; ~**geefluik** [-ləvk] n Durchreiche f; ~**gestoken** ['-ɣəsto:k-]: **~ kaart** abgekartetes Spiel n; ~**geven** weitergeben; weiterleiten; melden, durchsagen; ~**gronden** [-'ɣrɔnd-] (-) ergründen, durchschauen; ~**hakken** durchhauen; ~**halen** hindurchziehen; (durch)streichen; ~**haling** Streichung f; ~**hebben** kapieren; durchschauen; ~**heen** hindurch, ~**kiesnummer** [-nəm-] n Durchwahl f; ~**kiezen** tel durchwählen.

doorkijk ['-kɛik-] Durchblick m, -sicht f; ~**en** durchsehen.

door|klinken durchklingen; fig ook anklingen; ~**kneed** ['-kne:t] fig bewandert; ~**komen** durchkommen; ~**kruisen** ['-krœys-] (-) durchkreuzen (ook fig); ~**laat** (-laten) Durchlaß m.

doorlaten ['-lɑːt-] durchlassen; ~**d** durchlässig.

doorlezen ['do:r-] v/t durchlesen; v/i weiterlesen.

doorlicht|en ['do:r-] med en fig durchleuchten; ~**ing** Durchleuchtung f.

door|liggen ['-lɪɣ-] sich wund-, durchliegen; ~**lopen** ['do:r-; -'lo:p- (-)] durchlaufen; school ook absolvieren; (lezen) durchsehen, überfliegen; voeten wundlaufen; (verder lopen) weiterlaufen, -gehen; ~**lopend** (fort)laufend; ~**maken** ['-mɑːk-] durchmachen, durchstehen; ~**midden** [-'mɪd-] entzwei.

doorn (-en of -s) Dorn m.

doornat ['do:r-] durchnäßt.

doornemen ['-ne:m-] durchgehen; thema ook durchnehmen.

doorn|ig ['-nəx] dornig; **~roosje** [-'ro:ʃə] n Dornröschen n; **~struik** [-strœyk] Dornenstrauch m.

door|regen [-'re:ɣ-] adj durchwachsen; **~reis** ['-rɛis]: **op ~** auf der Durchreise; **~reizen** [-'rɛiz-] durchreisen; **~rijden** ['-rɛiə(n)] durch-, weiterfahren; durch-, weiterreiten; (na een ongeval) ~ Unfall-, Fahrerflucht f begehen; **~rosten** ['-rʊst-] durchrosten; **~schemeren** [-'sxe:mər-]: laten ~ durchblicken lassen; **~scheuren** ['-sxør-] durch-, zerreißen; **~schijnend** [-'sxɛin-] durchscheinend; **~sijpelen** [-'sɛipəl-] durchsickern.

doorslaan ['dor-] durchschlagen; gewicht: ausschlagen; **~d** (durch)schlagend.

doorslag ['-slɑx] Durchschlag m, Durchschrift f; fig Ausschlag m; **~gevend** [-'ɣe:vənt] ausschlaggebend.

door|slikken hinunterschlucken; **~smeerbeurt** [-børt] Abschmierdienst m; **~smeren** abschmieren; **~snede** ['-sne:də], **~snee** Durchschnitt m; (dwarse) ~ Querschnitt m; **~sneeconsument** [-sy-] m Normalverbraucher m; **~snijden** ['-snɛiə(n)] durchschneiden; **~spekt** [-'spɛkt] gespickt; **~spelen** weiterspielen; durchspielen; aan iem zuspielen; **~staan** [-'sta:n] (-) ertragen, über-, überstehen; vergelijking aushalten; **~steken** [-'ste:k-] durchstechen; **~stoten** ['-sto:t-] durchstoßen; **~strepen** [-'stre:p-] durchstreichen; **~sturen** [-'sty:r-] weitersenden, -schicken; **~tastend** ['-tɑstənt] durchgreifend, energisch; **~tocht** f Durchzug m; Durchfahrt f; **~trapt** ['-trɑpt] gerissen, durchtrieben; **~trekken 1.** ['do:r-] durchziehen, durchqueren; **2.** [-'trɛk-] (-) fig durchdringen; **~verbinden** tel durchstellen; **~verkopen** weiterverkaufen; **~verwijzen** [-vɛiz-] überweisen; **~voed** [-'vut] wohlgenährt.

doorvoer ['-vu:r] Durchfuhr f, Transit m; **~en** durchführen.

door|weken [-'ve:k-] (-) durch-, aufweichen; **~werken** ['do:r-] **1.** v/i weiterarbeiten; weiter-, nachwirken; **2.** v/t durcharbeiten; **~zakken** sich durchbiegen; (fuiven) durchzechen; **~zenden** weitersenden; post nachsenden; **~zetten** v/t durchsetzen; v/i durchhalten;

~zichtig [-'zɪxtəx] durchsichtig (ook fig); **~zien** [-'zi:n] (-) durchschauen; **~zoeken** [-'zu:k-] (-) durchsuchen.

doos (dozen) Dose f, Büchse f; Schachtel f, Kasten m; Karton m; **zwarte** ~ Flugschreiber m; **~je** ['do:ʃə] n (-s) kleine Dose f (of Büchse f); kleine Schachtel f; Kästchen n.

dop (-pen) Schale f; Hülse f.

dopen taufen; tauchen; tunken.

doperwt ['dɔpərt] junge Erbse f.

doppen schälen.

dor dürr; trocken, öde.

doren (-s) = **doorn.**

dorheid ['-hɛit] Dürre f.

dorp n Dorf n.

dorpel (-s) (Tür-)Schwelle f.

dorpeling m Dorfbewohner m.

dorps [dɔr(ə)ps] dörflich.

dors|en dreschen; **~machine** [-ʃi-nə] Dreschmaschine f.

dorst Durst m; ~ **lijden** verdursten; **~en:** ~ **naar** dürsten (of dursten) nach (D); **~ig** ['-təx] durstig.

dos [dɔs] Gewand n.

dos|eren [-'ze:r-] dosieren; **~is** (-sen of doses) Dosis f, Dose f.

dossier [dɔ'sie:, dɔ'si:r] n (-s) Dossier n, Akte f; **~kast** Aktenschrank m; **~nummer** [-nøm-] n Aktenzeichen n.

dot (-ten) Knäuel m; fig Schatz m, Herzchen n; **~ watten** Wattebausch m.

douane [du'ɑ:nə] Zoll m. **douane|-** in samenst. mst Zoll-, b.v. **~beambte** [-ɑmtə] m Zollbeamte(r), Grenzer m; **~documenten** [-ky·men-] n/pl Zollpapiere n/pl; **~kantoor** n Zollamt n; **~unie** [-y·ni·] Zollunion f; **~verklaring** Zollbescheinigung f.

douanier [du'ɑ:nie:] m (-s) Zollbeamte(r).

douche ['du-ʃ(ə)] (-s) Dusche f; Brause f; **~cel** [-sɛl] Duschzelle f.

doven v/t (aus)löschen; v/i (zn) erlöschen.

dozijn [-'zɛin] n Dutzend n; **bij het ~, bij ~en** dutzendweise; **per ~** im Dutzend.

d'r = haar; daar.

draad (draden) Faden m; Draht m; Faser f; (schroef~) Gewinde n; **de rode ~** fig der rote Faden; **tot op de ~ versleten** fadenscheinig; **~gaas** n Maschendraht m; **~kabel** Drahtseil n; **~tang** Drahtzange f.

draagbaar

draagbaar[1] (Trag-)Bahre *f*.
draag|baar[2] tragbar; **~balk** Tragbalken *m*, Träger *m*; **~kracht** Tragfähigkeit *f* (*ook fig*), Tragkraft *f*; **~krachtig** ['kraxtəx] tragfähig; **~lijk** ['l-lək] erträglich; zumutbar; **~moeder** ['mu-dər] *f* Leihmutter *f*; **~raket** [-kɛt] Trägerrakete *f*; **~ster** ['-stər] *f* (-*s*) Trägerin *f*; **~tas** Tragetasche *f*; **~vermogen** *n* Tragfähigkeit *f*; **~vlak** *n* Tragfläche *f*; **~vleugelboot** Tragflügelboot *n*; **~wijdte** ['-vɛitə] Tragweite *f*.
draai [draːi] Wendung *f*, Drehung *f*; (*bocht*) Biegung *f*; Ohrfeige *f*; **~baar** drehbar; **~bank** Drehbank *f*; **~brug** ['-brɔx] Drehbrücke *f*; **~cirkel** ['-sɪrkəl] *auto*: Wendekreis *m*; **~en 1.** *v*/*t* drehen, wenden; *tel* wählen; *plaat* abspielen; *film* vorführen; **2.** *v*/*i* (*ook zn*) sich drehen; (*cirkelen ook*) kreisen; (*lopen, ook film*) laufen; **~er** *m* (-*s*) Dreher *m*; **~kolk** Wirbel *m*, Strudel *m*; **~molen** Karussell *n*; **~moment** *n* Drehmoment *n*; **~orgel(tje)** *n* (-*s*) Drehorgel *f*, Leierkasten *m*; **~schijf** ['-sxɛif] Drehscheibe *f* (*ook fig*); **~stroom** Drehstrom *m*; **~tafel** Plattenspieler *m*; Drehtisch *m*; **~tol** ['-tɔl] Kreisel *m*.
draak (*draken*) Drache *m*; *thea* Rührstück *n*, F Schmachtfetzen *m*; *de ~ steken met* sich lustig machen über (*A*), spötteln über (*A*).
drab [drɑp] *f* of *n* Kaffeesatz *m*.
dracht Tracht *f*; Trächtigkeit *f*; **~ig** ['-təx] trächtig.
draf [drɑf] Trab *m*.
dragee [-'ʝeː, -'ʒeː] (-*s*) Dragée *n*.
drag|en* tragen; *pijn* ertragen; **~er** *m* (-*s*) Träger *m*.
drainage [drɛ·'naːʒə] Dränage *f* (*ook med*).
dralen zaudern; zögern.
drama *n* (-'*s*) Drama *n*; **~tiek** ['-'tiːk] Dramatik *f*; **~tisch** ['-'maːtis] dramatisch; **~e kunst** Dramatik *f*; **~tiseren** [-'zeːr-] dramatisieren.
drang Drang *m*, Trieb *m*, Hang *m*.
drank Getränk *n*; *sterke ~ (en pl)* Spirituosen *pl*; **~en-automaat** Getränkeautomat *m*; **~je** *n* (-*s*) Getränk *n*; *med* Medizin *f*, Saft *m*; **~zucht** ['-sɔxt] Trunksucht *f*.
draperen [-'peːr-] drapieren.
drassig ['drɑsəx] sumpfig.

drav|en (*ook zn*) traben; **~erij** [-'rɛi] Pferde-, Trabrennen *n*.
dreef (*dreven*) Allee *f*; *op ~ zijn (komen)* in Schwung sein (kommen).
dreig|brief ['drɛiɣ-] Drohbrief *m*; **~ement** [drɛiɣə'mɛnt] *n* Drohung *f*.
dreigen ['drɛiɣ-] drohen (*D*); *iem met iets ~* j-m etw androhen; **~d** drohend, bedrohlich.
drek Dreck *m*.
drempel (-*s*) Schwelle *f* (*ook fig*).
drenk|eling(e) *f m* Ertrunkene(r); Ertrinkende(r); **~plaats** Tränke *f*.
drentelen ['drɛntəl-] (*ook zn*) schlendern.
dresseren [-'seːr-] dressieren, abrichten.
dressoir [drɛ·'sŭaːr] *n* (-*s*) Anrichte *f*, Büfett *n*.
dressuur [-'syːr] Dressur *f*.
dreumes ['drø:məs] *m* Knirps *m*.
dreun [drø:n] Dröhnen *n*, Krach *m*; Schlag *m*; **~en** dröhnen.
dribbelen (*ook zn*) trippeln; *sp* dribbeln.
drie drei; **~baans** dreispurig; **~daags** dreitägig; **~dubbel** ['-dəbəl] dreifach; **~duizend** dreitausend; **~ën** *z*. *met*; **~ënhalf** ['dri·(j)ən-] dreieinhalb; **~hoek** ['-huːk] Dreieck *n*; **~honderd** dreihundert; **~kamerflat** [-flɛt] Dreizimmerwohnung *f*; **~kleurig** ['-klø:rəx] dreifarbig; **~koningen** [-'koː-] Dreikönigsfest *n*; **~kwart** dreiviertel; **~ling** Drillinge *m*/*pl*; **~luik** ['-lœyk] *n* Triptychon *n*; **~maandelijks** [-'dələks] dreimonatlich, vierteljährlich; **~persoonskamer** Dreibettzimmer *n*.
driest dreist, unverfroren.
drie|sterrenhotel *n* Dreisternehotel *n*; **~talig** [-'taːləx] dreisprachig; **~voud** ['-ʋaut] *n* Dreifache(s); **~voudig** ['-ʋaudəx] dreifach; **~wieler** (-*s*) Dreirad *n*; **~zijdig** [-'zɛidəx] dreiseitig.
drift Zorn *m*; Trieb *m*; (*stroming*) Drift *f*; (*afdrijving*) Abdrift *f*; *op ~ raken* abdriften, abtreiben; **~bui** ['-bœy] Wutanfall *m*; **~ig** ['-təx] hitzig, (jäh)zornig; (*haastig*) stürmisch, hastig; **~kop** *m* Hitzkopf *m*.
drijf|hout ['drɛifɦaut] *n* Treibholz *n*; **~ijs** *n* Treibeis *n*; **~jacht** ['-jɑxt] Treibjagd *f*; **~kracht** Triebkraft *f*; **~mest** ['-mɛst] Jauche *f*; **~nat** durchnäßt; **~veer** ['drɛifeːr] Triebfeder *f*.
drijven* ['drɛiv-] (*ook zn*) treiben; schwimmen;

dril *mil en fig* Drill *m*.
dringen* **1.** *v/i* (*ook zn*) dringen; *pers.*: sich drängen; **2.** *v/t* drängen; **opzij** ~ abdrängen; ~**d** dringend, dringlich; (**zeer**) ~ **ook** vordringlich.
drink|baar trinkbar; **goed** ~ *wijn*: süffig; ~**beker** ['be:kər] Trinkbecher *m*; ~**en*** trinken; *dier*: saufen; ~**er** *m* (-s) Trinker *m*; ~**geld** *n* Trink-, Bedienungsgeld *n*; ~**plaats** Tränke *f*; ~**ster** ['-stər] *f* (-s) Trinkerin *f*; ~**water** ['-ʋɑ:tər] *n* Trinkwasser *n*.
drive [drɑːɪf] (-s) *comp* (Disketten-)Laufwerk *n*; ~**in(-bioscoop** [-bi·(j)ɔskoːp]) Autokino *n*.
droef|enis ['druːfənɪs] Betrübnis *f*, Trübsal *f*; ~**geestig** [-'xeːstəx] trübsinnig; trübselig; ~**heid** Traurigkeit *f*, Trübsal *f*.
droesem ['druːsəm] (-s) Bodensatz *m*.
droevig ['druːʋəx] traurig.
drogbeeld ['drɔχ-] *n* Trugbild *n*.
drog|en ['droːɣ-] *v/i* (*zn*) *en v/t* trocknen; *fruit* dörren; ~**er** (-s) Trockner *m*.
drogreden ['drɔχrəː-] Trugschluß *m*.
drogisterij [-tə'rɛi] Drogerie *f*.
drol [drɔl] (-len) F Haufen *m*, Kot *m*.
drom [drɔm] (-men) Haufen *m*, Schwarm *m*.
drom|en ['droːm-] (**van**) träumen (von *D*); ~**er** *m* (-s) Träumer *m*; ~**erig** ['-mərəχ] träumerisch; verträumt; ~**erij** [-'rɛi] Träumerei *f*.
drommel *m* (-s): (**arme**) ~ (armer) Teufel *m*; ~**s** verteufelt; F verflixt; ~**e kerel** *m* Teufelskerl *m*.
dronk Trunk *m*, Schluck *m*; ~**aard** *m* (-s) Trunkenbold *m*, Trinker *m*.
dronken betrunken, F besoffen, blau; ~ **van** *fig* trunken vor (*D*); ~**schap** [-sxɑp] (Be-)Trunkenheit *f*.
droog trocken; *wijn*: herb; ~**dok** *n* Trockendock *n*; ~**heid** ['-hɛit] Trockenheit *f*; ~**kap** Trockenhaube *f*; ~**leggen** trockenlegen (*ook fig*), entwässern; ~**lijn** ['-lɛin] Wäscheleine *f*; ~**rek** ['-rɛk] *n* Trockengestell *n*, Wäschetrockner *m*; ~**te** (-s *of* -n) Trockenheit *f*, Dürre *f*; ~**trommel** Wäschetrockner *m*; ~**wrijven** (**zich**) (sich) trocken-, abreiben.
droom (*dromen*) Traum *m*; **iem uit de** ~ **helpen** j-n e-s Besseren belehren; ~**ster** ['-stər] *f* (-s) Träumerin *f*.

drop *m of n* Lakritze *f*; **pijp** ~ Lakritzenstange *f*.
droppen absetzen; *vlgw* abwerfen.
drs. *z.* **doctorandus.**
drug [drœg] (-s) Droge *f*; ~**s** *pl ook* Rauschgift *n*.
drug(s)|bestrijding [-strɛid-] Rauschgiftbekämpfung *f*; ~**criminaliteit** [-tɛit] Rauschgiftkriminalität *f*; ~**dealer** ['-diːlər] *m* Drogenhändler *m*; ~**gebruik** ['-xəbrœyk] *n* Drogenkonsum *m*; ~**spuiter** ['-spœytər] *m* F Fixer *m*; ~**verslaafd** drogenabhängig, -süchtig; ~**verslaving** Drogensucht *f*.
druif [drœyf] (*druiven*) Traube *f*.
druilerig ['drœylərəx] regnerisch, trübe.
druip|en* ['drœyp-] (*ook zn*) triefen; ~**nat** triefnaß.
druisen ['drœys-] brausen.
druiven|oogst ['drœyʋə(n)-] Trauben-, Weinlese *f*; ~**tros** [-trɔs] Traube *f*, (Wein-)Trauben *f/pl*.
druivesap *n* Traubensaft *m*.
druk[1] [drœk] geschäftig, rührig, lebhaft, rege; *straat*: belebt, verkehrsreich; stark befahren; vielbesucht; ~ **bezet** vielbeschäftigt; **het (erg)** ~ **hebben** sehr beschäftigt sein; **zich** ~ **maken** sich aufregen; ~ **verkeer** *n* reger (*of* starker) Verkehr *m*; ~(**ker**) **worden** *verkeer*: sich beleben.
druk[2] (-*ken*) Druck *m*; *typ. ook* Auflage *f*; **hoge** (**lage**) ~ **met-** Hochdruck *m* (Tief *n*); ~**fout** ['-faut] Druckfehler *m*.
drukken ['drœk-] drücken; *boek* drucken; stemmen; ~ **op** *fig* lasten auf (*D*); **erdoor** ~ durchdrücken; ~**d** drückend; *met. ook* schwül.
druk|ker *m* (-s) Drucker *m*; ~**kerij** ['-rɛi] Druckerei *f*; ~**kno(o)p** Druckknopf *m*; ~**letter** Druckbuchstabe *m*; ~**luchtrem** Druckluftbremse *f*; ~**proef** ['-pruːf] Druck-, Korrekturfahne *f*.
drukte Gedränge *n*; Betrieb *m*, Geschäftigkeit *f*; Lebhaftigkeit *f*, Trubel *m*; (*ophef*) Wirbel *m*, Rummel *m*; (*gejaagdheid*) Hetze *f*; **grote** ~ Hochbetrieb *m*; Stoßzeit *f*; **veel** ~ **om niets** viel Lärm um nichts; ~**maker** [-maːkər] *m* Wichtigtuer *m*, Aufschneider *m*.
druktoets ['drœktuːts] Drucktaste *f*; ~**toestel** *n* Tastentelefon *n*.
drukwerk *n* Drucksache *f*; **huis aan huis bezorgd** ~ Wurfsendung *f*.

drummer ['drɔmər] *m* (-s) Schlagzeuger *m*.

drupp|el ['drɔpəl] (-s) Tropfen *m*; **als twee ~s water** wie ein Ei dem anderen, aufs Haar; **~elen** *v/i* (*ook zn*) tropfen; *v/t* tröpfeln; **~en** (*ook zn*) Tropfen *m*; **~els·gewijs** [-xɑʋɛis] tropfenweise.

D-trein ['de:trɛin] D-Zug *m*.

dubbel ['dɔbəl] doppelt, zweifach; **~e·punt** [-'pɔnt] Doppelpunkt *m*; **~ganger** *m* (-s) Doppelgänger *m*; **~sporig** [-rɔx] doppel-, zweigleisig; **~tje** *n* (-s) Zehncentstück *n*; **~zijdig** [-zɛidəx] doppelseitig; **~zinnig** [-'zɪnəx] zwei-, doppeldeutig.

dubben ['dɔbə(n)] grübeln.

dubieus [dy·bi·'jøːs] dubios, zweifelhaft.

ducht|en ['dɔxt-] befürchten; **~ig** ['-təx] tüchtig, gehörig.

duel [dy·'ʋɛl] *n* (-s *of* -len) Duell *n*; **~leren** [-'leːr-] sich duellieren.

duet [dy·'ʋɛt] *n* (-ten) Duett *n*.

duf [dɔf] muffig; *fig ook* fade, hausbacken; F dusselig.

duidelijk ['dœydələk] deutlich, klar; offenkundig; *iem iets ~ maken* j-m etw klarmachen; **~heid** [-hɛit] Deutlichkeit *f*, Klarheit *f*.

duiden ['dœyd-] deuten; hinweisen.

duif [dœyf] (*duiven*) Taube *f*; **~je** *n* (-s) Täubchen *n* (*ook pers.*).

duigen ['dœyɣ-]: *in ~ vallen* zu Bruch (*of* in die Brüche) gehen; F dusselig.

duik [dœyk] Kopfsprung *m*; **~boot** U-Boot *n*; **~elen** ['dœykələ(n)] (*ook zn*) purzeln; **~eling** Purzelbaum *m*; **~en*** (*ook zn*) tauchen; **~er** *m* (-s) Taucher *m*; **~plank** Sprungbrett *n*; **~ster** ['-stər] *f* (-s) Taucherin *f*; **~vlucht** ['-flɔxt] Sturzflug *m*.

duim [dœym] Daumen *m*; (*van handschoen*) Däumling *m*; (*maat*) Zoll *m*; (*op zijn*) *~ zuigen* (am) Daumen saugen; *uit zijn ~ zuigen* sich aus den Fingern saugen; **~stok** Zollstock *m*.

duin [dœyn] Düne *f*.

Duinkerken *n* Dünkirchen *n*.

duister ['dœystər] **1.** dunkel, düster, finster; *fig ook* zwielichtig; **2.** *n* Dunkel(heit *f*) *n*; **~nis** (-sen) Finsternis *f*, Dunkelheit *f*; *fig ook* Dunkel *n*.

duiten ['dœyt-] *pl* F Kies *m*, Piepen *pl*.

Duits [dœyts] deutsch; *in het ~* auf deutsch; **~e** *f* Deutsche *f*; **~er** *m* (-s) Deutsche(r); *de eerste ~* F das Erste Programm, die ARD; **~land** [-lɑnt] *n* Deutschland *n*; **~talig** ['-ta:ləx] deutschsprachig.

duivel *m* (-s *of* -en) Teufel *m*; *wel alle ~s!* F verflixt (nochmal)!; *naar de ~ lopen* F sich zum Teufel scheren; *~s* teuflisch, höllisch, satanisch; F wütend.

duiventil [dœyʋə(n)tɪl] (-len) Taubenschlag *m* (*ook fig*).

duizel|en ['dœyzələ(n)] schwindeln; *ik duizel* mir (*of* mich) schwindelt; *het wordt mij ~ig* mir wird schwindlig; **~ig** [-ləx] schwindlig; *ik ben ~* mir (*of* mich) schwindelt; **~igheid** [-xɛit] (-heden), **~ing** Schwindel *m*, Schwindelgefühl *n*, Taumel *m*; **~ingwekkend** [-'ʋɛkənt] schwindelerregend.

duizend ['dœyzənt] **1.** tausend, eintausend; **2.** *n* Tausend *n*; **~en** *pl* Tausende *pl*, tausend und aber tausend; **~en mensen** *pl* Tausende *pl* (von) Menschen, tausende Menschen *pl*; **~je** *n* (-s) Tausender *m*; **~maal** tausendmal; *fig ook* F x-mal; **~poot** Tausendfuß *m*, -füßler *m*; **~ste** tausendste; *~ (deel) n* Tausendstel *n*.

dulden ['dɔldə(n)] dulden; zulassen.

dumpen ['dɔmpə(n)] Dumping *n* betreiben; (*lozen*) abladen.

dun [dɔn] dünn, schmal; **~bevolkt** dünnbevölkt, -besiedelt.

dunk [dɔŋk] Meinung *f*; *geen hoge ~ hebben van* nicht viel halten von (*D*); **~en** (*zich*) (sich) dünken; *mij dunkt* es dünkt mich (*of* mir).

dun|nen ['dɔn-] *v/t* verdünnen, lichten; *v/i* (*zn*) *bos, haar:* sich lichten; **~schiller** [-'sxɪlər] (-s) Kartoffelschäler *m*.

duo ['dy·ʋo·] *n* (-s) Duo *n*; **~baan** Jobsharing *n*; **~passagier**, **~rijder** [-rɛidər] *m* Sozius(fahrer) *m*; **~zitting** Sozius-, Rücksitz *m*.

dupe ['dy·pə] *m of f* (-s) Opfer *n*, Leidtragende(r).

duplicaat [dy·pli·'-] *n* (-caten) Duplikat *n*.

duren ['dy:r-] dauern, während; *het blijft maar ~* es zieht sich in die Länge.

durf [dɔr(ə)f] Mut *m*, F Schneid *m*.

durven* ['dɔrʋə(n)] wagen, sich trauen.

dus [dɔs] also, somit, demnach, mithin; **~danig** [-'da:nəx] solch, derartig; *adv* derart, solcherart.

dutje ['dotjə] *n* (-s) Nickerchen *n*; **~ten** ein Nickerchen machen, dösen.

duur[1] [dy:r] teuer; **te ~ ook** überteuert; *iem ~ te staan komen* j-n (*of* j-m) teuer zu stehen kommen.

duur[2] Dauer *f*, Fortdauer *f*; *op de ~* auf die Dauer.

duurte hoher Preis *m*; Teuerung *f*; **~golf** Teuerungswelle *f*.

duurzaam dauerhaft, beständig; (*van kwaliteit*) langlebig; **~heid** [-heït] Dauerhaftigkeit *f*, Bestand *m*.

duw [dyŭ] Stoß *m*, Schubs *m*; **~boot** Schubschiff *n*; **~en** schieben, drücken; stoßen, schubsen; **~tje** *n* (-s) Schubs *m*.

dwaalspoor *n* Irrweg *m*; *op een ~ brengen* irreführen.

dwaas 1. töricht, albern; **2.** *m* (*dwazen*) Tor *m*, Narr *m*; **~heid** ['-heït] (*-heden*) Torheit *f*, Albernheit *f*, Verrücktheit *f*.

dwallen ['dŭa:l-] irren, (*rond~*) streifen, wandern; (*vergissen*) sich irren; **~ing** Irrtum *m*; Verfehlung *f*, Verirrung *f*.

dwang Zwang *m*; *jur ook* Nötigung *f*; **~arbeid** [-beït] Zwangsarbeit *f*; **~bevel** *n* Zahlungsbefehl *m*; **~buis** ['-bœys] *n* Zwangsjacke *f*; **~matig** ['-ma:təx] zwanghaft.

dwarrellen ['dŭərələ(n)] (*ook zn*) wirbeln; rieseln; **~ing** Wirbel *m*.

dwars [dŭars] quer; **~bomen** in die Quere kommen (*D*); hintertreiben; **~fluit** ['-flœyt] Querflöte *f*; **~laesie** ['-le:zi‐] Querschnittslähmung *f*; **~ligger** ['-lıɣər] *m* (-s) Querkopf *m*; *spoorw* Schwelle *f*; **~straat** Querstraße *f*; **~zitten** F wurmen.

dweepster ['dŭe:pstər] *f* (-s) Schwärmerin *f*; **~ziek** schwärmerisch.

dweil [dŭeïl] Scheuertuch *n*, Aufwischlappen *m*; **~en** aufwischen.

dwepen ['dŭe:p-] (*met*) schwärmen (für *A of* von *D*); **~er** *m* (-s) Schwärmer *m*.

dwerg *m* Zwerg *m*.

dwingeland ['dŭıŋə-] *m* Tyrann *m*; **~ij** ['-deï] Tyrannei *f*, Zwangsherrschaft *f*.

dwingen* zwingen, nötigen.

d.w.z. *z.* zeggen.

dynamica [dɪ'na:-], **~iek** [-'mi·k] Dynamik *f*; **~iet** ['-mi·t] *n* Dynamit *n*.

dynastie [di'nɑs'ti·] (*-ën*) Dynastie *f*, Herrscherhaus *n*.

dysenterie [di·sɛntə'ri·] *med* Dysenterie *f*, Ruhr *f*.

dyslexie [di·slɛk'si·] Legasthenie *f*.

E

e, E [e:] (*e's*) e, E *n* (*ook mus*).

e.a. *afk voor* **en andere** und andere(s) (*afk* u.a.).

eau de cologne [o:dəko'lɔnjə] Kölnischwasser *n*.

eb(be) Ebbe *f*.

ebbehout ['ɛbəhɑut] *n* Ebenholz *n*.

echec [e''ʃɛk] *n* (-s) Mißerfolg *m*.

echo (-'s) Echo *n*; **~lood** *n* Echolot *n*.

echt[1] echt; richtig, regelrecht, wirklich; *~ waar* wirklich wahr; *~ (waar)?* tatsächlich?

echt[2] Ehe *f*; *in de ~ verbinden* trauen.

echtelieden *pl* Eheleute *pl*; **~lijk** ['-tələk] ehelich; **~e ruzie** Ehekrach *m*.

echter jedoch, aber, freilich.

echtgenoot ['-xənoːt] *m* (-*noten*) Ehemann *m*, Gatte *m*, Gemahl *m*; **~genote** *f* (-*s of* -*n*) Ehefrau *f*, Gattin *f*, Gemahlin *f*; **~heid** Echtheit *f*; **~paar** *n* Ehepaar *n*; **~scheiding** ['-sxeïd-] Ehescheidung *f*; *eis tot ~* Scheidungsklage *f*.

eclatant [eˑkla˖'-] eklatant.

ecologie [-loˑ'ɣi·] Ökologie *f*; **~isch** [-'loˑɣi·s] ökologisch; **~e beweging** *f* Ökobewegung *f*.

economle [-'noːmə] *f* (-*s of* -*n*) Ökonomin *f*, Wirtschaftlerin *f*; (*nationaal*) *~* Volkswirtin *f*; **~ie** ['-mi·] (-*ën*) Wirtschaft *f*, Ökonomie *f*; (*nationale*) *~* Volkswirtschaft *f*; *geleide ~* Planwirtschaft *f*; **~isch** ['-noːmi·s] wirtschaftlich, ökonomisch; volkswirtschaftlich;

econoom

~**e wetenschappen** pl Wirtschaftswissenschaften f/pl; **minister** m **van** ~**e zaken** Wirtschaftsminister m.

econoom m (-*nomen*) Ökonom m, Wirtschaftler m; (**nationaal**) ~ Volkswirt (-schaftler) m.

eco·systeem [-si's-] n Ökosystem n.

eczeem [ɛk'seːm] n (-*zemen*) Ekzem n.

edel edel; (*van adel*) adlig; ~**e**, ~**man** m (-*lieden*) Adlige(r).

edelmoedig ['-muˑdəx] edelmütig, großherzig, generös; ~**heid** [-xɛit] Edelmut m, Großmut f.

edelsteen Edelstein m.

editie [eˑ'diˑ(t)siˑ] (-*s*) Ausgabe f.

eed (*eden*) Eid m, Schwur m; **onder ede** unter Eid, eidlich.

educatie [eˑdyˑ'kaː(t)siˑ] (-*s*) Erziehung f, Bildung f; ~**f** [-kaˑ'tiˑf] pädagogisch.

eekhoorntje n (-*s*) Eichhörnchen n; ~**s-brood** n Steinpilze m/pl.

eelt n Schwiele f.

een [ən] *lidw* ein(e); [eːn] *telwoord* (*ook* **één**) ein(e), eins; **één-nul** eins zu null; ~ **en ander** einiges, dies und das; ~ **of ander** irgendwelch; **de** ~ **of ander**(**e**) irgendeine(r), -wer, irgend jemand; **het** ~ **of ander** irgendwas; **op** ~ **na de grootste** zweitgrößt; **één voor één** einer nach dem anderen; einzeln; ~ (**dag**) **of** (**twee**) etwa (zwei Tage).

eend Ente f.

een|daags [eˑ'ndaːxs] eintägig; ~**dagsvlieg** [-daxs-] Eintagsfliege f (*ook fig*); ~**delig** ['-deːləx] einteilig.

eender ['eːndər] gleich, egal.

eendracht Eintracht f; ~**ig** ['-drɑxtəx] einträchtig.

een|eiig ['-ɛiəx] eineiig; ~**gezinswoning** [eːnɣəˈzɪns-] Einfamilienhaus n.

eenheid [-hɛit] (-*heden*) Einheit f; *mil ook* Verband m; ~**s-prijs** [-prɛis] Einheitspreis m.

een|jarig ['-jaːrəx] einjährig; ~**kamerflat** [-flɛt] Einzimmerappartement n, Studio n; ~**kennig** ['-kɛnəx] schüchtern; ~**lettergrepig** ['-ɣreːpəx] einsilbig; ~**ling** m Einzelgänger m; ~**maal** einmal; *nu* ~ eben, halt; ~**making** ['-maːk-] Einigung f; ~**malig** ['-maːləx] einmalig; ~**ogig** ['-oːɣəx] einäugig; ~**pansmaaltijd** [-tɛit] Eintopf(gericht n) m; ~**parig** [-'paːrəx] einstimmig, einhellig; ~**persoonskamer** Einzelzimmer n; ~**richtingsverkeer** n: **straat met** ~ Einbahnstraße f.

eens [eːns], *onbeklemtoond*: [ə(n)s] (ein)mal; einig; (*ooit*) einst; **het** ~ **worden** (**zijn**) sich einig werden (sein); ~ **zo groot** doppelt so groß; ~ (**en**) **voor al**(*tijd*) ein für allemal; ~**gezind** einig; einmütig; ~**gezindheid** [-hɛit] Einmütigkeit f; ~**klaps** plötzlich; ~**luidend** ['-lœydənt] gleichlautend.

een|stemmig ['-stɛməx] einstimmig (*ook fig*); ~**tje** ein(e, -er, -(e)s); **op zijn** ~ ganz allein; *je bent me er* ~*!* du bist mir einer!; ~**tonig** [-'toːnəx] eintönig, monoton; ~**vormig** [-'vɔrməx] einförmig.

eenvoud ['-vɑut] Einfachheit f, Schlichtheit f; (*argeloosheid*) Einfalt f; ~**ig** [-'vɑudəx] einfach, schlicht; ~**ig-weg** [-vɛx] ganz einfach; schlechthin.

eenzaam einsam; ~**heid** Einsamkeit f.

eenzijdig ['-zɛidəx] einseitig.

eer[1] *co* bevor, ehe; *adv* eher, früher.

eer[2] Ehre f; **op mijn woord van** ~*!* (mein) Ehrenwort!, Ehrensache!; *punt* n *van* ~ Ehrensache f; **ter ere van** zu Ehren (*G*); ~**baar** ehrbar; ~**betoon** n Ehrung f.

eerbied Ehrfurcht f; Respekt m; ~**ig** ['-biˑdəx] ehrfurchtsvoll, ehrerbietig, respektvoll; ~**igen** ['-biˑdəɣə(n)] achten, respektieren; ~**waardig** ['-vaːrdəx] ehrwürdig.

eer|daags ['-daːxs] *z. eerstdaags*; ~**dat** ehe; ~**der** eher, früher; ~**gisteren** vorgestern; ~**herstel** ['-hɛrstɛl] n Rehabilitation f; ~**lang** bald.

eerlijk ['-lək] ehrlich, aufrichtig; ~ **gezegd** offen gesagt (*of gestanden*); ~**heid** [-hɛit] Ehrlichkeit f.

eer|loos ehrlos, unehrenhaft; ~**rovend** ['-roːvənt] ehrenrührig.

eerst erst, zunächst; (**het**) ~ zuerst; **voor het** ~ zum erstenmal; ~**daags** demnächst.

eerste erste(r, -s); **de** ~ **de beste** der erstbeste; **ten** ~ erstens; ~**hulppost** [-'hɛl(ə)p-] f Sanitätswache f; ~**klas** [-'klɑs] erster Klasse f; *fig* erstklassig; ~**klassertje** [-'klɑsərtiˑ] n (-*s*) Schulanfänger m, Abc-Schütze m; ~**rangs** ['-rɑŋs] erstklassig, -rangig.

eerstgenoemd ['-xənuˑmt] erstgenannt.

eertijds ['-tɛits] seinerzeit, vormals.

eer|vol ehrenvoll, -haft; **~zucht** ['-zɔxt] Ehrgeiz *m*.

eet|baar eßbar; **~gelegenheid** ['-xəle:ɣənhɛɪt], **~huis** ['-hœys] *n* Gaststätte *f*; **~kamer** Eßzimmer *n*; **~lepel** ['-le:pəl] Eßlöffel *m*.

eetlust ['-lœst] Appetit *m*; *gebrek n aan* ~ Appetitlosigkeit *f*; *de ~ opwekkend* appetitanregend.

eetstokje *n* Eßstäbchen *n*.

eetzaal Speisesaal *m*.

eeuw [e:ü] Jahrhundert *n*; **~en-oud** [-aut] jahrhundertealt; **~feest** *n* Jahrhundert-, Hundertjahrfeier *f*; **~ig** ['e:ü-əx] ewig; **~ig·heid** ['e:üxɛɪt] Ewigkeit *f*; **~wisseling** Jahrhundertwende *f*.

effect *n* Effekt *m*, Wirkung *f*; *nuttig ~* Nutzeffekt *m*, Wirkungsgrad *m*; **~en** *pl* Effekten *pl*, Wertpapiere *n/pl*; **~enbeurs** [-bø:rs] Effektenbörse *f*; **~ief** [-'ti:f] effektiv, wirksam; **~iviteit** [-'tɛɪt] Effektivität *f*, Wirksamkeit *f*; **~ueren** [-'üe:r-] realisieren.

effen eben; glatt; einfarbig; **~en** ['ɛfənə(n)] ebnen, glätten, planieren.

efficiency [ɛ'fɪʃənsɪ] Effizienz *f*.

efficiënt [-'sient] effizient; **~ie** [-si'] Effizienz *f*.

eg (*-gen*) Egge *f*.

egaal [e-'ɣa:l] gleichmäßig.

egalis|atiefonds [-'za:(t)si-] Ausgleichsfonds *m*; **~eren** [-'ze:r-] einebnen, glätten.

egel (*-s*) Igel *m*; **~stelling** Igelstellung *f*.

eggen ['ɛɣə(n)] eggen.

egoïs|me [eɣoˈɪsmə] *n* Egoismus *m*; **~t(e** *f*) *m* Egoist(in) *f*) *m*; **~tisch** [-'is] egoistisch.

Egypt|e [eˈɣiptə] *n* Ägypten *n*; **~enaar** *m* (*-naren of -s*) Ägypter *m*; **~isch** [-tis] ägyptisch; **~ische** *f* Ägypterin *f*.

E.H.B.O. Erste Hilfe; **~er** *m* (*-s*) Sanitäter *m*; **~kamer** Sanitätsraum *m*; **~post** Unfallstation *f*; *z. ook* **hulp**.

ei [ɛɪ] *n* (*-eren*) Ei *n*; *zacht ~(tje)* weiches Ei.

eiderdons ['ɛɪdərdɔns] *n* Eiderdaunen *f/pl*.

eier|briketten *pl* Eierbriketts *n/pl*; **~dooier** Eidotter *m of n*; **~dopje** *n* (*-s*) Eierbecher *m*; **~koek** [-ku·k] Auflauf *m*; **~schaal** [-sxa:l] Eierschale *f*; **~stok** Eierstock *m*; **~wekker** Eieruhr *f*.

eigeel *n* Eigelb *n*.

eigen ['ɛɪɣə(n)] eigen; vertraut, vertraulich; bodenständig; *zich iets ~ maken* sich etw zu eigen machen, sich etw aneignen; **~aar** *m* (*-s of -naren*) Eigentümer *m*, Besitzer *m*, Eigner *m*, Inhaber *m*; **~aardig** [-'a:rdəx] eigenartig, seltsam; *~ genoeg* seltsamerweise; **~aardigheid** (*-heden*) Eigenart(igkeit) *f*; Eigenheit *f*, Eigentümlichkeit *f*; Seltsamkeit *f*; **~ares** [-'rɛs] *f* (*-sen*) Eigentümerin *f*, Besitzerin *f*, Inhaberin *f*; **~dom** *m of n* (*-men*) Eigentum *n*; **~dunk** [-dœŋk] (Eigen-)Dünkel *m*; **~gemaakt** selbst-, hausgemacht; **~gereid** [-'ɣərɛɪt] eigensinnig; **~handig** [-'handəx] eigenhändig; *~ (geschreven)* handschriftlich; **~liefde** Eigenliebe *f*; **~lijk** [-lək] eigentlich; überhaupt; *adv ook* im Grunde (genommen); **~machtig** ['-maxtəx] eigenmächtig, selbstherrlich; **~naam** Eigenname *m*; **~schap** (*-pen*) Eigenschaft *f*; **~tijds** [-tɛɪts] zeitgenössisch; **~waan** Dünkel *m*; **~wijs** ['-vɛɪs] eigensinnig; *kind*: naseweis, vorwitzig; **~zinnig** [-'zɪnəx] eigensinnig, eigenwillig.

eik [ɛɪk], **~e-boom** Eiche *f*; **~e-hout** [-haut] *n* Eichenholz *n*.

eikel (*-s*) Eichel *f*.

eiken eichen, Eichen-.

eiland ['ɛɪ-] *n* Insel *f*.

eileider ['ɛɪlɛɪdər] Eileiter *m*.

eind [ɛɪnt] *n* Ende *n*; (*afstand*) Strecke *f*; *~ weegs* Strecke *f*; *~ mei* (*volgende maand*) Ende Mai (nächsten Monats); *aan 't langste ~* am längeren Hebel; *aan het kortste ~ trekken* den kürzeren ziehen; *tot een goed ~ brengen* hinter sich bringen; *z. ook* **einde**.

einddiploma *n* Abgangs-, Abschlußzeugnis *n*; (*vwo*) Reifezeugnis *n*.

einde *n* Ende *n*, Schluß *m*; *een eind(e) maken aan* beenden, ein Ende setzen (*D*), Schluß machen mit (*D*); *ten ~* zu Ende; *co* um (zu); *te dien ~* zu diesem Zweck; *ten ~ lopen* (*brengen*) zu Ende gehen (bringen); *~ van het jaar* Jahresende *n*; **~lijk** ['ɛɪndələk] endlich.

einder ['ɛɪndər] Horizont *m*.

eind|examen *n* Abschlußprüfung *f*; Abitur *n*; **~ig** ['-dəx] endlich (*ook wisk*); **~igen** ['ɛɪndəɣə(n)] **1.** *v/i* (*zn*) enden, aufhören, zu Ende sein; *~ op* enden (*of* ausgehen) auf (*A*); **2.** *v/t* (be)schließen,

eindje (be)enden; ~**je** n (-s) Ende n; Strecke f; ~**klassement** [-mɛnt] n Gesamtwertung f; ~**produkt** [-dɔkt] n End-, Fertigprodukt n; ~**punt** ['-pɛnt] n Endpunkt m; Endhaltestelle f; ~**resultaat** [-zəl-] n Endergebnis n, Fazit n; ~**signaal** ['-sɪ'nlaːl] n sp Schlußpfiff m; ~**streep** sp Ziel(linie f) n; ~**verbruiker** [-brøːkər] m Endverbraucher m.

eis [ɛɪs] Forderung f; (claim ook) Anspruch m; Anforderung f, Erfordernis n; jur Klage f; (hoge) ~**en** pl stellen hohe Ansprüche pl stellen; te hoge ~**en** pl stellen ook überfordern; een ~ **instellen tot** jur klagen auf (A); ~**en** fordern, verlangen; (claimen) beanspruchen; (vereisen) erfordern; jur klagen; ~**er** m (-s) jur Kläger m; ~**eres** [-sə'rɛs] f (-sen) jur Klägerin f.

ei|**sprong** Eisprung m; ~**wit** n Eiweiß n; ~**witklopper** (-s) Schneebesen m.

ekster (-s) Elster f; ~**oog** n med Hühnerauge n.

elan [eˈlã:] n Elan m, Schwung m.

eland ['eːlant] Elch m.

elasticiteit [-ti'sɪ'tɛɪt] Elastizität f.

elastiek n Gummi n of m; ~**(je** n [-s]) n Gummiband n, -zug m, -ring m.

elders ['ɛldərs] sonst-, anderswo.

elegant [-'ɣant] elegant; ~**ie** [-'ɣansi] Eleganz f.

electricien [eˈlɛktri'siˈɛː] m (-s) Elektriker m.

elektriciteit [-si'tɛɪt] Elektrizität f; ~**s**-**bedrijf** [-bədrɛɪf] n Elektrizitätswerk n; ~**s**-**meter** Stromzähler m.

elektrisch [-tris] elektrisch.

elektro|**monteur** [-tøːr] m Elektromonteur m; ~**n** [e'lɛktrɔn] n Elektron n; ~**nen**-**flitser** [-'troː-] (-s) Elektronenblitzgerät n; ~**nika** Elektronik f; ~**techniek** ['-ni:k] Elektrotechnik f.

element n Element n; ~**air** [-'tɛːr] elementar.

elf elf; ~**de** elfte; ~**tal** ['-tal] n (-len) sp Elf f; ~**nationaal** ~ Nationalelf f.

elite (-s) Elite f.

elk(e) jede(r, -s), jedwede(r, -s).

elkaar [ɛl'kaːr], **elkander** ['-kandər] einander; uns; euch; sich; (alles) bij ~ (alles) zusammen; door ~ durcheinander; kunterbunt.

elkeen [-'keːn] jedermann.

elleboog Ell(en)bogen m.

ellend|**e** [ɛˈlɛndə] Elend n, Jammer m; F (narigheid) Ärger m; ~**e**-**ling** [-əlɪŋ] m Lump m; ~**ig** [-dəx] elend, jämmerlich; gemein, lumpig.

elpee [ɛl'peː] (-s) LP f.

els¹ (elzen) Ahle f, Pfriem m.

els² (elzen), **elzeboom** Erle f.

email [e'maːi] n Email n.

emancipat|**ie** [-si'paː(t)si] (-s) Emanzipation f; ~**oir** [-'tůaːr] emanzipatorisch.

emball|**age** [ãmbɑˈlɑ:ʒə] Emballage f, Verpackung f, Leergut n; ~**eur** [-'løːr] m (-s) Packer m.

embargo n Embargo n.

embryo [-'briˑ(j)oˑ] n (-'s) Embryo n.

emigr|**ant(e** f) m Emigrant(in f) m, Auswanderer m, Auswanderin f; ~**atie** [-'ɣraː(t)si] Emigration f, Auswanderung f; ~**eren** [-'ɣreːr-] (zn) emigrieren, auswandern.

emissie (-s) Emission f.

emmer (-s) Eimer m; in ~**s** eimerweise.

emot|**ie** [-'moː(t)si] (-s) Emotion f; ~**io**-**neel** [-(t)sio'neːl] emotional.

employé(e f) [ã:mplüaˈjeː] m (-s) (Büro-)Angestellte(r).

en und.

encyclopedie [-si'kloˑpeˈ'diˑ] (-ën) Enzyklopädie f.

end n = **eind**(e).

endeldarm Mastdarm m.

energie [-'ɣiˑ, -'ʒiˑ] (-ën) Energie f; fig ook Tatkraft f; ~**bewust** [-vɛst] energiebewußt; ~**bron** Energiequelle f; ~**k** [-'ʒik] energisch, tatkräftig; ~**voorziening** Energieversorgung f.

enerzijds [-zɛɪts] einerseits.

eng eng, schmal; (naar) unheimlich.

engage|**ment** [ãˈɣaˑʒəˈmɛnt] n Engagement n; ~**ren** [-'ʒeːr-] engagieren.

engel Engel m.

Engeland ['ɛŋə-] n England n.

Engels 1. englisch; **2.** n Englisch n; ~**e** f Engländerin f; ~**man** m (Engelsen) Engländer m.

engte (-s of -n) Enge f.

enig ['eːnəx] einig, einzig, alleinig; jedwede(r, -s); (heerlijk) einmalig; ~**e** pl einige pl, etliche pl; ~**szins** [-sɪns] einigermaßen; irgendwie.

enkel¹ 1. adj einig; einzig; einfach; adv bloß, nur, lauter; **2.** n Einzel n.

enkel² (-s) Knöchel m, Fußgelenk n.

enkeling m einzelne(r), Individuum n.

enkelvoud [-ṿaut] *n* Einzahl *f*, Singular *m*; **~ig** [-'ṿaudəx] einfach.
enorm [e'nɔr(ə)m] enorm, ungeheuer.
enquête [ãŋ'kɛ:tə] (-*s*) Umfrage *f*, Befragung *f*; Erhebung *f*; **~ren** [-'tɛ:r-] befragen.
ensceneren [ãsə·'ne:r-] inszenieren, in Szene setzen.
Enschede ['ɛnsxəde:] *n* Enschede *n*.
ensemble [ã'sã:mbəl] *n* (-*s*) Ensemble *n*.
enten pfropfen; *med* impfen.
enteren ['ɛntərə(n)] entern.
enthousiasme [ãntuˑ'ziasmə] *n* Begeisterung *f*; **~t** begeistert, enthusiastisch.
enting Pfropfung *f*; *med* Impfung *f*.
entree [ãn'tre:] (-*s*) Eingang *m*; **~(geld)** *n* Eintritt(sgeld *n*) *m*.
envelop(pe [ãṿə'lɔp(ə)] [-*n of* -*s*]) (-*pen*) (Brief-)Umschlag *m*.
enz. *afk voor* **enzovoort(s)** und so weiter (*afk* usw.).
enzym [-'zi:m] *n* Enzym *n*.
epidemie [-də'mi:] (-*ën*) Epidemie *f*, Seuche *f*.
epiloog [-'lo:x] (-*logen*) Epilog *m*.
episode [-'zo:də] (-*s of -n*) Episode *f*.
equipe [-'ki·p] (-*s*) Equipe *f*.
equivalent [eˑkü·ṿa·'lɛnt] *n* Äquivalent *n*, Entsprechung *f*.
er da; welche(r, -s); es; **~** *is sg*, **~** *zijn pl* es gibt; **~** *zijn* dasein; *wat is* **~** (*gaande of aan de hand*)? was ist los?, was gibt es?; **~** *was eens* es war einmal; **~** *werd* (*gedanst, ...*) es wurde (getanzt, ...).
er|aan [-'a:n] daran; **~achter** [-'axtər] dahinter; hinterher; *ik ben* **~**! ich hab's heraus!; **~af** [-'af] ab; los.
erbarmelijk [ɛr'barmələk] erbärmlich, jämmerlich.
er|bij [-'bɛi] dabei; herbei, heran; dazu, hinzu; *hoe kom je* **~**? wie kommst du dazu?; **~buiten** [-'bœytə(n)]: *zich* **~** *houden* sich heraushalten; **~door** [-'do:r] hindurch; *iem* **~** *halen fig* j-n durch den Kakao ziehen; **~doorheen** [-'he:n] hindurch; *zich* **~** *slaan* sich durchschlagen, sich durchboxen.
ere ['erə] *z. eer*; **~ambt** [-'amt] *n* Ehrenamt *n*; **~dienst** ['e:rə-] Gottesdienst *m*; **~divisie** *sp* Bundesliga *f*; **~lid** *n* Ehrenmitglied *n*; **~n** [ˈeːrə(n)] ehren; **~woord** *n* Ehrenwort *n*; **~zaak** Ehrensache *f*.
erf (*erven*) Hof *m*; Grundstück *n*; **~deel** *n* Erbe *n*, Erbteil *n*.

E

erfelijk ['ɛrfələk] erblich; **~e** *ziekte* Erbkrankheit *f*; **~heid** [-hɛit] Vererbung *f*, Erblichkeit *f*.
erf|enis [ˈ-fənɪs] (-*sen*) Erbschaft *f*, Erbe *n*; **~genaam** (-*namen*) Erbe *m*; **~gename** *f* Erbin *f*; **~later** ['laːtər] *m* Erblasser *m*; **~opvolging** Erbfolge *f*; **~pacht** Erbpacht *f*; **~vijand** ['-fɛiãnt] *m* Erbfeind *m*; **~zonde** ['-sɔndə] Erbsünde *f*.
erg schlimm; *adv* sehr, recht; *dat is niet* **~** das ist nicht schlimm; *geen* **~** *hebben in* nichts ahnen; nichts bemerken; *in het* **~***ste geval* schlimmstenfalls.
ergens ['ɛrɣə(n)s] irgendwo; **~** *anders* sonstwo, woanders.
erger|en sich ärgern; *zich* **~** (*aan of over*) sich ärgern (über *A*); **~lijk** [-lək] ärgerlich; anstößig; **~nis** (-*sen*) Ärger *m*; Ärgernis *n*.
er|heen [-'he:n] (da)hin; hinüber; **~in** [-'ɪn] darin; herein; hinein.
erken|d (staatlich) anerkannt, approbiert; **~nen** (-) anerkennen; erkennen, eingestehen; **~telijk** [-'kɛntələk]: *zich* **~** *tonen* sich erkenntlich zeigen.
erker ['ɛrkər] (-*s*) Erker *m*.
er|mee [-'me:] damit; **~naast** [-'na:st] daneben; **~** *gaan* danebengehen.
ernst Ernst *m*; *in alle* **~** allen Ernstes; **~ig** ['-təx] ernst; ernsthaft, ernstlich; (*zwaarwegend ook*) gravierend.
erogeen ['ɣe:n] erogen.
er|om [-'ɔm] darum (herum); **~heen** [-he:n] rings herum, darum herum.
erotiek [-'ti·k] Erotik *f*.
er|over [-'o:ṿər] darüber; herüber; davon; **~heen** [-'he:n] hinüber, darüber; **~** *zijn* darüber hinaussein.
er|tegen [-'te:ɣə(n)] dagegen; **~toe** [-'tu·] dazu.
erts *n* Erz *n*; **~houdend** ['-haudənt] erzhaltig.
eruit [ɛ'rœyt] her-, hinaus; daraus; **~**! hinaus (mit dir)!; *zich* **~** *praten* sich herausreden; **~** *gooien* herausschmeißen; **~** *willen* heraus-, hinauswollen; **~zien** aussehen, ausschauen.
eruptie [-'rœpsi-] (-*s*) Eruption *f*, Ausbruch *m*.
ervan [-'ṿan] davon; **~door** [-do:r] weg; **~** *gaan* F abhauen, sich davonmachen; durchbrennen.
ervar|en **1.** *adj* erfahren, bewandert,

ervaring 92

versiert; **2.** (-) erfahren, erleben; **~ing** Erfahrung *f*; *de* ~ *opdoen* die Erfahrung machen; *uitwisseling van* **~en** Erfahrungsaustausch *m*.
erven erben; ~ *van ook* beerben.
ervoor [-'v̯o:r] dafür; davor.
erwt [ɛrt] Erbse *f*; **~en·soep** [-su·p] Erbsensuppe *f*.
es (-sen) Esche *f*.
escalatie [-'la:(t)si·] Eskalation *f*.
esdoorn Ahorn *m*.
eskader *n* (-s) Geschwader *n*.
Eskimo *m* (-*'s*) Eskimo *m*.
esp(e·boom) Espe *f*.
essence [ɛ'sã:ns(ə)] (-s *of* -n) Essenz *f*.
essentie [ɛsɛn'si·] Essenz *f*, Wesen *n*, Inbegriff *m*; **~el** [-'sie:l] wesentlich.
estafette ['fɛtə] (-s *of* -n) Staffel *f*; **~loop** Staffellauf *m*.
esthetisch [ɛs'te:tis] ästhetisch.
etage [e·'ta:ʒə] (-s) Stockwerk *n*, Geschoß *n*; **~kelner** *m* Zimmerkellner *m*.
etal|age [-'la:ʒə] (-s) Auslage *f*, Schaufenster *n*; **~eren** [-'le:r-] auslegen, ausstellen; **~eur** ['-lø:r] *m* (-s) Schaufensterdekorateur *m*.
eten* ['e:tə(n)] **1.** essen; *dier:* fressen; *te* ~ *geven ook* verpflegen; **2.** *n* Essen *n*; ~ *aan boord* Bordverpflegung *f*; **~s·tijden** [-teɪd-] *pl* Essenszeiten *f/pl*; **~s·waar** Eßwaren *f/pl*; **~tje** ['e:təntʃə] *n* (-s) Essen *n*.
ether ['e:tər] Äther *m*.
ethiek [e'ti·k] Ethik *f*.
Ethiopisch [e·ti·'jo:pi·s] äthiopisch.
etiket *n* (-ten) Etikett *n*.
etiquette [-'kɛtə] Etikette *f*.
etmaal ['ɛt-] *n* (-malen) Tag *m*.
ets Radierung *f*; **~en** radieren; *med*, *chem en typ:* ätzen.
ettelijke ['ɛtələkə] etliche.
etter Eiter *m*; **~buil** [-bəyl] Eiterbeule *f*.
etui [e·'tüi·] *n* (-s) Etui *n*.
EU (*Europese Unie*) EU *f* (Europäische Union).
euro ['ø:ro·] Euro *m*.
euro|- ['ø:ro·-] *in samenst. mst* Euro-, *b.v.* **~cheque** [-ʃɛk] Euroscheck *m*.
Europacup [-kəp] (-s) Europapokal *m*.
Europ|eaan [ø·ro·pe·'ja:n] *m* (-peanen) Europäer *m*; **~ees** [-'pe:s] europäisch; ~ *Monetair Stelsel n* Europäisches Währungssystem; *Europese Monetaire Unie* Europäische Währungsunion *f*; *Europese Commissie* Europäische Kommission *f*; **~ese** [-'pe:sə] *f* Europäerin *f*.
euvel ['ø:v̯əl] *n* (-en *of* -s) Übel *n*.
evacu|é(e *f*) [-ky·'üe:] *m* (-s) Evakuierte(r); **~eren** evakuieren, umsiedeln.
evalueren [-ly·'üe:r-] auswerten.
evangelie [-v̯aŋ'ɣe:li·] *n* (-s *of* -liën) Evangelium *n*.
even ['e:v̯ə(n)] genauso; gerade; gleich; mal, einen Augenblick; ~ *groot als* (genau)so groß wie; *om het* ~ einerlei.
evenaar ['e:v̯əna:r] (-s) Äquator *m*.
even|als (so)wie; **~aren** [e·v̯ə'na:r-] gleichkommen (*D*); **~beeld** *n* Eben-, Abbild *n*; **~eens** [-'e:ns] ebenfalls, gleichfalls.
evenement [e·v̯ənə'mɛnt] *n* Veranstaltung *f*; Ereignis *n*.
even|goed [-ɣut] genauso(gut); **~knie** Ebenbürtige(r); **~min** ebensowenig; **~redig** [-'re:dəx] proportional; *e verkiezing* Verhältniswahl *f*; **~tjes** ['e:v̯ətʃəs] mal, ein Weilchen.
eventueel [-ty·'üe:l] etwaig, eventuell; *adv ook* unter Umständen, womöglich.
even|veel ebensoviel; **~wel** [-'v̯ɛl] jedoch; gleichwohl.
evenwicht *n* Gleichgewicht *n*, Balance *f*; **~ig** [-'v̯ɪxtəx] ausgeglichen, ausgewogen; **~s·balk** Schwebebalken *m*.
even|wijdig [-'v̯eɪdəx] (*met*) parallel (zu *D*); **~zeer** ebensosehr; ebenfalls; **~zo** ebenso, desgleichen.
ever ['e:v̯ər] *m* (-s), **~zwijn** [-züein] *n* Eber *m*, Wildschwein *n*, Keiler *m*.
evolutie [-'ly·(t)si·] (-s) Evolution *f*.
examen *n* (-s) Prüfung *f*, Examen *n*; **~vrees** Prüfungsangst *f*.
examin|andus [-'nandəs] *m* (-di) Prüfling *m*; **~ator** (-s *of* -en [-'to:·]) Prüfer *m*; **~eren** [-'ne:r-] prüfen.
excentriek [ɛksɛn'tri·k] exzentrisch.
exces [ɛk'sɛs] *n* (-sen) Exzeß *m*.
exclusief [-kly·'zi·f] **1.** exklusiv; **2.** *prep* exklusive (*G*), ausschließlich (*G*).
excursie [-'kərsi·] (-s) Exkursion *f*; Ausflug *m*.
ex|cuseren [-ky·'ze:r-] entschuldigen; **~cuus** [-'ky·s] *n* (-cuses) Entschuldigung *f*; (*om*) ~ *vragen* um Verzeihung bitten.
execut|eren [-ky·'te:r-] exekutieren; **~ie** [-'ky·(t)si·] (-s) Exekution *f*, Hinrichtung *f*; (Zwangs-)Vollstreckung *f*.

exerceren [ɛksɛr'se:r-] exerzieren.
ex|orbitant [-bi'tɑnt] exorbitant, horrend; **~pansie** [-'pɑnsi] Expansion f.
expediteur m (-s of -en) Spediteur m.
expeditie [-'di(t)si] (-s) Expedition f; Spedition f; **~afdeling** Versandabteilung f.
experiment [-'mɛnt] n Experiment n, Versuch m; **~eren** [-'te:r-] experimentieren.
expert [ɛks'pɛ:r] m of f (-s) Experte m, Expertin f, Sachverständige(r); Gutachter(in f) m; **~ise** [-'ti:zə] (-s of -n) Gutachten n.
exploit|ant [ɛksplŭa'tɑnt] m Unternehmer m; Betreiber m; Betriebsleiter m; **~atie** [-'ta:(t)si] (-s) Betrieb m; mijnb Ausbeutung f; **~atie-kosten** pl Betriebskosten pl; **~eren** [-'te:r-] ausbeuten (ook mijnb); agr bewirtschaften; (runnen) betreiben.
exploratie [-'ra:(t)si] (-s) Erkundung f; Erforschung f; mijnb Exploration f.
explosie [-'plozi] (-s) Explosion f; **~f** [-'zi·f] **1.** explosiv, brisant; *explosieve*
kracht Sprengkraft f; **2.** n (-sieven) Sprengstoff m, -körper m.
export Export m, Ausfuhr f; **~eur** [-'tø:r] m (-s) Exporteur m; **~overschot** [-sxɔt] n Exportüberschuß m.
expos|ant [-'zɑnt] m Aussteller m; **~itie** [-'zi(t)si] (-s) Ausstellung f.
expres|brief [ɛks'prɛs-] Eilbrief m; **~goed** [-xu·t] n Eilgut n; **~se: per ~** durch Eilboten; **~se(bestelling)** Eilsendung f; **~trein** Fernschnellzug m.
extase [-'ta:zə] Ekstase f, Verzückung f.
extra 1. extra; *trein:* außerplanmäßig; *~ werk* n Mehrarbeit f; **2.** n (-'s) Extra n; Mehr n; **~-editie** [-'di(t)si] Extrablatt n; **~polatie** [-'la:(t)si] (-s) Extrapolation f; Hochrechnung f; **~trein** [-trɛin] Sonderzug m.
extreem [ɛks'tre:m] extrem; **~ *links* (*rechts*)** linksextrem (rechtsextrem).
extremis|me n Extremismus m; **~t(e *f*)** m Extremist(in f) m.
ezel m (-s) **1.** Esel m (ook F pers.); **2.** Staffelei f; **~in** [-'lɪn] f (-nen) Eselin f (ook F pers.); **~s-oor** Eselsohr n.

F

f, F [ɛf] (f's) f, F n (ook mus).
faam Ruf m; Ruhm m.
fabel (-s of -en) Fabel f; **~achtig** [-təx] fabelhaft.
fabric|age [-'ka:ʒə] Herstellung f, Fabrikation f; **~eren** [-'se:r-] herstellen; fabrizieren.
fabriek Fabrik f, Werk n; **~s-complex** n Fabrikanlage f; **~s-terrein** [-tɛrɛin] n Werksgelände n.
fabrik|aat [-'ka:t] n (-katen) Fabrikat n, Erzeugnis n; **~ant(e *f*)** m Fabrikant(in f) m.
façade [fɑ'sa:də] (-s of -n) Fassade f.
facet [-'sɛt] n (-ten) Aspekt m; Facette f.
faciliteit [-sili'tɛit] Erleichterung f; Vergünstigung f.
factor (-s of -en [-'to:-]) Faktor m.
factuur [-'ty:r] (-turen) Rechnung f.
facultatief [-kəlta'ti·f] fakultativ.
faculteit [-kəl'tɛit] Fakultät f.
failliet [fa'ji:t] **1.** bankrott, pleite; *~ gaan* Konkurs machen, pleite gehen; **2.** n = *faillissement*.
faillissement [-ji·sə'mɛnt] n Konkurs m, Bankrott m, Pleite f; *~ aanvragen* Konkurs anmelden; **~s-procedure** [-se'dy:rə] Konkursverfahren n.
fakkel (-s) Fackel f; **~optocht** Fackelzug m.
falen mißlingen; versagen.
famili|aal [-'lia:l], **~aar** [-'ja:r] familiär.
familie [-'mi·li·] (-s) Familie f; Verwandtschaft f; *~ zijn (van)* verwandt sein (mit D); **~bedrijf** [-bədrɛif] n Familienbetrieb m; **~lid** n Familienangehörige(r); Verwandte(r); **~naam** Familien-, Nachname m.
fan [fɛn] m of f (-s) Fan m.
fanatiek [-'ti·k] fanatisch.

fantaseren 94

fantas|eren [-'ze:r-] phantasieren; **~ie** [-'zi·] (-ën) Phantasie f; **~ie-rijk** [-rɛik] phantasievoll; **~t(e** f) m Phantast(in f) m, F Spinner(in f) m; **~tisch** [-ti·s] phantastisch, traumhaft.
fantoom [-'to:m] n (-tomen) Phantom n.
farmaceutisch [-'sø:ti·s] pharmazeutisch.
fascineren [fa·si'ne:r-] faszinieren.
fascisme [-'sɪsmə] n Faschismus m.
fase (-s of -n) Phase f; **~eren** [-'ze:r-] strecken, in Abschnitte einteilen.
fataal [-'ta:l] fatal, verhängnisvoll.
fatsoen [fa·'su·n] n Anstand m; *regels f/pl van het ~* Anstandsregeln f/pl; *zijn ~ houden* den Anstand wahren; **~eren** [-'ne:r-] richten, gestalten; **~lijk** [-lək] anständig; **~s-halve** anstandshalber.
fauteuil [foː'tœi] (-s) Sessel m.
favoriet ['ri·t] bevorzugt; favorisiert.
favoriet(e f) m Favorit(in f) m.
fax Telefax n.
fazant [-'zɑnt] Fasan m.
februari [fe·bry·'üa:ri·] Februar m.
feder|aal [-'ra:l] föderativ; *~ gerechtshof* n Bundesgerichtshof m; **~alisme** [-'lɪsmə] m Föderalismus m; **~atie** [-'ra:(t)si·] (-s) Föderation f; Verband m.
fee f (-ën) Fee f; **~riek** [feːəˈri·k] märchenhaft.
feeks Hexe f, Xanthippe f.
feest n Fest n; Feier f; **~dag** ['fe:zdɑx] Feier-, Festtag m; **~elijk** ['-tələk] festlich; feierlich; **~elijkheid** [-hɛit] (-heden) Feier-, Festlichkeit f; **~en** feiern; **~maal** n Festessen n; **~terrein** [-tɛrɛin] n Festplatz m; **~varken** n F Geburtstagskind n; Jubilar m; **~vieren** feiern.
feilloos ['fɛi-] fehlerlos; sicher.
feit [fɛit] n Tatsache f; **~en** pl ook Fakten n/pl; *jur* Tatbestand m; *~ e in: ~, e-lijk* [-lək] faktisch, tatsächlich; eigentlich.
fel heftig, vehement; *kleur, licht:* grell, leuchtend; **~heid** Heftigkeit f, Vehemenz f; Grelle f.
felicit|atie [-si·'ta:(t)si·] (-s) Glückwunsch m, Gratulation f; **~atie-kaart** Glückwunschkarte f; **~eren** [-si·'tɛ:r-] (*met*) gratulieren (D) (zu D).
feministe [-'nɪstə] f (-s of -n) Feministin f, Frauenrechtlerin f.
fenom|een [-'me:n] n (-menen) Phänomen n; **~enaal** [-me·'na:l] phänomenal.

feod|aal [feˈio·'-] feudal, **~alisme** [-'lɪsmə] n Feudalismus m.
ferm kräftig; tüchtig; stramm, drall.
festival ['fɛsti·vəl, fɛsti·'val] n (-s) Festival n.
fiasco [fi·'jɑskoˑ] n (-'s) Fiasko n.
fiche ['fi·ʃə] n of f (-s) Spielmarke f; Zettel m, Karteikarte f.
ficus ['-kəs] (-sen) Gummibaum m.
fideel ['de:l] fidel, lustig.
fier [fi:r] stolz; **~heid** ['-hɛit] Stolz m.
fiets Fahrrad n, (Zwei-)Rad n; **~en** (*ook zn*) radfahren, radeln; **~stalling** Fahrradstand m; **~en-verhuur** [-hy:r] Fahrradverleih m; **~er** (-s) Radfahrer m, Radler m; **~pad** ['-pɑt] n Rad(fahr)weg m; **~ster** ['-stər] f (-s) Radfahrerin f, Radlerin f; **~tocht** Radtour f.
figur|ant(e f) (-ɣyˑ'rɑnt(ə)] m Statist(in f) m; **~atief** [-ti·f] figurativ, bildlich.
figuur [-'ɣy:r] (-guren) Figur f; **~lijk** [-lək] figürlich, bildlich; **~zaag** Laubsäge f.
fijn [fɛin] fein; zart; toll, schön.
fijngevoelig [-'vu·lɔx] feinfühlig, zartfühlend; **~heid** [-xɛit] (-heden) Feingefühl n, Fingerspitzengefühl n.
fijn|hakken kleinhacken, zerkleinern; **~heid** ['-hɛit] (-heden) Feinheit f; **~kauwen** ['-kɑʊə(n)] zerkauen; **~malen** zer-, feinmahlen; **~proever** m (-s) Feinschmecker m; **~tjes** ['fɛintiəs] fein; listig; verschmitzt.
fiks kräftig, tüchtig; (*flink*) fix; **~en** hinkriegen.
file (-s) Kolonne f; Stau m; *fig* Schlange f.
filet [-'le:] n of m (-s) Filet n, Lendenbraten m.
filharmonisch [-'mo:ni·s]: *~ orkest* n Philharmonie f.
filiaal n (-*lialen*) Filiale f, Zweigstelle f, -geschäft n; **~houder** [-hɑʊdər] m Filial-, Zweigstellenleiter m.
Filippijnen [-'pɛinə(n)] *pl* Philippinen *pl*.
film (-s) Film m, F Streifen m; *stomme ~* Stummfilm m.
film|- *in samenst. mst* Film-, *b.v.* **~acteur** [-tø:r] m Filmschauspieler m; **~actrice** [-tri·sə] f Filmschauspielerin f; **~en** filmen; **~journaal** ['-ʒu·r-] n Wochenschau f; **~opnamen** pl Filmaufnahmen f/pl, Dreharbeiten f/pl; **~ploeg** ['-plu·x] Filmteam n; **~rol** Filmrolle f (*ook*

FM

pers.); ~**ster** ['-stɛr] *f of m* Filmstar *m*; ~**voorstelling** Filmvorführung *f*.

filo|logie [-lo·'γi·] Philologie *f*; ~**soferen** [-zo·'fe:r-] philosophieren; ~**sofe** [-'zo:fə] *f* Philosophin *f*; ~**sofisch** [-'zo:fis] philosophisch; ~**soof** [-'zo:f] *m* (*-sofen*) Philosoph *m*.

filter *m of n* (*-s*) Filter *m*; ~**en** ['-tərə(n)] filtern, filtrieren; ~**zakje** [-tsa·] Filtertüte *f*.

Fin *m* (*-nen*) Finne *m*.

fin|aal gänzlich, völlig; ~**ale** (*-s*) Finale *n*; *sp ook* Endspiel *n*, -runde *f*.

finan|cieel [-'si:əl] finanziell; *financiële toestand* Finanzlage *f*; ~**ciën** [-'nαnsi·(j)ə(n)] *pl* Finanzen *pl*; Finanzwesen *n*; *minister van* ~ Finanzminister *m*; ~**ciering** [-'si:rɪŋ] Finanzierung *f*; *externe* ~ Fremdfinanzierung *f*.

finish ['fi·nɪʃ] *sp* Ziel(linie *f*) *n*; ~**en** (*ook zn*) durchs Ziel gehen; ~**ing**: ~ *touch* ['-ni·ʃɪŋ tət∫] letzter Schliff *m*.

Fins finnisch; ~**e** *f* Finnin *f*.

firma (*-'s*) Firma *f*.

firmament [-'mɛnt] *n* Firmament *n*.

firmant(e *f*) [-'mαnt(ə)] *m* Gesellschafter(in *f*) *m*.

fiscaal ['-ka:l] fiskalisch, steuerlich.

fiscus ['-kəs] Fiskus *m*.

fistel ['fistəl] (*-s*) Fistel *f*.

fitnesscentrum [-sɛntrəm] *n* Fitneßcenter *n*.

fitting (*-en of -s*) (Lampen-)Fassung *f*.

fixeren [fɪ·k'se:r-] fixieren (*ook foto*).

fl. *z. gulden*.

fladderen (*ook zn*) flattern.

flagrant [-'γrαnt] grob, flagrant.

flakkeren flackern.

flamberen [-'be:r-] flambieren.

flanel [-'nɛl] *n* Flanell *m*.

flaneren [-'ne:r-] flanieren, bummeln.

flan|k Flanke *f*; ~**keren** [-'ke:r-] flankieren; ~**sen** ['flαnsə(n)]: *in elkaar* ~ zusammenflicken.

flap (*-pen*) Klappe *f*; *cul* Strudel *m*; ~**pen**: *eruit* ~ herausplatzen (mit *D*).

flarden *pl* Fetzen *m/pl*; *aan* ~ *scheuren* zerfetzen.

flash-back [flɛʃ'bɛk] (*-s*) Rückblende *f*.

flat [flɛt] (*-s*) Etagenwohnung *f*, Apartment *n*; Hochhaus *n*.

flater ['fla:tər] (*-s*) Dummheit *f*, Schnitzer *m*.

flatgebouw ['flɛtxəbαŭ] *n* Hochhaus *n*.

flatteren [-'te:r-] schmeicheln (*D*).

flatteus [-'tø:s] vorteil-, schmeichelhaft.

flauw [flαŭ] flau, matt, schwach; fade, schal; ~**e-kul** [-'kəl] *z. kul*; ~**te** (*-s of -n*) Ohnmacht *f*, Schwächeanfall *m*; *met*. Flaute *f*, ~**tjes** ['flαŭtiəs] schwach; ~**vallen** ohnmächtig werden, in Ohnmacht fallen, umfallen.

flegmat|iek [flɛxma·'ti·k], ~**isch** [-'ma:ti·s] phlegmatisch, schwerblütig.

flensje ['flɛnʃə] *n* (*-s*) Eier-, Pfannkuchen *m*.

fles (*-sen*) Flasche *f*; *lege* ~**sen** *pl ook* Leergut *n*; ~**opener** Flaschenöffner *m*.

flesse·hals Flaschenhals (*ook fig*).

flessen|rek *n* Flaschenständer *m*; ~**trekker** *m* Hochstapler *m*, Schwindler *m*.

flets [flɛts] fahl, bleich, matt, käsig.

fleurig ['flø·rəx] frisch, munter.

flikflooi|en ['-floːi-] liebkosen; schmeicheln (*D*); ~**er** *m* (*-s*) Speichellecker *m*.

flikje *n* (*-s*) Schokoladenplätzchen *n*.

flikken F hinkriegen; reinlegen.

flikker *m* (*-s*) F Schwule(r); Lump *m*.

flikkeren flimmern, flackern.

flink tüchtig, gehörig; rüstig; energisch; *fig* ordentlich, saftig.

flipper|en flippern; ~**kast** Flipper *m*.

flirt ['flœrt] (*-s*) Flirt *m*; ~**en** flirten.

flits|apparaat *n* Blitzgerät *n*; ~**blokje** *n* Blitzwürfel *m*; ~**en** (*ook zn*) flitzen; *foto*: blitzen; ~ *door fig* durchzucken; ~**licht** *n* Blitzlicht *n*.

floddoren ['flɔdər-] *kleding*: schlottern, schlenkern.

floers [flu:rs] *n* Flor *m*, Krepp; *fig* Schleier *m*.

flonkeren ['flɔŋkər-] funkeln.

floodlight ['flu·tlαɪt] *n* (*-s*) Flutlicht *n*.

flop [flɔp] (*-s*) Reinfall *m*, Pleite *f*.

flora Flora *f*.

Florence [-'rã·sə] *n* Florenz *n*.

floreren [-'re:r-] florieren.

florissant [-'αnt] florierend.

florijn [-'rɛin] Florin *m*, Gulden *m*.

fluisteren ['flœystərə(n)] flüstern; tuscheln; zischeln.

fluit [flœyt] Flöte *f*, Pfeife *f*; ~**en*** pfeifen; *mus ook* flöten; ~**je** *n* (*-s*) Flöte *f*, Pfeife *f*; (*signaal*) Pfiff *m*.

fluks [flʊks] flugs, schnell.

fluw|eel [fly·'ũe:l] *n* Samt *m*; ~**elen** samten.

FM UKW.

foedraal [fu'-] *n* (*-dralen*) Futteral *n*, Etui *n*.
foefje ['fu·fiə] *n* (*-s*) F Trick *m*.
foei! [fu·i] pfui!
foeteren [fu·tərə(n)] F schimpfen.
föhn Föhn *m*.
fokkemast Fockmast *m*.
fokk|en züchten; **~er** *m* (*-s*) Züchter *m*; **~erij** [-'rɛi] (Auf-)Zucht *f*.
folder (*-s*) (Falt-)Prospekt *m*, Faltblatt *n*.
folie ['fo:li·] Folie *f*.
folter|en foltern, martern; **~ing** Folter(ung) *f*, Marter *f*.
fonds [fɔnts] *n* Fonds *m*, Stiftung *f*; Krankenkasse *f*; **monetair ~** Währungsfonds *m*; **~dokter** *m* Kassenarzt *m*; **~patiënt** [-siɛnt] *m* Kassenpatient *m*.
fonduen [fɔn'dy·iə(n)] Fondue *n* of *f* essen.
fonetisch [-'ne:ti·s] phonetisch.
fonkelen funkeln; *fig ook* sprühen.
fonoplaat Schallplatte *f*.
fontein [-'tɛin] Fontäne *f*, Springbrunnen *m*.
fooi Trink-, Bedienungsgeld *n*.
fop|pen foppen; **~speen** Schnuller *m*.
forceren [-'se:r-] forcieren; *slot* aufbrechen.
forehand ['fɔ:rhɛnt] (*tennis*) Vorhand *f*.
forel (*-len*) Forelle *f*.
forensentrein ['-rɛnzə(n)trɛin] Vorortzug *m*; **~faitair** [-fɛ'tɛ:r] pauschal
for|maat (*-maten*) Format *n*; **~maliteit** [-'tɛit] Formalität *f*.
formatie [-'ma:(t)si] (*-s*) Formation *f*; *mil* Verband *m*; **~plaats** Planstelle *f*.
for|meel formell, förmlich; formal; **~meren** [-'me:r-] (**zich**) (sich) formieren; **~mule** [-'my·lə] (*-s*) Formel *f*; **~muleren** [-my·'le:r-] formulieren; **~mulier** [-my·'li:r] *n* Vordruck *m*, Formular *n*; **~nuis** [-'nœys] *n* (*-nuizen*) (Koch-, Küchen-)Herd *m*; **elektrisch ~** Elektroherd *m*.
fors stark, kräftig, forsch.
fort [fɔrt] *n* Fort *n*.
fortuin [-'tœyn] **1.** *n* Vermögen *n*; **~ maken** ein Vermögen machen; **2.** Glück *n*.
fos|faatvrij [-'fa:tfrɛi] phosphatfrei; **~foresceren** [-rɛ'se:r-] phosphoreszieren.
fossiel [-'si·l] *n* Fossil *n*.
foto (*-'s*) Foto *n*, Bild *n*.

foto|- *in samenst. mst* Foto-, *b.v.* **~geniek** [-ʒe'ni·k] fotogen; **~graaf** [-'ɣra:f] *m* (*-grafen*) (**~grafe** *f*) Fotograf(in *f*) *m*; **~graferen** [-'fe:r-] fotografieren; **~grafie** [-ɣra·'fi] Fotographie *f*; **~kopie** Fotokopie *f*; **~kopiëren** [-'pi·ər-] fotokopieren; **~toestel** [-tu·stɛl] *n* Fotoapparat *m*; **~zaak** Fotogeschäft *n*.
fouiller|en [fu·'je:r-] durchsuchen, F filzen; **~ing** Durchsuchung *f*; Leibesvisitation *f*.
foundation [faun'de:ʃən] (*-s*) Mieder *n*.
fournituren [fu·rni·'ty:r-] *pl* Kurzwaren *f*/*pl*.
fout [faut] **1.** falsch, fehlerhaft, unrichtig; **2.** *subst* Fehler *m*; Versehen *n*; Verstoß *m*; **~ief** [fau'ti·f] falsch.
foyer [fũa·'je:] (*-s*) Foyer *n*, Wandelhalle *f*.
fraai schön, hübsch; *iron ook* sauber.
fractie ['-si·] (*-s*) Fraktion *f*; Bruchteil *m*; **~voorzitter** *m* Fraktionsvorsitzende(r).
fractuur [-'ty:r] (*-turen*) Fraktur *f*, Knochenbruch *m*.
fragment [fraxmɛnt] *n* Fragment *n*, Bruchstück *n*.
fram|boos [-'bo:s] (*-bozen*) Himbeere *f*; **~bozesap** [-'bo:zə-] *n* Himbeersaft *m*.
frame [fre:m] *n* (*-s*) Rahmen *m*, Gestell *n*.
franco franko, frei; **~ thuis** frei Haus.
franjes *pl* Fransen *f*/*pl*.
frank Franken *m*; Franc *m*; **~eren** [-'ke:r-] frankieren, freimachen.
Frankrijk ['-rɛik] *n* Frankreich *n*.
Frans französisch; **~e** *f* Französin *f*; **~man** *m* (*Fransen*) Franzose *m*.
frase (*-n of -s*) Phrase *f*, Floskel *f*.
frats Fratze *f*.
fraude ['frɑudə] (*-s*) Betrug *m*.
free-lance [fri: lɛns] freiberuflich.
frees (*frezen*) Fräse *f*.
fregat [frə'ɣat] *n* (*-ten*) Fregatte *f*.
frequentie [-'küensi] (*-s*) Frequenz *f*.
frezen ['fre:zə(n)] fräsen.
fricassee [-ka·se:] (*-ën*) Frikassee *n*.
friemelen F (herum)fummeln.
Fries 1. friesisch; **2.** *m* (*Friezen*) Friese *m*.
friet(en *pl*) Pommes (frites) *pl*.
Friezin [-'zɪn] *f* (*-nen*) Friesin *f*.
frika(n)del [-'dɛl] (*-len*) Frikadelle *f*, Bulette *f*; holländisches Fleischröllchen *n*.

fris frisch, kühl; **~drank** alkoholfreies Getränk *n*, Erfrischungsgetränk *n*; **~heid** ['-heɪt] Frische *f*.

frivool [-'voːl] frivol.

frommelen fingern; (ver)stecken.

frons [frɔns] Falte *f*, Runzel *f*; **~en** runzeln.

front *n* Front *f*; **~aal** [-'taːl] frontal.

fruit [frœyt] *n* Obst *n*; **gedroogd ~** Backobst *n*; **~automaat** Spielautomat *m*; **~ig** ['-təx] fruchtig; **~sap** *n* Obstsaft *m*; **~teelt** Obstbau *m*.

frunniken ['frœnəkə(n)] F fummeln.

frustratie [frœs'traː(t)si] (-*s*) Frustration *f*; **~(s** *pl*) F Frust *m*.

fuif [fœyf] (*fuiven*) Feier *f*, Party *f*.

fuiven ['fœyvə(n)] zechen.

functie ['fœŋksi] (-*s*) Funktion *f*; **in ~ zijn** im Amt sein, amtieren.

function|aris [-ksĩoˑ'naːrɪs] *m* (-*sen*) Funktionär *m*, Amtsperson *f*; **~eel** [-'neːl] funktionell, funktional; **~eren** [-'neːrə(n)] funktionieren.

fundament [fɔndɑˑ-] *n* Fundament *n*; **~eel** [-'teːl] fundamental, grundlegend.

funest [fyˑ'nɛst] fatal.

fungeren [fœŋˈjeːr-] fungieren; amtieren.

fuseren [fyˑ'zeːr-] *v*/*i* (*zn*) fusionieren.

fusie ['fyˑzi] (-*s*) Fusion *f*, Verschmelzung *f*, Verflechtung *f*, Zusammenschluß *m*.

fut [fœt] Schwung *m*, Energie *f*, F Schneid *m*; **~iel** [fyˑ'tiˑl] nichtig; **~iliteit** [-'tɛɪt] Belanglosigkeit *f*, Lappalie *f*; **~loos** schlaff, kraftlos.

fys|ica ['fiˑzikɑ] Physik *f*; **~icus** [-kɔs] *m* of *f* (-*ci* [-siˑ]) Physiker(in *f*) *m*; **~iek** [fiˑ'ziˑk] **1.** physisch; physikalisch; **2.** *n* Kondition *f*; **~isch** ['-zi·s] physikalisch.

G

g, G [ɣeː] (*g's*) g, G *n* (*ook mus*).

gaaf heil; ganz.

gaai [ɣaːɪ]: **Vlaamse ~** Eichelhäher *m*.

gaan* (*ook zn*) gehen; (*met auto, trein, fiets*) fahren; (*met vliegtuig*) fliegen; (*zullen*) werden, anfangen; **het gaat (niet)** es geht (nicht); **hoe gaat het (met U)?** wie geht's (Ihnen)?; (*zich*) **laten ~** (sich) gehenlassen; **~ liggen (zitten)** sich hinlegen (setzen); **eraan ~** draufgehen; **erheen ~** hingehen; **~ om** *ook* sich handeln von (A); **~ over** sich handeln von (D); **uit (of van) elkaar ~** auseinandergehen, sich trennen; **~de** gehend; im Gange; **wat is er ~?** z. er; **~deweg** [-vɛx] allmählich.

gaar gar.

gaarne gern(e).

gaas *n* (*gazen*) Gaze *f*.

gaatje ['ɣaːtiə] *n* (-*s*) kleines Loch *n*.

gadeslaan ['ɣaːdə-] beobachten.

gading Geschmack *m*.

gag [gɛg] (-*s*) Gag *m*.

gage ['ɣaːʒə] Gage *f*; *mar* Heuer *f*.

gal Galle *f*.

gala|kostuum [-kɔstyˑm] *n* [-s]) *n* (-'s) Gala *f*.

galant galant, aufmerksam.

galei [ɣɑ'lɛɪ] Galeere *f*.

galer|ie [-'riˑ] (-*ën* of -*s*), **~rij** [-'rɛɪ] Galerie *f*.

galg Galgen *m*; **~e-humor** [-hyˑmər] Galgenhumor *m*.

gallon ['gɛlən] (-*s*) Gallone *f*.

galm Schall *m*, Widerhall *m*; **~en** hallen, schallen.

galop [ɣɑ'lɔp] (-*s*) Galopp *m*; **~peren** [-'peːr-] (*ook zn*) galoppieren.

galsteen Gallenstein *m*.

galvaniseren [-'zeːr-] galvanisieren.

gammel ['ɣɑməl] klapprig, morsch; *stoel:* wack(e)lig.

gang Gang *m*; Verlauf *m*; Flur *m*, Korridor *m*, Gang *m*; **zijn ~ laten gaan** gewähren lassen; **gaat U Uw ~!** ich bitte Sie!; **aan de ~ zijn** im Gange sein; **op ~ brengen** in Gang bringen; *proces* einleiten; **~baar** gängig, gangbar; geläufig; gültig; **~maker** ['-maːkər] *m* Schrittmacher *m*.

gans¹ ganz.
gans² (*ganzen*) Gans *f*.
gap|en ['ɣaːp-] gaffen; gähnen; *wonde:* klaffen; **~er** *m* (-s) Gaffer *m*; **~ing** Öffnung *f*, Lücke *f*.
gappen F klauen, stibitzen.
garage (-s) Garage *f*; Autoreparaturwerkstatt *f*, Kfz-Werkstatt *f*.
garan|deren [-'deːr-] garantieren, gewährleisten, verbürgen; **~tie** [-'ransi] (-s) Garantie *f*, Gewähr *f*; **~tie-bewijs** [-vɛis] *n* Garantieschein *m*.
gard(e) Quirl *m*, Schneebesen *m*.
garde (-s) Garde *f* (*ook fig*).
garderobe ['roːbə, -'roːbə] (-s) Garderobe *f*, (Kleider-)Ablage *f*; **~penning** Garderobenmarke *f*.
gareel [-'reːl] *n* (-*relen*) Geschirr *n*; **in het ~ lopen** *fig* sich gefügt haben.
garen *n* (-s) Garn *n*, Zwirn *m*.
garn|aal [ɣar'naːl] (-*nalen*) Garnele *f*, Krabbe *f*; **~alen-sla** Krabbensalat *m*.
garnering Garnierung *f*; Besatz *m*; *cul* Beilage *f*.
garnizoen [-'zuːn] *n* Garnison *f*.
garve Garbe *f*.
gas [ɣas] *n* (-*sen*) Gas *n*.
gas- *in samenst. mst* Gas-, *b.v.* **~bedrijf** ['bədrɛif] Gaswerk *n*; **~brander** Gasbrenner *m*; **~fles** Gasflasche *f*; **~fornuis** ['fornɵys] *n* Gasherd *m*; **~kraan** Gashahn *m*; **~masker** *n* Gasmaske *f*; **~meter** [-'meːtər] Gaszähler *m*, -uhr *f*; **~pedaal** *n* Gaspedal *n*; **~pitje** *n* (-s) Gasbrenner *m*; Gasflamme *f*.
gast *m* Gast *m*; **betalend ~** zahlender Gast; **te ~ zijn** zu Gast sein; **als ~ optreden** *thea* gastieren; **~arbeider** [-bɛidər] *m* Gastarbeiter *m*; **~en-boek** [-buˑk] *n* Gästebuch *n*; **~en-verblijf** [-blɛif] *n* Gästehaus *n*; **~heer** *m* Gastgeber *m*.
gastronom|ie [-'miˑ] Gastronomie *f*; **~isch** [-iˑs]; **~ restaurant** *n* Feinschmecker-, Schlemmerrestaurant *n*.
gast|voorstelling Gastspiel *n*; **~vrij** ['-frɛi] gastfreundlich, gastlich; **~vrouw** ['fraʉ] *f* Gastgeberin *f*.
gat *n* Loch *n*; F Hintern *m*; *pej* (*dorp*) Kaff *n*; **~ in het wegdek** Schlagloch *n*; **~ in de markt** Marktlücke *f*; **~likker** *m* (-s) P Arschkriecher *m*.
gauw [ɣaʉ] rasch; schnell; bald.
gave Gabe *f*.
gazel(le) [-'zɛl(ə)] (-[*le*]*n*) Gazelle *f*.

gazet [-'zɛt] (-*ten*) Zeitung *f*.
gazon [-'zɔn] *n* (-s) Rasen *m*.
ge [ɣə] *z.* **gij**.
geaard geartet, beschaffen; *el.* geerdet; **~heid** [-hɛit] (-*heden*) Beschaffenheid *f*; (*aard*) Art *f*, Wesen *n*.
ge|acht: (zeer) ~e heer (sehr) geehrter Herr (*in brief*); **~adresseerde** [-'seːrdə] Empfänger(in*f*) *m*, Adressat(in *f*) *m*; **~affecteerd** affektiert, geziert; **~allieerde** [-li'jeːrdə] Alliierte(r); **~animeerd** [-'meːrt] animiert, lebhaft; **~armd** Arm in Arm, eingehakt; **~avanceerd** [-aˈvɑ̃'seːrt] fortgeschritten, fortschrittlich.
gebaar *n* (-*baren*) Gebärde *f*, Geste *f*.
gebaard bärtig.
gebabbel *n* Geplauder *n*.
gebak *n* Gebäck *n*; Kuchen *m*; **~je** *n* (-s) Törtchen *n*.
ge|barentaal Gebärden-, Zeichensprache *f*; **~bazel** [-'baːzəl] *n* Geschwafel *n*.
gebed [-'bɛt] *n* Gebet *n*.
gebeente *n* Gebein *n*; Knochenbau *m*.
gebel [-'bɛl] *n* Geklingel *n*.
gebelgd [ɣə'bɛl(ə)xt] erbost, verärgert.
gebergte (-s *of* -*n*) Gebirge *n*.
gebeur|en [-'bøːr-] (-; *zn*) geschehen, sich ereignen, passieren, vorfallen; erfolgen; **~tenis** (-*sen*) Ereignis *n*, Geschehnis *n*, Vorfall *m*, Vorgang *m*.
gebied *n* Gebiet *n* (*ook fig*), Raum *m*; Bereich *m*; Bezirk *m*; Revier *n*; **~en** gebieten; **~end** gebieterisch; **~e wijs** *gr* Imperativ *m*.
ge|binte *n* Gebälk *n*; Gebinde *n*; **~bit** *n* (-*ten*) Gebiß *n*; **~bladerte** [-'blaːdərtə] *n* Laub *n*, Geäst *n*; **~blaf** *n* Gebell *n*; **~blesseerde** [-blɛˈseːrdə] Verletzte(r); **~bloemd** [-'bluːmt] geblümt; **~bocheld** [-'bɔxəlt] buck(e)lig; **~bod** [-'bɔt] *n* Gebot *n*; **~boefte** [-'bʉftə] *n* Gesindel *n*; **~bonden** gebunden; *cul* sämig; **~boomte** *n* Bäume *m/pl*.
geboorte Geburt *f*; **(Berlijner** *m*) **van ~** gebürtiger (Berliner *m*); **~aangifte** Geburtsanzeige *f*; **~akte, ~bewijs** [-vɛis] *n* Geburtsurkunde *f*; **~dag** Geburtstag *m*; **~datum** [-təm] Geburtsdatum *n*; **~grond** Heimat *f*; **~kaartje** *n* Geburtsanzeige *f*; **~land** *n* Heimatland *n*.
geboorten|beperking Geburtenbeschränkung *f*; Empfängnisverhütung *f*;

~cijfer [-seīfər] n Geburtenrate f; **~daling** Geburtenrückgang m.
geboort|e-plaats Geburtsort m; **~estreek** Heimat f; **~ig** [-təx] gebürtig.
geboren geboren.
geborgenheid [-heīt] Geborgenheit f.
ge|bouw [-'bau] n Gebäude n, Bau m; **hoog (nieuw) ~ ook** Hochbau (Neubau) m; **~braad** n Braten m; **~brabbel** [-'brabəl] n Geplapper n; **~brand** gebrannt; koffie ook: geröstet; **~ op** erpicht auf (A).
gebrek n Mangel m, Fehler m; med Gebrechen n, Defekt m; Not f; **bij ~ aan** mangels (G), aus Mangel an (D); **in ~e zijn** (of **blijven**) im Verzug sein; **in ~e blijvend** säumig; **~kig** [-kəx] mangelhaft; lückenhaft; gebrechlich.
gebroed [-'bru·t] n Getier n; fig Brut f.
gebroeders [-'bru·dərs] pl Gebrüder pl.
gebruik [-'brœyk] n Gebrauch m; Verwendung f, (Aus-)Nutzung f; Verwertung f; (zede) Brauch m; hdl Usance f; (van eten) Genuß m; **~en en gewoonten** pl Brauchtum n; **in ~ zijn** im Gebrauch sein; **voor eigen ~** für den Eigenbedarf; **voor direct ~** zum alsbaldigen Gebrauch; **~elijk** [-kələk] gebräuchlich, üblich; **algemeen ~ ook** gang und gäbe, landläufig; **in een land ~** landesüblich; **~en** (-) gebrauchen, (be)nutzen, anwenden; verwerten; eten etc. zu sich nehmen, einnehmen; **~er** m (-s) Benutzer m; Konsument m; **~making** Anwendung f, (Be-)Nutzung f; Inspruchnahme f.
gebruiks|aanwijzing [-veīz-] Gebrauchsanweisung f, -anleitung f; **~sklaar** gebrauchsfertig; **~ster** f (-s) Benutzerin f; **~sm voorwerp** n Gebrauchsgegenstand m.
ge|brul [-'brøl] n Gebrülle n; **~bulder** [-'boldər] n Getöse n; Gebrüll n; Donner m; **~charmeerd** [-ʃar'me·rt] angetan; entzückt; **~compliceerd** [-'se·rt] kompliziert; **~condenseerd** [-'se·rt]: **~e melk** Kondensmilch f; **~cultiveerd** [-kəlti·'ve·rt] kultiviert; **~daagde** Beklagte(r); **~daante** (-s of -n) Gestalt f.
gedachte Gedanke m; Meinung f; **leidende ~** Leitgedanke m; **zijn ~n over iets laten gaan** sich Gedanken machen über (A); **van ~(n)** wisselen Gedanken austauschen; **van ~(n) veranderen** sich anders besinnen; **~loos** gedankenlos; **~nis** (-sen) Andenken n, Gedenken n.
gedachten|gang Gedankengang m; **~streep** Gedankenstrich m; **~wisseling** Gedanken-, Meinungsaustausch m, Aussprache f.
gedachtig [-'daxtəx] eingedenk (G).
gedecolleteerd [ɣədekɔl'te·rt] dekolletiert, ausgeschnitten.
gedeelte n (-s of -n) Teil m, Partie f, Teilstück n, Abschnitt m; **~lijk** [-'de·ltələk] zum Teil (afk z.T.), teilweise.
gedegen [-də'ɣə(n)] gediegen.
gedelegeerde [-de'lə·r-] Delegierte(r).
gedenk|en (-) gedenken (G); **~plaats** Gedenkstätte f; **~teken** n (-s) Ehrenmal n; Mahnmal n; **~waardig** [-'va·rdəx] denkwürdig.
gedeputeerde [-py·'-] Deputierte(r).
gedetineerde [-de'ti·'-] Häftling m.
gedicht n Gedicht n.
gedienstig [-təx] dienstfertig, gefällig.
gedijen [-'deīə(n)] (-; ook zn) gedeihen.
geding [ɣə'dɪŋ] n Verfahren n; **in kort ~** jur einstweilig; **in het ~ zijn** auf dem Spiel stehen.
ge|diplomeerd [-'me·rt] diplomiert, gelernt, geprüft; **~disciplineerd** [-dɪ·si·pli·'-] diszipliniert; **~distilleerd** 1. destilliert; 2. n Spirituosen pl.
gedoe [-'du·] n Getue n.
gedogen [ɣə'do·ɣə(n)] (-) dulden.
gedonder n Donnern n; F fig Schereien f/pl, Bescherung f.
ge|drag [-'drax] n Benehmen n, Verhalten n, Betragen n; **goed ~** Wohlverhalten n; **bewijs** n **van goed ~** Führungszeugnis n; **~en** [-'dra·ɣ-] (-): **zich ~** sich benehmen, sich verhalten, sich aufführen; **~ing** [-'dra·ɣɪŋ] Verhalten n.
ge|drang n Gedränge n; **~drevenheid** [-'dre·vənheīt] Leidenschaft f; **~drocht** [-'drɔxt] n Ungetüm n; **~drongen** (klein) gedrungen; **~druis** [-'drœys] n Geräusch n; Getöse n; **~ducht** [-'dəxt] gefürchtet; (flink) gehörig, tüchtig.
geduld [-'dəlt] n Geduld f; **~ig** [-dəx] geduldig.
gedurende [-'dy·rəndə] während (G).
ge|durfd [-'dər(ə)ft] gewagt, wagemutig; fig ook freizügig; **~durig** [-'dy·rəx] ständig; **~duw** [-'dy·ü] n Schubserei f, Rem-

gedwee 100

pelei *f*; **~dwee** [-'dŭe:] gefügig, folgsam; **~dwongen** gezwungen (*ook fig*).
geëerd [ɣə'e:rt] geehrt.
geefster ['ɣe:fstər] *f* (-s) Geberin *f*; Spenderin *f*.
geel gelb; **~achtig** [-təx] gelblich; **~zucht** ['-zɔxt] Gelbsucht *f*.
ge|ëmailleerd [e-ma|je:rt] emailliert; **~ëmancipeerd** [-si⁺'-] emanzipiert.
geen kein; **~ enkel** (e) kein einzige(r, -s), keinerlei; **~szins** ['ɣe:nsɪns] keinesfalls.
geest Geist *m*; **de ~ geven** den Geist aufgeben; *in die* **~** in dem Sinne; *met tegenwoordigheid van* **~** geistesgegenwärtig; *zich voor de* **~** *halen* sich vergegenwärtigen; *voor de* **~** *staan* vorschweben.
geestdrift Begeisterung *f*; **~ig** [-'drɪftəx] begeistert.
geestelijk ['-tələk] geistig; geistlich; **~ gestoord** geistesgestört; **~e** Geistliche(r).
geestes|wetenschappen [-ve:tə(n)sxɑpə(n)] *pl* Geisteswissenschaften *f*/*pl*; **~ziek** geisteskrank.
geestig ['-təx] geistreich, witzig; **~heid** [-xɛit] (*-heden*) Witz *m*.
geest|rijk ['-rɛik] geistreich; *drank*: geistig; **~verschijning** ['-fərsxɛinɪŋ] Geistererscheinung *f*; **~verwant** geistesverwandt.
geeuwen ['ɣe:üə(n)] gähnen.
ge|ëxalteerd [-ɛksɑl'-] exaltiert, überspannt; **~feliciteerd** [-si⁺'te:rt] *van harte* **~**! herzlichen Glückwunsch!; **~fileerd** [ɣəfi⁺'le:rt] filetiert; **~flatteerd** [-'te:rt] schmeichelhaft; frisiert.
gefluister ['-flʌystər] *n* Geflüster *n*.
gefluit *n* Pfeifen *n*; Pfiff *m*.
gefortuneerd [-ty⁺'-] vermögend.
gefrustreerd [-frɔs'tre:rt] frustriert.
gegadigde [-'ɣa:dəɣdə] *m* of *f* Interessent(in *f*) *m*.
gegeven [ɣə'ɣe:və(n)] *n* (-s) Angabe *f*, Information *f*; Gegebenheit *f*; **~s** *pl mst* Daten *n*/*pl*; **~s-verwerking**: (*geautomatiseerde*) **~** (elektronische) Datenverarbeitung *f* (*afk* EDV).
ge|gil *n* Geschrei *n*; **~goed** [-'ɣut] wohlhabend, begütert; **~goten** [-'ɣo:tə(n)]: *als* **~** *zitten* wie angegossen sitzen; **~grond** [-'ɣrɔnt] begründet, triftig; **~haaid** [ɣə'ha:it] F gerissen, gewieft; **~haast 1.** eilig, hastig; **2.** *n* Hast *f*,

Gehetze *n*; **~haat** verhaßt; **~hakketak** [-'hɑkətɑk] *n* Gezänk *n*, Kleinkrieg *m*.
gehakt *n* Gehackte(s), Hackfleisch *n*; *balletje* **~** Klops *m*; *gebraden* **~** Hackbraten *m*, deutsches Beefsteak *n*; **~bal** Bulette *f*.
ge|halte *n* (-*s* of -*n*) Gehalt *m*; **~handicapt** ['hendi⁺kɛpt] behindert; **~hard** *fig* abgehärtet; **~harrewar** ['hɑrəvɑr] *n* Scherereien *f*/*pl*; Durcheinander *n*; **~hecht:** **~** *zijn aan* hängen an (*D*).
geheel [ɣə'he:l] **1.** ganz, gesamt; durchaus; **~ en al** ganz und gar, voll und ganz, samt und sonders; **2.** *n* Ganze(s); Gesamtheit *f*; *in het* (*of zijn*) **~** insgesamt; in Bausch und Bogen; *over 't* **~** im ganzen; **~onthouder** [-hɑudər] *m* Abstinenzler *m*.
geheim [-'hɛim] **1.** geheim, heimlich; **~e** (*inlichtingen*)*dienst* Geheimdienst *m*; **~e politie** Geheimpolizei *f*; **2.** *n* Geheimnis *n*; *geen* **~** *maken van* kein Geheimnis (*of* Hehl) machen aus (*D*); *in het* **~** insgeheim.
geheimhoud|en [-hɑüə(n)] geheimhalten, verheimlichen; **~ing** [-hɑudɪŋ] Geheimhaltung *f*, Verschwiegenheit *f*.
geheimzinnig [-'zɪnəx] geheimnisvoll; **~heid** [-xɛit] (*-heden*) Heimlichkeit *f*; Zwielicht *n*.
gehemelte [-'he:məltə] *n* (-*s* of -*n*) Gaumen *m*.
geheugen [-'hø:ɣ̃-] *n* (-s) Gedächtnis *n*; *comp* Speicher *m*; *elektronisch* **~** Elektronen(ge)hirn *n*; **~ruimte** [-rœymtə] *comp* Speicherkapazität *f*; **~verlies** *n* Gedächtnisschwund *m*.
gehoor *n* Gehör *n*; (*publiek*) Zuhörerschaft *f*; *geen* **~** *krijgen tel* keine Verbindung bekommen; *op het* **~** nach dem Gehör; *ten gehore brengen* zu Gehör bringen; **~apparaat** *n* Hörgerät *n*; **~s-afstand** Hörweite *f*; **~zaam** gehorsam; **~zaamheid** [-hɛit] Gehorsam *m*; **~zamen** gehorchen (*D*).
ge|horig [-'ho:rəx] hellhörig; **~hucht** [-'hʌxt] *n* Weiler *m*; **~huichel** [-'hœyxəl] *n* Heuchelei *f*; **~humeurd** [-hy⁺'mø:rt]: *goed* (*slecht*) **~** gutgelaunt (schlechtgelaunt); **~huwd** [-'hy⁺ȳt] verheiratet.
geil [ɣɛil] geil.
gein|tje *n* [-*s*] F Spaß *m*, Scherz *m*.
geïnteresseerde [ɣə⁺-ɪntɛrɛs'-] Interessent(in *f*) *m*.

geiser ['ɣɛizər] (-s) Durchlauferhitzer m; (bron) Geysir m.

geit [ɣɛit] f Ziege f (ook pers.), Geiß f; **~e·bok** m Ziegen-, Geißbock m.

ge|jaagdheid [-hɛit] Hast f, Hetze f; **~jakker** n Raserei f, Hetzerei f; **~jammer** n Gejammer n; **~jubel** [-'jyˑbəl] n, **~juich** [-'jœyx] n Jubel m.

gek 1. toll, verrückt, F bekloppt; irre; sonderbar; *(dat is) niet ~!* (das ist) nicht schlecht!; *dat is toch al te ~!* da hört doch alles auf!; *te ~!* F irre!; *~ maken* ook irremachen; *~ worden* ook überschnappen; *om ~ (van) te worden* zum Verrücktwerden; *~ zijn op* verrückt sein nach (D), scharf sein auf (A); **2.** m (-ken) Verrückte(r), Narr m, Tor m; *voor de ~ houden* zum Narren halten, auf den Arm nehmen.

ge|kakel [-'kaˑkəl] n Gackern n; *fig* Geschnatter n; **~kant:** *zijn tegen iets* gegen etw sein; **~karteld** [-'kartəlt] zackig; **~kef** [-'kɛf] n Gekläffe n.

gekheid [-'hɛit] (-heden) Unsinn m; Scherz m; Verrücktheit f; *~ maken* scherzen, spaßen; *alle ~ op een stokje!* Spaß beiseite!

gekibbel n Gezänk n, Zänkerei f.

gek|ken·huis [-həys] n Irrenhaus n; **~ken·werk** n Wahnsinn m; **~kin** [ɣɛkin] (-nen) f Verrückte f, Närrin f.

ge|klad [-'klɑt] n Geschmiere n; **~klap** n Geklatsche n; **~kleed** angezogen; kleidsam; **~klepper** n Geklapper n.

ge|klets [-'klɛts] n Geschwätz n, Klatsch m; **~kleurd** [-'kløːrt] farbig; *fig* gefärbt.

ge|klieder [-'kliˑdər] n Schmiererei f; **~kloofd** zerklüftet; *huid:* rissig, spröde; **~knars** [-'knɑrs] n Knirschen n; **~knetter** n Geknatter n; **~knoei** [-'knuˑi] n Pfuscherei f, Stümperei f; *(gemors)* Schmiererei f, Geschmiere n; *(bedrog)* Schwindel m; **~konfijt** [-'fɛit] kandiert.

ge|konkel n Kungelei f; **~kookt** gekocht; **~krabbel** n Gekritzel n; **~krakeel** [-'keːl] n Zänkerei f; **~kriebel** [-'kriˑbəl] n Gekritzel n; **~krioel** [-kriˑ'juˑl] n Gewimmel n; **~kruid** [-'krœyt] gewürzt, würzig; **~kruld** [-'krœlt] lockig.

gekscheren ['ɣɛksxeːr-] scherzen, spaßen.

gekuist [-'kœyst] gewählt; gesäubert.

gelaat n (-laten) Gesicht n, Antlitz n.

gelaats|kleur [-kløːr] Gesichtsfarbe f; **~trekken** pl Gesichtszüge m/pl; **~uit·drukking** [-əydrək-] Gesichtsausdruck m, Miene f.

gelach n Lachen n; Gelächter n.

gelag [-'lɑx] n Zeche f; Gelage n; **~ka·mer** Wirts-, Gaststube f.

gelang z. *naar (gelang)*.

gelanterfant [-'lɑntər-] n Bummelei f.

gelardeerd [-lɑr'deːrt] gespickt.

gelasten (-) befehlen, anordnen.

gelaten [-'laˑtə(n)] ergeben, resigniert; gelassen; **~heid** [-hɛit] Ergebenheit f, Resignation f, Gelassenheit f.

geld n Geld n; *vals ~* Falschgeld n; *vast ~* Festgeld n; *een hoop ~* ein Haufen (of e-e Menge) Geld; *te ~e maken* zu Geld machen; *hdl ook* realisieren; *voor geen ~ (ter wereld)* um keinen Preis.

geld|- *in samenst.* meist Geld-, *b.v.* **~auto·maat** (Bar-)Geldautomat m; **~beleg·ging** Geldanlage f; **~boete** [-'buˑtə] Geldstrafe f, -buße f; **~elijk** ['-ələk] finanziell.

gelden* *(als)* gelten (als); *(zich) doen ~* (sich) geltend machen; **~d** *ook* gültig.

geldgebrek ['-xəbrɛk] n Geldmangel m.

geldig ['-dəx] gültig; **~heid** ['-dəxɛit] Gültigkeit f; Geltung f.

gelding Geltung f; **~s·drang** Geltungsbedürfnis n.

geld|kwestie ['-küesti] Geldangelegenheit f; **~schaarste** ['-sxaːrstə] Geldknappheit f; **~schieter** [-sxiˑtər] m (-s) Geldgeber m; **~stuk** [-stək] n Geldstück n; **~wezen** n Geld-, Finanzwesen n; **~zucht** [-səxt] Geldgier f; **~zuive·ring** [-səvvər-] Währungsreform f.

geled|en [-'leːdə(n)]: *(een week) ~* vor (e-r Woche); *het is lang ~* es ist lange her; **~ing** Gliederung f.

geleerd gelehrt; **~e** Gelehrte(r); **~heid** [-hɛit] (-heden) Gelehrsamkeit f.

gelegaliseerd beglaubigt.

gelegen [-'leːɣə(n)]: *(zeer) gunstig ~* in bester Lage; *er is mij veel aan ~* es liegt mir viel daran; **~heid** [-hɛit] (-heden) Gelegenheit f, Anlaß m; Raum m; *(eet~, drink~)* Lokal n.

gelei [ʒə'lɛi] Gelee m.

ge|leide [-'lɛidə] n Geleit n; **~lijk** [-dələk] allmählich; **~n** (-) geleiten; *el.*, *fys* leiten; **~r** (-s) *fys* Leiter m.

ge|letterd [-'lɛtərt] studiert, gebildet;

~leuter [-'lø:tər] *n* Gefasel *n*, Geschwafel *n*; **~lid** *n (gelederen)* Glied *n*.

geliefd geliebt; beliebt.

geliefkoosd beliebt; bevorzugt.

gelieven (-) belieben; **gelieve** bitte.

gelig ['ɣ̊e:ləx] gelblich.

gelijk¹ [-'lɛik] gleich; *(zoals mst)* wie; **~ wat** sonstwas; **~ wie** sonstwer.

gelijk² *n*: **~ hebben** recht haben, im Recht sein; **iem ~ geven** j-m recht geben; **~ krijgen** recht bekommen *(of* behalten).

gelijk|en [-'lɛik-] (-) *(op)* gleichen *(D)*; **~enis** *(-sen)* Ähnlichkeit *f*; Gleichnis *n*, Parabel *f*; **~heid** [-hɛit] Gleichheit *f*; Gleichberechtigung *f*; Ebenheit *f*; **~lopen** parallel verlaufen; *horloge*: richtig gehen.

gelijkmak|en gleichmachen; *sp* ausgleichen; **~er** *sp* Ausgleich(streffer) *m*.

gelijk|matig [-'ma:təx] gleichmäßig; **~soortig** [-'so:rtəx] gleichartig, ähnlich; **~spel** *n* Unentschieden *n*; **~staan: ~ met** gleichkommen *(D)*; **~stellen** gleichstellen; *(met)* gleichsetzen (mit *D*); **~stroom** Gleichstrom *m*; **~tijdig** [-'tɛidəx] gleichzeitig; **~vloers** [-'flu:rs] ebenerdig, zu ebener Erde; **~ wonen** im Erdgeschoß wohnen; **~vormig** [-'fɔrməx] gleichförmig; **~waardig** [-'va:rdəx] gleichwertig, ebenbürtig *(D)*; **~zetten** *horloge* richtig stellen.

ge|lijnd [-'lɛint], **~linieerd** [-li·ni·'je:rt] liniert; **~loei** [-'lu·i] *n* Muhen *n*; *fig* Gebrüll *n*, Geheul *n*.

gelofte [-'lɔftə] *f* Gelübde *n*, Gelöbnis *n*.

gelood verbleit.

geloof *n* (-loven) (in) Glaube *m* (an *A*); *(godsdienst ook)* Religion *f*, Bekenntnis *n*; **op ~** auf Treu und Glauben; **~s·belijdenis** [-lɛidənɪs] Glaubensbekenntnis *n*; **~s·brieven** *pl* Beglaubigungsschreiben *n*; **~waardig** [-'va:rdəx] glaubhaft, glaubwürdig.

gelov|en (-) *(aan of in)* glauben (an *A*); **zijn ogen niet ~** s-n Augen nicht trauen; **ik geloof van wel** ich glaube ja *(of* schon); **~ig** [-'lo:ɣəx] gläubig; **~ige** Gläubige(r).

gelui ['ɣ̊ə·ləy] *n* Geläut *n*.

geluid *n* Schall *m*; Laut *m*; Geräusch *n*; **~dicht** schalldicht; **~loos** geräuschlos.

geluids|arm geräuscharm; **~band** Tonband *n*; **~demper** Schalldämpfer *m*; **~film** Tonfilm *m*; **~hinder** Lärmbelästigung *f*; **~ingenieur** [-ʒe·niø:r] *m* Toningenieur *m*; **~installatie** [-la:(t)si·] Stereoanlage *f*; **~isolatie** [-la:(t)si·] Lärmschutz *m*; **~muur** [-my:r] Schallmauer *f*; **~snelheid** [-hɛit] Schallgeschwindigkeit *f*; **~storing** Tonstörung *f*; **~versterker** Tonverstärker *m*; **~wal** Lärmschutzwall *m*.

geluimd [-'lœymt] gelaunt, aufgelegt.

geluk [-'lœk] *n* Glück *n*; **op goed ~** auf gut Glück; **~aanbrengend** glückbringend; **~je** *n* (-s) Glücksfall *m*; **~ken** (-; *zn*) gelingen *(D)*, glücken *(D)*; **~kig** [-kəx] glücklich; *adv* glücklicherweise, zum Glück; **~ maken** *ook* beglücken.

geluks|dag [-dax] Glückstag *m*; **~vogel** Glückskind *n*, -pilz *m*.

gelukwens Glückwunsch *m*, Gratulation *f*; **~en** *(met)* beglückwünschen (zu *D*), gratulieren *(D)* (zu *D*); **~er** *m* (-s) Gratulant *m*; **~telegram** *n* Glückwunschtelegramm *n*.

gelukzalig [-'sa:ləx] glückselig; **~heid** [-xɛit] *(-heden)* Glückseligkeit *f*.

gemaakt gekünstelt, geziert; gespielt.

gemaal¹ [-'ma:l] *m (-malen)* Gemahl *m*.

gemaal² *n (-malen)* Schöpfwerk *n*.

gemachtigde ['maxtəɣdə] Bevollmächtigte(r).

gemak *n* (-ken) Bequemlichkeit *f*; Leichtigkeit *f*; Annehmlichkeit *f*; **op zijn ~** gemächlich, behäbig; **zich op zijn ~ voelen** sich wohl fühlen; **~kelijk** [-kələk] leicht, einfach; bequem.

gemakzucht [-sœxt] Bequemlichkeit *f*; **~ig** [-'sœxtəx] bequem.

gemalin [·ma·'lɪn] *f (-nen)* Gemahlin *f*.

ge|marineerd [-'ne:rt] mariniert; **~ vlees** *n ook* Sauerbraten *m*; **~matigd** [-'ma:təxt] gemäßigt; maßvoll.

gember Ingwer *m*.

gemeen gemein, niederträchtig; gemein(sam); **iets met iem ~ hebben** etw mit j-m gemein haben; **~goed** [-ɣ̊u·t] *n* (All-)Gemeingut *n*; **~heid** [-hɛit] *(-heden)* Gemeinheit *f*; **~lijk** [-lək] gemeinhin; **~plaats** Gemeinplatz *m*.

gemeenschap [-sxap] *(-pen)* Gemeinschaft *f*; Allgemeinheit *f*, Gemeinwesen *n*; *(seksueel)* Verkehr *m*; **~ van goederen** Gütergemeinschaft *f*; **~pelijk** [-'sxapələk] gemeinsam, gemeinschaftlich; **~s·zin** Gemeinschaftssinn *m*.

gemeente (-*n of* -*s*) Gemeinde *f*, Kommune *f*; Stadt *f*; *rel* (Kirchen-)Gemeinde *f*; **~administratie** [-stra:(t)si'] Gemeindeverwaltung *f*; **~bedrijven** [-dreiv̧ə(n)] *n*/*pl* Stadtwerke *n*/*pl*; **~bestuur** [-bəsty:r] *n* Gemeindeverwaltung *f*; **~huis** [-həys] *n* Gemeindeamt *n*, Rathaus *n*; **~lijk** [-tələk] kommunal.
gemeenteraad Gemeinde-, Stadtrat *m*; **~s-lid** *n* Gemeinderat *m*, Stadtverordnete(r); **~s-verkiezingen** *pl* Gemeinde-, Kommunalwahl(en *pl*) *f*.
gemeenzaam vertraulich, familiär.
gemêleerd [-me'le:rt] meliert.
gemelijk ['ɣe:mələk] griesgrämig.
gemeubileerd [-mø:bi'-] möbliert.
gemiddeld durchschnittlich; mittlere; *adv ook* im (Durch-)Schnitt; **~e** *n* (-*n of* -*s*) Durchschnitt *m*.
gemis [-'mis] *n* Mangel *m*.
gemoed [-'mu:t] *n* (-*eren*) Gemüt *n*; **~elijk** [-dələk] geruhsam; gemütlich.
gemoedsgesteldheid [-xəstεltheit] (Gemüts-)Verfassung *f*; **~rust** [-rəst] Gemüts-, Seelenruhe *f*.
ge|moeid [-'mu:it]: *ermee ~ zijn* gehen um (A); **~mompel** [-mompəl] *n* Gemurmel *n*; **~mopper**, **~mor** *n* Gemurre *n*.
gems *f of m* (*gemzen*) Gemse *f*.
gen [ɣεn] *n* Gen *n*.
genaamd namens.
genade Gnade *f*; **~loos** gnadenlos; **~slag** [-slax] Gnadenstoß *m*.
genadig [-'na:dəx] gnädig; *er ~ afkomen* glimpflich davonkommen.
genationaliseerd [-na(t)sio'-] verstaatlicht.
gendarme [ʒã'-] *m* (-*s of* -*n*) Polizist *m*.
genees|heer *m* Arzt *m*; *controlerend* **~** Vertrauensarzt *m*; **~kracht** Heilkraft *f*, -wirkung *f*; **~krachtig** [-'krɑxtəx] heilkräftig; **~e bron** Heilquelle *f*.
geneeskund|e [-'kεndə] Medizin *f*; **~ig** [-'kεndəx] medizinisch, ärztlich; **~ige** Arzt *m*, Ärztin *f*; Heilpraktiker(in *f*) *m*.
genees|lijk [-lək] heilbar; **~methode** Heilverfahren *n*, -methode *f*; **~middel** *n* Heil-, Arzneimittel *n*; **~universeel ~** Allheilmittel *n*.
genegen [-'ne:ɣə(n)] geneigt; zugetan (*D*), zugeneigt (*D*); **~** *zijn* geneigt sein (*of* gewillt) sein; **~heid** [-heit] (-*heden*) (Zu-)Neigung *f*.
geneigd [-'neixt] geneigt, willens.

genen-onderzoek ['ɣe:nənɔndərzu:k] *n* Genforschung *f*.
generaal[1] [ɣe'na:-] *m* (-*s*) General *m*.
generaal[2]: *generale staf* Generalstab *m*; *generale repetitie* Generalprobe *f*.
generatie [-'ra:(t)si] (-*s*) Generation *f*.
generator [-'ra:tɔr] (-*s of* -*en* [-'to:-]) Generator *m*.
genereus [ɣe:nə'rø:s] generös.
generen [ʒə'ne:r-]: *zich ~* sich genieren.
generlei ['ɣe:nərlei] keinerlei.
genetic engineering [ʒə'nεtık ınʒə-'ni:rıŋ] Gentechnologie *f*.
genetisch [ɣe:'ne:tis] genetisch.
geneugte [-'nø:xtə] Vergnügen *n*; Genuß *m*.
Genève [ʒə'nε:və] *n* Genf *n*; *meer* *n* *van* **~** Genfer See *m*.
genez|en* (-) *v*/*i* (*zn*) *en v*/*t* heilen, kurieren; ausheilen; *v*/*i ook* genesen; **~ing** Heilung *f*, Genesung *f*.
gen|iaal [ɣe:ni'ja:l] genial; **~ialiteit** [-'tεit] Genialität *f*; **~ie** [ʒə'ni] *n* (-*ën*) Genie *n*.
geniepig [-'ni:pəx] (heim)tückisch.
geniet|en* (-) *(van)* genießen; *salaris* beziehen; *ten volle ~ van* auskosten; **~er** (**~ster**) *f*) *m* (-*s*) Genießer(in *f*) *m*; **~ing** [ɣə'ni:tıŋ] Genuß *m*.
genitief ['ɣe:niti'f] (-*tieven*) Genitiv *m*.
genodigde [-'no:dəɣdə] Gast *m*.
genoeg [-'nu:x] genug; *het is ~ ook* reicht; *~ hebben van iets* etw satt haben, e-r Sache überdrüssig sein; *~ krijgen van iets* etw satt bekommen; **~doening** Genugtuung *f*; **~en** [-'nu:ɣə(n)] *n* (-*s*) Vergnügen *n*, Vergnügung *f*; Annehmlichkeit *f*; Gefallen *m*; **~nemen met** sich begnügen mit (*D*); **~lijk** [-lək] vergnüglich, vergnügt, gemütlich; **~zaam** [-sa:m] genügend, sattsam.
genootschap [-sxɑp] *n* (-*pen*) Gesellschaft *f*, Verein *m*.
genot *f* Genuß *m*; *met ~ ook* genüßlich; **~middel** *n* Genußmittel *n*; **~zucht** [-sɔxt] Genußsucht *f*.
gent [ɣεnt] *m* Gänserich *m*; **~iaan** [ɣεntsi'ja:n] (-*tianen*) Enzian *m*.
genus ['ɣe:nəs] *n* (*genera*) Genus *n*.
geoefend [ɣə'u:fənt] geübt.
geografi|e [ɣe:o'ɣra:'fi] Geographie *f*; **~sch** [-'ɣra:fi:s] geographisch.
geo|logisch [-'lo:ɣi:s] geologisch; **~metrisch** [-'me:tri:s] geometrisch.

geoorloofd 104

ge|oorloofd zulässig, statthaft; **~opend** ['-|o:pənt] geöffnet; **~paard** paarig; verbunden; **~ gaan met** einhergehen mit (D); **~paneerd** paniert; **~passioneerd** [-pasĭo'-] passioniert; **~past** passend; abgezählt; (*betamelijk*) schicklich; **~peins** ['-pɛins] n Sinnen n; **~pekeld** ['-pe:kəlt] gepökelt; **~pensioneerd** [-pensĭo'-] Rentner(in f) m, Pensionär(in f) m; **~peperd** ['-pe:pərt] gepfeffert; *prijs ook:* gesalzen; **~peupel** ['-pø:pəl] n Pöbel m, (Lumpen-)Gesindel n, Pack n; **~pieker** [-'pi:kər] n Grübelei f; **~pikeerd** [-'ke:rt] pikiert; **~plisseerd** plissiert; **~ploeter** [-'plu:tər] n Schinderei f; **~plooid** [-'plo:it] faltig, gefaltet; **~polijst** [-'lɛist] *fig* geschliffen.

ge|praat n Geplauder n; Gerede n; **~prefabriceerd** [-pre'fabri'se:rt] vorgefertigt; ~ *huis* n Fertighaus n; **~prikkeld** gereizt; **~prononceerd** [-'se:rt] prononciert, ausgeprägt, ausgesprochen; **~pruts** ['-prœts] n Bastelei f; *pej* Stümperei f, Pfuscherei f; **~raakt** getroffen; gereizt; **~raamte** n (-s of -n) Gerippe n, Skelett n; *fig ook* Gerüst n.

ge|raas n Getöse n, Gepolter n; Raserei f; **~radbraakt** [-'rad-] geradebrecht.

geraden [-'ra:də(n)] geraten, ratsam.

geraken (-; *zn*) gelangen, geraten.

gerammel n Geklapper n; Gerassel n.

geranium [ɣə'ra:ni·(j)əm] (-s) Geranie f.

gerant [ʒe·'ra:] m (-s) Geschäftsführer m.

gerecht n Gericht n (*ook jur*), Speise f; **~elijk** [-tələk] gerichtlich; **~e weg** Rechts-, Gerichtsweg m; **~igd** [-təxt] berechtigt; **~ig·heid** [-xɛit] Gerechtigkeit f.

gerechts|- *in samenst.* mst Gerichts-, *b.v.* **~gebouw** [-xəbaŭ] n Gericht(sgebäude) n; **~hof** [-hof] n Gerichtshof m.

gerechtvaardigd [-'fa:rdəxt] berechtigt, gerechtfertigt.

gereed [ɣə're:t] fertig, bereit; **~heid** [-hɛit] Bereitschaft f; **~houden** [-haŭ-ə(n)] bereithalten; **~komen** fertig werden; **~maken** [-ma:kə(n)] (*zich*) (sich) fertigmachen; (sich) rüsten; **~schap** [-sxap] n (*-pen*) Gerät n, Werkzeug n; **~schaps·kist** Werkzeugkasten m.

ge|reformeerd [-re·for'-] kalvinistisch; **~regeld** [-re·ɣəlt] geregelt, regelmäßig; *adv ook* durchweg; *mil* regulär; **~rei** [-'rɛi] n Sachen f/pl; **~remd** gehemmt; **~renommeerd** [-'me:rt] renommiert; **~reserveerd** reserviert; **~richt** gezielt; **~riefelijk** [-'ri:fələk] bequem, komfortabel; *huis:* wohnlich; **~rimpeld** runz(e)lig, faltig.

gering gering; geringfügig; **~schattend** [-sxatənt] gering-, abschätzig; **~schatting** Geringschätzung f.

gerinkel [-'rɪŋkəl] n Geklirr n.

Germaan [ɣɛr'-] m (-*manen*) Germane m; **~s** germanisch.

germanis|me [-'nɪsmə] n Germanismus m; **~tiek** [-'ti·k] Germanistik f.

geroddel [ɣə'rɔdəl] n Tratsch m.

geroep ['-ru·p] n Rufen n; **~en:** *zich ~ voelen* sich berufen fühlen.

ge|roezemoes ['-ru·zəmu·s] n (Stimmen-)Gewirr n; **~roosterd** geröstet; **~routineerd** [-ru·ti·'ne:rt] routiniert.

gerst Gerste f; **~e·korrel** [ɣɛrstə-] n Gerstenkorn n (*ook med*); (*gepelde*) ~ Graupe f.

gerucht ['-rɔxt] n Gerücht n; (*geluid*) Geräusch n, Lärm m.

geruim ['-rœym] n geraum; *sinds ~e tijd* *ook* seit längerem.

geruis ['-rœys] n Geräusch n; (*van wind etc.*) Rauschen n; **~loos** geräuschlos.

geruit ['-rœyt] kariert.

gerust ['-rœst] ruhig; unbesorgt, getrost; **~stellen** beruhigen; *om U gerust te stellen* zu Ihrer Beruhigung; **~stelling** Beruhigung f.

ge|ruzie ['-ry·zi·] n Streiterei(en pl) f, Zänkerei f; **~salarieerde** ['-ri·e:rdə] Gehaltsempfänger(in f) m; **~scharrel** ['-sxarəl] n Gescharre n; Techtelmechtel n; **~schater** ['-sxa:tər] n schallendes Gelächter n; **~scheiden** ['-sxɛid-] getrennt; geschieden; **~scheld** ['-sxɛlt] n Geschimpfe n; **~schenk** n Geschenk n.

geschept ['-sxɛpt]: ~ *papier* n Büttenpapier n.

geschied|en ['-sxi·d-] (-; *zn*) geschehen; **~enis** ['-sxi·dənɪs] (-*sen*) Geschichte f.

geschiedkundig ['-kɔndəx] geschichtlich; **~e** Historiker(in f) m.

geschikt geeignet, tauglich; ~ *zijn voor* *ook* taugen für (D); **~heid** (-*heden*) Eignung f, Tauglichkeit f; Befähigung f.

geschil ['-sxɪl] n (-*len*) Konflikt m, Streitigkeit f; **~punt** [-pɔnt] n Streitfrage f.

geschoold ['-sxo:lt] geschult, gelernt; ~ *arbeider* m Facharbeiter m.

ge|schreeuw [-'sxre:ü] n Geschrei n; ~schrift n Schriftstück n; Schrift f; ~schubd [-'sxøpt] schuppig; ~schut [-'sxøt] n Geschütz n.
gesel ['ɣe:səl] (-s of -en) Geißel f; ~en geißeln (ook fig), peitschen.
ge|sjacher [-'ʃaxər] n Schacher m; ~sjouw [-'ʃaũ] n Schlepperei f; fig Plakkerei f; ~slaagd [-'sla:xt] gelungen, erfolgreich.
geslacht n Geschlecht n; gr ook Genus n; biol Gattung f; ~elijk [-tələk] geschlechtlich.
geslachts|daad Geschlechtsakt m; ~delen [-de:lə(n)] n/pl Geschlechtsteile n/pl, Genitalien n/pl; ~gemeenschap [-sxap] Geschlechtsverkehr m; ~ziekte Geschlechtskrankheit f.
ge|slepen [-'sle:p-] geschliffen, fig gerieben, durchtrieben, verschlagen; ~sleur [-'sløːr] n Schlepperei f; ~snater [-'sna:tər] n Geschnatter n; ~sneuvelde [-'snø:vəldə] Gefallene(r).
gesp Schnalle f, Spange f.
ge|spannen gespannt; ~speend: ~ van bar (G).
gespen ['ɣespə(n)] (an)schnallen.
ge|spierd muskulös, sehnig, drahtig; fig kernig, markig; ~spikkeld [-'spikəlt] gespenkelt, meliert; ~spleten [-'sple:t-] gespalten, gekliftet; ~spot [-'spɔt] n Gespött n.
gesprek [-'sprɛk] n (-ken) Gespräch n; in ~ tel besetzt; ~ van de dag Tagesgespräch n; ~s•eenheid Gebühreneinheit f; ~s•stof Gesprächsstoff m.
ge|spuis [-'spœys] n (Lumpen-)Gesindel n, (Lumpen-)Pack n; ~staag [-'sta:x], ~stadig [-'sta:dəx] (be)ständig, stet(ig); ~stalte (-n of -s) Gestalt f, Statur f; Wuchs m; ~stand: ~ doen erfüllen.
geste ['ʒɛstə] (-s) Geste f.
ge|steente n (-n of -s) Gestein n; ~stel [-'stɛl] n (-len) Konstitution f.
gesteld bestellt; ~ (het geval) dat angenommen, daß, gesetzt den Fall, daß; ~ zijn met bestellt sein um (A); ~ zijn op großen Wert legen auf (A); ~heid [-ɦeit] (-heden) Zustand m, Beschaffenheit f, Verfassung f.
ge|stemd [-'stɛmt] gestimmt, aufgelegt; ~sternte n Gestirn n; ~sticht n Stift n; ~stippeld punktiert, gefleckt; ~stoffeerd: ~e meubelen n/pl Polstermöbel n/pl; ~stommel n Gepolter n; ~stoofd: ~ vlees n Schmorbraten m; ~stook n fig Hetze f; ~stoord gestört (ook fig); ~streept gestreift.
gestreng streng; ~heid [-ɦeit] (-heden) Strenge f.
gestroomlijnd [-leint] stromlinienförmig.
getal [-'tal] n (-len) Zahl f; in groten ~e in großer Zahl.
getalenteerd talentiert, talentvoll.
getalsterkte (zahlenmäßige) Stärke f.
ge|tand zackig, gezahnt; ~tier [-'ti:r] n Getobe n, Gebrüll n; (gejammer) Gezeter n; ~tijden [-'tɛi-] n/pl Gezeiten f/pl; ~tikt F beklopt; ~tint getönt; fig gefärbt; ~tintel [-'tintəl] n Prickeln n; Funkeln n; ~tjilp [-'tʃil(ə)p] n Gezwitscher n; ~tob [-'tɔp] n Grübelei f; (gezwoeg) Plackerei f; ~touw [-'taũ] n Webstuhl m; ~troffen getroffen; betroffen; ~troosten (-): zich ~ auf sich nehmen; ~trouw [-'traũ] (ge)treu; ~trouwd verheiratet.
getuige [-'tœyɣə] m of f Zeuge m, Zeugin f; ~n (-) zeugen; bezeugen; ~nis [-ɣənis] n of f (-sen), ~n•verklaring (Zeugen-)Aussage f, Zeugnis n.
getuigschrift [-sxrift] n Zeugnis n.
geul [ɣø:l] Rinne f.
geur [ɣø:r] Geruch m; Duft m; ~en duften.
gevaar n (-varen) Gefahr f; buiten ~ außer Gefahr; op het ~ af auf die Gefahr hin; ~lijk [-lək] gefährlich; ~te n (-n of -s) Ungetüm n, Koloß m.
geval n Fall m; Vorfall m; speciaal ~ Sonderfall m; in elk (of ieder) ~ auf jeden Fall, jedenfalls; unbedingt; sowieso; in geen ~ auf keinen Fall, keinesfalls; in het gunstigste ~ bestenfalls; in ~ van nood (oorlog) im Notfall (Kriegs-, Ernstfall).
gevangen|e Gefangene(r); ~is (-sen) Gefängnis n; ~neming [-ne:mɪŋ] Gefangennahme f, Verhaftung f.
ge|varendriehoek [-hu·k] Warndreieck n; ~vat [ɣə'vat] fig schlagfertig.
gevecht n Kampf m; Gefecht n; buiten ~ stellen außer Gefecht setzen, kampfunfähig machen; ~s•klaar kampfbereit; ~s•vliegtuig [-fli·xtœyx] Kampfflugzeug n.
ge|vederd [-'ve:dərt] gefiedert; ~te n Gefieder n.

gevel ['ɣe:vəl] (-s) Fassade *f*.

geven* geben; schenken, spenden; *voorrang* einräumen; (*verlenen ook*) erteilen; hergeben; *med ook* verabreichen; *slag ook* versetzen, verpassen; *rondje* F *ook* schmeißen; *dat geeft niets* das macht nichts (aus), das schadet nichts; *iem er een ~ fig* j-m e-e herunterhauen; *niets ~ om* sich nichts machen aus (*D*).

gever *m* (-s) Geber *m*; Spender *m*.

ge|verfd: pas ~ frisch gestrichen; **~vestigd** [-'vɛstəxt] etabliert; *~ in* ansässig in (*D*); **~vlekt** fleckig, gefleckt, scheckig; **~vleugeld** ['vløːɣəlt] geflügelt.

gevoel [-'vuːl] *n* (-ens) Gefühl *n*, Empfindung *f*; (*feeling ook*) Gespür *n*; *op het ~* (*af*) nach dem Gefühl; **~en** (-) fühlen, empfinden; *zich doen ~* sich bemerkbar machen; **~ig** [-ləx] gefühlvoll; ~ (*voor*) empfindlich (gegen *A*); sensibel; **~ig·heid** [-ləxɛit] (*-heden*) Empfindlichkeit *f*; **~loos** unempfindlich; *fig* gefühllos; *ledematen ook*: taub; **~s·leven** *n* Gefühlsleben *n*; **~s·mens** *m* Gefühls-, Gemütsmensch *m*.

gevogelte *n* Geflügel *n*.

gevolg *n* Folge *f*; (*escorte*) Gefolge *n*; *tot ~ hebben* zur Folge haben, nach sich ziehen; **~trekking** (Schluß-)Folgerung *f*, Schluß *m*; *verkeerde ~* Fehl-, Trugschluß *m*.

ge|volmachtigde [-təɣdə] Bevollmächtigte(r), Beauftragte(r); *bijzonder ~* Sonderbeauftragte(r); **~vorderd** fortgeschritten; **~waad** *n* (-*waden*) Gewand *n* (*ook fig*); **~waagd** [-'va:xt] gewagt (*ook fig*); **~waand** vermeintlich.

gewaarworden gewahr werden, merken, verspüren; **~ing** Empfindung *f*.

gewag [-'vɑx]: *~ maken van* erwähnen.

gewapend [-'va:pənt] bewaffnet; *fig* gewappnet; *tech* armiert.

gewas [ɣə'vɑs] *n* (-*sen*) Gewächs *n*.

gewauwel ['vɑũəl] *n* F Geschwafel *n*.

geweer *n* (-*weren*) Gewehr *n*, Flinte *f*; **~kolf** Gewehrkolben *m*.

gewei [-'vɛi] *n* Geweih *n*.

geweld *n* Gewalt *f*; *~ aandoen fig ook* vergewaltigen; **~daad** Gewaltakt *m*, -tat *f*; **~dadig** [-'da:dəx] gewalttätig; gewaltsam; **~ig** [-dəx] gewaltig, mächtig; F (*tof*) toll, sagenhaft; **~loosheid** [-'lo:shɛit] Gewaltlosigkeit *f*.

gewelf *n* (-*welven*) Gewölbe *n*.

ge|wemel [-'ve:məl] *n* Gewimmel *n*; **~wend** gewohnt; *iets ~ zijn* etw gewohnt sein, an etw gewohnt sein; **~wenning** Gewöhnung *f*; **~wenst** er-, gewünscht, erstrebenswert.

gewest *n* Region *f*, Landschaft *f*; *regional*; (*dialectisch*) landschaftlich.

geweten [-'ve:tə(n)] *n* (-s) Gewissen *n*; **~loos** gewissenlos; **~s·bezwaren** *n/pl* Skrupel *m/pl*, Gewissensgründe *m/pl*; **~s·vol** gewissenhaft; **~s·vrijheid** [-frɛi̯hɛit] Gewissensfreiheit *f*; **~s·wroeging** [-fruːɣɪŋ] Gewissensbisse *m/pl*.

ge|wettigd [-'vɛtəxt] berechtigt, begründet; **~wezen** [-'ve:zə(n)] ehemalig.

gewicht *n* Gewicht *n*; Schwere *f*, Wucht *f*; *totaal ~* Gesamtgewicht *n*; **~heffen** *n* Gewichtheben *n*.

gewichtig [-təx] (ge)wichtig; *~ doen* sich wichtig machen; **~doenerig** [-duːnərəx] wichtigtuerisch; **~doenerij** [-'rɛi̯] Wichtigtuerei *f*.

gewicht|loos schwerelos; **~s·verlies** *n* Gewichtsverlust *m*; *hdl* Schwund *m*; **~s·vermindering** Gewichtsabnahme *f*.

ge|wiekst gerieben, gewieft; **~wijd** [-'vɛit] geweiht; heilig; **~wild** gefragt, begehrt; *fig* gekünstelt, gewollt; **~willig** [-ləx] willig; **~woel** [-'vuːl] *n* Getümmel *n*, Gewühl *n*.

gewond verletzt; *~ raken* verletzt werden, zu Schaden kommen; **~e** Verwundete(r), Verletzte(r).

gewoon gewöhnlich; gewohnt; einfach; *iets ~ zijn* etw gewohnt sein; **~lijk** [-lək] gewöhnlich; **~te** (*-s of -n*) Gewohnheit *f*, Brauch *m*; Gebrauch *m*; *slechte ~* Unsitte *f*; (*als*) *naar ~* gewohnheitsgemäß; *uit ~* gewohnheitsmäßig; **~recht** *n* Gewohnheitsrecht *n*; **~weg** [-vɛx] einfach, geradezu.

gewricht [-'vrɪxt] *n* Gelenk *n*.

gezag [-'zɑx] *n* Autorität *f*; Gewalt *f*, Macht *f*; **~hebbend** maßgeblich; **~voerder** [-fuːrdər] *m* (-s) *mar* (Schiffs-)Kapitän *m*; *vlgw* Flugkapitän *m*.

gezamenlijk [-'za:mələk] gemeinsam; gesamt.

gezang *n* Gesang *m*; **~boek** [-buk] *n* Gesangbuch *n*.

gezanik [-'za:nək] *n* Gequengel *n*.

gezant *m* Gesandte(r); **~schap** [-sxɑp] *n* (-*pen*) Gesandtschaft *f*.

gezapig [-'za:pəx] gemächlich.

gezegde *n* (*-n of -s*) das Gesagte, Äußerung *f*; Redensart *f*; *gr* Prädikat *n*.

gezel *m* (*-len*) Gefährte *m*; Geselle *m*.

gezellig [-'zɛləx] gemütlich; gesellig; **~heid** [-xɛɪt] Gemütlichkeit *f*.

gezellin [-'lɪn] *f* (*-nen*) Gefährtin *f*.

gezelschap [-sxɑp] *n* (*-pen*) Gesellschaft *f*; *thea* Truppe *f*; **~s·dame** *f* Gesellschafterin *f*.

gezet [-'zɛt] rundlich; regelmäßig.

gezeur [-'zø·r] *n* Gequengel *n*.

gezicht *n* Gesicht *n*, Miene *f*; Anblick *m*; Aussicht *f*; **een ~ trekken** ein Gesicht machen; **in (buiten) het ~** in (außer) Sichtweite; **van ~ kennen** von Sehen; **op het eerste ~** auf den ersten Blick.

gezichts|einder [-ɛɪndər] (*-s*) Horizont *m*; **~hoek** [-hu·k] *m* Gesichtswinkel *m*; *fig* Blickwinkel *m*; **~punt** [-pønt] *n* Gesichtspunkt *m*; **~veld** *n* Blickfeld *n*; **~vermogen** *n* Sehvermögen *n*, -kraft *f*; **~zwakte** *f* Sehschwäche *f*.

gezien 1. angesehen; **niet erg ~** mißliebig; unbeliebt; **2.** *prep* angesichts (*G*).

gezin *n* (*-nen*) Familie *f*; **groot ~** kinderreiche Familie *f*.

gezind gesinnt; gesonnen; gelaunt; **~heid** [-hɛɪt] (*-heden*) Gesinnung *f*; **~te** (*-n of -s*) Konfession *f*.

gezins|bijdrage [-bɛɪdra·ɣə] Kirchgeld *n*; **~leven** *n* Familienleben *n*; **~lid** *n* Familienangehörige(r); **~planning** [-plɛn-] *f* Familienplanung *f*; **~verpakking** Familienpackung *f*; **~vriendelijk** [-lək] familienfreundlich.

gezocht gesucht; gefragt.

gezoek [-'zu·k] *n* Sucherei *f*.

gezond gesund; **~ worden** *ook* gesunden; **~ verstand** *n* gesunder Menschenverstand *m*.

gezondheid [-hɛɪt] Gesundheit *f*; (**op Uw**) **~!** prosit!; **op iemands ~ drinken** auf jemands Wohl (*of* Gesundheit) trinken, j-m zutrinken; **schadelijk voor de ~** gesundheitsschädlich, -gefährdend; **~s·beleid** *n* Gesundheitspolitik *f*; **~s·dienst** Gesundheitsamt *n*; **~s·zorg** Gesundheitspflege *f*; Gesundheitswesen *n*.

ge|zondmaking Gesundung *f*; **~zouten** [-'zɑutə(n)] gesalzen; **~zuip** [-'zœyp] *n* P Sauferei *f*; **~zwam** *n* Gequassel *n*; **~zwel** *n* (*-len*) Geschwulst *n*; **~zwoeg** [-'zu·x] *n* Schinderei *f*, Plackerei *f*; **~zwollen** [-'zʊlə(n)] geschwollen; *fig ook* schwülstig; **~zworene** [-'zʊo:rənə] Geschworene(r).

gids *m* of *f* Führer(in *f*) *m*; Pfadfinderin *f*, **~en** führen.

giechelen [ɣi·xələ(n)] kichern.

gier 1. *m* Geier *m*; **2.** (*mest*) Jauche *f*.

gieren sausen, wiehern, lachen.

gierig ['-rəx] geizig; **~aard** *m* (*-s*) Geizhals *m*; **~heid** [-xɛɪt] Geiz *m*.

gierst Hirse *f*.

giet|en* gießen, schütten; **het** (**regent dat het**) **giet** es gießt (in Strömen); **~er** (*-s*) Gießkanne *f*; **~erij** [-'rɛɪ] Gießerei *f*; **~ijzer** [-'ɛɪzər] *n* Gußeisen *n*; **~vorm** Guß-, Gießform *f*.

gif *n* Gift *n*; **~belt** Giftmülldeponie *f*.

gift[1] Gabe *f*, Geschenk *n*; Spende *f*.

gift[2] *n* Gift *n*.

giftig ['-təx] giftig; **~e stoffen** *pl* Giftstoffe *m/pl*.

gigantisch [-'ɣɑnti·s] gigantisch.

gij [ɣɛɪ; ɣə] du; ihr; Sie.

gijzel|aar(ster) *f* ['ɣɛɪzəl-] *m* (*-s*) Geisel *f*; **~en** zur Geisel nehmen; **~ing** Geiselnahme *f*; **~nemer** *m* (*-s*) Geiselnehmer *m*.

gil (*-len*) (Auf-)Schrei *m*.

gild *n*, **~e** *n* of *f* Zunft *f*, Gilde *f*.

gillen schreien, kreischen.

gin [dʒɪn] (*-s*) Gin *m*.

gind|er, **~s** dort; drüben.

gips (*-en*); **in het ~ zetten** (ein)gipsen; **~en** gipsen; **~verband** *n* Gipsverband *m*.

girorekening ['ɣi·ro:re:kən-] (Post-)Girokonto *n*.

gispen rügen.

giss|en mutmaßen, vermuten, rätseln; **~ing** Vermutung *f*, Mutmaßung *f*.

gist Hefe *f*; **~deeg** *n* Hefeteig *m*; **~en** gären (*ook fig*).

gister|en ['ɣɪstərə(n)] gestern; **~(en)-avond** [-a·vɔnt] gestern abend.

gisting ['ɣɪstɪŋ] Gärung *f*.

gitaar [ɣi·'-] (*-taren*) Gitarre *f*.

gitarist(e *f* [-s]) (*-*)['rɪst(ə)] *m* Gitarrenspieler(in *f*) *m*, Gitarrist(in *f*) *m*.

gitzwart pechschwarz.

glaasje ['ɣla·ʃə] *n* (*-s*) Gläschen *n*; (*borrel*) Schnaps *m*.

glaceren [-'se:r-] glasieren.

glad glatt; glitschig; **~geschoren** [-xəsxo:r-] glattrasiert; **~heid** Glätte *f*.

gladiool [-di'jo:l] (-*diolen*) Gladiole *f*.
glad|maken, ~strijken ['-streɪk-] glätten; **~weg** ['-vɛx] glatt(weg).
glans Glanz *m*; Schimmer *m*; **~periode** Glanzzeit *f*; **~rijk** ['-rɛik] glanzvoll.
glanzen glänzen, leuchten, schimmern.
glas [ɣlɑs] *n* (*glazen*) Glas *n*; (*bier~ ook*) Schoppen *m*; **~bak** Glascontainer *m*; **~blazerij** [-'rɛi] Glashütte *f*; **~cultuur** ['-kɛlty:r] Gewächshauskultur *f*; **~fabriek** Glashütte *f*; **~gordijnen** [-dɛinə(n)] *n/pl* Stores *m/pl*; **~helder** glasklar (*ook fig*); **~schilderkunst** [-kɛnst] Glasmalerei *f*; **~vezel** ['-fe:zəl] Glasfaser *f*; **~wol** Glaswolle *f*.
glazen gläsern, Glas-; **~maker 1.** *m* Glaser *m*; **2.** *biol* Libelle *f*; **~wasser** *m* (-*s*) Fensterputzer *m*.
glazig ['ɣla:zəx] glasig.
glazuur [ɣla'zy:r] *n* (-*zuren*) Schmelz *m* (*ook tand~*), Glasur *f*.
gletsjer ['ɣlɛtʃər] (-*s*) Gletscher *m*.
gleuf [ɣlø:f] (*gleuven*) Schlitz *m*, Spalte *f*; Rille *f*.
glibberig ['-bərəx] glitschig, schlüpfrig, glatt.
glij|baan ['ɣlɛi-] Rutschbahn *f*, Rutsche *f*; **~boot** Gleitboot *n*; **~den*** ['ɣlɛiə(n)] (*ook zn*) gleiten; rutschen, schlittern; **~vlucht** ['-vlɛxt] Gleitflug *m*.
glimlach Lächeln *n*; **~en** lächeln; **~ om** lächeln über (*A*), belächeln; **~ tegen** zulächeln (*D*), anlächeln.
glimmen* glimmen; glänzen.
glimp Schimmer *m*.
glimwormpje *n* Glühwürmchen *n*.
glinsteren glitzern; schillern.
glippen (*zn*) schlüpfen; rutschen; huschen.
globaal pauschal, global; ungefähr; **~oordeel** *n* Pauschalurteil *n*.
globe ['ɣlo:bə] (-*s of* -*s*) Globus *m*.
gloed [ɣlu:t] Glut *f*; **~nieuw** ['-ni·ü] nagel-, brandneu; **~vol** glut-, schwungvoll.
gloei|en ['ɣlu·iə(n)] glühen; *fig ook* brennend; **~end** glühend; *fig ook* brennend; **~lamp** Glühbirne *f*.
glooi|en ['ɣlo:iə(n)] (leicht) abfallen; **~ing** Böschung *f*; Abhang *m*.
gluiper(d) ['ɣlœypərt] *m* (-*s*) Schleicher *m*; **~ig** ['-pərəx] hinterhältig.
glunderen ['ɣlɛndər-] strahlen.
gluren ['ɣly:r-] spähen, schielen.

glycerine [ɣli·sə'-] Glyzerin *n*.
gniffelen ['ɣnɪfəl-] schmunzeln; kichern.
gnoe [ɣnu] *m* (-*s*) Gnu *n*.
gnuiven ['ɣnœyv-] schmunzeln.
goal [ɣo:l] (-*s*) Tor *n*.
god, God [ɣɔt] *m* Gott *m*.
god|dank! ['-dɑŋk] gottlob!, Gott sei Dank!; **~delijk** ['-dələk] göttlich; **~deloos** gottlos; **~geleerdheid** [-'he:it] Theologie *f*; **~heid** (-*heden*) Gottheit *f*; **~in** ['-dɪn] *f* (-*nen*) Göttin *f*.
godsdienst Religion *f*; **~ig** [-'dɪnstəx] religiös; **~ig-heid** [-xɛit] Religiosität *f*; **~onderwijs** [-ʋɛis] *n* Religionsunterricht *m*.
gods|lastering Gotteslästerung *f*; **~naam: in ~!** um Gottes willen!; **~vrucht** ['-frɛxt] Gottesfurcht *f*.
god|vergeten ['-fərɣe:t-] gottverlassen; **~vruchtig** [-'frɛxtəx] fromm, gottesfürchtig.
goed [ɣu:t] **1.** gut; richtig; wohl; **heel ~** ganz gut, bestens; **te ~** zu gut; **zich te ~ doen** sich gütlich tun; **ten ~e** zugute; **ten ~e komen (aan)** *ook* zufließen (*D*); **zo ~ mogelijk** so gut wie möglich, möglichst gut; **zo ~ en zo kwaad als het gaat** so gut es geht; **alles ~ en wel** alles schön und gut; **'t is al ~!** schon gut!; **het ~ maken** wohlauf sein; **ik voel me niet ~** ich fühle mich nicht wohl; **2.** *n* (-*eren*) Gut *n*, Habe *f*; Landgut *n*; Zeug *n*; Stoff *m*; **~aardig** [-'a:rdəx] gutartig (*ook med*); **~doen** ['-du·n] wohl-, guttun; **~dunken** ['-dɛŋkə(n)] *n* Gutdünken *n*; **~e-middag!** guten Tag!; Mahlzeit!; **~en-dag!** ['ɣu·iə(n)dɑx] guten Tag!, grüß Gott!
goederen ['ɣu·dər-] *n/pl* Güter *n/pl*, Waren *f/pl*; **~export** Warenausfuhr *f*; **~lift** Lastenaufzug *m*; **~station** [-sta'ʃɔn] *n* Güterbahnhof *m*; **~trein** [-trɛin] Güterzug *m*; **~wagon** Güterwagen *m*; **~zending** Warensendung *f*.
goedertieren [-'ti:r-] gütig; gnädig.
goed|geefs [-'xe:fs] freigebig; **~gehumeurd** [-hy'mø:rt] gutgelaunt; **~gelovig** [-'lo:vəx] gutgläubig; **~geluimd** [-'ləymt], **~gemutst** [-'mœtst] gutgelaunt; **~gunstig** [-'xɛnstəx] wohlwollend; **~hartig** ['-hɑrtəx] gutherzig; **~heid** ['-hɛit] (-*heden*) Güte *f*; **~ig** ['-dəx] gütig, gutmütig.
goedkeur|en ['-kø:r-] gutheißen, billi-

gen; genehmigen, bewilligen; **~d** beifällig; **~ing** Billigung f; Genehmigung f.
goedkoop [-'ko:p] billig, preiswert, kostengünstig; **goedkoper worden** ook sich verbilligen; **~te** Preisvorteil m, Billigkeit f.
goed|leers [-'le:rs] gelehrig; **~maken** gutmachen; wettmachen; **~moedig** [-'mu·dəx] gutmütig; **~praten** ['-pra:t-] beschönigen; **~schiks** ['-sxɪks]: **~ of kwaadschiks** wohl oder übel; **~vinden** gutheißen; es für gut halten; *ik vind het goed* ook es ist mir recht; **~willend, ~willig** [-'vɪləx] gutwillig.
goeierd [ˈɣu·iərt] m (-s) guter Mensch m.
goelasj ['-laʃ] Gulasch n.
gok|automaat Spielautomat m; **~ken** spielen; wetten; spekulieren.
golf¹ (golven) Welle f; Woge f; geogr Golf m, Meerbusen m; *groene ~* grüne Welle f; *korte ~* Kurzwelle f.
golf² n sp Golf m.
golf|bad ['-bat] n Wellenbad n; **~breker** ['-bre:kər] Wellenbrecher m, Buhne f; **~karton** n Wellpappe f; **~lengte** Wellenlänge f; **~plaat** Wellblech n; **~slag** Wellengang m.
golf|stick Golfschläger m; **~terrein** ['-tɛrɛin] n Golfplatz m.
golv|en wogen; wallen; sich wellen; **~end** wogend; wellig; **~ing** Wogen n; Welle f.
gom z. *gum;* **~men** gummieren; (*uit~*) radieren.
gondel (-s) Gondel f.
gong (-s) Gong m.
gonorroe(a) [-'ro:(-a)] Gonorrhö(e) f.
gonzen ['ɣɔnzə(n)] summen; schwirren; brummen.
goochel|aar(ster f) m (-s) Zauberkünstler(in f) m; **~en** zaubern; **~toer** [-tu:r] Zauberkunststück n.
gooi [ɣo:i] Wurf m; **~en** werfen, schmeißen; *bommen ook* abwerfen.
goor schmutzig, schmuddelig.
goot (goten) Gosse f; Rinne f; **~steen** Spülbecken n; Ausguß m.
gordel (-s) Gurt m, Gürtel m; **~dier** n Gürteltier n.
gordijn [-'dɛin] f of n Gardine f, Vorhang m; **~roede** [-'ru·də] Gardinenstange f.
gorgel|drank Gurgelwasser n; **~en** gurgeln.
gorilla [-'rɪla] m (-'s) Gorilla m.

grammofoonplaat

gort Grütze f; **~(e)pap** Grützbrei m; **~ig** ['-təx]: *het wordt mij al te ~!* es wird mir zu bunt!
gossie! [ˈɣɔsi·] F Donnerwetter!; ach!
got|iek [ɣo·'ti·k] Gotik f; **~isch** ['-ti·s] gotisch.
goud [ɣaut] n Gold n; **~delver** m (-s) Goldgräber m; **~en** [ˈɣaudə(n)] golden, Gold-; **~ medaille** sp Goldmedaille f; **~ring** Goldring m; **~geel** goldgelb; **~houdend** ['-haudənt] goldhaltig; **~mijn** [-'mɛin] Goldgrube f (*ook fig*); **~smid** m Goldschmied m; **~vink** Dompfaff m; **~vis** Goldfisch m; **~zoeker** [-'su·kər] m (-s) Goldgräber m.
gourmetten [ɣu·r'-] grillen auf e-m Raclettegerät.
gouverneur [ɣu·vɛr'nø:r] m (-s) Gouverneur m.
graad (graden) Grad m; *min 5 graden* minus 5 Grad; **~meter** ['-me:tər] Gradmesser m.
graaf m (graven) Graf m.
graafmachine [-ʃi·nə] Bagger m.
graafschap n (-pen) Grafschaft f.
graag [ɣra:x] gern; *niet ~ ook* ungern; *ik zou ~ (willen)* ich möchte; *~ gedaan!* gern geschehen!
graaien [ˈɣra:iə(n)] grapschen, raffen.
graan (granen) Getreide n, Korn n; **~bouw** ['-baü] Getreideanbau m; **~jenever** [-'jənə:vər] Korn(branntwein) m; **~oogst** Getreideernte f; **~schuur** ['-sxy:r] fig Kornkammer f; **~silo** Getreidesilo m, -speicher m.
graat (graten) Gräte f; *zonder ~* entgrätet.
gracht (Wasser-)Graben m; Gracht f, Kanal m.
gracieus [-'si·øːs] graziös.
gradatie [-'da:(t)si·] (-s) Abstufung f.
graf [ɣraf] n (graven) Grab n; *ten grave dragen* zu Grabe tragen.
graf|icus [ˈɣra:fi·kəs] m (*-ci* [-si·]) Graphiker m; **~iek** [ɣra·'fi·k] Graphik f; **~isch** ['-fi·s] graphisch.
graf|kuil ['-kœyl] Gruft f; **~monument** [-ny·mɛnt] n Grabmal n; **~steen** Grabplatte f, -stein m.
gram n (-men) Gramm n.
grammatica [-'ma:ti·ka·] (-'s) Grammatik f; **~al** [-'ka:l] grammat(ikal)isch.
grammofoonplaat [ɣramo·'fo:n-] Schallplatte f.

granaat

granaat (*-naten*) Granate *f*; (*steen*) Granat *m*; **~scherf** [-sxɛr(ə)f] Granatsplitter *m*.
grandioos [ɣrandi·'jo:s] grandios.
graniet *n* Granit *m*.
grap (*-pen*) Spaß *m*, Scherz *m*; Witz *m*; **voor de ~** zum Spaß (*of* Scherz).
grapefruit ['gre:pfru:t] (*-s*) Grapefruit *f*.
grap|jas, ~pen-maker *m* Witzbold *m*, Spaßvogel *m*; **~je** *n* (*-s*) Scherz *m*, Spaß *m*; **~s** *pl* **maken (over)** witzeln (über *A*); **~pig** ['-pəx] spaßig, drollig, ulkig, lustig, putzig.
gras [ɣras] *n* (*-sen*) Gras *n*; **~maaier** ['-ma:iər] Rasenmäher *m*; **~perk** *n* Rasenstück *n*; **~sprietje** *n* (*-s*) Grashalm *m*; **~veld** *n* Rasen *m*, Grasfläche *f*.
gratie ['ɣra:(t)si·] (*-tiën*) Grazie *f*, Anmut *f*; Gnade *f*, Begnadigung *f*; **verzoek** *n* **om ~** Gnadengesuch *n*; **~ verlenen** begnadigen.
grati|ficatie [-'ka:(t)si·] (*-s*) Gratifikation *f*; **~neren** [-'ne:r-] gratinieren, überbacken.
gratis gratis, umsonst; gebührenfrei.
grauw grau, fahl; trübe.
graven* graben, schaufeln, F buddeln.
Gravenhage: 's-~ *n* Den Haag *n*.
graveren [-'ve:r-] gravieren, stechen.
gravin [-'vin] *f* (*-nen*) Gräfin *f*.
gravure [-'ˈvy:rə] (*-s of -n*) (Kupfer-)Stich *m*.
grazen grasen, weiden.
greep (*grepen*) Griff *m*.
greintje ['ɣrɛintiə]: **geen ~** kein bißchen.
grendel (*-s*) Riegel *m*; (*knip ook*) Schieber *m*; (*geweer~*) Schloß *n*.
grens (*grenzen*) Grenze *f*; *fig ook* Schranke *f*; **~arbeider** *m* Grenzgänger *m*; **~geval** ['-xəval] *n* Grenzfall *m*; **~heffing** *f*: (*compenserende*) **~** Grenzausgleich *m*; **~kantoor** *n* Grenzstelle *f*; **~overgang, ~post** Grenzübergang(sstelle *f*) *m*; **~rechter** *m* *sp* Linienrichter *m*; **~wacht(er)** *m* Grenzposten *m*.
grenzeloos grenzenlos, unbegrenzt.
grenzen (aan) grenzen (an *A*).
greppel (*-s*) Graben *m*.
gretig ['ɣre:təx] gierig; *afzet:* reißend.
grief (*grieven*) Kränkung *f*.
Griek *m* Grieche *m*; **~s** griechisch; **~se** *f* Griechin *f*.
grienen greinen.
griep Grippe *f*; **inenting tegen ~** Grip-

110

pe(schutz)impfung *f*; **~epidemie** Grippewelle *f*, -epidemie *f*.
griesmeel *n* Grieß(mehl) *n*; **~pap** Grießbrei *m*.
griet(je *n* [*-s*]) F Mädel *n*, Biene *f*, Puppe *f*.
grieven kränken.
griezel|en ['ɣri:zəl-] schaudern, gruseln; **ik griezel van** mir (*of* mich) schaudert vor (*D*); **~film** Gruselfilm *m*; **~ig** ['-zələx] gruselig, schaurig; **~verhaal** *n* Grusel-, Schauergeschichte *f*.
grif gern; prompt, schnell.
griffen eintritzen; *fig* einprägen, -graben.
griffie ['-fi·] (*-s*) Kanzlei *f*; **~r** ['-fi:r] *m* (*-s*) Gerichtsschreiber *m*; Schriftführer *m*.
grijns(lach) [ɣrɛins(lɑx)] Grinsen *n*.
grijnzen ['ɣrɛinz-] grinsen.
grijp|en* ['ɣrɛip-] greifen; ergreifen, fassen; **om zich heen ~** um sich greifen, sich breitmachen; **~er** *m* Greifer *m*.
grijs [ɣrɛis] grau; **~ worden** *ook* ergrauen; **~aard** *m* (*-s*) Greis *m*.
grijzen ['ɣrɛizə(n)] (*zn*) ergrauen; grauen; **~d** angegraut, meliert.
gril (*-len*) Grille *f*, Laune *f*, Schrulle *f*.
grill (*-s*) Grill *m*, (Brat-)Rost *m*.
grillig ['-ləx] launenhaft.
grimas ['-mɑs] (*-sen*) Grimasse *f*; **~sen** *pl* **trekken** Grimassen *pl* schneiden.
grim|eersel [-'me:rsəl] *n* Schminke *f*; **~eur** [-'mø:r] *m* (*-s*) Maskenbildner *m*.
grimmig ['-məx] grimmig.
grind (*ook* **grint**) *n* Kies *m*; **~erij** [-də'rɛi], **~groeve** ['-xru·və] Kiesgrube *f*; **~weg** ['-vɛx] Kiesweg *m*.
grinniken ['ɣrinəkə(n)] grinsen; kichern.
grissen raffen, haschen.
groef [ɣru·f] (*groeven*) Rille *f*; Furche *f*.
groei [ɣru·i] Wachstum *n*, Wuchs *m*; Zuwachs *m*; **economische ~** Wirtschaftswachstum *n*; **~cijfer** ['-sɛifər] *n* Wachstums-, Zuwachsrate *f*; **~en** (*zn*) wachsen; **~kracht** *bot* Triebkraft *f*; **~percentage** [-sɛn'ta:ʒə] *n* Wachstums-, Steigerungsrate *f*.
groen [ɣru·n] grün; *fig* unreif; **de 2en** *pl pol* die Grünen *pl*; **~land** *n* Grönland *n*; **~strook** Grüngürtel *m*; (*berm*) Grünstreifen *m*.
groente ['ɣru·ntə] (*-s of -n*) Gemüse *n*; **gemengde ~(n** *pl*) Mischgemüse *n*; **~boer** [-bu:r], **~man** *m* Gemüsehändler *m*; **~teelt** Gemüseanbau *m*.

groen|tje *n* (-s) Grünschnabel *m*; **~voorzieningen** *pl* Grünfläche(n *pl*) *f*.
groep Gruppe *f*, Schar *f*, Trupp *m*.
groeperen [ɣruˈpeːr-] (*zich*) (sich) gruppieren.
groeps|biljet [-biljet] *n* Sammelfahrschein *m*; **~leider** *m* Gruppenführer *m*.
groet Gruß *m*; **~en** grüßen.
groeve [ˈɣruˑvə] Grube *f*; Gruft *f*; Furche *f*.
grof [ɣrɔf] grob; derb; **~heid** [-ˈhɛit] (*-heden*) Grobheit *f*.
grol [ɣrɔl] (-len) Witz *m*; Faxe *f*.
grommen knurren, brummen.
grond Grund *m*; Boden *m*; Erde *f*; *stuk n* **~** Grundstück *n*; *met de ~ gelijkmaken* dem Erdboden gleichmachen; *op ~ van* aufgrund (*G*), zufolge (*G of D*); **~beginsel** *n* Grundsatz *m*; **~begrip** *n* Grundbegriff *m*; **~belasting** Grundsteuer *f*; **~bezit** Grundbesitz *m*; **~e: te ~** zugrunde; *te ~ gaan ook* zusammenbrechen; **~en** gründen; (*verf*) grundieren; **~gebied** *n* Gebiet *n*; Territorium *n*; **~gedachte** Leit-, Grundgedanke *m*.
grondig [ˈɣrɔndəx] gründlich; **~heid** [-xɛit] Gründlichkeit *f*.
grond|kabel Erdkabel *n*; **~kapitaal** *n* Grund-, Stammkapital *n*; **~monster** *n* Bodenprobe *f*; **~legger** *m* (-s) Gründer *m*, Urheber *m*; **~oefeningen** [ˈ-ufən-] *pl* Bodengymnastik *f*; **~personeel** *n* Bodenpersonal *n*; **~slag** [ˈ-slɑx] Grundlage *f*, *fig ook* Grundstein *m*; *ten ~ leggen* (*liggen*) (*aan*) zugrunde legen (liegen) (*D*); **~stof** Rohstoff *m*; Grundstoff *m*; **~trek** Grundzug *m*; **~verf** Grund(ier)farbe *f*; *in de ~ zetten* grundieren; **~vlak** *n* Grundfläche *f*.
grondwet Grundgesetz *n*, Verfassung *f*; **~telijk** [ˈ-vɛtələk], **~tig** [ˈ-vɛtəx] verfassungsmäßig, -gemäß.
groot groß; *~ wild n* Großwild *n*; *~ DM 700* in Höhe von DM 700; **~aandeelhouder** [-haudər] *m* Großaktionär *m*; **~bedrijf** [-drɛif] *n* Großbetrieb *m*; **~brengen** groß-, aufziehen.
Groot-Brittannië [ˈ-tɑniˑ(j)ə] *n* Großbritannien *n*.
groot|grondbezit *n* Großgrundbesitz *m*; **~handel** Großhandel *m*; Großhandlung *f*; **~handelaar** *m* Großhändler *m*; **~heid** [-ˈhɛit] (*-heden*) Größe *f*; **~heidswaan(zin)** Größenwahn *m*;
~hertog(in *f*) *m* Großherzog(in *f*) *m*; **~hoeklens** [ˈ-huˑk-] Weitwinkelobjektiv *n*; **~moeder** [ˈ-muˑdər] *f* Großmutter *f*; **~moedig** [-ˈmuˑdəx] großmütig, -herzig; **~moedigheid** [-xɛit] Großmut *f*; **~ouders** [-audərs] *pl* Großeltern *pl*.
groot|s großartig, *fig ook* grandios; *~ opgezet*, **~scheeps** [ˈ-sxeːps] großangelegt; **~spraak** Großsprecherei *f*, Angeberei *f*; **~spreken** [ˈ-spreːk-] schwadronieren, flunkern; **~stedelijk** [ˈ-steːdələk], **~steeds** großstädtisch.
grootte (*-n of -s*) Größe *f*; *ter ~ van bedrag*: in Höhe von (*D*).
grootvader *m* (-s) Großvater *m*.
gros [ɣrɔs] (-sen) Gros *n*.
grossier [ɣrɔˈsiːr] *m* (-s) Großhändler *m*.
grot (-ten) Grotte *f*.
grotendeels größtenteils, großenteils.
grut [ɣrœt] *n* (-ten) kleines Zeug *n*; *~(ten pl*) Grütze *f*.
gruwel [ˈɣryʋəl] Greuel *m*; **~daad** Greueltat *f*; **~lijk** [-lək] gräßlich.
guerrilla [ɣɛˈrɪljɑ] (*-ˈs*) Guerilla *f*.
guirlande [ɣirˈlɑndə] (-s) Girlande *f*.
guit [ɣœyt] *m* Schelm *m*; **~ig** [ˈ-təx] schelmisch, schalkhaft.
gul [ɣœl] freigebig, großzügig; gastfreundlich.
gulden¹ (-s) (*afk fl.*) Gulden *m*.
gulden² *adj* golden.
gulheid [-hɛit] Freigebigkeit *f*, Großzügigkeit *f*; Herzlichkeit *f*.
gulp [ɣœl(ə)p] Hosenschlitz *m*; (*straal*) Schwall *m*; **~en** (hervor)sprudeln.
gulzig [ˈ-zəx] gierig; gefräßig, verfressen; **~aard** *m* (-s) Vielfraß *m*.
gum [ɣœm] (*-men*) Gummi *n of m*; Radiergummi *m*; **~men** radieren.
gunn|en [ˈɣœn-] gönnen; (*toewijzen*) zuweisen, vergeben; **~ing** Zuschlag *m*, Vergabe *f*.
gunst [ɣœnst] Gunst *f*; **~e: *ten ~ van*** zugunsten (*G*); *te mijnen ~* zu meinen Gunsten; **~ig** [-təx] günstig.
guur [ɣyːr] rauh; *weer*: unwirtlich.
gymnastiek [ɣɪmnɑsˈtiˑk] Gymnastik *f*; **~toestel** [-tuˑstɛl] *n* Turngerät *n*.
gym(nastiek)zaal Turnhalle *f*.
gym|pie [ˈɣɪmpi] (-s) Turnschuh *m*; **~schoen** [-sxuˑn] Turnschuh *m*; **~spullen** [ˈ-spœl-] *n/pl* F Turnzeug *n*.
gynaecologie [ɣiˑneˑkoˑloˑˈɣiˑ] Gynäkologie *f*.

H

haag (*hagen*) Hecke *f*; (*rij*) Spalier *n*.
haai [ha:i] *m* Hai(fisch) *m*.
haak (*haken*) Haken *m*; *tel ook* Gabel *f*; (*vis~*) Angel *f*; **niet in de ~** nicht geheuer; **~je** *n* (*-s*) Klammer *f*; **tussen ~s** in Klammern; *fig* nebenbei (bemerkt); **~naald, ~pen** ['-pən] Häkelnadel *f*.
haaks rechtwinklig; *fig* entgegengesetzt.
haakwerk *n* Häkelarbeit *f*.
haal (*halen*) Strich *m*; Zug *m*; **aan de ~ gaan** sich davonmachen; **~baar** machbar.
haan *m* (*hanen*) *zoöl* Hahn *m*; **~tje** *n* (*-s*) Hähnchen *n*; **~tje-de-voorste** *n* Draufgänger *m*.
haar[1] sie; ihr.
haar[2] *n* (*haren*) Haar *n*; **er met de haren bij slepen** an den Haaren herbeiziehen; **het scheelde maar een ~** um ein Haar wäre (*of* hätte), um Haaresbreite.
haar|- *in samenst. mst* Haar-, *b.v.* **~borstel** Haarbürste *f*; **~bos** (Haar-)Schopf *m*.
haard Herd *m*; **open ~** Kamin *m*.
haar|dos ['-dɔs] Haarwuchs *m*; **~droger** ['-dro:ɣər] Haartrockner *m*; **~fijn** ['-fɛin] haarfein, -genau; **~groei** ['-ɣru:i] Haarwuchs *m*; **~kleur** ['-kløːr] Haarfarbe *f*; **~kleurmiddel** *n* Haarfärbemittel *n*; **~kloverij** [-kloːvəˈrɛi] Haarspalterei *f*; **~lak** *m of n* Haarspray *m of n*; **~lotion** [-loˈsiɔn] Haarwasser *n*; **~netje** *n* Haarnetz *n*; **~speld** Haarnadel *f*; (*sierspeld*) Haarspange *f*; **~speldbocht** Haarnadelkurve *f*, Serpentine *f*; **~stukje** [-støkjə] *n* Haarteil *n*; **~uitval** ['-ɔyt-] Haarausfall *m*; **~wassing** Haarwäsche *f*.
haas *m* (*hazen*) Hase *m*; *cul* Filet *n*; **~je** ['ha:jə] *n* (*-s*) Häschen *n*.
haast[1] fast, beinahe.
haast[2] *f*; Eile *f*; Hast *f*; **~ hebben** es eilig haben; **er is ~ bij** es eilt; **~en: zich ~** sich beeilen; **~ig** ['-təx] eilig, hastig.
haat Haß *m*; **vol ~** voller Haß, haßerfüllt; **~dragend** nachtragend.
habilitatie [-'ta(t)si] Habilitation *f*.
hachelijk ['hɑxələk] heikel, brenzlig, mißlich, kitzlig.

hagedis [ha:ɣəˈdɪs] (*-sen*) Eidechse *f*.
hagel Hagel *m* (*ook fig*); Schrot *n of m*; **~bui** [-bœy] Hagelschauer *m*; **~en** hageln; **~korrel** Hagelkorn *n*; Schrotkorn *n*; **~slag** [-slɑx] Schokoladenstreusel *pl*; **~wit** blüten-, schneeweiß.
hak (*-ken*) **1.** Ferse *f*; (Schuh-)Absatz *m*; (*werktuig*) Hacke *f*; **2.** (*slag*) Hieb *m*.
hakenkruis [-krœys] *n* Hakenkreuz *n*.
hakkelen ['hɑkəl-] stottern, stammeln; **~d** stotternd, holp(e)rig.
hakken hacken, hauen.
hal [hɑl] (*-len*) Halle *f*; Flur *m*.
halen holen; *trein, bus* erreichen, F erwischen; *diploma* erwerben; **het ~** durchkommen, es schaffen; **erbij ~** iem hinzu-, heranziehen; **uit elkaar ~** auseinandernehmen; **door elkaar ~** durcheinanderbringen; vermengen.
half halb; **~ maart** Mitte März; **~broer** ['-bruːr] *m* Halbbruder *m*; **~donker** *n* Halbdunkel *n*, Zwielicht *n*; **~fabrikaat** *n* Halbfabrikat *n*; **~geschoold** ['-xəsxoːlt] angelernt; **~jaarlijks** [-lə̌ks] halbjährlich; **~rond 1.** halbrund; **2.** *n* (Erd-)Halbkugel *f*, Hemisphäre *f*; **~slachtig** [-slɑxtəx] unklar; *pers.:* unschlüssig; **~stok** ['-stɔk] halbmast; **~-time** [hɑːftaim] *sp* Halbzeit *f*; **~uur** ['-yːr] *n* halbe Stunde (*f*); **~weg** *z. halverwege*; **~zuster** ['-søstər] *f* Halbschwester *f*; **~zwaargewicht** *n* Halbschwergewicht *n*.
halogeenlamp [ha:loː'-] Halogenlampe *f*, -scheinwerfer *m*.
halt [hɑlt] (*-s*) **= hal.**
hallucinatie [-lysi'na:(t)si] (*-s*) Halluzination *f*.
halm Halm *m*.
hals (*halzen*) Hals *m*; **onnozele ~** Einfaltspinsel *m*, Trottel *m*; **zich op de ~ halen** sich zuziehen (*of* aufladen); **iem iets op de ~ schuiven** j-m etw aufhalsen (*of* aufbürden); **~ over kop** kopfüber, Hals über Kopf; **~brekend** ['-breːkənt] halsbrecherisch; **~doek** ['-duːk] Halstuch *n*; **~-, neus- en oorarts** ['-nøːs-] *m* Hals-Nasen-Ohren-Arzt *m*; **~opening** ['-oːpən-] Hals-

handvaardigheid

auschnitt *m*; **~starrig** [-'starəx] halsstarrig; **~wijdte** ['-vɛitə] Halsweite *f*.

halt *n*; **~e** (*-s of -n*) Haltestelle *f*; Station *f*; Halt *m*, Stopp *m*; **~ op verzoek** Bedarfshaltestelle *f*; **~plaats** Haltestelle *f*, Station *f*.

halter (*-s*) Hantel *f*.

halvemaan [-'ma:n] Halbmond *m*.

halver|en [-'vɛːr-] halbieren; **~wege** [-'veːrɣə] halbwegs, auf halbem Wege.

ham (*-men*) Schinken *m*.

hamburg|er ['-bɛrɣər] (*-s*) *cul* Hamburger *m*; **~s** Hamburger.

hamel ['ha:məl] (*-s*) Hammel *m*.

hamer ['ha:mər] (*-s*) Hammer *m*; *pneumatische* **~** Preßlufthammer *m*; **~en** hämmern.

hamster (*-s*) Hamster *m*; **~aar** *m* (*-s*) Hamsterer *m*; **~en** hamstern, horten.

hand Hand *f*; Handschrift *f*; *vlakke* **~** *ook* Handfläche *f*; *de ~en vol hebben* alle Hände voll zu tun haben; *~en thuis!* Hände weg!; *aan de* **~** anhand (*G*); *daar is wat aan de* **~** da ist etw los, da tut sich etw; *bij de* **~** griffbereit; *iets in de* **~** *werken* e-r Sache (*D*) Vorschub leisten; *iem onder ~en nemen* sich j-n vornknöpfen (*of* vornehmen); *twee ~en op één buik* ein Herz und eine Seele; *op ~en en voeten* auf allen vieren; **~** *over* **~** *toenemen* überhandnehmen; *iets ter ~ nemen* etw in Angriff nehmen, etw in die Hand nehmen; *van de ~ doen* verkaufen, abstoßen, losschlagen; *van de ~ wijzen* von sich weisen, zurückweisen; *voor de ~ liggen* auf der Hand liegen, naheliegen.

hand|- *in samenst. mst* Hand-, *b.v.* **~bagage** [-'baɣa:ʒə] Handgepäck *n*; **~bal** *n* Handball *m*; **~bereik** ['-bərɛik] *n*: *in* (*buiten*) **~** in (außer) Reichweite; **~boei** ['-bu‿i] Handschelle *f*; **~boek** ['-buk] *n* Handbuch *n*; **~breed** *n* Handbreit *f*; **~doek** ['-duk] Handtuch *n*; **~druk** ['-drʉk] Händedruck *m*.

handel[1] Handel *m* (*in goederen* mit *D*); (*winkel*) Handlung *f*; F (*spul*) Kram *m*, Schwindel *m*; *in de* **~** *gebruikelijk* handelsüblich; *zwarte* **~** Schwarzhandel *m*.

handel[2] ['hɛndəl] *n of m* (*-s*) Kurbel *f*; Hebel *m*.

handel|aar(ster *f* [*-s*]) *m* (*-laren of -s*) Händler(in) *f* *m*, Kaufmann *m*, Kauffrau *f*; **~baar** handlich; *pers.*: gefügig; **~drijven** [-drɛi̯v-] (*in*) handeln (mit *D*).

handel|en handeln; **~ing** Handlung *f*; **~ings-bekwaam** *jur* handlungsfähig.

handels|- *in samenst. mst* Handels-, *b.v.* **~agentschap** [-sxap] *n* Handelsagentur *f*; **~balans** [-s] Handelsbilanz *f*; **~beperking** Handelsbeschränkung *f*, -schranke *f*; **~betrekkingen** *pl* Handels-, Geschäftsbeziehungen *f* *pl*; **~correspondentie** [-dɛnsi] Handelskorrespondenz *f*; **~merk** *n* Waren-, Firmenzeichen *n*; **~opleiding** [-lɛi̯d-] kaufmännische Ausbildung (*of* Lehre) *f*; **~reiziger** [-rɛi̯zəɣər] *m* Handlungs-, Handels-, Geschäftsreisende(r); **~verdrag** [-drax] *n* Handelsvertrag *m*, -abkommen *n*.

handelsvertegenwoordig|er [-teːɣə(n)'voːrdəɣər] *m* Handelsvertreter *m*; **~ing** Handelsvertretung *f*.

handelwijze [-vɛi̯zə] Handlungsweise *f*, Verfahren *n*.

handen|arbeid Handarbeit *f*; (*schoolvak*) Werkunterricht *m*; **~wringend** [-'vriŋənt] händeringend.

hand|gebaar ['-xəba:r] *n* Handbewegung *f*; **~geklap** *n* Händeklatschen *n*, Geklatsche *n*; **~gemeen** *n* Handgemenge *n*; **~granaat** Handgranate *f*; **~greep** Handgriff *m*.

handhaven wahren, aufrechterhalten; (*zich*) **~** (sich) behaupten.

handicap ['hɛndi·kɛp] (*-s*) Behinderung *f*, Handicap *n*.

handig ['-dax] geschickt, behende, gewandt; handlich; **~heid** [-xɛit] (*-heden*) Gewandtheit *f*, Geschick(lichkeit *f*) *n*.

handje *n* (*-s*) Händchen *n*; *een* **~** *helpen* mit Hand anlegen, mit anfassen; **~langer** *m* (*-s*) Helfershelfer *m*; Handlanger *m*; **~leiding** [-lɛi̯d-] Anleitung *f*, Leitfaden *m*; **~omdraai** [-dra:i]: *in een* **~** im Handumdrehen; **~palm** Handfläche *f*; **~rem** ['-rɛm] Handbremse *f*.

hands [hɛnts] *sp* Hand(spiel *n*) *f*.

hand|schoen ['-sxuːn] Handschuh *m*; *fluwelen* **~** Samthandschuh; **~schrift** *n* Handschrift *f*; **~slag** ['-slax]: *op* **~** per Handschlag; **~tas** Handtasche *f*.

handtastelijk [-'tastələk] handgreiflich, tätlich; **~heid** [-hɛit] (*-heden*) Handgreiflichkeit *f*, Tätlichkeit *f*.

hand|tekening ['-teːkən-] Unterschrift *f*; **~vaardigheid** [-xɛit] Finger-, Handfer-

handvat(sel) 114

tigkeit *f*; (*schoolvak*) Werkunterricht *m*; ~**vat(sel** *n* [-s]) *n* (-*ten*) (Hand-)Griff *m*; ~**vol** Handvoll *f*; ~**werk** *n* Handarbeit *f*; Handwerk *n*.
hangar [haŋ'ŷa:r] (-*s*) Hangar *m*.
hang|brug ['-brɔx] Hängebrücke *f*; ~**en*** hängen; *laten* ~ hängenlassen; ~**de zijn** *proces*: in der Schwebe sein; ~**er** (-*s*) Anhänger *m*; ~**ijzer** ['-ɛizər] *n*: *heet* ~ heißes Eisen *n*; ~**klok** Wanduhr *f*; ~**lamp** Hängelampe *f*; ~**mat** Hängematte *f*; ~**op** Buttermilchspeise *f*; ~**slot** ['-slɔt] *n* Vorhängeschloß *n*.
hannes ['hɑnəs] *m* F Trottel *m*, Tolpatsch *m*; ~**en** ['hɑnəsə(n)] F stümpern.
hansworst ['-vɔrst] *m* Hanswurst *m*.
hant|eerbaar [-'te:r-] handhabbar; ~**eren** [-'te:r-] handhaben, hantieren mit (*D*).
Hanze ['hɑnzə] Hanse *f*.
hap (-*pen*) Happen *m*, Bissen *m*.
haper|en ['ha:pərə(n)] hapern; stocken; *motor*: stottern, bocken; ~**ing** Stockung *f*.
hap|je *n* (-*s*) Häppchen *n*; Imbiß *m*; ~**pen** schnappen; beißen; ~**pig** ['-pəx]: ~ *op* erpicht auf (*A*).
hard hart; schnell; *tijden*: schwer; ~ *schreeuwen* laut schreien; *om het* ~*st* um die Wette.
harddraver Traber *m*; ~**ij** [-'rɛi] Trab-, Pferderennen *n*.
hard|en härten; (*zich*) (sich) abhärten; ~**handig** [-'hɑndəx] unsanft; ~**heid** ['-hɛit] (-*heden*) Härte *f*; ~**horig** ['-ho:rəx] schwerhörig; ~**leers** begriffsstutzig; unbelehrbar; ~**loper** *m* (Wett-)Läufer *m*; ~**maken** [-'ma:k-] erhärten; ~**nekkig** ['-nɛkəx] hartnäckig; ~**op** laut; ~**rijden** ['-rɛiə(n)] rennen; (*schaatsen*) eisschnellaufen.
hardvochtig [-'fɔxtəx] hart(herzig); ~**heid** [-xɛit] Härte *f*.
hardware ['ha:twe:r] *comp* Hardware *f*.
hare: *de (het)* ~ der, die (das) ihrige.
harem ['ha:rəm] (-*s*) Harem *m*.
harig ['ha:rəx] haarig, behaart.
haring Hering *m*; ~**sla** Heringssalat *m*.
hark Harke *f*, Rechen *m*; ~**en** harken, rechen.
harlekijn [-lə'kɛin] *m* (-*s*) Harlekin *m*.
harmon|ie [-'ni] (-*ën*) Harmonie *f*; ~**iëren** [-'nie:r-] harmonieren.

harmonika (-'*s*) (Zieh-)Harmonika *f*.
harmonisering Harmonisierung *f*.
harnas *n* (-*sen*) Harnisch *m*.
harp Harfe *f*.
harpoen [-'pu·n] Harpune *f*.
hars *n of m* Harz *n*; ~**achtig** ['-ɑxtəx] harzig.
hart *n* Herz *n*; *zijn* ~ *uitstorten* sein Herz ausschütten, sich aussprechen; *na aan 't* ~ *gaan* nahegehen (*D*); *naar iemands* ~ *spreken* j-m aus der Seele sprechen; *op het* ~ *drukken* ans Herz legen, einschärfen; *over zijn* ~ *krijgen* übers Herz bringen, fertigbringen; *ter* ~*e nemen* sich zu Herzen nehmen, beherzigen.
hart|- *in samenst. mst* Herz-, *b.v.* ~**afwijking** [-vɛik-] Herzfehler *m*.
hartelijk ['-tələk] herzlich; ~**heid** [-hɛit] Herzlichkeit *f*, Wärme *f*.
harte|loos ['hɑrtə-] herzlos; ~**lust** [-lœst] Herzenslust *f*.
hart|en *kaartspel*: Herz *n*; ~**e·wens** Herzenswunsch *m*; ~**grondig** [-'xrɔndəx] tief, zutiefst; ~**ig** ['-təx] kräftig; würzig, herzhaft; ~**je** *n* (-*s*) Herzchen *n*; ~ (*van de*) *zomer* Hochsommer *m*; ~**klachten** *pl* Herzbeschwerden *f*/*pl*; ~**kloppingen** *pl* Herzklopfen *n*; ~**kwaal** Herzleiden *n*; ~**roerend** ['-ru:rənt] herzergreifend.
harts-aangelegenheid [-hɛit] Herzensangelegenheit *f*.
hartstocht Leidenschaft *f*; ~**elijk** [-'tɔxtələk] leidenschaftlich.
hartstreek Herzgegend *f*.
hart|verlamming Herzschlag *m*; ~**verscheurend** [-sxœr-] herzzerreißend; ~**versterkend** herzstärkend.
hasj(iesj) ['hɑʃ(i·ʃ)] Haschisch *n*.
haspel (-*s of* -*en*) Haspel *f*; ~**en** haspeln; *fig* stümpern.
hatelijk ['ha:tələk] gehässig; ~**heid** (-*heden*) Gehässigkeit *f*, Bosheit *f*.
haten hassen.
hausse ['ho:sə] Hausse *f*.
hautain [o·'tɛ:n] überheblich.
have Habe *f*; ~ *en goed* Hab *n* und Gut; ~**loos** zerlumpt, schäbig.
haven (-*s*) Hafen *m*.
haven|- *in samenst. mst* Hafen-, *b.v.* ~**autoriteiten** [-auto·ri·tɛitə(n)] *pl* Hafenbehörde *f*; ~**dienst** Hafenamt *n*; ~**hoofd** *n* Hafendamm *m*, Mole *f*; ~**ingang** Hafeneinfahrt *f*; ~**installaties**

[-la:(t)si·s] *pl* Hafenanlagen *f/pl*; ~**kwartier** [-kŭarti:r] *n* Hafenviertel *n*.
have-not ['hɛvnɔt] *m* (-s) Habenichts *m*.
haven|rechten *n/pl* Hafengebühr *f*; ~**stad** Hafenstadt *f*; ~**werken** *n/pl* Hafenanlagen *f/pl*.
haver Hafer *m*; ~**mout** [-maut] Haferflocken *f/pl*; ~**pap** Haferflockenbrei *m*; **dunne** ~ **diploma** *n* mittlere Reife *f*.
havik Habicht *m*; *fig* Falke *m*.
havo|(school) (-'s) Real-, Mittelschule *f*; ~**diploma** *n* mittlere Reife *f*.
haze-lip Hasenscharte *f*.
hazelnoot Haselnuß *f*.
haze-peper [-pe:pər] Hasenklein *n*.
hebbelijkheid ['hɛbələkhɛit] (-*heden*) Unsitte *f*, Unart *f*.
hebben* haben; *ik heb het koud (warm)* mir ist kalt (warm); *wie moest U ~?* zu wem wollen Sie?; *er niets aan ~* nichts davon haben; *bij zich ~* ook bei sich tragen, mit sich führen, dabeihaben; *het ~ over* reden über (*A*) (*of* von *D*); *er iets op ~* etw dagegen haben.
hebberig ['hɛbərəx] habgierig.
Hebreeuws [he'bre:ŭs] hebräisch.
hebzucht [-sɔxt] Hab-, Raffgier *f*; ~**ig** [-'sɔxtəx] habgierig.
hecht fest; ~**en** heften; beimessen.
hechtenis ['hɛxtə-] Haft *f*; Gefängnisstrafe *f*; *preventieve* ~ Schutzhaft *f*; *voorlopige* ~ Untersuchungshaft *f*; *in ~ nemen* in Haft nehmen, inhaftieren.
hecht|heid [-'hɛit] Stabilität *f*; *fig* Festigkeit *f*; ~**ing** *med* Faden *m*; ~**pleister** Heftpflaster *n*.
hectare [-'ta:rə] (-*n of* -s) Hektar *n*.
hecto- *in samenst. mst* Hekto-, *b.v.* ~**liter** Hektoliter *n of m*.
heden ['he:də] 1. heute; *~ ten dage* heutzutage; 2. *n* Heute *n*; ~**daags** heutig.
heel ganz; (*gaaf ook*) heil; *adv ook* sehr; *~ wat* mancherlei, e-e Menge; ~**al** [-'lal] *n* (Welt-)All *n*; ~**huids** ['-hœyts] unversehrt, heil; ~**ster** *f* (-s) Heilerin *f*.
heemkunde ['-kɔndə] Heimatkunde *f*.
heen hin; *~ en weer* hin und her; *over iets ~* über etw (*A*) hinaus; *over zich ~ laten gaan* über sich ergehen lassen; ~**gaan** hingehen; weggehen; ~**komen** (*over*) hinwegkommen (über *A*); ~**reis** ['-rɛis] Hinfahrt *f*, -reise *f*; *~ en terugreis* Hin- und Rückfahrt *f*; ~**rit** Hinfahrt *f*; ~**stappen**: *~ over* sich hinwegsetzen über (*A*); ~**vlucht** ['-vlœxt] Hinflug *m*; ~**weg** ['-vɛx] Hinweg *m*.
heer *m* (*heren*) Herr *m*; *Karte*: König *m*; *~ des huizes* Hausherr *m*; *Aan de Heer Jansen* (*in brief*) Herrn Jansen.
heerlijk ['-lək] herrlich; köstlich; ~**heid** [-hɛit] (-*heden*) Herrlichkeit *f*.
heerschap ['-sxap] *n* (-*pen*) Typ *m*; *hist* Herrschaft *f*; ~**pij** [-sxɑ'pɛi] Herrschaft *f*; *~ ter zee* Seeherrschaft *f*.
heers|en herrschen; (*woeden ook*) grassieren; (*over~*) vorherrschen; ~**er(es** [-'rɛs] *f* [-*sen*]) *m* (-s) Herrscher(in *f*) *m*; ~**zucht** ['-sɔxt] Herrschsucht *f*; ~**zuchtig** [-'sɔxtəx] herrschsüchtig, herrisch.
hees heiser; ~**heid** [-'hɛit] Heiserkeit *f*.
heester (-s) Strauch *m*, Staude *f*.
heet heiß; *fig ook* hitzig; (*pikant en V geil*) scharf; ~**hoofd** *m* Hitzkopf *m*, Heißsporn *m*; ~**waterapparaat** *n* Warmwasserbereiter *m*.
hef|boom ['hɛv-] Hebel *m*; ~**brug** ['-brœx] (*auto*~) Hebebühne *f*.
heff|en* heben; erheben; (*innen*) einziehen; ~**ing** Erhebung *f*; Abgabe *f*; Gebühr *f*, Taxe *f*; Hebung *f*.
heft *n* Griff *m*, Heft *n*, Schaft *m*.
heftig ['-təx] heftig; ~**heid** [-xɛit] Heftigkeit *f*.
heg [hɛx] (-*gen*) Hecke *f*; Zaun *m*.
hegemonie [-'ni·] Hegemonie *f*, Vorherrschaft *f*.
hei(de) Heide *f*; Heidekraut *n*.
heibel ['hɛibəl] (-s) F Radau *m*; (*ruzie*) Krach *m*, Stunk *m*.
heiden *m* Heide *m*; ~**dom** [-dɔm] *n* Heidentum *n*; ~**s** heidnisch; *~ lawaai* *n* Heiden-, Höllenlärm *m*.
heidin [-'dɪn] *f* (-*nen*) Heidin *f*.
heien ['hɛiə(n)] (ein)rammen.
heiig [hɛix] diesig, dunstig.
heil *n* Heil *n*; *Leger n des ~s* Heilsarmee *f*; ~**bot** ['-bɔt] Heilbutt *m*; ~**dronk** Trinkspruch *m*.
heilig ['-ləx] heilig; *~ verklaren* heiligsprechen; ~**dom** [-dɔm] *n* (-*men*) Heiligtum *n*; ~**en** heiligen; ~**heid** [-xɛit] Heiligkeit *f*; ~**schennis** [-sxɛnɪs] Sakrileg *n*; ~**verklaring** Heiligsprechung *f*.
heimelijk ['-mələk] heimlich, verstohlen; *adv ook* insgeheim.
heimwee *n* Heimweh *n*.
hek *n* (-*ken*) Zaun *m*; Gitter *n*; Gatter *n*; Gartentor *n*.

hekel ['he:kəl] Abneigung *f*; *een ~ hebben aan* nicht leiden können; *~en* *fig* durchhecheln, scharf kritisieren.
heks *f* Hexe *f*; *~en* hexen; *~en-jacht* Hexenjagd *f* (*ook fig*); *~en-toer* [-tu:r], *~en-werk* *n* Hexerei *f*.
hekwerk *n* Gitter *n*; Gatter *n*.
hel [hɛl] Hölle *f*.
helaas [he˙'la:s] leider.
held *m* Held *m*; *~en-moed* [-mu˙t] Heldenmut *m*.
helder hell, klar; sauber; *~heid* [-hɛit] Helligkeit *f*; Klarheit *f*; Sauberkeit *f*; *~ziende* [-'zi˙ndə] Hellseher(in *f*) *m*.
heldhaftig [-'haftəx] heldenhaft, heroisch; *~heid* [-xɛit] Heldentum *n*.
heldin [-'dɪn] *f* (*-nen*) Heldin *f*.
heleboel ['he:ləbu˙l] F: *een ~* e-e ganze Menge.
helemaal [he:lə-] gänzlich, völlig, ganz; überhaupt; *~ niet* (ganz und) gar nicht, nicht im geringsten, durchaus nicht.
helen [he:lə(n)] **1.** heilen; **2.** *jur* hehlen.
heler *m* (*-s*) Hehler *m*.
helft Hälfte *f*; *voor de ~* zur Hälfte.
helikopter [-'kɔp-] (*-s*) Hubschrauber *m*.
heling ['he:lɪŋ] Hehlerei *f*.
hell|en überhängen; sich neigen, abfallen; *~ing* Abhang *m*, Hang *m*; Neigung *f*; Gefälle *n*; Steigung *f*; Böschung *f*.
helm Helm *m*.
help! (zu) Hilfe!
help|en* helfen (*D*); bedienen, abfertigen; nutzen, nützen; *~ aan* verhelfen zu (*D*), vermitteln; *erdoor ~* *fig* durchbringen; *waarmee kan ik ~?* *ook* womit kann ich dienen?; *~er* *m* (*-s*) Helfer *m*; *~ster* *f* (*-s*) Helferin *f*.
hels höllisch; *~ lawaai* *n* Höllenlärm *m*.
hem ihn; ihm; *om ~ ook* seinetwegen.
hemd *n* Hemd *n*; *~broek* ['-bru˙k] Hemdhose *f*; *~je* *n* (*-s*) Hemdchen *n*; *~s-mouw* ['-mɑṷ] Hemdsärmel *m*.
hemel ['he:məl] (*-en*; *bed~* *pl* *-s*) Himmel *m*; *onder de blote ~* unter freiem Himmel; *~lichaam* *n* Himmelskörper *m*, Gestirn *n*; *~s* himmlisch; *~s-blauw* [-blɑṷ] himmelblau; *~s-breed* in der Luftlinie; *fig* himmelweit; *~s-naam*: *in 's ~!* um Himmels willen!; *~streek* Himmelsrichtung *f*; *~tergend* himmelschreiend; *♀vaart* Himmelfahrt *f*.
hemoglobine (*-n* *of* *-s*) Hämoglobin *n*.
hen[1] sie; ihnen.

hen[2] *f* (*-nen*) Henne *f*.
hendel *n* *of* *m* (*-s*) = **handel**[2].
hengel (*-s*) Angel(rute) *f*; *~aar(ster)* *m* (*-s*) Angler(in *f*) *m*; *~en* angeln.
hengsel ['hɛŋsəl] *n* (*-s*) Henkel *m*; (Tür-) Angel *f*.
hengst *m* Hengst *m*.
hennep ['hɛnəp] Hanf *m*.
her- [hɛr-] *in samenst.* *mst* wieder-, neu-.
herademen [hɛr'a:dəm-] (-) aufatmen.
herberg Herberge *f*, Wirtshaus *n*; *~en* beherbergen; *~ier(ster* *f*) [-'ɣi:r(stər)] *m* (*-s*) (Gast-)Wirt(in *f*) *m*.
herbezinning Rückbesinnung *f*.
herdenk|en (-) gedenken (*G*); *~ings-dag* [-dɑx] Gedenktag *m*; *jaarlijkse ~* Jahrestag *m*; *~ings-plechtigheid* [-təxɛit] (*-heden*) Gedenkfeier *f*.
herder *m* (*-s*) Hirt(e) *m*, Schäfer *m*; *~in* [-'rɪn] *f* (*-nen*) Hirtin *f*, Schäferin *f*; *~s-hond* *m* Schäferhund *m*.
herdruk ['-drøk] Neudruck *m*; Neuauflage *f*.
hereboer ['he:rəbu:r] *m* Großbauer *m*.
her|- en bijscholing ['bɛisxo:l-] Fortbildung *f*; *~eniging* [-'e:nəɣ-] Wiedervereinigung *f*.
heren|- ['he:rə(n)-] *in samenst.* *mst* Herren-, *b.v.* *~kapper* *m* Herrenfriseur *m*; *~kleding* Herrenbekleidung *f*; *~kostuum* [-ty˙m] *n* Herrenanzug *m*; *~toilet* [-tṷa'lɛt] *n* Herrentoilette *f*.
herexamen *n* Wiederholungsprüfung *f*.
herfst Herbst *m*; *~achtig* ['-ɑxtəx] herbstlich; *~vakantie* [-kɑnsi-] Herbstferien *pl*.
her|gebruik ['hɛrɣəbrœyk] *n* Wiederverwendung *f*, -verwertung *f*; *~groepering* ['-ɣru:pe:r-] Neugruppierung *f*.
her|haald(elijk) [hɛr'ha:ld(ələk)] wiederholt, öfter(s); *~halen* (-) wiederholen; *~haling* Wiederholung *f*; *jur* Rückfall *m*.
herinner|en (-) erinnern; *zich iets ~* sich an etw (*A*) erinnern; *~ing* Erinnerung *f*.
her|kansing [-'kɑnsɪŋ] Wiederholung (-sprüfung) *f*; *~kauwen* [-'kɑṷə(n)] (-) wiederkäuen.
herken|baar erkennbar; *~nen* (-) erkennen, wiedererkennen; *~nings-teken* [-te:kə(n)] *n* Erkennungszeichen *n*; Wahrzeichen *n*.
her|kiesbaar [-'ki:z-] wiederwählbar; *~kiezing* Wiederwahl *f*; *~komst* [hɛr-]

Herkunft f; **Abkunft** f; **land** n **van ~** Herkunfts-, Ursprungsland n; **~leiden** [-'lɛidə(n)] (-) zurückführen; reduzieren; umrechnen; **~leven** (-; zn) wiederaufleben; **doen ~** wiederbeleben.

hernia ['hɛrni·(j)aˑ] Hernie f; Bandscheibenschaden m.

hernieuw|d [-'ni·ūt] erneut; **~en** (-) erneuern.

heroïne [-ro·'üi·nə] Heroin n.

her|ontdekken wiederentdecken; **~openen** [-'o:pən-] (-) wiedereröffnen; **~ordening** ['-ordən-] Neuordnung f.

heroveren [-'o:vər-] (-) zurückerobern; **~ing** Wiedereroberung f.

herplaatsen (-) iem wiedereinsetzen.

herrie ['hɛri] Krach m, Radau m, Spektakel m; **~ schoppen** Krach machen; randalieren; **~schopper** [-sxɔpər] m (-s) Radaubruder m, Randalierer m.

herroep|en [hɛ'ru·p-] (-) widerrufen, zurücknehmen; **~ing** Widerruf m.

her|schikking [-'sxɪk-] Neuordnung f; **~scheppen** [-'sxɛp-] (-) verwandeln, umgestalten; **~scholen** ['-sxo:l-] (-) umschulen.

hersen|en pl, **~s** pl Gehirn n, Hirn n; fig ook F Grips m; **~pan** Schädel(decke f) m; **~schim** Hirngespinst n, Schimäre f; **~schudding** [-sxœdɪŋ] Gehirnerschütterung f; **~spoeling** [-spu·l-] Gehirnwäsche f; **~vlies** n Hirnhaut f.

herstel [hɛr'stɛl] n Wiederherstellung f; Erholung f, Genesung f; **~len** (-) wiederherstellen; ausbessern, reparieren; sich erholen; **~ling** Wiederherstellung f; Instandsetzung f, Reparatur f; **~lings·oord** n Erholungsheim n, Heilanstalt f; **~werkplaats** Reparaturwerkstatt f.

her|stemming erneute Abstimmung f; Stichwahl f; **~structureren** [-strøkty-'re:r-] umstrukturieren.

hert n Hirsch m; **~e·gewei** ['hɛrtəɣəvɛi] n Hirschgeweih n.

hertog ['-tɔx] m Herzog m; **~dom** [-dɔm] n (-men) Herzogtum n; **Zen·bosch** [-bɔs] n: **'s-~** Herzogenbusch n; **~in** [-'ɣɪn] f (-nen) Herzogin f.

her|trouwen [-trɑu̯ə(n)] (-) sich wiederverheiraten, wieder heiraten; **~vatten** [-'v̆at-] (-) wiederaufnehmen; **~verdeling** Um-, Neuverteilung f; **~verzekering** Rückversicherung f.

hervorm|d [-'v̆ɔr(ə)mt] rel reformiert; **~en** (-) reformieren; umgestalten; **~er** m (-s) Reformer m; rel Reformator m; **~ing** Reform f, Um-, Neugestaltung f, Umbau m; Neuerung f; rel Reformation f; **~ings·politiek** Reformpolitik f.

herwaardering ['hɛrʋa·rdeˑr-] Neubewertung f.

herwinn|en [hɛr'-] (-) wiedergewinnen; **~ing** Rückgewinnung f.

herzien [-'zi·n] (-) revidieren; **~ing** Revision f.

het lidw das; pron es.

heteluchtverwarming [he:tə'lœxt-] Warm-, Heißluftheizung f.

heten* ['he:t-] heißen.

heterdaad ['he:tər-] auf frischer Tat.

heterogeen [-'ɣe:n] heterogen.

het|geen dasjenige; **~welk** das, welches; was; **~zelfde** dasselbe; **~zij** [-'sɛi] sei es.

heug|en ['hø·ɣ-] sich erinnern; **~lijk** ['-lək] erfreulich; denkwürdig.

heulen [hø:l-] (met) gemeinsame Sache machen (mit D).

heup [hø:p] Hüfte f; **~gewricht** ['-xəv̆rɪxt] n Hüftgelenk n; **~wiegen** in den Hüften wiegen.

heus wirklich, wahrhaftig, tatsächlich.

heuvel ['hø:v̆əl] (-s of -en) Hügel m; Anhöhe f; **~achtig** [-tax] hügelig.

hevig ['he:v̆əx] heftig, stark; **~heid** [-xɛit] Heftigkeit f.

hiaat [hi'ja:t] n of m (hiaten) Lücke f.

hiel Ferse f, Hacke f; **~en·likker** m (-s) Speichellecker m.

hier hier; her; **~ en daar** hier und dort (of da), stellen-, streckenweise; **~ en ginds** hüben und drüben; **tot ~** bis hierher.

hiërarchiek [hi·(j)əraˑr'xi·k]: **langs de ~e weg** auf dem Instanzenweg.

hier|bij [-'bɛi] hierbei; anbei; dazu; **~boven** [-'bo:v̆-] hierüber; **~door** hierdurch; **~heen** hierher, herbei; hierhin, herüber; **~me(de)** hiermit; **~na** hiernach; **~naast** hierneben; nebenan; **~namaals** [-'na:-] n Jenseits n.

hiëroglief|en ['hi·(j)əro·'ɣlif̆ə(n)] pl Hieroglyphen f/pl.

hier|omtrent [-'trɛnt] hierüber, diesbezüglich; **~over** hierüber; hiervon; **~toe** [-'tu·] hierzu; **tot ~** bis hierher; bis jetzt.

hij [hɛi, na verbum, co of pron iˑ] er.

hijgen ['hɛiɣə(n)] keuchen, schnaufen.

hijs|en* ['hɛisə(n)] hissen, hochziehen; **~kraan** (Hebe-)Kran *m*.

hik Schluckauf *m*; **~ken** schlucksen.

hilariteit [-'tɛit] Gelächter *n*.

hinde Hirschkuh *f*.

hinder Belästigung *f*, Behinderung *f*; **~en** hindern; behindern; *dat hindert niet* das macht nichts; **~laag** (*-lagen*) Hinterhalt *m*; **~lijk** [-lək] hinderlich, lästig; **~nis** (*-sen*), **~paal** Hindernis *n*, Hemmnis *n*.

hinken hinken, humpeln.

hink-stap-sprong Dreisprung *m*.

hinniken ['-nəkə(n)] wiehern.

hippodroom *m of n* (*-dromen*) Pferde-, Trabrennbahn *f*.

histor|icus [-'to:ri·kəs] *m* (*-rici* [-si·]) Historiker *m*; **~ie** [-ri·] (*-s of -riën*) Geschichte *f*, Historie *f*; **~isch** [-i·s] historisch.

hit (*-s*) Hit *m*.

hitte Hitze *f*; Schwüle *f*; **~bestendig** hitzebeständig; **~golf** Hitzewelle *f*.

hobbel ['hɔbəl] (*-s*) Unebenheit *f*; **~en** holpern; **~ig** ['-bələx] buck(e)lig, holp(e)rig; **~paard** *n* Schaukelpferd *n*.

hobby (*-'s*) Hobby *n*.

hobo ['ho:bo·] (*-'s*) Oboe *f*.

hockey ['hɔki·] *n* Hockey *n*.

hoe [hu·] wie; **~ ... je** ... desto; **~ dan ook** wie auch immer, so oder so; wie dem auch sei; **~ eerder ~ liever** je eher, desto besser.

hoed [hu·t] Hut *m*; *hoge ~* Zylinder *m*.

hoedanigheid ['-da:nəxɛit] (*-heden*) Beschaffenheit *f*; Eigenschaft *f*, Qualität *f*.

hoede Obhut *f*; Schutz *m*; *op zijn ~ zijn* auf der Hut sein, sich vorsehen; **~n** hüten; *zich ~ voor* sich hüten vor (*D*).

hoeden·plank Hutablage *f*.

hoed|er ['hu·dər] *m* (*-s*) Hüter *m*; **~ster** *f* (*-s*) Hüterin *f*.

hoef (*hoeven*) Huf *m*; **~ijzer** ['-ɛizər] *n* Hufeisen *n*; **~smid** *m* Hufschmied *m*.

hoegenaamd: **~ niet** überhaupt nicht.

hoek [hu·k] Ecke *f*; Winkel *m* (*ook wisk*); *sp* Haken *m*; **~ig** ['-kəx] eckig, kantig; wink(e)lig; **~pilaar** Eckpfeiler *m*; **~schop** ['-sxɔp] *sp* Eckball *m*, Ecke *f*; **~slag** ['-slɑx] *sp* Haken *m*; **~tand** Eckzahn *m*.

hoelang wie lange; *tot ~?* bis wann?

hoen *n* (*-deren of -ders*) Huhn *n*.

hoepel ['hu·pəl] (*-s*) Reifen *m*.

hoer [hu:r] *f* Hure *f*.

hoera [hu'ra:] *n* (*-'s*) Hurra *n*, Hoch *n*.

hoereren [-'re:r-] P huren.

hoes [hu·s] (*hoezen*) Überzug *m*, Hülle *f*; **~laken** *n* Spannbettuch *n*.

hoest Husten *m*; **~drankje** *n* Hustensaft *m*; **~en** husten; **~pastille** [-ti·(j)ə] Hustenbonbon *m*.

hoeve ['hu·və] (Bauern-)Hof *m*, Gehöft *n*.

hoeveel wieviel; **~heid** [hu·'-] (*-heden*) Menge *f*; **~ste** wievielte.

hoeven brauchen; nötig sein.

hoe|ver(re) ['-vɛr(ə)]: (*in*) **~** (in)wieweit; inwiefern; **~wel** [-'vɛl] obwohl, obgleich, obschon; **~zeer** [hu·'-]: **~** (*ook*) wie sehr, sosehr; **~zo** wieso.

hof [hɔf] *n* (*hoven*) Hof *m* (*ook van vorst*); *jur* Gerichtshof *m*; *iem het ~ maken* j-m den Hof machen.

hoffelijk ['-fələk] höflich, galant.

hof|leverancier ['-le:vərɑnsi:r] *m* Hoflieferant *m*; **~stede** ['-ste:də] Gehöft *n*.

hoge|r höher, obere(r, -s); *rang ook*: gehoben; **~school** [-'sxo:l] (*Fach-*)Hochschule *f*.

hok *n* (*-ken*) Stall *m*; Schuppen *m*; Verschlag *m*; Käfig *m*; (*honde~*) Hütte *f*; **~je** *n* (*-s*) Kabine *f*; (*op formulier*) Kästchen *n*; *fig* Schublade *f*.

hokken hocken; F in wilder Ehe leben.

hol [hɔl] **1.** hohl; **~ voorwerp** *n* Hohlkörper *m*; **~le ruimte** Hohlraum *m*; **2.** *n* Höhle *f*; (*diere-*) Loch *n*, Bau *m*; *iem het hoofd op ~ brengen* j-m den Kopf verdrehen; *op ~ slaan* durchgehen.

holderdebolder [hɔldərdəˈbɔldər] holterdiepolter.

Hollands holländisch.

hollen (*ook zn*) rennen.

holster ['hɔlstər] (*-s*) Halfter *f*.

holte (*-n of -s*) Hohlraum *m*; Höhle *f*.

hom (*-men*) (*vis~*) Milch *f*.

homeopathie [ho·me·io·pa·'ti·] Homöopathie *f*.

hommel (*-s*) Hummel *f*; **~es** ['-mələs] F Krach *m*, Stunk *m*.

homo|geen ['ɣe:n] homogen; **~seksueel** [-sy·ʔʏe:l] homosexuell, P schwul.

homp Klumpen *m*, Brocken *m*.

hompelen ['-pələ(n)] (*ook zn*) humpeln.

hond *m* Hund *m*; **~e·brood** *n* Hunde-

119   **hoogschatten**

kuchen *m*; ~**e·hok** *n* Hundehütte *f*; ~**e·poep** [-puˑp] Hundedreck *m*.

honderd 1. hundert; **2.** *n* Hundert *n*; ~**en** *pl* **mensen** Hunderte *pl* (von) (*of* hunderte) Menschen; ~**jarig** [-rəx] hundertjährig; ~**ste 1.** hundertste; **2.** *n* Hundertstel *n*; ~**tal** [-tɑl] *n* (-*len*) wisk Hunderter *m*; **een ~** etwa hundert; ~**voudig** [-ˈfɑudəx] hundertfach.

honde|voer [-ˈvuːr] *n* Hundefutter *n*; ~**weer** *n* Hunde-, Sauwetter *n*.

hond|je *n* (-*s*) Hündchen *n*; ~**s** rüde; hundsgemein; ~**s·dagen** *pl* Hundstage *m*/*pl*; ~**s·dolheid** Tollwut *f*; ~**s·moe** [ˈmuˑ] hundemüde.

honen höhnen; *v*/*t* *ook* verhöhnen; ~**d** höhnisch.

Hongaar [-ˈɣaːr] *m* (-*garen*) Ungar *m*; ~**s** ungarisch; ~**se** *f* Ungarin *f*.

Hongarije [-ˈɣaˑrɛiə] *n* Ungarn *n*.

honger Hunger *m*; ~ **lijden** hungern; **razende ~** Mordshunger *m*; ~**en** (**naar**) hungern (nach *D*); ~**ig** [-rəx] hungrig; ~**staking** Hungerstreik *m*.

honi(n)g Honig *m*; ~**bij** [-bɛi] Honigbiene *f*; ~**raat** Honigwabe *f*.

honk|bal *n* Baseball *m*; ~**vast** an die Scholle gebunden, seßhaft.

honor|air [-ˈrɛːr] ehrenamtlich; ~**arium** [-ri(j)əm] *n* (-*s of* -*raria*) Honorar *n*; ~**eren** [-ˈreːr-] honorieren.

hoofd *n* Kopf *m*, Haupt *n*; (Hafen-)Mole *f*; Leiter(in *f*) *m*; (*school*~ *ook*) Rektor(in *f*) *m*; **kaal ~** Glatze *f*, Kahlkopf *m*; **het ~ bieden** die Stirn bieten (*D*), trotzen (*D*); **zich het ~ breken over** sich den Kopf zerbrechen über (*A*); **mijn ~ staat er niet naar** mir ist nicht danach; **aan het ~** an der Spitze; **aan het ~ staan van** leiten, vorstehen (*D*); **over het ~ zien** übersehen; **uit het ~** (**kennen**) auswendig (können); **uit het ~ praten** ausreden; **uit ~e van** kraft (*G*); ~**aandeelhouder** [-haudər] *m* Hauptaktionär *m*; ~**agent** *m* Polizeihauptwachtmeister *m*; hdl Generalvertreter *m*; ~**artikel** *n* Leitartikel *m*; ~**betrekking** Hauptberuf *m*; (**met**) **als ~** hauptberuflich; ~**brekens** [ˈbrɛːkə(n)s] *pl* Kopfzerbrechen *n*; ~**commissaris** *m*: ~ (**van politie**) Polizeipräsident *m*; ~**conducteur** [-kɔndɔktøːr] *m* Zugführer *m*; ~**deel** *n* Hauptteil *m*; ~**deksel** *n* Kopfbedeckung *f*; ~**doek** [ˈdu·k]

Kopftuch *n*; ~**einde** [ˈɛində] *n* Kopfende *n*; ~**elijk** [ˈhoːvdələk] persönlich; *stemming*: namentlich; pro Kopf; ~**e omslag** Umlage *f*, (*belasting*) Kopfsteuer *f*; ~**gerecht** *n* Hauptgericht *n*; ~**huid** [ˈhœyt] Kopfhaut *f*; ~**je** *n* (-*s*) Köpfchen *n*; ~**kaas** Preßkopf *m*, Sülze *f*; ~**kantoor** *n* Hauptamt *n*, Zentrale *f*; ~**kussen** [-kəs-] *n* Kopfkissen *n*; ~**kwartier** *n* Hauptquartier *n*; ~**letter** Großbuchstabe *m*, Majuskel *f*; ~**lijn** [ˈ-lɛin] Grundzug *m*; ~**pijn** [ˈ-pɛin] Kopfschmerzen *m*/*pl*; ~**postkantoor** *n* Hauptpostamt *n*; ~**prijs** [ˈ-prɛis] Hauptgewinn *m*, das Große Los; ~**punt** [ˈ-pənt] Haupt-, Kernpunkt *m*; ~**redacteur** [-tøːr] *m* Chefredakteur *m*; ~**rekenen** [ˈ-reːkən-] *n* Kopfrechnen *n*.

hoofdrol Hauptrolle *f*; ~**speler** *m* (~**speelster** *f*) Hauptdarsteller(in *f*) *m*.

hoofd|schotel [ˈsxoːtəl] Hauptgericht *n*; ~**schuddend** [ˈ-sxədənt] kopfschüttelnd; ~**stad** [ˈstɑt] Hauptstadt *f*; ~**stedelijk** [ˈ-steːdələk] hauptstädtisch; ~**steun** [ˈstøːn] Kopfstütze *f*; ~**straat** Haupt(verkehrs)straße *f*; ~**stuk** [ˈ-stək] *n* Kapitel *n*; ~**weg** [ˈ-vɛx] Hauptstraße *f*; ~**telwoord** *n* Grund-, Kardinalzahl *f*; ~**vertegenwoordiger** [-forteˈɣa(n)voːrdəɣər] *m* Generalvertreter *m*; ~**zaak** Hauptsache *f*; ~**zakelijk** [ˈ-saːkələk] hauptsächlich; ~**zin** Hauptsatz *m*; ~**zuster** [ˈ-səstər] *f* Oberschwester *f*.

hoog hoch; *fig ook* erhaben, hehr; **drie ~** F drei Treppen hoch.

hoogachten hochachten, hochschätzen; ~**d** hochachtungsvoll.

hoog|bouw [ˈ-bɑu] Hochbau *m*; ~**conjunctuur** [ˈ-kɔnjəŋktyːr] Hochkonjunktur *f*; ~**dravend** [ˈ-draːvənt] hochtrabend; ²**duits** [ˈ-dœyts] hochdeutsch; ~**gebergte** *n* Hochgebirge *n*; ~**geplaatst** hochgestellt; ~**hartig** [ˈ-hɑrtəx] hochmütig; ~**heid** [ˈ-hɛit] (-*heden*) Hoheit *f*; ~**houden** [ˈ-hɑuə(n)] hochhalten; ~**leraar** [ˈ-leːraːr] *m* Hochschullehrer *m*, Professor *m*; ~**mis** Hochamt *n*.

hoogmoed [ˈ-muˑt] Hochmut *m*; ~**ig** [ˈ-muˑdəx] hochmütig.

hoog|nodig [ˈ-noːdəx] (dringend) notwendig; ~**oven** Hochofen *m*; ~**ovenbedrijf** *n* Hüttenwerk *n*, Hütte *f*; ~**schatten** [ˈ-sxɑt-] hochschätzen;

hoogseizoen 120

~seizoen ['seːzuːn] *n* Hochsaison *f*; **~springen** *n* Hochsprung *m*.

hoogst [hoːxst] höchst; **het ~** am höchsten; **op zijn ~, ten ~e** höchstens, allenfalls; **~eigen** höchstpersönlich, ureigen; **~ens** ['hoːxstə(n)s] höchstens, allenfalls; **~nodig** [-dəx] allernötigst.

hoogte (-*n of* -*s*) Höhe *f*; Anhöhe *f*; *geogr ook* Hebung *f*; **de ~ inschieten** in die Höhe schnellen; **in de ~** *ook* empor; **op de ~ brengen** benachrichtigen, verständigen, Bescheid sagen; **op de ~ houden** auf dem laufenden halten; **op de ~ zijn** Bescheid wissen, auf dem laufenden sein, sich auskennen; **zich op de ~ stellen (van)** sich informieren (über *A*); **tot op zekere ~** bis zu e-m gewissen Grad; **uit de ~** von oben herab; *fig ook* herablassend; **ter ~ van** *geogr* auf der Höhe von (*D*); **~ligging** Höhenlage *f*; **~punt** [-pɔnt] *n* Höhepunkt *m*; **~verschil** *n* Höhenunterschied *m*; **~vlucht** [-vlext] Höhenflug *m*.

hooguit ['-ɔyt] höchstens; **~verraad** *n* Hochverrat *m*; **~vlakte** Hochebene *f*.

hoogwaardig [-'ʋaːrdəx] hochwertig; hochwürdig; **~heids·bekleder** *m* Würdenträger *m*.

hoogwater [-'ʋaːtər] *n* Hochwasser *n*.

hooi *n* Heu *n*; **~koorts** Heuschnupfen *m*; **~mijt** ['-mɛit] Heuschober *m*.

hoon Hohn *m*; **~gelach** *n* Hohngelächter *n*.

hoop¹ Hoffnung *f*; **iem ~ geven** j-m Hoffnungen *pl* machen; **straaltje** *n* **~** Hoffnungsschimmer *m*.

hoop² (*hopen*) Haufen *m*, Masse *f*; Stapel *m*, Stoß *m*; **een ~ geld** e-e Menge Geld, F ein Heidengeld; **bij hopen** haufenweise.

hoopgevend ['-xeːʋənt] hoffnungsvoll.

hoopje *n* (-*s*) Häufchen *n*.

hoopvol hoffnungsvoll.

hoor|apparaat *n* Hörgerät *n*; **~baar** hörbar, vernehmlich; **~college** [-lɛːʒə] *n* Vorlesung *f*.

hoorn (-*s of* -*en*) Horn *n*; *tel* Hörer *m*, Muschel *f*; **~blazer** *m* (-*s*) Hornist *m*; **~en** aus Horn; **~ bril** Hornbrille *f*; **~tje** *n* (-*s*) Hörnchen *n*; **~vlies** *n* Hornhaut *f*.

hoorzitting Hearing *n*, Anhörung *f*.

hoos (*hozen*) Windhose *f*.

hop Hopfen *m*.

hope|lijk ['hoːpələk] hoffentlich; **~loos** hoffnungs-, aussichtslos; **~n (op)** hoffen (auf *A*); **naar ik hoop** wie ich hoffe.

hopstaak Hopfenstange *f*.

horde (-*n of* -*s*) Horde *f*; *sp* Hürde *f*; **~n·loop** Hürdenlauf *m*.

horeca(**sector**) ['hoːreːka-] Hotel- und Gaststättengewerbe *n*; **~bedrijf** [-drɛif] *n* Gaststättenbetrieb *m*; (*branche*) Gaststättengewerbe *n*.

horen¹ (-*s*) = **hoorn.**

horen² hören; (*betamen*) sich gehören, sich schicken; **~ bij** gehören zu (*D*); **bij elkaar ~** zusammengehören; **van ~ zeggen** vom Hörensagen.

horig ['hoːrəx] hörig.

horizon ['hoːriːzɔn] (-*nen*) Horizont *m*; *fig ook* Gesichtskreis *m*; **~taal** horizontal; **horizontale lijn** Horizontale *f*.

horloge [-'loːʒə] *n* (-*s*) Uhr *f*; **~maker** *m* Uhrmacher *m*; **~zaak** Uhrengeschäft *n*.

hormoon *n* (-*monen*) Hormon *n*.

horoscoop (-*scopen*) Horoskop *n*.

horten holpern; stocken; **~d** stoß-, ruckweise.

hortensia [-'tɛnsi·(j)a] (-'s) Hortensie *f*.

horzel (-*s*) Hornisse *f*.

hospita ['hɔs-] *f* (-'s) Wirtin *f*.

hospitaal *n* (-*talen*) Krankenhaus *n*, Spital *n*; **~soldaat** *m* Sanitäter *m*.

hostie ['-tiː] (-*s of een* -*tiën*) Hostie *f*.

hotel *n* (-*s*) Hotel *n*; Gasthof *m*; **~ier** [-tɛlˈjeː] *m* (-*s*) Hotelier *m*; Wirt *m*; **~eigenaar** *m* Hotelbesitzer *m*; **~gids** Hotelverzeichnis *n*; **~kamer** [-kaːmər] Hotelzimmer *n*; **~lerie** [-ləˈriː] Hotelgewerbe *n*; **~school** [-sxoːl] Hotelfachschule *f*.

houdbaar ['haud-] haltbar; **~heidsdatum** [-təm] Haltbarkeitsdatum *n*.

houd|en* ['haʊ̯ə(n)] halten; be-, abhalten; *wedstrijd* austragen; *bed* hüten; **zich ~** sich halten; (*veinzen*) sich stellen; **zich ~ aan** sich halten an (*A*); **~ van** lieben, mögen; *iem ook* gern haben; **gaan ~ van** liebgewinnen; **bij elkaar ~** zusammenhalten; **~er** *m* (-*s*) Inhaber *m*; (*diere~*) Halter *m*; (*van prijs*) Träger *m*; **~ing** Haltung *f* (*ook fig*), Stellung *f*; Einstellung *f*; **in de ~ staan** strammstehen; **~ster** *f* (-*s*) Inhaberin *f*; Halterin *f*; Trägerin *f*; **~stermaatschappij** [-sxapɛi] Holdinggesellschaft *f*.

hout [-haut] *n* Holz *n*; **van ~** aus Holz; **~achtig** [-təx] holzig; **~bewerking**

hulpverlening

Holzbearbeitung f; ~**blok** n Holzklotz m; Holzscheit n; ~**en** hölzern; ~ **hamer** (**bank**) Holzhammer m (Holzbank f); ~**erig** ['-tərəx] hölzern; ~**hakker** m (-s) Holzfäller m; ~**je** n (-s) Hölzchen n; **op eigen** ~ auf eigene Faust.

houts·kool Holzkohle f; ~**tekening** [-te:kənɪŋ] Kohlezeichnung f.

hout|snede ['-sne:də] Holzschnitt m; ~**snijwerk** ['-snɛi-] n Holzschnitzerei f; ~**soort** ['-so:rt] f Holzart f; ~**werk** n Holz(bau)teile m/pl; Holzkonstruktion f; ~**zagerij** ['-rɛi] Sägewerk n.

houvast [hau'-] m Halt m; (*aanknopingspunt*) Anhaltspunkt m.

houweel [hau'ʋe:l] n (-*welen*) Hacke f; Pickel m; ~**en*** hauen.

houwitser ['ʋɪtsər] (-s) Haubitze f.

hovaardig ['-ʋa:rdəx] hoffärtig.

hozen ['ho:zə(n)] schöpfen; gießen.

huichel|aar(ster f) ['hɛixə-] m (-s) Heuchler(in f) m; ~**achtig** [-təx] heuchlerisch; ~**arij** ['-rɛi] Heuchelei f; ~**en** heucheln.

huid Haut f; Fell n; **tot op zijn** ~ **nat** bis auf die Haut naß; ~**arts** m Hautarzt m; ~**crème** ['-krɛ:m] Hautcreme f.

huidig ['hœydəx] heutig, jetzig.

huid|(s)kleur [-klø:r] Hautfarbe f; ~**uitslag** [-slax] Hautausschlag m, Flechte f; ~**ziekte** Hautkrankheit f.

huif [hœyf] (*huiven*) Haube f; Plane f.

huig [hœyx] Zäpfchen n.

huil|bui ['hœylbœy] Weinkrampf m; ~**en** weinen; (*der en fig* heulen; *dier ook* jaulen; ~**erig** ['-lərəx] weinerlich.

huis [hœys] n (*huizen*) Haus n; (*club*~) Heim n; *tech* Gehäuse n; **eigen** ~ Eigenheim n; **naar** ~ nach Hause, heim.

huis|- *in samenst. mst* Haus-, *b.v.* ~**arts** m Hausarzt m, praktischer Arzt m; ~**baas** m Hauswirt m; ~**bazin** [-ba'zɪn] f Hauswirtin f; ~**brandolie** [-o·li] f Heizöl n; ~**dier** n Haustier n; ~**eigenaar** ['-ɛiɣəna:r] m Hausbesitzer m; ~**elijk** ['hœysələk] häuslich; ~**gezin** n Familie f.

huishoud|elijk ['-haudələk] häuslich; geschäftlich; ~ **werk** n Hausarbeit (*en pl*) f; ~**en** ['-haŭə(n)] **1.** haushalten, wirtschaften; hausen; **2.** n (-s) Haushalt m; ~**geld** n Haushaltsgeld n; ~**ing** Haushalt m, Haushaltung f; ~**ster** f Haushälterin f.

huis|huur ['hœy:r] Miete f; ~**industrie** [-dœstri] Heimarbeit f; ~**je** n (-s) Häuschen n; ~**kamer** ['-ka:mər] Wohnzimmer n; ~**krekel** ['-kre:kəl] Heimchen n; ~**meester** m Hausmeister m; ~**merk** n Hausmarke f; ~**middel(tje)** n Hausmittel n; ~**moeder** ['-mudər] Hausfrau f; ~**mus** ['-møs] f *of m fig* Stubenhocker m; ~**raad** m Hausrat m; ~**reglement** [-'mɛnt] n Hausordnung f; ~**vader** m Haus-, Familienvater m.

huisvest|en unterbringen, beherbergen; ~**ing** Unterbringung f; Unterkunft f; ~**ings·bureau** [-byro:] n Wohnungsamt n.

huis|vredebreuk [-brø:k] Hausfriedensbruch m; ~**vrouw** ['-fraŭ] f Hausfrau f; ~**vuil** ['-fœyl] n Müll m; ~**waarts** nach Hause, heimwärts; ~**werk** n Haus-, Schularbeiten f/pl; ~**zoeking** ['-sukɪŋ] Haussuchung f.

huiver|en ['hœyvər-] schaudern; (*van kou*) frösteln; **ik huiver voor** mich (*of* mir) schaudert vor (D), mir graut vor (D); ~**ing** Schauder m; *fig ook* Grausen n; ~**ingwekkend** [-'ʋɛkənt] schauder-, grauenhaft, schaurig.

huize·hoog ['hœyzə-] haushoch; ~**n** hausen; ~**n-zee** Häusermeer n.

huld|e(blijk) ['hœldə(blɛik)] Huldigung f; ~**igen** ['-dəɣə(n)] huldigen (D); ~**iging** ['-dəɣɪŋ] Huldigung f, Ehrung f.

hullen ['hølə(n)]: (*zich*) ~ (*in*) (sich) hüllen (*in A*).

hulp [høl(ə)p] Hilfe f, Beistand m; *pers.:* Gehilfe m, Gehilfin f, Hilfskraft f; **eerste** ~ **bij ongevallen** (*afk E.H.B.O.*) Erste Hilfe; **post voor eerste** ~ Unfallstation f; **tijdelijke** ~ *pers.:* Aushilfskraft f; **iem** ~ **verlenen** j-m Hilfe leisten.

hulp|actie ['-aksi] Hilfsaktion f; ~**behoevend** [-huvənt] hilfsbedürftig, pflegebedürftig; ~**betoon** n Hilfeleistung f; ~**bronnen** pl: **natuurlijke** ~ Ressourcen f/pl; ~**dienst** m Hilfsdienst m; ~**e-loos** ['hølpə-] hilflos; ~**e-loosheid** ['-lo:shɛit] Hilflosigkeit f.

hulp|je n (-s) Hilfe f, Hilfskraft f; ~**kracht** (Aus-)Hilfskraft f; ~**kreet** Hilferuf m; ~**middel** n Hilfsmittel n; ~**organisatie** [-za:(t)si] f Hilfsorganisation f, -werk n; ~**post** Unfallstation f; ~**vaardig** [-'fa:rdəx] hilfsbereit; ~**ver-**

hulpwerkwoord

lening [-le:n-] Hilfeleistung(en pl) f; Hilfsaktion f; alg Fürsorge f; **~werkwoord** n Hilfsverb n.

huls [həls] (huizen) Hülse f.

humaan [hy·'-] human.

humanitair [-'tɛ:r] humanitär.

humeur [hy'mø:r] n Laune f; **~ig** [-rəx] launenhaft.

humor ['hy·mɔr] Humor m; **~istisch** [-'rɪsti·s] humoristisch, witzig.

humus ['hy·məs] Humus m.

hun [hən] ihnen; ihr; de **~ne** ihrige; om **~(nentwil)** ihrethalben, -wegen.

hunebed ['hy·nə-] Hünengrab n.

hunker|en ['həŋkər-] sich sehnen; **~ing** Sehnsucht f.

huppelen ['həpələ(n)] (ook zn) hüpfen, hopsen.

huren ['hy:r-] mieten; **gehuurd wonen** zur Miete wohnen.

hurken ['hərk-] hocken, (sich) kauern.

hut [hət] (-ten) Hütte f; mar Kajüte f, Kabine f, Koje f.

huts(e)pot Eintopf m.

huur [hy:r] (huren) Miete f; **kale ~** Kaltmiete f; **~auto** Mietwagen m; **~bescherming** Mieterschutz m; **~contract** n Mietvertrag m; **~der** m (-s) Mieter m; **~huis** ['-həʊs] n Mietwohnung f; **~koop** Mietkauf m; **~ling** m Söldner m; **~prijs** ['-prɛi̯s] Mietpreis m; Leihgebühr f; **~ster** f (-s) Mieterin f; **~subsidie** ['-səpsi·di·] n of f Wohngeld n.

huwelijk ['hy·üələk] n Heirat f; Ehe f; **gemengd ~** Mischehe f.

huwelijks: ~e staat Ehestand m; **~aankondiging, ~advertentie** [-tɛnsi·] Heiratsanzeige f; **~aanzoek** [-zu·k] n Heiratsantrag m; **~adviesbureau** [-by·ro·] n Eheberatungsstelle f; **~bed** n Ehebett n; **~bemiddeling** Ehe-, Heiratsvermittlung f; **~leven** n Eheleben n; **~nacht** Hochzeitsnacht f; **~reis** [-rɛi̯s] Hochzeitsreise f; **~sluiting** [-sləʏt-] Eheschließung f; **~voltrekking** Trauung f; **~voorwaarden** pl güterrechtliche Regelung pl; **~zwendelaar** m Heiratsschwindler m.

huwen ['hy·üə(n)] (zn) heiraten, sich verheiraten (of vermählen).

huzaar [hy·'za:r] m (-zaren) Husar m; **~stukje** [-støki̯ə] n Husarenstück n, -streich m.

hyacint [hi·(j)a·'sɪnt] Hyazinthe f.

hydraulisch [hi'drɑuli·s] hydraulisch.

hyena [hi·'je:na·] (- 's) Hyäne f.

hygiëne [hi·'-] Hygiene f.

hymne ['hɪmnə] Hymne f.

hyper|- ['hi·pər-] in samenst. mst hyper-, b.v. **~bool** [-'bo:l] (-bolen) Hyperbel f; **~gevoelig** [-ɣu·ləx] überempfindlich.

hypno|se [hɪp'no:zə] Hypnose f; **~tiseren** [-'se:r-] hypnotisieren.

hypotheek [hi·po·'-] (-theken) Hypothek f; **~akte** Hypothekenbrief m; **~rente** Hypothekenzinsen m/pl.

hypothe|se [hi·po·'te:sə] (-s of -n) Hypothese f; **~tisch** [-ti·s] hypothetisch.

hyster|ie [hɪstə·'-] Hysterie f; **~isch** [-'te:ri·s] hysterisch.

I

ide|aal [i·de·'ja:l] 1. ideal; 2. n (idealen) Ideal n; **~aliseren** [-'se:r-] idealisieren, verklären; **~alisme** [-'lɪs-] n Idealismus m; **~alist(e** f) m Idealist(in f) m; **~aliter** [-'ja:li·tɛr] im Idealfall.

idee f of n (-ën) Idee f; **geen flauw ~** keine blasse Ahnung; **naar mijn ~** meiner Meinung nach.

idee-fixe ['-fi·ks] n of f fixe Idee f.

ident|iek [-'ti·k] identisch; **~ificeren** [-'se:r-] identifizieren.

identiteit [-'tɛit] Identität f; **~s-bewijs** [-vɛi̯s] n, **~s-kaart** (Personal-)Ausweis m.

ideologie [-lo·'ɣi·] (-ën) Ideologie f.

idi|oot [i·di·'jo:t] 1. idiotisch, blöde; 2. m (idioten) Idiot m, F Depp m; **~otie** [i·di·(j)o·'(t)si·] (-ën) Idiotie f.

idool [i·'do:l] n (idolen) Idol n, Schwarm m.

idylle [i'dɪlə] (-n of -s) Idyll n, Idylle f.
ie: ~~ z. **hij.**
ieder ['iːdər] jede(r, -s), jedwede(r, -s); ~**een** [-'eːn] jedermann, ein jeder.
iemand ['imant] jemand, einer; ~ **anders** jemand anders, sonstwer; ~ **(zo)als wij** unsereiner.
iep Ulme f.
leper n Ypern m.
Ier m Ire m; ~**s** irisch; ~**se** f Irin f.
iets etwas, einiges, F (irgend)was; ~ **of wat** einigermaßen; ~**je** [i'tʃə] ganz wenig; ~**jes** ['itʃəs] ein wenig, etwas.
ietwat ['itwat] etwas, ein wenig.
ijdel ['ɛidəl] eitel; *belofte*: leer; ~**heid** [-hɛit] (-heden) Eitelkeit f.
ijk|en ['ɛik-] eichen; ~**maat** Eichmaß n.
ijl [ɛil] dünn; leer; ~**en 1.** irrereden; **2.** (ook zn) eilen; ~**ings** eilends.
ijs [ɛis] n Eis n; Gefrorene(s).
ijs|- in samenst. mst Eis-, b.v. ~**beer** m Eisbär m; ~**beker** ['-beːkər] Eisbecher m; ~**beren** ['-beːrə(n)] rastlos auf- und abgehen; ~**blokje** n Eiswürfel m; ~**breker** ['-breːkər] Eisbrecher m; ~**co** ['ɛisko·] (-s) Eis n; ~**coman** m Eisverkäufer m; ~**elijk** ['ɛisələk] schauerlich, schaurig; ~**emmer** ['-emər] Eiskübel m; ~**gekoeld** ['-xəkult] eisgekühlt; ~**heiligen** ['-hɛiləɣə(n)] pl Eisheilige pl; ~**hockey** ['-hɔki-] n Eishockey n; ~**je** ['ɛiʃə] n (-s) Eis n; ~**kast** Kühlschrank m; **in de** ~ **zetten** fig auf Eis legen; ~**korst** Eisdecke f; ~**koud** ['-kɑut] eiskalt; 2**lands** isländisch; kühl; ~**lolly** ['-lɔli-] Eis n am Stiel; ~**pegel** ['-peːɣəl] Eiszapfen m; ~**salon** [-lɔn] Eisdiele f, -café n; ~**schol** ['-sxɔl], ~**schots** ['-sxɔts] Eisscholle f.
IJssel ['ɛisəl]: **de** ~ die IJssel.
ijs|taart Eistorte f, -bombe f; ~**tijd** ['-tɛit] Eiszeit f; ~**vorming** Eisbildung f; ~**zak** ['ɛisak] Eisbeutel m.
ijver ['ɛivər] Eifer m; Fleiß m; ~**ig** [-rəx] fleißig, eifrig, emsig.
ijzel ['ɛizəl] Glatteis n; Reif m; ~**en: het ijzelt** es ist Glatteis.
ijzen überschaudern.
ijzer ['ɛizər] n (-s) Eisen n; (glij~) Kufe f; **oud** ~ Alteisen n; ~**en** eisern; ~**erts** n Eisenerz n; ~**houdend** [-hɑudənt] eisenhaltig; ~**smelterij** [-tərɛi] Eisenhütte f; ~**sterk** bärenstark; fig eisern; ~**winkel** Eisen(waren)handlung f.
ijzig ['ɛizəx] eisig, frostig; schrecklich.

ijzingwekkend ['-vɛkənt] schaurig.
ik ich; ~ **voor mij** ich für meine Person.
illegaal [-'ɣaːl] illegal.
illus|ie [i'lyːzi-] (-s) Illusion f; ~**oir** [-'zŭaːr] illusorisch.
illustr|atie [i·lɵs'traː(t)si-] (-s) Illustration f; ~**eren** [-'treːr-] illustrieren.
image [i·matʃ] f of n (-s) Image n.
imaginair [-ʒi·'nɛːr] imaginär.
imbeciel [-'siːl] schwachsinnig.
imit|atie [-'taː(t)si·] (-s) Imitation f; ~**eren** [-'teːr-] imitieren.
immens [i'mɛns] immens.
immers ja; doch.
immigr|ant(e f) m Immigrant(in f) m, Einwanderer m, Einwanderin f; ~**atie** [-'ɣraː(t)si] Immigration f, Einwanderung f; ~**eren** [-'ɣreːr-] (zn) immigrieren, einwandern.
im|moreel [-'reːl] unmoralisch; ~**muun** [-'myːn] immun; ~**passe** (-s of -n) Sackgasse f; ~**peratief** (-tieven) Imperativ m; ~**perfect(um)** [-'fɛkt(em)] n Imperfekt n; ~**periaal** [-pe·'riaːl] f of n (-rialen) Dachgepäckträger m; ~**perialisme** [-riaˈlɪsmə] n Imperialismus m; ~**pliceren** [-'seːr-] implizieren; ~**poneren** [-'neːr-] imponieren (D); ~**populair** [-py·'lɛːr] unbeliebt, unpopulär; ~**populariteit** [-'tɛit] Unbeliebtheit f.
import Import m, Einfuhr f; ~**eren** [-'teːr-] importieren, einführen; ~**eur** [-'tøːr] m (-s) Importeur m.
im|posant [-'zant] imposant; stattlich; ~**pregneren** [-prɛx'neːr-] imprägnieren; ~**pressionisme** [-siǒˑ-] n Impressionismus m; ~**provisatie** [-'zaː(t)si·] (-s) Improvisation f; ~**puls** [-pɵls] Impuls m; fig ook Anstoß m; **iem een nieuwe** ~ **geven** ook j-m Auftrieb geben; ~**pulsief** [-'siːf] impulsiv.
in in (A, D); innerhalb (G); ~ **mei** im Mai; ~ **1992** im Jahre 1992; ~ **het Duits** auf deutsch; ~**achtneming** [-neːm-] Berücksichtigung f, Beachtung f, Rücksicht f; ~**ademen** einatmen; ~**bedrijfstelling** [-drɛif-] Inbetriebnahme f.
inbeeld|en: zich ~ sich einbilden; ~**ing** Einbildung f.
inbe|grepen [-ɣreːp-] inbegriffen, enthalten; ~**grip** n: **met** ~ **van** einschließlich (G), samt (D); ~**slagneming** Beschlagnahme f; fig Beanspruchung f; ~**zitneming** Besitzergreifung f.

inbinden *fig* zurückstecken.
inboedel ['-buˑdəl] Mobiliar *n*, Hausrat *m*; Inventar *n*; ~**verzekering** [-zeːkə-rɪŋ] Hausratversicherung *f*.
in|boezemen ['-buˑzəmə(n)] einflößen; ~**boorling(e** *f*) *m* Eingeborene(r); ~**borst** Gemüt(sart *f*) *n*; ~**bouwen** ['-bɑu̯ə(n)] einbauen.
inbraak (*-braken*) Einbruch *m*; ~**vrij** [-frɛi̯] einbruchsicher.
inbranden *v/i* (*zn*) *en v/t* einbrennen.
inbrek|en ['-breːk-] (*ook zn*) einbrechen; ~**er** *m* (*-s*) Einbrecher *m*.
inbreng Beitrag *m*; *hdl* Einlage *f*; ~**en** hereinbringen; einbringen, einführen (*ook med*); vorbringen, einwenden.
in|breuk ['-brøːk] Eingriff *m*, Verstoß *m*, Übergriff *m*; ~**burgeren** ['-bœrɣər-] (*zich*) (sich) einbürgern; ~**calculeren** ['-kɑlkyˑleː-r] einkalkulieren; ~**casseren** [-kɑˈseːr] kassieren; *fig* einstecken; ~**checken** ['-tʃɛkə(n)] einchecken.
incident [-siˈdɛnt] *n* Zwischenfall *m*; ~**eel** [-teːl] gelegentlich.
in|cluis [-ˈklœy̯s], ~**clusief** [-klyˈziːf] einschließlich (*G*), inklusive (*G*); ~**compleet** [-kɔmˈpleːt] unvollständig; ~**dachtig** ['-dɑxtəx] eingedenk (*G*); ~**dammen** eindämmen; ~**dekken**: **zich ~** sich absichern.
indel|en ['-deːl-] einteilen; (auf)gliedern; einordnen; ~**ing** Einteilung *f*; Gliederung *f*; Einordnung *f*.
indenken: **zich ~** sich vorstellen; **zich ~ in** sich hineindenken in (*A*).
inder|daad [-ˈdaːt] in der Tat, tatsächlich; ~**haast** [-ˈhaːst] in aller Eile; ~**tijd** [-ˈtɛi̯t] seinerzeit, damals.
indeuken ['-døːk-] einbeulen.
index (*-en of -dices*) Index *m*.
Ind|ia ['ɪndi•(j)a] *n* Indien *n*; ~**iaan(se** *f*) [-ˈjaːn(sə)] *m* (*-dianen*) Indianer(in *f*) *m*; ~**iaas** ['ɪn-] indisch.
indicatief (*-tieven*) Indikativ *m*.
Indië ['ɪndi•(j)ə] *n* Indien *n*.
indien [-ˈdiˑn] wenn, falls.
in|dienen einreichen; (*aan*)*klacht* erheben; *aanvraag* stellen; ~**diensttreding** ['-diˑnstreːd-] Dienst-, Amtsantritt *m*.
Indiër ['-diˑ(j)ər] *m* (*-s*) Inder *m*.
indigestie [-ˈɣɛstiˑ] Indigestion *f*, Magenverstimmung *f*.
indijken ['-dɛi̯k-] eindeichen.
indirect indirekt, mittelbar.

Indisch ['ɪndiˑs] indisch; ~**e** *f* Inderin *f*.
indiscretie [-ˈkreː(t)siˑ] (*-s*) Indiskretion *f*.
individu [-ˈdyˑ] *n* (*-ën of -'s*) Individuum *n*, Einzelwesen *n*; ~**alisme** [-ˈlɪs-] *n* Individualismus *m*; ~**eel** [-dyˑˈʔyeːl] individuell.
in|doen ['-duˑn] hineintun; ~**dompelen** ['-dɔmpələ(n)], ~**dopen** eintauchen; ~**draaien** ['-draːiə(n)] *auto*: einbiegen (in *A*).
indring|end [ɪnˑ-] eindringlich; ~**er** ['ɪn-] *m* (*-s*) (~**ster** *f* [*-s*]) Eindringling *m*.
in|drogen (*zn*) eintrocknen; ~**druisen** ['-drœy̯s-]: ~ **tegen** zuwiderlaufen (*D*).
indruk ['-drʏk] Eindruck *m*; *globale* ~ Gesamteindruck *m*; ~ *maken op* beeindrucken; *onder de* ~ *zijn* beeindruckt sein; ~**ken** eindrücken; ~**wekkend** ['-vɛkənt] eindrucksvoll, beeindruckend; stattlich.
inductie [-ˈdɵksiˑ] (*-s*) Induktion *f*.
industrialiseren [-dœstri•(j)ɑliˑˈzeːr-] industrialisieren.
industrie [-dɵs-] (*-ën*) Industrie *f*; ~**afval** *n of m* Industrieabfälle *m/pl*, -müll *m*; ~**bond** Industriegewerkschaft *f*; ~**complex** *n* Industrieanlage *f*.
industrieel (*-tri•*ˈ*eːl*) **1.** industriell, gewerblich; **2.** *m* (*-triëlen*) Industrielle(r).
industrieterrein [-tɛrɛi̯n] *n* Industriegelände *n*.
indutten ['-dɵt-] einnicken; ~**duwen** ['-dyˑʔyə(n)] (hin)eindrücken, -schieben.
ineen [-ˈeːn] ineinander, zusammen; ~**krimpen** sich krümmen; (*van schrik*) zusammenfahren; ~**s** auf einmal.
ineenstort|en (*zn*) zusammenstürzen, -brechen; ~**ing** Zusammenbruch *m*.
ineen|strengelen [-ˈstrɛŋəl-] verschlingen; ~**zakken** zusammenbrechen.
inent|en (ein)impfen; (*preventief*) ~ schutzimpfen; ~**ing** Impfung *f*; **preventieve** ~ Schutzimpfung *f*; ~**ings-bewijs** [-vɛi̯s] *n* Impfschein *m*, -paß *m*.
infaden ['-feːdə(n)] einblenden.
infanterie ['-fɑntəriˑ, -ˈriˑ] Infanterie *f*.
infarct [-ˈfɑr(k)t] *n* Infarkt *m*.
infect|eren [-ˈteːr-] infizieren; ~**ie** [-ˈfɛksiˑ] (*-s*) Infektion *f*.
infer|ieur [-feˑˈriˑoːr] minderwertig; ~**ioriteit** [-riˑoˑriˑˈtɛi̯t] Unterlegenheit *f*.
in|filtreren [-ˈtreːr-] infiltrieren, unterwandern; ~**finitief** (*-tieven*) Infinitiv *m*.

inflatie [-'fla:(t)si·] (-s) Inflation f; **~cijfer** [-seıfər], **~percentage** [-sεnta:ʒə] n Inflations-, Teuerungsrate f.
influisteren ['-flœystər] einflüstern.
informatie [-'ma:(t)si·] (-s) Information f; Auskunft f; Erkundigung f; **juridische ~** Rechtsauskunft f; **~balie** Informationsschalter m; **~bureau** [-by·ro:] n Auskunfts-, Informationsbüro n, -stelle f; **~drager** comp Datenträger m; **~verwerking** Datenverarbeitung f.
in|formeren [-'me:r-] v/i sich erkundigen, sich informieren; v/t informieren, unterrichten; **~frastructuur** [-strεkty:r] Infrastruktur f; **~fusie** [-'fy·zi·] (-s), **~fuus** [-'fy·s] n Infusion f.
ingaan (zn) hineingehen; wet, contract: in Kraft treten; **~ op** eingehen auf (A).
ingang Eingang m; (inrit, invaart mst) Einfahrt f; **~ vinden** sich durchsetzen; **met ~ van** vom ... an, zum.
inge|bruikneming [-'brœykne:m-] Inbetriebnahme f; **~naaid** ['-ɣ̃a:ıt] boek: geheftet, broschiert.
ingenieur [ınʒε·'niø:r] m (-s) Ingenieur m; **werktuigbouwkundig ~** Maschinenbauingenieur m.
inge|nomen [-no:m-]: **~ met** (tegen) eingenommen für (gegen) (A); **~ zijn met** ook angetan sein von (D); **~sloten** [-slo:t-] brief: anbei, beiliegend; **~sneeuwd** [-snєu̯t] verschneit; **~spannen** angestrengt; **~togen** [-to:ɣ̃ə(n)] besinnlich; andächtig; **~val** [-ɣ̃a'ɣ̃al] falls.
ingeven eingeben.
inge|volge ['-ɣ̃ɔlɣ̃ə] infolge (G); **~wanden** pl Eingeweide n/pl, Gedärm n; **~wijde** [-ɣ̃єıdə] Eingeweihte(r); **~wikkeld** kompliziert, verwickelt; **~zetene** [-zε:tənə] Eingesessene(r), Einheimische(r).
ingieten eingießen.
ingooi ['ınɣ̃o:i] sp Einwurf m; **~en** einwerfen (ook sp).
in|graven (zich) (sich) eingraben; **~graveren** eingravieren, eingraben.
ingrediënten [-di·'jεntə(n)] n/pl Zutaten f/pl, Ingredienzien f/pl.
ingreep Eingriff m.
in|grijpen ['-ɣ̃rєıp-] eingreifen; (optreden ook) einschreiten; **~d** [ın'-] durchgreifend.
inhaal|strook Überholspur f; **~verbod** [-bɔt] n Überholverbot n.

in|haken einhaken; **bij iem** sich einhaken (of einhängen); **~halen** (her)einholen; aufholen; verkeer: überholen; (alsnog doen) nachholen; **~ham** Bucht f, Einbuchtung f, Bai f; **~heems** einheimisch.
inhoud ['-haut] Inhalt m; (capaciteit) Fassungsvermögen n; **zonder ~** inhaltslos; **~elijk** ['-haudələk] inhaltlich; sachlich; **~en** ['-haũə(n)] enthalten, beinhalten; zurückhalten; einbehalten; adem anhalten; **zich ~** sich zurückhalten, sich beherrschen; **~s-opgave** Inhaltsverzeichnis n, -angabe f.
inhuren [-hy:r-] anheuern.
initia|al [i·ni·(t)si·a:l] (-tialen) Initiale f; **~tief** [-(t)siːa'tif] n (-tieven) Initiative f.
injectie ['-jεksi·] (-s) Injektion f, Spritze f.
in|kapselen ['-kɑpsəl-] (zich) (sich) einkapseln; fig mst sich abkapseln; **~keer** Einkehr f; **~kepen** ['-ke:p-], **~kerven** einkerben; **~kijk** ['-kєık] Einblick m; **~kijken** (lezen) ein-, durchsehen.
inklar|en abfertigen, verzollen; **~ing** (Zoll-)Abfertigung f; Verzollung f.
in|kleden einkleiden (ook fig); **~klemmen** einklemmen, einzwängen.
inkomen ['-ko:m-] **1.** (her)einkommen; eingehen; **ingekomen post** (Post-)Eingänge m/pl; **2.** n (-s) Einkommen n; **reëel ~** Realeinkommen n; **jaarlijks ~** Jahreseinkommen n.
inkomsten pl Einkünfte f/pl; **~belasting** Einkommensteuer f.
inkoop Einkauf m; **~s-prijs** [-prєıs] Einkaufspreis m.
inkop|en einkaufen; **~er** m Einkäufer m.
in|korten kürzen; **~krimpen** v/i schrumpfen; v/t einschränken; personeel abbauen.
inkt Tinte f; **~vis** Tintenfisch m; **~vlek** Tintenfleck m, -klecks m.
in|kwartieren einquartieren; **~laat** (-laten) Einlaß m; **~laden** ein-, verladen; **~lands** inländisch, einheimisch; **~lassen** einfügen, einlegen; film einblenden; **~laten** (her-, hin)einlassen; **zich ~** (met) sich einlassen (iets: auf [A]; iem: mit [D]), sich abgeben mit (D).
inleg ['-lεx] Einsatz m; Einlage f; **~gen** einlegen; **~kruisje** [-krœyʃə] n Slipeinlage f; **~zool** [-so:l] Einlegesohle f.
inleid|en ['-lєıd-] einleiten, einführen; **~ing** Einleitung f, Einführung f.

inlev|en: *zich ~ in* sich einleben in (*D*); *fig* sich einfühlen in (*A*); **~ings·vermogen** *n* Einfühlungsvermögen *n*.
inleveren ein-, abliefern; (*indienen*) einreichen; kürzertreten (müssen).
inlicht|en Auskunft geben; benachrichtigen, unterrichten, aufklären; **~ing** Bescheid *m*; Erkundigung *f*; **~(en *pl*)** Auskunft *f*; *nadere* **~en** *pl* nähere Auskünfte *pl*; **~en inwinnen (verstrekken)** Auskünfte einholen (erteilen).
inlichtingen|dienst Auskunft(sstelle) *f*; *mil* Nachrichtendienst *m*; **~loket** *n* Auskunftsschalter *m*.
in|lijsten ['-lɛɪst-] einrahmen; **~lijven** einverleiben; **~lopen** einlaufen; *achterstand* aufholen; **~lossen** einlösen; **~luiden** ['-lœyd-] einläuten; **~maken** ['-maːk-] einmachen; *cul ook* einkochen; **~menging** Einmischung *f*; **~middels** ['-mɪd-] inzwischen, mittlerweile.
innem|en einnehmen (*ook fig*); **~end** [-'neːm-] einnehmend, gewinnend; **~ing** Einnahme *f*.
innen einziehen, kassieren, eintreiben; *cheque* einlösen.
innerlijk [-lək] **1.** innerlich; inner; **2.** *n* Innere(s).
innig ['ɪnəx] innig; inbrünstig.
inning Kassierung *f*, Einzug *m*; Einlösung *f*.
innovatie [-'ʋaː(t)si] (-*s*) Innovation *f*.
inoefenen ['-uːfənə(n)] einüben.
inofficieel [ɪnɔfɪ'siel] inoffiziell.
inpak|ken (ein)packen; *in papier ook* einwickeln; **~ker** *m* (**~ster** *f*) (-*s*) Packer(in *f*) *m*; **~papier** *n* Einwickelpapier *n*.
in|palmen *fig* betören; **~passen** einpassen, einbauen; *fig* eingliedern; **~perken** eindämmen; **~persen** einpressen, einzwängen; **~pikken** sich aneignen; stibitzen, abstauben; **~planten** einpflanzen; **~prenten** einprägen; **~put** ['-pʊt] Input *m of n*; *comp ook* Eingabe *f*; **~rekenen** ['-reːkənə(n)] verhaften.
inricht|en einrichten; (*uitrusten ook*) ausstatten; **~ing** Einrichtung *f*; Ausstattung *f*; Gestaltung *f*; (*apparaat*) Vorrichtung *f*; (*instituut*) Anstalt *f*.
in|rijden ['-rɛɪə(n)] *n*/*i* (*zn*) (*op*) auffahren (auf *A*); **~rit** Einfahrt *f*; **~roepen** ['-ruːp-] an-, herbeirufen; **~ruilen** ['-rœyl-] eintauschen; **~ruimen** einräumen; **~rukken** (*zn*) einrücken; *ingerukt! mil* weg(ge)treten!; **~schakelen** ['-sxaːkəl-] einschalten (*ook fig*); **~schalen** ['-sxaːl-] einstufen; **~schatten** einschätzen; **~schenken** einschenken, -gießen; **~schepen** ['-sxeːp-] (*zn*) einschiffen; **~scheuren** ['-sxøːr-] einreißen; **~schieten** (*ook zn*) *mil* einschießen; (*erbij*) **~** einbüßen, zusetzen; **~schikkelijk** ['-sxɪkələk] nachgiebig, nachsichtig.
inschrijf|geld [-'sxrɛif-] *n*, **~kosten** *f* Einschreibegebühr *f*.
inschrijv|en [-'sxrɛɪv-] einschreiben, eintragen; (*universiteit*) immatrikulieren; *op een lening* **~** e-e Anleihe zeichnen; **~ing** Einschreibung *f*, Eintragung *f*; Zeichnung *f*; Immatrikulation *f*; *boek en hdl* Subskription *f*; **~ings·formulier** [-liːr] *n* Anmeldeformular *n*.
inschuiven ['-sxœyv-] (hin)einschieben.
insekt [-'sɛkt] *n* Insekt *n*; **~e·beet** Insektenstich *m*; **~en·poeder** *n of m* Insektenpulver *n*; **~icide** [-tiˈsiˑdə] *n* Insektenschutzmittel *n*.
inseminatie [ɪnseˑmiˈnaː(t)siˑ]: *kunstmatige* **~** künstliche Befruchtung *f*.
insgelijks [ɪnsxəˈlɛiks] gleichfalls.
insigne [-'siˑɲə] *n* (-*s*) Abzeichen *n*.
in|slaan (*ook zn*) einschlagen; *goederen* sich eindecken mit (*D*); *straat* einbiegen in (*A*); *fig* zünden; **~slag** ['-slax] Einschlag *m*; (*weefsel* **~**) Durchschuß *m*; **~slapen** (*zn*) einschlafen; **~slikken** (ver-, hinunter)schlucken; **~sluipen** ['-slœyp-] (*zn*) sich einschleichen; **~sluiten** einschließen; (*bij brief*) beifügen, -legen; **~smeren** einschmieren; (*met crème*) eincremen; **~snijding** ['-snɛid-] Einschnitt *m*; Scharte *f*.
insolvent [-sɔlˈʋɛnt] zahlungsunfähig, insolvent; **~ie** [-ˈʋɛnsiˑ] Zahlungsunfähigkeit *f*, Insolvenz *f*.
inspann|en an-, einspannen; (*zich*) (sich) anstrengen; **~ing** Anspannung *f*; (*moeite*) Anstrengung *f*, Strapaze *f*.
inspec|teren [-'teːr-] inspizieren; *mil* mustern; **~teur** [-'tøːr] *m* (-*s*) Inspektor *m*; **~ van politie** Polizeikommissar *m*; **~tie** ['-spɛksi-] (-*s*) Inspektion *f*; *mil* Musterung *f*; **~trice** [-'trisə] *f* (-*s*) Inspektorin *f*.
in|spelen einspielen; (*op*) sich einstellen (auf *A*); **~spireren** [-'reːr-] inspirieren; **~spraak** Mitbestimmung *f*, Mitspra-

che(recht n) f; **~spreken** ['-spre:k-] ein-, besprechen; *iem iets zuspreken;* **~springen** einspringen; *laten ~ regel* einrücken für (A), haften (für A), sich verbürgen (für A).

install|atie [-'la:(t)si·] (-s) Installation f; (*apparatuur*) Anlage f; Vorrichtung f; **~eren** [-'le:r-] installieren.

in|standhouding [-'stɑnthɑudɪŋ] Erhaltung f; Aufrechterhaltung f; **~stant-drank** ['-stɑnt-] Instantgetränk n.

instantie [-'stɑnsi·] (-s) Instanz f (*ook jur*), Behörde f, (Dienst-)Stelle f.

instap Einstieg m; **~kaart** *vlgw* Bordkarte f; **~pen** (zn) einsteigen; (*onderweg*) zusteigen.

insteken ['-ste:k-] (hin)einstecken; einstechen.

instell|en einsetzen; einführen; einstellen; *een onderzoek n ~* eine Untersuchung durchführen (*of* anstellen); *jur* ermitteln; *zich ~ op* sich einstellen (*of* einrichten) auf (A); **~ing** Institution f, Anstalt f, Einrichtung f; Einstellung f; Einsetzung f; *financiële ~* Geldinstitut n.

instemm|en (*met*) zustimmen (D), beipflichten (D); **~end** beifällig, zustimmend; **~ing** (*met*) Zustimmung (zu D).

instigatie [-'ɣa:(t)si·] *op ~ van* auf Betreiben von (D).

instinct n Instinkt m, Trieb m; **~ief** [-'ti·f] instinktiv.

instituut [-'ty·t] n (*-tuten*) Institut n, Anstalt f.

instort|en (zn) ein-, zusammenstürzen; zusammenbrechen; **~ing** Einsturz m; Zusammenbruch m; Rückfall m; *gevaar n voor ~* Einsturzgefahr f.

instroom Zustrom m.

instruc|teur [-strək'tø:r] m (-s) Lehrer m; Ausbilder m; **~tie** [-'strɔksi·] (-s) Instruktion f, Anleitung f; Unterrichtung f; (An-)Weisung f; *rechter m van ~* Untersuchungsrichter m; **~tief** [-'ti·f] instruktiv, aufschlußreich; **~trice** [-'tri·sə] f (-s) Lehrerin f; Ausbilderin f.

instru|eren [-stry'ü:e:r-] instruieren, anleiten; **~ment** [-stry'-] n Instrument n; Werkzeug n; **~en** *pl med ook* Besteck n.

in|studeren ['-sty·de:r-] einstudieren, (ein)üben; **~sturen** ['-sty:r-] einsenden, einschicken; **~subordinatie** [-søbɔrdi·'na:(t)si·] Insubordination f, Befehlsverweigerung f.

insuline [-sy'li·] Insulin n.

integendeel [-'te:ɣən-] im Gegenteil.

integr|atie [-'ɣra:(t)si·] Integration f, Eingliederung f; **~eren** [-'ɣre:r-] integrieren, eingliedern.

inteken|aar [-'te:kəna:r] m Subskribent m, Zeichner m; **~en** subskribieren; **~ing** Subskription f, Zeichnung f; **~prijs** [-preɪs] Subskriptionspreis m.

intellectueel [-lɛkty·'üe:l] intellektuell.

intelligen|t [-'ɣɛnt] intelligent; **~ie** [-'ɣɛnsi·] (-s) Intelligenz f; **~sia** [-'ɣɛntsi·(j)a·] Intelligenz f.

inten|s [-'tɛns], **~ief** [-'si·f] intensiv; äußerst; **~iteit** [-'teɪt] Intensität f.

intensive care [-'tɛnsɪf keːr] Intensivstation f; **~tentie** [-'tɛnsi·] (-s) Intention f, Absicht f; **~tercity(trein** [-en]) [-'si·ti·(treɪn)] (-'s) Intercity(-Zug) m.

interen [-'te:r-] (*op*) verbrauchen, zehren von (D).

interes|sant interessant; aufschlußreich; **~se** f *of* n (-s *of* -n) Interesse n; **~seren** [-'se:r-] (*zich*) (sich) interessieren (*voor* für A).

int(e)rest ['ɪn-] Zinsen m/pl; *samengestelde ~* Zinseszinsen pl.

interface [-'fe:s] *comp* Schnittstelle f.

interlokaal [-'ka:l]: *~ telefoongesprek* n Ferngespräch n; *~ telefoonverkeer* m Fernverkehr m.

intern intern; *~e geneeskunde* innere Medizin f; *~e markt* Binnenmarkt m.

inter|nationaal [-nɑ(d)sio·'-] international, zwischenstaatlich; **~pellatie** [-'la:(t)si·] (-s) Interpellation f, Anfrage f.

interpret|atie [-'ta:(t)si·] (-s) Interpretation f, Deutung f; **~eren** [-'te:r-] interpretieren.

inter|punctie [-'pəŋksi·] Interpunktion f, Zeichensetzung f; **~rumperen** [-rəm'pe:r-] unterbrechen; **~ruptie** [-'rəpsi·] (-s) Unterbrechung f; Zwischenruf m; **~veniëren** [-'ni·e:r-] intervenieren; **~ventie** [-'ɣɛnsi·] (-s) Intervention f; **~viewen** [-'ɣi·u:ə(n)] interviewen.

intiem intim.

intikken eintippen.

intimid|atie [-'da:(t)si·] (-s) Einschüchterung f; **~eren** [-'de:r-] einschüchtern.

intimiteit [-'tɛɪt] Intimität *f*.
intocht Einzug *m*; *mil ook* Einmarsch *m*.
intolerantie ['-rɑnsi·] Intoleranz *f*.
intomen [-'to:m-] zügeln, bändigen.
in|tonatie [-'na:(t)si·] (*-s*) Intonation *f*, Tonfall *m*; **~transitief** [-'ti·f] intransitiv.
in|trappen eintreten; **~trede** ['-tre:də] Eintritt *m*; Einzug *m*.
intrekk|en widerrufen; zurücknehmen, -ziehen; *verlof* sperren; **~ing** Zurücknahme *f*; Einziehen *n*; (*van rijbewijs*) Entzug *m*.
intrest = *interest*.
intrige [-'tri·ɣə] (*-s*) Intrige *f*; **~ren** [-'ɣe:r-] intrigieren.
introducé|é(e *f*) [-dy·'se:] *m* (*-s*) Gast *m*; **~eren** [-dy·'se:r-] einführen.
introductie [-'dɔksi·] (*-s*) Einführung *f*, Introduktion *f*; **~prijs** [-prɛɪs] Einführungspreis *m*.
intuïtie [-ty·'üi·(t)si·] (*-s*) Intuition *f*.
in|tussen [-'tœsə(n)] inzwischen, unter-, indessen; jedoch; **~val** Einfall *m*; *mil ook* Einmarsch *m*; (*begin*) Einbruch *m*.
invalide 1. invalide; **2.** *m off* Invalide *m*, Körperbehinderte(r).
inval|len einfallen; einstürzen; *mus* einsetzen, einstimmen; *nacht*: hereinbrechen; *voor iem* einspringen; **~ler** *m* (*-s*) Vertreter *m*; Ersatzmann *m*; **~ster** *f* (*-s*) Vertreterin *f*.
invasie [-'ʋa:zi·] (*-s*) Invasion *f*.
inventaris [-'tɑrɪs] (*-sen*) Inventar *n*; **~atie** [-'za:(t)si·] (*-s*) Inventur *f*, Bestandsaufnahme *f*; **~eren** [-'ze:r-] inventarisieren.
invest|eerder *m* (*-s*) Investor *m*, Anleger *m*; **~eren** [-'te:r-] investieren; **~ering** Investition *f*; **~erings·goederen** [-xu·dər-] *n*/*pl* Investitionsgüter *n*/*pl*.
invetten einfetten.
invit|atie [-'ta:(t)si·] (*-s*) Einladung *f*; **~eren** [-'te:r-] einladen.
invloed ['-ʋlu·t] Einfluß *m*; **~ uitoefenen op, van ~ zijn op** beeinflussen, wirken auf (*A*); **~rijk** [-rɛɪk] einflußreich; **~s·sfeer** Einflußbereich *m*.
invoeg|en ['-ʋu·ɣ-] *verkeer*: sich einfädeln; **~strook** Beschleunigungsspur *f*.
invoer ['-ʋu·r] Einfuhr *f*, Import *m*; *comp* Eingabe *f*; **~beperking** Einfuhrbeschränkung *f*; **~en** einführen, importieren; *comp* eingeben; **~ing** Einführung *f*; **~rechten** *n*/*pl* Einfuhrzölle *m*/*pl*; **~vergunning** [-'ɣɛn-] Einfuhrgenehmigung *f*.
invul|formulier ['-ʋɔlfɔrmy·li:r] *n* Formular *n*, Vordruck *m*; **~len** ausfüllen.
in|weken [-'ʋe:k-] einweichen; **~wendig** [-'ʋɛndəx] inwendig; innerlich; inner-.
inwerk|en einwirken; (*zich*) (sich) einarbeiten (*in in A*); **~ing** Einarbeitung *f*; (Ein-)Wirkung *f*; **~ing·treding** ['-ʋɛrkɪŋtre:d-] Inkrafttreten *n*.
in|wijden ['-ʋɛɪd-] einweihen; **~wikkelen** einwickeln, einhüllen; **~willigen** ['-ʋɪləɣ-] einwilligen (*in A*); genehmigen; *verzoek* erfüllen; **~winnen** *inlichtingen* einziehen, einholen; **~wisselen** ein-, umtauschen; *bon, waardepapieren* einlösen.
inwon|en wohnen (bei *D*); **~er** *m* (*-s*) (**inwoonster** *f*[*-s*]) Einwohner(in *f*) *m*; **~eraantal** *n* **~s** Einwohnerzahl *f*.
in|worp *sp* Einwurf *m*; **~wrijven** ['-ʋrɛɪʋ-] (*zich*) (sich) einreiben; **~zage** [-'za·ɣə] Einsicht(nahme) *f*, Durchsicht *f*; **ter ~** zur Kenntnisnahme; *boek*: zur Ansicht; **ter ~ liggen** ausliegen; **~zake** [-'za:kə] bezüglich (*G*); **~zakken** einsinken; ein-, zusammenbrechen.
inzamel|en ['-za:məl-] einsammeln; sammeln; **~ing** Sammlung *f*, Kollekte *f*.
in|zegenen ['-ze:ɣən-] einsegnen, weihen; **~zenden** einsenden, einschicken; **~zepen** ['-ze:p-] einseifen.
inzet Einsatz *m*; (*eerste bod*) erstes Gebot *n*; **~ten** (*zich*) (sich) einsetzen.
in|zicht *n* Einsicht *f*, Erkenntnis *f*, Einblick *m*; (*mening*) Ansicht *f*; **~zien** einsehen, erkennen; **mijns ~s** (*afk* **m.i.**) meines Erachtens (*afk* m.E.); **~zinking** Rückfall *m*; Zusammenbruch *m*; (*kuil*) Vertiefung *f*.
inzittende Insasse *m*; **~n·verzekering** Insassenversicherung *f*.
inzonderheid [-'zɔndər-] insbesondere.
Iraaks [i·'ra:ks] irakisch.
Iraans [i·'ra:ns] iranisch.
iron|ie [-'ni·] Ironie *f*; **~isch** [-'ro:ni·s] ironisch.
irri|gatie [-'ɣa:(t)si·] (*-s*) Bewässerung *f*; **~tant** [-'tɑnt] irritierend; **~teren** [-'te:r-] irritieren; *med* reizen.

islamitisch [-'mi·ti·s] islamisch.
isol|atie [-'la:(t)si·] (*-s*) Isolation *f*; **~atie-band** Isolierband *n*; **~ement** [-lə'ment] *n* Isolation *f*; **~eren** [-'le:r-] isolieren.

Israëlisch [-i·s] israelisch.
Italiaan(se [-*n*]) [-'lĭa:n(sə)] *m* (*-lianen*) Italiener(in *f*) *m*; **~s** italienisch.
Italië [i·'ta:li·(j)ə] *n* Italien *n*.
ivoor *n* Elfenbein *n*.

J

ja ja; *maar* **~**! aber ja!, ja doch!
jaagster ['ja:xstər] *f* (*-s*) Jägerin *f*.
jaar *n* (*jaren*) Jahr *n*; **~ in, ~ uit** jahraus, jahrein; *in de jaren negentig* in den neunziger Jahren; *op zijn tiende* **~** mit zehn Jahren; *van het vorig* **~** vorigen Jahres (*afk* v.J.); **~balans** Jahresbilanz *f*; **~beurs** ['-bø:rs] Messe *f*; **~getij(de)** ['-ɣəteĭ(də)] *n* Jahreszeit *f*; **~lijks** ['-ləks] jährlich; **~tal** ['-tɑl] *n* (*-len*) Jahreszahl *f*; **~telling** Zeitrechnung *f*; **~tje** *n* (*-s*) Jährchen *n*; **~vergadering** ['-vərɣa:dərɪŋ] Jahres(haupt)versammlung *f*; **~verslag** [-slɑx] *n* Jahresbericht *m*; **~wisseling** Jahreswechsel *m*.
jacht[1] *f* mar Jacht *f*, Yacht *f*.
jacht[2] *n* mar Jacht *f*, Yacht *f*.
jacht|akte Jagdschein *m*; **~bommenwerper** Jagdbomber *m*; **~en** jagen, hetzen; **~geweer** *n* Jagdgewehr *n*, (Schrot-)Flinte *f*; **~hond** *m* Jagdhund *m*; **~ig** ['-təx] hektisch, gejagt; **~opziener** *m* Jagdaufseher *m*, Wildhüter *m*; **~terrein** ['-tɛreĭn] *n* Jagdrevier *n*; **~vliegtuig** [-tœyx] *n* Jagdflugzeug *n*.
jag|en* jagen; (*haasten ook*) hetzen, hasten; *erdoor* **~** *geld* durchbringen; **~er** *m* (*-s*) Jäger *m*.
jaguar ['ja:ɣŭa:r] *m* (*-s*) Jaguar *m*.
jakkeren ['jɑkərə(n)] (*ook zn*) hetzen *f*.
jakkes! ['jɑkəs] bah!, bäh!, pfui!
jaloers [-'lu:rs] eifersüchtig, neidisch; **~heid** [-heĭt] Eifersucht *f*.
jaloezie [ʒɑlu·'zi·] (*-ën*) **1.** Eifersucht *f*; **2.** Jalousie *f*.
jam [ʒɛm] (*-s*) Marmelade *f*.
jammer schade; *wat* **~**! wie schade!; **~** *genoeg* leider; *vreselijk* **~** jammerschade; **~en** jammern, wimmern, **~klacht** Wehklage *f*; **~lijk** [-lək] jämmerlich.
jampot ['ʒɛmpɔt] Marmeladenglas *n*.
janboel [jɑmbu·l] F Lotterwirtschaft *f*.
janken heulen, jaulen, winseln; plärren.
januari [-ny·'ŭa:ri·] Januar *m*.
Japan|ner [-'pɑnər] *m* (*-s*) Japaner *m*; **~s** [-'pɑns] japanisch; **~se** *f* Japanerin *f*.
japon [-'pɔn] (*-nen*) Kleid *n*.
jarenlang jahrelang.
jargon [jɑr'ɣɔn] *n* (*-s*) Jargon *m*.
jarig ['ja:rəx]: **~** *zijn* Geburtstag haben; **~e** Geburtstagskind *n*.
jarretel(le) [ʒɑrə'tɛl(ə)] (*-s*) Strumpfhalter *m*, Straps *m*.
jas (*-sen*) Jacke *f*; Mantel *m*; **~je** *n* ['jɑʃə] (*-s*) Jacke *f*, Sakko *m of n*.
jatten F klauen, stibitzen.
ja|wel [-'vɛl] jawohl; **~woord** *n* Jawort *n*.
jazz [dʒɛs] Jazz *m*.
je 1. du; dir; dich; ihr; euch; man; **2.** dein; euer.
jeans [dʒi:ns] *pl* (Blue-)Jeans *pl*.
jeep [dʒi:p] (*-s*) Jeep *m*, Kübelwagen *m*.
jegens ['je·ɣɔns] gegen(über [*D*]) (*A*).
jek *n* (*-ken*) Jacke *f*.
jekker ['jɛkər] (*-s*) Joppe *f*.
jenever [jə'ne:vər] (*-s*) Wacholder *m*; Schnaps *m*; Korn(branntwein) *m*, Genever *m*.
jengelen quengeln.
jennen piesacken.
jeugd [jø·xt] Jugend *f*.
jeugd|- *in samenst*. *mst* Jugend-, *b.v*. **~herberg** Jugendherberge *f*; **~ig** ['-dəx] jugendlich; **~werkloosheid** Jugendarbeitslosigkeit *f*; **~zorg** Jugendhilfe *f*; *bureau n voor* **~** Jugendamt *n*.
jeuk [jø·k] Juckreiz *m*, Jucken *n*; **~en** jucken.
jicht Gicht *f*.

jij

jij [jeï, jə] du.
jobstijding ['jɔpstɛɪd-] Hiobsbotschaft f.
joch(ie) n (-s) Bub m, Knirps m.
jodelen jodeln.
jodin [joˑ'dɪn] f (-nen) Jüdin f.
jodium ['ˑdi-(j)əm] n Jod n; ~**tinctuur** [-tyːr] Jodtinktur f.
Joego|slaaf [juˑɣoˑ'-] m (-slaven) Jugoslawe m; ~**slavie** [-'slaːˑviˑr(j)ə] n Jugoslavien n; ~**slavisch** [-'slaːˑviˑrs] jugoslawisch; ~**slavische** f Jugoslawin f.
joelen [juˑ'l-] johlen.
jofel ['joːfəl] F dufte.
jokken lügen, schwindeln.
jol (-len) Jolle f.
jolig ['joːləχ] lustig.
jong 1. jung; **van ~s af (aan)** von klein (of Jugend) auf; **2.** n Junge(s).
jonge|dame f junge Dame f; ~**heer** [-'heːr] m junger Herr m; ~**ling** ['jɔŋəlɪŋ] m Jüngling m; ~**lui** [-'ləʏ] pl Jugendliche(n) pl, junge Leute pl; ~**man** [-'mɑn] m Jüngling m, Bursche m.
jongen 1. m (-s) Junge m, Knabe m, Bub m; **2.** v/i jungen; ~**sachtig** [-təχ] jungenhaft, burschikos.
jongeren ['jɔŋərə(n)] pl Jugendliche(n) pl, junge Leute pl; Nachwuchs m.
jonggehuwd ['-ɣəhyːʏt] neuvermählt.
jongleren [ʒɔŋ'lɛːr-] jonglieren.
jongmens [-'mɛns] n Jüngling m.
jongst-leden [-'leːd-] letzt, vorig; dieses Jahres.
jood m (joden) Jude m; ~**s** jüdisch.
Joost:: ~ mag het weten! weiß der Kuckuck!
jou [jaʊ] dich; dir.
jour|naal [ʒuˑ'r-] n (-nalen) Journal n; Wochenschau f; (TV-~) Tagesschau f, Nachrichtensendung f; ~**nalist(e** f [-n of -s]) [-naˑ'lɪst(ə)] m Journalist(in f) m;

130

~**nalistiek** [-lɪs'tiˑk] Journalismus m.
jouw [jaʊ] dein; **de (het) ~e** der, die (das) dein(ig)e; ~**en** buhen, johlen.
jubelen ['jyˑ-] jubeln.
jubil|aris [jyˑbiˑ'laːrɪs] m (-sen) Jubilar m; ~**eum** [-'leːiəm] n (-lea of -s) Jubiläum n.
juf [jœf] f (-fen of -s) F Fräulein n.
juffrouw ['jœfraʊ] f Fräulein n.
juich|en ['jœʏxə(n)] jauchzen, jubeln; ~**kreet** Jauchzer m.
juist [jœʏst] richtig, korrekt, recht; adv gerade, eben; **dat is 't 'm ~** das ist es eben; ~**heid** ['-hɛɪt] Richtigkeit f.
juk [jœk] n (-ken) Joch n (ook fig).
jukebox ['dʒuˑɡbɔks] Musikbox f.
juli ['jyˑliˑ] Juli m.
jullie ['jœliˑ] **1.** ihr; euch; **2.** euer(e).
jumelage [ʒyˑməˑ'laːʒə] Städtepartnerschaft f.
jungle ['dʒœŋəl] (-s) Dschungel m.
juni ['jyˑniˑ] Juni m.
junior ['jyˑniɔr] **1.** junior; **2.** m Junior m.
juri|disch [jyˑ'riˑdiˑs] juristisch, rechtlich; ~**s-dictie** [jyˑrɪz'dɪksiˑ] Gerichtsbarkeit f; ~**s-prudentie** [-pryˑ'dɛnsiˑ] Rechtsprechung f; ~**st(e** f) m Jurist(in f) m.
jurk [jœr(ə)k] Kleid n.
jury ['ʒyˑriˑ] (-'s) Jury f; jur ook Schwurgericht n; sp ook Kampf-, Preisgericht n; ~**lid** n Geschworene(r); sp Kampf-, Preisrichter m.
jus [ʒyˑ] Soße f, Saft m, Tunke f; ~ **d'orange** [ʒyˑ dɔ'raːʃ] Orangensaft m; ~**lepel** ['-leːpəl] Soßenlöffel m.
justitie [jœs'tiˑ(t)siˑ] Justiz f; **minister** m **van ~** Justizminister m.
jute ['jyˑtə] Jute f; ~**zak** Jutesack m.
juwel|en [jyˑ'ʏeːlə(n)] n/pl Juwelen n/pl; ~**ier** [jyˑʏəˑ'liːr] m (-s) Juwelier m.

K

kaai Kai m.
kaak (kaken) Kiefer m; **aan de ~ stellen** anprangern, an den Pranger stellen; ~**(s)been** n Kieferknochen m; ~**holte** ['-hɔltə] Kieferhöhle f; ~**je** n (-s) Keks m; ~**slag** ['-slɑχ] Ohrfeige f.
kaal kahl; fig schäbig; ~ **hoofd** n Glatze f; ~ **zijn** e-e Glatze haben; ~**kop** m

Kahlkopf *m*; **~slag** ['-slɑx] Kahlschlag *m*.

kaap (*kapen*) Kap *n*.

kaars Kerze *f*; **~licht** *n* Kerzenlicht *n*; **~recht** kerzengerade.

kaart Karte *f*; **~en** Karten spielen; **~enbak** Kartei(kasten *m*) *f*; **~en·huis(je)** *n* Kartenhaus *n* (*ook fig*); **~er** *m* (*-s*) Kartenspieler *m*.

kaartje *n* (*-s*) Karte *f*, Kärtchen *n*; Visitenkarte *f*; Fahrschein *m*, -karte *f*; *een ~ nemen* e-e Fahrkarte lösen; **~s·automaat** Fahrkartenautomat *m*; **~s·loket** *n* Fahrkartenschalter *m*.

kaart|legster ['-lɛxstər] *f* (*-s*) Kartenlegerin *f*; **~spel** *n* Kartenspiel *n*; **~ster** ['ka:rtstər] *f* (*-s*) Kartenspielerin *f*; **~systeem** ['-si·ste:m] *n* Kartei *f*.

kaas (*kazen*) Käse *m*; *zachte ~* Weichkäse *m*; *een* (*hele*) *~* ein Laib Käse; **~achtig** [-təx] käsig; **~mes** *n* Käsemesser *n*; **~schaaf** ['-sxa:f] Käsehobel *m*; **~taart** Käsekuchen *m*.

kaatsen (zurück)prallen; *sp* Schlagball spielen.

kabaal [ka'ba:l] *n* Lärm *m*, F Radau *m*.

kabbelen ['-bələ(n)] plätschern.

kabel (*-s*) Kabel *n*; Seil *n*; **~baan** Drahtseilbahn *f*.

kabeljauw [kabəl'jɑu̯] Kabeljau *m*.

kabel|spoor *n* Seilbahn *f*; **~televisie** ['-vi·zi·] Kabelfernsehen *n*.

kabinet *n* (*-ten*) Kabinett *n*; Büro *n*.

kabouter [-'bɑutər] *m* (*-s*) Zwerg *m*, Kobold *m*.

kachel (*-s*) Ofen *m*; **~pijp** [-pɛip] Ofenrohr *n*.

kadaster [-'dɑstər] *n* Kataster *m of n*; Katasteramt *n*.

kadaver [-'da·vər] *n* (*-s*) Kadaver *n*.

kade Kai *m*.

kader *n* (*-s*) Rahmen *m*; Kader *m*; *in het ~ van* im Rahmen (*G*).

kadet ['dɛt] *m* (*-ten*) Kadett *m*.

kadetje [-'dɛtiə] *n* (*-s*) Brötchen *n*.

kaduuk [-'dy·k] F kaputt.

kaf [kɑf] *n* Spreu *f*.

kaft *n of f* Umschlag *m*; **~en** einschlagen.

kajuit [-'jəyt] Kajüte *f*, Kabine *f*.

kak V Kacke *f*.

kakel|bont ['ka:kəl-] kunterbunt; **~en** gackern, schnattern.

kakkerlak [-lɑk] (*-ken*) Kakerlak *m*, Schabe *f*.

kalebas [kɑlə'bɑs] (*-sen*) Kürbis *m*.

kalender (*-s*) Kalender *m*.

kalf *n* (*kalveren*) Kalb *n*.

kalfs|gebraad *n* Kalbsbraten *m*; **~lapje** *n*: *gepaneerd ~* Wiener Schnitzel *n*; **~oester** ['-u·stər] Kalbsmedaillon *n*; **~schenkel** ['-sxɛŋkəl] Kalbshachse *f*; **~vlees** *n* Kalbfleisch *n*; **~zwezerik** ['-süe:zərɪk] Kalbsmilch *f*.

kali Kali *n*.

kaliber [-'li·bər] *n* (*-s*) Kaliber *n* (*ook fig*).

kalk Kalk *m*; **gebluste ~** Löschkalk *m*; **~en** kalken, tünchen; (*kliederen*) schmieren; **~grond** Kalkboden *m*; **~houdend** ['-hɑudənt] kalkhaltig.

kalkoen [-'ku·n] Truthahn *m*, Pute *f*; **~se hen** *f* Truthenne *f*; **~se haan** *m* Puter *m*.

kalksteen *n of m* Kalkstein *m*.

kalm ruhig; *pers. ook*: gefaßt, gelassen.

kalmer|en [-'me:r-] *v/i* (*zn*) *en v/t* (sich) beruhigen, (sich) besänftigen; **~ingsmiddel** *n* Beruhigungsmittel *n*.

kalmte Ruhe *f*, Fassung *f*, Gelassenheit *f*; *zijn ~ bewaren* die Ruhe bewahren; *zijn ~ verliezen* die Fassung verlieren.

kam (*-men*) Kamm *m*.

kameel *m* (*-melen*) Kamel *n*.

kameleon [-'me:le·ɔn] *n of m* (*-s*) Chamäleon *n* (*ook fig*).

kamer ['ka:mər] (*-s*) Zimmer *n*, Stube *f*, Raum *m*; Kammer *f* (*ook pol*); **~ van koophandel** (**en fabrieken**) (Industrie- und) Handelskammer *f*; *de ~ doen* das Zimmer (sauber)machen; **donkere ~** Dunkelkammer *f*.

kameraad *m of f* (*-raden*) Kamerad *m*, F Kumpel *m*; Genosse *m*; Genossin *f*; **~schap** [-sxɑp] Kameradschaft *f*.

kamer|jas [-jɑs] Morgenmantel *m*; **~lid** *n* Parlamentsmitglied *n*; **~meisje** [-mɛi̯ʃə] *n* Zimmermädchen *n*; **~muziek** [-my·-] Kammermusik *f*; **~sleutel** [-slø:təl] Zimmerschlüssel *m*; **~tje** *n* (*-s*) kleines Zimmer *n*, Kammer *f*; **~verhuurder** [-hy:rdər] *m* Zimmervermieter *m*.

kamfer Kampfer *m*.

kamgaren ['-ɣɑ:rə(n)] *n* Kammgarn *n*.

kamille Kamille *f*.

kammen kämmen.

kamp *n* Lager *n*.

kampeer|der [-'pe:rdər] *m* (*-s*) Zelter *m*, Camper *m*; **~paspoort** *n* Campingaus-

kampeerster weis *m*; **~ster** [-'pe:rstər] *f* (-s) Zelterin *f*, Camperin *f*; **~terrein** [-tɛrɛin] *n* Camping-, Zeltplatz *m*.

kamperen [-'pe:r-] zelten, campen, kampieren; lagern.

kampioen|(e *f*) [-pi'juːn(ə)] *m* Meister(in *f*) *m*; **~schap** [-sxap] *n* (-pen) Meisterschaft *f*.

kamp|rechter *m* Kampfrichter *m*; **~vuur** ['-fy:r] *n* Lagerfeuer *n*.

kan (-nen) Kanne *f*, Krug *m*; Kanister *m*, Behälter *m*; *in ~nen en kruiken zijn* unter Dach und Fach sein.

kanaal (-nalen) Kanal *m*.

kanaliseren [-'ze:r-] kanalisieren.

kanarie [-'naːri] (-s) Kanarienvogel *m*.

kandel|aar (-s *of* -laren) Leuchter *m*, Kerzenständer *m*; **~aber** [-'la:bər] (-s) Kandelaber *m*, Armleuchter *m*.

kandid|aat *m* (-daten) (**~ate** *f*) Kandidat(in *f*) *m*, Bewerber(in *f*) *m*; Prüfling *m*; Anwärter(in *f*) *m*; **~atuur** [-'ty:r] (-turen) Kandidatur *f*.

kandideren [-'de:r-] kandidieren.

kandij [-'dɛi] Kandis *m*.

kaneel [ka'ne:l] *m of n* Zimt *m*, Kaneel *m*.

kangoeroe ['-ɣuˑruˑ] *m* (-s) Känguruh *n*.

kanjer *m* (-s) F Prachtexemplar *n*; As *n*, Kanone *f*.

kanker Krebs *m*; **~aar** *m* (-s) Nörgler *m*, Miesmacher *m*; **~en** F nörgeln, stänkern, meckern; **~gezwel** [-ɣəzwɛl] *n* Krebsgeschwulst *f*; **~verwekkend** [-'vərvɛkənt] krebserregend.

kannetje ['kanətʃə] *n* (-s) Kännchen *n*.

kannibaal *m* (-balen) Kannibale *m*.

kano (-'s) Paddelboot *n*, Kanu *n*.

kanon ['nɔn] *n* (-nen) Kanone *f*; **~schot** [-sxɔt] *n* Kanonenschuß *m*.

kans Chance *f*; *gelijke ~en pl* Chancengleichheit *f*; *~ op slagen* Aussicht *f* auf Erfolg.

kansel (-s) Kanzel *f*; **~arij** [-'rɛi] Kanzlei *f*; **~lier** [-'liːr] *m* (-en *of* -s) Kanzler *m*.

kansspel ['-spɛl] *n* Glücksspiel *n*.

kant¹ Seite *f*; Kante *f*; Rand *m*; *van de ~ van* seitens (*G*), von seiten (*G*); *aan deze ~ van* diesseits (*G*); *aan de andere ~ van* jenseits (*G*, von *D*); *aan beide ~en* auf beiden Seiten; hüben und drüben; *op zijn ~ zetten* auf die Seite stellen, kanten; *van mijn (zijn) ~* meinerseits (seinerseits); *van ~ maken* umbringen; *van zijn scherpe ~en ontdoen* entschärfen; *fig ook* die Spitze nehmen (*D*).

kant² Spitzen *f/pl*.

kanteel [-'teːl] *n* (-telen) Zinne *f*.

kantel|deur [-'tɔldəːr] Schwingtür *f*; **~en** *v/i* (*zn*) *en v/t* (um)kippen, kanten, (um)stürzen; *niet ~!* nicht kanten!

kanten¹: *zich ~ (tegen)* sich wenden (gegen *A*).

kanten² *adj* aus Spitze, Spitzen-.

kant-en-klaar (fix und fertig) fertig; **~menu** [məˈnyˑ] *n* Fertiggericht *n*.

kantklossen klöppeln.

kantlijn ['-lɛin] Rand(linie *f*) *m*.

kanton ['-tɔn] *n* (-s) (Land-)Kreis *m*; Kanton *m*; **~gerecht** *n* Amtsgericht *n*; **~rechter** *m* Amtsrichter *m*.

kantoor [-'toːr] *n* (-toren) Büro *n*; (*instantie ook*) Amt *n*; (*afdeling ook*) Geschäftsstelle *f*; (*secretariaat ook*) Geschäfts-, Amtszimmer *n*; *naar ~ gaan* ins Büro gehen; **~bediende** kaufmännische(r) Angestellte(r); Büroangestellte(r); **~benodigdheden** [-bənoːdəxtheːdə(n)] *pl* Bürobedarf *m*; **~boekhandel** [-buˑk-] Schreibwarengeschäft *n*; **~employé(e** *f*) [-ɑ̃ːmplyeːjə] *m* = **kantoorbediende**; **~tuin** [-tœyn] Großraumbüro *n*; **~uren** *n/pl* Geschäftszeiten *f/pl*, Büro-, Geschäftsstunden *f/pl*; **~werk** *n* Büroarbeit *f*.

kanttekening ['-teːkən-] Randbemerkung *f*, -notiz *f*.

kantwerk *n* Spitzenarbeit *f*.

kap (-pen) Kappe *f*; (Lampen-)Schirm *m*; (*motor~*) Haube *f*; (*hoofddeksel*) Mütze *f*, Kapuze *f*; (*auto~*) Dach *n*, (Wagen-)Verdeck *n*; (*huis~*) Dachstuhl *m*; *twee huizen pl onder één ~* Doppelhaus *n*.

kapel [kaːˈpɛl] (-len) Kapelle *f*.

kapelaan [kapəˈlaːn] *m* (-s) Kaplan *m*.

kapelmeester *m* Kapellmeister *m*.

kapen kapern, entführen.

kapitaal *n* (-talen) Kapital *n*; **~belegging** Kapitalanlage *f*; **~krachtig** [-ˈkrɑxtəx] kapitalkräftig; **~opbrengst** Kapitalertrag *m*; **~vlucht** [-ˈvlɛxt] Kapitalflucht *f*.

kapital|iseren [-ˈzeːr-] kapitalisieren; **~isme** [-ˈlɪsmə] *n* Kapitalismus *m*.

kapiteel [-ˈteːl] *n* (-telen) Kapitell *n*, Knauf *m*.

kapitein [-'tɛɪn] *m* (-s) *mar* Kapitän *m*; *mil* Hauptmann *m*.
kapittel *n* (-s *of* -en) Kapitel *n*; **~en** [-'pɪtələ(n)] abkanzeln.
kaplaarzen *pl* Schaftstiefel *m/pl*.
kapot kaputt; **~gaan** (zn) kaputtgehen, zu Bruch (*of* in die Brüche) gehen; **~je** *n* (-s) P Pariser *m*; **~lachen: zich ~** sich kaputt-, totlachen; **~werken: zich ~** sich totarbeiten.
kap|pen kappen, schlagen; *haar* frisieren; **~per** *m* (-s) Friseur *m*; **~perszaak** Friseursalon *m*.
kappertjes *n/pl* Kapern *f/pl*.
kapsalon [-lɔn] *n of m* Friseursalon *m*.
kapseizen ['-sɛɪz-] (zn) kentern.
kap|sel *n* (-s) Frisur *f*, Haarschnitt *m*; (*omhulsel*) Kapsel *f*; **~ster** *f* (-s) Friseuse *f*; **~stok** Garderobe(nständer *m*) *f*, Kleiderständer *m*; *fig* Aufhänger *m*.
kar (-ren) Karre(n *m*) *f*.
karaat *n* (-s *of* -raten) Karat *n*.
karabijn [-'bɛɪn] Karabiner *m*.
karaf (-fen) Karaffe *f*.
karakter *n* (-s) Charakter *m*; (*letter*) (Schrift-)Zeichen *n*; **qua ~** charakterlich; **~iseren** [-'ze:r-] charakterisieren, kennzeichnen; **~istiek** [-'tik] **1.** charakteristisch; **2.** *subst* Charakteristik *f*; **~loos** charakterlos; **~trek** Charakter-, Wesenszug *m*; **~vast** charakterfest.
karamels *pl* Karamellen *pl*.
karate [kɑ'ra:tə] *n* Karate *n*.
karavaan (-vanen) Karawane *f*.
karbonade [-'na:-] (-s *of* -n) Kotelett *n*; Karbonade *f*.
kardinaal 1. *m* (-nalen) Kardinal *m*; **2.** *adj* kardinal; *het kardinale punt ook* der springende Punkt.
karig ['ka:rəx] karg, kärglich, spärlich.
karikat|uraal [-ty'ra:l] karikaturistisch; **~uriseren** [-ze:r-] karikieren; **~uur** [-'ty:r] (-turen) Karikatur *f*, Zerrbild *n*.
Karinthië [-'rɪnti·(j)ə] *n* Kärnten *n*.
karkas [-'kɑs] *n of f* (-sen) Gerippe *n*, Skelett *n*.
karnemelk ['kɑrnə-] Buttermilch *f*.
karper (-s) Karpfen *m*.
karpet [-'pɛt] *n* (-ten) Teppich *m*, Brücke *f*.
kartel [-'tɛl] *n* (-s) Kartell *n*.
karton [-'tɔn] *n* (-s) Karton *m*, Pappe *f*; **~nen** aus Pappe (*of* Karton); **~neren** [-'ne:r-] kartonieren.

karwei [-'υɛɪ] Arbeit *f*.
kas (-sen) Kasse *f*; (*serre*) Gewächs-, Treibhaus *n*; **~geld** *n* Barbestand *m*; **~plant** Treibhauspflanze *f*.
kassa (-'s) Kasse *f*; **~bon** [-bɔn] Kassenzettel *m*, -bon *m*.
kassaldo *n* Kassenbestand *m*.
kassei [-'sɛi] Kopfstein *m*.
kasserol [-sə'rɔl] (-len) Kasserolle *f*.
kassier(ster *f*) *m* (-s) Kassierer(in *f*) *m*.
kas|stuk ['-stɛk], **~succes** ['-sɛksəs] *n* Kassenschlager *m*, Reißer *m*.
kast Schrank *m*; Gehäuse *n*; F (*kamer*) Bude *f*; *ingebouwde ~* Einbauschrank *m*.
kastanje [kɑs'tɑnjə] (-s) Kastanie *f*.
kaste (-s *of* -n) Kaste *f*.
kasteel [-'te:l] *n* (-telen) Schloß *n*; Burg *f*.
kastelein [-lɛɪn] *m* (-s) (Gast-)Wirt *m*.
kastenwand Schrankwand *f*.
kastijden [kɑs'tɛɪdə(n)] züchtigen.
kastrol [kɑ'strɔl] (-len) Kasserolle *f*.
kat *f of m* (-ten) Katze *f*.
katalysator [-li·'za:tɔr] (-s *of* -en [-'to:-]) Katalysator *m*, F Kat *m*.
katapult [-pɛlt] Katapult *n of m*.
kater *m* (-s) Kater *m* (*ook fig*).
kathedraal [-'dra:l] (-dralen) Kathedrale *f*.
kathol|icisme ['-sɪsmə] *n* Katholizismus *m*; **~iek 1.** [-'lik] katholisch; **2.** *m* Katholik *m*.
katje *n* (-s) Kätzchen *n* (*ook bot*).
katoen [-'tun] *n of m* Baumwolle *f*; **~en** baumwollen, aus Baumwolle.
kat-oog Katzenauge *n* (*ook verkeer*).
katrol [-'rɔl] (-len) Rolle *f*; Flaschenzug *m*.
katte|kwaad *n* Schelmerei *f*; Unfug *m*; **~wasje** [-υɑʃə] *n* (-s) Katzenwäsche *f*.
kattig [-təx] schnippisch.
kauw|en kauen; **~gom** Kaugummi *m*.
kaviaar ['ja:r] Kaviar *m*.
kazerne (-s *of* -s) Kaserne *f*.
keel (*kelen*) Kehle *f*, Hals *m*, Gurgel *f*; *het hangt me de ~ uit* es hängt mir zum Halse (he)raus; **~gat** [-'ɣɑt], Schlund *m*; *in het verkeerde ~ fig* in die falsche Kehle; **~holte** Rachen(höhle *f*) *m*; **~ontsteking** [-stɛ:k-] Halsentzündung *f*; **~pijn** ['-pɛɪn] Halsschmerzen *m/pl*.
keep (*kepen*) Kerbe *f*.
keeper ['ki:pər] *m* (-s) Torwart *m*.
keer (*keren*) Mal *n*; Wendung *f*; *deze ~*

keerkring 134

diesmal; **drie ~** dreimal; **voor de eerste ~** zum erstenmal, erstmalig; **elke ~** jedesmal; **een ~ of vijf** etwa fünfmal; **een andere ~** ein andermal; **een paar ~** ein paarmal; **de volgende ~** nächstes Mal; **~kring** Wendekreis *m*; **~punt** ['-pɔnt] *n* Wendepunkt *m*; *fig ook* Wende *f*; **~tje** *n* (-*s*) Mal *n*; **een ~** mal; **~zijde** ['-zɛidə] Kehr-, Rückseite *f*.

keet (*keten*) Schuppen *m*; F (*herrie*) Lärm *m*, Krach *m*.

keffen kläffen.

kegel *m* (-*s*) Kegel *m*; **~aar** *m* (-*s*) Kegler *m*; **~baan** Kegelbahn *f*; **~en** kegeln; **~vormig** [-mɔx] kegelförmig.

kei [kɛi] Stein *m*; F *pers*.: As *n*, Kanone *f*, Könner *m*; **~en** *pl ook* Geröll *n*; **~hard** steinhart; *fig* stur.

keizer|(in [-'rɪn] *f* (-*nen*)) *m* (-*s*) Kaiser(in *f*) *m*; **~lijk** [-lək] kaiserlich; **~rijk** [-rɛik] *n* Kaiserreich *n*; **~snede** [-sne:də] Kaiserschnitt *m*.

kelder (-*s*) Keller *m*; **~en** *v*/*i* (*zn*) stürzen, purzeln; *v*/*t mar* versenken; **~gat** *n* Kellerloch *n*.

kelen [ke:lə(n)] abstechen.

kelk Kelch *m*.

kelner *m* (-*s*) Kellner *m*; **eerste ~** Oberkellner *m*; **~in** [-'rɪn] *f* (-*nen*) Kellnerin *f*.

ken|baar kenntlich, erkennbar; **~ maken** (*uiten*) zum Ausdruck bringen, vortragen; **~cijfer** ['-sɛifər] *n* Kennziffer *f*, -zahl *f*; **~getal** *n* Kennzahl *f*; **tel** Vorwahl *f*.

kenmerk *n* Kennzeichen *n*, Merkmal *n*; **~en** kennzeichnen; **~end** kenn-, bezeichnend.

kennel ['kɛnəl] (-*s*) (Hunde-)Zwinger *m*.

kennelijk ['-nələk] sichtbar, offenbar.

kennen kennen, wissen; können; ***Duits* (*Engels*) ~** Deutsch (Englisch) können; ***te ~ geven*** zu erkennen geben; *oordeel* abgeben; ***hem ~ de*** wie ich ihn kenne.

kenner *m* (-*s*) Kenner *m*.

kennis[1] Kenntnis(se *pl*) *f*, Wissen *n*; **~ van zaken** Sachkenntnis *f*, -verstand *m*; **~ van land en volk** Landeskunde *f*; **~ geven van** anzeigen; **met iem ~ maken** j-n kennenlernen, mit j-m bekannt werden; **in ~ stellen** in Kenntnis setzen, verständigen; **ter ~ brengen** zur Kenntnis bringen; **buiten ~ raken** das Bewußtsein verlieren.

kennis[2] *m of f* (-*sen*) Bekannte(r); **~sen** *pl ook* Bekanntschaft *f*.

kennis|geving Anzeige *f*; Bekanntmachung *f*, Bekanntgabe *f*; **voor ~ aannemen** zur Kenntnis nehmen; **~making** Bekanntschaft *f*; **~makings-gesprek** *n* Vorstellungsgespräch *n*; **~neming** [-ne:mɪŋ] Kenntnisnahme *f*; **~senkring** Bekanntenkreis *m*.

kenschetsen ['-sxɛts] kennzeichnen.

kenteken ['-te:k-] *n* Kennzeichen *n* (*ook auto~*), Merkmal *n*; **~bewijs** [-vɛis] *n* Kraftfahrzeugschein *m*, Zulassung *f*; **~plaat** Nummernschild *n*.

kenter|en *v*/*i* (*zn*) kentern; **~ing** *fig* Umschwung *m*, Wende *f*.

keper ['ke:pər]: **op de ~ beschouwd** bei Lichte betrachtet.

keramiek [-'mi:k] Keramik *f*.

kerel ['ke:rəl] *m* (-*s*) Kerl *m*; *pej ook* Bursche *m*; **~tje** *n* (-*s*) Kerlchen *n*.

keren *v*/*t* (*vegen*) kehren, fegen; *v*/*i en v*/*t* wenden, (sich) kehren; abwenden.

kerf (*kerven*) Kerbe *f*, Scharte *f*.

kerk (*kerven*) Kirche *f*; **~belasting** Kirchensteuer *f*; **~dienst** Gottesdienst *m*; **~elijk** ['-kələk] kirchlich.

kerker (-*s*) Kerker *m*.

kerk|ganger (**~gangster** *f*) *m* (-*s*) Kirchgänger(in *f*) *m*; **~hof** ['-hɔf] *n* Friedhof *m*; **~s** kirchlich; fromm; **~toren** Kirchturm *m*; **~zang** Kirchengesang *m*.

kermen wimmern, winseln.

kermis (-*sen*) Kirmes *f*, Jahrmarkt *m*; Rummelplatz *m*; **~kraam**, **~tent** Kirmesbude *f*.

kern Kern *m* (*ook fig*); **~achtig** [-təx] kernig, markig; **~afval** *m of* Atommüll *m*; **~centrale** [-'sɛn-] Kernkraftwerk *n*; **~fysica** [-'fi:zika] Kernphysik *f*; **~gezond** kerngesund; **~onderzoek** [-zu·k] *n* Kernforschung *f*; **~oorlog** [-lɔx] Atom-, Nuklearkrieg *m*; **~proef** ['-pru·f] Atomversuch *m*; **~splitsing** Kernspaltung *f*; **~wapens** *n*/*pl* Atomwaffen *f*/*pl*.

kerrie Curry *n*.

kers Kirsche *f*; **~e-boom** Kirschbaum *m*; **~en-brandewijn** [-vɛin] Kirsch (-wasser *n*) *m*.

kerst|avond ['-a:vənt] Heilig-, Weihnachtsabend *m*; **~boom** Weihnachtsbaum *m*; **~brood** *n* Weihnachtsstollen m; ~dag ['-dɑx] Weihnachts(feier)tag m; **prettige ~en!** fröhliche Weihnachten!; ~drukte ['-drøktə] Weihnachtsgeschäft n; ~feest n Weihnachtsfest f; **vrolijk ~!** fröhliche Weihnachten!; ~gratificatie [-kɑ:(t)si] Weihnachtsgeld n; ♀**kind** n Christkind n; ~**man** Weihnachtsmann m; ♀**mis** ['kɛrsmɪs] Weihnachten n; ~**roos** Christrose f; ~**stal** Weihnachtskrippe f; ~**stol** Weihnachtsstollen m; ~**vakantie** [-kɑnsi] Weihnachtsferien pl.

kersvers ['kɛrsfɛrs] ganz frisch.
kervel Kerbel m.
kerven kerben.
ketchup ['kɛtʃəp] Ketchup m.
ketel ['ke:təl] (-s) Kessel m.
keten ['ke:tə(n)] (-en of -s) Kette f; (boei ook) Fessel f; el. (Strom-)Kreis m; ~**en** ketten, fesseln.
ketsen zurückprallen.
ketter m (-s) Ketzer m; ~**en** toben, schimpfen; ~**s** ketzerisch.
ketting Kette f; **aan de ~ leggen** ook anketten; ~**botsing** Auffahrunfall m, Massenkarambolage f; ~**formulier** [-my'li:r] n Endlosformular n; ~**reactie** [-ksi] Kettenreaktion f (ook fig); ~**roker** [-ro:k-] m Kettenraucher m.
keu [kø:] (-s of -en) Queue f, Billardstock m.
keuken ['kø:kə(n)] (-s) Küche f; **ingebouwde ~** Einbauküche f; ~**blok** n Spüle f; ~**gerei** [-γərɛi] n Küchengeschirr n; ~**kast** Küchenschrank m; ~**zout** [-zɑut] n Kochsalz n.
Keulen ['kø:l-] n Köln n; ~**s** kölnisch.
keur [kø:r] Auslese f; Elite f; ~**der** m (-s) Prüfer m; ~**en** prüfen; untersuchen; vlees beschauen; mil mustern; ~**ig** ['-rəx] sauber, ordentlich, tadellos; hübsch, gepflegt; Prüfung f; mil Musterung f; ~**ings-dienst** Prüfungsamt n; **technische ~** TÜV m; ~**merk** n Gütezeichen n.
keus [kø:s] (keuzen) = **keuze**.
keutel (-s) Kot m, Dreck m.
keuvelen ['kø:vələ(n)] plaudern.
keuze Wahl f; Auswahl f, Auslese f; **naar ~** nach freier Wahl, wahlweise; ~**vak** n Wahlfach n.
kever ['ke:vər] (-s) Käfer m.
kibbelen ['-bələ(n)] sich zanken, sich streiten.
kil naß, feuchtkalt, kühl.
kilo(gram [-mɛn]) n (-'s) Kilo(gramm) n.

kidnapper ['-nɛpər] m (-s) Kidnapper m.
kiek|en foto: knipsen; ~**je** n (-s) F Schnappschuß m, Foto n.
kiel 1. Kittel m; **2.** mar Kiel m; ~**zog** ['-zɔx] n Kielwasser n.
kiem Keim m; fig ook Keimzelle f; **in de ~ smoren** im Keim ersticken; ~**cel** ['-sɛl] Keimzelle f; ~**en** keimen, sprießen; ~**vrij** ['-vrɛi] keimfrei.
kien pfiffig.
kiep(er)en v/i (zn) en v/t kippen.
kier Spalte f, Spalt m; **de deur staat op een ~** die Tür ist angelehnt.
kies[1] (kiezen) Backenzahn m.
kies[2] taktvoll, feinfühlig; ~**district** n Wahlkreis m, -bezirk m; ~**gerechtigd** wahlberechtigt; ~**heid** Zart-, Taktgefühl n; ~**kauwen** [-'kɔ:rəx] wählerisch.
kiespijn ['-pɛin] Zahnschmerzen m/pl.
kies|recht n Wahlrecht n; ~**toon** tel Freizeichen n.
kiet: ~ zijn quitt sein.
kietel|achtig [-təx] kitzlig; ~**en** kitzeln.
kieuw [kiu] Kieme f.
kievit zoöl Kiebitz m.
kiezel m of n (-s) Kiesel m; Kies m; ~**steen(tje** n) Kieselstein m.
kiezen* wählen; **voor iets ~** sich für etw entscheiden.
kiezer|(es f [-sɛn]) m (-s) Wähler(in f) m; ~**s** pl, ~**s-korps** n Wählerschaft f.
kijk [kɛik] Blick m; Einblick m; Sicht f; **een goede (slechte) ~ hebben op** e-n guten (schlechten) Blick haben für (A); ~**buis** ['-bøys] F Flimmerkiste f, Glotze f; ~**dichtheid** Einschaltquote f; ~**en*** gucken, sehen, blicken, schauen; **~ naar** ook zusehen (D); **naar buiten ~** ook hinausblicken; ~**er** m (-s) Zuschauer m; Fernglas n; ~**gat** n Guckloch n; ~**graag** ['-xra:x] schaulustig; ~**je** n: **een ~ nemen** sich mal umsehen; ~**kast** F = **kijkbuis**; ~**richting** Blickrichtung f; ~**ster** f (-s) Zuschauerin f.
kijven* keifen, schimpfen.
kik (-ken) Mucks m, Laut m.
kikker (-s) Frosch m; ~**bad** [-bɑt] Planschbecken n; ~**billetjes** [-bɪlətĩəs] n/pl Froschschenkel m/pl; ~**visje** [-vɪʃə] n Kaulquappe f.
kikvors Frosch m; ~**man** m Froschmann m.

kilometer Kilometer *m*; **~paal** Kilometerstein *m*; **~teller** Tacho(meter) *m*, Kilometerzähler *m*.
kilowatt Kilowatt *n*.
kin (*-nen*) Kinn *n*.
kind (*-eren*) Kind *n*; *van ~eren houden ook* kinderlieb sein.
kinderachtig [-təx] kindisch; **~heid** [-xɛit] (*-heden*) Kinderei *f*.
kinder|bescherming [-sxɛrmɪŋ] Kinder-, Jugendschutz *m*; **~bijslag** [-bɛislax] Kindergeld *n*; **~dagverblijf** [-blɛif] *n* Kindertagesstätte *f*; **~jaren** *n/pl* Kinderjahre *n/pl*, Kindesalter *n*; **~kamer** Kinderzimmer *n*; **~lijk** [-lək] kindlich, kindhaft; **~loos** kinderlos; **~menu** [-məny·] *n* Kindermenü *n*, -teller *m*; **~mishandeling** Kindesmißhandlung *f*; **~opvang** Kinderbetreuung *f*; **~spel** *n* Kinderspiel *n* (*ook fig*); **~tehuis** [-həʏs] *n* Kinderheim *n*; **~verlamming** Kinderlähmung *f*; **~wagen** Kinderwagen *m*; **~ziekte** Kinderkrankheit *f* (*ook fig*).
kinds kindisch; **~heid** ['-hɛit] Altersblödsinn *m*; Kindheit *f*.
kindvriendelijk [-lək] kinderfreundlich.
kinine Chinin *n*.
kinkel (*-s*) Lümmel *m*, Rüpel *m*.
kinkhoest ['-huˑst] Keuchhusten *m*.
kinnebak ['kɪnəbak] Kinnlade *f*.
kiosk Kiosk *m*.
kip *f* (*-pen*) Huhn *n*, Henne *f*; *cul* Hähnchen *n*; **~lekker** F pudel-, sauwohl.
kippe|bouillon [-buˑ(l)jɔn] Hühnerbrühe *f*; **~ëi** *n* Hühnerei *n*; **~n·farm** Hühnerfarm *f*; **~n·hok** *n* Hühnerstall *m*; **~tje** *n* (*-s*) Hühnchen *n*, Hähnchen *n*; **~vel** *n* Gänsehaut *f*.
kirren gurren.
kissproof ['kɪspruːf] kußecht.
kist Kiste *f*; Kasten *m*; (*meubel*) Truhe *f*; (*doods~*) Sarg *m*; **~je** ['kɪʃe] *n* (*-s*) Kästchen *n*, Kistchen *n*.
kit *n* of *f* Kitt *m*.
kitscherig ['kɪtʃərəx] kitschig.
kittel(-) *z. ook* **kietel** (-); **~aar** (*-s*) Kitzler *m*; **~ing** Kitzel *m*.
kitten kitten.
klaagster ['klaːxstər] *f* (*-s*) Klägerin *f*.
klaar klar; fertig; bereit; *~ en duidelijk fig ook* klipp und klar; **~blijkelijk** [-'blɛikələk] offenbar, offenkundig; **~komen** fertig werden; **~krijgen** ['-krɛiɣə(n)] fertig werden mit (*D*), fertigbringen; **~leggen** bereit-, zurechtlegen; **~licht** hell(icht); **~maken** fertigmachen; zubereiten; **~spelen** ['-speːl-] fertigbringen, schaffen, F klarkommen (mit *D*); *het ~ zonder* auskommen ohne (*A*); **~staan** bereitstehen; **~wakker** hellwach; **~zetten** bereitstellen.
Klaas *m*: **~ Vaak** Sandmännchen *n*.
klacht Klage *f*; Beschwerde *f* (*ook med*); *jur ook* Strafanzeige *f*; **een ~ indienen** klagen, e-e Klage einreichen; anzeigen; **~en·boek** [-buˑk] *n* Beschwerdebuch *n*.
klad (*-den*) **1.** Fleck *m*, Klecks *m*; **2.** *n* Konzept *n*; *in het ~* ins unreine; **~(boek** ['-buˑk]) *n* Kladde *f*, **~blaadje** *n* Zettel *m*; **~den** klecksen, schmieren.
klag|en klagen; sich beklagen; **~er** *m* (*-s*) Kläger *m*; Beschwerdeführer *m*.
klam klamm, feuchtkalt.
klandizie [-'dizi] Kundschaft *f*.
klank Klang *m*, Ton *m*, Schall *m*, Laut *m*; **~kleur** ['-kløːr] Klangfarbe *f*; **~leer** Lautlehre *f*.
klant *m* Kunde *m*; *vaste ~* Stammkunde *m*; **~en·service** [-sœː(r)ʋɪs] Kundendienst *m*.
klap (*-pen*) Schlag *m*, Hieb *m*; Klaps *m*; Knall *m*; **~pen** *pl ook* Prügel *pl*; *iem een ~ geven* j-m e-e knallen; *in één ~* mit e-m Schlag.
klaplop|en schmarotzen; **~er** *m* Schmarotzer *m*.
klappen (*ook zn*) klatschen; klappen; (*met tong*) schnalzen.
klapper|en klappern; **~tanden** mit den Zähnen klappern.
klaproos (Klatsch-)Mohn *m*.
klap|tafel Klapptisch *m*; **~zoen** ['-suˑn] schmatzender Kuß *m*.
klare Klare(r), Schnaps *m*.
klarinet [-'net] (*-ten*) Klarinette *f*.
klas(*se* [-n]) (*-sen*) Klasse *f*; *eerste ~* erste Klasse; erstklassig, Spitzenklasse *f*; **~lokaal** *n* Klassenzimmer *n*.
klassement [-'mɛnt] *n* (Gesamt-)Wertung *f*.
klassen|maatschappij [-sxapɛi] Klassengesellschaft *f*; **~strijd** [-strɛit] Klassenkampf *m*.
klassiek [-'siˑk] klassisch; *~e tijd, ~e stijl ook* Klassik *f*; **~ schrijver** *m ook* Klassiker *m*.

klater|en ['-tərə(n)] plätschern; **~goud** [-ɣaut] n Flittergold n.

klauteren (ook zn) klettern.

klauw Klaue f; Kralle f; Tatze f, Pranke f.

klaver (-s) Klee m; **~blad** n Kleeblatt n; verkeer ook: Autobahnkreuz n; **~en kaart**: Kreuz n.

kled|en (be-, an)kleiden; **goed ~d** kleidsam; **~erdracht** (Kleider-)Tracht f; **nationale ~** Nationaltracht f; **~ij** [-'deɪ̯], **~ing** Kleidung f; pej Aufzug m; **~ingstuk** [-stək] n Kleidungsstück n; **~ingzaak** n Bekleidungsgeschäft n.

kleed n (kleden) (vloer~) Teppich m; (tafel~) Decke f; z. ook kleren; **~hokje** n An-, Umkleidekabine f; (vloer~) Vorleger m; **~kamer** Umkleideraum m; Garderobe f.

kleer|borstel Kleiderbürste f; **~kast** Kleiderschrank m; **~maker** m Schneider m; z. ook kleren-.

klef [klef] teigig; klamm.

klei [kleɪ̯] Lehm m, Ton m; Klei(boden) m; **van ~** ook tönern.

klein klein; **een ~ uurtje** in e-e knappe Stunde f; **~bedrijf** [-dreɪ̯f] n Kleinbetrieb m; (sector) Kleingewerbe n; **~burgerlijk** [-'bərɣərlək] kleinbürgerlich, spießig; **~dochter** f Enkelin f; **Ǝduimpje** n [-'dœympiə] n (-s) Däumling m.

kleineren [-'ne:r-] herabsetzen, herabwürdigen.

klein|geestig [-təx] kleinlich, engherzig; **~geld** n Kleingeld n; **~handel** m Einzelhandel m; **~ig-heid** ['-nəxeɪ̯t] (-heden) Kleinigkeit f; **~kind** n Enkelkind n; **~krijgen** ['-kreɪ̯ɣ-] klein-, unterkriegen; **~maken** zerkleinern; **~menselijk** ['-mɛnsələk] kleinlich; **~ood** n (-noden of -nodiën) Kleinod n; **~steeds** kleinstädtisch; **~tje** n (-s) Kleine(s); pers.: Kleine(r), **~zerig** [-'ze:rəx] wehleidig, zimperlich; **~zielig** [-'ziːləx] kleinlich; **~zoon** m Enkel m.

klem (-men) Falle f; Klemme f, Klammer f; **met ~** nachdrücklich; **~men** klemmen; **~toon** Betonung f, Akzent m.

klep (-pen) Klappe f; (lipje) Lasche f; (pet~) Schirm m; tech Ventil n.

klepel ['kle:pəl] (-s) Klöppel m, Schwengel m.

klepperen ['klɛpər-] klappern.

kleren n/pl Kleider n/pl, Kleidung f; **~haak** Kleiderhaken m; **~hanger** Kleiderbügel m.

klerk m Schreiber m.

klets Schlag m, Klatsch m; (geklets) Geschwätz n; **~en** klatschen; (praten mst) schwätzen, schwatzen, quatschen; (roddelen mst) tratschen; **~er** m (-s) = **kletskous**; **~koek** ['-kuːk] F Quatsch m; **~kous** ['-kaus] f of m, **~majoor** m F Schwätzer(in f) m, Klatschbase f, Klatschmaul n; **~nat** klitsch-, klatschpatschnaß; **~praat** F Quatsch m, dummes Zeug n; **~tante** f Klatschbase f.

kletteren ['klɛtər-] prasseln; klirren.

kleur [klø:r] Farbe f; **nationale ~en** pl Landes-, Nationalfarben f/pl; **een ~ krijgen** erröten; **~echt** farbecht.

kleuren färben; tönen; erröten; **~blind** farbenblind; **~film** Farbfilm m; **~televisie** Farbfernsehen n; (toestel) Farbfernseher m.

kleur|ig ['kløːrəx] farbig; **~ing** Färbung f, Tönung f; **~ling(e** f) m Farbige(r); **~potlood** n Buntstift m; **~rijk** ['-rɛɪ̯k] farbenfroh, farbig; **~stof** Farbstoff m; **~tje** n (-s) Farbe f, Farbstich m.

kleuter ['kløːtər] m (-s) Knirps m, Kleinkind n; **~leidster** [-'leɪ̯tstər] f Kindergärtnerin f; **~school** [-sxoːl] Kindergarten m, Vorschule f.

klev|en kleben; haften; **~erig** ['-vərəx] klebrig.

kliederen ['-dərə(n)] schmieren.

kliek Clique f.

klier Drüse f.

klieven spalten.

klik|ken klicken; (verraden) petzen; **~spaan** m of f (-spanen) Petzer(in f) m.

klim Kletterei f; Steigung f.

klimaat m (-maten) Klima n.

klim|boon Stangenbohne f; **~ijzer** ['-ɛizər] n Steigeisen n; **~men*** (ook zn) steigen; klettern; **~op** m of n Efeu m; **~plant** Kletterpflanze f; **~tocht** Klettertour f.

kling Klinge f.

klin|iek ['-niːk] f Klinik f; **~isch** ['-niːs] klinisch; stationär.

klink Klinke f.

klinken* 1. klingen, tönen, schallen; (met glazen) anstoßen; **dat klinkt goed** ook das hört sich gut an; 2. tech (ver)nieten; **~d** fig klangvoll.

klinker (-s) Vokal *m*.
klink|hamer Niethammer *m*; **~klaar: klinkklare onzin** barer Unsinn *m*; **~nagel** Niet *m*, Niete *f*.
klip (-*pen*) Klippe *f*.
klis (-*sen*), **klit** (-*ten*) Klette *f*; **als een klit hangen aan** *fig* wie e-e Klette hängen an (D).
klitteband ['klɪtə-] Klettverschluß *m*.
klodder (-s) Klumpen *m*, Klecks *m*.
kloek[1] [kluˑk] *f* Glucke *f*.
kloek[2] stramm; stattlich, wacker, beherzt.
klok (-*ken*) Uhr *f*; Glocke *f*; **~hen** *f* Glukke *f*; **~huis** ['-həys] *n* Kerngehäuse *n*; **~je** *n* (-s) Glöckchen *n*; *bot* Glockenblume *f*; **~ken** glucken, blubbern; *tijd* stoppen; **~ke-toren** Glockenturm *m*; **~slag** ['-slax] Glockenschlag *m*; **~ (twee, ...) uur** Punkt zwei (zwei, ...) Uhr.
klomp Klumpen *m*; Holzschuh *m*.
klont|(er [-s]) Klumpen *m*; **~eren** ['-tərə(n)] (sich) klumpen; **~je** *n* (-s) Zuckerwürfel *m*; Klümpchen *n*; **~jessuiker** [-səykər] Würfelzucker *m*.
kloof (*kloven*) Kluft *f* (*ook fig*); Schlucht *f*; Spalte *f*; (*huid~*) Riß *m*.
klooster *n* (-s) Kloster *n*; **~ling** *m of f* Mönch *m*; Nonne *f*.
kloot (*kloten*) P Hoden *m*; *pers.*: Arschloch *n*, Idiot *m*; **~zak** *m* Ppers.: Arschloch *n*, Scheißkerl *m*.
klop (-*pen*) Schlag *m*; **~boor** Schlagbohrer *m*; **~jacht** Treibjagd *f*; **~partij** [-tɛi̯] Rauferei *f*.
kloppen klopfen, pochen, schlagen, besiegen; (*juist zijn*) stimmen, zutreffen, aufgehen; **er werd geklopt** es hat geklopft; **dat klopt!** das stimmt!; **~d** *fig* schlüssig, richtig.
klos [klɔs] (-*sen*) Spule *f*; Garnrolle *f*; Spindel *f*; **de ~ zijn** der Dumme sein; **~je** [ˈklɔʃə] *n* (-s) (kleine) Spule *f* (*of* Rolle *f*); **~sen** (*ook zn*) (herum)trampeln; (*kant~*) klöppeln.
klotsen schwappen; blubbern.
kloven spalten.
klucht [klœxt] Farce *f*; *thea* Posse *f*, Schwank *m*; **~ig** ['-təx] possenhaft.
kluif (*kluiven*) Knochen *m*.
kluis [kløys] (*kluizen*) Klause *f*, Zelle *f*; (*geld~*) Tresor *m*; (*bagage~*) Schließfach *n*.
kluit Klumpen *m*; Scholle *f*.

kluiven* abnagen.
kluizenaar *m* (-s *of -naren*) Einsiedler *m*.
klungel|en ['klœŋəl-] stümpern, F wursteln; **~ig** [-ləx] stümperhaft.
klus [klœs] (-*sen*) (Stück *n*) Arbeit *f*; **~je** ['kløʃə] *n* (-s) Arbeit *f*; Kleinkram *m*.
kluts: de ~ kwijt zijn (*raken*) F den Kopf verloren haben (verlieren).
klutsen ['klœtsə(n)] quirlen; schlagen.
kluwen ['klyˑʉə(n)] *n* (-s) Knäuel *m*.
knaagdier *n* Nagetier *n*, Nager *m*.
knaap (*knapen*) Knabe *m*, Bursche *m*.
knabbelen knabbern.
knagen nagen.
knak (-*ken*) Knacks *m*, Knick *m*; **~ken** (*ook zn*) knicken; **~worst** Knackwurst *f*.
knal (-*len*) Knall *m*; **~effect** *n* Knalleffekt *m*; **~len** knallen, krachen; **~pot** Auspufftopf *m*; **~rood** knallrot.
knap hübsch, schmuck; tüchtig, gescheit; sauber, gekonnt.
knapp|en (*ook zn*) knistern; knacken; reißen; (zer)springen; **~end**, **~erig** ['-pərəx] knusprig.
knarse|n knirschen; krächzen; knarren; **~tanden** mit den Zähnen knirschen.
knecht Knecht *m*; Geselle *m*; Diener *m*; **~en** knechten.
kneden kneten.
kneedbaar knetbar.
kneep (*knepen*) Kniff *m*, Pfiff *m*.
knel (-*len*) Klemme *f*; **~len** klemmen, kneifen; *schoen ook fig* drücken; **~punt** ['-pənt] *n* Engpaß *m*.
knetter|en knattern, knistern; **~gek** F total verrückt.
knevelen ['kneːvəl-] knebeln (*ook fig*).
kneuz|en ['knøːz-] quetschen; **~ing** Prellung *f*.
knie (-*ën*) Knie *n*; **door de ~ën gaan** *fig* in die Knie gehen; **~buiging** ['-bøyɣɪŋ] Kniebeuge *f*; **~holte** Kniekehle *f*; **~kousen** ['-kɑusə(n)] *pl* Kniestrümpfe *m/pl*.
knielen (*ook zn*) knien.
knieschijf ['-sxɛif] Kniescheibe *f*.
kniesoor *m of f* Griesgram *m*.
knijpen ['knɛip-] kneifen, zwicken; **ertussenuit ~** sich davonmachen.
knijper (-s) (*was~*) Klammer *f*.
knikken *v/i* nicken, *v/i* (*zn*) *en v/t* knikken; *kniëën*: schlottern.
knikker (-s) Murmel *f*.

knip (*-pen*) (*deur~*) Schieber *m*; **~mes** *n* Taschen-, Klappmesser *n*; **~ogen** zwinkern, blinzeln; **~ naar** zublinzeln (*D*); **~oogje** *n* Augenzwinkern *n*; **~s pl geven** (zu)blinzeln; **~patroon** *n* Schnittmuster *n*; **~pen** schneiden; zuschneiden; knipsen; lochen; entwerten; (*met vingers*) schnalzen.

knipper|en ['knɪpərə(n)] blinzeln; *auto:* blinken; **~licht** *n* Blinker *m*, Blinklicht *n*.

knipsel *n* (*-s*) Ausschnitt *m*.

knobbel (*-s*) Wulst *f*; Knoten *m*.

knoedel ['knuˑdəl] (*-s*) Kloß *m*, Knödel *m*.

knoei ['knuˑi]: **in de ~ zitten** in der Patsche sitzen; **~en** stümpern, pfuschen; kleckern, schmieren; mogeln; schwindeln; **~er** *m* (*-s*) Pfuscher *m*, Stümper *m*; Schwindler *m*; **~erig** ['knuˑiərəx] stümperhaft; **~erij** [-'rɛi] Pfuscherei *f*; Schwindel *m*; **~ster** ['-stər] *f* (*-s*) Stümperin *f*; Schwindlerin *f*.

knoest [knuˑst] Knorren *m*.

knoflook *m of n* Knoblauch *m*.

knokkel (*-s*) Knöchel *m*.

knokken sich raufen; kämpfen.

knol (*-len*) **1.** Knolle *f*, Rübe *f*; **2.** (*paard*) Gaul *m*.

knook (*knoken*) Knochen *m*.

knoop (*knopen*) Knopf *m*; Knoten *m*; **met één rij (twee rijen) knopen** *kostuum:* einreihig (zweireihig); **~cel** ['-sɛl] Knopfbatterie *f*; **~je** *n* (*-s*) Knöpfchen *n*; **~punt** [-'pønt] Knotenpunkt *m*; (*autoweg~*) (Autobahn-)Kreuz *n*, Autobahndreieck *n*; **~s·gat** *n* Knopfloch *n*.

knop (*-pen*) Knopf *m*, Taste *f*; *bot* Knospe *f*; (*deur~*) (Tür-)Griff *m*; (*handvat*) Knauf *m*.

knopen knöpfen, knüpfen, knoten.

knopje *n* (*-s*) Knöpfchen *n*.

knoppen knospen, Knospen *pl* treiben.

knorr|en knurren (*ook fig*), grunzen; **~ig** ['-rəx] mürrisch.

knots Keule *f*.

knuffelen ['knøfələ(n)] F knutschen, hätscheln; schmusen.

knuist [knœyst] Faust *f*.

knul [knøl] *m* (*-len*) Lümmel *m*; Kerl *m*.

knuppel ['knøp-] (*-s*) Knüppel *m*.

knus(jes) ['knøʃəs] gemütlich, behaglich.

knutsel|aar ['-səlaːr] *m* (*-s*) Bastler *m*, Tüftler *m*; **~en** basteln, tüfteln.

kobalt *n* Kobalt *n*.

koddig ['-dəx] drollig, possierlich.

koe [kuˑ] (*-ien*) Kuh *f* (*ook* P *pers.*); **~handel** Kuhhandel *m*; **~ie·drek** ['kuˑiə-] (Kuh-)Fladen *m*.

koeioneren [kuˑiɔˈneːr-] schikanieren.

koek [kuˑk] Kuchen *m*; **~e·pan** (Brat-)Pfanne *f*; **~je** *n* (*-s*) Plätzchen *n*, Keks *m*.

koekoek ['kuˑkuˑk] Kuckuck *m*.

koel [kuˑl] kühl, kalt; **~bloedig** [-ˈbluˑdəx] kaltblütig; **~cel** [ˈ-sɛl] Kühlraum *m*; **~en** kühlen; **~ op woede** auslassen an (*D*); **~er** Kühler *m*.

koelie [ˈkuˑli] *m* (*-s*) Kuli *m*.

koel|ing Kühlung *f*; **~installatie** [-stala(t)siˑ] Kühlanlage *f*; **~kast** Kühlschrank *m*; **~te** Kühle *f*; **~tjes** [ˈkuˑltjəs] kühl; *fig ook* frostig; **~vloeistof** [ˈ-vluˑistɔf] Kühlflüssigkeit *f*.

koemelk Kuhmilch *f*.

koen kühn; **~heid** [ˈ-hɛit] Kühnheit *f*.

koepel [ˈkuˑpəl] (*-s*) Kuppel *f*.

koerier [kuˑˈriːr] *m* (*-s*) Kurier *m*.

koers [kuˑrs] Kurs *m*; **van ~ veranderen** den Kurs ändern (*ook fig*), abdrehen; **~daling** Kursrückgang *m*; **~en** Kurs nehmen; *sp* fahren; **~stijging** [ˈ-stɛiɣ-] Kursanstieg *m*.

koest [kuˑst] ruhig, still; **~eren** [ˈkuˑstərə(n)] wärmen; hegen, pflegen.

koeterwaals [kuˑtərˈ-] *n* Kauderwelsch *n*.

koets [kuˑts] Kutsche *f*; **~ier** [-ˈsiːr] *m* (*-s*) Kutscher *m*; **~werk** *n* Karosserie *f*.

koevoet [ˈkuˑvuˑt] Brecheisen *n*.

koffer (*-s*) Koffer *m*, Truhe *f*; **~(bak)** (*auto~*) Kofferraum *m*.

koffie Kaffee *m*; **~ verkeerd** Milchkaffee *m*; **~ zetten** Kaffee kochen; **~automaat** Kaffeeautomat *m*; **~dik** *n* Kaffeesatz *m*; **~kamer** [-kaːmər] Cafeteria *f*; **~kan** Kaffeekanne *f*; **~kop(je)** *n* Kaffeetasse *f*; **~molen** Kaffeemühle *f*; **~shop** [-ʃɔp] Kaffeebar *f*; **~tafel** Kaffeetisch *m*; **~zetapparaat** *n* Kaffeemaschine *f*.

kogel (*-s*) Kugel *f*; *cul ook* Nuß *f*; **~biefstuk** [-stɛk] Steak *n* von der Nuß; **~lager** *n* Kugellager *n*; **~rond** kugelrund; **~slingeren** [-slɪŋərə(n)] *n* Hammerwerfen *n*; **~stoten** *n* Kugelstoßen *n*; **~vormig** [-mərx] kugelförmig; **~vrij** [-ˈvrɛi] kugelsicher.

kok [kɔk] *m* (-s) Koch *m*.
koken ['ko:k-] kochen, sieden.
koker (-s) Köcher *m*; Behälter *m*, Futteral *n*; (*lift~, lucht~*) Schacht *m*.
koket [ko-'kɛt] kokett; **~teren** [-'te:r-] kokettieren.
kokhalzen würgen.
kokkin [kɔ'kɪn] *f* (-*nen*) Köchin *f*.
kokos [ˈko:kɔs] *n* Kokosnuß *f*; Kokosfaser *f*; **geraspte ~** Kokosraspeln *f*/*pl*; **~noot** Kokosnuß *f*.
kolder Blödsinn *m*.
kolen *pl* Kohle(n *pl*) *f*; **op hete ~ zitten** wie auf (glühenden) Kohlen sitzen; **~bekken** *n* Kohlebecken *n*, -revier *n*; **~centrale** [-sɛntra:lə] *f* Kohlekraftwerk *n*; **~mijn** [-mɛin] *f* Kohlenbergwerk *n*.
kolf (*kolven*) Kolben *m*; **~ bloed** Blutkonserve *f*.
kolibrie [ˈko:liːbri·] (-s) Kolibri *m*.
koliek [-ˈliˑk] Kolik *f*.
kolken wirbeln, strudeln.
kolom [koˈlɔm] (-*men*) Pfeiler *m*, Säule *f*; *typ*. Spalte *f*.
kolonel [-nɛl] *m* (-s) Oberst *m*.
kolon|ialisme [-niaˈlɪsmə] *n* Kolonialismus *m*, **~ie** [-ˈloːniː] (-s *of* -niën) Kolonie *f*; **~iseren** [-ˈzeːr-] kolonisieren.
kolos *m* (-*sen*) Koloß *m*; **~saal** [-'saːl] kolossal.
kom (-*men*) Schale *f*, Schüssel *f*; Tasse *f*; Napf *m*; Zentrum *n*; (*dal~*) Senke *f*, Kessel *m*; *bebouwde* **~** geschlossene Ortschaft *f*; **~af** [kɔˈmaf] Herkunft *f*.
komedie [-ˈmeːdi·] (-s) Komödie *f*.
komeet (-*meten*) Komet *m*.
komen* [ˈkoːmə(n)] (*zn*) kommen; herkommen; gelangen; **~ aanlopen** angelaufen kommen; **laten ~** kommen lassen; **aan iets ~** zu etw kommen; **achter iets ~** etw herausbekommen; **erbij ~** dazukommen; **naar boven ~** hinaufkommen; *fig* hochkommen; **daar komt niets van (in)!** daraus wird nichts!; **~ van** *ook* (her)stammen (*of* herrühren) von (*D*); **~d** kommend; **~e zondag** am kommenden Sonntag.
komiek [koˈmiˑk] **1.** komisch, ulkig; **2.** *m* Komiker *m*.
komijn [-ˈmɛin] Kümmel *m*; **~e·kaas** Kümmelkäse *m*.
komisch [ˈkoːmiˑs] komisch.
kommer (-s) Gurke *f*; **~sla** Gurkensalat *m*; **~tijd** [-tɛit] Saueregurkenzeit *f*.

komma (-ˈs) Komma *n*.
kompas [-ˈpɑs] *n* (-*sen*) Kompaß *m*.
kompel [ˈkɔmpəl] *m* (-s) Kumpel *m*.
komplot [kɔmˈplɔt] *n* (-*ten*) Komplott *n*, Verschwörung *f*.
kompres [-ˈprɛs] *n* (-*sen*) Kompresse *f*, Umschlag *m*.
komst Ankunft *f*, Kommen *n*; **op ~ zijn** im Anzug sein.
konijn [-ˈnɛin] *n* Kaninchen *n*; **tam ~** Stallhase *m*.
koning *m* König *m*; **~in** [koˈnɪŋɪn] *f* (-*nen*) Königin *f*; *schaken ook:* Dame *f*; **~schap** [-sxɑp] *n* Königtum *n*; **~s·huis** [-hœys] *n* Königshaus *n*.
konink|lijk [-lək] königlich; **~rijk** [-rɛik] *n* Königreich *n*.
kont P Arsch *m*.
konvooi [-ˈv̬oːi] *n* Konvoi *m*, Geleit(zug *m*) *n*.
kooi [koːi] Käfig *m*; Zwinger *m*; *mar* Koje *f*.
kook Kochen *n*; **aan de ~ brengen** zum Kochen bringen (*ook fig*).
kook|- *in samenst. mst* Koch-, *b.v.* **~boek** [ˈ-buːk] *n* Kochbuch *n*; **~echt** kochfest; **~gerei** [ˈ-xərɛi] *n* Kochgeschirr *n*; **~hoek** [ˈ-huˑk] Kochnische *f*; **~pan** Kochtopf *m*; **~punt** [ˈ-pʏnt] *n* Siedepunkt *m* (*ook fig*); **~stel** [ˈ-stɛl] Kocher *m*; **~worst** Bockwurst *f*.
kool (*kolen*) **1.** (*steen~*) Kohle *f*; **2.** (*groente*) Kohl *m*; (*krop*) Kohlkopf *m*; **~hydraat** *n* Kohlehydrat *n*; **~mees** Kohlmeise *f*; **~monoxyd(e)** [ˈ-moˑnoˑksiˑd(ə)] Kohlenmonoxyd *n*; **~stoftablet** *f* Kohletablette *f*; **~zaad** *n* Raps *m*.
koolzuur [ˈ-zyːr] *n* Kohlensäure *f*; **~houdend** [-hɑudənt] kohlensäurehaltig.
koop (*kopen*) Kauf *m*, Einkauf *m*; **een ~ sluiten** e-n Kauf abschließen; **op de ~ toe** obendrein; **op de ~ toe nemen** in Kauf nehmen; **te ~** zu verkaufen; (ver)käuflich; **te ~ lopen met** *fig* zur Schau stellen; **~avond** [ˈ-aːvənt] Dienstleistungs-, Einkaufsabend *m*; **~contract** *n* Kaufvertrag *m*; **~flat** [ˈ-flɛt] Eigentumswohnung *f*; **~je** *n* Gelegenheitskauf *m*, billiger Einkauf *m*; **~kracht** Kaufkraft *f*; **~krachtig** [ˈ-krɑxtəx] kaufkräftig; **~lustig** [ˈ-lɔstəx] kauflustig; **~man** *m* (*lui of -lieden*) Kaufmann *m*; **~prijs** [ˈ-prɛis] Kaufpreis *m*; **~ster** *f* (-s) Käuferin *f*.

koopvaardij|(vloot) [-'dɛī-] Handelsmarine f; **~schip** [-sxɪp] n Handelsschiff n.
koop|waar Handelsware f; **~woning** Eigentumswohnung f.
koor n (koren) Chor m.
koord n of f Schnur f, Leine f, Seil n, Strick m, Strang m; **~danser(es** f) m Seiltänzer(in f) m.
koorts Fieber n; **~achtig** [-təx], **~ig** ['-səx] fiebrig; fig fieberhaft; **~thermometer** Fieberthermometer n; **~werend** ['-ve:rənt] fiebersenkend.
kop (-pen) Kopf m, Haupt n; (drink~) Tasse f; (krante~) Schlagzeile f; (van naald) Kuppe f; (leiding) Spitze f; **op de ~ af** haargenau; **op de ~ tikken** auftreiben, erwischen; **over de ~ slaan** sich überschlagen; **van ~ tot teen** von Kopf bis Fuß; **~bal** Kopfball m.
kopen* kaufen, erstehen.
koper¹ m (-s) Käufer m, Abnehmer m.
koper² n Kupfer n; mus Blech n; **~en** ['ko:pərə(n)] kupfern, Kupfer-; **~en munt** Kupfermünze f; **~gravure** [-'vy:rə] Kupferstich m; **~groen** [-'ɣru:n] m Grünspan m.
kop|ie [ko'pi] (-ën) Kopie f; fig pej ook Abklatsch m; **~ieer·apparaat** ['-pĩe:r-] n Kopier-, Vervielfältigungsgerät n, Kopierer m; **~iëren** [-'pĩe:rə(n)] kopieren.
kopje n (-s) Köpfchen n; (drink~)Täßchen n, Tasse f; **~ duikelen** e-n Purzelbaum schlagen; **~ lamp** (auto~) Scheinwerfer m; **~loper** m Spitzenreiter m.
koppel¹ n Paar n.
koppel² Koppel f.
koppel|arij ['-rɛī] Kuppelei f; **~en** koppeln; tech ook kuppeln; pers. pej verkuppeln; **~ing** Kupplung f; **de ~ indrukken** (of intrappen) die Kupplung treten, auskuppeln; **~riem** Koppel m; **~teken** [-tɛ:kə(n)] n Bindestrich m.
koppen sp köpfen.
koppig ['-pəx] dickköpfig, trotzig, stur, bockig; **~heid** [-xɛīt] Starrsinn m, Dickköpfigkeit f, Trotz m.
kop-|staartbotsing Auffahrunfall m; **~station** [-'staʃɔn] n Kopfbahnhof m; **~stuk** ['-stœk] n pers.: Spitzenmann m; **~telefoon** Kopfhörer m.
koraal (-ralen) Koralle f; **~eiland** [-'ɛī-lant] n Koralleninsel f.
koran ['ko:ran, ko'ra:n] Koran m.
kordaat [-'da:t] tapfer; energisch, forsch.

Koreaan|(se f) m (-reanen) Koreaner(in f) m; **~s** koreanisch.
koren ['ko:rə(n)] n Korn n, Getreide n; **~bloem** [-blu:m] Kornblume f; **~veld** n Kornfeld n.
korf (korven) Korb m; **~bal** n Korbball m.
kornuit [-'nœyt] m Kumpan m.
korporaal m (-s) Gefreite(r).
korps n Korps n (ook mil).
korrel (-s) Korn n, Körnchen n; **op de ~ nemen** aufs Korn nehmen; **~en** ['-rələ(n)] körnen; **gekorreld**, **~ig** ['-rələx] körnig; **~tje** n (-s) Körnchen n.
korset [-'sɛt] n (-ten) Korsett n (ook fig).
korst Kruste f, Rinde f; med ook Schorf m; **~ig** ['-təx] med schorfig; **~mos** n Flechte f.
kort kurz; **~ en bondig** kurz und bündig; **~ daarop** bald (of kurz) darauf; **~ houden** fig kurz-, knapphalten; **het ~ maken** ook sich kurz fassen; **te ~ schieten** versagen; **~er werken** kurzarbeiten; **~af** kurz angebunden, wortkarg.
korte-|afstandsloper m Kurzstreckenläufer m; **~golfzender** [-'ɣɔl(ə)f-] Kurzwellensender m; **~lings** kürzlich, neulich.
kort|en kürzen, abziehen; **~heid** ['-hɛīt] Kürze f; **~ing** Kürzung f; (reductie) Rabatt m, (Preis-)Nachlaß m; Skonto m of n; (inhouding) Abzug m; **~om** kurz (-um); **~parkeerder** m (-s) Kurzparker m; **~sluiting** ['-slœyt-] Kurzschluß m; **~stondig** [-'stɔndəx] kurz, momentan; **~weg** ['-vɛx] kurzerhand; **~wieken** (die Flügel pl) stutzen; **~zichtig** ['-sɪxtəx] kurzsichtig.
kosmetisch [-'mɛti·s] kosmetisch.
kosmisch ['-mi·s] kosmisch.
kosmonaut(e f) m Kosmonaut(in f) m.
kost Kost f, Verpflegung f; Unterhalt m; **de ~ geven** beköstigen; **~ en inwoning** Unterkunft f und Verpflegung f; **de ~ verdienen** den Lebensunterhalt verdienen; **ten ~e van** auf Kosten (G).
kostbaar kostbar; (duur) kostspielig; **~heid** [-hɛīt] (-heden) Kostbarkeit f.
koste|lijk ['-tələk] köstlich; **~loos** kostenlos, unentgeltlich, gebührenfrei.
kosten 1. pl (Un-)Kosten pl, Kostenaufwand m; Gebühr f; **totale ~** Gesamtkosten pl; **op ~ van** auf Kosten (G); 2. v/i en v/t kosten; **hoeveel** (of **wat) kost ...?**

kostenbesparend 142

wieviel (of was) kostet ...?; **~besparend** kostensparend; **~raming** Kostenvoranschlag m.
koster m (-s) Kirchendiener m.
kost|huis ['-høys] n Pension f; **~prijs** ['-prɛis] Selbstkostenpreis m; **~school** ['-sxo:l] Internat n.
kostuum [-'ty·m] n (-s) Anzug m, Kostüm n.
kostwinn|er m (-s) Ernährer m, (Haupt-)Verdiener m; **~ing** Lebensunterhalt m, (Brot-)Erwerb m.
kotelet (-ten) Kotelett n, Rippchen n.
kotsen P kotzen.
kotter (-s) Kutter m.
kou [kɑu] Kälte f; med Erkältung f; ~ **lijden** frieren; ~ **vatten** sich erkälten.
koud [kɑut] kalt; **~e lucht** ook Kaltluft f; **het ~ hebben** frieren; **ik heb het ~** mich friert, ich friere, mir ist kalt; **~ maken** fig F kaltmachen; **~e Kälte** f, **~e-golf** Kältewelle f, -einbruch m; **~vuur** ['-fy:r] n Brand m.
koufront n Kaltfront f.
kous [kɑus] Strumpf m; (pit) Docht m; **de ~ op de kop krijgen** e-e Abfuhr erleiden; **~e-band** Strumpfband n.
kouwelijk ['kɑuələk] fröst(e)lig.
kozijn [-'zɛin] n (Fenster-, Tür-)Rahmen m.
kraag [kra:x] (kragen) Kragen m.
kraai Krähe f; **~en** krähen.
kraak|actie ['-aksi] Hausbesetzung f; **~been** n Knorpel m; **~helder, ~zindelijk** [-daləx] blitzsauber.
kraal (kralen) Koralle f; Glasperle f.
kraam (kramen) Bude f; Stand m; **~bed** n Wochenbett n; **~inrichting** Entbindungsanstalt f; **~pje** n (-s) = **kraam**.
kraan (kranen) (hijs~) Kran m; (water~) (Wasser-)Hahn m; **~vogel** Kranich m.
krab (-ben) 1. zoöl Krabbe f; 2. Kratzer m, Schramme f.
krabb|elen [-bələ(n)] kraulen; (schrijven) kritzeln; **~en** kratzen; scharren.
kracht Kraft f; Wucht f; **van ~ worden** in Kraft treten; **~dadig** [-'da:dəx] kräftig, tatkräftig; **~eloos** kraftlos; **~ens** kraft (G); **~ig** ['-təx] kräftig, kraftvoll; energisch; (optreden, remmen) scharf; **~meting** ['-me:t-], **~proef** ['-pru·f] Kraftprobe f; **~s-inspanning** Kraftanstrengung f; **~toer** [-'tu:r] Kraftakt m.
krakelen ['-ke:l-] krakeelen.

krakeling ['kra:kə-] Brezel f.
kraken ['kra:k-] krachen; knarren; knacken; sneeuw: knirschen; huis (instand)besetzen; **iem fig** fertigmachen.
kraker m (-s) Hausbesetzer m.
krammen med klammern.
kramp Krampf m; **~achtig** [-'ɑxtəx] krampfhaft, verkrampft.
kranig ['kra:nəx] tüchtig; schneidig, zackig.
krankzinnig [-'sɪnəx] geisteskrank, verrückt, wahn-, irrsinnig; **~e** Wahn-, Irrsinnige(r), Irre(r); **~en-gesticht** n Irrenanstalt f; **~heid** [-'xɛit] Wahn-, Irrsinn m, Verrücktheit f.
krans Kranz m; (bloem~ ook) Gebinde n.
krant Zeitung f.
kranten|advertentie [-tɛnsi·] Zeitungsanzeige f; **~bericht** n Zeitungsbericht m, -notiz f; **~kop** Schlagzeile f.
kranten|papier n Zeitungspapier n; **~stalletje** [-stɑlətjə] n Zeitungskiosk m; **~verkoper** m Zeitungshändler m.
krap knapp, eng.
kras[1] (-sen) Kratzer m, Schramme f.
kras[2] kraß, rüstig; **dat is ~** das ist stark.
krassen kratzen; ritzen; vogel: krächzen.
krat n (-ten) (Latten-)Kiste f; (flessen~) Kasten m.
krater (-s) Krater m.
krauwen kraulen.
krediet n Kredit m; **~ verlenen** Kredit gewähren; **~instelling** Kreditinstitut n; **~kaart** Kreditkarte f; **~ruimte** [-rœymtə] Kreditrahmen m; **~waardig** [-'ʋa:rdəx] kreditwürdig, -fähig.
kreeft Krebs m; (zee~) Hummer m.
kreet (kreten) Schrei m; (Aus-)Ruf m.
kregel(ig) ['kre:ɣəl(əx)] gereizt, kribbelig.
krekel ['kre:kəl] (-s) Grille f.
Kremlin ['krɛmlɪn]: **het ~** der Kreml.
kreng n Aas n; pers. ook: Luder n.
krenk|en kränken; **~ing** Kränkung f.
krent Korinthe f; (klein) Rosine f; **~en-bol** [-bɔl] Rosinenbrötchen n; **~erig** ['-tərəx] knauserig; kleinlich; **~ zijn** (met) knausern (mit D) (ook fig).
kreuk [krø·k] Knitter(falte) f m, Knick m; **~(el)en** ['-(əl)ə(n)] (ook zn) knittern, knautschen; knicken; **~el-zone** [-zo:nə, -zɔ:nə] auto: Knautschzone f; **~vrij** ['-frɛi] knitterfrei.

kreunen ['krø:nə(n)] ächzen, stöhnen.
kreupel ['krø:pəl] lahm; ~e Krüppel m, Gelähmte(r); ~hout [-haut] n Gestrüpp n, Gebüsch n, Dickicht n.
krib [krɪp] (-ben) Krippe f; (rivier~) Buhne f; ~big ['-bəx] mürrisch, kribbelig.
kriebel|ing [-en]) (-s) Kitzel m; ~en kribbeln; (schrijven) kritzeln.
krijgen* ['krɛi̯ɣ̊] bekommen, erhalten, F kriegen; argwaan, hoop schöpfen; knoppen, bladeren bekommen, treiben; **het is niet te** ~ es ist nicht zu bekommen (of haben); **te eten (horen)** ~ zu essen (hören) bekommen; **gedaan** ~ erreichen; **bij elkaar** ~ zusammenbekommen; **eruit** ~ herausbekommen; **voor mekaar** ~ F deichseln, hinkriegen.
krijger m (-s) Krieger m.
krijgs|gevangene Kriegsgefangene(r); ~**macht** Streitkräfte f/pl; ~**man** m (-lieden) Krieger m; ~**raad** Kriegsrat m; jur Kriegsgericht n.
krijsen* ['krɛi̯sə(n)] kreischen.
krijt [krɛi̯t] n Kreide f; **stukje** n ~, ~**je** n (-s) Kreidestift m.
krik [krɪk] m Wagenheber m.
krimpen* (zn) schrumpfen, eingehen, einlaufen.
kring [krɪŋ] Kreis m; Zirkel m; ~**elen** ['krɪŋələ(n)] sich kringeln; ~**loop** Kreislauf m.
krioelen [kri'ju:lə(n)] wimmeln.
kriskras kreuz und quer.
kristal n (-len) Kristall m of n; ~**len** kristallen, Kristall-; ~**liseren** [-'ze:r-] kristallisieren; ~**suiker** [-søykər] Kristallzucker m.
krit|iek [-'ti·k] **1.** kritisch; **2.** subst Kritik f; ~ **uitoefenen op** Kritik üben an (D); ~**iek·loos** kritiklos; ~**isch** ['-i·s] kritisch; ~**iseren** [-'ze:r-] kritisieren.
kroeg [kru·x] Kneipe f.
kroes [kru·s] kraus.
kroezen ['kru·zə(n)] (sich) kräuseln.
krokodil [-'dɪl] (-len) Krokodil n.
krom krumm; schief; **zich** ~ **lachen** sich schieflachen; ~**buigen** ['krɔmbœy̯ɣ̊-] v/t verbiegen; v/i (zn) sich krümmen; ~**me** Kurve f; ~**men** v/t krümmen; v/i (zn) sich krümmen; ~**ming** Krümmung f; ~**trekken** (zn) sich verziehen.
kron|en krönen; ~**ing** Krönung f.
kroniek [-'ni·k] Chronik f.
kronkel ['krɔŋkəl] Krümmung f; Windung f;

~**en** (ook zn) sich winden, sich schlängeln; ~**ig** [-ləx] gewunden, sich windend; ~**ing** = **kronkel**; ~**lijn** [-lɛi̯n] Schlangenlinie f.
kroon (kronen) Krone f; ~**getuige** ['-ɣ̊ətøy̯ɣ̊ə] m of f Kronzeuge m, -zeugin f; ~**luchter** ['-lɛxtər] Kronleuchter m; ~**prins(es)** f) m Kronprinz(essin f) m.
kroost n Nachkommenschaft f, Kinder n/pl, Nachwuchs m.
krop (-pen) Kropf m; (groente~) (Kohl-)Kopf m; ~ **sla** Salatkopf m; ~**sla** Kopfsalat m.
krot n (-ten) Elendsquartier n; ~**ten·wijk** [-vɛi̯k] Elendsviertel n; ~**woning** = **krot.**
kruid [krœy̯t] n Kraut n; ~**en** pl (specerijen) Gewürze n/pl.
kruiden ['krœy̯d-] würzen; ~**ier** [-də'ni·r] m (-s) Lebensmittelgeschäft n; ~**kaas** Kräuterkäse m; ~**thee** Kräutertee m.
kruidnagel Gewürznelke f.
kruier ['krœy̯ər] m (-s) Gepäckträger m.
kruik [krœy̯k] Krug m.
kruimel ['krœy̯məl] (-s) Krümel m, Brosame f; ~**en** krümeln, bröckeln; ~**ig** ['-mələx] krümelig, bröcklig.
kruin [krœy̯n] (haar~) Scheitel m; (berg~) Gipfel m; (dijk~, boom~) Krone f; (boom~ ook) Wipfel m.
kruip|en* ['krœy̯p-] (ook zn) kriechen; (uit ei) schlüpfen; ~**erig** ['-pərəx] kriecherisch; ~**pakje** n Strampelhöschen n; ~**strook** verkeer: Kriechspur f.
kruis [krœy̯s] n Kreuz n; **een** ~ **slaan** sich bekreuzigen; **pijn in het** ~ Kreuzschmerzen m/pl; ~**beeld** n Kruzifix n; ~**bes** ['-bes] Stachelbeere f; ~**en** (el·kaar) (sich) kreuzen; ~**elings** ['-əlɪŋs] gekreuzt, kreuzweise; ~**er** (-s) Kreuzer m; ~**igen** ['-səɣ̊ə(n)] kreuzigen; ~**punt** ['-pɛnt] n (Straßen-)Kreuzung f; fig Schnittpunkt m; ~**snelheid** Reise-, Dauergeschwindigkeit f; ~**tocht**, ~**vaart** Kreuzzug m (ook fig), Kreuzfahrt f; ~**vuur** ['-fy:r] n Kreuzfeuer n.
kruit [krœy̯t] n (Schieß-)Pulver n; ~**vat** ['-fat] n Pulverfaß n.
kruiwagen ['krœy̯va·ɣ̊ə(n)] Schubkarre f, -karren m.
kruk [krɛk] (-ken) Krücke f; (taboeret) Hocker m, Schemel m; (klink) Griff m; (motor~) Kurbel f; ~**as** Kurbelwelle f; ~**je** n (-s) Hocker m, Schemel m.

krul [krəl] (*-len*) Locke *f*; (*hout~*) Hobelspan *m*; (*lijn*) Schnörkel *m*; **~le·bol** *m* [-bɔl] Lockenkopf *m*; Krauskopf *m*; **~len** *v/t* locken, kräuseln; *v/i* sich kräuseln; **~speld** Lockenwickler *m*.

kubiek [ky·'-] Kubik-; **~e meter** Kubikmeter *m*; **~getal** [-tal] *n* Kubikzahl *f*.

kubus ['ky·bəs] (*-sen*) Würfel *m*, Kubus *m*.

kuchen ['kəx-] hüsteln.

kudde ['kədə] (*-n of -s*) Herde *f*; Rudel *n*.

kuieren ['kəyiərə(n)] (*ook zn*) (langsam) spazieren, schlendern.

kuif [kəyf] (*kuiven*) Schopf *m*; (Haar-) Tolle *f*.

kuiken ['kəykə(n)] *n* (*-s*) Küken *n*.

kuil [kəyl] Loch *n*, Grube *f*; (*strand~*) (Sand-)Burg *f*.

kuip [kəyp] Wanne *f*; Kübel *m*; Bottich *m*; **~je** *n* (*-s*) Becher *m*.

kuis keusch; **~heid** ['-hɛit] Keuschheit *f*.

kuit [kəyt] **1.** (*vis~*) Rogen *m*; **~ schieten** laichen; **2.** (*been~*) Wade *f*; **~been** *n* Wadenbein *n*.

kukeleku! [ky·kələ'ky·] kikeriki!

kul [kəl] F Unsinn *m*; **flauwe ~** Quatsch *m*, Blödsinn *m*; **flauwe ~ verkopen** Blödsinn verzapfen, blödeln.

kund|e ['kəndə] Können *n*, Kunst *f*; **~ig** ['-dəx] fähig, kundig, gekonnt; bewährt.

kunne ['kənə]: **van beiderlei ~** beiderlei Geschlechts.

kunnen* können; mögen; *dat kan* (*toch niet*)! (das) kann (doch nicht) sein!; *dat kan* (*toch*) *niet!* ook das gibt's (doch nicht!); **~ tegen** er-, vertragen.

kunst [kənst] Kunst *f*; *volgens de regels van de* **~** ook kunstgerecht.

kunst|- *in samenst. mst* Kunst-, *b.v.* **~academie** [-de:mi·] Kunstakademie *f*; **~been** *n* Beinprothese *f*.

kunsten|aar ['-tənaːr] *m* (*-s*) (**~ares** [-'res] *f* [*-sen*]) Künstler(in *f*) *m*.

kunst|gebit *n* Zahnersatz *m*, künstliches Gebiß *n*, Prothese *f*; **~geschiedenis** ['-xəsxi·dənis] Kunstgeschichte *f*; **~greep** Kunstgriff *m*; **~handel** Kunsthandel *m*; (*winkel*) Kunsthandlung *f*; **~ig** [-təx] kunstvoll; **~je** [kənʃə] *n* (*-s*) Kunststück *n*; Trick *m*, Kniff *m*; **~leer** *n* Kunstleder *n*; **~matig** ['-ma·təx] künstlich; **~mest** Kunstdünger *m*; **~nijverheid** ['-nɛivər-] Kunstgewerbe *n*; **~tentoonstelling** Kunstausstellung *f*; **~vaardig** ['-fa·rdəx] kunstfertig, gekonnt; **~verzameling** Kunstsammlung *f*; **~vezel** ['-fe:zəl] Kunst-, Chemiefaser *f*; **~voorwerp** *n* Kunstgegenstand *m*; **~werk** *n* Kunstwerk *n*; **~zijde** ['-sɛidə] Kunstseide *f*; **~zinnig** ['-sɪnəx] kunstsinnig, musisch.

kuren ['ky·rə(n)] e-e Kur machen.

kurk [kər(ə)k] **1.** Korken *m*, Pfropfen *m*, Stöpsel *m*; **2.** *n of m* (*stof*) Kork *m*; **~droog** ['-dro:x] knochentrocken; **~en 1.** *adj* korken; **2.** zukorken, stöpseln; **~e·trekker** Korkenzieher *m*.

kus [kəs] (*-sen*) Kuß *m*.

kussen[1] (*elkaar*) (sich) küssen.

kussen[2] *n* (*-s*) Kissen *n*; Polster *n*; **~sloop** (Kopf-)Kissenbezug *m*.

kust [kəst] Küste *f*; **~plaats** Küstenort *m*; **~vaart** Küstenschiffahrt *f*; **~verdediging** Küstenschutz *m*; **~wateren** ['-va·tərə(n)] *n/pl* Küstengewässer *n/pl*; **~weg** ['-vɛx] Küstenstraße *f*.

kuur [ky:r] (*kuren*) **1.** (*nuk*) Laune *f*, Schrulle *f*, Grille *f*; Tücke *f*; **2.** *med* Kur *f*; *een* **~** *doen* e-e Kur machen; **~oord** Kurort *m*, -bad *n*; *verblijf n in een* **~oord** Kuraufenthalt *m*.

kwaad (*kwalen*) **1.** böse, zornig; (*slecht*) schlimm, übel; *niet* **~**! nicht übel (of schlecht)!; **~ machen** verärgern, aufbringen; *zich* **~ maken** sich erbosen; **2.** *n* (*kwaden*) Böse(s), Übel *n*; *iem* **~ doen** j-m etw zuleide tun.

kwaadaardig [-'a:rdəx] bösartig (*ook med*), boshaft; **~heid** [-xɛit] Bösartigkeit *f*; Bosheit *f*.

kwaad|heid ['-hɛit] Zorn *m*; **~spreken: ~ van** (*of over*) verleumden, schlechtmachen; **~spreker** *m* Verleumder *m*, Lästerer *m*; **~willig** ['-vɪləx] böswillig.

kwaal (*kwalen*) Übel *n*, Leiden *n*.

kwade: ten ~ duiden übelnehmen, verdenken.

kwadraat *n* (*-draten*) Quadrat *n*.

kwajongen [kŭa:'-] *m* Lausbub *m*, Bengel *m*.

kwaken quaken.

kwak|ken F schmettern; **~zalver** *m* (*-s*) Quacksalber *m*, Kurpfuscher *m*.

kwal (*-len*) Qualle *f*.

kwalifi|catie [-'ka:(t)si·] (*-s*) Qualifikation *f*; **~catie-wedstrijd** [-strɛit] Ausscheidungsspiel *n*; **~ceren** [-'se:r-] (*zich*) (sich) qualifizieren.

kwalijk ['kŭa:lək] schlecht, übel; ~ **nemen** übelnehmen, verübeln; *neem me niet ~l* entschuldigen Sie!
kwalitatief [-'ti·f] qualitativ.
kwaliteit [-'tɛit] Qualität *f*, Güte *f*; ~**saanduiding** [-dəyd-] Gütezeichen *n*.
kwantitatief [-'ti·f] quantitativ; ~**eit** [-'tɛit] Quantität *f*.
kwark Quark *m*, Topfen *m*; ~**taart** Käsekuchen *m*.
kwart *n* Viertel *n*; ~ *over twee* Viertel nach zwei.
kwart- *in samenst. mst* Viertel-.
kwartaal [-'ta:l] *n* (*-talen*) Quartal *n*, Vierteljahr *n*.
kwartel ['-təl] (*-s*) Wachtel *f*.
kwartet [-'tɛt] *n* (*-ten*) Quartett *n*.
kwartfinale Viertelfinale *n*.
kwartier [-'ti:r] *n* (*-en of -s*) Viertelstunde *f*; (*wijk*) Stadtviertel *n*; (*verblijf*) Quartier *n*; (*maan*) Viertel *n*; *drie ~* Dreiviertelstunde *f*.
kwartje *n* (*-s*) ¼ Gulden.
kwarts Quarz *m*; ~**horloge** [-lo:ʒə] *n* Quarzuhr *f*.
kwartslag ['-slɑx] Vierteldrehung *f*.
kwast Quaste *f*; Pinsel *m*; Narr *m*.
kwatong *f of m* Lästerzunge *f*.
kwebbelen ['-bələ(n)] schnattern.
kwee (*-ën*) Quitte *f*.
kweek Züchtung *f*; Anbau *m*.
kwee·peer Quitte *f*.
kwekeling ['kŭe·kəl-] *m* Zögling *m*; ~**n**

1. züchten, ziehen; **2.** *n* Aufzucht *f*; ~**r** *m* (*-s*) Züchter *m*; ~**rij** [-'rɛĭ] (Auf-)Zucht *f*; Gärtnerei *f*.
kwekken quaken.
kwellen quälen, plagen; ~**ing** Quälen *n*, Quälerei *f*; Qual *f*, Plage *f*.
kwestie ['kŭɛsti·] (*-s*) Frage *f*; *in ~* fraglich, erwähnt; *~ van smaak* Geschmackssache *f*; *~ van tijd ook* Zeitfrage *f*; *geen ~ van!* das kommt nicht in Frage!
kwets Zwetsch(g)e *f*.
kwets|baar verletzlich, verwundbar; ~**en** verletzen (*ook fig*), verwunden; ~**uur** [-'sy:r] (*-suren*) Verletzung *f*, Wunde *f*.
kwibus ['kŭi·bəs] *m* (*-sen*): (*rare*) *~* (sonderbarer *of* komischer) Kauz *m*.
kwiek flink, rege.
kwijlen ['kŭɛĭl-] geifern, F sabbern.
kwijnen verkümmern, dahinsiechen.
kwijt [kŭɛĭt] los, weg; *iets, iem ~ zijn* verloren haben; (*af zijn van*) los sein.
kwijten* : *zich van een taak ~* sich e-r Aufgabe entledigen.
kwijtraken (*zn*) *v/t* verlieren, loswerden; *v/i* abhanden kommen.
kwijtschelden erlassen; ~**ing** Erlaß *m*.
kwik(**zilver**) *n* Quecksilber *n*.
kwispelen, ~**staarten** wedeln.
kwistig ['-təx] verschwenderisch, üppig.
kwit|antie [-'tɑnsi·] (*-s*) Quittung *f*; ~**eren** [-'te:r-] quittieren.

L

la(**de** [-*n*]) (-*'s*) (Schub-)Lade *f*.
laad|bak (Fracht-)Behälter *m*; (*vloer*) Pritsche *f*; ~**brug** ['-brɔx] Verladebrücke *f*; ~**mast** Lademast *m*; ~**perron** ['-pɛrɔn] *n* (Lade-)Rampe *f*; ~**ruimte** ['-rəymtə] Laderaum *m*; ~**vloer** ['-flu:r] Ladefläche *f*; *auto ook*: Pritsche *f*.
laag¹ [la:x] (*lagen*) Schicht *f* (*ook fig*), Lage *f*; Überzug *m*; *mijnb* Flöz *n*; *~ van de maatschappij* Gesellschaftsschicht *f*; *van een ~ voorzien* beschichten.
laag² niedrig; tief, nieder; ~**bouw** ['-bɑŭ]

Flachbau *m*; ~**hartig** ['-hɑrtəx] niederträchtig; ~**heid** ['-hɛit] (*-heden*) Niedrigkeit *f*; Niedertracht *f*; ~**je** *n* (*-s*) (dünne) Schicht *f*; ~**land** *n* Flachland *n*; Tiefland *n*; ~**ste** untere, unterste; ~**te** (*-n of -s*) Tiefe *f*; Vertiefung *f*; Niederung *f*, Senke *f*; ~**vlakte** Tiefebene *f*; ~**vliegen** *n* Tiefflug *m*; ~**water** ['-va:tər] *n* Ebbe *f*.
laaien lodern; ~**d** *fig* brausend, hell; (*kwaad*) rasend.
laakbaar tadelnswert.

laan (*lanen*) Allee *f*.
laars (*laarzen*) Stiefel *m*.
laat spät; *te ~* zu spät, verspätet; *~dunkend* [-'dəŋkənt] dünkelhaft.
laatst letzt; *adv* neulich, jüngst; *het ~* zuletzt; *op zijn ~*, *ten ~e* spätestens; *ten langen ~e* zu guter Letzt; *~genoemd* [-nu˙mt] letztgenannt, letztere(r, -s).
labiel labil.
laborant(e *f*) *m* Laborant(in *f*) *m*.
laboratorium [-'to:ri˙(j)ən] *n* (*-ria of -s*) Labor *n*; *~proef* [-pru˙f] Laborversuch *m*.
labyrint [-bi'rɪnt] *n* Labyrinth *n*.
lach Lachen *n*, Lache *f*; *in de ~ schieten* auflachen; *~en* * lachen; *doen ~* zum Lachen bringen; *laat me niet ~!* daß ich nicht lache!; *in ~ uitbarsten* auflachen; *van het ~* vor Lachen; *~erig* ['-xərəx] lachlustig; *~wekkend* ['-ʋɛkənt] Lachen erregend; lächerlich.
lacune [-'ky:nə] (*-s*) Lücke *f*.
ladder (*-s*) Leiter *f*; (*in kous*) (Lauf-)Masche *f*.
lade = la.
laden* laden.
laf feige; fade, schal, schwül; *~aard* (*-s*) Feigling *m*; *~hartig* [-'hartəx] feige; *~heid* [-'hɛit] (*-heden*) Feigheit *f*.
lage-loon-land *n* Billiglohnland *n*.
lager 1. niedriger, nieder; 2. *n* (*-s*) *tech* Lager *n*; *~bier* *n* Lagerbier *n*; *~huis* [-həys] *n pol* Unterhaus *n*; *~wal* [-'ʋɑl]: *aan ~ geraken* herunter-, verkommen.
lagune [-'ɣy˙nə] (*-s of -n*) Lagune *f*.
lak *m of n* (*-ken*) Lack *m*; *daar heb ik ~ aan* F ich pfeife darauf.
laken¹ *n* (*-s*) Tuch *n*; Bettuch *n*, Laken *n*.
laken² tadeln, rügen.
lakken lackieren.
laks lasch, lax; *~heid* Lasch-, Laxheit *f*.
lakverf Lackfarbe *f*.
lallen lallen.
lam¹ [lɑm] lahm; gelähmt; dumm, verflixt.
lam² *n* (*-meren*) Lamm *n*.
lambrizering [-'ze:r-] Täfelung *f*.
lamel|le (*-n*) [-'mɛl(ə)] (*-len*) Lamelle *f*.
lamenteren [-'te:r-] lamentieren.
lamlendig [-'lɛndəx] schlaff; *fig* lahm.
lamp Lampe *f*; (Glüh-)Birne *f*; (*radio~*) Röhre *f*; *staande ~* Stehlampe *f*; *~ekap* Lampenschirm *m*; *~fitting* Lampenfassung *f*.

lampion [-pi'jɔn] (*-s*) Lampion *m*.
lamsvlees *n* Lammfleisch *n*.
lanc|eerinrichting [-'se:r-] Abschußrampe *f*; *~eren* [-'se:r-] abschießen; *fig* lancieren.
land *n* Land *n*; Acker *m*; *het ~ hebben aan* nicht leiden können, Widerwillen empfinden gegen (*A*); *aan ~ brengen* (*of zetten*) (an)landen; *over ~* auf den Landweg(e); *te ~* zu Lande.
landbouw ['-baṷ] Landwirtschaft *f*; *minister m van ~* Landwirtschaftsminister *m*; *~er* *m* Landwirt *m*; *~bedrijf* [-drɛif] *n* (*sector*) Landwirtschaft *f*; (*boerderij*) Landwirtschaftsbetrieb *m*; *~grond* Agrarland *n*; *~kunde* [-kəndə] Landwirtschaft(swissenschaft) *f*; *~kundig* [-'kəndəx] landwirtschaftlich, agronomisch; *~kundige* *m* (Diplom-)Landwirt *m*, Agronom *m*; *~markt* Agrarmarkt *m*; *~overschot* [-sxɔt] *n* Agrarüberschuß *m*.
land|dag ['-dɑx] Landtag *m*; *~elijk* ['-dələk] ländlich; national, überregional; *~en* (*zn*) landen; *op het water ~* wassern; *~engte* Landenge *f*.
landenwedstrijd [-strɛit] Länderkampf *m*, -spiel *n*.
land|genoot *m* (*-noten*) Landsmann *m*; *~genote* *f* Landsmännin *f*; *~goed* ['-xu˙t] *n* Gut *n*; *~hervorming* Bodenreform *f*; *~huis* ['-həys] *n* Landhaus *n*.
landing Landung *f*; *~s-baan* Landebahn *f*; *~s-gestel* [-'ɣɛstɛl] *n vlgw* Fahrwerk *n*, -gestell *n*; *~s-terrein* [-tɛrɛin] *n* Landeplatz *m*.
land|inwaarts landeinwärts; *~kaart* Landkarte *f*; *~loper* *m* Landstreicher *m*; *~macht* Heer *n*; *~rat*, *~rot* *m of f* (*-ten*) Landratte *f*.
landschap ['-sxɑp] *n* (*-pen*) Landschaft *f*; *~pelijk* ['-sxɑpələk] landschaftlich; *~s-park* *n* Naturpark *m*.
lands|grens Landesgrenze *f*; *~taal* Landessprache *f*; *~verdediging* Landesverteidigung *f*.
land|verraad *n* Landesverrat *m*; *~wijn* ['-ʋɛin] Landwein *m*.
lang lang; *adv* lange; (*nog*) *~ niet* bei weitem nicht, noch lange nicht; *sinds* (*of sedert*) *~* seit langem; *~dradig* ['-dra:dəx] weitschweifig, langatmig; *~durig* [-'dy:rəx] länger; langwierig.

lange-afstands|loop Dauerlauf *m*; **~verkeer** *n* Fernverkehr *m*.
langparkeerder *m* (*-s*) Dauerparker *m*.
langs entlang (*A, D*), längs (*G*), vorbei an (*D*), an (*A, D*) ... vorbei; **~gaan** (*zn*) vorbeigehen; vorbeifahren; **~komen** vorbeikommen.
lang|slaper *m* Langschläfer *m*; **~speelplaat** Langspielplatte *f*; **~s-zij** [-'sɛi] längsseits; **~uit** ['-ɔʏt] der Länge nach; **~werpig** [-pəx] länglich.
langzaam langsam; ~ *rijdend verkeer*: zähflüssig; **~-aan-actie** [-ɑksiˑ] Bummelstreik *m*.
langzamerhand allmählich.
lankmoedigheid [-'muˑdəxɛit] Langmut *f*.
lans Lanze *f*.
lantaarn (-*s*) Laterne *f*; **~paal** Laternenpfahl *m*.
lanterfanten herumlungern, bummeln.
lap (-*pen*) Lappen *m*; (*lor, vod*) Fetzen *m*; Stück *m*.
Lap(**lander** *m* [-*s*]) *m* (-*pen*) Lappe *m*.
lapje *n* (-*s*) Läppchen *n*; Stückchen *n*.
lappen ausbessern, flicken; ledern.
lapwerk *n fig* Flickwerk *n*.
larderen [-'deːr-] spicken.
larie ['laˑriˑ] Unsinn *m*, Larifari *n*.
lariks Lärche *f*.
larve Larve *f*, Made *f*.
laserstraal ['lɛzɔr-] Laserstrahl *m*.
lasse|n schweißen; **~r** *m* (-*s*) Schweißer *m*.
last *n* (*-en*) *fig ook* Bürde *f*; Ladung *f*; Steuer *f*, Abgabe *f*; Mühe *f*; Unannehmlichkeiten *f*/*pl*; Ärger *m*; *sociale* **~en** *pl* Soziallasten *f*/*pl*, -abgaben *f*/*pl*; *iem* **~ bezorgen** j-m Ärger machen (*of* bereiten); *iem veel* **~ bezorgen** j-m zu schaffen machen; *op* **~ van** im Auftrag (*G*), auf Veranlassung (*G*); *ten* **~e** *leggen* zur Last legen.
laster Verleumdung *f*; *jur* üble Nachrede *f*; **~aar**(**ster** *f*) *m* (-*s*) Verleumder(in *f*) *m*; **~campagne** [-pɑɲjə] Verleumdungs-, Hetzkampagne *f*; **~en** verleumden; lästern.
lastig ['-təx] schwierig, schwer; lästig, beschwerlich, unbequem, mühsam; hinderlich; ~ *vallen* belästigen; (*met een verzoek*) bemühen.
lat (-*ten*) Latte *f*.
laten* ['laˑtə(n)] lassen; ~ *halen* (**ko-**

men) holen (kommen) lassen; *achter zich* ~ *sp en fig ook* abhängen; *het* ~ *bij* es bewenden lassen bei (*D*); *naar beneden* ~ herunterlassen.
later später, nachher.
Latijn [-'tɛin] *n* Latein *n*; **~s** lateinisch; **~s-Amerika** *n* Lateinamerika *n*.
latrine [-'triˑnə] (-*s*) Latrine *f*.
laurier(**blad** *n*) [-'riːr] Lorbeer(blatt *n*) *m*.
lauw(**warm**) lau(warm).
lauwer [-] Lorbeer *m*.
lauwheid ['-hɛit] Lauheit *f* (*ook fig*).
lava Lava *f*.
lavement [lɑvəˈmɛnt] *n med* Einlauf *m*, Klistier *n*.
laven (*zich*) (sich) laben.
lavendel [-'vɛndəl] Lavendel *m*.
laveren [-'veːr-] lavieren (*ook fig*).
lawaai [-'vaˑi] *n* Lärm *m*, Krach *m*; ~ **maken** lärmen; **~erig** [-ərəx] laut, lärmend.
lawine (*s of -n*) Lawine *f*.
laxeermiddel [-'seːr-] *n* Abführmittel *n*.
laxeren [-'seːr-] laxieren, abführen.
lazaret [-'rɛt] *n* (-*ten*) Lazarett *n*.
lectuur [-'tyːr] Lektüre *f*.
ledematen ['leːdə-] *n*/*pl* Gliedmaßen *pl*.
led|er *z*. **leer**; **~ig** *z*. **leeg**.
ledigen ['leːdəγ-] (aus-, ent)leeren.
ledikant [-'kɑnt] *n* Bett *n*.
leed *n* Leid *n*, Kummer *m*; **~vermaak** *n* Schadenfreude *f*; **~wezen** *n* Bedauern *n*, Leidwesen *n*.
leef|baarheid [-hɛit] Lebensqualität *f*; **~milieu** [-liøˑ] *n* Umwelt *f*; **~ruimte** ['-rɔʏmtə] Lebensraum *m*.
leeftijd [-'tɛit] (Lebens-)Alter *n*; *op de* ~ *van* im Alter von (*D*); *op tienjarige* (*elfjarige*) ~ mit zehn (elf) Jahren; (*toegankelijk*) *voor alle* **~en** jugendfrei; **~genoot** *m* (-*noten*) Altersgenosse *m*.
leefwijze ['-vɛizə] Lebensweise *f*.
leeg leer; **~drinken** austrinken; **~eten** ausessen; **~hoofd** *n* Hohlkopf *m*; **~loop** Leerlauf *m*; **~lopen** (*zn*) leer-, auslaufen; sich leeren; **~loper** *m* Nichtstuer *m*; **~loperij** [-'rɛi] Müßiggang *m*; *pej* Nichtstuerei *f*, leer machen, (aus-, ent)leeren; **~plunderen** ['-plɛndər-] ausplündern; **~pompen** auspumpen; **~roven** aus rauben, leer rauben; **~scheppen** ['-sxɛp-] ausschöpfen, leer schöpfen;

~schudden ['sxəd-] ausschütten; ~staand leerstehend; ~te Leere f.

leek m (leken) Laie m.

leem m of n Lehm m; ~achtig lehmig.

leemte (-s of -n) Lücke f.

leen: te ~ leihweise; te ~ geven leihen; ~som ['sɔm] Darlehenssumme f.

leep schlau, pfiffig.

leer 1. n Leder n; 2. Lehre f.

leer|boek ['lə·buk] n Lehrbuch n; ~contract n Lehrvertrag m; ~gang Lehrgang m, Kurs m; ~gierig ['ɣiːrəx] lernbegierig, gelehrig; ~jongen m Lehrling m, Auszubildende(r); plaats als ~ Lehrstelle f; ~kracht m of f Lehrkraft f; ~ling(e f) m Schüler(in f) m.

leerlooier ['lo:iər] m Gerber m.

leer|meester m Lehrmeister m; ~meisje ['mɛiʃə] n Auszubildende; ~plan n Lehrplan m; ~plicht Schulpflicht f; ~rijk ['rɛik] lehrreich; ~stelling Lehrsatz m; ~stoel ['stu·l] Lehrstuhl m; ~tijd ['tɛit] Lehrzeit f, Lehre f.

leerwaren pl Lederwaren f/pl.

leerzaam lehrreich, aufschlußreich; (goedleers) gelehrig.

lees|- in samenst. mst Lese-; ~baar lesbar; schrift ook: leserlich; ~boek ['lə·k] n Lesebuch n; ~lamp Leselampe f; ~zaal Lesesaal m.

leest Leisten m; Taille f.

lees-teken n Satzzeichen n.

leeuw [le:ü] m Löwe m; ~e(aan)deel n Löwenanteil m; ~bekje n (-s) Löwenmaul n; ~erik ['le:üərık] Lerche f; ~in [-'ʊın] f (-nen) Löwin f.

lef [lɛf] n of m Mumm m.

leg|aal [le·'ɣaːl] legal; ~aliseren [-'zeːr-] legalisieren; beglaubigen; ~atie [-'ɣaː(t)si] (-s) Gesandtschaft f, Legation f.

legen (ent)leeren.

legend|arisch [-'daːrıs] legendär; fig ook sagenhaft; ~e (-n of -s) Legende f.

leger ['le:ɣər] n (-s) Armee f, Heer m (in fig); (rustplaats) Lager n; Duits ~ Bundeswehr f; z. ook heil.

legering [-'ɣe:rıŋ] Legierung f.

leger|onderdeel n Truppenteil m; ~tje n (-s): een ~ (journalisten, ...) e-e Armee von (Journalisten, ...).

leges ['le:ʒəs] pl Gebühren f/pl.

leggen legen; (neer~ ook) hinlegen; leidingen, rails, tegels verlegen; bij elkaar ~ zusammenlegen.

legio ['le:ɣi·(j)o·] n: ~ zijn Legion f sein.

legioen [-'ɣiu·n] n Legion f; ~soldaat m Legionär m.

leg|islatuurperiode [-'ty:r-] Legislaturperiode f; ~itiem [-'ti·m] legitim.

legitim|atie [-'maː(t)si·] (-s) Ausweis m; Legitimation f; ~atie-bewijs [-vɛis] n Ausweis m; ~eren [-'me:r-]: zich ~ sich ausweisen.

lei [lɛi] 1. n Schiefer m; 2. Schiefertafel f.

lei|band Gängelband n; aan de ~ laten lopen fig gängeln; ~dekker m (-s) Schiefer-, Dachdecker m.

leiden leiten, führen; anführen; lenken.

leider ['lɛidər] m (-s) Leiter m, Führer m; Anführer m; ~schap [-sxap] Führerschaft f, Führung f.

leiding Leitung f (ook tech), Führung f, Lenkung f; iem de ~ geven over iets j-m etw unterstellen; de ~ hebben op m fig in Führung liegen, führen; ~gevend [-'ɣe:vənt] leitend, führend; ~water n Leitungswasser n.

leidmotief ['lɛit-] n Leitmotiv n.

leidraad Leitfaden m.

Leids [lɛits] Leidener.

leidster f (-s) Leiterin f, Führerin f; Anführerin f.

leiendak [lɛiə(n)dak] n Schieferdach n.

leisteen n of m Schiefer m.

lek 1. leck, undicht; ~ke band Reifenpanne f; 2. n (-ken) Leck n, Loch n.

lekespel ['le:kəspɛl] n Laienspiel n.

lek|kage [-'kaːʒə] (-s) Leckage f, Leck n; ~ken (ook zn) Lecken n.

lekker lecker, schmackhaft; angenehm; (gezond) wohl; zich niet ~ voelen sich nicht wohl fühlen; ~bek m Feinschmecker m, Schleckermaul n; ~nij [-'nɛi] Leckerbissen m, Leckerei f.

lelie ['le:li·] (-s of -liën) Lilie f; ~blank lilienweiß.

lelijk ['le:lək] häßlich; übel.

lemen lehmig, tönern (ook fig).

lemme|r ['lɛmər] n (-s), ~t n Klinge f.

lende (-n[en]) Lende f; ~stuk [-stək] n Lendenbraten m.

lenen ['le:nə(n)] leihen, borgen; zich ~ tot sich hergeben zu (D); (geschikt zijn) sich eignen zu (D).

lengte (-n of -s) Länge f; in de ~ der Länge nach; ~graad Längengrad m; ~maat Längenmaß n.

lenig ['le:nəx] gelenkig, geschmeidig,

leverpastei

biegsam; ~en ['lə-nəɣ̌-] lindern; ~heid [-ɛit] Gelenkig-, Geschmeidigkeit f.
lening Anleihe f, Darleh(e)n n.
lens (lenzen) Linse f.
lente (-s) Frühling m.
lepel ['le:pəl] (-s) Löffel m; ~en löffeln.
leperd ['le:p] Schlauberger m.
leraar m (-raren of -s) Lehrer m; Studienrat m; ~ Duits Deutschlehrer m; ~schap n Lehramt n; Lehrerberuf m.
lerares ['-rɛs] f (-sen) Lehrerin f; Studienrätin f.
leren[1] adj ledern.
leren[2] lernen; (aan~) lehren; ~ koken (lopen) kochen (laufen) lernen.
les (-sen) Lektion f (ook fig), Aufgabe f; (Schul-, Unterrichts-)Stunde f; Lehre f; Unterricht m; ~ geven unterrichten; ~auto ['-auto] Fahrschulwagen m.
lesbische ['lɛzbi·sə] f Lesbierin f.
lesje ['lɛʃə] n (-s) fig Lektion f, Denkzettel m.
lessen löschen, stillen.
lessenaar ['-sənaːr] (-s) Pult n.
les(sen)rooster m of n Stundenplan m.
lesuur ['-yːr] n Unterrichtsstunde f.
Let|(lander m [-sː]) m (-ten) Lette m; ~s lettisch.
letsel ['lɛtsəl] n (-s) Verletzung f; **lichamelijk** ~ Körperverletzung f.
letten (op) achtgeben (auf A), aufpassen (auf A); beachten, berücksichtigen; **let wel!** wohlgemerkt!
letter (-s) Buchstabe m; **in** ~**s** in Worten; ~en pl Literatur f, Philologie f; ~greep Silbe f; ~kunde [-kəndə] Literatur f; ~kundig [-kəndəx] literarisch; schriftstellerisch; ~lijk [-lək] (wort)wörtlich; buchstäblich, wörtlich; ~reiniger [-rɛinəɣ̌ər] (-s) Typenreiniger m; ~tje n (-s) kleiner Buchstabe m; **de kleine** ~**s** n/pl das Kleingedruckte.
leugen ['lø:ɣ̌ə(n)] (-s) Lüge f; ~(tje n) om bestwil Notlüge f; ~aar(ster f) m (-s) Lügner(in f) m; ~achtig [-təx] unwahr; verlogen.
leuk reizend, nett, schön; (aangenaam) fein; (mooi) hübsch; (grappig) lustig.
leun|en ['lø:n-] (-) (sich) lehnen; ~ op sich stützen auf (A); ~ tegen sich (an)lehnen an (A); **naar buiten** ~ sich hinauslehnen; ~ing Lehne f; Geländer n, Brüstung f; ~(ing)stoel [-stuˑl] Lehnstuhl m, -sessel m, Armsessel m, -stuhl m.

leur|der ['lø:rdər] m (-s) Hausierer m; ~en hausieren.
leus (leuzen) Losung f, Wahlspruch m; (slogan) Schlagwort n, Parole f.
leuteren ['lø:tər-] faseln.
Leuven ['lø:ʋ̌ə(n)] n Löwen n.
leuze z. **leus.**
leven 1. leben; **leve** ... es lebe ...; **lang zal hij** ~**!** er lebe hoch!; **2.** n (-s) Leben n; (drukte) Gewühl n; (lawaai) Lärm m; **zijn** (mijn etc.) ~ ook zeitlebens; **in** ~ **zijn** (blijven) am Leben sein (bleiben); **teken** n **van** ~ Lebenszeichen n; **voor het** ~ (aanstelling) auf Lebenszeit.
levend lebend, lebendig; ~ **wezen** n Lebewesen n; ~**ig** ['leːʋ̌əndəx] lebhaft, lebendig, rege; ~**ig·heid** [-xɛit] Lebendigkeit f, Lebhaftigkeit f.
levenloos leblos, unbelebt.
levens|- in samenst. mst Lebens-, b.v. ~belang n: **van** ~ lebenswichtig, -notwendig; ~**beschouwelijk** [-sxɑu·ələk] weltanschaulich; ~**duur** [-dyːr] Lebensdauer f; ~**ervaring** Lebenserfahrung f; ~**gevaarlijk** [-lək] lebensgefährlich; fig ook selbstmörderisch; ~**gezel(lin** f) m Lebensgefährte m, -gefährtin f; ~**groot** lebensgroß; **meer dan** ~ überlebensgroß; ~**houding** [-hɑudŋ] Einstellung f; ~**kwestie** [-küesti·] Lebensfrage f; ~**lang** lebenslänglich; ~**loop** Lebenslauf m; Lebensgeschichte f; ~**lustig** [-ləstəx] lebenslustig, -froh.
levensmiddelen n/pl Lebensmittel n/pl; **primaire** ~ Grundnahrungsmittel n/pl; ~**zaak** Lebensmittelgeschäft n.
levens|omstandigheid [-xɛit] Lebenslage f, -verhältnisse pl; ~**onderhoud** [-haut] n Lebensunterhalt m; **kosten** pl **van** ~ Lebenshaltungskosten pl; ~**vatbaar** lebensfähig; ~**verzekering** Lebensversicherung f; ~**voorwaarden** pl Lebensbedingungen pl; ~**vreemd** lebensfremd.
leventje n (-s) Leben n.
lever (-s) Leber f.
lever|ancier [-ˈsiːr] m (-s) Lieferant m; ~**antie** [-ˈransi·] (-s) Lieferung f; ~**baar** lieferbar; ~**en** [ˈleːʋ̌ərə(n)] liefern; **prestatie** leisten; ~ **aan** ook beliefern.
levering ['leːʋ̌ər-] Lieferung f; ~**s·termijn** [-tərmɛin] Lieferfrist f; ~**s·voorwaarden** Lieferbedingungen f/pl.
leverpastei [-pastɛi] Leberpastete f.

levertijd [-tɛit] Lieferzeit *f*, -frist *f*.
lever|traan Lebertran *m*; **~vlek** Leberfleck *m*; **~worst** Leberwurst *f*.
lexicon ['lɛksi-] *n* (-s *of* -ca) Lexikon *n*.
lezen* ['le:zə(n)] lesen; **~s·waard(ig)** [-'va:rd(əx)] lesenswert.
lezer(es [-'rɛs] *f* [-sen]) *m* (-s) Leser(in *f*) *m*; **lezers** *pl ook* Leserschaft *f*.
lezing Vorlesung *f*, Vortrag *m*; Lesung *f*; (*versie*) Lesart *f*.
Liban|ees [-'ne:s] **1.** libanesisch; **2.** *m* (-*nezen*) Libanese *m*; **~ese** *f* Libanesin *f*; **~on** *n* der Libanon.
libel [-'bɛl] (-*len*) Libelle *f*, Wasserjungfer *f*.
liber|aal 1. liberal; **2.** *m* (-*ralen*) Liberale(r); **~aliseren** [-'ze:r-] liberalisieren; **~alisme** [-'lɪsmə] *n* Liberalismus *m*.
Lib|ië ['li·bi·(j)ə] *n* Libyen *n*; **~isch** ['-bis] libysch.
licenti|aat [lisɛn'sia:t] *m* (-*tiaten*) Lizentiat *m*; **~ie** [-'sɛnsi-] (-s) Lizenz *f*.
lichaam ['lɪxa:m] *n* (-*chamen*) Körper *m*; (*instelling*) Körperschaft *f*.
lichaams|bouw [-baū] Körperbau *m*; **~deel** *n* Körperteil *m*; **~kracht** Körperkraft *f*; **~lengte** Körpergröße *f*; **~oefening** [-u·fən-] Leibesübung *f*; **~verzorging** Körperpflege *f*.
lichamelijk [-'xa:mələk] körperlich; **~e opvoeding** *f* Leibeserziehung *f*.
licht[1] hell; leicht; leise; *het wordt al* **~** es wird schon hell.
licht[2] *n* Licht *n*; Leuchte *f*; Beleuchtung *f*; Helligkeit *f*; *groot* **~** *auto:* Fernlicht *n*; *er gaat me een* **~** *op ook* es dämmert mir; *aan het* **~** *brengen* ans Licht bringen, aufdecken; *aan het* **~** *ook* zutage.
lichtblauw hellblau.
lichtboei ['-buī] Leuchtboje *f*.
lichte|laaie [-'la:īə]: *in* **~** *staan* lichterloh brennen (*ook fig*); **~lijk** [-lək] leicht; **~n 1.** *v/i* leuchten; (*weer-*) wetterleuchten; (*licht worden*) sich lichten, dämmern; **2.** *v/t* heben; *anker* lichten, einholen; *mil* rekrutieren; *brievenbus* leeren; **~r** (-s) Leichter *m*; **~r·laaie = lichtelaaie**.
licht|filter *n of m* Lichtfilter *m*; **~gelovig** [-'lo:vəx] leichtgläubig; **~geraakt** [-'ra:kt] reizbar, empfindlich; **~gevend** ['-xe:vənt] leuchtend; **~e verf** Leuchtfarbe *f*; **~gevoelig** ['-vu-ləx] lichtempfindlich; **~gewicht** *n* Leichtgewicht *n*.
lichting (*post*) Leerung *f*; *mar* Hebung *f*; *mil* Rekrutierung *f*; Jahrgang *m*.
lichtinstallatie [-la:(t)si·] Lichtanlage *f*.
lichtjes ['lɪx(t)jəs] leicht.
licht|puntje ['-pəntjə] *n fig* Lichtblick *m*; **~reclame** Leuchtreklame *f*.
lichtrood hellrot.
licht|schakelaar ['-sxa:kəla:r] Lichtschalter *m*; **~schip** *n* Feuer-, Leuchtschiff *n*; **~schuw** ['-sxyū] lichtscheu; **~snelheid** [-hɛit] Lichtgeschwindigkeit *f*; **~straal** Lichtstrahl *m*.
licht|vaardig [-'fa:rdəx] leichtfertig; **~zinnig** [-'sɪnəx] leichtsinnig, -fertig.
lid *n* (*leden*) Glied *n*; (*gewricht ook*) Gelenk *n*; (*oog-*) Lid *n*; (*van partij, vereniging*) Mitglied *n*; (*familie-*) Angehörige(r); **~ zijn van** *ook* angehören (*D*).
lidmaatschap [-sxɑp] *n* (-*pen*) Mitgliedschaft *f*, Zugehörigkeit *f*; **~s·bewijs** [-vɛis] *n* Mitgliedsausweis *m*.
lid|staat Mitgliedsland *n*; **~woord** *n* Artikel *m*.
lied *n* (-*eren*) Lied *n*.
lieden *pl* Leute *pl*.
liederavond [-a:vənt] Liederabend *m*.
liederlijk [-lək] liederlich.
liedje *n* (-s) Lied(chen) *n*.
lief lieb, artig, liebenswürdig; nett; niedlich; **~ krijgen** liebgewinnen; **voor ~ nemen** vorliebnehmen; **~dadig** [-'da:dəx] wohl-, mildtätig.
liefde (-*s of* -*n*) Liebe *f*; **~loos** lieblos; **~rijk** [-rɛik] liebevoll; **~s·brief** Liebesbrief *m*; **~s·lied** *n* Liebeslied *n*; **~s·verdriet** *n* Liebeskummer *m*; **~s·verhouding** [-haud-] Liebesverhältnis *n*; **~s·verklaring** Liebeserklärung *f*; **~vol** liebevoll, zärtlich.
liefelijk ['-fələk] lieblich.
liefheb|ben lieben, liebhaben; **~ber** (-s) Liebhaber *m*; **~berij** [-'rɛi] Liebhaberei *f*; **~ster** *f* (-s) Liebhaberin *f*.
liefje *n* (-s) Liebchen *n*, Schatz *m*.
liefkoz|en (lieb)kosen; **~ing** Liebkosung *f*, Zärtlichkeit *f*.
liefst liebst; *het* **~** am liebsten; **~ niet** lieber nicht.
lieftallig [-'tɑləx] hold, anmutig; **~heid** [-xɛit] (-*heden*) Anmut *f*, Liebreiz *m*.
liegen* lügen; *hij liegt dat hij zwart ziet* er lügt wie gedruckt.
lier Winde *f*.
lies (*liezen*) Leiste *f*; **~breuk** ['-brøːk] Leistenbruch *m*.

lieve·heers·beestje [-'he:rzbe:ʃe] n Marienkäfer m.
lieveling m of f Liebling m; **~s·bezigheid** [-bezəxɛit] Lieblingsbeschäftigung f; **~s·gerecht** [-xərɛxt] n Leibgericht n, Lieblingsspeise f.
liever lieber; eher.
lieverd m (-s) Liebling m.
lift Aufzug m, Fahrstuhl m; **~en** (ook zn) trampen, per Anhalter reisen; **~er** m (**~ster** f) (-s) Tramper(in f) m.
liga (-'s) Liga f.
lig·geld ['lɪxɛlt] n Liegegeld n; **~gen*** liegen; (**er**) ~ daliegen; **blijven** (**laten**) ~ liegenbleiben (liegenlassen); **gaan** ~ sich (hin)legen; ~ **slapen** (daliegen und) schlafen; **~ger** (-s) tech Balken m, Träger m; **~ging** Lage f; **~stoel** ['-stu·l] Liegestuhl m.
lijdelijk ['lɛidələk] passiv, untätig.
lijd|en* ['lɛiə(n)] leiden; dulden; erleiden (ook nederlaag, verlies), ertragen; **niet mogen** (of **kunnen**) ~ nicht leiden können; **het lijdt geen twijfel** es unterliegt keinem Zweifel; ~ **aan** ook erkrankt sein an (D); **~end** leidend; **~e vorm** gr Passiv m; **~ens·weg** [-vɛx] Leidensweg m; **~zaam** gelassen; tatenlos.
lijf [lɛif] n (lijven ook lijve) Leib m; **aan den lijve** am eigenen Leibe; **in levenden lijve** leibhaftig; **tegen het ~ lopen** stoßen auf (A); **~elijk** [-'fələk] leiblich; **~rente** Leibrente f; **~wacht** f of m Leibwache f; pers.: Leibwächter m.
lijk n Leichnam m, Leiche f; **~bleek** leichenblaß; **~dienst** Totenmesse f.
lijken* ['lɛikə(n)] scheinen; ~ **op** gleichen (D), ähneln (D); **op elkaar** ~ sich ähneln (of gleichen).
lijken·huis [-həys] n Leichenhalle f.
lijk·opening ['lɛik-] Sektion f; **~schouwing** ['-sxəuŋ] Obduktion f, Leichenschau f; **~stoet** ['-stu·t] Leichenzug m; **~wagen** Leichenwagen m.
lijm [lɛim] Leim m; **~en** leimen; kitten.
lijn Linie f; (touw) Leine f (ook honde-), Seil n; (streep) Strich m; tel Leitung f, F Strippe f; spoorw Strecke f; **~en op** fig mst Umrisse m/pl; **rechte** ~ Gerade f; **laatste rechte** ~ sp Zielgerade f; **één** ~ **trekken** am gleichen Strang ziehen; **in grote** ~**en** in groben (of großen) Zügen; **~bus** ['-bəs] Linienbus m; **~en** auf die Linie achten; **~recht** schnurgerade;

adv ook schnurstracks; **~schip** ['-sxɪp] n Linienschiff n; **~tje** n: **aan 't** ~ **houden** hinhalten, vertrösten; **~toestel** ['-tu·stɛl] n Linienmaschine f; **~vlucht** Linienflug m; **~zaad** n Leinsamen m.
lijst [lɛist] Liste f, Verzeichnis n; (omlijsting) Rahmen m; (rand) Leiste f; arch Sims m of n; **~aanvoerder** [-ˈvu·rdər] n Spitzenkandidat m.
lijster ['lɛistər] (-s) Drossel f.
lijv|e z. **lijf**; **~ig** ['lɛivəx] beleibt, dick.
likdoorn [-do·rn] Hühnerauge n.
likeur [-'kø·r] Likör m.
likke·baarden sich die Finger lecken.
likken lecken, schlecken.
lila 1. lila; **2.** n Lila n.
limiet [-'mi·t] Limit n.
limiteren [-'te·r-] limitieren.
limonade [-'na:də] (-s) Limonade f.
limousine [-mu'zi·nə] (-s) Limousine f.
linde Linde f; **~bloesemthee** [-ˈblu·səm-] Lindenblütentee m.
lineair [-ne·'je:r] linear.
lingerie [lɛ̃ʒə'ri·] (-s of -ën) Damenwäsche f.
linguïstiek [-ɣũs'ti·k] Linguistik f.
liniaal f of n (-nialen) Lineal n.
linie ['li·ni·] (-s) Linie f.
liniëren [-ne·'je:r] lini(i)eren.
link F schlau; (gevaarlijk) brenzlig.
linker|- linke; **~hand** Linke f, linke Hand f; **~zijde** [-zɛidə-] linke Seite f; pol Linke f.
links [lɪŋs] linke; links; linkisch; linkshändig; **~af** (nach) links; **~buiten** [-'bəytə(n)] m (-s) Linksaußen m; **~handige** ['-handəɣə] Linkshänder(in f) m.
linnen 1. leinen, aus Leinen; **2.** n Leinen n, Leinwand f; **~(goed)** [-ɣu·t] n Wäsche f; **~kast** Wäscheschrank m.
lint n Band n; **~worm** Bandwurm m.
linze Linse f; **~n·soep** [-su·p] Linsensuppe f.
lip (-pen) Lippe f; **~pen·dienst** Lippenbekenntnis n; **~pen·stift** (-en), **~stick** (-s) Lippenstift m.
liquid|atie [-kũi'da:(t)si·] (-s) Liquidation f; fig Liquidierung f; **~e** [-'ki·də] flüssig; **~middelen** n/pl flüssiges Geld n; **~eren** [-'de:r-] liquidieren (ook fig).
lispelen lispeln.
list List f; **~ig** ['-təx] listig, verschlagen.
litanie [-'ni·] (-ën) Litanei f (ook fig).

liter (-s) Liter n of m.
literair [-'rɛːr] literarisch.
literatuur [-'tyːr] (-turen) Literatur f; **~geschiedenis** [-sxiˑdənis] Literaturgeschichte f.
Litouws ['-tɑu̯s] litauisch.
lits-jumeaux [liˑʒyˑ'moː] n (-s) Doppelbett n.
litteken ['-tɛːk-] n Narbe f.
liturgie [-tərˈʝiˑ] (-ën) Liturgie f.
lobby ['lɔbi/-] (-'s) Lobby f.
loco|-burgemeester [-bərɣəˑ] m stellvertretender (Ober-)Bürgermeister m; **~motief** [-'tiˑf] (-tieven) Lokomotive f.
loden[1] bleiern; **~ buis**, **~ pijp** Bleirohr n.
loden[2] (-s) Lodenmantel m.
loeder ['luˑdər] n (-s) Luder n.
loef [luˑf] Luv(seite) f; **iem de ~ afsteken** j-m den Rang ablaufen, j-n ausstechen.
loeien [ˈluˑiə(n)] *koe*: muhen, brüllen, blöken; *wind*, *sirene*: heulen.
loempia ['luˑmpiˑja] (-'s) Frühlingsrolle f.
loep Lupe f.
loer [luːr]: **op de ~ liggen** auf der Lauer liegen; **~en** lauern, spähen.
lof[1] [lɔf] Lob n.
lof[2] n Kraut n; (*witlof*) Chicorée f.
lof|felijk ['lɔfələk] lobens-, anerkennenswert; **~lied** n Loblied n; **~rede** Lobrede f; **~waardig** [-'vaːrdəx] = **loffelijk**; **~zang** Lobgesang m.
log [lɔx] schwerfällig, plump.
logboek ['lɔɣbuk] n Logbuch n.
log|e ['loːʒə, 'lɔʒ-] (-s) Loge f; **~é(e** *f*) [loˑ'ʒeː] m (-s) Gast m (zum Übernachten); **~eerkamer** [-'ʒeːrkaˑmər] Fremdenzimmer n; **~ement** [loˑʒəˑ'mɛnt] n Unterkunft f; Gasthof m.
logenstraffen ['loːɣən(ˑ)] Lügen strafen.
logeren [-'ʒeːr-] wohnen (als Gast).
logica Logik f.
logies [-ˈʝiːrs] n Logis n; Unterkunft f; **~ met ontbijt** Übernachtung f und Frühstück.
logisch ['loːɣis] logisch, folgerichtig; **~gesproken**, **~er·wijs** [-vɛis] logischerweise.
lok (-*ken*) Locke f.
lokaal 1. örtlich, lokal; **~ (telefoon)gesprek** n tel Ortsgespräch n; **~ verkeer** n tel Ortsverkehr m; **2.** n (-*kalen*) Raum m, Lokal n; **~trein** [-trɛin] Vorort-, Nahverkehrszug m.

lokaas ['lɔkaːs] n (-*kazen*) Köder m.
lokali|seren [-'zeːr-] lokalisieren, orten; **~teit** [-'tɛit] Räumlichkeit f.
loket [-'kɛt] n (-*ten*) Schalter m; **~beambte** [-amtə] m of f, **~tist(e** f [-s of -n]) [-'tist(ə)] m Schalterbeamte(r); **~ten·hal** Schalterhalle f, -raum m.
lok|ken locken, ködern; **~kertje** n (-s), **~middel** n Lockmittel n, Köder m.
lol [lɔl] Spaß m, Jux m; **voor de ~** zum Spaß, aus Jux; **~letje** ['lɔlətjə] n (-s) Spaß m; **~lig** ['-ləx] lustig, spaßig.
lolly ['lɔli/-] (-'s) Lutscher m.
lommerd (-s) Pfand-, Leihhaus n.
lomp[1] plump; ungeschickt, grob.
lomp[2] Lumpen m.
lomperd n (-s) Tölpel m, Klotz m.
Londen ['lɔndə(n)] n London n; **~s** Londoner.
lonen (sich) lohnen.
long Lunge f; **~kanker** Lungenkrebs m; **~ontsteking** [-stɛːk-] Lungenentzündung f.
lonken (lieb)äugeln, schielen.
lont Lunte f, Zündschnur f; **~ ruiken** Lunte riechen.
loochenen ['-xənə(n)] leugnen, abstreiten.
lood n Blei n; *mar* Lot n; **~gieter** m Klempner m, Installateur m; **~je** n (-s) Plombe f; **~lijn** ['-lɛin] Senkrechte f; **~recht** senkrecht, vertikal; **~ opstijgend vliegtuig** n Senkrechtstarter m.
loods[1] m Lotse m.
loods[2] Schuppen m.
loods|dienst Lotsendienst m; **~en** lotsen; *fig ook* schleusen, bugsieren.
lood|vergiftiging Bleivergiftung f; **~vrij** bleifrei; **~zwaar** bleischwer (*ook fig*).
loof n Laub n; (*groente*) Kraut n; **~boom** Laubbaum m; **~bos** ['-bɔs] n Laubwald m.
loog [loːx] n of f (*logen*) Lauge f.
looi|en ['loːiə(n)] gerben; **~r** m (-s) Gerber m.
look n of m Lauch m.
loom matt, träge; schwül.
loon (*lonen*) Lohn m; **~belasting** Lohnsteuer f; **~beleid** ['-bəlɛit] n Lohnpolitik f; **~conflict** n Lohnkonflikt m, -kampf m; **~derving** Lohnausfall m; **~dienst**: **in ~ zijn** im Arbeitsverhältnis stehen; **~eis** ['-ɛis] Lohnforderung f; **~inhoudingen** [-ˈhɑu̯d-] f Lohnabzüge m/pl; **~kaart** Lohnsteuer-

karte *f*; ~**staat** Lohnliste *f*; ~**s-verhoging** Lohnerhöhung *f*; ~**trekkende**, ~**trekker** *m* Lohnempfänger *m*.

loop (*lopen*) Lauf *m* (*ook rivier*~), Gang *m*; Verlauf *m*; **op de** ~ **gaan** ausreißen, F durchbrennen; **in de** ~ **van** im Laufe (*G*); ~**baan** Laufbahn *f*; ~**graaf** (Lauf-, Schützen-)Graben *m*; ~**jongen** *m* Laufbursche *m*; ~**pas** Geschick *n*. ~**plank** Laufsteg *m*, -planke *f*; ~**s** läufig; ~**ster** *f* (*-s*) Läuferin *f*; ~**tijd** ['-teīt] Laufzeit *f*.

loos lose, schlau; *alarm*: blind; (*leeg*) taub.

loot (*loten*) *bot* Trieb *m*, Sproß *m*.

lopen* (*ook zn*) gehen; laufen; **laten** ~ laufenlassen; **achter iem aan** ~ hinter j-m herlaufen; **erin** ~ *fig* hereinfallen; **erin laten** ~ *fig* hereinlegen; **in de duizenden** ~ in die Tausende gehen; ~ **langs** entlanggehen (an *D*); ~**d** laufend; **aan de** ~**e band** am laufenden Band.

loper *m* (*-s*) Läufer *m*; Dietrich *m*.

lor *n of f* (*-ren*) Lumpen *m*, Lappen *m*; **het kan hem geen** ~ **schelen** F es ist ihm schnuppe (*of* piepegal).

lorrie ['lɔri] (*-s*) Lore *f*.

los [lɔs] lose, locker, los; ~ **werk** *n* Gelegenheitsarbeit *f*; ~ **werkman** *m* Gelegenheitsarbeiter *m*; **erop** ~ drauflos; **erop** ~ **praten** drauflos-, daherreden.

losbandig ['-bandəx] zügellos, ausschweifend, liederlich; ~**heid** [-xēit] (*-heden*) Zügellosigkeit *f*, Ausschweifung(en *pl*) *f*.

los|barsten aus-, losbrechen; ~**bol** ['-bɔl] *m* Leichtfuß *m*; ~**draaien** ['-dra:iə(n)] aufschrauben; ~**gaan** (*zn*) aufgehen, sich lockern; ~**geld** *n* Lösegeld *n*; ~**heid** ['-hēit] Lockerheit *f*; ~**jes** ['lɔʃəs] lose, locker; *fig* leicht(hin); ~**komen** sich (ab)lösen; loskommen; ~**krijgen** ['-krēiɣə(n)] loskriegen, ab-, losbekommen; ~**laten** [-la:t-] loslassen; ~**lippig** ['-lɪpəx] geschwätzig; ~**maken** ['-ma:k-] (los)lösen, lockern, auftrennen; ~**raken** (*zn*) sich lösen; ~**rukken** ['-rək-] (*zich*) (sich) losreißen; ~**scheuren** ['-sxø:r-] losreißen; ~**schroeven** ['-sxru·v-] auf-, losschrauben.

lossen aus-, ab-, entladen; *mar* löschen; *schot* abfeuern.

los|staan nicht fest stehen; (*openstaan*) auf-, offenstehen; ~ **van** *fig* nichts zu tun haben mit (*D*); ~**tornen** (auf)trennen; ~**trekken** herausziehen; aufziehen; ~**weken** ['-ve:k-] (los)lösen; ~**zitten** locker (*tand ook*: wack(e)lig) sein.

lot [lɔt] *n* Los *n*; Schicksal *n*, Geschick *n*.

lot|en ['lo:t-] losen; ~**erij** [-tə'rēi] Lotterie *f*; **prijs in de** ~ Lotteriegewinn *m*.

lotgevallen *n/pl* Erlebnisse *n/pl*, Schicksal *n*, Geschick *n*.

lotion [-'sĭɔn] (-*s*) Lotion *f*.

lotje *n* (-*s*) (Lotterie-)Los *n*; **van** ~ **getikt zijn** F spinnen, übergeschnappt sein.

lottobriefje *n* Lottoschein *m*.

louche [luˑʃ] zwielichtig.

lounge [laʊnʃ] (-*s*) Lounge *f*, Hotelhalle *f*.

louter ['lautər] lauter, nur, bloß; ~**en** läutern.

loven loben, preisen; ~ **en bieden** feilschen.

loyaliteit [lŭa(j)i·li·'tēit] Loyalität *f*.

lozen abführen, (ab)leiten; ausstoßen; *afvalwater* einleiten.

lucht [lœxt] Luft *f*; Himmel *m*; Duft *m*; Geruch *m*; **warme** ~ Warmluft *f*; **in de open** ~ im Freien, unter freiem Himmel; **in de** ~ **hangen** *fig in der* Schwebe sein; **iets zit in de** ~ etw liegt in der Luft; **uit de** ~ **gegrepen** aus der Luft gegriffen; **verandering van** ~ Luftveränderung *f*; ~ **krijgen van** Wind bekommen von (*D*).

lucht|- *in samenst. mst* Luft-, *b.v.* ~**aanval** Luftangriff *m*; ~**afweer** Luft-, Flugabwehr *f*; ~**alarm** *n* Luft-, Fliegeralarm *m*; ~**ballon** Luftballon *m*; ~**bed** *n* Luftmatratze *f*; ~**bel** [-'bɛl] Luftblase *f*; ~**brug** ['-brex] Luftbrücke *f*; ~**bus** ['-bəs] Airbus *m*; ~**dicht** luftdicht; ~**druk** ['-drək] Luftdruck *m*; ~**drukrem** Luftdruckbremse *f*; ~**doelartillerie** ['-duˑl-] Flak(artillerie *f*).

luchten (durch)lüften; *iem* ausstehen.

luchter (-*s*) (Kron-)Leuchter *m*.

lucht|gat ['-xat] *n* Luftloch *n*; ~**hartig** ['-hartəx] leichtherzig; ~**haven** Flughafen *m*; ~**ig** ['-təx] luftig; leicht, locker, unbesorgt; ~**opnemen** leichtnehmen; ~**ig-jes** ['lœxtəxĭəs] leicht(hin); ~**je** *n* (-*s*) Geruch *m*; **een** ~ **scheppen** Luft schnappen; ~**kasteel** *n* Luftschloß *n*; ~**kussenvaartuig** [-təʏx] *n* Luftkissenboot *n*; ~**ledig** ['-le:dəx] luftleer; ~**lijn** ['-lēin] Fluglinie *f*; ~**macht**

luchtnet

Luftwaffe *f*; **~net** *n* Flug-, Streckennetz *n*; **~pijp** ['-pɛɪp] Luftröhre *f*; **~ruim** ['-rœym] *n* Luftraum *m*; **~vaart** Luftfahrt *f*; **~vaartmaatschappij** [-sxɑ'pɛɪ] Flug-, Luftfahrtgesellschaft *f*.

luchtverkeer *n* Flug-, Luftverkehr *m*; **~s·beveiliging** [-bəveɪləɣɪn] Flugsicherung *f*; **~s·leider** *m* Fluglotse *m*.

lucht|verontreiniging [-fərɔntrɛɪnəɣ-] Luftverschmutzung *f*; **~verversing** Ventilation *f*; **~vracht** Luftfracht *f*; **~weerstand** Luftwiderstand *m*; **~zak** *vlgw* Luftloch *n*.

lucifer ['lyˑsiˑfɛr] (-*s*) Streichholz *n*.

lu|cratief [lyˑkrɑˑtiˑf] lukrativ, einträglich; **~guber** [lyˑˈɣyˑbər] unheimlich.

lui[1] [ləy] faul, träge.

lui[2] *pl* Leute *pl*.

luiaard *m* (-*s*) Faulenzer *m*.

luid [ləyt] laut.

luiden lauten; *klok* läuten.

luid|keels aus vollem Halse, lauthals; **~ruchtig** [-'rœxtəx] laut(stark), geräuschvoll; **~spreker** ['-spreːkər] Lautsprecher *m*.

luier ['ləyiər] (-*s*) Windel *f*; *een ~ omdoen* wickeln.

luieren ['ləyiərə(n)] faulenzen.

luifel ['ləyfəl] (-*s*) Vordach *n*.

luiheid ['ləyhɛɪt] Faulheit *f*.

luik [ləyk] *n* Luke *f*; (Fenster-)Laden *m*.

Luik *n* Lüttich *n*.

lui|lak ['ləylɑk] *m* (-*ken*) Faulenzer *m*; **~lakken** faulenzen; **~lekkerland** [ləy'-] *n* Schlaraffenland *n*.

luim [ləym] Laune *f*.

luipaard ['ləy-] *m* of *n* Leopard *m*.

luis [ləys] (*luizen*) Laus *f*.

luister Pracht *f*, Glanz *m*.

luister|aar(ster *f*) *m* (-*s*) (Zu-)Hörer(in *f*) *m*; (*radio~ ook*) **~en** ['ləystərə(n)] zuhören (*D*), hinhören; horchen, lauschen (*D*); *~ naar* zuhören (*D*), sich anhören (*ge-*

hoorzamen) hören auf (*A*), gehorchen (*D*); **~geld** *n* Rundfunkgebühr *f*; **~rijk** [-rɛɪk] glanz-, prunkvoll; (*roemrijk ook*) glorreich; **~spel** *n* Hörspiel *m*; **~vink** *m* of *f* Horcher(in *f*) *m*.

luitenant ['lœytənɑnt] *m* (-*s*) Leutnant *m*.

luitjes ['ləytiəs] *pl* F Leutchen *pl*.

luizen ['ləyzə(n)]: *erin ~* F hereinlegen, übers Ohr hauen.

luk|ken (*zn*) gelingen, glücken; klappen; **~raak** ['lœk-] aufs Geratewohl, planlos.

lul [ləl] (-*len*) V Schwanz *m*; Trottel *m*; **~len** P quatschen; **~lig** ['lələx] P dumm, doof; gemein.

lummel ['lœməl] *m* (-*s*) Lümmel *m*, Schlingel *m*, Tölpel *m*; **~en** gammeln, bummeln.

lunapark ['lyˑ-] *n* Rummelplatz *m*; Vergnügungspark *m*.

lunch [lœnʃ] (-*es of -en*) Lunch *m*; **~room** (-*s*) Café *n*, Konditorei *f*.

lupine [lyˑˈpiˑnə] Lupine *f*.

lus [lœs] (-*sen*) Schlinge *f*; Schleife *f*; *kleding*: Aufhänger *m*.

lust [lœst] Lust *f*; *~ voor het oog* Augenweide *f*; **~·e·loos** ['lœstə-] lustlos; **~en** mögen, gern essen.

lutheraan(se *f* [-*n*]) *m* (-*ranen*) Lutheraner(in *f*) *m*.

luwen (*zn*) *v*/*i* abflauen; *fig* abebben.

luxe ['lyˑksə] Luxus *m*.

luxe|- *in samenst. mst* Luxus-, *b.v.* **~artikel** *n* Luxusartikel *m*; **~boot** Luxusdampfer *m*.

Luxemburg|er *m* (-*s*) (**~se** *f*) Luxemburger(in *f*) *m*; **~s** luxemburgisch.

luxueus [lyˑksyˑˈvøːs] luxuriös.

lyceum [liˑˈseːiəm] *n* (*lycea of -s*) Gymnasium *n*.

lymf(e)klier ['lɪmf(ə)-] Lymphknoten *m*.

lynx [lɪŋks] *m* Luchs *m*.

lyr|iek [liˑ'-] Lyrik *f*; **~isch** [-'riˑs] lyrisch; *~ dichter* (*es f*) *m* Lyriker(in *f*) *m*.

M

ma [ma:] *f* (-'s) Mama *f*.

maag (*magen*) Magen *m*; **op de nuchtere ~** auf nüchternen Magen; **zwaar op de ~ liggen** schwer im Magen liegen; **~aandoening** Magenleiden *n*.

maagd [ma:xt] *f* Jungfrau *f* (*ook rel*); **~elijk** ['-dələk] jungfräulich (*ook fig*); **~en·palm** Immergrün *n*.

maag|klachten *pl* Magenbeschwerden *f*/*pl*; **~pijn** ['-pɛin] Magenschmerzen *m*/*pl*; **~zweer** Magengeschwür *n*.

maai|dorser Mähdrescher *m*; **~en** mähen, schneiden; **~er** *m* (-s) Mäher *m*.

maak: **in de ~ zijn** in Arbeit sein; in Reparatur sein; **~loon** *n* Arbeitslohn *m*.

maal[1] *n* (*malen*) Mahl *n*, Mahlzeit *f*.

maal[2] **1.** mal; **2.** *f* of *n* (*malen*) Mal *n*; **voor de eerste ~** zum erstenmal.

maalstroom Strudel *m*, Wirbel *m*.

maaltijd ['-tɛit] Mahlzeit *f*, Mahl *n*; **lichte ~** *ook* Imbiß *m*; **snelle ~** Schnellgericht *n*; **~bon** [-bɔn] Eß-, Essensmarke *f*; **~soep** [-su·p] Eintopf(gericht *n*) *m*.

maan (*manen*) Mond *m*; **nieuwe ~** Neumond *m*; **volle ~** Vollmond *m*.

maand Monat *m*.

maandag ['-dɑx] Montag *m*; **~avond** [-a:v̀ɔnt] Montag abend; **~s** montags.

maand|blad *n* Monatsheft *n*; **~elijks** ['-dələks] monatlich; **~kaart** Monatskarte *f*; **~verband** *n* Damen-, Monatsbinde *f*.

maan|lander (-s) Mond(lande)fähre *f*; **~sverduistering** [-dəystər-] Mondfinsternis *f*.

maar aber, sondern; (*slechts*) nur, bloß; **nee ~!** aber nein!; **al ~ door** immerfort, immerzu; **er is een ~ bij** die Sache hat e-n Haken.

maarschalk ['-sxɑl(ə)k] *m* Marschall *m*.

maart März *m*.

maas (*mazen*) Masche *f*.

Maas: **de ~** die Maas.

maat[1] *m* (-s) Kamerad *m*, Kumpel *m*.

maat[2] (*maten*) Maß *n*; Takt *m*; Größe *f*; **extra grote ~** Übergröße *f*; **op ~** nach Maß; *z. ook* **mate**; **~beker** ['-be:kər] Meßbecher *m*; **~houden** ['-hɑṳə(n)] maßhalten.

maatjes·haring Matjeshering *m*.

maatkostuum [-ty·m] *n* Maßanzug *m*.

maatregel ['-re:ɣəl] (*-en of -s*) Maßnahme *f*; **pakket** *n* **~en** Maßnahmenkatalog *m*.

maatschap ['-sxɑp] Gesellschaft *f*; **~pelijk** [-'sxɑpələk] gesellschaftlich, sozial; **~ beleid** *n* Gesellschaftspolitik *f*; **~ bestel** *n* Gesellschaftssystem *n*; **~e orde** Gesellschaftsordnung *f*; **~ werk** *n* Sozialarbeit *f*, Fürsorge *f*; **~ werker** *m* (**werkster** *f*) Sozialarbeiter(in *f*) *m*, (Sozial-)Fürsorger(in *f*) *m*.

maatschappij [-'pɛi] Gesellschaft *f*; **~leer** Gesellschaftskunde *f*.

maatstaf ['-stɑf] Maßstab *m*.

macaber [-'ka:bər] makaber.

macaroni Makkaroni *pl*, Nudeln *f*/*pl*.

machinaal [-ʃi·'-] maschinell; *fig* mechanisch.

machine [-'ʃi·-] (-s) Maschine *f*; **~bankwerker** *m* Maschinenschlosser *m*; **~bouw** [-bɑṳ] Maschinenbau *m*; **~geweer** *n* Maschinengewehr *n*.

machinist *m* Maschinist *m*; Lok(omotiv)führer *m*.

macht Macht *f*, Gewalt *f*, Kraft *f*; *wisk* Potenz *f*; **uitvoerende ~** Exekutive *f*; **centrale ~** Zentralgewalt *f*; **uit alle ~** mit aller Kraft (*of* Macht); **uit de ~ ontzetten** entmachten.

machte·loos ['-talo:s] machtlos, ohnmächtig; **~heid** [-hɛit] Machtlosigkeit *f*, Ohnmacht *f*.

macht|hebber *m* (-s) Machthaber *m*; **~ig** ['-təx] mächtig; gewaltig; *iets* **~ zijn** e-r Sache (*G*) mächtig sein; **~igen** ermächtigen; **~iging** Ermächtigung *f*; Vollmacht *f*; **~ tot automatische afschrijving** Dauerauftrag *m*.

machts|sfeer Machtbereich *m*; **~strijd** ['-strɛit] Machtkampf *m*; **~verhouding** [-hɑṳd-] Kräfteverhältnis *n*; **~vertoon** *n* Machtdemonstration *f*; **~wellust** ['-vɛləst] Machtgier *f*.

macro- *in samenst. mst* makro-.

made Made *f*.

madeliefje [-'li·fjə] *n* (-s) Gänseblümchen *n*.

made(i)ra(wijn [-vɛin]) Madeira *m*.

maf F beknackt, idiotisch.
maffen F pennen.
magazijn [-'zɛin] *n* Lager(haus) *n*, Magazin *n*; Laden *m*; **~meester** *m* Lagerverwalter *m*; **~voorraad** Lagerbestand *m*.
magazine [mɛgə'ziːn, maɣa'ziːnə] *n* (-s) Magazin *n*, Zeitschrift *f*.
mager mager, hager.
magi|ër *m* (-s) Magier *m*; **~sch** ['-ɣiːs] magisch.
magistraal meisterhaft.
magneet [mɑx'neːt] (-*neten*) Magnet *m*; **~plaat** Magnetplatte *f*.
magne|sium [mɑx'neːziəm] *n* Magnesium *n*; **~tisch** [-tiːs] magnetisch; **~tron** ['mɑxnətrɔn] (-s) Mikrowellenherd *m*.
magnifiek [mɑɲi'fiːk] großartig, herrlich.
magnolia [mɑx'noːliaˑ] (-'s) Magnolie *f*.
mahonie(hout [-haut]) *n* Mahagoniholz *n*.
maiden-trip ['meːdən-] Jungfernfahrt *f*.
maillot [ma'jo:] *n* (-s) Strumpfhose *f*.
mais, maïs [ma:is] Mais *m*; **~kolf** Maiskolben *m*.
maîtresse [mɛ'-] *f* (-s *of* -n) Mätresse *f*, Geliebte *f*.
majest|eit ['ma:iəstɛit] Majestät *f*; **~ueus** [-iɛsty·'üø:s] majestätisch.
majoor *m* (-s) Major *m*.
mak zahm.
makelaar ['ma:kə-] *m* (-s *of* -laren) Makler *m*; ~ *in onroerend goed* Immobilienmakler *m*.
makelaars|courtage [-ku·r'ta:ʒə], **~provisie** [-'ɣi·zi·] Maklergebühr *f*.
makelij [-'lɛi] Bauart *f*; Machart *f*.
maken ['ma:kə(n)] machen; (an)fertigen, herstellen; schaffen; *aanspraak* erheben; *doelpunt, winst* erzielen; *film* drehen; *hoe maakt U het?* wie geht es Ihnen?; *niemand kan hem iets* ~ keiner kann ihm etw anhaben; *te* ~ *hebben met* (es) zu tun haben mit (*D*); zusammenhängen mit (*D*); *met iem niets te* ~ *hebben* mit j-m nichts zu schaffen haben.
maker ['ma:kər] *m* (-s) Hersteller *m*.
makkelijk ['-kələk] bequem, leicht.
makker *m* (-s) Kamerad *m*, Gefährte *m*, Genosse *m*.
makreel (-*krelen*) Makrele *f*.
mal¹ [mɑl] töricht, verrückt.

mal² (-*len*) Schablone *f*; Lehre *f*.
malaise [-'lɛːzə] Malaise *f*; *hdl* Depression *f*, Flaute *f*.
mal|en* mahlen; **~ing:** *daar heb ik* ~ *aan* ich pfeife darauf; *in de* ~ *nemen* zum besten haben, verulken.
mals saftig; *vlees*: zart; (*zacht*) weich.
mama *f* (-'s) Mama *f*.
mammoet ['-muːt] (-s *of* -en) Mammut *n*.
man *m* (-*nen*) Mann *m*; ~ *van eer* Ehrenmann *m*; *aan de* ~ *brengen* an den Mann bringen; *op de* ~ *af* rundheraus, unumwunden.
manage|ment ['mɛnədʒmənt] *n* Management *n*; **~r** ['mɛnədʒər] *m* (-s) Manager *m*.
manchet [-'ʃɛt] (-*ten*) Manschette *f*; **~knoop** Manschettenknopf *m*.
manco *n* (-'s) Manko *n*.
mand Korb *m*.
mandaat *n* (-*daten*) Mandat *n*; Vollmacht *f*.
mandarijntje [-'rɛintʃə] *n* (-s) Mandarine *f*.
manege [ma'neːʒə] (-s) Manege *f*; Reitschule *f*.
manen *pl* Mähne *f*.
manen² mahnen.
maneschijn [-sxɛin] Mondschein *m*.
manhaftig [-'hɑftəx] mannhaft.
maniakaal [niːa'ka:l] manisch.
manicure [-'ky:r(ə)] Maniküre *f*.
manie (-*ën*) Manie *f*, F Fimmel *m*.
manier Weise *f*, Art *f*, Manier *f*; Art und Weise; *op de een of andere* ~ irgendwie; ~ *van doen* Benehmen *n*, Auftreten *n*; *geen* ~ *van doen* keine Art.
manifest *n* Manifest *n*; **~atie** [-'ta:(t)si·] (-s) Veranstaltung *f*; Kundgebung *f*; **~eren** [-'teːr] (*zich*) (sich) manifestieren.
manipul|atie [-py·'la:(t)si·] (-s) Manipulation *f*; **~eren** [-'leːr] manipulieren.
mank lahm; ~ *gaan vergelijking*: hinken.
mank|ement [-kə'mɛnt] *n* Fehler *m*, Mangel *m*; **~eren** [-'keːr] fehlen.
manmoedig [-'muːdəx] mannhaft.
manne|lijk ['-nələk] männlich; **~tje** (-s) Männchen *n*; **~quin** [-'kɛ̃] *f of m* (-s) Mannequin *n*.
mannetjes|duif [-dœyf] Täuberich *m*; **~eend** Enterich *m*; **~gans** Gänserich *m*.

manoeuvr|e [-'nœ:vrə] *f of n* (*-s*) Manöver *n*; **~eren** [-'vre:r-] manövrieren.
mansarde [-'sardə] (*-s of -n*) Mansarde *f*.
manschappen *pl* Mannschaft(en *pl*) *f*.
mantel (*-s*) Mantel *m*; **~pak(je)** *n* Jakkenkleid *n*, (Damen-)Kostüm *n*.
manuscript [-ny·'skrɪpt] *n* Manuskript *n*.
map (*-pen*) Mappe *f*.
maquette [-'kɛtə] (*-s*) Modell *n*.
march|anderen [-ʃan'de:r-] feilschen; **~eren** [-'ʃe:r-] (*ook zn*) marschieren.
marechaussee [marə·ʃo·'se:] *m* (*-s*) Grenzschutz *m*, Gendarmerie *f*; Grenzschutzbeamte(r), Gendarm *m*.
maretak ['ma:rə-] Mistel(zweig *m*) *f*.
marge [-ʒə] (*-s*) Rand *m*, Marge *f*; *hdl* Spanne *f*.
margriet *bot* Margerite *f*; **~wiel** *n* Typenrad *n*.
marine Marine *f*.
marineren [-'ne:r-] marinieren.
marionet [-'nɛt] (*-ten*) Marionette *f*.
maritiem maritim.
marjolein [-'lɛin] Majoran *m*.
mark Mark *f*.
marker|en [-'ke:r-] markieren; **~ing** Markierung *f*.
marketing ['mɑrkə-] Marketing *n*.
markies [-'ki·s] (*-kiezen*) **1.** *m* Marquis *m*; **2.** Markise *f*; Vordach *n*.
markt Markt *m*; **buitenlandse ~** Auslandsmarkt *m*.
markt|- *in samenst. mst* markt-, *b.v.* **~economie** Marktwirtschaft *f*; **~koopman** *m* Markthändler *m*; **~leider** *m* Marktführer *m*; **~onderzoek** [-zu·k] *n* Marktforschung *f*; **~plein** [-'plɛin] *n* Marktplatz *m*.
marmer *n* (*-s*) Marmor *m*; **~en** ['mɑrmərə(n)] marmorn, Marmor-.
marmot [-'mɔt] (*-ten*) Murmeltier *n*; Meerschweinchen *n*.
Marokkaan||se *f*) *m* (*-kanen*) Marokkaner(in *f*) *m*; **~s** marokkanisch.
mars 1. Marsch *m*; **2.** Marsch *f*.
marsepein [-sə·'pɛin] *f of n* (-*s*) Marzipan *n*.
marskramer *m* (*-s*) Hausierer *m*.
martel|aar *m* (*-s of -laren*) Märtyrer *m*; **~ares** [-'rɛs] *f* (*-sen*) Märtyrerin *f*; **~en** martern, foltern; **~ing** Marter *f*, Folter *f*.
marter (*-s*) Marder *m*.

maximumsnelheid

marxisme *n* Marxismus *m*.
mascara [-'ka:ra] Mascara *f*, Wimperntusche *f*.
masker *n* (*-s*) Maske *f*; **~en** [-'ke:r-] maskieren.
massa (*-s*) Masse *f*, Menge *f*.
massaal [-'sa:l] massenhaft, -weise; *massale drukte* (*of toeloop*) Massenandrang *m*; **~ ontslag** *n* Massenentlassung *f*.
massa|bijeenkomst [-bɛiə·n-] Massenkundgebung *f*; **~medium** [-'me·di·(j)əm] *n* Massenmedium *n*; **~toerisme** [-tu·'rɪsmə] *n* Massentourismus *m*; **~werkloosheid** Massenarbeitslosigkeit *f*.
mass|eren [-'se:r-] massieren; **~eur** [-'sø:r] *m* (*-s*) Masseur *m*; **~euse** [-'sø:zə] *f* (*-s*) Masseuse *f*.
massief [-'si·f] **1.** massiv; **2.** *n* (*-sieven*) Massiv *n*.
mast Mast *m*.
mat¹ matt, flau.
mat² (*-ten*) (Fuß-)Matte *f*.
match [mɛtʃ] (*-es of -en*) Match *n of m*, (Wett-)Spiel *n*.
mate Maß *n*; Grad *m*; *in hoge* **~** in hohem Maße; **~loos** maßlos.
materiaal *n* (*-rialen*) Material *n*; **~fout** [-fɑut] Materialfehler *m*; **~onderzoek** [-zu·k] *n* Materialprüfung *f*.
materialisme *n* Materialismus *m*.
mater|ie [-'te:ri·] (*-s of -riën*) Materie *f*; **~ieel** [-te·r'je:l] **1.** materiell; **2.** *n* Material *n*; Gerät *n*.
matheid ['hɛit] Mattheit *f*; Mattigkeit *f*.
mathematisch [-'ma:ti·s] mathematisch.
matig ['ma:təx] mäßig; **~en** sich mäßigen; **~ing** Mäßigung *f*.
matinee [-'ne:] (*-s*) Matinee *f*.
matje *n* (*-s*) (kleine) Matte *f*, Vorleger *m*.
matras [mɑ·'trɑs] (*-sen*) Matratze *f*.
matrijs [-'trɛis] (*-trijzen*) Matrize *f*.
matroos *m* (*-trozen*) Matrose *m*.
mauwen ['mɑu̯ə(n)] miauen.
mavo(**school**) Hauptschule *f*; **~diploma** *n* Hauptschulabschluß *m*.
maxim|aal maximal; **~aliseren** [-'ze:r-] maximieren.
maximum [-məm] **1.** maximal, Höchst-; **2.** *n* (*-ma*) Maximum *n*, Höchstmaß *n*; **~prijs** [-prɛis] Höchstpreis *m*; **~snelheid** Höchstgeschwindigkeit *f*; *aanbe-*

maximumtarief

volen ~ Richtgeschwindigheid *f*; **~tarief** *n* Höchstsatz *m*.
mayonaise (-s) Mayonnaise *f*.
mazelen ['mɑzələ(n)] *pl* Masern *pl*.
m.b.t. *afk voor* **met betrekking tot** in bezug auf (*A*).
me [mə] mich; mir.
mecanicien [-kɑniˈsiɛ̃ː] *m* (-s) Mechaniker *m*.
mecenas [-ˈseːnɑs] *m* (-sen) Mäzen *m*.
mechan|ica [-ˈxɑː-] Mechanik *f*; **~isering** Mechanisierung *f*; **~isme** *n* Mechanismus *m*.
medaillon [-dɑlˈjɔn] *n* (-s) Medaillon *n*.
me(d)e ['meːdə, meː] mit.
mede|bewoner *m* Mitbewohner *m*; **~burger** [-bərɣər] *m* Mitbürger *m*.
medeldeelzaam [-ˈdeːlzɑːm] mitteilsam.
mededeling [-deːl-] Mitteilung *f*; Meldung *f*; Durchsage *f*; **~en·bord** *n* Anschlagtafel *f*, -brett *n*, Schwarzes Brett *n*.
mede|dinger *m* (**~dingster** *f*) (-s) Wettbewerber(in) *m*; **~dinging** Wettbewerb *m*, Konkurrenz *f*; **~ëigenaar** *m* Miteigentümer *m*; **~gebruik** [-brøyk] *n* Mitbenutzung *f*; **~klinker** Konsonant *m*; **~leerling** *m* Mitschüler *m*; **~leven** [-leːv-] *n* Mitgefühl *n*, Anteilnahme *f*, Beileid *n*; **~lijden** [-lɛid-] *n* Mitleid *n*; **~mens** *m* Mitmensch *m*; **~ondertekenen** mitunterschreiben, gegenzeichnen.
medeplichtig [-ˈplɪxtəx] mitschuldig; **~e** Komplize *m*, Komplizin *f*; **~heid** [-xɛit] Mittäterschaft *f*, Mitschuld *f*.
mede|reiziger *m* Mitreisende(r); **~speler** [-speːl-] *m* Mitspieler *m*; **~stander** *m* (-s), **~strijder** [-strɛidər] *m* Mitstreiter *m*, -kämpfer *m*; **~student(e** *f*) [-styˑ-] *m* Kommilitone *m*, Kommilitonin *f*.
medeverantwoordelijk [-dələk] mitverantwortlich; **~heid** [-hɛit] Mitverantwortung *f*.
medewerk|er *m*, **~ster** *f* Mitarbeiter(in *f*) *m*; *administratief* ~ Büroangestellte(r); *commercieel-administratief* ~ kaufmännische(r) Angestellte(r), Bürokaufmann *m*, Bürokauffrau *f*; **~ing** Mitarbeit *f*, Mitwirkung *f*.
mede|weter [-veːtər] *m* (-s) Mitwisser *m*; **~zeggenschap** [-sxɑp] Mitbestimmung *f*.

media *pl* Medien *pl*.
med|icament [-ˈmɛnt] *n* Medikament *n*, Arzneimittel *n*; **~icijn** [-ˈsɛin] Medizin *f*, Arznei *f*; **~en** *pl* Medizin *f*; **~icus** [-kɔs] *m* (-*dici* [-siˑ]) Mediziner *m*; **~isch** [-iˑs] medizinisch; ~ *attest* *n* Gesundheitszeugnis *n*.
mediteren [-ˈteːr-] meditieren.
medium [ˈmeːdi(j)əm] *n* (*media*) Medium *n*.
mee = **mede**.
mee|brengen mitbringen; **~delen** [ˈdeːl-] mitteilen; melden; berichten; **~deinen** [ˈdɛin-] schunkeln; **~doen** [-duːn] mitmachen, sich beteiligen; **~dogenloos** [-ˈdoːɣə(n)-] erbarmungs-, schonungs-, rücksichtslos; **~ëter** [ˈeːtər] *m* (-s) Mitesser (*ook med*); **~gaan** mitgehen; **~gaand** [ˈɣaːnt] nachgiebig, gefügig; **~geven** mitgeben; nachgeben; **~krijgen** [ˈkrɛiɣ-] mitbekommen; *fig* mitreißen.
meel *n* Mehl *n*; **~achtig** [ˈɑxtəx] mehlig.
mee|lij [ˈlɛi] *n* Mitleid *n*; **~leven** mitfühlen; **~loper** *m* Mitläufer *m*.
meelprodukten [-dək-] *n/pl* Teigwaren *f/pl*.
mee|luisteren [ˈləystər-] mithören; **~maken** [ˈmaːk-] mitmachen, erleben, durchmachen; **~nemen** mitnehmen; **~praten** mitreden.
meer[1] mehr; *zonder* ~ ohne weiteres; *onder* ~ unter anderem.
meer[2] *n* (*meren*) See *m*.
meerdaags mehrtägig.
meerder höher, größer; **~e 1.** mehrere; **2.** *subst* Vorgesetzte(r); **~heid** Mehrheit *f*, Mehrzahl *f*; (*bij*) ~ *van stemmen* (mit) Stimmenmehrheit; **~jarig** [ˈjaːrəx] volljährig, mündig.
mee·rekenen [ˈreːkən-] mitrechnen, einkalkulieren.
meerij|centrale [ˈrɛisən-] Mitfahrzentrale *f*; **~den** [ˈrɛiə(n)] mitfahren; **~der** *m* Mitfahrer *m*.
meer|maals, **~malen** mehrmals, -fach; **~partijenstelsel** [-pɑrˈtɛiə(n)stɛlsəl] *n* Mehrparteiensystem *n*.
meerschuim [ˈsxœym] *n* Meerschaum *m*.
meervoud [-ˈvɑut] *n* Mehrzahl *f*; *gr ook* Plural *m*; **~ig** [-dəx] mehrfach; im Plural stehend.
meerwaarde Mehrwert *m*.

mees (*mezen*) Meise *f*.
mee|slepen ['me:sle:p-] mitschleppen; *fig* mit-, hinreißen; **~sleuren** ['-slør:r-] mitschleifen; fortreißen; **~spelen** mitspielen; **~spreken** ['-spre:k-] mitreden.
meest meist; meistens; *het* **~** am meisten; **~al** meistens, meistenteils; **~biedend** meistbietend.
meester *m* (-*s*) Meister *m*; (*heerser*) Herr *m*; (*school~*) Lehrer *m*; **~ *in de rechten*** (*afk* **Mr.**) Doktor *m* der Rechte; *zich* **~ *maken van*** sich bemächtigen (*G*); *iets* **~ *worden*** (*zijn*) etw (*G*) Herr werden (sein); *iets* **~ *zijn*** (*kunnen*) etw (*G*) mächtig sein; **~es** ['-rɛs] *f* (-*sen*) Meisterin *f*; Herrin *f*; **~lijk** [-lək] meisterhaft; **~schap** [-sxap] *n* Meisterschaft *f*.
meetbaar meßbar.
mee·tellen mitzählen.
meetkund|e ['me:tkəndə] Geometrie *f*; **~ig** [-'kəndəx] geometrisch.
meetlint *n* Meßband *n*.
meeuw [me:ü] Möwe *f*.
meevallen die Erwartung(en *pl*) übertreffen, besser sein als erwartet; **~er** (-*s*) Treffer *m*, Glücksfall *m*.
mee|varen mitfahren; **~warig** [-'va:rəx] mitleidig; **~werken** mitarbeiten, mitwirken.
mei [meï] Mai *m*; *in* **~** im Mai.
meid *f* Dienstmädchen *n*, Magd *f*; F Mädchen *n*; Dirne *f*.
mei|kever Maikäfer *m*; **~klokje** *n* Maiglöckchen *n*.
meineed ['mɛine:t] Meineid *m*.
meisje ['mɛiʃə] *n* (-*s*) Mädchen *n*, Mädel *n*; **~s·achtig** [-axtəx] mädchenhaft; **~s·naam** Mädchenname *m*.
Mej. = *mejuffer* [məˈjøfər] *f* (-*s*), *mejuffrouw* [məˈjøfraü] *f* Fräulein *n*.
mekaar [me'-] einander; *z. ook* **elkaar.**
melaats [me'-] aussätzig.
melanchol|iek [meˈlaŋko'li:k], **~isch** ['-ko:lis] melancholisch.
meld|en melden, berichten; **~ing** Meldung *f*, Bericht *m*; **~ *maken van*** erwähnen; **~kamer** ['-ka:mər] Zentrale *f*.
melig ['me:ləx] mehlig; *fig* langweilig; lustlos.
melk Milch *f*; *pak* **~** Milchtüte *f*; **~achtig** ['-axtəx] milchig; **~boer** ['-bu:r] *m* Milchmann *m*; **~en*** melken; **~erij** [-kəˈrɛi] Molkerei *f*; **~fles** Milchflasche *f*; **~poeder** ['-pu:iər, '-pudər] *n* Milchpulver *n*, Trockenmilch *f*; **~tand** Milchzahn *m*; **~weg** ['-vɛx] Milchstraße *f*.
melodieus [melo'diøs] melodisch.
meloen [-'lu:n] Melone *f*.
membraan [mɛmˈbra:n] *f* of *n* (-*branen*) Membrane *f*.
memo ['me:mo'] *n* of *m* (-'s) Zettel *m*; Notiz *f*.
memoires [-'müa:rəs] *pl* Memoiren *pl*.
memorandum [-'randəm] *n* (-*s of* -*da*) Memorandum *n*, Denkschrift *f*.
men man, einer (e-r).
meneer [məˈne:r] *m* (-*neren*) Herr *m*.
menen meinen, glauben; *het is* **~*s*** es ist ernst; *ik meen het!* es ist mir Ernst!
meng|eling Mischung *f*; **~el·moes** [-mu·s] *f* of *n* Mischmasch *m*; **~en** (ver)mischen, (ver)mengen; *zich* **~ *in*** sich (ein)mischen in (*A*); **~kraan** Mischbatterie *f*; **~paneel** *n* Mischpult *n*; **~sel** *n* (-*s*) Mischung *f*, Gemisch *n*.
menig ['me:nəx] manche(r, -*s*); **~een** manche(r); **~maal** öfters; **~te** (-*n of* -*s*) Menge *f*, Masse *f*.
mening Meinung *f*, Ansicht *f*; *naar* (*of volgens*) *mijn* **~** meiner Ansicht (*of* Meinung) nach; *verandering van* **~** Meinungsänderung *f*, Sinneswandel *m*; *van* **~ *zijn*** der Meinung sein; **~s·verschil** *n* Meinungsverschiedenheit *f*.
mennen lenken.
mens *m* Mensch *m*; Person *f*; **de ~en** *ook* die Leute *pl*; *grote* **~en** *pl* Erwachsene *pl*; **~dom** ['-dəm] *n* Menschheit *f*; **~elijk** [-sələk] menschlich.
mensen|eter [-e:tər] *m* (-*s*) Menschenfresser *m*; **~hater** [-ha:tər] *m* (-*s*) Menschenhasser *m*, -feind *m*; **~leeftijd** [-tɛit] Menschenalter *n*, -leben *n*; **~massa** Menschenmenge *f*; **~rechten** *n/pl* Menschenrechte *n/pl*; **~schuw** [-sxyü] menschenscheu.
mensheid ['-hɛit] Menschheit *f*.
mens|lievend [-'li:vənt] menschenfreundlich; **~heid** Menschenliebe *f*.
mens·onwaardig [-dəx] menschenunwürdig.
menstruatie [-stry'üa:(t)si] (-*s*) Menstruation *f*.
mentaliteit ['-tɛit] Mentalität *f*.
menu [-'ny] *n* of *m* (-*'s*) Menü *n* (*ook comp*), Gedeck *n*; Speisekarte *f*; **~(kaart) *van de dag*** Tagesmenü *n*; Tageskarte *f*.

mep (*-pen*) Schlag *m*; ~**pen** schlagen.
merel ['me:rəl] (*-s*) Amsel *f*.
meren ['me:rə(n)] *schip*: festmachen.
merendeel ['me:rən-] *n* Mehrzahl *f*; **voor 't** ~ zum größeren Teil.
merg [mɛr(ə)x] *n* Mark *n*.
meridiaan (*-dianen*) Meridian *m*.
merk *n* Marke *f*; Zeichen *n*; ~**artikel** *n* Markenartikel *m*.
merk|baar bemerkbar; merklich; ~**en** (be)merken; bezeichnen; **niets laten** ~ sich nichts anmerken lassen.
merkvastheid Markentreue *f*.
merkwaardig [-'va:rdəx] merkwürdig.
merrie ['-ri·] (*-s*) Stute *f*.
mes *n* (*-sen*) Messer *n*; ~**punt** ['-pɛnt] Messerspitze *f*.
mess (*-es*) Messe *f*; Kantine *f*.
messen·gevecht *n* Messerstecherei *f*.
messe-trekker *m* Messerheld *m*.
mes·steek Messerstich *m*.
mest Mist *m*; Dünger *m*, Dung *m*; ~**en** düngen; (*vet~*) mästen; ~**hoop**, ~**vaalt** Misthaufen *m*.
met mit (*D*), samt (*D*); ~ **Kerstmis** zu Weihnachten; ~ **zijn tweeën** (*drieën*) zu zweit (dritt).
metaal *n* (*-talen*) Metall *n*; **licht** ~ Leichtmetall *n*.
metaal|- *in samenst. mst* Metall-; ~**achtig** [-təx] metallisch; ~**bewerker** *m* Metallarbeiter *m*; ~**nijverheid** [-nei̯vərheit] Metallindustrie *f*; ~**verwerkend** metallverarbeitend.
metafoor [-'fo:r] (*-foren*) Metapher *f*.
metalen [me·'ta:lə(n)] metallen, Metall-; metallisch.
metalliek [-'li·k] metallisch.
metamorfose [-'fo:zə] (*-s of -n*) Metamorphose *f*, Verwandlung *f*.
meteen [mɛ·te:n] (so)gleich, sofort; zugleich.
meten* ['mɛt-] (ver)messen.
meteoor [mɛ·te·'jo:r] (*-oren*) Meteor *m*.
meteorologie [-lo·'ɣi·] Meteorologie *f*; ~**isch** [-'lo:ɣi·s] meteorologisch; ~ **instituut** *n* Wetteramt *n*.
meter[1] *m* (*-s*) Meter *m*; *pers.*: Vermesser *m*; Zähler *m*.
meter[2] *f* (*-s*) (Tauf-)Patin *f*.
metgezel ['-xəzɛl] *m* Gefährte *m*.
methode (*-n of -s*) Methode *f*, Verfahren *n*.
meting ['me:tɪŋ] (Ver-)Messung *f*.

metriek [-'tri·k] *adj* metrisch.
metro (*-'s*) U-Bahn *f*, Metro *f*; ~**pool** (*-polen*) Metropole *f*.
metsel|aar ['-sələ:r] *m* (*-s*) Maurer *m*; ~**en** ['-sələ(n)] mauern; ~**werk** *n* Mauerwerk *n*.
metter|daad in der Tat, wirklich; ~**woon: zich ~ vestigen** sich niederlassen, seßhaft werden.
metworst Mettwurst *f*.
meubel ['mø:bəl] *n* (*-en of -s*) Möbel *n*; **stalen ~en** *pl* Stahlmöbel *n/pl*; ~**maker** *m* Tischler *m*.
meubil|air [mø·bi·'lɛ:r] *n* Mobiliar *n*; ~**eren** [-'lɛ:r-] möblieren.
mevrouw [mə·'vrɑu̯] *f* Frau *f*; (*aanspreking*) gnädige Frau.
Mexicaan|(se *f*) [-'ka:n(sə)] *m* (*-canen*) Mexikaner(in *f*) *m*; ~**s** mexikanisch.
miauwen [mi·'jɑu̯ə(n)] miauen.
microbe [-'kro:bə] Mikrobe *f*.
micro|chip Mikrochip *m*; ~**elektronika** [-'tro:ni·ka] Mikroelektronik *f*; ~**foon** (*-s of -fonen*) Mikrophon *n*; ~**golf** Mikrowelle *f*; ~**scoop** (*-scopen*) Mikroskop *n*.
middag ['-dɑx] Mittag *m*; Nachmittag *m*; ~**eten** [-e:tə(n)] *n*, ~**maal** *n* Mittagessen *n*; ~**s: 's** ~ (nach)mittags; ~**slaapje** *n* Mittagsschlaf *m*; ~**uur** [-y:r] *n* Mittagszeit *f*.
middel *n* **1.** (*-en*) Mittel *n*; **opwekkend** ~ Reizmittel *n*; **verdovende ~en** *pl* Rauschgift *n*, Drogen *f/pl*; **versterkend** ~ Stärkungsmittel *n*; **door ~ van** mittels (*G*); **2.** (*-s*) Taille *f*; ~**baar** mittler; **middelbare school** Ober-, Mittelschule *f*; ~**eeuwen** [-e:üə(n)] *pl* Mittelalter *n*; ~**eeuws** mittelalterlich; ~**groot** mittelgroß; ♀**lands:** ~**e Zee** Mittelmeer *n*; ~**lang: op de ~e termijn** mittelfristig, auf mittlere Sicht; ~**lange-afstandsraket** Mittelstreckenrakete *f*; ~**lijn** [-lɛiṅ] Durchmesser *m*; ~**matig** [-'ma:təx] mittelmäßig; ~**punt** [-pɛnt] *n* Mittelpunkt *m*; ~**puntvliedend: ~e kracht** Flieh-, Zentrifugalkraft *f*; ~**ste** mittlere.
midden 1. mitten; **te ~ van** inmitten (*G*); **2.** (*-s*) Mitte *f*; Milieu *n*, Kreis *m*; **in het ~ laten** dahingestellt sein lassen; ♀**-Amerika** *n* Mittelamerika *n*; ~**berm** Mittel-, Grünstreifen *m*; ~**door** mittendurch; entzwei; ~**gewicht** *n* Mittel-

gewicht *n*; **~golf** Mittelwelle *f*; **~in: (er) ~ mittendrin**; **~klasser** (-s) Mittelklassewagen *m*; **~oorontsteking** [-stɛːk-] Mittelohrentzündung *f*; **♀-Oosten** *n* Mittlerer Osten *m*; **~rif** *n* Zwerchfell *n*; **~stand** Mittelstand *m*; **~weg** [-vɛx] Mittelweg *m*.

middernacht ['-naxt] Mitternacht *f*.

midget-golf ['mɪdʒət-] *n* Minigolf *n*.

midvoor *m* (-s) *sp* Mittelstürmer *m*.

mier Ameise *f*; **~en-hoop** Ameisenhaufen *m*.

mierik(s·wortel) Meerrettich *m*.

mieters F dufte, toll.

migraine [-'ɣrɛːnə] Migräne *f*.

migratie [-'ɣraː(t)si] (-s) Migration *f*.

mij [mɛi] mich; mir.

mijden* ['mɛid-] (ver)meiden.

mijl Meile *f*; **~paal** Meilenstein *m*.

mijmeren ['mɛimər-] sinnen, nachdenken.

mijn[1] [mɛin, mən] mein(e); **de ~en** *pl* die Meinen *pl*, die Meinen *pl*; **de (het) ~e** der, die (das) Meinige (*of* Meine).

mijn[2] [mɛin] Bergwerk *n*, Zeche *f*; *mil* Mine *f*; **~bouw** ['-baŭ] Bergbau *m*.

mijnerzijds ['mɛinərzɛits] meinerseits.

mijngang Stollen *m*.

mijnheer [mə'neːr] *m* (-heren) Herr *m*.

mijn|industrie [-dostri·] Montanindustrie *f*; **~werker** *m* Bergmann *m*, -arbeiter *m*, Kumpel *m*.

mik|ken zielen; **~ op** *fig* anvisieren, anstreben; **~punt** ['-pɔnt] *n* Zielscheibe *f*.

Milaan [-'laːn] *n* Mailand *n*.

mild mild; freigebig; **~heid** ['-hɛit] Milde *f*, Freigebigkeit *f*.

milicien [-'siɛ̃ː] *m* (-s) Wehrpflichtige(r).

milieu [-'liøː] *n* (-s) Umwelt *f*; Milieu *n*; Umfeld *n*; **schade aan het ~** Umweltschäden *m*/*pl*; **schadelijk voor het ~** umweltschädlich, -feindlich; **~beleid ~** Umweltpolitik *f*.

milieu·beschermer *m* Umweltschützer *m*; **~ing** Umweltschutz *m*.

milieu|keuring (speciale) (voor auto's) Abgassonderuntersuchung *f*, ASU *f*; **~verontreiniging**, **~vervuiling** [-'fœy-] Umweltschmutzung *f*; **~vriendelijk** [-dələk] umweltfreundlich.

milit|air [-'tɛːr] **1.** militärisch; **~e dienst** Wehrpflicht *f*; Kriegsdienst *m*; **2.** *m*

6 Eurowtb. Niederl.

Soldat *m*; **de ~en** *pl ook* das Militär; **~arisme** [-'rɪsmə] *n* Militarismus *m*.

mil|jard [-'jɑrt] *n* Milliarde *f*; **~joen** [-'juːn] *n* Million *f*; **~joenste** millionste; **~jonair** (*e f*) [-jo·'nɛːr(ə)] *m* (-s) Millionär(in *f*) *m*.

milk-shake ['-ʃeːk] (-s) Milchmixgetränk *n*.

mil|lennium [-'lɛniəm] *n* (-nia) Jahrtausend *n*; **~limeter** Millimeter *n of m*.

milt Milz *f*; **~vuur** ['-fyːr] *n* Milzbrand *m*.

mimiek [-'miːk] Mimik *f*.

min minus; gering; niederträchtig; **~ of meer** mehr oder weniger.

minacht|en geringschätzen; **~d** ab-, geringschätzig; **~ing** Geringschätzung *f*.

minder weniger, minder; schlechter; **~e** *subst* Untergebene(r); Unterlegene(r); **de ~e van iem zijn** j-m unterlegen sein; **~en** *v*/*i* (*zn*) abnehmen; *v*/*t* (ver)mindern, verringern; **~heid** [-heden] Minderheit *f*; **~ing** Minderung *f*; **in ~ brengen** in Abzug bringen; **~jarig** [-'jaːrəx] minderjährig.

minderwaardig [-'vaːrdəx] minderwertig; **~heids·complex** *n* Minderwertigkeitskomplex *m*.

mineraal 1. mineralisch; **minerale bron** Mineralquelle *f*; **2.** *n* (-ralen) Mineral *n*; **~water** *n* Mineralwasser *n*.

miniatuur [-'tyːr] (-turen) Miniatur *f*.

minibus [-bɔs] Kleinbus *m*.

miniem [-'niːm] minimal.

mini|golf *n* Minigolf *n*; **~maal** minimal.

minimum [-məm] **1.** Mindest-; **2.** *n* (-ma) Minimum *n*, Mindestmaß *n*.

minimum|- *in samenst. mst* Mindest-, *b.v.* **~bedrag** [-bədrɑx] *n* Mindestbetrag *m*; **~bod** [-bɔt] *n* Mindestgebot *n*; **~loon** *n* Mindestlohn *m*.

minirok Minirock *m*.

minister [-'stɛr] *m* (-s) Minister *m*; **eerste ~** Ministerpräsident *m*; **~ van onderwijs (en wetenschappen)** Kultusminister *m*; **~ van verkeer (en waterstaat)** Verkehrsminister *m*.

ministerie [-'steːri·] *n* (-s) Ministerium *n*; **~ van buitenlandse zaken** Außenministerium *n*; **openbaar ~** Staatsanwaltschaft *f*.

ministers·post Ministeramt *n*.

minn|aar *m* (-s *of* -naren) Liebhaber *m*; Geliebte(r); **~ares** [-'rɛs] *f* (-sen) Geliebte *f*.

minne|kozen kosen; **~lijk** ['-nələk] gütlich.

minst wenigst-, mindest-; *het ~* am wenigsten; *niet in het ~* nicht im geringsten; *op zijn ~*, **~ens** mindestens, wenigstens, zumindest.

minteken ['mɪnte:k-] *n* Minuszeichen *n*.

minus ['-nəs] **1.** minus; **2.** *n* Minus *n*.

minuscuul [-'kyl] winzig.

minuut [-'ny·t] (*-nuten*) Minute *f*; *~ stilte* Gedenkminute *f*.

minzaam freundlich, leutselig; *pej* gönnerhaft, herablassend.

mirabel [-'bɛl] (*-len*) Mirabelle *f*.

mis[1] verfehlt; *het ~ hebben* sich irren; *dat is niet ~!* das ist ja allerhand!

mis[2] (*-sen*) Messe *f*.

misbruik ['-brœyk] *n* Mißbrauch *m*; **~en** [-'brœyk-] (-) mißbrauchen.

misdaad Verbrechen *n*; **~film** Kriminalfilm *m*.

misdadig ['-da:dəx] verbrecherisch, frevelhaft; **~er** ['-da:dəɣər] *m* (*-s*) Verbrecher *m*; **gevaarlijk ~** Schwerverbrecher *m*; **~ster** *f* (*-s*) Verbrecherin *f*; **~heid** ['-da:dəxɛɪt] Kriminalität *f*.

mis|deeld ['-de:lt] benachteiligt; bedürftig; **~drijf** ['-drɛɪf] *n* (*-drijven*) Verbrechen *n*; Vergehen *n*; *plaats van het ~* Tatort *m*.

misère [-'zɛ:rə] (*-s*) Misere *f*, Elend *n*.

mis|gaan (*zn*) schiefgehen; danebengehen; **~greep** Fehl-, Mißgriff *m*; **~gunnen** [-'xɛnə(n)] (-) mißgönnen; **~hagen** [-'ha:ɣ-] (-) mißfallen; **~handelen** (-) mißhandeln; **~kend** ['-kɛnt] verkannt; **~kennen** [-'kɛn-] (-) verkennen; **~kraam** ['mɪs-] Fehlgeburt *f*.

misleid|en [-'lɛɪd-] (-) irreführen, täuschen; **~ing** Irreführung *f*, Täuschung *f*.

mislopen ['mɪs-] (*zn*) verfehlen; schiefgehen.

mislukk|eling [-'ləkəlɪŋ] *m* Versager *m*; **~en** [-'lək-] (-) mißlingen (*D*), mißglücken, fehlschlagen; **~ing** Fehlschlag *m*, Mißerfolg *m*.

mis|maakt ['-ma:kt] verkrüppelt; verunstaltet; **~moedig** ['-mu·dəx] mißmutig.

misnoegd [-'nuxt] verstimmt, mißvergnügt, verdrossen; **~en** [-'nuɣ̃-] *n* Mißvergnügen *n*; Mißfallen *n*; Verdruß *m*.

mis|oogst Mißernte *f*; **~plaatst** ['mɪs-'] unangebracht, deplaciert, fehl am Platz; **~prijzen** [-'prɛɪz-] (-) mißbilligen; **~punt** ['-pənt] *n* Ekel *n*; **~rekenen** [-'re:kənə(n)] (-): *zich ~* sich verrechnen.

misschien [mə'sxi·n] vielleicht, womöglich; etwa.

misselijk ['-sələk] übel; widerlich; *ik word ~* mir wird übel (*of* schlecht).

miss|en *v/i* fehlen, (er)mangeln; *v/t* vermissen; entbehren; verfehlen; verpassen; *ik mis iets* (*ontbreken*) etw fehlt mir; *gemist kunnen worden* entbehrlich sein; **~er** (*-s*) Fehlschlag *m*, Reinfall *m*.

miss|ie ['-si·] (*-s of -siën*) Mission *f*; **~ionaris** [-sio·'na:-] *m* (*-sen*) Missionar *m*.

mis|staan [-'sta:n] (-) nicht stehen; schlecht anstehen; **~stap** Fehltritt *m*.

mist Nebel *m*, Dunst *m*; **~achterlicht** *n* Nebelschlußleuchte *f*; **~bank** Nebelbank *f*.

mistel ['mɪstəl] (*-s*) Mistel *f*.

mist|en: *het mist* es ist neblig; **~ig** ['-təx] dunstig, neblig; **~lamp** Nebelschlußwerfer *m*.

mis|troostig [-'tro:stəx] mißmutig; **~vatting** ['mɪs-] Mißverständnis *n*; **~verstand** *n* Mißverständnis *n*; **~vormen** [-'fɔr-] (-) entstellen, verunstalten.

mitrailleur [-tra·'jø:r] (*-s*) Maschinengewehr *n*.

mits vorausgesetzt, daß.

m.i.v. *afk voor* **met ingang van** ab (*D*), von (*D*) ... an; **met inbegrip van** einbegriffen (*A*).

m.n. *afk voor* **met name** namentlich.

mobil|isatie [-'za:(t)si·] (*-s*) Mobilmachung *f*; **~iseren** [-'ze:r-] mobilisieren; **~ofoon** [-'fo:n] (*-s*) Sprechfunkgerät *n*.

modaal [-'da:l] modal; durchschnittlich.

modder Schlamm *m*; Matsch *m*; Dreck *m*, Kot *m*; **~bad** [-bɑt] *n* Schlamm-, Moorbad *n*; **~en** pfuschen, stümpern; **~ig** ['-dərəx] schlammig, dreckig; matschig.

mode (*-s*) Mode *f*; *in de ~ zijn* in Mode sein.

mode|- *in samenst. mst* Mode-, *b.v.* **~fan** [-fɛn] *m*, **~freak** [-fri:k] *m* (*-s*) Modenarr *m*, F Schickimicki *m*; **~kleur** [-klø:r] Modefarbe *f*.

model *n* (*-len*) Modell *n*; Muster *n*; Zuschnitt *m*; **~leren** [-'le:r-] modellieren; **~spoorbaan** Modelleisenbahn *f*.

mode·ontwerper Modeschöpfer *m*.
modern modern, zeitgemäß.
mode|show [-ʃoːü] Mode(n)schau *f*; **~snufje** [-snøfiə] *n* letzter Modeschrei *m*; **~s** *pl ook* modischer Schnickschnack, F Schickimicki *m*; **~zaak** Mode(n)geschäft *n*.
modieus [-'diø:s] modisch.
module [-'dy·lə] *m of n* (-s) Modul *n*.
modus ['moːdəs] (*modi*) Modus (*ook gr*); Modalität *f*.
moe [muˑ] müde; *het ~ zijn* es leid sein, es satt haben.
moed Mut *m*; **~e·loos** mutlos; **~e·loosheid** [-ɦɛit] Mutlosigkeit *f*.
moeder *f* (-s) Mutter *f*; *van ~s kant* mütterlicherseits; **~lijk** [-lək] mütterlich; **~maatschappij** [-sxɑpɛi] Mutter-, Dachgesellschaft *f*.
moederschap [-sxɑp] *n* Mutterschaft *f*; **~s·verlof** *n* Mutterschaftsurlaub *m*.
moeders·kindje *n* Muttersöhnchen *n*.
moeder|taal Muttersprache *f*; **~vlek** Muttermal *n*.
moed|ig ['muˑdəx] mutig; **~willig** [-'ʋɪlək] mutwillig.
moe|gestreden ['muˑɣ̊ɛstre:də(n)] abgekämpft; **~heid** Müdigkeit *f*.
moeilijk ['muˑilək] schwierig, schwer; mühsam; *het ~ hebben* es schwer haben; *~ vallen* schwerfallen (*D*); **~heid** (-heden) Schwierigkeit *f*; *moeilijkheden pl hebben met iem* Ärger haben mit j-m.
moei|te Mühe *f*; Bemühung *f*; Aufwand *m*; *~ doen* sich bemühen, sich Mühe geben; *de ~ lonen* (*of waard zijn*) der Mühe wert sein, sich lohnen; **~zaam** ['muˑizaːm] mühsam, mühselig.
moer [muˑr] (Schrauben-)Mutter *f*; *het kan hem geen ~ schelen* F es ist ihm schnuppe (*of* piepegal).
moeras [muˑ'rɑs] *n* (-sen) Morast *m*, Sumpf *m*; **~sig** [-'rɑsəx] morastig, sumpfig.
moerbeiboom Maulbeerbaum *m*.
moes [muˑs] *n* Mus *n*; **~je** ['muˑʃə] *n* (-s) Mutti *f*; Mouche *f*; Tupfen *m*; **~tuin** ['-tœyn] Gemüsegarten *m*.
moeten* ['muˑtə(n)] müssen; sollen; *wat moet dat?* was soll das?
Moezel ['muˑzəl] *de ~* die Mosel.
mof¹ (-fen) Muff *m*.

mof² *m* (-fen) scheldwoord voor Deutsche(r) Teutone *m*.
mogelijk ['moːɣələk] möglich; möglicherweise; *zo* (*snel, veel*) *~* möglichst (schnell, viel); *zo groot ~ ook* größtmöglich; *zo ~* womöglich; wenn möglich; **~heid** (-heden) Möglichkeit *f*.
mogen* dürfen; mögen; *mocht hij komen, ... sollte er ...*; *er ~ zijn* sich sehen lassen können.
mogendheid (-heden) Macht *f*; *grote ~* Großmacht *f*.
mohammedaan *m* (-danen) Mohammedaner *m*; **~s** mohammedanisch; **~se** *f* Mohammedanerin *f*.
mokken schmollen, F maulen.
mol [mɔl] (-len) Maulwurf *m*.
molecule [-'ky·l(ə)] *f of n* Molekül *n*.
molen (-s) Mühle *f*; **~aar** *m* (-s) Müller *m*; **~wiek** Mühlenflügel *m*.
molesteren [-lɛs'teːr-] belästigen; mißhandeln.
mollen F kaltmachen; vermurksen.
mollig ['-lək] mollig.
mols·hoop Maulwurfshügel *m*.
moment *n*, *tech* Moment *n*; *op het ~* im Moment; **~eel** [-'teːl] momentan, augenblicklich.
mompelen ['mɔmpəl-] murmeln.
monarch [-'nɑr(ə)x] *m* Monarch *m*.
mond [mɔnt] Mund *m*; Mündung *f*; *zijn ~ houden* den Mund halten; **~eling** ['-dəl-] mündlich; **~holte** Mundhöhle *f*; **~ig** ['-dəx] mündig; **~ing** (Ein-)Mündung *f*; **~-op-mondbeademing** Mund-zu-Mund-Beatmung *f*.
monetair [-'tɛːr] monetär; *~ stelsel n* Währungssystem *n*; **~e slang** Währungsschlange *f*.
monitor (-*en* [-'toː-] *of* -s) Monitor *m*.
monnik ['mɔnək] *m* Mönch *m*.
mono|- *in samenst. mst* mono-, *b.v.* **~loog** ['-loːx] (-logen) Monolog *m*.
monopolie [-'poːliˑ] *n* (-s *of* -liën) Monopol *n*; **~iseren** monopolisieren.
monotoon monoton.
monster *n* (-s) Muster *n*, Probe *f*; Warenmuster *n*, -probe *f*; Monster *n*, Scheusal *n*, Ungeheuer *n*; **~achtig** [-tɑx] scheußlich, monströs; **~en** ['-stərə(n)] mustern.
mont|age [-'taːʒə] (-s) Montage *f*; (*film~ ook*) Schnitt *m*; **~eren** [-'teːr-] montieren, zusammenbauen; **~eur** [-'tøːr] *m*

montuur 164

(-s) Monteur *m*; Mechaniker *m*, Schlosser *m*; **~uur** [-'ty:r] *n* of *f* (-turen) Brillenfassung *f*.
monument [-ny'mɛnt] *n* Denkmal *n*, Monument *n*; **~en-zorg** Denkmalschutz *m*.
mooi [mo:i] schön, hübsch; *dat is me wat ~s! iron* das ist ja eine schöne Bescherung!; *zich ~ maken ook* sich herausputzen.
moord Mord *m*; **~brigade** Mordkommission *f*; **~dadig** [-'da:dəx] mörderisch; **~en** morden; **~enaar** *m* (-s) Mörder *m*; **~enares** [-na·'rɛs] *f* (-sen) Mörderin *f*; **~end** mörderisch.
moot (*moten*) Stück *n* Fisch.
mop (*-pen*) Witz *m*; **schuine ~** Zote *f*; **~pen** *pl* **tappen** Witze *pl* reißen; **~pen-blaadje** *n* Witzblatt *n*.
mopper|aar(ster) *f*) *m* (-s) Nörgler(in *f*) *m*; **~en** ['-pərə(n)] murren, nörgeln.
mops-hond *m* Mops *m*.
moraal Moral *f*.
moreel 1. moralisch; **2.** *n* Moral *f*, Stimmung *f*.
morel [mo·'rɛl] (-len) Sauerkirsche *f*.
morfine [-'fi:nə] Morphium *n*.
morgen 1. morgen; **2.** *subst* Morgen *m*; **~avond** [-a:vɑnt] (**~ochtend, ~vroeg** [-v̆rux]) morgen abend (früh); **~s: 's ~** morgens; **~rood** *n* Morgenröte *f*.
morille [-'rɪlə] (-s) Morchel *f*.
mormel ['mɔrməl] *n* (-s) Köter *m*; Scheusal *n*.
morrelen ['mɔrəl-] (herum)fingern.
morren murren.
morsen ['mɔrsə(n)] kleckern, schmieren, verschütten.
morse-teken ['mɔrsətɛ:k-] *n* Morsezeichen *n*.
morsig ['-səx] schmutzig, fleckig.
mortel Mörtel *m*.
mortier [mɔr'ti:r] Mörser *m*.
mos [mɔs] *n* (*-sen*) Moos *n*.
moskee (*-ën*) Moschee *f*.
Moskou ['mɔskɑu] *n* Moskau *n*.
moslem ['mɔslɛm] *m* (-s) Moslem *m*.
mossel (*-en* of *-s*) (Mies-)Muschel *f*.
mosterd Senf *m*; **~pot** Senfglas *n*.
mot (*-ten*) Motte *f*.
motel [-'tɛl] *n* (-s) Motel *n*, Rasthaus *n*.
motie ['mo:(t)si·] (-s) Antrag *m*.
motief [-'ti·f] *n* (*-tieven*) Motiv *n*.
motiv|atie [-'v̆a:(t)si·] (-s) Motivation *f*; **~eren** [-'v̆e:r-] motivieren; begründen.
motor ['mo:tɔr] (*-en* [-'to:.] *of -s*) Motor *m*; Motorrad *n*; **~brandstof** Treibstoff *m*; **~defect** *n* Motorschaden *m*; **~fiets** Motorrad *n*; **~kap** Motorhaube *f*; **~pech** Motorpanne *f*; **~rijder** [-rɛidər] *m* Motorradfahrer *m*; **~(spoor)wagen** Triebwagen *m*; **~torpedoboot** Schnellboot *n*; **~voertuig** [-v̆u:rtəyx] *n* Kraftfahrzeug *n*.
motregen ['-reɣə(n)] Niesel-, Sprühregen *m*; **~en: het motregent** es nieselt.
motte-ballen *pl* Mottenkugeln *f/pl*.
motto *n* (-'s) Motto *n*.
mousseren [mu·'se:r-] moussieren, schäumen; **~d** *wijn*: spritzig, Schaum-.
mout [mɑut] *f of n* Malz *n*.
mouw [mɑu̯] Ärmel *m*; *op de ~ spelden* e-n Bären aufbinden, vorschwindeln.
mozaïek [-za·'ji:k] *n* Mosaik *n*.
Mr. *z.* **meester**.
muf(fig) [məf(əx)] muffig.
mug [məx] (*-gen*) Mücke *f*; **~ge-beet** Mückenstich *m*; **~ge-zifter** *m* (-s) Haarspalter *m*.
muil [mɑyl] Maul *n*, Rachen *m*; *z. ook* **muiltje**; **~ezel** Maulesel *m*; **~korf** Maulkorb *m*; **~tje** *n* (-s) Pantoffel *m*.
muis (*muizen*) Maus *f*.
muite|n ['mɑyt-] meutern; **~r** *m* (-s) Meuterer *m*; **~rij** [-'rɛi] Meuterei *f*.
muizeval ['mɑyzə-] Mausefalle *f*.
mul [məl] locker.
multi|functioneel [məlti·fəŋksio·'-] multifunktional; *multifunctionele hal* Mehrzweckhalle *f*; **~lateraal** ['məlti·-] multilateral; **~nationaal** [-nɑ(t)sio·nɑ:l] multinational; **~national** [-'nɛʃə-nəl] (-s) Multi *m*.
mummie ['məmi·] (*-s of -miën*) Mumie *f*.
munitie [my·'ni·(t)si·] Munition *f*.
munt [mənt] Münze *f*; Währung *f*; **~en** münzen; prägen; **~slang** Währungsschlange *f*.
murw [mər(ə)ŭ] mürbe.
mus (*-sen*) Spatz *m*, Sperling *m*.
museum [my·'zɛ:ɪ̈m] *n* (*-s of -sea*) Museum *n*.
musi|ceren [my·zi·'se:r-] musizieren; **~cienne** [-'siɛnə] *f* (-s) Musikerin *f*; **~cus** [-kəs] *m* (*-ici* [-si·']) Musiker *m*.
muskaatwijn [məs'ka:tu̯ɛin] Muskateller *m*.
muskiet [məs'ki·t] Moskito *m*.

must [məst] Muß *n*.

muts [məts] Mütze *f*, Haube *f*, Kappe *f*.

mutualiteit [myːtyːüɑliˈtɛit] Krankenkasse *f*.

muur [myːr] (*muren*) Mauer *f*, Wand *f*; ~**kast** Wandschrank *m*; ~**krant** Wandzeitung *f*.

m.u.v. *afk voor* **met uitzondering van** ausgenommen.

muziek [myˈ-] Musik *f*; *lichte* ~ Unterhaltungsmusik *f*; *op* ~ *zetten* vertonen; ~**cassette** Musikkassette *f*; ~**les** Musikstunde *f*; Musikunterricht *m*; ~**sleutel** [-sløːtəl] Notenschlüssel *m*.

muzi|kaal [myziˈ-] musikalisch; ~**kant** *m* Musikant *m*; ~**sch** [ˈ-ziˑs] musisch.

mysterie [misˈteːri] *n* (*-s of -riën*) Mysterium *n*; ~**us** [mistɛˈriøːs] mysteriös.

mystiek [misˈtiːk] **1.** mystisch; **2.** *subst* Mystik *f*.

myth|e [ˈmiːtə] Mythos *m*; ~**ologisch** [-ˈloːɣiˑs] mythologisch.

N

na 1. *prep* nach (*D*); ~ *gegeten te hebben, gingen we* nachdem wir gegessen hatten; **2.** *adv* nahe; *op één* ~ bis auf einen; *z. ook* **een**.

naad (*naden*) Naht *f*.

naaf (*naven*) Nabe *f*.

naai|en [ˈnaːiə(n)] nähen; *kostuum ook* schneidern; V vögeln, ficken; ~**garen** [ˈ-ɣaːrə(n)] *n* Nähgarn *n*; ~**gerei** [ˈ-ɣərɛi] *n* Nähzeug *n*; ~**machine** [ˈ-mɑʃiːnə] Nähmaschine *f*; ~**ster** [ˈ-stər] *f* (-*s*) Schneiderin *f*.

naakt 1. nackt; **2.** *n schild.* Akt *m*; ~**foto** Aktfoto *n*; ~**heid** [ˈ-hɛit] Nacktheit *f*; ~**strand** *n* FKK-Strand *m*; ~**zwemmen** *n* Nacktbaden *n*.

naald Nadel *f*; ~**boom** Nadelbaum *m*; ~**bos** [ˈ-bɔs] *n* Nadelwald *m*; ~**hak** Pfennigabsatz *m*.

naam (*namen*) Name *m*; (*reputatie*) Ruf *m*; *een slechte* ~ *bezorgen* in Verruf bringen; *in* ~ *van* im Namen (*G*); (*alleen*) *van* ~ (nur) dem Namen nach; ~**bord** *n* Namensschild *n*; ~**dag** [ˈ-dɑx] Namenstag *m*; ~**genoot** *m* (-*noten*) Namensvetter *m*; ~**loos** namenlos; *z. ook* **nvennootschap**; ~**val** Fall *m*, Kasus *m*; *eerste* ~ Nominativ *m*; *tweede* ~ Genitiv *m*; *derde* ~ Dativ *m*; *vierde* ~ Akkusativ *m*; ~**woord** *n* Nomen *n*; *zelfstandig* ~ Substantiv *n*, Hauptwort *n*.

naäpen [ˈnaːˌaːpə(n)] nachäffen.

naar¹ 1. *prep* nach (*D*), zu (*D*); zufolge (*G of D*); an, in (*A*, *D*); ~ *het noorden toe* nach Norden hin; **2.** *cw* wie; ~ *men zegt* wie man sagt; *z. ook* **naargelang**.

naar² (*akelig*) unheimlich; (*onaangenaam*) widerwärtig, leidig, übel; (*ongunstig*) widrig; ~**geestig** [ˈ-ɣeːstəx] trübselig, -sinnig.

naargelang [ˈ-ɣəlɑŋ]: (*al*) *naar* (*gelang*) je nach(dem); ~ (*van*) je nach (*D*).

naarmate [-ˈmaːtə] in dem Maße, wie.

naarstig [ˈ-stəx] eifrig.

naast 1. *prep* neben (*A*, *D*); **2.** *adj* nächst, nahe (*ook verwante*); ~**e** Nächste(r).

naasten verstaatlichen.

naastenliefde Nächstenliebe *f*.

nabestaanden *pl* Hinterbliebene(n) *pl*.

nabetaling Nachzahlung *f*.

nabij [-ˈbɛi] **1.** *prep* nahe (*D*), in der Nähe (*G*); **2.** *adj* ~(**gelegen**) nahe, benachbart, umliegend; ~**heid** Nähe *f*; *in de onmiddellijke* ~ in nächster Nähe.

nablijven (*op school*) nachsitzen.

naboots|en nachahmen, -bilden; ~**er** *m* (~**ster** *f*) (-*s*) Nachahmer(in *f*) *m*.

na|burig [ˈ-byːrəx] nahe, benachbart; ~**buurschap** [-sxɑp] *f of n* Nachbarschaft *f*; ~**checken** [ˈ-tʃɛk-] nachprüfen.

nacht Nacht *f*; ~**dienst** Nachtdienst *m*; (*in ziekenhuis ook*) Nachtwache *f*.

nachtegaal (-*galen*) Nachtigall *f*.

nacht|elijk [ˈ-tələk] nächtlich; ~**en-lang** nächtelang; ~**hemd** *n*, ~**japon** [-pɔn] Nachthemd *n*; ~**kastje** [ˈ-kɑʃə] *n* Nachttisch *m*; ~**kastlampje** *n* Nacht-

tischlampe f; ~merrie ['-mɛri·] Alptraum m; ~ploeg ['-plu·x] Nachtschicht f; ~pon ['-pɔn] Nachthemd n; ~portier [-ti:r] m Nachtportier m; ~rijverbod ['-rɛi-] n Nachtfahrverbot n; ~rust ['-rəst] Nachtruhe f; ~s: 's ~ [snaxs] nachts; ~tafeltje n (-s) Nachttisch m; ~veiligheidsdienst ['-fɛiləxɛitz-] Wach- und Schließgesellschaft f; ~vlucht ['-flɛxt] Nachtflug m; ~vorst Nachtfrost m; ~wacht Nachtwächter m; Nachtwache f; ~waker ['-va:kər] m (-s) Nachtwächter m.
nadat seitdem.
na|deel n Nachteil m, Schaden m; ten nadele van zuungunsten (G), auf Kosten (G); ~delig [-'de:ləx] nachteilig, schädlich.
nadenken nachdenken, sich überlegen; ~d [-'dɛŋkənt] nachdenklich.
nader näher; ~(bij [-'bɛi̯]) (näher) heran; ~en ['-dərə(n)] (zn) sich nähern (D), (heran)nahen, herankommen; ~hand [-'hant] nachher, nachträglich, später; ~ing Herannahen n, (An-)Näherung f; vlgw Anflug m.
nadien ['-di·n] danach, hinterher.
nadoen ['-du·n] nachmachen; nachahmen.
nadruk ['-drək] Nachdruck m; Betonung f; de ~ leggen op betonen; ~kelijk ['-drəkələk] eindringlich; nachdrücklich.
na|gaan nachgehen (D); prüfen; ~galmen nachhallen; ~gedachtenis ['-ɣədaxtənis] Andenken n; ter ~ aan zum Andenken an (A).
nagel (-s of -en) Nagel m; ~en nageln; ~lak n of m Nagellack m; ~vijl [-vɛi̯l] Nagelfeile f.
nagenoeg ['-nu·x] nahezu.
na|gerecht ['-ɣərɛxt] n Nachtisch m, -speise f; ~geslacht n Nachkommenschaft f; Nachwelt f; ~geven nachsagen; dat moet men hem ~ das muß man ihm lassen; ~heffing Nachforderung f; ~herfst Spätherbst m; ~houden ['-haṷə(n)]: erop ~ (sich) halten.
naïef [na·'ji:f] naiv, blauäugig.
naijver [-'ɛi̯vər] Neid m.
naïviteit [na·(j)i·vi·'tɛit] Naivität f.
najaar n Spätjahr n, Herbst m; ~s-beurs [-bø:rs] Herbstmesse f.
nakend ['na:kənt] (heran)nahend, nahe.

nakijken ['-kɛik-] nachsehen, -gucken; iem nachsehen, -blicken (D); het ~ hebben das Nachsehen haben.
nakom|eling ['-ko:məl-] m Nachkomme m, -fahre m; ~en nachkommen (D); v/t ook einhalten; ~er(tje n) m of f (-s) Nachzügler(in f) m.
nalat|en ['-la:t-] hinterlassen; (niet doen) unterlassen; ~en-schap ['-la:tə(n)sxap] (-pen) Hinterlassenschaft f, Nachlaß m; ~ig [-'la:təx] nachlässig; (onachtzaam) fahrlässig; (bij betaling) säumig.
na|leven ['-le:və(n)] befolgen, nachkommen (D); ~lezen Lezen nachlesen; ~lopen nachlaufen (D); (controleren) nachsehen; ~maak Nachahmung f; ~maken ['-ma:k-] nachmachen.
name: met ~ namentlich; ~lijk ['na:mələk] nämlich; ~loos namenlos.
namens im Namen (G), im Auftrag (G).
na|middag ['-mɪdax] Nachmittag m; 's ~s nachmittags; ~oorlogs ['-o:rlɔxs]: ~e jaren n/pl Nachkriegszeit f.
Napels ['na:pəls] n Neapel n.
napluizen ['-plɵ̞yz-] nachforschen (D).
narcis [-'sis] (-sen) Narzisse f.
narcose ['-ko:zə] Narkose f.
na|reizen ['-rɛiz-] nachreisen (D); ~rekenen [-'re:kən-] nach-, durchrechnen; ~rennen (zn) nachrennen (D).
narigheid ['na:rəxɛit] (-heden) Unannehmlichkeit f, Ärger m; daar komt ~ van das wird Ärger geben.
na|seizoen ['-sɛizu·n] n Nachsaison f; ~slaan nachschlagen; ~slagwerk ['-slax-] n Nachschlagewerk n; ~sleep Nachspiel n, Folgen f/pl; ~smaak Nachgeschmack m; ~spel n Nachspiel n; ~sporing Nachforschung f; ~spreken nachsprechen; ~streven an-, erstreben, nachstreben (D); ~sturen ['-sty:r-] nachschicken, -senden.
nat naß.
natellen ['-tɛl-] nach-, durchzählen.
natheid ['natheit] Nässe f.
natie ['na:(t)si] (-s of -tiën) Nation f.
nationaal [na(t)sio·'na:l] national; nationale feestdag Nationalfeiertag m; ~produkt n Sozialprodukt n; ~socialisme [-so·sia·'lɪsmə] n Nationalsozialismus m.
nationaliser|en [na(t)sio·nali·'zer-] nationalisieren, verstaatlichen; ~ing Nationalisierung f, Verstaatlichung f.

national|isme [na(t)sĭo·na'lɪsmə] *n* Nationalismus *m*; **~iteit** [-'tɛit] Nationalität *f*; Staatsangehörigkeit *f*.

natmaken be-, anfeuchten, naß machen.

na·trekken ['na:-] überprüfen.

natrium ['na:triː(j)əm] *n* Natrium *n*.

nattigheid ['natəxɛit] Nässe *f*.

natura [-'ty·ra·]: *in* ~ Natural-, Sach-; *hulp in* ~ Sachhilfe *f*.

naturalis|atie [natyralĭ·'za:(t)si·] (-*s*) Naturalisation *f*, Einbürgerung *f*; **~eren** [-'ze:r-] naturalisieren, einbürgern; **~me** [-'lɪsmə] *n* Naturalismus *m*.

naturist [natyˑ'-] FKKler *m*.

natuur [-'ty:r] (-*turen*) Natur *f*; (*aard ook*) Wesen *n*; *in de vrije* ~ im Grünen; *van nature* von Natur aus.

natuurbescherm|er *m* Naturschützer *m*; **~ing** Naturschutz *m*.

natuur|getrouw [-trau̯] naturgetreu; **~kracht** Natur-, Elementargewalt *f*.

natuurkund|e [-kəndə] Physik *f*; **~ig** [-'kəndəx] physikalisch; **~ige** Physiker(in *f*) *m*.

natuur|liefhebber *m* Naturfreund *m*; **~lijk** [-lək] natürlich; **~! ook** klar!; **~produkt** [-dəkt] *n* Naturprodukt *n*; **~ramp** Naturkatastrophe *f*, **~reservaat** *n* Naturschutzpark *m*, -gebiet *n*; **~verschijnsel** [-sxɛinsəl] *n* Naturereignis *n*; **~voedingswinkel** [-'vu̯dɪŋs-] Bioladen *m*; **~wet** Naturgesetz *n*; **~wetenschap** [-ʋeːtə(n)sxɑp] Naturwissenschaft *f*.

nauw [nau̯] **1.** eng, knapp; *het niet zo nemen* es nicht so genau nehmen; **2.** *n* Enge *f*; *in het* ~ *brengen* bedrängen, zusetzen (*D*); *in het* ~ *zitten* in der Klemme sitzen.

nauwelijks ['nau̯ələks] kaum.

nauw|gezet ['-ɣəzɛt] gewissenhaft, pünktlich; **~keurig** [-'køːrəx] genau; **~keurigheid** [-xɛit] Genauigkeit *f*, Präzision *f*; **~lettend** [-'lɛt-] genau, sorgfältig; **~sluitend** ['-slœytənt] enganliegend, hauteng.

nauwte ['nau̯tə] (-*s of en* -*n*) Enge *f*.

n.a.v. *afk voor naar aanleiding van* anläßlich (*G*).

navel (-*s*) Nabel *m*; **~streng** Nabelschnur *f*.

navenant[-'v̥ə'nɑnt] (dem)entsprechend.

navertellen nacherzählen.

navigatie [-'ɣa:(t)si·] Navigation *f*; **~licht** *n* Positionsleuchte *f*.

NAVO NATO *f*.

navoelen ['-v̥u·l-] nachfühlen, -empfinden.

navolg|en nachfolgen (*D*); nachahmen, nacheifern (*D*); **~end** nachstehend; **~ens·waard**(**ig**) [-'va:rd(əx)] nachahmenswert; **~ing** Nachfolge *f*, Nachahmung *f*; *in* ~ *van* nach dem Vorbild (*G*); in Anlehnung an (*A*).

navordering Nachforderung *f*.

navors|en nachforschen (*D*), recherchieren; **~ing** (Nach-)Forschung *f*.

na|vraag Erkundigung *f*; **~doen**, **~vragen** nachfragen, sich erkundigen; **~werken** nachwirken; **~woord** *n* Nachwort *n*; **~zaat** *m* (-*zaten*) Nachfahre *m*, Nachkomme *m*; **~zeggen** nachsagen; **~zenden** = **nasturen**; **~zien** nachsehen, nach-, überprüfen.

nazisme [-'zɪsmə] *n* Nazismus *m*.

na|zomer ['-zoːmər] Spätsommer *m*; **zonnige** ~ Altweibersommer *m*; **~zwaaien** ['-zu̯a:i-] nachwinken (*D*).

nectar Nektar *m*.

neder(-) ['neːdər(-)] *z. ook* **neer** (-).

nederig ['neːdərəx] bescheiden, demütig; **~heid** [-xɛit] Bescheidenheit *f*, Demut *f*.

nederlaag Niederlage *f*, F Schlappe *f*.

Nederland *n* Niederlande *n/pl*, Holland *n*; **~er** *m* (-*s*) (**~se** *f* [-*n*]) Niederländer(in *f*) *m*, Holländer(in *f*) *m*; **~s** niederländisch, holländisch; *in het* ~ auf niederländisch.

Neder-Saksen *n* Niedersachsen *n*.

nederzetting Siedlung *f*.

neef *m* (*neven*) Neffe *m*; Vetter *m*.

nee(n) nein; *wel* ~!, ~ *toch!* nicht doch!, aber nein!; ~ *maar!* na sowas!, aber so was!

neer nieder; her-, hinunter; her-, hinab; **~buigend** [-'bœyɣənt] herablassend; **~dalen** herab-, hinabsteigen; **~gaand** rückläufig; **~gang** Niedergang *m*, Abstieg *m*; **~gooien** ['-ɣoːi̯ə(n)] nieder-, hinwerfen; **~hangen** herunter-, herabhängen; **~hurken** ['-hœrkə(n)] sich kauern, hin-, niederkauern; **~kijken** ['-kɛik-] (*op*) herabblicken, -sehen (auf *A*) (*ook pej*); **~knallen** F abknallen; **~knielen** niederknien; **~komen** herunterkommen; niedergehen; ~ *op* (auf-)

neerlaten treffen auf (A); *fig* hinauslaufen auf (A); **~laten** ['-la:t-] herunterlassen, senken; *landingsgestel* ausfahren; **~leggen** niederlegen; hinlegen; (*doden*) umlegen; (*schriftelijk*) festlegen, -halten; *zich ~ bij* sich abfinden mit (D), resignieren; **~ploffen** aufschlagen; **~schieten** abschießen; erschießen; **~slaan** v/t niederschlagen; *ogen ook* senken; (*neerklappen*) herunterklappen; v/i (zn) sich niederschlagen; (*zich afzetten*) sich ablagern; **~slachtig** ['-slɑxtəx] niedergeschlagen; **~slag** ['-slɑx] Niederschlag m (*ook chem en fig*); **~slagen** m/pl; **~storten** (zn) abstürzen; **~strijken** ['-strɛik-] (zn) sich niederlassen; **~vallen** hinab-, hinunterfallen; hinfallen; (*regen*) fallen; **~vlijen** ['-vlɛiə(n)] sanft hinlegen; **~waarts** abwärts; **~zetten** niedersetzen; hin-, absetzen, hinstellen; **~zien** (op) herabsehen (auf A) (*ook fig*), hinabsehen (auf A).

negatief [-'ti·f] **1.** negativ; **2.** n (-tieven) Negativ n.

negen ['ne:ɣə(n)] neun; **~de** neunte; ~ (*deel*) n Neuntel n; **~tien** neunzehn; **~tig** ['ne:ɣə(n)təx] neunzig.

neger m (-s) Neger m, Schwarze(r).

negeren [nə'ɣe:r-] ignorieren; *verkeersteken* überfahren.

negerin [-'rɪn] f (-nen) Negerin f, Schwarze; **~zoen** [-zu'n] Negerkuß m.

negligé [neɣli·'ʒe:] n (-s) Negligé n.

neigen ['nɛiɣ-] (*tot*) neigen, tendieren (zu D); **~ing** Neigung f.

nek (-ken) Nacken m, Genick n.

nemen* nehmen; *reiskaartje* lösen; *besluit* fassen; *woord, maatregel* ergreifen; *iets niet ~ fig* sich etw nicht bieten lassen; *op zich ~* auf sich nehmen, übernehmen; *~ uit* herausnehmen aus (D), entnehmen.

neo- *in samenst. mst* Neo-.

neonbuis [-bəys] Neon-, Leuchtröhre f.

nep Schwindel m; Nepp m; **~pen** neppen; **~tent** F Nepplokal n.

nerf (*nerven*) Nerv m; (*van leer*) Narbe f.

nergens ['nɛrɣə(n)s] nirgends, nirgendwo.

neringdoende [ne:rɪŋ'du·ndə] Gewerbetreibende(r).

nerts 1. n en **2.** (*dier*) Nerz m.

nerveus [-'v̊ø:s] nervös.

nervositeit [-'tɛit] Nervosität f.

nest n Nest n.

nestelen ['-tələ(n)] (*ook zn*) nisten.

net[1] **1.** nett; sauber; **~(schrift)** n Reinschrift f; *in het ~ schrijven* ins reine schreiben; **2.** gerade; genau; eben, vorhin; knapp; **~ zo** genauso; **~ hetzelfde** genau das gleiche; *dat is het hem nou ~!* das ist es ja gerade!

net[2] n (-ten) Netz n; *eerste ~* erstes Programm n; *plaatselijk ~* Ortsnetz n.

netel ['ne:təl] (-s *of* -en) Nessel f; **~doek** [-duk] n *of* m Nesseltuch n, Mull m.

netelig ['ne:tələx] heikel, mißlich, knifflig, verfänglich.

netelroos ['ne:təl-] Nesselfieber n.

net|**heid** ['-hɛit] Sauberkeit f; *fig* Anständigkeit f; säuberlich, anständig; **~kaart** Netzkarte f; **~nummer** ['-nəmər] n Vorwahl f, Vorwählnummer f; **~schrift** n Reinschrift f.

netto- *in samenst. mst* Netto-, *b.v.* **~-inkomen** n Nettoeinkommen n; **~-opbrengst** Netto-, Reinerlös m; **~winst** Netto-, Reingewinn m.

net|**vlies** n Netzhaut f; **~werk** n Netzwerk n (*ook comp*).

neuken ['nøk-] V ficken, bumsen.

neuriën [nø·'ri·(j)ə(n)] summen, trällern.

neur|**ose** [nø·'ro:zə] (-s *of* -n) Neurose f; **~otica** [-'ro:ti·kɑ] f (-*icae* [-se:]) Neurotikerin f; **~oticus** [-kəs] m (-*ici* [-i·si·]) Neurotiker m.

neus [nø:s] (*neuzen*) Nase f; *fig ook* Gespür n; (*schoen~*) Kappe f; *iem bij de ~ nemen* j-n an der Nase herumführen, j-n hochnehmen; **~bloeding** ['-blu·d-] Nasenbluten n; **~druppels** ['-drøpəls] pl Nasentropfen m/pl; **~gat** n Nasenloch n; (*bij dier ook*) Nüster f; **~holte** Nasenhöhle f; **~hoorn** m (-s) Nashorn n; **~verkouden** [-kɑu̯ə-n] verschnupft.

neut [nø:t] F Schnaps m.

neutr|**aal** [nø·'-] neutral; **~aliseren** [-'ze:r-] neutralisieren; **~aliteit** [-'tɛit] Neutralität f.

neutron ['nø:trɔn] n Neutron n.

neutrum ['nø:trəm] n gr Neutrum n.

nevel (-s *of* -en) Nebel m; **~ig** [-lɑx] neblig, verfänglich.

nevenfunctie [-fəŋksi·] Nebentätigkeit f.

nicht f Nichte f; Kusine f.

nicotine Nikotin n.

niemand niemand, keiner; **~s·land** n Niemandsland n.

niemendal [ni·mən'dɑl]: *voor een ~* für e-n Spottpreis; *voor ~* für nichts und wieder nichts.
nier Niere *f*; **~steen** Nierenstein *m*.
nies|bui ['-bəy] Niesanfall *m*; **~en** = *niezen*.
niet¹ nicht.
niet² Niete *f*.
nietapparaat *n* Hefter *m*.
niet|-confessioneel [-sĭo·ne:l] konfessionslos; **~doorlaatbaar** undurchlässig.
nieten heften; *tech* (ver)nieten.
nietig ['-təx] nichtig (*ook jur*), ungültig; winzig, unscheinbar; **~heid** [-xɛit] (*-heden*) Nichtigkeit *f*.
niet-inachtneming Nichtbeachtung *f*; **~inmenging** Nichteinmischung *f*.
nietmachine ['-mɑʃi·nə] Hefter *m*.
niet|-ontvankelijk [-'fɑŋkələk] *jur* unzulässig; **~roker** *m* Nichtraucher *m*.
niets 1. nichts; *het is ~!* das macht nichts!; *daar is ~ aan* es ist nichts dabei; *tot ~ dienen* zu nichts nutz sein; *voor ~* umsonst; **2.** *n* Nichts *n*; **~doen** ['-du·n] *n* Nichtstun *n*, Müßiggang *m*; **~nut** ['-nɵt] *m* (*-ten*) Nichtsnutz *m*, Müßiggänger *m*, Taugenichts *m*; Gammler *m*; **~vermoedend** ['-mu·dənt] ahnungslos; **~zeggend** ['-sɛɣənt] nichtssagend, inhaltslos.
niet|tegenstaande [-te:ɣə(n)'-] ungeachtet (*G*), trotz (*G*); *~ dat ...* trotz der Tatsache, daß ...; **~temin** nichtsdestoweniger, trotzdem; **~waar** nicht wahr.
nieuw [niʉ] neu; *zo goed als ~* ook neuwertig; **~bouwwijk** ['-bɑʉvɛik] Neubauviertel *n*.
nieuw|eling (*e f*) ['ni·ʉə-] *m* Neuling *m*; **~er·wets** ['-ʋɛts] neumodisch; **~igheid** ['-əxɛit] (*-heden*) Neuheit *f*; Neuerung *f*.
nieuwjaar *n* Neujahr *n*; *gelukkig (of zalig) ~!* ein glückliches neues Jahr!; **~s·wens** Neujahrswunsch *m*.
nieuwkomer ['-ko:m-] *m* (*-s*) Neuling *m*.
nieuws *n* Neue(s); Nachricht(en *pl*) *f*; **~berichten** *n*/*pl* Nachrichten *f*/*pl*; **~dienst** Presse-, Nachrichtendienst *m*; **~gierig** ['-ʝi·rəx] neugierig, gespannt; **~lezer(es *f*)** *m* Nachrichtensprecher (*-in f*) *m*; **~uitzending** ['-ɵyt-] Nachrichtensendung *f*.
nieuwtje *n* (*-s*) Neuigkeit *f*; Neuheit *f*.
niezen niesen.

nijd [nɛit] Neid *m*; **~ig** ['-dəx] böse; grimmig, verbissen.
Nijl [nɛil]: *de ~* der Nil.
nijlpaard *n* Nil-, Flußpferd *n*.
Nijmegen ['nɛime:ɣə(n)] *n* Nimwegen *n*.
nijptang ['nɛip-] Kneif-, Beißzange *f*.
nijver ['nɛiʋər] fleißig, emsig.
nijverheid [-hɛit] Gewerbe *n*; Industrie *f*; **~s·school** [-sxo:l] Gewerbeschule *f*.
nikkel *n* Nickel *n*.
niks F nichts.
nimf *f* Nymphe *f*.
nimmer nie, nimmer.
nip|pen (*van*) nippen (an *D*); **~pertje**: *op het ~* knapp, im letzten Augenblick.
nipt knapp; gerade.
nis [nis] (*-sen*) Nische *f*.
nitroglycerine [-ɣlisə'-] Nitroglyzerin *n*.
niveau [-'ʋo:] *n* (*-s*) Niveau *n*; *fig mst* Ebene *f*.
nl. *z. namelijk*.
Nobelprijs [no·'bɛlprɛis]: *voor de vrede* Friedensnobelpreis *m*; **~winnaar** *m* Nobelpreisträger *m*.
noch: *~ ... ~* weder ... noch.
nochtans [-'tɑns] dennoch, gleichwohl, trotzdem.
no-claim-korting [no:'kle:m-] Schadenfreiheitsrabatt *m*.
node ['no:də] ungern; *van ~* vonnöten, nötig; **~loos** unnötig.
nodig ['-dəx] nötig, notwendig; *~ hebben* brauchen, benötigen, bedürfen (*G*); *~ zijn ook* benötigt werden; *zo ~* wenn nötig, gegebenenfalls.
noem|en ['nu·m-] nennen; (*op~ ook*) aufführen; bezeichnen als; (*naar iem*) benennen; **~ens·waardig** ['-ʋa:rdəx] nennenswert; **~er** (*-s*) Nenner *m*; *onder één ~ brengen* auf e-n Nenner bringen.
nog noch; *~ eens* nochmals; *~ maar 1 uur, ...* nur noch ...
noga Nougat *m*.
nog|al [nɔ'ɣɑl] ziemlich; **~maals** nochmals, abermals.
nok (*-ken*) First *m*; Nocken *m*; **~ken·as** Nockenwelle *f*.
nomade *f* *of m* Nomade *m*.
nominaal nominal; *nominale waarde* Nominal-, Nennwert *m*.
nominatief (*-tieven*) Nominativ *m*.
non *f* (*-nen*) Nonne *f*.
nonchalan|ce [-ʃɑ'lã:nsə] (Nach-)Läs-

nonchalant 170

sigkeit *f*; **~t** [-ʃɑˈlɑnt] (nach)lässig, ungezwungen.
non-ferrometaal [-ˈfɛro·-] *n* Bunt-, Nichteisenmetall *n*.
nonsens [-sɛns] Nonsens *m*, Unsinn *m*.
non-stop-vlucht [-flœxt] Nonstop-, Direktflug *m*.
nood (*noden*) Not *f*; *fig ook* Bedrängnis *f*; *in geval van ~* im Notfall.
nood|- *in samenst. mst* Not-, *b.v.* **~gebied** *n* Notstandsgebiet *n*; **~gedwongen** notgedrungen; **~hulp** [ˈhɛl(ə)p] Aushilfe *f* (*ook pers.*), Notbehelf *m*; *als ~* zur Aushilfe; **~klok** Alarmglocke *f*; **~landing** Notlandung *f*; *een ~ maken* notlanden; **~lijdend** [-ˈlɛi-] notleidend.
noodlot *n* Schicksal *n*, Verhängnis *n*; **~tig** [-ˈlɔtəx] verhängnis-, unheilvoll, fatal.
nood|rem Notbremse *f*; **~situatie** [ˈ-siˑtyˈŭa:(t)si-] Notlage *f*, Notstand *m*; **~toestand** [ˈ-tuˑ-] *jur* Notstand *m*; **~uitgang** [ˈ-ɔyt-] Notausgang *m*; **~verband** *n* Notverband *m*; **~verlichting** Notbeleuchtung *f*; **~weer 1.** Notwehr *f*; **2.** Unwetter *n*; **~zaak** Notwendigkeit *f*; *uit ~* notgedrungen; *zonder ~* ohne Not; **~zakelijk** [-ˈsa:kələk] notwendig, unerläßlich; **~zaken** [-ˈsa:kə(n)] nötigen, zwingen; *zich genoodzaakt zien* sich gezwungen (*of* veranlaßt) sehen.
nooit [noˑit] nie(mals); *~ meer* nie wieder; *~ ofte nimmer* nie und nimmer.
Noor *m* (*Noren*) Norweger *m*.
Noord|-Afrika *n* Nordafrika *n*; **~-Duitsland** [-ˈdɔyts-] *n* Norddeutschland *n*.
noordelijk [-ˈdələk] nördlich.
noorden *n* Norden *m*; *ten ~ van* nördlich (*G of* von *D*); **~wind** Nordwind *m*.
noorder|breedte nördliche Breite *f*; **~licht** *n* Nordlicht *n*.
noord|kant Nordseite *f*; **~oost(en** *n*) [-ˈoːst-] Nordost(en) *m*; **~pool** Nordpol *m*; ♀**rijn-Westfalen** [ˈ-rɛin-] Nordrhein-Westfalen *n*; **~s** nördlich; **~west(en** *n*) [-ˈvɛst-] Nordwest(en) *m*; ♀**zee** Nordsee *f*; **~zijde** [-ˈsɛidə] Nordseite *f*.
Noors norwegisch; **~e** *f* Norwegerin *f*.
noot (*noten*) Nuß *f*; *mus* Note *f*; (*voet*)*~* Anmerkung *f*; **~muskaat** [-məsˈ-] Muskatnuß *f*.
nopen zwingen, nötigen.

nopens [ˈnoːpə(n)s] bezüglich (*G*).
nor [nɔr] (*-ren*) F Knast *m*, Kittchen *n*.
norm Norm *f*; **~aal** [-ˈmaːl] normal; **~aliseren** [-ˈzeːr-] (*zich*) (sich) normalisieren, (*standaardiseren*) normieren; **~aliter** [-ˈliːtər, -ˈmaːliˑtər] normalerweise; **~eren** [-ˈmeːr-] norm(ier)en.
nors [nɔrs] unwirsch, mürrisch.
nota (*-'s*) Note *f*; (*rapport*) Bericht *m*; *hdl* Rechnung *f*; *~ nemen van* Notiz nehmen von (*D*), zur Kenntnis nehmen.
notabelen [-ˈtaːbələ(n)] *pl* Honoratioren *m/pl*.
notar|ieel [-ˈriˑeːl] notariell; **~is** [-ˈtaːris] *m* (*-sen*) Notar *m*.
note|boom [ˈnoːtə-] Nußbaum *m*; **~dop** Nußschale *f* (*ook fig*); **~kraker** [-kraːkər] Nußknacker *m*.
noter|en [-ˈteːr-] notieren, vermerken; vormerken; **~ing** *f* Notierung *f*.
notie [ˈnoː(t)si-] (*-s*) Ahnung *f*, Schimmer *m*.
notitie [-ˈti·(t)si-] (*-s*) Notiz *f*, Eintragung *f*, Vermerk *m*; **~boekje** [-buˑkiə] *n* Notizbuch *n*.
not|oir [-ˈtŭaːr], **~oor** [-ˈtoːr] notorisch.
notul|en [ˈnoːtyˑ-] *pl* (Sitzungs-)Protokoll *n*; **~eren** [-ˈleːr-] protokollieren.
nou [nɑu] nun, jetzt; *~ dan!* na also!; *~ en?* na und?; *(~)!* na(nu)!
novelle Novelle *f*.
november November *m*.
nozem [ˈnoːzəm] *m* (*-s*) Halbstarke(r), Gammler *m*.
'ns [ə(n)s] *z.* **eens**.
nu [nyˑ] nun, jetzt; (*en*) *~ ook* nunmehr; *~ en dan* dann und wann, ab und zu; *~ eens ... dan weer* bald ... bald; *tot ~ toe* bis jetzt, bislang; *van ~ af (aan)* von nun an.
nuance [nyˈŭɑ̃:nsə] (*-s of -n*) Nuance *f*; **~eren** [-ˈseːr-] nuancieren.
nuchter [ˈnɛxtər] nüchtern; **~heid** [-hɛit] Nüchternheit *f*.
nucleair [nyˑkleˑˈjɛːr] nuklear.
nudis|me [nyˑˈdɪsmə] *n* Nudismus *m*, Freikörperkultur *f*; **~t(e** *f*) *m* Nudist(in *f*) *m*; **~ten-kamp** *n* FKK-Camp *n*.
nuk [nɛk] (*-ken*) Laune *f*; Tücke *f*; **~kig** [ˈnɛkəx] launisch.
nul [nɛl] **1.** null; *van ~ en generlei waarde* null und nichtig; **2.** *subst* (*-len*) Null

f; *pers. ook*: Niete *f*; ~**groei** ['-ɣruˑi] Nullwachstum *n*; ~**punt** ['-pənt] *n* Nullpunkt *m*; ~**tarief** *n* Nulltarif *m*.

numeriek [nyˑmeˑ'-] numerisch; zahlenmäßig.

nummer ['nømər] *n* (*-s*) Nummer *f*; (*in advertentie*) (Kenn-)Ziffer *f*, Chiffre *f*; (*tijdschrift*) Heft *n*; *iem op zijn* ~ *zetten* j-n fertigmachen, j-m e-e Abfuhr erteilen; ~**bord** *n* (*auto*~) Nummernschild *n*; ~**en** ['-mərə(n)] numerieren; ~**plaat** = **nummerbord**.

nurks [nør(ə)ks] nörgelig, unwirsch.

nut [nøt] *n* Nutzen *m*; Nützlichkeit *f*; *van* ~ *zijn* nützen (*D*), von Nutzen sein; *van algemeen* ~ gemeinnützig; ~**te**: *zich iets ten* ~ *maken* sich etw zunutze (*of* nutzbar) machen.

nutteloos ['-təloːs] nutzlos; ~**heid** [-'loːsɦɛit] Nutzlosigkeit *f*.

nuttig ['nøtəx] nützlich, nutzbringend, förderlich; ~**e last** Nutzlast *f*; ~**en** zu sich nehmen, verzehren; ~**heid** [-xɛit] Nützlichkeit *f*.

N. V. *z.* **vennootschap**.

nylon ['nɛilɔn, 'naɪ̯-] *n of m* Nylon *n*; ~**kousen** [-kausə(n)] *pl* Nylonstrümpfe *m/pl*.

O

o! o(h)!, ah!; ~ *jee!* oje!; ~ *zo!* ach so!

o.a. *afk voor* **ondere andere** unter anderem (*of* anderen) (*afk* u.a.).

oase [oˑ'vaːzə] (*-s of -n*) Oase *f*.

ober *m* (*-s*) Ober *m*, Kellner *m*.

object *n* Objekt *n*; ~**ief** [-'tiˑf] **1.** objektiv, sachlich; **2.** *n* (*-tieven*) Objektiv *n*; ~**iviteit** [-'tɛit] Objektivität *f*.

obligatie [-'ɣaː(t)si] (*-s*) Obligation *f*, Schuldverschreibung *f*.

obligatoir [-'ɣaˑ'tŭaːr] obligatorisch.

obsceen [-'seːn] obszön.

obscuur [ɔp'skyːr] obskur, anrüchig.

obsederen [-'deːr-] nicht loslassen.

obser|**vatorium** [-'toːriˑ(j)øm] *n* (*-s of -ria*) Observatorium *n*; ~**veren** [-'veːr-] observieren, beobachten, überwachen.

obsessie [-'sɛsi] (*-s*) Obsession *f*, Besessenheit *f*.

obstakel [ɔp'staːkəl] *n* (*-s*) Hindernis *n*.

occasion [ɔkaˑ'ziɔ̃, ɔˑ'keːʒɔn] (*-s*) (*auto*) Gebrauchtwagen *m*.

oceaan [oˑseˑ'jaːn] (*oceanen*) Ozean *m*; *Stille* ♀ Pazifik *m*.

och! ach!, och!

ochtend Morgen *m*; ~**blad** *n* Morgenzeitung *f*, -ausgabe *f*; ~**gymnastiek** ['-ɣymnastiˑk] Morgengymnastik *f*; ~**jas** Morgenrock *m*; ~**krant** = **ochtendblad**; ~**schemering** [-sxeˑmər-] Morgengrauen *n*; ~**spits** morgendliche Hauptverkehrszeit *f*.

octaaf [-'taˑf] *n of f* (*-taven*) Oktave *f*.

octaangetal [-'taˑnɣətal] *f* Oktanzahl *f*.

octrooi *n* Patent *n*; ~**raad** Patentamt *n*.

oecumenisch [øˑkyˑ'meːniˑs] ökumenisch.

oefen|**en** ['uˑfənə(n)] üben; ~**ing** Übung *f*; *vrije* ~ *sp* Kür *f*; ~**terrein** [-tɛrɛin] *n* Übungsplatz *m*, -gelände *n*.

oei! [uˑi] ui!, uh!

oer|**gezellig** ['uːrɣəzɛləx] urgemütlich; ~**oud** ['uːraut] uralt; ~**sterk** sehr stark; strapazierfähig; ~**stom** P saublöd; ~**toestand** [-'tuˑ-] Urzustand *m*; ~**woud** *n* ['-vaut] Urwald *m*.

oester ['uˑstər] (*-s*) Auster *f*.

oever (*-s*) Ufer *n*; *buiten de* ~**s** *treden* über die Ufer treten; ~**loos** uferlos.

of oder; ob; *en* ~! und ob!; ~(*wel*) ... ~ entweder ... oder.

offensief [-'siˑf] *n* (*-sieven*) Offensive *f*.

offer ['ɔfər] *n* (*-s*) Opfer *n*; ~**en** opfern.

offerte [ɔ'fɛrtə] (*-s of -n*) Offerte *f*, Angebot *n*.

offervaardig [-'vaːrdəx] opferbereit, -willig.

officieel [-'siˑəl] offiziell, amtlich; *langs de officiële weg* auf dem Amtsweg.

officier [-'siːr] *m* (*-en of -s*) Offizier *m*; ~ *van justitie* Staatsanwalt *m*.

officieus [-'sïø:s] offiziös, halbamtlich.
ofschoon [ɔf'sxo:n] obgleich, obschon.
ofwel ['-vɛl, -'vɛl] oder aber.
ogenblik n Augenblick m, Moment m; *op dit (of het)* ~ im Moment, im Augenblick, augenblicklich, zur Zeit; **~kelijk** [-'blɪkələk] augenblicklich.
ogen|schijnlijk [-'sxεïnlək] scheinbar; anscheinend; **~schouw** [-sxaü]: *in* ~ *nemen* in Augenschein nehmen.
okkernoot Walnuß f.
oksel (-s) Achsel f; **~holte** Achselhöhle f.
oktober Oktober m.
olie ['o:li] (-s of -ën) Öl n; *afgewerkte* ~ Altöl n; *ruwe* ~ Rohöl n; **~achtig** [-təx] ölig; **~bol** [-bɔl] Krapfen m; **~bron** Ölquelle f; **~crisis** Ölkrise f; **~en-azijnstelletje** [-azεïnstɛlətjə] n Essig- und Ölständer m; **~kachel** Ölofen m.
oliën ['o:li-(j)ə(n)] (ein)ölen.
olie|peil [-pεïl] n Ölstand m; **~pest** Ölpest f; **~stook** Ölheizung f; **~verf** Ölfarbe f; **~verfschilderij** [-sxɪldərεï] n of f Ölgemälde n; **~verontreiniging** [-rεïnəɣɪŋ] Ölverschmutzung f.
olifant ['o:li-] m Elefant m.
olijf [o·'lεïf] (*olijven*) Olive f; **~olie** Olivenöl n.
olijk ['o:lək] schalkhaft.
olm Ulme f.
olymp|iade [o·lɪm'pïa:də] (-s of -n) Olympiade f; **~isch** [o·'lɪmpi·s] olympisch; ~ *stadion* n Olympiastadion n.
om 1. *prep* um (A); wegen (G); ~ ... (*heen*) um ... (A) herum, rings um (A); ~ *de 14 dagen* alle 14 Tage; **2.** *adv* herum; vorbei, um; ~ *hebben kleding* umhaben, F überhaben; ~ *zijn* vorbei sein, (her)umsein.
o.m. *afk voor onder meer* unter anderem (*of* anderen) (*afk* u.a.).
om- *in samenst. mst* um-.
oma f (-'s) Oma f.
om|armen [-'ɑr-] (-) (*elkaar*) (sich) umarmen; **~binden** umbinden; **~brengen** umbringen; **~dat** ['-dɑt] weil, da; **~doen** ['-du·n] umbinden; *kleding ook* umlegen; **~draaien** [-'dra:ïə(n)] v/*i* (*zn*) en v/*t* (her)umdrehen, umkehren.
omelet (-ten) Omelett n.
omgaan (*zn*) umgehen; herumgehen; sich ereignen; vergehen; **~de:** *per* ~ umgehend, postwendend.
omgang Umgang m, Verkehr m; Prozession f; *vlot in de* ~ weltgewandt; **~staal** Umgangssprache f.
om|gekeerd umgekehrt; **~gespen** umschnallen; **~geven** [-'ɣe:v-] (-) umgeben; **~geving** Umgebung f, Umland n, Umkreis m; **~gooien** ['-ɣo:ïə(n)] umwerfen, F umschmeißen; *stuur* herumreißen; **~haal:** *zonder* ~ ohne Umschweife; **~hakken** umhacken, -hauen; **~heen** [-'he:n] umhin(-), herum.
omhein|en [-'hεïn-] (-) umzäunen; **~ing** Um-, Einzäunung f, Zaun m.
omheiz|en [-'hεl-] (-) (*elkaar*) (sich) umarmen; **~ing** Umarmung f.
omhoog [-'ho:x] empor, aufwärts, hoch; herauf; hinauf; **~gaan** (*zn*) in die Höhe gehen, kommen, sich heben; **~gooien** (hin)aufwerfen; **~halen** heraufholen; **~houden** [-haü̆ə(n)] hochhalten; **~komen** hinauf-, herauf-, empor-, hochkommen; **~schieten**, **~springen** (*zn*) hochschnellen; **~trekken** (her-, hin)aufziehen, hochziehen; **~zetten** hochstellen.
omhull|en [-'həl-] (-) umhüllen; **~sel** [-'həlsəl] n (-s) Umhüllung f, Hülle f; Gehäuse n.
om|kantelen ['-kɑntələ(n)] umkippen; **~keer** Umkehr f; Umschwung m; Wende f; **~keren** umkehren, umdrehen; **~kiep(er)en** F umkippen; **~kijken** ['-kεïk-] sich umsehen, sich umgucken; *niet* ~ *naar fig* sich nicht kümmern um (A); **~kleden** [ɔm'- (-) *en* 'ɔm-] umkleiden; *zich* ~ sich umziehen (*of* umkleiden); **~klemmen** ['-klɛm-] (-) umklammern; **~komen** ['-ko:m-] umkommen; **~koopbaar** [-'ko:ba:r] bestechlich, käuflich.
omkop|en ['-ɔm-] bestechen, F schmieren; **~erij** [-'rεï], **~ing** Bestechung f.
omlaag [-'la:x] abwärts; herab, hinab; herunter, hinunter.
omleggen umlegen; *verkeer* umleiten.
omleid|en ['-lεïd-] umleiten; **~ing** Umleitung f; **~ings·bord** n Umleitungsschild n.
om|liggend umliegend; **~lijning** [-'lεïn-] Umriß m; **~lijsten** [-'lεïst-] (-) um-, einrahmen; **~loop** Umlauf m; *in* ~ *zijn* im Umlauf sein, umlaufen; *fig* kursieren.
omme- *z. ook* om-; **~staand** umstehend; **~zien:** *in een* ~ im Handumdre-

hen; ~zijde [-zɛĭdə] Rückseite f; aan ~ umseitig, umstehend.

om|praten ['-pra:t-] überreden, umstimmen; ~randen [ɔm'-] (-) umranden; ~rekenen ['-re:kənə(n)] umrechnen.

omringen [-'rɪŋə(n)] (-) umgeben; ~d umliegend.

omroep ['-ru·p] Rundfunk m, Funk m; Rundfunkanstalt f; ~bijdrage [-bɛĭ-] Rundfunk- und Fernsehgebühren f/pl; ~en durch-, ansagen; aufrufen; ~er m (-s) com Ansager m, Sprecher m; ~station [-staśɪ̂ɔn] n Rundfunksender m; ~ster f (-s) Ansagerin f, Sprecherin f.

om|roeren ['-ru:r-] umrühren; ~ruilen ['-rɔyl-] umtauschen; ~ruiling Umtausch m; ~rukken ['-rək-] umreißen; ~schakelen [-'sxa:kəl-] umschalten; (aanpassen) umstellen.

omschrijv|en [-'sxrɛĭv-] (-) umschreiben; ~ing Umschreibung f.

om|singelen [-'sɪŋəl-] (-) umzingeln, umstellen, einkreisen; ~slaan v/i (zn) en v/t umschlagen; kleding ook sich umwerfen; kosten umlegen; de hoek ~ um die Ecke biegen; een blad ~ umblättern; ~slachtig ['-slɑxtəx] umständlich, weitschweifig.

omslag ['-slɑx] Umschlag m; (hoofdelijke) ~ Umlage f; ~verhaal n Titelgeschichte f.

om|sluiten ['-slœyt-] (-) umschließen; ~spitten umgraben; ~spoelen ['-spu·l-] (aus)spülen, schwenken; ~springen umgehen, umspringen; ~staand umstehend.

omstand|er m (-s) Umstehende(r); ~igheid ['-stɑndəxɛĭt] (-heden) Umstand m; Verhältnis n.

om|streden [-'stre:d-] umstritten, strittig; ~streeks ungefähr, um (A); ~streken pl Umgebung f, Umgegend f.

omtrek Umfang f; Umkreis m; Umrisse m/pl; Kontur f; wisk Umfang f; in een ~ van im Umkreis von (D); in de wijde ~ im weiten Umkreis, weithin; ~ken = omvertrekken.

omtrent [-'trɛnt] gegen (A), ungefähr, um (A); über (A).

om|turnen ['-tər-] umfunktionieren; umkrempeln; ~vallen umfallen.

omvang Umfang m, Ausmaß n; ~rijk [-'ʋɑŋrɛĭk] umfangreich; umfassend.

omvatten [-'ʋɑt-] (-) umfassen; umklammern.

omver [-'ʋɛr] um, über den Haufen; ~gooien [-'ɣo:ĭ-] umstoßen (ook fig); ~halen um-, niederreißen; fig umstoßen; ~lopen umrennen; ~praten umstimmen, F herumkriegen; ~rijden [-rɛĭə(n)] umfahren; ~trekken umziehen, -reißen.

omverwerp|en umwerfen, umstürzen; pol mst stürzen; ~ing fig Umsturz m.

om|vormen umgestalten, umbilden; ~weg ['-ʋɛx] Umweg m.

omwentel|en [-'ʋɛntəl-] umwälzen; umdrehen; ~ing (Um-)Drehung f; pol Umwälzung f, Umsturz m.

om|werken um-, überarbeiten; ~werpen = omverwerpen; ~wille [-'ʋɪlə]: ~ van um ... (G), wegen (G).

omwissel|en geld umtauschen, wechseln; ~ing Umtausch m.

om|wonend umwohnend; ~zeilen [-'zɛĭl-] (-) fig umgehen; iets niet kunnen ~ um etw nicht herumkommen.

omzet Umsatz m; ~belasting Umsatzsteuer f; ~stijging [-stɛĭɣ-] Umsatzsteigerung f; ~ten umsetzen (ook hdl); (veranderen ook) umwandeln, umstellen; ~ting Umsetzung f; Umwandlung f, Umstellung f; ~ van de schulden Umschuldung f.

omzichtig ['-zɪxtəx] umsichtig; ~heid [-xɛĭt] Umsicht f.

om|zien sich umsehen; ~zomen ['ɔm- en ɔm'-] (-) umsäumen; ~zwenken umschwenken (ook fig); ~zwermen [ɔm'-] (-) umschwärmen.

onaangenaam [-'a:n-] unangenehm, unerfreulich, ärgerlich; ~heid [-hɛĭt] (-heden) Unannehmlichkeit f, Ärger m.

onaan|geroerd [-'a:nɣəru:rt] unberührt; ~tastbaar [-'tɑzd-] unantastbar; ~trekkelijk [-'trɛkələk] unattraktiv, reizlos; ~vaardbaar unannehmbar; ~zienlijk [-'zi·nlək] unansehnlich.

onaardig [-'a:rdəx] unfreundlich; niet ~ nicht übel.

onachtzaam [-'ɑxt-] unachtsam, fahrlässig; ~heid [-hɛĭt] (-heden) Unachtsamkeit f, Fahrlässigkeit f.

onaf|gebroken [-'bro:k-] ununterbrochen; ~gedaan unerledigt.

onafhankelijk [-'hɑŋkələk] unabhängig; ~heid [-hɛĭt] Unabhängigkeit f.

onaf|scheidelijk [-'sxɛɪdələk] unzertrennlich, untrennbar; **~wendbaar** [-'vɛnd-] unabwendbar; **~zienbaar** [-'siːm-] unabsehbar, unübersehbar.

onaneren [-'neːr-] onanieren.

on|baatzuchtig [-'sɔxtəx] uneigennützig, selbstlos; **~barmhartig** [-'hɑrtəx] unbarmherzig.

onbe|daarlijk [-'daːrlək] unbändig; **~dachtzaam** [-'dɑxt-] unbedachtsam; **~doeld** [-'duːlt] unbeabsichtigt; **~dorven** unverdorben; **~dreven** [-'dreːv-] ungeübt; **~duidend** [-'dœyd-] unbedeutend, unwichtig, geringfügig; **~gaanbaar** unwegsam; unpassierbar; **~gonnen** unausführbar; **~grensd** unbegrenzt, grenzenlos; **~grepen** [-'ɣreːp-] unverstanden; **~grijpelijk** [-'ɣrɛɪpələk] unbegreiflich, unverständlich; **~grip** *n* Unverständnis *n*; **~haaglijk** [-'haːxlək] unbehaglich; *ik voel me ~ bij* mir ist nicht (recht) wohl bei (*D*); **~hagen** *n* Un-, Mißbehagen *n*; **~heerd** herrenlos; **~heerst** unbeherrscht; **~holpen** unbeholfen; **~hoorlijk** [-'hoːrlək] ungehörig; **~houwen** [-hɑu̯ə(n)] plump, ungehobelt; **~kend** unbekannt; **~kommerd** unbekümmert, sorglos.

onbekwaam unfähig; **~heid** [-hɛɪt] Unfähigkeit *f*.

onbe|langrijk [-rɛɪk] unwichtig, unbedeutend, unwesentlich, belanglos; **~last** unbelastet; unbeschwert; (*fiscaal*) unbesteuert, steuerfrei.

onbeleefd [-'leːft] unhöflich; **~heid** [-hɛɪt] (*-heden*) Unhöflichkeit *f*.

onbe|lemmerd unbehindert, ungehemmt; **~mand** unbemannt; **~middeld** unbemittelt, mittellos; **~mind** unbeliebt; **~nullig** [-'nœləx] unbedeutend, albern; **~nut** [-nøt] ungenutzt, ungenützt; **~paald** unbestimmt (*ook gr*); (*vaag ook*) ungewiß; **~***e wijs* Infinitiv *m*; **~perkt** unbeschränkt, uneingeschränkt; **~proefd** [-'pruːft] unversucht; **~redeneerd** [-bərə·də'neːrt] unüberlegt; **~reikbaar** [-'rɛɪg-] unerreichbar; **~rekenbaar** [-'reːkəm-] unberechenbar; **~rijdbaar** [-'rɛɪd-] unbefahrbar; **~rispelijk** [-'rɪspələk] tadellos, untadelig, einwandfrei; **~schaafd** unzivilisiert; ungebildet, roh; **~schaamd** unverschämt, frech; **~scheiden** [-'sxɛɪd-] unbescheiden; **~schermd** schutzlos.

onbeschoft [-'sxɔft] unverschämt, frech, grob; **~heid** [-hɛɪt] (*-heden*) Unverschämtheit *f*, Frechheit *f*.

onbe|schrijfelijk [-'sxrɛɪfələk] unbeschreiblich; **~slist** unentschieden; **~spoten** [-'spoːt-] ungespritzt; **~stendig** [-'stɛndəx] unbeständig; **~suisd** [-'sœyst] unbesonnen; **~taalbaar** unbezahlbar; unerschwinglich; **~tamelijk** [-'taːmələk] ungebührlich; **~tekenend** [-'teːkənənt] unbedeutend, bedeutungslos; **~trouwbaar** [-'trɑu̯-] unzuverlässig; **~twist** unbe-, unumstritten, unangefochten; **~twistbaar** unbestreitbar; **~vaarbaar** unbefahrbar, unschiffbar; **~vangen** unbefangen; **~voegd** [-'vuxt] unbefugt; **~vooroordeeld** [-'oːr-] unvoreingenommen, vorurteilsfrei, unbefangen; **~vredigend** [-'vreːdəɣənt] unbefriedigend; **~vreesd** furchtlos, unverzagt; **~waakt** unbewacht; *spoorw* unbeschrankt; **~weeglijk** [-lək] unbeweglich, regungslos; **~wimpeld** [-'vɪmpəlt] ungeschminkt, unverblümt; **~woond** unbewohnt; **~wust** [-'vøst] unbewußt; **~zonnen** unbesonnen; **~zorgd** unbesorgt, sorglos, unbekümmert; **~zwaard** unbeschwert; schuldenfrei.

onbillijk [-'bɪlək] ungerecht; **~heid** [-hɛɪt] (*-heden*) Unbilligkeit *f*; Härte *f*.

on|blusbaar [-'bløz-] unlöschbar, unauslöschlich; **~breekbaar** [-'breːg-] unzerbrechlich (*ook fig*), bruchfest.

onbruik ['-brœyk]: *in ~ raken* außer Gebrauch kommen; **~baar** [ɔn'-] unbrauchbar.

on|buigzaam [-'bœyx-] unbeugsam; **~dankbaar** [-'dɑŋg-] undankbar.

ondanks trotz (*G*), ungeachtet (*G*); *~ alles* trotz allem (*of* alledem).

on|deelbaar unteilbar; **~definieerbaar** [-deˑfiˑ'niːr-] undefinierbar; **~denkbaar** [-'dɛŋg-] undenkbar.

onder 1. *prep* unter (*A, D*); (*beneden ook*) unterhalb (*G*); (*tijdens*) während (*G*); **2.** *adv* (*aan*) unten; *helemaal ~aan* zuunterst; **~aannemer** *m* Subunternehmer *m*; **~aards** unterirdisch; **~af** unten; **~belicht** fotografisch unterbelichtet; **~bouw** [-bɑu̯] (*school~*) Unterstufe *f*.

onderbrek|en [-'breːk-] (*-*) unterbrechen; **~ing** Unterbrechung *f*.

onder|brengen unterbringen; **~broek**

[-bruˑk] Unterhose f; ~**buik** [-bʌyk] Unterleib m; ~**daan** m (-*danen*) Untertan m; (*burger*) Staatsangehörige(r); ~**dak** n Unterkunft f, Quartier n; Obdach n; ~ *bij particulieren* Privatunterkunft f; ~**danig** [-ˈdaːnəx] untertänig, unterwürfig; ~**deel** n Teil n of m; ~**delen** [-deːlə(n)] n/pl tech Ersatzteile n/pl; (*accessoires*) Zubehör n; ~**directeur** [-toːr] m stellvertretender Direktor m; ~**doen** [-duˑn] (*voor*) unterliegen (D), nachstehen (D); *niet voor iem* ~ j-m nicht nachstehen an (D); ~**dompelen** [-pə-lə(n)] untertauchen; ~**doorgang** Unterführung f; ~**drukken** [-ˈdrɔk-] (-) unterdrücken; ~**drukking** Unterdrückung f; ~**duiken** [-dœyk-] (zn) untertauchen; ~**en** [ˈɔndərə(n)]: (*van*) ~ unten; ~**gaan 1.** [ˈɔn-] (zn) untergehen; **2.** [-ˈɣaːn] erleiden, erfahren; ~**gang** Untergang m; ~**geschikt** [-sxɪkt] untergeordnet; ~**geschikte** Untergebene(r); ~**gesneeuwd** [-ˈɣsneːut] verschneit; ~**getekende** [-ˈteːkəndə] Unterzeichnete(r); ~**goed** [-ˈɣuˑt] n (Unter-)Wäsche f; ~**graven** [-ˈɣraːv-] (-) untergraben; *fig ook* unterwandern.

onder**grond** Untergrund m; Unterlage f; ~**s** unterirdisch; ~**e winning** Untertagebau m; ~**se** U-Bahn f; *pol* Untergrundbewegung f.

onderhandel**aar** m Unterhändler m; ~**en** verhandeln; ~**eling** Verhandlung f; ~**s** unterhand.

onder**havig** [-ˈhaːvəx] betreffend, vorliegend; ~**hevig** [-ˈheːvəx]: ~ *zijn aan* unterliegen (D), ausgesetzt sein (D).

onder**houd** [-hɑut] n Unterhalt m; (*gesprek*) Unterhaltung f; Unterredung f; Instandhaltung f, Pflege f; *tech mst* Wartung f; ~**en** (-) unterhalten; ernähren; (*in goede staat*) instand halten, pflegen; *tech mst* warten; *gemakkelijk te* ~ pflegeleicht; ~**end** unterhaltend, -haltsam; ~**s-beurt** [-bøːrt] Inspektion f; ~**s-plicht** Unterhaltspflicht f.

onder/**huurder** [-hyːrdər] m Untermieter m; ~**in** unten; ~**kaak** Unterkiefer m; ~**kant** Unterseite f; ~**kennen** [-ˈken-] (-) erkennen; ~**komen** [-koːm-] n Unterkunft f; *een* ~ *vinden* unterkommen; ~**kruiper** [-krœypər] m (-s) Preisverderber m; Streikbrecher m; ~**laken** n Bettuch n; ~**legd** [-ˈlext] beschlagen, geschult; ~**legger** (-s) Unterlage f; (*balk*) Träger m; ~**ling** gegenseitig, untereinander; ~**lip** Unterlippe f; ~**lopen** (zn) überschwemmt werden; ~**melk** Magermilch f; ~**mijnen** [-ˈmɛinə(n)] (-) untergraben, zersetzen; *gezondheid* zerrütten; ~**neemster** [-ˈneːmstər] f (-s) Unternehmerin f.

onder**nemen** [-ˈneːm-] (-) unternehmen; ~**end** unternehmungslustig; ~**er** m (-s) Unternehmer m; ~**er-schap** [-sxɑp] n Unternehmertum n; ~**ing** Unternehmen n, Unternehmung f; ~**ings-raad** Betriebsrat m.

onder/**officier** [-siːr] m Unteroffizier m; ~**ontwikkeld** unterentwickelt; ~**pand** n Unterpfand n; ~**richten** [-ˈrɪxt-] (-) unterrichten, belehren; ~**schatten** [-ˈsxɑt-] (-) unterschätzen.

onder**scheid** [-sxɛit] n Unterschied m; *zonder* ~ *ook* unterschiedslos; ~**en** [-ˈsxɛid-] **1.** (-) unterscheiden; (*decoreren*) auszeichnen; *zich* ~ (*uitblinken*) sich auszeichnen (*of* hervortun); **2.** *adj* verschieden; ~**ing** Unterscheidung f; (*decoratie*) Auszeichnung f; (*medaille*) Orden m; ~**ings-teken** [-teːk-] n Abzeichen n.

onder/**scheppen** [-ˈsxep-] (-) abfangen; ~**schikking** Unterordnung f (*ook gr*); ~**s-hands** [-ˈhɑnts] = *onderhands*; ~**spit** n: *het* ~ *delven* unterliegen.

onder**staan** unter Wasser stehen; ~**d** nach-, untenstehend.

onder**ste** untere(r, -s), unterste(r, -s); ~ *deel* n Unterteil n of m; ~ *boven* [-ˈboːvə(n)] das Unterste zuoberst, über den Haufen; *fig* durcheinander.

onder/**steek** Schieber m; ~**stel** [-stel] n (Unter-)Gestell n; ~**stelling** [-stel-] Voraussetzung f, Annahme f.

onder**steun**|**en** [-ˈstøːn-] (-) unterstützen; ~**ing** Unterstützung f.

onder**strepen** [-ˈstreːp-] (-) unterstreichen.

onder**teken**|**aar** m Unterzeichner m; ~**en** [-ˈteːkənə(n)] (-) unterzeichnen, -schreiben; ~**ing** Unterzeichnung f; Unterschrift f.

onder**toon** Unterton m; ~**trouw** [-trɑu] Aufgebot n; ~**tussen** [-ˈtøsə(n)] inzwischen, unter-, indessen; ~**uit** [-ˈœyt] unten heraus; um, nieder; ~**verdelen** un-

onderverhuren 176

terteilen; **~verhuren** [-hy:r-] untervermieten.
ondervind|en [-'vɪnd-] (-) erfahren, erleben; **~ing** Erfahrung *f*.
ondervoed [-'v̌u·t] unterernährt.
ondervrag|en [-'vra:ɣ̌-] (-) be-, ausfragen; (*verhoren*) vernehmen, verhören; **~ing** Befragung *f*; Vernehmung *f*.
onder|waarderen unterbewerten; **~weg** [-'vɛx] unterwegs; **~wereld** Unterwelt *f*.
onderwerp ['ɔndər-] *n* Thema *n*, Gegenstand *m*; *gr* Subjekt *n*; **~en** [-'vɛrp-] (-) unterwerfen; *zich ~ aan* sich unterwerfen (*D*); sich unterziehen (*D*); *onderworpen zijn aan* unterliegen (*D*).
onderwicht *n* Untergewicht *n*.
onderwijs [-vɛis] *n* Unterricht *m*; Bildung *f*; Unterrichtswesen *n*; *afdeling ~* Schulamt *n*; *hoger ~* Hochschulwesen *n*; *minister m van ~* (*en wetenschappen*) Kultusminister *m*; **~hervorming** Bildungs-, Schulreform *f*; **~instelling** Bildungs-, Lehranstalt *f*.
onderwijz|en [-'vɛiʒ-] (-) unterrichten, lehren; **~d personeel** *n* Lehrkörper *m*; **~er(es** [-'rɛs] *f* [-sen]) *m* (-s) Lehrer(in *f*) *m*.
onderzee|ër [-'ze:iər] (-s) U-Boot *n*; **~s** [-'ze:s] unterseeisch.
onder|zetter Untersatz *m*; **~zijde** [-zɛidə] Unterseite *f*.
onderzoek ['ɔndərzu·k] *n* Untersuchung *f*, Prüfung *f*; (*research*) Forschung *f*; Studie *f*; *jur* Ermittlungen *f*/*pl*; **~ doen naar** forschen nach (*D*); **~en** [-'zu·k-] (-) untersuchen, (über)prüfen; (er)forschen; ermitteln, recherchieren; **~er** [-'zu·kər] *m* (-s) Untersucher *m*; Forscher *m*; **~s-centrum** [-sɛntrəm] *n* Forschungszentrum *n*; **~ster** *f* (-s) Untersucherin *f*; Forscherin *f*.
ondeug ['dø·xt] **1.** *m of f* Taugenichts *m*; **2.** Untugend *f*, Laster *n*; **~elijk** ['dø·ɣdələk] untauglich.
on|deugend [-'dø·ɣənt] ungezogen, frech; verschmitzt; **~dicht** undicht; **~diep** seicht, untief, flach; **~ding** *n* Unding *n*; **~doelmatig** [-du·l'ma:təx] unzweckmäßig.
ondoor|dacht [-'daxt] unüberlegt; **~dringbaar** [-'drɪŋ-] undurchdringlich, undurchlässig; **~grondelijk** [-'ɣrɔndələk] unergründlich, unerforschlich;

~zichtig [-'zɪxtəx] undurchsichtig.
on|draaglijk [-'dra:xlək] unerträglich, untragbar; **~drinkbaar** untrinkbar, ungenießbar; **~dubbelzinnig** ['dəbəlzɪnəx] unzweideutig, unmißverständlich, eindeutig.
onduidelijk [-'dœydələk] undeutlich, unklar; **~heid** [-hɛit] (-*heden*) Undeutlichkeit *f*, Unklarheit *f*.
onduleren [-dy'-] ondulieren, wellen.
oneconomisch [-mi·s] unwirtschaftlich.
on|echt unecht; unehelich; **~eens** uneinig; *het* (*onder elkaar*) **~** *zijn* (*over*) (miteinander) uneinig sein (über *A*).
on|eerbaar unsittlich; **~eerbiedig** [-'bi·dəx] respektlos; **~eerlijk** [-'e:rlək] unehrlich; *concurrentie*: unlauter; **~eetbaar** ungenießbar.
oneffen uneben; **~heid** [-hɛit] (-*heden*) Unebenheit *f*.
on|eigenlijk [-'ɛiɣ̌ə(n)lək] uneigentlich; (*figuurlijk*) übertragen; **~eindig** [-'ɛindəx] unendlich; **~enigheid** [-xɛit] (-*heden*) Uneinigkeit *f*, Zerwürfnis *n*, Entzweiung *f*; **~ervaren** unerfahren.
oneven ['-e·və(n)] ungerade; uneben; **~wichtig** [-'vɪxtəx] unausgeglichen.
on|fatsoenlijk [-'su·nlək] unanständig; **~feilbaar** [-'fɛil-] unfehlbar; (*onmiskenbaar*) untrüglich; **~fortuinlijk** [-'tœynlək] unglücklich; **~gaarne** ungern; **~gastvrij** [-frɛi] *pers*.: ungastlich; *streek*: unwirtlich.
onge|acht ungeachtet (*G*), unbeschadet (*G*); **~bonden** ungebunden (*ook fig*); **~breideld** [-brɛidəlt] hemmungslos; **~bruikelijk** [-'brœykələk] ungebräuchlich, unüblich; **~bruikt** unbenutzt, ungenutzt; **~daan** [-'da:n]: *~ maken* rückgängig (*of* ungeschehen) machen; **~deerd** unversehrt, unverletzt, heil; **~dekt** ungedeckt; **~dierte** *n* Ungeziefer *n*; **~disciplineerd** [-dɪsi·pli·'ne:rt] undisziplinert.
ongeduld [-dəlt] *n* Ungeduld *f*; **~ig** [-'dəldəx] ungeduldig.
onge|durig ['dy:rəx] unbeständig, unruhig; **~dwongen** ungezwungen, zwanglos; **~ëvenaard** ['-ɣ̌ə-e:vən-] beispiellos, unvergleichlich; **~fundeerd** [-fən'-] unbegründet; **~geneerd** [-ɣ̌əʒə'-] ungeniert; **~grond** unbegründet, grundlos; **~hinderd** ungehindert, unbehelligt; **~hoord** unerhört.

ongehoorzaam ungehorsam; **~heid** [-hɛit] (*-heden*) Ungehorsam *m*.

ongehuwd [-ɦyˑüt] unverheiratet, ledig.

ongeïnteresseerd [-ɪntərɛˈseːrt] un-, desinteressiert; **~heid** Desinteresse *n*.

onge|kend ungeahnt; **~kleed** unbekleidet; **~kookt** ungekocht; **~kunsteld** [-ˈkɔnstəlt] ungekünstelt.

ongeldig [-dɔx] ungültig; **~ verklaren** für ungültig erklären; **~heid** [-xɛit] Ungültigkeit *f*.

ongelegen ungelegen.

ongelijk [-lɛik] **1.** ungleich; uneben; ungleichmäßig; **2.** *n*: **~ hebben** (**krijgen**) unrecht haben (bekommen); **~heid** [-hɛit] (*-heden*) Ungleichheit *f*; **~matig** [-ˈmaːtəx] ungleichmäßig.

onge|lofelijk [-ˈloːfələk] unglaublich; **~lood** unverbleit; **~loof** *n* Unglaube *m*; **~loofwaardig** [-ˈvaːrdəx] unglaubwürdig, -haft; **~lovig** [-ˈv̇əx] ungläubig.

ongeluk [-lœk] *n* (*-ken*) Unglück *n*, Unfall *m*; *per* **~** aus Versehen, versehentlich; *zich een* **~** *lachen* sich kaputtlachen; **~kig** [-ˈlœkəx] unglücklich; *adv* unglücklicherweise.

ongemak [ˈɔŋǝmak] *n* Unbequemlichkeit *f*; **~kelijk** [-ˈmakələk] unbequem.

onge|manierd unmanierlich; **~meen** überaus, ungemein; **~merkt** unbemerkt; **~meubileerd** [-møˑbiˈ-] unmöbliert; **~moeid** [-ˈmuˑit] ungestört; **~naakbaar** unnahbar; unzugänglich; **~nade** Ungnade *f*; **~nadig** [-ˈnaːdəx] gnadenlos; **~neeslijk** [-ˈneːsləkə] unheilbar; **~noegen** [-nuˈɣ-] *n* Mißfallen *n*; Streit *m*; **~noemd** [-ˈnuˑmt] ungenannt; **~oefend** [-ˈufənt] ungeübt; **~oorloofd** unerlaubt; **~past** unpassend, unangemessen; **~peld** ungeschält; **~permitteerd** unerlaubt; **~rechtvaardigd** [-ˈfaːrdəxt] ungerechtfertigt.

ongeregeld ungeregelt, unregelmäßig; **~heden** *pl* Ausschreitungen *f/pl*, Tumulte *m/pl*; **~heid** [-hɛit] (*-heden*) Unregelmäßigkeit *f*.

onge|remd hemmungslos, ungehemmt; **~rept** unberührt, urwüchsig.

ongerief *n* Ungemach *n*; **~lijk** [-ˈriˑflək] unbequem.

ongerust [-ˈrɔst] besorgt; *zich* **~** *maken* sich beunruhigen, sich Sorgen machen; **~heid** [-hɛit] Besorgnis *f*.

onge|schikt [-ˈsxɪkt] ungeeignet, untauglich; **~schonden** [-ˈsxɔn-] unversehrt, heil; unbeschädigt; **~schoold** [-sxoːlt] ungelernt; ungeschult; **~ arbeider** *m ook* Hilfsarbeiter *m*; **~steld** menstruierend; unwohl; **~stoord** ungestört; **~straft** ungestraft, straflos, -frei; **~temd** ungezähmt; **~traind** [-trɛːnt] untrainiert; **~trouwd** [-ˈtrɑut] = *ongehuwd*; **~twijfeld** [-ˈtŭɛifəlt] zweifellos, zweifelsohne, unzweifelhaft, fraglos.

ongeval *n* Unfall *m*; **~len-verzekering** [-zeːkər-] Unfallversicherung *f*.

ongeveer ungefähr, etwa.

onge|voelig [-ˈvuˑləx] unempfindlich, empfindungslos; **~vraagd** ungebeten, unaufgefordert; **~wapend** unbewaffnet; **~wenst** unerwünscht; **~wild** ungewollt; **~wis** ungewiß; **~woon** ungewöhnlich; (*niet gewend*) ungewohnt; **~zellig** [-ˈzɛləx] ungemütlich; **~zien** [-ziˑn] unbesehen; ungesehen; **~zond** [-ˈzɔnt] ungesund; **~zouten** [-ˈzɑutə(n)] ungesalzen.

on|grondwettig [-ˈʋɛtəx] verfassungswidrig; **~gunstig** [-ˈɣɔnstəx] ungünstig, widrig; **~guur** [-ˈɣyːr] widerlich; rauh; (*louche*) zwielichtig; **~haalbaar** unrealisierbar; **~handelbaar** [-ˈhandəl-] *pers.:* widerspenstig; *zaak:* unhandlich.

onhandig [-ˈhandəx] ungeschickt, ungelenk(ig); unhandlich; **~heid** [-xɛit] (*-heden*) Ungeschick(lichkeit *f*) *n*.

onhebbelijk [ˈɦɛbələk] unartig, grob.

onheil *n* Unheil *n*; **~spellend** [-ˈspɛl-] unheilverkündend.

onher|bergzaam unwirtlich; **~kenbaar** unkenntlich; **~roepelijk** [-ˈruːpələk] unwiderruflich; unwiederbringlich; **~stelbaar** [-hɛrˈ-] unersetzlich; irreparabel; unheilbar.

on|heuglijk [-ˈhøːxlək] undenklich; **~heus** [-ˈhøːs] unhöflich, unfreundlich; ungerecht; **~hoorbaar** unhörbar; **~houdbaar** [-ˈɦɑud-]unhaltbar, haltlos.

onjuist [-ˈjœst] unrichtig, falsch, unzutreffend; **~heid** [-hɛit] (*-heden*) Unrichtigkeit *f*.

onklaar defekt.

onkosten *pl* (Un-)Kosten *pl*, Spesen *pl*; **~rekening** Spesenrechnung *f*; **~vergoeding** [-ˈɣuˑd-] Unkostenvergütung *f*, Aufwandsentschädigung *f*.

on|kreukbaar [-ˈkrøːɡ-] *fig* integer; **~kruid** [-ˈkrœyt] *n* Unkraut *n*; **~kuis** un-

onkunde 178

keusch; **~kunde** ['-kəndə] Unkenntnis f; (onbekwaamheid) Unfähigkeit f.
onlangs neulich, kürzlich, unlängst, vor kurzem.
on|ledig [-'le:dəx] beschäftigt; **zich ~ houden met** sich beschäftigen (of befassen) mit (D); **~leesbaar** unleserlich; unlesbar; **~logisch** [-'lo:γis] unlogisch; **~lusten** ['-ləst] pl Unruhen f/pl, Wirren f/pl; **~macht** Unvermögen n, Ohnmacht f; **~meedogend** [-'do:ɣ-] schonungslos; **~mens** Unmensch m; **~menselijk** ['-mɛnsələk] unmenschlich; **~merkbaar** unmerklich; **~metelijk** ['-me:tələk] unermeßlich, immens.
onmiddellijk ['-mɪdələk] adv sofort, sogleich; adj sofortig; (rechtstreeks) unmittelbar.
onmin Zerwürfnis n.
onmis|baar [-'mɪz-] unentbehrlich, unabkömmlich; **~kenbaar** ['-kɛn-] unverkennbar, unüberhörbar.
onmogelijk [-'mo:ɣələk] unmöglich; **~heid** [-hɛit] (-heden) Unmöglichkeit f.
on|mondig [-'mɔndəx] unmündig; **~muzikaal** ['-my'zi:-] unmusikalisch; **~nadenkend** [-'dɛŋk-] unüberlegt, unbedacht; **~natuurlijk** [-'ty:rlək] unnatürlich.
onnauwkeurig [-'kø:rəx] ungenau; **~heid** [-xɛit] (-heden) Ungenauigkeit f.
on|navolgbaar [-'vɔl(ə)γ-] unnachahmlich; **~neembaar** uneinnehmbar; **~nodig** [-'no:dəx] unnötig; **~noemelijk** [-'nu:mələk] unsagbar, unsäglich.
onnozel ['-no:zəl] einfältig; albern; harmlos; (onbeduidend) lächerlich, läppisch; **~e hals** m Einfaltspinsel m; **~heid** [-hɛit] (-heden) Einfältigkeit f, Einfalt f.
on|omstotelijk [-'sto:tələk] unumstößlich; **~omwonden** unumwunden; **~onderbroken** [-bro:k-] ununterbrochen, pausenlos.
onont|beerlijk [-lək] unentbehrlich; **~koombaar** unentrinnbar, unvermeidlich; **~wikkeld** unentwickelt; ungebildet.
onooglijk [-'o:xlək] unscheinbar, unansehnlich.
onop|gemerkt unbemerkt, unbeachtet; **~gesmukt** [-smɔkt] schmucklos; **~gevoed** [-'ɣu:t] unerzogen; **~houdelijk** [-'haudələk] unaufhörlich, unablässig.

onoplettend [-'lɛt-] unaufmerksam, unachtsam; **~heid** [-hɛit] (-heden) Unaufmerksamkeit f, Unachtsamkeit f.
onop|losbaar [-lɔz-] unlösbar, unauflöslich; **~recht** unaufrichtig; **~vallend** unauffällig; **~zettelijk** [-'sɛtələk] unabsichtlich, unbeabsichtigt.
onover|gankelijk [-'γaŋkələk] intransitiv; **~komelijk** [-'ko:mələk] unüberwindlich; **~trefbaar** [-'trɛv-] unübertrefflich; **~winnelijk** [-lək] unschlagbar, unbesiegbar; (onoverkomelijk) unüberwindlich; **~zichtelijk** [-'zɪxtələk] unübersichtlich; **~zienbaar** [-'zi'n-] unabsehbar.
onpartijdig [-'tɛidəx] unparteiisch, unparteilich.
onpasselijk [-'pasələk] unpäßlich, unwohl; **~heid** [-hɛit] (-heden) Übelkeit f, Unwohlsein n.
on|peilbaar [-'pɛil-] unermeßlich; **~persoonlijk** [-'so:nlək] unpersönlich; **~plezierig** [-'zi:rəx] unerfreulich; **~populair** [-'lɛ:r] unpopulär; **~praktisch** [-'praktis] unpraktisch; **~prettig** [-təx] unangenehm; **~raad** n Gefahr f; **~recht** n Unrecht n; **ten ~e** zu Unrecht; **~rechtstreeks** mittelbar, indirekt.
onrechtvaardig [-'fa:rdəx] ungerecht; **~heid** [-xɛit] (-heden) Ungerechtigkeit f.
onredelijk [-'re:dələk] unbillig; unbegründet.
onregelmatig [-'ma:təx] unregelmäßig; **~heid** (-heden) Unregelmäßigkeit f.
on|rein [-'rɛin] unrein; **~rijp** [-'rɛip] unreif (ook fig); **~roerend** [-'ru:rənt]: **~ goed** n Immobilien pl.
onrust ['-rəst] Unruhe f; **~barend** [-rəzd'-] beunruhigend; **~ig** [-'rəstəx] unruhig.
ons[1] uns; unser.
ons[2] n (-en of onzen) hundert Gramm.
onsamenhangend [-'hanənt] unzusammenhängend, zusammenhanglos.
onschadelijk [-'sxa:dələk] unschädlich.
onschatbaar [-'sxat-] unschätzbar.
onscheidbaar [-'sxɛid-] untrennbar.
onschendbaar unverletzlich; **~heid** Unverletzlichkeit f; pol Immunität f.
onschuld ['-sxɔlt] Unschuld f; **~ig** [-'sxɔldəx] unschuldig; harmlos.
on|smakelijk [-'sma:kələk] unappetitlich; **~sportief** [-'tɪrf] unsportlich;

ontraadselen

~standvastig [-'fɑstəx] unbeständig; **~sterfelijk** [-'sterfələk] unsterblich; **~stuimig** [-'stœymǝx] ungestüm; **~stuitbaar** [-'stœyd-] unaufhaltsam; **~sympathiek** [-sɪmpɑ'ti·k] unsympathisch.

ont|aarden (-; zn) aus-, entarten; **~beerlijk** [-'be:rlǝk] entbehrlich; **~beren** (-) entbehren; **~bering** Entbehrung f; **~bieden** (-) (zu sich) bestellen.

ontbijt [-'bɛit] n Frühstück n; **~en** (-) frühstücken; **~koek** [-ku·k] Honigkuchen m; **~televisie** [-'vi·zi·] Frühstücksfernsehen n; **~zaal** Frühstücksraum m.

ontbind|en (-) zersetzen; (opheffen) auflösen; **~ing** Zersetzung f; (verrotting) Verwesung f; Auflösung f; **tot ~ overgaan** ook sich zersetzen; **~ings-proces** [-sɛs] n Zersetzungsprozeß m.

ont|bloten (-) entblößen (ook fig); **~boezeming** [-'buːzǝm-] Erguß m; **~bossen** (-) entwalden; (kappen) abholzen; **~branden** (-; zn) zünden, sich entzünden; **~breken** [-'brɛːk-] (-) fehlen, mangeln, aussteben; **~cijferen** [-'sɛifər-] (-) entziffern; (decoderen ook) dechiffrieren; **~daan** [-'da:n] bestürzt, verstört.

ontdek|ken (-) entdecken; **~ker** m (-s) (**~ster** f [-s]) Entdecker(in f) m; **~king** Entdeckung f.

ont|doen [-'du·n] (-) befreien; **zich ~ (van)** sich entledigen (G); ablegen; **~dooien** (-) v/i (zn) en v/t (auf)tauen.

ontduik|en [-'dǝyk-] (-) umgehen; (belastingen) hinterziehen; **~ing** Umgehung f; Hinterziehung f.

onteigen|en [-'ɛiɣǝnǝ(n)] (-) enteignen.

on|telbaar [-'tɛl-] unzählig, unzählbar, ungezählt; **~terecht** unberechtigt.

onteren (-) entehren.

ontevreden [-'vre:d-] unzufrieden; **~heid** [-hɛit] Unzufriedenheit f.

ont|fermen (-): **zich ~ (over)** sich erbarmen (G); **~futselen** [-'fœtsǝlǝ(n)] (-) entwenden; **~gaan** (-; zn) entgehen; (vergeten) entfallen; **~gelden** (-) entgelten, büßen; **~giften** (-) entgiften; **~ginnen*** (-) (urbar machen; abbauen; ausbeuten; **~glippen** (-; zn) (aan) entwischen (D), entschlüpfen (D).

ontgoochel|en [-'xoːxǝl-] (-) enttäuschen; **~ing** Enttäuschung f.

ont|haal n Empfang m, Aufnahme f; Bewirtung f; **~halen** (-) (op) empfangen (mit D); bewirten (mit D); **~harden** (-)

enthärten; **~haren** (-) enthaaren; **~heemde** Heimatvertriebene(r); Heimatlose(r).

ontheff|en (-): **~ van** entheben (G), entbinden (G); **~ing** Enthebung f, Entbindung f; Befreiung f.

onthoofden (-) enthaupten.

onthoud|en [-'hɑu̯ǝ(n)] (-) behalten; (niet geven) vorenthalten; **zich ~ (van)** sich enthalten (G); **gemakkelijk te ~** ook einprägsam; **~ing** Enthaltung f.

onthull|en [-'hǝl-] (-) enthüllen (ook fig); **~ing** Enthüllung f.

onthutst [-'hǝtst] bestürzt, verdutzt.

ontiegelijk [-'tiɣǝlǝk] unheimlich.

ontkenn|en (-) verneinen; leugnen; **~ing** Verneinung f; Leugnung f.

ont|ketenen [-'keːtǝnǝ(n)] (-) entfesseln, entfachen; **~kiemen** (-) keimen; **~kleden** (-) entkleiden; **~knoping** (Auf-) Lösung f, Ausgang m; **~komen** (-) (aan) entkommen (D), entrinnen (D); sich entziehen (D); **~koppelen** (-) abkoppeln; auskuppeln; **~kurken** [-'kœrk-] (-) entkorken; **~laden** (-) entladen (ook el.); **~lasten** (-) entlasten; **~lasting** Entlastung f; med Stuhlgang m; **~leden** (-) zerlegen, zergliedern, analysieren; sezieren; **~lenen** [-'leːn-] (-) entlehnen; entnehmen; **~lokken** (-) entlocken; **~lopen** (-; zn) entkommen (D); meiden; **~luiken*** [-'lǝyk-] (-; zn) aufblühen, sich entfalten; **~luisteren** [-'lǝystǝr-] (-) den Glanz nehmen; **~maagden** [-'maːɣdǝ(n)] (-) entjungfern; **~manteling** Demontage f; **~maskeren** [-'mɑskǝr-] (-) entlarven; **~moedigen** [-'muːdǝɣ-] (-) entmutigen.

ontmoet|en [-'muːt-] (-) begegnen (D), treffen; **elkaar ~** sich begegnen; **~ing** Begegnung f, Treffen n.

ont|nemen (-) nehmen; entnehmen; **woord** entziehen; **~nuchtering** [-'nǝxtǝr-] Ernüchterung f; Ausnüchterung f.

ontoe|gankelijk [-tuːˈɣɑŋkǝlǝk] unzugänglich; **~geeflijk** [-'ɣeːflǝk] unnachgiebig; **~laatbaar** [-'laːd-] unzulässig; **~reikend** [-'rɛik-] unzureichend; **~rekeningsvatbaar** [-'reːkǝn-] unzurechnungsfähig.

ontpitten (-) entkernen.

ontploff|en (-; zn) explodieren, hochgehen; fig ook platzen; **~ing** Explosion f.

ont|plooien (-) entfalten; **~raadselen**

ontraden

[-'ra:tsəl-] (-) enträtseln; **~raden** (-) abraten; **~redderen** [-'redər-] (-) zerrütten, erschüttern; zum Chaos machen.
ontroer|d [-'ru:rt] gerührt; **~en** (-) rühren; **~ing** Rührung *f*, Ergriffenheit *f*.
ontrollen (-) ent-, aufrollen.
on|troostbaar untröstlich; **~trouw** ['-traŭ] **1.** untreu; **2.** *subst* Untreue *f*.
ont|roven (-) rauben; **~ruimen** [-'rœym-] (-) räumen; **~schepen** [-'sxe:p-] (-) *v/t* ausschiffen; *v/i* (*zn*) sich ausschiffen; **~schieten** ['sxi·t-] (-; *zn*) *woord*: entfahren; (*vergeten*) entfallen; **~sieren** (-) verunzieren, verunstalten; **~slaan** (-) entlassen, kündigen (*D*); **~ van** entbinden (*G*) *of* von (*D*); **~slag** [-'slax] *n* Entlassung *f*; (*aftreden*) Rücktritt *m*; **~ nemen** kündigen, s-n Abschied nehmen; (*aftreden*) aus dem Amt scheiden; **~sluieren** [-'sløjər-] (-) enthüllen; *geheim ook* lüften.
ontsluit|en [-'slœyt-] (-) erschließen; **~ing** Erschließung *f*.
ontsmett|en [-'smet-] (-) desinfizieren; **~ing** Desinfektion *f*.
ontsnappen (-; *zn*) entkommen, entwischen, entweichen (*ook gassen*).
ontspann|en (-) entspannen; *zich* **~** sich entspannen, sich erholen, ausspannen; **~end** erholsam; **~er** (-s) *foto*: Auslöser *m*; **~ing** Entspannung *f* (*ook fig*), Erholung *f*; **~ings·lectuur** [-ty·r] Unterhaltungslektüre *f*; **~ings·oefening** [-u·fən-] Lockerungsübung *f*.
ont|sporen (-; *zn*) entgleisen (*ook fig*); **~springen** (-; *zn*) entspringen; (*ontsnappen*) entkommen; **~spruiten** [-'sprœyt-] (-; *zn*) sprießen; **~staan 1.** (-; *zn*) entstehen; **2.** *n* Entstehung *f*.
ontstek|en [-'ste:k-] (-) *v/t* ent-, anzünden; *v/i* (*zn*) med sich entzünden; **~ing** Entzündung *f*; *tech* Zündung *f*.
ontstel|d [-'stelt] bestürzt; **~len** (-) *v/t* entsetzen, bestürzen; **~lend** entsetzlich; **~tenis** [-tənɪs] Bestürzung *f*.
ontstemd verstimmt, mißmutig; **~ming** Verstimmung *f*, Mißmut *m*.
ont|trekken (-) entziehen; *zich* **~ aan** sich entziehen (*D*).
onttronen (-) entthronen.
ontucht ['-text] Unzucht *f*.
ontvallen (-) entfallen.
ontvang|en (-) empfangen, bekommen, erhalten; *geld ook* einnehmen; *salaris etc.* beziehen; **~er** *m* (-s) Empfänger *m*.
ontvangst Empfang *m*; (*geld~*) Einnahme *f*; *hogere* (*geringere*) **~** Mehreinnahme *f* (Mindereinnahme *f*); *in* **~ *nemen*** in Empfang nehmen, entgegennehmen; *voor* **~ *tekenen*** quittieren; **~bevestiging** Empfangsbestätigung *f*; **~bewijs** [-vɛis] *n* Empfangsschein *m*.
ont|vangtoestel [-tu·stɛl] *n* (*radio*) Empfänger *m*; **~vankelijk** [-'faŋkələk] empfänglich; *jur* zulässig.
ontvlam|baar entflammbar (*ook fig*), entzündbar; *licht* **~** feuergefährlich; **~men** (-; *zn*) entflammen, sich entzünden.
ontvlekkingsmiddel *n* Fleck(en)entferner *m*.
ontvluchten [-'flœxt-] (-) (ent)fliehen.
ontvoer|der [-'fu:r-] *m* (-s) Entführer *m*; **~en** (-) entführen; **~ing** Entführung *f*; **~ster** *f* (-s) Entführerin *f*.
ont|volking Entvölkerung *f*; **~vouwen** [-'faŭə(n)] (-) entfalten; **~vreemden** (-) entwenden; **~waarding** Entwertung *f*; **~waken** [-'va·] (-; *zn*) auf-, erwachen; **~wapenen** [-'va·pən-] (-) entwaffnen; abrüsten; **~waren** (-) gewahr werden; **~warren** (-) entwirren; **~wateren** [-'va·tər-] entwässern.
ontwenn|en (-) entwöhnen; **~ing** Entwöhnung *f*; Entziehung *f*; **~ings-verschijnsel** [-sxɛinsəl] *n* Entzugserscheinung *f*.
ontwerp *n* Entwurf *m*; **~en** (-) entwerfen.
ontwijfelbaar [-'tʋɛifəl-] unzweifelhaft.
ontwijken [-'vɛik-] (-; *ook zn*) ausweichen (*D*).
ontwikkel|aar (-s) *foto*: Entwickler *m*; **~d** entwickelt; gebildet; **~en** (-) entwickeln, ausbauen; (*leren*) bilden; **~ing** Entwicklung *f*; Bildung *f*; Ausbildung *f*; *algemene* **~** Allgemeinbildung *f*.
ontwikkelings|hulp [-həl(ə)p] Entwicklungshilfe *f*; **~land** *n* Entwicklungsland *n*; **~werker** *m* Entwicklungshelfer *m*.
ont|wortelen [-'vɔrtəl-] (-) entwurzeln; **~wrichten** [-'frɪxt-] (-) aus-, verrenken; *fig* zerrütten; lahmlegen.
ontzag [-'sax] *n* Respekt *m*; **~lijk** [-lək] ungeheuer, kolossal; **~wekkend** [-'vɛk-] ehrfurchtgebietend.
ontzeggen (-) verweigern; absprechen, aberkennen; *zich* **~** sich versagen (*D*).

ontzenuwen [-'se:ny˙ŭə(n)] (-) entkräften.

ontzet entsetzt; **~ zijn** *ook* sich entsetzen; **~ten** (-) entsetzen; absetzen; **~ uit** aberkennen, entziehen; **~tend** entsetzlich, schrecklich; **~ting** Entsetzen *n*; Befreiung *f*; Aberkennung *f*; (*ontwrichting*) Zerrüttung *f*.

ontzien (-) schonen; scheuen; *niets* **~d** schonungslos.

onuit|puttelijk [-əyt'pətələk] unerschöpflich; **~roeibaar** [-'ru˙i-] unausrottbar; **~sprekelijk** [-'spre:kələk] unsagbar, unsäglich; **~staanbaar** unausstehlich, unerträglich; **~voerbaar** [-'fu:r-] unaus-, undurchführbar; **~wisbaar** [-'vɪz-] unauslöschlich.

on|vast unstabil, schwankend; unbeständig; **~vatbaar** unempfänglich.

onveilig [-'vɛiləx] unsicher; **~heid** [-xɛit] Unsicherheit *f*.

onveranderlijk [-lək] unver-, unabänderlich.

onverantwoord verantwortungslos; **~elijk** [-'lo:rdələk] unverantwortlich.

onver|beterlijk [-'be:tərlək] unverbesserlich; **~biddelijk** [-'bɪdələk] unerbittlich; **~bloemd** [-'blu:mt] unverblümt; **~diend** unverdient.

onverdraag|lijk [-lək] unerträglich; **~zaam** unduldsam, intolerant; **~zaamheid** [-hɛit] Intoleranz *f*.

onver|droten [-'dro:t-] unverdrossen; **~enigbaar** [-'e:nəɣ-] unvereinbar; **~gankelijk** [-'ɣaŋkələk] unvergänglich; **~geeflijk** [-lək] unverzeihlich; **~gelijkelijk** [-'lɛikələk] unvergleichlich; **~getelijk** [-'ɣe:tələk] unvergeßlich; **~hoeds** [-hu:ts] unversehens, unvermittelt; **~holen** unverhohlen; **~hoopt** unverhofft; **~klaarbaar** unerklärlich; **~koopbaar** unverkäuflich; **~kort** ungekürzt; **~kwikkelijk** [-kələk] unerfreulich, unerquicklich; **~laat** *m* (-*laten*) Unhold *m*; **~mijdelijk** [-'mɛidələk] unvermeidlich, unumgänglich, zwangsläufig; **~minderd** *prep* unbeschadet (*G*); **~moed** [-mu˙t] ungeahnt; unvermutet; **~moeibaar** [-'mu˙i-] unermüdlich; **~mogen** *n* Unvermögen *n*; *hdl* Zahlungsunfähigkeit *f*; **~richter: ~** *zake* unverrichteterdinge; **~saagd** unverzagt, unerschrocken.

onverschillig [-sxɪləx] gleichgültig; **~ wie** (*waar*) gleichviel wer (wo); **~heid** [-xɛit] Gleichgültigkeit *f*.

onver|schrokken [-'sxrɔk-] unerschrocken; **~slijtbaar** [-'slɛid-] unverwüstlich, strapazierfähig; **~staanbaar** unverständlich; **~stand** *n* Unvernunft *f*, Unverstand *m*; **~standig** [-'stɑndəx] unvernünftig, unklug; **~stoorbaar** unbeirrbar; **~teerbaar** unverdaulich (*ook fig*), unverträglich; **~vaard** furchtlos; **~valst** unverfälscht; **~vangbaar** unersetzlich; **~vulbaar** [-'vʏl-] unerfüllbar; **~wacht** *adj*, **~wachts** *adv* unerwartet; **~warmd** ungeheizt; **~wijld** [-vɛilt] unverzüglich; **~woestbaar** [-'vu:st-] unverwüstlich, unzerstörbar; **~zadelijk** [-'za:dələk], **~zadigbaar** [-'za:dəɣ-] unersättlich; **~zettelijk** [-tələk] unbeugsam, unerschütterlich; **~zoenlijk** [-'zu:nlək] unversöhnlich; **~zorgd** ungepflegt.

onvindbaar unauffindbar.

onvol|daan unbefriedigt; **~doende** [-'du˙ndə] ungenügend, unzureichend, unzulänglich, mangelhaft; **~komen** [-'ko:m-] unvollkommen; **~ledig** [-'le:dəx] unvollständig, lückenhaft; **~maakt** unvollkommen; **~tooid** [-'to:it] unvollendet; **~** *verleden tijd* Imperfekt *n*.

onvoor|delig [-de:ləx] unvorteilhaft; **~ingenomen** unvoreingenommen; **~spelbaar** nicht vorhersagbar; **~waardelijk** [-dələk] unbedingt; bedingungslos; **~zichtig** [-'zɪxtəx] unvorsichtig.

onvoorzien unvorhergesehen; **~s** unversehens.

on|vrede Unfriede(n) *m*; **~vriendelijk** [-'vri˙ndələk] unfreundlich; **~vrijwillig** [-vrɛi'vɪləx] unfreiwillig; **~vruchtbaar** [-'vrœyd-] unfruchtbar; **~waardig** [-dəx] unwürdig, würdelos.

onwaar unwahr; **~heid** [-hɛit] (-*heden*) Unwahrheit *f*; **~schijnlijk** [-'sxɛinlək] unwahrscheinlich.

onwankelbaar [-'vɑŋkəl-] unerschütterlich.

onweer *n* (-*s of -weren*) Gewitter *n*; **~achtig** [-təx] gewittrig.

onweer|legbaar [-'lɛɣ-] unwiderlegbar; **~staanbaar** [-'sta:m-] unwiderstehlich.

onwel [-'vɛl] unwohl, übel; **~voeglijk** [-'vu˙xlək] unanständig.

on|weren: *het onweert* es gibt ein

onwerkelijk 182

Gewitter; ~werkelijk [-kələk] unwirklich.
onwetend [-'ʋe:tənt] unwissend; ~heid [-heit] Unwissenheit f, Unkenntnis f.
on|wettig [-'ʋɛtəx] ungesetzlich, gesetzwidrig; *kind:* unehelich; ~wezenlijk [-'ʋe:zələk] unwirklich; ~willekeurig [-'kø:rəx] unwillkürlich; ~willig [-ləx] wider-, unwillig; ~wrikbaar ['-vrɪg-] unerschütterlich; ~zacht unsanft; ~zalig [-'za:ləx] unselig.
onze ['ɔnzə] unser(e); *de (het)* ~ der, die (das) unsere *(of* unsrige); *de* ~*n pl* die Unsrigen *pl.*
onzedelijk [-'ze:dələk] unsittlich, unmoralisch.
onzeker [-'ze:kər] unsicher, ungewiß; ~ *maken ook* verunsichern; *in het* ~*e laten* im ungewissen lassen, in der Schwebe lassen; ~heid [-heit] *(-heden)* Unsicherheit f, Ungewißheit f.
onzelfstandig [-'standəx] unselbständig.
Onze-Lieve-Heer m Herrgott m; ~s-beestje [-be:ʃə] n Marienkäfer m.
onzer-zijds [-zɛits] unser(er)seits.
onze-vader n Vaterunser n.
on|zichtbaar unsichtbar; ~zijdig [-'zɛidəx] neutral; *gr* sächlich; ~zin Unsinn m; ~! (ach) Unsinn *(of* F Quatsch)!; ~zindelijk [-'zɪndələk] unsauber, unrein; ~zinnig [-'zɪnəx] un-, widersinnig; ~zuiver [-'zœyvər] unsauber, unrein; *(bruto)* Brutto-.
oog n *(ogen)* Auge n; *(van naald)* (Nadel-)Öhr n; *(haak)* Öse f; *geen* ~ *dichtdoen* kein Auge zumachen; *grote ogen pl opzetten* große Augen *pl* machen; *in het* ~ *lopend* augenfällig; *in het* ~ *springen* in die Augen springen; *met het* ~ *op* im Hinblick auf *(A)*, angesichts *(G)*, mit Rücksicht auf *(A); iem onder de ogen komen* j-m unter die Augen treten *(of* kommen); *iets op het* ~ *hebben* etw ins Auge fassen; *iem niet uit het* ~ *verliezen* j-n nicht aus den Augen lassen; ~**appel** m Augapfel m *(ook fig);* ~**arts** m Augenarzt m; ~**druppels** ['-drɔpəls] *pl* Augentropfen *m/pl;* ~**getuige** ['-xətœyɣə] m Augenzeuge m; ~**holte** Augenhöhle f; ~**je** n (-s) Äuglein n; *een* ~ *dichtknijpen* ein Auge zudrücken; ~**kleppen** *pl* Scheuklappen *f/pl (ook fig);* ~**kwaal** Augenleiden n; ~**lid** n

(Augen-)Lid n; ~**luikend** ['-lœyk-]: ~ *toelaten* ein Auge zudrücken; ~**merk** n Ziel n; ~**ontsteking** Augenentzündung f; ~**opslag** [-slax]: *met één* ~ mit e-m Blick; ~**punt** ['-pɔnt] n Blickpunkt m; ~**schaduw** ['-sxa:dy:ʉ] Lidschatten m.
oogst Ernte f; *fig ook* Ausbeute f; ~**en** ernten; *fig ook* einheimsen.
oog|test Sehtest m; ~**wenk**: *in een* ~ im Nu.
ooievaar ['o:iə-] *(-s of -varen)* Storch m.
ooit je(mals), irgendwann.
ook auch, ebenfalls; *wie (waar)* ~ wer (wo) immer.
oom m *(-s)* Onkel m.
oor n *(oren)* Ohr n; *(handvat)* Henkel m; *zijn oren pl spitsen* die Ohren *pl* spitzen, aufhorchen, hellhörig werden; *in zijn oren knopen* sich hinter die Ohren schreiben; *om de oren slaan* ohrfeigen; ~**bel** Ohrring m.
oord n Ort m, Stelle f; Gegend f.
oor|deel n Urteil n; Ansicht f; ~**delen** urteilen; ~**konde** Urkunde f.
oorlelletje ['-lɛlətʃə] n *(-s)* Ohrläppchen n.
oorlog ['-lɔx] Krieg m.
oorlogs|invalide m Kriegsbeschädigte(r); ~**misdadiger** [-'da:ɣər] m Kriegsverbrecher m; ~**schip** n Kriegsschiff n; ~**verklaring** Kriegserklärung f *(ook fig);* ~**zuchtig** ['-sœxtəx] kriegerisch.
oorlogvoerend [-'fu:rənt] kriegführend.
oor|ontsteking f Ohrenentzündung f; ~**schelp** ['-sxɛl(ə)p] Ohrmuschel f.
oor|sprong Ursprung m; *(herkomst ook)* Herkunft f; ~**spronkelijk** [-'sprɔŋkələk] ursprünglich.
oor|veeg *(-vegen)* = **oorvijg;** ~**verdovend** ohrenbetäubend; ~**vijg** ['-vɛix] Ohrfeige f, Backpfeife f.
oorzaak Ursache f.
oost|blok n Ostblock m; ~**elijk** ['-tələk] östlich; ~**en** n Osten m; *ten* ~ *van* östlich *(G) of* von *(D); het Nabije* ♀ Naher Osten, Nahost *of; het Verre* ♀ Ferner Osten, Fernost.
Oostenrijk [-rɛik] n Österreich n; ~**er** m *(-s)* (~**se** f) Österreicher(in f) m; ~**s** österreichisch.
oostenwind Ostwind m.
oosters orientalisch.
Oostindisch [-dɪs]: ~*e inkt* Tusche f.
ootmoedig [-'mu:dəx] demütig, gottergeben.

op 1. *prep* auf (*A, D*); (*tijdstip*) an (*D*); ~ **de eerste april** am ersten April; ~ **de (seconde ...) af** auf die (Sekunde ...) (genau); **2.** *adv* (her)auf; ~ **en af** auf und ab; **3.** *adj* (*moe*) fertig; ~ **zijn** (**raken**) alle sein (werden); **bijna ~ zijn** *ook* knapp werden.

opa *m* (-'s) Opa *m*.

opbellen anrufen.

opberg|en aufräumen; aufheben; **~map** Ordner *m*, Schnellhefter *m*.

op|beuren ['ɔbøːr-] aufheben; *fig* aufmuntern, aufrichten; **~bieden** höher bieten; überbieten; (*kaartspel*) reizen; **~blazen** aufblasen; *fig* aufbauschen; (*doen ontploffen*) sprengen; **zich ~** *fig* sich blähen.

opbloei ['ɔbluˑi̯] Aufschwung *m*, -stieg *m*; **~en** (*zn*) aufblühen.

op|bod *n*: **verkoop per ~** Versteigerung *f*; **per** (*of* **bij**) **~ verkopen** versteigern; **~borrelen** ['ɔbɔrəl-] (*zn*) aufbrodeln; sprudeln; **~bouw** ['ɔbɑu̯] Aufbau *m*; **~bouwen** aufbauen; **~branden** *v*/*i* (*zn*) verbrennen; *astr* verglühen; **~breken** ['ɔbreːk-] aufbrechen; aufreißen; aufstoßen; **~brengen** aufbringen; *geld, voordeel* einbringen; **niet op te brengen** unerschwinglich; **~brengst** Ertrag *m*; Erlös *m*; Ausbeute *f*; **~bruisen** ['ɔbrœy̯s-] (*zn*) aufbrausen; sprudeln; **~centen** ['-sɛnt-] *pl* Zuschlag *m*; **~dagen** (*zn*): **komen ~** auftauchen, erscheinen; **~dat** ['-dɑt] damit, daß ...

op|delen aufteilen; **~dienen** auftragen, servieren; **~dirken: zich ~** sich herausputzen, F sich auftakeln; **~dissen** auftischen; **~doeken** ['-duˑk-] auflösen; **~doemen** ['-duˑm-] (*zn*) auftauchen; **~doen** ['-duˑn] *ervaring* sammeln; (*aanbrengen*) auftragen; (*op de kop tikken*) auftreiben, aufgabeln; *ziekte* sich zuziehen, sich holen; **~donderen** [-dɔrə(n)] (*zn*) F abkratzen, sich zum Teufel scheren; **~draaien** ['-draːi̯ə(n)] aufdrehen; ~ **voor** ausbaden.

opdracht Auftrag *m*; Widmung *f*; ~ **geven voor iets** den Auftrag zu etw geben, etw in Auftrag geben; **in ~ van** im Auftrag (*G*); **~geefster** *f* Auftraggeberin *f*; **~gever** [-xeːvər] *m* Auftraggeber *m*; (*tot bouw*) Bauherr *m*.

op|dragen hinauftragen; beauftragen; (*aanbieden*) übertragen; (*toewijden*) widmen; *kleding* abtragen; **iem iets ~** j-m etw auftragen; **~dreunen** ['drøːn-] herunterleiern.

opdring|en vordringen; aufdrängen, aufnötigen, aufzwingen; (**zich**) ~ **aan** (sich) aufdrängen (*D*); **~erig** ['-drɪŋərəx] auf-, zudringlich.

op|drinken austrinken; **~drogen** *v*/*i* (*zn*) en *v*/*t* (auf)trocknen; *bron*: versiegen; **~drukken** ['-drʏk-] aufdrücken; (*met drukpers*) aufdrucken; **~dwarrelen** ['-dʋɑrələ(n)] (*zn*) aufwirbeln; **~dweilen** ['-dʋɛi̯l-] aufwischen.

opeen [-'eːn] aufeinander, zusammen; **~gedrongen, ~gepakt** (zusammen)gedrängt; **~hoping** (An-)Häufung *f*; **~pakken** *fig* einpferchen; **~s** auf einmal, mit einemmal; **~volging** Aufeinanderfolge *f*.

opeisen ['-ɛi̯s-] (ein)fordern; *jur* einklagen.

open ['oːpə(n)] offen, geöffnet; auf; *fig* aufgeschlossen, zugänglich.

openbaar [-'baːr] öffentlich; **openbare mening** öffentliche Meinung *f*; ~ **toilet** *n* Bedürfnisanstalt *f*; **in het ~** öffentlich; **~heid** [-hɛi̯t] Öffentlichkeit *f*.

openbar|en [-'baːr-] offenbaren; **~ing** Offenbarung *f*.

open|barsten auf-, zerplatzen; **~breken** [-breːk-] *v*/*i* (*zn*) en *v*/*t* aufbrechen; **~doen** [-duˑn] aufmachen, öffnen; **~en** ['oːpənə(n)] öffnen, aufmachen; *winkel, tentoonstelling etc.* eröffnen; **~er** (-*s*) Öffner *m*; **~gaan** (*zn*) aufgehen, sich öffnen; **~halen** aufreißen.

openhartig ['-hɑrtəx] offen(herzig); **~heid** [-xɛi̯t] Offenheit *f*.

openheid [-hɛi̯t] Offenheit *f*; Aufgeschlossenheit *f*.

opening Öffnung *f*; Eröffnung *f*; **~suren** [-yːrə(n)] *n*/*pl* Öffnungs-, Geschäftszeiten *f*/*pl*.

open|klappen aufklappen; **~krijgen** [-krɛi̯ɣ-] aufbekommen; **~laten** [-laːt-] offen-, auflassen; **~leggen** *fig* aufdecken; **~lijk** [-lək] offen; öffentlich.

openlucht|museum ['-lœxtmyˑzeːi̯əm] *n* Freilichtmuseum *n*; **~theater** *n* Freilichtbühne *f*; **~zwembad** [-bɑt] *n* Freibad *n*.

open|maken [-maːk-] aufmachen; **~scheuren** [-sxøːr-] *v*/*i* (*zn*) en *v*/*t* aufreißen; **~schroeven** [-sxruˑv-] aufschrauben; **~schuiven** [-sxəyv̆-] *v/t* aufschieben; *gordijn ook* zurückschlagen; **~slaan** aufschlagen, aufklappen; **~snijden** [-snɛi̯ə(n)] aufschneiden; **~sperren** aufreißen; **~springen** (*zn*) aufspringen; **~staan** offen-, aufstehen; **~ voor** *fig* aufgeschlossen sein für (*A*); **~stellen** (er)öffnen; *voor het verkeer* ~ dem Verkehr übergeben.

op-en-top ganz und gar.

open|trekken aufziehen, aufreißen; **~vallen** aufgehen (*fig in* D); (*vacant worden*) frei werden; **~zetten** öffnen, aufmachen.

opera ['o:pəra] (-'s) Oper *f*.

operatie [-'ra:(t)si] (-s) Operation *f*; **~kamer** [-ka:mər] Operationssaal *m*.

opereren [-'re:r-] operieren.

op|eten ['o:t-] auffessen, verzehren; auffressen; **~frissen (zich)** (sich) auffrischen; **~gaaf** (-*gaven*) = *opgave*; **~gaan** (*zn*) aufgehen (*fig in* D); hinaufgehen, steigen auf (*A*); (*kloppen*) zutreffen, stimmen; *stemmen*: laut werden; **~gang** Aufgang *m*; **~ maken** Erfolg haben; **~gave** Aufgabe *f*; Angabe *f*; (*lijst*; *inhouds*~) Verzeichnis *n*.

opge|blazen aufgeblasen; *fig ook* geschwollen; **~bruiken** [-brøk-] aufbrauchen, aufzehren; **~dirkt** *F* aufgedonnert; **~knapt** munter, erholt; repariert; **~kropt** *fig* aufgestaut; **~laten** aufgeschmissen; **~let!** Achtung!, aufgepaßt!; **~lucht** [-lœxt] erleichtert; **~past!** = *opgelet!*; **~ruimd** [-rœymt] aufgeräumt, heiter; **~schoten** [-sxo:t-] hochgewachsen; **~togen** entzückt.

op|geven aufgeben; (*melden*) angeben; *reden ook* anführen; **geef op!** gib her!, her(aus) damit!; **~gewassen: niet ~ zijn tegen** nicht gewachsen sein (*D*); **~gewekt** munter, lebhaft.

opgewonden aufgeregt, **~heid** [-hɛit] Aufregung *f*, Erregtheit *f*.

opge|zet aufgedunsen; *groots* ~ großangelegt; **~zwollen** geschwollen, aufgedunsen; *gezicht ook*: verquollen.

op|gooien ['-xo:i̯ə(n)] auf-, hochwerfen; **~graven** ausgraben; **~groeien** ['-xru̯i̯ə(n)] auf-, heranwachsen; **~haalbrug** [-brøx] Zugbrücke *f*; **~halen** hoch-, aufziehen; abholen; (*bij collecte*) einsammeln; *kennis* auffrischen; *de schouders* ~ mit den Achseln zucken; **~handen** [ɔp'-]: **~ zijn** bevorstehen.

op|hangen auf-, anhängen; *iem* erhängen; *tel* auflegen; *zich ~* sich aufhängen; **~hanging** Erhängung *f*; *tech* Aufhängung *f*; **~hebben** aufhaben; *veel ~ met* sehr schätzen.

ophef ['-hef] Aufheben *n*; *veel ~ maken van* viel Aufhebens machen von (*D*); **~fen** (auf)heben; (*beëindigen*) aufheben; *zaak, school* auflösen; *elkaar ~* sich (gegenseitig) aufheben; **~fing** Aufhebung *f*; Auflösung *f*, Aufgabe *f*; *~ van de zaak* Geschäftsaufgabe *f*.

ophelder|en [-dərə(n)] (auf)klären, erhellen; *opgehelderd worden* sich (auf)klären; **~ing** (Auf-)Klärung *f*; (*inlichtingen*) Aufschluß *m*.

op|hemelen ['-he:məl-] *fig* hochjubeln; **~hijsen** ['-hɛis-] hochziehen; (hoch-)winden.

ophits|en (auf)hetzen, aufwiegeln; **~er** *m* (-*s*) Aufwiegler *m*, Scharfmacher *m*.

op|hoepelen ['-hu̯pəl-] (*zn*) *F* abhauen; **~hogen** aufschütten, erhöhen; **~houden (zich)** (sich) (auf-, an)halten; **~houden** ['-hɑu̯ə(n)] **1.** *v/i* (*zn*) aufhören, enden; eingehen; *zonder ~* unaufhörlich; *~ te bestaan* firma, krant *ook*: eingehen; **2.** *v/t* aufhalten; *bril, hoed etc.* aufbehalten; (*bewaren*) aufrechterhalten; **3.** *zich ~* sich aufhalten.

opinie [o·'pi·ni] (-s) Meinung *f*; **~onderzoek** [-zu̯k] *n*, **~peiling** [-pɛil-] Meinungsumfrage *f*; Meinungsforschung *f*.

opium ['o:pi(j)əm] *m of n* Opium *n*.

op|jagen hetzen; aufwirbeln; **~kijken** ['-kɛik-] aufsehen, aufblicken; **~ naar iem** aufsehen (*of* aufschauen) zu j-m (*ook fig*); **~ van** staunen über (*A*).

opklap|bed *n* (Wand-)Klappbett *n*, **~pen** hoch-, auf-, zusammenklappen.

opklar|en *v/i* (*zn*) sich auflären (*of* aufhellen); *met. ook* sich aufheitern; **~ing** Aufklärung *f*; *met.* Aufheiterung *f*.

opklimmen hinauf-, heraufsteigen, -klettern; *fig* aufsteigen, vorrücken.

opknappen *v/t* herrichten; instand setzen, überholen; *v/i* (*zn*) sich erholen.

op|koken aufkochen; **~komen** aufkommen; aufsteigen, aufgehen; *rekruten*: einrücken; **~ voor** *fig* eintreten für (*A*); **~ tegen** sich verwahren gegen (*A*).

op|komst Aufkommen *n*; *fig* Aufstieg *m*, Aufschwung *m*; Besuch *m*, Teilnahme *f*; (*verkiezings~*) (Wahl-)Beteili-

op|kunnen ['-kən-]: **niet ~ tegen** nicht ankommen gegen (A); **~laden** aufladen; **~lage** Auflage f; **~lappen** flicken.

op|laten ['-la:t-] auflassen; steigen lassen; **~lawaai** ['-laŭa:ĭ] F Hieb m; **~leggen** auferlegen; straf ook verhängen; auflegen; banden aufziehen.

opleid|en ausbilden, schulen; anleiten; **~er** m (**~ster** f) Ausbilder(in f) m; **~ing** Ausbildung f, Schulung f; Ausbildungsweg m; (instituut) Bildungsanstalt f.

opletten achtgeben, aufpassen; **~d** ['-lɛt-] aufmerksam.

oplev|en (zn) aufleben (ook fig); **doen ~** beleben, **~eren** ['-le:vər-] liefern; (opbrengen) einbringen; (resulteren) ergeben; gebouw übergeben; **~ing** Belebung f, Aufschwung m.

oplicht|en (auf)heben; iem **~** (voor) betrügen (of prellen) (um A); **~er** m (-s) (**~ster** f [-s]) Betrüger(in f) m, Schwindler(in f) m, Hochstapler(in f) m; **~erij** ['-reĭ], **~ing** Betrügerei f, Schwindel m.

op|loop Auflauf m; **~lopen** hinaufgehen, -laufen; (toenemen; stijgen) ansteigen; bedrag: auflaufen; sich summieren; ziekte sich zuziehen.

oplos|baar lösbar; löslich; **in water ~** wasserlöslich; **~koffie** Pulverkaffee m; **~middel** n Lösungsmittel n; **~sen** v/t auflösen; fig lösen; v/i (zn) en zich **~** sich (auf)lösen; opgelost worden ook sich lösen; **~sing** Lösung f, Auflösung f; voorlopige **~** Übergangslösung f.

op|luchting ['-lɛxt-] Erleichterung f; **~luisteren** ['-løystər-] Glanz verleihen (D); **~maak** Aufmachung f; Make-up n; **~maken** ['-ma:k-] (zurecht)machen; verschwenden; (schrijven) aufstellen, ausfertigen; aufmachen; balans aufstellen; proces-verbaal aufnehmen, aufsetzen; zich **~** sich auf-, zurechtmachen; sich schminken; **~ uit** (concluderen) schließen aus (D), entnehmen (D); **~mars** Vormarsch m; **in ~** auf dem Vormarsch.

opmerk|elijk ['-mɛrkələk] bemerkenswert, beachtlich; **~en** bemerken; **~ing** Bemerkung f; (waarneming) Beobachtung f; **laatste ~** ook Schlußbemerkung

f; **~ings·gave** Beobachtungsgabe f.

op|meten ['-me:t-] vermessen; **~monteren** ['-mɔntər-] er-, aufmuntern, erheitern; **~name** Aufnahme f; (geluids~, film~ ook) Aufzeichnung f.

opnemen aufnehmen; geluid, film ook aufzeichnen, mitschneiden; vermessen; tijd abstoppen; geld abheben; rok schürzen; **het ~ tegen** es aufnehmen mit (D); **het ~ voor** eintreten für (A).

opnieuw [-'ni·ŭ] erneut, von neuem.

op|noemen ['-nu·m-] nennen, aufzählen, hersagen; **~offeren (zich)** (sich) (auf)opfern; **~onthoud** [-haut] n Aufenthalt m; (vertraging) Verspätung f; **~pakken** aufnehmen; (arresteren) aufgreifen.

oppas m of f (-sen) Betreuer(in f) m; Babysitter m; **~sen** aufpassen; versorgen; sich hüten; **pas op!** Vorsicht!; **~ser** m (-s) (**~ster** f [-s]) Wärter(in f) m; Aufpasser(in f) m.

opper|best vorzüglich, bestens; **~bevel** n Oberbefehl m; **~dek** n Oberdeck n.

opperen ['ɔpərə(n)] äußern, vorbringen.

opper|gezag [-zax] n, **~heerschappij** [-sxapeĭ] Oberherrschaft f; **~hoofd** n Oberhaupt n; (stam~) Häuptling m; **~machtig** [-tax] all-, übermächtig.

opperste oberste(r, -s).

oppervlak n, **~te** Oberfläche f; Fläche f; **~kig** [-'vlakəx] oberflächlich.

op|peuzelen ['-pø:zəl-] verspeisen, verputzen; **~pikken** iem auflesen, auffischen; **~pompen** aufpumpen.

opportuun [-'ty·n] opportun.

oppositie [-'zi·(t)si·] (-s) Opposition f; **~partij** [-parteĭ] Oppositionspartei f.

oppositioneel [-zi·(t)sĭo·'ne:l] oppositionell.

op|potten zusammensparen; horten; **~prikken** aufspießen; **~rakelen** ['-ra:kəl-] fig aufwärmen; **~raken** (zn) ausgehen, zur Neige gehen; **~rapen** aufheben, aufsammeln, auflesen.

oprecht [-'rɛxt] aufrichtig; **~heid** [-heĭt] Aufrichtigkeit f.

oricht|en aufrichten; (stichten) gründen, errichten; **~er** m (-s) (Be-)Gründer m; **~ing** Gründung f, Errichtung f; **~ster** f (-s) (Be-)Gründerin f.

oprij|den ['-reĭə(n)] (zn) hinauf-, heraufffahren; fahren auf (of in) (A); **~laan** Auf-, Einfahrt f.

oprijzen

oprijzen ['-rɛiz-] aufragen, sich erheben; *(ontstaan)* aufkommen.
oprisp|en aufstoßen, rülpsen; **~ing** Aufstoßen *n*, Rülpser *m*.
oprit Auf-, Zufahrt *f*.
oproep ['-ru·p] Aufruf *m*; **~en** aufrufen; *(uitlokken)* hervorrufen; *(wekken)* wachrufen; *(bezweren)* heraufbeschwören; *comp* abrufen; *mil* einberufen.
oproer ['-ru:r] *n* Aufruhr *m*; **~ig** ['-rurəx] aufrührerisch; **~ling**(e *f*) *m* Aufrührer(in *f*) *m*.
oprollen auf-, zusammenrollen, aufwickeln; *(arresteren)* ausheben.
oprui|en ['-rəyiə(n)] aufwiegeln, aufhetzen; **~er** *m* (-s) **~(ster** *f* [-s-]) Aufwiegler(in *f*) *m*.
opruim|en ['-rəym-] aufräumen; räumen; **~ing** Schlußverkauf *m*; Räumungsverkauf *m*; **~ings-werk**(**zaam-hed**)**en** *pl* Aufräumungsarbeiten *f*/*pl*.
op|rukken ['-rek-] (*zn*) vorrücken, vorstoßen; **~scharrelen** ['-sxarəl-] aufgabeln, auftreiben.
opschep|pen ['-sxɛp-] *fig* aufschneiden, angeben, protzen; **~per** *m* (**~ster** *f*) (-s) Angeber(in *f*) *m*, Aufschneider(in *f*) *m*; **~perig** [-pərəx] angeberisch; **~perij** [-pə'rɛi] Angeberei *f*.
op|schieten ['-sxi·t-] *(ook zn)* vorangehen, -kommen, vorwärtskommen; *(haast maken)* sich beeilen; *(overweg kunnen)* auskommen, sich vertragen; *schiet op! ook* mach schnell!; **~schik** Schmuck *m*; **~schikken** verschieben, zurückstellen; *jur* aussetzen; **~schrift** *n* Auf-, In-, Überschrift *f*; **~schrijven** ['-sxrɛiv-] aufschreiben, notieren; **~schrikken** *v/i* (*zn*) *en v/t* aufschrecken; **~schroeven** ['-sxru·v̂-] aufschrauben; *fig* aufbauschen, hochspielen; **~schudding** ['-sxʊd-] Aufregung *f*; **~schuiven** ['-sxəyv̂-] *v/i* (*zn*) *en v/t* zusammen-, aufrücken; *(uitstellen)* aufschieben; *(omhoog~)* in die Höhe schieben; **~sieren** (aus)schmücken, verzieren; **~slaan** aufschlagen; *(bergen)* speichern *(ook comp)*, lagern; **definitief ~** endlagern.
opslag ['-slax] Aufschlag *m*, Erhöhung *f*; *hdl* Lagerung *f*; *(afval~)* Entsorgung *f*; *mus* Auftakt *m*; **~kosten** *pl* Lagerhaltungskosten *pl*; **~plaats** Lagerraum *m*; **~ruimte** [-rəymtə] Lager-

raum *m*; *comp* Speicherkapazität *f*.
op|slokken schlucken (*ook fig*); **~sluiten** ['-slœyt-] einsperren; einschließen; **~slurpen** ['-slœrp-] aufschlürfen; absorbieren; **~smukken** ['-smœk-] (aus)schmücken; **~smullen** F verputzen; **~snorren** F auftreiben; **~sommen** aufzählen, aufführen; **~sparen** (auf-, zusammen)sparen; **~spelden** auf-, anstecken; **~spelen** toben.
opspor|en aufspüren, ausfindig machen; *jur* fahnden, ermitteln; **~ing** *jur* Fahndung *f*, Ermittlung *f*.
op|spraak Gerede *n*; **~springen** (*zn*) aufspringen.
opstaan *(ook zn)* aufstehen, sich erheben; *(verrijzen)* auferstehen; **~der** *m* (-s): **vroege ~** Frühaufsteher *m*.
opstand Aufstand *m*, Revolte *f*, Aufruhr *m*; *in ~ komen* sich erheben, sich empören, sich auflehnen; **~eling**(e *f*) [-dəliŋ(ə)] *m* Aufständische(r); **~ig** [-'stɑndəx] aufsässig; **~ing** Auferstehung *f*.
op|stapelen ['-sta:pəl-] (auf)stapeln, (auf)schichten, (auf)häufen; *zich ~* sich stapeln, sich (auf)türmen; **~stappen** (*zn*) hinaufgehen; einsteigen; *(weggaan)* aufbrechen, fortgehen; **~steken** ['-ste:k-] **1.** *v/t* aufstecken, in die Höhe stecken; *hand* heben; *(bevestigen)* anstecken; *(leren)* lernen; **2.** *v/i* (*zn*) wind, *storm*: sich erheben.
opstel ['-stɛl] *n* Aufsatz *m*; **~len** aufstellen; *plan ook* erstellen; *(schrijven mst)* verfassen, aufsetzen; *programma* gestalten; *zich ~ fig* sich verhalten; **~ler** *m* (**~ster** *f*) (-s) Verfasser(in *f*) *m*; **~ling** Aufstellung *f*; Abfassung *f*; Gestaltung *f*; *(houding)* Einstellung *f*.
op|stijgen ['-stɛiɣ-] aufsteigen; *vlgw ook* abheben; **~stoken** *fig* aufwiegeln; **~stootje** *n* (-s) Krawall *m*, Tumult *m*; **~stopping** Stau *m*, (Verkehrs-)Stauung *f*; **~strijken** ['-strɛik-] bügeln; *geld* einstreichen, -heimsen; **~stuiven** ['-stœyv̂-] *fig* aufbrausen; **~sturen** ['-sty:r-] Verfasser(in *f*) schicken; nachschicken; **~takelen** ['-ta:kəl-] auftakeln; *(hijsen)* hochziehen, -hieven; **~tekenen** ['-te:kənə(n)] aufzeichnen; *(registreren)* verzeichnen; **~tellen** addieren, zusammenzählen, -rechnen.
opteren [-'te:r-] optieren.

optica ['ɔpti·ka·] Optik *f*.
opticien [-'siē:] *m* (-s) Optiker *m*.
optie ['ɔpsi] (-s) Option *f*.
optiek [-'ti·k] Optik *f* (*ook fig*).
optillen (auf-, an-, hoch)heben.
optim|aal [-'ma:l] optimal; **~isme** ['ɔptimismə] *n* Optimismus *m*; **~ist(e** *f*) *m* Optimist(in *f*) *m*.
optisch ['ɔpti·s] optisch.
optocht Auf-, Umzug *m*.
optreden 1. (*zn*) auftreten; (*intreden ook*) eintreten; **~** (**tegen**) vorgehen (gegen *A*); **2.** *n* (-s) Auftritt *m*; Vorgehen *n*.
op|trekken 1. *v/t* auf-, hochziehen; (*verhogen*) erhöhen, anheben; *neus* rümpfen; **2.** *v/i* (*ook zn*) *auto*: beschleunigen, anfahren; *mist*: sich lichten; (*omgaan*) umgehen; **~tuigen** *n/v* auftakeln.
opvallen auffallen, **~d** [-'fɑl-] auffallend, auffällig.
opvang Betreuung *f*; **~en** auffangen (*ook fig*); (*onderscheppen*) abfangen; **~kamp** *n* Auffanglager *n*.
opvarenden *pl* Schiffspassagiere *m/pl*; (*bemanning*) Schiffsmannschaft *f*.
op|vatting Auffassung *f*, Anschauung *f*, Ansicht *f*; **~vegen** (zusammen)fegen, aufwischen; **~vissen** auffischen; **~vlammen** (*zn*) aufflammen, (auf)lodern; **~vliegend** [-'fli·γənt] jähzornig, aufbrausend.
opvoed|baar ['-fu·d-]: **moeilijk ~** schwererziehbar; **~en** erziehen; **~er** *m* (**~ster** *f*) (-s) Erzieher(in *f*) *m*; **verantwoordelijke ~** Erziehungsberechtigte(r); **~ing** Erziehung *f*; **~ en onderwijs** Erziehungswesen *n*; **~kunde** [-kəndə] Pädagogik *f*; **~kundig** [-'kəndəx] pädagogisch, erzieherisch.
opvoer|en ['-fu·r-] steigern; *thea* aufführen; **~ing** Steigerung *f*; Aufführung *f*.
opvolg|en nachfolgen (*D*); (*nakomen*) befolgen, nachkommen (*D*); **~er** *m* (**~ster** *f*) (-s) Nachfolger(in *f*) *m*; **~ing** Nachfolge *f*; Befolgung *f*; Folge *f*.
opvouw|baar [-'fɑu-] faltbar, zusammenklappbar; **opvouwbare boot** Faltboot *n*; **~en** zusammenfalten, -klappen.
op|vragen anfordern; *geld* abheben; **~vrolijken** ['-fro:lək-] auf-, erheitern; **~vullen** ['-fəl-] (aus)füllen; *dier* ausstopfen; **~waaien:** (**doen**) **~** aufwirbeln; **~waarderen** [-de:r-] aufwerten.

opwaarts 1. *adv* aufwärts, hin-, herauf; **2.** *adj* steigend; **~e beweging** Aufwärtsbewegung *f*.
opwachten erwarten; *pej* auflauern (*D*).
op|warmen aufwärmen; **~wegen: ~ tegen** aufwiegen; **tegen elkaar ~** sich ausgleichen, sich die Waage halten.
opwekken aufwecken; anregen; *energie* erzeugen; **~d** [-'vɛkənt] anregend, belebend.
opwellen (*zn*) aufwallen, quellen; **~ing** Regung *f*.
opwerk|en aufarbeiten; wiederaufbereiten; *zich* **~** sich empor-, hocharbeiten; **~ings-fabriek** Wiederaufbereitungsanlage *f*.
opwerpen aufwerfen; einwenden; **zich ~ als** sich aufwerfen zu (*D*).
opwind|en aufwickeln, spulen; (her)aufziehen; erregen; **zich ~** sich er-, aufregen; **~ing** Auf-, Erregung *f*; **van ~** vor Auf-, Erregung.
op|wrijven [-'frēiv-] polieren; **~zadelen** ['-sa:dəl-]: *iem met iets* **~** j-m etw aufhalsen.
opzeg|baar kündbar; **~gen** auf-, hersagen; kündigen (*D*); *krant* abbestellen.
opzegging Kündigung *f*; Abbestellung *f*; **~s-termijn** [-tɛrmɛin] Kündigungsfrist *f*.
opzet 1. (*-ten*) Entwurf *m*, Plan *m*; **2.** *n* Absicht *f*, Vorsatz *m*; **met** (**zonder**) **~** (un)absichtlich; **~telijk** ['-sɛtələk] absichtlich, vorsätzlich; **~ten 1.** *v/t* aufsetzen, -stellen; *tent* aufbauen; *plaat* auflegen; (*organiseren*) veranstalten; (*opruien*) aufwiegeln; (*recht~*) aufrichten; *dier* ausstopfen; **2.** *v/i* (*zn*) schwellen; (*komen*) **~** (her)aufziehen.
opzicht *n* Aufsicht *f*; **in dit ~** in dieser Hinsicht; **in alle ~en** in jeder Hinsicht; **ten ~e van** bezüglich (*G*); **~er** *m* (-s) Aufseher *m*, Wärter *m*; Bauführer *m*; **~eres** [-'rɛs] *f* (*-sen*) Aufseherin *f*, Wärterin *f*; **~ig** ['-sɪxtəx] auffällig.
opzien 1. aufsehen; staunen; **~ tegen** *iem* verehren; *iets* sich scheuen vor (*D*), zurückschrecken vor (*D*); **2.** *n* Aufsehen *n*; **~ baren** Aufsehen erregen; **~barend** [-'ba:rənt] aufsehenerregend.
opzij [-'sɛi] beiseite; seitlich; **~ dringen** zur Seite drängen, abdrängen; **~ leggen** beiseite legen; *fig ook* zurücklegen,

auf die hohe Kante legen; ~ zetten zur Seite schieben (ook fig).
op|zoeken ['opsu·k-] (-) aufsuchen; nachschlagen; ~zuigen ['opsœγ-] aufsaugen; ~zwellen anschwellen; ~zwepen ['opsüɛːp-] aufpeitschen.
oranje [oˈranjə] 1. orange; 2. n Orange n; 3. ♀ n Oranien n.
orchidee [-xiˈdeː] (-ën) Orchidee f.
orde (-n of -s) Ordnung f; Orden m; ~ van grootte Größenordnung f; aan de ~ van de dag an der Tagesordnung; in ~! in Ordnung!; in ~ maken in Ordnung bringen; ~bewaarder m (-s) Ordner m; ~lievend [-ˈliːv̯-] ordnungsliebend; ~lijk [ˈɔrdələk] ordentlich; ~nen ordnen; ~ning Ordnung f; ruimtelijke ~ Raumordnung f.
ordentelijk [-ˈdɛntələk] ordentlich.
order (-s) (Akten-)Ordner m.
orgaan n (-ganen) Organ n; ~donor m Organspender m.
organis|atie [-ˈzaː(t)si] (-s) Organisation f; Veranstaltung f; ~ator m (-en [-ˈtoː-] of -s) (~atrice [-ˈtriːsə] f [-s]) Organisator(in) m, Veranstalter(in) m; ~eren [-ˈzeːr-] organisieren; (op touw zetten ook) veranstalten, ausrichten.
orga|nisme [-ˈnɪsmə] n (-s of -n) Organismus m; ~sme [-ˈγas-] n Orgasmus m.
orgel n (-s) Orgel f; ~draaier, ~man m Leierkastenmann m.
orgie [ɔrˈγiː] (-ën) Orgie f.
Oriënt [oːriˈ(j)ɛnt]: de ~ der Orient.
oriënter|en [oːriˈɛn-] (zich) (sich) orientieren; ~ings·vermogen n Orientierungssinn m.
origineel [-ʒiˈneːl] 1. originell; original; originele verpakking Original(ver)packung f; 2. n (-nelen) Original n.
orkaan (-kanen) Orkan m.
orkest n Orchester n.
ornament n Ornament n.
ortho|dox [-ˈdɔks] orthodox, strenggläubig; ~grafie [-ˈγraˈfiː] Orthographie f, Rechtschreibung f; ~pedist [-ˈdɪst] m Orthopäde m.

os m (-sen) Ochse m; ~se·haas Rinderfilet n; ~se·staartsoep [-suˑp] Ochsenschwanzsuppe f.
otter m (-s) Otter m.
oud [aut] alt; even ~ ook gleichaltrig; bij het ~e blijven (laten) beim alten bleiben (lassen); ~bakken altbacken.
oudejaars|avond [-ˈaːv̯ənt] Silvesterabend m; ~dag [-ˈdax] Silvester m of n.
ouderdom [-dɔm] Alter n; ~s·klachten pl Altersbeschwerden f/pl; ~s·verschijnsel [-sxɛinsəl] n Alterserscheinung f; ~s·voorziening Altersversorgung f.
ouder|lijk [-lək] elterlich; ~ huis n Elternhaus n; ~s pl Eltern pl; ~wets [-ˈvɛts] altmodisch, altertümlich.
oudheid [ˈautheɪt] (-heden) Altertum n; (klassieke) ~ ook Antike f; ~kunde [-kondə] Archäologie f.
oud|jaar [-ˈjaːr] n Silvester m of n; ~je [ˈautjə] n (-s) Alte(r); ~s(her [-ˈhɛr]): van ~ von (of seit) je-, altersher.
outillage [uˈtiːjaːʒə] Ausrüstung f.
outsider [ˈautsaɪdər] m of f (-s) Außenseiter(in) f m.
ouv|erture [uˑv̯ɛrˈtyːrə] (-s of -n) Ouvertüre f; ~reuse [uˑˈv̯røːzə] (-s of -n) Platzanweiserin f.
ouwe|hoeren [ɑu̯əˈhuːrə(n)] P quatschen; ~lijk [ˈɑu̯ələk] ältlich.
ovaal 1. oval; 2. n (-valen) Oval n.
oven (-s) Ofen m; (~mond ook) (Back-)Röhre f.
over 1. prep über (A, D); ~ drie dagen (weken) in drei Tagen (Wochen); ~ de honderd über hundert; 2. adv über; übrig; vorbei.
overal überall, allenthalben.
over|bagage [-ˈγaːʒə] Übergepäck n; ~bekend allbekannt; ~belasten überbelasten; fig überlasten; ~bevolkt übervölkert; ~bezet überbelegt; überlaufen; ~blijfsel [-blɛifsəl] n Überbleibsel n, Relikt n; ~blijven [-blɛiv̯-] übrigbleiben; ~d ook restlich; ~bluffen [-ˈblœf-] (-) überblüffen; bluffen; ~bodig [-ˈboːdəx] überflüssig; ~ zijn ook sich erübrigen; ~boeken [-buˑk-] umbuchen; ~boord [-ˈboːrt] über Bord.
overbreng|en [ˈoːv̯ər-] überbringen; (meedelen ook) bestellen, übermitteln; (overdragen) übertragen; (verklikken) hinterbringen; (transporteren) über-

overladen

führen; **~ing** Überbringung *f*; Übermittlung *f*; Übertragung *f*; Überführung *f*; *tech* Übersetzung *f*.
over|brieven zutragen; **~bruggen** [-'brœɣ] (-) überbrücken; **~buur(man)** [-by:r(mɑn)] *m* Gegenüber *n*; **~daad** Unmäßigkeit *f*; Übermaß *n*; *fig* Überschwang *m*; **~dadig** [-'da:dəx] unmäßig; *fig* überschwenglich; **~dag** [-'dɑx] am Tage, tagsüber; **~denken** [-'deŋk-] (-) überdenken, (sich) überlegen; **~doen** [-'du:n] noch einmal tun (*of* machen); (*van de hand doen*) überlassen; **~donderen** [-'dɔndər-] (-) verblüffen; **~dosis** Überdosis *f*; **~draagbaar** [-'dra:ɣ-] übertragbar.
overdracht ['o:vər-] Übertragung *f*; Abtretung *f*; **~elijk** [-'drɑxtələk] übertragen, bildlich, figürlich.
over|dragen übertragen; (*van de hand doen*) abtreten, veräußern; **~dreven** [-'dre:Və(n)] übertrieben, überspitzt.
overdrij|ven [-'dreiv-] (-) übertreiben; **~ing** Übertreibung *f*.
over|duidelijk ['-dəydələk] überdeutlich, eindeutig; **~dwars** [-'dŭɑrs] quer.
overeenkom|en [-'e:ŋko:m-] *v/t* übereinkommen, vereinbaren, abmachen; *v/i* übereinstimmen; **~st** [-kɔmst] Überein-, Abkommen *n*, Vereinbarung *f*, Übereinkunft *f*; (*gelijkenis*) Übereinstimmung *f*, Ähnlichkeit *f*, Entsprechung *f*; **~stig** [-'kɔmstəx] übereinstimmend, entsprechend; gemäß (*D*).
overeenstemm|en [-'e:n-] übereinstimmen; **~ing** Übereinstimmung *f*, Einklang *m*; Einigung *f*; *zich in ~ laten brengen met* sich vereinbaren lassen mit (*D*).
overeind [-'εint, -'ɛnt] aufrecht; *~ gaan staan* sich aufstellen.
overerv|en *v/i* (*zn*) sich vererben; **~ing** Vererbung *f*.
overgaan (*zn*) über-, (*voorbijgaan*) vorübergehen; (*op school*) versetzt werden; (*overlopen*) übertreten.
overgang m, -tritt m; Versetzung *f*; **~s-jaren** [-] *n/pl* Wechseljahre *n/pl*; **~s-tijd** [-tεit] *f* Übergangszeit *f*.
over|gankelijk [-'ɣɑŋkələk] transitiv; **~gave** Übergabe *f*; (*toewijding*) Hingabe *f*; **~gelukkig** [-lœkəx] überglücklich; **~geven** ['o:Vər-] übergeben; (*braken*) sich übergeben, sich erbrechen; *zich ~*

sich ergeben; *zich ~ aan* sich ergeben (*D*); *pej* frönen (*D*); **~gevoelig** [-'Vu-lǝx] überempfindlich; **~gewicht** *n* Übergewicht *n*; **~gieten 1.** [-'ɣi:t-] (-) überschütten, **2.** ['o:vər-] umfüllen; **~gooier** [-'ɣo:iǝr] (-*s*) Hänger *m*; **~gordijnen** [-dεin-] *n/pl* Übergardinen *f/pl*.
overgroot|moeder [-mu:dǝr] *f* Urgroßmutter *f*; **~vader** *m* Urgroßvater *m*.
over|haast [-'ha:st] überstürzt, übereilt; **~haasten** (-) überstürzen; *zich ~* sich übereilen; **~halen** [-'o:vər-] herüberziehen; überreden, F breitschlagen.
overhand Oberhand *f*; **~igen** [-'hɑndǝɣ-] (-) übergeben, -reichen, aushändigen; **~iging** Überreichung *f*, -gabe *f*.
over|hebben übrig haben; **~heen** [-'he:n] über; darüber (hin); **~heersen** [-'he:rs-] (-) *v/t* beherrschen; *v/i* vorherrschen.
overheid [-hεit] (-*heden*) Staat *m*, Obrigkeit *f*; (*instantie*) Behörde *f*; **gemeentelijke ~** Kommunalbehörde *f*; **~s-bedrijf** [-dreif] *n* Staatsbetrieb *m*; **~s-personeel** *n* öffentlicher Dienst *m*.
over|hellen ['o:vər-] überhängen; neigen; **~hemd** *n* Oberhemd *n*; **~hemdblouse** [-blu:zə] Hemdbluse *f*; **~hevelen** [-he:Vǝl-] überfüllen, umlenken.
overhoop [-'ho:p] über den Haufen, durcheinander; *~ raken met* sich überwerfen mit (*D*); **~gooien** [-xo:ĭə(n)], **~halen** durcheinanderwerfen, -bringen; **~liggen**: *~ met* sich überworfen haben mit (*D*).
over|horen [-'ho:r-] (-) abfragen, abhören; **~houden** [-haŭə(n)] (-) übrigbehalten.
overig ['o:vərəx] übrig; *voor het ~e* im übrigen; *al het ~e* alles übrige (*of* weitere); **~ens** [-rəɣə(n)s] übrigens, sonst.
over|ijld [-'εilt] übereilt, voreilig, vorschnell; **~jas** Überzieher *m*, Mantel *m*; **~kant** gegenüberliegende Seite *f*; *aan de ~* drüben; *aan de ~ van* jenseits (*G*); *naar de ~ gaan* hinübergehen; **~kapping** [-'kɑp-] Überdachung *f*, Halle *f*; **~koepelend** ['ku:pǝlǝnt]; **~e organisatie** Dachverband *m*, -organisation *f*; **~koken** [-ko:k-] überkochen; **~komen 1.** ['o:vər-] herüber-, hinüberkommen; (*opgevat worden*) ankommen; (*lijken*) wirken, anmuten; **2.** ['ko:m-] (-) passieren, zustoßen, widerfahren; **~laden**

overlangs

1. ['oːvər-] umladen; **2.** [-'laːd-] (-) überladen; **~langs** der Länge nach; **~lappen** [-'lap-] (-): *elkaar ~* sich überlappen, sich überschneiden; **~laten** ['oːvərla:t-] übriglassen; überlassen.

overleden [-'leːdə(n)] ge-, verstorben; **~e** Verstorbene(r).

overleg [-'lɛx] *n* Überlegung *f*; Beratung *f*; Rücksprache *f*; (*omzichtigheid*) Bedacht *m*, Umsicht *f*; *in ~ met* nach Rücksprache (*of* im Einvernehmen) mit (*D*); *met ~* überlegt; **~gen 1.** ['oːvər-] vorlegen; **2.** [-'lɛɣ-] (-) überlegen.

overleven [-'leːv̌-] (-) überleben, -dauern; **~de** Überlebende(r).

overleveren ['oːvərleːvər-] überliefern; *overgeleverd zijn aan* ausgeliefert sein (*D*); **~ing** Überlieferung *f*.

overlezen nach-, durchlesen; noch einmal lesen.

overlijden [-'lɛɪ̌d-] **1.** (-; *zn*) sterben, verscheiden; **2.** *n* Tod *m*, Ableben *n*; **~s-akte** Sterbeurkunde *f*; **~s-verklaring** Totenschein *m*.

overloop Treppenabsatz *m*.

overlop|en ['oːvər-] überlaufen (*ook fig*); *~ van fig* überströmen vor (*D*); **~er** *m* Überläufer *m*.

over|maat Übermaß *n*; *tot ~ van ramp* zu allem Unglück; **~macht** Übermacht *f*; (*in aantal ook*) Überzahl *f*; *jur* höhere Gewalt *f*; **~maken** ['oːvərmaːk-] übermitteln; *geld* überweisen; **~mannen** [-'man-] (-) übermannen, überwältigen.

overmoed [-muˑt] Übermut *m*; **~ig** [-'muˑdəx] übermütig.

overmorgen übermorgen.

overnacht|en [-'nɑxt-] (-) übernachten; **~ing** Übernachtung *f*; *~ met ontbijt* Übernachtung und Frühstück.

overname Übernahme *f*; **~bod** [-bɔt] *n* Übernahmeangebot *n*.

over|nemen ['oːvər-] übernehmen; **~plaatsen** versetzen; **~prikkeld** ['prɪkəlt] überreizt; **~produktie** [-dɔksiˑ] Überproduktion *f*; **~reden** [-'reːd-] (-) überreden; **~rijden** [-'rɛɪ̌d-](n)] (-) überfahren; **~rompelen** [-'rɔmpəl-] (-) überrumpeln; **~schaduwen** [-'sxaːdyˑüə(n)] (-) überschatten; (*overtreffen*) in den Schatten stellen; **~schakelen** [-sxaːkəl-] umschalten; **~schatten** [-'sxɑt-] (-) überschätzen; **~schieten**

(*zn*) übrigbleiben; **~schilderen** ['sxɪldər-] (-) übermalen; **~schot** ['oːvərsxɔt] *n* (*-ten*) Überschuß *m*, Rest *m*; *stoffelijk ~* sterbliche Hülle *f*; **~schrijden** [-'sxrɛɪ̌d-] (-) überschreiten; überziehen.

overschrijv|en ['oːvərsxrɛɪ̌v̌-] abschreiben; umschreiben; *geld* überweisen; **~ing** Überweisung *f*; *~ per bankgiro* Banküberweisung *f*; **~ings-formulier** [-myˑliːr] *n* Überweisungsformular *n*.

overslaan ['oːvər-] **1.** *v*/*t* übergehen, -schlagen, -springen (*ook klas*); *goederen* umschlagen; **2.** *v*/*i* (*zn*) überschlagen; *vuur:* übergreifen; *stem:* sich überschlagen, überschnappen.

overslag Umschlag *m*; **~haven** Umschlaghafen *m*.

overspann|en [-'spɑn-] *adj* überspannt; *fig* überanstrengt; **~ing** Überanstrengung *f*.

overspel [-spɛl] *n* Ehebruch *m*.

overstap|(kaart)je *n* (-s) Umsteigefahrschein *m*; **~pen** (*zn*) umsteigen.

overste *m of f* Obere(r), Oberin *f*; *mil* Oberstleutnant *m*.

over|steken ['oːvərsteːk-] überqueren; **~stelpen** [-'stɛl-] (-) überhäufen, -schütten; **~stemmen** [-'stɛm-] (-) übertönen; *pol* überstimmen.

overstrom|en [-'stroːm-] (-) überschwemmen, -fluten; **~ing** Überschwemmung *f*, Hochwasser *n*.

over|stuur [-'styːr]: (*helemaal*) *~ zijn* (ganz) durcheinander sein; **~tappen** um-, abfüllen; **~tikken** abtippen; noch einmal tippen; **~tocht** Überfahrt *f*; Übergang *m*; **~tollig** [-'tɔləɣ] überflüssig, -schüssig, -zählig.

overtred|en [-'treːd-] (-) übertreten, verletzen, zuwiderhandeln (*D*); **~ing** Übertretung *f*, Verstoß *m*, Vergehen *n*; *jur* Ordnungswidrigkeit *f*; *sp* Foul *n*.

overtreffen [-'trɛf-] (-) übertreffen, -steigen, -bieten.

overtrek ['oːvər-] Bezug *m*, Überzug *m*; **~ken 1.** ['oːvər-] (durch)pausen; **2.** [-'trɛk-] (-) beziehen, überziehen (*ook overdrijven*).

over|troeven [-'truˑv̌-] (-) übertrumpfen; *fig ook* ausstechen; **~trokken** [-'trɔkə(n)] überspitzt, übertrieben.

overtuig|en [-'tœyɣ-] (-) überzeugen; **~ing** Überzeugung *f*.

overurentoeslag [-y:rə(n)tu·slɔx] Überstundenzuschlag *m*; **~uur** [-y:r] *n* Überstunde *f*.

overval Überfall *m*; **~len** [-'ʋal-] (-) überfallen; *fig ook* hereinbrechen über (*A*), befallen.

over|varen ['o:ʋər-] *schip:* überfahren; *v/i ook* übersetzen; **~verhitten** überhitzen (*ook fig*).

oververmoeid [-mu·it] übermüdet; **~heid** [-hɛit] Übermüdung *f*.

over|verzadigd [-za:dɔxt] übersättigt; **~vleugelen** [-'ʋløːɣəl-] (-) überflügeln.

overvliegen ['o:ʋər-] *v/i* überfliegen; *v/t (transporteren)* einfliegen.

overvloed [-ʋlu·t] Überfluß *m*; **in ~** im Überfluß, in Hülle und Fülle; **~ig** [-'ʋlu·dəx] reichlich, üppig, ergiebig.

over|vol ['o:ʋər-] überfüllt; **~waarderen** [-ʋa:rde:r-] überbewerten.

overweg[1] ['o:ʋər-] Bahnübergang *m*.

overweg[2] [-'ʋɛx]: (*goed*) ~ **kunnen met elkaar** sich verstehen (*of* vertragen).

overweg|en [-'ʋe:ɣ-] erwägen, durchdenken; (*domineren*) überwiegen; **het ~ waard** erwägenswert; **~ing** Erwägung *f*; **in ~ geven** zu bedenken geben, nahelegen; **in ~ nemen** in Erwägung ziehen.

overweldigen [-dəɣə(n)] (-) überwältigen.

overwerk *n* Überstunden *f/pl*; (*extra werk*) Mehrarbeit *f*; **~en 1.** ['o:ʋər-] Überstunden machen; **2. zich ~** [-'ʋɛrk-] (-) sich überanstrengen; *zich niet ~* sich kein Bein ausreißen.

overwicht *n* Übergewicht *n*; *fig ook* Vorherrschaft *f*.

overwinn|aar [-'ʋɪn-] *m* (**~ares** [-'rɛs] *f*) Sieger(in *f*) *m*; **~en** (-) *v/i* siegen; *v/t* besiegen; *fig mst* überwinden; **~ing** Sieg *m*; Überwindung *f*; *zeker van de ~* siegessicher.

over|winteren [-'ʋɪn-] (-) überwintern; **~woekeren** [-'ʋu·kər-] (-) überwuchern; **~zee** [-'ze:] Übersee *f*; **~zees** [-'ze:s] überseeisch; **~zetten** (hin)übersetzen.

overzicht *n* Übersicht *f*, -blick *m*; **~elijk** [-'zɪxtələk] übersichtlich, überschaubar; **~s-kaart** Übersichtskarte *f*.

overzien [-'zi·n] (-) übersehen, -blicken; *te ~* übersehbar, überschaubar; *... is niet te ~* ... ist nicht abzusehen, nicht absehbar sein; **~baar** übersehbar.

overzijde [-zɛidə] = **overkant.**

oxyderen [ɔksi·de:r-] oxydieren.

ozonlaag ['o:zɔnla:x] Ozonschicht *f*.

P

pa [pa:] *m* (-'s) Papa *m*.

paadje *n* (-s) (kleiner) Pfad *m*, Steig *m*.

paaien [ˈpa:iə(n)] vertrösten.

paal (*palen*) Pfahl *m*; **~ en perk stellen aan** Grenzen (*of* Schranken) setzen (*D*).

paar[1] paar; *wisk* gerade.

paar[2] *n* (*paren*) Paar *n*; *verliefd ~ ook* Liebespaar *n*.

paard *n* Pferd *n*, Roß *n*; *schaken:* Springer *m*; **te ~ stijgen** aufsitzen.

paarde|bloem [-blu·m] Löwenzahn *m*; **~haar** *n* Roßhaar *n*; **~kracht** Pferdestärke *f*; **~stal** Pferdestall *m*; **~tuig** [-tɔyx] *n* Pferdegeschirr *n*; **~vlieg** Bremse *f*.

paardrijd|en ['-rɛiə(n)] *n* Reiten *n*; **~er** *m* (**~ster** *f*) Reiter(in *f*) *m*.

paarlemoer [-'mu:r] *n* Perlmutt *n*.

paars violett, lila.

paars|gewijs [-ʋɛis], **~gewijze** [-ʋɛizə] paarweise.

paartje *n* (-s) Pärchen *n*.

paas|- *in samenst. mst* Oster-, *b.v.* **~ei** *n* Osterei *n*; **~haas** *m* Osterhase *m*; **~vakantie** [-kansi·] Osterferien *pl*.

pacemaker ['pe:sme:kər] (-s) Herzschrittmacher *m*.

pacht Pacht *f*; **~contract** *n* Pachtvertrag *m*; **~en** pachten; **~er** *m* (**~ster** *f*) (-s) Pächter(in *f*) *m*.

pacif|iceren [pɑsi·fi·'se:r-] pazifizieren,

pacifisme 192

befrieden; **~isme** [-'fɪsmə] *n* Pazifismus *m*; **~ist(e** *f*) *m* Pazifist(in *f*) *m*.
pact *n* Pakt *m*.
pad¹ [pɑt] *n* (*-en*) Pfad *m*; **gekapt** ~ (Wald-)Schneise *f*; **op het verkeerde ~ (ge)raken** auf die schiefe Bahn geraten, auf Abwege geraten.
pad² (*-den*) Kröte *f*.
paddel ['pɛd-, 'pɑd-] *n* (*-s*) Paddel *n*; **~en** (*ook zn*) paddeln.
paddestoel [-stu·l] *m* Pilz *m*.
padvind|er *m* Pfadfinder *m*; **~ster** *f* Pfadfinderin *f*.
paf [pɑf]: ~ **staan** baff sein.
paffen F paffen, qualmen.
pagaaien [-'ɣa:iə(n)] paddeln.
pagekopje ['pa:ʒə-] *n* Pagen-, Bubikopf *m*.
pagina ['pa:ɣi·-] (*-'s*) Seite *f*.
pak *n* (*-ken*) Paket *n*; Bündel *n*, Päckchen *n*, Packung *f*; (*kostuum*) Anzug *m*; **~ van zes (stuks)** Sechserpack *m*; **~huis** ['-hœys] *n* Lagerhaus *n*, -raum *m*, Speicher *m*.
Pakistaans [-'sta:ns] pakistanisch.
pakje *n* (*-s*) Päckchen *n*; **~ van tien** Zehnerpackung *f*; **~s-avond** [-a:v̂ɔnt] Bescherung *f* (am Nikolausabend).
pakken fassen, packen, greifen; (*ein*)packen; schnappen, ergreifen; **te ~ krijgen** erwischen; (*kopen*) auftreiben.
pak|ket [-'kɛt] *n* (*-ten*) Paket *n*; Päckchen *n*; **~king** *tech* Packung *f*, Dichtung *f*.
pak|papier *n* Packpapier *n*; **~weg** [-'vɛx] etwa.
pal [pɑl] fest, unbeweglich; direkt.
palaveren [-'la:v̂ər-] palavern.
paleis [-'lɛĭs] *n* (*-leizen*) Palast *m*.
Palestijn(se *f*) *m* Palästinenser(in *f*) *m*.
palet¹ [pɑ'lɛt] *n* (*-ten*) Palette *f*.
palet² [pɑ'lɛt] *n* of *m* (*-ten of -s*) Palette *f*.
paling Aal *m*; **gerookte ~** Räucheraal *m*.
palissander(hout) [-'sɑndər(hɑut)] *n* Palisander(holz *n*) *m*.
pallet ['pɑlət] = *palet*².
palm Palme *f*; (*hand~*) Fläche *f*, Teller *m*; **~boom** Palme *f*; **²pasen** [-'pa:sə(n)] Palmsonntag *m*.
Palts: **de ~** die Pfalz.
pamflet [-'flɛt] *n* (*-ten*) Pamphlet *n*, Flugblatt *n*.
pan (*-nen*) Pfanne *f*; (Koch-)Topf *m*; (Dach-)Ziegel *m*.
panacee [-'se:] (*-s of -ën*) Allheilmittel *n*.

pand *n* Pfand *n*; Haus *n*; (*van trui*) Teil *n*; (*slip*) (Rock-)Schoß *m*; **groot ~** Anwesen *n*; **~brief** Pfandbrief *m*; **~jeshuis** [-həys] *n* Pfandhaus *n*; **~verbeuren** [-bø:r-] *n* Pfänderspiel *n*.
paneel [-'ne:l] *n* (*-nelen*) Feld *n*; (*deur~*) Füllung *f*; (*schakel~*) Pult *n*.
paneermeel [-'ne:r-] *n* Paniermehl *n*.
panel ['pɛnəl] *n* (*-s*) Forum *n*.
paneren [-'ne:r-] panieren.
panharing Brathering *m*.
paniek [pɑ'ni·k] Panik *f*.
panisch ['pa:nɪs] panisch.
panne (*-s*) Panne *f*.
pannekoek [-ku·k] Pfannkuchen *m*.
pannendak *n* Ziegeldach *n*.
panorama *n* (*-'s*) Panorama *n*, Rundblick *m*.
pantalon ['-lɔn] (*-s*) Hose *f*.
panter *m* (*-s*) Panther *m*.
pantoffel (*-s*) Pantoffel *m*, Hausschuh *m*; **~held** *m* Pantoffelheld *m*.
pantser *n* (*-s*) Panzer *m*; **~en** panzern.
panty ['pɛnti] (*-'s*) Strumpfhose *f*.
pap (*-pen*) Brei *m*.
papa ['pɑ'pa] *m* (*-'s*) Papa *m*.
papaver ['pa:v̂ər] (*-s*) Mohn *m*.
pape|gaai [pɑpə'ɣa:i] Papagei *m*; **~rassen** [pɑpə'rɑsə(n)] *pl* F Papiere *n*/*pl*.
paperclip ['pe:pər-] (*-s*) (Büro-)Klammer *f*.
papier *n* Papier *n*; **oud ~** Altpapier *n*; **op ~ zetten** zu Papier bringen; **~en** papieren, Papier-; **~handel** (*winkel*) Papierwarenhandlung *f*; **~mand** Papierkorb *m*; **~tje** *n* (*-s*) Zettel *m*.
pap|lepel [-'le:pəl] Eßlöffel *m*; **~perig** ['pɑpərəx] pappig; teigig; matschig.
pappie ['pɑpi] *m* (*-s*) Vati *m*.
paprika (*-'s*) Paprika *m*.
papzak *m* F Dickwanst *m*.
paraat parat; *mil* einsatzbereit.
para|bel [-'ra:bəl] (*-s of -en*) Parabel *f*, Gleichnis *n*; **~bool** [-'bo:l] (*-bolen*) Parabel *f*.
parachut|e [-'ʃyt] (*-s*) Fallschirm *m*; **~ist(e** *f*) [-'tɪst(ə)] *m* Fallschirmspringer(in *f*) *m*.
parade (*-s*) Parade *f*; **~ren** [-'de:r-] paradieren (*ook fig*).
paradijs [-'dɛĭs] *n* (*-dijzen*) Paradies *n*; **~elijk** [-'dɛĭsələk] paradiesisch.
paradox [-'dɔks], **~aal** [-'ksa:l] paradox.
paraffine [-'fi·nə] *n of f* Paraffin *n*.

para|graaf (-*grafen*) Paragraph *m*; **~llel** [-'lɛl] **1.** parallel; **2.** *subst* (-*len*) Parallele *f*; **~lyseren** [-'zeːr-] paralysieren.

paraplu (-'ply·) (-'s) (Regen-)Schirm *m*; **~bak** Schirmständer *m*.

para|siet [-'ziːt] *n* Parasit *m*, Schmarotzer *m*; **~siteren** [-'teːr-] schmarotzen.

parasol [-'sɔl] (-s) Sonnenschirm *m*.

parcours [-'kuːr(s)] *n* Strecke *f*; *sp mst* Rennstrecke *f*, Piste *f*.

pardon [pɑr'dɔ̃ː] **1.** *~!* Entschuldigung!, Verzeihung!; gestatten Sie?; *~?* wie bitte?; **2.** *n* Pardon *m*.

parel (*-s of -en*) Perle *f*; **gekweekte ~** Zuchtperle *f*; **~collier** *n of m* Perlenkette *f*; **~en** perlen; **~hoen** [-huˑn] *n* Perlhuhn *n*; **~moer** [-muːr] *n* Perlmutt *n*.

paren *v/i* sich paaren; *v/t* paaren.

parfum [-'fœː, -'fœm] *n* (-s) Parfüm *n*; **~erie** [ˌfyˑmoˈriˑ] (-*ën*) Parfümerie *f*.

Parijs [-'rɛis] **1.** *n* Paris *n*; **2.** *adj* Pariser; **~e** *f* Pariserin *f*.

Parijzenaar [-'rɛizə-] *m* (-s) Pariser *m*.

paring Paarung *f*.

parit|air [-'tɛːr] paritätisch; **~eit** [-'tɛit] Parität *f*.

park *n* Park *m*.

parkeer|bon [-bɔn] Strafzettel *m* für falsches Parken; **~garage** [-raˑʒə] Park(hoch)haus *n*; **~geld** Parkgebühr *f*; **~gelegenheid** Parkmöglichkeit *f*; **~klem** Parkkralle *f*; **~licht** *n* Standlicht *n*; **~meter** [-meˑtɑr] Parkuhr *f*; **~plaats**, **~ruimte** [-rœymtə] Parkplatz *m*; (*tussen twee auto's ook*) Parklücke *f*; **~schijf** [-sxɛif] Parkscheibe *f*; **~terrein** [-tɛrɛin] *n* Parkplatz *m*; **~verbod** [-bɔt] *n* Parkverbot *n*.

parkeren [-'keːr-] parken; *niet ~!* parken verboten!

parket *n* (-*ten*) Parkett *n*; *jur* Staatsanwaltschaft *f*.

parkiet [-'kiˑt] *m* Wellensittich *m*.

parlement *n* Parlament *n*; (*van deelstaat*) Landtag *m*; **Europees ~** Europaparlament *n*; **~air** [-'tɛːr] parlamentarisch.

Parmezaans [-'zaːns]: *~e kaas* Parmesankäse *m*.

parochie [-'rɔxiˑ] (*-s of -chiën*) (Pfarr-)Gemeinde *f*; **~kerk** Pfarrkirche *f*.

parod|ie [-'diˑ] (*-ën of -s*) Parodie *f*; **~iëren** [-'diˑeːr-] parodieren.

parool [-'roːl] *n* (-*rolen*) Parole *f*.

part [pɑrt] *n* (An-)Teil *m*; **voor mijn ~** meinetwegen, von mir aus.

parterre [-'tɛːrə] *n of m* (-s) Parterre *n*.

participium [-'sɪpiˑ(j)əm] *n* (-*pia of -s*) Partizip *n*.

particulier [-kyˑ'liːr] **1.** privat; **eigendom** *n* Privatbesitz *m*, -eigentum *n*; **~ patiënt** (*e f*) Privatpatient(in *f*) *m*; **2.** *m* Privatperson *f*.

partij [-'tɛi] Partei *f*; (*hoeveelheid*) Partie *f*; *hdl ook* Posten *m*, Menge *f*; (*feest*) Party *f*; **~ kiezen voor (tegen)** Partei ergreifen für (gegen) (*A*); **~congres** *n* Parteitag *m*, -kongreß *m*; **~dig** [-'tɛidəx] parteiisch; **~genoot** *m* (-*noten*) Parteigenosse *m*; **~lid** *n* Parteimitglied *n*.

partituur [-'tyːr] (-*turen*) Partitur *f*.

partizaan *m* (-*zanen*) Partisan *m*.

partner ['pɑːrtnər] *m of f* (-s) Partner(in *f*) *m*; **sociale ~s** *pl* Tarifpartner *m/pl*; **~gemeente** Partnerstadt *f*; **~ship** [-ʃɪp] *n* Partnerschaft *f*.

part-time|r ['pɑːrt-taːimər] *m of f* (-s) Teilzeitkraft *f*; **~werk** *n* Teilzeitarbeit *f*.

parvenu [-və'nyˑ] *m* (-'s) Parvenü *m*, Emporkömmling *m*.

pas[1] (-*sen*) Schritt *m*; (Gebirgs-)Paß *m*; Ausweis *m*, Paß *m*.

pas[2] *n*: **te (of van) ~ komen** zustatten kommen (*D*).

pas[3] (so)eben, erst.

Pasen Ostern *n*; **met ~** zu Ostern.

pasfoto Paßbild *n*.

pasgehuwd ['-hyˑt] neuvermählt.

paskamer ['-kaːmər] Anproberaum *m*.

paspoort *n* Paß *m*.

pass [pɑs] (-*es*) *sp* Paß *m*.

passage [-'saːʒə] (-s) Passage *f* (*ook mar*); (*tekst~*) Passus *m*; **~ier(e** *f*) [-'ʒiːr(ə)] *m* (-s) Passagier(in *f*) *m*, Fahr-, Fluggast *m*; **~iers-vliegtuig** [-təyx] *n* Passagierflugzeug *n*.

passen passen; (*betamen*) sich gehören, sich schicken; *kleding* anprobieren; **bij elkaar ~** zusammenpassen; **~ op** *fig* aufpassen auf (*A*), hüten; **~d** passend; angemessen, angebracht.

passer (-s) Zirkel *m*.

passeren [-'seːr-] (*ook zn*) passieren; (*langsrijden*) vorbeifahren an (*D*); (*inhalen*) überholen; (*overslaan*) übergehen.

passie ['pɑsiˑ] (-s) Passion *f*.

passief 194

passief [-'si·f] 1. passiv, tatenlos; 2. *n* Passiv *n*.
passietijd ['-si·tɛit] Passionszeit *f*.
passiva [-'sir̄va] *pl* Passiva *pl*.
passiviteit [-'tɛit] Passivität *f*.
pasta (-'s) Paste *f*.
pastei [-'tɛi] Pastete *f*.
pastel [-'tɛl] (*-en of -s*) Pastell *n*.
pastille [-'ti·(j)ə] (*-s*) Dragée *n*, Pastille *f*.
past|oor [-'to:r] *m* (*-s*), **~or** ['pastɔr] *m* (*-[e]s*) (*katholischer*) Pfarrer *m*.
patat [pa'tat, pə-] (*-ten*) F Kartoffel *f*; **~(es frites** [pə'tat fri·t] *pl*) Pommes frites *pl*.
pâté [pa'te:] (*-s*) Pastete *f*.
patenteren [-'te:r-] patentieren.
pater [*'*pa:tər] *m* (*-s*) Pater *m*.
patiënt(e *f***)** [-'siɛnt(ə)] *m* Patient(in *f*) *m*.
pathetisch [-'te:ti·s] pathetisch.
pathos ['pa:tɔs] *n* Pathos *n*.
patisserie [-sə'ri·] (*-ën*) Konditorei *f*; Feingebäck *n*.
patriarchaal [-'xa:l] patriarchalisch.
patrijs [-'trɛis] (*-trijzen*) Rebhuhn *n*; **~poort** Bullauge *n*.
patriot [-'trijɔt] *m* (*-ten*) Patriot *m*; **~tisch** [-ti·s] patriotisch.
patrones [-tro·'nɛs] *f* (*-sen*) Patronin *f*.
patroon 1. *m* (*-s of -tronen*) Schutzheilige(r), Patron *m*; Chef *m*; Arbeitgeber *m*; 2. (*-tronen*) *mil* Patrone *f*; 3. *n* (*-tronen*) Muster *n*, Schablone *f*.
patrouille [pa'tru·(l)ə] (*-s*) Patrouille *f*, Streife *f*; **~boot** Patrouillen-, Wachboot *n*.
pats: **~!** patsch!; **~en** (*zn*) patschen.
paus *m* Papst *m*; **~elijk** ['-sələk] päpstlich.
pauw Pfau *m*; **~e·veer** Pfauenfeder *f*.
pauz|e (*-s of -n*) Pause *f*, Rast *f*; **~eren** [-'ze:r-] pausieren, rasten.
paviljoen [-'ju·n] *n* (*-en of -s*) Pavillon *m*.
pech [pɛx] Pech *n*; Panne *f*; *wat een ~!* so ein Pech!; *voortdurende ~* Pechsträhne *f*.
pedaal *m of n* (*-dalen*) Pedal *n*.
pedagog|ie(k [-'ɣi·(k)] Pädagogik *f*; **~isch** [-'ɣo:ɣi·s] pädagogisch, erzieherisch.
pedant [pə'dant] pedantisch.
peddel (*-s*) Paddel *n*.
pedicure [-'ky:r(ə)] (*-s*) 1. *f* Pediküre *f* (*ook pers.*), Fußpflege *f*; 2. *m* Fußpfleger *m*.

peen (*penen*) Möhre *f*.
peer (*peren*) Birne *f*.
pees (*pezen*) Sehne *f*; **~verrekking** Sehnenzerrung *f*.
peet|oom *m* (Tauf-)Pate *m*; **~schap** ['-sxap] *n* Patenschaft *f*; **~tante** *f* (Tauf-)Patin *f*.
peignoir [pɛɲ'ŭa:r] (*-s*) Morgenrock *m*.
peil *n* Pegel *m*; *fig* Stufe *f*, Niveau *n*; **~en** peilen; *fig* sondieren, auskundschaften.
peinzen ['pɛinzə(n)] sinnen, nachdenken; **~d** nachdenklich, gedankenvoll.
pek [pɛk] *m of n* Pech *n*.
pekel|en ['pe:kəl-] pökeln; **~haring** Salz-, Pökelhering *m*.
pelgrim *m* (*-s*) Pilger *m*; **~age** [-'ma:ʒə] (*-s*), **~s·tocht** Pilger-, Wallfahrt *f*.
pelikaan (*-kanen*) Pelikan *m*.
pellen schälen, pellen.
peloton [-'tɔn] *n* (*-s*) *sp* (Haupt-)Feld *n*, Pulk *m*; *mil* Zug *m*; **~s·commandant** *m* Zugführer *m*.
pels (*pelzen*) Pelz *m*; **~werk** *n* Pelz-, Rauchwaren *f*/*pl*.
pelterijen [-tə'rɛiə(n)] *pl* = *pelswerk.*
pen (*-nen*) (Schreib-)Feder *f*; Pflock *m*; *tech* Stift *m*.
penalty ['pɛnəlti·] (*-'s*) Elfmeter *m*.
penarie [pe·'na:ri·] Bredouille *f*, Klemme *f*.
pendel|aar(ster *f***)** *m* (*-s*) Pendler(in *f*) *m*; **~bus** [-bəs] Zubringerbus *m*; **~en** pendeln.
penfriend ['-frɛnt] *m* (*-s*) Brieffreund *m*.
penibel ['ni·bəl] penibel.
penicilline [-si·'li·nə] Penizillin *n*.
penis ['pe:ni·s] (*-sen*) Penis *m*.
pennestreek ['pɛnə-] Federstrich *m*.
penning Pfennig *m*; Gedenkmünze *f*; **~meester** *m* Schatzmeister *m*, Kassenwart *m*.
pens [pɛns] Kutteln *f*/*pl*; Blutwurst *f*; F (*buik*) Wanst *m*.
penseel [-'se:l] *n* (*-selen*) Pinsel *m*.
penselen [-'se:l-] pinseln (*ook med*).
pensioen [-'si·u·n] *n* Rente *f*, Pension *f*, Ruhegehalt *n*; Ruhestand *m*; *met ~ gaan* sich zur Ruhe setzen, in den Ruhestand versetzt werden; **~fonds** [-fɔnts] *n* Rentenversicherung(sanstalt) *f*; **~verzekering** Rentenversicherung *f*.
pension [pɛn'sjɔn] *n* (*-s*) Pension *f*, Fremdenheim *n*; *half ~* Halbpension *f*; *vol(ledig) ~* Vollpension *f*.

pensioner|en [pɛnsioˑˈneːr-] pensionieren, in den Ruhestand versetzen; auf Rente setzen; **~ing** Pensionierung *f*; **vervroegde ~** Vorruhestand *m*.

pensiongast *m* Pensionsgast *m*, Pensionär(in *f*) *m*.

pentekening [ˈpɛntəkən-] Federzeichnung *f*.

peper [ˈpeːpər] (-s) Pfeffer *m*; **~koek** [-kuˑk] Pfefferkuchen *m*; **~korrel** [-kɔrəl] Pfefferkorn *n*; **~munt** [-ˈmœnt] Pfefferminze *f* (-s) Pfefferstreuer *m*.

pepmiddel *n* Aufputsch-, Reizmittel *n*.

per per (*A*); pro, je.

perceel [-ˈseːl] *n* (-*celen*) Grundstück *n*, Parzelle *f*.

percent [-ˈsɛnt] *n* Prozent *n*; **~age** [-ˈtaːʒə] *n* (-s) Prozentsatz *m*.

perfect perfekt, vollkommen; **~ioneren** [-fɛksioˑˈneːr-] perfektionieren, vervollkommnen; **~um** [-ˈfɛktəm] *n* (-s of -ta) Perfekt *n*.

perfor|ator [-ˈraː-] (-s of -en [-ˈtoː-]) Locher *m*; **~eren** [-ˈreːr-] perforieren, lochen.

periferie Peripherie *f*.

period|e (-s of -n) Periode *f*, Zeitraum *m*, -spanne *f*; **~iek** [-ˈdiˑk] **1.** periodisch; **2.** *f* of *n* Zeitschrift *f*.

perk *n* Schranke *f*, Grenze *f*; (*bloem~*) Beet *n*.

perkament *n* Pergament *n*.

permanent 1. permanent; **2.** *subst* Dauerwelle *f*.

permissie [-ˈmɪsi-] (-s) Erlaubnis *f*.

permitteren erlauben; **zich ~** sich erlauben (*of* leisten).

perron [pɛˈrɔn] *n* (-s) Bahnsteig *m*; **~kaartje** *n* Bahnsteigkarte *f*.

Pers *m* (*Perzen*) Perser *m*.

pers Presse *f*; (*tapijt*) Perser *m*; **ter ~e** im Druck; **~bericht** *n* Pressemeldung *f*, -mitteilung *f*; **~conferentie** [-rɛnsi-] Pressekonferenz *f*; **~en** pressen; *wijn ook* keltern; **~klaar** druckfertig; **~lucht** [-lɔxt] Preß-, Druckluft *f*.

person|age [-ˈnaːʒə] *n* of *f* (-s) Person *f*; Persönlichkeit *f*; *thea* Figur *f*; **~alia** *f* [-ˈnaːliˑ(j)aˑ] Personalien *pl*.

personeel [-ˈneːl] **1.** persönlich; **2.** *n* Personal *n*, Belegschaft *f*; **~s·chef** [-ʃɛf] *m* Personalchef *m*; **~s·gebrek** *n* Personalmangel *m*; **~s·lid** *n* Mitarbeiter(in *f*) *m*; Beschäftigte(r).

personenauto Personenkraftwagen, Pkw *m*.

persoon *m* of *f* (-*sonen*) Person *f*; **~lijk** [-lək] persönlich; **~lijkheid** [-*heden*) Persönlichkeit *f*; **~s·bewijs** [-vɛis] *n* Personalausweis *m*.

perspectief [-ˈtiˑf] *n* (-*tieven*) Perspektive *f* (*ook fig*).

persvrijheid [ˈ-frɛi-] *n* Pressefreiheit *f*.

pertinent [-ˈnɛnt] entschieden.

Peruaan(se *f*) [-ryˈüaːn] *m* (-*ruanen*) Peruaner(in *f*) *m*.

pervers [-ˈvɛrs] pervers, abartig.

Perzië [ˈpɛrziˑ(j)ə] *n* Persien *n*.

perzik Pfirsich *m*; **~boom** Pfirsichbaum *m*.

Perzisch [ˈ-ziˑs]: **~ tapijt** *n* Perser(teppich) *m*.

pessimis|me [-ˈmɪsmə] *n* Pessimismus *m*; **~t(e** *f*) *m* Pessimist(in *f*) *m*.

pest Pest *f*; **de ~ hebben aan** F nicht ausstehen können; **~en** F piesacken, schikanieren; **~erig** [ˈpɛstərəx] schikanös; **~erij** [-ˈrɛi] Schikane *f*.

pesticide [-ˈsiˑdə] *n* Pestizid *n*, Pflanzenschutzmittel *n*.

pet [pɛt] (-*ten*) Mütze *f*, Kappe *f*; (*met klep ook*) Schirmmütze *f*; **dat gaat me boven de ~** das ist mir zu hoch.

pete|kind [ˈpɛːtə-] *n* Patenkind *n*; **~r** *m* (-s) (Tauf-)Pate *m*.

peterselie [-ˈseːli-] Petersilie *f*.

petieterig [pəˈtiˑtərəx] winzig, mickrig.

petitionnement [pəˈtiˑsiˑɔnəˈmɛnt] *n* Petition *f*, Volksbegehren *n*.

petroleum [-leˑɪəm] Petroleum *n*, Erdöl *n*; **~(toe)stel** [-(tuˑ)stɛl] *n* Petroleumkocher *m*.

peukje [ˈpøːkiə] *n* (-s) Stummel *m*, Kippe *f*.

peul Schote *f*, Hülse *f*.

peuter [ˈpøːtər] *m* (-s) Knirps *m*; **~aar** *m* (-s) Tüftler *m*; **~en** (*herum*)stochern; (*knutselen*) tüfteln; **~speelzaal** Kindertagesstätte *f*.

peuzelen [ˈpøːzəl-] schmausen, knabbern.

pezig [ˈpeːzəx] sehnig, drahtig.

pianist(e *f*) [piˑ(j)aˑˈ-] *m* Klavierspieler(in *f*) *m*, Pianist(in *f*) *m*.

piano (-ˈs) Klavier *n*; **~concert** *n* Pianokonzert *n*; **~spelen** Klavier spielen.

piccolo *m* (-'s) Pikkolo *m* (*ook mus*), Page *m*.
picknick Picknick *n*; **~en** picknicken.
pick-up [-'əp] (-s) Plattenspieler *m*.
piek *fig* Spitze *f*; **~eren** ['-kərə(n)] grübeln; **~uur** ['-y:r] *n* Stoßzeit *f*, -verkehr *m*.
pienter gescheit, aufgeweckt, klug, hell.
piep|en piepen; quietschen; **~jong** blutjung; **~klein** ['-klɛin] klitzeklein; **~schuim** ['-sxœym] *n* Styropor *m*; **~zak: in de zitten** P Schiß haben.
pier 1. (Regen-)Wurm *m*; 2. (*haven~*) Mole *f*, Pier *m*, Hafendamm *m*; *vlgw* Flugsteig *m*; **~en·bad** [-bat] *n* Plansch-, Nichtschwimmerbecken *n*.
piesen [pi˙sə(n)] P pissen, pinkeln.
piet *m*: **hoge ~** F hohes Tier *n*.
piëteit [pi·(j)ə'tɛit] Pietät *f*.
pietepeuter|en [pi·tə'pø:tər-] tüfteln; **~ig** [-'pø:tərəx] pingelig; (*klein*) winzig.
pietlut [-'lœt] *m* (-ten) Haarspalter *m*; Tüftler *m*; **~tig** [-tǝx] kleinlich, pingelig.
pigment [pɪx'mɛnt] *n* Pigment *n*.
pij [pɛi] (Mönchs-)Kutte *f*.
pijl [pɛil] Pfeil *m*.
pijler ['pɛilər] (-s) Pfeiler *m*.
pijn [pɛin] Schmerz(en *pl*) *m*, Qual *f*; **~ doen** weh tun (*D*), schmerzen; **~boom** Kiefer *f*, Pinie *f*; **~igen** ['pɛinəɣ-] quälen, peinigen; **~lijk** [-lək] schmerzhaft; schmerzend; peinlich; **~loos** schmerzlos, -frei; **~stillend** schmerzstillend, -lindernd; **~stiller** (-s) Schmerzmittel *n*, -tablette *f*.
pijp [pɛip] Pfeife *f*; (*buis*) Röhre *f*, Rohr *n*; (*regen~*) Rinne *f*; **~e·krul** [-krøl] Ringellocke *f*; **~leiding** ['-lɛid-] Rohrleitung *f*, Pipeline *f*.
pik [pɪk] 1. *n of m* Pech *n*; 2. (-ken) V Schwanz *m*.
pikant [pi·'-] pikant; *gekruid ook* scharf.
pik|(ke)donker stockdunkel; **~houweel** ['-hauwe:l] *n* Spitzhacke *f*, Pickel *m*.
pikken picken, hacken; F klauen; (*accepteren*) hinnehmen.
pil (-len) Pille *f*; F (*boek*) Schinken *m*.
pilaar [-'la:r] (-laren) Pfeiler *m*, Säule *f*.
piloot *m of f* (-loten) Pilot(in *f*) *m*, Flugzeugführer(in *f*) *m*; **tweede ~** Kopilot(in *f*) *m*.
pilsje ['pɪlʃə] *n* (-s) Bier *n*, Pils *n*.
pimpelen ['-pələ(n)] zechen.

pin (-nen) Pflock *m*, Stift *m*, Zwecke *f*, Zapfen *m*.
pincet [-'sɛt] *n of m* (-ten) Pinzette *f*.
PIN-code Geheimzahl *f*.
pingelen ['pɪŋəl-] feilschen; *auto*: klingeln.
pinguïn ['pɪŋɣŷin] *m* (-s) Pinguin *m*.
pink kleiner Finger *m*.
Pinksteren ['pɪŋkstərə(n)] Pfingsten *n*.
pinnig ['pɪnəx] knauserig; (*bits*) schnippisch.
pioen(roos) [pi·'ju˙n-] Pfingstrose *f*.
pion [pi·'jɔn] (-nen) *schaken*: Bauer *m*; *fig* Schachfigur *f*, Werkzeug *n*.
pionier [pi·(j)o·'-] (-s) Pionier *m*.
pipet [pi·'pɛt] *n of f* (-ten) Pipette *f*.
piraat *m* (-raten) Pirat *m*.
piramide (-*n of* -s) Pyramide *f*.
pissebed ['pɪsəbɛt] Assel *f*.
pissen P pissen.
piste (-s *of* -n) Piste *f*.
pistache [pi·'staʃ] (-s) Pistazie *f*.
pistolet [-'le:] (-s) Brötchen *n*.
pistool *n* (-*tolen*) Pistole *f*.
pit (-ten) (Obst-)Stein *m*, Kern *m*; (*lampe~*) Docht *m*; (*brander*) Brenner *m*; Flamme *f*, *fig* Schneid *m*, Saft *m*; **laag ~je** *n* Sparflamme *f* (*ook fig*); **~ten** F pennen; **~tig** [-tǝx] kernig, rassig; *smaak*: würzig, herzhaft; *drank*: spritzig; **~vruchten** ['-frœx-] *pl* Kernobst *n*.
pk = *paardekracht*.
plaag (*plagen*) Plage *f*, Qual *f*.
plaat (*platen*) Platte *f*; (*muziek~ ook*) Schallplatte *f*; (*prent*) Bild *n*; (*bord*) Schild *n*, Tafel *f*; (*zandbank*) Sandbank *f*; **de ~ poetsen** F Reißaus nehmen; **~ijzer** ['-ɛizər] *n*: *gegolfd ~* Wellblech *n*.
plaats Platz *m*; Ort *m*, Stelle *f*; (*binnen~*) Hof *m*; **~ van levering** Erfüllungsort *m*; **~ nemen** Platz nehmen; **in ~ van** (an)statt (*G*), anstelle (*G*); **in (of op) de eerste ~** an erster Stelle, in erster Linie; **in ~ daarvan** statt dessen; **niet in de laatste ~** nicht zuletzt; **in jouw ~** an deiner Stelle; **~bespreking** [-sprɛ:k-] (Platz-)Reservierung *f*; **~bewijs** [-vɛis] *n* Platzkarte *f*; Fahrkarte *f*; **~e: ter ~** an Ort und Stelle; **~lijk** ['-sələk] örtlich, lokal; **~e pers** Lokalpresse *f*; **~e tijd** Ortszeit *f*; **~ verkeer** *n* Ortsverkehr *m*.
plaats|en setzen, (hin)stellen; anbringen; unterbringen; (*in dienst nemen*) einstellen; *geld* anlegen; (*zich*) **~ sp**

plaats|gebrek [-brɛk] n Platzmangel m; **~grijpen** ['-xrɛip-], **~hebben** = **plaatsvinden;** **~ing** Aufstellung f; Aufnahme f; Placierung f; Sitzordnung f; **~naam** Ortsname m.
plaat-staal n Stahlblech n.
plaats-vervang|end stellvertretend; **~er** m (Stell-)Vertreter m.
plaats-vinden stattfinden, vonstatten gehen.
plaatwerk n Blech n.
pladijs [-'dɛis] (-dijzen) Scholle f.
plafond [-'fɔn(t)] n (-s) Decke f; **~verlichting** Deckenbeleuchtung f.
plage|n plagen, quälen; ärgern; necken, hänseln; **~rij** ['pla:ɣərəi] neckisch; **~rij** [-'rɛi] Quälerei f; Neckerei f.
plak [plɑk] (-ken) Scheibe f, Schnitte f; **~band** n Klebeband n, -streifen m.
plaket [-'kɛt] (-ten) Plakette f.
plakkaat n (-katen) Plakat n.
plak|ken kleben; band flicken; **~sel** ['plɑksəl] n (-s) (behang~) Kleister m.
plamuren [-'my:r-] spachteln.
plan [plɑn] n (-nen) Plan m, Vorhaben n; **van ~ zijn** vorhaben, beabsichtigen, im Sinn haben; **volgens ~** planmäßig; **~economie** Planwirtschaft f.
planeet [-'ne:t] (-neten) Planet m.
plank Brett n; Diele f, Bohle f; Bord n; mar Planke f; (hoeden~) Ablage f; **~en-koorts** Lampenfieber n; **~gas** ['-xɑs] n Vollgas n.
plannen ['plɛnə(n)] planen; **~maker** [-ma:kər] n Plänemacher m; Planer m.
planning ['plɛnɪŋ] Planung f; **verkeerde ~ ook** Fehlplanung f.
planoloog m (-logen) Planer m.
plant Pflanze f; **schadelijke ~** Schädling m; **~aardig** [-'ta:rdəx] pflanzlich.
plantage [-'ta:ʒə] (-s) Pflanzung f.
plant|en pflanzen; **~en-groei** [-ɣru'i] Vegetation f, Pflanzenwuchs m; **~kunde** ['-kɔndə] Botanik f; **~soen** [-'su:n] n Grünanlage f, -fläche f; Parkanlage f.
plas (-sen) Pfütze f; Tümpel m; (bloed~) Lache f; **~sen** plätschern; planschen; urinieren, P pinkeln.
plastic ['plɛstɪk] n (-s) Plastik n.
plasticine [plɑsti-'si:nə] Knetmasse f.
plasticzak ['plɛstɪk-] Plastikbeutel m, -tüte f.

plast|iek [plɑs'ti:k] Plastik f; **~isch** ['-i:s] plastisch; fig ook bildhaft.
plat platt, flach; fig ordinär; trivial.
plataan [-'ta:n] (-tanen) bot Platane f.
plat|branden niederbrennen; **~drukken** ['-drœk-] zerdrücken, (zer)quetschen; **²duits** ['-dɔyts] n Plattdeutsch n.
platen|boek ['pla:tə(n)buk] n Bildband m; **~speler** Plattenspieler m; **~winkel** Schallplattengeschäft n.
plat|form n (-s of -en) Plattform f; (lanceer~ ook) Rampe f; **~heid** ['-hɛit] (-heden) Plattheit f; Flachheit f.
platina ['plɑti·na·] n Platin n.
plat|leggen flachlegen; lahmlegen; (door staking) bestreiken; **~te-grond** ['-ɣrɔnt] Grundriß m; (Stadt-)Plan m.
platteland ['-lɑnt] n Land n; **op het ~** auf dem Lande; **~s-bevolking** Landbevölkerung f; **~s-district** n Landkreis m; **~s-gemeente** Landgemeinde f.
plat|trappen zertreten; **~vloers** ['-flu·rs] trivial, derb; **~voet** ['-fu·t] Plattfuß m; **~zak** F blank, pleite, abgebrannt.
plaveisel [-'vɛisəl] n (-s) Pflaster n; **~uis** ['-ɣɔys] (-vuizen) Fliese f.
plebisciet [-bi'si·t] n (-en of -s) Plebiszit n, Volksabstimmung f.
plecht|ig ['-tax] feierlich; taal ook: gehoben; jur eidesstattlich; **~ig-heid** [-xɛit] (-heden) Feier f, Zeremonie f; Feierlichkeit f; **~statig** ['-sta:təx] feierlich, würdevoll.
pleeg|kind n Pflegekind n; **~ouders** ['-ɑudərs] pl Pflegeeltern pl.
plegen * pflegen; misdaad begehen, verüben.
pleidooi [plɛi'do:i] n Plädoyer n.
plein [plɛin] n Platz m.
pleister¹ ['plɛistər] n Gips m, Putz m.
pleister² (-s) med Pflaster n.
pleister|en gipsen; **~kalk** Stuck m; **~laag** Verputz m.
pleit|bezorger ['plɛit-] m (-s) Anwalt m (ook fig); **~en** plädieren; **~ voor** fig ook befürworten; **iets pleit voor (tegen)** iem etw spricht für (gegen) j-n.
plek (-ken) Stelle f; (vlek) Fleck m; **open ~ (in het bos)** (Wald-)Lichtung f; **zwakke ~** fig Schwäche f, Blöße f.
plenair [-'nɛ:r] **~e vergadering** Plenarsitzung f, Vollversammlung f.
plensbui ['plɛnzbœy] Platzregen m.
plenzen strömen.

pletten 198

plet|ten zerquetschen; *tech* walzen; ~**ter**: *te* ~ *slaan* zerschmettern, zerschellen; ~**terij** [-'rɛi̯] Walzwerk *n*.

plezier [plə'ziːr] *n* Freude *f*, Spaß *m*, Lust *f*, Vergnügen *n*; Gefallen *m*; ~ *doen* freuen; *iem een* ~ *doen* j-m e-n Gefallen tun, j-m e-e Freude machen; ~ *hebben in* Gefallen finden an (*D*); *veel* ~*!* viel Vergnügen!; *met alle* ~*!* mit Vergnügen!; *van* ~ vor Freude; *voor zijn* ~ zum Vergnügen (*of* Spaß); ~**ig** [-rəx] lustig, amüsant; angenehm; ~**reis** [-rɛis] Vergnügungs-, Erholungsreise *f*; ~**tje** *n* (-*s*) Vergnügung *f*; ~**tocht** Vergnügungs-, Spazierfahrt *f*.

plicht Pflicht *f*, Schuldigkeit *f*; ~**plegingen** *pl* Formalitäten *f/pl*, Förmlichkeiten *f/pl*; Umstände *m/pl*.

plichts|besef ['-bəsɛf] *n* Pflichtbewußtsein *n*; ~**betrachting** Pflichterfüllung *f*; ~**getrouw** [-'xətrɑu̯] pflichttreu, -bewußt; ~**verzuim** [-zœy̯m] *n* Pflichtverletzung *f*.

plint Fußleiste *f*.

ploeg [plux] *m* Pflug *m*; Gruppe *f*; Schicht *f*; *sp* Mannschaft *f*, Equipe *f*; (*turn*~) Riege *f*; ~**baas** *m* Werkmeister *m*.

ploegen ['pluɣə(n)] pflügen.

ploegen|dienst Schichtarbeit *f*, -dienst *m*; ~**wisseling** Schichtwechsel *m*.

ploert [pluːrt] *m* Lump *m*.

ploeteren ['-tərə(n)] planschen; (*zwoegen*) sich abrackern.

plof [plɔf] (-*fen*) (Auf-)Schlag *m*; (*geluid*) Plumps *m*; ~*!* plumps!; ~**fen** *v/i* (*zn*) aufprallen, -schlagen, plumpsen; (*ontploffen*) platzen (*ook fig*).

plomberen [-'beːr-] plombieren.

plomp plump, schwerfällig.

plons (-*en of plonzen*) Plumps *m*; ~*!* plumps!

plonzen (*ook zn*) F plumpsen.

plooi [ploːi̯] Falte *f*; (*rimpel ook*) Runzel *f*; ~**en** falten; (*fronsen*) runzeln; ~**rok** Faltenrock *m*.

plots|eling ['plɔtsə-], ~**klaps** plötzlich, jäh, schlagartig.

pluche [plyʃ] *n of m* Plüsch *m*.

plug [plœx] (-*gen*) Dübel *m*, Zapfen *m*; Stift *m*.

pluim [plœy̯m] Feder *f*; (*rook*~) Rauchfahne *f*; ~**vee** *n* Geflügel *n*.

pluis (*pluizen*), ~**je** ['plœy̯ʃə] *n* (-*s*) Fussel *m*.

plukken ['plœk-] pflücken; zupfen; *veren* rupfen; *fig* F schröpfen, ausnehmen.

plunder|aar ['plœndər-] *m* (-*s*) Plünderer *m*; ~**en** plündern.

plunje ['plœnjə] Kleider *pl*, F Klamotten *pl*, Kluft *f*.

pluralis [ply'-] (-*sen of* -*lia*) Plural *m*.

plus 1. plus; **2.** *n of m* (-*sen*) Plus *n*; ~**minus** [plœs'miːnəs] ungefähr.

p. o. *z. omgaande*.

pochen pochen; prahlen.

pocket(boek ['pɔkədbuːk] *n* [-*en*]) (-*s*) Taschenbuch *n*.

poedel ['puːdəl] (-*s*) Pudel *m*.

poeder *n*, *m of f* (-*s*) Pulver *n*; Puder *m*; ~**sneeuw** [-sneːu̯] Pulverschnee *m*; ~**vormig** [-mœx] pulverig.

poeier ['puːi̯ər] *n*, *m of f* (-*s*) = **poeder**.

poel Pfuhl *m*, Tümpel *m*, Lache *f*.

poelier [puːˈliːr] *m* (-*s*) Geflügelhändler *m*.

poen [puːn] F Pinkepinke *f*, Kies *m*, Kohle *f*, Moneten *pl*, Geld *n*.

poep [puːp] F Kot *m*; ~**chic** ['-ʃik] F todschick; ~**en** P scheißen.

poes (*poezen*) F (Mieze-)Katze *f*; ~**je** ['puːʃə] *n* (-*s*) Kätzchen *n*; ~**pas** ['-pas]: *de hele* ~ F das (ganze) Drumherum.

poëtisch [-iˑs] poetisch.

poets [puːts] Streich *m*; *iem een* ~ *bakken* j-m e-n Streich spielen; ~**doek** Putztuch *n*; ~**en** putzen.

poëzie [poːˈeːziˑ] Poesie *f*.

pof [pɔf]: *op de* ~ F auf Pump; ~**fen** sich pumpen.

pog|en versuchen; ~**ing** Versuch *m*; ~ *tot moord* Mordversuch *m*.

pointe ['pŭaːntə] (-*s*) Pointe *f*.

poken stochern.

poker *n* Poker *n*; ~**en** pokern.

pokken *pl* Pocken *f/pl*.

polder (-*s*) Polder *m*.

polem|iek [-'miːk] Polemik *f*; ~**isch** [-'leːmiːs] polemisch; ~**iseren** [-ˈzeːr-] polemisieren.

poliep [poːˈlip] Polyp *m*.

polijsten [-ˈlɛist-] polieren, glätten.

polikliniek [-ˈniːk] Poliklinik *f*.

polis ['poː-] (-*sen*) Police *f*.

politicus [-kəs] *m of f* (-*tici* -siˑ) Politiker(in *f*) *m*.

politie [-ˈliˑ(t)siˑ] Polizei *f*; ~**agent** [-aɣɛnt] *m* Polizist *m*, Schupo *m*; ~**bureau** [-byroː] *n* Polizeiwache *f*,

-revier n; **~el** [-li·'(t)sīe:l] polizeilich; **~film** Kriminalfilm m.
politiek [-'ti·k] **1.** politisch; **2.** subst Politik f.
politie|patrouille [-tru·(l)īə] Polizeistreife f; **~post** (Polizei-)Wache f, Polizeirevier n; **~toezicht** [-tu·-] n Polizeiaufsicht f.
politioneel [-li·(t)sīo·'ne:l] = *politieel*.
politoer [-'tu:r] n of m Politur f; **~en** polieren.
pollepel ['po-le:pəl] Kochlöffel m, Kelle f.
pollutie [-'ly·(t)si·] (-s) Verschmutzung f.
pols Puls m; Handgelenk n; **~en** sondieren; **~horloge** ['po-hor-lo·ʒə] n Armbanduhr f; **~slag** ['-slax] Puls(schlag) m; **~stok(hoog)springen** n Stabhochsprung m.
pomp Pumpe f; (benzine~) Zapfsäule f; **witte ~** freie Tankstelle f; **~bediende** m of f Tankwart m.
pompelmoes [-mu·s] (-moezen) Pampelmuse f.
pompen pumpen.
pompernikkel ['-nɪk-] Pumpernickel m.
pompeus ['-pø·s] pompös.
pomphouder ['-haudər] m Tankwart m.
pompoen [-'pu·n] Kürbis m.
pompstation ['-sta·sīon] n Pumpstation f; (benzine~) Tankstelle f.
pond n Pfund n.
pons|en stanzen; lochen; **~kaart** Lochkarte f.
pont Fähre f.
pony (-'s) (dier) Pony n; (haar) Pony m.
pooier m (-s) Lump m; Zuhälter m.
pook (poken) Schüreisen m; **~(je** n [-s]) auto: Schaltknüppel m.
Pool m (Polen) Pole m.
pool[1] [pu:l] (-s) Pool m.
pool[2] [po:l] (polen) Pol m; **~cirkel** ['-sɪrkəl] Polarkreis m.
Pools polnisch; **~e** f Polin f.
poolshoogte ['-ho·xtə]: **~ nemen** sich erkundigen.
poort Tor n; (klein) Pforte f.
poos (pozen) Weile f; **~je** ['po·ʃə] n (-s) Weilchen n.
poot (poten) Pfote f (ook ⊢ pej); (diere~ook) Fuß m; (van roofdier ook) Tatze f; (meubel~) Bein n; **~je** n (-s) Pfötchen n; **~je-baden** Wasser treten.
pop (-pen) Puppe f.

popelen ['po·pələ(n)] zittern, pochen; *fig* mst brennen.
popmuziek ['-my·zi·k] Popmusik f.
poppen|kast Puppen-, Kasperletheater n; *fig* Theater n; **~spel** n Puppenspiel n.
poppetje ['popətīə] n (-s) Püppchen n.
populair [-py·'lɛ:r] populär, beliebt; volkstümlich; **~-wetenschappelijk** [-sxapələk] populärwissenschaftlich; **~ boek** n ook Sachbuch n.
populariteit [-py·la·ri·'tɛit] Popularität f, Beliebtheit f.
populier [-'li:r] Pappel f.
por [pɔr] (-ren) Stoß m.
poreus [-'ro:s] porös, durchlässig.
porie ['-ri·] (poriën) Pore f.
porno- in samenst. mst Porno-.
porren stochern; (duwen) stoßen; *fig* (an)treiben.
porselein [-sə'lɛin] n Porzellan n.
port[1] Portwein m.
port[2] n of m (Brief-)Porto n.
portaal n (-talen) Portal n; (gang) Flur m, Vestibül n.
portable ['pɔ:rtəbəl] tragbar.
porte|feuille [-'fœiə] m (-s) Brieftasche f; *pol* Ressort n, Geschäftsbereich m; **~monnee** [-'ne:] (-s) Portemonnaie n, Geldbeutel m.
portie [-'si·] (-s) Portion f; Ration f, alg Teil m of n; **~ werk** n Pensum n.
portier [-'ti·r] **1.** m (-s) Portier m, Pförtner m; **2.** n Wagenschlag m.
porto *z. port*[2].
portret ['trɛt] n (-ten) Porträt n.
Portug|ees [-ty·'-] **1.** portugiesisch; **2.** m (-gezen) Portugiese m; **~ese** f Portugiesin f.
portvrij ['-frɛi] portofrei.
pose ['po:zə] (-s of -n) Pose f.
poseren ['ze:r-] posieren.
positie [-'zi·(t)si·] (-s) Position f, Stellung f, Lage f; **~bepaling** Ortsbestimmung f; *fig* Standortbestimmung f.
positief positiv; (bevestigend ook) bejahend; **~ staan tegenover** positiv gegenüberstehen (D), bejahen.
positiejurk [-jɛr(ə)k] Umstandskleid n.
post[1] Pfosten m; *mil, hdl* Posten m; (baan ook) Stelle f; *hdl ook* Position f.
post[2] Post f; **per ~ per** (of durch die) Post; **naar de ~ brengen** zur (of auf die) Post bringen; **~aal** [-'ta:l] postalisch; **~bestelling** Postzustellung f;

~bode *m* Postbote *m*, Briefträger *m*; **~box, ~bus** [-'bɔs] Postfach *n*; **~busbedrijf** [-bədrɛif] *n* Briefkastenfirma *f*.
postcheque [-'ʃɛk] Postscheck *m*; **~- en girodienst** [-ɣi:ro:-] *n* Postgiroamt *n*.
postcode ['-ko:də] Postleitzahl *f*.
postdateren [-'te:r-] vor(aus)datieren.
postduif ['-dəyf] Brieftaube *f*.
post|e: **~ restante** postlagernd; **~en brief** einwerfen, zur Post bringen.
posteren [-'te:r-] postieren.
post|erijen [pɔstə'rɛiən] *pl* Post *f*; **~kantoor** *n* Postamt *n*; **~merk** *n* Poststempel *m*; **~orderbedrijf** [-bədrɛif] *n* Versandhaus *n*; **~papier** *n* Briefpapier *n*; **~rekening** ['-re:kən-] Postgirokonto *n*; **~scriptum** [-təm] *n* (-*s of -ta*) Postskriptum *n*; **~spaarbank** Postsparkasse *f*; **~stuk** ['-stœk] *n* Postsache *f*.
postuur ['-ty:r] *n* (-*turen*) Statur *f*.
postwissel Postanweisung *f*.
postzegel [-'se:ɣəl] Briefmarke *f*; **~verzameling** Briefmarkensammlung *f*.
pot [pɔt] (-*ten*) Topf *m*; Kanne *f*; Glas *n*; (*suiker~*) Dose *f*; (*kruik*) Krug *m*; (*bier~*) Schoppen *m*; **~as** ['-pɔtas] Pottasche *f*; **~bloem** ['-blu·m] Topfblume *f*; **~dicht** fest verschlossen.
potentie [-'tɛnsi] Potenz *f*.
potig ['po:təχ] stämmig.
potje *n* (-*s*) Töpfchen *n*; Glas *n*; (*spelletje*) Partie *f*.
potlood *n* (-*loden*) Bleistift *m*; **rood ~** Rotstift *m* (*ook fig*); **~slijper** [-slɛipər] Bleistiftspitzer *m*.
potsierlijk [-'si:rlək] possierlich.
pottenbakker *m* Töpfer *m*; **~ij** [-'rɛi] Töpferei *f*.
pot|verdorie! [-'do:ri] verflixt!; Donnerwetter!; **~vis** Pottwal *m*.
pover ['po:vər] kümmerlich, dürftig.
Praag [pra:x] *n* Prag *n*; **~s** Prager.
praal Pracht *f*, Pomp *m*.
praat Gerede *n*, Geschwätz *n*; **~graag** ['-xra:x] redselig; **~je** *n* (-*s*) Plauderei *f*; Gerücht *n*; **~s** *pl ook* Gerede *n*; **~jesmaker** *m* Großmaul *m*, Schaumschläger *m*; **~lustig** [-'lɔstəχ] redselig; **~paal** Notrufsäule *f*; **~ziek** geschwätzig.
pracht Pracht *f*; **~ en praal** Prunk *m*; **~ig** ['-təχ] prächtig, prachtvoll; herrlich, wunderbar, -voll.
practicum [-kəm] *n* (-*s of -tica*) Praktikum *n*.

praktijk [-'tɛik] Praxis *f*; (*daad pej*) Praktik *f*; **in ~ brengen** in die Praxis umsetzen, praktizieren; **~assistente** *f* Sprechstundenhilfe *f*; **~ervaring** praktische Erfahrung(en *pl*) *f*.
praktisch ['-tis] praktisch.
praktizeren [-'ze:r-] praktizieren; **~d arts** *m* praktischer Arzt *m*.
pralen prahlen, prunken.
prat [prat]: **~ gaan op** stolz sein auf (*A*).
praten reden; plaudern.
pre|ambule [pre·(j)am'by·lə] (-*s*) Präambel *f*; **~cair** [-'kɛ:r] prekär; **~cedent** [-se'dɛnt] *n* Präzedenzfall *m*.
pre|cies [prə'si:s] genau, präzis(e); pünktlich; eben; **~ciseren** [presi·'ze:r-] präzisieren; **~cisie** [prə'si:zi] Präzision *f*, Genauigkeit *f*.
predik|ant(e *f*) [-'kant(ə)] *m* Prediger(in *f*) *m*; (*evangelische[r]*) Pfarrer(in *f*) *m*; **~atie** [-'ka:(t)si] (-*s*) Predigt *f*; **~en** ['pre:dəkə(n)] predigen.
preek (*preken*) Predigt *f*; **~stoel** ['-stu·l] Kanzel *f*.
pre|fereren [pre·fə·'re:r-] vorziehen, bevorzugen; **~historie** ['pre:hi·stɔ:ri] Prähistorie *f*, Vorgeschichte *f*.
prei [prɛi] Porree *m*.
preken ['pre:kə(n)] predigen.
premie ['prɛ:mi] (-*s*) Prämie *f*; (*verzekerings~ mst*) Beitrag *m*; **met een ~ belonen** *ook* prämiieren; **~betaling** Beitragszahlung *f*; **~heffing** Sozialabgaben *f*/*pl*.
prem|ier [prə'mie:] *m* (-*s*) Premier(minister) *m*; **~ière** [-'mie:rə] (-*s*) Premiere *f*, Uraufführung *f*.
prent Bild *n*; (*gravure*) Stich *m*; **~briefkaart** Ansichtskarte *f*.
prentenboek [-'bu·k] *n* Bilderbuch *n*.
prepar|aat [-'ra:t] *n* (-*raten*) Präparat *n*; **~eren** [-'re:r-] (*zich*) (sich) präparieren.
present[1] [pre·'zɛnt, prə'-] anwesend.
present[2] *n* Geschenk *n*.
present|ator [-zɛn'ta:tɔr] *m* (-*en* [-'to:-] *of -s*) (**~atrice** [-ta·'tri·sə] *f*[-*s*]) Präsentator(in *f*) *m*; *com* Moderator(in *f*) *m*; **~eerblad** *n* Tablett *n*; **~eren** [-'te:r-] präsentieren; *com* moderieren.
presentie [-'zɛnsi] Präsenz *f*, Anwesenheit *f*; **~lijst** [-lɛist] Anwesenheitsliste *f*.
presid|ent(e *f*[-*s of -n*]) *m* Präsident(in *f*) *m*; **~eren** [-'de:r-] präsidieren (*D*); **~ium** [-'zi·di·(j)əm] *n* Präsidium *n*.

pres|sen pressen; **~se-papier** [prɛspa-'pïe:] Briefbeschwerer *m*; **~sie** ['prɛsi·] (*-s*) Pression *f*, Druck *m*.
prestatie [-'ta:(t)si·] (*-s*) Leistung *f*; **~maatschappij** [-sxapɛï] Leistungsgesellschaft *f*; **~vermogen** *n* Leistungsfähigkeit *f*.
presteren [-'te:r-] leisten.
prestige [-'ti:ʒə] *n* Prestige *n*.
pret [prɛt] Vergnügen *n*, Spaß *m*.
pretendent [-tɛn'dɛnt] *m* Prätendent *m*, Anwärter *m*.
pretentie [-'tɛnsi·] (*-s*) Anmaßung *f*, Prätention *f*; **~loos** anspruchslos.
pretentieus [-'siø:s] prätentiös.
pret|maker *m* Spaßvogel *m*; **~tig** ['-təx] angenehm, fein; vergnügt, vergnüglich; *zich ~ voelen* sich wohl fühlen; *~e feestdagen!* frohes Fest!; **~park** *n* Vergnügungspark *m*.
preuts [prø:ts] prüde, zimperlich; **~heid** ['-hɛït] Prüderie *f*.
prevelen ['pre:vəl-] murmeln.
preventief [-'ti·f] präventiv, vorbeugend.
prieel [pri'je:l] *n* (*priëlen*) (Garten-)Laube *f*.
priem Pfriem *m*; (*brei~*) Stricknadel *f*.
priester *m* (*-s*) Priester *m*; **~es** [-'rɛs] *f* (*-sen*) Priesterin *f*; **~lijk** [-lək] priesterlich; **~wijding** [-vɛïdɪŋ] Priesterweihe *f*.
prijken ['prɛïkə(n)] prangen.
prijs [prɛïs] (*prijzen*) Preis *m*; Belohnung *f*; (*in loterij*) Gewinn *m*, Treffer *m*; *speciale ~* Sonderpreis *m*; *totale ~* Gesamtpreis *m*; *(all-in ook)* Pauschalpreis *m*; *vaste ~* Festpreis *m*; *in (of qua) ~* im Preis, preislich; *op ~ stellen* schätzen, Wert legen auf (*A*); *tegen kostende ~* zum Selbstkostenpreis; *tot elke ~* um jeden Preis; *voor de ~ van* zum Preis von (*D*).
prijs- *in samenst. mst* Preis-; **~geven** preisgeben; **~kaartje** *n* Preisschild *n*; **~klasse** Preisklasse *f*, -lage *f*; **~lijst** ['-lɛïst] Preisliste *f*; **~opgave** Preisangabe *f*; **~peil** ['-pɛïl] *n* Preisniveau *n*; **~stijging** [-stɛïɣ-] Preissteigerung *f*, -anstieg *m*; **~(en** *pl*) *ook* Teuerung *f*; **~uitreiking** ['-ʌytrɛï-] Preisverleihung *f*; **~verhoging** Preiserhöhung *f*; **~verlaging** Preisermäßigung *f*, -senkung *f*, Verbilligung *f*; **~vraag** Preisausschreiben *n*, Wettbewerb *m*; **~winnaar** *m* Preisträger *m*.

prijzen 1.* loben, preisen; **2.** *hdl* auszeichnen, den Preis angeben; **~s·waardig** [-'va:rdəx] lobenswert, rühmlich.
prik (**-ken**) Stich *m*; Brause(limonade) *f*; (*injectie*) Spritze *f*; **~bord** *n* Schwarzes Brett *n*.
prikkel (*-s of -en*) Stachel *m*; *fig* Ansporn *m*; (An-)Reiz *m*; **~baar** reiz-, erregbar.
prikkeldraad Stacheldraht *m*; **~versperring** Drahtverhau *m*.
prik|kelen prickeln; reizen, erregen; **~keling** Prickeln *n*, Reizung *f*; Reiz *m*, Kitzel *m*; **~ken** stechen; **~klok** Stechuhr *f*; **~limonade** Brause(limonade) *f*.
pril zart, in den Anfängen steckend.
primair [-'mɛ:r] primär.
primitief primitiv; urtümlich.
primula ['-my·la·] (*-'s*) Primel *f*.
princip|e ['si·pə] *n* (*-s*) Prinzip *n*, Grundsatz *m*; **~ieel** [-'pïe:l] prinzipiell, grundsätzlich.
prins *m* Prinz *m*; **~elijk** ['-sələk] fürstlich (*ook fig*); **~es** [-'sɛs] *f* (*-sen*) Prinzessin *f*.
print (*-s*) (Computer-)Ausdruck *m*; **~en** *comp* ausdrucken; **~er** (*-s*) Drucker *m*.
prioriteit [-'tɛit] Priorität *f*.
pri|vaat privat; **~vacy** ['praïvəsi·] Intimsphäre *f*; *bescherming van de ~* Datenschutz *m*.
privé [pri'ʋe:] privat; **~initiatief** *n* Privatinitiative *f*.
privilege ['-lɛʒə] *n* (*-s*) Privileg *n*, Sonderrecht *n*.
proberen [-'be:r-] probieren, versuchen.
probleem (*-blemen*) Problem *n*.
problematisch [-'ti·s] problematisch.
procédé [-se'de:] *n* (*-s*) Verfahren *n*.
proced|eren [-se'de:r-] prozessieren; **~ure** [-'dy:r-] (*-s*) Prozedur *f*, Verfahrensweise *f*; *jur* Verfahren *n*.
procent [-'sɛnt] *n* Prozent *n*; *voor (de) honderd ~* hundertprozentig; **~ueel** [-ty'ʉe:l] prozentual.
proces (*-'sɛs*) *n* (*-sen*) Prozeß *m*; *jur ook* Gerichtsverfahren *n*, -verhandlung *f*; **~kosten** *pl* Prozeß-, Gerichtskosten *pl*.
processie ['sɛsi·] (*-s*) Prozession *f*.
proces-verbaal *n* (*processen-verbaal*) Protokoll *n*; (Straf-)Anzeige *f*; *~ opmaken* e-e Strafanzeige erstatten; *jur* protokollieren.
proclameren [-'me:r-] proklamieren.
procuratiehouder [-ky·'ra:(t)si·haudər] *m* Prokurist *m*.

procureur [-ky·'rø:r] *m* (-s) Prozeßbevollmächtigte(r); (*in Belgiē*) Staatsanwalt *m*; **~-generaal** *m* (*-reurs-generaal*) Generalstaatsanwalt *m*.

produc|ent [-dy·'sɛnt] *m* Produzent *m*, Hersteller *m*, Erzeuger *m*; **~eren** ['-se:r-] herstellen, produzieren, erzeugen.

produkt [-'dɔkt] *n* Produkt *n*, Erzeugnis *n*; **wit ~** No-name-Produkt *n*; **~ie** ['-dəksi·] Produktion *f*, Herstellung *f*, Erzeugung *f*; *mijnb* Förderung *f*; **~ief** ['-'ti·f] produktiv; **~ie-lijn** [-lɛin] Fertigungsstraße *f*; **~ie·vermogen** *n* Produktionsvermögen *n*, Leistungsfähigkeit *f*; **~iviteit** [-'tɛit] Produktivität *f*.

proef [pru·f] (*proeven*) Probe *f*, Versuch *m*; **op ~** auf Probe, probeweise; **bij wijze van ~** versuchsweise; **~ballon** Versuchsballon *m*; **~je** *n* (-s) kleine Probe *f*; Kostprobe *f*; **~konijn** [-nɛin] *n* Versuchskaninchen *n*; **~neming** ['-ne:m-] Experiment *n*, Versuch *m*; **~ondervindelijk** ['-vɪndələk] experimentell; **~project** *n* Pilotprojekt *n*; **~rit** Probefahrt *f*; **~schrift** *n* Dissertation *f*, Doktorarbeit *f*; **~tijd** ['-tɛit] Probezeit *f*; *jur* Bewährung(sfrist) *f*; **~werk** *n* Klassenarbeit *f*.

proesten ['pru·st-] prusten.

proeve ['pru·və] = **proef**; **~n** kosten, schmecken, probieren.

prof [prɔf] *m* (-s) *sp* Profi *m*, Berufssportler *m*; (*pl -fen*) F Professor *m*.

profeet [-'fe:t] *m* (-feten) Prophet *m*.

profession|al [-'fɛʃənəl] *m* (-s) *sp* Profi *m*; **~eel** [-fɛsi·o·'ne:l] professionell.

professor [-'fɛsɔr] *m of f* (-soren) Professor(in *f*) *m*; **~aat** [-'ra:t] *n* (-raten) Professur *f*.

profet|es [-fe·'tɛs] *f* (-sen) Prophetin *f*; **~isch** [-'fe:ti·s] prophetisch.

pro|ficiat! [-'fi·siat] herzlichen Glückwunsch!; **~fiel** *n* Profil *n*; **~fijt** ['fɛit] *n* Profit *m*, Vorteil *m*; (*nut ook*) Nutzen *m*; **~fiteren** [-'te:r-] profitieren; **~ van** *ook* ausnutzen; **~fiteur** [-'tø:r] *m* (-s) Profiteur *m*, Nutznießer *m*.

prognose [-'ɣno:zə] (-s) Prognose *f*.

program *n* (-s), **~ma** *n* (-'s) Programm *n*; **~meren** [-'me:r-] programmieren; **~meur** [-'mø:r] *m* (**~grammeuse** ['-'mø:zə] *f*) (-s) Programmierer(in *f*) *m*.

progressief progressiv.

project *n* Projekt *n*; **~eren** [-'te:r-] projizieren; (*ontwerpen*) projektieren; **~iel** *n* Projektil *n*, Geschoß *n*.

proletar|iēr [-'ta:ri·(j)ər] *m* (-s) Proletarier *m*; **~isch** [-ri·s] proletarisch.

prolong|atie [-'ɣa:(t)si·] (-s) Verlängerung *f*; **~eren** [-'ɣe:r-] verlängern.

proloog [-'lo:x] (*-logen*) Prolog *m*.

promenade [-'na:də] (-s) Promenade *f*; (*winkel~*) Fußgängerzone *f*.

promill|age [-'la:ʒə] *n* (-s) Promille *n*; **~e-grens** Promillegrenze *f*.

pro|minent prominent; **~en** *pl* Prominenz *f*; **~moten** ['-mo:tə(n)] fördern, werben für (*A*).

promotie [-'mo:(t)si·] (-s) Promotion *f*; (*bevordering, ook sp*) Aufstieg *m*; **~ maken** aufsteigen; **~kans** Aufstiegsmöglichkeit *f*.

promoveren [-'ve·r-] (*ook zn*) promovieren; *sp* aufsteigen.

prompt prompt.

pronk Prunk *m*; **te ~ staan** zur Schau stehen; **~en** prunken.

prooi [pro:i] Beute *f*.

proost! prosit!, prost!

prop [prɔp] (-pen) Ball *m*, Knäuel *m of n*; (*stop*) Pfropfen *m*; (*watten~*) Bausch *m*; (*bloed~*) Pfropf *m*.

propaangas [-'ɣas] *n* Propangas *n*.

propag|anda [-'ɣandə] Propaganda *f*; **~eren** [-'ɣe:r-] propagieren.

propeller [-'pɛlər] (-s) Propeller *m*.

proper ['pro:pər] sauber, reinlich.

proport|ie [-'pɔrsi·] (-s) Proportion *f*; **~ioneel** [-sio·'ne:l] proportional.

prop|pen pfropfen, stopfen, pferchen; **~vol** gedrängt voll.

pro|spectus [-təs] *n of m* (-sen) Prospekt *m*; **~staat** [-'ta:t] (-taten) Prostata *f*, Vorsteherdrüse *f*.

prostitu|ée [-ty·'de:]*f*(-s) Prostituierte *f*. **~utie** [-'ty·(t)si·] Prostitution *f*.

protectionisme [-tɛksio·'nısmə] *n* Protektionismus *m*.

protest *n* Protest *m*, Einspruch *m*.

protestant(se *f*) *m* Protestant(in *f*) *m*; **~s** protestantisch, evangelisch.

protesteren [-'te:r-] protestieren, Einspruch erheben; **~ tegen** *ook* sich verwahren gegen (*A*).

prothese [-'te:zə] (-n *of* -s) Prothese *f*.

protocol [-'kɔl] *n* (-len) Protokoll *n*.

prototype [-ti·pə] *n* Prototyp *m*; *fig ook* Inbegriff *m*.

protserig ['prɔtsərəx] protzig.
provençaals [-'sa:ls] provenzalisch.
proviand [-'jɑnt] *n of m* Proviant *m*, Verpflegung *f*; *eigen* ~ Selbstverpflegung *f*.
provinc|ie [-'vĩnsi·] (*-s of -ën*) Provinz *f*; ~**iaal** [-'sia:l] provinziell.
provis|ie [-'vĩ·zi·] (*-s*) Provision *f*, Kommissionsgebühr *f*; ~**orisch** [-'zo:ri·s] provisorisch.
provo|catie [-'ka:(t)si·] (*-s*) Provokation *f*; ~**ceren** [-'se:r-] provozieren.
proza *n* Prosa *f*; ~**ïsch** [-'za:(j)i·s] prosaisch.
pruik [prœyk] Perücke *f*.
pruilen ['prœylə(n)] schmollen.
pruim [prœym] Pflaume *f*; **gedroogde ~** Backpflaume *f*; ~**en-gelei** [-ʒələi] Pflaumenmus *n*; ~**tabak** Kautabak *m*.
Pruis|en ['prœysə(n)] *n* Preußen *n*; ~**isch** ['-si·s] preußisch.
prul [prœl] *n* (*-len*) Plunder *m*; (*boek*) F Schmöker *m*; *pers.*: Stümper *m*; ~**len-mand** Papierkorb *m*.
pruts|en ['prœtsə(n)] stümpern, pfuschen; (*knutselen*) basteln; ~**er** *m* (*-s*) Stümper *m*; Bastler *m*; ~**werk(je)** *n* Stümperei *f*; Bastelarbeit *f*.
pruttelen ['prœtəl-] brodeln; *fig* nörgeln.
psalm Psalm *m*.
pseudoniem [psødo·'-] *n* Pseudonym *n*.
psychisch ['psi·xi·s] psychisch, seelisch.
psycho|loge [psi·xo·'lo:ɣə] *f* Psychologin *f*; ~**logie** [-'ɣi·] Psychologie *f*; ~**logisch** [-'loɣi·s] psychologisch; ~**loog** [-'lo:x] *m* (*-logen*) Psychologe *m*; ~**paat** ['-pa:t] *m* (*-paten*) Psychopath *m*; ~**se** [-'xo:zə] (*-s of -n*) Psychose *f*.
PTT *afk voor* **Posterijen, Telegrafie, Telefonie** Post *f*.
puberteit [py·bər'tεit] Pubertät *f*.
publiceren [py·bli·'se:r-] publizieren, veröffentlichen.
public relations ['pœblɪk ri·'le:ʃəns] *pl* Public Relations *pl*; Öffentlichkeitsarbeit *f*.
publiek [py·'-] **1.** öffentlich; ~**e opinie** öffentliche Meinung *f*; **2.** *n* Publikum *n*; Öffentlichkeit *f*.
publikatie [py·bli·'ka·(t)si·] (*-s*) Veröffentlichung *f*, Publikation *f*.
pudding ['pœd-] (*-en of -s*) Pudding *m*.
puffen ['pœf-] schnaufen, schnauben; (*tuffen*) tuckern.
pui [pœy] Front *f*, Fassade *f*.
puik [pœyk] ausgezeichnet.
puin *n* Schutt *m*; Trümmer *pl*; Schotter *m*; ~**hoop** Trümmer-, Schutthaufen *m*.
puist [pœyst] Geschwür *n*; Pustel *f*.
puistje ['pœyʃə] *n* (*-s*), **pukkel** ['pœk-] (*-s*) Pickel *m*, Pustel *f*.
pul [pœl] (*-len*) Krug *m*.
pulken ['pœlkə(n)] zupfen; bohren.
pullover [pø'-] (*-s*) Pullover *m*, Pulli *m*.
pummel ['pœməl] *m* (*-s*) Lümmel *m*.
punaise [py·'nɛ:zə] (*-s*) Reiß-, Heftzwecke *f*.
punch [pœntʃ] Punsch *m*.
punt [pœnt] **1.** Spitze *f*; Zipfel *m*; Zinke *f*; **~ van de tong** Zungenspitze *f*; **2.** *n of m* Punkt *m*; **op het ~ staan** im Begriff sein, dabeisein; **op ~en** *sp* nach Punkten; ~**en** spitzen; ~**gevel** ['-xe:vəl] (Spitz-)Giebel *m*; ~**ig** ['-təx] spitz, scharf; ~**komma** [-'kɔma·] Semikolon *n*; ~**zak** Tüte *f*.
pupil [py·'-] *m of f* (*-len*) Pupille *f*; Mündel *n*; (*leerling*) Schüler(in *f*) *m*.
puree [py·'re:] Püree *n*, Brei *m*.
purgeermiddel [pœr'-] *n* Abführmittel *n*.
put [pœt] (*-ten*) (*kuil*) Grube *f*; (*gat*) Loch *n*; (*water-*) (Zieh-)Brunnen *m*; ~**je** *n* (*-s*) kleine Grube *f*; (*straat-*) Gully *m*; *anat* Grübchen *n*; ~**ten** schöpfen.
putsch [pʊtʃ] Putsch *m*.
puur [py·r] pur, rein; *adv ook* bloß.
puzzel, puzzle ['pʏzəl] (*-s*) Puzzle *n*; (Kreuzwort-)Rätsel *n*.
pyjama [pi·'ja:-, pi·'dʒa:-] (*-'s*) Pyjama *m*, Schlafanzug *m*.
Pyreneeën [pi·re·'ne:iə(n)] *pl* Pyrenäen *pl*.

Q

qua [kʋaː] was ... betrifft, qua.
quantumkorting ['kʋɑntəm-] Mengenrabatt *m*.
quarantaine [karã'tɛːnə] Quarantäne *f*.
quitte [kiˑt]: ~ *zijn* quitt sein.
quiz [kʋɪs] (*-zen*) Quiz *n*; **~programma** *n* Quizsendung *f*.
quotiënt [koˈsiɛnt] *n* Quotient *m*.
quotum ['kʋoːtəm] *n* (*-s of quota*) Quote *f*.

R

ra (*-'s of raas*) *mar* Rahe *f*.
raad (*raden*) Rat *m*; (*advies ook*) Ratschlag *m*; ♀ *van Europa* Europarat *m*; ~ *geven* (be)raten; *iemands* ~ *inwinnen* sich bei j-m Rat holen; *geen* ~ *meer weten* weder ein noch aus wissen; **~gever** *m* (**~geefster** *f*) Ratgeber(in *f*) *m*, Berater(in *f*) *m*; **~geving** ['-xeːv̆-] Rat (-schlag) *m*; **~huis** ['-həʏs] *n* Rathaus *n*.
raadplegen zu Rate ziehen, befragen, konsultieren; *boek* nachschlagen; **~ing** Konsultierung *f*, Befragung *f*.
raadsel *n* (*-s of -en*) Rätsel *n*; **~achtig** [-təx] rätselhaft; **~spelletje** *n* Ratespiel *n*.
raads|kelder Ratskeller *m*; **~lid** *n* Rat *m*; (*gemeente~*) Stadtverordnete(r); **~man** *m* (*-lieden*) Ratgeber *m*, Berater *m*; *jur* (Rechts-)Anwalt *m*.
raadzaam ratsam, geraten.
raaf *f of m* (*raven*) Rabe *m*.
raak getroffen; treffend; ~ *zijn* treffen, sitzen.
raam *n* (*ramen*) Rahmen *m*; Fenster *n*; *dubbel* ~ Doppelfenster *n*; **~wet** Rahmengesetz *n*.
raap (*rapen*) Rübe *f*.
raar seltsam, merkwürdig.
raaskallen faseln; irrereden.
raat (*raten*) Wabe *f*.
rabarber Rhabarber *m*.
rabauw [-'baʊ̆] *m* Rabauke *m*.
rabbijn [-'bɛin] *m* Rabbiner *m*.
rabiaat [-bi'jaːt] rabiat.
race [reːs] (*-s*) (Wett-)Rennen *n*; **~auto** Rennwagen *m*; **~boot** Renn-, Schnellboot *n*; **~fiets** Rennrad *n*; **~n** (*ook zn*) ein Rennen fahren (*of* laufen).
racisme [-'sɪsmə] *n* Rassismus *m*.
racket ['rɛkət] *n* (*-s*) (Tennis-)Schläger *m*.
rad[1] [rɑt] schnell, flink.
rad[2] *n* (*-eren*) Rad *n*.
radar ['raːdɑr] Radar *m*; **~apparaat** *n* Radargerät *n*.
rad|braken ['-braːk-] radebrechen; **~draaier** ['-draːjər] *m* Rädelsführer *m*.
radeloos ['raːdə-] ratlos, kopflos; **~heid** [-'loːshɛit] Ratlosigkeit *f*.
raden* raten; erraten; *zitten te* ~ herumrätseln.
raderwerk *n* Räderwerk *n*.
radia|alband [radiˈjaːl-] Gürtelreifen *m*; **~teur** [-'tøːr] (*-s*) (*auto~*) Kühler *m*; **~tor** (*-s of -en* [-'toː-]) Heizkörper *m*; (*auto~*) Kühler *m*.
radicaal radikal; **~alisme** [-'lɪsmə] *n* Radikalismus *m*.
radijsje [-'dɛiʃə] *n* (*-s*) Radieschen *n*.
radio (*-'s*) Radio *n*, (Rund-, Hör-)Funk *m*; *op de* ~ im Radio, im Rundfunk; **~activiteit** Radioaktivität *f*; **~amateur** [-tøːr] *m* Funkamateur *m*; **~omroep** [-ruˑp] Rundfunk *m*, Rundfunkanstalt *f*; **~reclame** Rundfunkwerbung *f*; Werbefunk *m*; **~telegram** *n* Funkspruch *m*; **~toestel** [-tuˈstɛl] *n* Rundfunkgerät *n*, Radioapparat *m*; **~draagbaar** ~ Kofferradio *n*; **~uitzending** [-əʏt-] Rundfunk-, Radiosendung *f*.
rafel|en ['raːfəl-] (*ook zn*) fasern, (aus-)fransen; **~ig** [-ləx] fransig.

rebelleren

raffin|aderij [-'rɛī] Raffinerie *f*; **~ement** [-'mɛnt] *n* Raffinement *n*, Raffinesse *f*.
rage ['ra:ʒə] (*-s*) große Mode *f*.
ragfijn ['-fɛin] hauchdünn.
ragoût [ra-'ɣu·] (*-s*) Ragout *n*.
rail [reːl] (*-s*) Schiene *f*; **~verkeer** *n* Schienenverkehr *m*.
rakelings ['raːkəl-] hart, dicht, haarscharf.
raken 1. *v/t* berühren; treffen; *even* ~ streifen; **2.** *v/i* (*zn*) (*in*) geraten (in *A*).
raket [-'kɛt] (*-ten*) Rakete *f*; **~aandrijving** [-dreĭv-] Raketenantrieb *m*; **~motor** Raketentriebwerk *n*.
rakker *m* (*-s*) Racker *m*.
rally ['rɛli·] (*-s*) Rallye *f*, Sternfahrt *f*.
ram [rɑm] *m* (*-men*) Widder *m* (*ook astr*); Schafbock *m*.
ram|en veranschlagen, (ab)schätzen, ansetzen; **~ing** Veranschlagung *f*, (Ab-)Schätzung *f*, (Vor-)Anschlag *m*.
rammelen ['-mələ(n)] (*schudden*) rütteln; (*rijden*) rattern; (*rinkelen*) klappern; *glas*: klirren; *wekker*: rasseln.
rammenas [-'nɑs] (*-sen*) Rettich *m*.
ramp Katastrophe *f*, Unheil *n*; **~gebied** *n* Katastrophen-, Notstandsgebiet *n*; **~spoed** ['-spuːt] Unheil *n*; **~zalig** ['-saːlɑx] unheilvoll, unglückselig.
ramsj [rɑmʃ] Ramsch *m*.
rand Rand *m*; Kante *f*; Leiste *f*; (*zoom*) Saum *m*, Borte *f*; **~apparatuur** [-tyːr] *comp* Peripheriegeräte *n/pl*; **~gebied** *n* Randgebiet *n* (*ook fig*); **~groep** ['-xrup] Randgruppe *f*; **~stad:** ~ *Holland* westniederländischer Ballungsraum *m*; **~voorwaarden** *pl* Rahmenbedingungen *f/pl*.
rang Rang *m*; (*in hiërarchie mst*) Dienstgrad *m*.
rangeerstation [rɑn'ʒeːrstɑsjɔn] *n* Rangier-, Verschiebebahnhof *m*.
rangeren [rɑn'ʒeːr-] rangieren.
rangorde Rangordnung *f*, -folge *f*.
rangschikk|en ['-sxɪk-] (ein-, an)ordnen; **~ing** Rangordnung *f*; (Ein-, An)Ordnung *f*.
rangtelwoord *n* Ordnungszahl *f*.
rank 1. rank; **2.** *subst* Ranke *f*.
ransel *m* Ranzen *m*; Prügel *pl*; **~en** (ver)prügeln.
rantsoen [-'suːn] *n* Ration *f*, Zuteilung *f*; **~eren** [-'neːr-] rationieren.
ranzig ['-zəx] ranzig.

rap flink, behende.
rapen sammeln; (*op*~) aufheben.
rapport [-'pɔrt] *n* Bericht *m*; Gutachten *n*; (*school*~) Zeugnis *n*; **~eur** [-'tøːr] *m* (*-s*) Gutachter *m*.
rariteit [-'tɛit] Rarität *f*, Seltenheit *f*.
ras *n* (*-sen*) Rasse *f*; *van* (*goed*) ~ rassig; **~echt** reinrassig; *fig* waschecht.
rasp Raspel *f*, Reibeisen *n*; **~en** raspeln, reiben, schaben.
rassen|discriminatie [-naː(t)si·] Rassendiskriminierung *f*; **~onlusten** [-lɔst-] *pl* Rassenunruhen *f/pl*.
rassewaan Rassenwahn *m*.
rasterwerk *n* Gitterwerk *n*.
rat (*-ten*) Ratte *f*.
ratel|en ['raːtəl-] rasseln; *wagen*: rattern; *pers.*: plappern; **~populier** [-pyˈliːr] Espe *f*; **~slang** Klapperschlange *f*.
ratificeren [-'seːr-] ratifizieren.
ration|alisering [-(t)sjoˑnaliˈzeːr-] Rationalisierung *f*; **~eel** [-'neːl] rational, rationell.
rattenvergif *n* Rattengift *n*.
rauw rauh; (*ongekookt*) roh; **~kost** Rohkost *f*.
ravage [-'vaːʒə] (*-s*) (schwere) Schäden *m/pl*.
ravijn [-'vɛin] *n* Schlucht *f*.
ravotten [-'vɔtə(n)] tollen, sich tummeln.
rayon [rɛ·jɔn] *m* (*-s*) Bezirk *m*.
razen (*ook zn*) rasen, toben, wüten; *storm ook*: tosen.
razernij [-'nɛi] Raserei *f*, Wut *f*.
react|ie [re·'jɑksi·] (*-s*) Reaktion *f*; **~ionair** [-ksjoˑ'nɛːr] **1.** reaktionär; **2.** *m* Reaktionär *m*; **~or** [reˑ'jɑk-] (*-en* [-'toː-] *of -s*) Reaktor *m*.
reageerbuis|baby [re·(j)ɑˑɣeːrbɛybəˑbiˑ] *m* Retortenbaby *n*; **~je** [-bəyʃə] *n* (*-s*) Reagenzglas *n*.
reageren [-'ɣeːr-] reagieren.
realis|atie [-'zaː(t)si·] (*-s*) Realisierung *f*; **~eerbaar** [-'zeːr-] realisierbar, machbar; **~eren** realisieren (*ook hdl*), verwirklichen; *zich* ~ sich vergegenwärtigen, sich bewußt werden; **~me** ['-lɪsmə] *n* Realismus *m*; **~tisch** [-iˑs] realistisch.
realiteit [-'tɛit] Realität *f*.
reanim|atiepogingen [-'maː(t)si·-] *pl* Wiederbelebungsversuche *m/pl*; **~eren** [-'meːr-] wiederbeleben.
rebel *m* (*-len*) Rebell *m*; **~leren** [-'leːr-]

rebellie 206

rebellieren; **~lie** [-'li·] (*-ën*) Rebellion *f*; **~s** rebellisch, aufrührerisch.

rebus ['re:bəs] (*-sen*) Rebus *m*, Bilderrätsel *n*.

recens|eren [re·sɛn'se:r-] rezensieren; **~ie** [-'sɛnsi·] (*-s*) Rezension *f*.

re|cent [-'sɛnt] kürzlich geschehen, neulich; jüngst, neu(est); **~cept** [-'sɛpt] *n* Rezept *n*; **zonder ~ verkrijgbaar** rezeptfrei; **alleen op ~ verkrijgbaar** rezept-, verschreibungspflichtig.

recep|tie [-'sɛpsi·] (*-s*) Rezeption *f*, Empfang *m*; **~tioniste** [-sɛpsio··'-] *f* (*-s of -n*) Empfangsdame *f*.

recessie [-'sɛsi·] (*-s*) Rezession *f*, Abschwung *m*.

recherch|e [-'ʃɛrʃə] (*-s*) Kriminalpolizei *f*, Kripo *f*; **~eur** [-'ʃø:r] *m* (*-s*) Kriminalbeamte(r).

recht 1. gerade; recht, richtig; **~ stuk** *n*, **~e lijn** Gerade *f*; **2.** *n* Recht *n*; Anrecht *n*; Berechtigung *f*; (*leges*) Gebühr *f*; **vast ~** Grundgebühr *f*; **beschermend ~** Schutzzoll *m*; **verworven ~en** *pl* Besitzstand *m*; **~ geven tot** (*of* **op**) berechtigen zu (*D*); **~ laten wedervaren** gerecht werden (*D*); **aan ~en onderworpen** gebührenpflichtig; **~ van voorkoop** Vorkaufsrecht *n*; **~bank** Gericht *n*; **~buigen** ['-bəyγ-] geradebiegen; **~door** geradeaus; **~e-loos** rechtlos; **~en** *n/pl* Jura *n/pl*.

rechter- recht-.

rechter *m of f* (*-s*) Richter *m*; **voor de ~ verschijnen** vor Gericht erscheinen.

rechter|hand rechte Hand *f*, Rechte *f*; **~lijk** [-lək] richterlich; **~ besluit** *n* Gerichtsbeschluß *m*; **~zijde** [-zɛidə] rechte Seite *f*; *pol* Rechte *f*.

rechthoek ['-hu·k] Rechteck *n*; **~ig** [-kəx] rechteckig, -winklig.

recht|geaard ['-xə-a:rt] rechtschaffen; echt; **~matig** [-'ma:təx] rechtmäßig.

rechtop aufrecht; **~ gaan zitten** sich gerade hinsetzen, sich aufsetzen.

rechts *adj* recht-; *adv* rechts; **~ houden** rechts fahren; **~af** nach rechts.

rechts|bescherming Rechtsschutz *m*; **~bijstand** ['-bɛi-] juristischer Beistand *m*, Rechtshilfe *f*; Rechtsschutz *m*.

rechtsbuiten ['-bəyt-] *m* (*-s*) *sp* Rechtsaußen *m*.

rechtschapen [-'sxa:p-] rechtschaffen, redlich.

rechts|geding ['-xədiŋ] *n* Prozeß *m*, (Gerichts-)Verfahren *n*; **~geldig** [-'xɛldəx] rechtskräftig; **~gevoel** [-'ɣu·l] Rechtsempfinden *n*.

rechtshandige ['-handəɣə] Rechtshänder(in *f*) *m*.

rechtskundig ['-kondəx] juristisch; rechtskundig.

rechtsomkeert: **~ maken** kehrtmachen.

rechts|orde Rechtsordnung *f*; **~pleging** Rechtspflege *f*; **~positie** [-zi·(t)si·] Rechtslage *f*.

rechtspraak Rechtsprechung *f*.

rechtstreeks gerade(n)wegs, direkt.

rechts|wege: van ~ von Rechts wegen; **~vervolging** gerichtliche Verfolgung *f*; Gerichtsverfahren *n*; **~wezen** *n* Gerichts-, Rechtswesen *n*; **~zaak** Rechtssache *f*, Prozeß *m*; **~zaal** Gerichtssaal *m*; **~zitting** Gerichtsverhandlung *f*.

recht|trekken *fig* geradebiegen; **~uit** ['-əyt] geradeaus; *fig* geradeheraus.

rechtvaardig [-'fa:rdəx] gerecht; **~en** rechtfertigen; **~heid** [-xɛit] Gerechtigkeit *f*; **~ing** Rechtfertigung *f*.

rechtzett|en richtig-, klarstellen; **~ing** Richtig-, Klarstellung *f*.

rechtzinnig ['-sinəx] rechtgläubig; (*eerlijk*) aufrichtig.

recidive [re·si·'di·ʋə] *jur* Rückfall *m*; **~ren** [-'ʋe:r-] rückfällig werden.

reclam|ant [-'mant] *m* Beschwerdeführer *m*; **~atie** [-'ma:(t)si·] (*-s*) Reklamation *f*.

reclame (*-s*) Reklame *f*, Werbung *f*; (*klacht*) Reklamation *f*; **~bureau** [-byro:] *n* Werbeagentur *f*; **~film** Werbefilm *m*; **~leus** [-lø:s] Werbeslogan *m*.

reclameren [-'me:r-] reklamieren.

reclame|spot (*-s*) Werbespot *m*; **~zuil** [-zəyl] Litfaß-, Anschlagsäule *f*.

re|classering [-kla'se:r-] Resozialisierung *f*; **~construeren** [-konstry·'ü·e:r-] rekonstruieren.

record [rə'kɔ:r, -'kɔrt] *n* (*-s*) Rekord *m*, Best-, Höchstleistung *f*; **~tijd** [-tɛit] Rekord-, Bestzeit *f*.

recreant [re·kre·'jant] *m* Erholungssuchende(r).

recreatie [-'ja:(t)si·] (*-s*) Erholung *f*; **~centrum** [-sɛntrəm] *n* Erholungszentrum *n*; **~mogelijkheden** *pl* Freizeitangebot *n*; **~oord** *n* Erholungsort *m*.

recreëren [-kre·'je:r-] sich erholen.

rectificatie [-'ka:(t)si·] Richtigstellung f.
rector m (-en of -s) (school~) Direktor m; ~ **magnificus** (f) (Hochschul-)Rektor m.
reçu [rə'sy·] n (-'s) (Einlieferungs-, Gepäck-, Empfangs-)Schein m; (betalings~) Quittung f.
recycl|en [ri'sa:iklə(n)] wiederverwerten; wiederaufbereiten; ~**ing** Recycling n, Wiederverwendung f, -verwertung f; Wiederaufbereitung f.
redact|eur [-'tø:r] m (-en of -s) Redakteur m; ~**ie** [-'daksi·] (-s) Redaktion f; Fassung f; ~**ioneel** [-daksio·'-] redaktionell; ~**rice** [-'tri·sə] f (-s) Redakteurin f.
redd|eloos rettungslos, unrettbar; ~**en** retten; **zich** ~ sich zurechtfinden; ~**er** m (-s) Retter m; ~**ing** Rettung f.
reddings|boei [-bu·i] Rettungsring m; ~**dienst** Rettungsdienst m; ~**ploeg** [-plurx] Rettungsmannschaft f; ~**post** Rettungsstelle f, -station f.
rede[1] (-s) Rede f; (verstand) Vernunft f; **(in)directe** ~ gr (in)direkte Rede; **in de** ~ **vallen** ins Wort fallen, unterbrechen; **tot** ~ **brengen** zur Vernunft bringen.
rede[2] (-n) mar Reede f.
redelijk ['re:dələk] vernünftig; (behoorlijk) angemessen; (vrij goed) ziemlich, leidlich.
reden ['re:də(n)] Grund m, Ursache f; **wisk** Verhältnis n; **om deze** (of **die**) ~ aus diesem Grund.
redeneren [-'ne:r-] argumentieren; überlegen.
reder m (-s) Reeder m; ~**ij** [-'rɛi] Reederei f.
rede|twisten sich streiten; ~**voering** [-ˈvu:r-] Rede f.
red|middel n Rettungsmittel n; Notbehelf m; ~**ster** ['rɛtstər] f (-s) Retterin f.
reduc|eren [-'se:r-] reduzieren; ~**tie** [-'dəksi·] (-s) hdl (Preis-)Ermäßigung f, (Preis-)Nachlaß m.
ree f of m (-ën) Reh n.
reeds schon, bereits.
reëel [re·'jeːl] reell; real.
reeks Reihe f; Serie f, Folge f.
reep (repen) Streifen m; (chocolade~) Riegel m.
reet (reten) Ritze f, Spalte f; P Arsch m.
referaat [-'ra:t] n (-raten) Referat n.
referentie [-'rɛnsi·] (-s) Referenz f; ~**kader** n Bezugsrahmen m.

refer|eren [-'re:r-] referieren; ~ **naar** sich beziehen auf (A); ~**te** [-'fɛrtə]: **met** (of **onder**) ~ **aan** unter Bezugnahme auf (A).
reflecteren [-'te:r-] reflektieren.
reflex [-'flɛks] Reflex m.
reform|atie [-'ma:(t)si·] (-s) Reformation f; ~**ator** [-'ma:tɔr] m (-en (-'to:-] of -s) Reformator m; ~**huis** [-həys] n Reformhaus n.
refrein [-'frɛin] n Refrain m, Kehrreim m.
regatta [-'ɣata] (-'s) sp Regatta f.
regel (-s of -en) Regel f; Zeile f; ~**s** pl (menstruatie) Regel; **tegen** (of **in strijd met**) **de** ~**s** regelwidrig; ~**aar** (-s) Regler m; ~**baar** regelbar, regulierbar; ~**en** regeln, ordnen; ~**ing** Regelung f; (afspraak) Vereinbarung f; ~**maat** Regelmäßigkeit f; ~**matig** [-'ma:təx] regelmäßig; ~**recht** geradewegs, schnurstracks.
regen (-s) Regen m; **aanhoudende** ~ Dauerregen m; ~**achtig** [-təx] regnerisch; ~**bui** [-bəy] Regenschauer m, -guß m; ~**druppel** [-drəpəl] Regentropfen m; ~**en** regnen.
regenereren [-'re:r-] regenerieren; chem, tech ook aufbereiten.
regen|jas Regenmantel m; ~**val** Regenfälle m/pl; ~**weer** n Regenwetter n.
reger|en [-'ɣe:r-] regieren; ~**ing** Regierung f.
regerings|gezind regierungsfreundlich; ~**leider** [-lɛidər] m Regierungschef m; ~**partij** [-tɛi] Regierungspartei f; ~**voorlichtingsdienst** Presseamt n; ~**wisseling** Regierungswechsel m; ~**woordvoerder** [-fu:rdər] m Regierungssprecher m.
regie [re·'ʒi·] (-s of -ën) Regie f.
regime [-'ʒi·mə] n (-s) Regime n.
regiment [-ʒi·'mɛnt] n Regiment n.
regio [-'s) Region f, (Groß-)Raum m; (Einzugs-)Bereich m; ~**naal** [-'na:l] regional.
regiss|eren [-ʒi·'se:r-] Regie führen; ~**eur** [-'sø:r] m (~**euse** [-'sø:zə] f) (-s) Regisseur(in f) m, Spielleiter(in f) m.
register n (-s) Register n, Verzeichnis n; ~**ton** (Brutto-)Registertonne f.
registr|atie [-'tra:(t)si·] (-s) Registrierung f; Registratur f; ~**eren** [-'tre:r-] registrieren, erfassen.

reglement

reglement [re'γlə'mɛnt] *n* Reglement *n*, Satzung *f*; Geschäftsordnung *f*; **~air** [-'tɛːr] vorschriftsmäßig, ordnungsgemäß, regulär; **~eren** [-'tɛːr-] reglementieren.

regul|eren [-'γy-'leːr-] regulieren; **~ier** [-'liːr] regulär.

rehabiliteren [-'teːr-] rehabilitieren.

rei(dans) [rɛi(dɑns)] Reigen *m*.

reiger ['rɛiγər] *m* (-s) Reiher *m*.

reiken ['rɛikə(n)] reichen, langen.

reikhalzen sich sehnen, ausschauen.

reikwijdte ['-vɛitə] Reichweite *f*.

rein rein; *in het ~e brengen* ins reine bringen, bereinigen.

reinigen ['-nəγə(n)] reinigen, säubern.

reiniging Reinigung *f*, Säuberung *f*; **~s·dienst** Müllabfuhr *f*.

reis [rɛis] (*reizen*) Reise *f*, Fahrt *f*; *enkele ~* einfach, Hinfahrt *f*; *op ~* verreist, auf Reisen; *op ~ gaan* ook verreisen; **~bagage** [-'γɑːʒə] Reisegepäck *n*; **~beurs** ['-bøːrs] Reisestipendium *n*; **~biljet** [-jɛt] *n* Fahrkarte *f*, -ausweis *m*; **~bureau** ['-byroː] *n* Reisebüro *n*; **~cheque** [-'ʃɛk] Reisescheck *m*; **~doel** ['-duːl] *n* Reiseziel *n*; **~ en kredietbrief** Schutzbrief *m*; **~geld** *n* Fahrgeld *n*; **~gezelschap** [-'γɔzəlsxɑp] *n* Reisegesellschaft *f*; **~gids** *m* Reiseführer *m* (*ook boek*); **~koorts** Reisefieber *n*; **~kosten** *pl* Reisekosten *pl*, -spesen *pl*; **~leider** *m* Reiseleiter *m*; **~lustig** [-'løstəx] reiselustig; **~pas** Reisepaß *m*; **~route** ['-ruːtə] Reiseroute *f*, -programm *n*; **~tas** Reisetasche *f*; **~vaardig** [-'faːrdəx] reisefertig; **~verslag** [-slɑx] *n* Reisebericht *m*; **~verzekering** Reiseversicherung *f*.

reiz|en ['rɛizə(n)] (*ook zn*) reisen; **~iger** (*-igster* *f*) (-*s*) Reisende(r); **~igers·verkeer** *n* Reise-, Personenverkehr *m*.

rek *n* (-*ken*) Gestell *n*; (*schappen~*) Regal *n*; (*fietsen~*) Ständer *m*; *sp* Reck *n*; **~baar** dehnbar.

reken|aar ['rɛːkən-] *m* (-*s*) Rechner *m*; **~en** rechnen; *erbij ~* hinzurechnen; *op ~* sich verlassen auf (*A*); **~fout** [-fɑut] Rechenfehler *m*.

rekening Rechnung *f*, (*bank~ en fig*) Konto *n*; *~ met breuken* Bruchrechnung *f*; **~ en verantwoording** Rechenschaft(sbericht *m*) *f*; *geblokkeerde ~*

208

Sperrkonto *n*; *lopende ~ van de betalingsbalans* Leistungsbilanz *f*; *~ houden met* berücksichtigen, Rücksicht nehmen auf (*A*); *in ~ brengen* in Rechnung stellen; *voor eigen ~* auf eigene Rechnung; **~afschrift** *n* Kontoauszug *m*; **~-courant** [-ku'rɑnt] (*rekeningen-courant*) Konto(korrent) *n*; *krediet in ~* Überziehungskredit *m*; **~houder** [-haudər] *m* Kontoinhaber *m*.

reken|kamer [-kaːmər] Rechnungshof *m*; **~kunde** [-kəndə] Arithmetik *f*; **~kundig** [-'kəndəx] arithmetisch, rechnerisch; **~schap** [-sxɑp] Rechenschaft *f*; **~som** Rechenaufgabe *f*.

rek|ken dehnen, strecken, recken; *leven fristen*; **~king** Dehnung *f* (*ook gr*).

rekr|uteren [-kry'teːr-] rekrutieren; **~uut** [-'kryˑt] *m* (-*kruten*) Rekrut *m*.

rek|stok Reck *n*; **~verband** *n* Streckverband *m*.

rel [rɛl] (-*len*) Krawall *m*, Tumult *m*.

relaas *n* (-*lazen*) Bericht *m*, Beschreibung *f*.

relatie [-'laː(t)si'] (-*s*) Beziehung *f*; (*liefdes~*) Verhältnis *n*, **~s** *pl* Beziehungen *f*/*pl*, Verbindungen *f*/*pl*.

relatief [-'tiˑf] relativ; *~ gezien* ook vergleichsweise.

relatiegeschenk *n* Werbegeschenk *n*.

relativeren [-'veːr-] relativieren.

relevant relevant; **~ie** [-'vɑnsi'] Relevanz *f*.

relict *n* Relikt *n*.

reliëf [-'liɛf] *n* (-*s*) Relief *n*.

reli|gie [-'liˑγi'] (-*s of* -*giën*) Religion *f*; **~gieus** [-'γiøːs] religiös; **~kwie** [-'kŭiˑ] (-*ën*) Reliquie *f*.

relschopper ['-sxɔpər] *m* (-*s*) Randalierer *m*, Rowdy *m*.

rem [rɛm] (-*men*) Bremse *f*; Hemmung *f*; **~bekrachtiging** Bremskraftverstärker *m*; **~blokje** *n* Bremsbacke *f*.

rembours [rɑm'boːrs] Nachnahme *f*; **~kosten** *pl* Nachnahmegebühr *f*.

remedie [-'meːdi·] (-*s*) Heilmittel *n*.

rem|kracht Bremskraft *f*; **~licht** *n* Bremslicht *n*; **~men** bremsen; *fig ook hemmen*; **~ming** Hemmung *f*; **~schoen** ['-sxuˑn] Brems-, Hemmschuh *m*; **~vloeistof** [-'vlŭˑi-] Bremsflüssigkeit *f*; **~voering** [-'vuːr-] Bremsbelag *m*.

renaissance [-nɛ'sã·sə] Renaissance *f*.

renbaan Rennbahn *f.*
rend|abel rentabel; **~abiliteit** [-'tɛit] Rentabilität *f*, Wirtschaftlichkeit *f;* **~ement** [rɛndə'mɛnt] *n* Rendite *f*, Ertrag *m; tech* Wirkungsgrad *m*, Nutzeffekt *m;* **~eren** [-'de:r-] sich rentieren, sich bezahlt machen.
rendez-vous [rɑ̃:ndeˈvu] *n* Rendezvous *n*, Stelldichein *n.*
renn|en (*ook zn*) rennen; **~er** *m* (-s) Rennfahrer *m.*
renovatie [-'va:(t)si·] (-s) Renovierung *f.*
renstal ['rɛnstɑl] Rennstall *m.*
rente (*-s of -n*) Zins(en *pl*) *m*; Rente *f;* **7% ~ opbrengen** sich mit 7% verzinsen; **tegen 6% ~** zu 6% Zinsen; **~betaling** Zinszahlung *f*, Verzinsung *f;* **~gevend** [-ɣeˑvənt] verzinslich; **~loos** zinslos; **~nier(ster** *f*) [-'niːr] *m* (-s) Rentner(in *f*) *m;* **~stand** Zinssatz *m;* **~trekker** *m* Rentner *m;* **~voet** [-vuˑt] Zinssatz *m*, -fuß *m.*
reorganis|atie [-'za:(t)si·] Reorganisation *f*, Neuordnung *f*, Umgestaltung *f; pol ook* Umbildung *f;* **~eren** reorganisieren, umgestalten; *pol ook* umbilden.
repar|atie [-'ra:(t)si·] (-s) Reparatur *f*, Wiederherstellung *f;* **~eren** [-'reːr-] reparieren, wiederherstellen.
reper|cussie [-'kœsi·] (-s) Rückwirkung *f;* **~toire** [-'tŭaːr] *n* (-s) Repertoire *n.*
repet|eren [-'teːr-] *thea* proben; **~itie** [-'ti·(t)si·] (-s) *thea* Probe *f.*
reporter *m of f* (-s) Reporter(in *f*) *m.*
reppen erwähnen; **zich ~** sich beeilen.
represailles [-'zaˑiəs] *pl* Repressalien *f/pl.*
represent|ant(e *f*) *m* Repräsentant(in *f*) *m;* **~atief** [-'tiːf] repräsentativ; **~eren** [-'teːr-] repräsentieren.
reproduktie [-'doksi·] (-s) Reproduktion *f.*
reptiel [-'tiˑl] *n* Reptil *n*, Kriechtier *n.*
republiek [-pyˑ'-] Republik *f.*
republikein [-'kɛin] *m* Republikaner *m;* **~s** republikanisch.
reputatie [-pyˑ'taː(t)ʃ] (-s) Ruf *m*, Leumund *m.*
research [riˑ'zœː(r)tʃ] Forschung *f.*
reservaat [-'vaːt] *n* (-*vaten*) Reservat *n.*
reserve (-s) Reserve *f;* **~s** *pl hdl ook* Rücklagen *f/pl;* **~band** Ersatzreifen *m;* **~onderdeel** *n* Ersatzteil *n;*
reserver|en [-'veːr-] reservieren, vorbestellen; **~ing** Reservierung *f*, Vorbestellung *f.*
reservewiel *n* Reserve-, Ersatzrad *n.*
reservoir [-'vŭaːr] *n* (-s) Behälter *m;* Sammelbecken *n*, Speicher *m;* Reservoir *n.*
residentie [-'dɛnsi·] (-s) Residenz *f.*
resistent [-'tɛnt] resistent, widerstandsfähig.
resol|utie [-'lyˑ(t)si·] (-s) Resolution *f*, Entschließung *f;* **~uut** [-'lyˑt] resolut; *adv ook* kurzerhand.
resonantie [-'nɑnsi·] (-s) Resonanz *f.*
resp. *afk voor* respectievelijk bzw.
respect *n* Respekt *m*, Achtung *f;* **~eren** [-'teːr-] respektieren; **~ief** [-'tiˑf] jeweilig; **~ievelijk** [-'tiˑvələk] beziehungsweise.
rest Rest *m;* (*residu*) Rückstand *m.*
restant [-'tɑnt] *n* Rest(bestand, -posten) *m.*
restaur|ant [-toˑ'rɑ̃ː] *n* (-s) Restaurant *n,* Gaststätte *f*, -wirtschaft *f;* **~ateur** [-'toːr] *m* (-s) (Gast-)Wirt *m;* **~atiewagen** [-'raː(t)si·] Speisewagen *m;* **~eren** [-'reːr-] restaurieren.
rest|en (*zn*), **~eren** [-'teːr-] übrigbleiben.
resterend [-'teːrɛnt] restlich; **~ bedrag** *n* Restbetrag *m.*
restitu|eren [rɛstiˑtyˑ'üeːrə(n)] (zu)rückerstatten, rückvergüten; **~tie** [-'tyˑ(t)si·] (-s) (Zu-)Rückerstattung *f.*
resultaat [-zəl'-] *n* (-*taten*) Resultat *n*, Ergebnis *n;* Erfolg *m;* **tussentijds ~** Zwischenergebnis *n.*
resumé [reˑsyˑ'meː] *n* (-s) Resümee *n.*
retorisch [-'toːriˑs] rhetorisch.
retour [rəˑ'tuːr] zurück; **~biljet** [-biljɛt] *n,* **~(kaar)tje** *n* (-s) Rückfahrkarte *f;* **~vlucht** [-vlɛxt] (Hin- und) Rückflug *m;* **~zending** Rücksendung *f.*
reu [røː] *m* Rüde *m.*
reuk [røːk] Geruch *m;* (*~zin ook*) Geruchssinn *m;* **~loos** geruchlos; **~zin** Geruchssinn *m;* Witterung *f.*
reuma ['rømɑ] *n* Rheuma *n;* **~tiek** [-'tiˑk] Rheumatismus *m;* **~tisch** [-'maːtiˑs] rheumatisch.
reus [røːs] *m* (*reuzen*) Riese *m;* **~achtig** [-'ɑxtəx] riesig, riesengroß.
reutelen ['røːtəl-] röcheln.
reuze ['røːzə] F fabelhaft; **~herrie** [-hɛri·] Riesen-, Mordskrach *m;* **~honger** Bären-, Riesenhunger *m.*

reuzel ['rø:zəl] Schmalz *n*.
reuzenrad [-rɑt] *n* Riesenrad *n*.
reuze|sterk riesenstark; **~succes** [-sɔksɛs] *n* Bomben-, Riesenerfolg *m*; **~vent** *m* F Mordskerl *m*.
reuzin [rø·'zɪn] *f* (*-nen*) Riesin *f*.
revalu|atie [-ly·'üa:(t)si·] (-s) Aufwertung *f*; **~eren** [-'üe:rə(n)] aufwerten.
revanche [-'vɑ̃:ʃə] (-s) Revanche *f*.
revérence [-'ve·'rɑ̃:sə] (-s) Reverenz *f*, Knicks *m*.
revers [rə·'ve:r] Revers *n of m*.
revisie [-'vi·zi·] (-s) Revision *f*; *jur ook* Wiederaufnahme *f*; *tech* Überholung *f*.
revol|te [-'vɔltə] (-s *of -n*) Revolte *f*; **~eren** [-'tɛ:r-] (-s) revoltieren; **~utie** [-'ly·(t)si·ˈnɛ:r] (-s) Revolution *f*; **~utionair** [-ly·(t)si·o·'nɛ:r] **1.** revolutionär; **2.** *m* Revolutionär *m*.
revue [rə·'vy·] (-s) Revue *f*, Schau *f*.
riant *reizend*; geräumig; beträchtlich.
rib (*-ben*) Rippe *f*; **stoot in de ~ben** Rippenstoß *m*; **~fluweel** ['-fly·üe:l] *n* Kord *m*; **~fluwelen**: **~ broek** Kordhose *f*.
richel ['rɪxəl] (-s) Leiste *f*, Gesims *n*.
richt|en richten (*tot* an *A*); **zich ~ op** sich richten auf (*A*); sich zuwenden (*D*); **~ing** Richtung *f*; **~ing(aan)wijzer** [-ˈɛizər] Richtungsanzeiger *m*; **~kijker** ['-kɛikər] Zielfernrohr *n*; **~lijn** Richtlinie *f*; **algemene ~** *ook* Rahmenrichtlinie *f*; **~snoer** ['-snu:r] *n* Richtschnur *f*.
ridder *m* (-s) Ritter *m*; **~lijk** [-lək] ritterlich.
riem Riemen *m*; Gürtel *m*, Gurt *m*.
riet *n* Schilf *n*, Rohr *n*; **~en** aus Rohr; **~dak** *n* Schilfdach *n*; **~ stoel** Korbstuhl *m*; **~je** *n* (-s) Trink-, Strohhalm *m*; **~suiker** ['-sœykər] Rohrzucker *m*.
rif *n* (*-fen*) Riff *n*.
rigoureus [-'ɣu·'rø:s] rigoros.
rij [rɛi] Reihe *f*; Schlange *f*; *in ~en ook* reihenweise; *in de ~ gaan staan* sich anstellen; *in de ~ staan* Schlange stehen, anstehen; *zich in twee ~en opstellen* Spalier bilden; **~baan** Fahrbahn *f*; Reitbahn *f*; *met één ~* einspurig; **~bewijs** ['-bəʋɛis] *n* Führerschein *m*; **~broek** ['-bru·k] Reithose *f*; **~den*** ['rɛiə(n)] (*ook zn*) fahren; (*te paard*) reiten; *zwart ~* schwarzfahren; *uit ~ gaan* spazierenfahren; **~der** *m* (**~d·ster** *f*) (-s) Fahrer(in *f*) *m*; Reiter(in *f*) *m*; **~examen** ['-ɛksa:mə(n)] *n* Fahrprüfung *f*.

rij|gen* ['rɛiɣ-] reihen; (*binden*) schnüren; (*naaien*) heften; **~schoen** ['-sxu·n] Schnürschuh *m*.
rij-instructeur ['rɛinstrøktø:r] *m* Fahrlehrer *m*.
rijk [rɛik] **1.** reich; reichhaltig; ergiebig; **2.** *n* Reich *n*; **~aard** *m* (-s) Reiche(r); **~dom** ['-dɔm] (*-men*) Reichtum *m*; *fig ook* Fülle *f*; **~elijk** ['-kələk] reichlich, ausgiebig.
rij-klaar fahrtüchtig.
rijks- Staats-, staatlich, staatseigen.
rijks|ambtenaar ['rɛiksɑmtə-] *m* Staatsbeamte(r); **~begroting** Staatshaushalt *m*; **~daalder** [rɪˈɣzˈ-] (-s) 2½ Gulden; **~dag** ['-dɑx] Reichstag *m*; **~dienst** Staatsdienst *m*; (Staats-)Behörde *f*; **~overheid** Staat *m*; **~wacht** Gendarmerie *f*; **~waterstaat** ['-va:tər-] Straßen- und Wasserbaubehörde *f*; **~weg** ['-ʋɛx] Bundes-, Fernstraße *f*.
rij|laarzen *pl* Reitstiefel *m/pl*; **~les** ['-lɛs] (*auto~*) Fahrstunde *f*, Fahrunterricht *m*; (*paard~*) Reitstunde *f*; Reitunterricht *m*.
rijm [rɛim] **1.** *n* Reim *m*; **2.** Reif *m*.
rijmen (sich) reimen.
Rijn: *de ~* der Rhein; **~lander** *m* (-s) (**~landse** *f*) Rheinländer(in *f*).
rijp [rɛip] **1.** reif (*voor* für *A*, zu *D*); *fig ook* reiflich; **2.** *subst* (Rauh-)Reif *m*.
rij-paard *n* Reitpferd *n*.
rijpen (*ook zn*) reifen (*ook fig*).
rij-school Fahrschule *f*; (*paard~*) Reitschule *f*.
rijshout ['rɛishɑut] *n* Reisig *n*.
rijst [rɛist] Reis *m*; **~e-brij** [-brɛi], **~e·pap** Milchreis *m*; **~korrel** Reiskorn *n*.
rij-strook Fahrspur *f*.
rijtjeshuis ['rɛitjəshœys] *n* Reihenhaus *n*.
rij|tuig ['-tœyx] *n* Wagen *m*; **~vaardigheid** [-'va:rdəxɛit] Fahrtüchtigkeit *f*, -kunst *f*; **~weg** ['-ʋɛx] Straße *f*; Fahrbahn *f*, -damm *m*.
rijwiel ['rɛiʋi·l] *n* Fahrrad *n*; **~pad** [-pɑt] *n* Rad(fahr)weg *m*.
rijzen* (*zn*) steigen; *fig* erwachsen, entstehen; *vraag:* sich stellen; *cul* aufgehen.
rill|en zittern, schau(d)ern, frösteln; **~erig** ['rɪlərəx] fröstelig; **~ing** Schau(d)er *m*; *koude ~en pl* Schüttelfrost *m*.
rimboe ['-bu·] (-s) Busch *m*.

rimpel (-s) Runzel f, Furche f, Falte f; **~ig** [-lǝx] runz(e)lig.

ring Ring m; Reifen m; **~eloren** ['riŋǝ-]gängeln; **~vormig** [-mǝx] ringförmig; **~weg** ['-ʋɛx] Umgehungs-, Ringstraße f.

rinkelen ['-kǝlǝ(n)] klirren; *metaal*: klimpern; *bel*: klingeln.

rins herb.

riolerjen ['-le:r-] kanalisieren; **~ing** Kanalisation f.

riool [ri'jo:l] n of m (*riolen*) Kanal(isation f) m, Kloake f; **~put** [-pǝt] Gully m.

risico n (-'s) Risiko n; **eigen ~** (*bij verzekering*) Selbstbeteiligung f.

riskeren [-'ke:r-] riskieren, wagen.

rit (-*ten*) Ritt m; Fahrt f; *sp* Etappe f.

ritme n Rhythmus m.

ritselen ['-sǝlǝ(n)] rascheln; *vuur*: knistern; *wind*: säuseln.

ritssluiting ['-slǝʋt-] Reißverschluß m.

ritueel [-ty'ʏe:l] n (-*tuelen*) Ritual n.

ritzege ['-seɣǝ] Etappensieg m.

rivjaal m (-*valen*) Rivale m; **~ale** f (-s of -n) Rivalin f; **~aliteit** [-'tɛit] Rivalität f.

rivier [-'ʋi:r] Fluß m; Strom m; **de ~ op** den Fluß hinauf; **~bed** n, **~bedding** Flußbett n.

rob [rɔp] (-*ben*) Robbe f.

robijn [-'bɛin] Rubin m.

robot ['ro:bɔt] (-s) Roboter m.

robuust [-'byːst] robust.

rochelen röcheln.

roddelen ['rɔdǝl-] lästern, tratschen.

rodejhond ['-hɔnt] Röteln *pl*; **~kool** [-'ko:l] Rotkohl m.

rodel|en ['-dǝlǝ(n)] rodeln; **~slee** Rodelschlitten m.

roebel ['ruːbǝl] (-s) Rubel m.

roede ['ruː-] Rute f; (*gordijn~*) Stange f.

roeijboot ['ruːi-] Ruderboot n; **~en** (*ook zn*) rudern; **~er** m (-s) Ruderer m; **~riem, ~spaan** Ruder(riemen m) n; **~ster** f (-s) Ruderin f.

roekeloos ['ruːkǝ-] tollkühn, waghalsig, verwegen.

roem [ruːm] Ruhm m.

Roem|enië [ruː'-] n Rumänien n; **~eens** rumänisch.

roem|en ['ruːm-] rühmen; **~loos** ruhmlos; **~rijk** ['-rɛik] ruhm-, glorreich.

roepjen* rufen (*om nach* D); schreien; **erbij ~** herbeirufen; **ertussendoor ~** dazwischenrufen; **~ing** Berufung f; Beruf m.

roer [ruːr] n Ruder n, Steuer n.

roerjen rühren; *cul ook* quirlen; **~loos** bewegungslos, regungslos.

roes [ruːs] (*roezen*) Rausch m; *fig ook* Taumel m.

roest [ruːst] Rost m; **~en** (*ook zn*) rosten; **~ig** ['-tǝx] rostig; **~vrij** ['-frɛi] rostfrei; **~werend** ['-ʋeːrǝnt]: **~ middel** n Rostschutzmittel n.

roet [ruːt] n Ruß m.

roetsjbaan ['ruːtʃ-] Rutsche f, Rutschbahn f.

roffel (-s) (Trommel-)Wirbel m.

rog [rɔx] (-*gen*) *zoöl* Rochen m.

rogge ['rɔɣǝ] Roggen m; **~brood** n Roggen-, Schwarzbrot n; **~-tarwe-brood** n Mischbrot n.

rok (-*ken*) Rock m; Frack m.

roken rauchen; *cul* räuchern; **verboden te ~!** Rauchen verboten!

roker m (-s) Raucher m; **~ig** ['-kǝrǝx] rauchig.

rokkenjager m Schürzenjäger m.

rol [rɔl] (-*len*) Rolle f; Walze f; **~gordijn** [-dɛin] n Rollo n; **~kraag** ['-kraːx] Rollkragen m; **~lade** (-s of -n) Roulade f, Rollbraten m; **~len** (*ook zn*) rollen; (*wentelen ook*) wälzen; (*plat~ ook*) walzen; *tranen*: kullern; **aan het ~ brengen** ins Rollen bringen; **~letje** ['rɔlǝtjǝ] n (-s) kleine Rolle f; **het loopt op ~s** es läuft wie geschmiert; **~luik** ['-lǝʏk] n Rolladen m; **~mops** Rollmops m; **~prent** Film m.

rolschaats ['-sxaːts] Rollschuh m; **~en** Rollschuh laufen; **~er** m (**~ster** f) (-s) Rollschuhläufer(in f) m.

rol|stoel ['-stuːl] Rollstuhl m; **~trap** Rolltreppe f.

Romaans romanisch.

roman [-'mɑn] (-s) Roman m; **~ce** [-'mɑ̃sǝ] (-s) Romanze f.

romantjiek [-'tiːk] Romantik f; **~isch** [-'mɑntiːs] romantisch.

Rome n Rom n, .

Romein [-'mɛin] m Römer m; **~s** römisch; **~se** f Römerin f.

romig ['rɔːmǝx] sahnig, rahmig.

rommel Kram m, Zeug n, Krempel m, Plunder m, F Mist m; **oude ~** *ook* Gerümpel m; **~en** (herum)kramen, (herum)stöbern; rumoren; *maag*: knurren;

rommelig 212

donder: rollen; ~**ig** [-ləx] unordentlich; ~**kamer** [-ka:mər] Rumpelkammer *f*; ~**markt** Trödelmarkt *m*.

romp Rumpf *m*.

rompslomp Schrereien *f/pl*; Kram *m*; *bureaucratische* ~ Papierkrieg *m*.

rond 1. rund; geradeheraus; (*geregeld*) perfekt; **2.** *prep* um (*A*); **3.** *n* Rund *n*; (*kring*) Runde *f*; *in het* ~ rundum, herum; ~(**om**) umher, rings-, rund(her)um; *prep* rund (*of* rings) um (*A*), um (*A*) ... herum; ~**achtig** [-təx] rundlich; ~**bazuinen** [-zœyn-] ausposaunen; ~**borstig** [-'bɔrstəx] offen(herzig); ~**brengen** herumtragen, austragen; ~**dartelen** ['-dartələ(n)] sich tummeln; ~**delen**, ~**dienen** herumreichen; ~**draaien** herumdrehen; kreisen; ~**dwalen** herumirren.

ronde (*-s of -n*) Runde *f*; *sp en pol ook* Durchgang *m*; *de* ~ *doen* die Runde machen; ~**n** (*zich*) (sich) runden.

rond|gaan (*zn*) herum-, umgehen; ~**gang** Rundgang *m*; ~**hangen** herumlungern, -stehen, -sitzen, sich herumtreiben; ~**ing** Rundung *f*; ~**je** *n* (*-s*) Runde *f* (*ook drank*); ~**kijken** [-'kɛik-] sich umsehen, umherblicken; ~**komen** ['-ko:m-] auskommen.

rondleid|en ['-lɛid-] herumführen; (*in museum*) führen; ~**ing** Führung *f*, Rundgang *m*.

rond|lopen herumlaufen; ~**neuzen** ['-nø:z-] herumschnüffeln; ~**om** *z. rond*; ~**reis** ['-rɛis] Rundreise *f*; ~**reizen** herumreisen; ~**rijden** ['-rɛiə(n)] herumfahren; herumreiten; ~**rit** Rundfahrt *f*; ~**scharrelen** ['-sxarəl-] sich herumtreiben; ~**slenteren** herumschlendern, bummeln; ~**slingeren** herumliegen; ~**strooien** ['-stro:iə(n)] herumstreuen; ~**te** (*-s of -n*) Runde *f*, Kreis *m*; ~**trekken** umherziehen; ~**uit** ['-œyt] rund-, geradeheraus, glattweg; geradezu; ~**vaart** (Schiffs-)Rundfahrt *f*; ~**varen** herumfahren; ~**vraag** Umfrage *f*; ~**waren** (*om*)herum)geistern; *voor*: umgehen; ~**weg** ['-vɛx] **1.** Umgehungsstraße *f*; **2.** *adv* glatt(weg), rundweg; ~**zwerven** umherstreifen, -wandern, -irren; F streunen.

ronken schnarchen; brüllen.

ronselen ['rɔnsəl-] werben.

röntgenen ['-xənə(n)] röntgen.

rood rot; ♀ *Kruis n* Rotes Kreuz *n*; ~ *wild n* Rotwild *n*; ~**borstje** ['-bɔrʃə] *n* (*-s*) Rotkehlchen *n*; ~**gloeiend** ['-xluiənt] rotglühend (*ook fig*); ~**harig** ['-ha:rəx] rothaarig; ~**huid** ['-hœyt] *m* Rothaut *f*; ♀**kapje** [-'kapʃə] *n* Rotkäppchen *n*; ~**vonk** Scharlach *m*.

roof (*roven*) Raub *m*; (*korst*) Schorf *m*; ~**bouw** ['-baʊ] Raubbau *m*; ~**dier** *n* Raubtier *n*; ~**moord** Raubmord *m*; ~**overval** Raubüberfall *m*; ~**zucht** ['-sœxt] Raubgier *f*.

rooi|en ['ro:iə(n)] roden; ausgraben; (*klaarspelen*) schaffen; ~**lijn** ['-lɛin] Baufluchtlinie) *f*.

rook Rauch *m*; ~**coupé** ['-ku:pe:] Raucherabteil *n*; ~**pluim** ['-plœym] Rauchfahne *f*; ~**ster** (*-s*) Raucherin *f*; ~**vlees** *n* Rauchfleisch *n*; ~**vrij** ['-frɛi] ~ *e ruimte* Nichtraucherzone *f*; ~**waren** *pl* Rauch-, Tabakwaren *f/pl*.

rooms römisch(-katholisch).

roomsoes ['-su:s] Windbeutel *m*.

roos (*rozen*) **1.** Rose *f*; *wilde* ~ Heide(n)röschen *n*, Heckenrose *f*; **2.** *med* (Haar-)Schuppen *f/pl*; ~**kleurig** ['-klø:rəx], *fig* [-'klø:-] rosig; ~*e voorstelling* Schönfärberei *f*.

rooster *m of n* (*-s*) Rost *m*; Gitter *n*; (*lessen*) (Stunden-)Plan *m*; *volgens* ~ (*beurtelings*) im Turnus, turnusmäßig; ~**en** rösten; *brood ook* toasten.

ros [rɔs] *n* (*-sen*) Roß *n*.

ros(sig ['-sɑx]) rötlich.

rosbief Roastbeef *n*.

rot [rɔt] faul, verdorben; F elend, lausig; F ärgerlich, P beschissen.

rotonde (*-s of -n*) (*verkeers*~) Kreis *m*.

rots [rɔts] Fels(en) *m*; ~**achtig** [-təx] felsig.

rot-streek Hundsgemeinheit *f*.

rots-vast felsenfest.

rot|ten (*zn*) (ver)faulen; ~**weer** *n* P Sauwetter *n*; ~**zak** *m* P Scheiß-, Saukerl *m*; ~**zooi** Wust *m*, P Mist *m*; Scheiße *f*, Schweinerei *f*.

roul|eren [ru:'le:r-] (turnusmäßig) wechseln; ~**eau** [-'lo:] (*-s*) Rollo *n*; ~**ette** [-'lɛtə] (*-s*) Roulett *n*.

route ['ru:tə] (*-s of -n*) Route *f*.

routine [ru:-] Routine *f*.

rouw [raʊ] Trauer *f*; ~**dienst** Trauergot-

tesdienst *m*; ~**en** trauern; ~**moedig** [-'mu·dəx] reumütig, reuevoll, reuig; ~**plechtigheid** [-təxɛit] Trauerfeier *f*; ~**stoet** ['-stu·t] Trauerzug *m*.

rov|en rauben; ~**er** *m* (-s) Räuber *m*; ~**ers·bende** Räuberbande *f*.

royaal [rūa'ja:l] großzügig, spendabel, nobel.

roze ['ro:zə, 'ro:-] rosa, rosig; ~**bottel** ['ro:zəbɔtəl] (-s) Hagebutte *f*; ~**n-krans** Rosenkranz *m*; ~**struik** [-strøyk] Rosenstock *m*, -strauch *m*.

rozijn [-'zɛin] Rosine *f*.

rubber ['rœbər] *m* of *n* (-s) Gummi *n* of *m*, Kautschuk *m*; ~**bal** Gummiball *m*; ~**band** Gummireifen *m*; ~**boom** Gummibaum *m*; ~**boot** Gummi-, Schlauchboot *n*; ~**handschoenen** [-sxu·n-] *pl* Gummihandschuhe *m/pl*; ~**laarzen** *pl* Gummistiefel *m/pl*; ~**pakking** Gummidichtung *f*; ~**slang** Gummischlauch *m*.

rubriek [ry'bri·k] Rubrik *f*; (*krante*~) Sparte *f*.

rug [rœx] (-gen) Rücken *m*; (*hand*~ ook) Rist *m*; **achter de ~ hebben** hinter sich (gebracht) haben; **in de ~** *fig* hinterrücks; ~**dekking** Rückendeckung *f*.

rugge|graat Rückgrat *n*; ~**lings** rücklings; ~**klachten** *pl* Rückenschmerzen *m/pl*; ~**ligging** Rückenlage *f*; ~**merg** *n* Rückenmark *n*; ~**pijn** ['-pɛin] Rückenschmerzen *m/pl*; ~**spraak** Rücksprache *f*; ~**steun** [-støːn] Rückhalt *m*.

rug|leuning Rückenlehne *f*; ~**slag** ['-slɑx] Rückenschwimmen *n*; ~**zak** Rucksack *m*; ~**zaktoerisme** [-tu'rɪsmə] *n* Rucksacktourismus *m*.

rui [rœy] Mauser *f*; **in de ~ zijn** *ook* sich mausern.

ruig [rœyx] rauh; struppig.

ruiken* ['rœykə(n)] riechen; wittern; **slecht ~d** übelriechend.

ruiker ['rœykər] (-s) (Blumen-)Strauß *m*.

ruil [rœyl] (Aus-)Tausch *m*; Tauschgeschäft *n*; **in ~ voor** im Tausch gegen (A); ~**en** tauschen; um-, austauschen; ~**handel** Tauschhandel *m*; ~**motor** Austauschmotor *m*; ~**transactie** [-ɑksi·] Tauschgeschäft *n*; ~**verkaveling** Flurbereinigung *f*.

ruim [rœym] **1.** geräumig; weit; reichlich, mehr als; ~ **een uur** e-e gute Stunde; **2.** *n* (Schiffs-)Raum *m*; ~**denkend** großzügig; ~**en** räumen.

ruimte ['rœymtə] (-s of -n) Raum *m*; (*kamer ook*) Räumlichkeit *f*; (*heelal*) Weltraum *m*, Kosmos *m*; ~**capsule** [-sy·lə] Raumkapsel *f*; ~**gebrek** *n* Raummangel *m*; ~**lijk** [-lək] räumlich; ~**onderzoek** [-zu·k] *n* Weltraumforschung *f*; ~**pak** *n* Raumanzug *m*; ~**schip** [-sxɪp] *n* Raumschiff *n*; ~**vaarder** *m* (~**vaarster** *f*) (-s) Raumfahrer(in *f*) *m*; ~**vaart** Raumfahrt *f*; ~**vaartuig** [-tœyx] *n* Raumfahrzeug *n*; ~**veer** Raumfähre *f*; ~**vlucht** [-vlœxt] Weltraumflug *m*.

ruin [rœyn] *m* Wallach *m*.

ruïne [ry'i·nə] (-s of -n) Ruine *f*; ~**ren** [-'ne·r-] ruinieren.

ruisen ['rœys-] rauschen; rieseln.

ruit (Fenster-, Glas-)Scheibe *f*; Karo *n*; *wisk* Raute *f*; ~**en** *kaart*: Karo *n*.

ruiter *m* (-s) Reiter *m*; ~**pad** [-pɑt] *n* Reitweg *m*; ~**sport** Reitsport *m*.

ruite|sproeier ['rœytəsprʊ·ier] Scheibenwaschanlage *f*; ~**wisser** (-s) Scheibenwischer *m*.

ruk [rœk] (-ken) Ruck *m*; **in één ~** in e-m Zug; **met een ~** ruckartig; ~**ken** (*ook zn*) ziehen, zerren; reißen; rupfen; ~**wind** Windstoß *m*, Bö *f*; ~**en** *pl* böiger Wind *m*.

rum [rœm] Rum *m*.

rumoer [ry'mu·r] *n* Lärm *m*, Tumult *m*; ~**ig** [-rəx] lärmend, tumultuös.

rumpsteak ['rœm(p)ste:k] Rumpsteak *n*.

rund [rœnt] *n* (-eren) Rind *n*; *P pers*.: Rindvieh *n*; ~**le(d)er** *n* Rindsleder *n*; ~**vee** *n* Rindvieh *n*; ~**vlees** *n* Rindfleisch *n*; **gebraden ~** Rinderbraten *m*.

runnen ['rœnə(n)] leiten, betreiben.

rups [rœps] Raupe *f*; ~**band** Raupe(nkette) *f*; ~**voertuig** ['-fu·rtœyx] *n*, ~**wagen** Ketten-, Raupenfahrzeug *n*.

rus [rœs] (-sen) Binse *f*.

Rus *m* (-sen) Russe *m*; ~**land** *n* Rußland *n*; ~**sin** ['-sɪn] *f* (-nen) Russin *f*; ~**sisch** ['-i·s] russisch.

rust Ruhe *f*; Rast *f*, Pause *f*; *sp* Halbzeit *f*; **met ~ laten** in Ruhe lassen, zufriedenlassen; ~**eloos** ['-tə·lo:s] ruhelos; rastlos; ~**en** ruhen, rasten; (zu)rüsten.

rustiek [ry'sti·k] rustikal.

rust|ig ['rœstəx] ruhig, geruhsam; still; ~ **blijven** *ook* stillhalten; ~**pauze** Ruhepause *f*; ~**plaats** Rastplatz *m*; Ruhestätte *f*; ~**verstoorder** *m* (-s) Störenfried *m*; ~**verstoring** Ruhestörung *f*.

ruw [ryü] rauh; *(onafgewerkt)* roh; *fig* roh, grob, schroff, brutal; **~materiaal** *n* Rohmaterial *n*; **~bouw** ['-baū] Rohbau *m*; **~heid** ['-hɛit] (*-heden*) Rauheit *f*; *fig* Roheit *f*; **~weg** ['-vɛx] grob.

ruz|ie ['ryˑziˑ] (*-s*) Streit *m*, Zank *m*, Streiterei *f*, F Krach *m*; **~ maken = ruziën; ~ krijgen** in Streit geraten, sich überwerfen; **~iën** ['ryˑziˑ(j)ə(n)] (sich) streiten, (sich) zanken.

S

's [əs] = **eens**.

saai [saːi] langweilig, öde; **~heid** ['-hɛit] Langweiligkeit *f*, Öde *f*.

saamhorigheidsgevoel [ˈhoːrəxɛitsəvüˑl] *n* Zusammengehörigkeitsgefühl *n*.

saampjes ['saːmpjəs] F zusammen.

sabbat (*-ten*) Sabbat *m*.

sabbelen ['sabələ(n)] lutschen.

sabel (*-s*) Säbel *m*.

sabot|age [-'taːʒə] (*-s*) Sabotage *f*; **~eren** [-'teːr-] sabotieren; **~eur** [-'tøːr] *m* (*-s*) Saboteur *m*.

sacrament *n* Sakrament *n*; **⚩s·dag** [-'mɛndzdɑx] Fronleichnam *m*.

sacristie [-krɪsˈtiˑ] (*-ën*) Sakristei *f*.

sadis|me *n* Sadismus *m*; **~t(e** *f*) *m* Sadist(in *f*) *m*; **~tisch** [-tɪˑs] sadistisch.

safari [sɑˈfaːriˑ] (*-'s*) Safari *f*.

safe [seːf] (*-s*) Safe *m*, Tresor *m*; Schließfach *n*.

saffier [-ˈfiːr] Saphir *m*.

saffraan [-ˈfraːn] Safran *m*.

sage Sage *f*.

Saks|er *m* (*-s*) Sachse *m*; **~isch** ['-sɪˑs] sächsisch; **~ische** *f* Sächsin *f*.

salade (*-s of -n*) Salat *m*.

salamander ['-mɑndər] (*-s*) Salamander *m*.

salami(worst) [-'laːmiˑ] Salami *f*.

salariëren [-'riˑeːr-] besolden, bezahlen.

salaris [-'laːrɪs] *n* (*-sen*) Gehalt *n*, Bezüge *m/pl*; Besoldung *f*; **~rekening** Gehaltskonto *n*; **~specificatie** [-siˑfiˑˈkaː(t)siˑ] Gehaltsabrechnung *f*; **~strook** Gehaltsstreifen *m*.

saldo *n* (*-'s of saldi*) Saldo *m*.

salmiak Salmiak *m*.

salmonella's *pl* Salmonellen *f/pl*.

salon [sɑˈlɔn] *m of n* (*-s*) Salon *m*.

salpeter *n of m* Salpeter *m*; **~zuur** [-zyːr] *n* Salpetersäure *f*.

sal|ueren [sɑlyˈüˑeːr-] salutieren; **~uut** [-ˈlyˑt] *n* (*-luten*) Salut *m*.

salvo *n* (*-'s*) Salve *f*.

Samaritaan *m* (*-tanen*) Samariter *m*.

samen ['saːm-] zusammen, miteinander, gemeinsam; **~ met** *ook* mitsamt (*D*).

samen- *in samenst. mst* zusammen-, *b.v.* **~gesteld: ~ zijn** sich zusammensetzen.

samenhang Zusammenhang *m*; Zusammenhalt *m*; **~en (met)** zusammenhängen (mit *D*).

samen|houden [-haūə(n)] zusammenhalten; **~komst** Zusammenkunft *f*, Treffen *n*; **plaats van ~** Treffpunkt *m*; **~leving** Zusammenleben *n*; (*maatschappij*) Gesellschaft *f*; **~loop** Zusammenlauf *m*; *fig* Zusammentreffen *n*, Verkettung *f*; **~pakken: zich ~** sich zusammenballen; **~persen** zusammenpressen, verdichten.

samenschol|en [-sxoːl-] (*ook zn*) sich ansammeln; *pej mst* sich zusammenrotten; **~ing** Ansammlung *f*; Zusammenrottung *f*.

samen|smelting Verschmelzung *f*; **~spannen** sich verschwören; **~spel** *n* Zusammenspiel *n*; **~spraak** (*-spraken*) Dialog *m*.

samenstel [-stɛl] *n* Gefüge *n*; **~len** zusammenstellen, -setzen; (*schrijven*) verfassen; **~ling** Zusammenstellung *f*, -setzung *f* (*ook gr*).

samen|stromen (*zn*) zusammenströmen; *mensen ook:* sich ansammeln; **~trekken (zich)** (sich) zusammenziehen; **~vallen** zusammenfallen; (*toevallig*) zusammentreffen.

schamen

samenvatt|en zusammenfassen; ~**ing** Zusammenfassung f.

samen|vloeiing [-v̆lu·īŋ] Zusammenfluß m; ~**voegen** zusammenfügen; fig zusammenlegen.

samenwerk|en zusammenarbeiten; ~**ing** Zusammenarbeit f; **tot ~ bereid** ook kooperativ.

samen|wonen zusammenleben; **gaan ~** zusammenziehen; ~**zijn** [-zεin] n Zusammen-, Beisammensein n; ~**zweerder** m (-s) Verschwörer m; ~**zweerster** f (-s) Verschwörerin f.

samenzwer|en [-zü̆e:r-] sich verschwören; ~**ing** Verschwörung f.

sanatorium [-'to:ri·(j)əm] n (-s of -ria) Sanatorium n, Heilanstalt f.

sanctie ['saŋksi·] (-s) Sanktion f.

sandaal (-dalen) Sandale f.

sandwich ['sεntŭtʃ] (-es) Sandwich n.

saner|en [sɑ'ne:r-] sanieren; ~**ings·gebied** n Sanierungsgebiet n.

sanitair [-'tε:r] **1.** sanitär; ~**e voorzieningen** pl, **2.** ~ Sanitäranlagen f/pl.

santenkraam ['sɑntə(n)-] F Kram m.

sap n (-pen) Saft m; ~**pig** ['-pɑx] saftig.

sarcas|me [-'kɑsmə] n Sarkasmus m; ~**tisch** [-ti·s] sarkastisch.

sar|dine [-'di·nə] (-s), ~**dien** Sardine f.

sarren quälen, schikanieren.

sas [sɑs] n (-sen) Schleuse f.

satans ['sɑ·tɑns] satanisch.

satelliet Satellit m; ~**stad** Satelliten-, Trabantenstadt f; ~**televisie** [-v̆i·zi·] Satellitenfernsehen n.

satijn ['tεin] n Satin m, Atlas m.

satir|e [-'ti:rə] (-s of -n) Satire f; ~**isch** [-ri·s] satirisch.

saucijsje [so·'sεisə] n (-s) Würstchen n.

sauna (-'s) Sauna f.

saus [sɑus] Soße f, Tunke f; ~**en** beizen; (verven) tünchen; ~**kom** Sauciere f.

sauteren [-'te:r-] sautieren, schwenken.

savanne [-'vɑnə] (-s of -n) Savanne f.

savooiekool [-'v̆o:i̯ə-] Wirsing(kohl) m.

saxofoon [sɑkso·'-] (-s of -fonen) Saxophon n.

Scandinav|ië [-'nɑ:v̆i·(j)ə] n Skandinavien n; ~**iër** m (-s) (~**ische** [-v̆i·sə] f) Skandinavier(in f) m.

scène ['sε:nə] (-s) Szene f (ook fig); thea ook Auftritt m.

scep|sis ['skεpsis] Skepsis f; ~**tisch** ['-ti·s] skeptisch.

scepter ['sεptər] (-s) Zepter n.

schaaf [sxa:f] (schaven) Hobel m; ~**bank** Hobelbank f; ~**wond(e)** Schürfwunde f, (Haut-)Abschürfung f.

schaak [sxa:k] n Schach(spiel) n; ~**bord** n Schachbrett n; ~**mat** schachmatt; ~**spel** n Schach(spiel) n; ~**stuk** ['-stok] n Schachfigur f.

schaal [sxa:l] (schalen) Schale f, Schüssel f; Skala f; geogr en fig Maßstab m; ~**dier** n Schalen-, Krustentier n.

schaam|delen [-'de:l-] n/pl Scham(teile n/pl) f; ~**te** Scham f; ~**te·gevoel** [-v̆u·l] n Schamgefühl n; ~**te·loos** schamlos.

schaap [sxɑ:p] n (schapen) Schaf n; ~**herder** m Schäfer m.

schaar [sxɑ:r] (scharen) Schere f; (groep) Schar f.

schaars [sxɑ:rs] knapp, spärlich, rar; ~**te** Knappheit f.

schaats [sxɑ:ts] Schlittschuh m; vlgw Kufe f; ~**en(rijden)** [-rεid̆ə(n)]) (ook zn) Schlittschuh laufen, eislaufen; ~**er** m (~**ster** f) (-s) Schlittschuh-, Eisläufer(in f) m.

schacht [sxɑxt] Schaft m; (koker) Schacht m.

schade ['sxɑ:də] (-s of -n) Schaden m; (Be-)Schädigung f; **materiële ~** Sachschaden m; ~**aangifte** Schadensanzeige f; ~**geval** n Schadensfall m; ~**lijk** [-lək] schädlich.

schadeloos·stell|en entschädigen; ~**ing** Entschädigung f, Ersatz m.

schade|n schaden (D); fig ook beeinträchtigen; ~**regeling** Schadensregulierung f; ~**vergoeding** [-v̆ɣu·d-] Schadenersatz m; ~**vrij** [-v̆rεi] unfallfrei.

schaduw ['sxɑ:dy̆·ŭ] Schatten m; ~**en iem** beschatten (ook sp); ~**rijk** [-rεik] schattig; ~**zijde** [-zεidə] Schattenseite f.

schakel ['sxɑ:kəl] (-s) (Ketten-, Binde-)Glied n; ~**aar** (-s) Schalter m; ~**armband** Kettenarmband n; ~**bord** n Schalttafel f; ~**en** verbinden, aneinanderreihen; el. en auto schalten; ~**hefboom** Schalthebel m; ~**ing** Schaltung f.

schaken entführen; Schach spielen.

schakering [sxɑ'ke:r-] Schattierung f, Nuance f, Tönung f.

schalk m Schalk m, Schelm m; ~**s** schelmisch, neckisch, schalkhaft.

schamel ['sxɑ:məl] dürftig, ärmlich, kümmerlich.

schamen ['sxɑ:m-]: **zich ~** sich schämen.

schampen

schamp|en streifen; **~er** höhnisch, abschätzig; **~schot** n Streifschuß m.
schan|daal [sxan'-] n (-dalen) Skandal m; **~dalig** ['da:ləx] skandalös, schändlich; fig ook unverschämt, sündhaft.
schand|daad Schandtat f; **~e** Schande f, Schmach f; **~lijk** [-dələk] schändlich, infam; **~vlek** Schandfleck m.
schans [sxans] Schanze f.
schap [sxap] n of f (-pen) Regal(fach) n; (kast~) Brett n.
schape|bout ['sxa:pəbɑut] Hammelkeule f; **~n-teelt** Schafzucht f; **~vlees** n Schaf-, Hammelfleisch n; **~wol** Schafwolle f.
schappelijk ['sxapələk] mäßig, ziemlich, leidlich; glimpflich; prijs: vernünftig, zivil; **er (nog) ~ afkomen** glimpflich davonkommen.
schare ['sxa:rə] Schar f; **~n (zich)** (sich) scharen.
scharminkel [sxar'miŋkəl] n of m (-s) (wandelndes) Gerippe n.
scharnier [sxar'ni:r] n Scharnier n; (deur~ ook) (Tür-)Angel f.
scharrel|ei ['sxarəlɛi] n (Frei-)Landei n; **~en** ['-rələ(n)] wühlen, kramen; scharren; schachern; ein Techtelmechtel haben, schäkern.
schat m of f (-ten) Schatz m (ook fig).
schater|en ['sxa:tər-], **~lachen** aus vollem Halse lachen; **~end** schallend.
schatje ['sxatʃə] n (-s) Schätzchen n.
schatkist Staatskasse f; **~biljet** [-jɛt] n Schatzanweisung f; **~promesse** Schatzwechsel m.
schatrijk ['-rɛik] schwer-, steinreich.
schatt|en schätzen; waarde ook bewerten; **naar waarde ~** würdigen; **verkeerd ~** sich verschätzen; **~er** m (-s) Schätzer m; **~ig** ['-təx] niedlich, F süß; **~ing** Schätzung f; Bewertung f, Taxierung f; **naar ~** schätzungsweise.
schaven ['sxa:ʋə(n)] hobeln; (verwonden) (sich) (ab)schürfen.
schavot [sxa'ʋɔt] n (-ten) Schafott n.
schavuit [sxa'ʋœyt] m Schuft m.
schede ['sxe:də] Scheide f (ook anat).
schedel [-] Schädel m; **~breuk** [-brø:k] Schädelbruch m.
scheef schief; **~trekken** v/i (zn) sich verziehen; v/t verzerren, fig verzerren.
scheel schielend, scheel; **~ zien** schielen.
scheen(been) n (schenen) Schienbein n.

scheeps|- in samenst. mst Schiffs-; **~bouw(kunde)** ['-bɑu(kəndə)] Schiff(s)bau m; **~lading** Schiffsladung f; **~reis** ['-rɛis] Schiffsreise f; **~ruim** ['-rœym] n Schiffsraum m; **~werf** Schiffswerft f.
scheepvaart ['sxe:pfa:rt] Schiffahrt f; **~lijn** [-lɛin] Schiffahrtslinie f.
scheer|apparaat ['sxe:r-] n Rasierapparat m; **elektrisch ~** Elektrorasierer m; **~crème** ['-krɛ:m] Rasierkrem f; **~kwast** Rasierpinsel m; **~lijn** [-lɛin] (Zelt-)Leine f; **~mesje** ['-mɛʃə] n Rasierklinge f; **~vlucht** ['-vlœxt] Tiefflug m; **~wol** Schurwolle f.
scheet [sxe:t] (scheten) P Furz m; **een ~ laten** furzen.
scheid|en* ['sxɛid-] (ook zn) scheiden, trennen; sich trennen; **~ing** Scheidung f, Trennung f; (haar~) Scheitel m; Grenze f; **~ van goederen** Gütertrennung f; **~(ings)s-muur** [-my:r] Trennwand f.
scheidsgerecht n Schiedsgericht n.
scheidsrechter m Schiedsrichter m; **~lijk** [-lək] schiedsrichterlich; **~e uitspraak** Schiedsspruch m.
scheikund|e ['sxɛikəndə] Chemie f; **~ig** ['-kəndəx] chemisch; **~ige** Chemiker(in f) m.
schel¹ [sxɛl] grell; schrill.
schel² (-len) Schelle f, Klingel f.
scheld|en* schimpfen, schelten; **~woord** n Schimpfwort n.
schelen ['sxe:l-] verschieden sein; fehlen; **wat scheelt (er) U?** was fehlt Ihnen?; **kunnen ~** kümmern, scheren; **... kan mij niets ~** ... ist mir einerlei (of F egal); **het scheelde weinig** es fehlte wenig.
schelm [sxɛl(ə)m] m Schelm m; **~enstreek** Schelmerei f.
schelp [sxɛl(ə)p] Muschel f, Schale f.
schelvis ['sxɛl-] Schellfisch m.
schema ['sxe:ma:] (-'s of -ta) Schema n; **~tisch** [-'ma:ti:s] schematisch.
schemer|donker ['sxe:mər-] Dämmerlicht n; **~en** dämmern; **~ig** [-rəx] dämmerig; **~ing** Dämmerung f, Zwielicht n; **~lamp** Schirmlampe f; **~licht** n Dämmerlicht n.
schenden* ['sxɛn-] schänden; (overtreden; breken) verletzen.
schenk|en* ['sxɛŋk-] schenken; (in~ ook) ein-, ausschenken; gift spenden,

stiften; **~er** *m* (-s) Spender *m*, Stifter *m*; **~ing** Schenkung *f*; **~ings·recht** *n* Schenkungssteuer *f*; **~ster** *f* (-s) Spenderin *f*, Stifterin *f*.

schep [sxɛp] (-pen) (voller) Löffel *m*; (schop) Schaufel *f*, Schippe *f*.

schepen ['sxe:pə(n)] *m* Schöffe *m*; Beigeordnete(r).

schep|lepel ['sxɛple:pəl] Schöpfkelle *f*, -löffel *m*; **~pen 1.** * schaffen; **2.** schöpfen; (graven) schaufeln, schippen, buddeln; **~pend** schöpferisch; **~per** *m* (-s) Schöpfer *m*; **~ping** Schöpfung *f*; **~sel** *n* (-en of -s) Geschöpf *n*, Wesen *n*.

scheren ['sxe:r-] **1.** * (zich) (sich) rasieren; **2.** scheren; streifen (im Flug).

scherf [sxɛr(ə)f] (scherven) Scherbe *f*; (granaat~) Splitter *m*.

schering ['sxe:rɪŋ]: **~ en inslag** gang und gäbe.

scherm *n* Schirm *m*; (beeld~) Bildschirm *m*; (tv~ ook) Mattscheibe *f*; (projectie~) Leinwand *f*; **achter de ~en** hinter den Kulissen; **man (of figuur) achter de ~en** Hintermann *m*, Drahtzieher *m*.

scherm|en fechten; **~er** *m* (-s) Fechter *m*; **~ster** *f* (-s) Fechterin *f*, **~utseling** [-'mœtsəlɪŋ] Scharmützel *n*.

scherp [sxɛr(ə)p] **1.** scharf (ook fig); geur ook: herb; **2.** *n* Schneide *f*; **met ~ schieten** scharf schießen; **~en** schärfen; **~hoekig** [-'hu:kəx] scharfkantig; **~schutter** ['-sxœtər] *m* Scharfschütze *m*; **~slijper** ['-slɛɪpər] *m* Scharfmacher *m*; **~te** (-s of -n) Schärfe *f*; **~ziend** ['-si:nt] scharfsichtig; fig ook hellsichtig.

scherpzinnig [-'sɪnəx] scharfsinnig, -blickend; **~heid** [-xɛɪt] Scharfsinn *m*, -blick *m*.

scherts [sxɛrts] Scherz *m*, Spaß *m*; **~artikel** *n* Scherzartikel *m*; **~en** scherzen, spaßen; **~end** scherzhaft.

schets [sxɛts] Skizze *f*, (Grund-)Riß *m*; **~en** skizzieren; fig ook umreißen, darstellen; **~matig** [-'ma:təx] skizzenhaft.

schetteren ['-tərə(n)] schmettern.

scheur [sxø:r] Riß *m*, (barst ook) Sprung *m*; (spleet) Spalte *f*; **~en** (zer)reißen; F rasen; **~ing** Zerreißung *f*; Riß *m*; Spaltung *f*; **~kalender** Abreißkalender *m*.

scheut [sxø:t] Sproß *m*, Trieb *m*; (vloeistof) Schuß *m*.

schichtig ['sxɪxtəx] scheu, schreckhaft; **~ worden** (paard): scheuen.

schielijk ['sxi:lək] jäh.

schier [sxi:r] schier, nahezu.

schiereiland ['sxi:rɛī-] *n* Halbinsel *f*.

schiet|en* (ook zn) schießen; **laten ~** fallenlassen; **te binnen ~** einfallen; **~gebedje** *n* (-s) Stoßgebet *n*; **~lood** *n* Lot *n*, Senkblei *n*; **~partij** [-tɛī] Schießerei *f*; **~schijf** ['-sxɛīf] Zielscheibe *f*; **~stoel** ['-stu·l] Schleudersitz *m*; **~tent** ['-tɛnt] Schießbude *f*; **~terrein** ['-tɛrɛīn] *n* Schießplatz *m*; **~wapen** ['-υa:pə(n)] *n* Schußwaffe *f*.

schiften ['sxɪf-] *v/t* sortieren, sichten; *v/i* (zn) melk: gerinnen.

schijf [sxɛīf] (schijven) Scheibe *f*; **harde ~ comp** Festplatte *f*; **~rem** Scheibenbremse *f*.

schijn [sxɛīn] Schein *m*; Anschein *m*; **er de ~ van hebben** den Anschein haben; **voor de ~** zum Schein; **~baar** scheinbar; **~en*** scheinen; leuchten; **~heilig** [-'hɛīlax] scheinheilig; **~sel** ['-səl] *n* (-s) Schein *m*, Schimmer *m*.

schijt [sxɛīt]: **~ hebben aan** P scheißen auf (A); **~en*** P scheißen.

schik [sxɪk]: **in zijn ~** munter, vergnügt; **~ken** ordnen; (uitkomen) passen; **zich ~ (in)** sich fügen (in A); **~king** Anordnung *f*; Einigung *f*; jur Vergleich *m*; (voorbe~) Fügung *f*.

schil [sxɪl] (-len) Schale *f*.

schild *n* Schild *m*; (bord) Schild *n*; **iets in het ~ voeren** etw im Schilde führen.

schilder ['sxɪldər] *m* (-s) Maler *m*; Anstreicher *m*; **~achtig** [-təx] malerisch; **~en** malen; (an)streichen; fig schildern; **~es** [-'rɛs] *f* (-sen) Malerin *f*.

schilderij [-'rɛī] *n of f* Gemälde *n*; **~en-tentoonstelling** Gemäldeausstellung *f*.

schilder|kunst [-kønst] Malerei *f*; **~s·bedrijf** [-drɛīf] *n* Malerbetrieb *m*; **~s·ezel** [-e:zəl] Staffelei *f*; **~werk** *n* Malerarbeiten *f/pl*; (verflaag) Anstrich *m*.

schild|klier Schilddrüse *f*; **~pad** *f of m* Schildkröte *f*.

schilfers *pl* Schuppen *f/pl*; Splitter *m/pl*.

schillen ['sxɪlə(n)] schälen.

schim [sxɪm] (-men) Schatten *m*; **~mig** ['-məx] schemenhaft.

schimmel (-s) Schimmel *m* (ook paard).

schimp Spott *m*, Hohn *m*; **~scheut** ['-sxø:t] Seitenhieb *m*, Stichelei *f*.

schip [sxɪp] *n* (schepen) Schiff *n*.

schipbreuk ['sxɪbrø:k] Schiffbruch *m*; ~**lijden** Schiffbruch erleiden; *fig ook* scheitern, sich zerschlagen; ~**eling(e** *f)* *m* Schiffbrüchige(r).

schipper ['sxɪpər] *m* (-s) Schiffer *m*.

schitteren ['sxɪtər-] glänzen, leuchten, strahlen; ~**d** glänzend (*ook fig*).

schmink [ʃmɪŋk] Schminke *f*.

schizofreen [sxi'dzo:'-] schizophren.

schnitzel ['ʃnɪtsəl] (-s) Schnitzel *n*.

schoeien [sxu'iə(n)] beschuhen; ~**sel** [-səl] *n* (-s) Schuhwerk *n*.

schoelje ['sxu'ljə] *m* (-s) Schuft *m*, Halunke *m*.

schoen [sxu·n] Schuh *m*; ~**borstel** Schuhbürste *f*; ~**crème** ['-krɛ:m] Schuhkrem *f*; ~**en·winkel**, ~**en·zaak** Schuhgeschäft *n*; ~**lapper**, ~**maker** ['-ma:kər] *m* Schuster *m*, Schuhmacher *m*; ~**lepel** ['-le:pəl] Schuhanzieher *m*; ~**maat** Schuhgröße *f*; ~**smeer** Schuhkrem *f*; ~**veter** ['-'ve:tər] Schnürsenkel *m*; ~**zool** Schuhsohle *f*.

schoep [sxu·p] Schaufel *f*.

schoft [sxɔft] *m* Schuft *m*, Lump *m*; ~**(er)ig** ['-(tə)rəx] schuftig, lumpig.

schok [sxɔk] (-ken) Stoß *m*; Erschütterung *f*; (*shock*) Schock *m*; **met een** ~ *ook* ruckartig; ~**bestendig** [-dəx] stoßfest; ~**breker** ['-bre:kər] Stoßdämpfer *m*; ~**ken** erschüttern; stoßen, rütteln; *auto:* rumpeln, holpern; schockieren; zerrütten; ~**s·gewijs** ['-xəʋεis] stoßweise; ~**vrij** ['-frεi] stoßfest.

schol [sxɔl] (-*len*) Scholle *f*.

scholen ['sxo:l-] schulen; ~**gemeenschap** [-sxap] Gesamtschule *f*.

scholier(e *f)* ['-li:r(ə)] *m* Schüler(in *f*) *m*.

schommel ['sxɔməl] (-s) Schaukel *f*; ~**en** schaukeln; schwingen, schwanken; ~**ing** Schwankung *f*.

schoof [sxo:f] (*schoven*) Garbe *f*.

schooie|n ['sxo:iə(n)] betteln, P schnorren; ~**r** *m* (-s) Bettler *m*, Strolch *m*.

school [sxo:l] (*scholen*) Schule *f*; (Fisch-) Schwarm *m*; **lagere** ~ Volks-, Grundschule *f*; ~ **voor buitengewoon onderwijs** Sonderschule *f*; **naar** ~ **gaan** in die (*of Am*) Schule gehen.

school|- *in samenst. mst* Schul-; ~**blijven** ['-blεiʋə(n)] nachsitzen; ~**boek** ['-bu·k] *n* Schulbuch *n*; ~**bord** *n* Wandtafel *f*; ~**diploma** *n* Schulabschluß *m*; ~**hoofd** *n* Schulleiter *m*, -direktor *m*, Rektor *m*; ~**jongen** *m* Schuljunge *m*; ~**meesteren** ['-me:stərə(n)] schulmeistern; ~**meisje** ['-mεiʃə] *n* Schulmädchen *n*; ~**opleiding** Schulbildung *f*; ~**radio** Schulfunk *m*; ~**rapport** *n* (Schul-) Zeugnis *n*; ~**reisje** ['-rεiʃə] *n* Schulausflug *m*, Klassenfahrt *f*; ~**s** schulisch; *pej* schulmeisterlich; ~**slag** Brustschwimmen *n*; ~**tas** Schultasche *f*, -mappe *f*; ~**vakantie** [-kansi-] Schulferien *pl*; ~**verlater** [-la:tər] *m* (-s) Schulabgänger *m*; ~**wezen** *n* Schulwesen *n*.

schoon [sxo:n] **1.** rein, sauber; schön; **2.** *n* Schönheit *f*; ~**dochter** *f* Schwiegertochter *f*; ~**heid** ['-hεit] (-*heden*) Schönheit *f* (*ook pers.*).

schoonheids|fout(je *n*) [-fɑut(jə)] Schönheitsfehler *m*; ~**salon** *n of m* Kosmetiksalon *m*; ~**specialiste** [-spe-ʃiα:listə] *f* Kosmetikerin *f*; ~**verzorging** Schönheitspflege *f*; ~**wedstrijd** [-strεit] Schönheitswettbewerb *m*.

schoon|houden ['-hɑuə(n)] sauber-, reinhalten; ~**maak** Saubermachen *n*, Reinigung *f*; **grote** ~ Großreinemachen *n*; ~**maakster** *f* (-s) Raumpflegerin *f*, Reinemachefrau *f*; ~**maken** ['-ma:k-] saubermachen, putzen; *geslacht dier* ausnehmen; ~**moeder** ['-mu·dər] *f* Schwiegermutter *f*; ~**ouders** ['-ɑudərs] *pl* Schwiegereltern *pl*; ~**vader** *m* Schwiegervater *m*; ~**zoon** *m* Schwiegersohn *m*; ~**zus(ter)** ['-zəs(tər)] *f* Schwägerin *f*.

schoorsteen Schornstein *m*; (*fabrieks-, scheeps-* *ook*) Schlot *m*; (~*mantel*) Kamin *m*; ~**veger** *m* (-s) Schornsteinfeger *m*.

schoorvoetend ['sxo:rʋu·tənt] zögernd; widerwillig.

schoot [sxo:t] (*schoten*) Schoß *m*; ~**hondje** *n* (-s) Schoßhund *m*.

schop [sxɔp] (*-pen*) **1.** Schaufel *f*, Schippe *f*, Spaten *m*; **2.** (Fuß-)Tritt *m*.

schoppen[1] treten, stoßen.

schoppen[2] *kaart:* Pik *n*.

schor[1][sxɔr] heiser, rauh.

schor[2] (-*ren*) Groden *m*, Deichvorland *n*.

schoren ['sxo:rə(n)] (ab)stützen.

schorpioen [sxɔrpi'ju·n] Skorpion *m*.

schors [sxɔrs] Borke *f*, Rinde *f*.

schors|en unterbrechen; *beambte* suspendieren; *sp* sperren; ~**ing** Unterbrechung *f*; Suspendierung *f*; Sperrung *f*;

schorseneren [sxɔrsə'ne:r-] *pl* Schwarzwurzeln *f/pl.*
schort [sxɔrt] Schürze *f.*
schot [sxɔt] *n* **1.** Schuß *m*; **2.** (*-ten*) Scheidewand *f*, (Bretter-)Verschlag *m.*
Schot *m* (*-ten*) Schotte *m.*
schotel ['sxo:təl] (*-s*) Schüssel *f*; (*kom ook*) Schale *f*; (*gerecht*) Platte *f*, Speise *f*; *koude* ~ kalte Platte *f*; ~*(tje n* [*-s*]) Untertasse *f.*
Schot|land ['sxɔt-] *n* Schottland *n*; ~*s* schottisch.
schots (Eis-)Scholle *f.*
Schotse *f* Schottin *f.*
schotwond(e) Schußwunde *f.*
schouder ['sxaudər] (*-s*) Schulter *f*, Achsel *f*; ~*bandje n* Träger *m*; ~*blad n* Schulterblatt *n*; ~*en* schultern; ~*loos* schulterfrei; ~*ophalen n* Achselzucken *n*; ~*tas* Schulter-, Umhängetasche *f.*
schouw [sxɑu̯] Kamin *m.*
schouwburg ['-bər(ə)x] Theater *n*; ~*directeur* [-tø:r] *m* Intendant *m.*
schouw|en inspizieren; ~*plaats* Schauplatz *m*; ~*spel* ['-spɛl] *n* Schauspiel *n.*
schraag [sxra:x] (*schragen*) Bock *m*, Gestell *n.*
schraal dürr, mager; dürftig, karg.
schragen [sxra:'ɣə(n)] (unter)stützen.
schram [sxrɑm] (*-men*) Schramme *f*, Kratzer *m*; ~*men* schrammen, ritzen.
schrander ['sxrɑndər] klug, scharfsinnig, aufgeweckt, findig.
schrap [sxrɑp] *zich* ~ *zetten* sich stemmen.
schrapen ['sxra:p-] schaben, scharren; *de keel* ~ sich räuspern.
schrapp|en (durch)streichen; *flink* ~ *in* zusammenstreichen; ~*ing* Streichung *f.*
schrede ['sxre:də] Schritt *m.*
schreeuw [sxre:ṷ] Schrei *m*; ~*en* schreien; ~*tegen* anschreien; ~*end* schreiend (*ook fig*); *kleur ook*: knallig; ~*lelijk* ['-le:lək] *m* Schreihals *m.*
schreien ['sxrɛiə(n)] weinen.
schrift [sxrɪft] *n* Schrift *f*; (*school*~) (Schreib-)Heft *n*; ~*elijk* ['-tələk] schriftlich; ~*teken n* Schriftzeichen *n.*
schrijden* ['sxrɛid-] (*ook zn*) schreiten.
schrijf|- *in samenst. mst* Schreib-, *b.v.* ~*behoeften* ['-bəhu:ftə(n)] *pl* Schreibwaren *f/pl*; ~*blok n* Schreibblock *m*; ~*fout* ['-fɑut] Schreibfehler *m*; ~*gerei* ['-xərɛi] *n* Schreibzeug *n*; ~*kamer*

['-ka:mər] Schreibbüro *n*; ~*kop* Kugelkopf *m*; ~*lint n* Farbband *n*; ~*machine* [-ʃi'nə] Schreibmaschine *f*; ~*papier n* Schreibpapier *n*; *vel n* ~ Briefbogen *m*; ~*ster f* (*-s*) Schriftstellerin *f*, Dichterin *f*; Verfasserin *f*; Schreiberin *f*; ~*taal* Schriftsprache *f*; *Duitse* ~ *ook* Schriftdeutsch *n*; ~*tafel* Schreibtisch *f*; ~*werk n* Schreibarbeit *f*; ~*wijze* ['-vɛizə] Schreibung *f*, Schreibweise *f.*
schrijlings ['sxrɛi-] rittlings.
schrijnend ['sxrɛinənt] bitter.
schrijnwerker ['sxrɛinvɛrkər] *m* Tischler *m*, Schreiner *m*; ~*ij* [-'rɛi] Tischlerei *f*, Schreinerei *f.*
schrijv|en **1.** * schreiben; verfassen; **2.** *n* Schreiben *n*; ~*er m* (*-s*) Schriftsteller *m*, Dichter *m*; Verfasser *m*; Schreiber *m*; *geen* ~ *zijn* (*brieven*) schreibfaul sein.
schrik [sxrɪk] Schreck(en) *m*; Angst *f*; *van* (*de*) ~ vor Schreck, vor Angst; ~*achtig* [-təx] schreckhaft; ~*barend* ['-ba:rənt] erschreckend, haarsträubend; ~*beeld n* Schreckgespenst *n*; ~*bewind n* Schreckensherrschaft *f.*
schrik|keldans Damenwahl *f*; ~*keljaar n* Schaltjahr *n*; ~*ken** (*zn*) erschrecken; *doen* ~ erschrecken.
schril [sxrɪl] schrill, grell (*ook kleur*); *contrast:* schroff.
schrobben ['sxrɔbə(n)] schrubben.
schroef [sxru:f] (*schroeven*) Schraube *f*; *mar ook* Propeller *m*; ~ *zonder einde* Schnecke *f*; ~*deksel n* Schraubdeckel *m*; ~*draad* (Schrauben-)Gewinde *n*; ~*sleutel* ['-slø:-] Schraubenschlüssel *m.*
schroeien ['sxru:iə(n)] sengen.
schroeve|draaier ['sxru'və-] (*-s*) Schraubenzieher *m*; ~*n* schrauben.
schrokken ['sxrɔk-] schlingen, fressen.
schrome|lijk ['sxro:mələk] arg, gewaltig; ~*n* (sich) scheuen.
schrompelen ['sxrɔmpələ(n)] (*zn*) schrumpfen.
schroom [sxro:m] Scheu *f*; ~*vallig* [-'vɑləx] scheu, zaghaft.
schroot [sxro:t] *n* Schrott *m*; (*munitie*) Schrot *n.*
schub [sxøp] (*-ben*) Schuppe *f.*
schuchter ['sxøxtər] schüchtern, kleinlaut; ~*heid* [-hɛit] Schüchternheit *f.*
schudden ['sxød-] schütteln, rütteln; *kaarten* mischen; *wakker* ~ wach rütteln; *fig ook*: wachrütteln.
schuif [sxœyf] (*schuiven*) Schieber *m*,

schuifdak

Riegel *m*; (*lade*) Schublade *f*; ~**dak** *n* Schiebedach *n*; ~**deur** ['dø:r] Schiebetür *f*.

schuifelen ['fələ(n)] (*ook zn*) schlurfen; (*met de voeten*) scharren; *slang*: gleiten.

schuil|adres ['sxœyl-] *n* Deckadresse *f*; ~**en*** Schutz suchen, sich unterstellen; (*fig: zich bevinden*) liegen, stecken; ~**hoek** ['-huk] Schlupfwinkel *m*; ~**naam** Pseudonym *n*; ~**plaats** Versteck *n*, Unterschlupf *m*; *mil* Unterstand *m*.

schuim [sxœym] *n* Schaum *m*; (*van golf ook*) Gischt *m of f*; *fig* Abschaum *m*; ~**en** schäumen (*ook fig*); *wijn ook*: moussieren; ~**d** *ook* schaumig; ~**gebakje** *n* Baiser *n*; ~**kop** Schaumkrone *f*; ~**pje** ['sxœympjə] *n* (*-s*) Schaumgebäck *n*; ~**plastic** ['-plɛstɪk] Schaumstoff *m*; ~**rubber** ['-rəbər] Schaumgummi *m*.

schuin|(s) schräg; schief; quer; abschüssig; *fig* schlüpfrig; ~**te** Schrägheit *f*, Schräge *f*; (*helling*) Neigung *f*.

schuit [sxœyt] Kahn *m*, Boot *n*.

schuiven* ['sxœyvə(n)] (*ook zn*) schieben; rücken; rutschen; *bij elkaar* ~ zusammenrücken.

schuld [sxœlt] Schuld *f*; ~**en** *pl maken ook* sich verschulden; *de* ~*en van -ren* umschulden; *vrij van* ~*en* schuldenfrei; *door* ~ *jur* fahrlässig; ~**bekentenis** ['-bəkɛntənɪs] Schuldbekenntnis *n*; *hdl* Schuldschein *m*; ~**eiser** ['-ɛisər] *m* Gläubiger *m*; ~**enaar** ['-dənɑ:r] *m* (*-s of -naren*) Schuldner *m*; ~**enares** ['-'rɛs] *f* (*-sen*) Schuldnerin *f*; ~**en-last** Schuldenlast *f*; ~**ig** ['-dəx] schuldig; schuld; *zich* ~ *maken aan iets* sich etw zuschulden kommen lassen; ~**ig-verklaring** *jur* Schuldspruch *m*; ~**sanering** Umschuldung *f*; ~**vraag** Schuldfrage *f*.

schulp [sxœl(ə)p]: *in zijn* ~ *kruipen fig* sich ducken, klein beigeben.

schunnig ['sxœnəx] anzüglich, schweinisch; gemein.

schuren ['sxy:r-] scheuern; schaben; (*met schuurpapier*) schmirgeln.

schurft [sxœr(ə)ft] Krätze *f*; *zoöl en bot* Räude *f*; ~**ig** ['-təx] räudig; *fig* schäbig.

schurk [sxœr(ə)k] *m* Schurke *m*, Strolch *m*; ~**en-streek** Schurkenstreich *m*, Gaunerei *f*.

schutt|en ['sxœtə(n)] *mar* schleusen; ~**er** *m* (*-s*) Schütze *m*; ~**ers-koning** *m* Schützenkönig *m*; ~**ing** Zaun *m*; (*van hout*) Bretterzaun *m*.

schuur [sxy:r] (*schuren*) Scheune *f*; (*klein*) Schuppen *m*; ~**papier** *n* Schmirgelpapier *n*; ~**tje** *n* (*-s*) Schuppen *m*, Verschlag *m*.

schuw [sxyŭ] scheu; ~**en** scheuen; ~**heid** ['-hɛit] Scheu *f*.

scooter ['sku:tər] (*-s*) (Motor-)Roller *m*.

scoren ein Tor schießen; erzielen.

scriptie ['skrɪpsi] (*-s*) (Seminar-)Arbeit *f*; (*afstudeer-*) Diplom-, Examensarbeit *f*.

scrupul|e [skry'py:lə] (*-s*) Skrupel *m*; ~**eus** ['-lø:s] gewissenhaft.

sculptuur ['-'ty:r] (*-turen*) Skulptur *f*.

seconde [sə'kondə] Sekunde *f*; ~**wijzer** [-vɛizər] Sekundenzeiger *m*.

secretar|esse ['-rɛsə] *f* (*-s*) Sekretärin *f*; ~**iaat** ['-'ria:t] *n* (*-riaten*) Sekretariat *n*, Geschäftszimmer *n*; ~**is** ['-'ta:rɪs] *m* (*-sen*) Sekretär *m*, Geschäftsführer *m*; *algemeen* ~ Generalsekretär *m*; ~**is-generaal** *m* (*secretarissen-generaal*) Generalsekretär *m*.

sectie ['sɛksi] (*-s of -tiën*) Sektion *f*.

sector (*-en* [-'to:.] *of -s*) Sektor *m*; *wisk ook* (Kreis-)Ausschnitt *m*.

secundair [-kœn'dɛ:r] sekundär.

secuur [sə'ky:r] peinlich genau.

sedert ['se:dərt] seit (*D*); seitdem.

sein [sɛin] *n* Signal *n*, Zeichen *n*; ~**en** signalisieren, blinken; telegrafieren; funken; ~**lichtschakelaar** Lichthupe *f*.

seizoen [sɛi'zu:n] *n* Saison *f*; Jahreszeit *f*; *afhankelijk van het* ~ saisonbedingt; *voor het* ~ *gecorrigeerd* saisonbereinigt; ~**toeslag** [-tu:slɑx] Saisonzuschlag *m*.

seks Sex *m*; ~**isme** ['-sɪsmə] *n* Sexismus *m*; ~**lingerie** [-lɛ̃:ʒəri] Reizwäsche *f*; ~**ualiteit** [-syŭali'tɛit] Sexualität *f*; ~**ueel** [-sy'ŭe:l] sexuell; ~ *leven* Sexualleben *n*.

sek|tariër ['-ta:ri(j)ər] *m* (*-s*) Sektierer *m*; ~**te** Sekte *f*.

selder|ie, ~**ij** ['sɛldərɛi] Sellerie *f*.

select [se''lɛkt] erlesen; ~**eren** ['-'te:r-] selektieren, auswählen, -lesen; ~**ie** ['-lɛksi] (*-s*) Auslese *f*, -wahl *f* (*ook sp*).

selfservice ['-sœ:(r)ʋis] Selbstbedienung *f*.

semantiek ['-'ti:k] Semantik *f*.

semester ['-'mɛstər] *n* (*-s*) Semester *n*.

seminarie [-'naːriˑ] n (-s) Seminar n.
sen|aat [-'naːt] (-*naten*) Senat m; **~ator** [-'naːtɔr] m (-en [-'toː-]) of -s) Senator m.
seniel [seˑ'niˑl] senil.
senior ['seˑniˑ(j)ɔr] m (-*en* [-'niˑoː-]) of -s) Senior m; **~en-kaart** Seniorenpaß m.
sensatie [-'saˑ(t)siˑ] (-s) Sensation f; **~ioneel** [-saˑ(t)sioˑ'neːl] sensationell.
sensib|el [-'sibəl] sensibel; **~iliseren** [-'zeːr-] sensibilisieren; **~iliteit** [-'tɛit] Sensibilität f.
sensueel [-syˑ'ʋeːl] sinnlich.
sentiment|aliteit [-'tɛit] Sentimentalität f; **~eel** sentimental, empfindsam, rührselig.
separ|aat [-'raːt] separat; **~atisme** [-'tɪsmə] n Separatismus m.
seponeren [-'neː-r] jur niederschlagen.
september September m.
serenade [-'naːdə] (-s) Serenade f, Ständchen n.
sergeant-majoor [sɛr'ʒant-] m Feldwebel m.
serie ['seˑriˑ] (-s of *seriën*) Serie f, Reihe f; (*set*) Satz m; sp Vorlauf m; **in ~** ook serienmäßig, -weise; **~fabricage** [-'kaːʒə], **~produktie** [-'dɔksiˑ] Serienherstellung f, -anfertigung f.
serieus [-'riˑøs] seriös, ernsthaft; **het ~ menen** es ernst meinen; **ik meen het ~!** ook es ist mir Ernst!
sérieux [-'riˑø]: **au ~ nemen** ernst nehmen.
sering [sə'rɪŋ] Flieder m.
serre [ˈsɛrə] (-s) Glasveranda f; Treibhaus n, Gewächshaus n.
serum ['seˑrəm] n (-s of sera) Serum n.
ser|veerster f (-s) Servierer in f, Kellnerin f; **~veren** [-'ʋeˑr-] servieren; sp ook aufschlagen; **~vet** [-'ʋɛt] n (-*ten*) Serviette f; **papieren ~(je)** n Papierserviette f.
service ['sœˑ(r)ʋis] Service m, Kundendienst m; tennis: Aufschlag m.
Servië ['sɛrʋiˑ(j)ə] n Serbien n.
servies n (-*viezen*) Service n, Geschirr n.
servobesturing [-styˑr-] f Servolenkung f.
set [sɛt] (-s) Satz m (ook sp), Set m of n, Garnitur f.
settelen [ˈ-tələ(n)]: **zich ~** sich niederlassen; fig sich etablieren.
sfeer (sferen) Sphäre f; fig Atmosphäre f, Klima n; **~vol** stimmungsvoll.

sfinx [sfɪŋ(k)s] f of m Sphinx m (ook fig).
shag [ʃɛk] Feinschnitt m.
shaker [ˈʃeːkər] (-s) Mixbecher m.
sherry [ˈʃɛriˑ] (-'s) Sherry m.
shit! [ʃɪt] P Scheiße!
shock [ʃɔk] (-s) Schock m.
short(s pl) [ʃɔrt(s)] Shorts pl.
show [ʃoːu] (-s) Show f, Schau f; **~proces** [-sɛs] n Schauprozeß m; **~room** [-ruːm] (-s) Ausstellungsraum m.
Siberië [-'beːriˑ(j)ə] n Sibirien n.
Sicili|aan(se f) [siˑsiˑˈliˑaːn(sə)] m (-*lianen*) Sizilianer(in f) m; **~ë** [-ˈsiˑliˑ(j)ə] n Sizilien n.
sidderen ['sɪdərə(n)] zittern.
sier|aad n (-*raden*) Zierde f; Schmuck (-stück n) m; **~en** schmücken, zieren; **~lijk** ['-lək] zierlich, elegant; **~lijst** ['-lɛist] Zierleiste f; **~plant** Zierpflanze f; **~speld** Anstecknadel f.
sifon [-'fɔn] (-s) Siphon m.
sigaar (-*garen*) Zigarre f.
sigaret (-*ten*) Zigarette f; **~ten-automaat** Zigarettenautomat m; **~ten-pakje** n Zigarettenschachtel f; **~te-peukje** [-pøˑkiˑ] n Zigarettenstummel m.
signaal [sɪˑ'ɲaːl] n (-*nalen*) Signal n.
signal|ement [sɪˑɲaləˈmɛnt] n Personenbeschreibung f; **~ met verzoek tot opsporing** Steckbrief m; **~eren** [-'leːr-] signalisieren.
sijpelen ['sɛipəl-] (ook zn) sickern.
sijsje n ['sɛiʃə] n (-s) Zeisig m.
sik (-*ken*) Ziegenbart m; fig ook Spitz-, Kinnbart m; **~je** n (-s) Spitzbärtchen n.
sikkel (-s) Sichel f.
sikkepit ['sɪkə-]: **geen ~ waard** keinen Pfifferling wert.
Silezië [-'leːziˑ(j)ə] n Schlesien n.
sil|houet [-luˑˈʋɛt] f of n (-*ten*) Silhouette f; **~icium** [-'lɪsiˑ(j)əm] n Silizium n.
silo [-'s] Silo m of n.
simpel einfach, simpel; (*onnozel*) einfältig; **~weg** schlichtweg.
simul|ant(e f [-]) m Simulant(in f) m; **~eren** [-myˑ'leːr-] simulieren.
simultaantolk m of f Simultandolmetscher(in f) m.
sina(a)s ['siˑnas, '-naːs] Orangeade f.
sinaasappel Apfelsine f.
sinds seit (D); seit(dem); **~dien** [-ˈdiˑn] seitdem, seither.
singel (-s) Ringstraße f.
Sint Sankt; **~-Pieter** Sankt Peter.

sintel ['sɪntəl] (-s) Schlacke *f*; ~**baan** Aschenbahn *f*.

Sinterklaas [sɪntər'-] *m* Sankt Nikolaus *m*; Nikolaustag *m*.

sip *adj* betreten.

sirene [-'re:nə] (-s *of* -n) Sirene *f*.

siroop [-'ro:p] (-ropen) Sirup *m*.

sissen zischen; fauchen.

situatie [-ty"üa:(t)si'] (-s) Lage *f*, Situation *f*; *zich in iemands ~ verplaatsen* sich in jemands Lage versetzen.

sjaal [ʃa:l] (-s) Schal *m*.

sjabloon [ʃa'blo:n] (-blonen) Schablone *f*.

sjacher|aar ['ʃaxə-] *m* (-s) Schacherer *m*; ~**en** schachern.

sjasliek [ʃ'aslɪk] Schaschlik *m of n*.

sjeik [ʃɛik] (-s) Scheich *m*.

sjilpen ['ʃɪlpə(n)] zwitschern.

sjoemelen ['ʃuməl-] F schummeln.

sjofel ['ʃo:fəl] (-s) schäbig.

sjokken ['ʃɔkə(n)] (*ook zn*) trotten, zukkeln, latschen.

sjorren ['ʃɔr-] zerren.

sjouwen ['ʃɑu̯ə(n)] schleppen; sich abrackern.

skelet [-'lɛt] *n* (-ten) Skelett *n*.

skelter ['skɛltər] (-s) Go-Kart *m*.

ski [ski] (-'s) Ski *m*; ~**ën** [ski'(j)ə(n)] **1.** (*ook zn*) Ski laufen; **2.** *n* Skilaufen *n*; ~**ër** *m* (-s) Skiläufer *m*, -fahrer *m*.

skiester ['ski·stər] *f* (-s) Skiläuferin *f*, -fahrerin *f*.

ski|laars Skistiefel *m*; ~**tocht** Skitour *f*; ~**vakantie** [-kɑnsi-] Skiurlaub *m*.

sla Salat *m*.

Slaaf *m* (*Slaven*) Slawe *m*.

slaaf *m* (*slaven*) Sklave *m*; ~**s** sklavisch.

slaag [sla:x]: *pak ~* (Tracht *f*) Prügel *pl*; ~**s**: *~ raken* aneinandergeraten.

slaan* (*ook zn*) schlagen, hauen; *munt* prägen; *om zich heen ~* um sich schlagen (*of* hauen); *~ op fig* sich beziehen auf (*A*); gelten (*D*); *laten ~ op fig* beziehen auf (*A*).

slaap Schlaf *m*; (*slapen*) *anat* Schläfe *f*; *lichte ~ ook* Halbschlaf *m*; *in ~ vallen* einschlafen; *in ~ wiegen, in ~ doen vallen* einschläfern; ~**coupé** ['-ku·pe:] Schlafabteil *n*; ~**dronken** eingeschlafen, verschlafen; ~**kamer** ['-ka:mər] Schlafzimmer *n*; ~**kamermatje** *n* Bettvorleger *m*; ~**kop** Schlafmütze *f*; ~**liedje** *n* Schlaflied *n*; ~**muts** ['-məts]

m Schlafmütze *f* (*ook fig*); ~**pil** Schlaftablette *f*; ~**ster** *f* (-s) Schläferin *f*; ~**wandelaar(ster)** *f m* Schlaf-, Nachtwandler(in*f*) *m*; ~**zak** Schlafsack *m*.

slaatje *n* (-s) Salat *m*.

slabbetje ['slɑbətjə] *n* (-s) Lätzchen *n*.

slacht|en schlachten; ~**erij** [-tə'rɛi], ~**huis** ['-hœys] *n* Schlachthof *m*; ~**ing** Schlachtung *f*; (*bloedbad*) Gemetzel *n*; ~**kip** Masthähnchen *n*; ~**offer** *n* Opfer *n*; *dodelijk ~* Todesopfer *n*; ~**vee** *n* Schlachtvieh *n*.

slag [slɑx] **1.** Schlag *m*, Hieb *m*; (*veld*~) Schlacht *f*; Knall *m*; *kaartspel*: Stich *m*; *de ~ te pakken hebben* den Dreh heraushaben; *zijn ~ slaan* s-n Schnitt machen; *met één ~* auf e-n Schlag (*of* Streich); **2.** *n* Art *f*, Sorte *f*; ~**ader** Arterie *f*, Schlagader *f*; ~**boom** Schlagbaum *m*, Schranke *f*.

slagen (*zn*) Erfolg haben; gelingen (*D*), glücken (*D*); *ik ben er niet in geslaagd* es ist mir nicht gelungen; *~ voor examen* bestehen.

slager *m* (-s) Schlächter *m*, Fleischer *m*, Metzger *m*; ~**ij** [-'rɛi] Fleischerei *f*, Metzgerei *f*.

slag|instrument [-stry·-] *n* Schlaginstrument *n*; ~**room** (Schlag-)Sahne *f*; ~**roomtaart** Sahnetorte *f*; ~**schip** ['-sxɪp] *n* Schlachtschiff *n*; ~**tand** Stoßzahn *m*; ~**vaardig** [-'fa:rdɑx] schlagfertig; schlagkräftig; ~**veld** *n* Schlachtfeld *n*; ~**werk** *n* Schlagzeug *n*; ~**zee** Sturzsee *f*, Brecher *m*; ~**zij** ['-sɛi] Schlagseite *f*; ~**zin** Schlagwort *n*, Slogan *m*.

slak (-ken) **1.** Schnecke *f*; **2.** Schlacke *f*; ~**ke-gang(etje** *n*) Schnecken-, Kriechtempo *n*; ~**ke-huis** [-həys] *n* Schneckenhaus *n*.

sla-krop ['sla:krɔp] Salatkopf *m*.

slalom ['sla:lɔm] Slalom *m*, Torlauf *m*.

slang Schlauch *m*; *zoöl* Schlange *f*; ~**e-gif** *n* Schlangengift *n*.

slank schlank; ~**heid** [-hɛit] Schlankheit *f*.

sla-olie ['sla:-o:li·] Salat-, Speiseöl *n*.

slap schlaff, schlapp, schwach; *hdl* flau; *drank*: dünn.

slap|eloos ['sla:pəlo:s] schlaflos; ~**en*** schlafen; ~**er** *m* (-s) Schläfer *m*; ~**erig** ['-pərəx] schläfrig, verschlafen.

slap|jes ['slɑpjəs] schlapp; *hdl* flau; ~**peling** [-pəlɪŋ] *m* Schwächling *m*, F

Schlappschwanz *m*, Waschlappen *m*; **~te** Schlaffheit *f*; *hdl* Flaute *f*.

slav|ernij [slaˈvɛrˈnɛi̯] Sklaverei *f*; **tot** (*of in*) **~ brengen** verklaven; **~in** [slaˈvˠin] *f* (*-nen*) Sklavin *f*.

Slavisch [ˈslaːvis] slawisch; **~e** *f* Slawin *f*.

slecht schlecht, böse, schlimm, übel; *hij is er* **~** *aan toe* er ist übel dran.

slechten schleifen; schlichten.

slecht|gehumeurd [-xəɦyˈmøːrt] übelgelaunt; **~heid** [ˈ-hɛi̯t] (*-heden*) Schlechtigkeit *f*; **~horend** [-ˈhoːrənt] schwerhörig.

slechts [slɛxs] nur, lediglich.

sle(d)e [sleː, ˈsleːdə] (*sleden, sleeën*) Schlitten *m*.

sleeën [ˈsleːiə(n)] Schlitten fahren, rodeln.

sleep (*slepen*) Schleppe *f*; Schleppzug *m*; **~boot** Schlepper *m*; **~kabel** (Ab-) Schleppseil *n*.

slee-pruim [ˈ-prœym] *bot* Schlehe *f*.

sleep|touw [-tɑu̯] *n* Schlepptau *n*, (Ab-)Schleppseil *n*; *op* **~** *nemen* ins Schlepptau nehmen (*ook fig*); **~wagen** Abschleppwagen *m*.

sleet Verschleiß *m*.

slenteren (*ook zn*) schlendern.

slepen [ˈsleːp-] schleppen, schleifen; *mar ook* bugsieren; **~d** *ziekte*: schleichend.

slet [slɛt] *f* (*-ten*) F Nutte *f*.

sleuf [sløːf] (*sleuven*) Rille *f*, Schlitz *m*; Schneise *f*.

sleur [sløːr] Trott *m*, Schlendrian *m*.

sleuren schleppen, zerren.

sleutel (*-s*) Schlüssel *m*; *valse* **~** Dietrich *m*, Nachschlüssel *m* (*-deren*) Schlüsselbein *n*; **~bloem** [-bluˑm] Schlüsselblume *f*; Primel *f*; **~bos** [-bɔs] Schlüsselbund *n*; **~gat** *n* Schlüsselloch *n*; **~positie** [-poˈziˈ(t)si] Schlüsselstellung *f*; **~valuta** [-lyˑ-] Leitwährung *f*.

slib [slɪp] *n* Schlamm *m*.

sliert Reihe *f*; (*haar~*) Strähne *f*.

slijk [slɛi̯k] *n* Schlamm *m*; **~erig** [ˈ-ərəx] schlammig.

slijm [slɛi̯m] *n* Schleim *m*; **~erig** [ˈ-mərəx] schleimig; **~vlies** *n* Schleimhaut *f*.

slijpen* schleifen, wetzen; (an)spitzen.

slijt|age [slɛi̯ˈtaːʒə] Abnutzung *f*, Verschleiß *m*; **~en*** *v/i* (*zn*) *en v/t* abnutzen, verschleißen; verkaufen; *leven* verbringen; (*overgaan*) vorübergehen.

~erij [-təˈrɛi̯] Spirituosengeschäft *n*.

slik *n* Schlick *m*.

slikken schlucken; *fig ook* einstecken, hinnehmen.

slim schlau, klug; listig; *te* **~** *af zijn* überlisten; **~heid** [ˈ-hɛi̯t] (*-heden*) Klugheit *f*, Schlauheit *f*; **~merd** [ˈ-mərt] *m* (*-s*), **~merik** [ˈ-mərɪk] *m* Schlauberger *m*.

slinger (*-s*) Schleuder *f*; Pendel *n*; Girlande *f*; (*kruk*) Schwengel *m*.

slingeren (*ook zn*) schwingen, pendeln; (*werpen*; *slippen*) schleudern; (*winden*) schlingen; *wagen, schip*: schlingern; (*met de benen*) baumeln, schlenkern; (*kronkelen*) schlängeln; *plant*: sich ranken; *laten* **~** herumliegen lassen.

slingerplant Schlingpflanze *f*.

slinken* (*zn*) abnehmen, schwinden, (zusammen)schrumpfen.

slinks krumm, listig; **~e streken** *pl* Winkelzüge *m/pl*.

slip **1.** (*-pen*) Zipfel *m*; *in een* **~** *raken* ins Schleudern geraten; **2.** (*-s*) Slip *m*; (*dames~ ook*) Schlüpfer *m*; *in* **~** Schleudergefahr *f*; **~je** *n* (*-s*) Slip *m*, Höschen *n*; **~partij** [-tɛi̯] Rutschpartie *f*; **~pen** (*ook zn*) (aus)rutschen, gleiten; (*glippen*) schlüpfen; **~per** (*-s*) Slipper *m*; **~pertje** *n* (*-s*) Seitensprung *m*.

slobberen [ˈslɔbər-] schlürfen; *kleren*: schlottern.

sloddervos *m of* F Schlampe *f*.

sloep [sluːp] Schaluppe *f*.

slof [slɔf] (*-fen*) Pantoffel *m*; (*sigaretten~*) Stange *f*; **~fen** (*ook zn*) F latschen, schlurfen.

slogan [ˈsloːɡən] (*-s*) Slogan *m*, Schlagwort *n*.

slok (*-ken*) Schluck *m*; **~darm** Speiseröhre *f*.

slons [slɔns] *f* (*slonzen*) Schlampe *f*.

slonz|en [ˈslɔnzə(n)] F schlampen; **~ig** [ˈ-zəx] schlampig.

sloom träge, behäbig.

sloop¹ (*slepen*) Kissenbezug *m*.

sloop² Abriß *m*; Verschrottung *f*; *rijp voor de* **~** abbruchreif; schrottreif.

sloot (*sloten*) (Wasser-, Straßen-)Graben *m*; **~water** *n* F *pej* Brühe *f*.

slop [slɔp] *n* (*-pen*) (Sack-)Gasse *f*; **~pen** *pl ook* Slums *m/pl*.

slopen [ˈsloːp-] schleifen, abreißen; verschrotten, abwracken; *fig* aufreiben; *krachten* verzehren.

slordig ['slɔrdəx] unordentlich, schlampig; nachlässig; **~ werken** ook schludern; **~heid** [-xɛit] (*-heden*) Unordentlichkeit *f*; Schlamperei *f*; Nachlässigkeit *f*.

slot [slɔt] *n* Schloß *n*; (*burcht* ook) Burg *f*; (*einde*) Schluß *m*, Ende *n*; **in het ~ vallen** ook zuschnappen; **per ~ van rekening** letzten Endes; **~en·maker** ['slo:tə(n)ma:kər] *m* Schlosser *m*.

slot|koers ['-ku·rs] Schlußkurs *m*; **~som** Schlußfolgerung *f*, Fazit *n*.

slow-motion [slo:ŭ'mo:ʃən] (*-s*) Zeitlupe *f*.

sluier ['sləyĭər] (*-s*) Schleier *m*.

sluik [slɔyk] glatt, schlicht; **~reclame** Schleichwerbung *f*.

sluimeren ['sləymər-] schlummern.

sluip|en* ['slœyp-] (*ook zn*) schleichen; **~schutter** [-sxɵtər] *m* Heckenschütze *m*; **~weg** ['-vɛx] Schleichweg *m*.

sluis [slɵys] (*sluizen*) Schleuse *f*.

sluit|dop (Schraub-)Deckel *m*; **~en*** (*ook zn*) schließen; *v/t ook* zumachen; *grens, toegang* sperren; *contract* abschließen; *huwelijk* eingehen; **per** *and bewijs*: schlüssig; **~ maken** *begroting* ausgleichen; **~er** (*-s*) *foto*: Verschluß *m*.

sluiting Schließung *f*; Schluß *m*; Abschluß *m*; **~s·uur** [-y:r] *n* Ladenschlußzeit *f*; Polizei-, Sperrstunde *f*.

slum [sləm] (*-s*) Slum *m*.

slungel ['sləŋəl] *m* (*-s*) Schlaks *m*; **~achtig** [-təx] schlaksig.

slurf [slɵr(ə)f] (*slurven*) Rüssel *m*.

slurpen ['slɵrp-] schlürfen.

sluw [slyŭ] schlau, listig, verschlagen; **~heid** ['-hɛit] (*-heden*) Schläue *f*; List *f*.

smaad Schmach *f*, Schmähung *f*.

smaak (*smaken*) Geschmack *m*; **naar mijn ~** für meinen Geschmack; **op ~ brengen** abschmecken; **qua ~** geschmacklich; **~vol** geschmackvoll.

smachten schmachten; **~ naar** ook ersehnen; **~d** schmachtend, sehnsüchtig.

smade|lijk ['sma:dələk] schmählich; **~n** schmähen.

smak (*-ken*) (Auf-)Schlag *m*, Aufprall *m*; (*knal*) Knall *m*, Krach *m*.

smakelijk ['sma:kələk] schmackhaft, appetitlich; herzlich; **~ (eten)!** guten Appetit!, Mahlzeit!

smakeloos geschmacklos; **~heid** [-hɛit] (*-heden*) Geschmacklosigkeit *f*.

smaken schmecken, munden; *v/t fig* genießen.

smakken (*ook zn*) schmatzen; (*smijten*) schmettern; (*botsen*) krachen, prallen.

smal [smɑl] schmal.

smalen höhnen.

smalspoor *n* Schmalspur(bahn) *f*.

smaragd [-'rɑxt] Smaragd *m*.

smart [smɑrt] Schmerz *m*, Kummer *m*; **~egeld** ['smɑrtə-] *n* Schmerzensgeld *n*; **~elijk** ['-tələk] schmerzlich; **~lap** Schnulze *f*.

smash [smɛʃ] (*-es*) *sp* Schmetterball *m*; **~en** *sp* schmettern.

smed|en ['sme:də(n)] schmieden (*ook fig*); **~erij** [-də'rɛi] Schmiede *f*.

smeed|ijzer ['-ɛizər] *n* Schmiedeeisen *n*; **~werk** *n* Schmiedearbeit *f*.

smeekbede ['-be:də] flehentliche Bitte *f*.

smeer *n of m* Schmiere *f*; **~beurt** ['-bɵrt] Abschmierdienst *m*; **~kaas** Streichkäse *m*; **~lap** *m* F Schmierfink *m*; P Schwein(ehund *m*) *n*, Saukerl *m*; **~lapperij** [-lɑpə'rɛi] F Dreck *m*, Schmutz *m*; P Schweinerei *f*, Sauerei *f*; **~olie** ['-o:li·] Schmieröl *n*; **~poets** ['-pu·ts] *m* Schmier-, Schmutzfink *m*.

smeken ['sme:kə(n)] flehen; *v/t ook* anflehen; **~d** flehentlich.

smelt|en* *v/i* (*zn*) en *v/t* schmelzen; *v/i* ook zergehen; *v/t cul* aus-, zerlassen; **~kroes** ['-kru·s] (*-kroezen*) Schmelztiegel *m* (*ook fig*); **~oven** Schmelzofen *m*.

smeren schmieren; ölen; streichen; **'em** [əm] ~ F türmen, verduften.

smerig ['sme:rəx] schmierig, schmutzig (*ook fig*), verdreckt, dreckig (*ook gemeen*); (*schunnig*) unflätig.

smeris ['sme:rɪs] *m* (*-sen*) P Bulle *m*, Polyp *m*; **~sen** *pl ook* Polente *f*.

smet [smɛt] (*-ten*) Fleck(en) *m*; Makel *m*.

smeulen ['smœ:l-] schwelen.

smid [smɪt] *m* (*smeden*) Schmied *m*; **~se** Schmiede *f*.

smiecht *m* Lump *m*; Schlauberger *m*.

smiespelen ['smi·spəl-] munkeln.

smijten* ['smɛit-] schmeißen.

smikkelen schmausen, F futtern.

smoel [smu·l] P Schnauze *f*, Fresse *f*; **zijn ~ houden** die Schnauze halten.

smoes(je *n* ['smu·ʃə] [-*s*]) (*smoezen*) F Ausrede *f*, Flause *f*.

smoezelig ['smu·zələx] schmuddelig.

smoezen ['smu·zə(n)] tuscheln.
smog [smɔk] Smog *m*; ~**(wolk)** *ook* Dunstglocke *f*.
smoking (-s) Smoking *m*.
smokkel Schmuggel *m*; ~**aar** *m* (-s) Schmuggler *m*; ~**en** schmuggeln.
smoren ersticken, schmoren; *motor* drosseln, abwürgen.
smout [smaut] *n* Schmalz *n*.
smullen ['smœl-] schlemmen, schmausen; ~**ler** *m* (-s), ~**paap** *m* (-*papen*) Schlemmer *m*; ~**partij** [-tɛi] Schlemmerei *f*, Schmaus *m*.
snaak *m* (*snaken*) Schelm *m*; Bursche *m*.
snaar (*snaren*) Saite *f*; ~**instrument** [-stry·-] *n* Saiteninstrument *n*.
snackbar ['snɛgba:r] Schnellimbiß *m*.
snakken schmachten, lechzen; *naar adem* ~ nach Atem ringen.
snap|pen schnappen; F kapieren; *het niet meer* ~ *ook* nicht mehr durchblicken; ~**shot** ['snɛpʃɔt] *m of n* (-s) Schnappschuß *m*.
snars [snars]: *geen* ~ F nicht die Bohne, e-n Dreck.
snateren ['sna:tər-] schnattern.
snauwen ['snɑuə(n)] (an)schnauzen.
snavel (-s) Schnabel *m*.
sne(d)e ['sne:də, sne:] (-*n*, *sneeën*) Schnitt *m*; Schneide *f*; Schnitte *f*.
snedig ['-dəx] schlagfertig.
sneetje ['sne:tiə] *n* (-s) Schnitte *f*.
sneeuw [sne:ü] Schnee *m*; *opgewaaide* ~ Schneeverwehung *f*, -wehe *f*; *met* ~ *bedekt* schneebedeckt; *toestand van de* ~ Schneeverhältnisse *n/pl*.
sneeuw|- *in samenst. mst* Schnee-, *b.v.* ~**balsysteem** [-si·ste:m] *n* Schneeballsystem *n*; ~**band** M-und-S-Reifen *pl*; ~**blubber** ['-bləb-] Schneematsch *m*; ~**en** schneien; ~**jacht** Schneegestöber *n*, -treiben *n*; ~**ketting** Schneekette *f*; ~**klokje** *n* Schneeglöckchen *n*; ~**laag** ['-la:x] Schneedecke *f*; ~**man** *m* Schneemann *m*; ~**ploeg** ['-plu·x] Schneepflug *m*; ~**pop** Schneemann *m*; ~**schuiver** ['-sxœyvər] (-s) Schneepflug *m*; ~**storm** Schneesturm *m*; ~**verstuiving** [-stəyvıŋ] Schneeverwehung *f*, -wehe *f*; ~**vlok** Schneeflocke *f*; ~**wit** schnee-, schlohweiß; ²**witje** ['-ʋıtiə] *n* Schneewittchen *n*; ~**zeker** schneesicher.
snel schnell, rasch, geschwind; ~**buffet** ['-bγfɛt] *n* Schnellimbiß *m*.

snelheid ['-hɛit] (-*heden*) Schnelligkeit *f*; Geschwindigkeit *f*; ~ *per uur* Stundengeschwindigkeit *f*; ~**s·beperking** Geschwindigkeitsbegrenzung *f*, Tempolimit *n*; ~**s·meter** Tacho(meter *m of n*) *m*; ~**s·overtreding** Geschwindigkeitsüberschreitung *f*.
snel|kookpan Schnell-, Dampfkochtopf *m*; ~**len** (*ook zn*) eilen, stürzen; ~**spoor** *n* S-Bahn *f*; ~**trein** ['-trɛin] Schnell-, Eil-, D-Zug *m*.
snerpen schneiden.
snert Erbsensuppe *f*.
snert|- F *in samenst. mst* Mist-.
sneuvelen ['snø·vəl-] (*zn*) kaputtgehen; *mil* fallen.
snibbig ['-bəx] schnippisch, spitz.
snij|bloemen ['snɛiblum-] *pl* Schnittblumen *f/pl*; ~**boon** Schnittbohne *f*; ~**brander** Schneidbrenner *m*; ~**den*** ['snɛiə(n)] schneiden; *hout* schnitzen; ~**punt** ['-pənt] *n* Schnittpunkt *m*; ~**vlak** *n* Schnittfläche *f*; ~**werk** *n* Schnitzerei *f*; ~**wond(e)** Schnittwunde *f*.
snik[1] (-*ken*) Schluchzer *m*; *in* ~*ken uitbarsten* aufschluchzen.
snik[2]: *niet goed* ~ F übergeschnappt; ~**heet** stickig, brütend heiß.
snikken schluchzen.
snip (-*pen*) Schnepfe *f*.
snipper (-s) Schnippel *m of n*; ~**s** *pl* (*papier*) *ook* Fetzen *m/pl*; ~**dag** [-dɑx] Wahlurlaubstag *m*; ~**koek** [-ku·k] Streuselkuchen *m*.
snipverkouden ['-fərkɑuə(n)] schwer erkältet.
snit (-*ten*) Schnitt *m*, Fasson *f*.
snob [snɔp] *m* (-s) Snob *m*; ~**isme** [-'bısmə] *n* Snobismus *m*; ~**istisch** [-'bıstı·s] snobistisch.
snoeien ['snu·iə(n)] stutzen (*ook fig*); *heg* scheren.
snoek [snu·k] *m* Hecht *m*; ~**baars** Zander *m*; ~**sprong** Hechtsprung *m*.
snoep [snu·p] Süßigkeiten *f/pl*, Süßwaren *f/pl*; ~**en** naschen; ~**er** *m* (-s) Nascher *m*; ~**goed** *n* Süßigkeiten *f/pl*; ~**graag** ['-xra:x] naschhaft; ~**je** *n* (-s) Bonbon *m of n*; ~**ster** *f* (-s) Nascherin *f*.
snoer [snu:r] *n* Schnur *f*; Draht *m*; ~**en** schnüren.
snoeshaan ['snu·s-] *m* = **snuiter**.
snoet [snu·t] Schnauze *f*.

snoev|en ['snu·v̂-] aufschneiden; **~er** *m* (*-s*) Prahler *m*, Aufschneider *m*.
snoezig ['snu·zəx] reizend, F süß, goldig.
snood schnöde.
snol [snɔl] *f* (*-len*) P Flittchen *n*, Nutte *f*.
snor (*-ren*) Schnurrbart *m*; **~fiets** Mofa *n*.
snorkel (*-s*) Schnorchel *m*.
snorren (*ook zn*) surren, schnurren.
snot [snɔt] *n of m* P Rotz *m*; **~aap, ~neus** ['-nø:s] *m* P Rotznase *f* (*ook fig*).
snuffel|aar(ster *f*) ['snɛfəl-] *m* (*-s*) Schnüffler(in *f*) *m*; **~en** schnüffeln, schnuppern; stöbern.
snufje ['snɛfiə] *n* (*-s*) (Mode-)Neuigkeit *f*; *cul* Prise *f*.
snugger ['snɛɣər] klug, gescheit.
snuif|(tabak) [snɛyf(-)] Schnupftabak *m*; **~je** ['snɛyfiə] *n* (*-s*) Prise *f*.
snuisterijen [snɛystə'rɛiə(n)] *pl* Nippsachen *f*/*pl*, Schnickschnack *m*.
snuit Schnauze *f*, Maul *n*; (*slurf*) Rüssel *m*; **~en*** schneuzen, putzen; *zijn neus* **~** sich die Nase putzen, sich schneuzen.
snuiter ['snɛytər] *m* (*-s*): *rare* **~** sonderbarer Kauz *m*.
snuiven* schnauben, (*op*~) schnupfen.
snurken ['snɛrk-] schnarchen.
sober ['so:bər] schlicht, einfach, schmucklos; genügsam, enthaltsam.
sociaal [-'sia:l] sozial; **~ beleid** *n* Sozialpolitik *f*; **~democraat** *m* Sozialdemokrat *m*.
socialisatie [-siali'za:(t)si·] Sozialisierung *f*; *hdl ook* Vergesellschaftung *f*.
socialis|me [-'sia'lısmə] *m* Sozialismus *m*; **~t(e** *f*) *m* Sozialist(in *f*) *m*; **~tisch** [-i·s] sozialistisch.
sociolog|ie [-sio·lo·'ɣi·] Soziologie *f*; **~isch** [-'lo:ɣi·s] soziologisch.
soda Soda *n*; **~water** *n* Sodawasser *n*.
soep [su·p] Suppe *f*; **~ van de dag** Tagessuppe *f*; **~balletje** *n* Suppenklößchen *n*.
soepel ['su·pəl] geschmeidig, biegsam, schmiegsam, gelenkig; *fig* flexibel.
soep|groente Suppengrün *n*; **~lepel** ['-le:pəl] Suppenlöffel *m*; **~terrine** ['-tɛri·nə] Suppenschüssel *f*.
soeverein [suvə'rɛin] souverän; **~iteit** [-'tɛit] Souveränität *f*, Staatshoheit *f*.
soes [su·s] (*soezen*) Windbeutel *m*.
soezen ['su·zə(n)] dösen.
sofa (*-'s*) Sofa *n*.

software ['sɔftvɛ:r] *comp* Software *f*.
sojaboon Sojabohne *f*.
sok [sɔk] (*-ken*) Socke *f*; **~je** *n* (*-s*) Söckchen *n*.
sokkel (*-s*) Sockel *m*.
soldaat *m* (*-daten*) Soldat *m*; **~ maken** F aufessen; austrinken.
soldeerbout [-baut] Lötkolben *m*.
solderen [-'de:r-] löten.
soldij [-'dɛi] Sold *m*.
solid|air [-'dɛ:r] solidarisch; **~ariteit** [-'tɛit] Solidarität *f*.
solide solide.
solist(e *f* [-*s of -n*]) *m* Solist(in *f*) *m*.
sollen spielen.
sollicitant(e *f*) [-si·'tant(ə)] *m* Bewerber(in *f*) *m*.
sollicitatie [-'ta:(t)si·] (*-s*) Bewerbung *f*; **~brief** Bewerbungsschreiben *n*.
solliciteren [-'te:r-] (*naar*) sich bewerben (um *A*).
solo *m of n* (*-'s*) Solo *n*.
solv|abiliteit [-'tɛit] Solvenz *f*, Zahlungsfähigkeit *f*; **~ent** [-'vɛnt] zahlungsfähig.
som [sɔm] (*-men*) Summe *f*, Betrag *m*; *wisk* (Rechen-)Aufgabe *f*.
somber düster, trübe.
sommige ['-məɣə] *pl* manche *pl*.
soms [sɔms] manchmal, zuweilen, mitunter; etwa, vielleicht.
sonate [-'na:tə] (*-s of -n*) Sonate *f*.
sonde *f*) Sonde *f*.
soort Sorte *f*; Gattung *f*, Art *f*; Schlag *m*; **~gelijk** [-lɛik] derartig, ähnlich; **~genoot** *m* (*-noten*) Artgenosse *m*.
sop [sɔp] *n* (*-pen*) Brühe *f*; Lauge *f*.
soppen (ein)tunken, stippen.
sopraan ['pra:n] *f* (*-pranen*) (*stem*) Sopran *m*; (*zangeres*) Sopranistin *f*.
sorry! ['sɔri·] Entschuldigung!
sorteren [-'te:r-] sortieren.
soufflé [su·'flɛ:] (*-s*) Soufflé *n*, Auflauf *m*.
souffl|eren [su·'flɛ:r-] soufflieren; **~eur** [-'flø:r] *m* (*-s*) Souffleur *m*; **~euse** [-'flø:zə] *f* (*-s*) Souffleuse *f*.
souperen [su·'pe:r-] soupieren, zu Abend essen.
souteneur [su·tə'nø:r] *m* (*-s*) Zuhälter *m*.
souvenir *n* (*-s*) Souvenir *n*, (Reise-)Andenken *n*.
Sovjet|russisch [-'rɔsi·s] sowjetisch, -russisch; **~unie** [-'y·ni·] Sowjetunion *f*.
spaak [spa:k] (*spaken*) Speiche *f*.

spaan|der (-s) Span m; ~(der)plaat Spanplatte f.
Spaans spanisch; ~e f Spanierin f.
spaar|bank Sparkasse f; ~boekje ['-buki̯ə] n Sparbuch n; ~centen ['-sɛnt-] pl Ersparnisse f/pl, Spargroschen m/pl; ~der m (-s) Sparer m; ~geld n Ersparnisse n/pl; ~pot Sparbüchse f, -schwein n; ~rekening Sparkonto n; ~rente Sparzins m; ~zaam sparsam; ~zaamheid Sparsamkeit f.
spade Spaten m.
spaghetti [-'ɣɛti-] Spaghetti pl.
spalk Schiene f; ~en schienen.
span (-nen) Gespann n; ~doek ['-duk] n Spruchband n, Transparent n.
spang Spange f.
Span|jaard ['spɑnja:rt] m Spanier m; ~je n Spanien n.
spankracht Spannkraft f.
span(ne) Spanne f.
spann|en* spannen; (aan~ ook) straffen; ~end spannend; ~ing Spannung f (ook el.).
spant n (Dach-)Sparren m.
spanwijdte ['-vɛitə] Spannweite f.
spar [spɑr] (-ren) Tanne f, Fichte f; ~appel Tannenzapfen m.
sparen sparen; (ontzien) (ver)schonen; geen moeite, kosten scheuen.
spartelen ['spɑrtəl-] zappeln.
spat [spɑt] (-ten) Fleck m; Spritzer m; ~ader Krampfader f; ~bord n Kotflügel m, Schutzblech n.
spatel ['spa:təl] (-s) Spachtel m of f; ~en spachteln.
spatie ['spa:(t)si-] (-s) Zwischenraum m; ~balk Leertaste f.
spatten (ook zn) spritzen; vonken: sprühen.
specerij [spe:sə'rɛi] Gewürz n.
specht m Specht m.
speci|aal [-'sia:l] speziell, Sonder-; eigens; ~aalzaak Fach-, Spezialgeschäft n; ~aliseren (zich) (sich) spezialisieren (in auf A); ~alist(e f) m Spezialist(in f) m; Facharzt m, -ärztin f; ~aliteit [-siɑli-'tɛit] Spezialität f; ~ficatie [-'ka:(t)si-] (-s of -tiën) Spezifizierung f; (Kosten-)Aufstellung f; ~ficeren [-'se:r-] spezifizieren; ~fiek [-'fi:k] spezifisch.
spec|taculair [-ky-'lɛ:r] spektakulär; ~trum ['-trəm] n (-s of -tra) Spektrum n.

speculaas [-ky'-] m of n (-lazen) Spekulatius m.
specul|ant(e f) [spe'ky'-] m Spekulant(in f) m; ~atie [-'la:(t)si-] (-s) Spekulation f; ~eren [-'le:r-] spekulieren.
speedboot ['spi:d-] Rennboot n.
speeksel n Speichel m.
speel- in samenst. mst Spiel-.
speelgoed ['-ɣu't] n Spielzeug n; ~winkel Spielwarengeschäft n.
speel|hol ['-həl] n Spielhölle f; ~plaats, ~plein n Spielplatz m; (school-) Schulhof m; ~ruimte ['-rœym-] Spielraum m.
speels spielerisch, verspielt.
speel|ster ['-stər] f (-s) Spielerin f; thea Schauspielerin f; ~terrein ['-tɛrɛin] n Spielfeld n.
speen (spenen) Lutscher m; ~varken n Spanferkel n.
speer (speren) Speer m; ~werpen n Speerwerfen n.
spek n Speck m; ~glad spiegelglatt; ~ken spicken.
spektakel [-'ta:kəl] n (-s) Spektakel m.
spel [spɛl] n (-en of -len) Spiel n; **op het ~ zetten (staan)** aufs Spiel setzen (auf dem Spiel stehen); **qua ~** spielerisch; ~breker ['-bre:kər] m Spielverderber m, Störenfried m.
speld Stecknadel f; (sier~) Anstecknadel f; (haar~) Spange f; ~e·prik Nadelstich m (ook fig).
spell|en spielen; ~ender·wijs [-vɛis] spielend; ~er m (-s) Spieler m; thea Schauspieler m; ~ing Spiel(raum m) n.
spellen buchstabieren.
spelletje ['spɛlətiə] n (-s) Spielchen n.
spelling Rechtschreibung f.
spelonk [spə'ləŋk] Spelunke f.
sperwer m (-s) Sperber m.
sperzlebonen ['spɛrzi-] pl Brech-, Prinzeßbohnen pl.
spetteren ['spɛtər-] sprühen, spritzen.
speur|der ['spø:r-] m (-s) Detektiv m; ~en spüren; (opsporen) fahnden; ~werk n Nachforschungen f/pl; ~zin m Spürsinn m.
spichtig ['spixtəx] hager, schmächtig.
spieden spähen.
spiegel (-s) Spiegel m; ~beeld n Spiegelbild n; ~ei [-ɛi] n Spiegelei n; ~en spiegeln; ~glad spiegelglatt; ~ing Spiegelung f.
spiekbriefje n Spickzettel m.

spier Muskel *m*; *zonder een ~ te vertrekken* ohne e-e Miene zu verziehen; **~naakt** splitter(faser)nackt; **~pijn** ['-pɛīn] Muskelkater *m*; **~stelsel** *n* Muskulatur *f*; **~verrekking** (Muskel-)Zerrung *f*; **~wit** schneeweiß; kreidebleich.
spies Spieß *m*.
spijbelen ['spɛibəl-] schwänzen.
spijker ['spɛikər] (-s) Nagel *m*; **~broek** [-bru·k] Nietenhose *f*, Bluejeans *pl*; **~en** nageln; **~schrift** [-sxrɪft] *n* Keilschrift *f*.
spijs [spɛīs] (*spijzen*) Speise *f*; **~vertering** [-te:r-] Verdauung *f*.
spijt [spɛīt] Bedauern *n*, Leidwesen *n*; *~ hebben van* bereuen; **~en***: het spijt mij* es tut mir leid, ich bedaure; **~ig** ['-təx] schade, bedauerlich.
spikkel ['spɪkəl] (-s) Tupfen *m*; **~en** tupfen, sprenkeln.
spiksplinternieuw [-ni·ü] (funkel)nagelneu.
spil (-*len*) Spindel *f*.
spin (-*nen*) Spinne *f*.
spinazie [-'na:zi·] Spinat *m*.
spinne|kop Spinne *f*; **~n*** spinnen; *kat:* schnurren; **~rij** [-'rɛī] Spinnerei *f*; **~web** [-vɛp] *n* Spinnwebe *f*, Spinn(en)gewebe *n*; **~wiel** *n* Spinnrad *n*.
spinnijdig ['-nɛīdəx] giftig.
spion [spi·'jɔn] *m* (-*nen*) Spion *m*; Spitzel *m*; **~age** [-'na:ʒə] Spionage *f*; **~eren** [-'ne:r-] spionieren; **~ne** *f* Spionin *f*.
spiraal [-'ra:l] (-*ralen*) Spirale *f*; **~vormig** [-məx] spiralförmig.
spiritisme [-'tɪsmə] *n* Spiritismus *m*.
spiritus [-təs] Spiritus *m*; **~(toe)stel** [-(tu)stɛl] *n* Spirituskocher *m*.
spit *n* (-*ten*) Spieß *m*; *med* Hexenschuß *m*.
spits 1. spitz; **2.** *subst* Spitze *f* (*ook sp*); (*~uur*) Stoßzeit *f*; **~boef** ['-bu·f] *m* Spitzbube *m*; **~boog** Spitzbogen *m*; **~en** spitzen; **~uur** ['-y:r] *n* Stoß-, Berufsverkehr *m*, Hauptverkehrszeit *f*; Hauptgeschäftszeit *f*; **~vondig** ['-fɔndəx] spitzfindig.
spitten graben.
spleet (*spleten*) Spalte *f*, Spalt *m*, Ritze *f*; Riß *m*; (*in kleren*) Schlitz *m*; **~oog** *n* (*pers*.: *m*) Schlitzauge *n*.
splijt|baar ['splɛid-] spaltbar; **~en*** *v/i* (*zn*) *en v/t* spalten; **~ing** Spaltung *f*.
splinter (-*s*) Splitter *m*; **~en** (*ook zn*) splittern; **~nieuw** [-'ni·ü] (funkel)nagelneu.
split (-*ten*) **1.** Schlitz *m*; **2.** *n* Splitt *m*.
splits|en (zer)teilen; (*af~ en fys*) spalten; *zich ~* sich teilen; *weg:* sich gabeln; **~ing** (Zer-)Teilung *f*, Spaltung *f*; (*weg~*) Abzweigung *f*, Gabelung *f*.
spoed [spu·t] Eile *f*; **~eisend** ['-ɛīsənt] dringend; **~en***: zich ~* sich beeilen, sich sputen; **~ig** ['-dəx] bald(ig); *zo ~ mogelijk* so bald wie möglich; **~ste***: ten ~* schleunigst; **~opdracht** Eilauftrag *m*; **~vergadering** Dringlichkeitssitzung *f*; **~zending** Eilsendung *f*.
spoel [spu·l] Spule *f*; **~en** (*ook zn*) spülen; (*aan~ ook*) schwemmen; *film* wässern; (*opwinden*) spulen.
spoken spuken; *fig ook* geistern.
spon [spɔn] (-*nen*) Spund *m*, Zapfen *m*; **~ning** Nut *f*, Fuge *f*.
spons (-*en of sponzen*) Schwamm *m*; **~achtig** [-təx] schwammig.
sponsor ['spɔnsɔr] *m* (-*s*) Sponsor *m*; **~en** ['-sərə·n] sponsern.
spont|aan [-'ta:n] spontan, **~aneïteit** [-ta·ne·(j)i·'tɛit] Spontaneität *f*.
spook *n* (*spoken*) Gespenst *n*; **~achtig** [-təx] gespenstisch; **~beeld** *n* Spuk *m*; **~huis** ['-həys] *n* (*op kermis*) Geisterbahn *f*; **~rijder** ['-rɛidər] *m* Geister-, Falschfahrer *m*.
spoor[1] *n* (*sporen*) Spur *f*; *jacht ook* Fährte *f*; (*rail*) Gleis *n*; (Eisen-)Bahn *f*; *per ~* per Bahn, mit der Bahn.
spoor[2] (*sporen*) Sporn *m*.
spoor|boekje [-'bu·kjə] *n* Fahrplan *m*, Kursbuch *n*; **~breedte** Spurweite *f*; **~brug** ['-brɛx] Eisenbahnbrücke *f*; **~dijk** ['-dɛik] Bahndamm *m*; **~kaartje** *n* Fahrkarte *f*; **~lijn** ['-lɛin] (Eisen-)Bahnlinie *f*; **~loos** spurlos; **~ verdwenen** *ook* verschollen; **~staaf** Schiene *f*; **~verbinding** Bahnverbindung *f*; **~vorming** Spurrillen *f*/*pl*.
spoorweg ['-vɛx] Eisenbahn *f*; *Nederlandse ~en pl* Niederländische Eisenbahnen *pl*; *Duitse ~en pl* Deutsche Bundesbahn *f*; **~maatschappij** [-sxapɛī] Eisenbahngesellschaft *f*; **~man** *m* Eisenbahner *m*; **~net** *n* Eisenbahn-, Streckennetz *n*; **~overgang** Bahnübergang *m*; **~viaduct** [-dəkt] *m of n* Bahnüberführung *f*.
spore Spore *f*.

sport Sport *m*; (~*tak ook*) Sportart *f*; (*trede*) Sprosse *f*; **aan ~ doen** Sport treiben.

sport|- *in samenst. mst* Sport-, *b.v.* **~accomodatie** [-'da:(t)si·] Sportanlagen *f/pl*; **~beoefenaar(ster** *f*) ['-bə·u·rfən·] *m* (*-s*) Sportler(in *f*) *m*; **~beoefening** sportliche Betätigung *f*; **compensatoire** ~ Ausgleichssport *m*; **~complex** *n* Sportanlage *f*; **~er** *m* (*-s*) Sportler *m*; **~ief** [-'ti·f] sportlich; **~iviteit** [-'tɛit] Sportlichkeit *f*; **~liefhebber** *m* Sportfreund *m*; **~man** *m* Sportler *m*; **~manifestatie** Sportveranstaltung *f*; **~nieuws** [-'ni·ūs] *n* Sportnachrichten *f/pl*; **~ster** [-'stər] *f* (*-s*) Sportlerin *f*; **~tak** Sportart *f*; **~terrein** ['-tɛrɛin] *n*, **~veld** *n* Sportplatz *m*; **~vereniging** Sportverein *m*; **~visser** *m* Sportangler *m*; **~zaak** Sportgeschäft *n*.

spot[1] Spott *m*; Gespött *n*; **de ~ drijven met** verspotten, spotten über (*A*).

spot[2] (*-s*) Spot *m* (*ook lamp*).

spot|goedkoop ['xu·t-] spottbillig; **~prijs** ['-prɛis] Spott-, Schleuderpreis *m*; **~ten** spotten (**met** über *A*); **daarmee valt niet te ~** damit ist nicht zu spaßen; **~tend** spöttisch; **~ter** *m* (**~ster** *f*) (*-s*) Spötter(in *f*) *m*.

spraak Sprache *f*; **~gebrek** ['-xəbrɛk] *n* Sprachfehler *m*; **~kunst** ['-kənst] Grammatik *f*, Sprachlehre *f*; **~zaam** gesprächig, redselig; **weinig ~** einsilbig.

sprake Rede *f*; **ter ~ (komen, brengen)** zur Sprache (bringen, kommen); **er is ~ van** es ist die Rede davon; **daar kan geen ~ van zijn** davon kann keine Rede sein; **~loos** sprachlos.

sprank|(je *n* [*-s*]) Funke *m*; Schimmer *m*; Quentchen *n*; **~elen** ['-kələ(n)] (*van*) sprühen (vor *D*).

spray [sprɛi] (*-s*) Spray *m of n*.

spreek|beurt ['-bø·rt] Vortrag *m*; **~buis** ['-bøys] Sprachrohr *n*; **~gestoelte** ['-xəstu·ltə] *n* Rednerpult *n*; **~kamer** ['-ka:mər] Sprechzimmer *n*; **~koor** *n* Sprechchor *m*; **~ster** *f* (*-s*) Sprecherin *f*; Rednerin *f*; **~uur** ['-y·r] *n* Sprechstunde *f*; **~woord** *n* Sprichwort *n*; **~woordelijk** ['vo·rdələk] sprichwörtlich.

spreeuw [spre·ū] *m of f* Star *m*.

sprei [sprɛi] Bett-, Überdecke *f*.

spreiden (*uit*~) ausbreiten; (*open*~) spreizen; (*verdelen*) streuen.

sprek|en* ['spre·k-] sprechen, reden; **dat spreekt vanzelf** das versteht sich; **van zich doen ~** von sich reden machen; **~end bewijs**: schlagend; **gelijkenis**: täuschend; **~ lijken op** sehr ähnlich sein (*D*); **~er** *m* (*-s*) Sprecher *m*; Redner *m*.

sprenkelen ['-kələ(n)] sprengen.

spreuk [sprœ:k] Spruch *m*.

spriet Fühler *m*; (*gras*-) Halm *m*.

spring|concours ['-kɔŋku·r(s)] *m of n* Reitturnier *n*; **~en*** (*ook zn*) springen; (*ontploffen*) faillet gaan, *ook fig*) platzen; **laten ~** sprengen; **gesprongen huid**: rissig; **~er** *m* (*-s*) Springer *m*; **~lading** Sprengladung *f*; **~levend** ['-le:vənt] quicklebendig; **~plank** Sprungbrett *n*; **~schans** ['-sxɑns] Sprungschanze *f*; **~ster** (*-s*) Springerin *f*; **~stof** Sprengstoff *m*; **~vloed** ['-vlu·t] Springflut *f* (*ook fig*).

sprinkhaan Heuschrecke *f*.

sprint (*-s of -en*) Sprint *m*; **~en** (*ook zn*) sprinten; **~er** *m* (**~ster** *f*) (*-s*) Sprinter(in *f*) *m*, Kurzstreckenläufer(in *f*) *m*.

sprits Spritzkuchen *m*.

sproei|en ['spru·iə(n)] sprengen; **~er** (*-s*) Zerstäuber *m*; Brause *f*; Düse *f*.

sproet [spru·t] Sprosse *f*.

sprokkel|hout [-haut] *n* Reisig *n*; **~ing** *fig* Streifzug *m*.

sprong Sprung *m*, Satz *m*; **met ~en**, **~s-gewijs** [-vɛis] sprunghaft.

sprookje *n* (*-s*) Märchen *n*; **~s-achtig** [-tax] märchenhaft; *fig ook* traumhaft.

sprot [sprɔt] (*-ten*) Sprotte *f*.

spruit [sprœyt] Sproß *m*, Sprößling *m*; **~jes** *n/pl* Rosenkohl *m*.

spugen* ['spyɣ-] speien, spucken; (*overgeven*) sich übergeben.

spuit Spritze *f*; F Knarre *f*; **~bus** ['-bəs] Sprühdose *f*; **~en*** (*ook zn*) spritzen, sprühen; (*drugs*) ~ F fixen; **~er** *m* (*-s*) F (*drugs*~) Fixer *m*; **je** *n* (*-s*) Spritze *f*; **~pistool** *n* Spritzpistole *f*; **~water** ['-ʋa:tər] *n* Sprudel(wasser *n*) *m*.

spul [spəl] *n* Zeug *n*; **~len** *pl* F Zeug *n*, Sachen *f/pl*, Habseligkeiten *f/pl*; (*kleding*) Klamotten *f/pl*.

spurt [spərt] (*-s of -en*) Spurt *m*; **~en** (*ook zn*) spurten.

sputteren ['spətər-] stottern; *fig* murren.

spuw|en* ['spyʋə(n)] *z*. **spugen**; **~sel** *n* Auswurf *m*.

squadron ['skwɔdrən] *n* (-s) Geschwader *n*, Staffel *f*.

staaf (*staven*) Stab *m*; (*metaal~*) Barren *m*; (*spoor~*) Schiene *f*; **~ goud** Goldbarren *m*.

staal (*stalen*) Stahl *m*; (*monster*) Probe *f*, Muster *n*; **~blauw** stahlblau; **~plaat** Stahlblech *n*; **~wol** Stahlwolle *f*.

staan* stehen; (*kleden ook*) kleiden; **gaan ~** aufstehen; sich hinstellen; **laten ~** stehenlassen; **laat ~** geschweige denn; **er ~** dastehen; **het staat er goed (slecht) voor** es steht gut (schlecht) um j-n; **~ onder** *fig* unterstehen (*D*); **~ op** *fig* bestehen auf (*D*); **tot ~ brengen** zum Stehen bringen; **~ de: zich ~ houden** sich behaupten, bestehen; **~plaats** Stehplatz *m*; (*auto~*) Stellplatz *m*.

staar *med* Star *m*.

staart Schwanz *m*, Schweif *m*; **~ster** ['-ster] Komet *m*.

staat (*staten*) Staat *m*; Zustand *m*; Liste *f*, Verzeichnis *n*, Aufstellung *f*; **in goede ~** in gutem Zustand; **in ~ tot** imstande (in der Lage, fähig) zu (*D*); **in ~ stellen** instand setzen, befähigen; **iem in ~ achten tot iets** j-m etw zutrauen; **in kennelijke ~** betrunken; **~ van beleg** Belagerungszustand *m*; Ausnahmezustand *m*; **van de ~ ook** staatseigen; **~kundig** ['-kɔndəx] politisch.

staats|- *in samenst. mst* Staats-, *b.v.* **~begroting** Staatshaushalt *m*; **~belang** *n* Staatsinteresse *n*, -räson *f*; **~bezoek** [-zu:k] *n* Staatsbesuch *m*.

staatsburger ['-bərɣər] *m* Staatsbürger *m*, -angehörige(r); **~schap** [-sxɑp] *n* Staatsbürgerschaft *f*; **het ~ ontnemen** ausbürgern.

staats|eigendom *n of m* Staatseigentum *n*; **~greep** Staatsstreich *m*, Putsch *m*; **een ~ ondernemen** *ook* putschen; **~hoofd** *n* Staatsoberhaupt *m*, -chef *m*.

staatsie ['sta:(t)si·] Staat *m*, Pomp *m*.

staats|instelling staatliche Institution *f*; **~man** [-nen *of* -lieden] Staatsmann *m*; **~secretaris** *m* Staatssekretär *m*; **~vijand** [-fɛiɑnt] *m* Staatsfeind *m*.

stab|iel stabil; **~iliseren** [-'ze:r] stabilisieren; **~iliteit** ['-tɛit] Stabilität *f*.

stad (*steden*) Stadt *f*; **kleine ~** Kleinstadt *f*; **grote ~** Großstadt *f*; **~huis** [-'həys] *n* Rathaus *n*.

stadion ['sta:di·(j)ɔn] *n* (-s) Stadion *n*.

stadium ['-di·(j)əm] *n* (-s *of stadia*) Stadium *n*.

stadje *n* (-s) Städtchen *n*.

stads|bestuur [-sty:r] *n* Stadtverwaltung *f*, Magistrat *m*; **~centrum** ['-sɛntrəm] *n* Stadtzentrum, -mitte *f*; **~deel** *n* **= stadswijk**; **~schouwburg** ['-sxɑubər(ə)x] Stadttheater *n*; **~tram** ['-trɛm] Stadtbahn *f*; **~verwarming** Fernheizung *f*; **~wijk** ['-vɛik] Stadtviertel *n*, -teil *m*, -bezirk *m*.

staf [stɑf] (*staven*) Stab *m*.

stag|e ['sta:ʒə] (-s) Praktikum *n*; **~iair(e** *f*) [-'ʒiːr(ə)] *m* (-s) Praktikant(in *f*) *m*.

stagn|atie [stɑɣ'na:(t)si·] (-s) Stagnation *f*, **~eren** stagnieren.

stak|en streiken; (*beëindigen*) einstellen, aufhören mit (*D*); **~er** *m* (-s) Streikende(r); **~ers·post** Streikposten *m*; **~ing** Streik *m*, Ausstand *m*; Einstellung *f*; **algemene ~** Generalstreik *m*; **in ~ gaan** in den Ausstand treten; **~ings·recht** *n* Streikrecht *n*.

stakker(d) *m* (-s) armer Teufel *m*.

stal [stɑl] (-len) Stall *m*.

stalen 1. *adj* stählern; **2.** stählen.

stalencollectie [-lɛksi·] Musterkollektion *f*.

stallen unter-, abstellen.

stalletje ['-lətʃə] *n* (-s) Ställchen *n*; (*kraampje*) (Verkaufs-)Stand *m*.

stam (-men) Stamm *m*; **~boom** Stammbaum *m*; **~café** ['-kafe:] *n* Stammkneipe *f*, -lokal *n*.

stamelen ['sta:məl-] stammeln; *kind ook*: lallen.

stam|gast *m* Stammgast *m*; **~kapitaal** *n* Stamm-, Grundkapital *n*; **~men** stammen; **~ uit** *ook* entstammen (*D*).

stampei [-'pɛi] F Tamtam *n*.

stamp|en stampfen; stoßen; **~er** (-s) Stampfer *m*; *bot* Stempel *m*; **~pot** Eintopf(gericht *n*) *m*; **~voeten** ['-fu·tə(n)] aufstampfen; trampeln; **~vol** gedrängt voll.

stand[1] Stand *m*, Stellung *f*; **hoogste ~** Höchststand *m*; **~ van zaken** Sachverhalt *m*; *hdl* Geschäftslage *f*; **boven zijn ~ leven** über s-e Verhältnisse leben; **in ~ houden** (aufrecht)erhalten; **tot ~ brengen** zustande bringen; *verbinding ook* herstellen; **volgens zijn ~** standesgemäß.

stand² [stɛnt] (-s) (Verkaufs-, Messe-, Ausstellungs-)Stand *m*.

standaard 1. *adj* Standard-, regulär; **2.** *subst* (-s *of* -en) Ständer *m*; Standard *m*; Standarte *f*; **~iseren** [-'zeːr-] standardisieren.

stand|beeld *n* Statue *f*, Standbild *n*; **~er** (-s) Ständer *m*; **~houden** ['-haŭə(n)] (*tegen*) standhalten (*D*); **~je** *n* (-s) Stellung *f*; (*berisping*) Rüffel *m*, Schelte *f*; **een ~ geven** rüffeln, schelten; **~plaats** Standort *m*; **~punt** ['-pœnt] *n* Standpunkt *m*; **zijn ~ bepalen ten aanzien van** Stellung nehmen zu (*D*); **~vastig** [-'fɑstəx] standhaft, beharrlich.

stang Stange *f*; **op ~ jagen** F auf die Palme bringen.

stank Gestank *m*.

stap (-pen) Schritt *m*, Tritt *m*; **~ achteruit** Rückschritt *m*; **op ~ gaan** sich auf den Weg machen; **~ voor ~** schrittweise.

stapel¹ (-s) Stapel *m*, Haufen *m*, Stoß *m*; **van ~ lopen** vom Stapel laufen; *fig* vonstatten gehen.

stapel² total verrückt; **~ op** versessen auf (*A*).

stapel|bed *n* Etagenbett *n*; **~en** stapeln; **~gek = stapel** ².

stappen (*ook zn*) schreiten, marschieren, stapfen, F stiefeln; **~ op** fiets steigen auf (*A*); **~ uit** auto, trein etc. steigen aus (*D*); **uit bed ~** aus dem Bett steigen.

stapvoets ['-fuːts] im Schritt.

star [stɑr] starr.

staren ['staːr-] starren, stieren.

starheid ['-hɛit] Starrheit *f*, Starre *f*.

start (-s) Start *m*; *vlgw ook* Abflug *m*; *valse ~* Fehlstart *m*; **van ~ gaan** starten; **~baan** Startbahn *f*; **~en** *v/i* (*zn*) *en v/t* starten; *motor* ook anlassen; **~er** (-s) Starter *m*; *tech* Anlasser *m*; **~kabel** Starthilfekabel *n*; **~klaar** startbereit; **~sein** [-'sɛin] *n* Startzeichen *n*.

statenbond Staatenbund *m*.

statica ['staːtiˑkɑ] Statik *f*.

statie ['staːsiˑ] (-s) Bahnhof *m*; Station *f*; **~geld** ['staː(t)siˑ-] *n* (Flaschen-)Pfand *n*; **fles met ~** Pfandflasche *f*.

statig ['staːtəx] stattlich, ansehnlich; (*plechtig*) würdevoll.

station [stɑˈsiɔn] *n* (-s) Bahnhof *m*; Station *f*; **~air** [-'nɛːr] stationär; *auto*: im Leerlauf; **~car** ['stɛːʃɔnkɑr] (-s) Kombi(wagen) *m*; **~eren** [-'neːr-] stationieren; **~restante** bahnlagernd.

stations|chef [-'ʃɛf] *m* Bahnhofsvorsteher *m*; **~restauratie** [-to·raː(t)siˑ/] (-s) Bahnhofsrestaurant *n*.

statisch ['staːtiˑs] statisch.

statistiek [-'tik] Statistik *f*.

status ['-təs] Status *m*; **~symbool** [-sɪm-] *n* Statussymbol *n*.

statuut [-'tyˑt] *n* (-*tuten*) Statut *n*; **in strijd met de statuten** satzungswidrig.

staven erhärten, nachweisen.

stede|bouw ['steːdəbɑŭ] Städtebau *m*; **~lijk** ['-dələk] städtisch; **~ling(e** *f*) *m* Städter(in *f*) *m*.

steeds¹ stets, immer.

steeds² städtisch.

steeg [steːx] (*stegen*) Gasse *f*.

steek (*steken*) Stich *m*; Masche *f*; **~ (*onder water*)** (Seiten-)Hieb *m*, Stichelei *f*; **steken onder water geven** sticheln; **in de ~ laten** im Stich lassen; **~beitel** ['-bɛitəl] Stemmeisen *n*; **~houdend** ['-hɑŭdənt] stichhaltig; **~penningen** *pl* Bestechungs-, Schmiergelder *n/pl*; **~proef** ['-pruˑf] Stichprobe *f*; **~vlam** Stichflamme *f*; **~vlieg** Stechfliege *f*; **~wapen** ['-vaːpə(n)] *n* Stichwaffe *f*.

steel (*stelen*) Stiel *m*, Heft *n*; *bot* Stengel *m*, Helm *m*; **~pan** Stielpfanne *f*.

steels heimlich, verstohlen.

steen (*stenen*) Stein *m*; **eerste ~** Grundstein *m*; **van ~** aus Stein, steinern; **~achtig** [-təx] steinig; **~bakkerij** [-'rɛi] Ziegelei *f*; **~bok** *m* Steinbock *m*; **~fabriek** Ziegelei *f*; **~goed** [-'ɣuˑt] F spitze, klasse; **~groeve** ['-ɣruˑvə] Steinbruch *m*; **~houwer** ['-hɑŭər] (-s) Steinmetz *m*; **~kolenmijn** [-mɛin] Steinkohlenbergwerk *n*; **~kool** Steinkohle *f*; **~koolwinning** Kohlenförderung *f*; **~puist** ['-pœyst] Furunkel *m*; **~slag** ['-slɑx] *m* Schotter *m*; Steinschlag *m*.

steeple-chase ['stiːpəl-tʃeːs] (-s) Hindernisrennen *n*.

steevast ständig; *adj* fest.

steiger ['stɛiɣər] (-s) (Bau-)Gerüst *n*; *mar* (Landungs-)Brücke *f*, (Landungs-)Steg *m*.

steigeren sich (auf)bäumen (*ook fig*).

steil [stɛil] steil, schroff, jäh; **~te** (-s *of* -n) Steilheit *f*.

stek [stɛk] (-ken) Steckling *m*, Ableger *m*; (*plekje*) (Lieblings-)Platz *m*.

stekel

stekel ['ste:kəl] (-s) Stachel *m*; **~ig** [-ləx] stachelig; *fig ook* spitz; **~ig·heid** [-xɛit] (*-heden*) *fig* Stichelei *f*; **~varken** *n* Stachelschwein *n*.
steken* ['ste:k-] (*prikken*) stechen; (*stoppen*; *zich bevinden*) stecken; **blijven ~** steckenbleiben, stocken; *auto:* liegenbleiben; **~d** stachelig; (*prikkend, ook fig*) stechend.
stekker (-s) Stecker *m*.
stel [stɛl] *n* (*-len*) Garnitur *f*; Satz *m*; (*personen*) Paar *n*.
stelen* stehlen; *hij kan mij gestolen worden* er kann mir gestohlen bleiben.
stellage [-'la:ʒə] (-s) Gerüst *n*.
stellen stellen; setzen; (*schrijven*) verfassen; *kandidaat* aufstellen; **~ als voorbeeld** *etc.* hinstellen als; *stel dat ...* nehmen wir mal an, daß ...
stellig ['lǝx] gewiß, sicherlich.
stelling Stellung *f*; Gerüst *n*; These *f*, Lehrsatz *m* (*ook wisk*); **~name** Stellungnahme *f*.
stelpen stillen.
stelregel ['-re:ɣəl] Leit-, Grundsatz *m*.
stelsel *n* (-s) System *n*; **~matig** ['-ma:təx] planmäßig, systematisch.
stelt Stelze *f*; **~lopen** (auf) Stelzen laufen.
stem (*-men*) Stimme *f*; **~ tegen** Gegenstimme *f*; *meerderheid van* **~men** Stimmenmehrheit *f*; **~banden** *pl* Stimmbänder *n/pl*; **~biljet** [-jɛt] *n* Stimmzettel *m*; **~buiging** ['-bœyɣɪŋ] Stimmgebung *f*; Tonfall *m*; **~bureau** ['-byro:] *n* Wahllokal *n*; **~bus** ['-bəs] Wahlurne *f*; **~gerechtigd** [-təxt] stimmberechtigt; **~hebbend** *gr* stimmhaft; **~loos** stimmlos.
stemmen stimmen; abstimmen; **~ op** stimmen für (*A*); *pol* wählen.
stemmig ['-məx] dezent; stimmungsvoll.
stemming Stimmung *f*; *pol* Abstimmung *f*; *in de* **~** *zijn* (*voor of om te* + *inf*) aufgelegt sein (zu [*D*] *of* + *inf*); **~makerij** ['-rɛi] Stimmungsmache *f*.
stempel (-s) Stempel *m*; **~en** stempeln; *munten* prägen.
stem|recht *n* Stimmrecht *n*; **~vork** Stimmgabel *f*; **~wisseling** Stimmbruch *m*.
stencil ['-sɪl] *n of m* (-s) Matrize *f*; Abzug *m*.

stenen steinern, Stein-; **~ tijdperk** *n* Steinzeit *f*.
stengel (-s) Stengel *m*, Stiel *m*; *zoute* **~** Salzstange *f*.
stenigen ['ste:nǝɣǝ(n)] steinigen.
steno *n of m* Steno *n*; **~graferen** [-'fe:r-] stenographieren; **~grafie** [-'fi:] Stenographie *f*, Kurzschrift *f*; **~typiste** [-ti-'pɪstə] *f* Stenotypistin *f*.
step [stɛp] (*-pen*) Roller *m*.
step-in (-s) Hüfthalter *m*.
steppe Steppe *f*.
ster (*-ren*) Stern *m*, Gestirn *n*; *pers.*: Star *m*; *vallende* **~** Sternschnuppe *f*.
stereo-installatie [-'la:(t)si:] Stereoanlage *f*; **~tiep** [-'ti:p] stereotyp.
sterf|bed *n* Sterbebett *n*; **~elijk** ['-fǝlǝk] sterblich; **~geval** *n* Sterbe-, Trauerfall *m*; **~te** Sterblichkeit *f*.
steriel steril; **~iliseren** [-'ze:r-] sterilisieren.
sterk stark, kräftig; ranzig; *drank:* alkoholisch, hochprozentig; **~e kant** (*of* **zijde**) Stärke *f*; **~e·drank** [-'draŋk] Alkohol *m*, Schnaps *m*; **~en** stärken, kräftigen; *fig* bestärken; **~stroom** Starkstrom *m*; **~te** Stärke *f*; Kraft *f*.
sterren|beeld *n* Sternbild *n*; **~wacht** Sternwarte *f*.
sterve|ling(e *f*) *m* Sterbliche(r); **~n*** (*zn*) sterben; *dier ook:* eingehen, verenden; *op* **~ liggen** im Sterben liegen.
steun [støːn] Stütze *f*; Unterstützung *f*; (*bijstand*) Sozialhilfe *f*; **~en** stützen; unterstützen; *v/i* sich stützen; (*kreunen*) stöhnen; **~pilaar** Stützpfeiler *m* (*ook fig*); **~punt** ['-pǝnt] *n* Stützpunkt *m* (*ook mil*); *fig* Anhaltspunkt *m*, Halt *m*; **~zool** (Schuh-)Einlage *f*.
steur [støːr] Stör *m*.
stevenen ['ste:vǝnǝ(n)] (*zn*) steuern.
stevig ['ste:vǝx] fest, kräftig; stark; handfest; *eten:* deftig; *adv ook* ordentlich; **~heid** [-xɛit] Stabilität *f*, Festigkeit *f*.
steward ['stiu·vǝrt] *m* (-s) Steward *m*; **~ess** ['-dɛs] *f* Stewardeß *f*.
sticht *n* Stift *n*; **~elijk** ['-tǝlǝk] erbaulich; **~en** gründen, stiften; *fig* erbauen; **~end** erbaulich; **~er** *m* (-s) Gründer *m*, Stifter *m*; **~ing** Gründung *f*; *jur* Stiftung *f*; *fig* Erbauung *f*; **~ster** *f* (-s) Gründerin *f*, Stifterin *f*.
stick (-s) (Hockey-)Schläger *m*, Stock *m*.

sticker (-s) Aufkleber *m*.

stief|broer ['-bru:r] *m* Stief-, Halbbruder *m*; **~ouders** ['-audərs] *pl* Stiefeltern *pl*; **~vader** *m* Stiefvater *m*; **~zuster** ['-səstər] *f* Stief-, Halbschwester *f*.

stiekem ['sti·k-] F heimlich; hinterhältig; **~erd** *m* (-s) Heimlichtuer *m*.

stier *m* Stier *m*, Bulle *m*; **~e-gevecht** *n* Stierkampf *m*; **~en-vechter** *m* Stierkämpfer *m*.

stierlijk ['-lək] furchtbar.

Stiermarken *n* die Steiermark.

stift Stift *m*; Mine *f*.

stijf [stɛif] steif, starr; *(houterig ook)* ungelenk; **~ staan van** starren von *(of* vor*)* (*D*); **~ worden** *ook* sich versteifen; **~heid** ['-hɛit] (*-heden*) Steifheit *f*; Starrheit *f*; **~hoofdig** ['-'ho:vdəx] starrköpfig; **~kop** *m* Starr-, Dickkopf *m*.

stijfsel ['stɛifsəl] *n of m* Stärke *f*; Kleister *m*; **~en** kleistern.

stijg|beugel ['-bø:ɣəl] Steigbügel *m*; **~en*** (*zn*) (an-, auf)steigen; zunehmen; **~ tot** steigen (*of* sich erhöhen) auf (*A*); **~ing** Steigung *f*; Auf-, Anstieg *m*; **~ings-percentage** [-sɛn'ta:ʒə] *n* Steigerungsrate *f*; **~kracht** Auftrieb *m*; **~wind** Aufwind *m*.

stijl [stɛil] Stil *m*; (*paal*) Pfosten *m*; **~loos** stillos; **~meubelen** ['-mø:bəl-] *n/pl* Stilmöbel *n/pl*; **~vol** stilvoll.

stijven t. * stärken; 2. bestärken.

stik|donker stockdunkel; **~ken 1.** *v/i* (*zn*) ersticken; **stik (de moord)!** P Scheiße!; **2.** *v/t (naaien)* steppen; **~stof** Stickstoff *m*.

stil still, ruhig; lautlos.

stilaan allmählich.

stileren [-'le:r-] stilisieren.

stilhouden ['-haʊdə(n)] *v/i* (an)halten; *v/t* geheimhalten.

stilistisch ['-lɪstɪs] stilistisch.

stil|leggen stillegen; **~len** in stillen; **~letjes** ['-lətiəs] still, leise, sachte; **~leven** *n* Stilleben *n*; **~staan** stillstehen; **~stand** Stillstand *m*; **tot ~ komen (brengen)** zum Stillstand (*of* Erliegen) kommen (bringen); **~te** (*-n of -s*) Stille *f*; **in alle ~** in der (*of* aller) Stille; **~!** Ruhe!; **~zwijgend** ['-'zʋɛiǝnt] stillschweigend.

stimul|ans [-my''lans] *fig* Anreiz *m*; **~eren** [-'le:r-] stimulieren, anregen; *pej* aufputschen; **~d middel** *n* Anregungsmittel *n*; *pej* Aufputschmittel *n*.

stinken* stinken; **~d** *ook* stinkig.

stip (*-pen*) Tupfen *m*, Punkt *m*; **~pelen** ['-pələ(n)] stricheln; tupfen.

stipt pünktlich; **~heid** ['-hɛit] Pünktlichkeit *f*.

stock (-s) Stock *m* (*ook hdl*).

stoeien [stu·iə(n)] sich tummeln, herumalbern; sich balgen.

stoel [stu·l] Stuhl *m*; Sessel *m*; **~gang** Stuhlgang *m*; **~tjes-lift** Sessellift *m*.

stoep [stu·p] Bürgersteig *m*, Gehweg *m*; **~rand** Bordstein(kante *f*) *m*.

stoer [stu·r] stämmig, stramm.

stoet (Auf-)Zug *m*; **~erij** ['-rɛi] Gestüt *n*.

stof[1] [stɔf] (*-fen*) Stoff *m*, Materie *f*; **werkzame ~** Wirkstoff *m*; **wollen ~** Wollstoff *m*.

stof[2] *n* Staub *m*; **onder het ~** verstaubt; **~bril** Schutzbrille *f*; **~doek** ['-du·k] Wisch-, Staubtuch *n*.

stoffelijk ['-fələk] stofflich, materiell.

stof|fen 1. Staub wischen; **2.** *adj* Stoff-, aus Stoff; **~fer** (-s) Handfeger *m*.

stofferen [-'fe:r-] ausschlagen; (*bekleden*) polstern.

stof(fer)ig ['-f(ər)əx] staubig, verstaubt.

stof|hagel Graupeln *f/pl*; **~jas** Kittel *m*; **~nest** *n* Staubfänger *m*; **~wolk** *f* Staubwolke *f*; **~zuigen** ['-səʏɣən] staubsaugen; **~zuiger** *m* Staubsauger *m*.

stok (*-ken*) Stock *m*, Stab *m*; **het aan de ~ krijgen met** aneinandergeraten mit (*D*).

stoke|n ['sto:k-] heizen; *brandstof* (ver)feuern; *alcohol* brennen; (*ophitsen*) aufwiegeln, hetzen; **~rij** ['-rɛi] Brennerei *f*.

stok|je *n* (-s) Stöckchen *n*, Stäbchen *n*; **~ken** (*ook zn*) stocken, aussetzen; **~oud** ['-aut] steinalt; **~paardje** *n* (-s) Steckenpferd *n*; **~slag** ['-slax] Stockschlag *m*; **~en** *pl mst* Prügelstrafe *f*; **~vis** Stockfisch *m*.

stollen (*zn*) gerinnen, erstarren, stocken.

stolp (Glas-)Glocke *f*.

stom stumm; dumm, F doof, blöd(e); **~dronken** F sternhagelvoll.

stome|n *v/i* (*ook zn*) dampfen; *v/t cul* dämpfen; reinigen; **~rij** ['-rɛi] Reinigung *f*.

stom|heid ['-hɛit] (*-heden*) Stummheit *f*; Dummheit *f*, F Blödheit *f*; **~kop** *m* Dumm-, Schwachkopf *m*, F Armleuchter *m*, Hornochse *m*.

stommelen

stommelen ['-mələ(n)] (*ook zn*) poltern.
stommeling *m* = **stomkop**.
stommiteit [-'tɛit] Dumm-, Blödheit *f*.
stomp 1. stumpf; **2.** *subst* Stumpf *m*, Stummel *m*; Stoß *m*.
stompzinnig [-'sɪnəx] stumpfsinnig; **~heid** [-xɛit] Stumpfsinn *m*.
stomverbaasd höchst erstaunt.
stoofvlees *n* Haschee *n*.
stookolie ['-o:li·] Heizöl *n*.
stoom Dampf *m*; **~bad** *n* Dampfbad *n*; **~boot** Dampfer *m*; **~cursus** ['-kørsəs] Schnellkurs *m*; **~machine** Dampfmaschine *f*; **~wals** Dampfwalze *f* (*ook fig*).
stoot (*stoten*) Stoß *m*; *fig* Anstoß *m*; **~ onder de gordel** Tiefschlag *m* (*ook fig*); **~blok** *n* Prellbock *m*; **~kracht** Stoßkraft *f* (*ook fig*).
stop 1. (-*pen*) Stöpsel *m*, Pfropfen *m*; *el*. Sicherung *f*; **2. ~!** stopp!, halt!; **~bord** *n* Stopp-, Halteschild *n*; **~contact** *n* Steckdose *f*; **~garen** *n* Stopfgarn *n*; **~licht** *n* Bremslicht *n*; Rotlicht *n*; (*verkeers~*) Ampel *f*; **~naald** Stopfnadel *f*.
stoppel|ig ['-pələx] stoppelig; **~s** *pl* Stoppeln *f*/*pl*.
stop|pen *v/i* (*zn*) *en v/t* (an)halten, stoppen; *fig ook en sp* abblocken; (*ophouden*) aufhören; (*naaien*) stopfen, (*steken in*) stecken; **~per** *m* (-*s*) *sp* Stopper *m*; **~plaats** Haltestelle *f*; **~sein** ['-tɛːk-] *n* Haltesignal *n*; **~trein** ['-trɛin] Personenzug *m*; **~verbod** [-bɔt] *n* Halteverbot *n*; **~verf** Kitt *m*; **~watch** ['-üɔtʃ] Stoppuhr *f*; **~zetten** stoppen; (*beëindigen*) einstellen.
stor|en stören; (*lastig vallen ook*) belästigen; *zich niet ~ aan ook* sich hinwegsetzen über (*A*); **~ing** Störung *f*; Belästigung *f*; **~ing-vrij** [-vrɛi] störungsfrei.
storm Sturm *m*; **~achtig** [-təx] stürmisch; **~en** (*zn ook*) stürmen; **en-der-hand** im Sturm; **~loop** Ansturm *m*; **~lopen: ~ tegen** anrennen gegen (*A*); **~schade** ['-sxa:də] Sturmschäden *m*/*pl*; **~vloed** ['-vlu·t] Sturmflut *f*; **~waarschuwing** [-sxyˑüŋ] Sturmwarnung *f*.
storno(**boeking** [-buˑk-]) Storno(buchung *f*) *m* of *n*.
stort|bad ['-bɑt] *n* Dusche *f*; **~bui** ['-bœy] (Regen-)Guß *m*; **~en** *v/i* (*zn*) *en v/t* (sich) stürzen; *afval* abladen; *vloeistof* schütten; *geld* einzahlen; *tranen* vergießen; *zich ~ op* sich stürzen auf (*A*), herfallen über (*A*).
storting Einzahlung *f*; **~s·bewijs** [-bə-vɛis] *n* Einzahlungsbeleg *m*; **~s·biljet** [-jɛt] *n* Zahlkarte *f*.
stort|koker ['-ko:kər] Müllschlucker *m*; **~plaats** Müllplatz *m*, (Müll-)Deponie *f*; **~regen** Platzregen *m*; **~vloed** ['-flu·t] Sturzflut *f* (*ook fig*); **~zee** Sturzsee *f*, -welle *f*.
stoten* stoßen; *zich ~ aan* sich stoßen an (*D*) (*ook fig*).
stotter|aar(ster *f*) *m* (-*s*) Stotterer *m*, Stotterin *f*; **~en** stottern.
stout [stɑut] kühn; *kind*: unartig, ungezogen; **~moedig** [-'muˑdəx] kühn.
stouwen ['stɑuə(n)] stauen.
stoven schmoren, dämpfen, dünsten.
straal (*stralen*) Strahl *m*; Halbmesser *m*; *wisk* Radius *m*; **~jager** Düsenjäger *m*; **~kachel** Heizsonne *f*; **~motor** ['-moːtər] Düsentriebwerk *n*; **~vliegtuig** [-tøyx] *n* Düsenflugzeug *n*.
straat (*straten*) Straße *f*; *doodlopende ~* Sackgasse *f*; *op ~ zetten* auf die Straße setzen; **~arm** bettelarm; **~gevecht** *n* Straßenkampf *m*; **~hond** Straßenköter *m*; **~je** *n* (-*s*) Gasse *f*; **~kant** Straßenseite *f*; **~lantaarn** Straßenlaterne *f*.
straatnaam Straßenname *m*; **~bord** *n* Straßenschild *n*.
Straatsburg ['-bər(ə)x] *n* Straßburg *n*.
straat|schenderij [-sxɛndə'rɛi] Unfug *m*; **~steen** Pflasterstein *m*; **~verlichting** Straßenbeleuchtung *f*.
straf¹ [strɑf] streng; straff; stark.
straf² (-*fen*) Strafe *f*, Bestrafung *f*; *als ~* zur Strafe.
straf- *in samenst. mst* Straf-, *b.v.* **~baar** strafbar; **~feit** *n* Straftat *f*; *zich ~ maken ook* sich strafbar machen; **~blad** *n* Strafregister *n*; **~fe·loos** straflos, ungestraft; **~fen** strafen; *jur ook* ahnden; **~gevangene** Strafgefangene(r), Sträfling *m*; **~inrichting** Strafanstalt *f*; **~kamer** ['-kaːmər] Strafkammer *f*; **~port** *of m* Straf-, Nachporto *n*; **~proces** [-sɛs] *n* Strafverfahren *n*, -prozeß *m*; **~recht** *n* Strafrecht *n*.
strafschop ['-sxɔp] Strafstoß *m*, Elfmeter *m*; **~gebied** *n* Strafraum *m*.
straf|werk *n* Strafarbeit *f*; **~wetboek** [-buˑk] *n* Strafgesetzbuch *n*.
strak straff; stramm, prall; starr; *kle-*

stroomstoot

ding: hauteng; ~**(ker) maken** straffen; ~**(ker) worden** sich straffen; ~**jes** = **straks**.
straks bald, nachher; (*daar*) ~ vorhin; *tot* ~*!* bis nachher!
stralen strahlen (*fig van* or *D*); ~**behandeling** Strahlenbehandlung *f*; ~**d** strahlend; ~ **van vreugde** *ook* freudestrahlend; ~**krans** Strahlenkranz *m*, Heiligenschein *m*.
straling Strahlung *f*; ~**s-bescherming** Strahlenschutz *m*.
stram [strɑm] starr, steif.
stramien ['mi·n] *n* Muster *n*.
strand *n* Strand *m*; *op het* ~ *ook* am Strand.
strand|- *in samenst. mst* Strand-; ~**en** (*zn*) stranden; *fig ook* scheitern; ~**goed** ['-xu·t] *n* Strandgut *n*; ~**stoel** ['-stu·l] Strandkorb *m*.
strapless ['strɛpləs] trägerlos.
strategie [-'ɣi·] (-*ën*) Strategie *f*; ~**isch** [-'te:ɣi·s] strategisch.
stratengids Stadtplan *m*.
streek (*streken*) **1.** Region *f*, Landschaft *f*, Gegend *f*; (*streep*) Strich *m*; *van* ~ *maag*: verstimmt; **2.** Streich *m*; ~**bus** ['-bəs] Bahn-, Überlandbus *m*; ~**school** ['-sxo:l] Berufsschule *f*; ~**vervoer** ['-fərvu·r] *n* Nahverkehr *m*.
streep (*strepen*) Streifen *m*; Strich *m*; *met strepen ook* gestreift; *een* ~ *door de rekening* ein Strich durch die Rechnung; *een* ~ *zetten onder fig* e-n Schlußstrich ziehen unter (*A*).
strekk|**en** strecken, dehnen; *fig* dienen (*D*); ~**ing** Tendenz *f*; Zweck *m*.
strelen streicheln, tätscheln; schmeicheln (*D*).
stremm|**en** *v/t* (ver)sperren; *verkeer ook* lahmlegen; *v/i* (*zn*) gerinnen, stocken; ~**ing** Stockung *f*; Gerinnung *f*.
streng[1] streng.
streng[2] Strang *m*; Strähne *f*.
strengheid ['-hɛit] (-*heden*) Strenge *f*, Härte *f*.
stress Streß *m*.
stretcher ['strɛtʃər] (-*s*) (Camping-)Liege *f*.
streven 1. streben, sich bemühen, trachten; **2.** *n* (Be-)Streben *n*.
striem Striemen *m*, Strieme *f*.
strijd [strɛit] Kampf *m*; (*woorden*~) Streit *m*, Zank *m*; *in* ~ *met* zuwider (*D*); *in* ~

zijn met im Widerspruch stehen zu (*D*); verstoßen gegen (*A*); *in* ~ *met de voorschriften* vorschriftswidrig; *in* ~ *met de goede zeden* sittenwidrig; *om* ~ um die Wette; ~**baar** streitbar, kämpferisch; ~**bijl** Streitaxt *f*, Kriegsbeil *n*.
strijd|**en*** ['strɛidə(n)] kämpfen, streiten; ~**er** *m* (-*s*) Kämpfer *m*; ~**ig** ['-dəx] gegensätzlich; widersprüchlich; ~ *met* im Widerspruch zu (*D*); ~**krachten** *pl* Streitkräfte *f/pl*; ~**kreet** Schlachtruf *m*; ~**lustig** [-'ləstəx] kampflustig, kämpferisch; ~**macht** Streitkräfte *f/pl*; ~**ster** (-*s*) Kämpferin *f*; ~**toneel** *n* Kampfschauplatz *m*; ~**vaardig** [-'fa:rdəx] kampfbereit; ~**vraag** Streitfrage *f*.
strijk|**en*** ['strɛik-] (*ook mar*) streichen (*ook mar*); streifen; *kleren*: bügeln; ~**ijzer** *n* Bügeleisen *n*; ~**plank** Bügelbrett *n*; ~**stok** *mus* (Geigen-)Bogen *m*.
strik (-*ken*) Strick *m*; Schleife *f*; (*lus*) Schlinge *f*; ~**(das)** Krawatte *f*; ~**ken** binden, schlingen; *fig* ködern, einfangen; (*betoveren*) bestricken.
strikt strikt; streng; ~ *genomen* streng-, genaugenommen.
strikvraag Fangfrage *f*.
strip (-*pen*) Streifen *m*; *tech* Lasche *f*; ~**penkaart** nationaler Sammelfahrschein *m*; ~**verhaal** *n* Comic (strip) *m*.
stro *n* Stroh *n*; (*in stal ook*) Streu *f*; ~**dak** *n* Strohdach *n*.
stroef [stru·f] rauh; abweisend, trotzig; schwerfällig, zähflüssig.
strofe Strophe *f*.
strohoed ['-hu·t] Strohhut *m*.
stroken (*met*) entsprechen (*D*).
stroman *m* Strohmann *m* (*ook fig*).
stromp|**elen** (*ook zn*) humpeln, holpern; (*struikelen*) stolpern.
stront P Scheiße *f*, Kacke *f*.
strooi|**biljet** [-jɛt] *n* Flugblatt *n*, Handzettel *m*; ~**bus** ['-bəs] = **strooier**.
strooien[1] *adj* Stroh-, strohern.
strooi|**en**[2] streuen; ~**er** (-*s*) Streubüchse *f*, Streuer *m*.
strook (*stroken*) Streifen *m*; (*op kleren*) Besatz *m*; (*afscheur*~) Abschnitt *m*.
stroom (*stromen*) Strom *m*; Fluß *m*; *fig ook* Flut *f*; ~**afwaarts** stromabwärts; ~**opwaarts** stromaufwärts; ~**pje** *n* (-*s*) Flüßchen *n*; Rinnsal *n*; ~**stoot** Strom-

stroomstoring

stoß *m*; **~storing** Stromstörung *f*, -ausfall *m*; **~verbruik** [-brøyk] *n* Stromverbrauch *m*; **~versnelling** Stromschnelle *f*; **~voorziening** Stromversorgung *f*.

stroop (*stropen*) Sirup *m*; **~likker** *m* (*-s*) Speichellecker *m*.

strop [strɔp] (*-pen*) Strang *m*, Strick *m*; *fig* Reinfall *m*, Pleite *f*; **~das** Binder *m*, Schlips *m*.

strop|en ['strɔːp-] wildern; **~er** *m* (*-s*) Wilddieb *m*, Wilderer *m*.

strot [strɔt] (*-ten*) Gurgel *f*, Kehle *f*; **~tehoofd** *n* Kehlkopf *m*.

strubbeling ['strøbəl-] Scherereien *f*, Reiberei *f*.

structureren [strøkty·'-] strukturieren.

structuur [strøk'tyːr] (*-turen*) Struktur *f*; (*opbouw ook*) Gliederung *f*; **~verandering(en** *pl*) Strukturwandel *m*.

struik [strœyk] Strauch *m*, Busch *m*, Staude *f*; (*groente~*) Kopf *m*.

struikel|blok ['strœykəl-] Hindernis *n*; **~en** (*ook zn*) straucheln, stolpern.

struikgewas ['-χəvɑs] *n* Gebüsch *n*, Gestrüpp *n*, Dickicht *n*.

struinen ['strœyn-] (herum)streunen.

struisvogel ['strœys-] Strauß *m*.

stuc(werk) [støk(-)] *n* Stuck(arbeit *f*) *m*.

student|e *f* [*-s of -n*] [sty·'-] *m* Student(in *f*) *m*.

studenten|(te)huis [-(tə)hœys] *n* Studentenheim *n*; **~restaurant** [-resto·rãː] *n* Mensa *f*; **~uitwisseling** Studentenaustausch *m*.

studentikoos [-'koːs] burschikos.

studeren [sty·'deːr-] studieren.

studie ['-di·] (*-s of -diën*) Studium *n*; Studie *f*; **~beurs** [-bøːrs] Stipendium *n*; **~gids** Vorlesungsverzeichnis *n*; **~reis** [-reːs] Studienreise *f*; **~richting** Studiengang *m*; **~staker** *m* Studienabbrecher *m*; **~vak** *n* Studienfach *n*; **~verblijf** [-blɛif] *n* Studienaufenthalt *m*.

studio ['stydi·(j)oː] (*-'s*) Studio *n*.

stug [støχ] störrisch, trotzig, spröde (*ook haar*); stur.

stuif|duin ['stœyv-] *n* Wanderdüne *f*; **~meel** [-meːl] *n* Blütenstaub *m*; **~zand** *n* Flugsand *m*.

stuip [stœyp] Krampf *m*; **~trekking** Zuckung *f*, Krampf *m*.

stuit [stœyt] Steiß *m*.

stuiten (*ook zn*) hemmen, aufhalten; zurückprallen; zuwider sein; (**op**) stoßen (auf *A*); **~d** empörend; anstößig.

stuiven* ['stœyv-] (*ook zn*) stauben, stäuben; sausen, rasen.

stuiver (*-s*) Fünfcentmünze *f*.

stuk [støk] **1.** entzwei, kaputt; (*gewond*) wund; **2.** *n* (*-ken*) Stück *n*, Teil *m* of *n*, Brocken *m*; Schriftstück *n*, Unterlage *f*; Artikel *m*; **een ~ of** ungefähr, etwa; **aan één ~ door** in einem fort; **uit één ~** aus e-m Guß; **van zijn ~ brengen** (**raken**) aus der Fassung bringen (kommen).

stukadoorswerk [sty·kaː'-] *n* Stuckarbeit *f*.

stuk|bijten ['støgbɛit-] zerbeißen; **~breken** ['-brɛːk-] zer-, entzweibrechen; **~gaan** (*zn*) entzwei-, kaputtgehen; **~goed** ['-χut] *n* Stückgut *n*; **~je** *n* (*-s*) Stückchen *n*; **bij ~s en beetjes** stückweise, nach und nach; **~loon** *n* Akkord-, Stücklohn *m*; **~lopen** (*zn*) *fig* zu Bruch (*of* in die Brüche) gehen; **~maken** kaputtmachen; **~scheuren** ['-sxøːr-] in Stücke reißen, zerreißen; **~slaan** zusammen-, zerschlagen; **~werk** *n* Akkord-, Stückarbeit *f*; *fig* Stückwerk *n*; **~werker** *m* Akkordarbeiter *m*; **~zagen** zersägen.

stumper(d) *m* (*-s*) armer Schlucker *m*; (*knoeier*) Stümper *m*, Nichtskönner *m*.

stunt [stønt] (*-s*) Kunststück *n*.

stuntel|en ['støntəl-] stümpern; **~ig** [-ləχ] ungelenk.

stur|en ['styːr-] schicken, senden; (*be~*) lenken; steuern; **~ing** Steuerung *f*, Lenkung *f*.

stut [støt] (*-ten*) Stütze *f*; **~ten** (ab)stützen.

stuur [styːr] *n* (*sturen*) Steuer *n* (*ook mar*); Lenkrad *n*; (*fiets~*) Lenkstange *f*, Lenker *m*; Steuerung *f*; **~boord** *n* Steuerbord *n*; **~inrichting** Lenkung *f*, Steuerung *f*; **~knuppel** ['-knøpəl] Steuerknüppel *m*; **~loos** steuerlos; *fig ook* haltlos; **~man** *m* (*-lui of -lieden*) Steuermann *m*.

stuurs unwirsch.

stuur|schakeling ['-sxaːkəl-] Lenkradschaltung *f*; **~slot** ['-slɔt] *n* Lenkradschloß *n*; **~stang** Lenkstange *f*; **~wiel** *n* Steuerrad *n*.

stuw [styːü] Wehr *n*; **~dam** Staudamm *m*, Talsperre *f*; **~en** stauen; **~ing** Stau-

symptoom

ung *f* (*ook med*); **~kracht** Schubkraft *f* (*ook fig*); **~meer** *n* Stausee *m*.

sub|commissie ['sǝp-] Unterausschuß *m*; **~faculteit** ['-kǝltɛit] Fachbereich *m*.

subject ['sʏbjɛkt] *n* Subjekt *n*; **~ief** [-'ti·f] subjektiv.

subliem [sʏ'bli·m] erhaben, sublim; großartig.

subsid|ie [sǝp'si·di·] *f* of *n* (*-s*) Zuschuß *m*, Subvention *f*; **~iëren** [-'di:ɛ·r-] subventionieren, bezuschussen; *gesubsidieerd bedrijf n* Zuschußbetrieb *n*.

substant|ie [sʏp'stansi·] (*-s*) Substanz *f*; **~ieel** [-'si̯e:l] substantiell; **~ief** [-ti·f] (*-tieven*) Substantiv *n*.

sub|totaal *n* Zwischensumme *f*; **~versief** [-fɛr'si·f] subversiv.

succes [sǝk'sɛs] *n* (*-sen*) Erfolg *m*; *met (zonder) ~ ook* erfolgreich (erfolglos); **~artikel** *n* Renner *m*, Reißer *m*; **~gevoel** [-ɣu·l] *n* Erfolgserlebnis *n*; **~nummer** *n* Schlager *m*; *hdl* Knüller *m*; **~vol** erfolgreich.

successierechten [sǝk'sɛsi·-] *n/pl* Erbschaftssteuer *f*.

sudderen ['sǝdǝr-] schmoren.

suf [sǝf] dus(e)lig; **~fen** dösen (*ook fig*); **~ferd** *m* (*-s*) Dussel *m*, Armleuchter *m*; **~fig** ['-fǝx] schusselig, trottelig.

sug|gereren [sǝɣǝ're:r-] suggerieren; **~gestie** [-'ɣɛsti·] (*-s*) Anregung *f*, Vorschlag *m*; (*denkbeeld*) Suggestion *f*; **~gestief** [-'ti·f] suggestiv.

suiker ['sœykǝr] *m* (*-s*) Zucker *m*; **~biet** Zuckerrübe *f*; **~brood** *n* Zuckerbrot *n*; Zuckerhut *m*; **~erwt** [-ɛrt] Zuckererbse *f*; **~glazuur** [-zy:r] *n* Zuckerguß *m*; **~goed** [-ɣu·t] *n* Konfekt *n*; **~klontje** *n* Zuckerwürfel *m*; **~patiënt** [-siɛnt] *m* Zuckerkranke(r); **~pot** [-pɔt] Zuckerdose *f*; **~riet** *n* Zuckerrohr *n*; **~tang** Zuckerzange *f*; **~water** [-ʋa:tǝr] *n* Zuckerwasser *n*; **~ziekte** Zuckerkrankheit *f*; **~zoet** [-zu·t] zuckersüß.

suizelen ['sœyzǝl-] säuseln.

suizen (*ook zn*) säuseln; sausen.

sukkel|(aar *m* [-s]) ['sœkǝl(-)] *m* of *f* (*-s*) (armer) Tropf *m*; (*knoeier*) Trottel *m*, Stümper *m*; kränklicher Mensch *m*; **~drafje** *n* Zuckeltrab *m*, Trott *m*; **~en** (*ook zn*) kränkeln; F wursteln; trotten; **~end** kränklich.

sul [sǝl] *m* (*-len*) Tropf *m*; Trottel *m*.

sum|mier [sǝ'mi:r] summarisch; **~mum** ['sǝmǝm] *n* Inbegriff *m*, Gipfel *m*.

super- ['sʏpǝr-] *in samenst. mst* Super-, super-.

super(benzine) ['sʏ-] Super(benzin) *n*.

super|ieur [sʏpe·'ri̯ø:r] **1.** hervorragend, überlegen; **2.** *m* of *f* Vorgesetzte(r); **~ioriteit** [-'tɛit] Überlegenheit *f*; **~latief** [sʏpǝrla·'ti·f] (*-tieven*) Superlativ *m*; **~markt** Supermarkt *m*; **~sonisch** [-'so:ni·s]: **~e snelheid** Überschallgeschwindigkeit *f*; **~visie** [-'vi·zi·] Aufsicht *f*.

sup|plement [sǝplǝmɛnt] *n* Supplement *n*; Zuschlag *m*; Nachtrag *m*, Ergänzung *f*; **~poost** [-'po:st] *m* Aufseher *m*, Wärter *m*; **~porter** ['-pɔrtǝr] *m* (*-s*) *sp* Fan *m*, Anhänger *m*.

supra|nationaal [sʏpra·na·(t)sio·'-] übernational; **~regionaal** überregional.

sprematie [sʏ'pre·ma·(t)si·] Vorherrschaft *f*.

surf|en ['sœrfǝ(n)] surfen; **~er** *m* (*-s*) Surfer *m*; **~plank** Surfbrett *n*; **~ster** *f* (*-s*) Surferin *f*.

surplus [sʏr'plʏs] *n* (*-sen*) Überschuß *m*, Mehr *n*; *hdl* Surplus *m*; **~rogaat** [-'ɣa:t] *n* (*-gaten*) Ersatz(mittel *n*) *m*.

surséance [sʏr'se·jã:nsǝ](-*s*): *~ van betaling* Vergleich(sverfahren *n*) *m*.

surveill|ancewagen [sʏrvɛi'jã:sǝ-] Streifenwagen *m*; **~eren** [-'je:r-] überwachen, beaufsichtigen; Streife fahren.

sus|pect [sǝs'-] suspekt; **~penderen** [-pɛn'de:r-] suspendieren, beurlauben.

sussen ['sǝsǝ(n)] beschwichtigen, besänftigen.

s. v. p. *z.* **alstublieft**.

syfilis ['si·-] Syphilis *f*.

symbol|iek [sɪmbo·'li·k] Symbolik *f*; **~isch** [-'bo·li·s] symbolisch, sinnbildlich; **~iseren** [-'ze:r-] symbolisieren, versinnbildlichen.

sym|bool [sɪm'-] *n* (*-bolen*) Symbol *n*, Sinnbild *n*; **~fonie** [-fo·'ni·] (*-ën*) Sinfonie *f*.

symmetr|ie [sɪme·'tri·] Symmetrie *f*; **~isch** [-'me:tri·s] symmetrisch.

sympath|ie [sɪmpa·'ti·] (*-ën*) Sympathie *f*; **~iek** [-'ti·k] sympathisch; **~iseren** [-'ze:r-] sympathisieren.

symptoom [sɪm(p)'to:m] *n* (*-tomen*) Symptom *n*.

synagoog [si'na·ˈɣo:x] (-*gogen*) Synagoge *f*.
syn|chroniseren [sınkro·ni·ˈze:r-] synchronisieren (*ook film*); **~dicalistisch** [sındi·ka·ˈlıstı·s] gewerkschaftlich; **~ode** [si·ˈ-] (-*n of -s*) Synode *f*; **~oniem** [si·no·ˈ-] **1.** synonym, sinnverwandt; **2.** *n* Synonym *n*; **~tactisch** [-ˈtakti·s] syntaktisch; **~taxis** [-ˈtaksıs] Syntax *f*.
synthe|se [sın'-] (-*n of -s*) Synthese *f*; **~tisch** [-ˈte:ti·s] synthetisch.
Syrië [ˈsi·ri·(j)ə] *n* Syrien *n*.
systeem [sı·sˈte:m] (-*temen*) System *n*; **~kaart** Karteikarte *f*.
systematisch [-ˈma:ti·s] systematisch.

T

't = *het* es; das.
taai [ta:i] zäh(e); (*stroef*) zähflüssig; (*saai*) langweilig; **~heid** [ˈ-hεit] Zähigkeit *f*; Zähflüssigkeit *f*.
taai-taai *m of n* Lebkuchen *m*.
taak (*taken*) Aufgabe *f*; **zich iets tot ~ stellen** sich etw zur Aufgabe machen; **~verdeling** Aufgabenverteilung *f*.
taal (*talen*) Sprache *f*; **vreemde ~** Fremdsprache *f*; **van** (*of in*) **de vreemde talen** neusprachlich; **~cursus** [ˈ-kɔrsəs] Sprachkurs *m*; **~fout** [ˈ-faut] Sprachfehler *m*; **~gebied** *n* Sprachgebiet *n*; **~gebruik** [ˈ-ɣəbrœyk] *n* Sprachgebrauch *m*; **~gids** Sprachführer *m*.
taalkund|e [ˈ-kəndə] Sprachwissenschaft *f*, Linguistik *f*; **~ig** [-ˈkəndəx] linguistisch; sprachlich.
taal|onderwijs [-vεis] *n* Sprachunterricht *m*; **~reis** [-ˈrεis] Sprachreise *f*; **~verwerving** Spracherwerb *m*; **~wetenschap** [-sxap] Sprachwissenschaft *f*.
taart Torte *f*; Kuchen *m*; **~punt** [ˈ-pənt] Tortenschnitte *f*.
tabak [-ˈbak] (-*ken*) Tabak *m*; **~s-pijp** [-pεip] Tabak(s)pfeife *f*; **~s-winkel** *n* Tabakladen *m*.
tabel [-ˈbεl] (-*len*) Tabelle *f*; Tafel *f*.
tablet *f of n* (-*ten*) Tablette *f*; (Schokoladen-)Tafel *f*.
taboe [-ˈbu·] **1.** tabu; **2.** *n* (-*s*) Tabu *n*.
taboeret [-buˈrεt] (-*ten*) Schemel *m*.
tachograaf [-ˈɣra:f] (-*grafen*) Fahrtenschreiber *m*.
tachtig [ˈ-təx] achtzig; **~jarige** [-rəɣə] Achtziger(in *f*) *m*.

tact Takt(gefühl *n*) *m*; **~iek** [-ˈti·k] Taktik *f*; **~isch** [ˈ-ti·s] taktisch.
tactloos taktlos; **~heid** [-hεit] (-*heden*) Taktlosigkeit *f*.
taf [taf] *n of m* (-*fen*) Taft *m*.
tafel (-*s*) Tisch *m*; Tafel *f*; **aan ~** bei Tisch; **aan ~ gaan** zu Tisch gehen; **ter ~ liggen** vorliegen; **~blad** *n* Tischplatte *f*; **~en** tafeln; **~gebed** *n* Tischgebet *n*; **~kleed** *n* Tischdecke *f*; **~laken** *n* Tischtuch *n*; **~poot** Tischbein *n*; **~tennis** *n* Tischtennis *n*; **~wijn** [-vεin] Tafel-, Tischwein *m*.
tafereel [tafəˈre:l] *n* (-*relen*) Bild *n*; Szene *f*.
taifoen [taˈi·fu·n] (-*s*) Taifun *m*.
taille [ˈta(l)iə] (-*s*) Taille *f*; **~maat** Taillenweite *f*.
tak (-*ken*) Ast *m*, Zweig *m*; *fig* Sparte *f*.
takel|age [-ˈla:ʒə] Takelage *f*; **~bedrijf** [-bədrεif] *n* Abschleppdienst *m*; **~en** takeln; **~wagen** Abschleppwagen *m*; **~werk** *n* Takelage *f*.
taks Taxe *f*, Steuer *f*.
tal [tal] *n* (An-)Zahl *f*; **~ van** zahlreiche; **-~: een** (*tien*)**~** ungefähr (zehn).
talen|kennis Sprachkenntnisse *f*/*pl*; **~practicum** [-kəm] *n* Sprachlabor *n*.
talent *n* Talent *n*; **~vol** talentvoll, talentiert.
talig sprachlich.
talisman (-*s*) Talisman *m*.
talk Talg *m*.
talloos zahllos, unzählig.
talmen zaudern, zögern.
talrijk [ˈtalrεik] zahlreich.
talu(u)d [-ˈly·(t)] *n* (-*s*) Böschung *f*.

tam [tɑm] zahm.
tamboer [-'buːr] *m* (-s) Trommler *m*; **~ijn** [-'rɛin] Tamburin *n*.
tamelijk ['taːmələk] ziemlich, leidlich.
tand Zahn *m*; Zacke *f*; (*vork~*) Zinke(n *m*) *f*; **~aanslag** [-slɑx] Zahnbelag *m*; **~arts** *m of f* Zahnarzt *m*, Zahnärztin *f*.
tandem ['tɛndəm] (-s) Tandem *n*.
tanden|borstel Zahnbürste *f*; **~stoker** [-stoːkər] (-s) Zahnstocher *m*.
tand|glazuur [-zyːr] *n* Zahnschmelz *m*; **~heelkundig** [-'kəndəx] zahnärztlich; **~e kliniek** Zahnklinik *f*; **~pasta** Zahnpasta *f*, -creme *f*; **~pijn** [-'pɛin] Zahnschmerzen *m/pl*; **~rad** [-'rɑt] *n* Zahnrad *n*; **~radbaan** Zahnradbahn *f*; **~steen** *n of m* Zahnstein *m*; **~technicus** [-kəs] *m* Zahntechniker *m*; **~verzorging** Zahnpflege *f*; **~vulling** ['-fɔl] Plombe *f*; **~wiel** *n* Zahnrad *n*.
tanen *v/i* (*zn*) abnehmen, schwinden.
tang Zange *f*.
tango ['tɑŋɣoː] (-'s) Tango *m*.
tank [tɛŋk] (-s) Tank *m*, Behälter *m*; Panzer(wagen) *m*; **~en** tanken; **~er** (-s), **~schip** [-sxip] *n* Tanker *m*, Tankschiff *n*; **~wagen** Tankwagen *m*.
tante *f* (-s) Tante *f*.
tantième [-'tjɛːmə] (-s) Tantieme *f*.
t.a.p. *afk voor* **ter aangehaalde plaatse** ebenda, am angeführten Ort (a.a.O.).
tap (-*pen*) Zapfen *m*; **~bier** *n* Faßbier *n*.
tapijt [-'pɛit] *n* Teppich *m*; **vast ~** Teppichboden *m*.
tap|kast Büfett *n*, Theke *f*; **~kraan** Zapfhahn *m*; **~pen** zapfen, abfüllen; *moppen* reißen; erzählen; **~te-melk** ['tɑptə-] Magermilch *f*.
taptoe [-'tuː] (-s) Zapfenstreich *m*.
tapvergunning [-'ɣɶnɪŋ] Schankerlaubnis *f*.
tarbot ['tɑrbɔt] (-*ten*) Steinbutt *m*.
tarief *n* (-*rieven*) Tarif *m*, Satz *m*, Gebühr *f*; **speciaal ~** Sondertarif *m*; **~ voor lokale gesprekken** *tel* Ortstarif *m*; **vastgestelde tarieven** *pl* Gebührenordnung *f*; **volgens ~** tariflich, nach Tarif; **~verhoging** Tarif-, Gebührenerhöhung *f*.
tartaar ['tɑːr] (*biefstuk*) **~**, **tartare** [-'tɑːr]: **biefstuk à la ~** Tatar(beefsteak) *n*.
tarten herausfordern; trotzen (*D*).
tarwe Weizen *m*; **~bloem** [-bluːm] Auszugsmehl *n*; **~brood** *n* Weizenbrot *n*.
tas (-*sen*) Tasche *f*; Mappe *f*.
tast: op de ~ tastend, dem Gefühl nach; **~baar** greif-, spür-, fühl-, tastbar; handgreiflich; **~en** (be)tasten, fühlen; tappen.
tateren ['tɑːtər-] plappern.
tatoeëren [-tuːˈuːeːr-] tätowieren.
t.a.v. *afk voor* **ten aanzien van** hinsichtlich (*G*); **ter attentie van** zu Händen (*G*, von *D*) (z.H[d]).
tax|ateur [-'tøːr] *m* (-s) Schätzer *m*; **~atie** [-'ksaː(t)si] (-s *of* -*tiën*) Schätzung *f*, Taxierung *f*; **~eren** [-'kseːr-] taxieren, werten.
taxi (-'s) Taxi *n*; **~chauffeur** [-ʃɔˈføːr] *m* Taxifahrer *m*; **~ën** ['tɑksiː(j)ə(n)] rollen; **~standplaats** Taxistand *m*.
te 1. zu; *hij zit ~ lezen* er (sitzt und) liest; *hij ligt ~ slapen* er (liegt da und) schläft; **2.** *prep* zu (*D*), in (*D*).
team [tiːm] *n* (-s) Team *n*; *sp ook* Mannschaft *f*; **~geest** Team-, Mannschaftsgeist *m*; **~sport** Mannschaftssport *m*.
tearoom ['tiːruːm] (-s) Café *n*.
tech|nicus [-kəs] *m* (-*nici* [-si']) Techniker *m*; **~niek** [-'nikː] Technik *f*; **~nisch** ['-nis] technisch; **~nologie** [-'ɣiː] (-*ën*) Technologie *f*; **~nologisch** [-'loːɣis] technologisch.
teder ['teːdər] zärtlich; **~heid** [-hɛit] (-*heden*) Zärtlichkeit *f*, Zartheit *f*.
teef *f* (*teven*) Hündin *f*.
teek (*teken*) Zecke *f*.
teel|aarde Mutterboden *m*; **~bal** Hode(n) *m*.
teelt Zucht *f*; (*planten~ ook*) Anbau *m*.
teen (*tenen*) **1.** Zehe *f*, Zeh *m*; *op zijn tenen* auf den Zehen, auf Zehenspitzen; (*snel*) **op de ~tjes getrapt zijn** (leicht) einschnappen; **2.** *bot* (Weiden-)Gerte *f*.
teer[1] zart; schwächlich, zerbrechlich.
teer[2] *m of n* Teer *m*.
teer|gevoelig [-'ɣvːləx] zartfühlend; **~hartig** [-'hɑrtəx] weichherzig; **~heid** [-xɛit] Zartheit *f*.
teerling Würfel *m*.
tegel ['teːɣəl] (-s) Kachel *f*; (*vloer~*) Fliese *f*.
tegelijk(ertijd) [təɣə'lɛik(ərtɛit)] zugleich, zur gleichen Zeit, gleichzeitig.
tegemoet [təɣə'muːt] entgegen (*D*); **~gaan** (*zn*) entgegengehen (*D*); **~ko-**

tegemoetkoming 240

men [-ko:m-] entgegenkommen (*D*); **~d verkeer** n Gegenverkehr m; **~koming** Entgegenkommen n; (*financieel*) Beihilfe f; **~zien** entgegensehen (*D*).

tegen ['te:ɣə(n)] gegen (*A*), wider (*A*); zu (*D*); entgegen (*D*), zuwider (*D*); **~ de honderd** an die hundert.

tegen|- *in samenst. mst* Gegen-, *b.v.* **~aanval** Gegenangriff m; **~bezoek** [-zu·k] n Gegenbesuch m; **~deel** n Gegenteil n; **~draads** gegen den Strich; *fig* trotzig; **~gaan** begegnen (*D*), widersetzen (*D*), steuern (*D*); **~gesteld** entgegengesetzt, gegensätzlich, gegenteilig; **~gewicht** n Gegengewicht n; **~gif(t)** n Gegengift n; **~hanger** Gegenstück n; **~houden** [-haŭə(n)] aufhalten, hemmen; anhalten, stoppen; verhüten; **~kandidaat** m Gegenkandidat m; **~kanting** Widerstand m; **~komen** [-ko:m-] begegnen (*D*); **~ligger** entgegenkommender Wagen m; **~s** pl *mst* Gegenverkehr m; **~maatregel** Gegenmaßnahme f; **~natuurlijk** [-'ty:rlək] widernatürlich.

tegenover [-'o:vər] gegenüber (*D*); **~gesteld** entgegengesetzt, gegensätzlich; **~e richting** Gegenrichtung f; **~stellen** gegenüberstellen, entgegensetzen.

tegen|partij [-tɛi̯] Gegenpartei f, -seite f; **~prestatie** [-ta:(t)si̯] Gegenleistung f; **~slag** [-slɑx] Mißgeschick m, Rückschlag m; **~spartelen** [-tələ(n)] sich sträuben; **~speler** m Gegenspieler m; **~spoed** [-spu·t] Widerwärtigkeit f, Unglück n, Mißgeschick n; **~spraak** Widerspruch m, -rede f; **~spreken** [-spre:k-] widersprechen (*D*); leugnen; dementieren; **~sputteren** [-spøtərə(n)] sich widersetzen, murren; **~staan** zuwider sein (*D*), widerstreben.

tegenstand Widerstand m; **zonder ~ ook** widerstandslos; **~er m (~ster f) (-s)** Gegner(in f) m, Widersacher(in f) m, Kontrahent(in f) m.

tegen|stelling Gegensatz m; **in ~ met** (*of tot*) im Gegensatz zu (*D*); **~stribbelen** [-bələ(n)] sich sträuben.

tegenstrijdig [-'strɛi̯dəx] widersprüchlich, paradox; (*tegengesteld*) gegensätzlich; **~heid** [-xɛit] (-heden) Widerspruch m.

tegen|vallen enttäuschen; **~valler** (-s) Enttäuschung f; Rückschlag m; **~waarde** Gegenwert m; **~werken** entgegenarbeiten (*D*), hintertreiben; **~werking** Widerstand m; **~werpen** einwenden, einwerfen; **~werping** Einwand m; **~wicht** z. *tegengewicht*; **~wind** Gegenwind m.

tegenwoordig [-'vo:rdəx] gegenwärtig, derzeitig; *adv ook* heutzutage; **~e tijd** Gegenwart f; **voltooid ~e tijd** Perfekt n; **~heid** [-xɛit] Gegenwart f, Anwesenheit f; **~ van geest** Geistesgegenwart f.

tegen|zet Gegenzug m; **~zin** Unlust f, Widerwille m, Überdruß m; **met ~** wider-, unwillig; **~zitten** nicht mitspielen.

te|goed [tə'ɣu·t] n Guthaben n; **~huis** [-'həys] n Heim n.

teil [tɛil] Schüssel f; Wanne f.

teint [tɛ̃] Teint m.

teisteren ['tɛistərə(n)] heimsuchen.

tekeergaan [tə'ke:rka:rt] (*zn*) toben, rasen.

teken ['te:kə(n)] n (-s *of* -en) Zeichen n, (Merk-)Mal n; Anzeichen n; **~aar(ster** f) m (-s) Zeichner(in f) m; **~en** zeichnen; (*onder~ ook*) unterschreiben, -zeichnen; **~film** Zeichen(trick)film m; **~ing** Zeichnung f; **~inkt** Tusche f; **~papier** n Zeichenpapier n; **~plank** Reiß-, Zeichenbrett n; **~potlood** n Zeichenstift m.

tekort [tə'kɔrt] n Defizit n, Fehlbetrag m; Mangel m; **~koming** Mangel m, Unzulänglichkeit f.

tekst Text m; **~ballon** Sprechblase f; **~verwerking** Textverarbeitung f.

tel|baar ['tɛl-] zählbar; **~dag** [-dɑx] Stichtag m.

tele|card ['te:lə'ka:rt] (-s) Telefonkarte f; **~communicatie** [-my'ni·'ka:(t)si̯] Telekommunikation f, Fernmeldewesen n; **~fax** Telefax m.

telefon|eren [-'ne:r-] telefonieren, anrufen; **~isch** [-'fo:nis] telefonisch; **~iste** (-s *of* -s) Telefonistin f.

telefoon (-s *of* -fonen) Telefon n, Fernsprecher m; **~automaat** Münzfernsprecher m; **~boek** [-buk] n Telefonbuch n; **~cel** [-sɛl] Fernsprech-, Telefonzelle f; **~centrale** [-sɛn-] Telefonzentrale f, Fernsprechamt n; Vermittlung f; **~gesprek** [-sprɛk] n Telefongespräch n, Telefonat n; **internationaal ~** Auslandsgespräch n; **~gids** Telefonbuch n; **~kosten** pl Telefongebühr(en pl) f; **~lijn** [-lɛin] Telefonleitung f;

~munt [-mənt] Telefonmarke *f*; **~nummer** [-nəmər] *n* Telefon-, Rufnummer *f*; **~tarief** *n* Telefon-, Fernsprechgebühr *f*; **~tje** *n* (-*s*) (Telefon-)Anruf *m*, Telefonat *n*; **~toestel** [-tu·stεl] *n* Fernsprechapparat *m*.

tele|graferen [-'fe:r-] telegrafieren; **~grafie** [-'fi·] Telegrafie *f*; **~gram** *n* Telegramm *n*; **~lens** Tele(objektiv) *n*.

telen ['te:l-] züchten; *bot ook* anbauen.

telescoop (-*scopen*) Teleskop *n*.

teleurstell|en [tə'lø:r-] enttäuschen; **~ing** Enttäuschung *f*.

televisie [-'ʋi·zi·] (-*s*) Fernsehen *n*; (*toestel*) Fernseher *m*; **~kijker** [-kεi̯kər] *m* Fernsehzuschauer *m*; **~omroeper** *m* (**~roepster** *f*) Fernsehansager(in *f*) *m*; **~scherm** [-sxεr(ə)m] *n* Bild-, Fernsehschirm *m*, F Mattscheibe *f*; **~toestel** [-tu·stεl] *n* Fernsehapparat *m*; **~uitzending** [-œy̆t-] Fernsehsendung *f*.

telex Fernschreiber *m*; **~(bericht)** (*n*) Fernschreiben *n*.

telg *m* of *f* Sproß *m*, Sprößling *m*.

telkens ['tεlkə(n)s] jedesmal; je(weils); **~ als** jedesmal wenn.

tell|en zählen, rechnen; *erbij* **~** hinzuzählen; **~er** *m* (-*s*) Zähler *m*.

teloorgang [tə'lo:r-] Untergang *m*.

telwoord *n* Zahlwort *n*.

temeer [tə'-] zumal.

temmen zähmen, bändigen.

tempel (-*s*) Tempel *m*.

temperament *n* Temperament *n*; *zonder* (*enig*) **~** temperamentlos; **~vol** temperamentvoll.

temperatuur [-'ty:r] (-*turen*) Temperatur *f*; **~schommeling** [-sxɔməl-] Temperaturschwankung *f*.

temperen ['-pərə(n)] mäßigen; *licht en fig* dämpfen.

tempo *n* (-'*s*) Tempo *n*.

ten zum, zur; *z*. **te**.

tenderen [tε·de:r-] tendieren.

tenden|s (-*en*), **~tie** [-'dεnsi·] (-*s*) Tendenz *f*; **~tieus** [-'si̯ø:s] tendenziös.

teneinde [tə'nεi̯ndə] um zu.

tenger zart, schmächtig.

tengevolge [təŋɣə'-] (*van*) infolge (*G*).

tenietdoen [tə'ni·du·n] zunichte machen, annullieren, rückgängig machen.

tenminste wenigstens; zumindest; immerhin.

tennis *n* Tennis *n*; **~baan** Tennisplatz *m*;

~racket [-rεkət] Tennisschläger *m*; **~sen** Tennis spielen; **~ser** *m* (**~ster** *f*) (-*s*) Tennisspieler(in *f*) *m*; **~veld** *n* Tennisplatz *m*.

tenor [-'no:r] *m* (-*en of* -*s*) Tenor *m*.

tenslotte schließlich, zum Schluß, zuletzt, abschließend; (*immers*) immerhin.

tent Zelt *n*; (*kraam*, *zaak*) Bude *f*.

tentamen [-'ta:mə(n)] *n* (-*s*) Prüfung *f*, Klausur *f*.

tenten|kamp *n* Zeltlager *n*; **~verhuur** [-hy:r] Zeltverleih *m*.

tentoon|spreiden [-sprεi̯d-] auslegen; entfalten, zeigen; **~stellen** ausstellen.

tentoonstelling Ausstellung *f*, Schau *f*; *doorlopende* **~** Dauerausstellung *f*; *reizende* **~** Wanderausstellung *f*; **~sterrein** [-tεrεi̯n] *n* Ausstellungsgelände *n*.

tenzij [tən'zεi̯] es sei denn, außer wenn.

tepel ['tε:pəl] (-*s*) (Brust-)Warze *f*; *dier*: Zitze *f*.

ter zu, zur, zum.

ter·aardebestelling Beerdigung *f*.

terdege [-'de:ɣə] ordentlich; durchaus.

terecht [tə'rεxt] mit Recht; wieder da; berechtigt; **~komen** [-ko:m-] landen, (an)kommen; sich finden; (*goed uitkomen*) sich schicken; *wat zal er van hem* **~**? was wird aus ihm werden?

terechtstell|en hinrichten; **~ing** Hinrichtung *f*.

terechtwijzen [-vεi̯z-] zurechtweisen.

teren ['te:rə(n)] **1.** (*op*) zehren (von *D*); **2.** teeren.

tergen reizen, quälen.

tering ['te:r-] Schwindsucht *f*.

terloops [-'lo:ps] beiläufig, nebenbei, am Rande.

term Ausdruck *m*, Terminus *m*.

termijn [-'mεi̯n] (*tijdstip*) Termin *m*; (*periode*) Frist *f*; (*afbetalings~*) Rate *f*, Teilzahlung *f*; *maandelijkse* **~** Monatsrate *f*; *in* **~***en* in Raten, ratenweise; *binnen de gestelde* **~** fristgerecht, -gemäß; *op korte* **~** kurzfristig; *op lange* **~** langfristig; *voor een* **~** *van* befristet auf (*A*); **~betaling** Raten-, Abschlagszahlung *f*.

ter|nauwernood [-'nɑu̯ər-] kaum, mit knapper Not; **~ne(d)er** [tεr'-] danieder; **~neergeslagen** niedergeschlagen.

terpentijn

terpen|tijn [tɛrpən'tɛin], **~tine** [-'ti·nə] Terpentin n.

terras n (-sen) Terrasse f; **~vormig** [-məx] terrassenförmig.

terrein [tɛ'rɛin] n Gelände n, Platz m, Terrain n; Gebiet n; **~ verliezen (winnen)** fig an Boden verlieren (gewinnen); **geschikt voor alle ~en** geländegängig; **~wagen** Geländewagen m, -fahrzeug n.

terreur [-'rø:r] Terror m.

territori|aal: **territoriale wateren** n/pl Hoheits-, Territorialgewässer n/pl; **~um** [-'to:ri·(j)əm] n (-ria of -s) Territorium n, Hoheitsgebiet n.

terror|iseren [-'ze:r] terrorisieren; **~isme** [-'rɪsmə] n Terrorismus m; **~ist(e** f) m Terrorist(in f) m.

ter|sluiks [-'slœyks] heimlich; **~stond** [tɛr'-] sofort, auf der Stelle.

terug [tə'rɛx] zurück; wieder; **~bellen** tel zurückrufen.

terugbetal|en zurückzahlen, (zu)rückerstatten; **~ing** Rückzahlung f, (Zu-)Rückerstattung f.

terug|blik Rückblick m; **~blikken** zurückblicken; **~brengen** zurück-, wiederbringen; reduzieren; (herleiden) zurückführen; **~deinzen** [-dɛinz-] (zn) zurückschrecken; **~denken** zurückdenken; **~dringen** zurückdrängen; **~eisen** [-ɛisə(n)] zurückfordern; **~gaaf** = **teruggave**; **~gaan** (zn) zurückgehen; **~gave** Rückgabe f, (Zu-)Rückerstattung f; (uitlevering) Herausgabe f; **~getrokken** zurückgezogen; **~geven** zurück-, wiedergeben; her(aus)geben; **~halen** zurückholen.

terughoudend [-'hɑudənt] zurückhaltend; **~heid** [-hɛit] Zurückhaltung f.

terug|kaatsen 1. v/i (zn) zurück-, abprallen; geluid: widerhallen; **2.** v/t zurückwerfen; reflektieren; **~keer** Rück-, Wiederkehr f; **~keren** (zn) zurück-, wiederkehren; **naar huis ~** ook heimkehren; **~komen** zurück-, wiederkommen; **~komst** [-kɔmst] Rück-, Wiederkehr f; Heimkehr f; **~koop** Rückkauf m; **~koppeling** Rückkopplung f; **~krabbelen** [-krɑbəl-] (zn) e-n Rückzieher machen; **~krijgen** [-krɛiɣ-] wieder-, zurückbekommen; wisselgeld herausbekommen; **~loop** Rückgang m.

teruglopen (zn) zurückgehen (ook afnemen), -laufen; **~d** rückläufig.

terugnem|en zurücknehmen; **~ing** Rücknahme f.

terug|reis [-rɛis] Rückfahrt f, -reise f, Heimfahrt f, -reise f; **~roepen** [-ru·p-] zurückrufen; pol abberufen; **~schrikken** [-sxrɪk-] zurückschrecken; **~slaan** zurückschlagen; **~ op** fig sich beziehen auf (A); **~slag** [-slɑx] Rückschlag m; **~springen** (zn) zurückspringen; bal: zurückprallen; **~sturen** [-sty:r-] zurückschicken, -senden; **~tocht** Rückzug m; **~traprem** Rücktrittbremse f; **~trekken** (zich) zurückziehen; mil ook abziehen; **~val** Rückfall m; **~vallen** zurückfallen; **~ op** fig zurückgreifen auf (A); **~verlangen** sich zurücksehnen; **~vinden** wiederfinden; **~vorderen**, **~vragen** zurückfordern; **~weg** [-ʋɛx] Rückweg m; (naar huis ook) Heimweg m; **~werkend**: **met ~e kracht** rückwirkend; **~werpen** zurückwerfen; **~winnen** zurück-, wiedergewinnen; **~zakken** zurückfallen (ook fig); **~zetten** zurück-, nachstellen; **~zien** v/i zurücksehen, -blicken; v/t wiedersehen.

terwijl [-'ʋɛil] während; indem.

terzijde [-'zɛidə] abseits; seitwärts; beiseite.

testament n Testament n; **~air** [-'tɛ:r] testamentarisch.

testen testen.

testikel [-'ti·kəl] (-s) Hode(n) m.

testimonium [-'mo:ni·(j)əm] n (-s of -nia) (Studien-)Schein m; Zeugnis n.

teug [tø:x] Zug m, Schluck m; **in één ~** in e-m Zug.

teugel (-s) Zügel m; **~loos** zügellos.

tevens ['te:vɑ(n)s] gleichzeitig, ebenfalls.

tevergeefs [təvər'-] vergebens, vergeblich, umsonst.

tevoren [tə'vo:rə(n)] zuvor, vorher; **van ~** zuvor, vorher; im voraus, vorab; von vornherein.

tevreden [tə'vre:də(n)] zufrieden, befriedigt; **~stellen** zufriedenstellen, befriedigen; **zich ~ met** sich zufriedengeben (of begnügen) mit (D).

tewaterlating [-'va:tər-] Stapellauf m.

teweegbrengen [tə'ʋe:ɣ-] auslösen, bewirken, herbeiführen.

tewerkstell|en beschäftigen; **~ing** Beschäftigung f.

textiel *m of n* Textilien *pl*; **~industrie** [-dəstri·] Textilindustrie *f*.

thans [tɑns] jetzt, gegenwärtig, derzeit.

theater *n* (-s) Theater *n*; **~kaartje** *n* Theaterkarte *f*.

theatraal [-'tra:l] theatralisch.

thee (-s *of* -ën) Tee *m*; **~doek** [-du·k] Geschirrtuch *n*; **~koekjes** ['-ku·kĩəs] *n/pl* Teegebäck *n*; **~kop** Teetasse *f*; **~lepel** ['-le:pəl] Teelöffel *m*; **~muts** ['-məts] Teehaube *f*; **~worstje** ['-vɔrʃə] *n* Teewurst *f*; **~zakje** *n* Teebeutel *m*; **~zeefje** *n* (-s) Teesieb *n*.

theo|loge [-'lo:ɣə] *f* Theologin *f*; **~logie** [-'ɣi·] Theologie *f*; **~logisch** ['-lo:ɣis] theologisch; **~loog** [-'lo:x] *m* (-*logen*) Theologe *m*.

theoret|icus [-'re:ti·kəs] *m* (-*tici* [-si·]) Theoretiker *m*; **~isch** [-i·s] theoretisch.

theorie (-ën) Theorie *f*.

therap|eut(e *f*) [-'pəyt(ə)] *m* Therapeut(in *f*) *m*; **~ie** [-'pi·] (-ën) Therapie *f*, Heilverfahren *n*.

thermo|- *in samenst.* mst Thermo-, *b.v.* **~meter** Thermometer *n*; **~s-fles** ['-mɔs-] Thermosflasche *f*; **~staat** Thermostat *m*, Wärmeregler *m*.

thesis ['te:zɪs] (-*sen of thesen*) These *f*.

thuis [tœys] **1.** zu Hause, (da)heim; nach Hause; heimisch; (*goed*) **~ in** bewandert in (*D*); **~ raken** *fig* sich zurechtfinden; **2.** *n* Zuhause *n*, Heim *n*; **~adres** *n* Heimatadresse *f*; **~bezorgen** ins Haus liefern; **~blijver** *m* (-s) Daheimgebliebene(r); Stubenhocker *m*; **~brengen** nach Hause bringen, heimbringen; **~haven** Heimathafen *m*; **~horen** hingehören; **~komen** heimkommen, nach Hause kommen; **~komst** *f* Heimkehr *f*; **~reis** ['-rɛis] Heimreise *f*, -fahrt *f*; **~wedstrijd** ['-vɛtstrɛit] Heimspiel *n*; **~werk** *n* Heimarbeit *f*.

Tibetaans [-'ta:ns] tibetanisch.

tic (-s) Tick *m*.

ticket ['tɪkət] *n* (-s) Ticket *n*, Fahr-, Flugkarte *f*.

tien *znw*; **~de 1.** zehnte; **2.** *n* Zehntel *n*; **~delig** [-'de:lǝx] dezimal; **~ stelsel** *n* Dezimalsystem *n*.

tiener *m of* (-s) *f* Teenager *m*.

tien|jarig [-rǝx] zehnjährig; **~kamp** Zehnkampf *m*; **~maal** zehnmal; **~rittenkaart** Zehnerkarte *f*; **~tal** ['-tɑl] *n* (-len) *wisk* Zehner *m*; (*ongeveer 10*) etwa zehn; **~len** *pl* F zig; **~tje** *n* (-s) zehn Gulden; **~voudig** ['-vʌudǝx] zehnfach.

tieren üppig wachsen, gedeihen; (*schelden*) toben, donnern.

tig [tɪx] F zig; **~ keer** *ook* x-mal.

tij [tɛi] *n* Tide *f*; **hoog ~** Flut *f*; **laag ~** Ebbe *f*.

tijd [tɛit] Zeit *f*; Weile *f*; **vrije ~** Freizeit *f*, Muße *f*; **nieuwere ~** Neuzeit *f*; **het is hoog ~** höchste Zeit; (**in**) **de laatste ~** in letzter (*of* jüngster) Zeit, neuerdings; **op ~** rechtzeitig, zur rechten Zeit, fristgemäß, -gerecht; **over ~** zu spät, überfällig; **sedert die ~** *ook* seither; **te allen ~e** jederzeit, zu jeder Zeit; **tegen die ~** bis dahin; **van ~ tot ~** *ook* zeitweilig; **~aanduiding** [-dǝyd-] Zeitangabe *f*; **~bom** Zeitbombe *f* (*ook fig*); **~elijk** ['-dǝlǝk] zeitweilig, vorübergehend, befristet; zeitlich; **~ werk** *n* Zeitarbeit *f*.

tijdens ['tɛidǝ(n)s] während (*G*).

tijd|gebrek *n* Zeitmangel *m*; **~geest** Zeitgeist *m*; **~genoot** *m* (-*noten*) Zeitgenosse *m*; **~ig** ['-dǝx] rechtzeitig, beizeiten; **~ing** Nachricht *f*, Botschaft *f*; **~je** *n*: **een ~** e-e Weile; **~lang**: **een ~** e-e Zeitlang; **~perk** *n* Zeitalter *n*, Epoche *f*, Ära *f*; Zeitraum *m*; **~rit** Zeitfahren *n*; **~rovend** zeitraubend; **~s-bestek** [-'bǝstɛk] *n* Zeitraum *m*; **~schema** ['-sxe:ma] *n* Zeitplan *m*; **~schrift** *n* Zeitschrift *f*; **~sein** [-sɛin] *n* Zeitzeichen *n*; **~s-gebrek** *n* Zeitmangel *m*; **~s-ruimte** ['-rǝymtǝ] Zeitraum *m*; **~spanne** Zeitspanne *f*; **~stip** *n* Zeitpunkt *m*; (*afspraak ook*) Termin *m*; **~vak** *n* Zeitalter *n*; **~verdrijf** [-drɛif] *n* Zeitvertreib *m*; **~verlies** *n* Zeitverlust *m*; **~verspilling** Zeitvergeudung *f*, -verschwendung *f*; **~winst** *f* Zeitgewinn *m*.

tijger(in *f*) ['-rɪn] [-*nen*] ['tɛiɣǝr] *m* (-s) Tiger(in *f*) *m*.

tik (-*ken*) Klaps *m*; (*tic*) Tick *m*, F Fimmel *m*; **~fout** ['-fɑut] Tippfehler *m*; **~keltje** ['-kǝltiǝ] *n*: **een ~** e-e Kleinigkeit, e-e Spur; **~ken** ticken; klopfen; tippen; **~tak** ticktack.

tillen (hoch)heben, stemmen.

timmer|en zimmern; **~hout** [-hɑut] *n* Bauholz *n*; **~man** *m* (-*lui of* -*lieden*) Zimmermann *m*.

tin *n* Zinn *n*.

tingelen bimmeln; (*op piano*) klimpern.

tinne Zinne *f*; **~n** *adj* zinnern, Zinn-.

tint (Farb-)Ton *m*, Schattierung *f*; Teint *m*.

tintelen ['tɪntəl-] funkeln, leuchten; *(van kou)* prickeln.

tip 1. (*-s*) Tip *m*, Hinweis *m*; **2.** (*-pen*) Zipfel *m*; **~pelaarster** ['-pəla:rstər] *f* (*-s*) Strichmädchen *n*; **~pelen** (*ook zn*) tippeln; F auf den Strich gehen; **~pen** tippen; **~top** F tipptopp, picobello.

tiran [ti'rɑn] *m* (*-nen*) Tyrann *m*; **~nie** [-'ni·] (*-ën*) Tyrannei *f*, Gewalt-, Zwangsherrschaft *f*; **~niek** [-'ni·k] tyrannisch; **~niseren** [-'ze:r-] tyrannisieren.

Tir|oler *m* (*-s*) Tiroler. **~ools** Tiroler.

titel (*-s*) Titel *m*; **~blad** *n* Titelblatt *n*; **~verdediger** [-de:dəɣər] *m* Titelverteidiger *m*.

tjilpen ['tʃɪlp-] zwitschern.

tjirpen zirpen.

tobben grübeln, brüten; (*zwoegen*) sich abquälen.

toch doch, jedoch, dennoch; bloß; **~** (*maar*) immerhin; **~ al** sowieso, ohnehin; **en ~ ook** gleichwohl.

tocht Fahrt *f*, Tour *f*; Wanderung *f*; (*wind*) Zug(luft *f*) *m*; **~ met onbekende bestemming** Fahrt ins Blaue; **~en: het tocht** es zieht; **~ig** ['-təx] zugig; **~je** *n* (*-s*) Ausflug *m*.

toe [tu·] zu, geschlossen; **~ maar!** nur zu!

toebedelen ['-bədɛ:l-] zuteilen.

toebehoren 1. gehören; **2.** *n* Zugehörigkeit *f*; Zubehör *n*; **~d** (dazu)gehörig.

toe|bereiden [-rɛɪd-] zubereiten; **~brengen** zufügen; *nederlaag* beibringen; *slag* versetzen; **~dekken** zu-, abdecken; **~dichten** andichten, unterstellen; **~dienen** versetzen, verpassen; verabreichen; **~doen** ['-du·n] **1.** zumachen, zutun; *door* **~ van** durch Zutan (*G of* von *D*), auf Veranlassung (*G of* von *D*); **2.** *n* Zutun *n*, Veranlassung *f*; **~draaien** ['-dra:iə(n)] zudrehen; *rug ook* (zu)kehren; **~dracht** Sachverhalt *m*, Her-, Vorgang *m*; (*ware*) **~** Tatbestand *m*; **~dragen** entgegenbringen; **~duwen** ['-dy·ŭə(n)] zudrücken; **~ëigenen** ['-ɛɪɣənə(n)]: *zich* **~** sich aneignen, an sich nehmen; **~fluisteren** ['-flœystər-] zuflüstern; **~gaan** (*zn*) zugehen; (*verlopen ook*) hergehen.

toegang ['tu·-] Zu-, Eintritt *m*, Einlaß *m*, Zugang *m*; Zufahrt *f*; **~s·bewijs** [-vɛɪs] *n*, **~s·kaart(je** *n*) Eintritts-, Platzkarte *f*; **~s·prijs** [-prɛɪs] Eintrittspreis *m*, -geld *n*; **~s·weg** [-vɛx] Zufahrt *f*; Zubringer-, Zufahrtsstraße *f*.

toe|gankelijk [-'ɣɑŋkələk] zugänglich; *z. ook* **leeftijd**; **~gedaan** zugetan (*D*), ergeben; **~geeflijk** ['-ɣe:flək] nachgebig; nachsichtig; **~gepast** angewandt.

toe|geven zugeben, einräumen, eingestehen; nachgeben; **~gevend·heid** [-'ɣe:vənthɛɪt] Nachgiebigkeit *f*; Nachsicht *f*; **~geving** ['tu·-] Zugeständnis *n*, Konzession *f*; **~gewijd** [-vɛɪt] hingebungsvoll, ergeben.

toe|gift Zugabe *f*; **~gooien** ['-ɣo:iə(n)] zuwerfen; **~grijpen** ['-ɣrɛɪp-] zugreifen; **~happen** zuschnappen; **~hoorder** *m* (**~hoorster** *f*) (*-s*) (Zu-)Hörer(in) *f* (*m*); **~s** *pl ook* Zuhörerschaft *f*; **~houden** ['-haŭə(n)] zuhalten; **~juichen** ['-jœyx-] zujubeln (*D*), bejubeln; (*goedkeuren*) begrüßen; **~kennen** (*aan*) zuerkennen (*D*), zubilligen (*D*); *betekenis* beimessen (*D*); **~keren** zukehren; **~kijken** ['-kɛɪk-] zusehen (*D*), zuschauen (*D*).

toekomen ['tu·ko:m-] zukommen (*D*); zustehen (*D*), gehören; (*rondkomen*) auskommen; **doen ~** zukommen lassen, zustellen; **~ de tijd** *gr* Futur *n*.

toekomst Zukunft *f*; **~ig** [-'kɔmstəx] zukünftig, künftig; **~muziek** [-my·zi·k] Zukunftsmusik *f*.

toe|laatbaar [tu·'-] zulässig; **~lage** Zulage *f*; Zuschuß *m*; **~laten** ['-la:t-] zulassen; **~latingsexamen** *n* Aufnahmeprüfung *f*; **~latingsvoorwaarden** *pl* Aufnahmebedingungen *f*/*pl*.

toe|leg ['-lɛx] Absicht *f*; **~leggen** zulegen, draufzahlen; *zich* **~ op** sich widmen (*D*), sich verlegen auf (*A*).

toe|lever|ancier [-rɑnsi:r] *m* Zulieferer *m*; **~ings·industrie** [-dɔstri·] Zulieferindustrie *f*.

toe|lichten erläutern; **~lichting** Erläuterung *f*; **~loop** Zulauf *m*, Andrang *m*; **~lopen** (*zn*): **~ op** zugehen auf (*A*); **komen ~** angelaufen kommen.

toen [tu·n] **1.** *adv* dann, da; damals; *van* **~ af** von da an; **2.** *co* als.

toenadering ['tu·na:dər-] Annäherung *f*; **~zoeken** (*tot*) sich annähern (*D*); **~s·po·ging** Annäherungsversuch *m*.

toe|name Zunahme *f*; **~nemen** (*zn*) zunehmen.

tol

toen|malig ['ma:ləx] damalig; **~tertijd** ['tu·ntərtɛɪt] damals.

toepass|elijk [-'pasələk] anwendbar; passend; **~en** anwenden; **~ing** Anwendung *f*; **van ~ zijn op** zutreffen auf (*A*); **schrappen wat niet van ~ is** Un-, Nichtzutreffendes bitte streichen.

toer [tu:r] Tour *f*, Fahrt *f*; *tech* Umdrehung *f*; **op ~ komen** auf Touren kommen (*ook fig*); **over zijn ~en raken** durchdrehen, P ausflippen; **~beurt** ['-bø:rt]: **bij ~** im Turnus.

toe|reikend [tu·'rɛɪkənt] hinreichend; **~ zijn** hinreichen, **~reken(ingsvat)baar** [tu·'re:kən-] zurechnungsfähig.

toeren ['tu:r-] Touren machen; spazierenfahren; **~tal** [-tɑl] *n* (-*len*) Drehzahl *f*; **~teller** Drehzahl-, Tourenmesser *m*.

toe-rijden ['tu·rɛɪə(n)] (*zn*) (*op*) zufahren (auf *A*).

toeris|me *n* Tourismus *m*, Fremdenverkehr *m*; **~t(e** *f*) *m* Tourist(in *f*) *m*; **~tenklas(se)** Touristenklasse *f*; **~tisch** [-i·s] touristisch; **~e brochure** Reiseprospekt *m*; **~e plaats** Touristenort *m*; **~ verkeer** *n* Fremden-, Reiseverkehr *m*.

toernooi [tu·r'-] *n* Turnier *n*.

toe·roepen zurufen.

toertje ['tu·rtʃə] *n* (-*s*) Spazierfahrt *f*.

toeschiet|elijk [-'sxi·tələk] entgegenkommend, zugänglich; **~en** (*zn*) herbeieilen.

toe|schijnen ['tu·sxɛɪn-] erscheinen, vorkommen; **~schouwer** ['tu·sxaʊ̯ər] *m* (-*s*) **~schouwster** *f*) *m* (-*s*) Zuschauer(in *f*) *m*; **~schrijven** [-'sxrɛɪv-] zuschreiben; **~slaan** zuschlagen; **~slag** ['-slɑx] Zuschlag *m*, Auf-, Mehrpreis *m*; Zulage *f*; **met (verplichte) ~** zuschlagpflichtig; **~snauwen** ['-snaʊ̯ə(n)] anschnauzen, anbrüllen; **~snellen** (*zn*) herbeieilen; **~snoeren** zuschnüren.

toespel|en ['-spe:l-] zuspielen; **~ing** Anspielung *f*.

toe|spraak (-*spraken*) Ansprache *f*; **~spreken** ['-spre:k-] anreden, zureden (*D*), zusprechen (*D*); e-e Ansprache halten; **~staan** gewähren; (*toelaten*) erlauben; **~stand** Zustand *m*, Lage *f*, Befinden *n*; **blijvende ~** Dauerzustand *m*; **~ in zaken** Geschäftslage *f*; **~steken** ['-ste:k-] hinhalten, reichen; **~stel** ['-stɛl] *n* Gerät *n*, Vorrichtung *f*, Flugzeug *n*.

toestemm|en zustimmen (*D*); einwilligen; **~ing** Zustimmung *f*; Einwilligung *f*, Einverständnis *n*; Erlaubnis *f*.

toe|stoppen zustecken; (*toedekken*) zudecken; (*dichten*) zustopfen; **~stromen** (*zn*) zuströmen, -fließen; **~sturen** ['-sty:r-] zusenden, zuschicken.

toet [tu·t] F Gesicht *n*.

toe|takelen [-'ta:kəl-] zurichten; **~tasten** zugreifen.

toet|en ['tu·tə(n)] tuten; **~er** (-*s*) Tuthorn *n*; (*auto~*) Hupe *f*; **~eren** tuten; *auto mst*: hupen.

toetje ['tu·tʃə] *n* (-*s*) Nachtisch *m*; **zoet ~** Süßspeise *f*.

toe-tred|en ['-tre:d-] (*zn*) (*tot*) beitreten (*D*), eintreten in (*A*); **~ing** Bei-, Eintritt *m*.

toets [tu·ts] Taste *f*, Probe *f*, Test *m*; **~en** prüfen, testen; **~en-bord** *n* Tastatur *f*; **~steen** *fig* Prüfstein *m*.

toeval ['tu·-] *n* (-*len*) Zufall *m*; **bij ~** durch Zufall; *(en-)* **~lig** [-'ɣɑlək] zufällig; *adv ook* zufälligerweise.

toe|verlaat ['tu·-] *m* (-*laten*) Halt *m*, Stütze *f*; **~vertrouwen** (-trouwə/n) anvertrauen; **~vloed** Zustrom *m*, Zufluß *m*; **~vlucht** ['-vlœxt] Zuflucht *f*; **zijn ~ nemen tot** seine Zuflucht nehmen zu, zurückgreifen auf (*A*).

toevoeg|en ['tu·vuɣ-] hinzufügen; **~sel** *n* (-*s*) Zusatz *m*, Nachtrag *m*.

toevoer ['tu·-] Zufuhr *f*; **~weg** [-vɛx] Zufahrtsstraße *f*, Zubringer(straße *f*) *m*.

toe|wensen wünschen; **~werpen** zuwerfen; **~wijding** [-'vɛɪd-] Hingabe *f*; (*met liefde*) Zuwendung *f*; **~wijzen** zuteilen, zuweisen; *jur* zuerkennen; (*bij veiling*) zuschlagen; **~wuiven** ['-vœyv-] zuwinken (*D*); **~zeggen** zusagen, zusichern; **~zegging** Zusage *f*, Zusicherung *f*; **~zenden** zu-, übersenden, zuschicken; **~zicht** *n* Aufsicht *f*, Beaufsichtigung *f*; Überwachung *f*; **~ houden** (*of uitoefenen*) (*op*) beaufsichtigen; überwachen; **~zien** zusehen, -schauen; **erop ~ dat ...** zusehen, daß ...

tof [tɔf] F dufte, prima, P geil.

toilet [tŭɑ'lɛt] *n* (-*ten*) Toilette *f*; **~papier** *n* Toilettenpapier *n*; **~tas** [-tɑs] Kulturbeutel *m*.

tokkelen ['tɔkəl-] zupfen, spielen.

tol [tɔl] **1.** Zoll *m*; Straßenzoll *m*, Maut *f*; **2.** (-*len*) Kreisel *m*.

toler|ant tolerant; **~antie** [-'rɑnsi·] Toleranz *f*; **~eren** [-'re:r-] tolerieren.

tol|geld *n* Zoll *m*; Straßenbenutzungs-, Mautgebühr *f*; **~grens** Zollgrenze *f*; **~huisje** ['-həysə] *n* Mautstelle *f*.

tolk *m of f* Dolmetscher(in *f*) *m*; **~en** dolmetschen.

tollen (*ook zn*) kreiseln; wirbeln; torkeln.

tolweg [tɔlvex] zollpflichtige Straße *f*, Mautstraße *f*.

tomaat (*-maten*) Tomate *f*.

tomaten|puree [-py're:] Tomatenmark *n*; **~sap** *n* Tomatensaft *m*.

tomeloos ['to:mə-] hemmungs-, zügellos.

ton (*-nen*) Tonne *f*, Faß *n*; **2 (3)** ~ **kolen** (3) Tonnen.

toneel ['-ne:l] *n* (*-nelen*) Bühne *f*; Theater *n*; Schauplatz *m*; Szene *f*, Auftritt *m*; **~(speel)kunst** [-kənst] Schauspielkunst *f*; **~speler** *m* (**~speelster** *f*) Schauspieler(in *f*) *m*; **~stuk** [-stɔk] *n* Schauspiel *n*, Bühnenstück *n*; **~voorstelling** Theateraufführung *f*, -vorstellung *f*.

tonen (vor)zeigen.

tong Zunge *f* (*ook vis*); **~val** Mundart *f*.

tonijn [-'nɛin] Thunfisch *m*.

tonn|age [-'naːʒə], **~en-maat** Tonnage *f*.

toog (*togen*) Theke *f*.

tooi [to:i] Schmuck *m*; **~en** schmücken.

toom (*tomen*) Zaum *m*, Zügel *m*; **in ~ houden** im Zaum halten.

toon (*tonen*) Ton *m*; **~aangevend** tonangebend, maßgebend; **~aard** Tonart *f*; **~baar** vorzeigbar; **~bank** Ladentisch *m*, Theke *f*, Tresen *m*; **~beeld** *n* Inbegriff *m*; **~der** *m* (*-s*) *hdl* Inhaber *m*, Überbringer *m*; **~kamer = toonzaal**; **~ladder** Tonleiter *f*; **~loos** tonlos; **~soort** Tonart *f*; **~ster** *f* (*-s*) Inhaberin *f*; **~zaal** Schau-, Vorführungsraum *m*.

toorn Zorn *m*; **~ig** ['-nəx] zornig.

toorts Fackel *f*.

toost (*-en of -s*) Toast *m*; (*dronk ook*) Trinkspruch *m*; **~brood** *n* Toastbrot *n*; **~en** toasten, prosten; **~er** (*-s*) Toaster *m*.

top (*-pen*) Spitze *f*, Gipfel *m*; (*boom~*) Wipfel *m*; Scheitel *m*; **aan de ~** staan an der Spitze; **~conferentie** [-rɛnsi·] Gipfeltreffen *n*, -konferenz *f*; **~drukte** ['-drøktə] Hochbetrieb *m*; **~figuur** [-'ɣy:r] Spitzenmann *m*; **~klas(se)** Spitzenklasse *f*; **~less** ['-ləs] oben ohne; **~per** *m* (*-s*) Höhepunkt *m*; Schlager *m*; *pers.*: Spitzenmann *m*, -reiter *m*; **~prestatie** [-ta:(t)si·] Spitzen-, Höchstleistung *f*; **~punt** ['-pɛnt] *n* Gipfel, Höhepunkt *m*; **~scorer** *m* (*-s*) Torjäger *m*; **~seizoen** [-'sɛizu·n] Hochsaison *f*; **~snelheid** [-hɛit] Höchst-, Spitzengeschwindigkeit *f*; **~vorm** Höchst-, Hochform *f*.

tor [tɔt] (*-ren*) Käfer *m*.

toren ['tɔ:r-] (*-s*) Turm *m*; **~en** ['tɔ:rənə(n)] sich türmen; **~flat** [-flɛt], **~gebouw** [-baŭ] *n* Hochhaus *n*; **~klok** Turmglocke *f*; (*uurwerk*) Turmuhr *f*.

tornado [-'na:do·] (*-'s*) Tornado *m*.

tornen auftrennen; *fig* rütteln.

torped|eren [-'de:r-] torpedieren (*ook fig*); **~o** [-'pe:do·] (*-'s*) Torpedo *m*; **~o-jager** Zerstörer *m*.

torsen schleppen; tragen.

tortelduif [-dəyf] Turteltaube *f*.

tot [tɔt] **1.** *prep* bis (*A*); zu (*D*); **~ (aan)** (zu *D*) (*A*); **~ en met** bis einschließlich; **~ nu toe** bisher; **2.** **~(dat)** *co* bis.

totaal 1. total, völlig; (*alles samen*) gesamt; *in ~* insgesamt; **2.** *n* (-*talen*) Ganze(s); **~** (*aantal n*) Gesamtzahl *f*; **~(bedrag)** *n* Gesamtbetrag *m*, -summe *f*, Endsumme *f*.

totaal ['to:ta:l]: **~ loss** Totalschaden *m*; **~itair** [-'tɛ:r] totalitär.

totdat bis.

toup|eren [tu'pe:r-] toupieren; **~et** ['pɛ(t)] (*-s of -ten*) Toupet *n*.

touringcar ['tu:rɪŋka:r] (*-s*) Reisebus *m*.

tournee [tur'-] (*-s*) Tournee *f*.

tour-operator ['tu:rɔpɔˈre:tər] *m* (*-s*) Reiseveranstalter *m*.

touw [taŭ] *n* Seil *n*, Tau *n*; (*dun*) Leine *f*; **op ~ zetten** veranstalten, in Angriff nehmen; **~ladder** Strickleiter *f*; **~(tje** [-s]) *n* Bindfaden *m*, Schnur *f*; **~tjespringen** seilspringen; **~trekken** *n* Tauziehen *n* (*ook fig*).

toven|aar ['to:və̆n-] *m* (*-s of -naren*) Zauberer *m*, Magier *m*; **~ares** [-'rɛs] *f* (*-sen*) Zauberin *f*, Magierin *f*; **~arij** [-'rɛi] Zauberei *f*.

tover|achtig zauberhaft; **~en** zaubern; **~formule** [-my·lə] Zauberformel *f*; **~ij** [-'rɛi] Zauberei *f*; **~kracht** Zauberkraft *f*; **~spreuk** [-sprø:k] Zauberspruch *m*; **~woord** *n* Zauberwort *n*.

traag träge, langsam; **~heid** Trägheit *f*.
traan 1. (*tranen*) Träne *f*; **in tranen uitbarsten** in Tränen ausbrechen; **2.** Tran *m*; **~gas** ['-ɣɑs] *n* Tränengas *n*.
trac|é [-'se:] *n* (*-s*) Trasse *f*; **~eren** [-'se:r-] trassieren.
trachten versuchen; trachten.
tractor ['trɛktɔr, 'trɑktɔr] (*-s of of -en* [-'to:-]) Traktor *m*, Trecker *m*, Schlepper *m*, Zugmaschine *f*.
tradi|tie [-'di:(t)si] (*-s*) Tradition *f*; **~tioneel** [-(t)sĭo'ne:l] traditionell, herkömmlich, (alt)hergebracht.
trafo (-'s) Trafo *m*.
trag|edie [-'ɣe:di] (*-s of of -ën*) Tragödie *f*; **~iek** [-'ɣi:k] Tragik *f*; **~isch** [-'i:s] tragisch.
train|en ['trɛ:nə(n)] trainieren; **~er** *m* (*-s*) Trainer *m*; **~ing** Training *n*; **~ings-pak** *n* Trainingsanzug *m*; **~ster** *f* (*-s*) Trainerin *f*.
traject [-'jɛkt] *n* Strecke *f*, Abschnitt *m*.
trakt|atie [-'ta:(t)si] (*-s*) Bewirtung *f*; **~eren** [-'te:r-] bewirten; spendieren, ausgeben.
tralie ['tra:li] (*-s of -iën*) Gitterstab *m*; **~s** *pl ook* Gitter *n*; **achter de ~s** F hinter Gittern.
traliën ['-li:(j)ǝ(n)] vergittern.
tralie|hek *n*, **~werk** *n* Gitter *n*.
tram [trɛm, trɑm] (*-s*) Straßenbahn *f*; **~halte** Straßenbahnhaltestelle *f*.
trammelant [-mǝ'lɑnt] Scherereien *f/pl*; (*ruzie*) Stunk *m*.
trammen (*ook zn*) mit der Straßenbahn fahren.
trampoline [-'li:nǝ] (*-s*) Trampolin *n*.
trancheren [-'ʃɛ:r-] tranchieren, zerlegen.
tranen tränen.
transactie [-'ɑksi] (*-s of -tiën*) Transaktion *f*, Geschäft(sabschluß *m*) *n*.
transfer [-'fœ:r, -'fɛ:r] (*-s*) Transfer *m*; **~eren** [-'rɛ:r-] transferieren.
trans|formator [-'ma:tɔr] (*-s of -en* [-'to:-]) Transformator *m*, Trafo *m*; **~fusie** [-'fy:zi] (*-s*) Transfusion *f*; **~itief** [-'ti:f] transitiv.
transito *n of m* Transit *m*, Durchfuhr *f*; **~verkeer** *n* Transitverkehr *m*.
transmissie [-'misi] (*-s*) Transmission *f*; Getriebe *n*; **~as** Transmissionswelle *f*.
transparant [-'rɑnt] transparent; **~ie** [-'rɑnsi] Transparenz *f*.

trans|pireren [-'re:rǝ(n)] schwitzen; **~plantatie** [-'ta:(t)si] (*-s*) Transplantation *f*.
transport *n* Transport *m*, Beförderung *f*; *hdl* Übertrag(ung *f*) *m*; **~band** Förderband *n*; **~eren** [-'te:r-] transportieren, befördern; *hdl* übertragen; **~eur** [-'tør] *m* (*-s*) Transporteur *m*, Transportunternehmer *m*; **~onderneming** Transport-, Fuhrunternehmen *n*; **~voertuig** [-fu:rtəyx] *n* Transportfahrzeug *n*, Transporter *m*.
trant Art *f*, Stil *m*.
trap (*-pen*) **1.** Treppe *f*; **2.** (Fuß-)Tritt *m*, Stoß *m*; (*trede en fig*) Stufe *f*; *fig* Grad *m*; **vergrotende ~** *gr* Komparativ *m*; **~pen** *pl van* **vergelijking** Steigerung (*-sstufen f/pl*) *f*; **vrije ~** *sp* Freistoß *m*.
trapeze [-'pe:zǝ] (*-s*), **~ium** [-'pe:zi-(j)ǝm] *n* (*-s of -zia*) Trapez *n*.
trap|ladder Treppen-, Stehleiter *f*; **~leuning** ['-lønɪŋ] Treppengeländer *n*.
trappelen trampeln; strampeln.
trappen (*ook zn*) treten; **erin ~** (**bij of in**) *fig* hereinfallen (auf *A*).
trap|pe(n)huis [-hǝys] *n* Treppenhaus *n*; **~per** (*-s*) Pedal *n*; **~s-gewijs** ['-xǝvɛis] stufenweise.
traveller('s) cheque ['trɛvǝlǝr ʃɛk] Travellerscheck *m*.
trawant [-'vɑnt] *m* Kumpan *m*.
trechter (*-s*) Trichter *m*.
tred [trɛt] Tritt *m*, Schritt *m*; **gelijke ~ houden** Schritt halten; **~e** ['trɛ:dǝ] Stufe *f*; **~en*** (*ook zn*) treten; **~molen** ['trɛt-] Tretmühle *f*.
tree-plank Trittbrett *n*.
tref|fen* treffen; **~fer** (*-s*) Treffer *m*; **~punt** [-'pɔnt] *n* Treff(punkt) *m*; **~woord** *n* Stichwort *n*; **~zeker** ['-se:-kǝr] treffsicher.
trein [trɛin] Zug *m*; (*spoorwegen ook*) (Eisen-)Bahn *f*; **aansluitende ~** Anschlußzug *m*; **~conducteur** ['-kɔndǝk-tœ:r] *m* Zug-, Eisenbahnschaffner *m*; **~coupé** ['-ku:pe:] Zugabteil *n*; **~kaartje** *n* Fahrkarte *f*; **~reis** Bahnfahrt *f*; **~stel** [-'stɛl] *n* Zug *m*; **~verbinding** Zugverbindung *f*; **~verkeer** *n* (Eisen-) Bahnverkehr *m*.
treiteren ['trɛitǝr-] schikanieren.
trek (*-ken*) Zug *m*; Neigung *f*; (*zin*) Appetit *m*; **~ hebben in** Appetit haben auf (*A*); **in ~** beliebt; **in grote ~ken** in gro-

trekhaak

ben (*of* großen) Zügen; ~**haak** Zughaken *m*; (*auto*~) Anhängerkupplung *f*; ~**ken*** (*ook zn*) ziehen, reißen; zupfen; wandern; zucken; zücken; *loon, pensioen* beziehen; *gezicht* schneiden; *naar zich toe* ~ an sich reißen; ~**ker** *m* (*-s*) (*geweer*~) Abzug *m*; (*tractor*) Schlepper *m*, Trecker *m*; *pers*.: Wanderer *m*; ~**king** (*loterij*~) Ziehung *f*; (*spier*~) Zuckung *f*; ~**kracht** Zugkraft *f*; ~**ster** ['-stər] *f* (*-s*) Wanderin *f*; ~**tocht** Wanderung *f*, Wanderfahrt *f*; *een* ~ **maken** *ook* wandern; ~**vogel** Zugvogel *m*.

trem (*-s*) *z*. **tram**.

trend (*-s*) Trend *m*.

treur|en ['trøːr-] trauern; ~**ig** ['-rəx] traurig; ~**mars** Trauermarsch *m*; ~**spel** ['-spɛl] *n* Trauerspiel *n*, Tragödie *f*; ~**wilg** Trauerweide *f*.

treuzel|aar(ster) *f* ['trøːzəl-] *m* (*-s*) Trödler(in *f*) *m*; ~**en** trödeln.

tribunaal [-byˈ-] *n* (*-nalen*) Tribunal *n*.

tribuut [-byˈt] *n of m* Tribut *m*.

tricot [-ˈkoː] *n* (*-s*) Trikot *n*.

triest(ig ['-təx]) traurig, trist.

trill|en zittern, beben (*van* vor *D*); *fys* schwingen; ~**er** (*-s*) Triller *m*; ~**ing** Zittern *n*, Beben *n*; Schwingung *f*.

trim|men (sich) trimmen; ~**parcours** *n* [-kuːr] Trimm-dich-Pfad *m*.

trio *n* (*-ˈs*) Trio *n*.

triomf Triumph *m*; ~**antelijk** [-ˈfantələk] triumphierend; triumphal; ~**boog** Triumphbogen *m*.

triplex ['triˈplɛks] *n of m* Sperrholz *n*.

trippelen (*ook zn*) trippeln.

triptiek [-ˈtiˑk] Triptyk *n*.

troebel ['truˑbəl] trübe; ~ **maken** *ook* trüben; ~ **worden** *ook* sich trüben; ~**en** *pl* Unruhen *f/pl*, Wirren *f/pl*.

troef [truˑf] (*troeven*) Trumpf *m* (*ook fig*).

troep [truˑp] Trupp *m*, Truppe *f*, Schar *f*, Rudel *n*; ~**en-macht** Streitmacht *f*.

troetel|dier *n* Kuscheltier *n*; ~**kind** *n* Hätschelkind *n*; ~**naam** Kosename *m*.

trofee [-ˈfeː] (*-ën*) Trophäe *f*.

troffel (*-s*) (Maurer-)Kelle *f*.

trog [trɔx] (*-gen*) Trog *m*; Mulde *f*.

trom [trɔm] (*-men*) Trommel *f*.

trommel (*-s*) Trommel *f*; (*doos*) Dose *f*; ~**rem** Trommelbremse *f*; ~**stok** Trommelstock *m*, Schlegel *m*; ~**vlies** *n* Trommelfell *n*.

trompet [-ˈpɛt] (*-ten*) Trompete *f*; ~**ten** trompeten; ~**ter** *m* (*-s*) Trompeter *m*.

tronen thronen.

tronie (*-s*) F Fratze *f*, Visage *f*.

troon (*tronen*) Thron *m*; ~**opvolger** *m* Thronfolger *m*; ~**opvolging** Thronfolge *f*; ~**s-afstand** Thronverzicht *m*, Abdankung *f*.

troost Trost *m*, Tröstung *f*, Zuspruch *m*; ~**e-loos** trostlos; ~**en** (*zich*) (sich) trösten; ~**d** *ook* tröstlich; ~**er(es** [-ˈrɛs] [-*sen*]) *m* (*-s*) Tröster(in *f*) *m*; ~**prijs** ['-prɛis] Trostpreis *m*.

trop|en *pl* Tropen *pl*; ~**isch** ['-piˑs] tropisch.

tros [trɔs] (*-sen*) Büschel *n*; Traube *f*; *mar* Trosse *f*; *mil* Troß *m*.

trots [trɔts] **1.** stolz; **2.** *subst* Stolz *m*; ~**eren** [-ˈseːr-] trotzen (*D*).

trottoir [-ˈtṳaːr] *n* (*-s*) Bürgersteig *m*; ~**rand** Bordstein *m*; ~**schilder** [-sxıl-dər] *m* Pflastermaler *m*.

trouw [traṳ] **1.** treu, getreu(lich); **2.** *subst* Treue *f*; *te goeder* ~ in gutem Glauben, gutgläubig; ~**akte** Heiratsurkunde *f*; ~**boekje** ['-buˑkĭə] *n* Familienbuch *n*; ~**dag** ['-dax] Hochzeitstag *m*; ~**e-loos** ['traṳəloːs] treulos; ~**en** (*ook zn*) (*met*) heiraten, sich verheiraten (mit *D*).

trouwens ['traṳə/n)s] übrigens.

trouw|getuige [-təˈγĭə] *m of f* Trauzeuge *m*, -zeugin *f*; ~**plannen** *n/pl* Heiratspläne *m/pl*; ~**ring** Trau-, Ehering *m*.

truc [tryˑk] (*-s*) Trick *m*, Kniff *m*.

truck [trɶk] (*-s*) Lastwagen *m*; ~ (*met oplegger*) Sattelschlepper *m*.

truffel ['trɶfəl] (*-s*) Trüffel *f*.

trui [trɶy] Pullover *m*; *sp* Trikot *n*.

trust [trɶst] (*-s*) Trust *m*; Treuhandschaft *f*; ~**ee** [-ˈtiˑ] *m* (*-s*) Treuhänder *m*; ~**maatschappij** [-sxapɛi] Treuhandgesellschaft *f*.

trut [trɶt] *f* (*-ten*) F Ziege *f*, Zicke *f*.

truweel [tryˈüeːl] *n* (*-welen*) = **troffel**.

tsaar *m* (*tsaren*) Zar *m*.

Tsjech|isch [-ˈxiˑs] tschechisch; ~**o-Slowakije** [-ˈkɛiə] *n* die Tschechoslowakei.

tube [ˈtyˑba] (*-s of -n*) Tube *f*; ~**less** ['tiːuˈpləs] schlauchlos.

tuberculose [tyˈberkyˈ-] Tuberkulose *f*.

tucht [tɶxt] Disziplin *f*, Zucht *f*; ~**huis** ['-hɶys] *n* Zuchthaus *n*; ~**igen** ['-təγə(n)] züchtigen.

tuffen ['tɶf-] (*ook zn*) tuckern.

tuig [tɶyx] *n* Zeug *n*, Gerät *n*; *mar* Takelage f; (paarde~) Geschirr n; (rommel) Schund m; (gespuis) Gesindel n.

tuil [tœyl] Strauß m.

tuimel|en ['tœyməl] (ook zn) purzeln; stürzen; kippen; **~ing** Purzelbaum m; **~raam** n Kippfenster n.

tuin Garten m; **om de ~ leiden** hinters Licht führen; **~aarde** Gartenerde f.

tuinbouw ['tœybɑu] Gartenbau m; **~bedrijf** [-drɛif] n Gartenbaubetrieb m.

tuin|broek ['-bru·k] Latzhose f; **~centrum** ['-sɛntrʏm] n Gärtnerei f; **~der** (-s) Gärtner m; **~derij** [-də'rɛi] Gärtnerei f; **~en** (zn): **erin ~** darauf hereinfallen; **~gereedschap** [-sxɑp] n Gartengerät n; **~huisje** ['-hœysə] n Gartenhaus n, Laube f; **~ier** [-'ni:r] m (-s) Gärtner m; **~ieren** [-'ni:r-] gärtnern; **~kabouter** [-bɑutər] m Gartenzwerg m (ook fig); **~man** m (-lui of -lieden) Gärtner m; **~slang** Gartenschlauch m.

tuit [tœyt] Ausguß m, Schnabel m; **~en** spitzen.

tuk [tʏk] (op) erpicht (auf A).

tulband Turban m; cul Napfkuchen m.

tulp [tʏl(ə)p] Tulpe f; **~e-bol** Tulpenzwiebel f; **~en-kwekerij** [-kǔe:kə'rɛi] Tulpenzucht f.

tumor ['ty·mɔr] (-en of -s) Tumor m.

tumult [ty'mœlt] n Tumult m; **~ueus** [-ty'ůø:s] tumultuös.

tune [tiu:n] (-s) Erkennungsmelodie f.

Tunes|ië [ty'ne:zi·(j)ə] n Tunesien n; **~isch** [-zi·s] tunesisch.

tunnel ['tœnəl] (-s) Tunnel m, Unterführung f.

turbine [tɔr'-] (-s) Turbine f.

turbulent [tɔrby·'-] turbulent.

turen ['ty:r-] spähen; starren.

turf [tœr(ə)f] (turven) Torf m; **~veen** n Torfmoor n.

Turk [tœr(ə)k] m Türke m; **~ije** [tœr'kɛiə] n Türkei f.

turkoois [tœr'ko:is] Türkis m.

Turks [tœr(ə)ks] türkisch; **~e** f Türkin f.

turn|en ['tœr-] turnen; **~er** m (-s) Turner m; **~pak** n Turnanzug m; **~ploeg** ['-plu·x] Turnriege f; **~ster** f (-s) Turnerin m; **~vereniging** [-'ṽəre:nəɣiŋ] Turnverein m; **~zaal** Turnhalle f.

tussen ['tœsə(n)] zwischen (D, A), unter (D, A).

tussen|- in samenst. mst Zwischen-; **~beide** ['-bɛidə]: **~ komen** einschreiten,

intervenieren; **~dek** n Zwischendeck n; **~ding** n Zwischen-, Mittelding n.

tussendoor [-'do:r] zwischendurch; **~tje** n (-s) Zwischenmahlzeit f, Imbiß m.

tussen|handel Zwischenhandel m; **~landing** Zwischenlandung f; **~liggend** dazwischenliegend; **~oplossing** Zwischenlösung f; **~persoon** m of f Vermittler(in) f, m, Mittelsmann m; **~ruimte** [-rœymtə] Zwischenraum m, Abstand m; **~schot** n (-ten) Zwischen-, Scheidewand f; **~spel** n Zwischenspiel n; **~tijd** [-tɛit] Zwischenzeit f; **~tijds** zwischenzeitlich; **~weg** [-vɛx] Mittelweg m; **~zetsel** [-] n Einsatz m.

tut [tœt] f of m (-ten) Schnuller m; pers.: Trödler m, Trödelliese f.

tutoyeren [ty·tǔa'je:r-] duzen, per du sein.

T. V. = **televisie**.

twaalf zwölf; **~de** zwölfte; **~vingerig** [-ŋərəx]: **~e darm** Zwölffingerdarm m.

twee zwei; **~baans-weg** [-vɛx] zweispurige Straße f; **~daags** ['-da·xs] zweitägig; **~de** zweite; **ten ~** zweitens.

tweedehands ['-hɑnts] gebraucht, Gebraucht-; **~auto** Gebrauchtwagen m.

tweede-kans-onderwijs [-vɛis] n zweiter Bildungsweg m.

tweedelig ['-de:ləx] zweiteilig.

tweederangs ['-rɑŋs] zweitrangig, -klassig, zweiter Klasse.

twee|dracht Zwietracht f, Zerwürfnis n; **~ zaaien** ook entzweien; **~ën** z. met; **~ërlei** zweierlei; **~gevecht** n Zweikampf m, Duell n; **~honderd** zweihundert; **~jarig** [-rəx] zweijährig; **~kamerflat** ['-ka:mərflɛt] Zweizimmerwohnung f; **~klank** Diphthong m; **~ling** m Zwillinge m/pl; **~maal** zweimal; **~ zoveel** doppelt soviel; **~persoonskamer** [-ka:mər] Doppel-, Zweibettzimmer n; **~slachtig** [-'slɑxtəx] zwitterhaft; fig zwiespältig; **~ wezen** n Zwitter m; **~snijdend** [-'snɛidənt] zweischneidig; **~spalt** Zwiespalt m; **~spraak** (-spraken) Zwiegespäch n; **~strijd** [-'strɛit] Zwiespalt m; **~taktmotor** Zweitaktmotor m; **~tal** ['-tɑl] n (-len) (etwa) zwei; Paar n; **~talig** ['-ta:ləx] zweisprachig.

tweevoud ['-ṽɑud] n Zweifache(s); **in ~** in zweifacher Ausfertigung; **~ig** [-dəx] zweifach.

tweezijdig [-'zɛidəx] zweiseitig.

twijfel ['tœifəl] (-s) Zweifel *m*; *in ~ staan* im Zweifel sein; *in ~ trekken* anzweifeln, in Frage stellen; *zonder ~ ook* zweifellos; **~achtig** [-təx] fraglich, zweifelhaft; **~en** (*aan*) zweifeln (an *D*); **~geval** [-ɣəval] *n* Zweifelsfall *m*.
twijg [tœiɣ] Zweig *m*, Gerte *f*.
twinkelen ['tœiŋkəl-] funkeln, leuchten.
twintig ['-təx] zwanzig; **~ste** zwanzigste.
twist Zwist *m*, Zank *m*, Streit *m*; **~appel** Zankapfel *m*; **~en** (sich) streiten, sich zanken; **~gesprek** [-sprɛk] *n* Streitgespräch *n*; **~ziek** zänkisch, streitsüchtig.
tyfoon [ti'fo:n] (-s) Taifun *m*.
tyfus ['tifəs] Typhus *m*.
type ['ti·pə] *n* (-*s of* -*n*) Typ *m* (*ook pers.*); (*model ook*) Bauart *f*; *typ.* Type *f*; **~machine** [-ʃi·nə] Schreibmaschine *f*; **~n** ['ti·pə(n)] tippen, maschineschreiben.
typ|eren [ti'pe:r-] charakterisieren; **~isch** ['ti·pis] typisch, bezeichnend; merkwürdig; **~ist(e** *f* [-*s of* -*n*] [-'pɪst(ə)] *m* Schreibkraft *f*.

U

u, U [y·] Sie; (*aan*) **~** Ihnen.
ui [œy] Zwiebel *f*.
uier ['œyiər] (-*s*) Euter *n*.
uil [œyl] Eule *f*, Kauz *m*; F *pers.*: Schafskopf *m*.
Uilenspiegel: *Tijl* ~ Till Eulenspiegel *m*.
uilskuiken *n* F Schafskopf *m*.
uit [œyt] **1.** *prep aus* (*D*); *van iets ~ ook* aus etw heraus; **2.** *adv* aus, vorbei; hinaus, heraus; *~ zijn* (*afgelopen*) aussein; *boek:* heraussein; *~ zijn op* aussein auf (*A*); *de stad ~ pers.*: verreist.
uit|- *in samenst. mst* aus-, *b.v.* **~ademen** ausatmen; **~baggeren** ausbaggern; **~balanceren** ['-se:r-] *tech* auswuchten.
uitbarst|en ausbrechen; **~ing** Ausbruch *m*, Eruption *f*.
uit|baten betreiben; **~bazuinen** [-zəyn-] ausposaunen; **~beelden** darstellen; **~besteden** [-ste:d-] vergeben; in Pflege geben; **~betalen** auszahlen; **~bijten** ['-bɛit-] ausbeißen; **~blazen** ausblasen; (*rusten*) sich verschnaufen; **~blijven** ['-blɛiv̆-] ausbleiben; **~blinken** sich auszeichnen, glänzen; **~bloeien** ['-blu·iə(n)] (*zn*) aus-, verblühen; **~blussen** ['-blœs-] *v/t* löschen; *v/i* (*zn*) erlöschen; **~borstelen** ['-borstəl-] ausbürsten; **~botten** (*zn*) ausschlagen, Knospen *pl* treiben; **~braak** Ausbruch *m*; **~braken** erbrechen; auswerfen; *woorden* ausstoßen.
uitbrand|en *v/i* (*zn*) *en v/t* ausbrennen;

~er Rüffel *m*, Standpauke *f*, Anpfiff *m*; *een ~ geven* rüffeln.
uitbreid|en ['œydbrɛid-] *v/t* erweitern, ausbreiten, ausdehnen; *v/i* (*ook zn*) *en zich ~* sich erweitern, sich ausdehnen, sich ausweiten; *ziekte:* sich verbreiten; **~ing** Erweiterung *f*, Ausweitung *f*; Ausbau *m*.
uit|breken ['-brɛ:k-] ausbrechen; **~brengen** heraus-, hinausbringen; *verslag* erstatten; *woord* hervorbringen; *stem* abgeben; **~broeden** ['-bru·d-] ausbrüten (*ook fig*).
uitbuit|en ['œydbœyt-] ausbeuten, ausnutzen; *fig ook* ausschlachten; **~er** *m* (*~ster f*) (-*s*) Ausbeuter(in *f*) *m*.
uitbundig [-'bœndəx] überschwenglich.
uitdag|en herausfordern; **~er** *m* (-*s*) Herausforderer *m*; **~ing** Herausforderung *f*.
uitdel|en [-de:l-] aus-, verteilen; **~ing** Aus-, Verteilung *f*.
uit|deuken ['-dœ:k-] ausbeulen; **~diepen** vertiefen; **~dijen** ['-dɛiə(n)] (*zn*) sich ausdehnen; **~doen** ['-du·n] ausmachen, löschen; *licht ook* ausknipsen; *kleren* ausziehen, ablegen; **~dokteren** ['-doktər-] austüfteln; **~doven** erlöschen; löschen.
uitdraai ['-dra:i] (Computer-)Ausdruck *m*; **~en** ausdrehen; *comp* ausdrucken; *~ op* hinauslaufen auf (*A*).
uit|drager *m* Trödler *m*; **~drijven**

uitkomen

['-drɛĭv-] austreiben; **~drinken** austrinken; **~drogen** austrocknen; v/i ook versiegen.

uitdrukk|elijk ['-drəkələk] ausdrücklich; **~en** ['-drɛk-] (**zich**) (sich) ausdrücken.

uitdrukking Ausdruck m; (taal~) Redensart f; **~s·kracht** Ausdruckskraft f; **~s·wijze** [-vɛĭzə] Ausdrucksweise f.

uiteen ['e:n] auseinander; **~drijven** [-drɛĭv-] auseinandertreiben; menigte ook zerstreuen; **~gaan** (zn) auseinandergehen; menigte: sich zerstreuen.

uiteenlopen auseinandergehen; **~d** verschieden(artig).

uiteen|spatten (zn) (zer)platzen; **~vallen** auseinander-, zerfallen.

uiteenzett|en darlegen, auseinandersetzen, erörtern; **~ing** Darlegung f, Auseinandersetzung f, Erörterung f.

uiteinde ['ətɛĭndə] n Ende n; **een zalig ~!** ein glückliches Jahresende!; **~lijk** ['-tɛĭndələk] letzt(end)lich.

uiten ['əytə(n)] äußern, vorbringen.

uitentreuren [əytən'trø:r-] bis zum Überdruß; **~ behandelen** ook breittreten.

uiteraard ['-'a:rt] selbstverständlich, naturgemäß.

uiter|lijk [əytərlək] **1.** äußerlich, äußer-; spätestens; **2.** n Äußere(s), Aussehen n; **~mate** [-'ma:tə] außerordentlich; **~st** äußerst; **~ste** n Äußerste(s), Extrem n; **tot het ~** bis zum Äußersten; fig ook bis aufs Blut.

uitfluiten ['əytflœyt-] auspfeifen.

uitgaan (zn) ausgehen; bevel etc. ook: ergehen; (verlaten) heraus-, hinausgehen (aus D); sp ins Aus gehen; **~ boven** hinausgehen über (A); **~s·centrum** [-sɛntrəm] n Vergnügungsviertel n; **~s·verbod** [-bot] n Ausgangssperre f.

uitgang Ausgang m; gr Endung f; **~s·punt** [-pənt] n Ausgangspunkt m.

uit|gave Ausgabe f; (financieel ook) Aufwendung f; (het publiceren) Herausgabe f; **~n** pl ook Kosten (aufwand m) pl.

uitge|breid [-brɛĭt] ausgedehnt; umfassend, ausführlich; **~kiend** ausgeklügelt; **~kookt** ausgekocht; **~laten** [-la:t-] ausgelassen; **~lezen** (aus)erlesen, ausgesucht; **~put** ['-xəpət] erschöpft; **~raken** sich erschöpfen; fig ook versiegen; **~rekend** [-re:kənt] ausgerechnet; **~sla-**pen gerissen; **~sproken** [-spro:k-] ausgesprochen, ausgeprägt.

uitgestrekt ausgedehnt, weitläufig; **~heid** [-hɛĭt] (-heden) Ausdehnung f, Weite f.

uitgev|en ausgeben; boek herausgeben, verlegen; hdl begeben; **~er** m Verleger m, Herausgeber m; **~erij** [-'rɛĭ] Verlag m.

uit|gezocht = **uitgelezen**; **~gezonderd** ausgenommen; **~gieren: het ~** sich totlachen; **~gieten** ausgießen; **~gifte** Ausgabe f; **~glijden** ['-xlɛĭə(n)] (zn) ausrutschen, ausgleiten; **~gommen** (aus)radieren; **~gooien** ['-xo:ĭə(n)] auswerfen; **~graven** ausgraben; (dieper maken) ausheben; **~groeien** ['-xruĭə(n)] wachsen; **~ boven** hinauswachsen über (A); **~halen 1.** v/t herausziehen; nest ausnehmen; (doen) anstellen, tun; niets **~** nichts nützen; **2.** v/i ausholen; auto: ausscheren; **~hangbord** n Aushängeschild n; **~hangen** aushängen; (optreden als) spielen; **~heems** ausländisch; **~hoek** [-hu·k] entlegener Ort m; **~hollen** aushöhlen; **~hongeren** aushungern; **~horen** ausfragen, -horchen.

uithoud|en ['əythɑŭə(n)] aushalten; **~ings·vermogen** n Ausdauer f.

uiting ['əytɪŋ] Äußerung f.

uit|jouwen [-jɑŭə(n)] ausbuhen; **~kammen** fig durchkämmen; **~kappen** aushauen; gebaar ausladen; **~keren** auszahlen; ausschütten; **~kering** Auszahlung f; Unterstützung f; Zuwendung f; (bijstand ~) Sozialhilfe f; **~kienen** ausklügeln; **~kiezen** aus(er)wählen.

uitkijk ['-kɛĭk] Aussicht f, Ausblick m; Aussichtspunkt m; mar Ausguck m; **op de ~ staan** Ausschau (of Ausguck) halten; F Schmiere stehen; **~en** ausschauen; (naar) fig sich umsehen (nach D), Ausschau halten (nach D); (verlangen) sich sehnen (nach D); **kijk uit!** Vorsicht!; **~ op** hinausblicken auf (A); raam: hinausgehen auf (A); **~toren** [-to:rə(n)] Aussichtsturm m.

uit|kleden (**zich**) (sich) ausziehen, (sich) entkleiden; **~kloppen** ausklopfen; **~knippen** ausschneiden; **~koken** ['-ko:k-] auskochen; med abkochen.

uitkomen ['-ko:m-] herauskommen; boek ook: erscheinen; sich treffen, passen; sich erfüllen, sich verwirklichen,

uitkomst 252

stimmen; wirken, sich abheben; (*uit ei*) ausschlüpfen; *weg*: münden; (*bij kaartspel*) anspielen; **doen ~** hervorheben, herausstreichen; *dat komt goed uit* das trifft sich gut.

uitkomst Ergebnis *n*; (Ab-)Hilfe *f*.

uitlaat (*-laten*) Auspuff *m*; **met een schone ~gassen** *n/pl* Abgase *n/pl*, Auspuffgase *n/pl*; **~klep** *fig* Ventil *n*; **~pijp** [-pɛip] Auspuffrohr *n*.

uit|lachen aus-, verlachen; **~laden** ausladen; **~laten** ['-la:t-] aus-, heraus-, hinauslassen; *hond* ausführen; *zich ~ over* sich äußern zu (*D*) (*of* über *A*), sich auslassen über (*A*); **~lating** Äußerung *f*, Auslassung *f*; **~leenbibliotheek** (Aus-)Leihbücherei *f*, -bibliothek *f*.

uitleg ['-lɛx] Erklärung *f*, Auslegung *f*; *voor verschillende ~ vatbaar* vieldeutig; **~gen** auslegen; *fig* auslegen, erklären; *verkeerd ~* falsch auslegen, mißdeuten.

uitlekken (*zn*) *fig* durchsickern.

uitlen|en ausleihen; **~ing** Ausleihe *f*; (*verhuur*) Verleih *m*.

uit|leren: *men raakt nooit uitgeleerd* man lernt nie aus; **~leven**: *zich ~* sich ausleben; **~leveren** ['-le:vər-] ausliefern; **~lezen** auslesen; **~lichten** ausheben; **~lijnen** ['-lɛin-] auswuchten; **~lokken** provozieren, auslösen, hervorrufen; *jur* anstiften; **~loop** Auslauf *m*; **~lopen** auslaufen; *straat*: münden; *schoenen* austreten; *bot* knospen, Knospen *pl* treiben; **~ op** *fig* hinauslaufen auf (*A*); *voor iem* **~** vor j-m hergehen; **~loper** Ausläufer *m*; **~loven** aussetzen; **~maken** ausmachen; (*beslissen*) entscheiden; (*schelden*) beschimpfen; *dat maakt mij niet uit* das macht mir nichts aus; *het ~ met iem* Schluß machen mit j-m; *iem ~ voor iets* j-n etw schimpfen; **~mesten** ausmisten (*ook fig*); **~monden** (*zn*) münden; **~moorden** hinmorden.

uitmunten ['-mən-] sich auszeichnen, sich hervortun; **~d** ['-mən-] ausgezeichnet, überragend.

uitnemend ['-ne:mənt] ausnehmend, exzellent.

uitnodig|en ['-no:dəɣ-] einladen; (*verzoeken*) auffordern; **~ing** Einladung *f*; Aufforderung *f*.

uitoefen|en ['-u·fənə(n)] ausüben, (be)treiben; **~ing** Ausübung *f*.

uit|pakken auspacken; **~persen** auspressen (*ook fig*); **~pluizen** ['-plœyz-] zupfen; *fig* auseinanderklamüsern; **~plunderen** ['-pləndər-] ausplündern; **~pompen** auspumpen; **~praten** ausreden; **~proberen** [-be:r-] (*op*) ausprobieren (an *D*); **~puilen** ['-pœyl-] hervorquellen.

uit|putten ['-pət-] erschöpfen; *fig* erschöpfen; *zich ~ in fig* sich erschöpfen (*of* verausgaben) in (*D*); **~ing** Erschöpfung *f*.

uit|rafelen ['-ra:fəl-] (zer)fasern, ausfransen; **~rangeren** [-ʒe:r-] ausrangieren; **~razen** (sich) austoben.

uitreik|en ['-rɛik-] aus-, verteilen, überreichen; **~ing** Überreichung *f*.

uit|reisvergunning ['-rɛisfərɣən-] Ausreiseerlaubnis *f*; **~rekenen** ['-re:kən-] aus-, errechnen; **~rekken** (*zich*) (sich) dehnen; *pers*.: (sich) recken; **~richten** ausrichten; **~rijden** ['-rɛiə(n)] (*zn*) ausfahren; ausreiten; **~rit** Ausfahrt *f*; **~roeien** ['-ru·iə(n)] ausrotten, vertilgen.

uitroep ['əytru·p] Ausruf *m*; **~teken** [-te:kə(n)] *n* Ausrufezeichen *n*.

uit|ruimen ['-rœym-] ausräumen; **~rukken** *v/t* ausreißen; *v/i* (*zn*) ausrücken.

uitrust|en ['-rəst-] *v/i* ausruhen; *v/t* ausrüsten, ausstatten; **~ing** Ausrüstung *f*, Ausstattung *f*.

uit|schakelen ['-sxa:kəl-] ausschalten (*ook fig*), abschalten; **~scheiden** *v/t* ausscheiden; *v/i* (*zn*) aufhören; **~schelden** aus-, beschimpfen; **~schenken** ausschenken; **~scheppen** ausschöpfen; **~scheuren** ['-sxø:r-] (her)ausreißen; **~schot** [-sxɔt] *n* Ausschuß(ware *f*) *m*; (*gespuis*) Abschaum *m*; **~schrijven** ['-sxrɛi̯v-] ausschreiben; **~schudden** ['-sxəd-] ausschütteln; *fig* ausplündern; **~schuiftafel** ['-sxœyf-] Ausziehtisch *m*; **~schuiven** ['-sxœyv-] (her)ausziehen; **~slaan** ausschlagen; *vleugels* ausbreiten; **~slag** ['-slax] Ausschlag *m*; Ergebnis *n*; **~slapen** (sich) ausschlafen; **~sloven**: *zich ~* sich abquälen.

uitsluit|en ausschließen; *arbeiders* aussperren; **~end** ausschließlich; **~ing** Ausschluß *m*; Aussperrung *f*; **~sel** *n* Aufschluß *m*.

uit|slurpen ['-slərp-] ausschlürfen;

uitzendbureau

~**smeren** ['smeːr-] verstreichen; *fig* strecken; ~**smijter** ['smeit-] *m* (*-s*) Rausschmeißer *m*; *cul* strammer Max; ~**snijden** ['sneiə(n)] ausschneiden.
uitspan|nen ausspannen; ~**ning** Ausspannung *f*, Erholung *f*; Ausflugs-, Gartenlokal *n*; ~**sel** *n* Firmament *n*.
uit|sparen aussparen; (ein)sparen; ~**spatting** Ausschweifung *f*, Exzeß *m*; ~**spelen** ausspielen (*ook fig*); ~**spoelen** ['spuˑl-] ausspülen; ~**spoken** treiben; ~**spraak** (*-spraken*) Aussprache *f*; (*verklaring*) Aussage *f*, Ausspruch *m*; *jur* Verkündung *f*; ~**spreiden** ausbreiten; ~**spreken** aussprechen; *jur* verkünden; *zich* ~ *voor ook* sich bekennen zu (*D*); *iem laten* ~ j-n ausreden lassen; ~**spugen** ['spyˑy̆-], ~**spuwen** ['spyˑü̆ə(n)] ausspucken; ~**staan** ausstehen.
uitstal|len ausstellen, auslegen; zur Schau stellen; *uitgestald liggen* ausliegen; ~**raam** *n* Schaufenster *n*.
uitstap|je *n* (*-s*) Ausflug *m*, Abstecher *m*; ~**pen** (*zn*) aussteigen.
uitstek ['ɔytstɛk] *n*: *bij* ~ ganz besonders; schlechthin.
uitsteken ['steːk-] ausstecken; *hand* ausstrecken; *vlag* heraushängen; herausemporragen; ~**d** ['steːk-] *fig* ausgezeichnet, hervorragend.
uitstel ['ɔytstɛl] *n* Aufschub *m*, Frist *f*; ~ *van betaling* Zahlungsaufschub *m*; ~ *van betaling geven* Zahlungsaufschub gewähren, stunden; ~ *van executie* Galgenfrist *f*; ~**len** auf-, ver-, hinausschieben.
uit|sterven aussterben; ~**stippelen** [-pəlǝ(n)] abstecken; ~**stoot** Ausstoß *m*.
uitstort|en ausschütten; ~**ing** Erguß *m*; Ausschüttung *f*.
uit|stoten ausstoßen; ~**stralen** ausstrahlen; ~**strekken** (*zich*) (sich) ausstrecken; (sich) ausdehnen (sich) erstrecken; (sich) ausdehnen; (sich) ausstreuen (*ook fig*); ~**strooien** ['stroːiə(n)] ausstreuen (*ook fig*); ~**tellen** *sp* auszählen; ~**tikken** tippen; ~**tocht** Ab-, Auszug *m*.
uittrap *sp* Abstoß *m*; ~**pen** austreten; *sp* abschlagen.
uittred|en ['treːd-] (*zn*) austreten; (*uit functie*) ausscheiden; ~**ing** Austritt *m*.
uittrek|ken (her)ausziehen; (*rukken ook*) ausreißen; *kleren* ausziehen; **erop** ~ losziehen; ~**sel** *n* (*-s*) Auszug *m*.
uit|vaagsel ['faːxsǝl] *n fig* Auswurf *m*; ~**vaardigen** ['faːrdǝy̆-] erlassen; ~**vaart** Beerdigung *f*; Totenmesse *f*.
uitval Ausfall *m*; Vorstoß *m*; ~**len** ausfallen; *sp ook* ausscheiden; (*tegen*) anfahren; ~**s·weg** [-vɛx] Ausfallstraße *f*.
uit|varen ausfahren; (*tegen*) anschnauzen; ~**vechten** ausfechten, -tragen; ~**vegen** ausfegen; (*wissen*) löschen.
uitver|kocht ausverkauft; vergriffen; ~**koop** Ausverkauf *m*; *algehele* (*of totale*) ~ Totalausverkauf *m*, Räumungsverkauf *m*; ~**koren** auserwählt.
uitvieren auskurieren.
uitvind|en erfinden; ~**er** *m* (*-ster f*) Erfinder(in *f*) *m*; ~**ing** Erfindung *f*.
uit|vloeisel ['fluˑisǝl] *n* (*-s of -en*) Ausfluß *m*; ~**vlucht** ['flœxt] Ausflucht *f*, Ausrede *f*, Vorwand *m*.
uitvoer ['ɔytfuːr] Ausfuhr *f*, Export *m*; *ten* ~ *brengen* (*of leggen*) durch-, ausführen, vollziehen; ~**baar** durch-, ausführbar; *jur* vollstreckbar; ~**en** ausführen; durchführen; anstellen, tun; ~**ig** [-'fuːrǝx] ausführlich; ~**ing** Aus-, Durchführung *f*; *thea* Aufführung *f*; *jur* Vollzug *m*; ~**ings·bepaling** Ausführungsbestimmung *f*; ~**rechten** [-xtǝ(n)] *n/pl* Ausfuhrzoll *m*; ~**verbod** [-bɔt] *n* Ausfuhrverbot *n*; ~**vergunning** [-ɣǝn-] Ausfuhrgenehmigung *f*.
uitwas ['ɔytvas] *m* (*-sen*) Auswuchs *m*; ~**wasemen** ['vaːsǝm-] ausdünsten; ~**sen** auswaschen.
uit|wedstrijd ['ɔytvɛtstrɛit] Auswärts-, Hinspiel *n*; ~**weg** [-vɛx] Ausweg *m*; ~**weiden** [-vɛid-] sich verbreiten; ~**wendig** [-dǝx] äußerlich, äußer-.
uitwerk|en *v/t* ausarbeiten; *v/i* (*ook zn*) sich auswirken; ~**ing** Ausarbeitung *f*; Wirkung *f*.
uit|werpen auswerfen; ~**selen** [-vɛrsǝlǝ(n)] *n/pl* Exkremente *n/pl*, Kot *m*.
uitwijk|en ['vɛik-] ausweichen; auswandern; ~**manoeuvre** [-nœːvrǝ] *n of f* Ausweichmanöver *n*.
uitwijzen ['vɛiz-] ausweisen; (*uit land ook*) abschieben; (*leren*) lehren, zeigen.
uitwissel|en (*vervangen ook*) auswechseln; ~**ing** Austausch *m*; Auswechs(e)lung *f*.
uit|wissen (aus-, ver)wischen; löschen; ~**worp** *sp* Abwurf *m*; ~**wrijven** ['frɛiv-] (*zich*) (sich) ausreiben.
uitzend|bureau [-byroː] *n* Zeitarbeits-

uitzenden 254

büro *n*; ~**en** aussenden; *com* senden, ausstrahlen, übertragen; ~**ing** *com* Sendung *f*; **reeks** ~**en** Sendereihe *f*; ~**kracht** *m off* Zeitarbeitnehmer(in *f*) *m*.

uitzet ['-set] Aussteuer *f*; ~**ten 1.** *v/t* aussetzen; (*uitschakelen*) ausschalten; (*uit land*) ausweisen; (*buitengooien*) hinauswerfen; *geld* anlegen; **2.** *v/i* (*zn*) sich (aus)dehnen; *doen* ~ ausdehnen.

uitzicht *n* Aussicht *f*; ~ **op zee** *ook* Meer-, Seeblick *m*; ~**loos** aussichtslos.

uit|zien aussehen; ~ **naar** sich ausesehen nach (*D*); ~**zinnig** ['-sɪnəx] wahnsinnig; ~**zitten** *straf* absitzen, verbüßen; ~**zoeken** ['-suˑk-] aussuchen.

uitzonder|en ausnehmen; ~**ing** Ausnahme *f*; *bij* (*wijze van*) ~ ausnahmsweise; ~**ings-geval** *n* Ausnahmefall *m*; ~**ings·toestand** [-tuˑ-] Ausnahmezustand *m*; ~**lijk** ['-sɔndərlək] außerordentlich.

uitzuigen ['-səyɣ-] aussaugen.

ultimatum [əltiˑ'maːtəm] *n* (*-s*) Ultimatum *n*.

ultra|- ['əl-] *in samenst. mst* Ultra-, *b.v.* ~**kort:** ~*e golf* Ultrakurzwelle *f*, UKW; ~**links** linksradikal; ~**rechts** rechtsradikal; ~**soon** ['-soːn]: *ultrasone trillingen pl* Ultraschall *m*.

unaniem [yˑnaˑ'-] einstimmig.

understatement [ɛndər'steːtmənt] *n* (*-s*) Untertreibung *f*.

unfair [ən'fɛːr] unfair, unlauter.

unicum ['yˑniˑkəm] *n* (*-s of -ca*) Unikum *n*.

unie ['yˑniˑ] (*-s*) Union *f*.

uniek [yˑ'niˑk] einmalig, einzigartig.

uniform [yˑniˑ'-] **1.** einheitlich; **2.** *n* Uniform *f*; ~**ering** [-'meːr-] Vereinheitlichung *f*; ~**iteit** [-'tɛit] Einheitlichkeit *f*.

univer|seel [-'seːl] universell, universal; ~**sitair** [-'tɛːr] akademisch; ~**siteit** [-'tɛit] Universität *f*, F Uni *f*; ~**sum** [-səm] *n* Universum *n*.

ups and downs ['ɔps ɛn dauns] *pl* Auf und Ab *n*.

uranium [yˑ'raːniˑ(j)əm] *n* Uran *n*.

urenlang ['yˑrə(n)-] stundenlang.

urgent [ər'ɣɛnt] dringend, (vor)dringlich; ~**ie** [-'ɣ̊ɛnsi] Dringlichkeit *f*.

urine [yˑ'-] (*-s*) Urin *m*, Harn *m*; ~**blaas** Harnblase *f*; ~**ren** [-'neːr-] harnen.

urn [ər(ə)n] Urne *f*.

usance [yˑ'zɑ̃ːsə] (*-s*) Usance *f*.

USSR [yˑ-ɛs-ɛs-ɛr]: *de* ~ die UdSSR.

utopie [yˑtoˑ'piˑ] (*-ën*) Utopie *f*.

uur [yːr] *n* (*uren*) Stunde *f*; (*tijdstip*) Uhr *f*; *om het* (*half*) ~ jede (halbe) Stunde, (halb)stündlich; *op elk* ~ *van de dag* zu jeder Tageszeit; *per* ~ pro Stunde; ~**loon** *n* Stundenlohn *m*; ~**tje** ['yˑrtʃə] *n* (*-s*) Stündchen *n*; ~**werk** *n* Uhr *f*; (*mechanisme*) Uhrwerk *n*; ~**wijzer** ['-ʋɛiˑzər] Stundenzeiger *m*.

uw, Uw [yˑü] Ihr; *de* (*het*) ~**e** der, die (das) Ihrige.

uwent ['yˑüənt]: *ten* ~ bei Ihnen.

uwer-, Uwerzijds [-zɛits] Ihrerseits.

Uws·gelijke [yˑüsxəlɛikə] Ihresgleichen.

V

v.a. *afk voor* **vanaf** ab.

vaag [vaːx] vage, verschwommen; *fig pej mst* schwammig; *gevoel*: dumpf; *herinnering*: dunkel, blaß.

vaak oft, häufig, öfter(s), des öfteren.

vaal fahl; ~**bleek** fahlbleich.

vaalt Müll(ablade)platz *m*.

vaandel *n* (*-s*) Fahne *f*; Banner *n*.

vaardig ['-dəx] geschickt, gewandt, gekonnt; ~**heid** [-xɛit] (*-heden*) Geschick *n*; Fertigkeit *f*.

vaar|geul ['-ɣ̊øːl] Fahrrinne *f*; ~**t** Fahrt *f*; Kanal *m*; Geschwindigkeit *f*; Schwung *m*; ~**tuig** ['-tœyx] *n* Fahrzeug *n*, Schiff *n*; ~**wel** [-'ʋɛl] **1.** ~*!* lebe wohl!, leben Sie wohl!; **2.** *n* Lebewohl *n*.

vaas (*vazen*) Vase *f*.

vaat Auf-, Abwasch *m*; *de* ~ *doen* abwaschen, spülen; ~**doek** ['-duˑk] Abwaschlappen *m*, Wischtuch *n*; ~**stelsel**

vanuit

['-stɛlsəl] n Gefäßsystem n; **~wasmachine** [-ʃi·nə], **~wasser** (-s) Geschirrspüler m, -spülmaschine f; **~werk** n Geschirr n.

vacant [-'kɑnt] offen, frei.
vacatiegeld(en pl) [ṿaˈka:(t)si·-] n Tagegeld(er pl) n, Diäten pl.
vacature [-kɑ'ty:rə] (-s) offene Stelle f.
vaccin [ṿakˈsɛ̃:] n (-s) Impfstoff m; **~atie** [ṿaksiˈna:(t)si·] (-s) Impfung f; **orale ~** Schluckimpfung f; **~atie-bewijs** [-ʋɛis] n Impfschein m; **~eren** [-'ne:r-] impfen.
vacht Fell n.
vacuüm ['-ky·(ü)əm] n (vacua) Vakuum n (ook fig); **~verpakt** vakuumverpackt.
vader m (-s) Vater m.
vaderland n Vater-, Heimatland n, Heimat f; **~s** vaterländisch, heimatlich; **~s·liefde** Vaterlandsliebe f.
vader|lijk [-lək] väterlich; **~schap** [-sxɑp] n Vaterschaft f.
vadsig ['ṿɑtsəx] träge.
vage|bond ['ṿa:ɣə-] m Vagabund m; **~vuur** [-ṿy:r] n Feuer n.
vak [ṿɑk] n (-ken) Fach n; **verplicht ~** Pflichtfach n; **man m van 't ~** Mann m vom Fach.
vakantie [-'kɑnsi·] (-s) Ferien pl, Urlaub m; **met ~ gaan** in die Ferien (of in Urlaub) fahren; **~adres** n Urlaubsanschrift f; **~bestemming** Urlaubsziel n; **~cursus** [-kɔrsəs] Ferienkurs m; **~flat** [-flɛt] Ferienwohnung f; **~ganger** (**~gangster** f) m (-s) Urlauber(in f) m, Feriengast m; **~geld** n Urlaubsgeld n; **~huis(je)** [-həys (-həyʃə)] n Ferienhaus n, -wohnung f; **~oord** n, **~plaats** Urlaubs-, Ferienort m; **~tehuis** [-təhəys] Ferienheim n; **~tijd** [-tɛit] Urlaubszeit f; **~verblijf** [-blɛif] n Ferienaufenthalt m; **~werk** n Ferienarbeit f.
vak|beurs [-bø:rs] Fachmesse f; **~beweging** Gewerkschaftsbewegung f.
vakbond Gewerkschaft f; **~s·functionaris** [-fəŋksio·-] m, **~s·lid** n Gewerkschaft(l)er m.
vakcentrale ['-sɛn-] Gewerkschaftsbund m.
vaker ['ṿa:kər] öfter(s), des öfteren.
vak|gebied [-ɣəbi:t] n Fachgebiet n; **op ~** fachlich; **~groep** ['-xrup] Fachbereich m; Fachschaft f; **~kennis** Fachkenntnisse f/pl; **~kundig** [-'kœndəx] fachkundig, fachmännisch; **~man** [-lui, -lieden of

-mensen) Fachmann m; **~opleiding** [-lɛid-] Fachausbildung f; **~organisatie** [-zaːˈ(t)si·] = **vakvereniging**; **~school** ['-sxo:l] Fachschule f; Berufsschule f; **~term** Fachausdruck m; **~verbond** n Gewerkschaftsbund m; **~vereniging** ['-fərəˌnəɣ-] Gewerkschaft f; (ambachts**~**) Innung f; **~vrouw** ['-frɑu] f Fachfrau f.

val (-len) **1.** Falle f; **2.** Fall m, Sturz m; **ten ~ brengen** zu Fall bringen, stürzen.
valeriaan [-'lɛː-] (-rianen) Baldrian m.
valhelm Sturzhelm m.
valk Falke m.
vallei [-'lɛi] Tal n.
vallen* (zn) fallen, stürzen; **hinfallen; de ziekte** Epilepsie f; **doen ~** stürzen; **laten ~** fallenlassen; (van de prijs) nachlassen; **~ te + inf** geben, sein zu + inf; **daar valt niet mee te lachen** das ist nicht zum Lachen, da gibt es nichts zu lachen; **naar beneden ~** herunterfallen; **~ onder** (ressorteren) unterstehen (D); **~ op** fig entfallen auf (A).
vals falsch, unecht; böse; tückisch, hämisch; **~elijk** ['-sələk] fälschlich, zu Unrecht; **~(e)munter** [-mœntər] m (-s) Falschmünzer m.
valscherm ['-sxɛr(ə)m] n Fallschirm m.
valsheid ['-shɛit] Falschheit f; **~ in geschrifte** Urkundenfälschung f.
valuta [-'lyˑ-] (-'s) Valuta f, Währung f; **vreemde ~** Fremdwährung f; **~koers** [-kuˑrs] Währungskurs m.
vampier [-'piːr] (-s) Vampir m.
van von (D); **~ woede etc.** vor (D); **~ ... af** ab; von ... an; **~af** ['-ɑf] ab; von ... an; **één mark** ab e-r Mark, von e-r Mark aufwärts; **~ vandaag** ab heute; **~avond** [-'aːṿɑnt] heute abend; **~binnen** [-'binə(n)] innen; **~daag** ['-daːx] heute; **~daan** [-'daːn] her; **waar ~** woher; **~daar** [-'daːr] daher.
vandalisme ['-lɪsmə] n Wandalismus m.
vaneen [-'eːn] voneinander.
vang|en* fangen, fassen; **~rail** ['-reːl] Leitplanke f.
vangst Fang m, Beute f.
vanille [-'niˑ(l)jə] Vanille f.
van|middag [-'mid-] (-**morgen** [-'mɔr-], **~nacht** [-'nɑxt]) heute mittag (morgen, nacht); **vanmorgen vroeg** heute früh; **~ochtend** [-'ɔxtənt] heute morgen; **~ouds** ['-ɑuts] seit jeher; **~uit** [-'œyt] von

vanwaar

(D) ... aus; ~**waar** [-'va:r] woher; ~**wege** [-'ʋe:ɣə] wegen (G); seitens (G).

vanzelf [-'zɛl(ə)f] von selbst, von allein; ~**sprekend** [-'spre:kənt] selbstverständlich, selbstredend.

vaporisator [-'za:tɔr] (-s of -en [-'to:-]) Zerstäuber m.

varen[1] (-s) Farnkraut n.

varen[2] * (ook zn) fahren, schiffen; *laten* ~ *fig* fahrenlassen.

varia ['va:ri·(j)a] *pl* Vermischtes; ~**bel** [vari·'ja:bəl] variabel; *de* **werktijd** (*en pl*) gleitende Arbeitszeit *f*; ~**nt** [-'jant] Variante *f*; (*versie ook*) Lesart *f*.

var|iëren [-ri·'jɛːr-] variieren; *v/t ook* abwandeln; ~**été** [-rie·'te:] *n* (-s) Varieté *n*; ~**iëteit** [-rie·'tɛit] *biol* Abart *f*.

varken *n* (-s) Schwein *n*.

varkens|gebraad *n* Schweinebraten *m*; ~**haasje** [-ha:ʃə] *n* (-s) Schweinelende *f*; ~**kop** Schweinskopf *m* (*ook fig*); ~**kotelet** Schweinekotelett *n*; *gezouten* ~ Rippenspeer *m of n*; ~**lapje** Schweinesteak *n*; *gepaneerd* ~ Schweineschnitzel *n*; ~**le(d)er** *n* Schweinsleder *n*; ~**pootje** Schweinshaxe *f*; Eisbein *n*; ~**stal** Schweinestall *m* (*ook fig*); ~**vlees** *n* Schweinefleisch *n*; *gekookt* ~ Wellfleisch *n*.

vast fest; ständig; *adv* sicher, gewiß; vorläufig; inzwischen; ~ *en zeker* ganz gewiß, bomben-, todsicher; ~**beraden** [-'ra:də(n)] entschlossen, unbeirrt; ~**besloten** (fest) entschlossen; ~**binden** fest-, anbinden; ~**e-land** [-tə'lant] *n* Festland *n*, Kontinent *m*.

vasten 1. fasten; **2.** ~**(tijd** [-tɛit]) Fasten *pl*; ~**avond** [-'a:ʋɔnt] Fastnacht *f*.

vast|gespen (*zich*) (sich) anschnallen; ~**goed** ['xu·t] *n* Immobilien *pl*; ~**haken** (an-, fest)haken; ~**hechten** (an)heften, befestigen; ~**heid** [-hɛit] Festigkeit *f*; ~**houden** ['hɑuə(n)]: (*zich*) ~ (*aan*) sich festhalten (*an D*); ~**ketenen** [-'ke:tən-] anketten; ~**klampen**: *zich* ~ *aan* sich klammern an (A); ~**klemmen** fest-, einklemmen; ~**klinken** (ver)nieten; ~**knopen** verknüpfen; ~**leggen** (*zich*) (sich) festlegen; (*registreren ook*) festhalten; ~**lopen** (*zn*) (sich) festfahren; *verkeer*: sich stauen, stocken; *schip*: auflaufen; *comp* abstürzen; ~**maken** ['ma:k-] festmachen, befestigen; ~**pakken** packen, anfassen;

256

~**plakken** (an)kleben; ~**rentend** ['rɛntənt] festverzinslich; ~**roesten** ['ru·st-] einrosten; ~**schroeven** [-sxru·ʋ-] festschrauben; ~**spijkeren** ['-spɛikər-] fest-, annageln; ~**staan** feststehen.

vaststell|en festsetzen, bestimmen; (*constateren*) feststellen; (*opsporen ook*) ermitteln; ~**ing** Festsetzung *f*; Feststellung *f*; Ermittlung *f*.

vastzitten festsitzen; ~ *aan ook* haften an (D).

vat [ʋat] **1.** *n* Faß *n*, Tonne *f*, Gefäß *n*; **2.** Griff *m*; ~ *krijgen op* in den Griff bekommen, beikommen (D); ~**baar** empfänglich; ~ *voor* anfällig gegen (A).

Vaticaan [-'ka:n] *n*: *het* ~ der Vatikan.

vatten fassen; (*begrijpen ook*) erfassen.

vazal [-'zal] *m* (-len) Vasall *m*.

vecht|en* kämpfen; (*met elkaar*) ~ sich schlagen (*of* raufen); ~**er** *m* (-s) Kämpfer *m*; ~**ersbaas** *m* Raufbold *m*; Schläger *m*; ~**lust** ['-lɔst] Streit-, Kampflust *f*; ~**partij** [-tɛi] Schlägerei *f*; Prügelei *f*, Handgemenge *n*; ~**ster** *f* (-s) Kämpferin *f*.

veder ['ʋe:dər] (-s *of -en*) = **veer**[1]; ~**gewicht** *n* Federgewicht *n*; ~**licht** federleicht.

vee *n* Vieh *n*; ~**arts** *m of f* Tierarzt *m*, Tierärztin *f*.

veel viel; *al te* ~ allzuviel; ~**al** vielfach, gewöhnlich; ~**belovend** viel-, erfolgversprechend; ~**betekenend** [-'te:kənənt] bedeutungsvoll, bedeutsam; ~**eer** vielmehr; ~**eisend** [-'ɛisənt] anspruchsvoll; ~**gevraagd** (viel)gefragt; *hdl ook* gesucht; ~**kleurig** [-'klø:rəx] vielfarbig; ~**omvattend** umfassend; ~**soortig** [-'so:rtəx] mannigfaltig; ~**voud** ['-ʋɑut] *n* Vielfache(s); ~**voudig** [-dəx] = *veelvuldig*; ~**vraat** *m* (-*vraten*) Vielfraß *m*; ~**vuldig** [-'ʋɵldəx] vielfach, mannigfaltig, häufig; (*gevarieerd*) vielfältig; ~**zeggend** [-'zɛɣ-] vielsagend; (*informatief ook*) aufschlußreich; ~**zijdig** [-'zɛidəx] vielseitig.

veen *n* (*venen*) Moor *n*; ~**(land** *n*) Fenn *n*.

veer[1] (*veren*) Feder *f*.

veer[2] *n* (*veren*), ~**boot** Fähre *f*, Fährschiff *n*.

veerkracht Elastizität *f*; *fig* Spannkraft *f*; ~**ig** [-'krɑxtəx] elastisch.

veerpont Fähre *f*.

veertien vierzehn; ~**de** vierzehnte.

veertig ['fe:rtəx] vierzig; **~er** m (-s), **~jarige** m of f Vierziger(in f) m, Vierzigjährige(r); **~ste** vierzigste.

vee|stapel Viehbestand m; **~teelt** Viehzucht f; **~voer** ['-vu:r] n Viehfutter n.

vegen fegen, wischen, kehren; *zijn voeten pl* ~ (sich) die Füße pl abtreten.

vegetariër [-'ta:ri·(j)ər] m (-s) Vegetarier m; **~isch** [-'ta:ri·s] vegetarisch.

vegetatie [-'ta:(t)si·] (-s) Vegetation f; **~eren** [-'te:r-] vegetieren.

vehikel ['hi·kəl] n (-s) Vehikel n.

veilen ['vɛil] versteigern, auktionieren.

veilig ['vɛiləx] sicher; **~heid** [-xɛit] (-*heden*) Sicherheit f.

veiligheids|- *in samenst. mst* Sicherheits-, *b.v.* **~gordel** Sicherheitsgurt m; *de* **~** *aandoen* sich angurten; **~halve** sicherheitshalber; **~helm** Schutzhelm m; **~maatregel** Sicherheits-, Schutzmaßnahme f; ℞**raad** Sicherheitsrat m; **~slot** n Sicherheitsschloß n; **~speld** Sicherheitsnadel f; **~stopcontact** n Schukosteckdose f.

veiling Versteigerung f, Auktion f.

veinzen ['vɛinzə(n)] simulieren, sich verstellen, heucheln.

vel n (-*len*) Fell n, Haut f; (Papier-)Bogen m; *uit zijn* **~** *springen* aus der Haut fahren.

veld n Feld n; (*terrein ook*) Platz m; **~** *winnen* (o) Boden gewinnen, überhandnehmen; *in het open* **~** auf freiem Feld; **~bed** n Feldbett n; **~heer** m Feldherr m; **~kijker** ['-kɛikər] Feldstecher m; **~loop** Geländelauf m; **~maarschalk** m Feldmarschall m; **~sla** Feldsalat m; **~slag** ['-slαx] Schlacht f; **~tocht** Feldzug m.

velerhande, **~lei** vieler-, mancherlei.

velg Felge f.

vellen fällen, (*doden*) erschlagen.

velletje ['vɛlətiə] n (-s) Häutchen n.

ven n (-*nen*) Heide-, Moorsee m.

Venetië [-'ne:(t)si·(j)ə] n Venedig n.

venijn [və'nɛin] n Gift n (*ook fig*); **~ig** [-'nɛinəx] giftig.

venkel ['vɛnkəl] Fenchel m.

vennoot m (-*noten*) *hdl* Gesellschafter m, Teilhaber m; *stille* **~** stiller Teilhaber; **~schap** [-sxαp] (-*pen*): *besloten* **~** (*BV*) Gesellschaft f mit beschränkter Haftung (GmbH f); *naamloze* **~** (*N.V.*) Aktiengesellschaft f (AG f).

venster n (-s) Fenster n; **~bank** Fensterbrett n; **~luik** [-ləyk] n (Fenster-)Laden m.

vent m Kerl m; **~en** hausieren; **~er** m (-s) Hausierer m.

ventiel [vɛn'ti·l] n Ventil n.

ventil|ateur [-'tø:r] (-s) Ventilator m; **~atie** [-'la:(t)si·] Ventilation f, (Be-)Lüftung f; **~ator** (-*s of -en* [-'to:-]) Ventilator m; **~eren** [-'le:r-] ventilieren, (ent)lüften.

ventje n (-s) Kerlchen n, Männchen n.

ver [vɛr] fern, weit; *verwante:* entfernt, weitläufig; *niet* **~** *van* unweit (*G*); *z. ook* **verre.**

veraan|genamen [-'a:nɣə-] (-) verschönern, versüßen; **~schouwelijken** [-sxαuələkə(n)] (-) veranschaulichen.

veracht|elijk [-tələk] verächtlich; **~en** (-) verachten; **~ing** Verachtung f.

verademing [-'a:dəm-] Aufatmen n; Erholung f.

veraf [vɛr'αf] weit entfernt, weitab.

ver|afgoden [-'αfxo:d-] (-) vergöttern; **~afschuwen** [-'αfsxyvə(n)] (-) verabscheuen; **~algemenen** [-'me:n-] (-) verallgemeinern.

veranda [və'rαndα·] (-'*s*) Veranda f.

veranderen (-) *v*/*t* (*zn*) ändern; ver-, umwandeln; *v*/*i* (*zn*) sich (ver)ändern, sich (ver)wandeln; **~** *van* ändern, wechseln; *van baan* **~** die Stelle wechseln; **~ing** (-*en*) Änderung f, Wandel m; **~lijk** [-lək] veränderlich.

verantwoord vertretbar, fundiert; verantwortungsvoll; **~elijk** [-'ʋo:rdələk] verantwortlich; verantwortungsvoll; **~elijkheid** (-*heden*) Verantwortung f.

verantwoord|en [-'αnt-] (-) (*zich*) (sich) verantworten; **~ing** Verantwortung f; *ter* **~** *roepen* zur Rechenschaft ziehen, zur Rede stellen; *voor zijn* **~** *nemen* die Verantwortung auf sich nehmen für (*A*), auf seine Kappe nehmen.

verarmen (-) *v*/*i* (*zn*) verarmen.

verbaasd erstaunt; **~** *staan* staunen.

verband n Zusammenhang m, Beziehung f; *med* Verband m, Binde f; *in* **~** *met* im Zusammenhang mit (*D*), in Beziehung zu (*D*); **~gaas** n (Verband-)Mull m; **~materiaal** n Verbandzeug n; **~trommel** n Verbandkasten m.

verbannen* (-) verbannen.

verbaz|en (-) erstaunen; *zich* **~** (*over*)

verbazend

staunen (*of* sich wundern) (über *A*); ~**end** erstaunlich; ~**ing** (Er-)Staunen *n*; ~**ing-wekkend** [-'vɛkənt] erstaunlich.

verbeeld|en (-): *zich* ~ sich einbilden, sich vorstellen; ~**ing** Einbildung *f*; Phantasie *f*; ~**ings-kracht** Einbildungskraft *f*.

ver|bergen (-) verbergen, verstecken; ~**beten** [-'be:t-] verbissen.

verbeter|en [-'be:tər-] (-) *v/t* verbessern; *v/i* (*zn*) sich bessern; ~**ing** Verbesserung *f*; Besserung *f*.

verbeurdverklar|en [-'bø:rt-] einziehen, konfiszieren; ~**ing** Beschlagnahme *f*.

ver|beuren [-'bø:r-] (-) einbüßen, verwirken; ~**beuzelen** [-'bø:zəl-] (-) vertrödeln; ~**bieden** (-) verbieten, untersagen; ~**bijstering** [-'bɛistər-] Bestürzung *f*.

verbin|den (-) verbinden; *zich* ~ (*tot*) sich verpflichten (zu *D*); ~**ding** Verbindung *f*; *tel en verkeer ook* Anschluß *m*; *zich in* ~ *stellen met* sich in Verbindung setzen mit (*D*); ~**dings-weg** [-ʋɛx] Zubringerstraße *f*; ~**tenis** [-'bɪntənɪs] (-sen) Verbindung *f*; Verpflichtung *f*, Verbindlichkeit *f*.

verbitter|d verbittert; erbittert; ~**en** (-) verbittern.

ver|bleken (-; *zn*) erblassen; *kleuren en fig* verblassen; ~**blijden** [-'blɛid-] (-) beglücken, erfreuen.

verblijf [-'blɛif] *n* (-*blijven*) Aufenthalt *m*; ~**plaats** Aufenthaltsort *m*; ~**s-vergunning** [-ɣən-] Aufenthaltsgenehmigung *f*.

ver|blijven (-) sich aufhalten; (*in brief*) verbleiben; ~**blinden** (-) blenden; *fig* verblenden; ~**bloemen** [-'blu:m-] (-) bemänteln; ~**bluffen** (-) verblüffen; ~**bluft** [-'blœft] verblüfft.

verbod [-'bɔt] *n* Verbot *n*; ~**s-bord** *n* Verbotsschild *n*.

ver|bolgen [-'bɔlɣə(n)] erzürnt, zornig; ~**bond** *n* Bündnis *n*; (*vereniging*) Verband *m*; Bund *m*; *een* ~ *sluiten* (*met*) *ook* sich verbünden (mit *D*).

verbonden verbunden; *verkeerd* ~ *tel* falsch verbunden; ~**heid** [-hɛit] (-*heden*) Verbundenheit *f*.

ver|borgen versteckt, verborgen; ~**bouwen** [-'baʊə(n)] (-) umbauen; *planten* anbauen; ~**bouwereerd** [-baʊə'-] verdutzt; ~**bouwing** Umbau *m*.

verbrand|en (-) *v/i* (*zn*) en *v/t* verbrennen; ~**ings-gassen** *n/pl* Abgase *n/pl*; ~**ings-motor** Verbrennungsmotor *m*.

ver|brassen (-) verprassen; ~**breden** (-) verbreitern; ~**breken** [-'bre:k-] (-) (ab)brechen; unterbrechen; *verloving* lösen; ~**brijzelen** [-'brɛizəl-] (-) zertrümmern, zerschmettern; ~**broedering** [-'bru:dər-] Verbrüderung *f*; ~**brokkelen** (-) zerbröckeln; *v/t ook* zerstückeln.

verbruik [-'brœyk] *n* Verbrauch *m*, Konsum *m*; Verzehr *m*; ~**en** (-) verbrauchen; ~**er** *m* (-*s*) Verbraucher *m*; ~**s-belasting** Verbrauchssteuer *f*; ~**s-goederen** [-xu:dər-] *n/pl* Verbrauchsgüter *n/pl*; ~**ster** *f* (-*s*) Verbraucherin *f*.

verbuig|en [-'bœyɣ-] (-) verbiegen; *gr* beugen, deklinieren; ~**ing** Verbiegung *f*; *gr* Beugung *f*, Deklination *f*.

verdacht verdächtig, suspekt; ~ *worden van* im Verdacht stehen; ~**e** Beschuldigte(r); Angeklagte(r); ~**making** Verdächtigung *f*.

ver|dagen (-) vertagen; ~**dampen** (-) *v/i* (*zn*) en *v/t* verdampfen, verdunsten.

verdedig|baar [-'de:dəɣ-] vertretbar; haltbar; ~**en** (-) verteidigen; vertreten; ~**er** *m* (-*s*) Verteidiger *m*; Vertreter *m*; ~**ing** Verteidigung *f*; *sp ook* Abwehr *f*; ~**ster** *f* (-*s*) Verteidigerin *f*; Vertreterin *f*.

verdeeld geteilt; (*innerlijk*) ~ zwiespältig; ~**heid** [-hɛit] Uneinigkeit *f*; Zwietracht *f*, Zerrissenheit *f*.

ver|delen (-) (ver-, auf)teilen; (*twist*) teilen, entzweien; ~**delgen** (-) vertilgen, ausrotten; ~**deling** (Ver-, Auf-)Teilung *f*; ~ *in tweeën* Zweiteilung *f*.

verdenk|en (-) (*van*) verdächtigen (*G*); ~**ing** Verdacht *m*.

verder weiter, ferner; fort; weiterhin; ~ *vertellen* weitererzählen.

verderf *n* Verderben *n*; ~**elijk** [-'dɛrfələk] verderblich.

verdichten (-) verdichten.

verdien|en (-) verdienen; ~**ste** Verdienst *m en fig n*; ~**stelijk** [-'di:nstələk] verdienstvoll, verdient.

verdiep|en (-) (*zich*) (sich) vertiefen; *verdiept raken in fig* versinken in (*A*); *verdiept zijn in* versunken sein in (*A*);

~ing Vertiefing *f*; *arch* Etage *f*, Stock (-werk *n*) *m*; **met één ~** eenstöckig.
verdikk|en (-) *v/t* verdicken; *v/i* (*zn*) sich verdicken; **~ing** Verdickung *f*; *med ook* Wulst *f*.
verdoemen ['du·m-] (-) verdammen; **~is** [-mənɪs] Verdammnis *f*.
ver|doen ['du·n] (-) vertun; **~doezelen** ['du·zəl-] (-) vertuschen; **~domd**, **~domme** ['dɔmə] F verdammt.
verdonker|emanen [-dɔŋkərə'-] (-) unterschlagen; **~en** (-; *ook zn*) (**zich**) (sich) verdunkeln.
verdorie! ['do·ri·] F verflixt!, Herrgott (noch mal)!
ver|dorren (-; *zn*) verdorren; **~dorven** verdorben; **~doven** (-) betäuben; *z. ook middel*; **~doving** Betäubung *f*; **~draagzaam** tolerant; verträglich; **~draaid** ['dra·ɪt] verflixt; **~draaien** (-) verdrehen; *fig ook* entstellen.
verdrag ['drɑx] *n* Vertrag *m*; **door een ~** *ook* vertraglich; **~en** ['dra·ɣ-] (-) vertragen; ertragen.
verdriet *n* Kummer *m*; **~ doen** schmerzen; **iem ~ aandoen** j-m Kummer bereiten; **~ig** [-təx] traurig; verdrießlich.
verdrievoudig|en ['vaudəɣ-] (-) *v/t* verdreifachen; *v/i* (*zn*) sich verdreifachen; **~drijven** ['drɛi̯v-] (-) vertreiben.
ver|dringen (-) verdrängen; **elkaar** (*of* **zich**) **~** sich drängen; **~drinken** (-) *v/i* (*zn*) ertrinken; *v/t* ertränken; vertrinken; **~drogen** (-) vertrocknen; **~drukking** ['drʏk-] Bedrückung *f*; Unterdrückung *f*; **~dubbelen** ['dœbəl-] (-) *v/t* verdoppeln; *v/i* (*zn*) sich verdoppeln; **~duidelijken** ['dœydələk-] (-) verdeutlichen.
verduister|en (-) **1.** verdunkeln; *geld* unterschlagen, veruntreuen; **2.** *v/i* (*zn*) sich verdunkeln, sich verdüstern; **~ing** Verdunk(e)lung *f*; Unterschlagung *f*, Veruntreuung *f*; *astr* Finsternis *f*.
ver|duiveld ['dœyvəlt] F verflixt; *adv ook* verteufelt; **~dunnen** ['dœn-] (-) *v/t* verdünnen, panschen; **~duren** ['dy·r-] (-) erdulden, leiden; **~dwalen** (-; *zn*) sich verirren, sich verlaufen.
verdwijn|en* ['dʍɛi̯n-] (-; *zn*) verschwinden; **~ing** Verschwinden *n*.
veredeling ['e·dəl-] Veredelung *f*.
vereend vereint.

vereenvoudig|en [-'vaudəɣ-] (-) vereinfachen; **~ing** Vereinfachung *f*.
vereen|zamen (-; *zn*) vereinsamen; **~zelvigen** ['zɛlvəɣ-] (-) identifizieren.
vereer|der *m* (*-s*) Verehrer *m*; **~ster** *f* (*-s*) Verehrerin *f*.
ver|eeuwigen ['e·ʍəɣ-] (-) verewigen; **~effenen** ['ɛfən-] (-) ausgleichen; (*betalen*) begleichen.
vereis|en [-'ɛisə(n)] (-) erfordern; **~t** erforderlich; **~te** Erfordernis *n*.
veren *v/i* federn.
verenig|baar ['e·nəɣ-] vereinbar; **~en** (-) (ver)einigen, vereinen; **Verenigde Naties** *pl* Vereinte Nationen *f/pl*; **~ing** Verein *m*; Vereinigung *f*; 2 **voor Vreemdelingenverkeer** (*afk* **V.V.V.**) Fremdenverkehrsverein *m*, -amt *n*.
ver|eren (-) verehren; **~ergeren** ['ɛrɣər-] (-) *v/t* verschlimmern, verschlechtern; *v/i* (*zn*) sich verschlimmern, sich verschlechtern; **~ering** Verehrung *f*; **~etteren** ['ɛtər-] (-; *zn*) vereitern.
verf (*verven*) Farbe *f*; Anstrich *m*; **~doos** Farb-, Malkasten *m*.
ver|fijnen ['fɛin-] (-) verfeinern; **~flauwen** ['flɑuə(n)] (-; *zn*) nachlassen; abflauen.
verfoei|en ['fu·i·] (-) verabscheuen; **~lijk** [-lək] abscheulich, hassenswert.
ver|fraaien (-) verschönern; **~frissen** (-) erfrischen; **~frissing** Erfrischung *f* (*ook fig*); **~frommelen** ['frɔməl-] (-) zerknittern, zerknüllen; **~gaan** (-; *zn*) vergehen; (*zinken*) untergehen; (*rotten*) vermodern, verwesen; **hoe zal het hem ~?** wie wird es ihm ergehen?
vergaand ['ɣe·r-] weitgehend.
vergader|en [-'ɣa·dər-] (-) tagen; **~ing** Versammlung *f*; Tagung *f*; Sitzung *f*; *algemene* **~** Generalversammlung *f*, *hdl* Hauptversammlung *f*; *pol* Plenarsitzung *f*; **~zaal** Sitzungssaal *m*.
ver|gallen (-) verleiden; **~gankelijk** ['ɣaŋkələk] vergänglich; **~garen** (-) sammeln; **~gassen** (-) vergasen; **~gasten** (-) bewirten; auftischen; **~geeflijk** ['ɣe·flək] verzeihlich; **~geefs** *adv* vergebens, umsonst; *adj* vergeblich.
verge|et|achtig [-təx] vergeßlich; **~mij-nietje** [-mə-] *n* (*-s*) Vergißmeinnicht *n*.
vergeld|en (-) vergelten; **~ing** Vergeltung *f*; **~ings·maatregel** Vergeltungsmaßnahme *f*.

vergelijk

vergelijk [-ɣəˈlɛik] *n* Vergleich *m*; **~baar** vergleichbar; **~en** (-) vergleichen; *daarbij vergeleken* dagegen, im Vergleich dazu; **~ing** Vergleich *m*; *wisk* Gleichung *f*; *bij wijze van ~* vergleichsweise; *in ~ met* im Vergleich zu (*D*).

vergemakkelijken [-ɣəˈmakələk-] (-) erleichtern.

vergen (er)fordern, verlangen; zumuten; *veel ~* strapazieren; *te veel ~ van* überfordern, -anstrengen; *te veel van zichzelf ~* sich zuviel zutrauen.

vergenoeg|d [-ˈnuxt] vergnügt; **~en** (-): *zich ~* sich begnügen.

verget|elheid [-ˈɣɛːtəlhɛit] Vergessenheit *f*; **~en*** (-; *ook zn*) vergessen.

vergev|en (-) verzeihen, vergeben; vergiften; **~ing** Verzeihung *f*; Vergebung *f*; Vergabe *f*.

ver|gewissen [-ɣəˈʋɪs-] (-): *zich ~ (van)* sich vergewissern (*G*); **~gezellen** [-ˈzɛl-] (-) begleiten; *vergezeld van* in Begleitung (*G*) of von (*D*).

ver|gezicht [ˈvɛr-] *n* Fern-, Aussicht *f*; **~gezocht** weit hergeholt.

ver|giet *n* Durchschlag *m*; **~gieten** (-) vergießen; **~giffenis** [-ˈɣɪfən-] Verzeihung *f*, Vergebung *f*.

vergif|t *n* Gift *n*; **~tigen** [-təɣə(n)] (-) vergiften.

vergissen (-): *zich ~* sich irren; **~ing** Irrtum *m*, Versehen *n*; *bij*, *per ~* versehentlich, irrtümlich(erweise).

vergoed|en [-ˈɣuˑd-] (-) vergüten, entschädigen, ersetzen; erstatten; **~ing** Vergütung *f*; Entschädigung *f*; Erstattung *f*.

ver|goelijken [-ˈɣuˑlək-] (-) beschönigen; **~grendelen** [-ˈɣrɛndəl-] (-) verriegeln; **~grijp** [-ˈɣrɛip] *n* Verstoß *m*; **~grijpen** (-): *zich ~ aan* sich vergreifen (*of vergehen*) an (*D*).

ver|grijzen (-; *zn*) vergreisen, ergrauen; **~groeid** [-ˈɣruˑit] verwachsen; verkrüppelt; **~grootglas** [-xlɑs] *n* Vergrößerungsglas *n*, Lupe *f*; **~groten** (-) vergrößern; (*verhogen ook*) steigern; (*uitbreiden ook*) erweitern; **~groting** Vergrößerung *f*; Steigerung *f*; Erweiterung *f*; **~guizen** [-ˈɣœyz-] (-) schmähen; **~guld** [-ˈɣʏlt] vergoldet; **~gunning** Erlaubnis *f*, Genehmigung *f*; (*tap~*) Schankkonzession *f*, -erlaubnis *f*; *speciale ~* Sondergenehmigung *f*.

ver|haal *n* (*-halen*) Erzählung *f*, Geschichte *f*; Bericht *m*; *jur* Ersatzanspruch *m*, Regreß *m*; *kort ~* Kurzgeschichte *f*; **~haasten** (-) beschleunigen.

verhalen (-) erzählen; *~ op* sich schadlos halten an (*D*); **~d** episch.

ver|handeling Handel *m*; Abhandlung *f*; **~hangen** (-) umhängen; *zich ~* sich erhängen; *hard weg*: befestigt; **~harden** (-) *v/t* verhärten; *v/i* (*zn*) sich verhärten; **~haren** (-) sich haaren; **~heerlijken** [-ˈheːrləkə(n)] (-) verherrlichen; **~heffen** (-) erheben; **~d** *ook* erbaulich; **~helderen** [-ˈhɛldərə(n)] (-) *v/t* erhellen; *v/i* (*zn*) sich aufheitern; **~helen** (-) verhehlen; **~helpen** (-) abhelfen (*D*), beheben; **~hemelte** [-ˈheːməltə] *n* (*-s of -n*) Gaumen *m*.

verheugen [-ˈhøːɣ-] (-) (er)freuen; *zich ~* sich erfreuen (*over* an (*D*); *in* [*G*]); **~d** erfreulich.

ver|heven erhaben; *stijl*: gehoben; **~hevigen** [-ˈheːvəɣ-] (-) (*v/i* [*zn*] sich) verstärken; **~hinderen** (-) (ver)hindern; **~hitten** (-) (*zich*) (sich) erhitzen (*ook fig*); **~hoeden** [-ˈhuˑd-] (-) verhüten.

verhog|en (-) erhöhen, steigern; **~ing** Erhöhung *f*; Steigerung *f*; Erhebung *f*; Podest *n*; (*erhöhte*) Temperatur *f*.

ver|hongeren (-; *zn*) verhungern; **~hoor** *n* (*-horen*) Verhör *n*, Vernehmung *f*; **~horen** (-) verhören, vernehmen; *verzoek* erhören.

verhoud|en [-ˈhɑud-] (-): *zich ~* sich verhalten; **~ing** Verhältnis *n*; *in ~ tot* im Verhältnis zu (*D*).

verhuis|kosten [-ˈhəys-] *pl* Umzugskosten *pl*; **~wagen** Möbelwagen *m*.

verhuiz|en *v/i* (*zn*) en *v/t* umziehen; um-, übersiedeln; *v/i ook* ausziehen; **~er** *m* (*-s*) Möbelspediteur *m*; **~ing** Umzug *m*, Wohnungswechsel *m*; Auszug *m*; Um-, Übersied(e)lung *f*.

verhullen [-ˈhəl-] (-) verhüllen.

verhur|en [-ˈhyːr-] (-) vermieten, verleihen; **~ing** Vermietung *f*; Verleih *m*.

verhuur|der (*-s*) Vermieter(in *f*) *m*; Verleiher(in *f*) *m*.

verifiëren [veˑriˈfiːr-] (-) verifizieren.

verijdelen [-ˈɛidəl-] (-) vereiteln.

vering [ˈveːrɪŋ] Federung *f*.

verjaardag [-dɑx] Geburtstag *m*; Jahrestag *m*; **~s-feestje** [-feːʃə] *n* Geburtstagsfeier *f*.

verjagen (-) verjagen, vertreiben.
verjaring Verjährung *f*; **~s·termijn** [-tɛrmɛin] Verjährungsfrist *f*.
ver|jongen (-) *v/t* verjüngen; *v/i* (*zn*) sich verjüngen; **~kalkt** verkalkt; **~kapt** verkappt, versteckt.
verkeer *n* Verkehr *m*; **rondgaand ~** Kreisverkehr *m*; *z. ook* **doorgaand**.
verkeerd falsch, verkehrt, unrichtig.
verkeers|- *in samenst. mst* Verkehrs-, *b.v.* **~aanbod** *n* Verkehrsaufkommen *n*; **~ader** Verkehrsader *f*; **~agent** [-ayɛnt] *m* Verkehrspolizist *m*; **~beleid** [-lɛit] *n* Verkehrspolitik *f*; **~bord** *n* Verkehrsschild *n*; **~brigadier** *m* (-s) Schülerlotse *m*; **~dichtheid** [-hɛit] Verkehrsdichte *f*; **~informatie** [-'ma:(t)si·] Verkehrsmeldungen *f/pl*; **~leider** *m* Fluglotse *m*; **~licht** *n* (Verkehrs-)Ampel *f*; **~ongeluk** [-lək], **~ongeval** *n* Verkehrsunfall *m*; **~opstopping** Verkehrsstau *m*, -stockung *f*.
verkeersovertreder *m* (-s) Verkehrssünder *m*; **~ing** Verkehrsdelikt *n*, verkehrswidriges Verhalten *n*.
verkeers|plein [-plɛin] *n* (Autobahn-)Kreuz *n*; **~radio** Verkehrsfunk *m*; **~regel** Verkehrsregel *f*, -vorschrift *f*; **~reglement** [-mɛnt] *n* Straßenverkehrsordnung *f*; **~slachtoffer** *n* Verkehrsopfer *n*; **~teken** [-te:kə(n)] *n* Verkehrszeichen *n*; **~vliegtuig** [-təyx] *n* Verkehrsflugzeug *n*.
ver|kennen (-) erkunden, auskundschaften, aufklären; **~keren** (-) verkehren; sich befinden; **~kerven** * (-): **het bij iem ~** es mit j-m verderben; **~ketteren** (-) verketzern; **~kiesbaar** wählbar; **~kiezen** (-) (auser)wählen; bevorzugen, vorziehen.
verkiezing Wahl *f*; **nieuwe ~** Neuwahl *f*.
verkiezings|affiche *n of f* [-afi·ʃə] Wahlplakat *n*; **~overwinning** Wahlsieg *m*; **~strijd** [-strɛit] Wahlkampf *m*; **~uitslag** [-əytslax] Wahlergebnis *n*.
ver|klaarbaar erklärlich; **~klappen** (-) ausplaudern.
verklar|en (-) erklären; (*toelichten ook*) erläutern; (*uitleggen ook*) deuten, auslegen; **~ing** Erklärung *f*; (*uitspraak ook*) Aussage *f*; Erläuterung *f*; Deutung *f*, Auslegung *f*.
verkleden (-): **zich ~** sich umziehen; sich verkleiden.
verklein|en [-'klɛin-] (-) verkleinern; *fig ook* schmälern; **~ing** Verkleinerung *f*; **~woord** *n* Diminutiv *n*.
ver|kleumd [-'kløːmt] erstarrt; *pers.*: durchgefroren; **~kleuren** (-) *v/i* (*zn*) sich verfärben.
verklikk|en (-) denunzieren, F verpfeifen, verpetzen; **~er** *m* (-s) Denunziant *m*; Kontrollgerät *n*.
ver|kneukelen [-'knøːkəl-], **~kneuteren** (-): **zich ~** sich ins Fäustchen lachen, schmunzeln; **~knocht** sehr zugetan (*D*), verbunden (*D*); **~knoeien** [-'knuːi·ə(n)] (-) verpfuschen, verderben, F verkorksen; (*verspillen*) vergeuden; **~kondigen** [-'kɔndəɣ-] (-) verkünd(ig)en.
verkoop Verkauf *m*; Vertrieb *m*; **openbare ~** (Zwangs-)Versteigerung *f*; **~ in het klein** Einzelverkauf *m*; **~baar** verkäuflich; **~leider** *m* Verkaufs-, Vertriebsleiter *m*; **~ster** *f* Verkäuferin *f*.
verkop|en (-) verkaufen; vertreiben; *onzin* verzapfen; **~er** Verkäufer *m*; **~ing: openbare ~** Auktion *f*.
verkort|en (-) (ver)kürzen; **~ing** (Ver-)Kürzung *f*; **~ van de werktijd** Arbeitszeitverkürzung *f*.
verkoud|en [-'kɑu̯ə(n)] erkältet, verschnupft; **~ worden** sich erkälten, e-n Schnupfen bekommen; **~heid** [-hɛit] (*-heden*) Erkältung *f*, Schnupfen *m*.
ver|krachten (-) vergewaltigen; **~kreuk(el)en** [-'krøːk(əl-] (-) zerknittern, zerknautschen.
verkrijg|baar [-'krɛiɣ-] erhältlich; **~en** (-) bekommen, erlangen, erzielen, erwerben.
ver|kroppen (-) verschmerzen, verwinden; **~kruimelen** [-'krɔymələ(n)] (-) zerkrümeln, zerbröckeln; **~kwanselen** [-'kŭɑnsəl-] (-) verschachern; **~kwijnen** [-'kŭɛin-] (-; *zn*) verkümmern; **~kwikken** (-) erquicken.
verkwist|en (-) vergeuden, verschwenden; **~end** verschwenderisch; **~er** (**~ster** *f*) *m* (-s) Verschwender(in *f*) *m*.
ver|laat verspätet; **~laden** (-) verladen.
verlag|en (-) senken; *prijs ook* ermäßigen; *fig* erniedrigen; **~ing** Senkung *f*; Ermäßigung *f*; *fig* Erniedrigung *f*.
ver|lammen (-) lähmen; *fig ook* lahmlegen.
verlang|en 1. (-) verlangen; sich sehnen; **hevig ~** ersehnen; **2.** *n* (-s) Wunsch *m*;

verlangend

Verlangen *n*; Sehnsucht *f*; ~end sehnsüchtig; ~lijstje [-lɛiʃə] *n* Wunschzettel *m*.

verlangzamen (-) verlangsamen.

verlaten [-'la:t-] 1. (-) verlassen; *zich* ~ sich verspäten; 2. *adj* verlassen, menschenleer.

verleden [-'le:d-] 1. vergangen, vorig; ~ (*dinsdag*) am letzten (Dienstag); 2. *n* Vergangenheit *f*.

verlegen (-) verlegen, betreten; ~heid [-hɛit] Verlegen-, Betretenheit *f*.

verleggen (-) verlegen, verlagern; umleiten.

verleid|elijk [-'lɛidələk] verführerisch; ~en (-) verführen, verleiten, verlocken; ~er (~ster *f*) *m* (-s) Verführer(in *f*) *m*; ~ing Verführung *f*, Verlockung *f*.

verlenen [-'le:n-] (-) gewähren; *krediet ook* einräumen; *toestemming* erteilen; (*bezorgen*) verleihen.

verleng|en (-) verlängern; ~snoer [-snu:r] *n* Verlängerungsschnur *f*.

verleppen [-'lɛp-] (-; *zn*) (ver)welken; ~lept welk; ~leren (-; *ook zn*) verlernen; ~levendigen [-'le:vəndəɣ-] (-) beleben.

verlicht *fig en hist* aufgeklärt; ~en (-) beleuchten; erhellen; (*vergemakkelijken*) erleichtern; *geest* erleuchten; *toestand* mildern; *pijn* lindern; ~ing Beleuchtung *f*; *hist* Aufklärung *f*; Erleichterung *f*; Milderung *f*, Linderung *f*.

verliefd verliebt; ~ *worden op* sich verlieben in (*A*).

verlies *n* (-*liezen*) Verlust *m*; ~gevend [-xe:vənt] unrentabel, verlustreich; ~ster *f* (-s) Verliererin *f*.

verliez|en* (-) verlieren; einbüßen; ~ *van* unterliegen (*D*); ~er *m* (-s) Verlierer *m*.

verloederen [-'lu·dər-] (-; *zn*) verludern.

verlof [-'lɔf] *n* (-*loven*) Erlaubnis *f*; Urlaub *m*; (*dienst*-; *schorsing*) Beurlaubung *f*; *betaald* ~ bezahlter Urlaub; ~ganger *m* (-s) mil Urlauber *m*.

ver|lokken (-) verlocken; ~loochenen (-) verleugnen.

verloofde (-*n of* -s) Verlobte(r); Bräutigam *m*; Braut *f*.

ver|loop *n* Verlauf *m*; (*toedracht ook*) Hergang *m*; Verfall *m*; ~ *van de dag* Tagesablauf *m*; *na* ~ *van tijd* nach einiger Zeit; ~lopen 1. (-) verlaufen; (*verstrijken ook*) vergehen; abnehmen; verkommen; (*ongeldig worden*) ablaufen; 2. *adj* abgelaufen, ungültig; *pers.*: heruntergekommen, verkommen.

verlos|kamer [-ka:mər] Kreißsaal *m*; ~kunde [-kəndə] Geburtshilfe *f*; ~kundige [-'kəndəɣə] Geburtshelfer(in *f*) *m*; ~sen (-) erlösen (*ook rel*), befreien; ~ser *m* (-s) Erlöser *m* (*ook rel*); ~sing Erlösung *f*, Befreiung *f*.

ver|loten (-) ver-, auslosen; ~loven: *zich* ~ sich verloben; ~luchten [-'lƏxt-] (-) lüften; *boek* illustrieren; ~luiden [-'ləyd-]: *naar verluidt* wie verlautet; ~lustigen [-'ləstəɣ-] (-): *zich* ~ *in* sich ergötzen an (*D*); ~maak *n* (-*maken*) Vergnügen *n*, Belustigung *f*; ~maard berühmt, namhaft.

vermager|en (-) *v/i* (*zn*) abmagern, abnehmen; ~ings-kuur [-ky:r] Abmagerungs-, Schlankheitskur *f*.

vermakelijk [-'ma:kələk] amüsant, belustigend, kurzweilig; ~heid [-hɛit] (-*heden*) Vergnügung *f*; ~heids-belasting Vergnügungssteuer *f*.

ver|maken (-) (ver-, um)ändern; (*bij testament*) vermachen, vererben; (*zich*) ~ (sich) amüsieren, (sich) vergnügen; ~malen (-) zermahlen; ~manen (-) ermahnen; ~mannen (-): *zich* ~ sich zusammennehmen, -reißen, sich aufraffen; ~meend vermeintlich; angeblich.

vermeerder|d: ~ *met* zuzüglich (*G*); ~en (-) *v/t* (ver)mehren, steigern; *v/i* (*zn*) en *zich* ~ sich (ver)mehren; ~ing Vermehrung *f*, Steigerung *f*.

vermeld|en (-) erwähnen; ~ens-waard(ig) erwähnenswert; ~ing Erwähnung *f*.

vermengen (-) (ver)mischen, (ver)mengen; *zich* ~ sich vermischen.

vermenigvuldig|en [-me:nəx'fəldəɣ-] (-) vervielfältigen; *wisk* multiplizieren, malnehmen; ~ing Vervielfältigung *f*; Multiplikation *f*; *tafel van* ~ Einmaleins *n*.

vermetel [-'me:təl] vermessen, verwegen, tollkühn.

vermicelli [-'seli·] (Faden-)Nudeln *f/pl*; ~soep [-su·p] Nudelsuppe *f*.

vermijd|baar vermeidbar; ~en [-'mɛid-] (-) (ver)meiden.

verminder|en (-) 1. *v/t* vermindern, ver-

verpletteren

ringern, schmälern, kürzen; ermäßigen; **verminderd met** abzüglich (G); **2.** v/i (zn) nachlassen; abnehmen; ~**ing** Verminderung f, Verringerung f; Herabsetzung f; Abnahme f; ~ **voor groepen** Gruppenermäßigung f.

ver|minken (-) verstümmeln; ~**missen** (-) vermissen.

vermits weil.

vermoed|elijk [-'muːdələk] vermutlich, mutmaßlich; voraussichtlich; ~**en 1.** (-) vermuten, mutmaßen; (voorvoelen) ahnen; **2.** n (-s) Vermutung f, Mutmaßung f; Ahnung f.

vermoeid [-'muːit] müde, ermüdet; ~**heid** Müdigkeit f, Ermüdung f.

vermoeien [-'muːi(ə)n] (-) ermüden; ~**d** anstrengend; ~**is** (-sen) Strapaze f.

vermogen 1. (-) vermögen; **2.** n (-s) Vermögen n; tech en fys Leistung f; ~**d** vermögend; ~**s-belasting** Vermögenssteuer f.

ver|molmd morsch; ~**mommen** (-) (zich) (sich) vermummen; (sich) tarnen; ~**moorden** (-) ermorden; ~**morzelen** [-zələ(n)] (-) zermalmen.

vermout ['-muːt] Wermut m.

ver|murwen [-'mœrʏə(n)] (-) erweichen; zermürben; ~**nauwen** [-'nɑuə(n)] (-) v/t verengen; v/i (zn) en **zich** ~ sich verengen; ~**nauwing** Verengung f.

verneder|en [-'neːdər-] (-) erniedrigen, demütigen; ~**ing** Erniedrigung f, Demütigung f.

vernemen (-) erfahren, vernehmen.

verniel|en (-) zerstören, zertrümmern, demolieren; ~**zucht** Zerstörungswut f.

vernietig|en [-'niːtəɣ-] (-) vernichten, zerstören; jur aufheben, annullieren; ~**d** verheerend, vernichtend (ook fig), zerstörerisch.

vernieuw|en [-'niːʏə(n)] (-) erneuern; (vervangen ook) auswechseln; renovieren; ~**er** m (-s) (Er-)Neuerer m; ~**ing** (Er-)Neuerung f; Neugestaltung f, Reform f; Renovierung f.

vernis [vər'nɪs] m of n (-sen) Firnis m; fig ook Tünche f; ~**sen** firnissen.

vernuft [-'nœft] n Geist m, Scharfsinn m; ~**ig** [-təx] scharfsinnig, erfinderisch; schlau.

veronachtzamen (-) vernachlässigen, mißachten.

veronderstell|en (-) voraussetzen, annehmen, unterstellen; ~**ing** Annahme f, Voraussetzung f.

veronge|lijken [-lɛik-] (-) zurücksetzen, benachteiligen; ~**lukken** [-lək-] (-; zn) (tödlich) verunglücken.

verontreinig|en [-'rɛinəɣ-] (-) verunreinigen, verschmutzen; ~**ing** Verunreinigung f, Verschmutzung f.

verontrust|en [-'rɵst-] (-) beunruhigen; ~**ing** Beunruhigung f.

verontschuldig|en [-'sxɵldəɣ-] (-) (zich) (sich) entschuldigen; ~**ing** Entschuldigung f.

verontwaardig|d [-'ʋaːrdəxt] entrüstet, empört; ~ **worden** sich entrüsten; ~**ing** Entrüstung f, Empörung f.

veroordel|en (-) verurteilen; ~**ing** Verurteilung f; **vroegere** ~ Vorstrafe f.

veroorloven (-) erlauben, gestatten; **zich** ~ sich erlauben (of leisten).

veroorzak|en (-) verursachen; hervorrufen, herbeiführen, erregen; **problemen, verdriet bereiten**; ~**er** m (-s) Verursacher m, Urheber m.

verorberen [-'ɔrbər-] (-) verzehren, F verputzen.

verorden|en (-) ver-, anordnen; ~**ing** Ver-, Anordnung f, Erlaß m.

verouder|d [-'ɑudərt] veraltet, überaltert, überholt; ~**en** (-; zn) veralten; pers.: altern.

verover|aar(ster) [-'oːvər-] m (-s) Eroberer m, Eroberin f; ~**en** (-) erobern; ~**ing** Eroberung f.

verpachten (-) verpachten.

verpakk|en (-) ver-, abpacken; ~**ing** Verpackung f; Packung f; **lege** ~ Attrappe f; ~**ings-materiaal** n Verpackungsmaterial n.

ver|panden (-) verpfänden; ~**patsen** (-) F verscherbeln; ~**pesten** (-) verpesten, verseuchen; ~**plaatsen** (-) ver-, umstellen, umräumen; versetzen; tijdstip verlegen; (elders vestigen) verlagern; aarde bewegen; **zich** ~ sich (fort)bewegen; ~**planten** (-) ver-, umpflanzen.

verpleeg|huis [-həɣs] n, ~**inrichting** Pflegeheim n; ~**ster** f (-s) Krankenschwester f, Pflegerin f.

verpleg|en (-) pflegen; ~**er** m (-s) Krankenpfleger m; ~**ing** (Kranken-)Pflege f.

verpletteren [-'plɛtər-] (-) zerschmettern, zerdrücken, zerquetschen; fig niederschmettern, erdrücken.

verplicht obligatorisch, Pflicht-, verpflichtet; ~**en** (-) verpflichten; ~**ing** Verpflichtung *f*; (*schuld mst*) Verbindlichkeit *f*.
ver|pozing Erholung *f*; Pause *f*; ~**prutsen** [-'prət-] (-) verpfuschen, F verpatzen.
verraad *n* Verrat *m*; ~**ster** *f* (-*s*) Verräterin *f*.
verrad|en (-) verraten; ~**er** *m* (-*s*) Verräter *m*; ~**erlijk** [-lək] verräterisch; (heim)tückisch.
verramsjen (-) verramschen.
verrass|en (-) überraschen; ~**ing** Überraschung *f*.
verre ['vɛrə]: **van ~** von weitem, aus der Ferne, (von) weither; **op ~ na niet** bei weitem nicht; **het is ~ van mij** (**om te**) es liegt mir fern (zu); *z. ook* **ver**; ~**gaand** weitgehend.
verregenen ['re:ɣən-] (-; *zn*) verregnen.
verreikend ['vɛr-] weitreichend.
verreken|en [-'re:kən-] (-) (**zich**) (sich) verrechnen; *iets* ~ *met ook* etw aufrechnen gegen (*A*); ~**ing** Verrechnung *f*.
verrekijker [-kɛikər] Fernglas *n*; Fernrohr *n*.
verrek|ken (-) *v/t* (sich) verrenken; *spier* sich (ver)zerren; *v/i* (*zn*) P verrecken; ~**t** P verdammt.
verreweg [-vɛx] bei weitem, weitaus, mit Abstand.
ver|richten (-) verrichten, vornehmen, leisten, tätigen; ~**rijdbaar** [-'rɛid-] fahrbar; ~**rijken** [-'rɛik-] (-) *fys* anreichern; (**zich**) ~ (sich) bereichern.
verrijze|n [-'rɛiz-] (-) sich erheben; (*opstaan*) auferstehen; ~**nis** Auferstehung *f*.
ver|roeren [-'ru:r-] (-) bewegen; **zich ~** sich rühren; ~**roesten** [-'rust-] (-; *zn*) verrosten.
verrott|en (-; *zn*) verrotten, (ver)faulen, verwesen; ~**ing** Verrottung *f*, Fäulnis *f*, Verwesung *f*.
verruilen [-'rœyl-] (-) um-, vertauschen.
verruimen [-'rœym-] (-) erweitern.
verruk|kelijk [-'rœkələk] entzückend; (*lekker*) herrlich; ~**ken** (-) entzücken, begeistern; ~**king** Entzücken *n*, Ekstase *f*; **in ~ brengen** entzücken, hinreißen; ~**t** entzückt, hingerissen.
vers[1] [vɛrs] frisch.

vers[2] *n* (*verzen*) Vers *m*.
ver|sagen (-; *zn*) verzagen; ~**schaald** [-'sxa:lt] schal, abgestanden; ~**schaffen** (-) verschaffen; ~**schalken** (-) überlisten; ~**schansen** (-) (**zich**) (sich) verschanzen.
verscheiden|(e) [-'sxɛidən(ə)] mehrere, verschiedene, manche; ~**heid** (-*heden*) Verschiedenheit *f*, (*variatie*) Mannigfaltigkeit *f*, Vielfalt *f*.
ver|schepen [vər'sxe:p-] (-) verschiffen; ~**scherpen** (-) *v/t* verschärfen; *v/i* (*zn*) sich verschärfen.
verscheur|dheid [-'sxø:rthɛit] Zerrissenheit *f*; ~**en** (-) zerreißen, zerfleischen; *dier*: reißen; *fig ook* zerreißen.
verschieten (-) *v/t* verschießen, verfeuern; *v/i* (*zn*) verschießen, sich verfärben; *pers.*: erblassen; erschrecken.
verschijn|en [-'sxɛin-] (-; *zn*) erscheinen; ~**ing** Erscheinung *f*; Erscheinen *n*; ~**sel** *n* (-*en of* -*s*) Erscheinung *f*, Phänomen *n*; *med* Symptom *n*.
verschil *n* (-*len*) Unterschied *m*, Differenz *f*; ~**len** (-) sich unterscheiden; ~**lend(e)** (-) unterschiedlich, verschieden(artig); (*meerdere*) mehrere, verschiedene.
ver|schonen [-'sxo:n-] (-) *kleding* wechseln; *bed* (frisch) beziehen; *kind* trockenlegen; (*ontzien*) verschonen; **van iets verschoond wensen te blijven** sich etw verbitten; ~**schoppen** *fig* ver-, ausstoßen.
verschrikk|elijk [-'sxrikələk] schrecklich, fürchterlich; ~**en** (-) erschrecken; ~**ing** Schrecken *m*.
ver|schroeien [-'sxru'iə(n)] (-) versengen; ~**schrompelen** [-'sxrɔmpəl-] (-; *zn*) (zusammen)schrumpfen; ~**schuilen** [-'sxœyl-] (-): **zich ~** sich verstecken; ~**schuiven** [-'sxœyv-] (-) verschieben; ~**schuldigd** [-'sxʏldəxt] schuldig; **~ zijn** *ook* schulden.
versheid ['-hɛit] Frische *f*.
versie ['vɛrsi-] (-*s*) Version *f*, Fassung *f*.
versier|en (-) schmücken, verzieren; F (*organiseren*) einrichten; F *vrouw* aufreißen, P vernaschen; **proberen te ~** anmachen, sich heranmachen an (*A*); ~**ing** Schmuck *m*, Verzierung *f*; ~**sel** *n* (-*s of* -*en*) Verzierung *f*.
versjacheren [-'ʃaxər-] (-) verschachern, verhökern.

verslaafd süchtig, verfallen; ~**heid** [-hɛit] Sucht f.
verslaan (-) schlagen; berichten über (A).
verslag [-'slɑx] n Bericht m; (notulen) Protokoll n; ~ **uitbrengen** berichten, Bericht erstatten.
verslagenheid Niedergeschlagenheit f.
verslaggev|er [-xe:'vər] m Berichterstatter m; ~**ing** Berichterstattung f.
ver|slapen (-) (zich) (sich) verschlafen; ~**slappen** (-; zn) erschlaffen; fig nachlassen; ~**slavend** süchtig machend; ~**slaving** Sucht f; ~**slechteren** (-; zn) sich verschlechtern, sich verschlimmern; fig ook sich trüben; ~**sleten** [-'sle:t] verschlissen, abgenutzt; kleding ook: abgetragen; ~**slijten** [-'slɛit-] (-) **1.** v/t abnutzen, verschleißen; band abfahren; ~ **voor** halten für (A); **2.** v/i (zn) sich abnutzen; ~**slikken** (-); **zich** ~ sich verschlucken; ~**slinden*** (-) verschlingen; ~**smaden** (-) verschmähen; ~**smallen** v/t verengen; v/i (zn) sich verengen; ~**smelten** (-) v/i (zn) en v/t verschmelzen; ~**snapering** [-'sna:pər-] Leckerbissen m, Leckerei f; ~**sneden** [-'sne:d-]: ~ **wijn** Verschnitt m.
versnell|en (-) beschleunigen; ~**ing** Beschleunigung f; (auto~) Gang m; **automatische** ~(**en** pl) Automatik f; ~**ingsbak** Getriebe n.
ver|sobering [-'so:bər-] Einsparung(en pl) f, Mäßigung f; ~**soepelen** [-'su-pəl-] (-) lockern; ~**somberen** (-) v/t verdüstern; v/i (zn) en **zich** ~ sich verdüstern (of verfinstern); ~**spelen** [-'spe:l-] (-) verspielen, sich verscherzen.
versperr|en (-) (ver)sperren; verstellen; ~**ing** Sperre f; Verhau m; Schranke f.
verspill|en (-) verschwenden, vergeuden; ~**ing** Verschwendung f, Vergeudung f.
ver|splinteren (-) zersplittern; ~**spreiden** (-) verbreiten; **zich** ~ sich verbreiten; menigte: sich verlaufen; ~**spreken** [-'spre:k-] (-): **zich** ~ sich versprechen.
verspringen ['vɛr-] n Weitsprung m.
verstaan (-) verstehen; **te** ~ **geven** ook bedeuten; ~**baar** verständlich; **zich** ~ **maken** sich verständigen; ~**baarheid** [-hɛit] Verständlichkeit f.
verstand n Verstand m, Vernunft f;

menselijk ~ Menschenverstand m; **met** ~ vernünftig, verständig; **met dien** ~**e** in dem Sinne; ~**elijk** [-dələk] geistig, intellektuell; rational; ~**houding** [-haud-] Einverständnis n, Verständigung f; **in goede** ~ **leven** sich vertragen; ~ **tussen de volkeren** Völkerverständigung f; ~**ig** [-dəx] vernünftig, verständig; intelligent, gescheit, klug; einsichtig; ~**s-kies** Weisheitszahn m.
ver|starren (-; zn) erstarren; ~**stedelijking** ['ste:dələkɪŋ] Verstädterung f; ~**stek** [-'stɛk] n: **bij** ~ in Abwesenheit; ~**steld:** ~ **staan** staunen; ~**stellen** (-) flicken, ausbessern; ~**stenen** [-'ste:nə(n)] (-) v/i (zn) en v/t versteinern.
versterk|en (-) verstärken; mil ook befestigen; fig ook stärken; ~**er** (-s) Verstärker m; ~**ing** Verstärkung f; Befestigung f; Stärkung f.
ver|stevigen [-'ste:ʋəɣ-] (-) festigen; ~**stijven** [-'stɛiʋ-] (-) v/i (zn) en v/t versteifen; v/i fig erstarren; ~**stikken** (-) ersticken; ~**stoken 1.** (-) verfeuern; **2.** adj entblößt, beraubt; ~**stokt** verstockt, eingefleischt, hartgesotten; ~**stolen** verstohlen; ~**stommen** (-; zn) verstummen.
verstopp|en (-) verstopfen; (**zich**) (sich) verstecken; ~**ertje** n Versteckspiel n; ~ **spelen** Versteck(en) spielen.
verstor|en (-) stören; ~**ing** Störung f; ~ **van de openbare orde** (grober) Unfug m.
ver|stoten (-) verstoßen; ~**stouten** [-'staut-] (-): **zich** ~ sich erdreisten; ~**stouwen** [-'stauə(n)] (-) verstauen; ~**strekken** (-) erteilen, verschaffen; maaltijd en med verabreichen.
verstrekkend ['ʋɛr-] weitreichend.
ver|strengelen [-'strɛŋələ(n)] (-) verschlingen; fig verflechten; ~**strijken** [-'strɛik-] (-; zn) verstreichen; ~**strikt:** ~ **raken in** sich verstricken in (A).
verstrooid [-'stro:it] zerstreut, geistesabwesend; ~**heid** [-hɛit] (-heden) Zerstreutheit f, Geistesabwesenheit f.
verstrooi|en (-) zerstreuen; ~**ing** Zerstreuung f; fys Streuung f.
ver|stuiken [-'stœyk-] (-) verstauchen; ~**stuiver** Zerstäuber m; ~**suft** ['sɵft] benommen, verblödet.
vertaal|bureau [-by'ro:] n Übersetzungsbüro n; ~**ster** f (-s) Übersetzerin f.

vertakken

vertakken (-): *zich* ~ sich verzweigen, sich gabeln.
vertal|en (-) übersetzen; **~er** *m* (-s) Übersetzer *m*; **~ing** Übersetzung *f*.
verte (-*n of* -s) Ferne *f*; Weite *f*; *in de verste* ~ *niet* nicht im entferntesten.
vertedering ['-tedər-] Rührung *f*.
verteerbaar verdaulich; *moeilijk* ~ schwerverdaulich.
vertegenwoordig|en [-te:ỹə(n)'vo:rdəỹ-] (-) vertreten; **~er** *m* (-s) Vertreter *m*; **~ster** *f* (-s) Vertreterin *f*.
vertekenen ['-te:kən-] (-) verzerren.
vertel|len (-) erzählen; nachsagen; *zich* ~ sich verzählen; *iets* (*niets*) *te* ~ *hebben* *fig* etw (nichts) zu sagen haben; **~ing** *f*, **~sel** *n* (-s) Erzählung *f*.
verteren (-) verdauen; verzehren.
verticaal vertikal, senkrecht.
ver|tienvoudigen [-ti:n'ỹaudəỹ-] (-) *v/t* verzehnfachen; *v/i* (*zn*) sich verzehnfachen; **~tier** *n* Unterhaltung *f*; Betrieb *m*; **~tikken** (-) F: *'t* ~ sich weigern; **~toeven** [-'tu:ỹ-], (-) sich aufhalten, (ver)weilen; **~tolken** (-) dolmetschen; (*spelen*) darstellen, wiedergeben; **~tonen** (-) zeigen; *thea* aufführen; darstellen; (*laten blijken*) aufweisen; *zich* ~ sich zeigen, sich blicken lassen; **~toon** *n* Vorlage *f*.
vertrag|en (-) *v/t* verlangsamen, verzögern; *v/i* (*zn*) sich verlangsamen; **~ing** Verzögerung *f*; Verspätung *f*; ~ *hebben ook* sich verspäten; ~ *ondervinden* sich verzögern.
ver|trappelen ['-trapəl-] (-) zertrampeln; **~trappen** (-) zertreten.
vertrek *n* (-*ken*) Raum *m*, Zimmer *n*; Abreise *f*; Abfahrt *f*; Abflug *m*; (*aftocht*) Abzug *m*; (*af*)**~dag** Abreise-, Abfahrtstag *m*; **~hal** Abflughalle *f*; **~ken** (-) **1.** *v/i* (*zn*) abreisen, aufbrechen; ab-, fortfahren; abfliegen; *hotelgast*: ausziehen. **2.** *v/t* verzerren, verziehen.
ver|troebelen ['-tru:bəl-] (-) *v/t* trüben; *v/i* (*zn*) sich trüben; **~troetelen** ['-tru:təl-] (-) (ver)hätscheln, verzärteln; **~troosting** Tröstung *f*.
vertrouw|d ['-traut] vertraut; **~elijk** ['-trauələk] vertraulich; zutraulich; **~eling(e)** *f* *m* Vertraute(r); **~en 1.** (-) (ver)trauen (*D*); (*op*) sich verlassen (auf *A*); **2.** *n* Vertrauen *n*, Zutrauen *n*, Zuversicht *f*; *vol* ~ vertrauensvoll, zu- versichtlich; *zaak van* ~ Vertrauenssache *f*; *iem in* ~ *nemen* sich j-m anvertrauen, j-n ins Vertrauen ziehen; *op goed* ~ auf Treu und Glauben; **~enskwestie** Vertrauensfrage *f*; **~ens·positie** [-ziˑ(t)si] Vertrauensstellung *f*; **~en·wekkend** vertrauenerweckend.
vertwijfel|d [-'tυɛifəlt] verzweifelt; **~ing** Verzweiflung *f*.
veruit ['ỹerəyt] weitaus.
ver|vaard bange, furchtsam; **~vaardigen** [-dəỹə(n)] (-) (an-, ver)fertigen, herstellen; **~vaarlijk** [-lək] furchterregend; **~vagen** (-) *v/i* (*zn*) verschwimmen, sich verwischen.
verval *n* Verfall *m*; Niedergang *m*; (*rivier*~) Gefälle *n*; *in* ~ (**ge**)**raken** verfallen; *fig ook* heruntergekommen; **~dag** [-dax] Verfallstag *m*, Verfallsdatum *n*; **~len** **1.** (-) verfallen; *hdl ook* fällig sein; (*ongeldig worden ook*) erlöschen; (*wegvallen*) entfallen; verkommen. **2.** *adj* verfallen; *fig ook* heruntergekommen.
vervals|en (-) fälschen; verfälschen; *wijn* panschen; **~er** *m* (**~ster** *f*) (-s) Fälscher(in *f*) *m*.
vervang|baar ersetzbar, austauschbar; **~en** (-) ersetzen; auswechseln, austauschen; *iem* vertreten; **~er** *m* (-s) Vertreter *m*; *sp* Ersatzmann *m*; **~ing** Ersatz *m*; Austausch *m*; Vertretung *f*; **~ster** *f* (-s) Vertreterin *f*.
verveelvoudigen ['-ỹaudəỹ-] (-) *v/t* vervielfachen.
vervel|en (-) langweilen, anöden; *tot* **~s** *toe* bis zum Überdruß; **~end** langweilig; dumm, ärgerlich, leidig, verdrießlich; **~ing** Langeweile *f*; Überdruß *m*.
vervellen (-; *zn*) sich häuten.
verven färben; *haar ook* tönen; (an)streichen; *z. ook* **geverfd**.
verversen (-) er-, auffrischen; *olie* ~ Öl *n* wechseln.
ver|viervoudigen ['-ỹaudəỹ-] (-) *v/t* vervierfachen; **~vliegen** (-; *zn*) verfliegen (*ook fig*); **~vloeien** [-'ỹluˑiə(n)] (-; *zn*) zerfließen, zerrinnen; **~vloeken** [-'ỹluˑk-] (-) verfluchen, verdammen; **~vluchtigen** ['-ỹlǝxtǝỹ-] (-; *zn*) sich verflüchtigen.
vervoeg|en ['-ỹuˑỹ-] (-) *gr* beugen, konjugieren; **~ing** *gr* Beugung *f*, Konjugation *f*.
vervoer [-'ỹuːr] *n* Transport *m*, Beförde-

rung *f*; ~**baar** transportfähig; ~**bedrijf** [-drɛif] *n* Transportunternehmen *n*; ~**en** (-) transportieren, befördern; ~**ing** Entzücken *n*, Verzückung *f*; *in ~ brengen* verzücken; ~**middel** *n* Transport-, Beförderungsmittel *n*.

vervolg *n* Fortsetzung *f*, Folge *f*; *in het ~* in Zukunft, weiterhin, künftig; ~**en** (-) verfolgen; *jur ook* belangen; *(doorgaan)* fortsetzen; *wordt vervolgd* Fortsetzung folgt; ~**ens** darauf, weiter; ~**er** *m* (-*s*) Verfolger *m*; ~**ing** Verfolgung *f*.

vervol|ledigen [-'lɛːdəɣ-] (-) vervollständigen; ~**maken** (-) vervollkommnen.

ver|vormen (-) *v/t* verformen, verzerren; ~**vreemden** (-) entfremden; *jur* veräußern.

vervroegd [-'vruːxt] vorzeitig; ~**en** (-) vorverlegen.

vervuil|en [-'vœyl-] (-) verschmutzen; ~**ing** Verschmutzung *f*.

ver|vullen [-'vœl-] (-) erfüllen; *dienstplicht* ableisten; *functie* bekleiden; *formaliteiten* erledigen; ~**waand** eingebildet, überheblich; ~**waardigen** [-'vaːrdəɣ-] (-) (*met*) würdigen (*G*); *zich ~ te* sich herablassen (*of* bequemen) zu; ~**waarlozen** (-) vernachlässigen; verwahrlosen.

verwacht|en (-) erwarten; zutrauen; ~**ing** Erwartung *f*; *vol ~* erwartungsvoll; *in (blijde) ~* in anderen Umständen; *tegen alle ~ in* wider (alles) Erwarten.

verwant verwandt (*aan* mit *D*); ~**schap** [-sxɑp] (-*pen*) Verwandtschaft *f*.

verward verwirrt, wirr; *haar*: zerzaust; *~ raken in* sich verwickeln in (*A*).

verwarm|en (-) (er)wärmen; (*stoken*) heizen; ~**ing**: *centrale ~* Zentralheizung *f*.

verwarmings|element *n* Heizelement *n*, -körper *m*; ~**installatie** [-laː(t)si] Heizanlage *f*; ~**ketel** Heizkessel *m*; ~**kussen** [-kəs-] *n* Heizkissen *n*; ~**monteur** [-tœr] *m* Heizungsmonteur *m*.

verwarr|en (-) verwirren; verwechseln; ~**ing** Verwirrung *f*; Durcheinander *n*; Verwechslung *f*; *in ~ brengen ook* durcheinanderbringen.

ver|wateren [-'vaːtər-] (-) *v/t* verwässern; *v/i* (*zn*) nachlassen; ~**weer** *n* Wi-

derstand *m*; Verteidigung *f*; ~**weerd** verwittert.

verwekk|en (-) erzeugen; zeugen; erregen; ~**er** *m* Erzeuger *m*; *med en fig* Erreger *m*.

ver|welken (-; *zn*) (ver)welken; ~**welkomen** [-'vɛlkoːm-] (-) begrüßen; ~**wennen** (-) verwöhnen; *kind ook* verziehen; ~**wensen** (-) verwünschen, verfluchen; ~**weren** (-) *v/i* (*zn*) verwittern; *zich ~* sich wehren; ~**werken** (-) verarbeiten; verwerten; *fig* bewältigen.

verwerp|elijk [-pələk] verwerflich; ~**en** (-) verwerfen, ablehnen.

verwerv|en (-) (sich) erwerben; erlangen; ~**ing** Erwerbung *f*; *kosten pl van ~* Werbungskosten *pl*.

ver|wezenlijken [-'veːzə(n)lək-] (-) verwirklichen; ~**wijden** [-'vɛid-] (-) erweitern, ausweiten; *zich ~* sich weiten.

verwijder|en [-'vɛidər-] (-) entfernen; ~**ing** Entfernung *f*.

ver|wijding [-'vɛid-] Erweiterung *f*; ~**wijfd** [-'vɛift] weibisch.

verwijt [-'vɛit] *n* Vorwurf *m*, Vorhaltung *f*; ~**en** (-) vorwerfen; ~**end** vorwurfsvoll.

verwijz|en [-'vɛiz] (-) (*naar*) ver-, hinweisen (auf *A*), sich beziehen (auf *A*); (*naar specialist*) überweisen (an *A*); (*naar ziekenhuis*) einweisen (in *A*); ~**ing** Verweisung *f*, Verweis *m*; Bezugnahme *f*; Überweisung *f*; Einweisung *f*.

verwikkel|en (-) verwickeln; ~**ing** Verwicklung *f*.

verwilderen (-) *v/i* (*zn*) verwildern.

verwissel|baar austauschbar; ~**en** (-) auswechseln, aus-, vertauschen; (*verwarren*) verwechseln.

ver|wittigen [-'vɪtəɣ-] (-) benachrichtigen; warnen; ~**woed** [-'vuːt] grimmig; leidenschaftlich.

verwoest|en [-'vuːst-] (-) zerstören, verwüsten, verheeren, demolieren; ~**ing** Zerstörung *f*, Verwüstung *f*.

verwonden (-) verletzen, verwunden.

verwonder|d erstaunt; *~ zijn* (*over*) *ook* sich wundern (über *A*); ~**en** (-) (ver)wundern, erstaunen; *zich ~* sich wundern; ~**ing** Verwunderung *f*, (Er-)Staunen *n*; ~**lijk** [-lək] verwunderlich, erstaunlich.

ver|wonding Verletzung *f*, Verwundung *f*; ~**woorden** (-) in Worte fassen; ~**wor-**

verworvenheid 268

den (-) entarten; **~worvenheid** [-hɛit] (*-heden*) Errungenschaft *f*; **~wringen** [-'vrɪŋə(n)] (-) verzerren.
verzachten (-) lindern, mildern (*ook jur*); **~d** *jur* mildernd.
verzadig|d [-'za:dəxt] satt; gesättigt; **~en** (-) sättigen (*ook chem*); **~ing** Sättigung *f*.
verzak|en (-) entsagen (*D*); untreu werden; **~ken** (-) einsinken, sich senken.
verzamel|aar(ster *f*) [-'zaːmə|-] *m* (*-s*) Sammler(in *f*) *m*; **~bekken** *n* Sammelbecken *n* (*ook fig*); **~en** (-) (ver)sammeln; **~ing** Sammlung *f*; **~ingen·leer** Mengenlehre *f*; **~plaats** Sammelstelle *f*, -punkt *m*; **~woede** [-vuːdə] Sammelwut *f*.
ver|zanden (-; *zn*) versanden; **~zegelen** (-) versiegeln; **~zeild** [-'zɛilt]: **~ raken** landen, (irgendwohin) geraten.
verzeker|aar [-'zeːkər-] *m* (*-s*) Versicherer *m*; **~de** Versicherte(r), Versicherungsnehmer(in *f*) *m*; **~en** (-) versichern; (*toezeggen ook*) zusichern; (*staande houden ook*) beteuern; (*garanderen*) sichern; **zich ~ van** sich versichern; **~ing** Versicherung *f*; Zusicherung *f*; Beteuerung *f*; Sicherung *f*; **sociale ~** Sozialversicherung *f*; **verplichte ~** Pflichtversicherung *f*; **~ tegen diefstal** Diebstahlversicherung *f*.
verzekerings|agent [-aγɛnt] *m* Versicherungsagent *m*, -vertreter *m*; **~kaart** Versicherungskarte *f*; **~maatschappij** [-sxɑpɛi] Versicherungsgesellschaft *f*; **~zuren** [-təx] versicherungspflichtig; **~premie** [-preːmiˑ] Versicherungsprämie *f*, -beitrag *m*.
verzend|en (-) ver-, abschicken, versenden; **~er** *m* Absender *m*; Spediteur *m*; **~handel** Versandhandel *m*; **~ing** Versand *m*, Versendung *f*; **~klaar** versandfertig.
verzet *n* Widerstand *m*; Auflehnung *f*; *jur* Einspruch *m*; (*versnelling*) Gang *m*; **~(je)** *n* Erholung *f*; **~s·strijder** [-strɛidər] *m* Widerstandskämpfer *m*; **~ten** (-) ver-, umsetzen, ver-, umstellen; *werk* bewältigen; **zich ~ (tegen)** sich widersetzen (*D*), sich auflehnen (gegen *A*).
verziend ['vɛr-] weitsichtig.
ver|zilveren (-) versilbern (*ook fig*); **~zinken** (-) *v/i* (*zn*) versinken; *v/t tech* versenken.

verzin|nen (-) sich ausdenken, erfinden, erdenken; **~sel** *n* (*-s of -en*) Erfindung *f*, Erdichtung *f*.
verzoek [-'zuːk] *n* Bitte *f*, Anliegen *n*, Gesuch *n*, Antrag *m*; **~ om het woord** Wortmeldung *f*; **op algemeen (veelvuldig) ~** auf allgemeinen (vielfachen) Wunsch; **~en** (-) bitten, ersuchen; (*dringend*) auffordern; (*verleiden*) in Versuchung führen; **~ om** *ook* erbitten; **~ing** Versuchung *f*; **~programma** *n* Wunschkonzert *n*; **~schrift** *n* Bittschrift *f*, Gesuch *n*; Eingabe *f*.
verzoen|en [-'zuːn-] (-) aus-, versöhnen; **~end** versöhnlich; **~ing** Ver-, Aussöhnung *f*.
ver|zoeten [-'zuːt-] (-) versüßen (*ook fig*); **~zolen** (-) besohlen.
verzorg|d gepflegt; **~en** (-) versorgen; (*begeleiden*) betreuen; (*onderhouden en med*) pflegen; **zich ~** sich pflegen; **~er** *m* (*-s*) Betreuer *m* (*ook sp*); (*kostwinner*) Ernährer *m*, Versorger *m*; *med* Pfleger *m*; **~ing** Versorgung *f*; Betreuung *f*; Pflege *f*; **~ings·staat** Versorgungs-, Sozialstaat *m*; **~ings·tehuis** [-təhəys] *n* Pflegeheim *n*; **~ster** *f* (*-s*) Betreuerin *f*; Ernährerin *f*, Versorgerin *f*; Pflegerin *f*.
verzot [-'zɔt] (**op**) versessen, erpicht (auf *A*).
verzuim [-'zœym] *n* Versäumnis *n*, Unterlassung *f*; **~en** (-) versäumen, unterlassen.
ver|zuipen (-) *v/i* (*zn*) er-, absaufen; **~zuren** [-'zyːr-] (-) *v/i* (*zn*) versauern; *v/t* sauer machen.
verzwak|ken (-) *v/t* (ab)schwächen; *v/i* (*zn*) sich abschwächen, schwach werden; **~king** Schwächung *f*; **~t gezondheid:** angegriffen.
ver|zwelgen (-) verschlingen; **~zwijgen** [-'zŭɛiγ-] (-) verschweigen; **~zwikken** (-) (sich) verrenken.
vest *n* Weste *f*; Jacke *f*; **gebreid ~** Strickjacke *f*.
vestiaire [vɛs'tiɛːrə] (*-s*) Garderobe *f*, (Kleider-)Ablage *f*; **~juffrouw** [-jəfrɑu] *f* Garderobenfrau *f*.
vestibule [-'byˑlə] (*-s*) Eingangshalle *f*, Vestibül *n*.
vestig|en ['vɛstəγ-] gründen, errichten; richten; *record* aufstellen; **zich ~** sich niederlassen, sich ansiedeln; sich etablieren; **~ing** Gründung *f*, Errichtung

vishandelaar

f; Ansiedlung *f;* Niederlassung *f;* **vrijheid van ~** Niederlassungsfreiheit *f.*

vesting Festung *f.*

vet 1. fett; fettig; **2.** *n (-ten)* Fett *n;* **~arm** fettarm.

veter ['ṽe:tər] *(-s)* Schnürsenkel *m.*

veteraan [ṽe'ta:-] *m (-ranen)* Veteran *m.*

vet|kussentje ['-kəsəntiə] *n (-s)* Fettpolster *n;* **~mesten** mästen.

veto *n (-'s)* Veto *n.*

vet|tig ['-tǝx] fettig; *kleding ook:* speckig; schmierig; **~vlek** Fettfleck *m;* **~zak** *m* Fettwanst *m.*

veulen ['ṽø:l-] *n (-s)* Fohlen *n.*

vezel ['ṽe:zǝl] *(-s)* Faser *f.*

via über *(A),* via; **~duct** [-'dɛkt] *m of n* Viadukt *m,* Überführung *f.*

vibratie [-'bra:(t)si] *(-s)* Vibration *f.*

vice|- ['ṽi'sǝ] *in samenst.* Vize-, *b.v.* **~president** *m* Vizepräsident *m.*

video Video *n;* **~cassette** Videokassette *f;* **~foon** *(-s of -fonen)* Bildtelefon *n;* **~tex** Bildschirmtext *m;* **~theek** *(-theken)* Videothek *f.*

vier vier; **~baansweg** [-ṽɛx] vierspurige Straße *f;* **~daags** ['-da:xs] viertägig; **~de 1.** vierte; **ten ~** viertens; **2.** *n* Viertel *n;* **~deurs** ['-dørs] viertürig; **~duizend** ['-dǝyzǝnt] viertausend.

vieren feiern, begehen.

vierhoek ['-hu:k] Viereck *n;* **~ig** [-kǝx] viereckig.

vierhonderd vierhundert.

viering Feier *f.*

vier|kamerwoning ['-ka:mǝr-] Vierzimmerwohnung *f;* **~kant 1.** quadratisch, viereckig; **~e meter** Quadratmeter *m;* **2.** *n* Quadrat *n.*

vier|taktmotor Viertaktmotor *m;* **~uurtje** ['-y:rtiə] *n* Vieruhrbrot *n,* Jause *f;* **~voeter** [-'ṽu:tǝr] *(-s)* Vierfüßer *m;* **~voudig** ['-ṽɑudǝx] vierfach; **~wielaandrijving** [-dreiṽ-] Vierradantrieb *m.*

vies dreckig, unappetitlich, unflätig; ekelhaft, eklig; **~peuk** [-'pøːk] *m,* **~viezerik** *m* Schmutzfink *m,* F Ferkel *n.*

vijand ['ṽɛiɑnt] *m* Feind *m;* **~elijk** [ṽɛi'jɑndǝlǝk] feindlich; **~elijkheden** *pl* Feindseligkeiten *f/pl;* **~ig** [-'jɑndǝx] feindlich, feindselig; **~ig-heid** [-xɛit] *(-heden)* Feindseligkeit *f;* **~in** [-'dɪn] *f (-nen)* Feindin *f;* **~schap** [-sxɑp] *(-pen)* Feindschaft *f.*

vijf [ṽɛif] fünf; **~de 1.** fünfte; **2.** *n* Fünftel *n;* **~enzestig-plusser** [-sɛstəxplɛsǝr] *m of f (-s)* Senior(in *f) m;* **~hoekig** ['-hu:kǝx] fünfeckig; **~honderd** fünfhundert; **~kamp** Fünfkampf *m;* **~sterrenhotel** *n* Fünfsternehotel *n;* **~tien** fünfzehn; **~tiende** fünfzehnte; **~tig** ['ṽɛiftǝx] fünfzig; **~tigste** fünfzigste.

vijg [ṽɛix] Feige *f;* **~e-blad** *n* Feigenblatt *n (ook fig).*

vijl Feile *f;* **~en** feilen.

vijver *(-s)* Teich *m,* Weiher *m.*

viking *m (-s of -en)* Wikinger *m.*

villa *(-'s)* Villa *f.*

villen (ab)häuten.

vilt *n* Filz *m;* **~stift** Filzschreiber *m.*

vin *(-nen)* Flosse *f.*

vind|en* finden; **elkaar ~** sich finden; **iets goed (slecht) ~** *ook* etw für gut (schlecht) halten; **het wel ~** *ook* sich zurechtfinden; **te ~ zijn** sich finden; **het kunnen ~ met** zurechtkommen mit *(D);* **wat vind je daarvan?** wie findest du das?, was hältst du davon? **~er** *(-s)* Finder *m;* **~ing-rijk** [-rɛik] erfinderisch, findig; **~loon** *n* Finderlohn *m;* **~plaats** Fundort *m;* Vorkommen *n;* **~ster** *f (-s)* Finderin *f.*

vinger *(-s)* Finger *m;* **bij iem iets door de ~s zien** j-m etw nachsehen *(of* durchgehen lassen); **~afdruk** [-drǝk] Fingerabdruck *m;* **~hoed** [-hu't] Fingerhut *m;* **~top** Fingerspitze *f;* **~vlugheid** [-ṽlǝxhɛit] Fingerfertigkeit *f;* **~wijzing** [-ṽɛizɪn] Fingerzeig *m.*

vink (Buch-)Fink *m;* **blinde ~** Roulade *f.*

vinnig ['-nǝx] heftig; *pers. ook:* bissig, schnippisch.

violist(e) *f* [ṽi'(j)o'-] *m* Geiger(in *f) m.*

viool [ṽi'jo:l] *(violen)* Geige *f,* Violine *f.* **~ spelen** geigen; **~tje** *n (-s)* Veilchen *n;* **driekleurig ~** Stiefmütterchen *n.*

virtu|oos [-ty-'ũo:s] *m (-tuozen)* Virtuose *m;* **~ositeit** [-'tɛit] Virtuosität *f,* Brillanz *f;* **~oze** *f* Virtuosin *f.*

virus ['ṽi:rǝs] *n (-sen)* Virus *n.*

vis *(-sen)* Fisch *m;* **gebakken ~** Brat-, Backfisch *m;* **~afslag** [-slɑx] Fischversteigerung *f;* **~akte** Angelschein *m;* **~boer** [-bu:r] *m (-s)* Fischhändler *m;* **~couvert** [-'ku'ṽɛːr] *n* Fischbesteck *n;* **~gerecht** *n* Fischgericht *n;* **~haak** Angelhaken *m;* **~handelaar** *m* Fischhändler *m.*

visie ['ⱱiˑziˑ] (-s) Sicht f.
visioen [-'ziuˑn] n Vision f, Gesicht n.
visite (-s) Besuch m, Visite f; med Hausbesuch m; ~**kaartje** n Visitenkarte f.
vis|kom Fischglas n; ~**kuit** [-'kəyt] Rogen m; ~**lijn** ['-lɛĩn] Angelleine f; ~**markt** Fischmarkt m; ~**rijk** ['-rɛĩk] fischreich; ~**schotel** ['-sxoːtəl] Fischgericht n; Fischplatte f.
viss|en fischen; angeln; ~**er** m (-s) Fischer m; Angler m; ~**erij** [-sə'rɛĩ] Fischerei f; ~ **op de open zee** Hochseefischerei f; ~**erij-haven** Fischereihafen m.
vissers|dorp n Fischerdorf n; ~**haven** Fischereihafen m; ~**schuit** [-sxəyt] Fischerboot n.
vis|soep [-'suˑp] Fischsuppe f; ~**stick** Fischstäbchen n; ~**teelt** Fischzucht f; ~**tuig** ['-təyx] n Fischgerät n.
visueel [-zyˑüeːl] visuell.
visum ['-zəm] n (visa of -s) Visum n, Sichtvermerk m.
vis|vangst Fischfang m; Fischzug m; ~**winkel** Fischgeschäft n.
vitaal vital; fig ook lebenswichtig.
vitaliteit [-'tɛit] Vitalität f.
vitamine [-'miˑnə] (-n of -s) Vitamin n.
vitrage [-'traːʒə] (-s) Gardine(n pl) f.
vitrine [-'triˑnə] (-s) Vitrine f.
vitten (**op**) mäkeln (an D), bemäkeln.
vizier [-'ziːr] n Visier n.
vla (-'s of vlaas) Krem(pudding m) f.
vlaag (vlagen) Schauer m; Bö f; fig Anfall m, Anwandlung f.
vlaai Fladen m.
Vlaams flämisch; ~**e** f Flamin f, Flämin f.
Vlaanderen n Flandern n.
vlade Fladen m.
vlag [ⱱlɑx] (-gen) Fahne f, Flagge f; ~**gen** flaggen; ~**ge-stok** Fahnenstange f.
vlak 1. eben, flach; gerade; nahe, dicht; ~ **bij** ganz nahe, dicht an (D); ~ **daarna** (daarvoor) unmittelbar danach (davor, vorher); ~ **om de hoek** gleich um die Ecke; **2.** n (-ken) Fläche f, Ebene f n; ~**af** rundheraus; ~**gom** ['-xɔm] n of n Radiergummi m.
vlakte (-n of -s) Ebene f, Fläche f.
vlam (-men) Flamme f; (in hout) Maser(ung) f; ~ **vatten** in Brand geraten, Feuer fangen.
Vlaming m Flame m.

vlammen flammen; (laaien ook) lodern; fig ook leuchten; ~**werper** (-s) Flammenwerfer m; ~**zee** Flammenmeer n.
vlas n Flachs m.
vlecht Zopf m; ~**en*** flechten, schlingen; ~**werk** n Geflecht n.
vleermuis ['-məys] Fledermaus f.
vlees n Fleisch n; **gesneden** ~ Aufschnitt m; **zonder** ~ ook fleischlos.
vlees|- in samenst. mst Fleisch-, b.v. ~**balletje** n Fleischklößchen n; ~**etend** ['-eːtənt] fleischfressend; ~**loos** fleischlos; ~**molen** ['-moːlə(n)] Fleischwolf m; ~**nat** n (Fleisch-)Brühe f; ~**schotel** ['-sxoːtəl] Fleischgericht n; Fleischplatte f; ~**sla** Fleischsalat m; ~**vlieg** Fleisch-, Schmeißfliege f; ~**wond(e)** Fleischwunde f.
vleet: **bij de** ~ in Hülle und Fülle, reihenweise.
vlegel m (-s) Flegel m, Schlingel m, Rüpel m; ~**achtig** [-təx] flegel-, rüpelhaft; ~**achtigheid** [-təxɛit] (-heden) Flegelei f; ~**jaren** n/pl Flegeljahre n/pl.
vlei|en [ⱱlɛiə(n)] schmeicheln (D); ~**end** schmeichelhaft, schmeichelnd; ~**er** m (-s) Schmeichler m; ~**erig** [ⱱlɛiərəx] schmeichlerisch; ~**erij** [-'rɛi] Schmeichelei f; ~**naam** Kosename m; ~**ster** f (-s) Schmeichlerin f.
vlek (-**ken**) Fleck m, Mal n; Klecks m; big Makel m; **vuile** ~ Schmutzfleck m; ~**ken maken** ook kleckern, klecksen; ~**ke-loos** ['-kaloːs] fleckenlos; fig ook makellos; ~**ken** v/i Flecke machen; schmutzig werden; ~**ken-water** n Fleckenwasser n.
vleugel [ⱱløːɣəl] (-s of -en) Flügel m; ~**deur** [-døːr] Flügeltür f; ~**moer** [-muːr] Flügelmutter f; ~**speler** m sp Flügelstürmer m.
vleugje [ⱱløːxiə] n (-s) Hauch m, Anflug m.
vlezig [ⱱleːzəx] fleischig.
vlieg Fliege f.
vlieg|basis Militärflugplatz m, Fliegerhorst m; ~**bereik** [-rɛik] n Aktionsradius m, Reichweite f; ~**biljet** [-jɛt] n Flugkarte f; ~**boot** Flugboot n; ~**dek-schip** n Flugzeugträger m; ~**dienstregeling** Flugplan m.
vliegemepper [ⱱliˑɣəmɛpər] (-s) Fliegenklatsche f, -klappe f.
vliegen* (ook zn) fliegen; ~**ier(ster** f)

vlieg|er *m* (*-s*) Flieger(in *f*) *m*; **~vanger** (*-s*) Fliegenfänger *m*.
vlieg|er *m* (*-s*) Flieger *m*; (Papier-)Drachen *m*; **~gewicht** *n* Fliegengewicht *n*; **~reis** ['-rɛis] Flugreise *f*; **~ticket** ['-tɪkət] *n* Flugticket *n*, -schein *m*; **~traject** *n* Flugstrecke *f*.
vliegtuig ['-təγχ] *n* Flugzeug *n*; **speciaal ~** Sondermaschine *f*; **per ~ ook** auf dem Luftweg(e); **~kaper** *m* Flugzeugentführer *m*, Luftpirat *m*; **~kaping** Flugzeugentführung *f*.
vlieg|veld *n* Flugplatz *m*; **~wezen** *n* Flugwesen *n*; **~wiel** *n* Schwungrad *n*.
vlier Flieder *m*, Holunder *m*.
vliering Dachboden *m*.
vlierthee Holundertee *m*.
vlies [vlis] *n* (*-zen*) Haut *f*, Häutchen *n*; **~je** [vliʃə] *n* (*-s*) Häutchen *n*.
vlijen ['vlɛiə(n)]: **zich ~ tegen** sich (an-)schmiegen an (*A*).
vlijm|end ['vlɛimənt] schneidend, reißend; **~scherp** ['-sxɛr(ə)p] messer-, haarscharf; *fig* beißend.
vlijt Fleiß *m*; **~ig** ['-təχ] fleißig.
vlinder (*-s*) Schmetterling *m*, Falter *m*; **~dasje** [-daʃə] *n* (*-s*) Fliege *f*, Querbinder *m*; **~slag** [-slɑx] *sp* Schmetterlingsstil *m*.
vlo (*vlooien*) Floh *m*.
vloed [vlut] Flut *f* (*ook fig*); Strom *m*; *fig ook* Schwall *m*; **~golf** Flutwelle *f* (*ook fig*).
vloei|baar ['vluˑi-] flüssig; **~ maken** verflüssigen; **~en** (*ook zn*) fließen, rinnen; **~end** *fig* fließend, flüssig; **~ing** *med* Ausfluß *m*; **~stof** Flüssigkeit *f*.
vloek Fluch *m*; **~en** fluchen; *kleuren*: schreien, beißen.
vloer [vluːr] Fußboden *m*; **~bedekking** (Fuß-)Bodenbelag *m*; (*tapijt~*) Teppichboden *m*; **~en** zu Boden werfen; **~kleed** *n* Teppich *m*; **~schakeling** ['-sxaːkəl-] Knüppelschaltung *f*.
vlok (*-ken*) Flocke *f*; **~kig** ['-kəχ] flockig.
vlooienmarkt ['vloːiə(n)-] Flohmarkt *m*.
vloot (*vloten*) Flotte *f*.
vlot [vlɔt] **1.** flott, keck; gewandt; zügig, glatt, reibungslos; (*vloeiend*) fließend, geläufig; **~ krijgen** flottmachen (*ook fig*); **2.** *n* (*-ten*) Floß *m*.
vlott|en (*ook zn*) flößen; (*opschieten*) vorankommen; **~end** *schuld*: schwebend; **~er** (*-s*) *tech* Schwimmer *m*.

vlucht [vlʏχt] Flucht *f*; Flug *m*; (*vogels*) Schwarm *m*; *fig* Höhenflug *m*; **aansluitende ~** Anschlußflug *m*; **hoge ~** *fig* Aufschwung *m*; **op de ~ slaan** die Flucht ergreifen.
vluchteling|(e *f*) *m* Flüchtling *m*; **~enkamp** *n* Flüchtlingslager *n*.
vluchten (*zn*) flüchten, fliehen.
vluchtheuvel ['-høːvəl] Verkehrsinsel *f*.
vluchtig ['-təχ] flüchtig.
vlucht|misdrijf [-drɛif] *n* Fahrer-, Unfallflucht *f*; **~strook** Standspur *f*, Seitenstreifen *m*.
vlug [vlʏχ] schnell, rasch; flink; klug; **zo ~ mogelijk** so schnell (*of* rasch) wie möglich, schnellstens, schleunigst; **~heid** ['-hɛit] Schnellig-, Geschwindigkeit *f*; **~schrift** ['-sxrɪft] *n* Flugschrift *f*, -blatt *n*.
VN [veːˈɛn] *afk voor* **Verenigde Naties** UNO *f*.
vocaal (*-calen*) Vokal *m*.
vocht *n* Feuchtigkeit *f*; Flüssigkeit *f*; **~ig** ['-təχ] feucht; **~ en koud** feuchtkalt.
vochtigheid Feuchtigkeit *f*; **~s-meter** [-meːtər] Luftfeuchtigkeitsmesser *m*.
vochtvrij ['-frɛi] trocken.
vod [vɔt] *f of n* (*-den*) Lumpen *m*, Lappen *m*, Fetzen *m*; **~denmarkt** Trödelmarkt *m*.
voeden ['vuˑdə(n)] (er)nähren; speisen.
voeder ['vuˑdər, vuːr] *n* Futter *n*; **~middel** *n* Futtermittel *n*.
voeding Ernährung *f*, Verpflegung *f*; Nahrung *f*; **~s·bodem** Nährboden *m* (*ook fig*); **~s·middelen** *n/pl* Nahrungsmittel *n/pl*.
voedsel *n* Nahrung *f*, Speise *f*; **~vergiftiging** Lebensmittelvergiftung *f*.
voedzaam ['vuˑtsaːm] nahrhaft.
voeg [vuˑχ] Fuge *f*, Naht *f*; **~en** fügen; *fig* passen; *tech* fugen; (*bij*) fügen zu (*D*), hinzufügen; **zich ~ bij** sich anschließen (*D*), sich gesellen zu (*D*); **~woord** *n* Konjunktion *f*.
voel|baar ['vuˑl-] fühlbar, spürbar; **~en** fühlen; (*~spüren*), empfinden; **~hoorn** Fühler *m* (*ook fig*).
voer [vuːr] *n* Futter *n*; P Fraß *m*; **~en** führen, leiten; (*voederen en kleding*) füttern; **~ing** Futter *n*; (*rem~*) (Brems-)Belag *m*; **~taal** Verkehrssprache *f*; **~tuig** ['-təχ] *n* Fahrzeug *n*.
voet [vuˑt] Fuß *m*; **op staande ~** fristlos;

voetbal

op vrije ~en jur auf freiem Fuß; *te ~* zu Fuß.

voetbal Fußball *m*; **~len** Fußball spielen; **~ler** *m (-s)* Fußballspieler *m*, F Fußballer *m*; **~ploeg** [-plu·x] Fußballmannschaft *f*; **~wedstrijd** [-streit] Fußballspiel *n*.

voet|bank ['vu·d-] Schemel *m*; **~boog** ['-bo:x] Armbrust *f*.

voetganger *m (-s)* Fußgänger *m*; **~slicht** *n* Fußgängerampel *f*; **~s·zone** Fußgängerzone *f*.

voet|gangster *f (-s)* Fußgängerin *f*; **~gewricht** [-'xəvrɪxt] *n* Fußgelenk *n*; **~licht** *n* Rampe(nlicht *n) f*; **~mat** Abtreter *m*, Fußmatte *f*; **~noot** Fußnote *f*, Anmerkung *f*; **~pad** *n* Fußweg *m*; Gehweg *m*, -steig *m*; **~stap** Schritt *m*, Fußstapfe *m*; **~stoots** ohne weiteres, unbesehen; **~stuk** ['-stək] *n* Sockel *m*; **~tocht** (Fuß-)Wanderung *f*, Fußmarsch *m*; **~verzorging** Fußpflege *f*; **~volk** *n* Fußvolk *n (ook fig)*; **~zoeker** ['-su·kər] *(-s)* Knallfrosch *m*; **~zool** Fußsohle *f*.

vogel *(-s)* Vogel *m*; **~kooi** Vogelkäfig *m*, Bauer *n of m*; **~perspectief** *n*: *in ~* aus der Vogelperspektive; **~tje** ['vo:ɣəltiə] *n (-s)* Vögelchen *n*; **~trek** Vogelzug *m*; **~verschrikker** *(-s)* Vogelscheuche *f*; **~vlucht** [-vlɛxt] Vogelflug *m*; Luftlinie *f*; Vogelschau *f*; **~vrij** [-vrɛi] vogelfrei; *~ wild n fig* Freiwild *n*; **~vrijverklaarde** Geächtete(*r*).

vol [vɔl] voll; prall; *kleur:* satt; *~ doen* vollmachen; **~bloed** ['-blu·t] *m (-s of -en)* Vollblut *n*, Vollblüter *m*; **~brengen** [vɔl'-] *(-)* vollbringen, -führen; **~daan** ['-da:n] zufrieden, befriedigt; *rekening:* Betrag (dankend) erhalten.

voldoen [-'du:n] *(-)* befriedigen, genügen *(D)*; sich bewähren; *(betalen)* entrichten, begleichen; *~ aan* entsprechen *(D)*, gerecht werden *(D)*; **~de** [-'dundə] genügend, aus-, hinreichend, hinlänglich; *schoolcijfer:* befriedigend; *~ zijn ook* (hin-, aus)reichen, genügen; **~ing** Befriedigung *f*, Genugtuung *f*.

vol|dongen [-'dɔŋə(n)] vollendet; **~geboekt** [-bu·kt] ausgebucht.

volgeling *m* Anhänger *m*; Jünger *m*; **~en** *pl ook* Gefolgschaft *f*; **~e f** Anhängerin *f*; Jüngerin *f*.

volgen *(ook zn)* folgen *(D)*; verfolgen; nachgehen *(D)*, nachrücken; *college*

---

hören; *kunnen ~ fig ook* mit(be)kommen; *(zo)als volgt* wie folgt, folgendermaßen; *op elkaar ~* aufeinanderfolgen; **~d** folgend, nächste(r, -s); nachstehend.

volgens zufolge *(G of D)*, nach *(D)*, gemäß *(D)*, laut *(G)*.

volgieten vollgießen.

volg|nummer [-'nəmər] *n* (fortlaufende) Nummer *f*; **~orde** Reihen-, Rangfolge *f*, (Rang-)Ordnung *f*.

vol|gooien ['-ɣo:iə(n)] *(-)* (ganz) füllen; **~groeid** [-'ɣru·it] ausgewachsen.

volgzaam ['vɔl(ə)xsa:m] folgsam.

volhard|en [-'hard-] *(-)* ausharren, durchhalten; **~end** beharrlich, ausdauernd; **~ing** Ausdauer *f*, Beharrlichkeit *f*.

volheid ['-hɛit] Fülle *f*.

volhouden ['vɔlhɑuə(n)] durchhalten, ausharren; beharren.

volière [vɔ'liɛ·rə] *(-s)* Voliere *f*, Vogelhaus *n*.

volk *n (-eren of -en)* Volk *n*; *(menigte; mensen)* Leute *pl*; **~en·kunde** [-kəndə] *f* Völkerkunde *f*; **~en·recht** *n* Völkerrecht *n*; **~en·rechtelijk** [-rɛxtələk] völkerrechtlich; **~eren·moord** Völkermord *m*.

vol|kladden verschmieren; **~komen** [-'ko:m-] *(-)* vollkommen; gänzlich, restlos, durchaus; **~korenbrood** [-'ko:ra(n)-] *n* Vollkornbrot *n*; **~krabbelen** ['-krabəl-] bekritzeln.

volks volkstümlich.

volks|- *in samenst. mst* Volks-; **~aard** Volkstum *n*, -charakter *m*; **~dans** Volkstanz *m*; **~dracht** Volkstracht *f*; **~feest** *n* Volksfest *n*; **~front** Volksfront *f*; **~groep** ['-xru·p] Bevölkerungsgruppe *f*; Völkerschaft *f*; **~hogeschool** [-sxo:l] Volkshochschule *f*; **~lied** *n* Volkslied *n*; *(nationaal)* Nationalhymne *f*; **~stemming** Volksabstimmung *f*; **~telling** Volkszählung *f*; **~tuintje** ['-təyntiə] *n (-s)* Schrebergarten *m*; **~universiteit** [-y·ni·vɛrsi·tɛit] Volkshochschule *f*; **~verhuizing** [-həyzɪŋ] Völkerwanderung *f (ook fig)*; **~vertegenwoordiger** [-te:ɣə(n)vo:rdəɣər] *m* Volksvertreter *m*.

volledig [-'le:dəx] vollständig, völlig.

volleerd [-'le:rt] ausgelernt.

vollemaan ['vɔlə'ma:n] *f* Vollmond *m*.

vollopen (zn) vollaufen; sich füllen.
volmaakt [-'ma:kt] vollkommen, vollendet; **~heid** [-heːit] (-heden) Vollkommenheit f, Vollendung f.
vol|macht Vollmacht f; **bij ~** in Vollmacht; **~maken** ['-ma:kə(n)] (-) vervollkommnen; **~mondig** [-dəx] offen (-herzig); **~op** vollauf, reichlich; **~proppen** vollstopfen; **~slagen** ['-sla:ɣə(n)] völlig; **leek**: blutig; **~slank** vollschlank; **~smeren** ['-sme:r-] verschmieren; **~staan** [-'sta:n] (-) genügen; **~stoppen** vollstopfen; **~storten** vollschütten; **~strekt** [-'strɛkt] absolut, unbedingt, schlechterdings; **~ niet** keineswegs, überhaupt nicht.
voltage [-'ta:ʒə] (-s) Spannung f.
vol|tallig [-'taləx] vollzählig; **~tanken** ['-tɛŋk-] volltanken; **~tooien** [-'to:iə(n)] (-) vollenden; (*afmaken ook*) fertigstellen; *studie* absolvieren; **~treffer** Volltreffer m; **~trekken** [vɔl'-] (-) vollziehen, -strecken; **~trekking** Vollzug m, Vollstreckung f; **~uit** [-'œyt] in Worten; **~ schrijven** ausschreiben.
volume [-'lymə] n (-s of -n) Volumen n; (*geluids-*) Lautstärke f; **~goed** [-ɣu't] n Sperrgut n.
vol|voeren [-'vu:rə(n)] (-) voll-, ausführen; **~waardig** [-'va:rdəx] vollwertig.
volwassen [-'vɑs-] erwachsen; **~e** Erwachsene(r).
volzin Satz m.
vondeling(e f) ['vɔndəl-] m Findling m; **te vondeling leggen** aussetzen.
vondst Fund m; *fig* Einfall m, glänzende Idee f.
vonk Funke(n) m; **~en** funken, sprühen.
vonnis n (-sen) Urteil n, (Urteils-, Schuld-)Spruch m; **~sen** verurteilen, richten.
voogd m Vormund m; **~ij(schap** n [-pen]) [-'dɛi(sxɑp)] Vormundschaft f.
voor¹ **1.** *prep* vor (A, D); für (A); zwecks (G); **2.** *adv* vorn; *vóór zijn* zuvorkommen (D), vorgreifen (D); *voor- voder*-; *het ~ en tegen* das Für und Wider; **3.** *co ~*(*dat*) ehe, bevor; bis.
voor² (*voren*) Furche f, Rille f.
vooraan vorn, voran; **~staand** [-'a:n-] prominent, führend.
vooraf [-'ɑf] vorher, im voraus, vorab, zuvor; **~bedenken** vorausbedenken.

voorafgaan (zn) voran-, vorausgehen; **~d** vorhergehend, vorherig.
vooral [-'ɑl] vor allem, besonders, insbesondere, zumal; ja; **~eer** [-'le:r] bevor.
vooralsnog [-'nɔx] fürs erste, einstweilen.
voor|arrest ['voːr-] n Untersuchungshaft f; **~as** Vorderachse f; **~avond** ['-a:vɑnt]: *op de ~* am Vorabend; **~baat**: *bij ~* im voraus; **~barig** ['-ba:rəx] voreilig, vorschnell, verfrüht; **~bedacht**: *met ~en rade* vorsätzlich.
voorbeeld n Beispiel n; (*ideaal*)Vor-, Leitbild n; (*origineel*) Muster n, Vorlage f; *een ~ stellen* ein Exempel statuieren; **~ig** ['-be:ldəx] vorbildlich, mustergültig, beispielhaft, exemplarisch.
voorbe|hoedmiddel [-hu't-] n Verhütungsmittel n; **~houd** [-haut] n Vorbehalt m; *onder ~ ook* ohne Gewähr; *zonder ~ ook* vorbehaltlos; **~houden** (*zich*) (sich) vorbehalten.
voorbereid|en ['-bərɛid-] (-) vorbereiten; **~d werk** n Vorarbeit f; *op het ergste voorbereid* aufs Schlimmste gefaßt; **~ing** Vorbereitung f.
voorbe|schikken [-sxɪk-], **~stemmen** vorherbestimmen.
voorbij [-'bɛi] vorbei, vorüber; *adj* vergangen; **~ zijn** *ook* herumsein.
voorbijgaan (zn) vorbeigehen (*langs; fig aan* an D), vorübergehen, passieren; **~d** vorübergehend.
voorbij|ganger m (-s) Passant m; **~komen** vorbeikommen; **~rijden** [-rɛiə(n)] (zn) vorbeifahren, vorbeireiten; **~vliegen** (zn) vorbeifliegen; *fig* dahinfliegen.
voorbode Vorbote m.
voordat bevor, ehe; bis.
voor|deel n Vorteil m, Vorzug m; Nutzen m; Vergünstigung f; **~delig** [-'de:ləx] vorteilhaft; preiswert; **~deur** ['-dø:r] Haustür f; **~dien** [-'di'n] früher; **~doen** ['-du·n] vorbinden; vormachen; *zich ~* auf-, eintreten; *pers.:* sich gebärden, sich aufspielen; **~dracht** Vortrag m; Vorschlag m; (*lijst*) Vorschlagsliste f; **~dragen** vortragen; *iem* vorschlagen; **~echtelijk** ['-ɛxtələk] vorehelich; **~eerst** [-'e:rst] vorerst, fürs erste; **~gaan** (zn) vorangehen; vorgehen; *laten ~* den Vortritt lassen, vorlassen; **~ganger** m (**~gangster** f) (-s) Vorgän-

voorgebergte 274

ger(in *f*) *m*; ~gebergte *n* Vorgebirge *n*; ~gerecht *n* Vorgericht *n*, -speise *f*; ~geschiedenis [-ɣ̇əsxi·dənis] Vorgeschichte *f*; ~gevel ['-ɣ̇e:vəl] Fassade *f*, Front *f*; ~geven vorgeben (*ook sp*); ~gevoel ['-ɣ̇u·l] *n* Vorgefühl *n*, Ahnung *f*; *een* ~ *hebben van* (er)ahnen; ~goed [-ɣ̇u·rt] endgültig; auf (*of* für) immer; ~grond Vordergrund *m*; *op de* ~ im Vordergrund; ~hand Vor(der)hand *f*; *op* ~ im voraus; ~handen [-'handə(n)] vorhanden; ~hebben vorhaben; ~heen [-'he:n] früher, ehemals; ~hoede ['-hu·də] Vorhut *f* (*ook fig*); *sp* Sturm *m*; ~hof ['-hɔf] *n of m* Vorhof *m* (*ook anat*); ~hoofd *n* Stirn *f*; ~hoofdsholte Stirnhöhle *f*; ~houden ['-hɑ u̯ə(n)] vorhalten.

voorin vorn; ~genomen [-no:mə(n)] voreingenommen, befangen.

voor|jaar *n* Frühling *m*, Frühjahr *n*; ~kant Vorderseite *f*; ~kennis Vorwissen *n*.

voorkeur ['-kø:r] Vorzug *m*; Vorliebe *f*; *bij* ~ vorzugsweise; *de* ~ *geven aan* bevorzugen, den Vorzug geben (*D*); ~toets [-tu·ts] Vorwahltaste *f*.

voorkomen 1. ['ʋo:r-] (*zn*) vorkommen; vor Gericht erscheinen; **2.** [-'ko:m-] (-) zuvorkommen (*D*), vorbeugen (*D*), verhüten; **3.** *n* ['ʋo:r-] Vorkommen *n*, Aussehen *n*, Äußere(s) *n*; ~**d** [-'ko:mənt] zuvorkommend, gefällig.

voor|koming [-'ko:mɪŋ] Verhütung *f*, Vorbeugung *f*; ~laatste vorletzte; ~leggen vorlegen, unterbreiten; ~leiden ['-lɛɪd-] vorführen; ~letter Anfangsbuchstabe *m* (des Vornamens); ~lezen vorlesen, verlesen.

voorlicht|en aufklären; informieren, beraten; ~ing Aufklärung *f*; Informierung *f*, Beratung *f*; ~ings-dienst Presse-, Informationsstelle *f*.

voor|liefde Vorliebe *f*; ~liegen vorlügen; ~loopster *f* Vorläuferin *f*.

voorlop|en ['ʋo:r-] *horloge:* vorgehen; ~**er** *m* Vorläufer *m*; ~**ig** [-'lo:pəx] vorläufig, einstweilig; *adv* vorläufig, einstweilen, zunächst.

voor|malig [-'ma:ləx] ehemalig; ~**man** *m* Vordermann *m*; Vorarbeiter *m*.

voormiddag [-'mɪdɑx] Vormittag *m*; ~**s** am Vormittag, vormittags.

voornaam[1] ['ʋo:r-] Vor-, Rufname *m*.

voornaam[2] [-'na:m] vornehm; wichtig; ~**st** hauptsächlich, wichtigst.

voor/naamwoord ['ʋo:r-] *n* Pronomen *n*, Fürwort *n*; **bezittelijk** ~ Possessiv(pronomen) *n*; **persoonlijk** ~ Personalpronomen *n*; ~**namelijk** ['na:mələk] hauptsächlich, vornehmlich, namentlich.

voornemen: 1. *zich* ~ sich vornehmen; **2.** *n* (*-s*) Vorhaben *n*, Vorsatz *m*.

voor|noemd [-'nu:mt] obengenannt; ~**onderstellen** (-) voraussetzen; ~**onderzoek** [-zu·k] *n* Voruntersuchung *f*; **gerechtelijk** ~ Beweisaufnahme *f*; ~**oordeel** *n* Vorurteil *n*; ~**oorlogs** [-lɔxs]; ~**e tijd** Vorkriegszeit *f*.

voorop vorn, voran; ~**gaan** (*zn*) vorangehen; ~**gezet** vorgefaßt; ~**leiding** [-lɛɪd-] Vorbildung *f*, Vorkenntnisse *f*/*pl*; ~**lopen** vorangehen; ~**rijden** [-rɛɪə(n)] vorausfahren; ~**stellen** voraussetzen.

voorouders ['-ɑudərs] *pl* Ahnen *m*/*pl*, Vorfahren *m*/*pl*.

voorover vornüber, kopfüber; ~**buigen** [-bəɣ̇-] sich vorbeugen.

voor|pagina Titelseite *f*; *de* ~ *halen* Schlagzeilen machen; ~**poot** Vorderbein *n*; ~**portaal** *n* Vestibül *n*; ~**post** Vorposten *m*; ~**pret** Vorfreude *f*; ~**proefje** ['-pru·fjə] *n* Kostprobe *f*; ~**raad** Vorrat *m*, Bestand *m*; *bij* ~ *jur* einstweilig; *in* ~ *voorrätig*; *in* ~ *hebben ook* auf Lager haben; ~**radig** [-'ra:dəx] vorrätig.

voorrang Vorrang *m*, Vortritt *m*; Vorfahrt *f*; *met* ~ bevorzugt; ~**s-bord** *n* Vorfahrtsschild *n*; ~**s-weg** [-vɛx] Vorfahrtsstraße *f*.

voor|recht *n* Vorrecht *n*; Vergünstigung *f*; ~**rede** Vorrede *f*; ~**rijden** [-rɛɪə(n)] vorfahren; (*voorop*) vorausfahren; ~**ruit** ['-rɔyt] Windschutzscheibe *f*; ~**schieten** *geld* auslegen, vorschießen, vorstrecken; ~**schijn** ['-sxɛɪn]: *te* ~ hervor, zum Vorschein, zutage; *te* ~ *halen* hervorholen; ~**schip** ['-sxɪp] *n* Vorschiff *n*; ~**schoot** *m of n* Schürze *f*; ~**schot** *n* (-*ten*) Vorschuß *m*, Vorauszahlung *f*; Anzahlung *f*; ~**schotelen** ['-sxo:tə-] auftischen; ~**schrift** *n* Vorschrift *f*, Verordnung *f*; ~**volgens** ~ vorschriftsgemäß; ~**schrijven** ['-sxrɛɪv-] vorschreiben; *med* verordnen, verschreiben; ~**smaakje** n (-s) Vorgeschmack m; ~**snijden** ['-snɛiə(n)] vorschneiden, tranchieren; ~**sorteren** [-'te:r-] auto: sich einordnen; ~**spel** n Vorspiel n; fig ook Auftakt m; ~**spelen** vorspielen; ~**spellen** [-'spɛl-] (-) prophezeien, voraus-, vorhersagen; ~**spelling** Prophezeiung f, Vorher-, Voraussage f; ~**spiegelen** vorspiegeln, -täuschen, -gaukeln; ~**spoed** ['-spu·t] Glück n; Wohlstand m; ~**spraak** (-spraken) Fürsprache f; ~**sprong** Vorsprung m; ~**staan** ['vo:r-] verfechten, vertreten; sich erinnern, vor Augen stehen; ~**stad** Vorort m; ~**stadium** ['-sta:di·(j)əm] n Vorstufe f; ~**(stad)-station** [-stasiɔn] n Vorortbahnhof m; ~**stander** m (~**standster** f) (-s) Befürworter(in f) m, Verfechter(in f) m.

voorste vordere.

voorstel ['-stɛl] n Vorschlag m; Antrag m; **een ~ indienen** e-n Antrag einbringen; ~**baar** [-'stɛl-] vorstellbar; ~**len** vorstellen; (voorstel doen) vorschlagen; beantragen; (uitbeelden) darstellen; **zich iets ~** sich etw vorstellen (of denken); ~**ling** Vorstellung f; Darstellung f; thea Aufführung f; ~**lings·vermogen** n Vorstellungsvermögen n.

voort fort, vorwärts, weiter; ~**aan** [-'ta:n] künftig, weiterhin, nunmehr.

voort|bestaan weiter-, fortbestehen; **het ~ ook** Fortbestand m; ~**beweging** Fortbewegung f.

voortbreng|en herstellen, hervorbringen, schaffen; ~**sel** n (-s of -en) Erzeugnis n.

voortduren ['vo:rdy:r-] fort-, andauern; ~**d** [-'dy:rant] (an)dauernd, ständig, fortwährend, immerfort.

voorteken ['-te:k-] n Vor-, Anzeichen n.

voort|gaan [-'xa:n] weitergehen; (voortzetten) fortfahren; ~**gezet** ['-xəzɛt] ~ **onderwijs** n Sekundarunterricht m.

voortijdig [-'tɛidəx] vorzeitig.

voort|komen [-'ko:m-] hervorgehen; fig ook entspringen (D); ~**maken** sich beeilen; ~**planten (zich)** (sich) fortpflanzen.

voortreffelijk [-'trefələk] (vor)trefflich, vorzüglich; ~**trekken** vorziehen.

voorts ferner, weiter.

voort|schrijden ['-sxrɛid-] (zn) fig fortschreiten; ~**spruiten** ['-sprɛyt-] entsprießen (D); ~**stuwen** ['-sty·ʋə(n)] antreiben; ~**sukkelen** ['-sɔkəl-] kränkeln; F (weiter)wursteln.

voortuin ['-tœyn] Vorgarten.

voort|varend [-'fa:rənt] energisch; ~**vloeien** ['-flu·iə(n)] (zn) sich ergeben; ~**vluchtig** [-'flœxtəx] flüchtig; ~**zetten** fortsetzen, fortführen.

vooruit [-'rɛyt] voran; voraus, vorwärts; im voraus; ~**!** los!; ~ **dan maar** also gut (of schön); **(versnelling)** ~ Vorwärtsgang m.

vooruitbetal|en vorauszahlen; ~**ing** Vorauszahlung f; hdl ook Vorkasse f.

vooruit|gaan (zn) vorausgehen; vorwärtsgehen; fig Fortschritte pl machen, aufwärtsgehen; ~**gang** Fortschritt m; ~**helpen** weiterhelfen (D), fördern; ~**kijken** [-kɛik-] vorausschauen; ~**komen** [-ko:m-] vorwärts-, weiterkommen; fig ook vorankommen; ~**lopen** (zn) vorauslaufen; ~ **(op)** vorwegnehmen, vorgreifen (D); ~**rijden** [-rɛiə(n)] (zn) vorausfahren; vorwärtsfahren; ~**schuiven** [-sxœyv-] vorschieben, vorrücken; ~**springen** (zn) vorspringen, vorstehen; vorwärtsspringen; ~**lopen** [-stek-] (her)vorragen, vorstehen; ~**strevend** [-'stre:vənt] fortschrittlich; ~**zetten** vorsetzen, vorsetzen; ~**zicht** n Aussicht f; **in het ~ stellen** in Aussicht stellen.

vooruitzien vorher-, vorausblicken; ~**d** weitsichtig; ~**e blik** Weitblick m.

voorvader m Vorfahr m.

voorval n Vorfall m, Ereignis n, Vorgang m, Vorkommnis n; ~**len** vorfallen, sich ereignen, eintreten.

voorvecht|er m (~**ster** f) Vorkämpfer(in f) m, Verfechter(in f) m.

voorverkoop Vorverkauf m; ~**adres** n Vorverkaufsstelle f.

voor|verwarmen vorwärmen; ~**voegsel** ['-vuxsəl] n (-s) Vorsilbe f; ~**voelen** [-'vu·l-] (-) erahnen.

voorwaarde Bedingung f; Voraussetzung f; **eerste ~ ook** Vorbedingung f; **op ~ dat ...** unter der Bedingung (of Voraussetzung), daß ...; ~**lijk** [-'va:rdələk] bedingt; ~**e veroordeling** Bewährung f.

voorwaarts vorwärts.

voorwend|en vorgeben, -täuschen, -schützen; ~**sel** n (-s of -en) Vorwand m.

voor|werk n Vorarbeit f; **~werp** n Gegenstand m, Objekt n (ook gr); **gevonden ~** Fund(sache f) m; **vliegend ~** Flugkörper m; **vreemd ~** Fremdkörper m; **~en** pl **van waarde** Wertgegenstände m/pl, -sachen f/pl, Sachwerte m/pl.
voorwiel n Vorderrad n; **~aandrijving** [-drɛĭv-] Front-, Vorderradantrieb m.
voor|woord n Vorwort n; **~zeggen** vorsagen; **~zeker** [-ˈzɛːkər] gewiß, sicherlich; **~zet** sp Vorlage f; **(zijdelingse) ~** Flanke f; **~zetsel** n (-s) Präposition f; **~zetten** vorsetzen.
voorzichtig [-ˈzɪxtəx] vorsichtig; **~heid** [-xɛĭt] Vorsicht f; **~heids·halve** vorsichtshalber.
voorzien [-ˈziːn] (-) voraus-, vorhersehen; vorsehen, planen; **(van) ~** versehen, ausstatten, versorgen (mit D); **(in)** decken, abhelfen (D); **(niet) te ~** (un)vorhersehbar; **~baar** vorhersehbar; **~igheid** [-ˈziːnəxɛĭt] Vorsehung f; **~ing** [-ˈziːn-] Maßnahme f; Einrichtung f; Versorgung f.
voorzijde [-ˈzɛĭdə] = **voorkant**.
voorzit|ster f (-s), **~ter** m (-s) Vorsitzende(r); **~ten** vorsitzen (D), präsidieren (D); **~ter·schap** [-sxɑp] n Vorsitz m.
voorzorg Vorsorge f; **~s-maatregel** Vorbeugungs-, Vorsichtsmaßnahme f, Vorkehrung f.
voos morsch; mürbe.
vorder|en v/t verlangen, fordern; v/i (zn) vorankommen, vorrücken, fortschreiten, vonstatten gehen; **~ing** Forderung f; Fortschritt m; **uitstaande ~en** pl Außenstände m/pl.
voren vorn; **naar ~** nach vorn; hervor; **naar ~ brengen** vorbringen; herausstellen; **naar ~ komen** hervortreten (ook fig); **van ~ af aan** von vorn(e); z. ook **tevoren**.
vorig [ˈvoːrəx] vorig; **~ jaar** n Vorjahr n.
vork Gabel f; **~heftruck** [-hɛftrɔk] Gabelstapler m.
vorm Form f, Gestalt f; **(een) ~ geven** ook gestalten; **~elijk** [-ˈvɔrmələk] förmlich; **~(e)loos** formlos; unförmig; **~en** formen, gestalten; bilden; prägen; **~end** bildend; **~geving** Gestaltung f, Formgebung f; **~ing** Bildung f; Formung f; Prägung f; **~kwestie** [-ˈkŭɛsti-] Formsache f; **~leer** Formenlehre f.
vorst. m **1.** Fürst m; (koning ook) Monarch m; **2.** Frost m; **~elijk** [-ˈtələk] fürstlich (ook fig); **~en·dom** n (-men) Fürstentum n; **~in** [-ˈtɪn] f (-nen) Fürstin f; Monarchin f.
vos [vɔs] m (-sen) Fuchs m; **slimme ~** fig schlauer Fuchs; **~se·bes** Preiselbeere f.
votum [ˈvoː-] n (-s of vota) Votum n; **~ van vertrouwen (wantrouwen)** Vertrauens- (Mißtrauens-)Votum n.
vouw [vɑŭ] Falte f; Bügelfalte f; **~en** falten; **~fiets** Klappfahrrad n; **~stoel** [ˈvɑŭ-] Klappsitz m, -stuhl m.
vraag (vragen) Frage f; Bitte f; hdl Nachfrage f; **~ vooraf** Vorfrage f; **het is de ~ ook** es fragt sich; **dat is nog de ~** das bleibt dahingestellt; **er is veel ~ naar iets** etw ist sehr gefragt; **~gesprek** [-ˈxəsprɛk] n Interview n; **~stuk** [ˈ-stɞk] n Problem n, Frage f; **~teken** [ˈ-teːkə(n)] n Fragezeichen n.
vraatzuchtig [-ˈsɞxtəx] gefräßig.
vracht Fracht f, Ladung f, Last f; **~auto = vrachtwagen**; **~brief** Frachtbrief m; **~rijder** [ˈ-rɛĭdər] m Spediteur m; Fernfahrer m; **~schip** [ˈ-sxɪp] n Frachtschiff n, Frachter m; **~stuk** [ˈ-stɞk] n Frachtstück n; **~vaarder** (-s) = **vrachtschip**; **~vrij** [ˈ-frɛĭ]: **~e bagage** Freigepäck n.
vrachtwagen Last(kraft)wagen m, Lkw m, F Laster m; **platte ~** Pritschenwagen m; **~ voor lange afstanden** Fernlastwagen m, F Fernlaster m; **~chauffeur** m Lastwagenfahrer m, Lkw-Fahrer m; **~combinatie** [-ˈnaː(t)si-] Lastzug m.
vragen* fragen; (verzoeken) bitten; auffordern; prijs fordern, nehmen; **naar iem ~** sich nach j-m erkundigen; nach j-m verlangen; **~lijst** [-lɛĭst] Fragebogen m.
vrede [ˈvreːdə] Frieden m; **~lievend** [-ˈlivənt] friedfertig; **~rechter** m Friedensrichter m; **~s-beweging** Friedensbewegung f; **~s-naam: in ~** um Gottes willen; **~s-onderhandelingen** pl Friedensverhandlungen f/pl; **~s-verdrag** [-drɑx] n Friedensvertrag m.
vredig [ˈvreːdəx] friedlich.
vreedzaam friedlich; (vredelievend) friedfertig.
vreemd fremd; seltsam, sonderbar, merkwürdig; **~e taal** Fremdsprache f; **~ genoeg** seltsamer-, sonderbarerweise; **~e** Fremde f; **~eling(e** f) m Fremde(r); **~elingen·politie** [-liˈ(t)siˑ] Aus-

länderpolizei *f*; **~gaan** (*zn*) fremdgehen; **~soortig** [-'so:rtəx] fremdartig; **~talig** [-'ta:ləx] fremdsprachig.

vrees Furcht *f*; Befürchtung *f*; **~aanjagend** furchterregend; **~achtig** ['-zaxtəx] furchtsam, ängstlich; **~achtigheid** [-xɛit] Furchtsam-, Ängstlichkeit *f*.

vreeselijk ['vre:sələk] furchtbar, fürchterlich, schrecklich.

vreten* P fressen.

vreugde ['vrø:ɣdə] Freude *f*; **van ~** vor Freude; **~loos** freudlos; **~roes** [-ru·s] Freudentaumel *m*.

vrezen (be)fürchten.

vriend *m* Freund *m*; **~elijk** ['-dələk] freundlich, liebenswürdig; **heel ~** (*van U*)! sehr liebenswürdig (*of* nett) (von Ihnen!); **~elijkheid** [-hɛit] (*-heden*) Freundlichkeit *f*; **~in** [-'dɪn] *f* (*-nen*) Freundin *f*; **~jes-politiek** Vetternwirtschaft *f*.

vriendschap ['-sxɑp] (*-pen*) Freundschaft *f*; **~ sluiten** *ook* sich anfreunden; **~pelijk** [-'sxɑpələk] freundschaftlich; **~s-verdrag** [-drɑx] *n* Freundschaftsvertrag *m*.

vries|punt ['-pənt] *n* Gefrierpunkt *m*; **~weer** *n* Frostwetter *n*.

vriezen* frieren.

vrij [vrɛi] frei; *adv* ziemlich; **~ krijgen** freibekommen (*ook vakantie*); **~af** [-'ɑf] frei; **~ hebben** freihaben.

vrijage [vrɛi'ja:ʒə] (*-s*) Liebschaft *f*.

vrij|biljet [-jɛt] *n* Freikarte *f*; Freifahrschein *m*; **~blijvend** freibleibend, unverbindlich.

vrijdag ['vrɛidɑx] Freitag *m*; **Goede ♀** Karfreitag *m*; **~s** freitags.

vrijelijk ['vrɛiələk] frei.

vrijen ['vrɛiə(n)] knutschen, schmusen; sich lieben, verkehren; gehen (mit *D*).

vrijetijd [-'tɛit] Freizeit *f*; **~s-besteding** [-bəstəd:d-] Freizeitgestaltung *f*; (*hobby*) Freizeitbeschäftigung *f*; **~s-kleding** Freizeitkleidung *f*.

vrij|geleide ['-ɣəlɛidə] *n* freies Geleit *n*; **~geven** freigeben (*ook vakantie*); **~gevig** [-'ɣe:vəx] freigebig, mildtätig; **~gezel(lin** [-'lɪn] *f*) 'ɣəzɛl] *m* Junggeselle *m* (Junggesellin *f*); **~handel** Freihandel *m*; **~handels-zone** [-so:nə] Freihandelszone *f*; **~haven** Freihafen *m*.

vrijheid ['-hɛit] (*-heden*) Freiheit *f*; **~ van mening** (*suiting*) Meinungsfreiheit *f*; **in ~ stellen** freilassen; **~lievend** freiheitsliebend, freiheitlich; **~s-straf** [-strɑf] Freiheitsstrafe *f*; **~s-strijd** [-strɛit] Befreiungs-, Freiheitskampf *m*.

vrij|kaart ['vrɛi-] Freikarte *f*; **~komen** freikommen; *straling, gassen etc.*: austreten, frei werden; **~laten** [-'la:t-] freilassen; **~loop** Frei-, Leerlauf *m*; **~maken** ['-ma:k-] freimachen; **~metselaar** [-'mɛtsə-] *m* Freimaurer *m*, Logenbruder *m*; **~moedig** [-'mu:dəx] freimütig, keck; **~postig** ['-pɔstəx] dreist, frech, keck; **~spraak** Freispruch *m*; **~spreken** ['-spre:k-] freisprechen; **~staan** freistehen; **~staat** Freistaat *m*; **~stellen** freistellen, befreien.

vrijster ['vrɛistər] *f* (*-s*): **oude ~** alte Jungfer *f*.

vrij|uit [-'jɔyt] freiheraus; **~ gaan** frei ausgehen; **~waren** [-'va:r-] (*-*) bewahren, sicherstellen, sichern; **~wel** ['-vɛl] nahezu.

vrijwillig [vrɛi'vɪləx] freiwillig; **~er** *m* (**~ster** *f*) (*-s*) Freiwillige(r).

vroedvrouw ['vru·tfrɑu] *f* Hebamme *f*.

vroeg [vru·x] früh, zeitig; **~ in de morgen** früh am Morgen; **~ of laat** früher oder später, über kurz oder lang; **~er** früher; *adv ook* ehe-, vormals; **~rijp** ['-rɛip] frühreif; **~st: op zijn ~** frühestens; **~te** Frühe *f*; **~tijdig** [-'tɛidəx] frühzeitig.

vrolijk ['vro:lək] fröhlich, lustig, munter, heiter; **zich ~ maken over** sich lustig machen über (*A*); **~heid** [-hɛit] (*-heden*) Fröhlich-, Heiter-, Munterkeit *f*.

vroom fromm; **~heid** Frömmigkeit *f*.

vrouw [vrɑu] *f* Frau *f*; *kaart*: Dame *f*; **~ des huizes** Hausherrin *f*; **~elijk** ['vrɑuələk] weiblich; feminin.

vrouwen|- *in samenst. mst* Frauen-, *b.v.* **~arts** *m of f* Frauenarzt *m*, Frauenärztin *f*; **~beweging** Frauenbewegung *f*; **~jager** *m* Weiberheld *m*.

vrucht [vrəxt] Frucht *f*; **~baar** fruchtbar; *fig ook* ergiebig; **~baarheid** [-hɛit] Fruchtbarkeit *f*; **~e-loos** ['-tələ:s] fruchtlos, vergeblich, erfolglos.

vruchten|ijs [-ɛis] *n* Fruchteis *n*; **~taart** Obstkuchen *m*.

vruchtesap *n* Fruchtsaft *m*.

V-snaar ['vẹ:-] Keilriemen *m*.

vuig [v̈əyx] gemein.
vuil [v̈œyl] **1.** schmutzig, dreckig; schlüpfrig; gemein; **2.** *n* Schmutz *m*, Dreck *m*, Kot *m*; **grof ~** Sperrmüll *m*; **ophaling van het grof ~** Entrümpelung *f*; **~ig·heid** ['v̈əylœxɛit] Schmutz *m*, Dreck *m*; **~ik** ['-lɪk] *m* Schmutzfink *m*.
vuilnis *f of n* Kehricht *m*, Müll *m*; **~bak** Mülltonne *f*; **~belt** Müllplatz *m*; **~emmer** Mülleimer *m*; **~hoop** Müllhaufen *m*; **~koker** Müllschlucker *m*; **~man** *m* Müllfahrer *m*.
vuil|ophaaldienst, ~ophaling Müllabfuhr *f*; **~stortplaats** Mülldeponie *f*; **~verbrandingsinstallatie** [-stɑˈlaː-(t)si·] Müllverbrennungsanlage *f*.
vuist Faust *f*; *met elkaar op de* **~** *gaan* aufeinander losschlagen; *voor de* **~** (*weg*) aus dem Stegreif; **~pand** *n* Faustpfand *n*; **~slag** ['-slɑx] Faustschlag *m*.
vulcaniseren [v̈œlkɑ·niˈzeːr-] vulkanisieren.
vulgair [-ˈγ̈ɛːr] vulgär.
vulkaan [v̈əl-] (*-kanen*) Vulkan *m*.

vulkanisch [-ˈkɑːniˑs] vulkanisch.
vul|len füllen; *flessen ook* abfüllen; **~ing** Füllung *f*; *med* Plombe *f*; **~pen** ['-pɛn] Füll(feder)halter *m*.
vuns, vunzig [ˈv̈ɛnzəx] muffig; dreckig.
vurehout [ˈv̈yːrəhɑut] *n* Fichtenholz *n*.
vuren [ˈv̈yːrə(n)] feuern.
vurig [ˈv̈yːrəx] feurig, hitzig; sehnsüchtig, sehnlich, inbrünstig.
VUT [v̈œt] *afk voor* **vervroegde uittreding** Vorruhestand *m*.
vuur [v̈yːr] *n* (*vuren*) Feuer *n*; *fig ook* Hitze *f*, Eifer *m*; **~** *vatten* Feuer fangen, zünden; *in* **~** *en vlam raken fig* Feuer fangen; **~buikpad** ['-bəykpɑt] Unke *f*; **~gevecht** *n* Feuergefecht *n*, Schußwechsel *m*; **~rood** feuerrot; **~steen** Feuerstein *m*; **~tje** *n* (*-s*) Feuerchen *n*; **~lopend** Lauffeuer *n*; **~toren** Leuchtturm *m*; **~vast** feuerfest; **~wapen** *n* Feuerwaffe *f*; **~werk** *n* Feuerwerk *n*; *stuk* **~** Feuerwerks-, Knallkörper *m*.
V.V.V. *z.* **Vereniging voor Vreemdelingenverkeer.**
VWO-eindexamen [v̈eːv̈eːˈjoː-ɛint-] *n* Abitur-, Reifeprüfung *f*.

W

W.A. [v̈eːˈɑː] *afk voor* **wettelijke aansprakelijkheid** Haftpflicht *f*.
waag|halzig [-ˈhɑlzəx] waghalsig; **~stuk** ['-stœk] *n* Wagnis *n*, Unterfangen *n*.
waaien* [ˈv̈aːiə(n)] wehen.
waak|hond *m* Wachhund *m*; **~vlam** Sparflamme *f*; **~zaam** wachsam.
Waal *m* (*Walen*) Wallone *m*; **~s** wallonisch; **~se** *f* Wallonin *f*.
waan Wahn *m*; *in de* **~** *verkeren* glauben; **~denkbeeld, ~idee** *n* Wahnidee *f*; **~zin** Wahn-, Irrsinn *m*; **~zinnig** [-ˈzɪnəx] irre, wahn-, irrsinnig.
waar[1] wo; **~ ...** *heen* wohin; **~ ...** *ook* wo auch immer.
waar[2] wahr.
waar[3] (*waren*) Ware *f*.
waarachtig [-ˈɑxtəx] wahr(haftig).
waarbij [-ˈbɛi] wobei.

waarborg Garantie *f*, Gewähr *f*; Kaution *f*, Sicherheit *f*; **~en** gewährleisten, sicherstellen, verbürgen, garantieren; **~som** [-səm] Kaution *f*, Sicherheitsleistung *f*.
waard[1] wert; *iets* **~** *zijn* e-r S. (*G*) wert sein.
waard[2] *m* (Gast-)Wirt *m*.
waarde Wert *m*; *aangegeven* **~** Wertangabe *f*; *geschatte* **~** Schätzwert *m*; *totale* **~** Gesamtwert *m*; **~** *hechten aan* Wert legen auf (*A*); **~bon** [-bɔn] Gutschein *m*, Wertmarke *f*; **~loos** wertlos; **~oordeel** *n* Werturteil *n*; **~papier** *n* Wertpapier *n*.
waarder|en [-ˈdeːr-] (be)werten; (*op prijs stellen*) schätzen, würdigen; *kunnen* **~** *fig* Geschmack finden an (*D*); *leren* **~** schätzenlernen; **~ing** (Be-)Wer-

wandelen

tung *f*; Achtung *f*, Anerkennung *f*, Wertschätzung *f*, Würdigung *f*.
waarde|vast wertbeständig; ~**vol** wertvoll.
waardig ['va:dəx] würdig; *iem iets* ~ *achten* j-n e-r S. (G) würdigen; *iets* ~ *zijn* e-r S. (G) würdig sein; ~**heid** ['da:xɛit] (-*heden*) Würde *f*; *menselijke* ~ Menschenwürde *f*; ~**heids·bekleder** [-bəklɛ:dər] *m* Würdenträger *m*.
waardin [-'dɪn] *f* (-*nen*) Wirtin *f*.
waar|door wodurch; wovon; ~**heen** wohin.
waarheid ['va:hɛit] (-*heden*) Wahrheit *f*; ~ *als een koe* Binsenwahrheit *f*; ~**s·getrouw** [-xətraŭ] wahrheitsgetreu, -gemäß; ~**s·liefde** *f* Wahrheitsliebe *f*.
waarin worin.
waar|lijk ['va:lək] wahrlich, wahrhaft; ~**maken** beweisen; wahr machen; *zich* ~ *sich* bewähren.
waarmee womit.
waarmerken beglaubigen.
waar|na, ~**naar** wonach.
waarneem|baar [-'ne:mba:r] wahrnehmbar; ~**ster** ['va:r-] *f* (-*s*) Beobachterin *f*, Stellvertreterin *f*.
waarnem|en wahrnehmen, beobachten; versehen, erfüllen; ~**end** stellvertretend; ~**er** *m* (-*s*) Beobachter *m*; (*vervanger*) Stellvertreter *m*; ~**ing** Wahrnehmung *f*, Beobachtung *f*; (Stell-)Vertretung *f*; ~**ings·vermogen** *n* Beobachtungsgabe *f*.
waar|om warum, weshalb, wozu; worum; ~**op** worauf; ~**over** worüber.
waarschijnlijk ['va:rsxɛinlək] wahrscheinlich; ~**heid** [-hɛit] (-*heden*) Wahrscheinlichkeit *f*.
waarschuw|en ['va:rsxyŭə(n)] warnen; (*verwittigen*) verständigen, benachrichtigen; ~**ing** Warnung *f*; Verwarnung *f*; Mahnung *f*; Benachrichtigung *f*, Verständigung *f*.
waarschuwings|bord *n* Warnschild *n*; ~**fase** Warnstufe *f*; ~**knipperlichtinstallatie** [-la:(t)si] Warnblinkanlage *f*; ~**schot** [-sxɔt] *n* Warnschuß *m*; ~**sein** [-sɛin] *n* Warnsignal *n*; ~**staking** Warnstreik *m*; ~**teken** *n* Warnzeichen *n*.
waar|toe [-'tu] wozu; ~**voor** wofür; wovor; wozu.
waarzeg|gen wahrsagen; ~**ster** *f* (-*s*) Wahrsagerin *f*.

waas *n* Hauch *m*, Schleier *m*, Duft *m*.
wablief? F (wie) bitte?
wacht Wache *f*; *pers. ook*: Wächter *m*; *op* ~ *staan* Wache stehen; ~**(dienst)** Wachdienst *m*.
wacht|en (*op*) warten (auf *A*); *zich* ~ *voor* sich hüten vor (*D*); *iem te* ~ *staan* j-m bevorstehen; *op zich laten* ~ *ook* ausstehen; ~**er** *m* (-*s*) Wächter *m*; ~**geld** *n* Wartegeld *n*; ~**kamer** ['ka:mər] Wartezimmer *n*, -saal *m*, -raum *m*, Vorzimmer *n*; ~**lijst** ['-lɛist] Warteliste *f*; ~**toren** Wach(t)turm *m*; ~**woord** *n* Losung *f*, Parole *f*.
wad [vat] *n* (-*den*) Watt *n*; ~**den·eiland** [-ɛilant] *n* Watteninsel *f*; ~**en** waten.
wafel ['va:fəl] (-*s of* -*en*) Waffel *f*.
wagen¹ wagen, sich (ge)trauen, sich unterstehen.
wagen² (-*s*) Wagen *m*; ~**park** *n* Wagen-, Fuhrpark *m*; ~**wijd** [-vɛit] sperrangelweit; ~**ziek** reisekrank.
waggelen (*ook zn*) wackeln, schwanken, wanken; *pers. ook*: torkeln; *eend*: watscheln.
wagon [-'ɣɔn] (-*s*) Waggon *m*, Wagen *m*.
waken ['va:k-] wachen.
wakker wach; *fig ook* wacker, munter; ~ *maken* wecken; ~ *roepen* wachrufen; ~ *schudden* wachrütteln; ~ *worden* aufwachen.
wal (-*len*) Wall *m*; (*oever*) Ufer *n*; (*kade*) Kai *m*; *van* ~ *steken* *fig* loslegen; *z. ook* **lagerwal**.
walg|elijk ['-ɣələk] ekelhaft, eklig, widerlich; ~**en:** ~ *van* sich ekeln vor (*D*); *doen* ~ (an)ekeln; ~**(ing)** Ekel *m*.
walkman ['vɔ:kmɛn] (-*s of walkmen*) Walkman *m*.
Wallonië [-'lo:ni·(j)ə] *n* Wallonien *n*.
walm Qualm *m*; ~**en** qualmen.
walnoot ['val-] Walnuß *f*.
walrus ['-rɛs] (-*sen*) Walroß *n*.
wals Walzer *m*; Walze *f*; ~**en** walzen.
walvis ['val-] Wal *m*, Walfisch *m*; ~**vangst** Walfang *m*.
wanbe|heer ['van-], ~**leid** [-lɛit] *n* Mißwirtschaft *f*; ~**taling** Nichtzahlung *f*.
wand Wand *f*; ~**houten** ~ Holzwand *f*.
wandaad Frevel-, Untat *f*.
wandel|aar(ster) *f m* (-*s*) Spaziergänger(in) *f m*; (*trekker*) Wanderer *m*, Wanderin *f*; ~**en** ['-dələ(n)] (*ook zn*) spazieren, wandeln; (*trekken*) wan-

wandelgangen

dern; **~gangen** *pl* Wandelhalle *f*; **~ing** Spaziergang *m*, Bummel *m*; **~kaart** Wanderkarte *f*; **~parcours** [-ku:r(s)] *n* Rundwanderweg *m*; **~sport** Wandersport *m*; **~stok** Spazierstock *m*; **~wagen** (Kinder-)Sportwagen *m*; **~weg** [-vɛx] Spazierweg *m*; Wanderweg *m*.
wand|luis ['-lœys] Wanze *f*; **~tapijt** [-pɛit] *n* Wandteppich *m*.
wanen (*sich*) (sich) wähnen.
wang Wange *f*, Backe *f*; *met bolle* **~en** pausbäckig.
wan|gedrag ['vɑnɣədrɑx] *n* schlechtes Benehmen *n*; **~gedrocht** *n* Scheusal *n*, Ungetüm *n*; **~hoop** Verzweiflung *f*.
wanhop|en verzweifeln; **~ig** [-'ho:pəx] verzweifelt.
wankel wack(e)lig; *fig ook* brüchig; **~en** (*ook zn*) wanken, schwanken, taumeln.
wankelmoedig [-'mu·dəx] wankelmütig; **~heid** [-dəxɛit] Wankelmut *m*.
wanklank Mißklang *m*.
wanneer wann; (*als*) wenn; **~** *dan* (*wel*)? wann denn?; **~ ... maar** wann immer.
wanorde Unordnung *f*; **~lijk** [-'ɔrdələk] unordentlich; ungeordnet.
wanstaltig [-'stɑltəx] mißgestaltet, monströs.
want denn.
wantoestand ['vɑntu-] Mißstand *m*.
wantrouw|en ['-trɑu̯ə(n)] **1.** mißtrauen (*D*); **2.** *n* Mißtrauen *n*; **~ig** [-'trɑu̯əx] mißtrauisch, stutzig.
wanverhouding Mißverhältnis *n*.
wapen ['va:pə(n)] *n* (*-s of of -en*) Waffe *f*; (*familie~*) Wappen *n*; (*strijdmacht*) Waffen-, Truppengattung *f*; **~beheersing** Rüstungskontrolle *f*; **~dier** *n* Wappentier *n*; **~en** (*zich*) *fig* (sich) wappnen; **~geweld** *n* Waffengewalt *f*; **~industrie** [-dostri] Rüstungsindustrie *f*; **~stilstand** Waffenstillstand *m*; **~vergunning** [-ɣən-] Waffenschein *f*.
wapperen flattern, wehen.
war [vɑr]: *in de* **~** verwirrt; in Unordnung; *in de* **~** *brengen* verwirren; *in de* **~** (*ge*)*raken* durcheinandergeraten; **~boel** ['-bu·l] Wirrwarr *m*, Wust *m*.
ware ['va:rə]: *als het* **~** gleichsam.
warempel ['-rɛmpəl] tatsächlich, wahrhaftig.
waren|huis ['-hœys] *n* Waren-, Kaufhaus *n*; **~keuring** [-ko:r-] Warentest *m*.
warhoofd *n* Wirrkopf *m*.

warm warm; **~** *worden ook* sich erwärmen; **~bloedig** [-'blu·dəx] warmblütig; **~en** (er)wärmen; **~lopen** *v/i* (*zn*) *en zich* (sich) warmlaufen; (sich) heißlaufen; *fig* sich begeistern, sich erwärmen.
warmpjes warm; *er* **~** *bijzitten* vermögend sein.
warmte Wärme *f*.
warmte|- *in samenst. mst* Wärme-, *b.v.* **~eenheid** [-hɛit] Wärmeeinheit *f*; **~front** *n* Warmfront *f*; **~pomp** Wärmepumpe *f*; **~regelaar** Wärmeregler *m*.
warmwater|kruik [-'va:tərkrœyk] Wärmflasche *f*; **~voorziening** Warmwasserversorgung *f*.
war|relen ['vɑrəl-] wirbeln; **~rig** [-'rəx] verworren; **~s** [vɑrs] (*van*) abgeneigt (*D*), abhold (*D*); **~taal** verworrenes Zeug *n*.
was[1] Wachs *n*; *in de* **~** *zetten* wachsen.
was[2] Wäsche *f*; *de vuile* **~** *doen* schmutzige Wäsche waschen (*ook fig*); **~baar** waschbar; **~bak** Waschbecken *n*; **~beer** *m* Waschbär *m*; **~benzine** [-zi·nə] Waschbenzin *n*; **~echt** waschecht.
wasem ['va:səm] (*-s*) Dunst *m*, Schwaden *m*.
was|goed ['-xu·t] *n* Wäsche *f*; **~handje** *n* Waschlappen *m*.
waskaars Waschkerze *f*.
was|knijper ['-knɛipər] Wäscheklammer *f*; **~kom** Waschschüssel *f*; **~lijn** ['-lɛin] Wäscheleine *f*; **~lijst** [-lɛist] *fig* lange Liste *f*; **~machine** [-ʃi·nə] Waschmaschine *f*; **~mand** Waschkorb *m*; **~middel** *n* Waschmittel *n*; **~poeder** ['-pu·ɪər] *n of n* Waschpulver *n*.
wassen[1] *adj* aus Wachs, Wachs-; **~beeld** *n* Wachsfigur *f*.
wassen[2*] (*zn*) wachsen; *maan:* zunehmen.
was|sen[3*] waschen; **~serette** (*-s*) Waschsalon *m*; **~serij** [-sə'rɛi] Wäscherei *f*; **~straat** Waschstraße *f*; **~tafel**: (*vaste*) **~** Waschbecken *n*; **~verzachter** (*-s*) Weichspülmittel *n*; **~zak** Wäschebeutel *m*.
wat was; (*beetje*) etwas, ein wenig; **~** *een man* (*vrouw*)*!* welch ein Mann (eine Frau)!
water ['va:tər] *n* (*-s of of -en*) Wasser *n*; Gewässer *n*; *zoet~* Süßwasser *n*; *zout~* Salzwasser *n*.

water|- *in samenst. mst* Wasser-, *b.v.* **~afvoer** [-ɑfuːr] Wasserabfluß *m*; **~bak** Wasserbehälter *m*; **~bed** Wasserbett *n*; **~bouwkunde** [-baŭkəndə] Wasserbau *m*; **~buis** [-bœys] Wasserrohr *n*; **~dicht** wasserdicht; **~dier** *n* Wassertier *n*; **~druk** [-drək] Wasserdruck *m*; **~en 1.** harnen, urinieren; **2.** *n/pl* Gewässer *n/pl*; **~fiets** Tretboot *n*; **~gebrek** *n* Wassermangel *m*; **~golf** Wasserwelle *f*; **~huishouding** [-hɔyshaudɪŋ] Wasserhaushalt *m*; **~ig** ['-tərəx] wäßrig, wässerig; **~ijs** [-ɛis] *n* Fruchteis *n*; **~juffer** [-jəfər] (-s) Wasserjungfer *f*; **~kering** [-keːr-] Wehr *n*; **~kers** Brunnenkresse *f*; **~ketel** [-keːtəl] Wasserkessel *m*; **~koeling** [-kuˑl-] Wasserkühlung *f*; **~koud** [-kaut] naßkalt; **~kraan** Wasserhahn *m*; **~krachtcentrale** [-sɛn-] Wasserkraftwerk *n*.

waterleiding Wasserleitung *f*; **~bedrijf** [-drɛif] *n* Wasserwerk *n*.

water|lijn [-lɛin] Wasserlinie *f*; **~meloen** [-məluˑn] Wassermelone *f*; **~merk** *n* Wasserzeichen *n*; **~meter** [-meːtər] Wasseruhr *f*; **~nimf** Wassernymphe *f*, (Wasser-)Nixe *f*; **~orgel** Wasserorgel *f*; **~pas 1.** waagerecht; **2.** *n* Wasserwaage *f*; **~peil** [-pɛil] *n* Wasserstand *m*; **~pest** Wasserpest *f*; **~plant** Wasserpflanze *f*; **~politie** [-li(t)siˑ] Wasser(schutz)polizei *f*; **~polo** *n* Wasserball *m*; **~put** [-pət] (Zieh-)Brunnen *m*; **~rat** Wasserratte *f* (*ook fig*); **~reservoir** [-vɑːr] *n* Wasserbehälter *m*, -tank *m*; **~schade** [-sxɑːdə] Wasserschaden *m*; **~schuw** [-sxyŭ] wasserscheu; **~skiën** [-skiˑ(j)ə(n)] Wasserski laufen; **~ski's** *pl* Wasserschi *m/pl*, -ski *m/pl*; **~spiegel** Wasserspiegel *m*; **~spoeling** [-spuˑlɪŋ] Wasserspülung *f*; **~stand** Wasser-, Pegelstand *m*.

waterstof|bom Wasserstoffbombe *f*; **~peroxyde** [-ɔksiˑdə] *n* Wasserstoffperoxyd *n*.

water|straal Wasserstrahl *m*; **~tanden** lechzen, lüstern sein nach (*D*); **~tank** [-tɛŋk] *n* Wassertank *m*; **~val** Wasserfalle *f*; **~verf** Wasserfarbe *f*; **~verplaatsing** Wasserverdrängung *f*; **~vliegtuig** [-tɔyx] *n* Wasserflugzeug *n*; **~vlo** Wasserfloh *m*; **~vogel** Wasservogel *m*; **~voorziening** Wasserversorgung *f*; **~vrees** Wasserscheu *f*; **~weg** [-vɛx] Wasserstraße *f*, -weg *m*; **~wilg** Salweide *f*; **~zuivering** [-zœyvərɪŋ] Abwasseraufbereitung *f*.

watje *n* (-s) Wattebausch *m*.

watt Watt *n*.

watten *pl* Watte *f*.

watteren [-'teːr-] wattieren.

wauwelen ['vɑuələ(n)] faseln.

W.A.-verzekering [veːˈaː-] Haftpflichtversicherung *f*; **~ met beperkte cascodekking** Teilkaskoversicherung *f*.

wazig ['vɑːzəx] dunstig; *fig* verschwommen, schwammig.

W.C. [veːˈseː] (-'s) WC *n*, Toilette *f*, Klosett *n*.

we [və] wir.

web [vɛp] *n* (-ben) Netz *n*, (Spinnen-)Gewebe *n*.

wecken einwecken.

wed [vɛt] *n* (-den) Tränke *f*.

wedde Besoldung *f*, Gehalt *n*.

wedden wetten; **~schap** [-sxɑp] (-pen) Wette *f*.

weder(-) *z. ook* **weer** (-).

weder|geboorte Wiedergeburt *f*; **~kerend** [-ˈkeːrənt] *gr* reflexiv.

wederkerig [-ˈkeːrəx] gegenseitig, wechselseitig; **~heid** [-xɛit] Gegenseitigkeit *f*; **op basis van ~** auf Gegenseitigkeit.

weder|liefde Gegenliebe *f*; **~om** wiederum; **~opbouw** [-baŭ] Wiederaufbau *m*; **~opstanding** [-ˈɔp-] Auferstehung *f*; **~rechtelijk** [-ˈrɛxtələk] widerrechtlich; **~varen** [-ˈvɑːrə(n)] (-; *zn*) widerfahren; **~vraag** Gegen-, Rückfrage *f*; **~waardigheden** [-ˈvɑːrdəxəˈdə(n)] *pl* Erlebnisse *n/pl*; **~zijds** [-ˈzɛits] gegen-, wechselseitig; beiderseitig.

wed|ijver ['-ɛivər] Wetteifer *m*, -streit *m*; **~ijveren** wetteifern; **~loop** Wettlauf *m*, Rennen *n*; **~ren** (Wett-)Rennen *n*.

wedstrijd ['-strɛit] (Wett-)Kampf *m*, Wettbewerb *m*; *sp ook* Spiel *n*; **~sport** Leistungssport *m*.

weduw|e ['veːdyŭə] *f* Witwe *f*; **onbestorven ~** Strohwitwe *f*; **~naar** *m* (-s) Witwer *m*; **onbestorven ~** Strohwitwer *m*.

wee: (o) ~! (o) weh!

weeën [ˈveːˈə(n)] *n/pl* Wehen *n/pl*.

weef|sel *n* (-s *of* -en) Gewebe *n*; **~ster** *f* (-s) Weberin *f*; **~stoel** ['-stuːl] Webstuhl *m*.

weegs *z.* **eind.**

weegschaal Waage *f.*
week[1] weich; *in de ~ zetten* einweichen.
week[2] (*weken*) Woche *f*; *goede ~* Karwoche *f*; *door de ~* werk-, wochentags; *(vandaag) over een ~* (heute) in e-r Woche; **~blad** *n* Wochenzeitung *f*; **~dag** ['-dɑx] Wochentag *m.*
weekdier *n* Weichtier *n.*
weekeinde ['-ɛində] *n* Wochenende *n.*
weekend ['viːkɛnt] *n* (*-s of -en*) Wochenende *n.*
weekend|- *in samenst. mst* Wochenend-, *b.v.* **~huisje** [-həvʃə] *n* Wochenendhaus *n*; **~retourtje** [-rətuːrtiə] *n* Sonntagsrückfahrkarte *f*; **~uitstapje** [-əyt-] *n* Wochenendausflug *m.*
week|hartig ['-hɑrtəx] weichherzig; **~heid** ['-hɛit] Weichheit *f.*
weekkaart Wochenkarte *f.*
wee|klacht Wehklage *f*; **~klagen** wehklagen.
weekmarkt Wochenmarkt *m.*
weelde Luxus *m*, Aufwand *m*; **~rig** ['-dərəx] üppig, luxuriös.
weemoed ['-muˑt] Wehmut *f*; **~ig** ['-muˑdəx] wehmütig.
Weens wienerisch, Wiener.
weer[1] wieder, von neuem.
weer[2] *n* Wetter *n.*
weer[3] (*weren*) Wehr *f*; *druk in de ~ zijn* sehr beschäftigt sein; *zich te ~ stellen* sich zur Wehr setzen; **~baar** wehrhaft, streitbar; **~barstig** ['-bɑrstəx] widerspenstig; *pers. ook:* störrisch, trotzig.
weer|bericht *n* Wetterbericht *m*; **~bestendig** ['-bəstɛndəx] wetterfest; **~dienst** Wetterdienst *m.*
weerga: *zonder ~*, **~loos** beispiellos, sondergleichen.
weer|galm Widerhall *m*; **~galoos** z. *weerga*; **~gave** Wiedergabe *f*; *versnelde ~* Zeitraffer *m*; **~geven** wiedergeben; **~haak** Widerhaken *m*; **~houden** ['hɑudə(n)] (-) zurück-, abhalten.
weerkaart Wetterkarte *f.*
weer|kaatsen ['-kaːts-] (-; *ook zn*) reflektieren; **~klank** *fig* Anklang *m*; **~klinken** [veːr'-] (-) (wider)hallen.
weerkundige ['-kɔndəɣə] Meteorologe *m*, Meteorologin *f.*
weer|leggen ['-lɛɣ-] (-) widerlegen; **~lichten** wetterleuchten.
weerloos wehr-, schutzlos.
weerom [veː'rɔm] wieder.

weerschijn ['-sxɛin] Abglanz *m*, Widerschein *m.*
weersgesteldheid Wetterlage *f*, Witterung *f*; *algemene ~* Großwetterlage *f.*
weerskanten: *van* (*of aan*) *~* beidseitig; *aan ~ van* beidseits (*G*).
weers-omstandigheden [-dɑxəːdə(n)] *pl* Witterungsverhältnisse *n/pl.*
weer|spannig ['-spɑnəx] widerspenstig; aufsässig; **~spiegelen** [-'spiˑɣəl-] (-) widerspiegeln; **~staan** ['-staːn] (-) widerstehen (*D*).
weerstand Widerstand *m*, Gegenwehr *f*; **~s·vermogen** *n* Widerstandsfähigkeit *f.*
weerstreven [-'streːvə(n)] (-) widerstreben (*D*).
weer|s·verwachting Wetteraussichten *f/pl*; **~(s)voorspelling** Wettervorhersage *f.*
weer|wil: *in ~ van* trotz (*G*); **~zien** wiedersehen; *tot ~s* auf Wiedersehen.
weerzin Widerwille *m*; **~wekkend** ['-vɛkənt] widerlich, widerwärtig.
wees *m of f* (*wezen*) Waise *f*; *halve ~* Halbwaise *f*; **~huis** ['-həys] *n* Waisenhaus *n.*
weetgierig ['-xiːrəx] wißbegierig.
weg[1] [vɛx] Straße *f*; Weg *m*; *grote ~* Fern(verkehrs)straße *f*; *langs de officiële ~* auf dem Amts-, Dienstweg; *op de openbare ~* auf offener Straße; *de ~ kennen* den Weg kennen, sich auskennen; *op ~ naar* auf dem Weg nach (*D*); *op ~ gaan* sich auf den Weg machen; *iem uit de ~ gaan* j-m aus dem Weg gehen (*ook fig*); *uit de ~ ruimen* aus dem Weg räumen; *iem ook* erledigen; *fig iets ook* ausräumen.
weg[2] weg, fort, hin; *~ zijn van* hingerissen sein von (*D*), stehen auf (*D*).
wegberm Straßenbankett *n*, -böschung *f.*
weg|blazen wegblasen; **~blijven** ['-blɛiv̆-] weg-, fern-, ausbleiben; **~brengen** wegbringen, fortschaffen; abführen.
wegdek *n* Straßendecke *f*, -belag *m.*
weg|doen ['-duˑn] wegtun, -schaffen, -stecken; **~dragen** wegtragen; **~duwen** ['-dyˑə(n)] wegdrängen; **~ebben** (*zn*) abebben, abklingen.
wegen* *fig* wägen.
wegen|aanleg [-lɛx] Straßenbau *m*;

~belasting Kraftfahrzeugsteuer *f*; **~bouw** [-baũ] Straßenbau *m*; **~informatie** [-ma:(t)si·] Straßenzustandsbericht *m*; **~kaart** Straßenkarte *f*.
wegens wegen (*G*).
wegen|tol [-tɔl] Straßen(benutzungs)-, Autobahngebühr *f*; **~wacht** Straßenwacht *f*, Pannenhilfe *f*, -dienst *m*.
weg- en waterbouw [-baũ] Tiefbau *m*.
weggaan (*zn*) weg-, fortgehen.
weggebruiker ['-xəbrəykər] *m* Verkehrsteilnehmer *m*.
weg|geven weg-, vergeben, verschenken; **~gieten** ausgießen; **~gooien** ['-xo:iə(n)] wegwerfen; **~kapen** wegschnappen; **~kijken** ['-kɛĩk-] wegblikken; **~komen** weg-, fortkommen; **~kruipen** ['-krœyp-] (*zn*) sich verkriechen; **~kwijnen** ['-kŭɛĩn-] (*zn*) verkümmern, dahinsiechen; **~laten** ['-la:t-] weg-, auslassen; **~leggen** weglegen; **~ligging** Straßenlage *f*; **~loopster** *f* Ausreißerin *f*; **~lopen** (*zn*) weg-, davonlaufen; **~loper** *m* Ausreißer *m*; **~moffelen** ['-mɔfələ(n)] verschwinden lassen; **~nemen** wegnehmen; *fig* beseitigen; *dat neemt niet weg dat* das ändert nichts daran, daß.
wegomlegging Umleitung *f*.
weg|pakken wegnehmen, -schnappen; **~pesten** wegekeln; **~pikken** wegschnappen.
wegpiraat *m* Verkehrsrowdy *m*.
wegraken (*zn*) wegkommen, abhanden kommen.
wegrestaurant [-to·rã:] *n* (Autobahn-) Raststätte *f*, Rasthaus *n*.
weg|rijden ['-rɛĩə(n)] (*zn*) weg-, fortfahren; wegreiten; **~ruimen** ['-rœym-] wegräumen; **~rukken** ['-rək-] wegreißen; **~schenken** ['-sxɛŋk-] weg-, verschenken; **~schoppen** wegtreten; **~schuiven** ['-sxœyv-] weg-, abrücken; **~sijpelen** ['-sɛĩpəl-] (*zn*) versickern; **~slepen** ['-sle:p-] wegschleppen; *auto* abschleppen; **~smelten** (*zn*) weg-, dahinschmelzen; **~smijten** ['-smɛĩt-] wegschmeißen; **~spoelen** ['-spu·l-] weg-, fortspülen, wegschwemmen; **~sterven** weg verhallen, abklingen; **~stoppen** wegstecken; **~sturen** ['-sty:r-] wegschicken; **~trappen** wegtreten; **~trekken** weg-, fortziehen; *v/i ook* abwandern; *mil ook* abzie-

hen; **~vagen** wegfegen; *fig* ausradieren; **~vallen** wegfallen; ausfallen; **~varen** (*zn*) weg-, abfahren; **~vegen** wegwischen.
weg|verbindingen *pl* Verkehrsverbindungen *f/pl*; **~verkeer** *n* Straßenverkehr *m*; **~vervoer** [-fərvu:r] *n* Straßentransport *m*; *gecombineerd weg-/rail-vervoer* Huckepackverkehr *m*.
weg|vloeien ['-flu·iə(n)] (*zn*) weg-, abfließen; **~vreten** ['-frɛ:t-] zerfressen.
wegwedstrijd [-strɛĩt] Straßenrennen *n*.
wegwerken *v/t* wegschaffen; *achterstand* aufarbeiten.
wegwerkzaamheden *pl* Straßenarbeiten *f/pl*.
wegwerp|en wegwerfen; **~fles** Einwegflasche *f*; **~maatschappij** [-sxapɛĩ] Wegwerfgesellschaft *f*.
weg|wijs ['vɛxʋɛĩs] im Bilde; **~wijzer** ['-ʋɛĩzər] Wegweiser *m*.
weg|zakken ver-, einsinken; **~zetten** weg-, abstellen; **~zuigen** ['-sœyɣ-] absaugen.
wei(de) ['vɛĩ(də)] Wiese *f*, Weide *f*.
weiden weiden.
weids [vɛĩts] stattlich; weit.
weifelen ['vɛĩfələ(n)] schwanken; (*aarzelen*) zaudern, zögern.
weiger|achtig ['vɛĩɣəraxtəx] ablehnend; **~en** verweigern, ablehnen; versagen; sich weigern; **~ing** (Ver-)Weigerung *f*; *tech* Versagen *n*.
weiland *n* Weide(land *n*) *f*.
weinig ['vɛĩnəx] wenig, gering.
wekelijk ['ʋe:kələk] weichlich.
wekelijks ['ʋe:kələks] wöchentlich.
wekeling ['ʋe:kə-] *m* Weichling *m*.
weken *v/i* (*zn*) en *v/t* (auf)weichen; *v/t ook* einweichen.
wekenlang wochenlang.
wekk|en wecken; *fig* erregen, hervorrufen, erwecken; **~er** (-s) Wecker *m*.
wel wohl, gut; zwar, allerdings; *dat ~!* das schon!; *en ~* und zwar; **~behagen** *n* Wohlbehagen *n*; Wohlgefallen *n*; **~bespraakt** beredt, redegewandt; **~bewust** [-vəst] wissentlich; **~daad** Wohltat *f*; **~dadig** ['-da:dəx] wohltuend, wohlig.
weldoen|d ['-du·nt] wohltuend; **~er** *m* (**~ster** *f*) (-s) Wohltäter(in *f*) *m*.
weldoorvoed [-vu·t] wohlgenährt.
weldra bald, nächstens.

weledel [vɛˈleːdəl]: **~e heer** (*in brief*) Herr(n); Sehr geehrter Herr.
weleens [ˈʋɛlɑ(n)s] (schon) mal.
weleer [-ˈeːr] ehemals.
welge|manierd [-ˈniːrt] (wohl)anständig, gesittet; **~steld** wohlhabend.
welgevallen 1. zich laten ~ sich gefallen lassen; **2.** *n* (Wohl-)Gefallen *n*.
welge|voed [-ˈʋuˑt] wohlgenährt; **~zind** wohlgesinnt.
welhaast alsbald; fast, geradezu.
welig [ˈʋɛlɑx] üppig.
welingelicht wohlunterrichtet.
weliswaar aber, freilich.
welk welche(r, -s).
welkom [ˈʋɛl-] willkommen.
welletjes [ˈʋɛlətiəs] genug.
wel|levend [-ˈleːʋənt] höflich; **~licht** [-ˈlɪxt] vielleicht, womöglich.
welluidend [-ˈlœydənt] wohlklingend; **~heid** [-hɛit] Wohlklang *m*.
wellust [ˈʋɛl-lost] Wollust *f*, Lüsternheit *f*; **~eling** *m* Lüstling *m*; **~ig** [-ˈlostəx] wollüstig.
wel|opgevoed [-ˈʋuˑt] wohlerzogen; **~overwogen** (wohl)überlegt; **~riekend** [-ˈriːk-] wohlriechend; **~slagen** [ˈʋɛl-] *n* Gelingen *n*; **~sprekend** [-ˈsprɛːk-] beredt; **~stand** wohlstand; **~te-rusten!** [-rostə(n)] gute Nacht!; **~te·verstaan** wohlgemerkt.
welvaart Wohlstand *m*; **~s·maatschappij** [-pɛi] Wohlstandsgesellschaft *f*; **~s·staat** Wohlfahrts-, Sozialstaat *m*.
welvarend [-ˈʋaːrənt] gesund, wohlauf; blühend; wohlhabend.
welv|en (**zich**) (sich) wölben; **~ing** Wölbung *f*.
welvoeglijkheid [-ˈʋuˑxləkhɛit] Anstand *m*.
welwillend [-ˈʋɪlənt] wohlwollend; gütig; **~heid** (*-heden*) Wohlwollen *n*.
welzijn [ˈʋɛl-zɛin] *n* Wohl *n*; **algemeen ~** Gemeinwohl *n*; **~s·werker** *m* Sozialarbeiter *m*.
wemelen [ˈʋeːməl-] wimmeln; **~ van** *ook* strotzen von (*of* von) (*D*).
wend|baar *auto*: wendig; **~en** (**zich**) (sich) wenden (**tot** an *A*); **~ing** Wendung *f*, Wende *f*.
wenen weinen.
Wenen [ˈʋeːnə(n)] *n* Wien *n*.
wenk Wink *m*; *fig ook* Hinweis *m*.
wenkbrauw Augenbraue *f*.
wenken winken.
wennen (*ook zn*) (sich) gewöhnen; (*aarden*) sich eingewöhnen.
wens Wunsch *m*; **naar ~** *ook* wunschgemäß; **~droom** Wunschtraum *m*; **~elijk** [ˈ-sələk] wünschenswert, erwünscht; **~en** wünschen.
wentel|en [ˈʋɛntələ(n)] (**zich**) (sich) wälzen; **~ing** Umwälzung *f*, Umdrehung *f*; **~trap** Wendeltreppe *f*.
wereld [ˈʋeːrəlt] Welt *f*; **ter ~ brengen** (**komen**) zur Welt bringen (kommen); **uit de hele ~** aus aller Welt; **uit de ~ helpen** aus der Welt schaffen; **veel van de ~ zien** weit herumkommen.
wereld|- *in samenst. mst* Welt-, *b.v.* **♀bank** Weltbank *f*; **~beroemd** [-ruˑmt] weltberühmt; **~beschouwing** [-sxaʊ̆-ɪŋ] Weltanschauung *f*; **~bol** Weltkugel *f*, Globus *m*; **~deel** *n* Erdteil *m*; **~economie** Weltwirtschaft *f*; **~faam** Weltruf *m*; **~handel** Welthandel *m*; **~heerschappij** [-sxapɛi] Weltherrschaft *f*; **~je** *n* (-*s*) Welt *f*; (*milieu ook*) Szene *f*.
wereldkampioen|(e *f*) [-piˑ(j)uˑn(ə)] *m* Weltmeister(in *f*) *m*; **~schap** [-sxap] *n* Weltmeisterschaft *f*.
wereld|lijk [-lək] weltlich; **~macht** Weltmacht *f*; **~markt** Weltmarkt *m*; **~omvattend** global; **~oorlog** [-lɔx] Weltkrieg *m*; **~record** [-rəˈkɔːr, -kɔrt] *n* Weltrekord *m*; **~rijk** [-rɛik] *n* Weltreich *n*; **~s** weltlich; **~taal** Weltsprache *f*; **~tentoonstelling** Weltausstellung *f*; **~titel** Weltmeistertitel *m*; **~vrede** Weltfrieden *m*; **~vreemd** weltfremd; **~wijd** [-ʋɛit] weltweit; **~wijs** [-ʋɛis] weltklug, -gewandt; **~wonder** *n* Weltwunder *n*; **~zee** Weltmeer *n*.
weren abwehren; ausschließen; **zich ~** sich wehren; sich anstrengen.
werf (*werven*) Werft *f*.
werk *n* Arbeit *f*; Beschäftigung *f*, Tätigkeit *f*; Werk *n*; **~ geven** beschäftigen; **te ~ gaan** verfahren, vorgehen; **~ aan de lopende band** Fließarbeit *f*; **aan het ~ gaan** sich an die Arbeit machen; **~ in uitvoering!** Achtung Baustelle!; **aan het ~ gaan** zur Arbeit gehen; **~bank** Werkbank *f*; **~beest** *n* Arbeitstier *n* (*ook fig*); **~college** [ˈ-kɔle:ʒə] *n* Seminar *n*; **~dag** [ˈ-dɑx] Werktag *m*; **op ~en** werktags.

werkelijk ['kələk] wirklich, tatsächlich; **~heid** [-hɛit] Wirklichkeit f.
werkeloos = **werkloos.**
werken arbeiten; (*uitwerking hebben*) wirken; *naar binnen ~* hinunterschlingen; (*met moeite*) hinunterwürgen; **~d** arbeitend; werk-, berufstätig; tätig; **~de** Berufs-, Erwerbstätige(r).
werker m (-s) Arbeiter m.
werkgelegenheid [-hɛit] Arbeitsmöglichkeit(en pl) f; Beschäftigung f; **~sprogramma** n Arbeitsbeschaffungsprogramm n; **~sverruimend** [-fərəymənt]: **~e maatregel** Arbeitsbeschaffungsmaßnahme f.
werkgever m Arbeitgeber m; **~s-organisatie** [-za:(t)si·] Arbeitgeberverband m.
werkgroep ['-xru·p] Arbeitsgruppe f.
werking Wirkung f; *in (buiten) ~ (stellen)* in (außer) Betrieb setzen; *jur, pol* in (außer) Kraft setzen.
werk|kracht Arbeitskraft f; **~kring** Arbeit(sstelle) f.
werkloos arbeitslos; untätig, tatenlos.
werkloosheid ['lo:shɛit] Arbeitslosigkeit f; *langdurige ~* Dauerarbeitslosigkeit f; **~s-cijfer** [-sɛifər] n Arbeitslosenrate f; **~s-uitkering** [-œyt-] Arbeitslosengeld n; **~s-verzekering** Arbeitslosenversicherung f.
werkloze Arbeitslose(r); **~n-steun** [-støn] Arbeitslosenunterstützung f.
werk|lunch ['-lønʃ] Arbeitsessen n; **~man** m (-*lui of -lieden*) Arbeiter m; **~neemster** f (-s) Arbeitnehmerin f; **~nemer** m (-s) Arbeitnehmer m; **~plaats** f Arbeitsstätte f; Arbeitsplatz m; Werkstatt f; **~schuw** ['-sxyü] arbeitsscheu; **~ster** f (-s) Arbeiterin f; (*schoonmaakster*) Putzfrau f; **~student** ['-sty-] m Werkstudent m; **~stuk** ['-støk] n (Seminar-)Arbeit f; **~terrein** [-tɛrɛin] n Arbeitsgebiet n; **~tijd** ['-tɛit] Arbeitszeit f; *glijdende ~* Gleitzeit f.
werktuig ['-tœyx] n Werkzeug n; **~kundige** ['-kəndəɣə] Mechaniker m; **~lijk** ['-tœylək] mechanisch.
werk|verdeling Arbeitsteilung f; **~vergunning** [-ɣən-] Arbeitserlaubnis f; **~verschaffing** [-sxaf-] Arbeitsbeschaffung f; **~wijze** [-ʋɛizə] Arbeitsweise f; (*methode*) Verfahren n; **~woord** n Verb n, Zeitwort n.

werkzaam arbeitsam; tätig, beschäftigt; wirksam; **~heid** [-hɛit] (*-heden*) Tätigkeit f; Arbeitsamkeit f, Fleiß m; *werkzaamheden pl* Arbeit f, Tätigkeit f.
werp|anker n Wurfanker m; **~en*** werfen; *zich ~ op* ook sich stürzen auf (*A*).
wervel (-s) Wirbel m; **~en** wirbeln; **~ing** Wirbel m; **~kolom** Wirbelsäule f; **~storm** Wirbelsturm m; **~wind** Wirbelwind m.
werv|en* (an)werben; **~ing** (An-)Werbung f.
wesp Wespe f; **~en-nest** n Wespennest n (*ook fig*).
West-Duitsland ['-dəyts-] n Westdeutschland n.
westelijk ['-tələk] westlich.
westen n Westen m; *ten ~ (van)* westlich (*G* of *von D*); **~wind** Westwind m.
westers abendländisch, westlich (*ook pol*), West-.
West|europees ['-ø:roˑpe:s] westeuropäisch; **~kust** ['-kɛst] Westküste f; **~waarts** westwärts.
wet (-*ten*) Gesetz n; *in strijd met de ~* gesetzwidrig; *voor de ~ huwelijk*: standesamtlich; **~boek** ['-bu·k] n Gesetzbuch n.
weten* ['ʋe:ta(n)] wissen; *te ~ komen* herausbekommen, erfahren; *niets willen ~ van iets* ook sich e-r S. (*D*) verschließen; *weet ik veel!* F was weiß ich!; *bij mijn ~* meines Wissens; *buiten mijn ~* ohne mein Wissen.
wetenschap (-*pen*) Wissenschaft f; **~pelijk** [-'sxapələk] wissenschaftlich; **~per** m (-s), **~s-beoefenaar(ster** f) [-bə-u·fən-] m (-s), **~s-man** m Wissenschaftler(in f) m.
wetenswaardig [-'ʋa:rdəx] wissenswert; **~heid** [-dəxɛit] (*-heden*) Wissenswerte(s).
wetgev|end gesetzgebend; *~e macht, ~e vergadering* Legislative f; **~er** m Gesetzgeber m; **~ing** Gesetzgebung f.
wethouder ['-haudər] m Beigeordnete(r); **~matig** ['-ma:təx] gesetzmäßig.
wets|ontwerp n Gesetzentwurf m; **~overtreding** Gesetzwidrigkeit f; **~wijziging** ['-ʋɛizəɣɪŋ] Gesetzesänderung f, -novelle f.
wette|lijk ['-tələk] gesetzlich; **~loos** gesetzlos.
wetten wetzen, schärfen.

wettig ['tɛx] legal, gesetzlich, gesetzmäßig; **~en** legitimieren; rechtfertigen; berechtigen; **~heid** ['tɛxɛit] Gesetzmäßigkeit f, Legitimität f.

wev|en* weben; **~er** m (-s) Weber m; **~erij** ['rɛi] Weberei f.

wezel (-s) Wiesel n.

wezen 1. * (zn) sein; **2.** n (-s) Wesen n; **~lijk** [-lək] wirklich; wesentlich.

wezenloos besinnungslos; entgeistert; **~ staren** glotzen.

whisky ['ʋiski·] (-'s) Whisky m.

wicht n Wicht m; Ding n, Mädchen n.

wie wer; wem; wen; **van ~** wessen; dessen.

wiebelen ['ʋi·bəl-] wackeln; schaukeln.

wieden jäten.

wieg [ʋi·x] Wiege f (ook fig); **in de ~ gelegd zijn voor** wie geschaffen sein zu (D); **~elen** ['ʋi·ɣəl-] (sich) wiegen, schaukeln; **~en** wiegen.

wiek Flügel m.

wiel n Rad n; **iem in de ~en rijden** j-m in die Quere kommen; **~dop** Radkappe f.

wieler|baan Radrennbahn f; **~sport** Radsport m; **~wedstrijd** [-strɛit] Radrennen n.

wiel|rennen n Radrennen n; **~renner** m Rennfahrer m; **~rijder** ['-rɛidər] m Radfahrer m; **~rijdster** f Radfahrerin f; **~tje** n (-s) Räd(er)chen n.

wiens wessen; dessen.

wier n Tang m.

wierook Weihrauch m.

wig [ʋɪx] (-gen) Keil m.

wij [ʋɛi, və] wir.

wijd [ʋɛit] weit, geräumig; **~ en zijd** weit und breit; **~beens** breitbeinig, mit gespreizten Beinen.

wijd|en ['ʋɛidə(n)] weihen; widmen; **zich ~ aan** sich widmen (of verschreiben) (D); **~ing** Weihe f.

wijdte ['ʋɛitə] (-n of -s) Weite f.

wijdverbreid [-brɛit] weitverbreitet.

wijf [ʋɛif] n (wijven) Weib n; **~je** n (-s) Weibchen n.

wijk (Stadt-)Viertel n; (Polizei-)Revier n.

wijken* ['ʋɛik-] (zn) weichen.

wijl weil, da.

wijlen ['ʋɛilə(n)] verstorben.

wijn [ʋɛin] Wein m; **witte ~** Weißwein m; **mousserende ~** Schaumwein m.

wijn- in samenst. mst Wein-, b.v. **~azijn** ['-azɛin] Weinessig m.

wijnbouw ['-baʊ̯] Weinbau m; **~er** m Winzer m.

wijn|druiven ['-drœyv-] pl Weintrauben f/pl, -beeren f/pl; **~fles** Weinflasche f; **~gaard** Weingarten m, -berg m; Weingut n; **~glas** ['-ɣlas] n Weinglas n; **~handel** Weinhandel m; Weinhandlung f, **~huis** ['-hœys] n Weinlokal n; **~huisje** ['-hœysjə] n Weinstube f; **~kelder** Weinkeller m; **~koeler** ['-ku·lər] Weinkühler m; **~oogst** Weinlese f, -ernte f; **~pers** Kelter f; **~proef** ['-pru·f] Weinprobe f; **~stok** (Wein-)Rebe f; **~streek** Weingegend f.

wijs [ʋɛis] **1.** weise, klug; **niet goed ~** F nicht ganz bei Trost; **niet ~ worden uit** nicht klug (of schlau) werden aus (D); **2.** subst (wijzen) Weise f; **van de ~ brengen** aus der Fassung bringen, irremachen; **zich niet van de ~ laten brengen** sich nicht beirren lassen.

wijs|begeerte Philosophie f; **~geer** m (-geren) Philosoph m; **~gerig** [-'xe:rəx] philosophisch; **~heid** (-heden) Weisheit f; **~maken** ['-ma:k-] weismachen, vorschwindeln, -machen; **~neus** ['-nø:s] m Naseweis m; **~neuzig** ['-nø:zəx] naseweis, altklug; **~vinger** Zeigefinger m.

wijten* ['ʋɛitə(n)] zuschreiben.

wijting ['ʋɛitɪŋ] Wittling m.

wijwater ['ʋɛiʋa·tər] n Weihwasser n.

wijze ['ʋɛizə] **1.** Weise f, Art f; **op een of andere ~** auf irgendeine Art, sonst-, irgendwie; **2.** Weise(r).

wijzen* weisen, zeigen; **naar iem ~** auf j-n zeigen; **~ op** hinweisen auf (A); hindeuten auf (A).

wijzer (-s) (Uhr-)Zeiger m; **~plaat** Zifferblatt n.

wijzig|en ['ʋɛizəɣ-] (ab)ändern; **zich ~** sich (ver)ändern; **~ing** (Ver-, Ab-)Änderung f.

wikkelen (ein)wickeln.

wil Wille m; **met de beste ~ (van de wereld)** beim besten Willen; **tegen ~ en dank** wider Willen.

wild. 1. wild; fig ook wüst; **2.** n Wild n.

wild- in samenst. mst Wild-, b.v. **~braad** n Wildbret n; **~eman** ['-dəman] m (-nen) Wilde(r), Wüstling m; **~ernis** (-sen) Wildnis f; **~groei** ['-xru·i] Wildwuchs m; **~heid** ['-hɛit] (-heden) Wildheit f; **~le(d)er** n Wildleder n; **~reservaat** ['-azɛɪn] n Wildschutzgebiet n.

wilg Weide *f*; **~e-katje** *n* Weidenkätzchen *n*.

wille: *ter* **~** *van* um ... (*G*) willen, (*D*) zuliebe; *ter* **~** *van jou* (*jullie*) deinetwegen (euretwegen).

willekeur [-køːr] Willkür *f*; **~ig** [-'køːrəx] willkürlich; (x-)beliebig; wahllos.

willen* wollen; *graag* **~** mögen; *dat wil er bij mij niet in* das will mir nicht in den Kopf; **~s en wetens** wissentlich.

willoos willenlos.

wilskracht Willenskraft *f*; **~ig** [-'krɑxtəx] willensstark.

wimpel (-*s*) Wimpel *m*.

wimper (-*s*) (Augen-)Wimper *f*.

wind Wind *m*; (*scheet*) Blähungen *f/pl*, P Furz *m*; **~** *in de rug,* **~** *mee* Rückenwind *m*; **~en laten** P furzen.

wind|- *in samenst. mst* Wind-, *b.v.* **~as** Winde *f*, Haspel *f*; **~e bot** Winde *f*; **~en*** winden; **~erig** [-'dərəx] windig, böig; **~hond** *m* Windhund *m*; **~hoos** Windhose *f*; **~jekker** Windjacke *f*; **~kracht** Windstärke *f*; **~molen** Windmühle *f*; **~richting** Windrichtung *f*; *in alle* **~en** in allen Himmelsrichtungen; **~scherm** ['sxɛr(ə)m] *n* Windschutz *m*.

windsel *n* (-*s of* -*en*) Wickel(binde *f*) *m*.

wind|stilte Windstille *f*, Flaute *f*; **~vlaag** Windstoß *m*, Bö *f*; **~wijzer** [-'ʋɛizər] Windfahne *f*.

wing (-*s*) *vlgw* Geschwader *n*.

winkel (-*s*) Geschäft *n*, Laden *m*; **~centrum** [-sɛntrəm] *n* Einkaufszentrum *n*; **~diefstal** Ladendiebstahl *m*; **~dochter** *fig* Ladenhüter *m*; **~en** einkaufen; e-n Schaufensterbummel machen; **~ier** (-*ster f*) [-'liːr] *m* (-*s*) Ladenbesitzer(in *f*) *m*; **~juffrouw** [-jəfrɑʊ̯] *f* Verkäuferin *f*; **~prijs** [-prɛis] Ladenpreis *m*.

winkelsluiting [-sləʏt-] Geschäfts-, Ladenschluß *m*; **~s-tijd** [-tɛit] Ladenschlußzeit *f*; **~s-wet** Ladenschlußgesetz *n*.

winkel|straat Geschäfts-, Ladenstraße *f*; *grote* **~** Hauptgeschäftsstraße *f*; **~wagen** Einkaufswagen *m*.

winnaar *m* (-*s*) Gewinner *m*, Sieger *m*.

winn|ares [-'rɛs] *f* (-*sen*) Gewinnerin *f*, Siegerin *f*; **~en*** gewinnen; *mijnb* fördern; **~** (*van*) siegen (über *A*); *trachten te* **~** werben um (*A*); **~ing** Gewinnung *f*, Förderung *f*.

winst Gewinn *m*; *hdl ook* Ertrag *m*; **aandeel** *n in de* **~** Gewinnbeteiligung *f*; *op* **~** *gericht* gewinn-, profitorientiert; **~aandeel** *n* Gewinnanteil *m*; **~bejag** ['bəjɑx] *n* Gewinnsucht *f*; **~deling** ['deːlɪŋ] Gewinnbeteiligung *f*; **~derving** Gewinnausfall *m*; **~en-verliesrekening** Gewinn-und-Verlust-Rechnung *f*; **~gevend** gewinnbringend, einträglich; **~marge** ['mɑrʒə] Gewinnspanne *f*; **~oogmerk** *n* Gewinnstreben *n*; **~uitkering** ['-ɛyt-] Gewinnausschüttung *f*.

winter (-*s*) Winter *m*.

winter|- *in samenst. mst* Winter-, *b.v.* **~band** Winterreifen *m*; **~dienst(regeling)** Winterfahrplan *m*; **~jas** Wintermantel *m*; **~koninkje** *n* (-*s*) Zaunkönig *m*; **~opruiming** [-rɶym-] Winterschlußverkauf *m*; **~s** winterlich; *'s* **~** im Winter; **~slaap** Winterschlaf *m*; **~tuin** [-tɶyn] Wintergarten *m*; **~vakantie** [-si] Winterurlaub *m*.

wip (-*pen*) Wippe *f*; *in een* **~** im Nu; **~neus** ['nøːs] Stupsnase *f*.

wippen *v/i* (*ook zn*) wippen; aufspringen; *v/t* stürzen, ausschalten.

wirwar ['ʋɪrʋɑr] Wirrwarr *m*, Gewirr *n*.

wis gewiß.

wiskunde ['kəndə] Mathematik *f*, F Mathe *f*; **~ig** [-'kəndəx] mathematisch; **~ige** Mathematiker(in *f*) *m*.

wispelturig ['-tyːrəx] launenhaft, unbeständig, sprunghaft.

wissel (-*s*) *spoorw* Weiche *f*; *hdl* Wechsel *m*; **~en** wechseln; *hdl ook* umtauschen; **~geld** *n* Wechselgeld *n*; **~ing** Wechsel *m*; Austausch *m*; **~kantoor** *n* Wechselstube *f*; **~koers** [-kuːrs] Wechselkurs *m*; **~prijs** [-prɛis] Wanderpreis *m*; **~stroom** Wechselstrom *m*; **~vallig** ['-ʋɑləx] wechselhaft; **~werking** Wechselwirkung *f*.

wissen wischen; (*uit~*) löschen, tilgen.

wissewasje ['ʋɪsəʋɑʃə] *n* (-*s*) F Lappalie *f*, Kleinigkeit *f*.

wit 1. weiß; **2.** *n* Weiß *n*; (*zich*) **~** *wassen* *fig* (sich) weißwaschen; **~achtig** [-tɑx] weißlich; **~bier** *n* Weißbier *n*; **~kalk** Tünche *f*; **~lof** ['-lɔf] *n* Chicorée *f*.

wittebrood *n* Weißbrot *n*; **~s-weken** [-ʋeːkə(n)] *pl* Flitterwochen *f/pl*.

witten weißen, tünchen; *geld* waschen.

wodka ['ʋɔtkɑ] (-*'s*) Wodka *m*.

woede ['ʋuːdə] Wut *f*; *in* **~** *ontsteken*

woedeaanval

wütend werden, sich empören; **~aanval** Wutanfall *m*; **~n** wüten, toben; (*heersen*) grassieren; **~end** wütend, aufgebracht; **~ worden** (**maken**) *ook* in Wut geraten (bringen).

woef woef! [vuˑf vuˑf] wau, wau!

woeker ['vuˑkər] Wucher *m*; **~aar** *m* (-*s*) Wucherer *m*; **~en** wuchern; **~ing** Wucherung *f*; *med ook* Auswuchs *m*; **~prijs** [-preĭs] Wucherpreis *m*; **~rente** Wucherzins *m*.

woel|en ['vuˑl-] wühlen; **~ig** ['-ləx] turbulent; unruhig; *pers. ook*: zapp(e)lig; **~muis** [-møys] Wühlmaus *f*.

woensdag ['vuˑnzdɑx] Mittwoch *m*.

woest [vuˑst] wüst, öde; wild; (*kwaad*) rasend, fuchsteufelswild; **~eling** *m* Wüstling *m*; **~enij** [vuˑstəˈneĭ] (Ein-)Öde *f*; **~heid** ['-heĭt] (-*heden*) Wildheit *f*; Wut *f*; **~ijn** [-ˈtɛĭn] Wüste *f*.

wol Wolle *f*.

wolf *m* (*wolven*) Wolf *m*.

wolk Wolke *f*; **~breuk** [-ˈbrøk] Wolkenbruch *m*; **~en·krabber** (-*s*) Wolkenkratzer *m*; **~je** *n* (-*s*) Wölkchen *n*.

wollen *adj* wollen, Woll-.

wollig ['-ləx] wollig.

wolvin [-ˈvĭn] *f* (-*nen*) Wölfin *f*.

wond(e) Wunde *f*; **open ~** offene Wunde *f*, Platzwunde *f*.

wonder *n* Wunder *n*; **~en** *pl* **doen** Wunder *pl* wirken; **~baar(lijk** [-lək]) ~ wunderbar; erstaunlich; **~kind** *n* Wunderkind *n*; **~lijk** [-lək] wunderlich; **~olie** [-oːliˑ] Rizinusöl *n*.

wonen wohnen.

woning Wohnung *f*; **eigen ~** Eigentumswohnung *f*; **tweede ~** Zweitwohnung *f*; **~blok** *n* Wohnblock *m*; **~bouw** [-baŭ] Wohnungsbau *m*; **~nood** Wohnungsnot *f*.

woon- *in samenst. mst* Wohn-, *b.v.* **~achtig** [-ˈɑxtəx] wohnhaft, ansässig; **~boot** Hausboot *n*; **~erf** *n* Wohnstraße *f*; **~gemeenschap** [-sxɑp] Wohngemeinschaft *f*; **~huis** ['-høys] *n* Wohnhaus *n*; **~kamer** [-ˈkaːmər] Wohnzimmer *n*; **~omgeving** Wohnlage *f*; **~plaats** Wohnort *m*, -sitz *m*; **eerste ~** Hauptwohnsitz *m*; **~ruimte** ['-rœymtə] Wohnraum *m*; **~wijk** ['-vɛĭk] Wohnviertel *n*.

woord *n* Wort *n*; Vokabel *f*; **vreemd ~** Fremdwort *n*; **er is geen ~ van waar** kein Wort ist daran wahr; **iem aan zijn ~ houden** j-n beim Wort nehmen; **in één ~** mit e-m Wort; **iem te ~ staan** j-n zu e-r Aussprache empfangen, sich j-m stellen; **~ voor ~** Wort für Wort; **~betekenis** ['-bətəˑkəˑnɪs] Wortbedeutung *f*, -sinn *m*; **~breuk** ['-brøk] Wortbruch *m*.

woorde|lijk ['-dələk] (wort)wörtlich; **~e inhoud** Wortlaut *m*; **~loos** wortlos.

woorden|boek [-buˑk] *n* Wörterbuch *n*; **~schat** Wortschatz *m*; **~wisseling** Wortwechsel *m*, Auseinandersetzung *f*.

woord|je *n* (-*s*) Wörtchen *n*; Vokabel *f*; **~speling** ['-speːl-] Wortspiel *n*; **~voerder** ['-fuːrdər] *m* (-*s*) Wortführer *m*; Sprecher *m*; **~voerster** *f* (-*s*) Wortführerin *f*, Sprecherin *f*.

word|en* (*zn*) werden; **~ing** Werden *n*, Entstehen *n*; **in ~** im Werden.

worgen würgen.

worm Wurm *m*; **~pje** *n* (-*s*) Würmchen *n*; **~stekig** ['-steːkəx] wurmstichig.

worp Wurf *m*.

worst Wurst *f*; **witte ~** Weißwurst *f*.

worstel|aar *m* (-*s*) Ringer *m*; **~en** ['-tələ(n)] ringen; **~ing**, **~wedstrijd** [-streĭt] Ringen *n*, Ringkampf *m*.

worstje ['vɔrʃə] *n* (-*s*) Würstchen *n*.

wortel (-*s of* -*en*) Wurzel *f*; Karotte *f*, Möhre *f*; **~ schieten** Wurzeln *pl* schlagen (*ook fig*); **~en** (*ook zn*) wurzeln; **~tje** *n* (-*s*) Karotte *f*, Möhre *f*.

woud [vaŭt] *n* Forst *m*, Wald *m*.

wraak [vraːk] Rache *f*; **~ nemen op** Rache nehmen an (*D*); **~neming** ['-neːmɪn] Rache(akt *m*) *f*; **~zuchtig** ['-søxtəx] rachsüchtig.

wrak [vrɑk] *n* (-*ken*) Wrack *n*.

wraken ['vraːkə(n)] *jur* ablehnen.

wrang [vrɑŋ] herb.

wrat [vrɑt] (-*ten*) Warze *f*.

wreed [vreːt] grausam; **~heid** ['-heĭt] (-*heden*) Grausamkeit *f*.

wreef [vreːf] (*wreven*) Spann *m*, Rist *m*.

wreekster ['vreːkstər] *f* (-*s*) Rächerin *f*.

wrek|en* ['vreːkə(n)] (**zich**) (sich) rächen (**op aan** *D*); **~er** *m* (-*s*) Rächer *m*.

wrevel ['vreːvəl] Unmut *m*, **~ig** [-ləx] verärgert, un-, mißmutig, ärgerlich.

wriemelen ['vriˑməl-] kribbeln, wimmeln.

wrijv|en* ['vrɛĭvə(n)] reiben; abreiben, frottieren; (*op-*) polieren; **~ing** Reibung *f*; *fig ook* Reiberei *f*.

wrikken ['vrɪkə(n)] rütteln.
wringen* ['vrɪŋə(n)] ringen; wringen.
wroeging ['vru·ɣ-] Gewissensbisse *m/pl*, Zerknirschung *f*.
wroeten ['vru·t-] wühlen.
wrok [vrɔk] Groll *m*; ~ **koesteren** (*tegen*) grollen (*D*); **~kig** ['-kəx] nachtragend.

wrong [vrɔŋ] (Haar-)Knoten *m*.
wuft [vəft] leichtsinnig, frivol.
wuiven ['vœyv-] winken; schwenken.
wulps [vœl(ə)ps] sinnlich, wollüstig.
wurgen ['vœrɣ-] (er)würgen, erdrosseln.
wurm|en ['vœrm-]: **zich ~** sich hineinzwängen; **~pje** *n* (-*s*) Würmchen *n*.
Wurtembergs ['vœr-] württembergisch.

X

xantippe *f* (-*s*) *fig* Xanthippe *f*.
x-benen *n/pl* X-Beine *n/pl*.

xylofoon [ksi·-] (-*s of -fonen*) Xylophon *n*.

Y

yoghurt ['jɔxərt] Joghurt *m of n*.
ypsilon ['ɪpsi·lɔn] (-*s*) Ypsilon *n*.

yuppie ['jəpi·] *m of f* (-*s*) Yuppie *m*.

Z

zaad *n* (*zaden*) Same(n) *m*; Saat *f*; **~bal** Hoden *m*; **~korrel** Samenkorn *n*; **~lozing** Samenerguß *m*.
zaag (*zagen*) Säge *f*; **~blad** *n* Sägeblatt *n*.
zaagsel *n* Sägemehl *n*, -späne *m/pl*.
zaai|en ['za:iə(n)] säen; **~er** *m* (-*s*) Säer *m*; **~goed** [-'ɣu·t] *n* Saatgut *n*.
zaak (*zaken*) Sache *f*; Angelegenheit *f*; (*winkel, firma; transactie*) Geschäft *n*; *jur* (Straf-)Sache *f*, Fall *m*; **zaken zijn zaken** Geschäft ist Geschäft; **niet veel ~s zijn** nicht weit hersein (mit *D*); **voor zaken** geschäftehalber; **~gelastigde** ['-xələstəɣdə] Geschäftsträger *m*; **~je** *n* (-*s*) Sache *f*; Angelegenheit *f*; **~waarnemer** *m* Sachwalter *m*; Geschäftsführer *m*.
zaal (*zalen*) Saal *m*; Zuschauerraum *m*; (*turn~*) Halle *f*; **~handbal** *n* Hallenhandball *m*.
zacht sanft, weich; *klimaat* : mild; (*stil*) leise; langsam; **~aardig** [-'a:rdəx] sanft(mütig); **~heid** ['-hɛït] Weichheit *f*; Sanftheit *f*; Milde *f*; **met ~** sanft; *fig* schonend; **~jes** leise; langsam; sanft, sachte; **~moedig** [-'mu·dəx] sanftmütig; **~moedigheid** [-xɛït] Sanftmut *f*; **~zinnig** [-'sɪnəx] sanft.
zadel ['za:dəl] *n* (-*s*) Sattel *m*; **~en** satteln.

zagen sägen.
zak (-*ken*) Sack *m*; Tasche *f*; Tüte *f*; Beutel *m*; **op ~ steken** einstecken; **~agenda** Taschenkalender *m*; **~boekje** ['bʊkjə] *n* Notizbuch *n*; *mil* Militärpaß *m*; **~doek** ['du·k] Taschentuch *n*; **papieren ~je** *n* Papiertaschentuch *n*.
zake: ter ~ zur Sache; **ter ~ dienend** sachdienlich; **niet ter ~ dienend** (*of* **doend**) unzutreffend; **ter ~ doen** zur Sache gehören; **~lijk** [-lək] sachlich; (*commercieel*) geschäftlich.
zaken|brief Geschäftsbrief *m*; **~leven** *n* Geschäftsleben *n*; **~man** *m* (-*lui of* -*lieden*) Geschäftsmann *m*; **gehaaide ~** Geschäftemacher *m*; **~reis** [-rɛis] Geschäftsreise *f*; **~relaties** [-la:(t)si·s] *pl* Geschäftsbeziehungen *f/pl*; **~vrouw** [-vrɑu̯] *f* Geschäftsfrau *f*; **~wereld** Geschäftswelt *f*; **~wijk** [-vɛik] Geschäftsviertel *n*.
zakgeld *n* Taschengeld *n*.
zakje (-*s*) kleine Tüte *f*; Beutel *m*.
zakken (*zn*) sinken, sich senken, fallen; (*examen*) durchfallen; **laten ~** sinken lassen, herunter-, niederlassen; **in elkaar ~** zusammenbrechen.
zakkenroller *m* (-*s*) Taschendieb *m*.
zak|lantaarn Taschenlampe *f*; **~lopen** *n* Sackhüpfen *n*; **~mes** *n* Taschenmesser *n*; **~rekenmachine** ['-re:kənmaʃi·nə] Taschenrechner *m*.
zalf (*zalven*) Salbe *f*.
zalig ['za:ləx] selig; herrlich, himmlisch.
zalm Lachs *m*.
zalv|en salben; **~end** salbungsvoll; **~ing** Salbung *f*; *rel* Ölung *f*.
zand *n* Sand *m*.
zand|- *in samenst. mst* Sand-, *b.v.* **~bak** Sandkasten *m*; **~bank** Sandbank *f*; **~erig** ['-dərəx] sandig; **~grond** Sandboden *m*; **~kasteel** *n* Sandburg *f*; **~korrel** Sandkörnchen *n*; **~kuil** [-kœi̯l] (Sand-)Grube *f*; **~loper** Sanduhr *f*; **~mannetje** ['-manətjə] *n* Sandmännchen *n*; **~steen** *n of m* Sandstein *m*; **~storm** Sandsturm *m*; **~zak** Sandsack *m*; **~zuiger** ['-sœɣər] Saugbagger *m*.
zang Gesang *m*; **~er(es** [-'rɛs] /[-sən]) *m* (-*s*) Sänger(in *f*) *m*; **~leraar** *m* Gesangslehrer *m*; **~vereniging** ['-vərə:nəɣ-] Gesangverein *m*; **~vogel** Singvogel *m*.
zaniken ['za:nək-] F quengeln, meckern.

zat satt; F betrunken; **het ~ zijn** es satt haben.
zaterdag ['za:tərdax] Samstag *m*, Sonnabend *m*; **~s** samstags, sonnabends.
ze sie; ihr; ihnen; (*men*) man.
zeboe ['ze:bu·] (-*s*) Zebu *m of n*
zebra ['ze:bra] *m* (-'*s*) Zebra *n*; **~pad** [-pat] *n* Fußgängerüberweg *m*, Zebrastreifen *m*.
zede ['ze:də] Sitte *f*; **~lijk** ['-dələk] sittlich, moralisch; **~lijkheid** [-hɛit] Sittlichkeit *f*; **~loosheid** ['-lo:shɛit] Sittenlosigkeit *f*.
zeden|delinquent [-kµɛnt] *m* Sexualverbrecher *m*; **~misdrijf** [-drɛif] *n* Sittlichkeitsverbrechen *n*.
zedig ['ze:dəx] sittsam, schamhaft.
zee (-*ën*) Meer *n*, See *f*; **aan ~** an der See, am Meer; **in ~ steken** in See stechen; **in volle ~** auf hoher See; **naar ~ gaan** an die See (*of* ans Meer) fahren; **~banket** *n* Fischessen *n*; **~ëgel** Seeigel *m*; **~ëngte** Meerenge *f*.
zeef (*zeven*) Sieb *n*.
zee|gang Seegang *m*; **~haven** Seehafen *m*; **~hond** Seehund *m*, Robbe *f*; **~land** *n* Seeland *n*; **~leeuw** ['-le:ü] Seelöwe *m*; **~lieden** *pl* Seeleute *pl*.
zeelt *zoöl* Schleie *f*.
zee|lucht ['-ləxt] Seeluft *f*; **~lui** ['-ləy] Seeleute *pl*.
zeem *n of m* (*zemen*) Fensterleder *n*.
zee|macht Marine *f*; **~man** *m* (-*lui of* -*lieden*) Seemann *m*; **~mijl** ['-mɛil] Seemeile *f*.
zeemlap Fensterleder *n*.
zee-mogendheid [-hɛit] Seemacht *f*.
zeep (*zepen*) Seife *f*; **groene ~** Schmierseife *f*; **harde ~** Kernseife *f*; **zachte ~** Schmierseife *f*; **om ~ gaan** in die Binsen gehen; **iets om ~ helpen** etw verknallen; **~bakje** *n* Seifenschale *f*; **~bel** ['-bɛl] Seifenblase *f*; **~houder** ['-hau̯dər] Seifenspender *m*; **~schuim** ['-sxœym] *n* Seifenschaum *m*; **~sop** ['-sɔp] *n* Seifenlauge *f*.
zeer 1. *adv* sehr, überaus; **al te ~** allzusehr; **2.** *adj* schmerzhaft; **3.** *n* Schmerz *m*.
zee|recht *n* Seerecht *n*; **~reis** ['-rɛis] Seereise *f*; **~route** ['-ru·tə] Seeweg *m*; **~rover** *m* Seeräuber *m*.
zeerst: ten ~e höchst, zutiefst.
zee|slag ['-slax] Seeschlacht *f*; **~sleper**

['-sle:pər] (-s) Hochseeschlepper m; ~spiegel Meeresspiegel m; ~ster ['-stɛr] Seestern m; ~tocht Seefahrt f; ~tong Seezunge f; ~vaart Seefahrt f; ~vaartkunde [-kəndə] Nautik f; ~varend seefahrend; ~vis Seefisch m; ~visserij [-'reɪ] Seefischerei f; ~waardig ['-ba:rdəx] seetüchtig; ~waarts seewärts; ~water ['-va:tər] n Meer-, Seewasser n; ~weg ['-vɛx] Seeweg m; ~wier n Algen f/pl, (See-)Tang m.

zeeziek seekrank; ~te Seekrankheit f.

zege (-s) Sieg m.

zegel (-s) 1. Marke f; 2. n Siegel n; Stempel m; ~ring Siegelring m.

zegen (-s) Segen m; ~en segnen; ~rijk [-rɛik] segensreich.

zege|pralen ['ze:ɣə-] triumphieren; ~vieren siegen, triumphieren; ~vierend siegreich.

zeggen* sagen, sprechen; besagen; *dat wil ~* das heißt; *dat wil niets ~* das hat nichts zu sagen; *om zo te ~* sozusagen.

zegs|man m (-lieden) Gewährsmann m; ~wijze ['-vɛizə] Redensart f; Redewendung f.

zeil [zɛil] n Segel n; Decke f; Plane f; ~boot Segelboot n, -schiff n; ~doek ['-du:k] n Segeltuch n; ~en (*ook zn*) segeln; ~er m (-s) Segler m; ~jacht Segeljacht f; ~plank Surfbrett n; ~schip ['-sxɪp] n Segelschiff n; ~sport Segelsport m; ~tocht Segelfahrt f; ~wedstrijd [-strɛit] Segelregatta f.

zeis Sense f.

zeker ['ze:kər] gewiß, sicher, bestimmt; *wel ~, maar ~* freilich; *(ja) ~! ook* gewiß!; *heel ~* ganz sicher, todsicher; *een ~e ...* ein gewisser ...; *op ~e dag* eines Tages; *ik ben er (niet) helemaal ~ van* ich bin mir (nicht) ganz sicher; *~ zijn van zijn zaak* sich s-r Sache sicher sein; ~heid [-hɛit] (-heden) Gewißheit f, Sicherheit f; ~ing Sicherung f.

zelden selten.

zeldzaam selten, rar; ~heid [-hɛit] (-heden) Seltenheit f.

zelf selbst, selber; von sich aus; *~ gemaakt* selbstgemacht; *z. ook vanzelf*.

zelf- *in samenst. mst* Selbst-.

zelfbediening Selbstbedienung f; ~s-restaurant [-resto·'rã:] n Selbstbedienungsrestaurant n; ~s-winkel Selbstbedienungsladen m.

zelf|bedrog [-drɔx] n Selbstbetrug m, -täuschung f; ~beheersing Selbstbeherrschung f; ~behoud [-haut] n: *zucht (of drang) tot ~* Selbsterhaltungstrieb m; ~beschikkingsrecht n Selbstbestimmungsrecht n; ~bestuur [-sty:r] n Selbstverwaltung f; ~bevrediging ['-bəvre:dəɣ-] Selbstbefriedigung f.

zelfbewust [-vəst] selbstbewußt; ~zijn [-sɛin] n Selbstbewußtsein n.

zelfde selb; gleich.

zelf|financiering [-si:rɪŋ] Eigenfinanzierung f; ~genoegzaam [-'nu·xsa:m] selbstgenügsam; ~hulpgroep ['-həl(ə)pxru·p] Selbsthilfegruppe f; ~kennis Selbsterkenntnis f; ~kritiek Selbstkritik f.

zelfmoord Selbstmord m, Freitod m; ~enaar m Selbstmörder m; ~poging Selbstmordversuch m.

zelf|ontspanner (-s) Selbstauslöser m; ~overwinning Selbstüberwindung f; ~redzaamheid [-hɛit] Fähigkeit f zur Selbsthilfe; ~respect n Selbstachtung f.

zelfs selbst, sogar; *~ niet* nicht einmal; *of ~ ook* oder gar.

zelfstandig [-'standəx] selbständig; ~e Selbständige(r); ~heid [-xɛit] (-heden) Selbständigkeit f.

zelf|strijkend ['-strɛikənt] bügelfrei; ~verdediging Selbstverteidigung f; ~vertrouwen [-trauə(n)] n Selbstvertrauen n; ~verwezenlijking ['-vɛ:zənləkɪŋ] Selbstverwirklichung f; ~verzekerd ['-ze:kərt] selbstsicher; ~verzorging Selbstversorgung f; ~voldaan selbstgefällig, -zufrieden; ~zuchtig [-'sɔxtəx] selbstsüchtig.

zelve = zelf.

zend|bereik [-rɛik] n Sendegebiet n, -bereich m; ~eling m Missionar m; ~en* senden, schicken; ~er (-s) Sender m; ~ing Sendung f; *rel* Mission f; ~ontvangapparaat n Funkgerät n.

zengen sengen.

zenit ['zɛ:nɪt] n Zenit m (*ook fig*).

zenuw ['ze:nyʋ] Nerv m; *zijn ~en de baas blijven* die Nerven pl behalten; *op van de ~en* fertig mit den Nerven, entnervt; *iem op zijn ~en werken* j-m auf die Nerven gehen, j-n nerven.

zenuwachtig [-təx] nervös; ~heid [-xɛit] Nervosität f.

zenuw|arts *m* Nervenarzt *m*; **~crisis** Nervenzusammenbruch *m*; **~(en)oorlog** [-lɔx] Nervenkrieg *m*; **~inzinking** Nervenzusammenbruch *m*; **~prikkeling** Nervenkitzel *m*; **~schok** [-sxɔk] (Nerven-)Schock *m*; **~slopend** zenuwaufreibend; **~stelsel** [-stɛlsəl] *n* Nervensystem *n*; **~ziek** nervenkrank.

zerk Grabstein *m*.

zero [zeˑroː] **1.** null; **2.** (-'s) Null *f*.

zes sechs; *met z'n ~sen* zu sechs(t); **~daagse** ['daːxsə] Sechstagerennen *n*; **~de 1.** sechste; **2.** *n* Sechstel *n*; **~honderd** sechshundert.

zestien sechzehn; **~de** sechzehnte.

zestig ['sɛstəx] sechzig; **~er** *m* (-s), **~jarige** [-jaːrəɣə] Sechziger(in *f*) *m*; **~ste** sechzigste.

zesvoudig ['-faudəx] sechsfach.

zet (-*ten*) Satz *m*; *spel:* Zug *m*; Einfall *m*; Kniff *m*; *fig* Schachzug *m*; **~(je** [n [-s]) Schubs *m*.

zetel [zeˑtəl] (-s) Sessel *m*; (*vestigings-plaats en pol*) Sitz *m*; **~en** s-n Sitz haben; residieren.

zet|meel *n* Stärke *f*; *cul ook* Stärkemehl *n*; **~pil** Zäpfchen *n*; **~sel** (-s) *typ.* Satz *m*; **~ten** setzen, stellen; *koffie, thee kochen,* machen; *in elkaar ~* zusammensetzen, -bauen; **~ter** *m* (-s) *typ.* Setzer *m*.

zeug [zøːx] *f* Sau *f*.

zeulen ['zøːl-] *f* schleppen.

zeur|derig ['zøːrdərəx] quengelig, nörgelig; **~en** *f* quengeln, meckern; quasseln; (*vragen*) drängeln, in den Ohren liegen (*D*); **~kous** *f o f m* Nörgler(in *f*) *m*; **~piet** *m* *f* Nervensäge *f*.

zeven[1] (durch)sieben, seihen, durchschlagen.

zeven[2] (*telwoord*) sieben; **~daags** siebentägig; **~de 1.** sieb(en)te; **2.** *n* Sieb(en)tel *n*; **~honderd** siebenhundert; **~tien** siebzehn; **~tiende** siebzehnte; **~tig** ['seˑvəntəx] *f* siebzig.

zeveren ['zeˑvər-] *f* sabbern; (*zaniken*) faseln.

zgn. *afk voor zogenaamd* sogenannt (*afk* sog.).

zich sich; *voor ~ uit* vor sich hin.

zicht *n* Sicht *f*; *in ~ zijn* in Sicht sein; *in ~ krijgen* sichten; *op ~* zur Ansicht; *hdl* auf Sicht; **~baar** sichtbar, (er)sichtlich.

zichzelf sich selbst; *buiten ~ zijn (van)* außer sich sein (vor *D*); *op ~ (be-schouwd)* an (und für) sich; *uit ~* von sich aus.

ziedaar siehe (da).

zieden* sieden.

ziek krank; **~ worden** erkranken; **~ verklaren** krank schreiben; **~bed** *n* Krankenbett *n*; **~e** Kranke(r); **~elijk** [-lək] kränklich; *fig* krankhaft.

ziekenauto Krankenwagen *m*.

ziekenfonds [-fɔnts] *n* Krankenkasse *f*; (*plaatselijk*) Ortskrankenkasse *f*, AOK *f*; **~briefje** *n* Krankenschein *m*; **~patiënt** [-paˑsiɛnt] *m* Kassenpatient *m*.

zieken|geld *n* Krankengeld *n*; **~huis** [-həys] *n* Krankenhaus *n*; **~kas** = *zie-kenfonds*; **~verpleegster** *f* Krankenschwester *f*; **~wagen** Krankenwagen *m*; **~ van de G.G.D.** Notarztwagen *m*.

ziekmelding Krankmeldung *f*.

ziekte (-*s o f n*) Krankheit *f*, Erkrankung *f*; **~(kosten)verzekering** [-zeˑkər-] Krankenversicherung *f*; **~verlof** [-lɔf] *n* Krankenurlaub *m*; **~verwekker** Krankheitserreger *m*; **~wet** Krankenversicherungsgesetz *n*.

ziel Seele *f*; **~e·heil** [-hɛil] *n* Seelenheil *n*; **~ig** [-lǝx] kläglich, traurig; **~loos** seelenlos; **~s·blij** ['-blɛi] seelenvergnügt, heilfroh; **~s·rust** [-rɔst] Seelenruhe *f*; **~s·veel** innig; **~s·verhuizing** [-həyz-] Seelenwanderung *f*; **~s·ziek** gemütskrank; **~togen** in den letzten Zügen liegen (*ook fig*); **~zorg** Seelsorge *f*; **~zorger** *m* (-s) Seelsorger *m*.

zien* sehen, schauen, erblicken; *tot ~s!* auf Wiedersehen!; *laten ~* zeigen; vorzeigen; aufweisen; *we zullen (nog) ~!* wir wollen sehen!; *~ krijgen* zu Gesicht bekommen; *zo te ~* allem Anschein nach; *iets aan iem ~* j-m etw ansehen (*of* anmerken); *bij het ~ van* beim Anblick (*G of* von *D*).

zienderogen zusehends.

zienswijze ['-vɛizə] Ansicht *f*.

zier: geen ~ *f* nicht das geringste, (k)einen Pfifferling.

ziezo so.

ziften sieben.

zigeuner(in [-ˈrim] *f* [-nen]) [-ˈɣøːnər] *m* (-s) Zigeuner(in *f*) *m*.

zigzag ['zɪxsax] Zickzack *m*.

zij[1] [zɛi, zǝ] *pron* sie.

zij[2] [zɛi] *subst z. zijde*[1] *en zijde*[2]; **~aanzicht** *n* Seitenansicht *f*.

zijde¹ Seide *f; van* ~ aus Seide, seiden.
zijde² Seite *f; aan de andere* ~ jenseits, jenseitig; *aan beide* ~*n* beid(er)seitig, beiderseits.
zijdeachtig [-təx] seidig.
zijdelings ['-dəlɪŋs] seitlich; *fig* indirekt.
zijde|n ['zɛi(d)ə(n)] seiden; ~ *stof* Seidenstoff *m;* ~**rups** ['zɛidərəps] Seidenraupe *f.*
zijgen* ['zɛiɣə(n)] (*zn*) sinken.
zijig ['zɛiəx] seidig.
zij|kant Seite *f;* ~**lijn** [-lɛin] Seitenlinie *f; sp ook* Grenzlinie *f; spoorw* Nebenstrecke *f.*
zijn¹ * [zɛin] (*zn*) sein; *dat is (samen)* 5 *gulden* das macht (zusammen); *2 en 2 is* 4 macht; *z. ook* **er**.
zijn² [zɛin, zən] *pron* sein(e); ~**entwil(le):** *om* ~ seinetwegen; ~**er-zijds** seinerseits; ~**s-gelijke** seinesgleichen.
zij|rivier Neben-, Zufluß *m;* ~**span** *n of m* Beiwagen(maschine *f*) *m;* ~**spoor** *n* Nebengleis *n; fig* Abstellgleis *n;* ~**straat** Neben-, Seitenstraße *f;* ~**uitgang** ['-œyt-] Seitenausgang *m;* ~**waarts** seitwärts; ~**wind** Seitenwind *m.*
zilt salzig.
zilver *n* Silber *n;* ~**achtig** [-təx] silbrig; ~**en** silbern; ~**spar** [-spar] Edeltanne *f;* ~**uitje** *n* (-*s*) Perlzwiebel *f;* ~**werk** *n* Silber(waren *f/pl*) *n.*
zin (-*nen*) Sinn *m;* Lust *f;* Neigung *f; gr* Satz *m; dat heeft geen* ~ das hat keinen Sinn; ~ *hebben in* Lust haben zu (*D*) (*of of*) die); *in zekere* ~ in gewissem Sinne, gewissermaßen.
zindelijk ['-dələk] reinlich, sauber; *dier:* stubenrein.
zinderen ['zɪndər-] sengen.
zingen* singen.
zink *n* Zink *n.*
zinken¹ * (*zn*) sinken; *doen* ~, *laten* ~ sinken lassen; versenken.
zinken² *adj* Zink-, zinken.
zinloos sinn-, zwecklos.
zinnebeeld *n* Sinnbild *n;* ~**ig** ['-be:ldəx] sinnbildlich.
zinnelijk ['-nələk] sinnlich.
zinnig ['-nəx] vernünftig.
zins: *van* ~ *zijn* gewillt sein, im Sinn haben, vorhaben; ~**begoocheling** Sinnestäuschung *f;* ~**leer** Satzlehre *f.*
zinspel|en (*op*) anspielen (auf *A*), andeuten; ~**ing** Anspielung *f.*

zin|spreuk ['-sprø:k] Sinnspruch *m;* Devise *f;* ~**s·wending** (Rede-)Wendung *f.*
zintuig ['-tœyx] *n* Sinn(esorgan *n*) *m;* ~**lijk** [-'tœylək] sinnlich.
zin|verwant sinnverwandt; ~**vol** sinnvoll.
zit Sitz *m;* ~**bad** ['-bat] *n* Sitzbad *n;* ~**hoek** [-huˑk], ~**je** *n* (-*s*) Sitzecke *f;* ~**plaats** Sitz(platz) *m;* ~**ten*** sitzen; sich befinden, stecken; *blijven* ~ sitzenbleiben; *gaan* ~ sich (hin)setzen; *het* (*niet meer*) *zien* ~ (nicht mehr) durchblicken; *aan iets* ~ etw anfassen; *in elkaar* ~ *iets:* sich verhalten, zusammengesetzt sein; ~**ting** Sitz *m;* Sitzung *f; jur* Termin *m*, Verhandlung *f;* ~**vlak** *n* Gesäß *n.*
zo so; also; wie; (*meteen*) gleich, sofort; (*net*) soeben; ~ *een* so(lch) ein; ~**als** (so)wie; ~**danig** [-daˑnəx] solch, derartig; *adv* der-, solcherart; *als* ~ an sich; ~**dat** [-dat] so daß.
zode (Gras-)Scholle *f.*
zo|doende ['-duˑndə] auf diese Weise; (*dus*) folglich; ~**dra** [-draˑ] sobald.
zoek [zuˑk] weg, verloren; *op* ~ auf der (*of die*) Suche; ~ *raken* verlorengehen, abhanden kommen; ~**actie** ['-aksi] Suchaktion *f;* ~**en 1. *** suchen; *bij elkaar* ~ zusammensuchen; **2.** *n* Suche *f;* ~**er** *m* (-*s*) Sucher *m;* ~**licht** *n* Scheinwerfer *m.*
zoem|en ['zuˑm-] summen, surren; ~**er** (-*s*) Summer *m.*
zoen [zuˑn] Kuß *m;* ~**en** küssen.
zoet [zuˑt] süß; *kind ook:* brav, artig; ~**elijk** ['-tələk] süßlich; ~**en** süßen; ~**heid** ['-hɛit] (-*heden*) Süße *f;* ~**ig** [-təx] süßlich; ~**igheden** ['-təxəːdə(n)] *pl* Süßigkeiten *f/pl;* ~**middel** *n* Süßstoff *m;* ~**sappig** ['-sapəx] süßlich; ~**stof** Süßstoff *m;* ~**watervis** Süßwasserfisch *m;* ~**zuur** süßsauer.
zoeven ['zuˑvə(n)] (*ook zn*) schwirren, rauschen.
zoëven [zoˑ'eˑvə(n)] soeben, vorhin.
zog [zɔx] *n* Sog *m*, Kielwasser *n* (*ook fig*).
zogen ['zoˑɣə(n)] säugen.
zo|genaamd sogenannt; angeblich; ~**juist** [-'jœyst] soeben; ~**lang** solange.
zolder (-*s*) Dachboden *m*, Speicher *m;* ~**ing** ['-dərɪŋ] Decke *f;* ~**woning** Dachwohnung *f.*
zomaar nur so.

zomen säumen.

zomer ['zo:mər] (-s) Sommer *m*.

zomer- *in samenst. mst* Sommer-, *b.v.* **~band** Sommerreifen *m*; **~dienst(regeling)** Sommerfahrplan *m*; **~opruiming** [-rəym-] Sommerschlußverkauf *m*; **~s** *adj* sommerlich; *adv* im Sommer; **~sproeten** [-spru:tə(n)] *pl* Sommersprossen *f*/*pl*; **~tijd** [-tɛit] Sommerzeit *f*; **~vakantie** [-si·] Sommerferien *pl*; **~verblijf** [-blɛif] *n* Sommeraufenthalt *m*; Sommerwohnung *f*.

zomin [zo'-] ebensowenig; *net ~ als* ebensowenig wie.

zo'n [zo:n] = **zo een** [zo: ən] so(lch) ein.

zon (-nen) Sonne *f*; *in de ~* an (*of* in) der Sonne; **~aanbidder** *m* (**~aanbidster** *f*) Sonnenanbeter(in *f m*) *m*.

zondaar *m* (-s *of* -daren) Sünder *m*.

zondag ['dɑx] Sonntag *m*; *op ~* am Sonntag, sonntags; **~dienst** Sonntagsdienst *m*; Sonntagsgottesdienst *m*; **~s** am Sonntag, sonntags; *adj* sonntäglich; *op zijn ~* sonntäglich; **~s·rijder** [-rɛiər] *m* Sonntagsfahrer *m*.

zondares ['-rɛs] *f* (*-sen*) Sünderin *f*.

zonde Sünde *f*, Laster *n*; *~ van* schade um (*A*); **~bok** *m* Sündenbock *m*, Prügelknabe *m*.

zonder ohne (*A*).

zonderling 1. sonderbar, seltsam; 2. *m* Sonderling *m*.

zondig ['-dəx] sündhaft, sündig; **~igen** sündigen; (*tegen*) *ook* verstoßen (gegen *A*); **~vloed** ['-flu:t] Sintflut *f*.

zone ['zo:nə, 'zɔ:-] (*-s*) Zone *f*; *blauwe ~* Kurzparkzone *f*; **~grens** *verkeer*: Zahlgrenze *f*.

zonet [-'nɛt] gerade, soeben.

zonne|bad [-bɑt] *n* Sonnenbad *n*; **~bloem** [-blu·m] Sonnenblume *f*; **~brand** Sonnenbrand *m*; **~brandolie** Sonnenöl *n*; **~bril** Sonnenbrille *f*; **~crème** [-krɛ:m] Sonnencreme *f*; **~energie** [-i:] Sonnen-, Solarenergie *f*; **~klaar** [-'kla:r] sonnenklar; **~licht** *n* Sonnenlicht *n*; **~n:** (*zich*) *~* sich sonnen; **~scherm** [-sxɛr(ə)m] *n* Sonnenschirm *m*; (*venster~*) Markise *f*; **~schijn** [-sxɛin] Sonnenschein *m*; **~steek** Sonnenstich *m*, Hitzschlag *m*; **~tje** ['zɔnətʃə] *n* Sonne *f*; *fig* Sonnenschein *m*; **~wijzer** [-vɛizər] Sonnenuhr *f*.

zonnig ['-nəx] sonnig; *met. ook* heiter.

zon·overgoten sonnenüberflutet.

zons|ondergang Sonnenuntergang *m*; **~opgang** Sonnenaufgang *m*; **~verduistering** [-dəystər-] Sonnenfinsternis *f*.

zonzijde ['zɛidə] Sonnenseite *f*.

zoogdier *n* Säugetier *n*.

zooi [zo:i] F Schwindel *m*, Kram *m*; (*menigte*) Meute *f*.

zool (*zolen*) Sohle *f*.

zoölogie [zo·o·lo'ɣi·] Zoologie *f*; **~isch** [-'lo:ɣi·s] zoologisch.

zoom (*zomen*) Saum *m*, Rand *m*.

zoon *m* (*zonen of -s*) Sohn *m*.

zootje ['zo:tʃə] *n* (-s) F Krempel *m*.

zopas [-'pɑs] soeben.

zorg Sorge *f*, Besorgnis *f*; (*zorgvuldigheid*) Sorgfalt *f*; (*zorg voor*) Fürsorge *f*; (*onderhoud*) Pflege *f*; *~ baren* Sorge(n *pl*) bereiten, bekümmern; *vrij van ~en* sorgenfrei; **~e·lijk** ['-ɣələk] besorgniserregend; sorgenvoll.

zorge·loos sorglos; **~heid** [-hɛit] Sorglosigkeit *f*.

zorgen sorgen; *~ voor ook* versorgen; **~kind** *n* Sorgenkind *n* (*ook fig*).

zorgvuldig [-'fɤldəx] sorgfältig; **~heid** [-xɛit] Sorgfalt *f*.

zorg|wekkend [-'vɛkənt] besorgniserregend; **~zaam** ['-sa:m] sorgsam, fürsorglich.

zot [zɔt] 1. närrisch; 2. *m* (-*ten*) Narr *m*; **~tin** ['-tɪn] *f* (*-nen*) Närrin *f*.

zou [zɑu]: (*ik*) *~* (ich) würde; *z.* **zullen**.

zout [zɑut] 1. salzig; 2. *n* Salz *n*; **~arm** salzarm; **~en*** salzen; **~ig** ['-təx] salzig; **~loos** salzlos; **~vaatje** *n* (-s) Salzstreuer *m*, -faß *n*; **~zuur** [-'sy:r] *n* Salzsäure *f*.

zoveel soviel.

zover [-'vɛr] soweit; *tot ~* bis dahin; *in, voor (of in) ~(re)* (in)sofern, soweit.

zo|waar [-'va:r] tatsächlich; **~wat** [-'vɑt] etwa; **~wel** [-'vɛl] sowohl; **~zo** [-'zo:] soso.

zucht [zɤxt] 1. Sucht *f*, Hang *m*; 2. Seufzer *m*; *diepe ~* Stoßseufzer *m*; **~en** seufzen; **~je** *n* (-s) Hauch *m*, Lüftchen *n*.

Zuid|-Amerika ['zœyt-] *n* Südamerika *n*; **~-Duitsland** *n* Süddeutschland *n*.

zuidelijk ['zœydələk] südlich.

zuiden *n* Süden *m*; *ten ~ van* südlich (*G*) *of* von (*D*); **~wind** Südwind *m*.

zuider|ling *m* Südländer *m*; Südniederländer *m*; **~s** südländisch.

zuid|oosten [zœyt'-] *n* Südosten *m*; **~pool** Südpol *m*; **~vruchten** ['-frœxt-] *pl* Südfrüchte *f/pl*; **~waarts** südwärts; **~westelijk** [-'ʋɛstələk] südwestlich; **~westen** [-'ʋɛstə(n)] *n* Südwesten *m*.

zuigeling ['zœyɣ̊əl-] *m* Säugling *m*, **~en-sterfte** Säuglingssterblichkeit *f*.

zuig|en* ['zœyɣ̊-] saugen; lutschen (*op an D*); **~er** (-*s*) *tech* Kolben *m*; **~fles** Saug-, Milchflasche *f*; **~kracht** *fig* Sog *m*.

zuil Säule *f*, **~en-gang** Säulengang *m*.

zuinig ['zœynəx] sparsam; wirtschaftlich; **~** *zijn met ook* haushalten mit (*D*); **~heid** [-xɛɪt] Sparsamkeit *f*; Wirtschaftlichkeit *f*.

zuip|en* ['zœyp-] P saufen; **~er** *m* (-*s*), **~lap** *m* P Säufer *m*; **~ster** *f* (-*s*) P Säuferin *f*.

zuivel ['zœyvəl] *n* of *m* Molkereiprodukte *n/pl*; **~fabriek** Molkerei *f*; **~handel** Milchgeschäft *n*; **~produkt** [-dɛkt] *n* Milch-, Molkereiprodukt *n*.

zuiver ['zœyvər] rein, sauber; (*natuur*~) naturrein; **~en** reinigen; klären, aufbereiten; *fig* läutern; **~heid** [-hɛɪt] Reinheit *f*; *fig* Lauterkeit *f*; **~ing** Säuberung *f* (*ook fig*); Klärung *f*; **~ings-installatie** [-la:(t)si'] Kläranlage *f*.

zulk [zœl(ə)k] solch.

zullen* werden; (*met nadruk*) sollen; *wat zou het?* was soll's?

zult [zœlt] Sülze *f*.

zurig ['zyːrəx] säuerlich.

zus(ter *f* [-*s*]) ['zœs(tər)] *f* (-*sen*) Schwester *f*.

zuur [zyːr] **1.** sauer, herb; *zure regen* saurer Regen *m*; **2.** *n* (*zuren*) Säure *f*; (*maag*~) Sodbrennen *n*; Saure(s); *in het* **~** in Essig; **~deeg** *n*, **~desem** ['-deːsəm] Sauerteig *m*; **~heid** ['-hɛɪt] Säure *f*; **~kool** Sauerkraut *n*; **~stof** Sauerstoff *m*; **~stofgebrek** [-xəbrɛk] *n* Sauerstoffmangel *m*; **~tjes** *n/pl* Drops *m/pl*; **~vast** säurefest; **~zoet** ['-zuˑt] sauersüß.

Zwaab *m* (*Zwaben*) Schwabe *m*.

zwaai Schwung *m*; Schwenkung *f*; **~en** (*ook zn*) schwingen; schwenken; (*waggelen*) torkeln; (*wuiven*) winken; **~licht** *n* Blaulicht *n*.

zwaan (*zwanen*) Schwan *m*.

zwaar schwer; (*sterk, hevig ook*) stark; (*vermoeiend ook*) strapaziös; (*massief*) wuchtig; *stem*: tief.

zwaard *n* Schwert *n*.

zwaar|gewicht *n* Schwergewicht *n*; *pers*.: Schwergewichtler *m*; **~gewond** schwerverletzt; **~lijvig** [-'lɛɪvəx] beleibt, korpulent, dickleibig.

zwaarmoedig [-'muːdəx] schwermütig, melancholisch; **~heid** [-xɛɪt] Schwermut *f*, Melancholie *f*.

zwaarte Schwere *f*; Wucht *f*; Gewicht *n*; **~kracht** Schwerkraft *f*; **~punt** [-pənt] *n* Schwerpunkt *m*.

zwaar|wegend schwerwiegend; **~wichtig** [-'ʋɪxtəx] schwerwiegend, gewichtig.

Zwabisch ['zŭaːbiˑs] schwäbisch.

zwachtel (-*s*) Wickel *m*; Mullbinde *f*.

zwager *m* (-*s*) Schwager *m*.

zwak 1. schwach; flau; **2.** *n* Schwäche *f*, **~heid** [-hɛɪt] (-*heden*) Schwäche *f*, Schwachheit *f*; **~jes** ['zŭakiəs] schwach; **~keling** ['zŭakə-] *m* Schwächling *m*; **~stroom** Schwachstrom *m*; **~te** Schwäche *f*.

zwakzinnig [-'sɪnəx] schwachsinnig; **~heid** [-xɛɪt] Schwachsinn *m*.

zwalpen schwappen, wogen.

zwaluw ['zŭaːlyŭ] Schwalbe *f*.

zwam (-*men*) Schwamm *m*.

zwammen F faseln, schwafeln.

zwanger schwanger; **~schap** [-sxap] (-*pen*) Schwangerschaft *f*.

zwart 1. schwarz; **~e** *markt* Schwarzmarkt *m*; **~werk** *n* Schwarzarbeit *f*; *het 2e Woud* der Schwarzwald; **~** *maken* anschwärzen (*ook fig*), schwärzen; **~werken** schwarzarbeiten; **2.** *n* Schwarz *n*; Schwärze *f*; **~e** Schwarze(r); **~(e)-handelaar** *m* Schwarzhändler *m*; **~heid** ['-hɛɪt] Schwärze *f*; **~kijker** ['-kɛɪkər] *m* Schwarzseher *m*; **~maken** *z. zwart*; **~rijder** *m* (**~rijdster** *f*) Schwarzfahrer(in *f*) *m*; **~werker** *m* (**~werkster** *f*) Schwarzarbeiter(in *f*) *m*; **~witfilm** Schwarzweißfilm *m*.

zwavel Schwefel *m*; **~ig** [-ləx] schwefelig; **~zuur** [-zyːr] *n* Schwefelsäure *f*.

Zweden *n* Schweden *n*.

Zweed *m* (*Zweden*) Schwede *m*; **~s** schwedisch; **~se** *f* Schwedin *f*.

zweef|rek [-'rɛk] *n* Trapez *n*; **~spoor** *n* Schwebebahn *f*; **~vlieger** *m* Segelflieger *m*; **~vliegtuig** [-təyx] *n* Segelflugzeug *n*; **~vlucht** ['-flœxt] Gleitflug *m*; Segelflug *m*.

zweem(pje *n* [*-s*]) Anflug *m*, Hauch *m*, Schimmer *m*.
zweep (*zwepen*) Peitsche *f*.
zweer (*zweren*) Geschwür *n*.
zweet *n* Schweiß *m*; **badend in het ~** schweißgebadet; **~lucht** ['-ləxt] Schweißgeruch *m*.
zwelgen* schwelgen; prassen; (*schrokken*) schlingen.
zwell|en* (*zn*) (an)schwellen; quellen; **~ing** Schwellung *f*.
zwem|bad ['-bat] *n* Schwimmbad *n*; **overdekt ~** Hallenbad *n*; **~bassin** ['-basɛ̃:] *n* Schwimmbecken *n*; **~broek** ['-bru·k] Badehose *f*; **~instructeur** [-strøktør] *m* Schwimmlehrer *m*; **~men*** (*ook zn*) schwimmen; *pers. ook*: baden; **~mer** *m* (**~ster** *f*) (-*s*) Schwimmer(in *f*) *m*; **~vest** *n* Schwimmweste *f*.
zwendel Schwindel *m*, Schiebung *f*; **~aar(ster** *f*) *m* (-*s*) Schwindler(in *f*) *m*, Schieber(in *f*) *m*.
zwengel (-*s*) Kurbel *f*; Schwengel *m*; **~en** kurbeln.
zwenken (*ook zn*) schwenken, drehen; **~ naar** *ook* abdrehen nach (*D*).
zweren* **1.** schwören; **2.** schwären.
zwerftocht Streifzug *m*.
zwerm Schwarm *m*; **~en** schwärmen.
zwerv|en* umherstreifen, (umher-)streunen; wandern; **~end** wandernd; heimatlos; **~er** *m* (-*s*) Wanderer *m*; (*landloper*) Landstreicher *m*.
zweten schwitzen.
zwetsen schwadronieren; aufschneiden.
zweven (*ook zn*) schweben; (*door de lucht ook*) segeln.
zwezerik ['zŭe:zə-] Kalbsmilch *f*.
zwichten (*ook zn*) (**voor**) weichen (*D*), nachgeben (*D*), unterliegen (*D*).
zwiepen schwingen.
zwier Schwung *m*; Grazie *f*; **~en** schwingen, schleudern; **~ig** ['-rəx] schwungvoll.
zwijg|en* ['zŭeiɣ-] schweigen; **~zaam** schweigsam, verschwiegen.
zwijm Ohnmacht *f*; **~elen** ['-mələ(n)] schwindlig werden; *dronkaard*: taumeln.
zwijn [zŭeĭn] *n* Sau *f*.
zwikken verstauchen.
Zwitser (-*s*) Schweizer *m*; **~land** *n* die Schweiz; **~s** schweizerisch, Schweizer; **~ Duits** *n* Schwyzerdütsch *n*; **~se** *f* Schweizerin *f*.
zwoegen ['zŭu·ɣ-] schuften, sich plagen.
zwoel schwül; (*sensueel ook*) sinnlich, wollüstig; **~heid** ['-heĭt], **~te** Schwüle *f*.
zwoerd [zŭu:rt] *n* Schwarte *f*.

Wörterverzeichnis Deutsch-Niederländisch

A

A, a n (-; -) A, a (a. Mus); **von A bis Z** van a tot z.
AA n (-; 0) Abk für **Auswärtiges Amt**; s. auswärtig.
Aachen n Aken n; **~er** Adj Akens.
Aal m (-*es*; -e) paling, aal; **2en: sich ~ in der Sonne** ~ languit in de zon liggen; **2glatt** zo glad als een aal.
Aas n (-*es*; -e) (het) aas, (het) kreng (a. fig); **~geier** m aasgier (a. fig).
ab 1. Adv af; **der Glanz (Knopf) ist ~** de glans (knoop) is eraf; **~ und zu** af en toe; **2.** Präp (D) **~ heute** vanaf heden, vanaf vandaag; **~ 2 Mark** vanaf; **~ Berlin** van Berlijn af; **~ Werk** af fabriek.
ab|ändern veranderen, wijzigen; (*verbessern*) verbeteren; **~arbeiten** afwerken, afmaken; **sich ~** zich aflosven.
Ab·art f variëteit; **2ig** afwijkend; pej pervers.
Abbau m vermindering; Bgb ontginning; Personal: afvloeiing; (*Abbruch*, Vernichtung*) afbraak; **2en** verminderen; Bgb ontginnen; Personal laten afvloeien; Biol afbreken.
ab|beißen afbijten; **~bekommen** (*erhalten*) krijgen; F (*lösen*) loskrijgen.
abberufen terugroepen.
abbestell|en afbestellen; Zeitung opzeggen; **2ung** f afbestelling; opzegging.
ab|bezahlen afbetalen; **~biegen** v/i (*nach*) **links ~** links afslaan; **in e-e Straße ~** een straat inslaan.
Abbild n (het) evenbeeld, (Bildnis) (het) beeld; **2en** afbeelden; **~ung** f afbeelding.
ab|binden afbinden; **~blasen** afblazen; F (*absagen*) afgelasten; **~blättern** (sn) Farbe: afbladderen.
abblend|en Auto: dimmen; Foto: diafragmeren; **2licht** n (het) dimlicht.
ab|blitzen: F **j-n ~ lassen** iem afschepen; **~blocken** Sp u. fig stoppen, blokkeren; **~brechen** afbreken (a. fig).
ab|bremsen (af)remmen; **~brennen** v/t u. v/i afbranden; Feuerwerk afsteken.

ab|bringen (*j-n von D*) afbrengen (van); **~bröckeln** afbrokkelen.
Abbruch m afbraak; (Schaden) afbreuk, schade; (Beendigung) (het) afbreken; **2reif** rijp voor de sloop.
ab|brummen F Strafe uitzitten; **~buchen** afschrijven; **~bürsten** afborstelen.
Abc n (-; -) (het) abc (a. fig), (het) alfabet; **~Schütze** m (het) eersteklassertje.
abdank|en v/i aftreden; Fürst: afstand doen van de troon; **2ung** f (het) aftreden; troonsafstand.
abdecken afdekken; Bett afhalen; Tisch afruimen; (*zudecken*) toedekken.
abdicht|en afsluiten; Tech (af)dichten; **2ung** f afsluiting; (af)dichting.
abdrängen opzij dringen, verdringen.
abdrehen v/t afdraaien; (*abschalten*) afsluiten; v/i Kurs ändern) van koers veranderen; **~ nach** (D) zwenken naar.
Ab|druck m afdruk; **2drücken** (*schießen*) (af)vuren; **2ebben** (sn) wegebben.
Abend m (-s; -e) avond; **am ~** 's avonds; **gegen ~** tegen de avond; **gestern 2** gisteravond; **heute 2** vanavond; **Montag 2** maandagavond; **guten ~!** goedenavond!; **zu ~ essen** (het) avondmaal gebruiken, souperen.
Abend- in Zssgn mst avond-, z.B. **~ausgabe** f avondeditie; **~brot** n, **~essen** n (het) avondeten; **~dämmerung** f avondschemering; **2füllend** avondvullend; **~kasse** f avondkassa; **~kleid** n avondjapon; **~land** n (het) avondland, (het) westen; **2ländisch** westers; **2lich** avondlijk; **~mahl** n (het) avondmaal; Rel das (Heilige) ~ het (Heilig) Avondmaal; **~rot** n (het) avondrood.
abends 's avonds.
Abenteu|er n (het) avontuur; **2er·lich** avontuurlijk; **~rer(in** f) m avonturier(ster f).
aber maar, echter; **oder ~** ofwel; **tausend und tausend** duizenden.
Aber|glaube m (het) bijgeloof; **2gläubisch** bijgelovig.

ab·erkenn|en ontzeggen; *Rechte* ontzetten uit; **₂ung** *f* ontzegging; ontzetting.
aber|malig herhaald; **~mals** weer, nogmaals; **~witzig** onzinnig.
abfahren *v/t* wegbrengen; *Strecke, Bein* afrijden; *Reifen* verslijten; *v/i (sn)* vertrekken, wegrijden; *Schiff*: wegvaren.
Abfahrt *f* (het) vertrek; *Sp* afdaling.
Abfahrts|lauf *m Sp* afdalingswedstrijd; **~tag** *m* vertrekdag, dag van vertrek; **~zeit** *f* vertrektijd.
Abfall *m* afval (*a*. **Abfälle** *pl*); (*Rückgang*) daling; **~eimer** *m* afvalemmer.
ab|fallen afvallen; dalen; *Gelände*: (af)hellen; **~ gegen** (*A*) ongunstig afsteken tegen; **~fällig** afkeurend; **2fallprodukt** *n* (het) afvalprodukt; **~fälschen** *Sp* de bal van richting doen veranderen; **~fangen** opvangen; *Brief* onderscheppen; *Auto, Flugzeug* (weer) onder controle krijgen; **~färben** afgeven; **~ auf** (*A*) *fig* beïnvloeden; **~fassen** schrijven, opstellen; **~feilen** afvijlen.
abfertig|en *Ware* verzendklaar maken; *Gepäck* ter verzending in ontvangst nemen; *Kunden* helpen; *an der Grenze: etw* inklaren; *j-n* controleren; **₂ung** *f* (het) afhandelen, behandeling; verzending; bediening; inklaring; controle.
ab|feuern afvuren; **~finden** *v/t* schadeloosstellen; **sich ~ mit** (*D*) zich neerleggen bij, berusten in; **₂findung** *f* schadeloosstelling; **₂findungs·summe** *f* afkoopsom; **~flauen** (*sn*) verflauwen, afnemen; **~fliegen** vertrekken; **~fließen** af-, wegvloeien.
Abflug *m* (het) vertrek, start; **~halle** *f* vertrekhal; **~zeit** *f* vertrektijd.
Abfluß *m* afvoer; (*das Abfließen*) afvloeiing; **~rohr** *n* afvoerpijp.
Abfuhr *f* afvoer; *e-e* **~ erleiden** de kous op de kop krijgen; *j-m e-e* **~ erteilen** iem op zijn nummer zetten.
abführ|en *j-n* wegbrengen; (*ableiten*) lozen; *Med* purgeren, laxeren; **₂mittel** *n* (het) laxeermiddel.
abfüllen vullen; (*in Flaschen*) bottelen.
Abgabe *f* afgifte; (*Steuer*) belasting, heffing; *Sp* (het) afgeven; **₂n-frei** belastingvrij; **₂n-pflichtig** belastingplichtig.
Abgang *m* (*Abfahrt*) (het) vertrek; *Thea* (het) afgaan; (*Verlust*) (het) verlies; *Post*: verzending; (*Tod*) dood; **~s-zeugnis** *n* (het) einddiploma.

abgas|arm met een schone uitlaat; **₂e** *n/pl* verbrandingsgassen *n/pl*; *Auto bsd*: uitlaatgassen *n/pl*; **₂katalysator** *m* katalysator; **₂sonderuntersuchung** *f* (speciale) milieukeuring (van auto's).
abgeben afgeven; *Urteil* (te kennen) geven; *Erklärung* afleggen; *Stimme* uitbrengen; (*verkaufen*) van de hand doen, verkopen; **sich ~ mit** (*D*) zich bezighouden met; *pej* zich afgeven (*od* inlaten) met.
abge|brannt F (*ohne Geld*) platzak; **~brüht** doortrapt; (*unempfindlich*) ongevoelig, onverschillig; **~droschen** afgezaagd; **~griffen** *Buch*: beduimeld; *Wort*: afgezaagd; **~härtet** gehard.
abgehen *v/t u. v/i* afgaan; (*abfahren*) vertrekken; (*ablaufen*) aflopen; *Straße*: afbuigen; (*fehlen*) ontbreken.
abge|kämpft moegestreden, uitgeput; **~kartet: ~es Spiel** doorgestoken kaart; **~klärt** bezonnen; **~laufen** *Paß etc.*: verlopen; **~legen** afgelegen; **~macht!** afgesproken!; **~magert** vermagerd; **~neigt** (*D*) afkerig van; **~nutzt** versleten.
Abge·ordnet|e(r) afgevaardigde; **~enhaus** *n*, **~en·kammer** *f* (het) huis (*od* kamer) van afgevaardigden.
Abgesandte(r) afgezant.
abgeschieden afgezonderd, eenzaam; **₂heit** *f* afzondering, eenzaamheid.
abge|sehen: es ~ haben auf (*A*) het gemunt hebben op; **~ von** (*D*) afgezien van; **~spannt** uitgeput; **~standen** verschaald, bedorven; **~storben** *Glieder*: dood, gevoelloos; **~stumpft** afgestompt; **~tragen** versleten; **~wöhnen** *j-m A* afleren; **sich etw ~** zich iets afwennen; **~zählt** *Geld*: gepast.
ab|gleiten afgleiten; **₂glanz** *m* weerschijn; *fig* afstraling; **~gleiten** (*sn*) afglijden (*a. fig*).
Ab|gott *m* afgod; **₂göttisch** afgodisch.
abgraben afgraven; *Wasser* afvoeren.
abgrasen afgrazen; *fig* afzoeken.
abgrenz|en afgrenzen, afbakenen; **₂ung** *f* begrenzing, afbakening.
Ab|grund *m* afgrond; **~guß** *m* (het) afgietsel; **₂hacken** afhakken, afkappen; **₂haken** afhaken; *Text* (af)checken.
abhalten *Sitzung* houden; *j-n* **~ von** (*D*) iem afhouden van; (*etw zu tun*) iem weerhouden van; *lassen Sie sich nicht ~!* laat U zich niet storen!

ab|handeln (*erörtern*) behandelen; ~**handen:** ~ **kommen** zoek raken, kwijtraken; ⚮**handlung** *f* verhandeling; ⚮**hang** *m* helling, glooiing.
abhäng|en *v/t* afnemen, afhaken; (*j-n*) *Sp u. fig* achter zich laten; *Verfolger* van zich afschudden; *v/i* (af)hangen; ~ **von** (*D*) afhangen van.
abhängig (**von** *D*) afhankelijk (van); ⚮**keit** *f* afhankelijkheid.
ab|härten (**sich**) (zich) harden; ~**hauen** *v/t* afhakken; *v/i* (*sn*) F ophoepelen.
abheb|en *v/i* opstijgen; *v/t Geld* opnemen; *Karte* afnemen; **sich** ~ **von** (*D*) afsteken tegen; ⚮**ung** *f* (geld)opneming.
ab|heften opbergen; ~**heilen** (*sn*) genezen; ~**helfen** (*D*) verhelpen; ~**hetzen** (**sich**) (zich) afjakkeren.
Abhilfe *f* hulp, uitkomst; ~ **schaffen** verhelpen, uitkomst brengen.
abhold (*D*) wars van, afkerig van.
Abhol|dienst *m* afhaaldienst; ⚮**en** afhalen; ~**ung** *f* afhaling.
ab|holzen ontbossen; (*roden*) rooien; ~**horchen** afluisteren; *Med* beluisteren.
Abhör|anlage *f* afluisterinstallatie; ⚮**en** afluisteren; *Lektion* overhoren.
Abitur *n* (*-s*; *-e*) (het) (VWO-)eindexamen; *das* ~ **machen** eindexamen doen; ~**ient**(**in** *f*) *m* (*-en*) abituriënt(e *f*).
ab|jagen *j-m A* afhandig maken; ~**kanzeln** kapittelen; ~**kapseln: sich** ~ zich inkapselen; ~**kaufen** *j-m A* kopen van; ~**kehren: sich** ~ (**von** *D*) zich afkeren (*od* afwenden) (van); ~**klappern** F afkleppen, aflopen.
Abklatsch *m fig* kopie, (het) aftreksel.
ab|klingen (*sn*) wegsterven, wegebben, afnemen; ~**klopfen** afkloppen; *Med* bekloppen; ~**knabbern** afknabbelen; ~**knallen** F neerknallen; ~**kneifen** afknijpen; ~**knicken** knakken; ~**kochen** *v/t* (af)koken; *Med* uitkoken; ~**kommandieren** detacheren, overplaatsen.
abkommen afkomen; **vom Weg** ~ van de weg afraken; **vom Thema** ~ van het thema afdwalen.
Abkommen *n* overeenkomst, (het) akkoord; (*Vertrag*) (het) verdrag.
abkömm|lich beschikbaar; ⚮**ling** *m* (*-s*; *-e*) afstammeling.
abkratzen *v/t* afkrabben.
abkühl|en (**sich**) afkoelen (*a. fig*); ⚮**ung** *f* afkoeling.

Abkunft *f* (*0*) af-, herkomst.
abkürz|en afkorten; ⚮**ung** *f* afkorting.
ab|laden afladen, lossen; ⚮**lage** *f* (*Akten*⚮) (het) archief; (*Kleider*⚮) garderobe, vestiaire; (*Bord*) plank.
ablager|n deponeren, storten; **sich** ~ zich afzetten; ⚮**ung** *f* (het) storten; *Geol* afzetting.
Ab|laß *m* (*-sses*; ~*sse*) *Rel* aflaat; ⚮**lassen** aflaten; *vom Preis* laten vallen; ~ **von** (*D*) afzien van; ~**lauf** *m* afloop (*a. fig*); ⚮**laufen** aflopen; *Paß*: verlopen.
ableg|en *v/t* afleggen; *Kleidung* uitdoen; (*nicht mehr tragen*) afdanken; *v/i Schiff*: vertrekken, afvaren; ⚮**er** *m Bot* loot, stek; *fig* (het) filiaal.
ablehn|en verwerpen, afwijzen, weigeren; ~**end** afwijzend, weigerachtig; ⚮**ung** *f* verwerping, weigering.
ableisten *Wehrdienst* vervullen.
ableit|en afleiden (*a. fig*); ⚮**ung** *f* afleiding.
ablenk|en afleiden; (*zerstreuen bsd*) afleiding bezorgen; *Verdacht* aanwenden; ⚮**ung** *f* afleiding; ⚮**ungs-manöver** *n* afleidingsmaneuver (*a. het*).
ab|lesen aflezen; ~**leugnen** loochenen.
abliefer|n afleveren; ⚮**ung** *f* aflevering.
ablös|en losmaken; (*ersetzen*) (**sich**) (elkaar) aflossen; **sich** ~ loskomen; ⚮**ung** *f* (het) losmaken; aflossing.
abmach|en (*vereinbaren*) afspreken, overeenkomen; (*entfernen*) afdoen, afhalen; ⚮**ung** *f* afspraak, overeenkomst; *e-e* ~ **treffen** een afspraak maken.
abmager|n (*sn*) vermageren, afvallen; ⚮**ungs-kur** *f* vermageringskuur.
ab|mähen afmaaien; ⚮**marsch** *m* afmars, aftocht.
abmeld|en (**sich**) (zich) afmelden; ⚮**ung** *f* afmelding; (*bei Umzug*) melding van vertrek.
abmess|en afmeten (*a. fig*), opmeten; ⚮**ungen** *f/pl* afmetingen *pl*.
ab|montieren demonteren; (*abmachen a.*) afhalen, afnemen; ~**mühen: sich** ~ zich aftobben; ~**nagen** afknagen.
Abnahme *f* name (*a. Hdl*), afneming, vermindering; *e-s Baus*: aanvaarding.
abnehm|bar afneembaar; ~**en** afnemen; *v/i a.* verminderen; *Mensch*: afvallen, vermageren; *j-m die Arbeit* (*Verantwortung*) ~ het werk (de ver-

Abnehmer

antwoordelijkheid) van iem overnemen; ℒer *m* afnemer, koper.
Ab|neigung *f* (*gegen A*) afkeer (van), hekel (aan); ℒnorm abnormaal; ~normität *f* abnormaliteit; ℒnutzen (*sich*) verslijten; ~nutzung *f* slijtage.
Abonn|ement *n* (-s; -s) (het) abonnement; ~ent(in *f*) *m* (-en) abonnee; ℒieren (-) (*A*) zich abonneren (op).
abordn|en afvaardigen; ℒung *f* afvaardiging, delegatie.
Abort *m* (het) toilet, W.C.
ab|packen verpakken; ~passen afwachten; j-n opwachten; ~pfeifen *Sp* affluiten; ~pflücken afplukken; ~plagen: *sich* ~ zich afsloven; ~prallen (*sn*) terugkaatsen; ~pusten afpoetsen; ~rackern: *sich* ~ zich afbeulen; ~raten (*j-m von etw* iem iets) af-, ontraden.
ab|räumen afruimen; ~reagieren (*sich*) (zich) afreageren.
abrechnen afrekenen (*a. fig*).
Abrechnung *f* afrekening; ℒs-zeitraum *m* afrekeningsperiode.
abreiben afwrijven; (*abtrocknen*) (*sich*) (zich) droogwrijven.
Abreise *f* (het) vertrek; ℒn vertrekken; ~tag *m* dag van vertrek.
abreiß|en afscheuren; *v/t a.* afrukken; *Haus* afbreken, slopen; ℒkalender *m* scheurkalender.
ab|richten africhten, dresseren; ~riegeln af-, vergrendelen; ℒriß *m* (*Skizze*) schets; (*Abbruch*) afbraak, sloop.
ab|rücken *v/t* wegschuiven; *v/i* (*sn*) mil af-, wegtrekken; *fig* (*sich distanzieren*) (*von D*) zich distantiëren (van); ~rufen afroepen; *Hdl a. u. EDV* opvragen; ~runden afronden.
abrupt abrupt.
abrüst|en ontwapenen; ℒung *f* ontwapening.
abrutschen (*sn*) weg-, afglijden (*a. fig*).
Absage *f* afzegging, weigering; *e-e* ~ *erteilen* (*D*) afwijzen; ℒn afzeggen.
ab|sägen afzagen; *fig* F aan de dijk zetten; ~sahnen afromen (*a. fig*).
Absatz *m* *Schuh*: hak; *Typ*. alinea; *Hdl* afzet, aftrek; ~förderung *f* afzet-, verkoopbevordering; ~gebiet *n*, ~markt *m* (het) afzetgebied, markt.
ab|saufen (*sn*) F verzuipen; ~saugen af-, wegzuigen; *Teppich* (schoon) zuigen; ~schaben afkrabben, afschaven.

abschaff|en afschaffen; ℒung *f* afschaffing.
abschalten uitschakelen; *Motor bsd* afzetten; *fig* F zich ontspannen; (*nicht mehr zuhören*) niet meer luisteren.
abschätz|en schatten, ramen; ~ig geringschattend, minachtend; ℒung *f* schatting, raming.
Abschaum *m* (het) schuim (*a. fig*).
abscheiden *v/t* afscheiden.
Abscheu *m* (-*es; 0*) afschuw, afkeer, hekel; ~ *haben vor* (*D*) een afschuw hebben van, een hekel hebben aan; ℒlich afschuwelijk.
ab|schicken af-, verzenden; ~schieben (*ausweisen*) uitwijzen; (*von sich*) ~ (van zich) afschuiven; ℒschied *m* (-*es; -e*) (het) afscheid; (*Entlassung*) (het) ontslag; ~ *nehmen* afscheid nemen; *s-n* ~ *nehmen* ontslag nemen.
Abschieds|- *in Zssgn mst* afscheids-, *z.B.* ~besuch *m* (het) afscheidsbezoek; ~feier *f* (het)afscheidsfeest(je).
abschießen afschieten; *Wild, Mensch, Flugzeug* neerschieten; *fig* F j-n eruit werken, uitschakelen.
abschirm|en afschermen (*a. fig*); ℒung *f* afscherming.
abschlachten (af)slachten, afmaken.
Abschlag *m* *Sp* eerste slag; ℒen afslaan.
abschlägig afwijzend, negatief.
Abschlags-zahlung *f* termijnbetaling; (*Vorschuß*) (het) voorschot.
Abschlepp|dienst *m* (het) takelbedrijf; ℒen wegslepen; ~seil *n* sleepkabel; ~wagen *m* takelwagen.
abschließen afsluiten; (*beenden*) beëindigen; *Vertrag* sluiten; ~d tot besluit.
Abschluß *m* (af)sluiting; (*Ende*) (het) einde; *zum* ~ (*G*) tot slot (van); ~prüfung *f* (het) eindexamen.
abschmecken proeven; (*mit D*) op smaak brengen (met).
Abschmier|dienst *m* (door)smeerbeurt; ℒen *Auto* doorsmeren.
ab|schminken afschminken; ~schneiden *v/t* afsnijden (*a. fig*); (*mit Schere bsd*) afknippen; *v/i* *gut* (*schlecht*) ~ het er goed (slecht) afbrengen.
Abschnitt *m* (het) gedeelte; (*Kapitel*) (het) hoofdstuk; (*Strecke*) (het) traject; (*Formular* ℒ) strook; (*Zeit* ℒ) periode.
abschrauben afschroeven.

abschreck|en afschrikken; ~**end** afschrikwekkend; ⟨**ung** *f* afschrikking.
abschreib|en overschrijven; *Hdl u. fig* afschrijven; ⟨**ung** *f* afschrijving.
Abschrift *f* (het) afschrift; *beglaubigte* ~ (het) gelegaliseerd afschrift; *für gleichlautende* ~ voor eensluidend afschrift.
abschürf|en schaven; ⟨**ung** *f* schaafwond.
Ab|schuß *m* (het) afschieten; (het) neerschieten; (*Treffer*) treffer; ⟨**schüssig** (sterk) hellend; ~**schußrampe** *f* lanceerinrichting; ⟨**schütteln** afschudden; *Verfolger* van zich afschudden.
abschwächen (*sich*) af-, verzwakken.
ab|schweifen *v/i* (*sn*) (*von D*) afdwalen (van); ~**schwören** (*D*) afzweren.
Abschwung *m Sp* afsprong; *fig* recessie.
abseh|bar afzienbaar; (*nicht*) ~ *sein* (niet) te overzien zijn; ~**en** *Ende, Folgen* overzien; (*von D*) afzien (van).
ab|seifen afzepen; ~**seilen**: *sich* ~ met een touw afdalen; ~**seits 1.** *Adv* terzijde; *Präp* (*G*) terzijde van; (*fern*) ver van; **2.** ⟨*n* (-; *0*) *Sp* (het) buitenspel; *im* ~ *stehen* buitenspel staan.
absend|en af-, verzenden; ⟨**er**(**in** *f*) *m* afzender *m*, afzendster *f*.
absetz|bar: *steuerlich* ~ fiscaal aftrekbaar; ~**en** *Artikel* (*a. Hut, Fahrgast, Ware*); (*hinstellen bsd*) neerzetten; (*von der Steuer*) aftrekken; *sich* ~ zich afzetten; (*weggehen*) ervandoor gaan.
absichern beveiligen.
Absicht *f* bedoeling; *ohne* (*mit*) ~ zonder (met) opzet; ⟨**lich** opzettelijk.
ab|sinken (af)zakken; ~**sitzen** afzitten; *Strafe* uitzitten.
absolut absoluut, volstrekt.
Absolv|ent(**in** *f*) *m* (-*en*) afgestudeerde; ⟨**ieren** (-) *Studium* afmaken; *Schule* doorlopen; *Prüfung* slagen voor.
absonder|lich vreemd, zonderling; ~**n** (*sich*) (zich) afzonderen; (*ausscheiden*) (zich) afscheiden; ⟨**ung** *f* afzondering; afscheiding.
absorbieren (-) absorberen, opslorpen.
ab|spalten afsplijten; *sich* ~ zich afscheiden; ~**speisen** *fig* (*j-n mit D*) afschepen (met); ~**spenstig**: *j-m etw* (*A*) ~ *machen* iem iets afhandig maken.
absperr|en afsluiten; ⟨**ung** *f* afsluiting.
abspielen afspelen (*a. Tonband*); *Platte* draaien; *sich* ~ zich afspelen.

Ab|sprache *f* afspraak; ⟨**sprechen** *etw* afspreken; *j-m etw* ontzeggen, betwisten; ⟨**springen** (*sn*) (omlaag)springen; ⟨**spritzen** afspuiten; ~**sprung** *m* sprong; ⟨**spülen** afspoelen.
abstammen (*von D*) afstammen (van); ⟨**ung** *f* afstamming.
Abstand *m* afstand; (*Zwischenraum a.*) tussenruimte; *Auto*: ~ *halten* afstand houden; ~ *nehmen von* (*D*) afstand nemen van; *in Abständen* (zo) nu en dan; *mit* ~ verreweg.
ab|statten: *j-m e-n Besuch* ~ bij iem een bezoek afleggen; ~**stauben**, ~**staubsen** F (*stehlen*) inpikken, jatten.
abstech|en *v/t* afsteken; *Tier a.* kelen; *v/i* (*von D*) afsteken (tegen); ⟨**er** *m* (het) uitstapje; (het) bezoek.
ab|stecken afbakenen; *fig a.* uitstippelen; *Kleid* afspelden; ~**stehend**: ~*e Ohren* *n/pl* afstaande oren *n/pl*.
absteig|en (*sn*) afstappen; *Sp* degraderen; (*in e-m Hotel*) zijn intrek nemen; ⟨**er** *m Sp* degraderende ploeg.
abstell|en (*ausschalten*) afzetten; (*wegstellen*) wegzetten; *Fahrzeug* stallen; *Mißstand* uit de weg ruimen; *fig* ~ *auf* (*A*) instellen op; ⟨**gleis** *n* (het) zijspoor (*a. fig*); ⟨**platz** *m* bergplaats; (*Auto*⟨) parkeerplaats; ⟨**raum** *m* berging, bergruimte.
abstempeln afstempelen (*a. fig*).
absterben afsterven (*a. fig*).
Abstieg *m* (*-es*; *-e*) afdaling; *fig* neergang; *Sp* degradatie.
abstimm|en *v/t* afstemmen; *aufeinander* ~ op elkaar afstemmen; *v/i* (*wählen*) stemmen; ⟨**ung** *f* afstemming; stemming; *zur* ~ *bringen* in stemming brengen.
Abstinenzler *m* geheelonthouder.
abstoppen (*bremsen, a. Sp*) stoppen; *Zeit* opnemen.
Abstoß *m Sp* uittrap; ⟨**en** afstoten (*a. fig*); (*verkaufen*) van de hand doen; ⟨**end** afstotelijk.
abstottern F afbetalen.
abstrakt abstract.
ab|streifen uittrekken; *fig* afleggen; ~**streiten** loochenen, betwisten.
Abstrich *m* (*Abzug*) aftrek; *Med* (het) afstrijkje; ~*e machen* zich met minder tevredenstellen.
abstuf|en trapsgewijs indelen; *Farben*

Abstufung

nuanceren; ⛌ung *f* indeling, gradatie; nuancering.
ab|stumpfen afstompen (*a. fig*); ⛌sturz *m* val; *Flgw* crash; ~stürzen neerstorten; *EDV* vastlopen; ~suchen afzoeken.
absurd absurd.
Abszeß *m* (-*sses*; -*sse*) (het) abces.
Abt *m* (-*es*; *⸚e*) abt.
ab|tasten aftasten; ~tauen ontdooien.
Abtei *f* abdij.
Abteil *n* coupé; ⛌en indelen; (*abtrennen*) afscheiden; ~ung *f* afdeling; ~ungs-leiter *m* afdelingschef.
abtippen over-, aftikken.
Äbtissin *f* abdis.
ab|töten doden (*a. fig*); ~tragen *Erde* afgraven; *Kleid* opdragen; *Schuld* aflossen, aanzuiveren; ⛌transport *m* (het) transport.
abtreib|en afdrijven; *Med bsd* aborteren; ⛌ung *f Med* abortus.
abtrennen afscheiden; (*reißen*) afscheuren; (*mit Schere*) afknippen.
abtret|en *j-m A* afstaan; *v/i* (*sn*) (*vom Amt*) aftreden; *die Füße* ~ zijn voeten vegen; ⛌er *m* voetmat; ⛌ung *f* afstand, overdracht.
abtrocknen (*sich*) (zich) afdrogen.
abtrünnig afvallig; ⛌e(r) afvallige.
ab|tun afdoen (*mit D* met); ~tupfen afbetten.
ab-urteil|en berechten, veroordelen; ⛌ung *f* berechting, veroordeling.
ab|wägen afwegen; ~wählen niet herkiezen; ~wälzen (*auf A*) afwentelen (op); ~wandeln variëren, veranderen.
abwander|n wegtrekken, weggaan; ⛌ung *f* (het) wegtrekken.
Ab|wärme *f* afvalwarmte, vrijkomende warmte; ⛌warten afwachten; *warten wir ab!* we zullen maar afwachten!; ⛌wartend afwachtend.
abwärts naar beneden, omlaag; ~gehen achteruitgaan.
Abwasch *m* (-*es*; *0*) afwas, vaat; ⛌bar afwasbaar; ⛌en afwassen.
Abwässer *n/pl* (het) afval-, rioolwater.
Abwasser-aufbereitung *f* waterzuivering.
abwechseln afwisselen; *sich* ~ (*ablösen*) elkaar aflossen; ~*d* afwisselend.
Abwechslung *f* afwisseling; *zur* ~ ter afwisseling; ⛌s-reich vol afwisseling.

Abweg *m* dwaalweg, verkeerde weg; *fig auf ~e geraten* op het verkeerde pad raken; ⛌ig vreemd, afwijkend; (*falsch*) verkeerd, onjuist.
Abwehr *f* verdediging (*a. Sp*); ⛌en afweren; *Angriff a.* afslaan; ~spieler *m* verdediger; ~stoff *m* antistof.
abweich|en *v/t* afwijken; *v/i* (*von D*) afwijken (van); ~end afwijkend; ~ *von* (*D*) in afwijking van; ⛌ung *f* afwijking.
ab|weisen afwijzen; *Angriff* afslaan; ~wenden afwenden; *sich* ~ *von* (*D*) zich afwenden van; ~werfen afwerpen; *Gewinn* opleveren; *Bomben* gooien.
abwert|en devalueren; ⛌ung *f* devaluatie.
abwesen|d afwezig (*a. fig*); ⛌de(r) afwezige; ⛌heit *f* afwezigheid; *durch* ~ *glänzen* door afwezigheid schitteren; *in* ~ *verurteilen* bij verstek veroordelen.
ab|wickeln afwikkelen; (*erledigen a.*) afhandelen; ~wiegeln kalmeren, sussen; ~wiegen (af)wegen; ~wimmeln F afschepen; ~winken een afwijzend gebaar maken; ~wischen afvegen, afwissen; ~wracken slopen; ⛌wurf *m* (het) afwerpen; *Sp a.* af-, uitworp; ~würgen *fig* smoren; *Motor* laten afslaan; ~zahlen afbetalen; ~zählen tellen; ⛌zahlung *f* afbetaling; ~zehren uitteren, vermageren.
Abzeich|en *n* (het) onderscheidingsteken, (het) insigne; ⛌nen aftekenen; (*unterschreiben a.*) ondertekenen; *sich* ~ (*gegen A*) zich aftekenen (tegen).
ab|ziehen *v/t u. v/i* aftrekken (*a. Math*); (*weggehen a. u. Rauch*) wegtrekken; *Pers*: weggaan; (*zurückziehen*) terugtrekken; (*kopieren*) afdrukken, kopiëren ; *Bett* afhalen; ~zielen (*auf A*) doelen (op).
Ab|zug *m* (het) vertrek, aftocht (*a. mil*); *Waffe*: trekker; *Foto*: afdruk; *Typ*. stencil (*a.* het); (*für Rauch etc.*) afvoer; *Hdl nach* ~ (*G*) na aftrek van; *Abzüge pl* (loon)inhoudingen *pl*; ⛌züglich (*G*) na aftrek van, verminderd met.
abzweig|en af-, vertakken; *Geld* opzij leggen; *Straße*: afbuigen, zich afsplitsen; ⛌ung *f* aftakking; *Verkehr*: afslag, splitsing.
ach! och!, ach!; ~ *so!* (ha) zo!; ~ *ja!* o ja!;

Airbus

~ **was!** kom, kom!; ~ **was?** o ja?; **mit und Krach** met (veel) pijn en moeite.
Achse f as (a. fig).
Achsel f (-; -n) oksel; (Schulter) schouder; **die ~n zucken** de schouders ophalen; **~höhle** f okselholte; **~zucken** n (het) schouderophalen.
acht 1. u. **2.** ♀ f (Zahl) acht; **3. außer ~ lassen** buiten beschouwing laten; **sich in ~ nehmen** zich in acht nemen; **~e(r, -s)** achtste; **♀el** n (het) achtste (deel).
achten achten, eerbiedigen; (auf A) letten (op), acht slaan (op).
ächten j-n uitstoten; etw in de ban doen, veroordelen.
achtens·wert achtenswaardig.
Achter m (Boot) achtriemsgiek; **~bahn** f achtbaan; **~deck** n (het) achterdek.
acht|geben oppletten; (auf A) letten (op); **~los** achteloos.
acht|mal achtmaal, acht keren; **♀stundentag** m achturendag.
Achtung f achting, (het) respect; ~! opgepast!, opgelet!, attentie! (a. mil); **alle ~!** alle respect!
acht|zehn achttien; **~zehnte(r)** achttiende; **~zig** tachtig; **♀ziger(in** f) m tachtigjarige (a. f).
ächzen (-t) kreunen.
Acker m (-s; ⸚) akker; **~bau** m akkerbouw; **~land** n (het) akkerland; **♀n** het land bebouwen; fig zwoegen.
Adams·apfel m adamsappel.
adäquat adequaat.
addieren (-) optellen.
ade! F adieu!
Adel m (-s; 0) adel (a. fig.); **♀n** adelen (a. fig), in de adelstand verheffen.
Ader f (-; -n) ader; fig (Anlage) aanleg; **~laß** m (-sses; ⸚sse) aderlating (a. fig.).
Adjektiv n (-s; -e) (het) adjectief, (het) bijvoeglijk naamwoord.
Adjutant m (-en) adjudant.
Adler m arend.
adlig adellijk; **~e(r)** adellijke, edele.
Admiral m (-s; -e od ⸚e) admiraal.
adop|tieren (-) adopteren, aannemen; **♀tiv-eltern** pl adoptiefouders pl; **♀tivkind** n (het) aangenomen kind.
Adressat(in f) m (-en) geadresseerde.
Adresse f adres; **~n-änderung** f adreswijziging; **~n-liste** f adressenlijst.

adressier|en (-) adresseren; **♀maschine** f adresseermachine.
Adria f Adriatische Zee.
Advent m (-s; 0) advent.
Adverb n (-s; -ien) (het) bijwoord.
aero-, Aero- in Zssgn mst aëro-.
Affäre f affaire.
Affe m (-n) aap (a. fig).
Affekt m (-es; -e) (het) affect.
affektiert geaffecteerd.
Affentheater n F (het) gedonder.
affig aanstellerig.
Äffin f apin.
Affront m (-s; -s) (het) affront.
Afrika n Afrika n; **~ner(in** f) m Afrikaan(se f); **♀nisch** Afrikaans.
After m (het) achterste, anus.
AG f (-; -s) Hdl naamloze vennootschap, N.V.
Agent|(in f) m (-en) agent(e f); **~ur** f (het) agentschap.
Aggress|ion f agressie; **♀iv** agressief.
agrar|isch agrarisch; **♀land** n landbouwgrond; (Staat) (het) agrarisch land; **♀markt** m landbouwmarkt; **♀politik** f landbouwpolitiek.
Ägypt|en n Egypte n; **~er(in** f) m Egyptenaar m, Egyptische f; **♀isch** Egyptisch.
ah! o!, ah!
aha! aha!, ha!
ahnden (be)straffen, vergelden.
ähneln (D) lijken (op).
ahnen (vermuten) vermoeden; (vorausfühlen) een voorgevoel hebben van.
Ahnen m/pl voorouders pl.
ähnlich gelijksoortig, dergelijk; Adv op soortgelijke wijze; **~ sehen, ~ sein** (D) lijken (op); **etwas ♀es** iets dergelijks; **und ~es** en dergelijke (Abk e.d.); **♀keit** f gelijkenis, overeenkomst.
Ahnung f (het) voorgevoel, (het) vermoeden; (Vorstellung) (het) idee, (het) benul; **er hat keine (blasse) ~ davon** hij heeft er geen (flauw) benul van; **♀s·los** nietsvermoedend, argeloos; **♀s·voll** vol voorgevoelens (od vermoedens).
Ahorn m (-s; -e) esdoorn.
Ähre f aar.
Aids n (-; 0) aids; **♀krank** aan aids lijdend; **~kranke(r)** aidspatiënt(e f); **~test** m aidstest.
Airbus m air-, luchtbus.

Akademie

Akadem|ie f academie; **~iker(in** f) m academicus m, academica f; **⩾isch** universitair, academisch.
Akazie f acacia.
akklimatisieren (-): *sich ~* acclimatiseren.
Akkord m (-es; -e) *Mus* (het) akkoord; (*Lohn*) (het) stukloon; *im ~ arbeiten* tegen stukloon werken; **~arbeit** f (het) stukwerk; **~arbeiter** m stukwerker.
Akkordeon n (-s; -s) (het) accordeon.
Akkordlohn m (het) stukloon.
Akkreditiv n (-s; -e) (het) accreditief.
Akku m (-s; -s), **~mulator** m (-s; -en) accu(mulator).
Akkusativ m (-s; -e) accusatief.
Akne f acne.
Akrobat|(in f) m (-en) acrobaat m, acrobate f; **⩾isch** acrobatisch.
Akt m (-es; -e) daad; *Thea* (het) bedrijf; *Mal.* (het) naakt.
Akte f akte, (het) dossier.
akten|kundig geregistreerd, bekend; **⩾mappe** f aktenmap; **⩾notiz** f aantekening (in een dossier); **⩾ordner** m ordner; **⩾schrank** m dossierkast; **⩾tasche** f aktentas; **⩾zeichen** n (het) dossiernummer.
Aktfoto n naaktfoto.
Aktie f (het) aandeel.
Aktien|gesellschaft f naamloze vennootschap (*Abk* N.V.); **~kurse** m/pl aandelenkoersen pl; **~markt** m aandelenmarkt; **~mehrheit** f meerderheid van de aandelen.
Aktion f actie.
Aktionär(in f) m (-s; -e) aandeelhouder m, aandeelhoudster f.
aktiv actief; **~ieren** (-) activeren; **⩾ität** f activiteit; **⩾saldo** m (het) debetsaldo; **⩾urlaub** m doe-vakantie.
Aktu|alität f actualiteit; **⩾ell** actueel.
Akupunktur f acupunctuur.
Akust|ik f akoestiek; **⩾isch** akoestisch.
akut acuut (*a. Med*).
AKW n (-s; -s) = *Atomkraftwerk.*
Akzent m (-es; -e) (het) accent, klemtoon; **⩾uieren** (-) accentueren.
Akzept n (-es; -e) *Hdl* (het) accept; **⩾abel** acceptabel; **⩾ieren** (-) accepteren.
Alarm m (-s; -e) (het) alarm; *blinder ~* loos alarm; **~anlage** f alarminstallatie; **~bereitschaft** f staat van alarm.
alarmieren (-) alarmeren.

304

Alaun m (-s; 0) aluin.
Albanien n Albanië n.
albern dwaas, gek, onnozel; **⩾heit** f dwaasheid, domheid.
Album n (-s; *Alben*) (het) album.
Algebra f algebra.
Algen f/pl algen pl, (het) zeewier.
Algerien n Algerije n; **⩾isch** Algerijns.
Alibi n (-s; -s) (het) alibi.
Alimente n/pl alimentatie.
alkalisch alkalisch.
Alkohol m (-s; -e) alcohol; **⩾frei** alcoholvrij; **~es Getränk** a. frisdrank; **~gehalt** m (het) alcoholgehalte; **⩾haltig** alcoholhoudend; **~iker(in** f) m alcoholist(e f); **⩾isch** alcoholisch; **~ismus** m (-; 0) (het) alcoholisme; **~test** m alcoholtest.
all al de m u. f, al het n; **~e** pl alle, al de; *Su* allemaal; *Pers*: allen, allemaal; **~e 14 Tage** om de veertien dagen; **~e zusammen** allemaal samen; **~es Gute!** het beste!; *vor ~em* vooral.
All n (-s; 0) (het) heelal.
allabendlich elke avond.
alle: F **~ sein (werden)** op zijn (raken).
alledem: *bei ~* bij dat alles; *trotz ~* ondanks alles.
Allee f laan.
allein alleen; *von ~* vanzelf; **⩾herrscher** m alleenheerser; **~ig** enig, uitsluitend; **⩾sein** n (-s; 0) (het) alleenzijn; **~stehend** alleenstaand; **⩾vertretung** f alleenvertegenwoordiging.
allemal: *ein für ~* eens voor al(tijd).
allenfalls hoogstens; eventueel.
allenthalben overal, alom.
aller|- in Zssgn mst aller-, z.B. **~best** allerbest.
allerdings wel(iswaar); **~!** (ja) zeker!
Allerg|ie f allergie; **⩾isch** allergisch.
aller|hand allerhande, allerlei; *das ist ja ~!* dat is niet mis!; **⩾heiligen** n (-; 0) Allerheiligen; **~lei** allerlei; **~letzt** allerlaatst; **~meist** allermeest; *am ~en* het allermeest; **~nötigst** hoogstnodig; **~orts** allerwegen, overal; **⩾seelen** n (-; 0) Allerzielen; **~seits** allemaal (samen); aan (od van) alle kanten; **~wenigst** (*a. am ~en*) allerminst.
alles alles, het allemaal; *~ in allem* al bij al; *wer ~?* wie allemaal?; *~ nur* (*Gerede* ...) allemaal maar (...); *s. a. all.*
allesamt allemaal.

Alleskleber *m* alles klevende lijm.
allgegenwärtig alomtegenwoordig.
allgemein algemeen; *im ⌐en* in (*od* over) het algemeen; **⌐arzt** *m* huisarts; **⌐bildung** *f* algemene ontwikkeling; **⌐gültig** algemeen(geldig); **⌐gut** *n* (het) gemeengoed; **⌐heit** *f* algemeenheid; gemeenschap; **⌐verständlich** algemeen begrijpelijk.
Allheilmittel *n* (het) universeel geneesmiddel, panacee.
Alli|anz *f* alliantie, (het) bondgenootschap; **⌐ierte(r)** geallieerde.
all|jährlich jaarlijks; **⌐macht** *f* almacht; **⌐mächtig** almachtig, oppermachtig; **⌐mählich** geleidelijk; *Adv* a. stilaan; **⌐rad-antrieb** *m* aandrijving op alle wielen; **⌐tag** *m* (het) dagelijks leven; **⌐täglich** alledaags; **⌐wissend** alwetend; **⌐wissenheit** *f* alwetendheid.
allzu al te; **⌐sehr** al te zeer; **⌐viel** al te veel.
Alm *f* bergweide.
Almosen *n* aalmoes.
Alpdruck *m* (-*es*; ⌐e) nachtmerrie.
Alpen *pl* Alpen *pl*.
Alphabet *n* (-*s*; -*e*) (het) alfabet; **⌐isch** alfabetisch.
Alpinismus *m* (-; *0*) (het) alpinisme.
Alptraum *m* nachtmerrie.
Alraun *m* (-*s*; -*e*), **⌐e** *f* alruin.
als (*wie*) als; (*nach Komp*) dan, als; *Ko* toen; **⌐ ob** alsof; **⌐baldig:** *zum ⌐en Gebrauch* voor direct gebruik.
also dus, bijgevolg; *⌐ gut* (*od schön*)! vooruit dan maar!
alt (⌐*er;* ⌐*est*) oud; *ich bin ... Jahre ⌐* ik ben ... jaar (oud); *wie ⌐?* hoe oud?; *beim ⌐en bleiben* (*lassen*) bij het oude blijven (laten).
Alt *m* (-*s*; *0*) Mus alt.
Altar *m* (-*s*; ⌐*e*) (het) altaar.
alt|backen oudbakken; **⌐bau** *m* (-*s*; -*ten*) oud huis; **⌐bewährt** vanouds beproefd; **⌐e(r)** oude man *m* (*bzw.* vrouw *f*); **⌐eisen** *n* (het) oud ijzer.
Alter *n* leeftijd; (*das Altsein*) ouderdom; *im ⌐ von* (*D*) op de leeftijd van.
älter ouder.
altern (*sn*) oud worden, verouderen.
alternativ alternatief; **⌐e** *f* (het) alternatief; **⌐energie** *f* alternatieve energie.
alters: *von* (*od seit*) *⌐* her vanouds.
Alters|beschwerden *f/pl* ouderdomsklachten *pl*; **⌐erscheinung** *f* (het) ouderdomsverschijnsel; **⌐genosse** *m* leeftijdgenoot; **⌐grenze** *f* leeftijdsgrens; **⌐heim** *n* (het) bejaardentehuis; **⌐schwach** afgeleefd; **⌐versorgung** *f* ouderdomsvoorziening.
Alter|tum *n* (-*s*; *0*) oudheid; **⌐tümer** *pl* antiquiteiten *pl*; **⌐tümlich** ouderwets.
alt|hergebracht traditioneel; **⌐klug** wijsneuzig; **⌐modisch** ouderwets; **⌐öl** *n* afgewerkte olie; **⌐papier** *n* (het) oud papier; **⌐stadt** *f* (oude) binnenstad; **⌐stadtsanierung** *f* sanering van de oude binnenstad; **⌐weibersommer** *m* zonnige nazomer.
Aluminium *n* (-*s*; *0*) (het) aluminium; **⌐folie** *f* aluminiumfolie.
am = *an dem;* **⌐ Sonntag** zondags; *⌐ liebsten* (*besten*) het liefst (best).
Amateur|(in *f*) *m* (-*s*; -*e*) (vrouwelijke *f*) amateur; **⌐sportler** *m* amateur(-sportbeoefenaar).
Amazone *f* amazone.
Amboß *m* (-*sses*; -*sse*) (het) aambeeld.
ambulan|t *Med* ambulant; **⌐z** *f* (*Auto*) ambulance(wagen).
Ameise *f* mier; **⌐n-haufen** mierenhoop.
Amerika *n* Amerika *n*; **⌐ner(in** *f*) *m* Amerikaan(se *f*); **⌐nisch** Amerikaans.
Ammoniak *m* (-*s*; *0*) ammoniak.
Amnestie *f* amnestie.
Amok: *⌐ laufen* amok maken.
amortisieren (-) amortiseren.
Ampel *f* (-; -*n*) (*Verkehrs⌐*) (het) verkeerslicht.
Ampere *n* (-[*s*]; -) ampère.
Ampulle *f* ampul.
amputieren (-) amputeren.
Amsel *f* (-; -*n*) merel.
Amt *n* (-*es*; ⌐*er*) (het) ambt, functie, betrekking; (*Dienststelle*) (het) bureau, (het) kantoor, dienst; *Rel* mis; *von ⌐s wegen* ambtshalve; **⌐ieren** (-) fungeren, in functie zijn; **⌐lich** ambtelijk, officieel.
Amts|arzt *m* arts in openbare dienst; **⌐eid** *m* ambtseed; **⌐gericht** *n* (het) kantongerecht; **⌐mißbrauch** *m* (het) ambtsmisbruik; **⌐person** *f* functionaris; **⌐richter** *m* kantonrechter; **⌐schimmel** *m* F bureaucratie; **⌐weg** *m*: *auf dem ⌐* langs de officiële weg; **⌐zeit** *f* ambtsperiode; **⌐zimmer** *n* (het) kantoor.

Amulett

Amulett *n* (*-¢s; -e*) amulet.
amüs|ant amusant; **~ieren** (-) (*sich*) (zich) amuseren.
an 1. *Präp* (*A, D*) aan; (*zeitl*) op; (*in der Nähe mst*) bij; (*Richtung*) naar; **am kommenden Sonntag** komende zondag; **am 1. April** (op) de eerste april; **~ die hundert** tegen de honderd; **am Bahnhof** (*warten, wohnen*) bij het station (...); **2.** *Adv* **von heute** (*Anfang*) **~** van vandaag (het begin) af (aan); *Licht* **~!** licht aan!
Analogie *f* analogie.
An-alphabet *m* (*-en*) analfabeet.
Analys|e *f* analyse; **2ieren** (-) analyseren.
Ananas *f* (*-; - od -se*) ananas.
Anarchie *f* anarchie.
Anatom|ie *f* anatomie; **2isch** anatomisch.
anbahnen: *sich* **~** ontstaan.
Anbau *m* (*-es; 0*) teelt; *Arch* (*pl -ten*) (het) bijgebouw; **2en** verbouwen, telen; *Arch* bijbouwen; **~möbel** *n/pl* combinatiemeubelen *n/pl*.
an|behalten *Kleid* aanhouden; **~bei** hierbij, ingesloten, bijgaand; **~beißen** aanbijten; *Fisch:* bijten; **~belangen** betreffen; **~bellen** toeblaffen; **~beten** aanbidden; **2betracht:** *in* **~** (*G*) met het oog op; **~betteln** bedelen (bij).
An|betung *f* aanbidding; **2biedern:** *sich* **~ bei** (*D*) aanpappen met.
anbiet|en aanbieden; **2er** *m* aanbieder.
an|binden vastbinden; **2blick** *m* aanblik; **beim ~ von** (*D*) *a*. bij het zien van; **~blicken** aankijken; **~bohren** aanboren; **~braten** aanbraden; **~brechen** aanbreken; **~brennen** aanbranden; **~bringen** aanbrengen; *Bitte* uitspreken; **2bruch** *m* (het) aanbreken; **~brüllen** toesnauwen.
Anchovis *f* (*-; -*) ansjovis.
An|dacht *f* devotie; (*korte*) godsdienstoefening; **2dächtig** ingetogen, eerbiedig; *Rel* devoot, godvruchtig.
andauern voortduren, aanhouden; **~d** voortdurend.
Andenken *n* (het) aandenken; (het) souvenir; *zum* **~** *an* (*A*) ter nagedachtenis aan; (*bei Toten*) ter nagedachtenis aan.
ander ander; *alles* **~e als** allesbehalve; *unter* **~em** onder andere; **~er-seits** aan de andere kant, anderzijds; **~mal** een andere keer.
ändern veranderen, wijzigen; *Kleidung* vermaken; (*wechseln, z.B. Meinung*) veranderen van; *ich kann es nicht* **~** ik kan er niets aan doen; *sich* **~** veranderen, zich wijzigen.
andernfalls anders.
anders anders; *jemand* **~** iemand anders; **~artig** andersoortig; **2denkende(r)** andersdenkende; **~herum** andersom; **~wo** elders, ergens anders.
anderthalb anderhalf.
Änderung *f* verandering, wijziging.
andeut|en aanduiden; zinspelen op; **2ung** *f* aanduiding; toespeling.
Andrang *m* aandrang; (*Zulauf*) toeloop.
an|drehen aandraaien; F *j-m etw* **~** iem iets aansmeren; **~drohen:** *j-m etw* **~** iem met iets (be)dreigen; **~eignen:** *sich* **~** zich toeëigenen; (*lernen*) zich eigen maken.
an-einander aan elkaar, aaneen; **~fügen** samenvoegen; **~geraten** (*mit D*) het aan de stok krijgen (met) (*a. fig*).
Anekdote *f* anekdote.
an-ekeln: ... *ekelt mich an* ik walg van.
Anemone *f* anemoon.
an-erkannt erkend.
an-erkenn|en erkennen; (*schätzen*) appreciëren, waarderen; **~end** lovend; **~ens-wert** loffelijk; **2ung** *f* erkenning; (*Lob*) waardering.
an|fachen aanwakkeren; **~fahren** *v/t* aanrijden; (*schimpfen*) uitvallen tegen; *v/i* optrekken.
Anfall *m* aanval (*a. Med*); *fig* vlaag; **2en** *v/t* aan-, overvallen; *v/i* (*entstehen*) optreden, voorkomen.
anfällig (*gegen A*) gevoelig (*od* vatbaar) voor.
Anfang *m* (*-¢s; ~e*) (het) begin, aanvang; *am* **~**, *im* **~**, *zu* **~** in 't begin; **~ Mai** begin mei; *von* **~ *bis Ende*** van het begin tot het einde; **2en** beginnen.
Anfäng|er(in *f*) *m* beginneling(e *f*), beginner *m*; **2lich** aanvankelijk.
anfangs aanvankelijk, in het begin.
Anfangs|- *in Zssgn mst* begin-, *z.B.* **~buchstabe** *m* beginletter; **~stadium** *n* (het) beginstadium.
anfassen (vast)pakken; (*berühren*) aanraken; *mit* **~** een handje helpen.

anhängen

anfecht|bar aanvechtbaar; ~**en** aanvechten, betwisten.
an|fertigen vervaardigen; *Kleidung* maken; ~**feuchten** bevochtigen, natmaken; ~**feuern** aanvuren.
an|flehen smeken; ~**fliegen** *Flughafen* aandoen; ⁀**flug** *m* nadering; *fig (Hauch)* (het) vleugje, zweem.
anforder|n aanvragen; *Waren* opvragen; ⁀**ung** *f* aanvraag; *(Forderung)* eis.
Anfrage *f* (aan)vraag; *Pol* interpellatie; *auf* ~ op aanvraag; ⁀**n** vragen.
anfreunden: *sich* ~ *mit j-m* vriendschap sluiten met; *etw* wennen aan.
anfühlen: *sich* ~ aanvoelen.
anführ|en *(leiten)* aanvoeren, leiden; *(zitieren)* aanhalen; *Gründe* opgeven; ⁀**er(in** *f) m* leider *m*, leidster *f*, aanvoerder *m*, aanvoerster *f*; ⁀**ungs·zeichen** *n/pl* aanhalingstekens *n/pl*.
Angabe *f* opgave; *(Information bsd)* (het) gegeven; *(Aussage)* verklaring; *genaue* ~*n pl* precieze gegevens *n/pl*; *nach amtlichen* ~**n** volgens een officiële mededeling.
angeb|en *v/t* opgeven; *v/i* F opscheppen; ⁀**er(in** *f) m* F opschepper *m*, opschepster *f*; ⁀**erei** *f* F opschepperij; ~**lich** zogenaamd; *Adj a.* vermeend.
ange|boren aangeboren; ⁀**bot** *n (-es; -e)* aanbieding, (het) aanbod *(a. Hdl)*; *(Offerte)* offerte; ~**bracht** gepast, passend; ~**brannt** aangebrand; ~**bunden:** *kurz* ~ kort aangebonden; ~**gossen:** *wie* ~ *sitzen* als gegoten zitten; ~**griffen** moe; *Gesundheit:* verzwakt; ~**heitert** aangeschoten.
angehen *(betreffen)* aangaan; *das geht dich nichts an!* dat gaat je niet aan!; ~ *gegen (A)* vechten tegen; *j-n* ~ *um (A)* iem verzoeken om; ~**d** aankomend.
angehör|en *(D)* behoren tot *(od bij)*; *Verein*, *Partei bsd* lid zijn van; ⁀**ige(n)** *pl* verwanten *pl*; *(Mitglieder)* leden *n/pl*.
Angeklagte(r) verdachte, beklaagde.
Angel *f (-; -n)* hengel; *(Tür* ⁀*)* (het) scharnier, (het) hengsel.
Angelegenheit *f* aangelegenheid, zaak.
angelernt halfgeschoold.
Angel|haken *m* vishaak; ⁀**n** hengelen *(a. fig)*, vissen; ~**rute** *f* hengelroede.
angelsächsisch Angelsaksisch.
Angel|schein *m* visakte; ~**sport** *m* hengelsport.

ange|messen passend; ~**nehm** aangenaam, prettig; ~**nommen:** ~, *daß* ... gesteld dat ...; ~**regt** levendig; ~**sehen** gezien; ~**sichts** *(G)* gezien, met het oog op; ~**spannt** gespannen.
Angestellt|e(r) employé(e *f*), bediende; *kaufmännische(r)* ~ commerciee1 medewerker (medewerkster *f*), kantoorbediende; ~**en-versicherung** *f* sociale verzekering voor kantoorpersoneel.
ange|strengt ingespannen; ~**tan:** ~ *sein von (D)* ingenomen zijn met; ~**trunken** aangeschoten; ~**wandt** toegepast; ~**wiesen** *(auf A)* aangewezen (op); ~**wöhnen** *j-m etw* aanleren; *sich* ~ zich aanwennen; ⁀**wohnheit** *f* gewoonte.
Angina *f* *(-; -nen)* angina.
angleichen aanpassen, gelijk maken.
Angler(in *f) m* hengelaar(ster *f*), visser.
anglotzen F met grote ogen aankijken.
Angorawolle *f* angorawol.
angreif|bar aanvechtbaar; ~**en** aanvallen; *Chem*, *Phys* aantasten; *Kapital* aanspreken; ⁀**er** *m* aanvaller *(a. Sp)*.
angrenzen *(an A)* grenzen (aan); ~**d** aangrenzend.
Angriff *m* aanval *(a. fig)*; *etw in* ~ *nehmen* iets ter hand nemen; ⁀**s·lustig** agressief; ~**s·spieler** *m* aanvaller.
Angst *f (-; ⁀e)* angst, schrik; *vor* ~ van schrik; ~ *haben (bekommen) vor (D)* bang zijn (worden) voor; *j-m* ~ *einjagen* iem schrik aanjagen; ~**gefühl** *n* (het) angstgevoel; ~**hase** *m* F bangerd.
ängstigen beangstigen; *sich* ~ *um (A)* zich ongerust maken over.
ängstlich bang, angstig; *Adv* angstvallig; ⁀**keit** *f* vrees(achtigheid), angst.
Angstschweiß *m* (het) angstzweet.
an|gucken aankijken; ~**gurten:** *sich* ~ de veiligheidsgordel aandoen.
anhaben aanhebben; *keiner kann ihm etw* ~ niemand kan hem iets maken.
anhalt|en *v/t* aan-, tegenhouden; *Atem* inhouden; *v/i* stoppen, stilhouden; *(dauern)* aanhouden; ⁀**er** *m*: *per* ~ *reisen* liften; ⁀**s·punkt** *m* (het) aanknopingspunt, (het) houvast.
anhand *(G, von D)* aan de hand van.
Anhang *m* (het) aanhangsel; *(Gefolgschaft)* aanhang.
anhäng|en *v/t* ophangen; *(hinzufügen)* bijvoegen; *j-m etw* aanwrijven; *Last*, *Arbeit* op de hals schuiven; *Prozeß* aan-

doen; ≈**er** *m* (*Wagen*) aanhangwagen; (*Schmuck*) hanger; ≈**er(in** *f*) *m* aanhanger *m*, aanhangster *f*; *Sp a.* (vrouwelijke *f*) supporter; ≈**er·kupplung** *f* trekhaak; ~**ig:** ~ ***machen*** aanhangig maken; ~**lich** aanhankelijk; ≈**sel** *n* (het) aanhangsel.

anhäuf|en (***sich***) (zich) ophopen; ≈**ung** *f* ophoping.

an|heben *v/t* optillen; *Lohn*, *Preis* verhogen, optrekken; ~**heften** aan-, vasthechten; ~**heimstellen:** ***j-m etw*** ~ iets aan iem overlaten; ~**heizen** *fig* aanwakkeren; ~**heuern** aanmonsteren.

Anhieb: ***auf*** ~ meteen, van het begin af.

An|höhe *f* hoogte, heuvel; ≈**hören** (***sich***) luisteren naar, aanhoren; ***das hört sich gut an*** dat klinkt goed.

animieren (-) animeren.

Anis *m* (*-es*; *-e*) anijs.

ankämpfen (***gegen*** *A*) vechten (tegen).

Ankauf *m* aankoop; ≈**en** aankopen.

Anker *m* (het) anker; ***vor*** ~ ***gehen*** voor anker gaan; ~**kette** *f* ankerketting; ≈**n** ankeren; ~**platz** *m* ankerplaats.

anketten (vast)ketenen, aan de ketting leggen.

Anklage *f* aanklacht, beschuldiging; ***unter*** ~ ***stehen*** beschuldigd worden; ***unter*** ~ ***stellen*** in staat van beschuldiging stellen; ~**bank** *f* (-; *¨e*) beklaagdenbank; ≈**n** aanklagen, beschuldigen.

Ankläger *m* aanklager.

Anklang *m*: ~ ***finden*** weerklank vinden.

an|kleben *v/t* aanplakken; *v/i* vastplakken; ≈**kleide·kabine** *f* (het) kleedhokje; ~**kleiden** (aan)kleden.

an|klingen *fig* doorklinken; ~**klopfen** aankloppen; ~**knipsen** *Licht* aandoen.

anknüpf|en aanknopen (*a. fig*); ≈**ungspunkt** *m* (het) aanknopingspunt.

ankommen aankomen; (*Erfolg haben*) succes hebben, overkomen; ***es kommt auf*** (*A*) ***an*** het komt op ... aan; ***nicht*** ~ ***gegen*** (*A*) niet opgewassen zijn tegen.

ankreuzen aankruisen.

ankündig|en aankondigen; ≈**ung** *f* aankondiging.

Ankunft *f* (aan)komst; ~**s·tag** *m* dag van aankomst.

ankurbeln aanzwengelen (*a. fig*).

anlächeln glimlachen tegen.

Anlage *f* (*das Anlegen*; *Veranlagung*, *a. Med*) aanleg; (*Bau*) (het) complex; *Tech* installatie; (*Geld*≈) belegging; (*Park*) (het) plantsoen; (*Beilage*) bijlage; ~**berater** *m* beleggingsadviseur; ~**kapital** *n* (het) belegd kapitaal.

an|landen *v/t* aan land brengen; ~**langen** *v/t* aangaan; *v/i* (*sn*) aankomen.

Anlaß *m* (*-sses*; *¨sse*) aanleiding; gelegenheid; ***aus*** ~ (*G*) naar aanleiding van.

anlass|en aanlaten; *Motor* starten; ***sich gut*** ~ veel beloven; ≈**er** *m* starter.

anläßlich (*G*) naar aanleiding van.

Anlauf *m* aanloop (*a. fig*); ≈**en** *v/i* beginnen (te lopen); *Glas*: beslaan; *Gesicht*: aanlopen; *v/t Hafen* aandoen.

Anlege|brücke *f* aanlegsteiger; ≈**n** aanleggen; *Geld* beleggen; *Kleidung* aandoen; ***es*** ~ ***auf*** (*A*) het aanleggen op; ***sich*** ~ ***mit*** (*D*) het aan de stok krijgen met; ~**platz** *m*, ~**stelle** *f* aanlegplaats.

anlehn|en aanleunen; *Tür* op een kier laten staan; ***sich*** ~ ***an*** (*A*) leunen tegen; *fig* aanleunen bij; ≈**ung** *f*: ***in*** ~ ***an*** (*A*) in aansluiting op, in navolging van.

Anleihe *f* lening.

anleit|en instrueren, opleiden; ≈**ung** *f* leiding; instructie; handleiding.

anlernen opleiden, aanleren.

anliefern leveren.

anlieg|en *Kleidung*: zitten; *Arbeit*: te doen zijn; ***es liegt mir viel daran*** er is mij veel aan gelegen; ≈**en** *n* (*Bitte*) (het) verzoek; (*Wunsch*) wens; ~**end** aangrenzend; (*beigefügt*) ingesloten, bijgaand; ≈**er** *m* aanwonende.

an|locken aanlokken; ~**lügen** voorliegen; ~**machen** aanmaken; *Licht* aandoen; *Gerät* aanzetten; (*befestigen*) vastmaken; *Mädchen* F proberen te versieren; ≈**marsch** *m*: ***im*** ~ in aantocht; ~**malen** schilderen.

anmaß|en: ***sich etw*** ~ zich iets aanmatigen; ~**end** aanmatigend; ≈**ung** *f* aanmatiging.

Anmeld|eformular *n* (het) aanmeldingsformulier; ~**e·frist** *f* aanmeldingstermijn; ≈**en** *Tel* aanvragen; (*beim Zoll*) aangeven; (***sich***) (zich) aanmelden; ~**e·pflicht** *f* aanmeldingsplicht; ~**ung** *f* aanmelding; *Tel* aanvraag.

anmerk|en opmerken; ***j-m etw*** ~ iets aan iem zien; ***sich nichts*** ~ ***lassen*** niets laten merken; ≈**ung** *f* opmerking; (*Fußnote*) voetnoot.

anmustern aanmonsteren.

anschließend

Anmut f bekoorlijkheid, lieftalligheid; **~en** aandoen, overkomen; **~ig** bekoorlijk, lieftallig.

an|nageln (vast)spijkeren; **~nähen** aannaaien.

annäher|n: sich ~ (D) naderen; fig toenadering zoeken (tot); (einander) elkaar naderen; **~nd** bij benadering; **~ung** f nadering; fig toenadering; **~ungs·versuch** m toenaderingspoging.

Annahme f aanneming, aanvaarding; (Vermutung) veronderstelling; **~stelle** f (het) (ontvang)kantoor.

annehm|bar aannemelijk; **~en** aannemen; (akzeptieren a.) aanvaarden; (voraussetzen a.) veronderstellen; **sich ~** (G) zich bekommeren om; **2lichkeit** f (het) gemak, (het) genoegen.

annektieren (-) annexeren.

Annonc|e f advertentie; **2ieren** (-) adverteren; aankondigen.

annullier|en (-) annuleren; **2ungs·gebühr** f annuleringskosten pl.

an·öden vervelen.

anomal abnormaal.

anonym anoniem; **2ität** f anonimiteit.

Anorak m (-s; -s) anorak.

anordn|en ordenen, rangschikken; (befehlen) bepalen, gelasten, bevelen; **2ung** f ordening, rangschikking; bepaling, verordening.

anpacken aanpakken.

anpass|en aanpassen; **sich ~** (D, an A) zich aanpassen (aan); **2ung** f aanpassing; **~ungs·fähig** in staat zich aan te passen; **2ungs·fähigkeit** f (het) aanpassingsvermogen.

An|pfiff m Sp (het) beginsignaal; fig F uitbrander; **2pöbeln** lastig vallen; **~prall** m botsing, schok; **~prangern** aan de kaak stellen; **~preisen** aanprijzen.

Anprob|e f (het) passen; **~e·raum** m paskamer; **2ieren** passen.

anpumpen F lenen van.

An|rainer m aanwonende; **2raten** aanraden; **2rechnen** aanrekenen (a. fig); **~recht** n (het) recht, aanspraak.

Anrede f aanspreking; **~form** f aanspreekvorm; **2n** aanspreken.

anreg|en opwekken, stimuleren; (vorschlagen) voorstellen; **~end** stimulerend, opwekkend, animerend; **2ung** f stimulering, opwekking; (het) voorstel, suggestie, aansporing; **2ungs·mittel** n (het) stimulerend middel.

anreichern verrijken (a. fig).

Anreise f aankomst; **2n, angereist kommen** aankomen; **~tag** m dag van aankomst.

An|reiz m stimulans, prikkel; **2rennen: angerannt kommen** komen aanrennen; **~ gegen** (A) stormlopen tegen.

Anrichte f aanrecht; **2n** bereiden, klaarmaken; fig (verursachen) aanrichten.

anrüchig berucht, obscuur; (nicht einwandfrei) bedenkelijk.

Anruf m aanroeping; (het) telefoontje; **~beantworter** m (het) antwoordapparaat; **2en** aanroepen; Tel opbellen; **~er(in** f) m opbeller m, opbelster f.

anrühren aanraken; (mischen) aanroeren, mengen, aanmaken.

ans = an das.

Ansage f aankondiging; **2n** aankondigen; Rf omroepen; **~r(in** f) m omroeper m, omroepster f.

ansamm|eln verzamelen; **sich ~** zich verzamelen; Menschen: samenstromen, samenscholen; **2lung** f verzameling; samenscholing.

ansässig woonachtig, gevestigd.

Ansatz m aanzet, (het) begin; (Zusatzstück) (het) aanzetstuk; (Voranschlag) raming; **~punkt** m (het) uitgangspunt.

anschaff|en (sich) (zich) aanschaffen; **2ung** f aanschaffing.

anschau|en aankijken; **sich etw ~** iets bekijken; **~lich** aanschouwelijk; **2ung** f aanschouwing; opvatting, mening.

Anschein m: **allem ~ nach** naar alle schijn, zo te zien; **den ~ haben** er de schijn van hebben; **2end** blijkbaar.

anschieben aanduwen.

Anschlag m aanslag (a. Attentat); (Plakat) affiche; (Mitteilung) mededeling, bekendmaking; (Schätzung) raming; **~brett** n (het) mededelingenbord; **2en** v/t u. v/i aanslaan; aanplakken; bekendmaken, meedelen; (schätzen) aanslaan, schatten; Arznei: werken, helpen; **~säule** f reclame-, aanplakzuil; **~tafel** f (het) mededelingenbord.

anschließen v/t vastmaken; (befestigen a.) vastmaken; v/i Kleidung: sluiten; **sich ~** (folgen) aansluiten, op elkaar volgen; **sich ~** (D) zich aansluiten (bij); **~d** (direct) daarna.

Anschluß *m* aansluiting; *Tel u. Verkehr a.* verbinding; *im ~ an (A)* in aansluiting op; *den ~ bekommen (verpassen)* zijn aansluiting halen (missen); *fig ~ finden (suchen)* contact krijgen (zoeken); **~flug** *m* aansluitende vlucht; **~kabel** *n* aansluitkabel; **~zug** *m* aansluitende trein.

anschmieg|en: sich ~ (an A) zich vlijen (tegen); **~sam** aanhalig.

anschnall|en (sich) (zich) vastgespen; **⸗gurt** *m* veiligheidsgordel; **⸗pflicht** *f* verplichting tot het omdoen van de veiligheidsgordel.

an|schnauzen *(-t)* F toesnauwen; **~schneiden** aansnijden *(a. fig)*.

Anschovis *f* (-; -) ansjovis.

an|schrauben aanschroeven; **~schreiben** *etw* opschrijven; *j-n* aanschrijven; *gut angeschrieben sein* goed aangeschreven staan; **~schreien** schreeuwen tegen; **⸗schrift** *f* (het) adres.

anschuldig|en beschuldigen, betichten; **⸗ung** *f* beschuldiging.

anschwärzen zwart maken *(a. fig)*.

anschwellen (aan-, op)zwellen.

anschwemmen aanspoelen.

anseh|en be-, aankijken, aanzien; *j-m A* aanzien; *etw mit ~* bij iets toekijken; *~ für (A)* aanzien voor; *~ als* beschouwen als; *sich etw ~* iets bekijken; **⸗en** *n* (het) aanzien; *großes ~ genieße* hoog in aanzien zijn; **~n·lich** aanzienlijk; *(stattlich)* statig.

anseilen (sich) (zich) vastbinden.

ansetzen *v/t* aanzetten; *(annähen)* aannaaien; *Preis, Termin* bepalen, vaststellen; *(veranschlagen)* ramen; *Fett ~* vet *(od* dik) worden; *v/i* aanzetten *(a. Sp)*, beginnen; *dreimal ~* driemaal proberen; *sich ~* aanzetten.

Ansicht *f* (het) gezicht; *(Meinung)* mening, opvatting; *zur ~* op zicht; *meiner ~ nach* naar mijn mening.

Ansichts|karte *f* prentbriefkaart, ansichtkaart; **~sache** *f: das ist ~* daarover kan men van mening verschillen.

ansied|eln (sich) (zich) vestigen; **⸗lung** *f* vestiging; *(Siedlung a.)* nederzetting.

ansonsten anders.

anspann|en inspannen *(a. fig)*; **⸗ung** *f* inspanning.

anspiel|en *v/t Sp* aanspelen; *v/i Karten-*

spiel uitkomen; *~ auf (A)* zinspelen op; **⸗ung** *f* toe-, zinspeling.

anspitzen slijpen.

Ansporn *m (-es; 0)* aansporing; **⸗en** aansporen *(a. fig)*.

Ansprache *f* toespraak.

ansprechen aanspreken; *(gefallen a.)* bevallen; *~ auf (A)* reageren op; **~d** bevallig, innemend.

an|springen *Motor:* aanslaan; **~spritzen** besprenkelen.

Anspruch *m* aanspraak; *(Forderung a.)* eis, claim; *~ haben (erheben) auf (A)* aanspraak hebben (maken) op; *(hohe) Ansprüche stellen* (hoge) eisen stellen; *in ~ nehmen* in beslag nemen.

anspruchs|los bescheiden, pretentieloos; **~voll** veeleisend.

anspülen aanspoelen.

An|stalt *f* instelling, inrichting, (het) instituut; **~stand** *m* (het) fatsoen; **⸗ständig** fatsoenlijk; *(gut bsd)* behoorlijk.

anstands|halber fatsoenshalve; **~los** zonder bezwaar; **⸗regeln** *f/pl* regels *pl* van het fatsoen.

anstarren aanstaren.

anstatt *(G; zu + Inf)* in plaats van.

anstech|en aan-, opsteken; opspelden; *Med* besmetten; **~end** besmettelijk; **⸗nadel** *f* sierspeld.

Ansteckung *f* besmetting; **~s-gefahr** *f* (het) besmettingsgevaar.

an|stehen *(nach D)* in de rij staan (voor); **~steigen** stijgen *(a. fig)*.

anstelle *(G) = anstatt.*

anstell|en aanstellen; *(in Dienst nehmen a.)* benoemen; *Gerät* aanzetten; *(machen, tun)* doen; *Untersuchung* instellen; *sich ~ (sich zieren)* zich aanstellen; *sich (dumm) ~* zich dom houden; *sich ~ nach (D)* in de rij gaan staan voor; **⸗ung** *f* aanstelling, benoeming; *(Posten)* betrekking.

ansteuern aansturen op.

Anstieg *m (-es; -e)* stijging.

anstift|en aanstichten; *(zu D)* aanzetten (tot); **⸗er** *m* aanstichter, aanstoker; **⸗ung** *f* aanstichting, uitlokking.

anstimmen aanheffen.

Anstoß *m* stoot; *(Impuls a.)* impuls; *Sp* aftrap; *(Ärgernis)* aanstoot; *~ erregen* aanstoot geven; *~ nehmen an (D)* zich ergeren aan; **⸗en** aanstoten; *Sp* aftrappen; *~ auf (A)* klinken op.

an|stößig aanstotelijk; **~strahlen** bestralen, verlichten; **~streben** nastreven, streven naar.

anstreich|en schilderen, verven; *im Text*: aanstrepen; **2er** *m* schilder.

anstreng|en (sich) (zich) inspannen; *Prozeß* aanspannen; **~end** vermoeiend; **2ung** *f* inspanning.

An|strich *m* verf; *fig* schijn; **~sturm** *m* stormloop; **2stürmen** (*sn*) aanstormen.

Antarkt|is *f* (-; *0*) antarctis; **2isch** antarctisch.

antasten aantasten.

Anteil *m* (het) aandeel; (*Mitgefühl*) deelneming; (*Interesse*) belangstelling; **~ nehmen an** (*D*) deelnemen in; **~nahme** *f* deelneming.

Antenne *f* antenne.

anti-, Anti- *in Zssgn* anti-.

Anti|babypille *f* anti-babypil; **~biotikum** *n* (-s; -ka) (het) antibioticum.

antik antiek; **2e** *f* (klassieke) oudheid.

Antilope *f* antilope.

Antipathie *f* antipathie.

antippen aantikken; *fig* aanstippen.

Antiquar *m* (-s; -e) antiquair; **~iat** *n* (-es; -e) antiquariaat; **2isch** antiquarisch.

antiquiert verouderd.

Antiquität *f* antiquiteit; **~en-händler** *m*, **~en-laden** *m* antiquair.

Anti|semitismus *m* (-; *0*) (het) antisemitisme; **2septisch** antiseptisch.

Antlitz *n* (-es; -e) (het) gelaat.

Antrag *m* (-es; *^*e) (het) verzoek, aanvraag; (*Vorschlag*) (het) voorstel; *Pol* motie; **e-n ~ stellen (auf** *A*) een aanvraag indienen (tot); een voorstel indienen (tot); **~s-formular** *n* (het) aanvraagformulier; **~steller** *m* aanvrager.

an|treffen aantreffen; **~treiben** aandrijven (*a. fig*); **~treten** *v/i* (*sn*) aantreden; *v/t* aanvaarden; *Reise a*. beginnen; *Beweis* leveren.

Antrieb *m* *Tech* aandrijving; *fig* aansporing; **aus eigenem ~** uit eigen beweging; **~s-welle** *f* aandrijfas.

Antritt *m* (het) aantreden; aanvaarding (*a. Amts2*), (het) begin.

antun aandoen; **es j-m ~** iem ontroeren; (*bezaubern*) iem betoveren.

Antwerpener *Adj* Antwerps.

Antwort *f* (het) antwoord; **um ~ wird gebeten** verzoeke antwoord; **2en (auf** *A)* antwoorden (op); **~schreiben** *n* (het) (schriftelijk) antwoord.

anvertrauen toevertrouwen; **sich j-m ~** iem in vertrouwen nemen; (*in Obhut*) zich aan iem toevertrouwen.

anvisieren (-) mikken op (*a. fig*).

anwachsen aangroeien (*a. fig*).

An|walt *m* (-es; *^*e) advocaat; *fig bsd* pleitbezorger; **~wältin** *f* advocate; **~waltschaft** *f* advocatuur; **~wandlung** *f* bevlieging, vlaag; **~wärter(in** *f*) *m* aspirant(e *f*), kandidaat *m*, kandidate *f*; (*auf den Thron*) pretendent (*a. f*).

anweis|en bevelen; (*belehren*) instrueren; *Geld* overmaken; **2ung** *f* opdracht; instructie; *Hdl* overschrijving; order tot uitbetaling; postwissel, cheque.

anwend|bar bruikbaar, toepasselijk; **~en** aanwenden, gebruiken; (*zur Wirkung bringen bsd*) toepassen; **2er-software** *f EDV* applicatiesoftware; **2ung** *f* (het) gebruik, aanwending; toepassing.

anwerb|en aanwerven, in dienst nemen; **2ung** *f* aanwerving.

Anwesen *n* (het) groot huis (*od* pand); (*auf dem Land*) (het) huis met erf; **2d** aanwezig; **2heit** *f* aanwezigheid; **2heits-liste** *f* presentielijst.

anwidern = **anekeln**.

Anwohner *m* aanwonende.

Anzahl *f* (het) aantal; **2en** aanbetalen; **~ung** *f* aanbetaling, (het) voorschot.

anzapfen *Faß* aansteken; *Tech* aftappen; *fig* F poffen bij.

Anzeichen *n* (-s; -) teken; (*Ankündigung bsd*) (het) voorteken.

Anzeige *f* kennisgeving; (*Zeitung*) advertentie; (*Polizei*) bekeuring, (het) proces-verbaal; **~ erstatten** aangifte doen; **2n** kennis geven van, aankondigen; *j-n* aangeven; **~n-blatt** *n* (het) advertentieblad.

anzieh|en *v/t* aantrekken (*a. fig*); *Schraube* aandraaien; **sich ~** zich aankleden; *v/i* (*steigen*) stijgen; **~end** aantrekkelijk; **2ung** *f* aantrekking; **2ungs-kraft** *f* aantrekkingskracht.

Anzug *m* (het) kostuum, (het) pak; **im ~ sein** in aantocht zijn, op komst zijn.

anzüglich hatelijk; (*schlüpfrig*) schunnig.

anzünd|en aansteken; **2er** *m* aansteker.

anzweifeln betwijfelen.

AOK f Abk für **Allgemeine Ortskrankenkasse** (het) ziekenfonds.
apart apart, bijzonder.
Apartment n (-s; -s) (het) appartement, flat.
apathisch apathisch.
Aperitif m (-s; -s) (het) aperitief.
Apfel m (-s; ⁎) appel.
Apfel|- in Zssgn mst appel-, z.B. ~**baum** m appelboom; ~**kuchen** m appeltaart; ~**mus** n appelmoes; ~**saft** m (het) appelsap; ~**sine** f sinaasappel; ~**strudel** m (het) appelgebak; ~**tasche** f appelflap; ~**wein** m appelwijn, cider.
Apostel m apostel.
Apostroph m (-s; -e) apostrof.
Apotheke f apotheek; ~**r** m apotheker.
Apparat m (-es; -e) (het) apparaat; ~**ur** f apparatuur.
Appartement n = **Apartment**.
Appell m (-s; -e) (het) appel, (het) beroep; ~ **an** (A) (het) beroep op; **ieren** (-): ~ **an** (A) een beroep doen op.
Appetit m (-es; -e) eetlust, trek; **guten ~!** smakelijk (eten)! ~ **haben auf** (A) trek hebben in; **anregend** de eetlust opwekkend; **lich** lekker, smakelijk; ~**losigkeit** f (het) gebrek aan eetlust.
applau|dieren (-) (D) applaudiseren (voor); **s** m (-es; 0) applaus.
approbiert erkend.
Aprikose f abrikoos.
April m (-[s]; -e): **der** ~ april; ~**scherz** m aprilgrap.
Aquarell n (-s; -e) aquarel.
Aquarium n (-s; -rien) (het) aquarium.
Äquator m (-s; 0) evenaar.
Äquivalent n (-es; -e) (het) equivalent.
Ära f (-; Ären) (het) tijdperk, era.
Araber(in f) m Arabier m, Arabische f.
Arab|ien n Arabië n; **isch** Arabisch.
Arbeit f (het) werk, arbeid; **sich an die ~ machen, an die ~ gehen** aan het werk gaan; **in ~ sein** in de maak zijn; **zur ~ gehen** naar zijn werk gaan; **en** werken; ~**er** m arbeider.
Arbeiter|- in Zssgn mst arbeiders-, z.B. ~**bewegung** f arbeidersbeweging; ~**in** f arbeidster; ~**schaft** f arbeiders pl.
Arbeitgeber m werkgever; ~**verband** m werkgeversorganisatie.
Arbeit|nehmer(in f) m werknemer m, werkneemster f; **sam** werkzaam.
Arbeits|- in Zssgn mst werk-, arbeids-, z.B. ~**amt** n (het) arbeidsbureau; ~**aufwand** f (het) werk; ~**bedingungen** f/pl arbeidsvoorwaarden pl.
Arbeitsbeschaffung f werkverschaffing; ~**s-maßnahme** f werkgelegenheidsverruimende maatregel; ~**s-programm** n (het) werkgelegenheidsprogramma.
Arbeits|erlaubnis f werkvergunning; ~**essen** n werklunch; **fähig** in staat tot werken; ~**gericht** n rechtbank voor arbeidszaken; ~**gruppe** f werkgroep; ~**kampf** m (het) arbeidsconflict; ~**kraft** f werkkracht; Pers: arbeidskracht.
arbeitslos werkloos; **e(r)** m werkloze; **en-geld** n werkloosheidsuitkering; **en-rate** f (het) werkloosheidscijfer; **en-unterstützung** f werklozensteun; **en-versicherung** f werkloosheidsverzekering; **ig-keit** f werkloosheid.
Arbeits|markt m arbeidsmarkt; ~**platz** m (Ort) werkplaats; (Beschäftigung) arbeidsplaats; ~**recht** n (het) arbeidsrecht; ~**scheu** werkschuw; ~**tag** m werkdag; ~**teilung** f werkverdeling; ~**tier** n (het) werkbeest (a. fig); **unfähig** arbeidsongeschikt; ~**unfall** m (het) arbeidsongeval; ~**vermittlung** f arbeidsbemiddeling; ~**vertrag** m (het) arbeidscontract; ~**weise** f werkwijze.
Arbeitszeit f werktijd; ~**verkürzung** f verkorting van de werktijd.
Archäolog|ie f archeologie, oudheidkunde; **isch** archeologisch.
Archipel m (-s; -e) archipel.
Architekt m (-en) architect; ~**ur** f architectuur, bouwkunst.
Archiv n (-s; -e) (het) archief.
Arena f (-; Arenen) arena.
arg (~**er**; ~**st**) erg; (sehr a.) heel.
Argentin|ien n Argentinië n; ~**ier(in** f) m Argentijn(se f); **isch** Argentijns.
Ärger m ergernis; (Unannehmlichkeit) narigheid, last; **das wird ~ geben** daar komt narigheid van; **j-m ~ machen** (od **bereiten**) iem last bezorgen; ~ **haben mit** (D) moeilijkheden hebben met; **lich** (verärgert) wrevelig, boos; (unangenehm) onaangenaam; **n** ergeren; (boshaft necken) pesten; **sich** ~ ergeren; ~**nis** n (-ses; -se) ergernis.
arg|listig arglistig; ~**los** argeloos; **losig-keit** f argeloosheid.
Argument n (-es; -e) (het) argument.

argumentieren (-) argumenteren.
Arg|wohn *m* (-s; *0*) argwaan, achterdocht; **2wöhnen** vermoeden; **~wöhnisch** achterdochtig, argwanend.
Arie *f* aria.
Aristokrat|ie *f* aristocratie; **2isch** aristocratisch.
Arithmetik *f* rekenkunde.
arm (*"er*; *"st*) arm; *der Ärmste* de stakkerd.
Arm *m* (-*es*; -*e*) arm; *j-n auf den ~ nehmen* iem voor de gek houden; **~brust** *f* voetboog.
Armaturenbrett *n* (het) dashboard.
Armband *n* armband; **~uhr** *f* (het) polshorloge.
Armbinde *f* band (om de arm).
Armee *f* (het) leger; *e-e ~ von (Journalisten ...)* een legertje (journalisten ...).
Ärmel *m* mouw; **~kanal** *m* (het) Kanaal; **2los** zonder mouwen.
Armenviertel *n* achterbuurt.
Arm|lehne *f* armleuning; **~leuchter** *m* kandelaber; F stommeling, sufferd.
ärmlich schamel, armoedig.
armselig armzalig.
Armsessel *m* leun-, armstoel.
Armut *f* armoede.
Arnheim *n* Arnhem *n*.
Aroma *n* (-s; *Aromen*) (het) aroma; **2tisch** aromatisch.
arrangieren (-) arrangeren.
Arrest *m* (-*es*; -*e*) (het) arrest; (*Beschlagnahme*) beslaglegging.
arrogan|t arrogant; **2z** *f* arrogantie.
Arsch *m* (-*es*; *"e*) P (het) achterste, (het) gat, kont; **~loch** *n* P klootzak.
Arsenal *n* (-s; -*e*) (het) arsenaal.
Art *f* manier, wijze; (*Wesen*) aard; (*Gattung*) soort; *e-e ~ (Fliege ...)* een soort (vlieg ...); (*auf*) *diese ~ (und Weise)* (op) die manier; *aller ~* allerlei.
arten (*nach D*) aarden (naar).
Arterie *f* slagader; **~n-verkalkung** *f* aderverkalking.
Artgenosse *m* soortgenoot.
artig lief, aardig.
Artikel *m* (het) artikel; *Gr* (het) lidwoord.
Artikulation *f* articulatie.
Artillerie *f* artillerie.
Artischocke *f* artisjok.
Artist(in *f*) *m* (-*en*) artiest(e *f*).
Arznei(mittel *n*) *f* (het) geneesmiddel, (het) medicament.

Arzt *m* (-*es*; *"e*) arts, dokter, geneesheer; *praktischer ~* huisarts.
Ärzt|in *f* vrouwelijke arts; **2lich** geneeskundig.
As *n* (-*ses*; -*se*) (*Karte*) aas; *fig* kei, crack.
Asbest *m* (-*es*; -*e*) (het) asbest.
Asch|e *f* as; **~en-bahn** *f* sintelbaan; **~enbecher** *m* asbak; **~en·brödel** *n*, **~enputtel** *n* assepoester (*a. fig*); **~er·mittwoch** *m* aswoensdag.
Asiat|(in *f*) *m* (-*en*) Aziaat *m*, Aziatische *f*; **2isch** Aziatisch.
Asien *n* Azië *n*.
asozial asociaal.
Aspekt *m* (-*es*; -*e*) (het) aspect.
Asphalt *m* (-*es*; -*e*) (het) asfalt.
Aspirin *n* (-s; *0*) aspirine.
Assel *f* (-; -*n*) pissebed.
Assimilation *f* assimilatie.
Assistent(in *f*) *m* (-*en*) assistent(e *f*).
Ast *m* (-*es*; *"e*) tak; (*Buckel*) bult.
Aster *f* (-; -*n*) aster.
ästhetisch esthetisch.
Asthma *n* (-s; *0*) astma (*a. het*).
Astro|logie *f* astrologie; **~naut(in** *f*) *m* (-*en*) astronaut(e *f*); **~nomie** *f* astronomie; **2nomisch** astronomisch (*a. fig*).
ASU *f* = *Abgassonderuntersuchung*; **~-Plakette** *f* sticker van de milieukeuring.
Asyl *n* (-s; -*e*) (het) asiel; **~ant** *m* (-*en*) asielaanvrager; **~antrag** *m* asielaanvraag; **~bewerber** *m* asielaanvrager; **~recht** *n* (het) asielrecht.
Atelier *n* (-s; -*s*) (het) atelier.
Atem *m* adem; *außer ~* buiten adem; *~ holen* ademhalen; **2beraubend** ademhalingsmoeilijkheden *pl*; **2los** ademloos; **~pause** *f* adempauze (*a. fig*); **~zug** *m* ademhaling, ademtocht; *in e-m ~* in één adem.
Atheismus *m* (-; *0*) (het) atheïsme.
Athen *n* Athene *n*.
Äther *m* (-s; *0*) ether.
Äthiopien *n* Ethiopië *n*.
Athlet *m* (-*en*) atleet; **~ik** *f* atletiek; **~in** *f* atlete.
Atlant|ik *m* (-s; *0*) Atlantische Oceaan; **2isch** Atlantisch.
Atlas *m* (-*ses*; -*se*) (*Stoff*) (het) atlas, (het) satijn; (*Karten2*) (*pl a. Atlanten*) atlas.
atmen ademen, ademhalen.

Atmosphäre

Atmosphär|e f atmosfeer; fig bsd sfeer; ⁓**isch** atmosferisch
Atmung f ademhaling.
Atom n (-s; -e) (het) atoom; ⁓**ar** atomair; ⁓**bombe** f atoombom; ⁓**energie** f atoomenergie; ⁓**kraftgegner** m tegenstander van atoomenergie; ⁓**kraftwerk** n atoomcentrale; ⁓**waffen** f/pl atoomwapens n/pl; ⁓**zeitalter** n (het) atoomtijdperk.
Attaché m (-s; -s) attaché.
Attacke m aanval (a. fig u. Med).
Atten|tat n (-¢s; -e) aanslag; ⁓**täter** m pleger van een aanslag, dader.
Attest n (-¢s; -e) (het) attest.
Attrak|tion f attractie; ⁓**tiv** attractief.
Attrappe f (lege) verpakking.
ätzen (-t) bijten; Med u. Typ. etsen; ⁓**d** bijtend; F (abscheulich) vreselijk.
au! au!, ai!
Aubergine f aubergine.
auch ook.
Audienz f audiëntie.
audiovisuell audiovisueel.
Auerhahn m auerhaan.
auf 1. (wohin? A, wo? D) op; (3) ⁓ (ein Pfund) in; ⁓ **deutsch** in het Duits; ⁓ **die (Sekunde ...) (genau)** op de (seconde ...) (af); ⁓ **einmal** opeens; (in einem Mal) ineens, in één keer; **2.** Adv op, naar boven; (offen) open; ⁓ **und ab** op en neer; das ⁂ **und Ab** de ups and downs pl; ⁓ **und davon** weg.
auf|- in Zssgn mst op-; ⁓**arbeiten** bewerken; (nachholen) wegwerken; ⁓**atmen** diep ademhalen; fig herademen.
Aufbau m opbouw; (Struktur) bouw; Auto: carrosserie; ⁂**en** opbouwen; Zelt opzetten; ⁓ **auf** (D) baseren op.
auf|bäumen: sich ⁓ steigeren; fig gegen (A) in opstand komen; ⁓**bauschen** fig opblazen.
aufbe|gehren kwaad worden; gegen (A) in opstand komen; ⁂**en** Brille, Hut ophouden; ⁓**kommen** Tür etc. openkrijgen; ⁓**reiten** Chem, Tech opwerken, regenereren; Wasser zuiveren.
aufbessern Gehalt verhogen
aufbewahr|en bewaren; ⁂**ung** f bewaring; Esb (het) bagagedepot; ⁂**ungs-ort** m bewaarplaats.
auf|bieten oproepen; Kräfte inspannen; Polizei inschakelen; ⁓**blasen** opblazen; ⁓**bleiben** (wachen) opblijven; (offenbleiben) openblijven; ⁓**blenden** weer vol licht laten schijnen; ⁓**blicken** opkijken; **zu** j-m ⁓ naar iem opkijken; ⁓**blühen** (sn) ontluiken; fig Pers: opbloeien; S.: tot bloei komen; ⁓**brauchen** opgebruiken; ⁓**brausen** (sn) fig opstuiven; ⁓**d** opvliegend; ⁓**brechen** v/t openbreken; Schloß a. forceren; Pflaster opbreken; v/i (sich öffnen) openbreken; (weggehen) opbreken, opstappen, vertrekken; ⁓**bringen** opbrengen; Farbe aanbrengen; j-n kwaad maken; (aufwiegeln) ophitsen.
Auf|bruch m (het) vertrek; (das Weggehen) (het) vertrek; ⁂**brühen** zetten; ⁂**bürden** j-m A op de hals schuiven; ⁂**decken** openleggen (a. Karten); (enthüllen) aan het licht brengen; ⁂**drängen (sich)** (D) (zich) opdringen (aan); ⁂**drehen** v/t opendraaien; Schraube losdraaien; Uhr opdraaien; v/i (beim Fahren) gas geven.
aufdringlich opdringerig.
Aufdruck m opdruk; ⁂**en** opdrukken.
auf-einander op elkaar, opeen; ⁂**folge** f opeenvolging; ⁓**folgen** op elkaar volgen; ⁓**prallen, ⁓stoßen** tegen elkaar botsen.
Aufenthalt m (-¢s; -e) (het) verblijf; (Pause, a. Esb) (het) oponthoud; ⁓**genehmigung** f verblijfsvergunning; ⁓**s-ort** m verblijfplaats.
auf-erlegen j-m A opleggen.
auf-ersteh|en (sn) opstaan, verrijzen; ⁂**ung** f opstanding, verrijzenis.
auf-essen opeten.
auffahr|en (aufschrecken) opschrikken; (gen Himmel) opstijgen; ⁓**auf** (A) inrijden op; ⁂**t** f weg omhoog; (Autobahn⁂) oprit; ⁂**unfall** m kop-staartbotsing; (ketting)botsing.
auffallen opvallen; ⁓**d = auffällig**.
auffällig opvallend.
auffang|en opvangen (a. fig); ⁂**lager** n (het) opvangkamp.
auffass|en opvatten; ⁂**ung** f opvatting, mening; **der ⁓ sein, daß ...** van mening zijn dat ...; ⁂**ungs-gabe** f, ⁂**ungs-vermögen** n (het) bevattingsvermogen.
auf|finden vinden, ontdekken; ⁓**fischen** opvissen; ⁓**flackern** (sn) opflakkeren.
aufforder|n (bitten) verzoeken, uitnodigen; aanmanen; ⁂**ung** f (het) verzoek, uitnodiging; aanmaning.

auffrischen (sich) (zich) opfrissen (*a. fig*); *Wind*: aanwakkeren.

aufführ|en *Thea* opvoeren; (*nennen*) noemen, opsommen; **sich ~** zich gedragen; **⦵ung** *f* opvoering, voorstelling; vermelding, opsomming; (het) gedrag.

auffüllen vullen; (*ergänzen*) aanvullen.

Aufgabe *f* opgave, taak; *Math* som; (*Schließung*) opheffing; **seine ~n machen** zijn huiswerk maken; **sich etw zur ~ machen** zich iets tot taak stellen; **~n-verteilung** *f* taakverdeling.

Auf|gang *m* opgang; (*Treppe bsd*) trap; weg omhoog; **⦵geben** opgeven (*a. Gepäck, Anzeige; verzichten etc.*); *Amt* neerleggen; **~gebot** *n* in *Ehe*: ondertrouw; (*Einsatz*) inzet; **⦵gebracht** woedend; **⦵gedunsen** opgezwollen.

aufgehen *Gestirn*: opgaan; (*sich öffnen*) opengaan; *Naht, Eis*: losgaan; *Saat*: opkomen; *Teig*: rijzen; *Rechnung*: kloppen; **~ in** (*D*) opgaan in (*a. fig*).

aufge|klärt verlicht, ruimdenkend; **~legt** gestemd, geluimd; **~ sein zu** (*D od + Inf*) in de stemming zijn voor *od* om te + *Inf*; **~paßt!** opgepast!, opgelet!; **~regt** opgewonden.

aufgeschlossen *fig* open; **~ sein (für** *A*) openstaan (voor); **⦵heit** *f* openheid.

aufgeweckt pienter, schrander.

auf|gießen opgieten; *Tee, Kaffee* zetten; **~gliedern** in-, verdelen; **~greifen** oppakken; **~grund** (*G*) op grond van; **⦵guß** *m* (het) aftreksel (*a. fig*); **~haben** *Hut, Brille* ophebben; (*geöffnet sein*) open hebben; **~halten** (*hindern*) ophouden; (*anhalten*) tegenhouden; (*offenhalten*) openhouden; **sich ~** verblijven, vertoeven; **sich ~ mit** (*D*) zich bezighouden met.

aufhäng|en (sich) (zich) ophangen; **⦵er** *m* (ophang)lus; *fig* kapstok, (het) aanknopingspunt; **⦵ung** *f* ophanging.

aufhäufen (sich) (zich) ophopen, (zich) opstapelen.

aufheb|en optillen; (*vom Boden*) oprapen; (*aufbewahren*) bewaren; (*abschaffen; beenden*) opheffen; **sich ~ (***gegenseitig***)** elkaar opheffen; **hier ist man gut aufgehoben** *allg* hier ben je veilig; *bsd* hier voel je je thuis; **⦵en** *n* ophef; **viel ~s machen von** (*D*) veel ophef maken van; **⦵ung** *f* opheffing.

aufheiter|n opvrolijken; **sich ~** opklaren (*a. Met*); **⦵ung** *f* opvrolijking; *Met* opklaring.

auf|helfen (*D*) op de been helpen (*a. fig*); **~hellen** ophelderen (*a. fig*); **sich ~** opklaren (*a. fig*); **~hetzen** ophitsen, opruien; **~holen** *v/t* inlopen, inhalen; (*heraufziehen*) ophalen; *v/i* zijn achterstand inlopen; **~horchen** zijn oren spitsen (*a. fig*); **~hören (mit** *D***)** ophouden (met); **da hört doch alles auf!** dat is toch al te gek!; **~kaufen** opkopen; **~klappen** openslaan, openklappen; *Bett* opklappen.

aufklär|en *j-n über* (*A*) informeren, inlichten; *Kind bsd* voorlichten; *etw* ophelderen; *mil* verkennen; **sich ~** *Met* opklaren; *etw* **hat sich aufgeklärt** is opgehelderd; **⦵ung** *f* voorlichting; opheldering; *mil* Verlichting.

auf|kleben opplakken; **⦵kleber** *m* (het) etiket, sticker; **~knöpfen** losknopen; **~kochen** opkoken.

aufkommen 1. opkomen (*a. fig*); **~ für** (*A*) (*haften*) instaan voor; (*ersetzen; verteidigen*) opkomen voor; **~ gegen** (*A*) opgewassen zijn tegen; **2. ⦵** *n* (*Ertrag*) opbrengst.

auf|kündigen opzeggen; **~lachen** in lachen uitbarsten; **~laden** opladen (*a. El*); **sich etw ~** *fig* zich iets op de hals halen.

Auflage *f* (*Buch*) oplage, druk; (het) voorschrift, verplichting; (*zum Stützen*) steun; *j-m etw zur ~ machen* iem tot iets verplichten.

auf|lassen (*offenlassen*) openlaten; *Hut* ophouden; **~lauern** (*D*) opwachten.

Auflauf *m* (*Menge*) oploop; *pej* samenscholing; *kul* soufflé; **⦵en** *Schiff*: vastlopen; *Wasser*: opkomen; *Beträge*: oplopen.

auf|leben (*sn*) opleven (*a. fig*); **~legen** *etw auf* (*A*) (neer)leggen; *Buch, Anleihe* uitgeven; *Platte* opzetten; *Tel* ophangen; **~lehnen: sich ~** zich verzetten, in opstand komen; **⦵lehnung** *f* opstand, (het) verzet; **~lesen** oprapen; *j-n* oppikken; **~leuchten** oplichten; **~lokkern** losmaken; *fig* luchtiger maken.

auflös|en oplossen (*a. Chem u. fig*); (*beenden; aufheben*) ontbinden; *Knoten* losmaken; **sich ~** losraken, losgaan; (*sich aufheben*) zich ontbinden; **sich ~**

Auflösung

in (A) (zich) oplossen in; **2ung** *f* oplossing; ontbinding.

aufmach|en openmaken; *Geschäft* openen; *Knoten* losmaken; *Rechnung* opmaken; *sich* ~ zich opmaken; **2ung** *f* opmaak.

aufmerksam aandachtig, oplettend; (*zuvorkommend*) voorkomend, galant; ~ *machen auf* (A) de aandacht vestigen op, attent maken op; ~ *werden auf* (A) beginnen te letten op; **2keit** *f* aandacht, oplettendheid; voorkomendheid; (*Geschenk*) attentie, aardigheid.

aufmuntern opmonteren.

Aufnahme *f* opname; (*Empfang bsd*) (het) onthaal; ~ *finden* opgenomen worden; **~bedingungen** *f/pl* toelatingsvoorwaarden *pl*; **2fähig** in staat om iets op te nemen; *fig* ontvankelijk; **~gebühr** *f* (het) inschrijfgeld; **~prüfung** *f* (het) toelatingsexamen.

auf|nehmen opnemen; *Protokoll* opmaken; *es mit j-m* ~ het tegen iem opnemen; **~nötigen** *j-m A* opdringen; **~opfern** (*sich*) (zich) opofferen.

aufpass|en oppassen, opletten; ~ *auf* (A) letten op; **2er(in** *f*) *m* oppasser *m*, oppasster *f*, bewaker *m*, bewaakster *f*.

Aufprall *m* botsing; (*beim Sturz*) val, smak; **2en** (*stoßen*) botsen; (*stürzen*) vallen, smakken.

Aufpreis *m* toeslag.

aufpumpen oppompen.

aufputsch|en opruien; (*reizen*) stimuleren, prikkelen; **2mittel** *n* (het) stimulerend middel, (het) pepmiddel.

auf|raffen: *sich* ~ zich vermannen; **~ragen** oprijzen.

aufräum|en opruimen; ~ *mit* (D) *fig* een eind maken aan; **2ungs-arbeiten** *f/pl* opruimingswerk(zaamhed)en *pl*.

aufrechnen: *etw* ~ *gegen* (A) iets verrekenen met.

aufrecht rechtop, overeind; *fig* eerlijk, oprecht; **~erhalten** handhaven; *Behauptung* blijven bij.

auf|regen (*sich*) (zich) opwinden; **2ung** *f* opwinding; *vor* ~ van opwinding.

auf|reiben open-, stukwrijven; (*erschöpfen*) afmatten, uitputten; **~reißen** *v/t* openrukken, opentrekken; *Brief* openscheuren; *Straße* opbreken; *Augen, Mund* opensperren; *v/i* openscheuren; **~reizen** ophitsen.

aufricht|en (*sich*) (zich) oprichten; *fig* opbeuren; **~ig** oprecht, oprecht; **2ig-keit** *f* oprechtheid.

auf|rollen (*entrollen*) ontrollen; **~rükken** aansluiten; (*zusammenrücken*) opschuiven; *in e-e höhere Stelle* opklimmen, bevorderd worden.

Aufruf *m* oproep; *jur* dagvaarding; **2en** oproepen (*a. EDV*); *jur a.* dagvaarden.

Aufruhr *m* (*-es*; *-e*) (het) oproer, opstand; (*Erregung*) beroering.

aufrühr|en (om)roeren; *in oproer* brengen; *fig* in beroering brengen; **2er(in** *f*) *m* oproerling(e *f*), opstandeling(e *f*); **~erisch** oproerig, rebels.

aufrunden naar boven afronden.

aufrüst|en (zich) bewapenen; **2ung** *f* (toenemende) bewapening.

auf|rütteln wakker schudden (*a. fig*); **~sagen** opzeggen; **~sammeln** oprapen; **~sässig** weerspannig, opstandig.

Aufsatz *m* (*Aufbau*) (het) bovenstuk; (*Schul*2) (het) opstel; (*Zeitschriften*2) (het) artikel.

auf|saugen opzuigen (*a. fig*); **~schauen** (*zu D*) opkijken (naar) (*a. fig*); **~scheuchen** opjagen; **~schichten** opstapelen; **~schieben** (*öffnen*) openschuiven; (*verzögern*) uitstellen.

Aufschlag *m* (*Aufprall*) smak; (*Tennis*) service; (*Ärmel*2) omslag; (*Preis*2) opslag; **2en 1.** *v/t* (*öffnen*) openslaan; *Augen, Preis, Zelt* opslaan; *Ärmel* omslaan; **2.** *v/i* (neer)ploffen; (*Tennis*) serveren; *Preis, Flammen*: opslaan.

auf|schließen openen; **~schluchzen** in snikken uitbarsten.

Aufschluß *m* (het) uitsluitsel, opheldering; *sich* ~ *verschaffen über* (A) informeren naar; **2reich** instructief, interessant, leerzaam; (*vielsagend*) veelzeggend.

aufschnappen *fig Nachricht* opvangen.

aufschneid|en opensnijden; *fig* opscheppen, snoeven, bluffen; **2er(in** *f*) *m* opschepper *m*, opschepster *f*.

Auf|schnitt *m* *kul* (het) gesneden vlees; **2schnüren** openmaken; **2schrauben** los-, openschroeven; (*befestigen*) schroeven; **2schrecken** *v/t u. v/i* opschrikken; **2schrei** *m* kreet, gil.

auf|schreiben opschrijven; *j-m etw* ~ iets voor iem opschrijven; **~schreien** plotseling gillen; **2schrift** *f* (het) opschrift; **2schub** *m* (het) uitstel; **~schütten** *Terrain* ophogen; **2schwung** *m* hoge vlucht, (op)bloei; *Sp* opzwaai.

aufsehen 1. *v/i* opzien, opkijken; **2.** 2 *n* (het) opzien; **~ *erregen*** opzien baren; **~erregend** opzienbarend.

Aufseher(in *f*) *m* opzichter(es *f*).

aufsetzen *v/t* opzetten; *Text, Rechnung* opstellen; *v/i Flgw* landen; ***sich*** **~** rechtop gaan zitten.

Aufsicht *f* (het) toezicht.

Aufsichts|beamte(r) inspecteur *m*, inspectrice *f*; *s. a.* ***Aufseher***; **~personal** *n* (het) bewakingspersoneel; **~rat** *m* raad van toezicht; *Hdl* raad van commissarissen; (*Mitglied*) commissaris.

auf|sitzen te paard stijgen; **~spalten** (***sich***) (zich) splitsen; **~spannen** (op-) spannen; **~sparen** opsparen; **~sperren** opensperren; (*aufschließen*) opendoen; **~spielen** *Mus* muziek maken; ***sich*** **~** dik doen, opscheppen; ***sich ~ als*** zich voordoen als; **~spießen** doorboren; opprikken; **~springen** opspringen; (*sich öffnen*) openspringen; **~spüren** opsporen; **~stampfen:** (***mit den Füßen***) **~** stampvoeten; **2stand** *m* opstand; **2ständische(r)** opstandeling(e *f*); **~stapeln** opstapelen; **~stauen** opstuwen; *fig* ***aufgestaut*** opgekropt; **~stecken** opsteken; *Haar* opspelden; *fig* (*aufgeben*) opgeven; **~stehen** opstaan; *Tür*: openstaan; **~steigen** opstijgen; *im Beruf* promotie maken; *Sp* promoveren; **~ *auf*** (*A*) opstappen op.

aufstell|en opstellen, opzetten; *Kandidaten* stellen; *Rechnung, Verzeichnis* opmaken; *Rekord* vestigen; ***sich*** **~** overeind gaan staan; **2ung** *f* opstelling, plaatsing; (*Liste*) lijst, staat; (*Kostenberechnung*) specificatie.

Aufstieg *m* (*-¢s; -e*) stijging; (*Berg2*) beklimming; *fig* opkomst, opbloei; (*im Beruf*) promotie; **~s·möglichkeit** *f* promotiekans.

auf|stocken *Kapital* verhogen; **~stoßen** *v/t* openstoten; *v/i* (*rülpsen*) boeren, oprispen; **2strich** *m* (*Brot2*) (het) broodbelegsel, (het) beleg; **~stützen** (***sich***) leunen (op); **2suchen** opzoeken.

auf|takeln optakelen, optuigen; ***sich*** **~** zich opdirken; **2takt** *m Mus* opslag; *fig* inleiding, (het) voorspel; **~tanken** bijtanken; **~tauchen** opduiken; *Problem, Zweifel*: rijzen; **~tauen** *v/t u. v/i* ontdooien (*a. fig*); **~teilen** op-, verdelen; **2teilung** *f* verdeling.

Auftrag *m* (*-¢s; ⸚e*) opdracht; *Hdl* order; ***im*** **~** (*G*) in opdracht van, op last van; ***im*** **~** (*Abk* **i.A.**) namens; ***etw in ~ geben*** opdracht geven voor iets; iets bestellen; **2en** *Farbe, Schminke* aanbrengen; *Speisen* opdienen; ***j-m etw*** **~** iem iets opdragen; **~geber(in** *f*) *m* opdrachtgever *m*, opdrachtgeefster *f*; **~s·bestätigung** *f Hdl* orderbevestiging.

auf|treffen: ~ *auf* (*A*) stoten op, neerkomen op; **~treiben** F (*beschaffen*) opsnorren; **~trennen** lostornen, losmaken; **~treten** optreden; (*vorkommen a.*) zich voordoen; **2trieb** *m Phys* stijgkracht; *fig* impuls; **~ *erhalten*** impulsen *pl* krijgen; ***j-m ~ geben*** iem een nieuwe impuls geven; **2tritt** *m* (het) optreden; (*Teil des Aktes*) (het) toneel, scène; **~tun** (*öffnen*) opendoen; ***sich*** **~** opengaan; **~türmen** (***sich***) (zich) opstapelen; **~wachen** wakker worden, ontwaken (*bsd fig*); **~wachsen** opgroeien.

Aufwand *m* (*-¢s; 0*) (*Einsatz*) inzet; (*Mühe*) moeite; (*Ausgaben*) onkosten *pl*, uitgaven *pl*; (*Luxus*) weelde, luxe; **~s-entschädigung** *f* onkostenvergoeding.

auf|wärmen opwarmen (*a. fig*); **~warten *mit*** (*D*) zorgen voor (*a. fig*).

aufwärts omhoog, opwaarts, naar boven; ***von e-r Mark*** **~** vanaf één mark; **2bewegung** *f* opwaartse beweging; **~gehen** vooruitgaan.

aufwasch|en afwassen; **2schüssel** *f* afwasbak.

auf|wecken wekken (*a. fig*); **~weichen** weken; *Regen*: doorweken; **~weisen** vertonen, laten zien; ***etw aufzuweisen haben*** op iets kunnen bogen.

aufwend|en aanwenden; *Mühe* doen; *Geld, Zeit* besteden; **~ig** kostbaar, duur; (*hochwertig*) hoogwaardig; **2ung** *f* aanwending, (het) gebruik; besteding; **~en** *pl* uitgaven *pl*, kosten *pl*.

auf|werfen op-, omhooggooien; *Damm, Frage* opwerpen; ***sich ~ zu*** (*D*) zich opwerpen als; **~werten** opwaarderen; *Währung a.* revalueren; **2wertung** *f* opwaardering; revaluatie; **~wickeln** opwinden, oprollen; (*loswickeln*) loswikkelen, afrollen; **~wiegeln** opruien,

aufwiegen 318

ophitsen; ~**wiegen** opwegen tegen; **2wiegler** m opruier; **2wind** m stijgwind; fig impuls, opleving; ~**wirbeln** v/t opjagen; Staub doen opwaaien; v/i opdwarrelen.
aufwisch|en opvegen; Boden (op)dweilen; ~**lappen** m dweil.
aufzähl|en opsommen, opnoemen; **2ung** f opsomming.
aufzehren opteren, opgebruiken.
aufzeichn|en optekenen, aantekenen; Plan, Weg tekenen, schetsen; Tonband, Film opnemen; **2ung** f aantekening; tekening; opname.
auf|zeigen aanwijzen, aantonen (bsd beweisen); ~**ziehen 1.** v/t optrekken; (öffnen) opentrekken; Uhr opwinden; Fahne hijsen; Reifen opleggen; (erziehen) grootbrengen; (organisieren) op touw zetten; (verspotten) plagen, voor de gek houden; **2.** v/i Gewitter, Sturm: komen opzetten.
Auf|zucht f (het) kweken, teelt; ~**zug** m stoet, optocht; (Fahrstuhl) lift; Thea (het) bedrijf; (Kleidung) kledij.
aufzwingen j-m A opdringen.
Aug-apfel m oogappel (a. fig).
Auge n (-s; -n) (het) oog; **ein ~ zudrükken** een oogje dichtknijpen; **große ~n machen** grote ogen opzetten; **kein ~ zumachen** geen oog dichtdoen; **j-n nicht aus den ~n lassen** iem niet uit het oog verliezen; **im ~ behalten** in het oog houden; **in die ~n springen** in het oog springen; **etw ins ~ fassen** iets op het oog hebben; **j-m unter die ~n treten** (od **kommen**) iem onder de ogen komen; **unter vier ~n** onder vier ogen.
Augen|- in Zssgn mst oog-, z.B. ~**arzt** m oogarts; ~**blick** m (het) ogenblik; **2blicklich** (gegenwärtig) op dit ogenblik, momenteel; (sofort) onmiddellijk, ogenblikkelijk; ~**braue** f wenkbrauw; ~**entzündung** f oogontsteking; ~**fällig** in het oog lopend, opvallend; ~**höhle** f oogholte; ~**leiden** n oogziekte, oogkwaal; ~**licht** n (het) gezichtsvermogen; ~**lid** n (het) ooglid; ~**maß** n: **ein gutes** (**schlechtes**) **~ haben** een goede (slechte) kijk hebben op; **politisches ~** (het) politiek inzicht; ~**merk** n aandacht; ~**schein** m (eigen) waarneming; **in ~ nehmen** in ogenschouw nemen; **2scheinlich** klaarblijkelijk, blijkbaar;

~**tropfen** m/pl oogdruppels pl; ~**weide** f lust voor het oog; ~**wimper** f wimper; ~**zeuge** m ooggetuige; ~**zwinkern** n (het) knipoogje.
August m (-[s]; -e): **der ~** augustus.
Auktion f veiling, openbare verkoping; **2ieren** (-) veilen, bij opbod verkopen.
Aula f (-; Aulen) aula.
Aupair-Mädchen n au pair.
aus 1. Präp (D) uit; **~ Gold** (**Eisen**) van goud (ijzer); **was wird ~ ihm werden?** wat zal er van hem terechtkomen?; **2.** Adv **~ sein** uit zijn (a. Licht), afgelopen zijn; **~ sein auf** (A) uit zijn op; s. a. **von**. **Aus** n Sp: **ins ~ gehen** uitgaan.
aus- in Zssgn mst uit-.
ausarbeit|en uitwerken; **2ung** f uitwerking.
aus|arten (sn) ontaarden; ~**atmen** uitademen; ~**baden** opdraaien voor; ~**baggern** uitbaggeren.
Ausbau m (-es; 0) demontage; (Vergrößerung) uitbreiding, vergroting; fig a. ontwikkeling; (e-r Straße) modernisering; (Umbau) verbouwing; **2en** (vergrößern) uitbreiden, vergroten; fig a. ontwikkelen; (herausnehmen) demonteren, slopen; Straße moderniseren; (umbauen) verbouwen.
aus|beißen uitbijten; ~**bessern** herstellen; Kleidung verstellen.
Ausbeut|e f opbrengst; fig oogst; **2en** uitbuiten; Bgb exploiteren, ontginnen; ~**er(in** f**)** m uitbuiter m, uitbuitster f; ~**ung** f uitbuiting; Bgb exploitatie.
ausbezahlen uitbetalen.
ausbild|en j-n opleiden; etw ontwikkelen; ~**er(in** f**)** m opleider, opleidster f, instructeur m, instructrice f; **2ung** f opleiding; ontwikkeling.
aus|bitten: sich etw ~ von j-m iem om iets verzoeken; ~**blasen** uitblazen; ~**bleiben** uit-, wegblijven; **2blick** m (het) uitzicht; fig (het) vooruitzicht; ~**brechen** v/t u. v/i uitbreken; in Gelächter, Tränen uitbarsten; ~**breiten** uitspreiden; fig uitbreiden; Gerücht verspreiden; **sich ~** zich verspreiden; Landschaft: zich uitstrekken; ~**brennen** v/t u. v/i uitbranden; **2bruch** m (het) uitbreken; (Vulkan2, Gefühls2) uitbarsting; (Gefangenen2) uitbraak; **zum ~ kommen** uitbreken; ~**brüten** uitbroeden (a. fig); ~**bürgern** het

staatsburgerschap ontnemen; ~**bürsten** uitborstelen.
Ausdauer f volharding, (het) uithoudingsvermogen; ℒ**nd** volhardend.
ausdehn|en uitbreiden (**auf** [A] tot); Phys doen uitzetten; (zeitl) verlengen; **sich ~** zich uitstrekken; Phys uitzetten; fig (sich mehren) zich uitbreiden; ℒ**ung** f uitgestrektheid; uitzetting; uitbreiding.
aus|denken: sich etw ~ iets bedenken; ~**drehen** uitdraaien.
Ausdruck m 1. (-es; ⸚e) uitdrukking, term; **zum ~ bringen** uitdrukken; 2. (es; -e) EDV uitdraai, print; ℒ**en** afdrukken; EDV uitdraaien, printen.
ausdrück|en (sich) (zich) uitdrukken; (auspressen bsd) uitpersen; ~**lich** uitdrukkelijk.
Ausdrucks|kraft f uitdrukkingskracht; ℒ**los** uitdrukkingsloos; ℒ**voll** vol uitdrukking, expressief; ~**weise** f uitdrukkingswijze.
Ausdünstung f uitwaseming.
aus-einander uit elkaar, uiteen; ~**bringen** uiteendrijven; ~**fallen** uiteenvallen; **zum ~ gehen** uiteen-, uit elkaar gaan; Meinungen: uiteenlopen; ~**halten** uit elkaar houden; ~**nehmen** uit elkaar nemen, demonteren.
aus-einandersetz|en uiteenzetten; **sich mit j-m ~** met iem discussiëren; **sich mit etw (D) ~** zich intensief met iets bezighouden; ℒ**ung** f uiteenzetting; discussie; (Streit) ruzie, woordenwisseling.
aus|erlesen Adj uitgelezen, uitgezocht; ~**ersehen**, ~**erwählen** ver-, uitkiezen.
ausessen op-, leegeten.
ausfahr|en v/t j-n gaan rijden met; Rennen uitrijden; Fahrgestell neerlaten; v/i naar buiten rijden; Schiff: uitvaren; ℒ**t** f (het) uitrijden; (het) uitvaren; (Ausflug) (het) tochtje, (Ausgang) uitrit; (Autobahn ℒ) afrit, afslag; (Hafen ℒ) (het) verlaten.
Ausfall m uitval; (Verlust) (het) verlies; (Nichtstattfinden) (het) niet doorgaan; ℒ**en** uitvallen; (nicht stattfinden bsd) niet doorgaan; ℒ**end**, **ausfällig** grof, beledigend; ~**straße** f uitvalsweg.
ausfertig|en opstellen, opmaken; ℒ**ung** f opstelling; **in vierfacher ~** in vier exemplaren, in viervoud.
aus|findig: ~ machen opsporen; ~**fließen** uit-, wegvloeien, uitlopen; ~**flippen** F de realiteit ontvluchten; (durchdrehen) over z'n toeren raken; (vor Freude) uit zijn bol gaan.
Aus|flucht f (-; ⸚e) uitvlucht; ~**flug** m (het) uitstapje, (het) tochtje, excursie; ~**flügler** m dagjesmens, deelnemer aan een excursie.
Ausflugs|programm n (het) excursieprogramma; ~**ziel** n (het) doel van een uitstapje (od excursie).
Ausfluß m (Abzug) afvoer; (Ergebnis) (het) uitvloeisel; Med vloeiing.
aus|fragen uitvragen, uithoren; ~**fransen** uitrafelen.
Ausfuhr f uitvoer, export.
Ausfuhr- in Zssgn mst uitvoer-.
ausführ|bar uitvoerbaar; **e-n ~** (spontane) uitvoeren; j-n uitgaan met; Hund uitlaten; (darlegen) uiteenzetten.
Ausfuhr|genehmigung f uitvoervergunning; ~**handel** m uitvoerhandel.
ausführ|lich uitvoerig; ℒ**ung** f uitvoering; ~**en** pl uiteenzetting; ℒ**ungs-bestimmung** f uitvoeringsbepaling.
Ausfuhr|verbot n (het) uitvoerverbod; ~**zoll** m uitvoerrechten n/pl.
ausfüllen (op)vullen; Formular invullen; fig in beslag nemen.
Ausgabe f uitgave (a. Buch ℒ u. Geld ℒ); (Aushändigung) uitreiking, afgifte; Hdl uitgifte; (Schalter) (het) loket; ~**stelle** f (het) kantoor; (het) loket.
Ausgang m uitgang; (Ende) afloop; (Ergebnis) (het) resultaat; ~**s·punkt** m (het) uitgangspunt; ~**s·sperre** f (het) uitgaansverbod.
ausgeben uitgeven; Rationen uitreiken; Fahrkarten verkopen; **e-n ~** (spendieren) trakteren; **sich ~ für** (A) zich uitgeven voor; ~**gebucht** (voll) volgeboekt; ~**gedient** afgedankt; ~**gefallen** ongewoon; ~**geglichen** evenwichtig.
ausgehen uitgaan; (enden) aflopen; (alle werden) opraken; Haare: uitvallen; ~ **auf** (A) eindigen op; fig (streben nach) uit zijn op; **frei ~** vrijuit gaan; **leer ~** met lege handen blijven zitten.
ausge|kocht uitgekookt; ~**lassen** uitgelaten; ~**nommen** (A) uitgezonderd, behalve; ~**prägt** geprononceerd, uitgesproken; ~**rechnet** uitgerekend, net; ~**schlossen** uitgesloten; ~**schnitten** Kleid: gedecolleteerd; ~**sprochen** uitgesproken, geprononceerd; ~**sucht** uit-

ausgewogen

gezocht, uitgelezen; ~**wogen** evenwichtig; ~**zeichnet** uitstekend, puik.

aus|giebig uitvoerig, overvloedig, rijkelijk; ~**gießen** uit-, weggieten.

Ausgleich m (-es; -e) (het) evenwicht; compensatie; (*Versöhnung*) (het) vergelijk; *Sp* gelijkmaker; **e-n ~ schaffen für** (*A*) compenseren; **zum ~** *e-s Kontos* ter vereffening; ℒen gelijkmaken (*a. Sp*); (*wettmachen*) compenseren; (*bezahlen*) vereffenen; *Etat* sluitend maken; **sich ~** tegen elkaar opwegen.

Ausgleichs|fonds m (het) egalisatiefonds; ~**sport** m compensatoire sportbeoefening; ~**treffer** m *Sp* gelijkmaker.

ausgleiten uitglijden.

ausgrab|en uit-, opgraven; ℒ**ungen** f/pl opgravingen pl.

Aus|guck m (-es; -e) uitkijk; **~ halten** op de uitkijk staan; ~**guß** m gootsteen; (*Abfluß*) afvoerpijp.

aus|halten uithouden; *Schmerzen, Vergleich* doorstaan; (*unterhalten*) onderhouden; ~**handeln** door onderhandelingen bereiken; ~**händigen** overhandigen; ℒ**hang** m affiche (*a. het*).

aushänge|n v/t ophangen; (*ankleben*) aanplakken; v/i uithangen; ℒ**schild** n (het) uithangbord (*a. fig*).

aus|harren volharden, volhouden; ~**hauen** uithouwen, uitkappen; ~**heben** *Graben* uitgraven; *Tür* uitlichten; *Verbrecher* oprollen; ~**heilen** genezen; ~**helfen** (*j-m mit D*) helpen (met).

Aushilf|e f hulp; **zur ~** als noodhulp, als tijdelijke hulp; ~**s·kraft** f hulpkracht; ℒ**s·weise = zur Aushilfe.**

aus|höhlen uithollen; ~**holen** (*zum Schlag*) uithalen; (*bei Erzählung*) teruggaan; ~**horchen** uithoren; ~**hungern** uithongeren (*a. fig*); ~**kehren** uitvegen; ~**kennen: sich ~ in** (*D*) op de hoogte zijn van; (*geographisch*) de weg weten in; ~**klammern** buiten beschouwing laten; ℒ**klang** m (het) slot; ~**klingen** wegsterven; *fig* eindigen; ~**klopfen** uitkloppen; ~**klügeln** uitkienen; ~**knipsen** uitdoen; ~**kochen** uitkoken; ~**kommen 1.** (*mit Geld*) rond-, toekomen; (*sich vertragen*) opschieten; **~ ohne** (*A*) het klaarspelen (*of* doen) zonder; **2.** ℒ n (het) bestaan; **sein ~ haben** zijn kost verdienen; ~**kosten** (ten volle) genieten van; ~**kühlen** v/t u.

v/i afkoelen; ~**kundschaften** verkennen; *Stimmung* peilen.

Auskunft f (-; ~e) inlichtingen pl, informatie; (*Stelle*) inlichtingen(dienst); **nähere Auskünfte erteilen** (**einholen**) nadere inlichtingen verstrekken (inwinnen); ~**s·büro** n (het) informatiebureau; ~**s·schalter** m (het) inlichtingenloket; ~**s·stelle** f = **Auskunftsbüro**.

aus|kuppeln ontkoppelen; ~**kurieren** uitvieren; ~**lachen** uitlachen; ~**laden** uitladen; *große Mengen bsd* lossen; *Gäste* afzeggen; ℒ**lage** f (*Schaufenster*) etalage; ~**n** pl onkosten pl; ℒ**land** n (het) buitenland.

Ausländ|er(in f) m buitenlander m, buitenlandse f; ℒ**isch** buitenlands.

Auslands|aufenthalt m (het) verblijf in het buitenland; ~**auftrag** m *Hdl* buitenlandse order; ~**gespräch** n *Tel* (het) internationaal telefoongesprek; ~**korrespondent** m buitenlandse correspondent; ~**krankenschein** m (het) ziekenfondsbriefje voor het buitenland; ~**markt** m buitenlandse markt; ~**reise** f buitenlandse reis.

auslassen uitlaten (*a. Kleid*); *Wort etc.* weglaten; (*fließen lassen*) weg laten lopen; *Butter* smelten; *fig* **~ an** (*D*) koelen op; *Laune* afreageren op; **sich ~** zich uitlaten, zich uiten.

Auslassung f weglating; (*Äußerung*) uitlating; ~**s·zeichen** n apostrof.

auslasten ten volle belasten; **voll ausgelastet sein** op de volle capaciteit draaien; *Pers* het (erg) druk hebben.

Auslauf m uitloop; (*e-s Schiffs*) afvaart; ℒ**en** uitlopen; *Gefäß*: leeglopen; *Schiff*: uitvaren; (*ablaufen*) aflopen.

Aus|läufer m (*Gebirgs*ℒ *u. Met*) uitloper; *Bot* loot; ℒ**leben: sich ~** zich uitleven; ℒ**leeren** leegmaken, ledigen.

ausleg|en *Waren* uitstallen, etaleren, tentoonspreiden; *Geld* voorschieten; (*bedecken*) bekleden; (*deuten*) uitleggen, verklaren; ℒ**ung** f uitleg.

Ausleih|bibliothek f uitleenbibliotheek; ~**e** f uitlening; ℒ**en** uitlenen.

auslernen zijn leertijd voltooien; **man lernt nie aus** men raakt nooit uitgeleerd.

Auslese f keuze, selectie; *Wein* bijzondere wijn; ℒ**n** (*aussondern*) sorteren; (*auswählen*) selecteren; *Buch* uitlezen.

ausliefer|n uitleveren; *Waren leveren;* **ausgeliefert sein** (D) overgeleverd zijn aan; **⁀ung** *f* uitlevering; levering.
aus|liegen uitgestald liggen; *Text:* ter inzage liggen; **⁀löschen** doven; *(wegwischen)* uitwissen; **⁀losen** verloten.
auslös|en uitlokken, ontketenen; *(in Gang setzen)* in werking stellen; **sich ⁀** in werking treden; **⁀er** *m Foto:* ontspanner.
aus|machen uitmaken; *Licht, Feuer bsd* uitdoen; *(betragen bsd)* bedragen; *(verabreden)* afspreken; *(wahrnehmen)* waarnemen; *das macht uns nichts aus* dat geeft niets; *das macht mir nichts aus* dat maakt mij niet uit; **⁀malen** beschilderen; *(schildern)* beschrijven; *sich etw ⁀* zich iets voorstellen.
Ausmaß *n* omvang, afmeting(en *pl*).
aus|merzen (-*t*) uitroeien; *(streichen)* schrappen; **⁀messen** opmeten; **⁀misten** uitmesten *(a. fig).*
Ausnahm|e *f* uitzondering; **⁀e-fall** *m* (het) uitzonderingsgeval; **⁀e-zustand** *m* uitzonderingstoestand, staat van beleg; **⁀s-los** zonder uitzondering; **⁀s-weise** bij wijze van uitzondering.
ausnehmen uitzonderen; *Tier* schoonmaken; *Nest* uithalen; *Pl*. F plukken; *sich ⁀* eruitzien; **⁀d** uitnemend.
Ausnüchterung *f* ontnuchtering.
aus|nutzen, ⁀nützen profiteren van; *Einfluß, Zeit* gebruiken; *j-n* uitbuiten; **⁀nutzung, ⁀nützung** *f* (het) gebruik, benutting; uitbuiting.
aus|packen uitpakken; *fig* F vertellen; *(verraten)* verraden; **⁀pfeifen** uitfluiten; **⁀plaudern** verklappen; **⁀plündern** uit-, leegplunderen; **⁀posaunen** uit-, rondbazuinen; **⁀pressen** uitpersen *(a. fig);* **⁀probieren** *(an D)* uitproberen (op), beproeven (op).
Auspuff *m* (-*es*; -*e*) uitlaat; **⁀gase** *n/pl* uitlaatgassen *n/pl;* **⁀rohr** *n* uitlaatpijp; **⁀topf** *m* knalpot.
aus|pumpen *Behälter, Magen* leegpompen; *Wasser, Luft* uitpompen; **⁀quartieren** (-) elders onderbrengen; **⁀radieren** uitgommen; *(vernichten)* wegvagen; **⁀rangieren** uitrangeren; *fig* F afdanken; **⁀rauben** *etw* leegroven; *j-n* beroven; **⁀räumen** uitruimen; *Bedenken etc.* uit de weg ruimen; **⁀rechnen** uitrekenen.

Ausrede *f* uitvlucht; **⁀n** uitspreken, uitpraten; *j-n etw* uit het hoofd praten; *j-n ⁀ lassen* iem laten uitspreken.
ausreiben (sich) (zich) uitwrijven.
ausreichen voldoende zijn; **⁀d** voldoende, genoeg.
Ausreise *f* uitreis; **⁀erlaubnis** *f* uitreisvergunning; **⁀n** uitreizen, (naar het buitenland) vertrekken; **⁀visum** *n* (het) uitreisvisum.
ausreiß|en *v/t* uittrekken, uitscheuren; *Papier* uitscheuren; *v/i Naht:* losgaan; F *(fliehen)* op de loop gaan; **⁀er(in** *f)* *m* wegloper *m,* wegloopster *f,* vluchteling(e *f).*
aus|renken ontwrichten; **⁀richten** uitrichten; *(erreichen a.)* bereiken; *Grüße* doen; *Veranstaltung* organiseren; **⁀ auf** *(A)* afstemmen op.
ausrott|en uitroeien, verdelgen; **⁀ung** *f* uitroeiing, verdelging.
ausrücken *v/i (sn)* uitrukken; *(fliehen)* ervandoor gaan.
Ausruf *m* uitroep; *(Schrei bsd)* kreet; **⁀en** uitroepen; *Bekanntmachung* omroepen; **⁀e-zeichen** *n* (het) uitroepteken.
ausruhen (sich) uitrusten.
ausrüst|en uitrusten; **⁀ung** *f* uitrusting.
ausrutschen *(sn)* uitglijden.
Aussage *f* uitspraak, verklaring; *jur* getuigenis; **⁀n** verklaren; *jur* getuigen.
aus|sätzig melaats; **⁀saugen** uitzuigen *(a. fig).*
ausschalten uitschakelen, uitzetten; *Licht bsd* uitdoen; *Radio, Motor bsd* afzetten; *Gerät bsd* uitzetten.
Ausschank *m* (-*es*; *˙e*) (het) schenken; *(Kneipe)* kroeg, *fam* café.
Ausschau *f:* **⁀ halten** uitkijken; **⁀n** eruitzien; *(nach D)* uitkijken (naar).
ausscheiden *v/t* afscheiden; *v/i (aus e-m Amt)* aftreden; *(aus e-m Verein, aus e-r Firma)* verlaten; *Sp* uitvallen; *(nicht in Betracht kommen)* niet in aanmerking komen.
Ausscheidung *f* afscheiding; *(Kot, Harn bsd)* uitwerpselen *n/pl;* **⁀s-spiel** *n* kwalificatie-, afvalwedstrijd.
aus|schenken (uit)schenken; **⁀scheren** *v/i (aus e-r Kolonne)* de rij verlaten, uithalen; **⁀schiffen** *Waren* lossen; **(sich) ⁀** ontschepen; **⁀schildern** bewegwijzeren; **⁀schimpfen** uitschelden;

ausschlachten

~schlachten slopen; *fig* uitbuiten;
~schlafen (sich) uitslapen.
Ausschlag *m Med* uitslag; *fig* doorslag;
♀en *v/t* uitslaan; *Bitte, Angebot* afslaan; (*mit Stoff*) bekleden; *v/i Pferd*: trappen; *Bot* uitbotten; *Pendel, Uhr*: uitslaan; ♀**gebend** doorslaggevend.
ausschließ|en uitsluiten; **~lich** uitsluitend; *Präp* (*G*) exclusief, zonder.
aus|schlüpfen uitkomen; **~schlürfen** uitslurpen.
Ausschluß *m* uitsluiting; *unter ~ der Öffentlichkeit* met gesloten deuren.
aus|schmücken versieren; *fig* opsmukken; **~schneiden** uitsnijden; (*mit Schere bsd*) uitknippen.
Ausschnitt *m Kleid*: (het) decolleté; (*Zeitungs*♀) (het) knipsel; *Math* sector; *fig* (*Teil*) (het) fragment, (het) stuk.
ausschöpfen uitscheppen; (*leer schöpfen*) leegscheppen; *fig* uitputten.
ausschreib|en (uit)schrijven; (*nicht abkürzen*) voluit schrijven; ♀**ung** *f* uitschrijving; *öffentliche ~* openbare aanbesteding.
Ausschreitungen *f/pl* ongeregeldheden *pl*.
Ausschuß *m* (*Komitee*) commissie, (het) comité; (*defekte Ware*) uitschot, afval; **~ware** *f* (het) uitschot.
ausschütt|eln uitschudden; **~en** uitgieten; uit-, leegschudden; *Herz* uitstorten; *Hdl Dividende* uitkeren.
ausschweif|end mateloos; (*sittenlos*) losbandig; ♀**ung** *f* mateloosheid; losbandigheid; (*Exzeß*) uitspatting.
aussehen 1. eruitzien; *gut* (*schlecht*) **~** er goed (slecht) uitzien; *so siehst du aus!* F dat had je gedacht!; 2. ♀ *n* (het) uiterlijk, (het) voorkomen; *dem ~ nach* schijnbaar.
aussein F uit zijn; (*zu Ende sein bsd*) afgelopen zijn.
außen buiten; *von ~ (her)* van buiten (af); *nach ~ (hin)* naar buiten (toe) (*a. fig*).
Außen|- *in Zssgn mst* buiten-, z.B. **~bordmotor** *m* buitenboordmotor.
aussenden uitzenden.
Außendienst *m* buitendienst; ♀**leiter** *m* (het) hoofd van de buitendienst.
Außenhafen *m* buitenhaven.
Außenhandel *m* buitenlandse handel; **~s-defizit** *n* (het) deficit op de buitenlandse handel; **~s-überschuß** *m* (het) overschot op de handel met het buitenland.
Außen|minister *m* minister van Buitenlandse Zaken; **~ministerium** *n* (het) ministerie van Buitenlandse Zaken; **~politik** *f* buitenlandse politiek.
Außenseite *f* buitenkant; *fig a.* (het) uiterlijk; **~r(in** *f*) *m* outsider (*a. f*), buitenstaander.
Außen|spiegel *m* buitenspiegel; **~stände** *m/pl* uitstaande vorderingen *pl*; **~stürmer** *m Sp* buitenspeler; **~wand** *f* buitenmuur; **~welt** *f* buitenwereld.
außer 1. *Präp* (*D*) behalve; **~ *Dienst*** buiten dienst; *~ sich sein* (*vor D*) buiten zichzelf zijn (van); **2.** *Ko* **~ *daß*** behalve dat; *~ wenn* tenzij; **~dem** bovendien, daarenboven; **~dienstlich** buiten de dienst.
äußere uiterlijk; (*an der Oberfläche*) buitenste, uitwendige; *Pol* buitenlandse; ♀(**s**) (het) uiterlijk.
außer|ehelich onwettig, buitenechtelijk; **~gewöhnlich** buitengewoon; *Adv a.* ongewoon; **~halb** *f* buitengewoon.
äußerlich uiterlijk; *Med* uitwendig; ♀**keit** *f* uiterlijkheid.
äußern uiten; *sich ~* (*zu D, über A*) zich uitlaten (over), zijn mening te kennen geven (over).
außer|ordentlich buitengewoon, uitzonderlijk; **~planmäßig** *Zug*: extra.
äußerst uiterst; *aufs ~e* heel erg.
außerstande: *~ sein* (*zu*) niet in staat zijn (om te).
Äußerste(s) (het) uiterste; *aufs Äußerste gefaßt* op het ergste voorbereid; *bis zum Äußersten gehen* tot het uiterste gaan.
Äußerung *f* uiting; (*Meinungs*♀) uitlating, verklaring.
aussetzen 1. *v/t Belohnung* uitloven; *Kind* te vondeling leggen; (*der Sonne, Gefahr etc.*) blootstellen aan; (*unterbrechen*) opschorten; *Wache, Boot* uitzetten; **2.** *v/i Motor*: afslaan; *Atem*: stokken; *Musik*: ophouden; (*Pause machen*) pauzeren; *etw auszusetzen haben an* (*D*) iets aan te merken hebben op.
Aussicht *f* (het) uitzicht; *fig* (het) vooruitzicht; *~ auf Erfolg* kans op slagen; *in ~ stellen* in het vooruitzicht stellen;

~s·los uitzichtloos; **~s·punkt** *m* uitkijk(plaats); **2s·reich** veelbelovend; **~s·turm** *m* uitkijktoren.
Aussiedler *m* emigrant.
aussöhn|en (*sich*) (zich) verzoenen; **2ung** *f* verzoening.
aussondern (uit)sorteren, selecteren.
aus|spannen *v/t* uitspannen; F afsnoepen; *v/i* (*sich erholen*) zich ontspannen; **~sparen** uitsparen; *fig* (*beiseite lassen*) overslaan.
aussperr|en buitensluiten; *Arbeiter* uitsluiten; **2ung** *f* uitsluiting, lockout.
aus|spielen uitspelen (*a. fig*); **2sprache** *f* uitspraak; *fig* gedachtenwisseling, discussie; **~sprechen** uitspreken; *sich* **~** zijn hart uitstorten; *sich* **~** *für* (*A*) (*gegen A*) zich uitspreken voor (tegen); **2spruch** *m* uitspraak; **~spucken** uitspuwen; **~spülen** (uit)spoelen.
Ausstand *m* staking; *in den* **~** *treten* in staking gaan.
ausstatt|en (*mit D*) uitrusten (met), voorzien (van); *Raum* inrichten; **2ung** *f* uitrusting; inrichting.
aus|stechen uitsteken; *fig* (*übertreffen*) overtroeven, de loef afsteken; (*verdrängen*) verdringen; **~stehen** *v/t* uitstaan; *v/i* (*fehlen*) ontbreken; *Geld, Entscheidung:* op zich laten wachten.
aussteig|en uitstappen; **2er(in** *f*) *m* iem die zich van de maatschappij afgewend heeft, alternatieveling(e *f*).
ausstell|en tentoonstellen; (*schriftlich*) schrijven; *Paß* afgeven; **2er** *m* tentoonsteller, exposant; afgever; **2ung** *f* tentoonstelling; afgifte.
Ausstellungs|gelände *n* (het) tentoonstellingsterrein; **~raum** *m* expositieruimte; showroom; **~stand** *m* stand (op een tentoonstelling).
aus|sterben uitsterven; **2steuer** *f* uitzet; **2stieg** *m* (*-es; -e*) uitgang; **~stopfen** opvullen; *Tier* opzetten.
Ausstoß *m* produktie; (*Emission*) uitstoot; **2en** uitstoten; produceren.
aus|strahlen uitstralen; *Rf* uitzenden; **~strecken** (*sich*) (zich) uitstrekken; **~streichen** uitstrijken; *Wort* schrappen, doorhalen; **~strömen** *v/t* verspreiden; *v/i* uitstromen; **~suchen** uitzoeken.
Austausch *m* ruil; (*Personen* **2**, *Gedanken* **2**) uitwisseling; (*Ersatz*) vervanging; **2bar** verwisselbaar; vervang-

baar; **2en** ruilen; uitwisselen; vervangen; **~motor** *m* ruilmotor.
austeil|en uitdelen; **2ung** *f* uitdeling.
Auster *f* (*-; -n*) oester.
aus|testen (uit)testen; **~toben**: *sich* **~** uitrazen; **~tragen** *Post* rondbrengen, bestellen; *Spiel, Kampf* houden, spelen; *Streit* uitvechten; **2tragung** *f* (het) houden; (het) uitvechten.
Austral|ien *n* Australië; **~ier(in** *f*) *m* Australiër *m*, Australische *f*; **2isch** Australisch.
aus|treiben uitdrijven; *j-m etw* afleren; **~treten 1.** *v/i* (*aus e-r Partei etc.*) uittreden; (*heraustreten*) naar buiten komen; *Radioaktivität etc.* vrijkomen; F *ich muß* **~** ik wil de W. C. opzoeken. **2.** *v/t Feuer* uittrappen; *Schuhe* uitlopen; **~trinken** uit-, leegdrinken; **2tritt** *m* uittreding; (het) vrijkomen; **~trocknen** uitdrogen; **~tüfteln** uitdokteren.
ausüb|en uitoefenen (*a. Beruf, Macht etc.*); **2ung** *f* uitoefening.
aus·ufern (*sn*) buiten zijn oevers treden; *fig* ontaarden.
Ausverkauf *m* uitverkoop; **2t** uitverkocht.
Aus|wahl *f* keuze; *Sp* selectie; **2wählen** uitkiezen.
Auswander|er *m* emigrant; **2n** emigreren; **~ung** *f* emigratie.
auswärt|ig buitenlands; elders gevestigd; (*von außen*) van buiten; **2es Amt** (het) ministerie van Buitenlandse Zaken; **~s** (*wohin?*) naar buiten; (*wo?*) buiten; **2s·spiel** *n* uitwedstrijd.
auswaschen uitwassen; *Ufer* wegspoelen.
auswechs|eln vernieuwen, vervangen; (*gegen A*) uitwisselen (tegen); **2(e)lung** *f* vervanging; uitwisseling.
Ausweg *m* uitweg (*a. fig*); **2los** uitzichtloos.
ausweich|en (*D*) uitwijken (voor); *fig* ontwijken; **~end** ontwijkend; **2manöver** *n* uitwijkmanoeuvre (*a. het*).
Ausweis *m* (*-es; -e*) legitimatie, pas, identiteitskaart; (*Mitglieds* **2**; *Berechtigungsnachweis*) kaart; **2en** *j-n* het land uit zetten, uitwijzen; *sich* **~** zich legitimeren; **~papiere** *n/pl* legitimatiepapieren *n/pl*.
ausweit|en verwijden; *fig* uitbreiden;

Ausweitung 324

sich ~ zich uitbreiden; **₂ung** f uitbreiding.
aus|wendig van buiten, uit het hoofd; **~können (lernen)** van buiten kennen (leren); **~werfen** uitgooien, uitwerpen; *Summe* uitkeren; *Blut, Feuer* uitbraken; **~werten** (*verwerten*) benutten; (*Wert ermitteln*) evalueren.
auswirk|en: sich ~ zich doen gevoelen, invloed hebben; **₂ung** f (het) gevolg, (het) effect.
aus|wischen uitwissen, uitvegen; **₂wuchs** m (*-es; ⸚e*) uitwas (*a. fig*); *Med* woekering; **~wuchten** uitbalanceren, uitlijnen; **₂wurf** m *Med* (het) sputum, (het) spuwsel; *fig* (het) uitvaagsel; **~zahlen** uitbetalen; **sich ~** renderen; **~zählen** tellen; *Sp* uittellen; **₂zahlung** f uitbetaling.
auszeichn|en *Waren* prijzen; **(sich)** (zich) onderscheiden; **₂ung** f (het) prijzen; onderscheiding.
auszieh|bar uittrekbaar; **~en** *v/t* uittrekken (*a. Kleid*); *j-n* uitkleden (*a. fig*); *v/i* (*sn*) vertrekken (*a. Hotelgast*); (*aus e-m Haus*) verhuizen; **sich ~** zich uitkleden; **₂tisch** m uitschuiftafel.
Auszubildende(r) leerjongen m, (het) leermeisje.
Aus|zug m uittocht; verhuizing; (*Konto* ₂) (het) afschrift; (*Exzerpt, Teil*) (het) uittreksel; **₂zupfen** uittrekken.
autark autark.
authentisch authentiek.
Auto n (*-s; -s*) auto; **~fahren** autorijden.
Auto- *in Zssgn mst* auto-.
Autobahn f autosnelweg; **~auffahrt** f oprit (van de autosnelweg); **~ausfahrt** f afrit (*od* afslag) van de autosnelweg; **~dreieck** n aftakking van de autosnelweg, (het) knooppunt; **~gebühr** f wegentol; **~kreuz** n (het) knooppunt, (het) klaverblad; **~raststätte** f wegrestaurant; **~zubringer** m (toevoer)weg naar de autosnelweg.
Autobiographie f autobiografie.
Autobus m autobus; **~haltestelle** f bushalte.
Autodidakt m (*-en*) autodidact.
Auto|fähre f autoveerboot; **~fahrer(in** f) m automobilist(e f), chauffeur; **~fahrt** f autorit.
Autogramm n (*-s; -e*) autogram.
Autokino n drive-in(-bioscoop).
Automat m (*-en*) automaat; **~en-restaurant** n automatiek; **~ik** f automatisme; *Auto:* automatische versnellingen *pl*; **~ion** f automatisering; **₂isch** automatisch.
Automobil n (*-s; -e*) automobiel; **~klub** m automobilistenclub.
autonom autonoom; **₂ie** f autonomie.
Autopsie f autopsie, lijkschouwing.
Autor m (*-s; -en*) auteur.
Auto|radio n autoradio; **~reifen** m autoband; **~reisezug** m autoslaaptrein; **~rennen** n autorace; **~reparaturwerkstatt** f garage.
Autorin f schrijfster.
autorit|är autoritair; **₂ät** f (het) gezag.
Auto|schlosser m automonteur; **~schlüssel** m autosleutel; **~straße** f autoweg; **~unfall** m (het) auto-ongeval; **~verkehr** m (het) autoverkeer; **~vermietung** f autoverhuring; **~waschanlage** f autowasinstallatie; **~zubehör** n autoaccessoires *pl*.
avancieren (*-*) avanceren.
Axt f (*-; ⸚e*) bijl.
Azalee f azalea.
Azubi m (*-s; -s*) = *Auszubildende(r)*.

B

B, b n (*-; -[s]*) B, b (*a. Mus*).
Baby n (*-s; -s*) baby; **~ausstattung** f babyuitzet; **~nahrung** f babyvoeding; **~sitter** m babysit(ter).
Bach m (*-es; ⸚e*) beek.
Backbord n (het) bakboord.
Backe f wang; (*Brems*₂) (het) (rem)blokje; (*Werkzeug*₂) grijper.

backen* bakken.
Backen|bart m bakkebaard; **~zahn** m kies.
Bäcker m bakker; **~ei** f bakkerij.
Back|fisch m gebakken vis; fig bakvis; **~form** f bakvorm; **~hähnchen** n braadkip; **~obst** n (het) gedroogd fruit; **~ofen** m bakoven; **~pfeife** f oorvijg; **~pflaume** f gedroogde pruim; **~pulver** n (het) bakpoeder; **~stein** m baksteen; **~waren** f/pl bakkerijprodukten n/pl.
Bad n (-es; ∙er) (het) bad; (Ort) badplaats; (Zimmer) badkamer.
Bade|- in Zssgn mst bad-, z.B. **~anstalt** f badinrichting; **~anzug** m (het) badpak; **~gast** m badgast; **~hose** f zwembroek; **~kappe** f badmuts; **~mantel** m badjas; **~meister** m badmeester.
baden baden; (schwimmen) zwemmen; (**sich**) **~** (in der Badewanne) een bad nemen.
Bade|ort m badplaats; **~sachen** f/pl (het) badgoed; **~saison** f (het) badseizoen; **~schuhe** m/pl badslippers pl; **~strand** m (het) badstrand; **~tuch** n bad(hand)doek; **~urlaub** m vakantie aan zee; **~wanne** f badkuip; **~zimmer** n badkamer.
baff F: **~ sein** paf staan.
Bafög n (-[s]; 0) studiebeurs.
Bagatelle f bagatel (a. het).
Bagger m graafmachine; baggermachine; **2n** baggeren.
Bahn f baan; Esb spoorweg; (Straßen2) tram; (Zug) trein; (Fahr2) rijstrook; **sich ~ brechen** zich een weg banen (a. fig); **mit der, per ~** per spoor; **~anschluß** m treinverbinding; (zum Weiterfahren) treinaansluiting; **~beamte(r)** m spoorwegbeambte; **2brechend** baanbrekend; **~bus** m railbus; streekbus; **~damm** m spoordijk; **2en** banen; **~fahrt** f treinreis; **~gleis** n (het) spoor, rails pl; **~hof** m (het) station.
Bahnhofs|halle f stationshal; **~restaurant** n stationsrestauratie; **~vorsteher** m stationschef.
bahn|lagernd station-restante; **2linie** f spoorlijn; **2polizei** f spoorwegpolitie.
Bahnsteig m (het) perron; **~karte** f perronkaartje; **~sperre** f controle.
Bahn|strecke f (het) treintraject; (Abschnitt) (het) baanvak; **~überführung** f spoorwegviaduct; **~übergang** m spoorwegovergang, overweg; **~verbindung** f spoorverbinding.
Bahre f (draag)baar.
Bai f baai, inham.
Baiser n (-s; -s) baiser, (het) schuimgebakje.
Baisse f baisse.
Bajonett n (es; -e) bajonet.
Bakterien f/pl bacteriën pl.
Balance f (het) evenwicht; **2ieren** (-) balanceren.
bald gauw, weldra, spoedig; (fast) bijna, haast; **~ darauf** kort daarop; **~ ... ~** nu eens ... dan weer; **so ~ wie möglich** zo gauw mogelijk; **~ig** spoedig.
Baldrian m (-s; 0) valeriaan.
balgen: sich ~ stoeien, ravotten.
Balkan m (-s; 0): **der ~** de Balkan.
Balken m balk.
Balkon m (-s; -s) (het) balkon.
Ball m (-es; ∙e) bal; (Tanz) (het) bal.
Ball- in Zssgn mst bal-.
Ballade f ballade.
Ballast m (-es; -e) ballast.
ballen ballen; **sich ~** pakken, ballen.
Ballen m (Waren2) baal; Anat bal.
ballern F knallen.
Ballett n (-s; -e) (het) ballet.
Balletttänzer(in f) m balletdanser(es f).
Ballkleid n baljurk.
Ballon m (-s; -s od -e) ballon.
Ball|saal m balzaal; **~spiel** n (het) balspel.
Ballungs∙gebiet n agglomeratie, (het) concentratiegebied.
balsamieren (-) balsemen.
Bambus m (-ses; -se) (het) bamboe.
banal banaal; **2ität** f banaliteit.
Banane f banaan.
Banause m (-n) bekrompen mens; cultuurbarbaar.
Band 1. m (-es; ∙e) (het) (boek)deel, band; **2.** n (-es; ∙er) band; (Gewebe2 bsd) (het) lint; **auf ~ aufnehmen** op de band opnemen; **am laufenden ~** aan de lopende band; **3.** n (-es; -e) band.
Bandage f bandage, (het) verband.
Bandbreite f bandbreedte.
Bande f bende; (Billard) band.
Banderole f banderol.
bändigen temmen; Mensch, Gefühle intomen, beteugelen.
Bandit m (-en) bandiet.

Bandscheibe f tussenwervelschijf; ~**nschaden** m hernia.
Bandwurm m lintworm.
bange (-er od ~er; -st od ~st) bang; *mir ist* ~ ik ben bang; ~**n um** (A) zich ongerust maken over.
Bank f 1. (-; ~e) bank; *auf die lange* ~ *schieben* op de lange baan schuiven; *durch die* ~ door de bank, in de regel; 2. (-; -en) bank.
Bank|- *in Zssgn mst* bank-, *z.B.* ~**angestellte(r)** bankemployé(e f); ~**anweisung** f bankassignatie.
Bankett n (-es; -e) (het) banket; (*Straßen*2) berm.
Bankier m (-s; -s) bankier.
Bank|konto n bankrekening; ~**leitzahl** f (het) bank(code)nummer; ~**note** f (het) bankbiljet.
Bankomat m (-en) bankomaat.
bankrott 1. *Adj* bankroet, failliet; 2. 2 m (-es; -e) (het) bankroet, (het) faillissement; ~ *machen* failliet gaan.
Bank|safe m bankkluis; ~**überweisung** f overschrijving per bankgiro; ~**verbindung** f bankrelatie; ~**wesen** n (het) bankwezen.
Bann m (-es; 0) ban (a. fig); *in s-n* ~ *ziehen* weten te fascineren.
bannen verbannen; in de ban doen; (*fesseln*) betoveren, fascineren; (*festhalten*) vastleggen; *Gefahr* bezweren.
Banner n banier, (het) vaandel.
bar contant; (*nackt*) naakt; (*ohne*) zonder; *gegen, in* ~ contant; ~*er Unsinn* klinkklare onzin.
Bar f (-; -s) bar.
Bär m (-en) beer.
Baracke f barak.
Barbar m (-en) barbaar; ~**ei** f barbaarsheid; 2**isch** barbaars.
Barbe f barbeel.
bärbeißig nors, knorrig.
Barbestand m (het) kasgeld.
Bardame f barmeisje.
Bärenhunger m F reuzehonger.
barfuß bloots-, barrevoets.
Bargeld n (het) contant geld; ~**automat** m geldautomaat; 2**los**: ~*er Zahlungsverkehr* n (het) giroverkeer.
Barhocker m barkruk.
Bärin f berin.
Barkasse f barkas.
Barkeeper m barkeeper, barman.

barmherzig barmhartig, 2**keit** f barmhartigheid.
barock 1. *Adj* barok; 2. 2 m od n (-s; 0) barok; 2**stil** m barokstijl.
Barometer n barometer.
Baron(in f) m (-s; -e) baron(es f).
Barren m (*Gold*2) baar, staaf; *Sp* brug.
Barriere f barrière.
Barrikade f barricade.
barsch 1. *Adj* bars; 2. 2 m (-es; -e) baars.
Bar|schaft f contanten pl, (het) contant geld; ~**scheck** m betaalcheque.
Bart m (-es; ~e) baard; snor.
bärtig baardig, gebaard.
bartlos baardeloos.
Barzahlung f contante betaling; ~**s-preis** m prijs bij contante betaling.
Basalt m (het) basalt.
Basar m (-s; -e) bazaar.
bas|ieren (-) v/t baseren; v/i gebaseerd zijn; 2**is** f (-; *Basen*) basis.
Baskenmütze f (-n) alpinopetje.
Baß m (-sses; ~sse) bas.
Bassin n (-s; -s) (het) bassin.
Bassist m (-en) bassist.
Bast m (-es; -e) (het) bast.
Bastard m (-s; -e) bastaard.
basteln knutselen.
Bastion f (het) bastion.
Bastler m knutselaar.
Bataillon n (-s; -e) (het) bataljon.
Batist m (-es; -e) (het) batist.
Batterie f batterij; *Auto:* accu.
Batzen m F (*Haufen*) hoop.
Bau m (-es; 0) bouw; (-es; -ten) (*Gebäude*) (het) gebouw; (-es; -e) (*von Tieren*) (het) hol; *im* ~ in aanbouw.
Bau- *in Zssgn mst* bouw-, *z.B.* ~**arbeiten** f/pl bouwwerk(zaamhed)en pl; ~**arbeiter** m bouwvakarbeider, bouwvakker; ~**art** f constructie; (het) type; bouwstijl; ~**aufsicht** f (het) bouw- en woningtoezicht.
Bauch m (-es; ~e) buik; ~**decke** f buikwand; ~**fellentzündung** f buikvliesontsteking; ~**höhle** f buikholte; 2**ig** buikig; ~**lage** f ligging op de buik; ~**landung** f buiklanding; ~**muskel** m buikspier; ~**redner** m buikspreker; ~**schmerzen** m/pl buikpijn; ~**speicheldrüse** f alvleesklier; ~**tanz** m buikdans.
Bau|denkmal n (het) historisch gebouw; ~**element** n (het) bouwelement.
bauen v/t bouwen; *Straße* aanleggen;

bedenkenlos

Unfall veroorzaken; *Examen* doen; *v/i auf j-n* ~ op iem bouwen.
Bauer[1] *m* (-*n*) boer; *Schach*: pion.
Bauer[2] *n od m* vogelkooi.
Bäuer|in *f* boerin; ⚫**lich** landelijk.
Bauern|fänger *m* oplichter; **~frühstück** *n* boerenomelet; **~haus** *n*, **~hof** *m* boerderij, hoeve.
bau|fällig bouwvallig; ⚫**firma** *f* bouwonderneming; ⚫**flucht(linie)** *f* rooilijn; ⚫**führer** *m* (bouw)opzichter; ⚫**gelände** *n* (het) bouwterrein; (*Bauland*) bouwgrond; ⚫**genehmigung** *f* bouwvergunning; ⚫**gerüst** *n* steiger; ⚫**gewerbe** *n* bouwnijverheid; ⚫**herr** *m* opdrachtgever; ⚫**holz** *n* (het) timmerhout; ⚫**ingenieur** *m* bouwkundig ingenieur; ⚫**jahr** *n* (het) bouwjaar; ⚫**kasten** *m* blokken-, bouwdoos; ⚫**land** *n* bouwgrond; **~lich** bouwkundig.
Baum *m* (-*es*, *e*) boom.
Bau·material *n* (het) bouwmateriaal.
Baumbestand *m* (het) bomenbestand.
Bäumchen *n* (het) boompje.
baumeln slingeren, bungelen.
bäumen: *sich* ~ steigeren (*a. fig*).
Baum|schule *f* boomkwekerij; **~stamm** *m* boomstam; **~wolle** *f* (het) katoen.
Bau|plan *m* (het) bouwplan; **~platz** *m* (het) bouwterrein.
Bausch *m* (-*es*; *e*) (*Knäuel*) prop; (*Watte* ⚫ *a.*) dot; *in ~ und Bogen* en bloc, in zijn geheel; ⚫**ig** bol.
Bau|sparkasse *f* bouwspaarkas; **~stelle** *f* (het) bouwterrein; (*Straßen* ⚫) werken *n/pl*; *Achtung ~!* werk in uitvoering!; **~unternehmer** *m* aannemer; **~werk** *n* (het) bouwwerk.
Bauxit *m* (-*s*; *0*) (het) bauxiet.
Bayer|(in *f*) *m* (-*n*) Beier(se *f*); ⚫**isch** Beiers; **~n** *n* Beieren *n*.
Bazillus *m* (-; *Bazillen*) bacil.
be·absichtigen (-) van plan zijn, beogen; (*absichtlich tun, sagen*) bedoelen.
be·acht|en (-) (*wahrnehmen*) letten op; (*befolgen*) nakomen; ⚫**ens·wert**, **~lich** opmerkelijk; ⚫**ung** *f* inachtneming; *zur ~!* ter attentie!; *~ finden* de aandacht trekken; *~ schenken* (*D*) aandacht schenken aan.
Be·amt|e(r) ambtenaar, beambte; **~enschaft** *f* (het) ambtenarencorps; **~in** *f* vrouwelijke beambte, ambtenares.
be·ängstigend angstaanjagend.

be·anspruch|en (-) (*fordern*) aanspraak maken op, eisen; *Platz, Zeit* in beslag nemen; *Tech* belasten; **stark beansprucht sein** *Pers*: het erg druk hebben; ⚫**ung** *f* opeising, eis; inbeslagneming; belasting.
be·anstand|en (-) kritiseren; (*sich beschweren*) bezwaar maken tegen; *Waren* afkeuren; ⚫**ung** *f* kritiek; (het) bezwaar; afkeuring.
be·antragen (-) aanvragen, verzoeken om; (*vorschlagen*) voorstellen.
be·antwort|en (-) beantwoorden; ⚫**ung** *f* beantwoording.
be·arbeit|en (-) bewerken (*a. fig*); (*behandeln*) behandelen; ⚫**er(in** *f*) *m* bewerker *m*, bewerkster *f*; verantwoordelijke ambtenaar (ambtenares *f*); ⚫**ung** *f* bewerking; behandeling; ⚫**ungsgebühr** *f* administratiekosten *pl*.
Be·atmung *f*: *künstliche ~* kunstmatige ademhaling.
be·aufsichtig|en (-) toezicht uitoefenen op; surveilleren; ⚫**ung** *f* (het) toezicht.
be·auftrag|en (-) belasten, opdragen; ⚫**te(r)** gevolmachtigde.
bebau|en (-) bebouwen; *agr* bewerken; ⚫**ung** *f* bebouwing; bewerking.
beben 1. (*vor D*) beven (van), trillen (van). **2.** ⚫ *n* (*Erd* ⚫) aardbeving.
Becher *m* beker.
Becken *n* (het) bekken (*a. Geogr etc.*).
bedacht: ~ *auf* (*A*) bedacht op.
Bedacht *m* (-*es*; *0*) bedachtzaamheid, (het) overleg; *mit ~* weloverwogen.
bedächtig bedachtzaam.
bedanken (-): *sich ~* danken.
Bedarf *m* (-*es*; *0*) behoefte; (*je*) *nach ~* al naar behoefte; **~s·artikel** *m* (het) gebruiksartikel; *pl bsd* benodigdheden *pl*; **~s·haltestelle** *f* halte op verzoek.
bedauer|lich betreurenswaardig; **~licherweise** helaas; **~n 1.** (-) betreuren; *j-n* beklagen; *ich bedau(e)re* het spijt mij; **2.** ⚫ *n* (het) leedwezen, spijt; *zu meinem ~* tot mijn spijt; **~ns·wert** betreurens-, beklagenswaardig.
bedeck|en (-) bedekken; **~t** *Himmel*: betrokken; ⚫**ung** *f* bedekking.
bedenk|en (-) (*sich*) (zich) bedenken; *etw a.* overdenken; ⚫**en** *n* bedenking; (*Einwendung bsd*) (het) bezwaar; **~en·los** zonder bezwaar; (*skrupellos*)

bedenklich 328

gewetenloos; ~**lich** bedenkelijk; ℒ**zeit** f bedenktijd.
bedeut|en (-) (D, für A) betekenen (voor); j-m etw te verstaan geven; ~**end** belangrijk; (umfangreich; sehr) aanzienlijk; ~**sam** veelbetekenend; ℒ**ung** f betekenis; **von ~ sein** van belang zijn; ~**ungs-los** onbetekenend; ~**ungs-voll** belangrijk, veelbetekenend.
bedien|en (-) bedienen (a. Tech); **sich ~** (G) zich bedienen van; ℒ**stete(r)** ambtenaar m, ambtenares f.
Bedienung f bediening; ~ **(nicht) inbegriffen** met (zonder) bediening; ~**s·anleitung** f gebruiksaanwijzing; ~**s·geld** n fooi, (het) drinkgeld.
beding|en (-) (schwaches Verb) vereisen, veronderstellen; (verursachen) veroorzaken; ~**t** voorwaardelijk; (abhängig) afhankelijk; ℒ**ung** f voorwaarde; ~**ungs-los** onvoorwaardelijk.
bedräng|en (-) in 't nauw brengen; ℒ**nis** f (-; -se) nood, benarde toestand.
bedroh|en (-) bedreigen; ~**lich** dreigend; ℒ**ung** f bedreiging.
bedrück|en (-) bedrukken, bedrukt maken; ~**end** drukkend, beklemmend; ~**t** bedrukt.
Beduine m (-n) bedoeïen.
bedürfen (G) nodig hebben, (im Negativsatz bsd) hoeven.
Bedürf|nis n (-ses; -se) behoefte; ~**nisanstalt** f (het) openbaar toilet, openbare W.C.; ℒ**tig** behoeftig; ~**tig·keit** f behoeftigheid.
Beefsteak n biefstuk; (Tatarℒ) tartaar; **deutsches ~** (het) gebraden gehakt.
be·eilen (-): **sich ~** zich haasten.
be·eindruck|en (-) indruk maken op; ~**end** indrukwekkend; ~**t**: (tief) **~ sein** (diep) onder de indruk zijn.
be·ein|flussen (-;-ßt; -) beïnvloeden; ~**trächtigen** (-) schaden, afbreuk doen aan; (verringern) verminderen.
be·end|ig|en (-) beëindigen, een einde maken aan; (vollenden) voltooien.
be|engt: sich ~ fühlen een benauwd gevoel hebben; **~ wohnen** erg klein behuisd zijn; ~**erben** (-) erven van.
be·erdig|en (-) begraven; ℒ**ung** f begrafenis; ℒ**ungs·anstalt** f begrafenisonderneming.
Beere f bes.

Beet n (-ℯs; -e) (het) (bloem)bed, (het) perk.
befähig|en (-) bekwamen; **~ zu** (D) in staat stellen tot; ~**t** bekwaam; ℒ**ung** f geschiktheid, bekwaamheid; (Begabung) begaafdheid, aanleg.
befahr|bar berijdbaar; mar bevaarbaar; ~**en** (-) berijden; mar bevaren; **stark ~** Adj druk.
befallen (-) overvallen, overkomen.
befangen Adj verlegen, bevangen; (parteiisch) vooringenomen; ℒ**heit** f verlegenheid; vooringenomenheid.
befassen (-): **sich ~ mit** (D) zich bezighouden met.
Befehl m (-ℯs; -e) (het) bevel, order; mil u. EDV (het) commando; ℒ**en*** (-) bevelen; ~**s·haber** m bevelhebber; ~**s·verweigerung** f insubordinatie.
befestig|en (-) bevestigen; (an [D] a.) vastmaken; (stärken, a. mil u. fig) versterken; ~**t** Straße: verhard; ℒ**ung** f bevestiging; versterking; verharding.
befeuchten (-) natmaken, bevochtigen.
befind|en (-) bevinden, oordelen; **~ über** (A) beoordelen; **sich ~** zich bevinden.
Befinden n toestand; (het) oordeel.
befindlich aanwezig.
beflaggen (-) met vlaggen tooien.
beflecken (-) bevlekken (a. fig).
beflügeln (-) bevleugelen (a. fig); (beschleunigen) bespoedigen.
befolgen (-) opvolgen, naleven.
beförder|n (-) vervoeren, transporteren; (im Rang) bevorderen; ℒ**ung** f (het) vervoer, (het) transport; bevordering; ℒ**ungs·mittel** n (het) vervoermiddel.
befrag|en (-) ondervragen; (konsultieren) raadplegen; ℒ**ung** f ondervraging, enquête; raadpleging.
befrei|en (-) bevrijden; (von Abgaben, Pflichten) vrijstellen; ℒ**er(in** f) m bevrijder m, bevrijdster f; ℒ**ung** f bevrijding; vrijstelling; ℒ**ungs·kampf** m vrijheidsstrijd.
befremd|en (-) bevreemden; ℒ**en** n bevreemding; ~**lich** bevreemdend.
befreund|en (-): **sich ~ mit** j-m vriendschap sluiten met; etw zich vertrouwd maken met; ~**et** bevriend.
befrieden (-) pacificeren.
befriedig|en (-) bevredigen (a. sexuell), tevredenstellen; ~**end** Note: voldoen-

Beherrschung

de; ~t tevreden; ℒung f bevrediging; (*Zufriedenheit*) voldoening.
befristet tijdelijk; ~ **auf** (*A*) voor een termijn van.
befrucht|en (-) bevruchten (*a. fig*); ℒung f bevruchting.
Befug|nis f (-; -*se*) bevoegdheid; ℒt (*zu D*) bevoegd (tot).
befühlen (-) bevoelen.
befummeln (-) F frunniken aan.
Befund m bevinding; *Med* diagnose.
befürcht|en (-) vrezen, (*selten*) duchten; ℒung f (*a.* ~**en** *pl*) vrees.
befürwort|en (-) bepleiten, pleiten voor, voorstaan; ℒer(**in** f) m bepleiter m, bepleitster f; ℒung f bepleiting.
begabt begaafd; ℒung f begaafdheid.
begeben *Hdl* uitgeven; **sich** ~ (**nach** [*D*], **in** [*A*]) zich begeven (naar); ℒheit f gebeurtenis, (het) voorval.
begegn|en (-; *sn*) (*D*) ontmoeten, tegenkomen; (*behandeln*) bejegenen, behandelen; **sich** ~ elkaar ontmoeten; ℒung f ontmoeting.
begehen (-) *Fest* vieren; (*tun*) begaan; *Verbrechen a.* plegen.
begehr|en (-) begeren, verlangen; ~**enswert** begerenswaardig; ~**lich** begeerlijk; ℒ**lichkeit** f begerigheid; ~**t** gewild.
begeister|n (-) verrukken, bezielen; **sich** ~ **für** (*A*) geestdriftig worden voor; ~**t** geestdriftig, enthousiast; ℒung f geestdrift, (het) enthousiasme.
Begier|de f begeerte; ℒ**ig** begerig.
begießen (-) begieten, besproeien.
Beginn m (-*es*; 0) (het) begin; **zu** ~ (*G*) bij het begin van; ℒ**en*** (-) beginnen.
beglaubig|en (-) (*amtlich*) legaliseren, waarmerken; ℒ**ungs-schreiben** n geloofsbrieven *pl*.
begleich|en (-) *Rechnung* vereffenen; ℒung f vereffening.
begleit|en (-) begeleiden (*a. Mus*), vergezellen; ℒ**er**(**in** f) m begeleider m, begeleidster f; ℒ**erscheinung** f (het) bijverschijnsel; ℒ**papiere** n/*pl* geleidepapieren n/*pl*, documenten n/*pl*; ℒ**schreiben** n (het) begeleidend schrijven; ℒ**umstände** m/*pl* bijkomende omstandigheden *pl*; **in** ~ (**von** [*D*] *od G*) vergezeld (van).
beglück|en (-) verblijden, gelukkig maken; ~**wünschen** (-) (*zu D*) gelukwensen (met), feliciteren (met).

begnadig|en (-) gratie verlenen aan; ℒung f gratie.
begnügen (-): **sich** ~ **mit** (*D*) zich vergenoegen met, genoegen nemen met.
Begonie f begonia.
begraben (-) begraven (*a. fig*).
Begräbnis n (-*ses*; -*se*) begrafenis.
begreif|en (-) begrijpen; ~**lich** begrijpelijk; ~ **machen** duidelijk maken.
begrenz|en (-) begrenzen; *fig* (**auf** *A*) beperken (tot); ℒung f begrenzing; beperking.
Begriff m (het) begrip; **im** ~ **sein zu** op het punt staan te; **schwer von** ~ F traag van begrip; ~**s-verwirrung** f begripsverwarring.
begründ|en (-) oprichten, stichten, motiveren; ℒ**er**(**in** f) m oprichter m, oprichtster f, stichter m, stichtster f; ~**et** gegrond; ℒung f oprichting, stichting; motivering.
begrüß|en (-) begroeten, verwelkomen; *etw* toejuichen; ℒung f begroeting, verwelkoming.
be|günstigen (-) begunstigen; *j-n a.* bevoordelen; ~**gutachten** (-) advies uitbrengen over; ~**gütert** bemiddeld, gegoed; ~**haart** behaard; ~**häbig** sloom; *Adv* op zijn gemak.
behag|en (-) (*D*) behagen, bevallen; ℒen n (het) behagen; ~**lich** behaaglijk; (*anheimelnd bsd*) knus.
be|halten (-) (be)houden; *fig* onthouden; ℒ**hälter** m (het) reservoir; bak; kan; tank.
behand|eln (-) behandelen; ℒung f behandeling.
beharr|en (-) (*auf D*) blijven (bij); ~**lich** standvastig, volhardend; ℒ**lichkeit** f volharding, standvastigheid.
behaupt|en (-) beweren; (*halten*) (**sich**) ~ (zich) handhaven; ℒung f bewering; handhaving.
Be|hausung f behuizing; ℒ**heben** (-) *Schaden* verhelpen; *Schwierigkeit* uit de weg ruimen; ℒ**heizt** verwarmd.
behelf|en (-): **sich** ~ **mit** (*D*) zich behelpen met; ~**s-mäßig** voorlopig, nood-.
be|helligen (-) lastig vallen; ~**hend**(**e**) behendig, handig; ~**herbergen** (-) herbergen.
beherrsch|bar beheersbaar; ~**en** (-) (**sich**) (zich) beheersen; ℒ**t-heit** f beheerstheid; ℒung f beheersing.

beherzig|en (-) behartigen, ter harte nemen; ~t moedig.
behilflich behulpzaam.
behinder|n (-) hinderen; *Aussicht* belemmeren; ⸿te(r) gehandicapte; ~tengerecht aangepast aan gehandicapten; ⸿ung f (het) hinderen, belemmering.
Behörd|e f overheid, (het) bestuur, autoriteit; instantie; ⸿lich van de overheid, officieel.
behüten (-) (*vor D*) behoeden (voor); *Gott behüte!* God beware!
behutsam behoedzaam.
bei (*D*) bij; ~ *der Arbeit sein* aan 't werken zijn.
beibehalt|en (-) behouden, vasthouden aan, handhaven; ⸿ung f (het) behoud.
beibringen (*lehren*) bijbrengen; *Beweise*, *Gründe*, *Zeugen* aanvoeren; *Wunde*, *Niederlage* toebrengen.
Beicht|e f biecht; ⸿en biechten; ~stuhl m biechtstoel.
beide beide(n); (*alle*) ~ allebei.
beider|lei: ~ *Geschlechts* van beiderlei kunne; ~seitig wederzijds; (*auf den zwei Seiten*) aan beide zijden; ~seits (*G*) aan weerskanten (van).
beidrehen mar bijdraaien.
beieinander bij elkaar, bijeen.
Beifahrer|(in f) m bijrijder m, bijrijdster f; ~sitz m plaats naast de chauffeur.
Bei|fall m bijval, (het) applaus; ~ *klatschen* applaudisseren; ⸿fällig instemmend, goedkeurend; ⸿fügen bijvoegen; (*e-r Sendung bsd*) insluiten (bij).
beige beige.
bei|geben: *klein* ~ bakzeil halen; ⸿ge-ordnete(r) wethouder; ⸿geschmack m bijsmaak; ⸿hilfe f jur medeplichtigheid; (*Geld*) tegemoetkoming; ~kommen (*D*) vat krijgen op.
Beil n (-*es*; -*e*) bijl.
Bei|lage f bijlage; *kul* garnering; ⸿läufig terloops; ⸿legen bijleggen; (*beifügen*) insluiten, bijvoegen; ⸿legung f bijlegging; bijvoeging; ⸿leibe: ~ *nicht* zeker niet.
Beileid n deelneming, (het) medeleven; *herzliches* ~! gecondoleerd!; ~s·karte f (het) condoléancekaartje.
beiliegen ingesloten zijn; ~d ingesloten, bijgaand.
beim = *bei dem*.

bei|messen toekennen (aan), toeschrijven (aan); *Bedeutung*, *Wert* hechten aan; ~mischen mengen onder.
Bein n (-*es*; -*e*) (het) been; (*Tisch* ⸿) poot; *ein* ~ *stellen* een beentje lichten (*a. fig*); *auf die* ~*e bringen* op de been brengen (*a. fig*); *sich kein* ~ *ausreißen* zich niet overwerken.
beinah(e) bijna, haast.
Beinbruch m beenbreuk.
be-inhalten (-) inhouden.
Beinprothese f (het) kunstbeen.
beipflichten (*D*) instemmen (met); *j-m bsd* gelijk geven.
Beirat m (het) adviescollege.
be-irren: *sich nicht* ~ *lassen* zich niet van de wijs laten brengen.
beisammen bijeen, bij elkaar; ⸿sein n (het) samenzijn.
Bei|schlaf m bijslaap; ~sein n: *im* ~ *von* (*D*) in (het) bijzijn van.
beiseite opzij; *Spaß* ~! alle gekheid op een stokje!; ~ *schaffen* (*verstecken*) doen verdwijnen; (*beseitigen*) uit de weg ruimen; ~ *legen* opzij leggen.
beisetz|en bijzetten; ⸿ung f bijzetting.
Beisitzer(in f) m bijzitter m, bijzitster f.
Beispiel n (het) voorbeeld; *zum* ~ (*z. B.*) bijvoorbeeld (b.v.); ⸿haft voorbeeldig; ⸿los weergaloos, ongeëvenaard; ⸿s·weise bijvoorbeeld.
beispringen (*D*) bijspringen.
beiß|en* bijten (*a. fig*); *Farben*: vloeken; ~end bijtend (*a. fig*); ⸿zange f nijptang.
Bei|stand m bijstand, hulp; *jur Pers*: raadsman; ⸿stehen (*D*) bijstaan; ⸿steuern (*zu D*) bijdragen (tot).
Beitrag m (-*es*; -*e*) bijdrage; (*Versicherungs* ⸿) premie; (*Mitglieds* ⸿ *bsd*) contributie; ⸿en (*zu D*) bijdragen (tot); ~s·zahlung f premiebetaling; contributiebetaling.
bei|treten (*D*) toetreden (tot), zich aansluiten (bij); ⸿tritt m toetreding; ⸿wagen m zijspan; (*Straßenbahn* ⸿) aanhangwagen; ~wohnen (*D*) bijwonen.
Beize f beits; *kul* marinade.
beizeiten bijtijds, tijdig.
beizen (-*t*) beitsen; *Tabak* sausen.
bejah|en (-) bevestigen; (*positiv eingestellt sein*) positief staan tegenover; ~end bevestigend; positief; ⸿ung f instemming.

bejahrt bejaard.
bejubeln (-) bejubelen, toejuichen.
bekämpf|en (-) bestrijden; ⸗**ung** f bestrijding.
bekannt bekend; ~ **machen** (*mit j-m*) voorstellen (aan); *mit j-m* ~ **werden** kennis met iem maken; ⸗**e(r)** kennis; ⸗**en-kreis** m kennissenkring; ⸗**gabe** f bekendmaking; ⸗**geben** bekendmaken; ⸗**lich** zoals bekend; ~**machen** bekendmaken; ⸗**machung** f bekendmaking, kennisgeving; ⸗**schaft** f (*Bekannte*) kennissen pl; (*Person*) kennis; (*mit e-r S.*) kennis (van).
bekehr|en (-) (*sich*) (zich) bekeren; ⸗**ung** f bekering.
bekennen (-) bekennen; *sich zu e-r Religion* ~ een godsdienst belijden; *sich* ~ *zu e-r Lehre, Partei* zich uitspreken voor; *zu j-m* het opnemen voor; *sich schuldig* ~ zich schuldig bekennen.
Bekenntnis n (-ses; -se) bekentenis; (*Bezeugung*) belijdenis, getuigenis (a. het); (*Religion*) godsdienst, (het) geloof.
beklag|en (-) beklagen, betreuren; *sich* ~ *über* (*A*) klagen over; ⸗**ens-wert** beklagenswaardig; ⸗**te(r)** gedaagde.
bekleben (-) beplakken.
bekleid|en (-) bekleden; ⸗**ung** f bekleding; (*Kleidung*) kleding.
beklemm|end beklemmend; ⸗**ung** f beklemming, benauwdheid.
be|klommen benauwd; ~**kloppt** F getikt, gek.
bekommen (-) krijgen; *Brief, Mitteilung* ontvangen; *zu essen* (*hören*) ~ te eten (horen) krijgen; *j-m gut* (*schlecht*) ~ iem goed (slecht) bekomen; *wohl bekomm's!* wel bekome het U!
be|kömmlich goed bekomend, gezond; ~**köstigen** (-) de kost geven; ~**kräftigen** (-) bekrachtigen; ~**kreuzigen** (-): *sich* ~ een kruis(teken) maken; ~**kritzeln** (-) volkrabbelen.
bekümmer|n (-) bedroeven, (*Sorge bereiten*) zorg baren, bezorgd maken; *sich* ~ *um* (*A*) zich bekommeren om; ~**t** bekommerd, bezorgd.
be|kunden (-) laten blijken; ~**lächeln** (-) glimlachen om; ~**laden** (-) beladen.
Belag m (-*es*; -*e*) bedekking; *Med* aanslag; (*Brems*⸗) voering; (*Brot*⸗) het beleg(sel); (*Straßen*⸗) (het) wegdek.

belager|n (-) belegeren (*a. fig*); ⸗**ung** f belegering (*a. fig*), (het) beleg; ⸗**ungs-zustand** m staat van beleg.
Belang m (-*es*; -*e*) (het) belang; ⸗**en** (-) (*wegen G*) *j-n* ter verantwoording roepen (voor); *jur* vervolgen (wegens); ⸗**los** onbelangrijk.
belast|bar belastbaar; ~**en** (-) belasten (*a. fig u. Hdl*); *jur* bezwarende verklaringen pl afleggen voor; ~**end** *jur* bezwarend.
belästig|en (-) lastig vallen; ⸗**ung** f (het) lastig vallen; storing.
Belastung f belasting (*a. fig*); *Hdl* debitering; ⸗**s-zeuge** m getuige à charge.
be|laufen (-): *sich* ~ *auf* (*A*) bedragen, belopen; ~**lauschen** (-) afluisteren.
beleb|en (-) doen opleven; *fig bsd* verlevendigen; *sich* ~ opleven; *Verkehr*: druk(ker) worden; ~**end** opwekkend; ~**t** levend; *Straße*: druk; ⸗**ung** f opleving; verlevendiging.
Beleg m (-*es*; -*e*) (het) bewijs; (*Rechnungs*⸗) kwitantie; ⸗**en** (-) beleggen; (*beweisen*) bewijzen; (*reservieren*) bespreken; (*besetzen*) bezetten; *Kurs* zich inschrijven voor; ~**schaft** f (het) personeel; ⸗**t** *Brötchen*: belegd; *Zunge*: beslagen; *Stimme*: dof; (*besetzt*) bezet.
belehr|en (-) onderrichten; (*informieren*) inlichten; *j-n e-s Besseren* ~ iem uit de droom helpen; ⸗**ung** f onderrichting; inlichting, raad.
beleibt (zwaar)lijvig.
beleidig|en (-) beledigen; ~**end** beledigend; ⸗**ung** f belediging.
Belesenheit f belezenheid.
beleucht|en (-) verlichten; *fig* belichten; ⸗**ung** f verlichting; belichting.
Belg|ien n België n; ~**ier**(**in** f) m Belg(ische f); ⸗**isch** Belgisch.
belicht|en (-) *Foto*: belichten; ⸗**ung** f belichting; ⸗**ungs-messer** m belichtingsmeter.
Belieb|en n: *nach* ~ naar believen; ⸗**ig** willekeurig; ⸗**t lange** zo lang als men (maar) wil; ⸗**t** geliefd, populair; *S. a.*: in trek; ~**t-heit** f populariteit.
beliefer|n (-) leveren aan; (*mit D*) voorzien (van); ⸗**ung** f levering.
bellen (-) blaffen.
belohn|en (-) belonen; ⸗**ung** f beloning.
Belüftung f ventilatie.
belügen (-) beliegen.

belustigen 332

belustig|en (-) (*sich*) (zich) vermaken; **~d** vermakelijk; ℒung *f* (het) vermaak.
be|mächtigen (-) (*G*) zich meester maken van; **~malen** (-) beschilderen; **~mängeln** (-) (be)kritiseren, aanmerkingen *pl* maken op; **~mannt** bemand; **~mänteln** (-) verbloemen.
bemerk|bar merkbaar; *sich* **~ machen** zich vertonen; de aandacht trekken; **~en** (-) (be)merken; (*sagen*) opmerken; **~ens·wert** opmerkelijk; ℒung *f* opmerking.
be|mitleiden (-) medelijden hebben met; **~mittelt** bemiddeld.
bemüh|en (-) lastig vallen; *sich* **~** (*um A*) moeite doen (voor); **~ Sie sich nicht!** doet U geen moeite!; *bemüht sein* zijn best doen; ℒung(**en** *pl*) *f* moeite.
benachbart naburig; (*angrenzend*) belendend.
benachrichtig|en (-) op de hoogte brengen, inlichten, waarschuwen; ℒung *f* waarschuwing; (het) bericht.
benachteilig|en (-) benadelen; ℒung *f* benadeling.
benebelt beneveld.
benehm|en (-): *sich* **~** zich gedragen; ℒ**en** *n* (het) gedrag, manier van doen.
beneiden (-) (*j-n um A*) benijden (om); **~s·wert** benijdenswaardig.
benennen (-) noemen.
Bengel *m* bengel.
be|nommen versuft; **~noten** (-) een cijfer geven (voor); **~nötigen** (-) nodig hebben; *benötigt werden* nodig zijn.
benutz|en (-) gebruiken; ℒ**er**(**in** *f*) *m* gebruiker *m*, gebruikster *f*; ℒung *f* (het) gebruik.
Benzin *n* (-*s*; -*e*) benzine; **~gutschein** *m* benzinebon; **~kanister** *m* (het) benzineblik, benzinebus; **~uhr** *f* benzinemeter.
be·obacht|en (-) gadeslaan, waarnemen; (*befolgen*) in acht nemen; ℒ**er** *m* waarnemer; ℒung *f* waarneming; inachtneming; ℒungs·gabe *f* (het) waarnemingsvermogen.
bepflanzen (-) beplanten.
bepinseln (-) beschilderen.
bequem (ge)makkelijk; *Pers*: gemakzuchtig; **~en** (-): *sich* **~** (ongaarne) overgaan; (*sich herablassen*) zich verwaardigen; ℒ**lichkeit** *f* (het) gemak; (*Faulheit*) gemakzucht.

berat|en (-) *j-n* adviseren, raad geven; *etw* bespreken; *sich* **~** beraadslagen; ℒ**er** *m* raadgever, adviseur; ℒ**erin** *f* raadgeefster, adviseuse; **~schlagen** (-) beraadslagen; ℒung *f* beraadslaging; (*Rat*) (het) advies; *Arzt*: consultatie, (het) consult; ℒungs·stelle *f* (het) consultatie-, adviesbureau.
beraub|en (-) beroven; ℒung *f* beroving.
berauschen (-) (*sich*) (zich) bedwelmen; (*sich betrinken bsd*) zich bedrinken; **~d** bedwelmend.
berechn|en (-) berekenen (*a. fig*); **~end** berekenend; ℒung *f* berekening (*a. fig*).
berechtig|en (-) (*zu D*) het recht geven (tot); **~t** gerechtigd; (*begründet*) gerechtvaardigd; ℒung *f* (het) recht.
bered|en (-) bespreken; (*überreden*) overhalen; **~sam** welbespraakt; **~t** welsprekend.
Bereich *m* (-*es*; -*e*) (het) bereik; (*Gebiet*, *a. fig*) (het) gebied.
bereicher|n (-): *sich* **~** (*an D*) zich verrijken (aan); ℒung *f* verrijking (*a. fig*).
Be|reifung *f* banden *pl*; ℒ**reinigen** (-) in het reine brengen; *Schwierigkeiten* uit de weg ruimen; **~reisen** (-) bereizen.
bereit (*gewillt*) bereid; (*fertig*) gereed, klaar; **~en** (-) bereiden, klaarmaken; *Kummer*, *Schwierigkeiten* veroorzaken; *Sorge* baren; **~halten** gereedhouden.
bereits al, reeds.
Bereitschaft *f* gereedheid; (*Geneigtheit*) bereid(willig)heid; **~s·dienst** *m* dienst.
bereit|stellen klaarzetten; *Geld* beschikbaar stellen; ℒung *f* bereiding.
bereitwillig bereidwillig; ℒ**keit** *f* bereidwilligheid.
bereuen (-) berouwen, spijt hebben van.
Berg *m* (-*es*; -*e*) berg; *die Haare stehen mir zu* **~e** de haren rijzen mij te berge.
Berg- *in Zssgn mst* berg-, *z.B.* ℒ**ab** bergaf; ℒ**an**, ℒ**auf** bergop; **~arbeiter** *m* mijnwerker; **~bau** *m* mijnbouw; **~bewohner** *m* bergbewoner.
bergen* bergen; *in sich* **~** bevatten.
Berg|führer *m* berggids; **~hütte** *f* berghut; ℒ**ig** bergachtig; **~mann** *m* (-*es*; *Bergleute*) mijnwerker; **~predigt** *f* Bergrede; **~sport** *m* bergsport; **~steigen** *n* (het) bergbeklimmen; **~steiger**(**in** *f*) *m* bergbeklimmer, bergbeklimster *f*; **~tour** *f* bergtocht.

Bergung f berging; ~s-gesellschaft f bergingsmaatschappij.
Berg|wandern n (het) bergwandelen; ~werk n mijn.
Bericht m (-es; -e) (het) verslag; (Kurz♀) (het) bericht; ♀en (-) meedelen, melden; (über A) verslag uitbrengen (over); ~erstatter m verslaggever; ~erstattung f verslaggeving.
be|richtigen (-) verbeteren; ~rieseln (-) besproeien; fig bewerken.
Berlin n Berlijn n; ~er 1. Adj Berlijns; 2. m Berlijner; (Krapfen) Berlijnse bol.
Bernstein m (het) barnsteen.
bersten* (sn) (vor D) barsten (van).
berüchtigt berucht.
berücksichtig|en (-) rekening houden met; ♀ung f inachtneming.
Beruf m (het) beroep; im ~ stehen een beroep uitoefenen; **♀en 1.** (-) (ernennen) benoemen; **sich ~ auf** (A) zich beroepen op; **2.** Adj (befähigt) bevoegd; **sich ~ fühlen** zich geroepen voelen; ♀lich van het beroep, beroeps-.
Berufs|- in Zssgn mst beroeps-, z.B. ~anfänger(in f) m jonge beroepskracht (a. f.); ~ausbildung f beroepsopleiding; ~beratung f beroeps(keuze)voorlichting; ~leben n (het) beroepsleven; ~schule f vak-, streekschool; ~sportler m prof(essional).
berufstätig werkend; ~ **sein** werken; ♀e(r) m werkende, werknemer.
Berufsverkehr m (het) spitsuur.
Berufung f roeping; benoeming; jur (het) beroep; ~ **einlegen** jur in (hoger) beroep gaan.
beruhen (-) (auf D) berusten (op); etw auf sich ~ lassen iets laten rusten.
beruhig|en (-) geruststellen; sich ~ bedaren, kalmeren, ~end geruststellend; ~t gerustgesteld; ♀ung f kalmering; (Gefühl) geruststelling; zu Ihrer ~ om U gerust te stellen; ♀ungs-mittel n (het) kalmeringsmiddel.
berühmt beroemd; ♀heit f beroemdheid.
berühr|en (-) aanraken; (erwähnen) aanstippen; (angehen) raken; ♀ung f aanraking, (het) contact; ♀ungs-punkt m (het) aanrakingspunt (a. fig).
besag|en (-) zeggen, luiden; (bedeuten) betekenen; ~t genoemd.

beschlagnahmen

besänftig|en (-) kalmeren, sussen; ♀ung f kalmering, (het) sussen.
Besatz m garnering.
Besatzung f bezetting; (Crew) bemanning; ~s-macht f bezettende mogendheid; ~s-zone f bezettingszone.
besaufen (-) F: **sich ~** zich bezatten.
beschädig|en (-) beschadigen; ♀ung f beschadiging.
beschaffen 1. (-) v/t bezorgen; etw ist nicht zu ~ te krijgen; **2.** Adj geaard, van die aard; **wie ist es ~ mit** (D) gesteld met; ♀heit f gesteldheid, aard.
Beschaffung f aanschaffing.
beschäftig|en (-) werk geven aan, tewerkstellen; (innerlich bewegen) bezighouden; **sich ~ mit** (D) zich bezighouden met; ~t bezig; (bei D) werkzaam; ♀te(r) (het) personeelslid, werknemer m, werkneemster f; ♀ung f bezigheid, (het) werk; (Personal) tewerkstelling.
beschämen (-) beschamen.
beschatten (-) be-, overschaduwen; fig j-n schaduwen.
beschaulich beschouwelijk, contemplatief; (friedlich) rustig.
Bescheid m (-es; -e) (Antwort) (het) antwoord, beslissing; (Auskunft) inlichting; ~ **wissen** (**sagen**) **über** (A) op de hoogte zijn (brengen) van.
bescheiden Adj bescheiden; ♀heit f bescheidenheid.
bescheinig|en (-) attesteren, bevestigen; schriftelijk verklaren; ♀ung f (het) attest, verklaring, (het) bewijs.
be|scheißen (-) P beschijten; fig bedonderen; ~schenken (-): **j-n ~ mit** (D) iem iets schenken.
bescher|en (-) schenken, cadeau(s n/pl) geven; iron bezorgen; ♀ung f pakjesavond; fig F (het) gedonder; **das ist ja e-e schöne ~!** dat is me wat moois!
be|schichten (-) van een laag voorzien; ~schießen (-) beschieten; ~schildern (-) bewegwijzeren.
beschimpf|en (-) uitschelden, beledigen; ♀ung f belediging.
beschissen P rot, belabberd.
Beschlag m (het) beslag; (Niederschlag) aanslag; **in ~ nehmen, mit ~ belegen** in beslag nemen; ♀en 1.(-) beslaan; **2.** Adj onderlegd; ~nahme f inbeslagneming; ♀nahmen (-) in beslag nemen, beslag leggen op.

beschleichen (-) *fig* bekruipen.
beschleunig|en (-) versnellen; *Ablauf a.* bespoedigen; *Auto:* optrekken; **2ung** *f Auto:* (het) optrekken, acceleratie.
beschließen (-) besluiten.
Beschluß *m* (het) besluit; *e-n ~ fassen* een besluit nemen; **2fähig** met beslissingsbevoegdheid.
be|schmieren (-) besmeren; *(beschmutzen)* bevuilen; *(bemalen)* bekladden; **~schmutzen** (-) bevuilen; *fig* bevlekken; **~schneiden** (-) besnijden (*a. Rel*), afsnijden; *fig* besnoeien, beknotten; **~schnuppern** (-) besnuffelen.
beschönig|en (-) vergoelijken, goedpraten; **2ung** *f* vergoelijking.
beschränk|en (-) beperken; *sich ~ auf (A)* zich beperken tot.
beschrankt *Esb* bewaakt.
beschränk|t beperkt; **2ung** *f* beperking.
beschreib|en (-) beschrijven; **2ung** *f* beschrijving.
beschreiten (-) bewandelen (*a. fig*).
beschriften (-) beschrijven.
beschuldig|en (-) beschuldigen; **2te(r)** *jur* verdachte; **2ung** *f* beschuldiging.
beschummeln (-) F bedonderen.
Beschuß *m* beschieting.
beschütz|en (-) *(vor D)* beschermen (tegen); **2er(in** *f***)** *m* beschermer *m*, beschermster *f*.
Beschwerde *f* klacht, grief, (het) bezwaar; (het) beklag; *(Mühe)* last; **~n** *pl Med* klachten *pl*; *e-r Reise* ongemakken *n/pl*; **~buch** *n* (het) klachtenboek; **~führer** *m* klager, reclamant.
beschwer|en (-) belasten, bezwaren (*bsd fig*); *sich ~ über (A)* zich beklagen (over); **~lich** bezwaarlijk, lastig.
be|schwichtigen (-) kalmeren; *Gewissen* sussen; **~schwindeln** (-) bedriegen; *(belügen)* beliegen; **~schwipst** F aangeschoten; **~schwören** (-) bezweren; **~sehen** (-) bezien, bekijken.
beseitig|en (-) uit de weg ruimen; *Schmutz* opruimen; **2ung** *f* (het) uit de weg ruimen; opruiming.
Besen *m* bezem; **~stiel** *m* bezemsteel.
besessen bezeten.
besetz|en (-) bezetten (*a. Amt, Platz etc.*); *Haus* kraken; **~t** bezet; *Tel* in gesprek; **2t-zeichen** *n Tel* bezettoon; **2ung** *f* bezetting.

besichtig|en (-) bezichtigen; **2ung** *f* bezichtiging.
be|siedeln (-) bevolken; **~siegeln** (-) bezegelen (*a. fig*); **~siegen** (-) overwinnen; **~singen** (-) bezingen.
besinn|en (-): *sich ~ auf (A) (überlegen)* nadenken over; *(sich erinnern)* zich (iets) herinneren; *sich anders ~* van gedachte(n) veranderen; **2ung** *f* bezinning; *zur ~ kommen* tot bewustzijn (*fig* tot bezinning) komen; **~ungs-los** bewusteloos; *(von Sinnen)* onbeheerst.
Besitz *m* (-*es*; 0) (het) bezit; *~ ergreifen von (D)* iets in bezit nemen; **2en** (-) bezitten; **~er(in** *f***)** *m* bezitter *m*, bezitster *f*, eigenaar *m*, eigenares *f*; **~ergreifung** *f* inbezitneming; **~stand** *m* bezittingen *pl*; *fig* verworven rechten *n/pl*; **~tum** *n* (-*s*; *⸗er*) bezitting, (het) bezit.
besoffen F dronken, bezopen.
besohlen (-) verzolen.
besold|en (-) bezoldigen, salariëren; **2ung** *f* bezoldiging; (het) salaris.
besonder bijzonder; **2heit** *f* bijzonderheid; **~s** bijzonder; *(vor allem)* in 't bijzonder, vooral.
besonnen *Adj* bezonnen, bedachtzaam; **2heit** *f* bezonnen-, bedachtzaamheid.
besorg|en (-) bezorgen; *(betreuen)* zorgen voor; **2nis** *f* (-; -*se*) bezorgdheid, zorg; **~nis-erregend** zorgwekkend; **~t** bezorgd, ongerust; **2ung** *f* bezorging; **~en** *pl* **machen** boodschappen *pl* doen.
be|spannen (-) bespannen; **~spielen** (-) bespelen; **~spitzeln** (-) bespioneren.
besprech|en (-) bespreken; **2ung** *f* bespreking.
be|sprengen (-) besprenkelen; **~springen** (-) bespringen; **~spritzen** (-) *(beschmutzen)* bespatten; **~spucken** (-) bespugen.
besser beter; *um so (od desto) ~* des te beter; *etw ~es* iets beters; **~n** verbeteren; *sich ~* beter worden, beteren; **2ung** *f* verbetering; *gute ~!* veel beterschap!; **2wisser** *m* betweter.
best|- best; *am ~en* 't best; *zum ~en halten* de draak steken met; *zum ~en geben* ten beste geven; *s. a.* **Beste** (**s**).
Bestand *m* (*Waren***2**) voorraad; (*Kassen***2**) (het) saldo; *(Inventar)* inventaris, (het) bestand; *(Fortbestehen)* duurzaamheid; *~ haben* blijven bestaan.
beständig bestendig, duurzaam; *Adv*

voortdurend; *(widerstandsfähig)* bestand tegen; **♀keit** *f* bestendigheid; duurzaamheid; *(Ausdauer)* volharding.
Bestand|s-aufnahme *f* inventarisatie *(a. fig)*; **~teil** *m* (het) bestanddeel.
bestärken (-) stijven, sterken.
bestätig|en (-) bevestigen; *sich ~* bevestigd worden; **♀ung** *f* bevestiging.
bestatt|en (-) begraven; **♀ung** *f* begrafenis; **♀ungs-institut** *n* begrafenisonderneming.
Beste(s) (het) beste; *sein Bestes tun* zijn best doen; *zu seinem Besten* voor zijn bestwil.
bestech|en (-) omkopen; *fig* voor zich innemen, bekoren; **~end** innemend; **~lich** omkoopbaar; **♀ung** *f* omkoperij, omkoping; **♀ungs-gelder** *n/pl* steekpenningen *pl*.
Besteck *n* *(-es; -e)* (het) bestek, (het) couvert; *Med* instrumenten *n/pl*.
bestehen 1. (-) *v/i (existieren)* bestaan; *(sich behaupten)* zich handhaven, zich staande houden; *v/t Prüfung* slagen voor; *~ auf* (*D*) staan op; **2.** ♀ *n* (het) bestaan; (het) slagen (in, voor).
bestehlen (-) bestelen.
besteigen (-) bestijgen, beklimmen.
bestellen (-) bestellen; *Feld* bewerken; *Grüße* doen, overbrengen; *(ausrichten)* zeggen; *j-n (zu sich) ~* iem ontbieden.
Bestell|er *m* besteller; **♀formular** *n* (het) bestelformulier; **~nummer** *f* (het) bestelnummer; **~schein** *m* bestelbon; **~ung** *f* bestelling; *Hdl a.* order.
besten|falls in het gunstigste geval; **~s** heel goed, opperbest.
besteuer|n (-) belasten; **♀ung** *f* belasting(heffing).
best|ialisch beestachtig *(a. fig)*; **♀ie** *f* (het) beest.
bestimm|en (-) bepalen; *~ für (A od zu D)* bestemmen voor; *~ über (A)* beslissen over; **~t** bepaald *(a. Gr)*, zeker; *(sicher u. Adv)* beslist; **♀t-heit** *f* beslistheid, zekerheid; **♀ung** *f* bepaling; *(Ziel; Schicksal)* bestemming; **♀ungs-ort** *m* plaats van bestemming.
Best|leistung *f* (het) record; **♀möglich** zo goed mogelijk.
bestraf|en (-) bestraffen; **♀ung** *f* bestraffing, straf.
bestrahl|en (-) bestralen *(a. Med)*; **♀ung** *f* bestraling.

Betrag

Bestreb|en *n* (het) streven; **~ung** *f* poging.
be|streichen (-) bestrijken; *Brot* besmeren; **~streiken** (-) (door een staking) platleggen; **~streiten** (-) bestrijden; *(streitig machen)* betwisten; *(sorgen für)* zorgen voor; **~streuen** (-) bestrooien; **~stücken** (-) uitrusten; **~stürmen** (-) bestormen *(a. fig)*.
bestürzt ontsteld, ontdaan; **♀ung** *f* ontsteltenis.
Bestzeit *f* recordtijd.
Besuch *m* *(-¢s; -e)* (het) bezoek; *zu ~* op bezoek; *j-m e-n ~ machen (od abstatten)* een bezoek bij iem afleggen; **♀en** (-) bezoeken; **~er(in** *f)* *m* bezoeker *m*, bezoekster *f*; **~s-zeit** *f* bezoektijd.
betagt bejaard, oud.
betasten (-) betasten.
betätig|en (-) hanteren; *Maschine* bedienen; *sich ~* werkzaam zijn; actief zijn; **♀ung** *f* werkzaamheid; activiteit(en *pl*); hantering; bediening.
betäub|en (-) verdoven; **♀ung** *f* verdoving; **♀ungs-mittel** *n* (het) verdovingsmiddel.
Bete *f*: *rote ~* rode biet.
beteilig|en (-) *(an D)* betrekken (bij); *sich ~ (an D)* deelnemen (aan); **~t** *(an D)* betrokken (bij); **♀te(r)** betrokkene; *(Interessent)* belanghebbende; deelnemer; **♀ung** *f* deelneming.
beten bidden.
beteuer|n (-) betuigen, verzekeren; **♀ung** *f* verzekering.
Beton *m* *(-s; -s)* (het) beton.
betonen (-) benadrukken, beklemtonen, de nadruk leggen op.
betonieren (-) betonneren.
betont *(auffallend; besonders)* bijzonder, opvallend; **♀ung** *f* (het) accent, klemtoon; beklemtoning.
betören (-) betoveren.
Betracht *m*: *außer ~ lassen (bleiben)* buiten beschouwing laten (blijven); *in ~ ziehen (kommen)* in aanmerking nemen (komen); **♀en** (-): *(sich) etw ~* iets bekijken; *~ (als)* beschouwen (als); **~er** *m* toeschouwer; waarnemer.
beträchtlich aanmerkelijk, aanzienlijk.
Betrachtung *f* beschouwing.
Betrag *m* *(-¢s; ¨e)* (het) bedrag; *~ (dankend) erhalten* voldaan; *im ~(e) von*

betragen

(*D*) ten bedrage van; ⁨en (-) bedragen; *sich* ~ zich gedragen.

Betragen *n* (het) gedrag.

betreff|en (-) betreffen; *was ... betrifft* wat ... betreft; **~end** (des)betreffend; **~s** (*G*) wat ... betreft, met betrekking tot (*Abk* m.b.t.).

betreiben (-) (*ausüben*) uitoefenen; *Arbeit, Studien* doen; *Geschäft* drijven, runnen; *Anlage* exploiteren; *auf* ⁨ *von* (*D*) op aansporing (*pej* instigatie) van.

betreten 1. (-) *v/t* betreden; **2.** *Adj* verlegen, bedremmeld; ⁨heit *f* verlegenheid.

betreu|en (-) verzorgen; begeleiden; **~er(in** *f*) *m* verzorger, verzorgster *f*; begeleider *m*, begeleidster *f*; ⁨ung *f* verzorging; begeleiding.

Betrieb *m* (-*es*; -e) (*Werk*) (het) bedrijf; (*starker*) ~ drukte; *in* (*außer*) ~ *sein* in (buiten) werking zijn; *außer* ~ *setzen* buiten werking stellen; ⁨lich bedrijfs-.

betriebsam bedrijvig.

Betriebs|- *in Zssgn mst* bedrijfs-, *z.B.* **~ausgaben** *f/pl* bedrijfsuitgaven *pl*; **~ferien** *pl* bedrijfsvakantie; ⁨fertig bedrijfsklaar; **~führung** *f* bedrijfsleiding; **~gewinn** *m* bedrijfswinst; **~kapital** *n* (het) bedrijfskapitaal; **~kosten** *pl* bedrijfskosten *pl*; exploitatiekosten *pl*; **~leiter** *m* bedrijfsleider; **~rat** *m* ondernemingsraad; *Pers*: (het) lid van de ondernemingsraad; **~sicherheit** *f* veiligheid; **~system** *n EDV* (het) bedrijfssysteem; **~unfall** *m* (het) bedrijfsongeval; **~vereinbarung** *f* arbeidsovereenkomst (binnen een bedrijf); **~wirt** *m* bedrijfseconoom.

betrinken (-): *sich* ~ zich bedrinken.

betroffen (*bestürzt*) ontsteld; (*betreten*) bedremmeld; (*von D*) getroffen (door); ⁨e(r) getroffene; (*Beteiligter*) betrokkene; ⁨heit *f* ontsteltenis; verlegenheid.

Betrüb|nis *f* (-; -se) droefenis; ⁨t bedroefd.

Betrug *m* (-*es*; 0) (het) bedrog; *Hdl u. jur bsd* fraude.

betrüg|en (-) bedriegen; *j-n* ~ *um* (*A*) oplichten voor; ⁨er *m* bedrieger; oplichter; ⁨erei *f* bedriegerij; oplichting; ⁨erin *f* bedriegster; oplichtster; **~erisch** bedrieglijk.

betrunken dronken, beschonken; ⁨heit *f* dronkenschap.

Bett *n* (-*es*; -en) (het) bed; (*Fluß* ⁨) bedding; *im* ~ (*liegen*) in bed; *ins*, *zu* ~ *gehen* naar bed gaan; **~decke** *f* deken; bedsprei.

bettel|arm straatarm; ⁨ei *f* bedelarij; **~n** bedelen.

Bett|gestell *n* (het) bedframe; ⁨lägerig bedlegerig; **~laken** *n* (het) (bedde)laken.

Bettler(in *f*) *m* bedelaar *m*, bedelares *f*.

Bett|nässen *n* (het) bedwateren; **~ruhe** *f* bedrust; **~überzug** *m* bedovertrek.

Bettuch *n* (het) (bedde)laken.

Bett|vorleger *m* (het) slaapkamermatje; **~wäsche** *f* (het) beddelinnen.

betucht gefortuneerd.

beug|en *Gr* verbuigen; *Verb* vervoegen; (*sich*) (zich) buigen; ⁨ung *f* buiging; *Gr* verbuiging; vervoeging.

Beule *f Haut*: buil; *Material*: deuk.

be-unruhig|en (-) verontrusten; *sich* ~ zich ongerust maken; ⁨ung *f* verontrusting.

be-urlaub|en (-) verlof geven; *jur* suspenderen, schorsen; ⁨ung *f* (het) verlof; *jur* schorsing.

be-urteil|en (-) beoordelen; ⁨ung *f* beoordeling.

Beute *f* buit; (*Opfer*) prooi.

Beutel *m* zak, buidel; (*klein*: zakje); (het) zakje; (*Geld* ⁨) beurs, portemonnee; **~tier** *n* (het) buideldier.

bevölker|n (-) bevolken; ⁨ung *f* bevolking; ⁨ungs-dichte *f* bevolkingsdichtheid.

Bevollmächtigte(r) ge(vol)machtigde; **~ung** *f* machtiging.

bevor voor(dat), eer, alvorens.

bevormund|en (-) betuttelen, bevoogden; ⁨ung *f* betutteling, bevoogding.

bevorstehen (-) voor de deur staan; *j-m* te wachten staan; **~d** aanstaand.

bevorzug|en (-) verkiezen, prefereren; bevoorrechten; **~t** favoriet; bevoorrecht; *Lage*: gunstig; *Adv* met voorrang; ⁨ung *f* verkiezing; bevoorrechting; behandeling met voorrang.

bewach|en (-) bewaken; ⁨er(in *f*) *m* bewaker, bewaakster *f*.

bewachsen *Adj* begroeid.

Bewachung *f* bewaking.

bewaffn|et gewapend; ⁨ung *f* bewapening.

be|wahren (-) bewaren; (*vor D*) behoeden (voor); **~währen** (-): *sich* ~ vol-

bezüglich

doen, aan de verwachtingen beantwoorden; *Pers bsd*: zich waarmaken; ~**wahrheiten** (-): *sich* ~ bewaarheid worden; ~**währt** beproefd; *Pers*: kundig; **℠wahrung** *f* bewaring.

Bewährung *f* (het bewijs van) geschiktheid, deugdelijkheid; *jur* voorwaardelijke veroordeling; *auf (ohne)* ~ (on-)voorwaardelijk; ~**s·frist** *f jur* proeftijd.

be|wältigen (-) aankunnen; *Schwierigkeit bsd* overwinnen; *Vergangenheit* verwerken; *Arbeit* verzetten; *Strecke* afleggen; ~**wandert** ervaren, doorkneed; ~ *auf, in (D)* goed thuis in.

Bewässerung *f* irrigatie.

beweg|en (-) **1.** *(sich)* (zich) bewegen *(a. fig)*; *Erde* verplaatsen; **2.** * *(veranlassen)* bewegen; **℠grund** *m* beweegreden.

beweglich beweeglijk *(a. fig)*; *(bewegbar)* beweegbaar; **℠keit** *f* beweeglijkheid; beweegbaarheid.

bewegt bewogen *(a. fig)*.

Bewegung *f* beweging; *(sich) in* ~ *setzen* (zich) in beweging zetten; ~**s·freiheit** *f* bewegingsvrijheid *(a. fig)*; **℠s·los** roerloos.

beweihräuchern (-) bewieroken.

Beweis *m* (*-es; -e*) (het) bewijs; ~**aufnahme** *f* (het) (gerechtelijke) vooronderzoek; **℠en** (-) bewijzen; ~**führung** *f* bewijsvoering; **℠kräftig** bewijskrachtig; ~**stück** *n* (het) bewijsstuk.

bewenden: *es* ~ *lassen bei (D)* het laten bij.

bewerb|en (-): *sich* ~ *um (A)* kandideren voor; *um e-e Stelle* solliciteren naar; **℠er(in** *f*) *m* kandidaat *m*, kandidate *f*; sollicitant(*e f*).

Bewerbung *f* kandidatuur; sollicitatie; ~**s·gespräch** *n* (het) sollicitatiegesprek; ~**s·schreiben** *n* sollicitatiebrief.

be|werfen (-) begooien; ~**werkstelligen** (-) bewerkstelligen.

bewert|en (-) beoordelen; *(würdigen)* waarderen; *(schätzen)* schatten; **℠ung** *f* beoordeling; waardering; schatting.

be|willigen (-) toestaan; *Pol* goedkeuren; ~**wirken** (-) veroorzaken, teweegbrengen, bewerken; ~**wirten** (-) *(mit D)* onthalen (op), trakteren (op).

bewirtschaften (-) exploiteren, beheren; *(rationieren)* rantsoeneren; *Devisen* controleren.

Bewirtung *f* (het) onthaal; bediening.

bewohn|bar bewoonbaar; ~**en** (-) bewonen; **℠er(in** *f*) *m* bewoner *m*, bewoonster *f*.

bewölk|en (-): *sich* ~ betrekken; ~**t** bewolkt; **℠ung** *f* bewolking.

Bewunder|er *m* bewonderaar; ~**in** *f* bewonderaarster; **℠n** (-) bewonderen; **℠ns·wert** bewonderenswaardig; ~**ung** *f* bewondering.

bewußt bewust *(a. bekannt)*; *sich* ~ *sein (G)* zich bewust zijn van; *dir ist nicht* ~ ... je bent je er niet van bewust ...; ~**los** bewusteloos; **℠losigkeit** *f* bewusteloosheid; ~**machen** bewust maken (van); **℠sein** *n* (het) bewustzijn.

bezahl|bar betaalbaar; ~**en** (-) betalen; *sich bezahlt machen* de moeite lonen; **℠ung** *f* betaling.

bezähmen (-) *fig* beteugelen.

bezaubern (-) betoveren, ~**d** betoverend.

bezeichn|en (-) aanduiden; *(kennzeichnen)* kenmerken; ~ *als* noemen; ~**end** kenmerkend, typisch; **℠ung** *f* aanduiding; benaming.

bezeigen (-) betonen.

bezeugen (-) ge-, betuigen.

bezichtigen (-) *(j-n G)* betichten (van).

bezieh|en (-) betrekken; *Rente, Gehalt* ontvangen; *Zeitung* geabonneerd zijn op; *Bett* verschonen; *Kissen* overtrekken; *Prügel* krijgen; ~ *auf (A)* in verband brengen met, laten slaan op; *sich* ~ *Himmel*: betrekken; *sich* ~ *auf (A)* slaan op; *Pers*: verwijzen naar; **℠er** *m* afnemer; *e-r Zeitung* abonnee.

Beziehung *f* betrekking; (het) verband, samenhang; ~**en** *pl* relaties *pl*; *in dieser (jeder)* ~ in dit (elk) opzicht; *in* ~ *stehen zu j-m* in contact staan met; *etw* in verband staan met; **℠s·weise** *(bzw.)* respectievelijk (*resp.*).

be|ziffern (-): *sich* ~ *auf (A)* bedragen; **℠zirk** *m (-es; -e)* (het) district; *Pol a.* (het) arrondissement; (het) gebied *(a. fig)*.

Bezug *m (-es; ~e) (Bett)* overtrek *(Kissen* **℠)** sloop; *(Kauf)* (het) betrekken; *(e-r Zeitung)* (het) abonnement; *(Hinsicht)* betrekking, (het) opzicht; *Bezüge pl (Gehalt)* (het) salaris; *in* **℠** *auf (A)* met betrekking tot; ~ *nehmen auf (A)* verwijzen naar, refereren aan.

bezüglich *(G)* met betrekking tot.

Bezugnahme

Bezugnahme f verwijzing; *unter ~ auf (A)* met referte aan.
Bezugs|preis m inkoopsprijs; abonnementsprijs; **~quelle** f (het) inkoopadres, leverancier; **~schein** m (distributie)bon.
be|zuschussen (-ßt; -) subsidiëren; **~zwecken** (-) beogen; **~zweifeln** (-) betwijfelen; **~zwingen** (-) bedwingen; *Gegner* overwinnen; *Berg* beklimmen.
BH m (-[s], -s) beha.
Bibel f (-; -n) bijbel.
Biber m bever; **~fell** n (het) bevervel.
Bibliothek f bibliotheek; **~ar(in** f) m bibliothecaris m, bibliothecaresse f.
biblisch bijbels.
Bidet n (-s; -s) (het) bidet.
bieder braaf; *pej bsd* naïef; **2keit** f braafheid; naïviteit; **2meier** n (-[s]; 0) (het) biedermeier.
biegen* buigen; *um die Ecke ~* de hoek omslaan; *sich ~* (zich) buigen.
biegsam buigzaam; *Körper*: lenig.
Biegung f buiging; *(Kurve)* bocht.
Biene f bij; F *(Mädchen)* griet.
Bienen|- *in Zssgn mst* bijen-, *z.B.* **~honig** m bijenhoni(n)g; **~korb** m bijenkorf; **~stich** m bijesteek; *(Kuchen)* soort gebak; **~stock** m bijenkorf.
Bier n (-es; -e) (het) bier; *(Glas)* (het) pilsje; *helles (dunkles) ~* licht (donker) bier.
Bier|- *in Zssgn mst* bier-, *z.B.* **~brauerei** f bierbrouwerij; **~deckel** m (het) bierviltje; **~garten** m (het) café met tuin; **~glas** n (het) bierglas.
Biest n (-es; -er) F (het) beest; *Pers:* (het) kreng.
bieten* bieden; *sich etw nicht ~ lassen* iets niet nemen.
Bikini m (-s; -s) bikini.
Bilanz f balans *(a. fig)*; *die ~ ziehen* de balans opmaken.
bilateral bilateraal.
Bild n (-es; -er) (het) beeld; *(Abbildung)* prent; *(Gemälde)* schilderij; *(Foto)* foto; *im ~e sein* op de hoogte zijn; *sich ein ~ machen* zich een beeld vormen.
Bildband m (het) platenboek.
bilden vormen; *fig a.* ontwikkelen; *sich ~* zich ontwikkelen; **~d** vormend; *Kunst*: beeldend.
Bilderbuch n (het) prentenboek.
bild|haft plastisch; **2hauer** m beeldhouwer; **2hauerei** f beeldhouwkunst; **~hübsch** beeldschoon; **~lich** figuratief; *fig* figuurlijk, overdrachtelijk; **2nis** n (-ses; -se) beeltenis, (het) portret; **2platte** f beeldplaat; **2röhre** f beeldbuis; **2schirm** m (het) beeldscherm; **2schirmtext** m videotex; **~schön** beeldig; **2störung** f beeldstoring; **2telefon** n video-, beeldtelefoon.
Bildung f vorming, ontwikkeling; **~anstalt** f onderwijsinstelling; **~s•weg** m opleiding; *auf dem zweiten ~* via het tweede-kans-onderwijs.
Billard n (-s; -e) (het) biljart; *~ spielen* biljarten; **~kugel** f biljartbal; **~stock** m biljartkeu.
billig goedkoop; *(gerecht)* billijk; **~en** goedkeuren; **2flug** m goedkope vlucht; **2keit** f goedkoopte; billijkheid; **2lohnland** n (het) lage-loon-land; **2ung** f goedkeuring.
Billion f (het) biljoen.
bimmeln tingelen.
Binde f band; *Med* (het) verband; **~gewebe** n (het) bindweefsel; **~glied** n schakel; **~haut** f (het) bindvlies; **~mittel** n (het) bindmiddel.
bind|en* binden *(a. fig u. Buch)*; *Schlips* strikken; **~end** bindend; **2er** m *(Schlips)* (strop)das; **2e•strich** m (het) koppelteken; **2faden** m (het) touwtje; **2ung** f binding *(a. fig u. Ski* 2*)*; band.
binnen (D *od* G) binnen; **2handel** m binnenlandse handel; **2land** n (het) binnenland; **2markt** m binnenlandse markt; interne markt; **2schiffahrt** f binnenscheepvaart; **2verkehr** m binnenlands verkeer.
Binse f bies, rus; *in die ~n gehen* om zeep gaan; **~n•wahrheit** f waarheid als een koe.
Bio|- *in Zssgn mst* bio-, *z.B.* **~chemie** f biochemie; **~graphie** f biografie; **2graphisch** biografisch; **~laden** m natuurvoedingswinkel.
Biolog|e m bioloog; **~ie** f biologie; **~in** f biologe; **2isch** biologisch.
Biotop m *od* n (-s; -e) biotoop.
Birke f berk.
Birne f peer; *El* lamp.
bis 1. *Präp* tot; *~ nach Berlin* tot Berlijn; *~ zu* (D) tot; *~ dahin* tot zover; *(zeitl)* tegen die tijd; *~ jetzt* tot nu toe; *~ ein-*

schließlich tot en met; ~ **auf** (**einen**) op (een) na; **2.** *Ko* tot(dat).
Bisamratte *f* bisamrat.
Bischof *m* (*-es*; *⸚e*) bisschop.
bischöflich bisschoppelijk.
bisher tot nu toe; **~ig** tot nu toe geldend.
Biskuit *n* (*-s*; *-s od -e*) (het) biscuit.
bislang tot nu toe.
Bison *m* (*-s*; *-s*) bizon.
Biß *m* (*-sses*; *-sse*) beet.
bißchen: ein ~ een beetje, wat.
Bissen *m* beet, hap.
bissig bijtachtig; *fig* bits.
Bistum *n* (*-s*; *⸚er*) (het) bisdom.
bisweilen soms.
bitte: ~ (**sehr!**) (*beim Siezen*) alstublieft; (*beim Duzen*) asjeblieft(!); (*Wunsch*) ja, graag; (**wie**) **~?** pardon?, wat zegt U?; (*beim Duzen*) **~?** wat zeg je?
Bitte *f* vraag, (het) verzoek; **2n*** (**um** *A*) vragen (om), verzoeken (om); *ich bitte Sie!* gaat U Uw gang!; (*kaum zu glauben*) maar, maar!; *darf ich ~?* mag ik deze dans van U?; komt U mee?
bitter bitter (*a. fig*); **2keit** *f* bitterheid; **2süß** bitterzoet; **2wasser** *n* (het) bitterwater.
Bittschrift *f* (het) verzoekschrift.
Bitumen *n* (*-s*; *0*) (het) bitumen.
biwakieren (-) bivakkeren.
bizarr bizar.
Bizeps *m* (*-[es]*; *-e*) biceps.
bläh|en: sich ~ opzetten; *fig* zich opblazen; **2ungen** *f/pl* wind.
Blam|age *f* blamage; **2ieren** (-) (*sich*) (zich) blameren.
blank blank, blinkend; F (*ohne Geld*) platzak, blut.
blanko blanco; **2scheck** *m* blancocheque; **2vollmacht** *f* blancovolmacht.
Bläs·chen *n* (het) blaasje.
Blase *f* blaas; (*Haut* 2) blaar; (*Luft* 2) bel; **~balg** *m* (*-es*; *⸚e*) blaasbalg.
blasen* blazen (*a. Mus*); **2entzündung** *f* blaasontsteking.
blasiert blasé.
Blas|instrument *n* (het) blaasinstrument; **~kapelle** *f* blaaskapel.
blaß bleek; *fig* flauw; *Erinnerung*: vaag.
Blässe *f* bleekheid.
Blatt *n* (*-es*; *⸚er*) (het) blad.
blätter|n (*in D*) bladeren (in); **2teig** *m* (het) bladerdeeg.

Blatt|gold *n* (het) bladgoud; **~laus** *f* bladluis.
blau 1. *Adj* blauw; *fig* F dronken; **2.** 2 *n* (*-s*; *0*) (het) blauw; *Fahrt ins Blaue* tocht met onbekende bestemming; *das Blaue vom Himmel herunterlügen* er maar op los liegen; **~äugig** blauwogig; *fig* naïef; **2beere** *f* blauwe bosbes.
bläulich blauwachtig.
Blau|licht *n* (het) zwaailicht; **~säure** *f* (het) blauwzuur; **~sucht** *f* blauwzucht.
Blech *n* (*-es*; *-e*) (het) blik; *Mus* (het) koper; **~büchse** *f*, **~dose** *f* (het) blik; **2en** F (*für A*) dokken (voor); **2ern** blikken; **~schaden** *m* blikschade.
Blei *n* (*-es*; *-e*) (het) lood.
bleiben* (*sn*) blijven; *dabei ~* erbij blijven; **~d** blijvend; **~lassen** (achterwege) laten.
bleich bleek; **2e** *f* bleekheid; **~en** *v/t* bleken; *v/i* (*sn*) verbleken; **2gesicht** *n* (het) bleekgezicht.
blei|ern loden (*a. fig*); **~frei** loodvrij; **2rohr** *n* loden buis (*od* pijp); **~schwer** loodzwaar (*a. fig*); **2stift** *m* (het) potlood; **2stiftspitzer** *m* potloodslijper; **2vergiftung** *f* loodvergiftiging.
Blende *f Foto*: (het) diafragma; **2n** verblinden (*a. fig*); **2nd** schitterend; *Adv bsd* fantastisch.
Blick *m* (*-es*; *-e*) blik; *auf den ersten ~* op het eerste gezicht; *mit e-m ~* met één oogopslag; **2en** (**auf** *A*) kijken (naar); *sich ~ lassen* zich vertonen; **~fang** *m* blikvanger; **~feld** *n* (het) gezichtsveld; **~punkt** *m* (het) oogpunt; *im ~ stehen* in de belangstelling staan; **~winkel** *m* gezichtshoek (*a. fig*).
blind blind (*a. fig*); *Alarm*: loos; **2darm** *m* blindedarm; **2darmentzündung** *f* blindedarmontsteking; **2e**(**r**) blinde.
Blinden|anstalt *f* (het) blindeninstituut; **~hund** *m* blindengeleidehond; **~schrift** *f* (het) brailleschrift.
Blind|flug *m* (het) blindvliegen; **~gänger** *m* blindganger; **~heit** *f* blindheid; **2lings** blindelings.
blink|en blinken, schitteren; *Auto*: knipperen; **2er** *m*, **2licht** *n* (het) knipperlicht.
blinzeln knipogen; (*rasch zumachen*) knipperen.
Blitz *m* (*-es*; *-e*) bliksem; **~ableiter** *m* bliksemafleider (*a. fig*); **2artig** blik-

Blitzbesuch

semsnel; ~besuch *m* (het) bliksembezoek; ⚿en (*-t*) bliksemen; *Foto:* flitsen; **geblitzt werden** (*im Verkehr*) F geflitst worden; ~**gerät** *n* (het) flitsapparaat; ~**krieg** *m* bliksemoorlog; ~**lampe** *f* flitslamp; ~**licht** *n* (het) flitslicht; ⚿**sauber** kraakzindelijk; ~**schlag** *m* bliksemslag; ⚿**schnell** bliksemsnel; ~**würfel** *m* Foto: (het) flitsblokje.

Block *m* (*-es*; *⸚e od -s*) (het) blok; ~**ade** *f* blokkade; ~**flöte** *f* blokfluit.

blockieren (-) blokkeren.

blöd|(**e**) dom, idioot, stom; ~**eln** flauwe kul verkopen; ⚿**heit** *f* stommiteit; stompzinnigheid; ⚿**sinn** *m* flauwe kul, onzin; ~**sinnig** stom, idioot.

blöken *Kalb:* loeien; *Schaf:* blaten.

blond blond.

Blondine *f* blondine, (het) blondje.

bloß 1. *Adj* bloot; (*alleinig*) alleen al; (*nichts weiter als*) alleen maar; **2.** *Adv* (*nur*) alleen, maar, enkel; (*ja*) toch.

Blöße *f* blootheid; *fig* zwakke plek; **sich e-e ~ geben** zich blootgeven.

bloßlegen blootleggen.

bloßstell|en compromitteren, ⚿**ung** *f* compromittering.

blubbern klokken, klotsen.

Bluejeans *pl* spijkerbroek, jeans *pl*.

bluffen bluffen; *j-n* overbluffen.

blühen bloeien (*a. fig*).

Blume *f* bloem; (*von Wein*) (het) boeket.

Blumen|**beet** *n* (het) bloembed; ~**geschäft** *n* bloemenwinkel, bloemisterij; ~**händler** *m* bloemist; ~**kohl** *m* bloemkool; ~**kranz** *m* bloemkrans; ~**stand** *m* (het) bloemenstalletje; ~**strauß** *m* bos bloemen, ruiker, (het) boeket; ~**topf** *m* bloempot; ~**vase** *f* bloemenvaas; ~**zucht** *f* bloementeelt; ~**zwiebel** *f* bloembol.

Bluse *f* blouse.

Blut *n* (*-es*; *0*) (het) bloed; **bis aufs ~** tot bloedens toe; *fig* tot het uiterste.

Blut|- *in Zssgn mst* bloed-, *z.B.* ~**armut** *f* bloedarmoede; ~**bad** *n* (het) bloedbad; ~**bild** *n* (het) bloedbeeld; ~**druck** *m* bloeddruk; ⚿**dürstig** bloeddorstig.

Blüte *f* bloesem; (*das Blühen*) bloei.

bluten bloeden.

Blüten|**lese** *f* bloemlezing; ~**staub** *m* (het) stuifmeel; ⚿**weiß** hagelwit.

Blut|**entnahme** *f* bloedafname; ~**er** *m* bloeder; ~**erguß** *m* bloeduitstorting.

Blütezeit *f* bloeitijd (*a. fig*).

Blut|**fleck** *m* bloedvlek; ~**gefäß** *n* (het) bloedvat; ~**gruppe** *f* bloedgroep; ~**hund** *m* bloedhond (*a. fig*); ⚿**ig** bloedig; *Laie, Anfänger:* volslagen; *Ernst:* bitter; ~**konserve** *f* kolf bloed; ~**körperchen** *n* (het) bloedlichaampje; ~**lache** *f* bloedplas; ~**probe** *f* bloedproef; ⚿**reinigend** bloedzuiverend; ⚿**rünstig** bloeddorstig; ~**sauger** *m* bloedzuiger (*a. fig*); ~**schande** *f* bloedschande; ~**spender**(**in**) *f m* bloedgever *m*, bloedgeefster *f*; ~**stillend** bloedstelpend; ~**sturz** *m* bloedspuwing.

Bluts·verwandte(**r**) bloedverwant(e *f*).

Blut|**untersuchung** *f* (het) bloedonderzoek; ~**transfusion** *f* bloedtransfusie; ~**ung** *f* bloeding; ~**vergießen** *n* (het) bloedvergieten; ~**vergiftung** *f* bloedvergiftiging; ~**verlust** *m* (het) bloedverlies; ~**wurst** *f* bloedworst.

Bö *f* (wind)vlaag, rukwind.

Bob *m* (*-s*; *-s*) bobslee; ~**bahn** *f* bob(slee)baan.

Bock *m* (*-es*; *⸚e*) bok; (*Gestell*) schraag; **null ~!** F totaal geen zin!, balen!; ~**bier** *n* (het) bokbier; ⚿**en** (*schmollen*) bokken; *Motor:* haperen; ⚿**ig** bokkig, koppig; ~**sprung** *m* bokkesprong; ~**wurst** *f* kookworst.

Boden *m* (*-s*; *⸚*) (*Grund*) grond; (*Erde a.*) bodem; (*Fuß*⚿) vloer; (*Dach*⚿) zolder; **am** (*od auf dem*) **~ liegen** op de grond liggen; **an ~ verlieren** terrein verliezen.

Boden|**belag** *m* vloerbedekking; ~**beschaffenheit** *f* bodemgesteldheid; ~**gymnastik** *f* grondoefeningen *pl*; ⚿**los** bodemloos; ~**nebel** *m* laaghangende mist; ~**personal** *n* (het) grondpersoneel; ~**recht** *n* (het) grondeigendomsrecht; ~**reform** *f* landhervorming; ~**satz** *m* (het) bezinksel, droesem; ~**schätze** *m/pl* bodemschatten *pl*.

Bodensee *m:* **der ~** het Bodenmeer.

Bodenspekulation *f* grondspeculatie.

bodenständig eigen, autochtoon.

Bogen *m* (*-s*; *- od ⸚*) boog; *Mus* strijkstok; (*Papier*⚿) (het) vel; ~**lampe** *f* booglamp; ~**schießen** *n* (het) boogschieten; ~**schütze** *m* boogschutter; ~**weite** *f* spanwijdte.

Bohle *f* plank.

Böhmen *n* Bohemen *n*.

Bohne *f* boon; ~**n-kaffee** *m* bonen-

koffie; ~**n·stange** f bonestaak (a. fig); ~**n·suppe** f bonensoep.
bohner|n boenen; ℤ**wachs** n boenwas.
bohr|en boren; ℤ**er** m boor; Pers: boorder; ℤ**insel** f (het) booreiland; ℤ**loch** n (het) boorgat; groß: boorput; ℤ**maschine** f boormachine; ℤ**turm** m boortoren; ℤ**ung** f boring.
böig winderig; ~**er Wind** rukwind(en pl).
Boiler m boiler.
Boje f boei.
Bollwerk n (het) bolwerk (a. fig).
Bolzen m bout.
Bombard|ement n (-s; -s) (het) bombardement; ℤ**ieren** (-) bombarderen.
bombastisch bombastisch.
Bombe f bom.
Bomben|angriff m bomaanval; ~**attentat** n bomaanslag; ~**erfolg** m F (het) reuzesucces; ℤ**fest** = **bombensicher**; ~**flugzeug** n bommenwerper; ℤ**sicher** fig vast en zeker.
Bomber m bommenwerper.
bombig F reusachtig, enorm, reuze-.
Bon m (-s; -s) bon.
Bonbon m od n (-s; -s) bonbon; (het) snoepje.
Bonus m (-[ses]; -[se]) bonus.
Boom m (-s; -s) boom.
Boot n (-es; -e) boot, schuit; ~**s·anhänger** m boottrailer; ~**s·fahrt** f boottocht; ~**s·verleih** m bootverhuring.
Bor n (-s; 0) (het) boor.
Bord 1. m (-es; -e) boord; **an (von)** ~ **gehen** aan (van) boord gaan; **über** ~ overboord; **2.** n (-es; -e) plank.
Bordell n (-s; -e) (het) bordeel.
Bord|kante f = **Bordstein**; ~**karte** f instapkaart; ~**stein** m trottoirrand; ~**verpflegung** f (het) eten aan boord.
borgen (sich) lenen.
Borke f schors.
borniert bekrompen (van geest); ℤ**heit** f bekrompenheid.
Borsalbe f boorzalf.
Börse f beurs.
Börsen|- in Zssgn mst beurs-, z.B. ~**bericht** m (het) beursbericht; ~**kurs** m beurskoers; ~**makler** m beursmakelaar; ~**notierung** f beursnotering.
Borste f borstel (van een varken); ~**n** pl F (het) stug haar; ~**n·vieh** n varkens pl.
Borte f rand, (het) boordsel.
Borwasser n (het) boorwater.

bösartig boos-, kwaadaardig (a. Med).
Böschung f berm, (het) talud; (Abhang) glooiing, helling.
böse kwaad, boos; (schlimm) slecht; **j-m** ~ **sein** kwaad zijn op iem; ℤ**(s)** (het) kwaad; ℤ**wicht** m (-es; -e[r]) booswicht.
boshaft boosaardig.
Bosheit f boos-, kwaadaardigheid; (Bemerkung) hatelijkheid.
Boß m (-sses; -sse) baas.
böswillig kwaadwillig.
Botan|ik f botanie, plantkunde; ℤ**isch** botanisch; ~**er Garten** botanische tuin.
Bote m (-n) bode.
Botschaft f boodschap, tijding; (Amt) ambassade; ~**er(in** f) m ambassadeur m, ambassadrice f.
Bottich m (-es; -e) kuip.
Bouillon f (-; -s) bouillon.
Boulevard m (-s; -s) boulevard; ~**blatt** n boulevardkrant; ~**presse** f boulevardpers.
Boutique f boetiek.
Bowle f bowl.
Box f box; ℤ**en** boksen; ~**er** m bokser; ~**kampf** m bokswedstrijd; ~**meister** m bokskampioen; ~**sport** m bokssport.
Boykott m (-s od -e) boycot.
boykottieren (-) boycotten.
brach braakliggend; ℤ**land** n (het) braakliggend land; ~**liegen** braak liggen (a. fig).
Brackwasser n (het) brak water.
Bramsegel n (het) bramzeil.
Branche f branche; ~**n·verzeichnis** n (het) handelsadresboek, beroepengids.
Brand m (-es; ⸚e) brand; Med (het) koudvuur; **in** ~ **stehen** in brand staan; **in** ~ **geraten** vuur (od vlam) vatten; ~**blase** f brandblaar; ℤ**en** breken, slaan; fig woeden, razen; ~**geruch** m brandlucht; ℤ**marken** brandmerken (a. fig); ℤ**neu** gloednieuw; ℤ**schatzen** brandschatten; ~**stifter** m brandstichter; ~**stiftung** f brandstichting; ~**ung** f branding; ~**wunde** f brandwonde.
Branntwein m brandewijn.
Brasil|ianer(in f) m Braziliaan(se f); ~**ien** n Brazilië n.
brat|en* braden (bsd Fleisch), bakken (bsd Fisch, Kartoffeln); ℤ**en** m (het) gebraad, (het) gebraden vlees; ℤ**en·soße** f braadjus; ℤ**fisch** m gebakken vis; ℤ**hähnchen**, ℤ**hendl** m braadkip; ℤ**he-**

Bratkartoffeln

ring *m* panharing; **⌂kartoffeln** *f/pl* gebakken aardappelen *pl*; **⌂pfanne** *f* braadpan; **⌂rost** *m* braadrooster (*a.* het), grill; **⌂wurst** *f* braadworst.

Brauch *m* (-*es*; ⁀*e*) (het) gebruik; (*Sitte a.*) gewoonte; **⌂bar** bruikbaar; **⌂en** nodig hebben; (*gebrauchen*) gebruiken; *nicht* ~ niet hoeven, niet nodig hebben.

Brauchtum *n* (-*s*; ⁀*er*) gebruiken en gewoonten *pl*.

Braue *f* wenkbrauw.

brau|en brouwen; **⌂er** *m* brouwer; **⌂erei** *f*, **⌂haus** *n* brouwerij.

braun bruin; **⌂äugig** bruinogig.

Bräune *f* bruinheid, bruine kleur.

bräunen (*sich*) bruinen.

Braun|fisch *m* bruinvis; **⌂gebrannt** bruingebrand; **⌂kohle** *f* bruinkool.

Brause *f* sproeier; (*Bad*) douche; (*Limonade*) (prik)limonade; **⌂limonade** *f* s. *Brause*; **⌂n** (-*t*) bruisen; (*eilen*) stuiven; **⌂pulver** *n* bruispoeder (*a.* het).

Braut *f* (-; ⁀*e*) bruid; verloofde.

Bräutigam *m* (-*s*; -*e*) bruidegom; verloofde.

Braut|jungfer *f* (het) bruidsmeisje; **⌂kleid** *n* bruidsjapon; **⌂paar** *n* (het) bruidspaar.

brav braaf; *Kind a.* zoet; **⌂heit** *f* braafheid.

Bravour *f* bravoure.

Brechbohnen *f/pl* sperziebonen *pl*.

Brecheisen *n* (het) breekijzer, koevoet.

brech|en* breken (*a. fig*); *Med* braken, overgeven; *sich ein Bein* ~ zijn been breken; **⌂er** *m* (*Welle*) breker, slagzee; **⌂mittel** *n* (het) braakmiddel; **⌂reiz** *m* braakneiging; **⌂ung** *f* breking.

Bredouille *f* penarie.

Brei *m* (-*es*; -*e*) pap, brij; puree.

breit breed; **⌂beinig** wijdbeens; **⌂e** *f* breedte; *fig* breedvoerigheid; *der* ~ *nach* in de breedte; **⌂en-grad** *m* breedtegraad; **⌂machen**: *sich* ~ *Pers*: veel plaats innemen; *fig* gewichtig doen; *S.*: om zich heen grijpen; **⌂schlagen** F overhalen; **⌂schultrig** breedgeschouderd; **⌂treten** *fig* uitentreuren behandelen; **⌂wand** *f* cinemascope.

Brems|backe *f* (het) remblokje; **⌂belag** *m* remvoering; **⌂e** *f* **1.** rem; **2.** *Zool* paardevlieg; **⌂en** (-*t*) remmen; *fig* afremmen; **⌂flüssigkeit** *f* remvloeistof; **⌂kraftverstärker** *m* rembekrachtiging;

⌂licht *n* (het) rem-, stoplicht; **⌂spur** *f* (het) remspoor; **⌂weg** *m* remweg.

brenn|bar brandbaar; **⌂en*** branden; *Branntwein* stoken; ~ *vor* (*D*) *fig* branden van; *es brennt!* (er is) brand!; **⌂end** brandend; *fig bsd* gloeiend; *Problem*: dringend; **⌂er** *m* brander; **⌂erei** *f* stokerij; (*Kaffee*⌂) branderij.

Brennessel *f* brandnetel.

Brenn|holz *n* (het) brandhout; **⌂material** *n* brandstof; **⌂punkt** *m* (het) brandpunt (*a. fig*); **⌂spiritus** *m* brandspiritus; **⌂stoff** *m* brandstof.

brenzlig *fig* hachelijk.

Bresche *f* bres (*a. fig*).

bretonisch Breto(e)ns.

Brett *n* (-*es*; -*er*) plank; (*Spiel*⌂) bord; *Schwarzes* ~ (het) mededelingen-, prikbord; **⌂er-wand** *f* (het) houten beschot; **⌂er-zaun** *m* schutting.

Brezel *f* (-; -*n*) krakeling.

Bridge *n* (-; *0*) (het) bridge.

Brief *m* (-*es*, -*e*) brief; **⌂beschwerer** *m* presse-papier; **⌂bogen** *m* (het) vel schrijfpapier; **⌂freund** *m* correspondentievriend, penfriend; **⌂geheimnis** *n* (het) briefgeheim; **⌂kasten** *m* brievenbus; **⌂kastenfirma** *f* (het) postbusbedrijf; **⌂kopf** *m* (het) briefhoofd; **⌂lich** per brief; **⌂marke** *f* postzegel; **⌂markensammlung** *f* postzegelverzameling; **⌂öffner** *m* briefopener; **⌂papier** *n* (het) postpapier; **⌂porto** *n* (het) briefport(o); **⌂tasche** *f* portefeuille; **⌂taube** *f* postduif; **⌂träger** *m* postbode; **⌂umschlag** *m* envelop(pe); **⌂wahl** *f* (het) schriftelijk stemmen; **⌂wechsel** *m* briefwisseling, correspondentie.

Brigade *f* brigade.

Brikett *n* (-*s*; -*s*) briket.

brillant 1. *Adj u.* **2.** *m* (-*en*) briljant.

Brillanz *f* virtuositeit; *Foto*: brillance.

Brille *f* bril.

Brillen|fassung *f* (het) (bril)montuur; **⌂futteral** *n* brilledoos; **⌂gläser** *n/pl* brilleglazen *n/pl*; **⌂träger** *m* brildrager.

bringen* brengen; *Gewinn* opleveren; (*veröffentlichen*) publiceren; *mit sich* ~ met zich meebrengen; *j-n um etw* ~ iem van iets beroven.

brisant brisant, explosief.

Brise *f* bries.

Brit|e *m* (-*n*) Brit; **⌂in** *f* Britse; **⌂isch** Brits.

Bröck|chen n (het) brokje; ℒ(e)lig brokkelig, kruimelig; ℒeln (af)brokkelen; *Brot*: kruimelen.
Brocken m brok, (het) stuk.
brodeln pruttelen.
Brokat m (-*es*; -*e*) (het) brokaat.
Brom n (-*s*; *0*) (het) broom.
Brombeer|e f braambes; ~strauch m braamstruik.
Bronchien pl bronchiën pl.
Bronchitis f (-; -*tiden*) bronchitis.
Bronze f (het) brons.
Brosch|e f broche; ℒieren (-) innaaien; ~üre f brochure.
Brot n (-*es*; -*e*) (het) brood.
Brot- in Zssgn mst brood-.
Brötchen n (het) broodje, (het) kadetje.
Brot|erwerb m broodwinning; ~korb m (het) broodmandje; ~krume f broodkruimel; ℒlos brodeloos; ~rinde f broodkorst; ~röster m broodrooster (*a*. het); ~schnitte f boterham.
Bruch m (-*es*; *~e*) breuk; *zu ~* (*od in die Brüche*) *gehen* kapotgaan; *fig* stuklopen, in duigen vallen; ~band m breukband; ℒfest onbreekbaar.
brüchig breekbaar; *fig* zwak, wankel.
Bruch|rechnung f rekening met breuken; ~stück n (het) fragment; ~teil m fractie, f klein gedeelte; ~zahl f breuk.
Brücke f brug; (*Teppich*) (het) karpet; (*Landungs*ℒ) steiger; ~n-kopf m bruggehoofd; ~n-waage f bascule.
Bruder m (-*s*; *~*) broer; (*Rel u. fig*) broeder.
brüder|lich broederlijk; ℒschaft f broederschap; *~ trinken* op goede vriendschap drinken en elkaar tutoyeren.
Brügge n Brugge n.
Brüh|e f bouillon, (het) vleesnat; (*Soße*) jus; F *pej* (slootwater; ℒen met heet water overgieten; ~würfel m (het) bouillonblokje.
Brüll|affe m brulaap; ℒen brullen.
Brumm|bär m F brombeer; ℒen brommen (*a*. F *sitzen*); *Insekten*: gonzen; ~er m bromvlieg; F (*Lastwagen*) zware truck; ~schädel m (het) duf hoofd.
Brünette f brunette.
Brunft f (-; *~e*) bronst(tijd).
Brunnen m bron, put; (*Spring*ℒ) fontein.
Brunst f (-; *~e*) bronst(tijd).
brünstig bronstig.

Brunstzeit f bronsttijd.
brüsk bruusk; ~ieren (-) bruuskeren.
Brüssel n Brussel n; ~er **1.** *Adj* Brussels; **2.** m Brusselaar.
Brust f (-; *~e*) borst.
Brust|- in Zssgn mst borst-, *z.B.* ~bein n (het) borstbeen.
brüsten: *sich ~* opscheppen.
Brust|höhe f: *in ~* op borsthoogte; ~korb m borstkas; ~schwimmen n schoolslag.
Brüstung f leuning.
Brust|warze f tepel; ~weite f borstomvang.
Brut f (het) broeden; (*die Jungen*) (het) broedsel; *fig* (het) gebroed.
brutal ruw, bruut; ℒität f bruutheid.
Brut-apparat m broedmachine.
brüten broeden; *Sonne*: broeien; *fig* (*über A*) tobben (over).
Brut|kasten m *Med* couveuse; ~stätte f broedplaats; *fig* (het) broeinest.
brutto bruto; ℒeinkommen n (het) bruto-inkomen; ℒgewicht n (het) brutogewicht; ℒregistertonne f (bruto)registerton; ℒsozialprodukt n (het) bruto nationaal produkt.
Brutzeit f broedtijd.
Bub m (-*en*) jongen, knaap; ~e m (-n) *Karte*: boer; ~i-kopf m (het) pagekopje.
Buch n (-*es*; *~er*) (het) boek.
Buch|- in Zssgn mst boek-, *z.B.* ~binderei f boekbinderij; ~deckel m boekband; ~druck m boekdrukkunst; ~druckerei f boekdrukkerij.
Buche f beuk.
Buchecker f (het) beukenootje.
buchen boeken.
Bücherei f (openbare) boekerij.
Bücher|regal n (het) boekenrek; ~revisor m accountant; ~schrank m boekenkast; ~wurm m *fig* boekenwurm.
Buch|fink m vink; ~führung f boekhouding; ~halter m boekhouder; ℒhalterisch boekhoudkundig; ~haltung f boekhouding; ~handlung f boekhandel; ~messe f boekenbeurs.
Büchse f bus, doos; (*Konserven*ℒ) (het) blik; (*Flinte*) buks; ~n-fleisch n (het) vlees in blik; ~n-öffner m blikopener.
Buch|stabe m (-*ns*; -*n*) letter; *großer ~* hoofdletter; ℒstabieren (-) spellen; ℒstäblich letterlijk.
Bucht f inham; (*Meeres*ℒ *bsd*) baai.

Buchung f boeking; **~s-bestätigung** f boekingsbevestiging; **~s-maschine** f boekhoudmachine.
Buchweizen m boekweit.
Buckel m bochel, bult.
buck(e)lig gebocheld; *Straße*: hobbelig.
bücken: *sich* ~ (zich) bukken.
Bückling m (-s; -e) *kul* bokking; (*Verbeugung*) buiging.
Budapest n Boedapest n.
Buddel|ei f (het) gegraaf; **2n** F graven, woelen; *Kinder bsd*: scheppen.
Buddhismus m (-; 0) (het) boeddhisme.
Bude f keet, barak (*a. altes Haus*); (*Kirmes*2) kermistent; (*Verkaufs*2) kraam; F (*Zimmer*) kast, kamer.
Budget n (-s; -s) (het) budget, begroting.
Büfett n (-*e*s; -s) (het) buffet; *kaltes* ~ koud buffet; **~dame** f buffetjuffrouw.
Büffel m buffel; *fig* F blokken.
Bug m (-*e*s; -e) boeg.
Bügel m beugel; **~brett** n strijkplank; **~eisen** n (het) strijkijzer; **2frei** zelfstrijkend; **2n** strijken.
bug|sieren (-) boegseren, slepen; *fig* loodsen; **2welle** f boeggolf.
buhen F jouwen, boe roepen.
buhlen (*um etw*) dingen (naar).
Buhne f krib, golfbreker.
Bühne f (het) toneel; **~n-bild** n (het) (toneel)decor; **~n-bildner** m decorontwerper; **~nstück** n (het) toneelstuk.
Buhruf(e *pl*) m gejouw.
Bukarest n Boekarest n.
Bukett n (-*e*s; -e) (het) boeket (*a. Wein*2).
Bulette f gehaktbal, bal gehakt.
Bulgarien n Bulgarije n.
Bull|auge n patrijspoort; **~dogge** f buldog; **~dozer** m bulldozer; **~e** m (-n) stier; F (*Polizist*) smeris.
Bumerang m (-s; -s *od* -e) boemerang.
Bummel m wandeling; **~ei** f (het) gelanterfant; **2n** (*schlendern*) (rond)slenteren; (*trödeln*) lanterfanten; **~streik** m langzaam-aan-actie; **~zug** m stoptrein, boemeltrein.
bums! boem!, bons!; **~en** (-t) bonzen; V neuken.
Bund¹ m (-*e*s; *-*e) (het) verbond, bond; *Kleidung*: band; bondsregering; F (het) (Duits) leger.
Bund² n (-*e*s; -e) bundel, bos.
Bündel n bundel, (het) pakje; **2n** bundelen (*a. fig*).

Bundes|bahn f Spoorwegen *pl*; **~bank** f (Duitse) Nationale Bank; **~ebene** f: *auf* ~ op landelijk (*od* nationaal) niveau; **~genosse** m bondgenoot; **~gerichtshof** m (het) federaal gerechtshof; **~kanzler** m bondskanselier; **~land** n deelstaat; **~liga** f (Duitse) eredivisie; **~präsident** m Bondspresident; **~rat** m bondsraad; **~regierung** f bondsregering; **~republik** f Bondsrepubliek; **~staat** m bondsstaat; **~straße** f rijksweg; **~tag** m Bondsdag; **~wehr** f (het) Duits leger.
bündig bondig, beknopt; *kurz und* ~ kort en bondig.
Bündnis n (-ses; -se) (het) bondgenootschap.
Bungalow m (-s; -s) bungalow.
Bunker m bunker.
bunt bont; *es wird mir zu* ~! het wordt mij al te gortig!; **2heit** f bontheid; **2metall** n (het) non-ferrometaal; **2stift** m (het) kleurpotlood.
Bürde f last (*a. fig*).
Burg f burcht, (het) slot, (het) kasteel; (*Sand*2 *als Loch*) (zand)kuil.
Bürge m (-n) borg; **2n** (*für A*) borg staan (voor).
Bürger|(in f) m burger(es f); **~initiative** f actiegroep; **~krieg** m burgeroorlog; **2lich** burgerlijk.
Bürgermeister m burgemeester; **~amt** n (*Gebäude*) (het) gemeentehuis.
Bürger|recht n (het) burgerrecht; **~schaft** f *Pol* (het) parlement; **~steig** m stoep; **~tum** n (-s; 0) burgerij.
Burggraf m burggraaf.
Bürgschaft f borg(som), borgtocht.
Burgunder m Bourgondiër; (*Wein*) bourgogne.
Büro n (-s; -s) (het) bureau; *ins* ~ *gehen* naar kantoor gaan; **~angestellte(r)** empoyé(e f), administratief medewerker m (medewerkster f); **~arbeit** f (het) kantoorwerk; **~bedarf** m kantoorbenodigdheden *pl*, kantoorartikelen *n/pl*; **~kauffrau** f employée, commercieel-administratief medewerkster; **~kaufmann** m employé, commercieel-administratief medewerker; **~klammer** f paperclip; **~kraft** f = *Büroangestellte(r)*.
Bürokrat m (-en) bureaucraat; **~ie** f bureaucratie; **2isch** bureaucratisch.

Büro|möbel n/pl kantoormeubelen n/pl; **~stunden** f/pl kantooruren n/pl.
Bursch|e m (-n) knaap, jongeman; pej kerel; **⚄ikos** jongensachtig; studentikoos.
Bürste f borstel; **⚄n** borstelen; **~n-schnitt** m (het) bebopkapsel.
Bus m (-ses; -se) bus; **~bahnhof** m (het) busstation.
Busch m (-es; "e) struik; (Gebüsch) (het) struikgewas; (Urwald) (het) oerwoud.
Büschel n (het) bosje.
buschig Haare: ruig.
Busen m boezem; (Meer⚄) baai; **~freund** m boezemvriend.
Bus|fahrer m buschauffeur; **~haltestelle** f bushalte; **~rundfahrt** f rondrit met de bus.

Bussard m (-s; -e) buizerd.
Buße f boete (a. Geld⚄).
büßen (-t) (für A) boeten (voor); fig etw moeten bekopen.
Bußgeld n boete.
Buß- und Bettag m boete- en biddag.
Büste f buste; **~n-halter** m bustehouder, BH.
Busverbindung f busverbinding.
Butt m (-es; -e) Zool bot.
Büttenpapier n (het) geschept papier.
Butter f boter; **~blume** f boterbloem; **~brot** n boterham; **~dose** f (het) botervlootje; **~fahrt** f boottocht waarbij men accijnsvrij kan inkopen; **~milch** f karnemelk; **⚄weich** boterzacht.
Byte n (-[s]; -[s]) EDV byte.
byzantinisch Byzantijns.
bzw. Abk für **beziehungsweise**.

C

C, c n (-; -) C, c (a. Mus).
ca. Abk für **zirka** ca. (circa).
Café n (-s; -s) lunch-, tearoom.
Cafeteria f (-; -s od Cafeterien) cafetaria.
camp|en kamperen; **⚄er(in** f) m kampeerder m, kampeerster f.
Camping n (-s; 0) (het) kamperen, camping; **~ausweis** m (het) kampeerpaspoort; **~bus** m camper; **~liege** f stretcher; **~platz** m (het) kampeerterrein, camping; **~wagen** m caravan.
Cape n (-s; -s) cape.
CD-Player m CD-speler.
Celsius: 5 Grad ~ vijf graden Celsius.
Chamäleon n (-s; -s) kameleon (a. fig).
Champagner m champagne.
Champignons m/pl champignons pl.
Chance f kans; **~n-gleichheit** f gelijke kansen pl.
Chaos n (-; 0) chaos; **⚄tisch** chaotisch.
Charakter m (-s; -e) (het) karakter; **⚄fest** karaktervast; **⚄isieren** (-) karakteriseren; **⚄istisch** karakteristiek; **⚄lich** qua karakter; **⚄los** karakterloos; **~zug** m karaktertrek.

charm|ant charmant; **⚄e** m (-s; 0) charme.
Charter f (-; -) od m (-s; -s) charter; **~flug** m chartervlucht; **~gesellschaft** f chartermaatschappij; **~maschine** f (het) chartervliegtuig; **⚄n** charteren.
Chassis n (-; -) chassis.
Chauffeur m (-s; -e) chauffeur.
Chauvinist|(in f) m (-en) chauvinist(e f); **⚄isch** chauvinistisch.
Chef m (-s; -s) chef, baas; **~arzt** m geneesheer-directeur; **~etage** f directie-etage; **~in** f (vrouwelijke) chef, cheffin; **~redakteur** m hoofdredacteur; **~sekretärin** f directiesecretaresse.
Chemie f scheikunde; **~faser** f kunstvezel.
Chemikalien f/pl chemicaliën pl.
Chemiker(in f) m scheikundige (a. f).
chemisch chemisch, scheikundig.
Chicorée f (-; 0) (het) witlof, (het) Brussels lof.
Chiffre f (Annonce) (het) nummer.
chiffrieren (-) coderen.
Chile n Chili n; **~ne** m (-n) Chileen.

China n China n; ~**restaurant** n (het) Chinees restaurant.
Chinese m (-n) Chinees; ~**in** f Chinese; ²**isch** Chinees.
Chinin n (-s; 0) kinine.
Chip m (-s; -s) chip (a. EDV).
Chirurg m (-en) chirurg; ~**ie** f chirurgie.
Chlor n (-s; 0) chloor; ²**en** chloren.
Cholera f cholera; ²**isch** cholerisch.
Chor m (-es; ~e) (het) koor.
Choreographie f choreografie.
Christ m (-en) christen; ~**baum** m kerstboom; ~**demokrat** m christen-democraat; ~**en-tum** n (-s; 0) (het) christendom; ~**in** f christin; ~**kind** n (het) Kerstkind(je); ²**lich** christelijk.
Christus m Christus; *vor (nach) Christi Geburt* vóór (na) Christus.
Chrom n (-s; 0) (het) chroom; ~**osom** n (-s; -en) (het) chromosoom.
Chronik f kroniek; ²**isch** chronisch.

chronologisch chronologisch.
Chrysantheme f chrysant.
Clique f kliek.
Clou m (-s; -s) clou.
Clown m (-s; -s) clown.
Cockpit n (-s; -s) cockpit.
Computer m computer; ~**ausdruck** m computeruitdraai; ²**gesteuert** computergestuurd; ²**gestützt** computerondersteund; ~**kriminalität** f computercriminaliteit; ~**steuerung** f computer(be)sturing.
Container m container; ~**schiff** n (het) containerschip.
Copyright n (-s; -s) (het) copyright.
Couch f (-; -es) divan.
Coup m (-s; -s) coup.
Coupé n (-s; -s) coupé.
Coupon m (-s; -s) coupon.
Cousin m (-s; -s) neef; ~**e** f nicht.
Creme f (-; -s) crème (a. fig); ²**farben** crèmekleurig.

D

D, d n (-; -) D, d (a. Mus).
da 1. Adv (dort) daar, er; (dann) dan, toen; *von ~ an* van toen af; **2.** Ko (als) toen, terwijl; (weil) daar, omdat.
dabei daarbij, erbij; *es ist nichts ~* (leicht) daar is niets aan; (harmlos) het heeft niets te betekenen; *es bleibt ~* daar blijft het bij; ~**haben** bij zich hebben; ~**sein** erbij zijn; (im Begriff) op het punt staan; (beschäftigt) bezig zijn.
dableiben blijven.
Dach n (-es; ~er) (het) dak; (Wagen²) kap; *unter ~ und Fach sein* in kannen en kruiken zijn; ~**boden** m zolder; ~**decker** m dak-, leidekker; ~**fenster** n (het) dakvenster; ~**garage** f garage op het dak; ~**gepäckträger** m imperiaal (a. het); ~**gesellschaft** f moedermaatschappij; ~**organisation** f = **Dachverband**; ~**pappe** f (het) dakvilt; ~**rinne** f dakgoot.
Dachs m (-es; -e) das; ~**hund** m dashond.

Dach|verband m overkoepelende organisatie; ~**wohnung** f zolderwoning; ~**ziegel** m dakpan.
Dackel m dashond.
dadurch daardoor; *~, daß ...* doordat ...
dafür daar-, ervoor; ~**können**: *nichts ~* er niets aan kunnen doen.
dagegen daar-, ertegen; (im Gegensatz) daarentegen; (im Vergleich dazu) daarbij vergeleken; *~ sein* ertegen zijn; *etw ~ haben* er iets tegen hebben.
daheim thuis (a. fig).
daher (von dort) vandaar, daarvandaan; (deshalb) daarom, dus; *~ kommt es ...* daardoor komt het ...; ~**kommen** er aankomen; ~**reden** erop los praten.
dahin daar-, erheen; (vergangen) voorbij; *~ bringen, daß ...* het zover brengen dat ...; *s. a. bis*; ~**fliegen** voorbijvliegen; ~**gegen** daarentegen.
dahingehen voorbijgaan; (vergehen a.) verstrijken; ~**d** Adv in die zin.
dahin|gestellt: *es bleibt ~* dat is nog de

vraag; ~ *sein lassen* in het midden laten; **~siechen** (*sn*) wegkwijnen.

dahinten daar achter, daar ginds.

dahinter daar-, erachter; **~kommen** erachter komen; **~stecken** erachter steken.

Dahlie *f* dahlia.

da|lassen achterlaten; **~liegen** (er) liggen.

damal|ig toenmalig; **~s** toen, destijds.

Damast *m* (-*es*; -*e*) (het) damast.

Dame *f* dame; *Karte*: vrouw; *Schach*: koningin; ~ *spielen* dammen.

Damen|- *in Zssgn mst* dames-, *z.B.* **~bekleidung** *f* dameskleding; **~binde** *f* (het) maandverband; **~doppel** *n* (het) damesdubbel; **~friseur** *m* dameskapper; **~mannschaft** *f* damesploeg; **~mode** *f* damesmode; **~toilette** *f* (het) damestoilet; **~wahl** *f* schrikkeldans; **~wäsche** *f* (het) damesondergoed, lingerie.

Damespiel *n* (het) dammen.

damit 1. *Adv* daar-, ermee; *her* (*aus*) ~! geef op!; **2.** *Ko* (*auf daß*) opdat.

dämlich F dom, dom.

Damm *m* (-*es*; ⸗*e*) dam (*a. Med u. fig*), dijk; (*Hafen*⸗) pier; (*Fahr*⸗) rijweg.

dämmer|ig schemerig; **⸗licht** *n* (het) schemerlicht; **~n**: *es dämmert* het schemert; *es dämmert mir* *fig* er gaat me een licht op; **⸗ung** *f* schemering.

Dämon *m* (-*s*; -*en*) demon; **⸗isch** demonisch, duivels.

Dampf *m* (-*es*; ⸗*e*) damp; (*Dunst*) damp; **~bad** *n* stoombad; **⸗en** dampen, roken; *fahren u. Wasser*: stomen.

dämpf|en dempen (*a. Licht*), *kul* stoven; *Gefühle* temperen, intomen; **⸗er** *m* demper; *fig* domper.

Dampfer *m* stoomboot; **~erfahrt** *f* reis (*od* tocht) met een (stoom)schip; **~kochtopf** *m* snelkookpan; **~maschine** *f* stoommachine.

Dämpfung *f* demping; tempering.

Dampfwalze *f* stoomwals (*a. fig*).

danach *bw* daarna; ernaar; (*hierauf*) daarna, daarop; *mir ist nicht* ~ mijn hoofd staat er niet naar; *es sieht nicht* ~ *aus* het ziet er niet naar uit.

Däne *m* (-*n*) Deen.

daneben daar-, ernaast; **~gehen** ernaast gaan; (*mißlingen*) mislukken.

Dänemark *n* Denemarken.

danieder (ter)neer.

Dän|in *f* Deense; **⸗isch** Deens.

dank (*D od G*) dank zij.

Dank *m* (-*es*; *0*) dank; *vielen* ~! dank U wel!; **⸗bar** dankbaar; **~barkeit** *f* dankbaarheid; **⸗en** (*D*) (be)danken; *danke* (*schön od sehr*)! dank U (*beim Duzen*: je) (wel)!; *j-m etw* ~ iem voor iets danken; (*verdanken*) iets aan iem te danken hebben; **~schreiben** *n* bedankbrief.

dann dan, toen; ~ *und wann* af en toe, nu en dan.

daran daar-, eraan; *kein Wort ist* ~ *wahr* er is geen woord van waar; *nahe* ~ *sein* op het punt staan; *s. a.* **dran**(-); **~machen**: *sich* ~ beginnen.

darauf daar-, erop; (*danach bsd*) daarna; ~ *soll es nicht ankommen* daaraan zal het niet liggen; **~folgend** daaropvolgend; **~hin** daarop.

daraus daar-, eruit; ~ *wird nichts* daar komt niets van in.

darbiet|en presenteren; (*vorführen*) opvoeren; *sich* ~ *Gelegenheit*: zich voordoen; **⸗ung** *f* *Thea* opvoering.

dar|ein, ~in daar-, erin.

darleg|en uiteenzetten, betogen; **⸗ung** *f* uiteenzetting, (het) betoog.

Darlehe(n)n *f* lening; **~s-summe** *f* leensom, (het) geleend bedrag.

Darm *m* (-*es*; ⸗*e*) darm; **~entzündung** *f* darmontsteking.

darstell|en voorstellen; (*zeigen*) vertonen; (*schildern*) schetsen; *Thea* uitbeelden; *Rolle* vertolken, spelen; (*bedeuten*) vormen; **⸗er**(**in** *f*) *m* acteur *m*, actrice *f*; **⸗ung** *f* beschrijving, voorstelling; vertoning; vertolking.

darüber daar-, erover; daar-, erboven; (*mehr*) meer; ~ *hinaus* daarboven; ~ *hinaussein* eroverheen zijn.

darum daar-, erom; (*deshalb*) daarom; (*örtlich*) eromheen.

darunter daar-, eronder.

das *Art*. het; *Pron* dat, het; ~ *heißt* (*d. h.*) dat is, dat wil zeggen (d.w.z.).

dasein 1. (*vorhanden sein*) er zijn, aanwezig zijn; (*bestehen*) bestaan; **2.** 2 *n* (het) bestaan; **⸗s-berechtigung** *f* (het) bestaansrecht.

dasjenige hetgeen, datgene; *vor Su* dat.

daß dat; *so* ~ zodat.

dasselbe hetzelfde.

dastehen er staan; (*herumstehen*) er (maar wat) staan.

Datei

Datei f verzamelde gegevens n/pl; *EDV* (het) bestand.

Daten n/pl gegevens n/pl; ~**bank** f (-; -en) *EDV* databank; ~**material** n (verzamelde) gegevens n/pl; ~**schutz** m bescherming van de privacy; ~**träger** m informatiedrager; ~**typist(in** f) m datatypist(e f); ~**verarbeitung** f informatie-, gegevensverwerking.

datier|en (-) dateren; ℒ**ung** f datering.
Dativ m (-s; -e) datief, derde naamval.
Dattel f (-; -n) dadel.
Datum n (-s; *Daten*) datum.
Datums|angabe f opgave van de datum; ~**stempel** m datumstempel.
Dauer f (-; 0) duur; *auf die* ~ op de duur; ~**arbeitslosigkeit** f langdurige werkloosheid; ~**auftrag** m machtiging tot automatische afschrijving; ~**ausstellung** f doorlopende tentoonstelling; ~**geschwindigkeit** f kruissnelheid; ~**haft** duurzaam; ~**haftigkeit** f duurzaamheid; ~**karte** f abonnementskaart; ~**lauf** m lange-afstandsloop; ℒ**n** duren; *es dauert (mir) zu lange* het duurt (me) te lang; ℒ**nd** voortdurend; ~**parker** m langparkeerder; ~**regen** m aanhoudende regen(val); ~**welle** f permanent; ~**zustand** m blijvende toestand.
Daumen m duim.
Däumling m (-s; -e) duim; *Märchen:* Kleinduimpje n.
Daunen f/pl (het) dons; ~**bett** n (het) donzen dekbed; ~**decke** f donzen deken.
davon daar-, ervan; *(darüber)* daarerover; *was habe ich* ~? wat heb ik eraan?; ~**fahren** wegrijden; *Schiff:* wegvaren; ~**kommen** er afkomen; ~**laufen** weglopen; ~**machen:** *sich* ~ ertussenuit knijpen, ervandoor gaan; ~**tragen** wegdragen; *Sieg* behalen.
davor daar-, ervoor.
dazu *(überdies)* daar-, erbij; *(zu diesem Zweck)* daar-, ertoe; ~ *bin ich nicht hier* daarvoor; ~**gehören** erbij horen; ~**gehörig** bijbehorend; ~**kommen** erbij komen; ~**schreiben** erbij schrijven.
dazwischen daar-, ertussen; ~**kommen** ertussen komen; *(sich einmischen)* tussenbeide komen; ~**liegend** tussenliggend; ~**reden** in de rede vallen; ~**rufen**

ertussendoor roepen; ~**treten** tussenbeide komen.

Debakel n débâcle (a. het).
Debatt|e f (het) debat; *zur* ~ *stehen* ter discussie staan; ℒ**ieren** (-) debatteren.
Debüt n (-s; -s) (het) debuut; ℒ**ieren** (-) debuteren.

dechiffrieren (-) decoderen, ontcijferen.
Deck n (-s; -s) (het) dek; ~**adresse** f (het) schuiladres; ~**bett** n (het) dekbed.
Decke f (*Bett* ℒ) deken; (*Tisch* ℒ) kleed; *Arch* zoldering, (het) plafond.
Deckel m (het) deksel; (*Buch* ℒ) band.
deck|en dekken (*a. Tisch, Sp etc.*); ℒ**enbeleuchtung** f plafondverlichting; ℒ**hengst** m dekhengst; ℒ**mantel** m dekmantel; ℒ**ung** f dekking (*a. Hdl etc.*).
Deckungs|karte f (het) verzekeringsbewijs; ~**zusage** f uitkeringsgarantie.
defätistisch defaitistisch.
defekt 1. defect, onklaar; **2.** ℒ m (-*es*; -*e*) (het) defect; *Med a.* (het) gebrek.
Defensive f defensief, verdediging.
defilieren (-) defileren.
defin|ieren (-) definiëren; ℒ**ition** f definitie; ℒ**itiv** definitief.
Defizit n (-s; -e) deficit.
Deflation f deflatie.
deftig stevig, krachtig; (*grob*) grof; *Witz:* schuin.

Degen m degen.
dehn|bar rekbaar; ~**en** rekken; *sich* ~ uitzetten; *Pers:* zich uitrekken; ℒ**ung** f rekking (*a. Gr*), uitzetting.
Deich m (-*es*; -*e*) dijk; ~**bruch** m dijkbreuk.
Deichsel f (-; -n) dissel(boom); ℒ**n** F voor mekaar krijgen.
dein jouw, je; ~**er|seits** van jouw kant; ~**es|gleichen** iemand zoals jij; ~**et|wegen** ter wille van jou; ~**ige:** *der, die, das* ~ de (*n/sg:* het) jouwe.
dekaden|t decadent; ℒ**z** f decadentie.
Dekan m (-s; -e) deken; (*Hochschul* ℒ) decaan.
dekla|mieren (-) declameren, voordragen; ~**rieren** (-) declareren.
Deklin|ation f *Gr* verbuiging; ℒ**ieren** (-) *Gr* verbuigen.

Dekolleté n (-s; -s) (het) decolleté.
dekolletiert gedecolleteerd.
Dekor m od n (-s; -s od -e) (het) decor; ~**ateur** m (-s; -e) decorateur; ~**ation** f decoratie; ℒ**ieren** (-) decoreren.

Dekret n (-es; -e) (het) decreet.
Dele|gation f delegatie; **⁀gieren** (-) delegeren; **⁀gierte(r)** gedelegeerde.
delikat delicaat.
Delikatesse f delicatesse; **⁀n-geschäft** n delicatessenzaak.
Delikt n (-es; -e) (het) delict.
Delle f deuk.
Delphin m (-s; -e) dolfijn.
Delta n (-s; -s od Delten) delta.
dem: wie ~ auch sei hoe dan ook.
Demagogie f demagogie.
Dementi n (-s;-s) (het) dementi, ontkenning; **⁀ieren** (-) ontkennen.
dem|entsprechend dienovereenkomstig; **⁀gegenüber** daartegenover, daarentegen.
dem|nach dus, derhalve; **⁀nächst** binnenkort.
Demokrat m (-en) democraat; **⁀ie** f democratie; **⁀isch** democratisch; **⁀isieren** (-) democratiseren.
demolieren (-) vernielen, verwoesten.
Demonstr|ant(in f) m (-en) demonstrant(e f); **⁀ation** f demonstratie; Pol a. betoging; **⁀ativ-pronomen** n (het) aanwijzend voornaamwoord; **⁀ieren** (-) demonstreren; Pol a. betogen.
demontieren (-) demonteren.
Demoskopie f demoscopie.
Demut f deemoed, nederigheid.
demütig nederig; **⁀en** vernederen; **⁀ung** f vernedering.
demzufolge dientengevolge.
Denk|art f denkwijze; **⁀bar** denkbaar; Adv uiterst; **⁀en*** (an A) denken (aan); sich ~ zich voorstellen; **⁀er** m denker; **⁀fähigkeit** f (het) denkvermogen; **⁀fehler** m denkfout.
Denkmal n (-s; ⁀er od -e) (het) monument; **⁀schutz** m monumentenzorg.
Denk|schrift f (het) memorandum; **⁀würdig** gedenkwaardig, heuglijk; **⁀zettel** m fig (het) lesje.
denn (begründend) want; (als) dan, als; (also) dan, toch; **wann ~?** wanneer dan (wel)?; **mehr ~ je** meer dan ooit; **es sei ~** tenzij.
dennoch toch.
denunzieren (-) verklikken.
Deo n (-s; -s), **Deodorant** n (-s; -s od -e) (het) deodorans.
depla|ciert, **⁀ziert** misplaatst.

Deponie f stortplaats; **⁀ren** (-) deponeren.
deportieren (-) deporteren.
Depositenbank f (-; -en) depositobank.
Depot n (-s; -s) depot (a. het).
Depress|ion f depressie; **⁀iv** depressief.
deprimieren (-) deprimeren.
Deputierte(r) gedeputeerde.
der Art. de; (pl u. sg f G) van de, der; Pron die.
derart zodanig; **⁀ig** dergelijk, zulk.
derb grof; (kräftig) stevig.
der|gestalt zo-, dusdanig; **⁀gleichen** dergelijk; **und ~ (mehr)** en dergelijke (meer); **nichts ~** niets van dien aard; **⁀jenige** diegene; vor Su die; **⁀maßen** dermate; **⁀selbe** dezelfde.
derzeit (jetzt) nu, thans; (früher) toen(maals); **⁀ig** tegenwoordig, huidig; (früher) toenmalig.
des·avouieren (-) desavoueren.
des|gleichen evenzo; **⁀halb** daarom.
Design n (-s; -s) (het) design; **⁀er(in** f) m designer (a. f).
Des·infektion f desinfectie, ontsmetting; **⁀s-mittel** n (het) ontsmettingsmiddel.
des|infizieren desinfecteren, ontsmetten; **⁀interesse** n ongeïnteresseerdheid; **⁀interessiert** ongeïnteresseerd.
Desktop publishing n (-; 0) EDV desktop publishing.
Des·odorant = **Deodorant.**
desolat desolaat.
des·orientieren (-) desoriënteren.
Despot m (-en) despoot.
dessen Relativpronomen wiens, van wie; Demonstrativpronomen diens; **⁀ungeachtet** desondanks.
Dessert n (-s; -s) (het) dessert.
Destill|ation f destillatie; **⁀iert** gedistilleerd.
desto des te; **~ mehr** des te meer.
deswegen daarom.
Detail n (-s; -s) (het) detail; **⁀ieren** (-) detailleren; **⁀iert** gedetailleerd.
Detektiv m (-s; -e) detective.
detonieren (-) ontploffen.
deut|en uitleggen, verklaren; **(auf A)** aanwijzen; fig wijzen (op); **⁀lich** duidelijk; **⁀lichkeit** f duidelijkheid.
deutsch 1. Duits; **auf ~** in het Duits; **auf gut ~** ronduit gezegd; **2. 2** n (-[s]; 0) (het) Duits; **sprechen Sie ~?** spreekt U

Deutsche(r) Duits?; ⁓e(r) Duitser *m*, Duitse *f*; ⁓feindlich anti-Duits; ⁓land *n* Duitsland *n*; ⁓lehrer *m* leraar Duits; ⁓sprachig Duitstalig; ⁓unterricht *m* (het) onderwijs in het Duits.

Deutung *f* verklaring, interpretatie.

Devise *f* (het) devies, leus.

Devisen *pl* deviezen *pl*; ⁓bewirtschaftung, ⁓kontrolle *f* deviezencontrole; ⁓kurs *m* deviezenkoers; ⁓makler *m* deviezenmakelaar.

Dezember *m*: *der* ⁓ december.

dezent decent.

dezentralisieren decentraliseren.

Dezernat *n* (-*es*; -*e*) afdeling.

dezimal decimaal, tiendelig; ⁓**system** *n* (het) tiendelig stelsel.

dezimieren (-) decimeren.

d.h. *Abk für das heißt*, *s. das*.

Dia *n* (-*s*; -*s*) dia; ⁓**betiker(in** *f*) *m* diabeticus *m*, diabetica *f*; ⁓**dem** *n* (-*s*; -*e*) diadeem (*a.* het); ⁓**gnose** *f* diagnose; ⁓**gonale** *f* diagonaal; ⁓**gramm** *n* (-*s*; -*e*) (het) diagram; ⁓**lekt** *m* (-*es*; -*e*) (het) dialect; ⁓**log** *n* (-*es*; -*e*) dialoog; ⁓**mant** *m* (-*en*) diamant; ⁓**positiv** *n* (-*s*; -*e) (het) diapositief; ⁓**projektor** *m* diaprojector; ⁓**rähmchen** *n* (het) diaraampje.

Diät *f* (het) dieet; ⁓**en** *pl* vacatiegeld(en *n*/*pl*); (*Reise*⁓) reis- en verblijfkostenvergoeding; *Pol* vergoeding (voor een parlementslid).

dich jou, je.

dicht dicht; ⁓ *an* (*D*) dicht-, vlakbij; ⁓**bevölkert** dichtbevolkt.

Dicht|e *f* dichtheid; ⁓**en** dichten (*a. Tech*); ⁓**er** *m Poesie*: dichter; *Prosa*: schrijver, auteur; ⁓**erin** *f* dichteres; schrijfster; ⁓**erisch** dichterlijk; ⁓**halten** zijn mond houden, zwijgen; ⁓**kunst** *f* dichtkunst; ⁓**ung** *f* dichtkunst; (het) dichtwerk; *Tech* dichting.

dick dik; *durch* ⁓ *und dünn* door dik en dun; ⁓**darm** *m* dikke darm; ⁓**e** *f* dikte; ⁓**häuter** *m* dikhuid(ige) (*a. fig*); ⁓**icht** *n* (-*s*; -*e*) (het) kreupelhout, (het) struikgewas; ⁓**kopf** *m* stijfkop; ⁓**köpfig** stijfhoofdig, koppig; ⁓**leibig** zwaarlijvig.

didaktisch didactisch.

die *Art.* de; *Pron* die.

Dieb *m* (-*es*; -*e*) dief; ⁓**es·gut** *n* (het) gestolen goed; ⁓**in** *f* dievegge.

Diebstahl *m* (-*es*; ⁓*e*) diefstal; ⁓**versicherung** *f* verzekering tegen diefstal.

diejenige(n *pl*) de-, diegene(n *pl*); *vor Su* die (*a. pl*).

Diele *f* hal; (*Brett*) plank; (*Flur*) hal.

dien|en (*D*) dienen; *womit kann ich* ⁓*?* waarmee kan ik U helpen?; ⁓**er(in** *f*) *m* dienaar *m*, dienares *f*; (*Angestellte*[*r*]) bediende (*a. f*); ⁓**lich** dienstig.

Dienst *m* (-*es*; -*e*) dienst; *im* ⁓ *sein* in dienst zijn; *ich stehe zu Ihren* ⁓*en* ik sta tot Uw dienst.

Dienstag *m* dinsdag; *am* ⁓, ⁓*s* dinsdags.

Dienst|bezüge *m*/*pl* (het) salaris; ⁓**bereit** dienstwillig; ⁓**eifrig**, ⁓**fertig** dienstvaardig, gediensig; ⁓**geheimnis** *n* (het) dienstgeheim; ⁓**grad** *m* rang; ⁓**habend** dienstdoend.

Dienstleistung *f* dienst; ⁓**s·abend** *m* koopavond; ⁓**s·gewerbe** *n* dienstensector; ⁓**s·unternehmen** *n* (het) dienstverlenend bedrijf.

dienst|lich *Adj* de dienst betreffend, officieel; *Adv* voor de dienst; ⁓**mädchen** *n* (het) dienstmeisje; ⁓**reise** *f* dienstreis; ⁓**stelle** *f* (het) bureau; (*Behörde*) instantie; ⁓**stunden** *f*/*pl* diensturen *n*/*pl*; ⁓**wagen** *m* dienstwagen; auto van de zaak; ⁓**weg** *m* officiële weg; *auf dem* ⁓ langs de officiële weg.

dies dit; ⁓ *und das* en een ander; ⁓**bezüglich** *Adj* desbetreffend; *Adv* hier-, daaromtrent.

Diesel *m* (-[*s*]; -) diesel.

dieselbe(n *pl*) dezelfde.

Diesel|kraftstoff *m*, ⁓**öl** *n* dieselolie.

dies|er, ⁓**e** deze; ⁓(**es**) dit.

diesig nevelig.

dies|mal ditmaal, deze keer; ⁓**seits** (*G*) aan deze kant van.

Dietrich *m* (-*es*; -*e*) loper, valse sleutel.

Diffamierung *f* laster, belastering.

Differential *n* (-*s*; -*e*), ⁓**getriebe** *n* (het) differentieel.

Differenz *f* (het) verschil; ⁓**ieren** (-) differentiëren.

digital digitaal; ⁓**anzeige** *f* cijferaanduiding; ⁓**rechner** *m* digitale rekenmachine; ⁓**uhr** *f* (het) digitaal horloge.

Dikt|aphon *n* (-*s*; -*e*) dictafoon; ⁓**at** *n* (-*es*; -*e*) (het) dictaat; (*Schul*⁓) dictee; ⁓**ator** *m* (-*s*; -*en*) dictator; ⁓**atur** *f* dictatuur; ⁓**ieren** (-) dicteren; ⁓**iergerät** *n* (het) dicteerapparaat.

Dilemma *n* (-*s*; -*s*) (het) dilemma.

dilettantisch dilettantisch.

Dill *m* (-s; 0) dille.
Dim|ension *f* dimensie; **~inutiv** *n* (-s; -e) (het) diminutief, (het) verkleinwoord.
Diner *n* (-s; -s) (het) diner.
DIN|-Format *n* (het) DIN-formaat; **~-Norm** *f* DIN-norm.
Ding *n* (-*e*s; -e, F-*er*) (het) ding; *vor allen* **~en** voor alles, vooral; *guter* **~e** *sein* goedgemutst zijn.
Dings(bums, **~da)** *m*, *f*, *n* dinges; *Herr* **~** meneer Dinges.
Dinosaurier *m* dinosaurus.
Dioxid *n* (-*e*s; -e) (het) dioxyde.
Dioxin *n* (-s; 0) dioxine.
Diözese *f* (het) diocees.
Diphtherie *f* difterie.
Diphthong *m* (-s; -e) diftong, tweeklank.
Diplom *n* (-s; -e) diploma; **~arbeit** *f* doctoraalscriptie.
Diplomat *m* (-en) diplomaat; **~ie** *f* diplomatie; **♀isch** diplomatiek.
Diplomingenieur *m* ingenieur met diploma van een technische universiteit.
dir jou, je.
direkt direct, rechtstreeks; **♀flug** *m* non-stop-vlucht; **♀ion** *f* directie; **♀or** *m* (-s; -*en*) directeur; **♀orin** *f* directrice; **♀übertragung** *f* rechtstreekse uitzending; **♀verkauf** *m* verkoop rechtstreeks aan de consument; **♀werbung** *f* op de consument gerichte reclame.
Dirig|ent *m* (-en) dirigent; **♀ieren** (-) dirigeren (*a. Mus*), leiden.
Dirne *f* (*Hure*) prostituée.
Dis-agio *n* (-s; 0) *Hdl* (het) disagio.
Discountladen *m* discount.
Diskette *f* *EDV* diskette; **~n-laufwerk** *n* *EDV* drive, aandrijfeenheid.
Disko *f* (-; -s) disco(theek).
Diskont *m* (-s; -e) (het) disconto; **~satz** *m* discontovoet.
Diskothek *f* discotheek.
dis|kreditieren (-) in diskrediet brengen; **♀krepanz** *f* discrepantie.
diskret discreet; **♀ion** *f* discretie.
diskriminier|en (-) discrimineren; **~ung** *f* discriminatie.
Diskus *m* (-[*ses*]; -*se od* *Disken*) discus.
Diskussion *f* discussie; *zur* **~** *stellen* (*stehen*) ter discussie stellen (staan); **~s-leiter** *m* discussieleider.
dis|kutieren (-) discuteren; **~ponieren** (-) disponeren; **~qualifizieren** diskwa-

lificeren; **♀sertation** *f* dissertatie, (het) proefschrift.
Distanz *f* afstand; **♀ieren** (-): *sich* **~** (*von* *D*) zich distantiëren (van).
Distel *f* (-; -n) distel.
Disziplin *f* discipline; **♀iert** gedisciplineerd; **~losigkeit** *f* ongedisciplineerdheid.
Divid|ende *f* (het) dividend; **♀ieren** (-) delen.
Division *f* *mil* divisie; *Math* deling.
Diwan *m* (-s; -e) divan.
d.J. *Abk für dieses Jahres* van dit jaar.
D-Mark *f* D-mark, Duitse mark.
doch toch, nochtans; maar; **~!** toch (wel)!; *nicht* **~!** wel nee(n)!, nee(n) toch!; (*laß das!*) laat dat!, niet doen!
Docht *m* (-*e*s; -e) pit, (het) kousje.
Dock *n* (-s; -s) (het) dok; **~er** *m* dokwerker.
Dogge *f* dog.
Dogma *n* (-s; *Dogmen*) (het) dogma; **♀tisch** dogmatisch.
Doktor *m* (-s; -*en*) doctor; (*Arzt*) dokter; **~arbeit** *f* (het) proefschrift; **~in** *f* doctor(es); vrouwelijke arts.
Doktrin *f* doctrine.
Dokument *n* (-s; -e) (het) document; **~arfilm** *m* documentaire; **♀arisch** documentair; **♀ieren** (-) documenteren.
Dolch *m* (-*e*s; -e) dolk; **~stoß** *m* dolkstoot.
Dolde *f* (het) bloemscherm.
Dollar *m* (-s; -s) dollar.
dolmetsch|en tolken; **♀er(in** *f*) *m* (vrouwelijke *f*) tolk.
Dom *m* (-*e*s; -e) dom(kerk).
Domäne *f* (het) domein (*a. fig*).
Domizil *n* (-s; -e) domicilie.
Dompfaff *m* goudvink.
Dompteur *m* (-s; -e) dompteur.
Donner *m* donder; **♀n** donderen; (*schelten*) tieren; **~schlag** *m* donderslag.
Donnerstag *m* donderdag; *am* **~**, **♀s** donderdags.
Donnerwetter! F potverdorie!; gossie!
doof F stom (*a. langweilig*), dom.
Doping *n* (-s; -s) doping.
Doppel *n* (het) dubbel (*a. Sp*).
Doppelbesteuerung *f* dubbele belasting(heffing); **~s-abkommen** *n* overeenkomst ter vermijding van dubbele belastingheffing.
Doppel|bett *n* (het) lits-jumeaux; **♀deu-**

Doppelfenster

~tig dubbelzinnig; **~fenster** n (het) dubbel raam; **~gänger** m dubbelganger; **~haus** n twee huizen pl onder één kap; **~punkt** m dubbelepunt; **2seitig** dubbelzijdig; **~stecker** m dubbele stekker; **2t dubbel**; *das ~e* het dubbele; **~soviel** tweemaal zoveel; **~zentner** m honderd kilo; **~zimmer** n tweepersoonskamer.

Dorf n (-*es*; *¨er*) (het) dorp.
Dorf|- in Zssgn mst dorps-, z.B. **~bewohner** m dorpsbewoner.
Dorn m (-*es*; -*en*) doorn; **~en·strauch** m doornstruik; **2ig** doornig; **~rös·chen** n Doornroosje n.
dörren drogen.
Dorsch m (-*es*; -*e*) dors, jonge kabeljauw.
dort daar, ginds, ginder; **~her: von ~** daarvandaan; **~hin** daarheen; **~ig** van die plaats, aldaar.
Dose f doos; (Konserven2) (het) blik; (Zucker2) pot; (Dosis) dosis.
dösen (-*t*) dommelen, soezen.
Dosen|bier n (het) bier in blik; **~öffner** m blikopener.
dosieren (-) doseren.
Dosis f (-; Dosen) dosis.
Dotter m od n dooier.
Dozent(in f) m (-*en*) docent(e f).
Drache m (-*n*) draak.
Drachen m (Papier2) vlieger; Pers: draak; **~flieger** m deltavlieger.
Dragée n (-*s*; -*s*) dragee, pastille.
Draht m (-*es*; *¨e*) draad, (het) snoer; *auf ~ sein* goed op dreef zijn; **~bürste** f draadborstel; **2ig** pezig, gespierd; **2los** draadloos; **~seil** n draadkabel; **~seilbahn** f kabelbaan; **~verhau** m prikkeldraadversperring; **~zange** f draadtang; **~zaun** m afrastering; **~zieher** m fig figuur achter de schermen.
drall stevig, ferm.
Drama n (-*s*; Dramen) (het) drama; **~tik** f dramatische kunst; fig dramatiek; **2tisch** dramatisch; **2tisieren** (-) dramatiseren.
dran s. *daran; jetzt bin ich ~* nu ben ik aan de beurt; *er ist übel ~* hij is er slecht aan toe.
Dränage f drainage (a. Med).
Drang m (-*es*; *¨e*) drang; (Bedrängnis) druk.
dräng|eln dringen; fig zeuren; **~en** dringen; (drücken a.) drukken; (antreiben)

aanzetten; **~ auf** (A) aandringen op; **sich ~** dringen; elkaar verdringen.
drankommen F aan de beurt komen.
drapieren (-) draperen.
drastisch drastisch.
drauf s. *darauf; ~ und dran sein* op het punt staan; **2gänger** m (het) haantje-de-voorste; **~gehen** F eraan gaan; **~los** erop los; **~zahlen** erop toeleggen.
draußen buiten.
Dreck m (-*es*; 0) (het) vuil, drek; F (Plunder) rommel; *e-n ~* F geen snars; **2ig** vuil, vies; fig smerig; gemeen.
Dreh m (-*es*; -*e*) draai; **den ~ heraushaben** de slag te pakken hebben; **~arbeiten** f/pl filmopnamen pl; **~bank** f (-; *¨e*) draaibank; **2bar** draaibaar; **~brücke** f draaibrug; **~buch** n (het) draaiboek.
dreh|en draaien; Film maken; **sich ~** draaien; **sich ~ um** (A) (handeln von) gaan over; **2er** m draaier; **2moment** n (het) draaimoment; **2orgel** f (het) draaiorgel; **2scheibe** f draaischijf (a. fig); **2strom** m draaistroom; **2stuhl** m draaistoel; **2ung** f draai(ing); (Umdrehung) omwenteling; **2zahl** f (het) toerental; **2zahlmesser** m toerenteller.
drei 1. u. **2.** 2 f drie; **2bettzimmer** n driepersoonskamer; **2eck** n driehoek; **~eckig** driehoekig; **~einhalb** driëenhalf; **~fach** drievoudig; **~farbig** driekleurig; **~hundert** driehonderd; **2königsfest** n Driekoningen; **~mal** driemaal, drie keer; **2rad** n driewieler; **~seitig** driezijdig; **2sprung** m hink-stap-sprong; **~sprachig** drietalig; **~spurig** driebaans.
dreißig dertig; **2er(in** f) m dertigjarige (a. f); **~ste(r)** dertigste.
dreist driest, vrijpostig.
Drei|sternehotel n (het) driesterrenhotel; **2stöckig** met drie verdiepingen; **2tägig** driedaags; **2tausend** drieduizend; **2viertel** driekwart; **~viertelstunde** f drie kwartier; **2zehn** dertien; **~zimmerwohnung** f driekamerflat.
dresch|en* dorsen; (prügeln) afranselen; **2maschine** f dorsmachine.
dress|ieren (-) dresseren; **2ur** f dressuur.
dribbeln dribbelen.
Drill m (-*es*; 0) mil u. fig dril; **2en** drillen.
Drillinge m/pl drieling.
drin s. *darin.*

dring|en* dringen; (*auf A*) aandringen (op); *in etw* ~ iets binnendringen; **~end, ~lich** dringend, urgent; **²lich-keit** *f* urgentie.

drinnen binnen.

dritt: zu ~ met z'n drieën; **~e(r)** derde; **²el** *n* (het) derde (deel); **~ens** ten derde.

Droge *f* (het) verdovend middel, drug.

drogen|abhängig drugverslaafd; **²beratungsstelle** *f* (het) opvangcentrum voor drugverslaafden; **²handel** *m* drugshandel; **²händler** *m* (drug)dealer; **²konsum** *m* (het) druggebruik; **²problem** *n* (het) drugprobleem; **²sucht** *f* drugverslaving; **²süchtige(r)** drugverslaafde.

Drogerie *f* drogisterij.

Droh|brief *m* dreigbrief; **²en** (*D*) dreigen; **~end** dreigend.

dröhnen dreunen, daveren.

Drohung *f* bedreiging, (het) dreigement.

drollig koddig, grappig.

Dromedar *n* (-s; -e) dromedaris.

Drops *m/pl* zuurtjes *n/pl*.

Drossel *f* (-; -*n*) lijster; **²n** verminderen; *fig a.* beperken; *Motor* gas minderen; **~ung** *f* vermindering, beperking.

drübe|n aan de overkant; **~r** *s. darüber.*

Druck *m* (-*es*; -*e*; *Tech ~e*) druk; **~buchstabe** *m* drukletter.

Drückeberger *m* (*Feigling*) lafaard.

drucken drukken.

drücken drukken; (*schieben a.*) duwen; *Schuh:* knellen; *sich* ~ (*vor D*) trachten te ontsnappen (aan); **~d** drukkend.

Drucker *m* drukker; *EDV* printer.

Drücker *m* klink; (*Knopf*) knop.

Druck|erei *f* drukkerij; **~fehler** *m* drukfout; **²fertig** persklaar; **~knopf** *m* drukknop; *El, Tech* drukknop; **~luft** *f* perslucht; **~luftbremse** *f* luchtdrukrem; **~sache** *f* (het) drukwerk; **~schrift** *f* drukletters *pl*; (*Text*) (het) gedrukt stuk; **~taste** *f* druktoets.

drum *s. darum; das ² und Dran* F alles wat erbij hoort; **²herum** *n*: *das (ganze)* ~ F de hele poespas.

drunte|n daar beneden; **~r** *s. darunter.*

Drüse *f* klier.

Dschungel *m* jungle.

du jij, je; *mit j-m per* ~ *sein* elkaar tutoyeren.

Dübel *m* plug.

dubios dubieus.

ducken: *sich* ~ zich bukken; *fig* in zijn schulp kruipen.

Dudelsack *m* doedelzak.

Duell *n* (-*s*; -*e*) (het) duel, (het) tweegevecht; **²ieren** (-): *sich* ~ duelleren.

Duett *n* (-*es*; -*e*) (het) duet.

Duft *m* (-*es*; *~e*) geur; **²e** F tof, mieters; **²en** (*nach D*) geuren (naar); **²end, ²ig** geurig.

duld|en dulden; *Not, Schmerzen* lijden; **~sam** lijdzaam; (*tolerant*) verdraagzaam; **²ung** *f* (het) dulden.

dumm (*~er, ~st*) dom; (*unangenehm*) stom, vervelend; (*idiotisch*) onnozel, stom; *sich* ~ *stellen* zich van den domme houden; *der ²e sein* F de klos zijn; **²heit** *f* domheid; (*Fehler*) stommiteit, flater, blunder; **²kopf** *m* domoor.

dumpf dof; *Luft:* muf; *Gefühl:* vaag.

Dumping *n* (-*s*; *0*) dumping; **~preis** *m* dumpingprijs.

Düne *f* duin.

Dung *m* (-*es*; *0*) mest.

düng|en (be)mesten; **²er** *m* mest.

dunkel 1. donker; (*geheimnisvoll*) duister; (*unklar*) vaag; **2.** ² *n* (het) donker, duisternis (*a. fig*); **~blau** (**~braun, ...**) donkerblauw (donkerbruin, ...); **²heit** *f* duisternis; **²kammer** *f* donkere kamer.

Dünkirchen *n* Duinkerken *n*.

dünn dun; **~besiedelt** dunbevolkt; **²darm** *m* dunne darm.

Dunst *m* (-*es*; *~e*) damp, wasem; (*Qualm*) walm; **~glocke** *f* smog(wolk).

dünsten stoven.

dunstig wazig, dampig; *Met* mistig.

Dünung *f* deining.

Duo *n* (-*s*; -*s*) (het) duo.

Duplikat *n* (-*es*; -*e*) (het) duplicaat.

durch 1. *Präp* (*A*) door; (*mittels a.*) door middel van; (*zeitl bsd*) gedurende; ~ *die Post* per post; **2.** *Adv* door; ~ *und* ~ door en door; **~arbeiten** doorwerken; **~aus** geheel, volkomen; (*unter allen Umständen*) beslist, volstrekt; (*sehr wohl*) wel degelijk; ~ *nicht* helemaal niet; **~beißen** doorbijten; **~blättern** doorbladeren.

Durchblick *m* doorkijk; *fig* (het) overzicht; **²en** kijken door; ~ *lassen* laten doorschemeren; (*nicht mehr*) ~ *fig* het (niet meer) snappen; (*ohne Ausweg*) het (niet meer) zien zitten.

Durch|blutung *f* doorbloeding; **²boh-**

durchboxen

ren doorboren; 2**boxen**: *sich* ~ zich erdoorheen slaan; 2**braten** doorbraden; 2**brechen** doorbreken; 2**brennen** doorbranden; *fig* ervandoor gaan; 2**bringen** *etw* erdoor krijgen; *Geld* erdoor jagen; *j-n* erdoor helpen; ~**bruch** *m* doorbraak; 2**denken** doordenken, overwegen; 2**drehen** *v/t* erdoor draaien; *v/i* (*sn*) doordraaien; *Pers*: over zijn toeren raken.
durchdring|en doordringen; ~**end** doordringend; 2**ung** *f* doordringing.
durchdrücken *fig* erdoor drukken.
durcheinander 1. door elkaar, overhoop, dooreen; *ganz ~ sein* helemaal overstuur zijn; **2.** 2 *n* verwarring, chaos; ~**bringen** overhoopgooien; *j-n* in verwarring brengen.
durchfahr|en doorrijden; 2**t** *f* doortocht; (*Durchgang*) doortrit, doorgang; 2**ts-straße** *f* doorgaande weg.
Durch|fall *m Med* diarree; 2**fallen** *fig* mislukken; (*Prüfung*) zakken; 2**finden**: *sich ~* het vinden (*a. fig*); 2**fragen**: *sich ~* door vragen de weg vinden; ~**fuhr** *f* doorvoer.
durchführ|bar uitvoerbaar; ~**en** doorvoeren; (*ausführen*) uitvoeren; 2**ung** *f* doorvoering; uitvoering; 2**ungs-bestimmung** *f* uitvoeringsbepaling.
Durch|gang *m* doorgang, doortocht; *Sp u. Pol* ronde; 2**gängig** algemeen (geldend); ~**gangs-verkehr** *m* (het) doorgaand verkeer.
durch|gehen (*sn*) **1.** *v/i* doorgaan; *Pferd*: op hol slaan; *Antrag*: het halen; *j-m etw ~ lassen* bij iem iets door de vingers zien; ~**d geöffnet** de hele dag geopend; **2.** *v/t Thema, Buch* doornemen; ~**greifen** (krachtig) optreden; ~**greifend** doortastend; (*einschneidend*) ingrijpend; ~**halten** volhouden; ~**hauen** doorhakken; ~**kämmen** *fig* uitkammen; ~**kommen** komen door; *fig* het halen; ~**können** erdoor kunnen; ~**kreuzen** doorkruisen (*a. fig*); 2**laß** *m* (-*sses*, -*sse*) doorlaat; (*Durchgang*) doorgang; ~**lassen** doorlaten; ~**lässig** doorlatend, poreus; *fig* flexibel.
durchlauf|en doorlopen (*a. fig*); *Schuhe a.* stuklopen; 2**erhitzer** *m* geiser.
durchlesen doorlezen.
durchleucht|en doorlichten (*a. fig u. Med*); 2**ung** *f* doorlichting.

durch|liegen: *sich ~* doorliggen; ~**löchern** (-) doorboren; ~**lüften** luchten; ~**machen** door-, meemaken; *Schule* doorlopen; (*weitermachen*) doorgaan; 2**messer** *m* middellijn, diameter; ~**näßt** doornat; ~**nehmen** doornemen; ~**pausen** calqueren; ~**probieren** stuk voor stuk proberen; ~**queren** (-) (dwars) doortrekken; ~**rasseln** (*sn*) F zakken; ~**rechnen** narekenen; 2**reiche** *f* (het) doorgeefluik.
Durchreise *f*: *auf der ~* op doorreis; 2**n** doorreizen; ~**nde**(**r**) iem op doorreis.
durch|reißen *v/t u. v/i* doorscheuren; ~**ringen**: *sich ~ zu* (*D*) definitief besluiten tot; ~**rosten** doorroesten.
Durchsage *f* mededeling; 2**n** doorgeven, omroepen.
durch|schauen (-) *fig* doorzien, doorhebben; ~**scheinend** doorschijnend.
Durch|schlag *m* (*Kopie*) doorslag; (*Sieb*) (het) vergiet; 2**en** *v/i* (*sn*) *u. v/t* doorslaan; doorboren; (*sieben*) zeven; (*wirken*) doorwerken; *sich ~* zich erdoorheen slaan; 2**schlagend** doorslaand; ~**schlagpapier** *n* (het) doorslagpapier; 2**schneiden** doorsnijden.
Durchschnitt *m* doorsnede; (*Mittelwert*) (het) gemiddelde; 2**lich** gemiddeld.
Durchschnitts|einkommen *n* (het) gemiddeld inkomen; ~**mensch** *m* alledaags (*od* gewoon) mens; ~**temperatur** *f* gemiddelde temperatuur.
Durch|schrift *f* doorslag; ~**schuß** *m* doorboring; (*Gewebe* 2) inslag.
durchsehen doorkijken.
durchsetzen *v/t* doorzetten, doordrijven; *v/i fig* doorspekken; *sich ~* zijn wil doordrijven; *Ansichten etc.*: veld winnen, ingang vinden.
Durchsicht *f* doorkijk; (*Prüfung*) (het) doorkijken, inzage; 2**ig** doorzichtig.
durch|sickern doorsijpelen; *fig* uitlekken; ~**spielen** doorspelen; ~**sprechen** doorspreken; ~**stechen** doorsteken; ~**stehen** doorstaan, doormaken; ~**stellen** *Tel* doorverbinden; ~**stoßen** doorstoten; ~**streichen** schrappen, doorstrepen; ~**suchen** (-) doorzoeken; *j-n* fouilleren; ~**tränken** (-) doordrenken; ~**trieben** doortrapt; ~**wachsen** *Adj* dooregen; ~**wählen** *Tel* (het) doorkiezen; (het) doorkiesnummer; ~**wählen** *Tel* doorkiezen; 2**wählnummer** *f* (het)

Ehegatte

doorkiesnummer; ~**wandern** (-) trekken door; ~**weg** allemaal; (*durchgehend*) doorgaans, geregeld; ~**wühlen** doorwoelen; ~**zählen** natellen; ~**ziehen** doortrekken, trekken door; ~**zucken** (-) flitsen door; ⚶**zug** *m* doortocht.
dürfen* mogen; *darf ich ...?* mag ik ...?; *es dürfte bekannt sein* het zal wel.
dürftig schraal, armzalig.
dürr dor, verdord; (*mager*) schraal; ⚶**e** *f* droogte; dorheid; schraalheid.
Durst *m* (-*es*; *0*) dorst.
dürsten (*nach D*) dorsten (naar).
durstig dorstig; ~ *sein* dorst hebben.
Dusch|e *f* douche, (het) stortbad; ⚶**en** douchen; ~**nische** *f* douchecel.
Düse *f* sproeier.
Düsen|flugzeug *n* (het) straalvliegtuig; ~**jäger** *m* straaljager; ~**triebwerk** *n* straalmotor.
dus(e)lig F suf.
düster duister; *fig mst* somber.
Dutzend *n* (-*s*; -*e*) (het) dozijn; ⚶**weise** per dozijn; *fig* bij dozijnen.
duz|en (-*t*): *j-n* ~ iem tutoyeren; ⚶**freund** *m* goeie vriend.
Dynamik *f* dynamica; *fig* dynamiek.
dynamisch dynamisch.
Dynamit *n* (-*s*; *0*) (het) dynamiet.
Dynastie *f* dynastie.
D-Zug *m* D-trein, sneltrein.

E

E, e *n* (-; -) E, e (*a. Mus*).
Ebbe *f* eb(be).
eben 1. *Adj* (*flach*) vlak, effen; *zu ~er Erde* gelijkvloers; **2.** *Adv* (*genau das*) juist, precies; (*gerade noch*) (nog) net; (*nun einmal*) nu eenmaal; (*besonders*) bepaald; ~ (*erst*) net, juist; *das ist es* ~ dat is 't juist; ⚶**bild** *n* (het) evenbeeld; ~**bürtig** (*D*) gelijkwaardig (aan); ~**da** aldaar; (*bei Zitaten*) ter aangehaalde plaatse (*Abk* t.a.p.); ⚶**e** *f* vlakte; *Math u. fig* (het) vlak; *fig a.* (het) niveau; ~**erdig** gelijkvloers; ~**falls** eveneens; (*danke,*) ~*!* insgelijks!
Ebenholz *n* (-*es*; -*e*) (het) ebbehout.
ebenmäßig gelijkmatig.
ebenso (even)zo; ~ (*alt*) *wie* even (oud) als; ~**gut** evengoed; ~**viel** evenveel; ~**wenig** even weinig, evenmin; ~ *wie* net zo min als.
Eber *m* (-*s*; -) everzwijn.
ebnen effenen.
Echo *n* (-*s*; -*s*) echo; ~**lot** *n* (het) echolood.
echt echt; ⚶**heit** *f* echtheid.
Eck|ball *m* hoekschop, corner; ~**daten** *pl* doelstellingen *pl*; basisgegevens *n*/*pl*; ~**e** *f* hoek; *Sp* = *Eckball*; ⚶**ig** hoekig; ~**lohn** *m* (het) basisloon; ~**pfeiler** *m* hoekpilaar (*a. fig*); ~**zahn** *m* hoektand.
Economyklasse *f* economy-class.
edel edel (*a. fig*); ⚶**metall** *n* (het) edel metaal; ⚶**mut** *m* edelmoedigheid; ~**mütig** edelmoedig; ⚶**stahl** *m* (het) roestvrij staal; ⚶**stein** *m* edelsteen; ⚶**weiß** *n* (-[*es*]; -*e*) (het) edelweiss.
EDV *Abk für elektronische Datenverarbeitung* geautomatiseerde gegevensverwerking.
Efeu *m* (-*s*; *0*) klimop (*a. het*).
Effekt *m* (het) effect; ~**en** *pl Hdl* effecten *pl*; ~**en-börse** *f* effectenbeurs; ⚶**iv** effectief; ⚶**voll** vol effect.
effizien|t efficiënt; ⚶**z** *f* efficiëntie.
egal: *... ist mir* ~ ... kan mij niets schelen.
Egge *f* eg; ⚶**n** eggen.
Egoismus *m* (-; -*men*) (het) egoïsme.
Egoist(in *f*) *m* egoïst(e *f*).
egoistisch egoïstisch.
ehe voor(dat), eer(dat).
Ehe *f* (het) huwelijk; ⚶**ähnlich** samenlevend; ~**beratungs-stelle** *f* (het) huwelijksadviesbureau; ~**bett** *n* (het) huwelijksbed; ~**bruch** *m* (het) overspel.
ehedem eertijds, vroeger.
Ehe|frau *f* echtgenote; ~**gatte** *m* echtge-

Ehekrach 356

noot; ~krach *m* echtelijke ruzie; ~leute *pl* echtelieden *pl*; ℒlich echtelijk.
ehemal|ig voormalig; ~s vroeger.
Ehe|mann *m* echtgenoot; ~paar *n* (het) echtpaar.
eher eerder; *(früher a.)* vroeger.
Ehe|ring *m* trouwring; ~scheidung *f* echtscheiding; ~schließung *f* huwelijkssluiting.
ehest: am ~en het eerst; *(am leichtesten)* het makkelijkst.
Ehe|stand *m* huwelijkse staat; ~vermittlung *f* huwelijksbemiddeling.
ehr|bar eerbaar; ℒe *f* eer; **zu ~n** *(G)* ter ere van; ~en eren.
Ehren|amt *n* (het) ereambt; ℒamtlich ere-, honorair; ~doktor *m* doctor honoris causa; ℒhaft eervol; ~mal *n* (het) gedenkteken; ~mann *m* man van eer; ~mitglied *n* (het) erelid; ~rechte *n/pl* burgerlijke en politieke rechten *n/pl*; ℒrührig eerrovend; ~sache *f* erezaak, (het) punt van eer; ~! of mijn woord van eer!; ℒvoll eervol; ~wert achtbaar; ~wort *n* (het) erewoord.
Ehr|furcht *f* eerbied; ℒfürchtig eerbiedig; ~gefühl *n* (het) eergevoel; ~geiz *m* eerzucht, ambitie; ℒgeizig eerzuchtig, ambitieus.
ehrlich eerlijk; ℒkeit *f* eerlijkheid.
ehr|los eerloos; ℒung *f* huldiging, (het) eerbetoon; ℒwürdig eer(bied)waardig.
Ei *n* (-*es*, -*er*) (het) ei; **weiches ~** (het) zacht(gekookt) eitje.
Eich|e *f* eik; ~el *f* (-; -*n*) eikel *(a. Anat)*; ~el-häher *m* Vlaamse gaai.
eichen 1. *Adj* eiken; **2.** *Verb* ijken.
Eichenholz *n* (het) eikehout.
Eichhörnchen *n* (het) eekhoorntje.
Eichmaß *n* ijkmaat.
Eid *m* (-*es*, -*e*) eed; *unter ~* onder ede.
Eidechse *f* hagedis.
Eiderdaunen *f/pl* (het) eiderdons.
eidesstattlich plechtig.
Eidgenosse *m* eedgenoot, Zwitser.
eidlich onder ede.
Eidotter *m* eierdooier.
Eier|becher *m* (het) eierdopje; ~briketts *n/pl* eierbriketten *pl*; ~kuchen *m* pannekoek; omelet; ~likör *m* advocaat; ~schale *f* eierschaal; ~speise *f* (het) eiergerecht; ~stock *m* eierstok; ~uhr *f* eierwekker.
Eifer *m* ijver; *(Heftigkeit)* (het) vuur;

~sucht *f* jaloezie; ℒsüchtig jaloers.
eifrig ijverig, naarstig.
Eigelb *n* (-*s*; -*e*) (het) eigeel.
eigen eigen; *j-m, etw ~ sein* eigen zijn; *sich etw zu ~ machen* zich iets eigen maken; ℒart *f* eigen aard, eigenaardigheid; ~artig eigenaardig; *(kennzeichnend)* kenmerkend; ℒbedarf *m*: *für den ~* voor eigen gebruik; ℒdünkel *m* eigendunk; ℒfinanzierung *f* zelffinanciering; ~händig eigenhandig; ℒheim *n* (het) eigen huis; ℒheit *f* eigenaardigheid; ℒkapital *n* (het) eigen kapitaal; ℒliebe *f* eigenliefde; ~mächtig eigenmachtig; ℒname *m* eigennaam; ~nützig baatzuchtig; ~s speciaal; ℒschaft *f* eigenschap; *in s-r ~ als* in zijn hoedanigheid van; ℒsinn *m* eigenzinnigheid; ~t-lich eigenlijk; ℒtum *n* (-*s*; -*e*) eigendom; ℒtümer(in *f*) *m* eigenaar *m*, eigenares *f*; ~tümlich eigenaardig; *(D)* eigen (aan); ℒtums-recht *n* (het) eigendomsrecht; ℒtums-wohnung *f* eigen woning *(od* flat); *(zu kaufen)* koopflat.
eigenwillig eigenzinnig.
eign|en: sich ~ *(zu D, für A)* geschikt zijn (voor); ℒer *m* (scheeps)eigenaar; ℒung *f* geschiktheid.
Eignungs|prüfung *f*, ~test *m* (het) onderzoek naar de geschiktheid.
Eil|auftrag *m* spoedopdracht; ~bote *m*: *durch ~n* per expresse; ~brief *m* expresbrief.
Eile *f* haast; *in ~ sein* haast hebben.
Ei-leiter *m* eileider.
eil|en zich haasten; *es eilt* er is haast bij; ~ends ijlings, haastig; ~fertig overhaast; ℒgut *n* (het) expresgoed.
eilig haastig; *es ~ haben* haast hebben; ~st in allerijl.
Eil|sendung *f* spoedzending, expressebestelling; ~zug *m* sneltrein.
Eimer *m* emmer; *im ~ sein* F naar de bliksem zijn; ℒweise in emmers.
ein¹ 1. *Art*.: ~(**e**) een; **2.** *Zahlwort*: ~(**er**), ~**e**, ~(**es**) één; eentje; **3.** *Pron*: ~**e**(**r**) *(jemand)* iemand; *(man)* men.
ein² *Adv* naar binnen, in; *weder ~ noch aus wissen* geen raad meer weten.
einander elkaar, mekaar.
einarbeit|en *(sich)* (zich) inwerken; ℒung *f* inwerking.
einäscher|n cremeren; ℒung *f* crematie.
ein|atmen inademen; ~äugig eenogig.

Ein|bahnstraße f straat met eenrichtingsverkeer; **~band** m boekband.
Einbau m (het) inbouwen, montage; **2en** inbouwen; fig inpassen; **~küche** f ingebouwde keuken; **~schrank** m ingebouwde kast.
einbe|griffen inbegrepen; **~halten** inhouden; **~rufen** bijeenroepen; mil oproepen.
Ein|bettzimmer n eenpersoonskamer; **2beziehen** (in A) betrekken (in); **2biegen: in e-e Straße ~** een straat inslaan.
einbild|en: sich ~ zich ver-, inbeelden; **2ung** f in-, verbeelding; **2ungs-kraft** f verbeeldingskracht.
ein|blenden Rf u. Film inlassen, infaderen; **2blick** m kijk, (het) inzicht; **~ in** (A) inzage in.
einbrech|en v/i instorten, inzakken; Dieb: inbreken; **2er** m inbreker.
ein|brennen inbranden; **~bringen** Gewinn opleveren, opbrengen; Ernte binnenhalen; Antrag, Klage indienen.
Einbruch m (het) (Einsturz) instorting; (Beginn) (het) aanbreken; **~(s)-diebstahl** m diefstal met braak; **2(s)-sicher** inbraakvrij.
einbürger|n naturaliseren; **sich ~** zich inburgeren; **2ung** f naturalisatie.
Ein|buße f (het) verlies; **2büßen** verliezen, erbij inschieten; **2checken** inchecken; **2cremen** (met crème) insmeren; **2dämmen** indammen; fig a. inperken; **2decken: sich ~ mit** (D) (een voorraad ...) inslaan; **2deichen** indijken; **2deutig** ondubbelzinnig, overduidelijk; Adv bsd duidelijk.
eindringen (sn) (in A) binnendringen; **~lich** nadrukkelijk; **2ling** m (-s; -e) indringer.
Eindruck m (-es; ¨e) indruk.
eindrücken indrukken.
eindrucks·voll indrukwekkend.
eine(r) s. ein¹.
ein-ebnen effenen, egaliseren.
ein|ei·ig eeneiig; **~ein·halb** anderhalf.
einen Verb = **einigen**.
einer|lei (gleich) de-, hetzelfde; (eintönig) eender; (gleichgültig) om het even; **~seits** enerzijds.
einfach eenvoudig; (leicht a.) gemakkelijk; (schlicht a.) gewoon; (nicht doppelt) enkel(voudig); Reise: enkel; Adv (geradezu) gewoon(weg); **2heit** f een-

voud; **der ~ halber** gemakshalve.
einfädeln: sich ~ Auto: invoegen.
einfahr|en v/t Auto inrijden; Ernte binnenhalen; v/i binnenrijden; Schiff: binnenvaren; Bgb afdalen; **2t** f (het) binnenrijden; (het) binnenvaren; (Eingang) inrit, ingang (a. Hafen2).
Einfall m inval (a. mil); (Einsturz) (het) invallen; **2en** invallen (a. Licht); (einstürzen a.) instorten; (in A) binnenvallen; fig (j-m A) te binnen schieten; **sich etw ~ lassen** iets bedenken; **das fällt mir gar nicht ein!** ik denk er niet aan!; **2s-reich** rijk aan ideeën.
Ein|falt f eenvoud; pej onnozelheid; **2fältig** onnozel; **~falts·pinsel** m onnozele hals.
Einfamilienhaus n eengezinswoning.
ein|fangen vangen; Stimmung weergeven; **~farbig** effen; **~fassen** (umgeben) omgeven; (umrahmen) omlijsten; Edelsteine invatten; (nähen) boorden; **~fetten** invetten; **~finden: sich ~** verschijnen; **~flechten** fig inlassen; **~fliegen** v/t per vliegtuig aanvoeren, overvliegen; **~(-t)** fig inboezemen; **2flugschneise** f aanvliegroute.
Einfluß m invloed; **~bereich** m invloedssfeer; **~nahme** f beïnvloeding; **2reich** invloedrijk.
ein|flüstern influisteren; **~förmig** eenvormig, eentonig; **~frieren** Lebensmittel invriezen; Löhne, Kredite bevriezen; **~fügen** invoegen, inlassen; **sich ~ in** (A) zich aanpassen aan.
einfühl|en: sich ~ in (A) zich inleven in; **~sam** meelevend; **2ungs·vermögen** n (het) invoelvermogen.
Einfuhr f invoer; **~beschränkungen** f/pl invoerbeperkingen pl.
einführen invoeren; (importieren a.) importeren; (einleiten) inleiden; Leute introduceren; (einschieben) inbrengen.
Einfuhr|genehmigung f invoervergunning; **~land** n (het) importland.
Einführung f invoering; inleiding; introductie; (het) inleiden; **~s·angebot** n introductieaanbieding; **~s·preis** m introductieprijs.
Einfuhrzoll m invoerrechten n/pl.
einfüllen vullen; Flüssigkeit ingieten.
Eingabe f (Gesuch) (het) verzoekschrift, (het) adres; EDV invoer; input; **~gerät** n EDV (het) invoerapparaat.

Eingang

Eingang *m* ingang; (*Zugang*) toegang; (*Ankunft*) aankomst, ontvangst; **Eingänge** *pl* ingekomen post.
Eingangs|datum *n* datum van ontvangst; **~stempel** *m* stempel met datum van ontvangst; **~steuersatz** *m* laagste belastingschaal; **~tür** *f* ingang.
eingeben ingeven; *Arznei* toedienen; *EDV* invoeren.
einge|bildet verwaand; (*Phantasie*) denkbeeldig; **2borene(r)** inboorling.
Ein|gebung *f* ingeving; **2gefallen** vervallen (*a. Anat*); **2gefleischt** verstokt.
eingehen (*sn*) **1.** in-, binnengaan; *Sendung, Geld:* binnenkomen; *Firma, Zeitung:* ophouden te bestaan; *Tier:* sterven; *Pflanze:* afsterven; *Stoff:* krimpen; **~auf** (*A*) ingaan op; **2.** *v/t* aangaan (*a. Ehe, Wette etc.*); *Vertrag* sluiten; *Risiko* (op zich) nemen; **~d** grondig.
Einge|machte(s) (het) ingemaakte, **2meinden** in een grotere gemeente inlijven; **2nommen: ~für** (*gegen*) (*A*) ingenomen met (tegen); **2schrieben** *Brief:* aangetekend; **~ständnis** *n* bekentenis; **2stehen** bekennen, toegeven; **~weide** *n/pl* ingewanden *pl*; **~weihte(r)** ingewijde; **2wöhnen: sich ~** (*in D*) wennen (in), acclimatiseren (in).
ein|gießen ingieten; *Getränke* inschenken; **~gipsen** *Med* in het gips zetten; **~gleisig** met enkel spoor.
eingliedern opnemen (in 't verband), inpassen, integreren; **sich ~** zich integreren; **2ung** *f* opneming, integratie.
ein|graben ingraveren; **(sich)** (zich) ingraven; **~greifen** ingrijpen; **2griff** *m* ingreep (*a. Med*); **~halten** *Versprechen etc.* zich houden aan, nakomen; *Kurs* aanhouden; **~hängen** *Tel* ophangen; **sich bei j-m ~** bij iem inhaken.
einheimisch inheems; **2e(r)** ingezetene.
einheimsen (*-t*) oogsten; *Geld* opstrijken.
Einheit *f* eenheid (*a. mil*); **2lich** uniform; (*zusammengehörig*) één geheel vormend, eenheids-; **~lichkeit** *f* uniformiteit; eenheid.
Einheits|- in *Zssgn* met eenheids-, *z.B.* **~preis** *m* eenheidsprijs.
ein|hellig eenstemmig, eensgezind, eenparig; **~hergehen mit** (*D*) gepaard gaan met; **~holen** inhalen; *Rat, Auskunft* inwinnen; (*einkaufen*) boodschappen *pl* doen; **~hüllen** inwikkelen.
einig eensgezind; **sich ~ werden** (*sein*) het eens worden (zijn); **~e** *sg* enige, een beetje; *pl* enige *pl*, enkele *pl*; **~e-mal** meermaals; **~en** verenigen; **sich ~ über** (*A*) het eens worden over; **~ermaßen** enigszins; (*leidlich*) tamelijk (goed); **~es** een en ander, iets; **2keit** *f* eensgezindheid, eendracht; **2ung** *f* vereniging, eenmaking; (*Übereinstimmung*) overeenstemming, (het) akkoord.
ein|jagen aanjagen; **~jährig** eenjarig; **~kalkulieren** meerekenen, incalculeren; **~kapseln** (*sich*) (zich) inkapselen.
Ein|kauf *m* inkoop; **Einkäufe** *pl* machen, **2kaufen** boodschappen *pl* doen; *Hdl* inkopen; **~käufer** *m* inkoper.
Einkaufs|abend *m* koopavond; **~bummel** *m* wandeling langs de winkels; **~preis** *m* inkoopsprijs; **~tasche** *f* boodschappentas; **~zentrum** *n* (het) winkelcentrum.
ein|kehren (*sn*) (*in D*) opzoeken; **~kerben** inkerven, inkepen; **~kesseln** omsingelen; **~klagen** gerechtelijk opeisen; **~klammern** tussen haakjes zetten.
Einklang *m* overeenstemming.
ein|kleiden inkleden (*a. fig*); **~klemmen** vast-, ineenklemmen; *Finger* knellen; **~knicken** *v/t u. v/i* (*sn*) knakken; **~kochen** inmaken.
Einkommen *n* (het) inkomen; **~steuer** *f* inkomstenbelasting.
ein|kreisen omsingelen; **2künfte** *f/pl* inkomsten *pl*.
einlad|en inladen; *Gäste* uitnodigen; **~end** uitnodigend, aanlokkelijk; **2ung** *f* uitnodiging.
Ein|lage *f* (*Schuh2*) steunzool; (*Spar2*) inleg; (*Kapital2*) inbreng; *Thea* (het) (extra)nummer; *Suppe* met balletjes, groente *etc.*; **~laß** *m* (*-sses*, **~sse**) toegang; **2lassen** binnenlaten; *Wasser* inlaten, in laten lopen; **sich ~ auf** (*A*) ingaan op; **sich mit j-m ~** zich met iem inlaten.
Einlauf *m* (het) binnenkomen; *Schiff:* (het) binnenlopen; *Med* (het) lavement; **2en** binnenkomen; *Schiff:* binnenlopen; *Stoff:* krimpen.
einläuten inluiden.
einleben: sich ~ an e-m Ort zich inburgeren; *in* (*A, D*) zich inleven.
einlegen inleggen; *Geld a.* storten; (*ein-*

einschließen

schieben) inlassen; *kul* inmaken; *in e-n Brief* insluiten; ⎣**e·sohle** *f* inlegzool.
einleit|en inleiden; *Entwicklung, Prozeß* op gang brengen; *jur* aanspannen; *Untersuchung* instellen; **(***in A***)** lozen (in); ⎣**ung** *f* inleiding; (het) begin; lozing.
einlenken *fig* bijdraaien.
einleuchten duidelijk zijn; *das will mir nicht ~* dat zie ik niet in; **~d** helder, duidelijk.
einliefer|n inleveren, afgeven; *in ein Krankenhaus ~* naar een ziekenhuis brengen; ⎣**ung** *f* inlevering; (het) vervoer.
einlös|en inlossen; *Scheck* verzilveren, innen; *Gutschein* inwisselen; ⎣**ung** *f* inlossing; inning; inwisseling.
einmachen *Früchte* inmaken.
einmal eens, éénmaal; (*mal*) eens, 'ns; (*erstens*) ten eerste; *nicht ~* niet eens; ⎣**eins** *n* (-; *0*) tafel van vermenigvuldiging; **~ig** uniek; (*nur einmal*) eenmalig.
Einmarsch *m* intocht; invasie; ⎣**ieren** (*sn*) binnenrukken, binnentrekken.
einmieten: sich ~ op kamers gaan, kamers huren.
einmisch|en: sich ~ (*in A***)** zich mengen (in), zich bemoeien (met); ⎣**ung** *f* inmenging.
Einmündung *f* (*Straßen*⎣) (uit)monding.
einmütig eensgezind; ⎣**keit** *f* eensgezindheid.
Einnahme *f* inneming; *Hdl* ontvangst; **~quelle** *f* bron van inkomsten.
einnehmen innemen; *Geld* ontvangen; *Mahlzeit* gebruiken; *Haltung* aannemen; **~d** innemend.
Einöde *f* woestenij.
einordn|en rangschikken; indelen; *sich ~ Auto*: voorsorteren; ⎣**ung** *f* rangschikking; indeling.
ein|packen inpakken; **~parken** (invoegend) parkeren; **~passen** inpassen; **~pferchen** opeenpakken; **~pflanzen** inplanten (*a. Med*); **~planen** inplannen.
einpräg|en (**sich**) (zich) inprenten; **~sam** gemakkelijk te onthouden.
ein|pressen inpersen; **~programmieren** *EDV* als programma installeren; **~quartieren** (-) inkwartieren; **~rahmen** inlijsten; (*umgeben*) omlijsten; **~räumen** *Sachen* inruimen; *Recht, Vorrang* geven; *Kredit* verlenen; (*zuge-*

ben) toegeven; **~reden** *j-m etw* wijsmaken, aanpraten; *auf j-n ~* op iem in praten; **~reiben** (**sich**) (zich) inwrijven; **~reichen** indienen; **~reihig** *Anzug*: met één rij knopen.
Einreise *f* (het) binnenreizen; ⎣**n** (een land) binnenreizen; **~visum** *n* (het) (inreis)visum.
einreißen *v/t u. v/i* inscheuren; *Haus* afbreken; *fig* om zich heen grijpen.
einrennen inrennen.
einricht|en inrichten; (*arrangieren a.*) regelen; *sich ~ auf* (*A*) zich instellen op; ⎣**ung** *f* inrichting; (*Institution bsd*) instelling; (*Maßnahme*) voorziening; *Tech* installatie.
ein|ritzen griffen in; **~rosten** (*sn*) *fig* vastroesten; **~rücken** *v/t Zeile* laten inspringen; *v/i* (*sn*) *Rekrut*: opkomen; *Truppen*: binnenrukken; *in die Kaserne* inrukken.
eins 1. (*Zahlwort*) één; (*gleichgültig*) om het even; **2.** ⎣ *f* één.
einsam eenzaam; ⎣**keit** *f* eenzaamheid.
einsammeln inzamelen, ophalen.
Einsatz *m* inzet; (*eingesetztes Stück*) (het) tussenzetsel; *im ~ sein* ingezet worden; **~bereitschaft** *f* bereidheid zich in te zetten; *Mil* paraatheid.
einschalt|en inschakelen; *Gerät, Motor mst* aanzetten; *Licht* aandoen; *sich ~* (*eingreifen*) in actie komen; ⎣**quote** *f* kijkdichtheid; ⎣**ung** *f* inschakeling; (het) aanzetten; (het) aandoen.
einschärfen op het hart drukken.
einschätz|en inschatten; *Steuer*: aanslaan; ⎣**ung** *f* inschatting; aanslag.
ein|schenken inschenken; **~schicken** inzenden, insturen; **~schieben** inschuiven, induwen; *Wort etc.* inlassen.
einschiff|en (**sich**) (zich) inschepen; ⎣**ung** *f* inscheping.
einschl. *Abk für* **einschließlich.**
ein|schlafen (*sn*) inslapen; **~schläfern** in slaap doen vallen; *fig* in slaap wiegen; ⎣**schlag** *m* inslag (*a. fig*); **~schlagen** *v/t* (*einwickeln*) inpakken; *v/i* inslaan (*a. fig*); *es hat eingeschlagen Blitz*: de bliksem is ingeslagen.
ein|schlägig desbetreffend; **~schleichen: sich ~** binnensluipen; **~schleppen** *Krankheit* binnenbrengen; **~schleusen** binnenloodsen.
einschließ|en insluiten; (*enthalten a.*)

einschließlich

inhouden; **~lich** (G) met inbegrip van, inclusief.
ein|schmieren insmeren; **~schnappen** (sn) dichtklikken, dichtspringen; (*leicht*) ~ *fig* (snel) op de teentjes getrapt zijn; **~schneidend** diepgaand; **schnitt** *m* insnijding; *fig* cesuur; (*Phase*) (belangrijke) fase.
einschränk|en beperken; *sich* ~ bezuinigen; **ung** *f* beperking.
Einschreibe|brief *m* aangetekende brief; **~gebühr** *f* inschrijfkosten *pl*; *Post:* (het) aantekenrecht.
einschreib|en 1. *Brief* aantekenen; (*sich*) (zich) inschrijven; 2. *n* (het) aangetekend stuk; *per ~!* aangetekend; **ung** *f* inschrijving (*a. Hdl*); *Post:* (het) aantekenen.
ein|schreiten tussenbeide komen, ingrijpen; **~schüchtern** intimideren; **schüchterung** *f* intimidatie; **~schulen** op school doen; **~sehen** inzien; **~seifen** inzepen; F belazeren; **~seitig** eenzijdig.
einsend|en inzenden; **e-schluß** *m* sluiting van de inzendingstermijn.
einsetz|en inzetten; (*anfangen a.*) beginnen; (*ernennen*) benoemen; *Ausschuß* instellen; *Leben* op 't spel zetten; *sich ~ für* (A) zich inzetten voor; **ung** *f* inzetting; benoeming; instelling.
Einsicht *f* (het) inzicht; (*Einblick*) inzage; **ig** verstandig; **~nahme** *f* inzage.
Ein|siedler *m* kluizenaar; **silbig** éénlettergrepig; *fig* weinig spraakzaam; **sinken** in-, wegzakken; **spannen** inspannen; *in e-n Rahmen* spannen in.
einspar|en besparen, bezuinigen; **ung** *f* besparing, bezuiniging.
ein|sperren opsluiten; **~spielen** (*sich*) (zich) inspelen; *Geld* opbrengen; **~springen** inspringen; *für j-n a.* invallen.
einspritz|en inspuiten; **pumpe** *f* injectiepomp.
Ein|spruch *m* (het) protest; (*Beschwerde*) klacht; *jur* (het) verzet; ~ **erheben** protesteren; **spurig** met één rijbaan.
einst eens.
Einstand *m* *Tennis:* (het) deuce; **s-n ~ geben** trakteren bij de indiensttreding.
ein|stecken insteken; *Brief* posten; (*mitnehmen*) op zak steken; (*hinneh-*

men) slikken; *Niederlage* lijden; **~stehen** (*für* A) instaan (voor); **~steigen** instappen; *in ein Geschäft* deelnemen.
einstellen plaatsen (in), zetten (in); (*aufhören*) staken; *Personal* aanstellen, aannemen; (*regulieren*) af-, instellen; *sich ~ auf* (A) zich instellen op.
Einstellung *f* aanstelling; staking, stopzetting; af-, instelling; (*Ansicht*) houding, instelling; **~s-gespräch** *n* (het) intakegesprek.
Einstieg *m* (-*es*; -*e*) instap; ingang.
einstig vroeger.
einstimm|en *Mus* invallen; *fig ~ in* (A) instemmen met; **~ig** eenstemmig (*a. Mus*); *fig bsd* eenparig; **ig-keit** *f* eenstemmigheid (*a. Mus*); eenparigheid.
einstmals eertijds, eens.
ein|stöckig met één verdieping; **~streichen** *Geld* opstrijken; **~studieren** instuderen; **~stufen** classificeren; *in e-e Gehaltsklasse* inschalen; **~stündig** van één uur; **sturz** *m* instorting; **~stürzen** instorten, invallen; **sturzgefahr** *f* (het) gevaar voor instorting.
einstweil|en *Adv* voorlopig, ondertussen, vooralsnog; **~ig** voorlopig; *jur* bij voorraad, in kort geding.
ein|tägig eendaags, eendags-; **tagsfliege** *f* eendagsvlieg (*a. fig*); **~tauchen** *v/t* indopen; *v/i* (onder)duiken; **~tauschen** inruilen, inwisselen; **~tausend** duizend; **~teilen** indelen; **~teilig** eendelig; **teilung** *f* indeling; **~tönig** eentonig; **topf(gericht** *n*) *m* eenpansmaaltijd; (*mit Kartoffeln*) stamppot; (*Suppe*) maaltijdsoep; **tracht** *f* eendracht; **~trächtig** eendrachtig.
Eintrag *m* (-*es*; *-e*) aantekening; (*Buchung*) boeking; **en** inschrijven; boeken; (*einbringen*) opleveren, opbrengen; *eingetragen Marke:* gedeponeerd; *Verein:* officieel goedgekeurd.
ein|träglich winstgevend, lucratief; **tragung** *f* inschrijving; boeking; (*Notiz*) aantekening, notitie; **~treffen** (*sn*) aankomen; (*sich erfüllen*) uitkomen; **~treiben** *Geld* innen; **~treten** *v/t* in-trappen; *v/i* (*sn*) binnenkomen; (*sich ereignen*) gebeuren, voorvallen; (*beginnen*) optreden; ~ *für* (A) opkomen voor; *für j-n a.* het opnemen voor; ~ *in* (A) *Partei, Verein* toetreden tot.
Eintritt *m* intrede; (*Anfang a.*) (het) be-

eisenhaltig

gin; (*Zugang*) toegang, entree; (*Beitritt*) toetreding; **~s·geld** *n* (het) entreegeld, toegangsprijs; **~s·karte** *f* (het) entree-, toegangskaartje; **~s·preis** *m* toegangs-, entreeprijs.

eintrocknen (*sn*) in-, uitdrogen.

eintrüb|en: *sich ~* betrekken; **℧ung** *f* toenemende bewolking.

einüben inoefenen.

einver|leiben (-) inlijven (bij); **℧nehmen** *n* overeenstemming; (*Verständigung*) verstandhouding; *im ~ mit* (*D*) in overleg met; **~standen** akkoord; *~ sein* (*mit D*) akkoord gaan (met); **℧ständnis** *n* verstandhouding; (*Zustimmung*) toestemming, (het) akkoord.

Einwand *m* (*-es*; *"e*) tegenwerping, bedenking; (*Protest*) (het) bezwaar.

Einwander|er *m* immigrant; **~in** *f* immigrante; **℧n** immigreren; **~ung** *f* immigratie.

ein|wandfrei onberispelijk; (*überzeugend*) onweerlegbaar; **~wärts** binnenwaarts; **~wecken** wecken, inmaken.

Einweg- in Zssgn wegwerp-, z.B. **~fla·sche** *f* wegwerpfles.

einweichen weken, in de week zetten.

einweih|en (*a. fig*: *in A*) inwijden (in); **℧ung** *f* inwijding.

einweis|en (*anleiten*) instrueren; *in ein Krankenhaus verwijzen naar*; **℧ung** *f* instructie; (*in Krankenhaus*) opname.

einwend|en opwerpen, inbrengen; **℧ung** *f* = *Einwand*.

einwerfen ingooien (*a. Sp*); *Brief* posten; *fig* tegenwerpen.

einwickel|n inwikkelen; *in Papier a.* inpakken; **℧papier** *n* (het) inpakpapier.

einwillig|en (*in A*) toestemmen (in), inwilligen; **℧ung** *f* toestemming, inwilliging.

einwirk|en inwerken; **℧ung** *f* (in)werking.

einwöchig van één week.

Einwohner|(**in** *f*) *m* inwoner *m*, inwoonster *f*; **~meldeamt** *n* (het) bevolkingsbureau; **~zahl** *f* (het) aantal inwoners.

Einwurf *m* (*Schlitz*) gleuf; *Sp* ingooi; (*Einwand*) tegenwerping.

Einzahl *f* (het) enkelvoud.

einzahl|bar betaalbaar; **~en** betalen, storten; **℧ung** *f* storting; **℧ungs·beleg** *m* (het) stortingsbewijs.

einzäun|en omheinen; **℧ung** *f* omheining.

Einzel *n Sp* enkel(spel); **~bett** *n* (het) eenpersoonsbed; **~fall** *m* (het) afzonderlijk geval; **~gänger** *m* eenling, individualist; **~handel** *m* klein-, detailhandel; **~handelsgeschäft** *n* detailhandel, detailzaak; **~händler** *m* detaillist; **~heit** *f* (het) detail, bijzonderheid.

einzeln afzonderlijk, apart; *Adv a.* één voor één; *im ~en* (meer) in het bijzonder; **~e**(**r**) (het) individu, enkeling.

Einzel|teile *n*/*pl* onderdelen *n*/*pl*; **~ver·kauf** *m* verkoop in het klein; **~wesen** *n* (het) individu, enkeling.

Einzelzimmer *n* eenpersoonskamer; **~zuschlag** *m* toeslag voor een eenpersoonskamer.

einzieh|en 1. *v*/*t* intrekken; *Auskünfte* inwinnen; (*konfiszieren*) verbeurdverklaren; (*kassieren*) innen; **2.** *v*/*i* (*sn*) binnentrekken; (*eindringen*) intrekken; *in e-e Wohnung* betrekken.

einzig enig; (*hervorragend a.*) uniek; *Adv* (*nur*) alleen; **~artig** uniek.

Einzimmerappartement *n* éénkamerflat.

Einzug *m* intocht; (*in e-e Wohnung*) (het) betrekken; *Hdl* inning; **~s·bereich** *m* regio.

einzwängen inklemmen, inpersen.

Eis *n* (*-es*; 0) ijs (*a. Speise℧ u. fig*); *~ am Stiel* ijslolly; *auf ~ legen fig* in de ijskast zetten.

Eis- in Zssgn mst ijs-, z.B. **~bär** *m* ijsbeer; **~becher** *m* ijsbeker; **~bein** *n* (het) varkenspootje; **~berg** *m* ijsberg; **~beu·tel** *m* ijszak; **~bombe** *f* ijstaart; **~bre·cher** *m* ijsbreker; **~café** *n* ijssalon; **~creme** *f* (het) (consumptie)ijs; **~dek·ke** *f* ijskorst; **~diele** *f* ijssalon.

Eisen *n* (het) ijzer; *ein heißes ~* een heet hangijzer.

Eisen- in Zssgn mst ijzer-; *bei Material aus Eisen* mst ijzeren (*Adj*).

Eisenbahn *f* spoorweg; (*Zug*) trein; **~brücke** *f* spoorbrug; **~er** *m* spoorwegman; **~gesellschaft** *f* spoorwegmaatschappij; **~linie** *f* spoorlijn; **~schaff·ner** *m* treinconducteur; **~schiene** *f* rail; **~verkehr** *m* (het) treinverkeer; **~wa·gen** *m* wagon.

Eisen|beton *m* (het) gewapend beton; **~erz** *n* (het) ijzererts; **℧haltig** ijzerhou-

eisenhart 362

dend; ♀**hart** *fig* bikkelhard; ⁓**hütte** *f* ijzersmelterij; ⁓**waren** *f/pl* ijzerwaren *pl*; ⁓**warengeschäft** *n* ijzerhandel.
eisern ijzeren (*a. fig*).
eis|frei ijsvrij; ⁓**gekühlt** ijsgekoeld; ♀**getränk** *n* (het) drankje met ijs; ♀**glätte** *f* ijzel; ♀**heilige(n)** *pl* ijsheiligen *pl*; ♀**hockey** *n* (het) ijshockey; ⁓**ig** ijzig; ♀**kaffee** *m* ijskoffie, café glacé; ⁓**kalt** ijskoud; ♀**kübel** *m* ijsemmer; ♀**kunstlauf** *m* (het) kunstrijden op de schaats; ♀**lauf** *m* (het) schaatsen; ♀**läufer(in** *f*) *m* schaatser *m*, schaatsster *f*.
Ei-sprung *m* eisprong.
Eis|schnellauf *m* (het) hardrijden op de schaats; ⁓**scholle** *f* ijsschots; ⁓**verkäufer** *m* ijsverkoper, ijscoman; ⁓**würfel** *m* (het) ijsblokje; ⁓**zeit** *f* ijstijd.
eitel ijdel; (*bloß*) louter, enkel; ♀**keit** *f* ijdelheid.
Eiter *m* etter; ⁓**beule** *f* etterbuil; ♀**n** etteren.
Eiweiß *n* (-*es*; -*e*) (het) eiwit; ⁓**mangel** *m* (het) gebrek aan eiwitten.
Ekel 1. *m* walg(ing), afkeer; ⁓ **vor** (*D*) afkeer van; **2.** *n* F (het) misput; ♀**haft** walgelijk, vies; ♀**n**: *sich* ⁓ **vor** (*D*) walgen van; *es ekelt mich vor* (*D*) ik heb een afkeer van, ik walg van.
eklatant eclatant.
eklig walgelijk, vies.
Ekstase *f* extase, verrukking.
Ekzem *n* (-*s*; -*e*) (het) eczeem.
Elan *m* (-*s*; *0*) (het) elan.
elasti|sch elastisch, veerkrachtig (*a. fig*); ♀**zität** *f* elasticiteit, veerkracht.
Elch *m* (-*es*; -*e*) eland.
Elefant *m* (-*en*) olifant; ⁓**en-hochzeit** *f* F fusie van grote ondernemingen.
elegan|t elegant; ♀**z** *f* elegantie.
Elektri|ker *m* elektricien; ♀**sch** elektrisch; ⁓**zität** *f* elektriciteit; ⁓**zitäts-werk** *n* elektrische centrale.
Elektro|geschäft *n* elektriciteitswinkel; ⁓**herd** *m* (het) elektrisch fornuis; ⁓**kardiogramm** *n* (het) elektrocardiogram; ⁓**monteur** *m* elektromonteur.
Elektron *n* (-*s*; -*en*) (het) elektron.
Elektronen|blitzgerät *n* elektronenflitser; ⁓**(ge)hirn** *n* (het) elektronisch geheugen.
Elektron|ik *f* elektronika; ♀**isch** elektronisch; ⁓**e Datenverarbeitung** s. **EDV**.
Elektro|rasierer *m* (het) elektrisch scheerapparaat; ⁓**technik** *f* elektrotechniek.
Element *n* (-*es*; -*e*) (het) element; ♀**ar** elementair; ⁓**ar-gewalt** *f* natuurkracht.
elend 1. ellendig (*a. gemein*); (*ärmlich a.*) erbarmelijk; **2.** ♀ *n* (-*s*; *0*) ellende.
Elends|quartier *n* (het) krot, krotwoning; ⁓**viertel** *n* krottenwijk.
elf 1. elf; **2.** ♀ *f* elf; *Sp* (het) elftal.
Elfenbein *n* (het) ivoor.
Elf|meter *m* strafschop; ♀**te(r)** elfde.
Elite *f* elite.
Ell(en)bogen *m* elleboog.
Elsaß *n* (- *od* -*sses*; *0*): *das* ⁓ de Elzas.
Elster *f* (-; -*n*) ekster.
elterlich ouderlijk.
Eltern *pl* ouders *pl*; ⁓**haus** *n* (het) ouderlijk huis; ♀**los** ouderloos.
Email *n* (-*s*; -*s*) (het) email; ♀**liert** geëmailleerd.
Emanzip|ation *f* emancipatie; ♀**iert** geëmancipeerd.
Embargo *n* (-*s*; -*s*) (het) embargo.
Embryo *m* (-*s*; -*s od* -*nen*) (het) embryo.
Emigr|ant(in *f*) *m* emigrant(e *f*); ⁓**ation** *f* emigratie; ♀**ieren** (-) emigreren.
Emission *f* *Hdl* emissie; *Tech* uitstoot; ⁓**s-belastung** *f* belasting door de uitstoot van schadelijke stoffen; ⁓**s-werte** *m/pl* uitgestoten hoeveelheden *pl*.
Emotion *f* emotie; ♀**al** emotioneel.
Empfang *m* (-*es*; *·*e) ontvangst; (*Rezeption*) receptie; *den* ⁓ *bescheinigen* voor ontvangst tekenen.
empfangen* (-) ontvangen.
Empfäng|er *m* ontvanger; (*Adressat*) geadresseerde; *Rf* (het) ontvangtoestel; ♀**lich** ontvankelijk, vatbaar (*bsd Med*); ⁓**nis-verhütung** *f* geboortebeperking.
Empfangs|bestätigung *f* ontvangstbevestiging; ⁓**dame** *f* receptioniste; ⁓**halle** *f* ontvangsthal; ⁓**schein** *m* (het) ontvangstbewijs, (het) reçu.
empfehlen* (-) aanbevelen; + *Inf mst* aanraden; *sich* ⁓ afscheid nemen; *es empfiehlt sich* het verdient aanbeveling; ⁓**s-wert** aanbevelenswaardig.
Empfehlung *f* aanbeveling; ⁓**s-schreiben** *n* (het) aanbevelingsschrijven.
empfind|en* (-) voelen; *Durst, Hunger, Mitleid, Achtung* hebben; ♀**lich** (*gegen A*) gevoelig (voor); (*reizbar*) lichtge-

raakt; ⚖lichkeit f gevoeligheid; lichtgeraaktheid; ~sam (fijn)gevoelig, sentimenteel; ⚖ung f gewaarwording; (Gefühl) (het) gevoel; ~ungs-los gevoelloos, ongevoelig.

empirisch empirisch.

empor omhoog, naar boven, in de hoogte; ~arbeiten: sich ~ zich opwerken.

Empore f galerij.

empören (-) verontwaardigen; sich ~ in woede ontsteken, in opstand komen; ~d stuitend, schandelijk.

empor|heben opheffen, optillen, ~kommen omhoogkomen; (entstehen) opkomen; (reich werden) fortuin maken; ⚖kömmling m (-s; -e) parvenu; ~ragen (über A) uitsteken (boven).

empör|t verontwaardigd; ⚖ung f verontwaardiging; (Aufstand) (het) oproer.

emsig ijverig.

End- in Zssgn mst eind-.

Ende n (-s; -n) (het) eind(e); (Aufhören a.) (het) slot; (Stück) (het) eind; am ~ tenslotte; letzten ~s tenslotte, per slot van rekening; ~ Mai (nächsten Monats) eind mei (volgende maand); zu ~ führen (gehen) ten einde brengen (lopen); zu ~ sein afgelopen zijn, eindigen; ⚖n eindigen, ophouden.

End|ergebnis n (het) eindresultaat; ⚖gültig definitief; Adv a. voorgoed; ~haltestelle f (het) eindstation.

Endivie f andijvie.

endlager|n definitief opslaan; ⚖ung f definitieve opslag.

end|lich eindig (a. Math); Adv eindelijk; ~los eindeloos; ⚖los-formular (het) kettingformulier; ⚖produkt n (het) eindprodukt; ⚖punkt m (het) eindpunt; ⚖reinigung f definitieve schoonmaak; ⚖runde f Sp finale; ⚖spiel n Sp finale; ⚖station f (het) eindstation; ⚖summe f (het) totaal(bedrag); ⚖ung f uitgang; ⚖verbraucher m eindverbruiker.

Energie f energie (a. fig); ~bedarf m energiebehoefte; ⚖bewußt energiebewust; ~krise f energiecrisis; ~quelle f energiebron; ~träger m energiedrager; ~versorgung f energievoorziening.

energisch krachtig, energiek, vinnig, kordaat.

eng eng; (innig, schmal bsd) nauw; (innig a.) intiem.

Engag|ement n (-s; -s) (het) engagement; ⚖ieren (-) engageren.

Enge f engte (a. Land⚖, Meer⚖), nauwte; fig (het) nauw.

Engel m engel (a. fig).

Eng|land n Engeland n; ~länder m Engelsman; (Schlüssel) Engelse sleutel; ~länderin f Engelse f; ⚖lisch Engels.

Engpaß m fig (het) knelpunt.

engstirnig bekrompen.

Enkel (in f) m kleinzoon m, kleindochter f; ~kind n (het) kleinkind.

enorm enorm.

Ensemble n (-s; -s) (het) ensemble.

ent-arten (-) ontaarden.

entbehr|en (-) missen, ontberen; ~lich ontbeerlijk, te missen; ~ sein gemist kunnen worden; ⚖ung f ontbering.

entbind|en (-) j-n G ontheffen van; v/i bevallen; ⚖ung f ontheffing; Med bevalling; ⚖ungs-anstalt f kraaminrichting.

entblößen (-ßt; -) ontbloten (a. fig).

entdeck|en (-) ontdekken; ⚖er(in f) ontdekker m, ontdekster f; ⚖ung f ontdekking.

Ente f eend; (Zeitungs⚖) canard.

ent|ehren (-) onteren; ~eignen (-) onteigenen; ⚖eignung f onteigening; ~erben (-) onterven.

Enterich m (-s; -e) mannetjeseend.

entern enteren.

ent|fachen (-) fig ontketenen; ~fallen (-) ontvallen, ontgaan; (ausfallen) vervallen; (auf A) vallen (op); ~falten (-) (sich) (zich) ontplooien.

entfern|en (-) (sich) (zich) verwijderen; ~t ver (a. Verwandter); 1 km voneinander ~ van elkaar verwijderd; nicht im ~esten in de verste verte niet; ⚖ung f afstand; (das Entfernen) verwijdering.

ent|fesseln (-) ontketenen; ~fliehen (-) (D) ontvluchten; ~fremden (-) vervreemden.

entführ|en (-) ontvoeren, schaken; ⚖er(in f) m ontvoerder m, ontvoerster f; ⚖ung f ontvoering.

entgegen (D) (in Richtung) tegemoet; (zuwider, gegen) tegen; ~bringen Liebe, Achtung toedragen; Vertrauen schenken; Interesse (D) tonen (voor); ~gehen (D) tegemoetgaan; ~gesetzt tegen(over)gesteld; ~halten voorhouden (a. fig); ~kommen 1. (D) tege-

entgegennehmen

moetkomen (*fig*: aan); **2.** ⚥ *n* tegemoetkoming; **~nehmen** in ontvangst nemen; **~sehen** (*D*) tegemoetzien; **~setzen** tegenoverstellen; **~stehen** (*D*) in de weg staan; **~stellen** tegenoverstellen; **sich ~** (*D*) de weg versperren (*a. fig*); **~treten** (*sn*) (*D*) bestrijden.

entgegn|en (-) antwoorden; ⚥**ung** *f* (het) antwoord.

ent|gehen (-) (*D*) ontgaan; (*entkommen*) ontsnappen (aan); **~geistert** wezenloos; ⚥**gelt** *n* (-*es*; -*e*) vergoeding, beloning; **~giften** (-) ontgiften.

entgleis|en (-*t*; -; *sn*) ontsporen (*a. fig*); ⚥**ung** *f* ontsporing.

ent|gleiten (*D*) ontglippen; **~grätet** zonder graat; ⚥**haarungsmittel** *n* (het) ontharingsmiddel.

enthalt|en (-) bevatten; **~ sein in** (*D*) bevatten; *im Preis* **~** in de prijs inbegrepen; **sich ~** (*G*) zich onthouden (van); **sich** (*der Stimme*) **~** zich onthouden; **~sam** matig, sober; ⚥**ung** *f* onthouding.

ent|härten (-) ontharden; **~heben** *j-n G* ontheffen van; *e-s Amtes* ontslaan uit.

enthüll|en (-) onthullen (*a. fig*); ⚥**ung** *f* onthulling.

enthusiastisch enthousiast.

ent|jungfern (-) ontmaagden; **~kernen** (-) ontpitten; **~kleiden** (-) ont-, uitkleden; (*fig G*) ontdoen van; **~kommen** (-) (*D*) ontkomen (aan); **~korken** (-) ontkurken; **~kräften** (-) *etw* ontzenuwen.

entlad|en (-) ontladen (*a. El*); *Wagen a.* lossen; **sich ~** *El u. fig* zich ontladen; *Gewitter*: losbarsten; ⚥**ung** *f* ontlading.

entlang (*A, D*) langs; *das* (*od am*) *Ufer* **~** langs de oever; **~gehen** lopen langs.

entlarven (-) ontmaskeren.

entlass|en (-) ontslaan; ⚥**ung** *f* (het) ontslag; (*von Gefangenen a.*) invrijheidstelling.

entlast|en (-) ontlasten (*a. fig u. jur*); ⚥**ung** *f* ontlasting; *jur bsd* decharge; ⚥**ungs·zeuge** *m* getuige à decharge.

ent|laufen (-) (*D*) weglopen (uit *od* van); **~ledigen** (-): **sich ~** (*G*) zich ontdoen (van); **~leeren** (-) ledigen, legen, leegmaken; **~legen** afgelegen; **~lehnen** (-) ontlenen; **~locken** (-) ontlokken.

entlüft|en (-) ventileren, luchten; ⚥**ung** *f* ventilatie.

364

ent|machten (-) uit de macht ontzetten; **~militarisieren** (-) demilitariseren; **~mündigen** (-) onder curatele stellen; **~mutigen** (-) ontmoedigen; ⚥**nahme** *f* (het) (uit)nemen, onttrekking; **~nehmen** (-) ontnemen, nemen uit; *fig* concluderen, opmaken (uit); **~nervt** op van de zenuwen; **~rätseln** (-) ontraadselen; **~reißen** (-) ontrukken; **~richten** (-) betalen, voldoen; **~rinnen** (-) (*D*) ontkomen (aan); **~rollen** (-) *v/t* ontrollen; ⚥**rümpelung** *f* (*Müllabfuhr*) ophaling van het grof vuil.

entrüst|en (-) verontwaardigen; **sich ~** verontwaardigd worden; **~et** verontwaardigd; ⚥**ung** *f* verontwaardiging.

Entsagung *f* afstand; *pl bsd* verzaking(en *pl*).

entschädig|en (-) schadeloosstellen; ⚥**ung** *f* schadeloosstelling.

entschärfen (-) *Geschoß* onschadelijk maken; *fig* van zijn scherpe kanten ontdoen.

entscheid|en (-) (*sich*) beslissen; **sich ~ für** (*A*) kiezen voor; **~end** beslissend; ⚥**ung** *f* beslissing.

entschieden beslist; *Adj bsd* vastberaden; ⚥**heit** *f* beslistheid.

entschließ|en (-): **sich ~** (**zu** *D*) besluiten (tot); ⚥**ung** *f* (het) besluit; resolutie.

ent|schlossen vastberaden, vastbesloten; **~schlüpfen** (-) (*D*) ontsnappen (aan), ontglippen (aan).

Entschluß *m* (het) besluit; **~kraft** *f* besluitvaardigheid.

entschuldig|en (-) (*sich*) (zich) verontschuldigen; **~ Sie!** pardon!; ⚥**ung** *f* verontschuldiging, (het) excuus; **~!** pardon!

entsenden (-) sturen, zenden; *Vertreter* afvaardigen.

Entsetz|en *n* ontzetting; ⚥**lich** ontzettend, vreselijk; ⚥**t** ontzet.

entsinnen (-): **sich ~** (*G*) zich herinneren.

entsorg|en (-) ontdoen van afval(stoffen); ⚥**ung** *f* opslag van afval(stoffen).

entspann|en (-) (*sich*) (zich) ontspannen; ⚥**ung** *f* ontspanning (*a. fig*).

entsprech|en (-) (*D*) beantwoorden aan; **~end** overeenkomstig; (*angemessen*) navenant, passend; ⚥**ung** *f* overeenkomst; (het) equivalent.

ent|springen (-; *sn*) *Fluß*: ontspringen;

Erdgeschoß

fig voortkomen (uit); **~stammen** (-) (*D*) stammen uit.
entsteh|en (-; *sn*) ontstaan; **2ung** *f* (het) ontstaan.
entstellen (-) misvormen; (*fälschen*) verdraaien, vervalsen.
enttäusch|en (-) teleurstellen; (*nicht gefallen a.*) tegenvallen; **2ung** *f* teleurstelling.
ent|thronen (-) onttronen; **~waffnen** (-) ontwapenen; **2warnung** *f* (het) signaal 'veilig'; **~wässern** (-) af-, ontwateren, droogleggen; **~weder: ... oder** of(wel) ... of; **~weichen** (-) ontsnappen (*a. Pers*); **~wenden** (-) ontvreemden, ontfutselen; **~werfen** (-) ontwerpen.
entwert|en (-) waardeloos maken; *Marke* afstempelen; *Fahrkarte* knippen; **2ung** *f* ontwaarding; afstempeling; (het) knippen.
entwick|eln (-) (*sich*) (zich) ontwikkelen (*a. fig*); **2ler** *m Foto*: ontwikkelaar; **2ung** *f* ontwikkeling.
Entwicklungs|helfer *m* ontwikkelingswerker; **~hilfe** *f* ontwikkelingshulp; **~land** *n* (het) ontwikkelingsland; **~politik** *f* (het) ontwikkelingsbeleid.
ent|wirren (-) ontwarren; **~wischen** (-; *sn*) ontsnappen, ontglippen; **~wöhnen** (-) ont-, afwennen; **2wurf** *m* (het) ontwerp; **~wurzeln** (-) ontwortelen.
entzieh|en (-) onttrekken, ontnemen; *sich ~* (*D*) zich onttrekken aan; **2ungskur** *f* ontwenningskuur.
entziffern (-) ontcijferen.
entzück|en (-) **1.** in verrukking brengen, verrukken; **2.** *2 n* verrukking, vervoering; **~end** verrukkelijk, prachtig; **~t** opgetogen, verrukt.
Entzug *m* (het) onttrekken, ontnemen; (*Führerschein 2*) intrekking; **~serscheinung** *f* (het) ontwenningsverschijnsel.
entzünd|bar ontvlambaar (*a. fig*); **~en** (-) ontsteken (*a. Med*), aansteken; *fig* (*verursachen*) doen ontvlammen; *sich ~* ontvlammen, ontbranden; *Streit*: uitbreken; *Med* ontsteken; **2ung** *f Med* ontsteking.
entzwei stuk, kapot; **~brechen** stukbreken; **~en** (-) verdelen, tweedracht zaaien; *sich ~* ruzie krijgen; **~gehen** stukgaan.
Enzian *m* (-*s*; -*e*) gentiaan.

Enzyklopädie *f* encyclopedie.
Enzym *n* (-*s*; -*e*) (het) enzym.
Epi|demie *f* epidemie; **~lepsie** *f* epilepsie, vallende ziekte; **2sch** episch, verhalend; **~sode** *f* episode.
Epoche *f* (het) tijdperk.
Epos *n* (-; *Epen*) (het) epos.
Equipe *f* equipe, ploeg.
er hij.
er|achten (-) achten, beschouwen (als); *meines 2s* mijns inziens; **~ahnen** (-) een voorgevoel hebben van, voorvoelen; **~arbeiten** (-) door werken verdienen; *Plan* uitwerken; **~barmen 1.** (-): *sich ~* (*G*) zich ontfermen over; **2.** *2 n* (het) medelijden; **~bärmlich** erbarmelijk; **~barmungs·los** meedogenloos.
erbau|en (-) bouwen; *fig* stichten; **2er** *m* bouwer; **~lich** stichtend, verheffend; **2ung** *f fig* stichting.
Erb|e 1. *n* (-*s*; *0*) erfenis; **2.** *m* (-*n*) erfgenaam; **2en** erven.
erbeuten (-) buitmaken.
Erb|faktor *m* erfelijke factor; **~feind** *m* erfvijand; **~folge** *f* erfopvolging.
Erbin *f* erfgename.
er|bitten (-) verzoeken om; **~bittert** verbitterd; **2bitterung** *f* verbittering.
Erbkrankheit *f* erfelijke ziekte.
er·blassen (-*ßt*; -; *sn*) verbleken.
Erb|lasser *m* erflater; **2lich** erfelijk.
er|blicken (-) zien, aanschouwen; **~blinden** (-; *sn*) blind worden.
Erb|masse *f jur* nalatenschap; *Biol* erfmassa; **~pacht** *f* erfpacht.
erbrechen (-) (*sich*) overgeven, braken.
Erb·recht *n* (het) erfrecht.
Erbschaft *f* erfenis; **~s·steuer** *f* successierechten *n/pl*.
Erbse *f* erwt; *junge ~* doperwt; **~n·suppe** *f* erwtensoep.
Erb|stück *n* (het) erfstuk; **~sünde** *f* erfzonde; **~teil** *n* (het) erfdeel.
Erd|- in *Zssgn mst* aard-, *z.B.* **~bahn** *f* aardbaan; **~ball** *m* aardbol; **~beben** *n* aardbeving; **~beere** *f* aardbei; **~beereis** *n* (het) aardbeienijs; **~boden** *m* aardbodem; *dem ~ gleichmachen* met de grond gelijkmaken; **~e** *f* aarde (*a. Erdreich u. El*); (*Fußboden*) grond (*auf ~n* op aarde; **2en** *El* aarden.
erdenklich denkbaar, mogelijk.
Erd|gas *n* (het) aardgas; **~geschoß** *n* benedenverdieping, begane grond;

Erdhalbkugel

~halbkugel *f* (het) halfrond; ~kabel *n* grondkabel; ~kugel *f* aardbol; ~kunde *f* aardrijkskunde; ~nüsse *f/pl* aardnoten *pl*, apenootjes *n/pl*; ~öl *n* aardolie; ~ölindustrie *f* olie-industrie; ~reich *n* grond, (het) aardrijk.

er|dreisten (-): sich ~ zich verstouten; ~drosseln (-): wurgen; ~drücken (-) verpletteren (*a. fig*), platdrukken.

Erd|rutsch *m* aardverschuiving (*a. fig*); ~stoß *m* aardschok; ~teil *m* (het) werelddeel.

erdulden (-) dulden, verduren.

Erd·umlaufbahn *f* baan om de aarde.

Erdung *f* El aarding.

ereifern (-): sich ~ zich opwinden.

ereign|en (-): sich ~ gebeuren, voorvallen; 2is *n* (-ses; -se) gebeurtenis, (het) voorval.

erfahr|en 1. (-) *v/t* vernemen; (*erleben*) ondervinden; (*erleiden*) ondergaan; 2. *Adj* ervaren; 2ung *f* ervaring, ondervinding; auf ~ uit ondervinding; in ~ bringen te weten komen; 2ungs·austausch *m* uitwisseling van ervaringen.

erfassen (-) (aan)grijpen; begrijpen, vatten; registreren; *EDV* vastleggen.

erfind|en (-) uitvinden; (*lügen*) verzinnen; 2er(in *f*) *m* uitvinder *m*, uitvindster *f*; ~erisch vindingrijk; 2ung *f* uitvinding; (*Lüge*) (het) verzinsel.

Erfolg *m* (-*es*; -*e*) (het) succes; (*Folge*) (het) resultaat; ~ haben succes hebben, slagen; 2en (-) volgen; (*stattfinden*) gebeuren, plaatshebben; 2los zonder resultaat, vruchteloos; 2reich succesvol, met succes; ~s-erlebnis *n* (het) succesgevoel; 2versprechend veelbelovend.

erforder|lich vereist, noodzakelijk; ~n (-) vereisen, vergen; 2nis *n* (-ses; -se) vereiste, eis.

erforsch|en (-) onderzoeken; *Land* exploreren; 2ung *f* (het) onderzoek; exploratie.

erfreu|en (-) verheugen, verblijden; sich ~ zich verheugen (an *D* over; *G* in); sehr erfreut! aangenaam!; ~lich verheugend.

erfrieren (-; *sn*) bevriezen; doodvriezen.

erfrischen (-) (sich) (zich) verfrissen.

Erfrischung *f* verfrissing (*a. Getränk*); ~s-raum *m* cafetaria, kantine.

erfüll|en (-)vervullen; *Pflicht a.* nakomen; *Bitte* inwilligen; sich ~ uitkomen; 2ung *f* vervulling; inwilliging; 2ungs·ort *m* plaats van levering (*bei Bezahlung*: van betaling).

ergänz|en (-*t*; -) aanvullen; 2ung *f* aanvulling; (*Zusatz a.*) (het) supplement.

ergeben 1. (-) leiden tot, opleveren; sich ~ (*folgen aus*) blijken, voortvloeien; (*zustande kommen*) ontstaan; (*kapitulieren*) zich overgeven; 2. *Adj* toegedaan; (*resignierend*) berustend; onderdanig; 2heit *f* toegenegenheid; (*Fügsamkeit*) berusting.

Ergebnis *n* (-ses; -se) (het) resultaat, uitslag; 2los zonder resultaat.

er|gehen (-) *Befehl, Einladung etc.*: uitgaan; über sich ~ lassen over zich heen laten gaan; wie wird es ihm ~? hoe zal het hem vergaan?; ~giebig vruchtbaar; (*ertragreich*) rijk, overvloedig; ~gießen (-) sich ~ stromen, zich uitstorten; *Fluß*: uitmonden; ~götzen (-*t*; -): sich ~ an (*D*) zich verlustigen in; ~grauen (-; *sn*) vergrijzen, grijs worden.

ergreif|en (-) pakken, grijpen; *fig* aangrijpen (*a. rühren; Angst; Gelegenheit*); *Flucht, Maßnahmen, Wort* nemen; 2ung *f* (*Festnahme*) arrestatie.

ergriffen ontroerd; 2heit *f* ontroering.

er|gründen (-) doorgronden; 2guß *m* uitstorting; *fig* ontboezeming.

erhaben *fig* verheven.

er|halten (-) ontvangen, krijgen; (*bewahren*) bewaren; (*unterhalten*) onderhouden (*a. j-n*), in stand houden; gut ~ *Adj* in goede staat; sich ~ blijven bestaan, bewaard blijven; ~hältlich verkrijgbaar; 2haltung *f* instandhouding, (het) behoud, handhaving; (het) onderhoud; ~hängen (-) (sich) (zich) ophangen; ~härten (-) verharden, hardmaken; *fig* hardmaken, staven.

erheb|en (-) opheffen; (*preisen; Stimme; in* (*A*), *zu* (*D*); *erbauen*) verheffen; *Zoll, Gebühr, Steuer* heffen; *Klage* indienen; *Protest* aantekenen; *Anspruch* maken; sich ~ zich verheffen; (*revoltieren*) opstaan; *Zweifel, Streit*: ontstaan; *Sturm*: opsteken; ~lich aanzienlijk; 2ung *f* (het) opheffen; verheffing; heffing; opstand; (*Untersuchung*) (het) onderzoek; (*Umfrage*) enquête.

er|heitern (-) opvrolijken; ~hellen (-) verlichten; *fig* ophelderen; sich ~ op-

Erneuerung

klaren; ~hitzen (-t; -) (sich) (zich) verhitten (a. fig); ~hoffen (-) (sich) hopen.
erhöh|en (-) (um A) verhogen (met); Damm, Mauer bsd ophogen; sich ~ auf (A) stijgen tot; Ձung f verhoging.
erhol|en (-): sich ~ bijkomen, opknappen; (entspannen) zich ontspannen; ~sam aangenaam; Ձung f (het) herstel; (Entspannung) ontspanning, (het) verzet(je).
Erholungs|ort m (het) recreatieoord; ~reise f pleziereis; ~zentrum n (het) recreatiecentrum.
erhören (-) verhoren.
erinner|n (-) (an A) herinneren (aan); sich e-r S. (G) od an (A) ~ zich iets herinneren; Ձung f herinnering.
erkält|en (-): sich ~ (een) kou vatten; ~et verkouden; Ձung f verkoudheid.
erkenn|bar (her)kenbaar, duidelijk; ~en (-) herkennen; (einsehen) beseffen, erkennen, inzien; (sehen) zien, onderscheiden; zu ~ geben te kennen geven.
erkennt|lich: sich ~ zeigen zich erkentelijk tonen; Ձnis f (-; -se) (het) inzicht, (het) besef.
Erkennungs|melodie f herkenningsmelodie, tune; ~zeichen n (het) herkenningsteken.
Erker m erker.
erklär|en (-) verklaren; (erläutern a.) uitleggen; ~lich verklaarbaar; Ձung f verklaring; uitleg.
erkrank|en (-; sn) ziek worden; erkrankt sein an (D) lijden aan; Ձung f ziekte.
erkund|en (-) verkennen; ~igen (-): sich ~ (nach D) informeren (naar), inlichtingen pl inwinnen (over); Ձigung f inlichting, informatie.
erlangen (-) verkrijgen, verwerven.
Erlaß m (-sses; -se) kwijtschelding; (Beschluß) verordening, (het) besluit.
erlassen (-) kwijtschelden; (anordnen) uitvaardigen.
erlaub|en (-) veroorloven, toestaan; ~ Sie? mag ik?; ~ Sie mal! hoe komt U erbij!; sich ~ zich veroorloven, pej zich permitteren; Ձnis f (-; -se) toelating, toestemming, (het) verlof.
erläuter|n (-) verklaren, toelichten; Ձung f verklaring, toelichting.
Erle f els, elzeboom.
erleb|en (-) beleven; Ձnis n (-ses; -se) belevenis; pl a. wederwaardigheden pl; ~nis·reich rijk aan belevenissen.
erledig|en (-) afdoen, afmaken; Aufgabe, Auftrag uitvoeren; Formalitäten vervullen; Brief, Post; etw für j-n afhandelen; j-n uit de weg ruimen (a. fig); ~t afgedaan; (erschöpft) doodop; Ձung f afhandeling, afwikkeling; vervulling; liquidatie.
erleichter|n (-) verlichten (a. seelisch), vergemakkelijken; ~t fig opgelucht; Ձung f verlichting, vergemakkelijking; fig opluchting.
er|leiden (-) ondergaan; Niederlage, Verlust lijden; ~lernen (-) (aan)leren; ~lesen uitgelezen, select.
erleucht|en (-) verlichten (a. fig); Ձung f verlichting; fig bsd (het) inzicht.
er|liegen (-) (D) bezwijken (voor; Krankheit aan); zum Ձ kommen (bringen) tot stilstand komen (brengen); ~logen gelogen; Ձlös m (-es; -e) opbrengst; ~löschen* (-; sn) uitgaan; (ungültig werden) vervallen.
erlös|en (-) (von D) verlossen (van); Ձer m Rel Verlosser; Ձung f verlossing.
ermächtig|en (-) (zu D) machtigen (tot); Ձung f machtiging, volmacht.
ermahnen (-) aan-, vermanen.
ermäßig|en (-) verminderen, verlagen; Ձung f vermindering; (PreisՁ bsd) reductie.
Ermessen n (het) oordeel; nach eigenem ~ naar eigen goeddunken.
ermittel|n (-) vaststellen, achterhalen; Täter opsporen; jur (gegen A) een onderzoek instellen (tegen); Ձlung f vaststelling; opsporing; ~en pl jur (het) onderzoek.
er|möglichen (-) mogelijk maken; ~morden (-) vermoorden.
ermüd|en (-) v/t vermoeien; v/i (sn) moe worden; Ձung f vermoeidheid.
ermuntern (-) opmonteren; (j-n zu D) aanmoedigen tot.
ermutigen (-) aanmoedigen.
ernähr|en (-) voeden; (unterhalten) onderhouden; sich ~ zich voeden; Ձer m kostwinner; Ձung f voeding.
ernenn|en (-) benoemen; Ձung f benoeming.
Erneu|erer m vernieuwer; Ձern (-) vernieuwen; (wiederholen a.) herhalen; ~erung f vernieuwing; Ձt ver-, hernieuwd; herhaald; Adv opnieuw.

erniedrigen

erniedrig|en (-) vernederen; *Preis* verlagen; **2ung** *f* vernedering; verlaging.

ernst ernstig; ~ **nehmen** au sérieux nemen; *es* ~ *meinen* het serieus menen; *es ist mir* ~*!* ik meen het (serieus)!

Ernst *m* (-*es*; *0*) ernst; *im* ~ serieus; ~**fall**: *im* ~ in geval van nood; *mil* in geval van oorlog; **2haft**, **2lich** ernstig, serieus.

Ernte *f* oogst (*a. fig*); **2n** oogsten.

Ernüchterung *f* ontnuchtering.

Erober|er *m* veroveraar; ~**in** *f* veroveraarster; **2n** (-) veroveren (*a. fig*); ~**ung** *f* verovering.

eröffn|en (-) openen; *j-m A* meedelen; **2ung** *f* opening; mededeling.

erogen erogeen.

erörter|n (-) bespreken; (*erläutern*) uiteenzetten, toelichten; **2ung** *f* bespreking; uiteenzetting, toelichting.

Erotik *f* erotiek; **2sch** erotisch.

erpicht: ~ *auf* (*A*) belust op, tuk op.

erpress|en (-) *j-n* chanteren; *etw von j-m* afpersen; **2er**(*in f*) *m* afperser *m*, afpersster *f*; **2ung** *f* afpersing, chantage.

er|proben (-) op de proef stellen, beproeven; ~**raten** (-) raden; ~**rechnen** (-) be-, uitrekenen.

erreg|bar prikkelbaar; ~**en** (-) opwinden, prikkelen; (*verursachen*) veroorzaken; **2er** *m* *Med* verwekker; **2t-heit** *f* opgewondenheid; **2ung** *f* opwinding.

erreich|bar bereikbaar; ~**en** (-) bereiken; *Zug* halen.

errricht|en (-) oprichten; **2ung** *f* oprichting.

er|ringen (-) behalen; ~**röten** (-; *sn*) (*vor D*) blozen (van); **2rungenschaft** *f* verworvenheid; (*Anschaffung*) aanwinst.

Ersatz *m* (*Vergütung*) vergoeding, schadeloosstelling; (*Austausch*) vervanging; (*Ersatzmittel*) (het) surrogaat; ~**dienst** *m* vervangende dienstplicht; ~**mann** *m* vervanger, invaller (*a. Sp*); ~**mittel** *n* (het) surrogaat; **2pflichtig** verplicht tot schadevergoeding; ~**rad** *n* (het) reservewiel; ~**reifen** *m* reserveband; ~**teil** *n* (het) (reserve)onderdeel.

erschein|en 1. (-; *sn*) verschijnen; (*vorkommen*) lijken, toeschijnen; **2.** **2** *n* (het) verschijnen; **2ung** *f* verschijning; (*Phänomen*) (het) verschijnsel.

er|schießen (-) dood-, neerschieten; ~**schlagen** (-) doodslaan.

erschließ|en (-) *Gegend*, *Markt*, *Bgb*

etc. ontsluiten; (*feststellen*) afleiden, opmaken; **2ung** *f* ontsluiting; **2ungs-kosten** *pl* ontsluitingskosten *pl*.

erschöpf|en (-) uitputten; ~**t** uitgeput; **2ung** *f* uitputting.

erschrecken (-) *v/t* doen schrikken, verschrikken; *v/i* (*;* *sn*) schrikken; ~**d** schrikbarend.

erschütter|n (-) schokken (*a. fig*); **2ung** *f* schok.

er|schweren (-) bemoeilijken; ~**schwinglich** betaalbaar; ~**sehen** (-) zien; (*aus D*) opmaken (uit); ~**sehnen** (-) smachten naar, hevig verlangen.

ersetz|bar vervangbaar; ~**en** (-) vergoeden; (*austauschen*) vervangen.

ersichtlich duidelijk, zichtbaar.

erspar|en (-) besparen (*a. fig*); (*Geld zurücklegen*) sparen; **2nisse** *f*/*pl* (het) spaargeld, spaarcenten *pl*.

erst eerst; (*soeben*) pas, eerst; ~ *einmal* eerst; ~ *recht wenn* ... zeker.

erstarr|en (-; *sn*) (*vor D*) verstijven (van) (*a. fig*); *fig etw*: verstarren; **2ung** *f* verstijving; verstarring.

erstatt|en (-) *Kosten* vergoeden; *Bericht* uitbrengen; *Anzeige* doen; **2ung** *f* (*Kosten* **2**) vergoeding.

Erst-aufführung *f* première.

erstaun|en 1. (-) verbazen, verwonderen; **2.** **2** *n* verbazing, verwondering; ~**lich** verbazend, verbazingwekkend; ~**t** verbaasd, verwonderd.

erst|beste eerste de beste; ~**e(r, -s)** eerste; *fürs erste* vooreerst.

er|stechen (-) doodsteken; ~**stehen** (-) *v/t* kopen; *v/i* (*sn*) verrijzen; ~**stellen** (-) bouwen; (*anfertigen*) maken, opstellen.

erst|en-mal: *zum* ~ voor de eerste keer; ~**ens** ten eerste; ~**genannt** eerstgenoemd.

ersticken (-) *v/t* smoren; *v/i* (*sn*) stikken.

erst|klassig eerste klas, eersterangs; ~**malig** *Adj* eerst; *Adv* ~ **mals** voor de eerste keer.

erstreben (-) nastreven; ~**s-wert** gewenst, waard om na te streven.

er|strecken (-): *sich* ~ (*auf A*) zich uitstrekken (over); *fig* betrekking hebben (op); ~**suchen** (-) (*um A*) verzoeken (om); ~**tappen** (-) betrappen.

erteil|en (-) geven (*a. Rat*, *Unterricht etc.*), verstrekken, verlenen; **2ung** *f* (het) geven, verstrekking, verlening.

Ertrag *m* (-*es*; *⸚e*) opbrengst; *Hdl (Gewinn)* winst; **⸚en** (-) verdragen; *etw a.* uithouden.
erträglich draaglijk.
ertrag|reich winstgevend; **⸚s·lage** *f* rentabiliteit; (het) bedrijfsresultaat.
ertränken (-) verdrinken.
ertrinken (-; *sn*) verdrinken; **⸚de(r), Ertrunkene(r)** drenkeling.
er·übrigen (-): *sich ⸚* overbodig zijn.
Eruption *f* eruptie, uitbarsting.
erwachen (-; *sn*) ontwaken (*a. fig*).
erwachsen *Adj* volwassen; **⸚e(r)** volwassene.
erwäg|en* (-) overwegen; **⸚ens·wert** het overwegen waard; **⸚ung** *f* overweging; *in ⸚ ziehen* in overweging nemen.
erwähn|en (-) vermelden, gewag maken van; **⸚ens·wert** vermeldenswaard; **⸚ung** *f* vermelding.
erwärmen (-) verwarmen; *sich ⸚* warm worden; *fig* warmlopen.
erwart|en (-) verwachten; *wider (alles)* ⸚ tegen alle verwachting (in); **⸚ung** *f* verwachting; *in ⸚ ... (G)* in afwachting van; **⸚ungs·voll** vol verwachting.
er|wecken (-) wekken (*a. fig*); **⸚weichen** (-) *fig* vermurwen; **⸚weisen** (-*) bewijzen; *sich (dankbar, ...) ⸚* zich (...) betonen; *sich ⸚ als* blijken (te zijn).
erweiter|n (-) uitbreiden, vergroten; *Blutgefäße, Rock* verwijden; **⸚ung** *f* uitbreiding, vergroting; verwijding.
Erwerb *m* (-*es*; -*e*) (het) verwerven, (het) verkrijgen; verdienste; (*Kauf*) aankoop; (*Brot*⸚) kost-, broodwinning; **⸚en** (-) (*sich*) verwerven, verkrijgen; (*kaufen*) aankopen; **⸚s·fähig** in staat tot werken; **⸚s·los** werkloos; **⸚e(r)** werkloze; **⸚s·quelle** *f* bron van inkomsten; **⸚s·tätig** werkend; **⸚s·tätige(r)** werkende; **⸚s·unfähig** arbeidsongeschikt; **⸚ung** *f* (*Erwerbenes*) aanwinst.
erwider|n (-) beantwoorden (*a. Besuch etc.*); (*entgegnen*) antwoorden; **⸚ung** *f* beantwoording; (het) antwoord.
er|wischen (-) betrappen; (*greifen*) pakken; *Bus, Zug* halen; (*zufällig erlangen*) op de kop tikken; **⸚wünscht** gewenst, wenselijk; **⸚würgen** (-) wurgen.
Erz *n* (-*es*; -*e*) (het) erts.
Erz- (*bei Personen*) *in Zssgn* aarts-.
erzähl|en (-) vertellen; **⸚er(in** *f*) *m* verteller *m*, vertelster *f*; **⸚ung** *f* (het) verhaal.
Erz|bischof *m* aartsbisschop; **⸚bistum** *n* (het) aartsbisdom.
erzeug|en (-) verwekken (*a. Kind u. fig*); (*produzieren*) produceren; *Energie* opwekken; **⸚er** *m* producent; (*Vater*) verwekker; **⸚er·land** *n* (het) land van herkomst; **⸚er·preis** *m* producentenprijs; **⸚nis** *n* (-*ses*; -*se*) (het) produkt, (het) voortbrengsel; **⸚ung** *f* verwekking; produktie; opwekking.
Erzfeind *m* aartsvijand.
erz·haltig ertshoudend.
Erzherzog(in *f*) *m* aartshertog(in *f*).
erzieh|en (-) opvoeden; **⸚er(in** *f*) *m* opvoeder *m*, opvoedster *f*; pedagoog *m*, pedagoge *f*; **⸚erisch** opvoedkundig, pedagogisch.
Erziehung *f* opvoeding; **⸚s·berechtigte(r)** verantwoordelijke opvoeder; **⸚s·wesen** *n* opvoeding en onderwijs.
er|zielen (-) behalen, verkrijgen, bereiken; *Gewinne, Preis, Tor* maken; **⸚zürnt** boos; **⸚zwingen** (-) afdwingen.
es het; *⸚ war einmal* er was eens; *⸚ wurde (getanzt, ...)* er werd; *s.a. geben.*
Esche *f* es.
Esel *m* ezel (*a. F Pers*); **⸚in** *f* ezelin.
Esels·brücke *f* (het) ezelsbruggetje.
Eskalation *f* escalatie.
Eskimo *m* (-*s*; -*s*) Eskimo.
Eskorte *f* (het) escorte.
Espe *f* esp(eboom), ratelpopulier.
Espressobar *f* espressobar.
Essay *m od n* (-*s*; -*s*) (het) essay.
eßbar eetbaar.
essen 1. * eten; *zu Mittag (Abend) ⸚* het middagmaal (avondmaal) gebruiken; **2.** ⸚ *n* (het) eten; (*Mahlzeit a.*) maaltijd; **⸚(s)·marke** *f* maaltijdbon; **⸚s·zeiten** *f/pl* etenstijden *pl*.
Essenz *f* essence; *fig* essentie.
Eßgeschirr *n* (het) eetservies.
Essig *m* (-*s*; -*e*) azijn; **⸚gurke** *f* augurk in het zuur; **⸚säure** *f* (het) azijnzuur; **⸚und Ölständer** *m* (het) olie-en-azijnstelletje.
Eß|löffel *m* eetlepel; **⸚stäbchen** *n* (het) eetstokje; **⸚waren** *f/pl* eetwaren *pl*, etenswaar; **⸚zimmer** *n* eetkamer.
Estrich *m* (-*s*; -*e*) harde vloer.
etablieren (-) oprichten, vestigen; *sich ⸚* zich vestigen; *fig* zich setlelen.

Etage *f* etage, verdieping.

Etagen|bett *n* (het) stapelbed; **~wohnung** *f* flat, (het) appartement.

Etappe *f* etappe; *Sp mst* rit.

Etat *m* (-s; -s) begroting, (het) budget.

Ethi|k *f* ethiek; **²sch** ethisch.

Etikett *n* (-es; -e od -s) (het) etiket.

Etikette *f* etiquette.

etliche ettelijke, enige; **~s** een en ander.

Etui *n* (-s; -s) (het) etui.

etwa (*vielleicht*) misschien; (*ungefähr*) zowat, ongeveer; (*zum Beispiel*) bijvoorbeeld; **~** (*zwei Tage*) (een) dag of (twee); **~ig** eventueel, mogelijk.

etwas iets; (*ein wenig*) *vor Su* een beetje, wat; *vor Adj a.* iets.

EU *f* (*Abk. für Europäische Union*) EU (Europese Unie); **~-Beitritt** *m* toetreding tot de EU.

euch jullie; (*einander*) elkaar; *Reflexivpronomen oft* je.

euer jullie.

Eule *f* uil; **~n-spiegel** *m*: *Till* **~** Tijl Uilenspiegel.

EU-Osterweiterung *f* mitbreiding van de EU naar het oosten toe.

eure jullie; **~s-gleichen** mensen zoals jullie; **~t-wegen** ter wille van jullie.

Euro *m* euro.

Euro|- *in Zssgn mst* Euro-; **~-Kat** *m* (-s; -s) (auto met) katalysator volgens de Europese normen; **~norm** *f* Europese norm.

Europa *n* Europa *n*.

Europa- *in Zssgn mst* Europees (*Adj*).

Europä|er(in *f*) *m* Europeaan *m*, Europese *f*; **²isch** Europees; **²e Kommission** Europese Commissie; **²e** (*Wirtschafts- und*) **Währungsunion** Europese (Economische en) Monetaire Unie; **²es Währungssystem** Europees Monetair Stelsel.

Europa|parlament *n* (het) Europees parlement; **~pokal** *m* Europacup; **~politik** *f* Europese politiek; **~rat** *m* Raad van Europa.

Euro-parlamentarier *m* euro-parlementariër.

europaweit in heel Europa.

Euroscheck *m* eurocheque; **~karte** *f* (het) eurochequebetaalpasje.

Euter *n* uier.

e.V., E.V. *Abk für eingetragener Verein*; *s.* **eintragen**.

evakuieren (-) evacueren.

evangeli|sch evangelisch; (*Kirche, Bekenntnis*) protestants; **²um** *n* (-s; *Evangelien*) (het) evangelie.

eventuell eventueel.

Evolution *f* evolutie.

ewig eeuwig; **²keit** *f* eeuwigheid.

EWS *n* (*Abk für Europäisches Währungssystem*) (het) EMS (Europees Monetair Stelsel).

EWU *f* (*Abk für Europäische Währungsunion*) EMU (Europese Monetaire Unie).

exakt exact.

Examen *n* (-s; - *od Examina*) (het) examen; **~s-arbeit** *f* scriptie.

exekut|ieren (-) executeren; **²ive** *f* uitvoerende macht.

Exempel *n* (het) voorbeeld; *ein* **~** *statuieren* een voorbeeld stellen.

Exemplar *n* (-s; -e) (het) exemplaar; **²isch** exemplarisch, voorbeeldig.

exerzieren (-) exerceren.

Exil *n* (-s; -e) ballingschap.

Existenz *f* (het) bestaan; **~frage** *f* levenskwestie; **~kampf** *m* strijd om het bestaan; **~minimum** *n* (het) bestaansminimum.

existieren (-) bestaan.

exklusiv, ~e exclusief.

Ex|kremente *n/pl* excrementen *n/pl*, uitwerpselen *n/pl*; **~kursion** *f* excursie.

exotisch exotisch.

Ex|pansion *f* expansie; *Phys a.* uitzetting; **~pedition** *f* expeditie.

Experiment *n* (-es; -e) (het) experiment; **²ieren** (-) experimenteren.

Expert|e *m*, **~in** *f* expert (*a. f*), deskundige (*a. f*).

explo|dieren (-; *sn*) ontploffen; **²sion** *f* ontploffing, explosie; **~siv** explosief.

Export *m* (-es; -e) export, uitvoer; **~eur** *m* (-s; -e) exporteur; **²ieren** (-) uitvoeren, exporteren; **~land** *n* (het) exportland; **~überschuß** *m* (het) exportoverschot.

Expressionismus *m* (-s; *0*) (het) expressionisme.

extra, Extra- extra, extra-.

Extrablatt *n* extra-editie.

Extravaganz *f* buitensporigheid.

extrem extreem; **²ist(in** *f*) *m* extremist(e *f*); **~istisch** extremistisch.

exzentrisch excentriek (*a. fig*).

Exzeß *m* (-sses; -sse) (het) exces, uitspatting.

F

F, f n (-; -) F, f (*a. Mus*).

Fabel f (-; -n) fabel; ⎵**haft** fantastisch, fabelachtig, F reuze.

Fabrik f fabriek; ⎵**anlage** f (het) fabriekscomplex; ⎵**ant(in** f) m (-en) fabrikant(e f); ⎵**arbeiter** m fabrieksarbeider; ⎵**at** n (-es; -e) fabrikaat; ⎵**ation** f fabricage; ⎵**neu** fabrieksnieuw; ⎵**ware** f fabriekswaar.

fabrizieren (-) fabriceren.

Fach n (-es; ⎵er) (het) vak; *ein Mann vom* ⎵ een man van 't vak.

Fach|- *in Zssgn mst* vak-; ⎵**arbeiter** m geschoold arbeider; ⎵**arbeitermangel** m (het) tekort aan geschoolde arbeidskrachten; ⎵**arzt** m specialist; ⎵**ausbildung** f vakopleiding; ⎵**ausdruck** m vakterm; ⎵**frau** f vakvrouw; ⎵**gebiet** n (het) vakgebied; ⎵**gerecht** vakkundig; ⎵**geschäft** n speciaalzaak; ⎵**händler** m specialist; (*Geschäft*) speciaalzaak; ⎵**hochschule** f hogeschool (*voor hoger beroepsonderwijs*); ⎵**kenntnisse** f pl vakkennis; ⎵**kundig** vakkundig; ⎵**lich** op vakgebied, vak-; ⎵**mann** m (-es; ⎵er *od Fachleute*) deskundige, vakman; ⎵**männisch** vakkundig; ⎵**messe** f vakbeurs; ⎵**schaft** f vakgroep; ⎵**schule** f technische school; ⎵**simpeln** alsmaar over zijn vak praten; ⎵**werkhaus** n (het) vakwerkhuis.

Fackel f (-; -n) fakkel; ⎵**zug** m fakkeloptocht.

fad(e) flauw (*a. fig*), laf.

Faden m (-s; ⎵) draad (*a. fig*); ⎵**nudeln** f/pl vermicelli; ⎵**scheinig** tot op de draad versleten; *fig* doorzichtig.

fähig bekwaam; (*imstande*) in staat; ⎵**keit** f bekwaamheid; ⎵**en** pl e-r Pers bsd capaciteiten pl.

fahl vaal, grauw.

fahnd|en (*nach D*) opsporen; ⎵**ung** f opsporing.

Fahne f vlag; *Typ.* drukproef; (*Rauch*⎵) pluim; ⎵**n·flucht** f desertie; ⎵**n·stange** f vlaggestok.

Fahr|ausweis m (het) kaartje, (het) reisbiljet; ⎵**bahn** f rijweg; ⎵**bar** verrijdbaar, rijdend; ⎵**bereitschaft** f (parate) dienst met rijdend materieel; ⎵**damm** m rijweg.

Fähre f (veer)pont, veerboot.

fahren* 1. v/t rijden; (*befördern a.*) vervoeren; **2.** v/i (sn) rijden; *allg a.* gaan; *Schiff:* varen; (*e-e schnelle Bewegung machen*) schieten, springen; *wir* ⎵ *morgen* we vertrekken morgen; *der Gedanke fuhr mir durch den Kopf* schoot mij door het hoofd; *wann* **fährt** *der Zug* vertrekt, gaat; ⎵**lassen** (-) (*verzichten*) laten varen, laten schieten.

Fahr|er m bestuurder; (*Auto*⎵ *a.*) chauffeur; ⎵**er-flucht** f (het) doorrijden na een ongeval, (het) vluchtmisdrijf; ⎵**erin** f bestuurster; ⎵**gast** m passagier; ⎵**geld** n (het) reisgeld; ⎵**gemeinschaft** f: *e-e* ⎵ *bilden* carpoolen, aan carpooling doen; ⎵**gestell** n *Auto:* (het) chassis; *Flgw* (het) landingsgestel.

Fahrkarte f (het) kaartje, (het) plaatsbewijs; ⎵**n-automat** m kaartjesautomaat; ⎵**n-schalter** m (het) kaartjesloket.

Fahr|kunst f rijvaardigheid; ⎵**lässig** onachtzaam, nalatig; *jur* door schuld; ⎵**lehrer** m rijinstructeur.

Fahrplan m dienstregeling; (*Ausgabe der Esb*) (het) spoorboekje; ⎵**auskunft** f (het) bureau inlichtingen met betrekking tot de dienstregeling; ⎵**mäßig** volgens de dienstregeling.

Fahr|preis m (het) (reis)tarief; ⎵**prüfung** f (het) rijexamen.

Fahrrad n fiets, (het) rijwiel; ⎵**verleih** n fietsenverhuur; ⎵**weg** m (het) fietspad.

Fahr|rinne f vaargeul; ⎵**schein** m (het) kaartje.

Fährschiff n veerboot.

Fahr|schule f rijschool; ⎵**spur** f rijstrook; ⎵**stuhl** m lift; (*Rollstuhl*) rolstoel; ⎵**stunde** f rijles.

Fahrt f reis, rit; (*Ausflug, Wanderung*) tocht; (*Geschwindigkeit*) vaart.

Fährte f (het) spoor.

Fahrten·schreiber m tachograaf.

fahr|tüchtig *Pers:* in staat om een voertuig te besturen; *Fahrzeug:* rijklaar; ⎵**unterricht** m rijles; ⎵**wasser** n (het) vaarwater; ⎵**werk** n *Flgw* (het) landingsgestel.

Fahrzeug 372

Fahrzeug *n* (het) voertuig; (*Wasser*≳) (het) vaartuig; **~halter** *m* houder van een voertuig.
fair fair.
Fak|simile *n* (-s; -s) (het) facsimile; **~ten** *n/pl* feiten *n/pl*; **≳tisch** feitelijk; *Adv a.* in feite; **~tor** *m* (-s; -en) factor (*a. fig*).
Fakultät *f* faculteit; **≳ativ** facultatief.
Falke *m* (-n) valk; *fig* havik.
Fall *m* (-*es*; *⁻e*) val; (*Angelegenheit*) (het) geval; *Gr* naamval; *jur* zaak; **auf jeden** (**keinen**) **~** in ieder (geen) geval.
Falle *f* val.
fallen* (*sn*) vallen; (*abnehmen a.*) dalen; (*im Krieg*) sneuvelen.
fällen vellen.
fallenlassen laten vallen.
fällig betaalbaar; **~ sein** *Flugzeug etc.*: verwacht worden; **≳keit** *f* (het) vervallen.
falls ingeval, als, indien.
Fallschirm *m* (het) valscherm, parachute; **~springer(in** *f*) *m* parachutist(e *f*).
falsch (*unrichtig*) verkeerd, fout; (*unecht*) vals.
fälsch|en vervalsen; **≳er(in** *f*) *m* vervalser *m*, vervalsster *f*.
Falsch|fahrer *m* spookrijder; **~geld** *n* (het) vals geld; **~heit** *f* valsheid; (*Unrichtigkeit*) onjuistheid.
fälschlich vals(elijk); (*irrtümlich a.*) ten onrechte.
Falschmünzer *m* vals(e)munter.
Fälschung *f* vervalsing.
Falt|boot *n* opvouwbare boot; **~e** *f* vouw, plooi; (*Runzel*) rimpel; **≳en** vouwen, plooien; **~en-rock** *m* plooirok; **~er** *m* vlinder; **≳ig** geplooid, gerimpeld; **~prospekt** *m* folder.
familiär familiaar, gemeenzaam.
Familie *f* familie; (*Eltern u. Kinder mst*) (het) gezin.
Familien|angehörige(r) (het) familielid; (het) gezinslid; **~betrieb** *m* (het) familiebedrijf; **≳freundlich** gezinsvriendelijk; **~leben** *n* (het) gezinsleven; **~name** *m* familienaam; **~packung** *f* gezinsverpakking; **~pension** *f* (het) familiepension; **~planung** *f* gezinsplanning; **~stand** *m* burgerlijke staat; **~vater** *m* huisvader.
Fan *m* (-*s*; -*s*) fan; *Sp bsd* supporter.
fanatisch fanatiek.

Fanfare *f* fanfare.
Fang *m* (-*es*; *⁻e*) vangst; (*Beute a.*) buit; **≳en*** vangen; (*greifen a.*) pakken; **~frage** *f* strikvraag.
Farb|band *n* (het) schrijflint; **~e** *f* kleur; (*Lack*) verf; **≳echt** kleurecht.
färben kleuren (*a. fig*), verven.
farben|blind kleurenblind; **~froh** kleurrijk.
Farb|fernsehen *n*, **~fernsehgerät** *n* kleurentelevisie; **~film** *m* kleurenfilm; **~foto** *n* kleurenfoto; **≳ig** kleurig; **~ige(r)** kleurling(e *f*); **≳los** kleurloos (*a. fig*); **~stift** *m* kleurstift; **~stoff** *m* kleurstof; **~ton** *m* tint.
Färbung *f* tint (*a. fig*), nuance; (*das Färben*) kleuring, (het) kleuren.
Farce *f* farce, klucht.
Farn(kraut *n*) *m* (-*es*; -*e*) varen.
Fasan *m* (-*es*; -*e od* -*en*) fazant.
Fasching *m* (-*s*; -*e*) (het) carnaval.
Faschismus *m* (-; *0*) (het) fascisme.
faseln leuteren, zwammen, bazelen.
Faser *f* (-; -*n*) vezel, draad; **≳n** (uit)rafelen.
Faß *n* (-*sses*; *⁻sser*) (het) vat, ton.
Fassade *f* (voor)gevel, façade (*a. fig*).
Faßbier *n* (het) bier van het vat.
fassen (-*ßt*) vatten, vangen; (*Raum bieten*) (kunnen) bevatten; (*verstehen*) begrijpen; *Beschluß* nemen; **sich ~** zijn kalmte hernemen, kalm worden; **sich kurz ~** het kort maken.
Fasson *f* (-; -*s*) snit, coupe.
Fassung *f* (*Ruhe*) kalmte; *El* fitting; (*Text*) redactie; (*Wortlaut*) versie; **aus der ~ bringen** (**kommen**) van zijn stuk brengen (raken); **die ~ verlieren** zijn kalmte verliezen; **≳s-los** sprakeloos; **~s-vermögen** *n* (het) bevattingsvermogen; (*räumlich*) capaciteit, inhoud.
fast bijna, haast.
fast|en 1. vasten; **2.** *pl* vasten(tijd); **≳nacht** *f* vastenavond.
faszinieren (-) fascineren.
fatal fataal, noodlottig.
fauchen sissen (*a. fig*), blazen.
faul (*träge*) lui; (*verdorben, a. fig*) rot; **~en** (ver)rotten.
faul|enzen (-*t*) luieren, luilakken; **≳enzer** *m* luiaard; **≳heit** *f* luiheid.
Fäulnis *f* (-; *0*) verrotting, (het) bederf.
Faulpelz *m* luiaard.
Faust *f* (-; *⁻e*) vuist; **auf eigene ~** op

eigen houtje; ~pfand n (het) vuistpand; ~schlag m vuistslag.
Favorit(in f) m (-en) favoriet(e f).
Fazit n (-s; -s) (het) (eind)resultaat, slotsom.
Februar m (-[s]; -e): *der* ~ februari.
fecht|en 1. * schermen; **2.** ⚤ n (het) schermen; ⚤**er(in** f) m schermer m, schermster f.
Feder f (-; -n) veer (*a. Spiral*⚤), pluim; (*Schreib*⚤) pen; ~**ball** m (het) badminton; ~**bett** n (het) veren dekbed; ~**führend** verantwoordelijk; ~**gewicht** n (het) vedergewicht; ⚤**leicht** vederlicht; ⚤n v/i veren; ~**strich** m pennestreek, haal; ~**ung** f vering; ~**zeichnung** f pentekening.
Fee f fee.
Fege|feuer n (het) vagevuur; ⚤n vegen; (*sausen*) stuiven, jagen.
fehl: ~ *am Platz* misplaatst; ⚤**betrag** m (het) tekort.
fehlen ontbreken; *etw, jemand fehlt mir (ihm)* ik mis (hij mist) iets, iem; *es fehlt etw, Pers:* er ontbreekt; ~ *an* (D) ontbreken aan; *was fehlt dir?* wat scheelt (*od* mankeert) (er) je?
Fehler m fout; (*Charakter*⚤) (het) gebrek; ⚤**frei** foutloos; (*zonder* gebreken); ⚤**haft** verkeerd, fout; ⚤**los** *s. fehlerfrei*.
Fehl|geburt f miskraam; ~**griff** m misgreep; ~**planung** f verkeerde planning.
Fehlschlag m mislukking, misser; *Sp* misslag; ⚤**en** (*sn*) mislukken.
Fehl|start m valse start; ~**tritt** m misstap.
Feier f (-; -n) (het) feest; (*öffentlich*) plechtigheid; (*das Feiern*) viering; ~**abend** m (het) einde van de werktijd, rust (na het werk); ~ *machen* ophouden met werken; ⚤**lich** plechtig, feestelijk; ⚤n vieren; *j-n bsd* huldigen; ~**tag** m feestdag.
Feige f vijg; ~**n-blatt** n (het) vijgeblad.
feig|e laf; ⚤**heit** f lafheid; ⚤**ling** m (-s; -e) lafaard.
Feile f vijl; ⚤n vijlen; ~ *an* (D) *bsd fig* bijvijlen.
feilschen (*um A*) marchanderen (om), afpingelen (op).
fein fijn (*a. fig*); (*prima a.*) leuk; (*vornehm*) voornaam.
Feind(in f) m (-es; -e) vijand(in f); ⚤**lich** vijandig; *mil* vijandelijk; ~**schaft** f vijandschap; ⚤**selig** vijandig; ~**seligkeit** f vijandigheid; ~**en** pl vijandelijkheden pl.
fein|fühlig fijngevoelig, kies; ⚤**gefühl** n fijngevoeligheid; ⚤**heit** f fijnheid; (het) detail; ⚤**kosthandlung** f delicatessenzaak; ⚤**schmecker** m fijnproever, lekkerbek; ⚤**schnitt** m shag.
Feld n (-es; -er) (het) veld; *Radsport:* (het) peloton; *fig (Bereich bsd)* (het) gebied; *auf freiem* ~ in het open veld.
Feld|- *in Zssgn mst* veld-, *z.B.* ~**arbeit** f veldarbeid; ~**bett** n (het) veldbed; ~**herr** m veldheer; ~**marschall** m veldmaarschalk; ~**salat** m veldsla; ~**stecher** m veldkijker; ~**webel** m sergeant-majoor; ~**weg** m veldweg; ~**zug** m veldtocht.
Felge f velg.
Fell n (-*es*; -*e*) (het) vel, huid.
Fels m (-en) rots (*a. fig*); ~**en** m rots; ⚤**en-fest** rotsvast; ⚤**ig** rotsachtig.
femini|n vrouwelijk (*a. Gr*); (*weibisch*) verwijfd; ⚤**stin** f feministe.
Fenchel m venkel.
Fenn n (-*es*; -*e*) (het) veen(land).
Fenster n (het) venster, (het) raam; ~**bank** f (-; ~*e*), ~**brett** n vensterbank; ~**leder** n zeemlap; ~**platz** m plaats aan het raam; ~**scheibe** f ruit.
Ferien pl vakantie; *in die* ~ *fahren* met vakantie gaan.
Ferien|- *in Zssgn mst* vakantie-, *z.B.* ~**arbeit** f (het) vakantiewerk; ~**aufenthalt** m (het) vakantieverblijf; ~**dorf** n (het) bungalowpark; ~**gast** m vakantieganger; ~**haus** n (het) vakantiehuis(je); ~**heim** n (het) vakantietehuis; ~**kurs** m vakantiecursus; ~**ort** m vakantieplaats, (het) vakantieoord; ~**wohnung** f vakantieflat; (*Haus*) (het) vakantiehuis(je).
Ferkel n big; F *Pers:* viezerik.
fern ver; ~**bedienung** f afstandsbediening; ~**bleiben** (D) wegblijven (van); ⚤**e** f verte; *aus der* ~ (van)uit de verte, van ver(re); *in der* ~ in de verte; ~**er** verder, voorts; ⚤**fahrer** m chauffeur voor lange afstanden; ⚤**gespräch** n (het) interlokaal telefoongesprek; ⚤**glas** n verrekijker; ⚤**halten** op een afstand houden; *sich* ~ (*von D*) zich afzijdig houden (van); ⚤**heizung** f stadsverwarming; ⚤**laster** m F, ⚤**lastwagen** m vrachtwagen voor lange af-

Fernlicht 374

standen, truck; 2licht *n Auto:* (het) groot licht; ~liegen (*D*): **es liegt mir fern** het is verre van mij (om te); 2meldewesen *n* telecommunicatie; 2ost *m* (het) Verre Oosten; 2rohr *n* verrekijker; 2schnellzug *m* exprestrein.

Fernschreib|en *n* telex, (het) telexbericht; ~er *m* telex.

Fernseh|- *in Zssgn mst* televisie-, *z.B.* ~ansager(in *f*) *m* televisie-omroeper *m*, televisie-omroepster *f*; ~apparat *m* (het) televisietoestel; 2en televisie kijken; ~en *n* televisie (T.V.); ~er *m* televisie, T.V.; ~schirm *m* (het) televisiescherm; ~sendung *f* televisie-uitzending; ~zuschauer *m* televisiekijker.

Fernsprech|amt *n* telefooncentrale; ~apparat, ~er *m* telefoon; (het) telefoontoestel; ~gebühr *f* (het) telefoontarief; ~zelle *f* telefooncel.

Fern|steuerung *f* afstandsbesturing; ~straße *f* grote (verkeers)weg, rijksweg; ~studium *n* studie via schriftelijk onderwijs; ~verkehr *m* (het) lange-afstandsverkeer; *Tel* (het) interlokaal telefoonverkeer.

Ferse *f* hiel, hak.

fertig klaar, gereed; (*erschöpft*) (dood)op; **~ werden mit** (*D*) *etw* klaarkrijgen; *Schmerz, Niederlage* te boven komen; ~bringen klaarkrijgen, klaarspelen; *fig* over zijn hart krijgen; ~en maken, vervaardigen; 2gericht *n* (het) kant-en-klaar-menu; 2haus *n* (het) geprefabriceerd huis; 2keit *f* vaardigheid; (*Geschicklichkeit bsd*) handigheid; ~machen *j-n fig* kraken, op zijn nummer zetten; *physisch* afmaken; (*sich*) (zich) klaarmaken; 2produkt *n* (het) afgewerkt produkt, (het) eindprodukt; ~stellen voltooien; 2ung *f* vervaardiging; 2ungs-straße *f* produktielijn; 2ware *f* (het) afgewerkt produkt.

Fessel *f* (-; -*n*) (*a. fig*) boei, keten.

fesseln boeien (*a. fig*), ketenen; ~d boeiend.

fest vast (*a. Freundschaft etc.*); (*stabil, kräftig bsd*) stevig.

Fest *n* (-*es*; -*e*) (het) feest; *frohes ~!* prettige feestdagen!

festbinden vastbinden.

Fest-essen *n* (het) feestmaal.

fest|fahren: **festgefahren sein, sich festgefahren haben** vastzitten; 2geld *n* (het) vast geld; ~halten, (*sich*) ~ (*an D*) (zich) vasthouden (aan).

festig|en verstevigen; 2keit *f* vastheid; (*Stabilität*) stevigheid.

Festival *n* (-*s*; -*s*) (het) festival.

Fest|land *n* (het) vasteland; 2legen (*sich*) (zich) vastleggen (*a. fig*).

festlich feestelijk; 2keit *f* feestelijkheid.

fest|machen vastmaken; *Schiff:* (af)meren; 2nahme *f* arrestatie; ~nehmen arresteren; 2platte *f* *EDV* harde schijf.

Fest|platz *m* (het) feestterrein; ~preis *m* vaste prijs; ~rede *f* feestrede.

fest|schnallen (*sich*) (zich) vastgespen; ~schrauben vastschroeven; ~setzen vaststellen, bepalen; (*einsperren*) gevangenzetten; 2spiele *n/pl* (het) festival; ~stehen vaststaan; ~stellen vaststellen, constateren; 2stellung *f* vaststelling, constatering; 2tag *m* feestdag.

Festung *f* vesting.

festverzinslich vastrentend.

Festzug *m* (feestelijke) optocht.

fett vet (*a. fig*), dik.

Fett *n* (-*es*; -*e*) (het) vet.

Fett|- *in Zssgn mst* vet-, *z.B.* 2arm vetarm; ~fleck *m* vetvlek; 2ig vettig; ~polster *n* (het) vetkussentje.

Fetzen *m* vod (*a. fig*), lap; *pl* flarden *pl*; (*Papier* 2) snippers *pl*.

feucht vochtig; 2biotop *m od n* vochtige biotoop; 2ig-keit *f* vochtigheid; ~kalt kil, vochtig en koud.

feudal feodaal; *fig* F deftig, chic; 2ismus *m* (-; 0) feodalisme.

Feuer *n* (het) vuur; (*Brand*) brand; ~fangen vlam in vuur en vlam raken; ~alarm *m* (het) brandalarm; ~bestattung *f* crematie; ~fest vuurvast; ~gefährlich licht ontvlambaar; ~leiter *f* brandladder; ~löscher *m* brandblusser; ~melder *m* brandmelder; 2n stoken; *mil* vuren; F *fig* ontslaan; ~rot vuurrood; ~schiff *n* (het) lichtschip; ~stein *m* vuursteen; ~versicherung *f* brandverzekering; ~waffe *f* (het) vuurwapen; ~wehr *f* brandweer; ~wehrmann *m* (-*es*; ~er *od* Feuerwehrleute) brandweerman; ~werk *n* (het) vuurwerk; ~zeug *n* aansteker.

feurig vurig.

Fiasko *n* (-*s*; -*s*) (het) fiasco.

Fichte *f* spar; ~n-holz *n* (het) vurehout.

ficken V naaien, neuken.

fidel fideel, vrolijk.
Fieber *n* koorts; **≗haft** koortsig; *fig* koortsachtig; **≗senkend** koortswerend; **~thermometer** *n* koortsthermometer.
fiebrig = **fieberhaft**.
Figur *f* figuur.
Filet *n* (-*s*; -*s*) filet (*a.* het); *kul a.* haas; **~(beef)steak** *n* biefstuk van de haas.
filetiert gefileerd.
Filial|e *f* (het) filiaal; **~leiter** *m* filiaalhouder, bedrijfsleider.
Film *m* (-*es*; -*e*) film.
Film|- *in Zssgn mst* film-; **≗en** filmen; **~festspiele** *n/pl* (het) filmfestival; **~kamera** *f* filmcamera; **~rolle** *f* film(rol); (*Gestalt*) filmrol; **~schauspieler(in** *f*) *m* filmacteur *m*, filmactrice *f*; **~star** *m* filmster; **~vorführung** *f* filmvoorstelling.
Filter *m* filter; **~kaffee** *m* filterkoffie; **≗n** filteren; **~zigarette** *f* filtersigaret.
filtrieren (-) filteren, filtreren.
Filz *m* (-*es*; -*e*) (het) vilt; **≗en** (-*t*) F *j-n* fouilleren; **~okratie** *f* kongsi in de politiek; **~schreiber** *m* viltstift.
Fimmel *m* F manie, tik.
Finale *n* (-*s*; -*s*) finale.
Finanz|amt *n* (het) belastingkantoor; **~beamte(r)** belastingambtenaar; **~en** *pl* financiën *pl*; **≗iell** financieel; **≗ieren** (-) financieren; **~lage** *f* financiële toestand; **~minister** *m* minister van financiën; **~wesen** *n* financiën *pl*, (het) geldwezen.
Findelkind *n* vondeling(e *f*).
find|en* vinden; *sich* **~** tot bezinning komen; (*Freunde werden*) elkaar vinden; *S.*: te vinden zijn; (terug)gevonden worden; **≗er(in** *f*) *m* vinder *m*, vindster *f*; **≗er-lohn** *m* (het) vindloon.
findig schrander, vindingrijk.
Finger *m* vinger; *kleiner* **~** pink; **~abdruck** *m* vingerafdruk; **~fertigkeit** *f* vingervlugheid; **~hut** *m* vingerhoed; **~nagel** *m* (vinger)nagel.
Fingerspitze *f* vingertop; **~n-gefühl** *n* fijngevoeligheid.
fingiert gefingeerd.
Fink *m* (-*en*) vink.
Finn|e *m* Fin; **~in** *f* Finse; **≗isch** Fins.
finster duister (*a. fig*), donker; *fig a.* obscuur; (*drohend bsd*) dreigend; (*verdrossen*) somber; **≗nis** *f* (-; -*se*) duisternis, (het) donker; *Astr* verduistering.
Firma *f* (-; *Firmen*) firma.
Firmament *n* (-*es*; -*e*) (het) firmament, (het) uitspansel.
Firmenzeichen *n* (het) handelsmerk.
Firn *m* (-*es*; -*e*) firn(sneeuw).
Firnis *m* (-*ses*; -*se*) vernis (*a.* het) (*a. fig*).
First *m* (-*es*; -*e*) nok.
Fisch *m* (-*es*; -*e*) vis.
Fisch|- *in Zssgn mst* vis-, *z.B.* **~besteck** *n* (het) viscouvert; **≗en** vissen.
Fischer *m* visser; **~boot** *n* vissersschuit; **~dorf** *n* (het) vissersdorp.
Fischerei *f* visserij; **~hafen** *m* vissershaven.
Fisch|fang *m* visvangst; **~gericht** *n* (het) visgerecht; **~geschäft** *n* viswinkel; **~händler** *m* vishandelaar; **~markt** *m* vismarkt; **≗reich** visrijk; **~stäbchen** *n* visstick; **~suppe** *f* vissoep; **~zucht** *f* visteelt; **~zug** *m* (vis)vangst.
fisk|alisch fiscaal; **≗us** *m* (-; *0*) fiscus.
Fistel *f* (-; -*n*) fistel.
Fitneßcenter *n* (het) fitnesscentrum; **~raum** *m* fitnessruimte.
fix vast; (*flink*) flink, fiks; **~** *und fertig* kant-en-klaar; F (*erschöpft*) doodop, bekaf; **~en** (-*t*) F (drugs) spuiten; **≗er** *m* (drug)spuiter; **~ieren** (-) fixeren.
FKK|-Camp *n* (het) nudistenkamp; **~Strand** *m* (het) naaktstrand; **~Urlaub** *m* nudistenvakantie.
flach vlak, plat; (*seicht*) ondiep; (*oberflächlich*) oppervlakkig; **≗bau** *m* laagbouw.
Fläche *f* (het) vlak (*a.* Math); (*Ebene*) vlakte; (*Größe*) oppervlakte.
Flachland *n* (het) laagland, vlakte.
Flachs *m* (-*es*; *0*) (het) vlas.
flackern flakkeren, flikkeren.
Fladen *m* (platte) koek; (*Kuh*≗) vlade, koeiedrek; **~brot** *n* (het) plat rond brood.
Flagge *f* vlag; **≗n** vlaggen.
Flak(artillerie *f*) *f* (-; -[*s*]) luchtdoelartillerie.
flambieren (-) flamberen.
Flam|e *m* (-*n*) Vlaming; **~in** *f* Vlaamse.
Fläm|in *f* Vlaamse; **≗isch** Vlaams.
Flamme *f* vlam; **≗n** vlammen.
Flammen|meer *n* vlammenzee; **~werfer** *m* vlammenwerper.
Flandern *n* Vlaanderen *n*.
Flanell *m* (-*s*; -*e*) (het) flanel.

flanieren (-; *a. sn*) flaneren.
Flank|e *f* flank (*a. mil*); *Sp* (*Paß*) zijdelingse voorzet; **2ieren** (-) flankeren.
Flasche *f* fles; *Tech* katrol; F *Pers*: knoeier; **~n·bier** *n* (het) flessebier; **~n·hals** *m* flessehals (*a. fig*); **~n·öffner** *m* flesopener; **~n·pfand** *n* (het) statiegeld; **~n·zug** *m* katrol.
flatter|haft wispelturig; **~n** fladderen; (*bewegt werden mst*) wapperen.
flau *fig a.* zwak, mat.
Flaum *m* (-es; 0) (het) dons.
Flaute *f* windstilte; *Hdl* slapte.
Flechte *f* (*Zopf*) vlecht; *Med* huiduitslag; *Bot* (het) korstmos.
flechten* vlechten.
Fleck *m* (-es; -e) vlek (*a. fig*); (*Stelle*) plek, plaats; **2en·los** vlekkeloos (*a. fig*); **~(en)entferner** *m* (het) ontvlekkingsmiddel; **~en·wasser** *n* (het) vlekkenwater; **2ig** gevlekt; (*schmutzig*) morsig.
Fledermaus *f* vleermuis.
Flegel *m* vlegel; **~ei** *f* vlegelachtigheid; **2haft** vlegelachtig, lomp; **~jahre** *n/pl* vlegeljaren *n/pl*.
flehen smeken; **~t·lich** smekend.
Fleisch *n* (-es; 0) (het) vlees.
Fleisch|- *in Zssgn mst* vlees-, *z.B.* **~brühe** *f* (het) vleesnat, bouillon; **~er** *m* slager; **~erei** *f* slagerij; (*Farben*) **farbe** vleeskleurig; **2fressend** vleesetend; **2ig** vlezig; **~klößchen** *n* (het) vleesballetje; **2los** vleesloos, zonder vlees; **~salat** *m* vleessla; **~waren** *f/pl* vleeswaren *pl*; **~wolf** *m* vleesmolen; **~wunde** *f* vleeswond(e); **~wurst** *f* vleesworst.
Fleiß *m* (-es; 0) vlijt, ijver; **2ig** vlijtig, ijverig.
flennen F grienen.
fletschen *Zähne* laten zien.
flexibel flexibel.
flick|en verstellen, lappen; *Strumpf* stoppen; *Reifen* plakken; **2en** *m* (het) stuk, lap; **2werk** *n fig* (het) lapwerk.
Flieder *m* vlier, sering.
Fliege *f* vlieg; (*Querbinder*) (het) vlinderdasje.
fliegen* (*sn*) vliegen; **~d** vliegend.
Fliegen|fänger *m* vliegenvanger; **~gewicht** *n* (het) vlieggewicht; **~klappe** *f* vliegemepper.
Flieger *m* vlieger, vliegenier; **~alarm** *m* (het) luchtalarm; **~in** *f* vliegenierster.

flieh|en* *v/i* (*sn*) *u. v/t* vluchten; *v/t a.* ontvluchten; **2kraft** *f* middelpuntvliedende kracht.
Fliese *f* tegel.
Fließ|band *n* lopende band; **2en*** (*sn*) vloeien, stromen; **2end** stromend; *fig* vloeiend.
flimmern flikkeren, glinsteren.
flink vlug, behendig, rap.
Flinte *f* (het) geweer.
Flipper *m* flipperkast; **2n** flipperen.
Flirt *m* (-es; -s) flirt; **2en** flirten.
Flittchen *n* snol.
Flitter|gold *n* (het) klatergoud; **~wochen** *f/pl* wittebroodsweken *pl*.
flitze|n (-*t*; *sn*) flitsen; **2r** *m* snelle auto.
Flock|e *f* vlok; **2ig** vlokkig.
Floh *m* (-es; ~e) vlo; **~markt** *m* vlooienmarkt.
Flora *f* (-; *Floren*) flora.
Florenz *n* Florence *n*.
Florett *n* (-*es*; -e) floret (*a.* het).
florieren (-) floreren, bloeien.
Florin *m* (-s; -*e od* -s) florijn, gulden.
Floskel *f* (-; -n) frase.
Floß *n* (-es; ~e) (het) vlot.
Flosse *f* vin; P (*Hand*) poot.
Flöte *f* fluit; **2n** fluiten, op de fluit spelen.
flott vlot (*a. mar u. fig*).
Flotte *f* vloot.
flottmachen vlot krijgen (*a. fig*).
Flöz *n* (-es; -e) laag, bedding.
Fluch *m* (-es; ~e) vloek; **2en** vloeken.
Flucht *f* vlucht; *die ~ ergreifen* op de vlucht slaan; **2artig** overhaast.
flüchten *v/i* (*sn*) *u. sich ~* vluchten.
flüchtig vluchtig (*a. Chem u. fig*); (*vergänglich bsd*) vergankelijk; (*auf der Flucht*) voortvluchtig.
Flüchtling *m* (-*s*; -*e*) vluchteling(*e f*) *m*; **~s·lager** *n* (het) vluchtelingenkamp.
Flug *m* (-es; ~e) vlucht; (*Schwarm*) zwerm; **~abwehr** *f* luchtafweer; **~blatt** *n* (het) vlugschrift, (het) pamflet (*Werbe* **2**) (het) strooibiljet; **~boot** *n* vliegboot.
Flügel *m* vleugel (*a. Mus*); **~mutter** *f* vleugelmoer; **~stürmer** *m* *Sp* vleugelspeler; **~tür** *f* vleugeldeur.
Fluggast *m* passagier.
flügge in staat om te vliegen; *fig* zelfstandig.
Flug|gesellschaft *f* luchtvaartmaatschappij; **~hafen** *m* luchthaven; **~kapi-**

tän *m* gezagvoerder; **~karte** *f* (het) vliegbiljet, (het) ticket; **~körper** *m* (het) vliegend voorwerp; **~linie** *f* lucht-(vaart)lijn; **~lotse** *m* (lucht)verkeersleider; **~lotsen·streik** *m* staking van de verkeersleiders; **~plan** *m* vliegdienstregeling; **~platz** *m* (het) vliegveld; **~reise** *f* vliegreis.

flugs fluks, gauw.

Flug|schein *m* (het) vliegticket; **~schreiber** *m* zwarte doos; **~schrift** *f* (het) vlugschrift; **~sicherung** *f* luchtverkeersbeveiliging; **~steig** *m* (aankomst)pier; **~strecke** *f* (het) vliegtraject; **~ticket** *n* (het) vliegticket; **~verkehr** *m* (het) luchtverkeer; **~wesen** *n* (het) vliegwezen.

Flugzeug *n* (het) vliegtuig, (het) toestel; **~absturz** *m* (het) vliegtuigongeluk; **~entführer** *m* (het) vliegtuigkaper; **~entführung** *f* vliegtuigkaping; **~führer** *m* piloot; **~träger** *m* (het) vliegdekschip.

Flunder *f* (-; -) bot.

flunkern opscheppen.

Fluor *n* (-s; 0) (het) fluor.

Flur *m* (-*es*; -e) gang, hal; **~bereinigung** *f* ruilverkaveling.

Fluß *m* (-sses; -sse) rivier, stroom; (*Rede* 2) stroom, vloed; **2abwärts** stroomafwaarts; **2aufwärts** stroomopwaarts; **~bett** *n* (het) rivierbed, (rivier)bedding.

flüssig vloeibaar; *fig* vloeiend; **~es Geld** liquide middelen *n*/*pl*; **2keit** *f* vloeistof, (het) vocht; (*Zustand*) vloeibaarheid.

Fluß|lauf *m* loop van een rivier; **~pferd** *n* (het) nijlpaard.

flüstern fluisteren.

Flut *f* vloed, (het) hoog tij; *fig a.* stroom; (*Wassermasse*) golf; **2en** *v/t* laten vollopen; *v/i* (*sn*) golven, stromen (*a. fig*); **~licht** *n* (het) floodlight; **~welle** *f* vloedgolf (*a. fig*).

Fockmast *m* fokkemast.

Föderalis|mus *m* (-; 0) (het) federalisme; **2tisch** federalistisch.

Föderation *f* federatie.

Fohlen *n* (het) veulen.

Föhn *m* (-*es*; -e) föhn.

Föhre *f* grove den, pijnboom.

Folge *f* (het) gevolg; (*Fortsetzung*) (het) vervolg; (*Reihe*) reeks; (*Aufeinanderfolge*) volgorde; **zur ~ haben** tot gevolg hebben; **2n** (*sn*) (*D*) volgen (*a. fig*); **wie folgt** als volgt; **2n·dermaßen** als volgt, aldus; **2n·schwer** met ernstige gevolgen; (*katastrophal*) noodlottig.

folgerichtig logisch, consequent; **2keit** *f* logica, consequentie.

folger|n (*aus D*) afleiden (uit), concluderen (uit); **2ung** *f* gevolgtrekking, conclusie.

folglich zodoende, bijgevolg.

folgsam volgzaam, gedwee.

Folie *f* folie.

Folk *m* (-s; 0) *Mus* folk.

Folklore *f* folklore; **~abend** *m* folkloristische avond.

Folkmusik *f* folkmuziek.

Folter *f* (-; -*n*) foltering, marteling; **2n** folteren, martelen.

Fond *m* (-s; -s) *Auto*: achterbank.

Fonds *m* (-; -) (het) fonds.

fönen föhnen.

Fontäne *f* fontein.

foppen foppen.

forcieren (-) forceren.

Förder|band *n* transportband; **~er** *m* bevorderaar, begunstiger, beschermer; **2lich** bevorderlijk, nuttig.

fordern eisen, vorderen; *Preis* vragen.

fördern bevorderen; *j-n* steunen, vooruithelpen; *Bgb* winnen, delven.

Forderung *f* eis; *Hdl* vordering.

Förderung *f* bevordering, begunstiging, steun; *Bgb* produktie, winning.

Forelle *f* forel.

Form *f* vorm; **2al** formeel; **~alität** *f* formaliteit; **~at** *n* (-*es*; -e) (het) formaat; **~blatt** *n* (het) formulier, (het) model.

Formel *f* (-; -*n*) formule.

formell formeel.

formen vormen; **2lehre** *f* vormleer.

Formfehler *m* fout tegen de vorm.

formieren (-) (**sich**) (zich) formeren.

förmlich formeel, vormelijk; (*buchstäblich*) letterlijk; (*geradezu*) gewoonweg; **2keit(en** *pl*) plichtpleging(en *pl*).

form|los vormloos; (*ungezwungen*) ongedwongen; **2sache** *f* vormkwestie.

Formul|ar *n* (-s; -e) (het) formulier; **2ieren** (-) formuleren.

forsch fors, krachtig; (*energisch*) kordaat, energiek.

forsch|en onderzoeken; **~ nach** (*D*) onderzoek doen naar; **2er(in** *f*) *m* onderzoeker *m*, onderzoekster *f*; **2ung** *f* (het) onderzoek, research, navorsing.

Forschungs|auftrag *m* onderzoeksop-

Forschungsgebiet 378

dracht; **~gebiet** n (het) onderzoeksgebied; **~zentrum** n (het) onderzoekscentrum.
Forst m (-es; -e[n]) (het) woud, (het) bos.
Förster m boswachter.
Forstverwaltung f (het) bosbeheer.
fort (*weiter*) voort, verder, door; (*weg*) weg; **in e-m ~** aan één stuk door.
Fort n (-s; -s) (het) fort.
fort|- *in Zssgn*: *weiter mst* voort-, door-; *weg mst* weg-; **2bestand** m (het) voortbestaan; **~bestehen** voortbestaan.
fortbeweg|en: *sich ~* zich voortbewegen; **2ung** f voortbeweging.
fortbild|en: *sich ~* zich verder ontwikkelen; **2ung** f verdere ontwikkeling; (*beruflich*) her- en bijscholing.
Fortdauer f duur, (het) voortduren; **2n** voortduren, aanhouden.
fort|fahren v/i (sn) wegrijden, vertrekken; (*weitermachen*) door-, voortgaan; **~führen** (*fortsetzen*) voortzetten; **~gehen** weggaan; **~geschritten** gevorderd; **~laufend** doorlopend.
fortpflanz|en (*sich*) (zich) voortplanten; **2ung** f voortplanting.
fort|reißen meesleuren, meeslepen (*a. fig*); **~schaffen** wegbrengen; **~schreiten** vorderen, voortschrijden; (*zunehmen*) toenemen.
Fortschritt m vooruitgang; **~e** pl vorderingen pl; **2lich** vooruitstrevend.
fortsetz|en vervolgen, voortzetten; **2ung** f voortzetting; (*Abschnitt*) (het) vervolg; **~ folgt** wordt vervolgd.
fortwährend voortdurend.
fortziehen v/i (sn) u. v/t wegtrekken.
Fossil n (-s; -ien) (het) fossiel.
Foto n (-s; -s) foto, F (het) kiekje.
Foto|- *in Zssgn mst* foto-, *z.B.* **~apparat** m (het) fototoestel; **2gen** fotogeniek; **~geschäft** n fotozaak.
Fotograf m (-en) fotograaf; **~ie** f fotografie; foto; **2ieren** (-) fotograferen; **~in** f fotografe; **2isch** fotografisch.
Fotokopie f fotokopie; **2ren** (-) fotokopiëren.
Foul n (-s; -s) overtreding.
Fracht f vracht.
Fracht|- *in Zssgn mst* vracht-, *z.B.* **~brief** m vrachtbrief; **~er** m (het) vrachtschip; **~kosten** pl vrachtkosten pl; **~schiff** n (het) vrachtschip; **~stück** n (het) vrachtstuk, (het) collo.

Frack m (-es; -s *od* ⁓e) (heren)rok.
Frage f vraag; (*Problem*) kwestie, (het) vraagstuk; **ohne ~** ongetwijfeld; **in ~ stellen** in twijfel trekken; **~bogen** m vragenlijst; **2n** (*nach D*) vragen (naar); *sich ~* zich afvragen; *es fragt sich* het is de vraag; *etw ist sehr gefragt* er is veel vraag naar iets; **~zeichen** n (het) vraagteken.
frag|lich twijfelachtig; (*erwähnt*) bedoeld, bewust, in kwestie; **~los** ongetwijfeld.
Fragment n (-es; -e) (het) fragment.
fragwürdig twijfelachtig.
Fraktion f fractie.
Fraktions|disziplin f discipline binnen de fractie; **2los** niet bij een fractie aangesloten; **~vorsitzende(r)** fractievoorzitter; **~zwang** m fractiedwang.
Franc m (-; -s), **Franken** m frank.
frankier|en (-) frankeren; **2maschine** f frankeermachine.
Frankreich n Frankrijk n.
Fransen f/pl franjes pl.
Fran|zose m (-n) Fransman; **~zösin** f Française, Franse; **2zösisch** Frans.
Fräse f frees; **2n** (-t) frezen.
Fraß m (-es; 0) (het) voer (*a.* P).
Fratze f tronie; grimas; (*Posse*) frats.
Frau f vrouw (*a. Ehe*2); **~ X.** Mevrouw X. (*Abk* Mevr. X.).
Frauen|- *in Zssgn mst* vrouwen-, *z.B.* **~arzt** m vrouwenarts; **~bewegung** f vrouwenbeweging; **~rechtlerin** f feministe.
Fräulein n juffrouw (*a. Anrede*); *Brief:* Mejuffrouw (*Abk* Mej.).
frech brutaal, onbeschaamd; (*keck*) deugend, vlot; **2heit** f brutaliteit, onbeschaamdheid.
Fregatte f (het) fregat.
frei vrij; (*kostenlos a.*) gratis; *Post:* franco; *Arbeitsstelle:* vacant; **2bad** n (het) openluchtzwembad; **~bekommen** vrij krijgen (*a. Urlaub*); **~berufler** m uitoefenaar van een vrij beroep; **~beruflich** free-lance; **~ tätig sein** een vrij beroep uitoefenen; **2e(s)**: *ins Freie* naar buiten; *im Freien* in de open lucht, buiten; **2fahrschein** m (het) vrijbiljet; **2gabe** f vrijgeven; (*Freilassung*) vrijlating; **~geben** vrijgeven (*a. Urlaub*); **~gebig** vrijgevig, gul, goedgeefs; **2gepäck** n vrachtvrije bagage;

~haben vrij(af) hebben; **Ωhafen** m vrijhaven.
Freihandel m vrijhandel; **~s·zone** f vrijhandelszone.
Freiheit f vrijheid; **Ωlich** vrijheidlievend; vrij; **~s·kampf** m vrijheidsstrijd; **~s·strafe** f vrijheidsstraf.
frei|heraus vrij-, ronduit; **Ωkarte** f vrijkaart, vrijbiljet; **Ωkörperkultur** f (het) nudisme; **Ωland·ei** n (het) scharrelei.
freilass|en vrijlaten, in vrijheid stellen; **Ωung** f vrijlating.
Frei|lauf m vrijloop; **Ωlegen** blootleggen (a. fig); **Ωlich** (einräumend) weliswaar, echter; (bejahend) wel zeker.
Freilicht|bühne f (het) openluchttheater; **~museum** n (het) openluchtmuseum.
freimachen Brief frankeren; **sich ~** (ausziehen) zich uitkleden.
Frei|maurer m vrijmetselaar; **Ωmütig** vrijmoedig; **Ωsprechen** vrijspreken; **~spruch** m vrijspraak; **~staat** m vrijstaat; **Ωstehen** vrijstaan (a. Haus); **Ωstellen:** j-m etw **~** iets aan iem overlaten; **~stoß** m Sp vrije trap.
Freitag m vrijdag; **am ~, Ωs** vrijdags.
Frei|tod m zelfmoord; **~wild** m fig (het) vogelvrij wild.
freiwillig vrijwillig; **Ωe(r)** vrijwilliger m, vrijwilligster f.
Freizeit f vrije tijd; **~angebot** n recreatiemogelijkheden pl; **~beschäftigung, ~gestaltung** f vrijetijdsbesteding; **~kleidung** f vrijetijdskleding; **~streß** m door overgeorganiseerde vrije tijd veroorzaakte stress.
freizügig vrij om zich te vestigen; (großzügig) royaal; (gewagt) gedurfd.
fremd vreemd; **~artig** vreemd(soortig); **Ωe** f vreemde; **Ωe(r)** vreemdeling(e f).
Fremdenführer(in f) m (reis)gids (a. f).
Fremdenverkehr m (het) toerisme; **~s·amt, ~s·büro** n Vereniging voor Vreemdelingenverkeer (Abk V.V.V.); (in Belgien a.) Dienst voor Toerisme.
Fremdenzimmer n logeerkamer; hotelkamer.
Fremd|finanzierung f externe financiering; **Ωgehen** F vreemd gaan; **~kapital** n (het) vreemd kapitaal; **~körper** m (het) vreemd voorwerp; **~sprache** f vreemde taal; **Ωsprachig** vreemdtalig;

Ωsprachlich vreemdetalen-; (aus e-r Fremdsprache) vreemd; **~währung** f vreemde valuta; **~wort** n (-es; ~er) (het) vreemd woord.
Frequenz f frequentie (a. Phys).
Fresse f P bek, smoel.
fressen 1. * vreten (a. P); Tier: eten; **2.** ̸̵ n (het) vreten (a. P), (het) eten; (Futter) (het) voer.
Freude f vreugde, (het) plezier, blijdschap; j-m e-e **~ machen** een plezier doen; **vor ~** van plezier (od vreugde).
Freuden|haus n (het) bordeel; **~taumel** m vreugderoes.
freud|e·strahlend stralend van vreugde; **~ig** blij; **~los** vreugdeloos.
freuen verheugen, verblijden, plezier doen; **sich ~** (über/auf A) zich verheugen (over/op).
Freund(in f) m (-es; -e) vriend(in f).
freundlich vriendelijk (**zu** j-m voor); **Ωkeit** f vriendelijkheid.
Freundschaft f vriendschap; **Ωlich** vriendschappelijk; **~s·vertrag** m (het) vriendschapsverdrag.
Frevel m overtreding; (Verbrechen) misdaad; **Ωhaft** verwerpelijk; misdadig.
Frieden m vrede; **laß mich in ~!** laat me met rust!
Friedens|bewegung f vredesbeweging; **~nobelpreis** m Nobelprijs voor de vrede; **~politik** f vredespolitiek; **~richter** m vrederechter; **~schluß** m (het) sluiten van de vrede; **~verhandlungen** f/pl vredesonderhandelingen pl; **~vertrag** m (het) vredesverdrag.
fried|fertig vreedzaam, vredelievend; **Ωhof** m (het) kerkhof; **~lich** vreedzaam.
frier|en* het koud hebben, kou lijden; (sn) bevriezen; **mich friert, ich friere** ik heb het koud; **es friert** het vriest.
Fries|e m (-n) Fries; **~in** f Friezin; **Ωisch** Fries; **~land** n Friesland n.
Frikadelle f s. **Bulette.**
Frikassee n (-s; -s) fricassee.
frisch (neu) vers; (kühl; munter) fris; (sauber) schoon; Adv pas; **Ωe** f versheid; frisheid.
Fris|eur m (-s; -e) kapper; **~eur·salon** m kapperszaak; **~euse** f kapster; **Ωieren** (-) kappen; **~ier·salon** m kapperszaak.
Frist f termijn; (Aufschub) (het) uitstel; **Ωen** Leben rekken; **Ωgemäß, Ωgerecht** binnen de gestelde termijn, op tijd;

fristlos 380

♀los: ~ **kündigen** op staande voet ontslaan.
Frisur *f* (het) kapsel.
frivol frivool.
froh blij, vrolijk; ~ **sein** (*über A*) blij zijn (over *od* om).
fröhlich vrolijk; ♀**keit** *f* vrolijkheid.
Frohsinn *m* blijmoedigheid.
fromm vroom, godvruchtig; (*zahm*) tam, gedwee.
Frömmigkeit *f* vroomheid.
frönen (*D*) botvieren; *Laster* zich overgeven aan.
Fronleichnam *m* Sacramentsdag.
Front *f* (het) front (*a. fig*); *Arch* voorgevel; ♀**al** frontaal; ~**antrieb** *m* voorwielaandrijving.
Frosch *m* (*-es;* ⁻e) kikker, kikvors; ~**mann** *m* kikvorsman; ~**schenkel** *m/pl* kikkerbilletjes *n/pl*.
Frost *m* (*-es;* ⁻e) vorst.
frösteln rillen, huiveren.
frostig koud; *fig* ijzig.
Frost|schutzmittel *n* (het) anti-vriesmiddel; ~**wetter** *n* (het) vriesweer.
Frott|ee *m od n* (*-s;* *-s*) badstof; ~**ee-tuch** *n* badhanddoek; ♀**ieren** (*-*) wrijven; ~**ier-tuch** *n* badhanddoek.
Frucht *f* (*-;* ⁻e) vrucht; *Biar* vruchtbaar; ~**barkeit** *f* vruchtbaarheid; ~**eis** *n* (het) vruchtenijs; ♀**los** vruchteloos; ~**saft** *m* (het) vruchtesap.
früh vroeg; *heute* ~ vanmorgen (vroeg); *morgen* ~ morgenochtend; ~ *am Morgen* vroeg in de morgen; ♀**aufsteher** *m* vroege opstaander; ♀**e** *f* vroegte; *in aller* ~ in alle vroegte; ~**er** vroeger; ~**estens** op zijn vroegst; ♀**geburt** *f* voortijdige bevalling; te vroeg geboren baby; ♀**jahr** *n* (het) voorjaar; ♀**ling** *m* (*-s;* *-e*) lente, (het) voorjaar; ♀**lings-rolle** *f* loempia; ~**morgens** vroeg in de morgen; ~**reif** vroegrijp.
Frühstück *n* (het) ontbijt; ♀**en** ontbijten; ~**s-büfett** *n* (het) ontbijtbuffet; ~**s-fernsehen** *n* ontbijttelevisie; ~**s-raum** *m* ontbijtzaal.
frühzeitig vroegtijdig.
Frust *m* (*-es;* *0*) frustratie(s *pl*).
frustrieren gefrustreerd.
Fuchs *m* (*-es;* ⁻e) vos (*a. fig*); *schlauer* ~ slimme vos; ♀**teufels-wild** woest.
fuchteln zwaaien.
Fuge *f* *Mus* fuga; *Tech*, *Arch* voeg, sponning; ♀**n** voegen, verbinden.
füg|en voegen, passen; *sich* ~ (*D*) zich schikken (naar); ~**sam** meegaand; ♀**ung** *f* *fig* (be)schikking.
fühl|bar voel-, tastbaar; ~**en** (*sich*) (zich) voelen; ♀**er** *m* voelhoorn (*a. fig*).
führ|en **1.** *v/t* leiden (*a. Leben, Geschäft etc.*); *Krieg, Gespräch, Namen, Prozeß, Politik, Wort* voeren; (*lenken*) besturen; *mil* aanvoeren; *im Museum:* rondleiden; *Artikel* verkopen; *mit sich* ~ bij zich hebben; **2.** *v/i* leiden; *Sp a.* de leiding hebben; *zu weit* ~ te ver voeren; ~**end** vooraanstaand, leidend.
Führer|(in *f*) *m* leider *m*, leidster *f*; (*Fremden*♀, *a. Buch*) gids (*a. f*); ~**schein** *m* (het) rijbewijs.
Fuhrpark *m* (het) wagenpark.
Führung *f* (*Leitung*) leiding; (*Rundgang*) rondleiding; (*Benehmen*) (het) gedrag; *in* ~ *liegen* de leiding hebben; ~**s-zeugnis** *n* (het) bewijs van goed gedrag.
Fuhr|unternehmen *n* transportonderneming; ~**werk** *n* kar.
Füll|e *f* overvloed, rijkdom; volheid; (*Menge*) massa; ♀**en** vullen; ~**(fe-der)halter** *m* vulpen; ~**ung** *f* vulling.
fummeln F friemelen, frunniken.
Fund *m* (*-es;* *-e*) vondst; (*Fundsache*) (het) gevonden voorwerp.
Fundament *n* (*-es;* *-e*) (het) fundament.
Fund|büro *n* (het) bureau voor gevonden voorwerpen; ~**grube** *f* *fig* goudmijn; ~**ort** *m* vindplaats; ~**sache** *f* (het) gevonden voorwerp.
fünf 1. *u.* **2.** ♀ *f* vijf; ~**eckig** vijfhoekig; ~**hundert** vijfhonderd; ♀**kampf** *m* *Sp* vijfkamp; ♀**sternehotel** *n* (het) vijfsterrenhotel; ~**te(r)** vijfde; ♀**tel** *n* (het) vijfde (deel); ~**zehn** vijftien; ~**zehnte(r)** vijftiende; ~**zig** vijftig; ~**zigste(r)** vijftigste.
Funk *m* (*-s;* *0*) (draadloze) omroep, radio; ~**amateur** *m* radioamateur; ~**e** *m* (*-n*) vonk; *fig a.* sprank; ♀**eln** fonkelen, schitteren, blinken; *Augen a.:* tintelen; ♀**el-nagelneu** (spik)splinternieuw; ♀**en 1.** seinen; **2.** ♀ *m* = *Funke*; ~**gerät** *n* (het) zend-ontvangapparaat; ~**haus** *n* (het) omroepgebouw; ~**spruch** *m* (het) radiotelegram; ~**streifenwagen** *m* surveillancewagen met mobilofoon; ~**taxi** *n* taxi met mobilofoon.

Funktion f functie; **~är** m (-s; -e) functionaris; **⸚ieren** (-) functioneren.
für 1. *Präp (A)* voor; *an und ~ sich* op zichzelf (beschouwd); **2.** ⸚ n: *das ~ und Wider* het voor en tegen.
Furche f voor, groef; *(Runzel)* rimpel.
Furcht f vrees; **⸚bar** ontzettend, vreselijk.
fürchten vrezen; *sich ~ (vor D)* bang zijn (voor).
fürchterlich verschrikkelijk, vreselijk.
furcht|erregend vreesaanjagend; **~los** onbevreesd; **~sam** bang(elijk), vreesachtig.
Fürsorg|e f zorg; *allg* (het) maatschappelijk werk; *soziale ~* sociale zorg; **~er(in** f) m maatschappelijk werker m (werkster f); **⸚lich** zorgzaam.
Fürsprache f voorspraak.
Fürst m (-en) vorst; **~en•tum** n (-s; ~er) (het) vorstendom; **~in** f vorstin; **⸚lich** vorstelijk *(a. fig).*
Furunkel m steenpuist.
Fürwort n (-es; ~er) (het) voornaamwoord.
Furz m (-es; ~e) P scheet, wind; **⸚en** (-t) P een scheet *(od* wind) laten.
Fusion f fusie; **⸚ieren** (-) fuseren.
Fuß m (-es; ~e) voet; *Tiere u. Möbel:* poot; *zu ~* te voet; *gut zu ~ sein* goed ter been; *auf freiem ~ jur* op vrije voeten.
Fußball m voetbal; *~ spielen* voetballen; **~er** m F voetballer; **~mannschaft** f voetbalploeg; **~platz** m (het) voetbalveld; **~spiel** n voetbalwedstrijd; **~spieler** m voetballer.
Fußboden m vloer; **~belag** m vloerbedekking.
Fußgänger m voetganger; **~ampel** f (het) voetgangerslicht; **~in** f voetgangster; **~überweg** m (het) zebrapad; **~zone** f voetgangerszone.
Fußgelenk n (het) voetgewricht, enkel.
Fuß|leiste f plint; **~marsch** m voettocht; **~matte** f voetmat; **~note** f voetnoot; **~pflege** f voetverzorging, pedicure; **~sohle** f voetzool; **~spitze** f top van de teen; **~stapfe** f voetstap; **~tritt** m *(Stoß)* schop, trap; **~volk** n (het) voetvolk *(a. fig);* **~wanderung** f voettocht; **~weg** m (het) voetpad.
Futter n (het) voe(de)r; *Kleid:* voering.
Futteral n (-s; -e) (het) foedraal.
Futtermittel n (het) voedermiddel.
futtern F bikken, smikkelen.
füttern voeren; **⸚ung** f (het) voeren; *Kleid:* voering.
Futur n (-s; -e) toekomende tijd.

G

G, g n (-; ~) G, g *(a. Mus).*
Gabe f gift; *(Begabung)* gave.
Gabel f(-; -n) vork; *Tel* haak; **⸚n:** *sich ~* zich splitsen, zich vertakken; **~stapler** m vorkheftruck; **~ung** f splitsing, vertakking.
gackern kakelen *(a. fig).*
gaff|en gapen; **⸚er** m gaper.
Gag m (-s; -s) gag.
Gage f gage.
gähnen geeuwen, gapen.
Gala f (-; *0)* (het) gala(kostuum); **~abend** m gala-avond.
galant galant, hoffelijk.
Galavorstellung f galavoorstelling.
Galeere f galei.
Galerie f galerij.
Galgen m galg; **~frist** f (het) uitstel van executie; **~humor** m galgehumor.
Galle f gal; **~n•steine** m/pl galstenen pl.
Gallone f gallon.
Galopp m (-s; -e *od* -s) galop; **⸚ieren** (-; *a. sn)* galopperen.
galvanisieren (-) galvaniseren.
gamm|eln rondhangen, lummelen; **⸚ler** m nozem, nietsnut.
gang: *~ und gäbe* algemeen gebruikelijk; *pej* schering en inslag.
Gang m (-es; ~e) gang; *Auto:* versnelling; *Sp* ronde; *in ~ bringen* **(kommen)** op gang brengen (komen); *im ~(e) sein* aan de gang zijn; **⸚bar** gangbaar.

gängeln

gängeln aan de leiband laten lopen.
Gangschaltung f schakeling.
Ganove m (-n) boef, schurk.
Gans f (-; ⁓e) gans.
Gänse|blümchen n (het) madeliefje; **⁓füßchen** n (het) aanhalingsteken; **⁓haut** f (het) kippevel; **⁓rich** m (-s; -e) gent, mannetjesgans.
ganz heel (a. Adv: sehr), (selten) geheel (unbeschädigt a.) gaaf; Adv (gänzlich) helemaal; ⁓ **nahe** vlak bij; **im (großen und) ⁓en** over 't geheel, in het algemeen; ⁓ **und gar** geheel en al; ⁓ **und gar nicht** helemaal niet; 2**e(s)** (het) geheel; **aufs Ganze gehen** alles op alles zetten.
gänzlich volkomen, totaal.
Ganztagsschule f school voor hele dagen.
gar Speise: gaar; Adv helemaal; (sogar) zelfs; ⁓ **nichts** helemaal niets.
Garage f garage.
Garantie f garantie; 2**ren** (-) garanderen; **⁓schein** m (het) garantiebewijs.
Garbe f garve, schoof.
Garde f garde (a. fig).
Garderobe f garderobe, vestiaire.
Garderoben|frau f vestiairejuffrouw; **⁓marke** f garderobepenning; **⁓ständer** m kapstok.
Gardine f gordijn (a. het); **⁓n·stange** f gordijnroede.
gären* gisten (a. fig).
Garn n (-es; -e) (het) garen; (het) net.
Garnele f garnaal.
garnieren (-) garneren.
Garnison f (het) garnizoen.
Garnitur f (het) garnituur; (Satz a.) (het) stel, set.
garstig naar; (ekelhaft a.) akelig.
Garten m (-s; ⁓) tuin.
Garten|- in Zssgn mst tuin-, z.B. **⁓bau** m tuinbouw; **⁓baubetrieb** m (het) tuinbouwbedrijf; **⁓erde** f tuinaarde; **⁓fest** n (het) tuinfeest; **⁓gerät** n (het) tuingereedschap; **⁓haus** n (het) tuinhuisje; **⁓laube** f (het) prieel; **⁓lokal** n (het) buitencafé, uitspanning; **⁓schlauch** m tuinslang; **⁓zaun** m tuinschutting; **⁓zwerg** m tuinkabouter.
Gärtner m tuinman, tuinier; **⁓ei** f (Betrieb) bloemisterij, tuinderij, kwekerij.
Gärung f gisting (a. fig).
Gas n (-es; -e) (het) gas; ⁓ **geben** gas geven.

382

Gas|- in Zssgn mst gas-, z.B. **⁓brenner** m gasbrander; **⁓flasche** f gasfles; **⁓hahn** m gaskraan; **⁓heizung** f gasverwarming; **⁓herd** m (het) gasfornuis; **⁓leitung** f gasleiding; **⁓maske** f (het) gasmasker; **⁓pedal** n (het) gaspedaal.
Gasse f steeg, (het) straatje.
Gast m (-es; ⁓e) gast; (zum Übernachten) logé(é f); **zahlender ⁓** betalend gast; **zu ⁓ sein (bei D)** te gast zijn (bij); **⁓arbeiter** m gastarbeider.
Gäste|buch n (het) gastenboek; **⁓haus** n (het) gastenverblijf; **⁓zimmer** n logeerkamer, (hotel)kamer.
gast|frei, ⁓freundlich gastvrij, gul; 2**freundschaft** f gastvrijheid; 2**geber(in** f) m gastheer, gastvrouw f; 2**haus** n, 2**hof** m (het) logement, (het) hotel, (Restaurant) (het) restaurant.
gastieren (-) Thea als gast optreden.
Gast|land n (het) gastland; 2**lich** gastvrij; **⁓rolle** f gastrol.
Gastronomie f gastronomie.
Gast|spiel n gastvoorstelling; **⁓stätte** f (het) restaurant, (het) eethuis; **⁓stätten-gewerbe** n (het) horecabedrijf; **⁓stube** f gelagkamer; **⁓wirt** m waard, kastelein; **⁓wirtschaft** f (het) café; (het) restaurant; **⁓zimmer** n (het) gelagkamer; (Fremdenzimmer) logeerkamer.
Gas|uhr f gasmeter; **⁓werk** n (het) gasbedrijf; **⁓zähler** m gasmeter.
Gatte m (-n) echtgenoot, man.
Gatter n (het) hek(werk).
Gattin f echtgenote, vrouw.
Gattung f soort (a. Biol); klasse; (Literatur 2) (het) genre.
GAU m (-[s]; 0) (grootst denkbare) kernramp.
Gaul m (-es; ⁓e) (het) paard, knol.
Gaumen m (het) gehemelte.
Gauner m schurk; (Betrüger) bedrieger, afzetter; **⁓ei** f schurkenstreek; **⁓sprache** f boeventaal.
Gaze f (het) gaas.
Gazelle f gazel.
Ge|bäck n (-es; -e) (het) gebak; (Plätzchen) koekjes n/pl; 2**backen** gebakken; **⁓bälk** n (-es; -e) (het) gebinte, (het) balkwerk, balken pl.
Gebärde f (het) gebaar; 2**n** (-): **sich ⁓** zich voordoen, zich gedragen.
Gebaren n (het) gedrag.

gedenken

gebär|en* (-) bevallen (van), baren; **♀mutter** *f* baarmoeder.
Ge|bäude *n* (het) gebouw; **~bein** *n* (het) gebeente; **~bell** *n* (-es; 0) (het) geblaf.
geben* geven; *es gibt sg* er is; *pl* er zijn; *was gibt es?* wat is er (aan de hand)?; *das gibt's (doch) nicht!* dat bestaat (toch) niet!, dat kan (toch) niet!; *viel (nichts) ~ auf* (A) veel (geen) waarde hechten aan; *etw von sich ~ (sagen)* zeggen; *sich ~ Pers*: zich gedragen; *Schmerzen, Fieber*: verdwijnen.
Geber(in *f*) *m* gever *m*, geefster *f*.
Gebet *n* (-es; -e) (het) gebed.
Gebiet *n* (-es; -e) (het) gebied (*a. fig*).
gebiet|en (-) gebieden; *geboten sein* geboden; **~erisch** gebiedend, bevelend.
Gebiets·anspruch *m* aanspraak op een gebied.
Gebilde *n* (het) geheel (het) complex; compositie.
gebildet ontwikkeld, beschaafd.
Gebinde *n* bundel, bos; krans.
Gebirg|e *n* (het) gebergte; **♀ig** bergachtig; **~s·kette** *f*, **~s·zug** *m* bergketen.
Gebiß *n* (-sses; -sse) (het) gebit; *künstliches ~* (het) kunstgebit.
Gebläse *f* (het) blaastoestel, blazer.
ge|blümt gebloemd; **~bogen** gebogen.
geboren geboren (*a. fig*); *~e ...* met meisjesnaam.
Geborgenheit *f* geborgenheid.
Gebot *n* (-es; -e) (het) gebod; (*Befehl bsd*) (het) bevel; (*Preis♀*) (het) bod.
Gebrauch *m* (het) gebruik; (*Sitte a.*) gewoonte; *im ~ sein* in gebruik zijn; *außer ~ kommen* in onbruik raken.
gebrauchen (-) gebruiken; *zu nichts zu ~* waardeloos.
gebräuchlich gebruikelijk.
Gebrauchs|anleitung, **~anweisung** *f* gebruiksaanwijzing; **♀fertig** gebruiksklaar; **~gegenstand** *m* (het) gebruiksvoorwerp.
gebraucht tweedehands; **♀wagen** *m* tweedehandsauto.
gebräunt gebruind.
Gebrech|en *n* (het) gebrek; **♀lich** gebrekkig.
Gebrüder *pl* gebroeders *pl*.
Gebrüll *n* (-es; 0) (het) gebrul.
Gebühr *f* (het) tarief; kosten *pl*; (*Verwaltungs♀*) leges *pl*; (*Grund♀*) (het) recht.
gebühren (-) (D) toekomen, passen; *sich ~* betamen, passen; **~d** passend.
Gebühren|einheit *f* gesprekseenheid; **~erhöhung** *f* tariefverhoging; **♀frei** gratis, kosteloos; **~ordnung** *f* vastgestelde tarieven *n/pl*; **♀pflichtig** tegen betaling, aan rechten onderworpen; **~e Verwarnung** bekeuring.
gebunden gebonden.
Geburt *f* geboorte.
Geburten|regelung *f* geboorteregeling; **~rückgang** *m* geboortedaling; **♀schwach** met een laag geboortecijfer; **♀stark** met een hoog geboortecijfer; **~ziffer** *f* (het) geboortecijfer.
gebürtig: *~ aus* (D) geboortig uit, afkomstig uit; *~er Berliner* Berlijner van geboorte.
Geburts|anzeige *f* geboorteaankondiging; (*amtlich*) geboorteaangifte; **~datum** *n* geboortedatum; **~helfer(in** *f*) *m* verloskundige (*a. f*); **~hilfe** *f* verloskunde; **~name** *m* meisjesnaam; **~ort** *m* geboorteplaats.
Geburtstag *m* verjaardag; (*der Geburt selbst*) geboortedag; *~ haben* jarig zijn.
Geburtstags|feier *f* (het) verjaardagsfeestje; **~kind** *n* jarige.
Geburts|urkunde *f* geboorteakte, (het) geboortebewijs; **~wehen** *f/pl* weeën *pl*.
Gebüsch *n* (-es; -e) (het) struikgewas, (het) kreupelhout.
Gedächtnis *n* (-ses; -se) (het) geheugen; (*Andenken*) nagedachtenis; **~feier** *f* herdenkingsplechtigheid; **~lücke** *f* lacune in de herinnering; **~schwund** *m* (het) geheugenverlies.
Gedanke *m* (-ns; -n) gedachte; (*Idee a.*) (het) denkbeeld; *auf den ~n verfallen* op de gedachte komen; *in ~n sein* in gedachten verzonken zijn; *sich ~n machen über* (A) zijn gedachten laten gaan over; (*sich beunruhigen*) ongerust zijn over; **~n·austausch** *m* gedachtenwisseling; **~n·gang** *m* gedachtengang; **♀n·los** gedachteloos, verstrooid; **~n·strich** *m* gedachtenstreep; **~n·übertragung** *f* gedachtenoverbrenging; **♀n·voll** in gedachten verzonken, peinzend.
Gedärm *n* (-es; -e) darmen *pl*, ingewanden *pl*.
Gedeck *n* (-es; -e) (het) couvert; (*Mahlzeit*) (het) menu.
gedeihen* (-; *sn*) gedijen (*a. fig*).
gedenk|en 1. (-) (G) herdenken; (*beab-*

Gedenken

sichtigen) denken, van plan zijn; **2.** ♀ *n* gedachtenis; ♀**feier** *f* herdenkingsplechtigheid; ♀**minute** *f* minuut stilte; ♀**stätte** *f* gedenkplaats; ♀**tafel** *f* gedenkplaat; ♀**tag** *m* herdenkingsdag.
Gedicht *n* (-*es*; -*e*) (het) gedicht.
gediegen degelijk; *fig a.* gedegen.
Gedränge *n* (het) gedrang, drukte.
gedrängt opeengedrongen, dicht opeen; *fig* beknopt; *Stil a.*: kernachtig.
gedrückt *fig* be-, gedrukt, neerslachtig.
gedrungen (*klein*) gedrongen.
Geduld *f* (het) geduld; ♀**en** (-): *sich ~ geduld hebben*; ♀**ig** geduldig.
geehrt geëerd, geacht; *Brief*: (**sehr**) **~er Herr** (zeer) geachte Heer.
geeignet (*für A*, **zu** *D*) geschikt (voor).
Gefahr *f* (het) gevaar; *auf eigene ~* op eigen risico; *auf die ~ hin* op het gevaar af; *außer ~* buiten gevaar.
gefähr|den (-) in gevaar brengen, bedreigen; **~lich** gevaarlijk.
gefahrlos zonder gevaar, ongevaarlijk.
Gefährt|e *m* (-*n*) makker, metgezel; **~in** *f* metgezellin.
gefahrvoll gevaarvol.
Gefälle *n* helling; (*Fluß*♀) (het) verval; *fig* (het) verschil, kloof.
gefallen (-) (*D*) bevallen, aanstaan; *sich ~ lassen* zich laten welgevallen.
Gefallen 1. *m* (het) genoegen, (het) plezier; *j-m e-n ~ tun* iem een plezier doen; **2.** *n*: *~ finden an* (*D*) plezier hebben in.
Gefallene(r) gesneuvelde.
gefällig voorkomend, gedienstig; (*ansprechend*) bevallig; ♀**keit** *f* gedienstigheid; (*Dienst*) dienst, (het) plezier; **~st** a(l)sjeblieft (*a. pej*).
Gefangen|e(r) gevangene, **~nahme** *f* gevangenneming, ♀**nehmen** gevangennemen; ♀**schaft** *f* gevangenschap.
Gefängnis *n* (-*ses*; -*se*) gevangenis; **~strafe** *f* gevangenisstraf.
gefärbt gekleurd (*a. fig*).
Ge|fasel *n* (het) geleuter; **~fäß** *n* (-*es*; -*e*) (het) vat (*a. Anat*), bak; schaal.
gefaßt (*ruhig*) kalm, bedaard; *~ sein auf* (*A*) voorbereid zijn op.
Gefecht *n* (-*es*; -*e*) gevecht.
Gefieder *n* (het) gevederte; ♀**t** gevederd.
Geflecht *n* (-*es*; -*e*) (het) vlechtwerk.
gefleckt gevlekt, gestippeld.
Geflügel *n* (het) gevogelte, (het) pluimvee; **~händler** *m* poelier; ♀**t** gevleugeld.

384

Geflüster *n* (het) gefluister.
Gefolg|e *n* (het) gevolg, **~schaft** *f* aanhangers *pl*, volgelingen *pl*.
gefräßig gulzig, vraatzuchtig.
Gefreite(r) soldaat eerste klasse, korporaal.
gefrier|en (-; *sn*) bevriezen; ♀**fach** *n* (het) diepvrieskastje; ♀**fleisch** *n* (het) bevroren vlees; ♀**punkt** *m* (het) vriespunt; ♀**truhe** *f* diepvrieskist.
Gefrorene(s) (het) ijs.
Gefüge *n* bouw, samenstelling.
gefügig gedwee, meegaand.
Gefühl *n* (-*es*; -*e*) (het) gevoel; ♀**los** gevoelloos.
gefühls|betont met gevoel, emotioneel; ♀**leben** *n* (het) gevoelsleven; ♀**sinn** *m* (het) gevoel.
gefühlvoll gevoelig; gevoelvol.
gegeben|enfalls eventueel, zo nodig; ♀**heit** *f* (het) gegeven, omstandigheid.
gegen (*A*) tegen; *in der Haltung zu*: *gütig etc.* voor, jegens; *~ Abend* tegen de avond.
Gegen|- *in Zssgn mst* tegen-, *z.B.* **~angriff** *m* tegenaanval; **~besuch** *m* (het) tegenbezoek.
Gegend *f* streek; (*Umgebung*) omgeving; (*Nähe*) buurt.
gegen|einander tegen elkaar, tegen mekaar; ♀**fahrbahn** *f* andere weghelft; ♀**frage** *f* wedervraag; ♀**gewicht** *n* (het) tegen(ge)wicht; ♀**gift** *n* (het) tegengif(t); ♀**kandidat** *m* tegenkandidaat; ♀**leistung** *f* tegenprestatie; ♀**liebe** *f* wederliefde; ♀**maßnahme** *f* tegenmaatregel; ♀**mittel** *n* (het) tegenmiddel; ♀**partei** *f* tegenpartij; ♀**probe** *f* tegenproef; ♀**richtung** *f* tegenovergestelde richting; ♀**satz** *m* tegenstelling; *im ~ zu* (*D*) in tegenstelling met; ♀**sätzlich** tegen(over)gesteld; ♀**seite** *f* tegenpartij; keerzijde; **~seitig** wederzijds, wederkerig; ♀**seitigkeit** *f* wederkerigheid; *auf ~ Vertrag etc.* op basis van wederkerigheid; ♀**spieler** *m* tegenspeler; ♀**stand** *m* (het) voorwerp; (*Thema*) (het) onderwerp; ♀**stimme** *f* stem tegen; ♀**stück** *n* tegenhanger.
Gegenteil *n* (het) tegendeel; *im ~* integendeel; ♀**ig** tegengesteld.
gegenüber 1. (*D*) tegenover; *er wohnt mir ~* hij woont tegenover mij; **2.** ♀ *n Haus*: (het) huis aan de overkant; *Pers*:

geizen

overbuur; ~liegend: ~e Seite overkant; ~stehen staan tegenover; ~stellen tegenoverstellen; *j-m j-n* confronteren (*a. jur*); ℒstellung *f* confrontatie.

Gegen|verkehr *m* tegenliggers *pl*, (het) tegemoetkomend verkeer; ~wart *f* tegenwoordige tijd; (*Anwesenheit*) tegenwoordigheid; ℒwärtig tegenwoordig; *Adv a.* nu, thans; ~wehr *f* verdediging, weerstand; ~wert *m* tegenwaarde; ~wind *m* tegenwind, wind tegen; ℒzeichnen medeondertekenen, contrasigneren; ~zug *m* tegenzet (*a. fig*); *Esb* trein uit de tegenovergestelde richting.

Gegner *m* tegenstander; (*Feind a.*) vijand; ~in *f* tegenstandster; ℒschaft *f* kant van de tegenpartij; vijandig; ℒschaft *f* vijandschap.

Gehackte(s) (het) gehakt.

Gehalt 1. *m* (-*e*s; -*e*) (het) gehalte; 2. *n* (-*e*s; "*er*) (het) salaris, wedde.

Gehalts|abrechnung *f* salarisspecificatie; (*Verwaltung*) salarisadministratie; ~empfänger *m* gesalarieerde; ~erhöhung *f* salarisverhoging; ~gruppe *f* salarisgroep; ~konto *n* salarisrekening; ~streifen *m* salarisstrook.

gehässig hatelijk; ℒkeit *f* hatelijkheid.

Gehäuse *n* (het) omhulsel; *Tech mst* kast; (*Schnecken*ℒ) (het) (slakke)huis; (*Kern*ℒ) (het) klokhuis.

geheim geheim; ℒdienst *m* geheime dienst; ~halten geheimhouden.

Geheimnis *n* (-*ses*; -*se*) (het) geheim; ~krämer *m* iem die geheimzinnig doet; ℒvoll geheimzinnig.

Geheim|nummer *f* (het) geheim nummer; ~polizei *f* geheime politie; ~schrift *f* (het) geheimschrift.

gehemmt geremd.

gehen* (*sn*) gaan (*a. fig*); *laufen a. u. Uhr*: lopen; *schlafen* (...) ~ gaan slapen (...); *wie geht's?* hoe gaat het?; *wie geht es Ihnen?* hoe maakt U het?; *so gut es geht* zo goed en zo kwaad als het gaat; *nicht ~ können* niet kunnen lopen; *in die Tausende ~* in de duizenden lopen; *vor sich ~* gebeuren, gaan; ~lassen (sich) (zich) laten gaan.

geheuer: *nicht (ganz) ~* niet (helemaal) in de haak.

Geheul *n* (-*es*; *0*) (het) gehuil.

Gehilf|e *m* (-*n*), ~in *f* hulp; assistent(e *f*).

Gehirn *n* (-*es*; -*e*) hersenen *pl*; (*Verstand a.*) (het) brein; ~erschütterung *f* hersenschudding; ~schlag *m* (hersen)beroerte; ~wäsche *f* hersenspoeling.

gehoben *fig* verheven, plechtig; *Beamter, Beruf*: hoger.

Gehöft *n* (-*es*; -*e*) hoeve, hofstede.

Gehör *n* (-*es*; -*e*) (het) gehoor (*a. fig*); *nach dem ~* op het gehoor.

gehorchen (-) (*D*) gehoorzamen, luisteren (naar).

gehören (-) (*D, zu D*) behoren (tot), horen bij; (*zukommen*) toekomen; (*Besitz sein*) toebehoren; *... gehört mir ...* is van mij; *sich ~* (be)horen, passen.

gehörig toebehorend; (*gebührend*) passend; (*gründlich*) flink, behoorlijk.

gehörlos doof, gehoorloos.

gehorsam 1. gehoorzaam; 2. ℒ *m* (-*s*; *0*), ℒkeit *f* gehoorzaamheid.

Geh|steig *m* (het) voetpad, stoep; ~weg *m* (het) voetpad; (*Bürgersteig*) stoep.

Geier *m* gier.

geifern kwijlen; *fig* razen.

Geige *f* viool; ℒn viool spelen; ~n-bogen *m* strijkstok; ~r(in *f*) *m* violist(e *f*).

geil geil; *fig* F tof, geweldig.

Geisel *f* (-; -*n*) gijzelaar(ster *f*); ~nahme *f* gijzeling; ~nehmer *m* gijzelnemer.

Geiß *f* geit; ~bock *m* geitebok.

Geißel *f* (-; -*n*) gesel (*a. fig*).

Geist *m* (-*es*; -*er*) geest; (*Witzigkeit bsd*) esprit; *den ~ aufgeben* de geest geven; *der Heilige ~* de Heilige Geest.

Geister|bahn *f* (het) spookhuis; ~fahrer *m* spookrijder; ℒhaft spookachtig.

geistern spoken, rondwaren.

geistes|abwesend afwezig, verstrooid; ℒabwesenheit *f* afwezigheid van geest, verstrooidheid; ℒblitz *m* (ingenieuze) inval; ℒgegenwart *f* tegenwoordigheid van geest; ~gegenwärtig met tegenwoordigheid van geest; ~gestört geestelijk gestoord; ~krank geestesziek; ℒkrankheit *f* geestesziekte; ~verwandt geestverwant; ℒwissenschaften *f/pl* geesteswetenschappen *pl*; ℒzustand *m* geestestoestand.

geistig geestelijk; (*Vernunfts- bsd*) verstandelijk; (*Getränk*) geestrijk.

geistlich geestelijk; ℒe(r) geestelijke.

geist|los geesteloos (*a. fig*); ~reich geestrijk; (*witzig*) geestig.

Geiz *m* (-*es*; *0*) gierigheid; ℒen (-*t*) gierig

Geizhals

zijn; ~hals *m* gierigaard, vrek; 2ig gierig.

Ge|jammer *n* (het) gejammer; ~kläffe *n* (het) gekef; ~klapper *n* (het) geklepper, (het) gerammel; ~klatsche *n* (het) (hand)geklap; (*Geschwätze*) (het) gekletts; ~klingel *n* (het) gebel; ~knatter *n* (het) geknetter; 2kocht gekookt; 2konnt kundig, vaardig, knap; ~kritzel *n* (het) gekrabbel, (het) gekriebel; 2künstelt gekunsteld, gemaakt; 2lächter *n* (het) gelach; *schallendes* ~ geschater; ~lage *n* (het) gelag, (het) maal; 2lähmt verlamd.

Gelände *n* (het) terrein; ~fahrzeug *n* terreinwagen; 2gängig geschikt voor alle terreinen; ~lauf *m* veldloop.

Geländer *n* leuning, balustrade.

Geländewagen *m* terreinwagen.

gelangen (-; *sn*) komen, geraken.

gelassen beheerst, kalm; 2heit *f* kalmte.

geläufig vertrouwd; (*üblich*) gebruikelijk; (*fließend*) vlot, vloeiend.

gelaunt geluimd, gehumeurd, gezind.

Geläut *n* (-*es; 0*) (het) gelui.

gelb 1. geel; **2.** 2 *n* (-*s; -*) (het) geel; ~lich geelachtig, gelig; 2sucht *f* geelzucht.

Geld *n* (-*es; -er*) (het) geld; *zu ~ machen* te gelde maken.

Geld|- *in Zssgn mst geld-*, *z.B.* ~angelegenheit *f* geldkwestie; ~anlage *f* geldbelegging; ~automat *m* geldautomaat; ~beutel *m* portemonnee; ~buße *f* geldboete; ~entwertung *f* geldontwaarding; ~geber *m* geldschieter; ~gier *f* geldzucht; ~institut *n* financiële instelling; ~knappheit *f* geldschaarste; ~mangel *m* (het) geldgebrek; ~mittel *n/pl* geldmiddelen *n/pl*; ~schein *m* (het) bankbiljet; ~strafe *f* (het) geldboete; ~stück *n* (het) geldstuk; ~umtausch *m* = *Geldwechsel*; ~verlegenheit *f* geldverlegenheid; ~wechsel *m* (het) wisselen van geld; (*Büro*) (het) wisselkantoor; ~wesen *n* (het) geldwezen.

Gelee *n od M* (-*s; -s*) gelei.

gelegen gelegen; *es ist mir viel daran* ~ er is mij veel aan gelegen.

Gelegenheit *f* gelegenheid; (*Möglichkeit a.*) mogelijkheid; ~s-arbeit *f* (het) los werk; ~s-arbeiter *m* los werkman; ~s-kauf *m* (het) koopje.

gelegentlich *Adv* bij gelegenheid, soms.

gelehr|ig goedleers, leergierig, leerzaam; 2samkeit *f* geleerdheid.

gelehrt geleerd; 2e(r) geleerde.

Geleit *n* (-*es; -e*) (het) geleide; *mil bsd* ~*escorte;* 2en (-) (be)geleiden; ~zug *m* (het) konvooi.

Gelenk *n* (-*es; -e*) (het) gewricht; *Tech bsd* (het) scharnier; 2ig lenig, soepel.

gelernt gediplomeerd; *Arbeiter:* geschoold.

Geliebte *f* geliefde; (*Mätresse*) minnares, maîtresse; ~(r) geliefde; minnaar.

gelinde zacht; ~ *gesagt* zacht uitgedrukt.

gelingen* (-; *sn*) (*D*) (ge)lukken, slagen; *es ist mir nicht gelungen* ik ben er niet in geslaagd.

gellend schel, scherp.

geloben (-) plechtig beloven.

Gelöbnis *n* (-*ses; -se*) gelofte.

gelten* gelden; (*gültig sein*) geldig zijn; (*wert sein*) waard zijn; (*betreffen*) betreffen; *j-m* slaan op; ~ *als* gelden als; *das gilt nicht* dat telt niet; *etw ~ lassen* iets laten gelden; ~d geldend; (*sich*) ~ *machen* (zich) doen gelden.

Geltung *f* gelding; (*Bedeutung*) waarde, geldigheid; *zur* ~ *bringen* doen gelden.

Geltungs-bedürfnis *n* geldingsdrang.

Gelübde *n* gelofte.

gelungen geslaagd; (*drollig*) grappig.

gemächlich op zijn gemak, gezapig.

Gemahl *m* (-*es; -e*) gemaal, echtgenoot; ~in *f* gemalin, echtgenote.

Gemälde *n* schilderij (*a.* het); ~ausstellung *f* schilderijententoonstelling; ~galerie *f* schilderijenverzameling; (*öffentlich*) (het) schilderijenmuseum.

gemäß (*D*) volgens, overeenkomstig; *j-m ~ sein* bij iem passen.

gemäßigt gematigd.

gemein gemeen; (*gemeinsam*) gemeenschappelijk; (*allgemein*) algemeen; *etw mit j-m ~ haben* gemeen hebben.

Gemeinde *f* gemeente; *römisch-katholisch:* parochie; ~amt *n* (het) gemeentehuis; ~rat *m* gemeenteraad; *Pers:* (het) gemeenteraadslid; ~verwaltung *f* gemeenteadministratie; (het) gemeentebestuur; ~vorsteher *m* burgemeester; ~wahl *f* gemeenteraadsverkiezingen *pl*.

gemein|gefährlich gevaarlijk voor de openbare veiligheid; 2gut *n* (het) gemeengoed; 2heit *f* gemeenheid; ~hin gemeenlijk, gewoonlijk; ~**nützig** van algemeen nut; ⚥**platz** *m* gemeenplaats; ~**sam** gemeenschappelijk; *Adv a.* samen; ⚥**schaft** *f* gemeenschap; ~**schaftlich** gemeenschappelijk.

Gemeinschafts|antenne *f* centrale antenne; ~**arbeit** *f* (het) gemeenschappelijk werk.

Gemein|sinn *m* gemeenschapszin; ⚥**verständlich** algemeen begrijpelijk; ~**wohl** *n* (het) algemeen welzijn.

Gemenge *n* (het) mengsel; (*Gewühl*) (het) gedrang.

gemessen (*würdig*) waardig, afgemeten; ⚥**heit** *f* waardigheid.

Gemisch *n* (-*es*; -*e*) (het) mengsel.

Gemse *f* gems.

Ge|murmel *n* (het) gemompel, (het) gemurmel; ~**murre** *n* (het) gemor.

Gemüse *n* groente.

Gemüse|- *in Zssgn mst* groente-; ~**beilage** *f* groente (bij het eten); ~**garten** *m* moestuin; ~**händler** *m* groenteboer.

Gemüt *n* (-*es*; -*er*) (het) gemoed; (*Gefühl bsd*) (het) gevoel, (het) hart.

gemütlich gezellig; (*umgänglich*) gemoedelijk; ⚥**keit** *f* gezelligheid; gemoedelijkheid.

Gemüts|art *f* inborst, gemoedsgesteldheid; ~**bewegung** *f* gemoedsbeweging; ⚥**krank** zielsziek; ~**mensch** *m* gevoelsmens; ~**zustand** *m* gemoedstoestand.

Gen *n* (-*s*; -*e*) (het) gen.

genau precies, nauwkeurig; *zeitl a.* stipt; **es nicht** (**so**) **~ nehmen** het niet zo nauw nemen; ~**!** precies!; ~**genommen** strikt genomen; ⚥**ig·keit** *f* nauwkeurigheid, precisie; stiptheid; ~**so** net zo, even; ~**sogut** evengoed.

Gendarmerie *f* marechaussee; *in Belgien:* rijkswacht.

genehmig|en (-) toestaan, inwilligen; (*billigen*) goedkeuren; ⚥**ung** *f* inwilliging, vergunning; goedkeuring; ~**ungs·pflichtig** waarvoor een vergunning vereist is.

geneigt hellend; *fig* genegen, geneigd.

General *m* (-*s*; -*e od* ~*e*) generaal; ~**bevollmächtigte(r)** algemeen gevolmachtigde; ~**direktor** *m* directeur-generaal; ~**konsulat** *n* (het) consulaat-generaal; ~**probe** *f* generale repetitie; ~**sekretär** *m* algemeen secretaris; *Pol bsd* secretaris-generaal; ~**staatsanwalt** *m* procureur-generaal; ~**stab** *m* generale staf; ⚥**stabs·karte** *f* stafkaart; ~**streik** *m* algemene staking; ~**versammlung** *f* algemene vergadering; ~**vertreter** *m* hoofdvertegenwoordiger.

Generation *f* generatie; ~**en·vertrag** *m* (het) sociaal contract tussen de generaties.

Generator *m* (-*s*; -*en*) generator.

generell algemeen; *Adv* in 't algemeen.

generös genereus, edelmoedig.

genes|en* (-; *sn*) genezen; ⚥**ung** *f* genezing, (het) herstel.

Genet|ik *f* genetica; ⚥**sch** genetisch.

Genever *m* jenever.

Genf *n* Genève *n*; ~**er:** ~ **See** (het) Meer van Genève.

Genforschung *f* (het) genenonderzoek.

genial geniaal; ⚥**ität** *f* genialiteit.

Genick *n* (-*es*; -*e*) nek.

Genie *n* (-*s*; -*s*) (het) genie.

genieren (-): *sich* ~ zich generen.

genieß|bar genietbaar; ~**en*** (-) genieten (van); ⚥**er**(**in** *f*) *m* genieter *m*, genietster *f*.

Genit|alien *n*/*pl* geslachtsdelen *n*/*pl*; ~**iv** *m* (-*s*; -*e*) genitief, tweede naamval.

genormt genormeerd.

Genosse *m* (-*n*) makker, kameraad (*a. Anrede*).

Genossenschaft *f* coöperatieve vereniging, coöperatie; ⚥**lich** coöperatief; ~**s·bank** *f* (-; -*en*) coöperatieve bank.

Genossin *f* kameraad (*a. fig*).

Gentechnologie *f* genetic engineering.

genug genoeg.

Genüge *f*: **zur ~** voldoende; ⚥**n** (-) (*ausreichen*) voldoende zijn, volstaan; (*D*) (*erfüllen*) voldoen aan; ⚥**nd** voldoende.

genügsam sober, matig; ⚥**keit** *f* sober-, matigheid.

Genugtuung *f* voldoening, genoegdoening.

Genus *n* (-; *Genera*) (het) genus, (het) geslacht.

Genuß *m* (-*sses*; ~*sse*) (het) genot; *von Speisen etc. bsd* (het) gebruik.

genüßlich met genot.

geöffnet geopend, open.

Geo|- *in Zssgn* geo-, *z.B.* ~**graphie** *f* aardrijkskunde, geografie; ⚥**graphisch** geografisch, aardrijkskundig; ~**logie** *f* geologie; ⚥**logisch** geolo-

Geometrie 388

gisch; ~**metrie** f meetkunde; 2**metrisch** geometrisch, meetkundig.

Gepäck n (-¢s; 0) bagage; ~**abfertigung** f (het) bagagedepot; inklaring van de bagage; ~**annahme** f (het) bagagebureau; ~**aufbewahrung** f (het) bagagedepot; ~**ausgabe** f (het) bagagebureau; ~**halter** m bagagedrager; ~**kontrolle** f controle van de bagage; ~**roller** m (het) bagagewagentje; ~**schalter** m (het) bagagebureau; ~**schein** m (het) bagagereçu; ~**schließfach** n bagagekluis; ~**stück** n (het) stuk bagage; ~**träger** m kruier; (Fahrrad 2) bagagedrager; ~**wagen** m bagagewagen.

gepfeffert gepeperd (a. fig).

gepflegt verzorgd; Garten, Auto: goed onderhouden; Lokal: keurig.

Ge|**pflogenheit** f gewoonte; 2**plant** gepland; ~**plapper** n (het) geklets; (e-s Kindes) (het) gebrabbel; 2**pökelt** gepekeld; ~**polter** n (het) geraas; ~**quassel** n (het) gezwam, (het) geleuter.

gerade 1. Adj recht; (aufrichtig) eerlijk; Zahl: even, paar; **2.** Adv net, juist; **nicht ~ angenehm**, viel, ... (nou) niet bepaald; **das ist es ja ~!** dat is het hem nou net!; **~ beim Lesen** (...) **sein** net aan 't lezen (...) zijn; **3.** 2 f rechte lijn; (Boxen) rechte stoot; ~**aus** rechtuit, rechtdoor; ~**biegen** rechtbuigen; fig rechttrekken; ~**heraus** ronduit; ~**stehen** fig instaan; ~(**n**)**wegs** rechtstreeks; ~**zu** gewoonweg, welhaast; (geradeheraus) ronduit.

Geranie f geranium.

Gerät n (-¢s; -e) (het) apparaat, (het) toestel; (Werkzeug) (het) gereedschap; (schweres Gerät) (het) materieel.

geraten 1. (-; sn) (ge)raken; (gelingen) (ge)lukken, slagen; (gedeihen) uitvallen; **außer sich ~** (**vor** D) buiten zichzelf raken (van); **2.** Adj geraden, raadzaam.

Ge|**ratewohl** n: **aufs ~** op goed geluk; **ge**|**räuchert** gerookt; ~**räumig** ruim.

Geräusch n (-¢s; -e) (het) geluid; (het) geruis; (Lärm) (het) gedruis; 2**arm** geluidsarm; 2**los** geruisloos (a. fig), geluidloos; 2**voll** luidruchtig.

gerb|**en** looien; 2**er** m (leer)looier.

gerecht rechtvaardig, billijk; **~ werden** j-m recht laten wedervaren; etw voldoen aan; ~**fertigt** gerechtvaardigd.

Ge|**rechtig**·**keit** f rechtvaardigheid, gerechtigheid; ~**rede** n (het) geklets, (het) gepraat; 2**reizt** geprikkeld.

Gericht n (-¢s; -e) gerecht (a. Speise); jur a. rechtbank; (Gebäude) (het) gerechtsgebouw; **vor ~ erscheinen** voor de rechter verschijnen; 2**lich** gerechtelijk.

Gerichts|- in Zssgn mst gerechts-; ~**barkeit** f jurisdictie; ~**beschluß** m (het) rechterlijk besluit; ~**gebäude** n (het) gerechtsgebouw; ~**hof** m (het) gerechtshof; ~**kosten** pl gerechts-, proceskosten pl; ~**saal** m rechtszaal; ~**termin** m rechtszitting; ~**verfahren** n (het) proces, (het) rechtsgeding; ~**verhandlung** f (het) proces, rechtszitting; ~**vollzieher** m deurwaarder; ~**weg** m gerechtelijke weg; ~**wesen** n (het) rechtswezen.

gerieben geslepen, gewiekst.

gering gering; (wenig a.) weinig; (klein a.) klein; Preis bsd: laag; ~**er** Komp bsd: minder; ~**ste** Superlativ bsd: minste; **nicht im ~sten** helemaal niet, niet in het minst; ~**fügig** onbeduidend, nietig.

geringschätz|**ig** geringschattend, minachtend; 2**ung** f geringschatting, minachting.

gerinnen (-; sn) stollen, stremmen.

Gerippe n (het) geraamte.

gerissen F doortrapt, uitgeslapen, gehaaid; 2**heit** f doortrapt-, gehaaidheid.

German|**e** m (-n) Germaan; 2**isch** Germaans; ~**is**·**mus** m (-; -men) (het) germanisme; ~**istik** f germanistiek.

gern graag, gaarne; **~ haben** j-n mogen; (lieben) houden van; etw graag hebben; **~ geschehen!** graag gedaan!

Geröll n (-s; -e) losse stenen pl, keien pl.

geröstet geroosterd; Kaffee: gebrand.

Gerste f gerst; ~**n**-**bier** n (het) gerstebier.

Gerte f twijg, teen.

Geruch m (-¢s; ¨e) reuk (a. Sinn), geur; 2**los** reukloos; ~**s**-**sinn** m reukzin.

Gerücht n (-¢s; -e) (het) gerucht.

geruh|**en** (-) zich verwaardigen; ~**sam** rustig, kalm; (behaglich) gemoedelijk.

Gerümpel n oude rommel.

Gerüst n (-¢s; -e) stelling, steiger; fig (Entwurf) (het) geraamte.

gesalzen gezouten; Preis: gepeperd.

gesamt (ge)heel, totaal; **die ~en** pl alle pl, al de pl; **meine (seine) ~en** pl al mijn (zijn) pl; 2**betrag** m (het) totaal (bedrag); 2**eindruck** m globale indruk;

Geschwindigkeitsbeschränkung

⸿**gewicht** n (het) totaal gewicht; ⸿**heit** f (het) geheel, (het) totaal; ⸿**hochschule** f geïntegreerde universiteit; ⸿**kosten** pl totale kosten pl/; ⸿**schule** f scholengemeenschap; ⸿**summe** f (het) totaal; ⸿**wert** m totale waarde; ⸿**zahl** f (het) totaal (aantal).

Gesandt|e(r) m gezant; **~schaft** f (het) gezantschap, legatie.

Gesang m (het) gezang, zang; **~buch** n (het) gezangboek; **~s·lehrer** m zangleraar; **~verein** m zangvereniging.

Gesäß n (-es; -e) (het) zitvlak, (het) achterste; **~tasche** f achterzak.

Geschäft n (-es;-e) zaak; (Laden a.) winkel; (Büro) (het) kantoor; (Abschluß) transactie, zaak; (Umsatz) zaken pl; **~ist ~** zaken zijn zaken; ⸿**e·halber** voor zaken; **~e·macher** m gehaaide zakenman; ⸿**ig** druk, bedrijvig; **~ig·keit** f bedrijvigheid, drukte; ⸿**lich** zaken-, zakelijk; (dienstlich a.) officieel.

Geschäfts|abschluß m transactie; **~aufgabe** f opheffing van de zaak; **~bericht** m (het) jaarverslag; **~beziehungen** f/pl handelsbetrekkingen pl; Pers: zakenrelaties pl; **~brief** m zakenbrief; **~frau** f zakenvrouw.

geschäftsführ|end dienstdoend, verantwoordelijk; ⸿**er** m bedrijfsleider, gerant; secretaris; ⸿**ung** f (het) beheer; (Direktion) bedrijfsleiding.

Geschäfts|inhaber m eigenaar van de zaak; **~jahr** n (het) boekjaar; **~lage** f toestand in zaken; (Gegend) handelswijk; **~leben** n (het) zakenleven; **~leitung** f bedrijfsleiding; **~mann** m (-es; Geschäftsleute) zakenman; **~ordnung** f (het) reglement; **~reise** f zakenreis; **~reisende(r)** (handels)reiziger; **~schluß** m winkelsluiting; **~stelle** f (het) bureau; **~straße** f winkelstraat; **~stunden** f/pl kantooruren n/pl; **~träger** m zaakgelastigde; ⸿**tüchtig** handig (in zaken); **~verkehr** m (het) handelsverkeer; **~viertel** n zakenwijk; **~welt** f zakenwereld; **~zeiten** f/pl (Büro ⸿) kantooruren n/pl; **~zimmer** n (het) kantoor; (het) secretariaat; **~zweig** m bedrijfstak, branche.

geschehen 1. * (-; sn) gebeuren; j-m bsd overkomen; **es ist um ihn ~** het is met hem gedaan; **2.** ⸿ n (het) gebeuren.

Geschehnis n (-ses; -se) gebeurtenis.

gescheit verstandig, schrander, snugger.

Geschenk n (-es; -e) (het) geschenk, (het) cadeau; **j-m ein ~ machen** iem een cadeau geven; **~packung** f geschenkverpakking.

Geschichte f geschiedenis; (Erzählung bsd) (het) verhaal; (Angelegenheit) zaak, affaire; ⸿**lich** historisch (a. bedeutungsvoll), geschiedkundig.

Geschick n (-es; -e) (het) lot, toegevallen n/pl; (Verhängnis) (het) noodlot; = a. **Geschicklichkeit**; **~lichkeit** f handigheid, vaardigheid; ⸿**t** handig, vaardig, behendig.

geschieden gescheiden.

Geschimpfe n (het) gescheld.

Geschirr n (-es; -e) servies; (Küchen⸿) (het) vaatwerk; (Pferde⸿) (het) (paarde)tuig; **~spüler** m, **~spülmaschine** f vaatwasser, vaatwasmachine.

Geschlecht n (-es; -er) (het) geslacht (a. Familie u. Gr); ⸿**lich** geslachtelijk.

Geschlechts|akt m geslachtsdaad; **~krankheit** f geslachtsziekte; ⸿**reif** geslachtsrijp; **~teil** n (het) geslachtsdeel; **~verkehr** m geslachtsgemeenschap.

ge|schliffen geslepen; fig gecultiveerd; Stil: gepolijst; **~schlossen** gesloten.

Geschmack m (-es; ⸿e od F ⸿er) smaak; **für meinen ~** naar mijn smaak; **~ finden an** (D) kunnen waarderen; ⸿**lich** qua smaak; **~los** smakeloos; Speisen: smaakloos; **~losig·keit** f smakeloosheid; **~s·sache** f kwestie van smaak; ⸿**voll** smaakvol.

ge|schmeidig soepel (a. fig), lenig; ⸿**schmiere** n (het) geklad, (het) geknoei; ⸿**schnatter** n gesnater; fig a. (het) gekakel.

Geschöpf n (-es; -e) (het) schepsel.

Geschoß n (-sses; -sse) (het) projectiel; Arch verdieping, etage.

Ge|schrei n (het) geschreeuw; **~schütz** n (-es; -e) geschut; **~schwader** m (het) eskader; Flgw bsd wing; **~schwafel** n F (het) gewauwel, (het) geleuter.

Geschwätz n (-es; 0) (het) geklets; ⸿**ig** praatziek.

geschweige: ~ denn laat staan.

geschwind vlug, snel; ⸿**ig·keit** f snelheid; (Schnelligkeit a.) vlugheid.

Geschwindigkeits|begrenzung, **~beschränkung** f snelheidsbeperking;

Geschwindigkeitsüberschreitung

~**überschreitung** *f* snelheidsovertreding.
Geschwister *pl* broer(s) en zus(sen) *pl*.
ge|schwollen gezwollen; *fig a.*opgeblazen; ⸾**schworene(r)** gezworene, (het) jurylid; **Geschworene** *pl a.* jury.
Geschwulst *f* (-; -̈e) (het) gezwel.
Geschwür *n* (-*es*; -*e*) zweer.
Geselle *m* (-n) gezel, knecht; (*Bursche*) kerel; ⸾**n** (-): *sich* ~ (*D*, *zu D*) zich voegen (bij); ~**nbrief** *m* (het) diploma van gezel, (het) vakdiploma; ~**nprüfung** *f* (het) vakexamen.
gesellig gezellig, sociaal; *Tier:* in kudden (*od* groepen) levend.
Gesellschaft *f* maatschappij (*a. Hdl*), samenleving; (*Verein*) (het) genootschap; (*geselliger Kreis, Begleitung*) (het) gezelschap; ~ *mit beschränkter Haftung* besloten vennootschap (*Abk* B.V.); ~ *leisten* (*D*) gezelschap houden; ~**er** *m Hdl* vennoot, compagnon; ~**erin** *f* (vrouwelijke) vennoot; (*Angestellte*) gezelschapsdame; ⸾**lich** maatschappelijk.
Gesellschafts|anzug *m* avondkostuum; ~**ordnung** *f Pol* maatschappelijke orde; ~**politik** *f* (het) maatschappelijk beleid; ~**reise** *f* gezelschapsreis; ~**schicht** *f* laag van de maatschappij; ~**spiel** *n* (het) gezelschapsspel; ~**system** *n* (het) maatschappelijk bestel; ~**wissenschaften** *f/pl* maatschappijwetenschappen *pl.*
Gesetz *n* (-*es*; -*e*) (het) wet; ~**buch** *n* wetboek; ~**entwurf** *m* (het) wetsontwerp; ⸾**gebend** wetgevend; ~**geber** *m* wetgever; ~**gebung** *f* wetgeving; ⸾**lich** wettelijk, wettig; ⸾**los** wetteloos; ⸾**mäßig** wetmatig; *jur* wettig.
gesetzt bezadigd; ~ (*den Fall*), *daß* gesteld (het geval) dat.
gesetzwidrig in strijd met de wet, onwettig; ⸾**keit** *f* onwettigheid, wetsovertreding.
Gesicht *n* 1. (-*es*; -*er*) (het) gezicht, gelaat; *zu* ~ *bekommen* te zien krijgen; *ein* ~ *machen* een gezicht trekken; 2. (-*es*; -*e*) (het) visioen.
Gesichts|ausdruck *m* gelaatsuitdrukking; ~**farbe** *f* gelaatskleur; ~**kreis** *m* horizon; *fig a.* gezichtskring; ~**maske** *f* (het) gelaatsmasker; ~**punkt** *m* (het) gezichtspunt; ~**winkel** *m* gezichtshoek;

fig bsd (het) gezichtspunt; ~**züge** *m/pl* gelaatstrekken *pl.*
Gesindel *n* (het) gespuis, (het) gepeupel.
gesinn|t gezind; ⸾**ung** *f* gezindheid, overtuiging; (*Charakter*) (het) karakter; ~**ungs-los** karakterloos.
gesittet beschaafd, welgemanierd.
ge|sondert afzonderlijk, apart; ⸾**spann** *n* (-*es*; -*e*) (het) span; ~**spannt** gespannen; (*neugierig*) nieuwsgierig; ~ *sein auf* (*A*) benieuwd zijn naar.
Gespenst *n* (-*es*; -*er*) (het) spook; ⸾**isch** spookachtig.
gespickt gelardeerd (*a. fig*).
Gespött *n* (-*es*; 0) (het) gespot, spot.
Gespräch *n* (-*es*; -*e*) (het) gesprek; ⸾**ig** spraakzaam; ~**s-partner** *m* gesprekspartner; ~**s-stoff** *m* gespreksstof.
gespreizt hoogdravend; (*geziert*) aanstellerig; *mit* ~*en Beinen* wijdbeens.
Gespür *n* (-*s*; 0) (het) gevoel, neus.
Gestalt *f* gestalte, gedaante; (*Form*) vorm; ⸾**en** (-) vormen, (een) vorm geven; (*organisieren*) organiseren; *Programm* opstellen; *sich* ~ een vorm aannemen; ⸾**ung** *f* vormgeving; organisatie; opstelling; (*Raum*⸾) inrichting.
ge|ständig: ~ *sein* bekennen; ⸾**ständnis** *n* (-*ses*; -*se*) bekentenis; ⸾**stank** *m* (-*es*; 0) stank; ~**statten** (-) toestaan, veroorloven; ~ *Sie?* pardon!, mag ik?
Geste *f* geste, (het) gebaar.
gestehen (-) bekennen.
Gestein *n* (-*es*; -*e*) (het) gesteente.
Gestell *n* (-*es*; -*e*) (het) onderstel; (*Rahmen*) (het) frame; (*Regal*) (het) rek; *Auto*: (het) chassis.
gestern gisteren; ~ *abend* gister(en)avond.
Gestirn *n* (-*es*; -*e*) (het) sterrenbeeld; (het) hemellichaam, ster.
ge|stört gestoord (*a. fig*); ~**streift** gestreept, met strepen; ~**strichen:** *frisch* ~*!* pas geverfd!
gestrig van gisteren.
Gestrüpp *n* (-*es*; -*e*) (het) kreupelhout.
Gestüt *n* (-*es*; -*e*) stoeterij.
Gesuch *n* (-*es*; -*e*) (het) verzoek; (het) verzoekschrift; ⸾**t** gezocht; *Hdl bsd* veelgevraagd.
gesund (*-er od -̈er, -est od -est*) gezond; ~**en** (-; *sn*) gezond worden, herstellen (*a. fig*); ⸾**heit** *f* gezondheid; ~*!* gezond-

heid!; **~heitlich** wat de gezondheid betreft, gezondheids-.

Gesundheits|amt *n* gezondheidsdienst; **♀gefährdend** schadelijk voor de gezondheid; **~politik** *f* (het) gezondheidsbeleid; **♀schädlich** schadelijk voor de gezondheid; **~wesen** *n* (het) gezondheidswezen; **~zeugnis** *n* medische verklaring, (het) medisch attest; **~zustand** *m* gezondheidstoestand.

gesundschrumpfen afslanken.

Getöse *n* (het) geraas, (het) gebulder.

Getränk *n* (-*es*; -*e*) drank; **~e·automat** *m* drankenautomaat; **~e·karte** *f* kaart met de dranken; **~e·zwang** *m* verplichte consumptie.

getrauen (-): *sich ~* durven, wagen.

Getreide *n* (het) graan, (het) koren; **~anbau** *m* graanbouw; **~ernte** *f* graanoogst; **~speicher** *m* graansilo; **~wirtschaft** *f* graaneconomie.

getrennt gescheiden; (*separat*) apart, afzonderlijk.

getreu(lich) (ge)trouw.

Getriebe *n* *Tech* transmissie; *Auto*: versnellingsbak; **~öl** *n* cardanolie; **~schaden** *m* (het) defect aan de transmissie.

ge|trost getroost, gerust; **♀tue** *n* (het) gedoe, drukte; **♀tümmel** *n* (het) gewoel; **~übt** geoefend, bedreven.

Gewächs *n* (-*es*; -*e*) (het) gewas; (*Wein*) wijn(soort); *Med* (het) gezwel.

gewachsen: *~ sein* (*D*) aankunnen, opgewassen zijn tegen.

Gewächshaus *n* serre.

ge|wagt gewaagd, gedurfd; **~wählt** *Sprache*: verzorgd.

gewahr: *~ werden* gewaarworden.

Gewähr *f* waarborg, garantie; *ohne ~* onder voorbehoud; **♀en** (-) toestaan, inwilligen; (*zukommen lassen, leisten*) verlenen; *~ lassen* laten begaan; **♀leisten** (-) waarborgen, garanderen.

Gewahrsam *m* (-*s*; *0*) bewaring, (het) toezicht; (*Haft*) verzekerde bewaring.

Gewährs|mann *m* (-*¢s*; -*¤er od Gewährsleute*) zegsman.

Gewährung *f* inwilliging; verlening.

Gewalt *f* (het) geweld; (*Macht*) macht; (*Obrigkeit, Autorität*) (het) gezag; *höhere ~* overmacht; **~herrschaft** *f* tirannie, dwingelandij; **♀ig** geweldig; **♀los** geweldloos; **♀sam** met geweld, gewelddadig; **~tat** *f* gewelddaad; **♀tätig** gewelddadig, baldadig.

Gewand *n* (-*es*; *¤er*) (het) gewaad.

gewandt *Pers*: handig, behendig; *S.*: vlot; **♀heit** *f* handig-, behendigheid; vlotheid.

Gewässer *n* (het) water; *pl* wateren *pl*; **~schutz** *m* bescherming van het oppervlaktewater.

Gewebe *n* (het) weefsel; *fig u. Spinnen* ♀ (het) web.

Gewehr *n* (-*es*; -*e*) (het) geweer; **~kolben** *m* geweerkolf.

Geweih *n* (-*es*; -*e*) (het) gewei.

Gewerbe *n* nijverheid, (het) bedrijf; (*Beruf*) (het) beroep, (het) ambacht; **~aufsicht** *f* arbeidsinspectie; **~freiheit** *f* vrijheid van beroep; **~genehmigung** *f* bedrijfsvergunning; **~ordnung** *f* arbeidswet; **~schule** *f* nijverheidsschool; **~steuer** *f* bedrijfsbelasting; **~treibende(r)** neringdoende.

gewerb|lich als (*od van*) beroep, beroeps-; industrieel; **~s·mäßig** als beroep, beroepsmatig.

Gewerkschaft *f* vakbond; **~(l)er** *m* (het) vakbondslid; vakbondsfunctionaris; **♀lich** vakbonds-, syndicalistisch.

Gewerkschafts|bewegung *f* vakbeweging; **~bund** *m* vakcentrale; **~vertreter** *m* vakbondsvertegenwoordiger.

Gewicht *n* (-*es*; -*e*) (het) gewicht; *fig a.* (het) belang; **~heben** *n* (het) gewichtheffen; **♀ig** zwaar; *fig* gewichtig, belangrijk; **~s·abnahme** *f* gewichtsvermindering.

ge|wieft gewiekst, gehaaid; **~willt:** *~ sein* genegen zijn, van zins zijn.

Ge|wimmel *n* (het) gekrioel, (het) gewemel; **~winde** *n* krans; (*Schrauben* ♀) (schroef)draad.

Gewinn *m* (-*es*; -*e*) winst; *Lotterie*: prijs; **~anteil** *m* (het) winstaandeel; **~ausschüttung** *f* winstuitkering; **~beteiligung** *f* winstdeling; **♀bringend** winstgevend; **♀en*** (-) winnen (*a. fig*); **♀end** *fig* innemend; **~er(in** *f*) *m* winnaar *s*, winnares *f*; **~spanne** *f* winstmarge; **~und-Verlustrechnung** *f* winst-en-verliesrekening; **~ung** *f* *Bgb* winning.

Gewirr *n* (-*es*; *0*) wirwar; *fig a.* warboel; (*Stimmen* ♀) (het) geroezemoes.

gewiß (-*sser*; -*ssest*) zeker; *Adv* (voor)zeker, stellig, vast; *sich e-r S. (G) ~ sein*

Gewissen

zeker zijn van iets; *ein gewisser ...* een zekere ...; *~! (ja) zeker!

Gewissen *n* (het) geweten; 2**haft** gewetensvol, consciëntieus, nauwgezet; 2**los** gewetenloos; **~s·bisse** *m/pl* gewetenswroeging; **~s·frage** *f* gewetensvraag; **~s·freiheit** *f* gewetensvrijheid; **~s·gründe** *m/pl* gewetensbezwaren *pl*.

gewissermaßen in zekere zin.

Gewißheit *f* zekerheid.

Gewitt|**er** *n* (het) onweer; 2**rig** onweerachtig.

gewitzt gewiekst, slim.

gewöhnen (-) (*sich*) (*an A*) wennen (aan); *daran bin gewöhnt* dat ben ik gewend.

Gewohnheit *f* gewoonte; 2**s·mäßig** gewoonte-, routine-; *Adv* uit gewoonte; **~s·recht** *n* (het) gewoonterecht.

gewöhnlich gewoon, alledaags; *pej* ordinair; *Adv* gewoonlijk.

gewohnt gewoon; *etw ~ sein* iets gewend (*od* gewoon) zijn.

Gewöhnung *f* (het) wennen, gewenning.

Gewölbe *n* (het) gewelf.

Gewühl *n* (-*es*; 0) (het) gewoel.

gewunden kronkelig; *fig* omslachtig.

Gewürz *n* (-*es*; -*e*) specerij; **~e** *pl bsd* kruiden *n/pl*; **~gurke** *f* augurk; **~nelke** *f* kruidnagel; 2**t** gekruid (*a. fig*).

ge|zahnt getand; 2**zänk** *n* (-*es*; 0) (het) gekibbel; 2**zeiten** *f/pl* getijden *n/pl*, eb en vloed; 2**zeter** *n* (het) getier.

ge|zielt gericht; **~ziemen** (-): *sich ~* passen, betamen, horen; **~ziert** aanstellerig; gemaakt, geaffecteerd.

Gezücht *n* (-*es*, -*e*) (het) gebroed.

Gezwitscher *n* (het) getjilp.

gezwungen gedwongen (*a. fig*).

Gicht *f* jicht.

Giebel *m* puntgevel.

Gier *f* begerigheid, hebzucht; 2**en** (*nach D*) begerig zijn (naar); 2**ig** begerig, gretig.

gießen* gieten; *es gießt* het giet; 2**erei** *f* gieterij; 2**kanne** *f* gieter.

Gift *n* (-*es*; -*e*) (het) (ver)gif(t) (*a. fig*); (*Schädliches*) (het) vergif; 2**ig** giftig; *fig a*. venijnig; **~müll** *m* giftig afval (*a.* het); **~stoffe** *m/pl* giftige stoffen *pl*.

gigantisch gigantisch, reusachtig.

Gin *m* (-*s*; -*s*) gin.

Ginster *m* brem.

Gipfel *m* top; (*Höhepunkt*) (het) toppunt; **~konferenz** *f* topconferentie; 2**n** culmineren, zijn hoogtepunt bereiken; **~treffen** *n* topconferentie.

Gips *m* (-*es*; -*e*) (het) gips, (het) pleister; **~abdruck** *m* gipsafdruk; 2**en** (-*t*) pleisteren, gipsen; *Med* in het gips zetten; **~verband** *m* (het) gipsverband.

Giraffe *f* giraf.

Girlande *f* guirlande.

Giro *n* (-*s*; -*s*) giro; **~konto** *n* girorekening; **~verkehr** *m* (het) giroverkeer.

Gischt *m* (-*es*; -*e*) *od f* schuim.

Gitarre *f* gitaar; **~n·spieler**(*in f*) *m* gitarist(e *f*).

Gitter *n* (het) traliewerk, tralies *pl*; (*Zaun*) (het) hek; *fig* F *hinter ~n* achter de tralies; **~stab** *m* tralie.

Gladiole *f* gladiool.

Glanz *m* (-*es*; 0) glans; *fig bsd* luister.

glänzen (-*t*) glanzen (*a. v*/*t*), schitteren (*bsd fig*), blinken; **~d** glanzend, blinkend; *fig* schitterend.

Glanz|leistung *f* schitterende prestatie; 2**voll** glansrijk; **~zeit** *f* glansperiode.

Glas *n* (-*es*; "*er*) (het) glas; (*Behälter a.*) pot; (*Konserven*2) (het) potje.

Glas- *in Zssgn mst* glas-; *bei Material aus Glas oft* glazen (*Adj*).

Gläs·chen *n* (het) glaasje.

Glaser *m* glazenmaker.

gläsern glazen.

Glas|faser *f* glasvezel; **~hütte** *f* glasblazerij; 2**ieren** (-) glaceren; 2**ig** glazig (*a. fig*); 2**klar** glashelder (*a. fig*); **~malerei** *f* glasschilderkunst; **~scheibe** *f* ruit; **~tür** *f* glazendeur; **~ur** *f* (het) glazuur; **~wolle** *f* glaswol.

glatt (-*er od* "*er*; -*est od* "*est*) glad (*a. fig*), effen; (*reibungslos*) vlot; (*rundheraus*) glad-, rondweg, totaal; *Lüge*: flagrant.

Glätte *f* gladheid.

Glatt·eis *n* ijzel.

glätten gladmaken, gladstrijken; (*polieren*) polijsten (*a. fig*).

glatt|rasiert gladgeschoren; **~weg** gladweg, ronduit.

Glatze *f* (het) kaal hoofd; *e-e ~ haben* kaal zijn.

Glaub|e *m* (-*ns*; 0), **~en** *m* (-*s*; 0) (het) geloof (*a. Rel*) (*an A* in); 2**en** (*an A*) geloven (in, *selten* aan); *ich glaube ja* ik geloof van wel.

Glaubens|bekenntnis *n* geloofsbelijdenis; **~satz** *m* (het) geloofsartikel.

Golfplatz

glaubhaft geloofwaardig.
gläubig gelovig; **2e(r)** gelovige; **2er** *m* schuldeiser, crediteur.
glaubwürdig geloofwaardig.
gleich 1. *Adj* gelijk; *mit dem Art.* oft: dezelfde, n/sg hetzelfde; (*gleichgültig*) om 't even; ~ (*D*) gelijk aan; *zur ~en Zeit* tegelijk(ertijd); **2.** *Adv* (*sogleich*) zo, meteen, dadelijk; *bis ~!* tot dadelijk!; ~ *um die Ecke* vlak om de hoek; **3.** *Ko ~ groß, schnell, ...* even; *ganz ~ wie ...* hoe ... ook; ~**altrig** even oud; ~**artig** gelijksoortig; ~**bedeutend** met dezelfde betekenis, synoniem.
gleichberechtig|t gelijkgerechtigd; **2ung** *f* gelijk(gerechtigd)heid.
gleich|bleibend gelijk blijvend, constant; **2e(s)** hetzelfde; ~**en*** (*D*) lijken (op); *sich* ~ op elkaar lijken; ~**er-maßen, ~erweise** evenzo, eveneens; ~**falls** eveneens; *! insgelijks!*: ~**förmig** gelijkvormig; (*eintönig*) eentonig; ~**gesinnt** gelijkgezind; **2gewicht** *n* (het) evenwicht (*a. fig*); ~**gültig** onverschillig; **2gültigkeit** *f* onverschilligheid; **2heit** *f* gelijkheid; **2heits-grundsatz** *m* (het) principe van gelijkheid; ~**kommen** (*D*) evenaren; ~**lautend** gelijk-, eensluidend; ~**machen** gelijkmaken; ~**mäßig** gelijkmatig; **2mut** *m* bedaardheid, gelijkmoedigheid; ~**mütig** bedaard, gelijkmoedig; **2nis** *n* (-ses, -se) gelijkenis; *Bibel:* parabel; ~**sam** als het ware (*Abk* a.h.w.); ~**setzen, ~stellen** (*mit D*) gelijkstellen (met); **2strom** *m* gelijkstroom; **2ung** *f* vergelijking; ~**viel** onverschillig; ~**wertig** gelijkwaardig; ~**wohl** en toch, nochtans; ~**zeitig** gelijktijdig; *Adv* tegelijk(ertijd).
Gleis *n* (-es; -e) (het) spoor.
Gleit|boot *n* glijboot; **2en*** (*sn*) glijden; *Auto a.*: slippen; ~**flug** *m* glijvluchtzweefvlucht; ~**zeit** *f* glijdende (*od* variabele) werktijd(en *pl*).
Gletscher *m* gletsjer.
Glied *n* (-es; -er) (het) lid (*a. Anat*); (*Ketten* 2 *u. fig*) schakel; **2ern** in-, verdelen; ~**erung** *f* indeling; (*Ordnung, Plan bsd*) structuur, bouw; ~**maßen** *pl* ledematen *n/pl*.
glimmen* glimmen, smeulen.
glimpflich *Adv* schappelijk, redelijk; ~ *davonkommen* er genadig afkomen, er nog schappelijk afkomen.

glitschig glibberig, glad.
glitzern glinsteren.
global wereldomvattend; *fig* globaal.
Globus *m* (-[ses]; *Globen od* -se), globe, wereldbol.
Glocke *f* klok; (*Klingel*) bel; (*Schutzhülle*) stolp; ~**n-blume** *f* (het) klokje; ~**n-schlag** *m* klokslag; ~**n-spiel** *n* (het) carillon; ~**n-turm** *m* klokketoren.
glorreich luister-, roemrijk.
Glotze *f* F kijkkast, buis; **2n** (-*t*) wezenloos staren.
Glück *n* (-*es*; 0) (het) geluk; ~ *haben a.* boffen; *auf gut* ~ op goed geluk; ~ *auf!* veel geluk!; *zum* ~ gelukkig; **2bringend** gelukaanbrengend.
Glucke *f* kloek, klokhen.
glück|en (*sn*) (ge)lukken; ~**lich, ~licherweise** gelukkig; ~**selig** gelukzalig.
Glücks|fall *m* (het) geluk(je), buitenkans; ~**pilz** *m* geluksvogel; ~**spiel** *n* (het) kansspel; ~**tag** *m* geluksdag.
Glückwunsch *m* gelukwens, felicitatie; *herzlichen* ~*!* van harte gefeliciteerd!; ~**karte** *f* felicitatiekaart; ~**telegramm** *n* (het) gelukwenstelegram.
Glüh|birne *f* (gloei)lamp; **2en** *v/i* gloeien (*a. fig*; *vor* (*D*) van); **2end** gloeiend; ~**wein** *m* warme wijn; ~**würmchen** *n* (het) glimwormpje.
Glut *f* gloed (*a. fig*).
Glykol *n* (-*s*; -*e*) glycol.
Glyzerin *n* (-*s*; 0) glycerine.
GmbH *f s. Gesellschaft.*
Gnade *f* genade; (*Straferlaß bsd*) gratie.
Gnaden|gesuch *n* (het) verzoek om gratie; **2los** genadeloos, ongenadig.
gnädig genadig, goedertieren; ~*e Frau* Mevrouw.
Gold *n* (-*es*; 0) (het) goud.
Gold|- in *Zssgn mst* goud-; *bei Material aus Gold oft* gouden (*Adj*); ~**barren** *m* staaf goud; **2en** gouden; *Regel, Schnitt:* gulden; ~**fisch** *m* goudvis; **2gelb** goudgeel; ~**gräber** *m* gouddelver, goudzoeker; ~**grube** *f* goudmijn (*a. fig*); **2haltig** goudhoudend; **2ig** lief, snoezig; ~**medaille** *f* gouden medaille; ~**münze** *f* gouden munt; ~**preis** *m* goudprijs; ~**ring** *m* gouden ring; ~**schmied** *m* goudsmid.
Golf 1. *m* (-*es*; -*e*) *Geogr* golf; **2.** *n* (-*s*; 0) (het) golf(spel); ~**ball** *m* golfbal; ~**platz**

Golfschläger 394

m (het) golfterrein; ~**schläger** *m* golfstick; ~**strom** *m* golfstroom.
Gondel *f* (-; -n) gondel.
Gong *m* (-s; -s) gong.
gönn|en gunnen; 2**er** *m* beschermheer, mecenas; ~**er-haft** minzaam; *pej bsd* neerbuigend; 2**erin** *f* beschermvrouwe.
Gonorrhö(e) *f* gonorroe(a).
Gorilla *m* (-s; -s) gorilla (*a. Pers*).
Gosse *f* goot.
Got|ik *f* gotiek; 2**isch** gotisch.
Gott *m* (-*es*; *⁓er*) god; *christlich*: God; ~ *sei Dank!* goddank!; *leider ~es* helaas; *um ~es willen!* in godsnaam!; 2**ergeben** ootmoedig.
Gottes|dienst *m* kerkdienst; ~**furcht** *f* godsvrucht; ~**lästerung** *f* godslastering.
Gottheit *f* godheid.
Gött|in *f* godin, 2**lich** goddelijk.
gott|lob goddank; ~**los** goddeloos; ~**verlassen** godvergeten.
Götze *m* (-n) afgod; ~**n-bild** *n* (het) afgodsbeeld.
Gouverneur *m* (-s; -e) gouverneur.
Grab *n* (-*es*; *⁓er*) (het) graf; *zu ~e tragen* ten grave dragen; 2**en*** graven; *im Garten bsd* spitten; (*einprägen*) griffen.
Graben *m* (-s; *⁓*) sloot, gracht, greppel; *mil* loopgraaf.
Grab|mal *n* (het) grafmonument; ~**stein** *m* grafsteen, zerk.
Gracht *f* gracht; ~**en-rundfahrt** *f* rondvaart door de grachten.
Grad *m* (-*es*; -e) graad; *minus zehn ~* min(us) tien graden *pl*; *bis zu e-m gewissen ~* tot op zekere hoogte; ~**messer** *m* graadmeter.
Graf *m* (-en) graaf.
Graffito *m od n* (-s; -ti) (het) graffito.
Gräfin *f* gravin.
Grafschaft *f* (het) graafschap.
Gram *m* (-*es*; *0*) (het) verdriet, smart.
Gramm *n* (-s; -e) (het) gram; *hundert ~* honderd gram, (het) ons.
Grammatik *f* grammatica, spraakkunst.
grammat(ikal)isch grammaticaal.
Granat *m* (-*es*; -e) (*Stein*) granaat; *Zool* garnaal; ~**e** *f* granaat; ~**splitter** *m* granaatscherf.
grandios grandioos, groots.
Granit *m* (-s; -e) (het) graniet.
Grapefruit *f* (-; -s) grapefruit.
Graph|ik *f* grafiek; ~**iker(in** *f*) *m* (vrouwelijke *f*) graficus; 2**isch** grafisch.
grapschen F graaien, grijpen.
Gras *n* (-*es*; *⁓er*) (het) gras; 2**en** (-*t*) grazen; ~**fläche** *f* (het) grasveld; ~**halm** *m* (het) grassprietje.
grassieren (-) woeden, heersen.
gräßlich afgrijselijk, gruwelijk.
Gräte *f* graat.
Gratifikation *f* gratificatie.
gratis gratis.
Gratul|ant *m* (-*en*) gelukwenser; ~**ation** *f* felicitatie, gelukwens; 2**ieren** (-) (*j-m zu D*) feliciteren (met), gelukwensen (met).
grau grijs, grauw (*bsd fig*); 2**brot** *n* (het) grijs, Duits brood.
grauen 1. *Morgen:* grijzen; **2.** *mir graut vor* (*D*) ik huiver voor, ik griezel van; **3.** 2 *n* (het) afgrijzen, huivering; ~**haft**, ~**voll** afgrijselijk, huiveringwekkend.
Graupe *f* (gepelde) gerstekorrel.
Graupeln *f/pl* stofhagel.
grausam wreed; 2**keit** *f* wreedheid.
Grausen *n* huivering, (het) afgrijzen.
grausig huiveringwekkend, afgrijselijk.
Grauzone *f* (het) grijs gebied.
gravieren (-) graveren; ~**d** ernstig.
Grazie *f* gratie, bevalligheid.
graziös gracieus, bevallig.
greif|bar tastbaar (*a. fig*); *Ware:* direct leverbaar; ~**en*** (*nach, zu D*) grijpen (naar), pakken (naar); *um sich ~* om zich heen grijpen; 2**er** *m* grijper.
Greis *m* (-*es*; -e) grijsaard; ~**in** *f* oude vrouw.
grell schril, schel.
Gremium *n* (-s; *Gremien*) commissie, (het) college.
Grenz|- *in Zssgn mst* grens-, *z.B.* ~**ausgleich** *m* (compenserende) grensheffing; ~**bewohner** *m* grensbewoner; ~**e** *f* grens (*a. fig*); ~**n setzen** (*D*) paal en perk stellen aan; 2**en** (-*t*) (*an D*) grenzen (aan) (*a. fig*); 2**en-los** grenzeloos, onbegrensd; ~**er** *m* douanebeambte; grensbewoner; ~**fall** *m* (het) grensgeval; ~**formalität** *f* grensformaliteit; ~**gänger** *m* (*Arbeiter*) grensarbeider; ~**kontrolle** *f* grenscontrole; ~**linie** *f Sp* zijlijn; ~**polizei** *f* grenspolitie; ~**posten** *m* grenswacht; ~**stelle** *f*, ~**übergang(s-stelle** *f*) *m* grenspost, (het) grenskantoor; 2**überschreitend** grensoverschrijdend.

Greuel m gruwel; ~**tat** f gruweldaad.
Griech|e m (-n) Griek; ~**en·land** n Griekenland; ~**in** f Griekse; ²**isch** Grieks.
Grieß m (-es; -e) (het) griesmeel; ~**brei** m griesmeelpap.
Griff m (-es; -e) greep; (Koffer²) (het) handvat; (Tür²) kruk; ²**bereit** bij de hand; ²**ig** handig.
Grill m (-s; -s) grill; (Holzkohlen² bsd) barbecue; **vom ~** van de grill; ~**e** f krekel; fig gril; ²**en** grillen; barbecuen; ~**fest** n barbecueparty; ~**restaurant** n (het) grillrestaurant.
Grimasse f grimas; ~**n schneiden** grimassen pl maken.
grimmig grimmig (a. Kälte), nijdig.
grinsen (-t) grijnzen, grinniken.
Grippe f griep; ~**(schutz)impfung** f inenting tegen griep; ~**welle** f griepepidemie.
Grips m (-es; -e) F hersens pl.
grob (~er; ~st) grof (a. fig); Mensch a. See: ruw; ²**heit** f grofheid, onbeschoftheid; ²**ian** m (-es; -e) kinkel.
gröblich ernstig, grof.
Grog m (-s; -s) grog.
grölen brullen, bulken.
Groll m (-es; 0) wrok; ²**en** (D) wrok koesteren (tegen).
Grönland n Groenland n.
Gros n (-[ses]; -[se]) gros (a. fig).
Groschen m (het) tienpfennigstuk; in Österreich: Oostenrijkse cent, ¹/₁₀₀ schilling; ndl (het) dubbeltje.
groß (~er; ~t) groot; fig a. groots; ²**aktionär** m grootaandeelhouder; ~**angelegt** groots opgezet; ~**artig** fantastisch, groots; ²**aufnahme** f close-up; ²**bank** f (-; -en) grote bank; ²**betrieb** m (het) grootbedrijf; ²**brand** m grote (of uitslaande) brand; ²**britannien** n Groot-Brittannië n; ²**buchstabe** m hoofdletter.
Größe f grootte; Kleidung, Schuhe: maat; fig u. Math grootheid.
Groß·eltern pl grootouders pl.
Größen·ordnung f orde van grootte.
großenteils grotendeels.
Größenwahn m grootheidswaan(zin).
Großgrundbesitz m (het) grootgrootbezit; ~**er** m grootgrondbezitter.
Großhandel m groothandel; ~**s·preis** m groothandelsprijs.
Groß|händler m groothandelaar, grossier; ~**handlung** f groothandel; ²**herzig** groot-, edelmoedig.
Großherzog(**in** f) m groothertog(in f); ~**tum** n (het) groothertogdom.
Groß|industrie f grootindustrie; ~**macht** f grote mogendheid; ~**maul** n F opschepper; ~**mut** f groot-, edelmoedigheid; ~**mutter** f grootmoeder; ~**raum** m regio, agglomeratie; ~**raumbüro** n kantoortuin; ~**reinemachen** n grote schoonmaak; ~**schreibung** f (het) schrijven met hoofdletters; ²**sprecherisch** grootsprakig; ²**spurig** arrogant; ²**stadt** f grote stad; ²**städtisch** grootstedelijk; ~**stadtverkehr** m (het) verkeer in de grote stad.
größt|e(**r, -s**) grootste; ~**en·teils** grotendeels; ~**möglich** zo groot mogelijk.
groß|tun opscheppen; ²**unternehmen** n grote onderneming; ²**vater** m grootvader; ²**wetterlage** f algemene weersgesteldheid; ²**wild** n (het) groot wild; ~**ziehen** grootbrengen.
großzügig royaal; (weiträumig a.) weids; (tolerant) ruimdenkend; ²**keit** f (het) royale; weidsheid; (Freigebigkeit) goedgeefsheid.
grotesk grotesk; ²**e** f groteske.
Grotte f grot.
Grube f kuil, put; (het) hol; Bgb mijn.
grübeln piekeren, tobben.
Gruft f (-; ~e) groeve, (het) graf, grafkuil.
grün 1. groen; **die ²en** pl de Groenen pl; **im ²en** (op de) buiten, in de vrije natuur; **ins ²e** naar buiten; **2.** ² n (-s; -) (het) groen; ²**anlage** f (het) plantsoen.
Grund m (~es; ~e) grond; (Ursache) reden; **aus diesem ~** om die reden; **im ~e genommen** eigenlijk; **von ~ auf** door en door; ~**ausbildung** f basisopleiding; ~**bedingung** f basisvoorwaarde; ~**begriff** m (het) grondbegrip.
Grundbesitz m (het) grondbezit; ~**er** m grondbezitter.
gründ|en stichten, oprichten; **sich ~ auf** (A) berusten op; ²**er** m stichter, oprichter; ²**erin** f stichtster, oprichtster.
grund|falsch totaal verkeerd; ²**fläche** f (het) grondvlak; ²**gebühr** f (het) vast recht; ²**gedanke** m grondgedachte; ²**gesetz** n grondwet; ~**ieren** (-) gronden, in de grondverf zetten; ²**kapital** n (het) stamkapitaal; ²**lage** f grondslag; ~**legend** fundamenteel.

gründlich grondig (*a. sehr*); ⸰keit *f* grondigheid.

grund|los *fig* ongegrond; ⸰nahrungsmittel *n* (het) primair levensmiddel.

Gründonnerstag *m* Witte Donderdag.

Grund|recht *n* (het) grondrecht; ~riß *m* plattegrond; *fig* schets; ~satz *m* (grond)beginsel, (het) principe; ⸰sätzlich principieel; ~schule *f* basisschool; ~stein *m* eerste steen; *fig* grondslag; ~steuer *f* grondbelasting; ~stück *n* (het) perceel, (het) stuk grond; ~stücks-makler *m* makelaar in grond.

Gründung *f* stichting, oprichting.

grund|verschieden totaal verschillend; ⸰wasser *n* (het) grondwater; ⸰zahl *f* (het) hoofdtelwoord; ⸰zug *m* grondtrek, hoofdlijn.

Grün|e(s) *s. grün;* ~fläche *f* (het) plantsoen; ~n *pl a.* groenvoorzieningen *pl;* ~gürtel *m* groengordel; ~kohl *m* boerenkool; ~span *m* (-*es;* 0) (het) kopergroen; ~streifen *m* (midden)berm.

grunzen (-*t*) knorren.

Gruppe *f* groep; ~n-ermäßigung *f* vermindering voor groepen; ~n-führer *m* groepsleider; ~n-reise *f* groepsreis.

gruppieren (-) (*sich*) (zich) groeperen.

Grusel|film *m* griezelfilm; ⸰ig griezelig; ⸰n griezelen, ijlen.

Gruß *m* (-*es;* ⸚*e*) groet; *herzliche Grüße pl* hartelijke groeten *pl.*

grüßen (-*t*) groeten; *grüß Gott!* goeiendag!

Grütze *f* grutten *pl*, gort.

gucken kijken; ⸰loch *n* (het) kijkgat.

Guerilla *f* (-; -*s*) guerrilla.

Gulasch *n od m* (-*es;* -*e od* -*s*) goelasj.

Gulden *m* gulden (*Abk fl.*).

Gully *m* (-*s;* -*s*) rioolput.

gültig geldig; ⸰keit *f* geldigheid.

Gummi *n od m* (-*s;* -[*s*]) rubber (*a.* het), gummi; (*Radier*⸰) gum; (~*band*) (het) elastiek(je); ~ball *m* rubberbal; ~band *n* (het) elastiek(je); ~baum *m* ficus, rubberboom; ~boot *n* rubberboot; ~dichtung *f* rubberpakking.

gummieren (-) gommen.

Gummi|handschuhe *m/pl* rubberhandschoenen *pl;* ~knüppel *m* gummiknuppel; ~reifen *m* rubberband; ~schlauch *m* rubberslang; ~stiefel *m/pl* rubberlaarzen *pl;* ~zug *m* (het) elastiek.

Gunst *f* (-; 0) gunst; *zu meinen ~en* te mijnen gunste.

günst|ig gunstig; ⸰ling *m* (-*s;* -*e*) gunsteling(*e f*).

Gurgel *f* (-; -*n*) keel, strot; ⸰n gorgelen; ~wasser *n* gorgeldrank.

Gurke *f* komkommer; (*klein*) augurk; ~n-salat *m* komkommersla.

gurren kirren.

Gurt *m* (-*es;* -*e*) gordel, riem.

Gürtel *m* gordel (*a. Zone*), riem, ceintuur; ~reifen *m* radiaalband; ~tier *n* (het) gordeldier.

Gurt|muffel *m* F persoon die niet graag de veiligheidsgordel omdoet; ~pflicht *f* = **Anschnallpflicht**.

Guß *m* (-*sses;* ⸚*sse*) (het) gieten; (*Regen*) stortbui; (*Zucker*⸰) (het) glazuur; *aus e-m ~* uit één stuk; ~eisen *n* (het) gietijzer; ~form *f* gietvorm.

gut 1. (*besser; best-*) goed; *schon ~!* ('t is al) goed!; *alles* ⸰*e!* het beste!; **2.** ⸰ *n* (-*es;* ⸚*er*) (het) goed (*a. fig u. Land*⸰); (*Habe a.*) (het) bezit, bezitting.

Gutachten *n* (het) rapport, (het) advies, expertise; ~er *m* rapporteur, deskundige, expert.

gut|artig goedaardig (*a. Med*); ~bürgerlich *Küche:* Duits; ⸰dünken *n* (het) goeddunken.

Güte *f* goedheid; (*Qualität*) deugdelijkheid, kwaliteit.

Güter *n/pl* goederen *n/pl;* ~abfertigung *f* (het) goederenbureau; ~bahnhof *m* (het) goederenstation; ~gemeinschaft *f* gemeenschap van goederen; ~trennung *f* scheiding van goederen; ~verkehr *m* (het) goederenverkeer; ~wagen *m* goederenwagon; ~zug *m* goederentrein.

Güte-zeichen *n* kwaliteitsaanduiding.

gut|gehen goed gaan; ~gelaunt goedgeluimd, goedgehumeurd; ~gemeint goed bedoeld; ~gläubig goedgelovig; *jur* te goeder trouw; ⸰haben *n* (het) tegoed; ~heißen goedkeuren, goedvinden; ~herzig goedhartig.

güt|ig goedig, welwillend; ~lich minnelijk; *sich ~ tun* zich te goed doen.

gut|machen goedmaken; ~mütig goedmoedig, goedig; ⸰schein *m* bon; ~schreiben crediteren; ⸰schrift *f* creditering; creditnota; ⸰tun goeddoen; ~willig goedwillig.

Gymnasium *n* (-*s*; -*sien*) (het) gymnasium, (het) atheneum.

Gymnastik *f* gymnastiek.
Gynäkologie *f* gynaecologie.

H

H, h *n* (-; -) H, h; *Mus* B, b.
Haag *n*: **Den ~** 's-Gravenhage *n*, Den Haag *n*.
Haar *n* (-*es*; -*e*) (het) haar; **an den ~en herbeiziehen** er met de haren bij slepen; **aufs ~** als twee druppels water; **um ein ~** het scheelde maar weinig of ...
Haar|- *in Zssgn mst* haar-, *z.B.* **~ausfall** *m* haaruitval; **~bürste** *f* haarborstel; **2en:** *sich* **~ verharen;** **~es·breite** *f*: **um ~** het scheelde maar een haar of ...; **~farbe** *f* haarkleur; **2fein** haarfijn; **~festiger** *m* haarversteviger; **2genau** haarfijn; **2ig** harig; **~locke** *f* haarlok, krul; **~nadel** *f* haarspeld; **~nadelkurve** *f* haarspeldbocht; **~netz** *n* (het) haarnetje; **2scharf** (*ganz nahe*) rakelings; **~schnitt** *m* (het) kapsel; haarsnit, coupe; **~spalterei** *f* haarkloverij, muggezifterij; **~spange** *f* haarspeld; **~spray** *m od n* haarlak (*a.* het); **~sträubend** schrikbarend, ontzettend; **~teil** *n* (het) haarstukje; **~trockner** *m* haardroger; **~stückje** *n* haarwassing; **~waschmittel** *n* (het) haarwasmiddel; **~wasser** *n* haarlotion; **~wuchs** *m* haargroei; (*Bestand*) haardos.
Hab *n*: **~ und Gut** have en goed; **~e** *f* have, (het) bezit; bezitting(en *pl*).
haben* hebben; *etw* **ist nicht zu ~** is niet te krijgen; *nichts davon* **~** er niets aan hebben; *sich* **~** zich aanstellen.
Haben *n Hdl* (het) credit.
Habe·nichts *m* (-*es*; -*e*) have-not.
Haben|saldo *n* (het) creditsaldo; **~seite** *f* creditzijde; **~zinsen** *m/pl* creditrente.
Habgier *f* hebzucht; **2ig** hebzuchtig.
Habicht *m* (-*s*; -*e*) havik.
Habilitation *f* habilitatie.
Habseligkeiten *f/pl* bezittingen *pl*, F spullen *n/pl*.
Hackbraten *m* (het) gebraden gehakt.

Hack|e *f* (*Werkzeug*) (het) houweel; (*Schuh2*) hiel, hak; **2en** hakken; *Vogel:* pikken; **~fleisch** *n* (het) gehakt.
Hader *m* (*Streit*) twist, ruzie.
Hafen *m* (-*s*; **~**) haven (*a. fig*).
Hafen|- *in Zssgn mst* haven-, *z.B.* **~amt** *n* havendienst; **~anlagen** *f/pl* haveninstallaties *pl*; **~arbeiter** *m* havenarbeider; **~behörde** *f* havenautoriteiten *pl*; **~damm** *m* (het) havenhoofd, pier; **~einfahrt** *f* haveningang; **~gebühr** *f* havenrechten *n/pl*; **~polizei** *f* havenpolitie; **~rundfahrt** *f* havenrondvaart; **~stadt** *f* havenstad; **~viertel** *n* (het) havenkwartier.
Hafer *m* haver; **~flocken** *f/pl* havermout; **~schleim** *m* dunne havermoutpap.
Haft *f* hechtenis; *in* **~ *nehmen*** in hechtenis nemen; **2bar** (*für A*) aansprakelijk (voor); **~befehl** *m* (het) arrestatiebevel.
haften (*an D*) kleven (aan), vastzitten (aan); (*für A*) instaan (voor), aansprakelijk zijn (voor) (*a. jur*).
Haft·entlassung *f* invrijheidstelling.
Häftling *m* (-*s*; -*e*) gedetineerde.
Haftpflicht *f* wettelijke aansprakelijkheid (*Abk* W.A.); **~versicherung** *f* W.A.-verzekering.
Haftschalen *f/pl* contactlenzen *pl*.
Haftung *f* aansprakelijkheid.
Hagebutte *f* rozebottel.
Hagel *m* hagel; **~korn** *n* hagelkorrel; **2n** hagelen (*a. fig*); **~schauer** *m* hagelbui.
hager (lang en) mager.
Häher *m* Vlaamse gaai.
Hahn *m* (-*es*; **~e**) haan; *Tech* kraan.
Hähnchen *n* (het) haantje; *kul bsd* kip.
Hai *m* (-*es*; -*e*), **~fisch** *m* haai.
Hain *m* (-*es*; -*e*) (het) bosje.
Häkel|arbeit *f* (het) haakwerk; **2n** haken; **~nadel** *f* haakpen.
haken (vast)haken.

Haken *m* haak; *die S. hat e-n ~* er is een maar bij; **~kreuz** *n* (het) hakenkruis.

halb half; **~amtlich** officieus; **~automatisch** halfautomatisch; **²bruder** *m* halfbroer; **²dunkel** *n* (het) halfdonker; **²e(r, -s)** halve liter.

Halb|fabrikat *n* (het) halffabrikaat; **²gar** halfgaar; **~gott** *m* halfgod; **²ieren** (-) halveren; **~insel** *f* (het) schiereiland; **~jahr** *n* (het) halfjaar; **²jährlich** halfjaarlijks; **~kreis** *m* halve cirkel; **~kugel** *f* Geogr (het) halfrond; **²laut** halfluid; **²mast** halfstok; **~messer** *m* straal; **~mond** *m* halvemaan; **~pension** *f*(het) half pension; **~schlaf** *m* lichte slaap, dommel; **~schuh** *m* lage schoen; **~schwergewicht** *n* (het) halfzwaargewicht; **~schwester** *f* half-, stiefzuster; **~starke(r)** nozem; **²stündlich** om het half uur; **²tägig** van (od voor) een halve dag; **²tags** voor halve dagen.

halbtags voor halve dagen; **²arbeit** *f* (het) werk voor halve dagen; **²kraft** *f* part-timer voor halve dagen.

halb|tot halfdood (a. fig); **~trocken** Getränk: demi-sec; **~voll** halfvol; **²waise** *f* halve wees; **~wegs** halfweg; **(ungefähr)** min of meer; **²zeit** *f* speelhelft; rust, halftime.

Halde *f* berghelling; (Schutt²) berg.

Hälfte *f* helft; *zur ~* voor de helft.

Halfter *f* (-; -n) (Pistolen²) holster.

Halle *f* hal; (Säulen²) galerij; (Turn²) (turn)zaal; **²n** (weer)klinken, galmen.

Hallen|bad *n* (het) overdekt zwembad; **~handball** *m* (het) zaalhandbal.

Hallig *f* (het) niet bedijkt waddeneiland.

hallo! hallo!

Halluzination *f* hallucinatie.

Halm *m* (-es; -e) halm; (Trink²) (het) rietje.

Halogen|lampe *f*, **~scheinwerfer** *m* halogeenlamp.

Hals *m* (-es; ⁻e) hals, keel; *aus vollem ~e* uit volle borst; *sich etw vom ~e schaffen* zich van iets afmaken; *es hängt mir zum ~ (he)raus* het hangt mij de keel uit; *über Kopf* hals over kop; **~band** *n* (het) collier; (Hunde²) halsband; **²brecherisch** halsbrekend; **~entzündung** *f* keelontsteking; **~kette** *f* halsketting; **~kragen** *m* boord; **~Nasen-Ohren-Arzt** *m* hals-, neus- en oorarts; **~schlagader** *f* halsslagader; **~schmerzen** *m/pl* keelpijn; **²starrig** halsstarrig, hardnekkig; **~tuch** *n* halsdoek; **~weite** *f* halswijdte.

halt 1. Adv (süddeutsch) nu eenmaal; **2.** **~!** halt!, stop!

Halt *m* (-es; -e) halte, stopplaats; (Stütze) (het) houvast, (het) steunpunt; *den ~ verlieren* zijn evenwicht verliezen (a. fig); **²bar** houdbaar; **~barkeits-datum** *n* houdbaarheidsdatum; **²en* 1.** *v/t* houden; *etw für gut (falsch) ~* iets goed (verkeerd) vinden; *was ~ Sie davon?* wat denkt U ervan?; *nicht viel ~ von (D)* geen hoge dunk hebben van; **2.** *v/i* (fest sein) houden; (stillstehen) stoppen; **3.** *sich ~ (an A)* zich houden (aan).

Halter *m* houder (a. Pers).

Halte|schild *n* (het) stopbord; **~signal** *n* (het) stopteken; **~stelle** *f* halte.

Halteverbot *n* (het) stopverbod; **~schild** *n* (het) stopverbodsbord.

halt|los onhoudbaar; Pers: stuurloos, onevenwichtig; **~machen** halt houden, stoppen; **²ung** *f* houding; (Vieh²) (het) houden.

Halunke *m* (-n) schurk, schoelje.

Hamburger 1. *m* Hamburger; *kul* hamburger; **2.** Adj Hamburgs.

hämisch boosaardig, vals.

Hammel *m* hamel; (Dummkopf) ezel; **~fleisch** *n* (het) schapevlees; **~keule** *f* schapebout.

Hammer *m* (-s; ⁻) hamer.

hämmern hameren.

Hammerwerfen *n* (het) kogelslingeren.

Hämoglobin *n* (-s; 0) hemoglobine.

Hämorrhoiden *f/pl* aambeien *pl*.

Hampelmann *m* marionet (a. fig).

Hamster *m* hamster; **~er** *m* hamsteraar; **²n** hamsteren.

Hand *f* (-; ⁻e) hand; *alle Hände voll zu tun haben* de handen vol hebben; *auf der ~ liegen* voor de hand liggen; *in die ~ nehmen* fig ter hand nemen; *unter der ~* onder(s)hands; *zu Händen von* (D) ter attentie van (Abk t.a.v.).

Hand|- in Zssgn mst hand-; **~arbeit** *f* handenarbeid; (Nadel²) (het) handwerk; **~ball** *m* (het) handbal; **~bewegung** *f* handbeweging; **~breit** *f* (het) handbreed; **~bremse** *f* handrem; **~buch** *n* (het) handboek.

Händchen *n* (het) handje.

Harmonisierung

Hände|druck *m* handdruk; **~klatschen** *n* (het) handgeklap, (het) applaus.
Handel *m* (-s; *0*) handel; (*Kauf bsd*) koop; **~ mit etw** (*D*) handel in.
handeln handelen (*a. Hdl*); (*feilschen a.*) afdingen; **~ mit etw** (*D*) handeldrijven in; **~ von** (*D*) gaan over; **sich ~ um** (*A*) betreffen, gaan over.
Handels|- *in Zssgn mst* handels-, *z.B.* **~abkommen** *n* (het) handelsverdrag; **~bank** *f* handelsbank; **~beschränkung** *f* handelsbeperking; **~beziehungen** *f/pl* handelsbetrekkingen *pl.*
Handelsbilanz *f* handelsbalans; **~defizit** *n* (het) deficit op de handelsbalans; **~überschuß** *m* (het) overschot op de handelsbalans.
handels|einig: ~ sein (**werden**) het (over een transactie) eens zijn (worden); **Ȿfreiheit** *f* vrijheid van handel; **Ȿgesellschaft** *f* handelsmaatschappij; **Ȿhochschule** *f* handelshogeschool; **Ȿkammer** *f* kamer van koophandel; **Ȿkorrespondenz** *f* handelscorrespondentie; **Ȿmarine** *f* koopvaardijvloot; **Ȿregister** *n* (het) handelsregister; **Ȿreisende(r)** *m* handelsreiziger; **Ȿschiff** *n* (het) koopvaardijschip; **Ȿschranke** *f* handelsbeperking; **Ȿschule** *f* handelsschool; **Ȿspanne** *f* winstmarge; **Ȿüblich** in de handel gebruikelijk; **Ȿunternehmen** *n* handelsonderneming; **Ȿvertrag** *m* (het) handelsverdrag; **Ȿvertreter** *m* handelsvertegenwoordiger; **Ȿvertretung** *f* handelsvertegenwoordiging; **Ȿware** *f* handels-, koopwaar.
hände-ringend handenwringend.
Hand|feger *m* handveger, stoffer; **~fertigkeit** *f* handvaardigheid; **Ȿfest** stevig; **Ȿfläche** *f* handpalm, vlakke hand; **Ȿgearbeitet** met de hand vervaardigd; **~gelenk** *n* pols; **~gemenge** *n* (het) handgemeen, vechtpartij; **~gepäck** *n* handbagage; **~granate** *f* handgranaat; **Ȿgreiflich** tastbaar, voor de hand liggend; **~ werden** handtastelijk worden; **~griff** *m* handgreep; *e-s Gefäßes, Koffers*: (het) handvat; **~habe** *f fig* (het) aanknopingspunt, basis; **Ȿhaben** hanteren; *Gesetz, Recht bsd* toepassen; **~habung** *f* hantering; toepassing; **~karren** *m* handkar; **Ȿkoffer** *m* handkoffer; **~kuß** *m* handkus; **~langer** *m* handlanger (*a. pej*).

Händler(in *f*) *m* handelaar(ster *f*).
hand|lich handig, praktisch; **Ȿlung** *f* handeling; (*Laden*) handel, zaak.
handlungs|fähig tot handelen in staat; *jur* handelingsbekwaam; **Ȿreisende(r)** *m* handelsreiziger; **Ȿweise** *f* handelwijze.
Hand|schellen *f/pl* handboeien *pl*; **~schlag** *m*: **per ~** op handslag; **~schrift** *f* (het) handschrift; **Ȿschriftlich** eigenhandig (geschreven); in manuscript; **~schuh** *m* handschoen; **~streich** *m* overrompeling, overval; *Pol* coup; **~tasche** *f* handtas; **~tuch** *n* handdoek; **~umdrehen** *n*: **im ~** in een ommezien (*od* handomdraai); **~voll** *f* (-; -) handvol.
Handwerk *n* (het) ambacht, (het) vak; **~er** *m* ambachtsman; **~s-zeug** *n* (het) gereedschap.
Hand|zeichen *n* (het) teken met de hand; **~zettel** *m* (het) strooibiljet.
hanebüchen grof; (*unerhört*) ongehoord.
Hanf *m* (-*es*; *0*) hennep.
Hang *m* (-*es*; *-̈e*) helling; *fig* neiging, zucht.
Hangar *m* (-s; -s) hangar.
Hänge|brücke *f* hangbrug; **~lampe** *f* hanglamp; **~matte** *f* hangmat.
hänge|n *v/i u. v/t* hangen; *v/t a.* ophangen; **~n-bleiben** blijven hangen; **~n-lassen** laten hangen; **Ȿr** *m* (*Kleid*) overgooier; **Ȿschloß** *n* (het) hangslot.
Hanse *f* Hanze; **Ȿatisch** hanzeatisch.
hänseln plagen.
Hanswurst *m* (-*es*; -*e*) hanswurst.
Hantel *f* (-; -*n*) halter.
hantieren (-) bezig zijn; **~ mit** (*D*) omgaan met, hanteren.
hapern haperen.
Häppchen *n* (het) hapje.
Happen *m* hap, beet.
happig overdreven (*a. Preis*).
Hardware *f EDV* hardware.
Harem *m* (-s; -s) harem.
Harfe *f* harp.
Harke *f* hark; **Ȿn** harken.
Harlekin *m* (-s; -*e*) harlekijn.
harmlos onschuldig.
Harmon|ie *f* harmonie; **Ȿieren** (-) harmoniëren; **Ȿika** *f* (-; -*s*) harmonica; **Ȿisch** harmonisch; **~isierung** *f* harmonisering (*a. Hdl*).

Harn 400

Harn *m* (-*es*; *0*) urine; **~blase** *f* urineblaas; ⚲en urineren, wateren.
Harnisch *m* (-*es*; -*e*) (het) harnas.
Harpun|e *f* harpoen; ⚲**ieren** (-) harpoeneren.
hart (*~er*; *~est*) hard (*a. fig*); (*streng*) hardvochtig; (*dicht*) vlak (bij), dicht.
Härte *f* hardheid; *fig* hardvochtigheid, strengheid; (*Ungerechtigkeit*) onbillijkheid; ⚲**n** harden (*a. fig*).
Hart|geld *n* munten *pl*; ⚲**gesotten** *fig* verstokt; ⚲**näckig** hardnekkig.
Harz *n* (-*es*; -*e*) hars; ⚲**ig** harsachtig.
Hasch|e *n* (-*s*; -*s*) hachee, (het) stoofvlees.
haschen pakken, vangen, grissen; F hasjiesj roken.
Häs·chen *n* (het) haasje.
Haschisch *n* (-; *0*) hasj(iesj).
Hase *m* (-*n*) haas; **falscher ~** (het) gebraden gehakt.
Haselnuß *f* hazelnoot.
Hasen|fuß *m fig* bangerd; **~klein** *n* hazepeper; **~scharte** *f* hazelip.
Haspel *f* (-; -*n*) haspel; (*Winde a.*) windas.
Haß *m* (-*sses*; *0*) haat.
hassen (-*βt*) haten; **~s·wert** verfoeilijk.
haß·erfüllt vol haat.
häßlich lelijk; ⚲**keit** *f* lelijkheid.
Hast *f* (-; *0*) haast, gejaagdheid; ⚲**en** (*sn*) zich haasten; ⚲**ig** haastig, gehaast.
hätscheln vertroetelen, knuffelen.
Haube *f* kap (*a. Tech*), muts.
Haubitze *f* houwitser.
Hauch *m* (-*es*; -*e*) adem; (*Luftzug*) (het) zuchtje; (*Duft*) geur; (*Dunst*) (het) waas; (*kaum Merkliches*) (het) vleugje, zweem; ⚲**dünn** ragfijn; ⚲**en** ademen; (*flüstern*) zachtjes fluisteren.
hauen* slaan (*a. prügeln*), houwen; **um sich ~** om zich heen slaan; **sich ~** elkaar slaan, vechten.
Haufen *m* hoop (*a. fig u. Menge*), stapel; (*Menge pej*) bende; **über den ~** omver, ondersteboven, overhoop.
häufen (*sich*) (zich) opstapelen, (zich) ophopen; (*zunehmen*) toenemen.
haufenweise bij hopen; (*in Mengen*) massaal.
häufig *Adj* talrijk, veelvuldig; *Adv* dikwijls, vaak; ⚲**keit** *f* frequentie.
Häufung *f* opeenhoping (*a. fig*).
Haupt *n* (-*es*; *~er*) (het) hoofd (*a. fig*).

Haupt|- *in Zssgn mst* hoofd-, *z.B.* **~aktionär** *m* hoofdaandeelhouder; ⚲**amtlich** als hoofdbetrekking; **~bahnhof** *m* (het) centraalstation (*Abk* C.S.); **~darsteller(in** *f*) *m* hoofdrolspeler m, -speelster *f*; **~eingang** *m* hoofdingang; **~fach** *n* (het) hoofdvak; **~gericht** *n* (het) hoofdgerecht; **~geschäftsstraße** *f* grote winkelstraat; **~geschäftszeit** *f* (het) spitsuur; **~gewinn** *m* hoofdprijs.
Häuptling *m* (-*s*; -*e*) (het) opperhoofd.
Haupt|mahlzeit *f* hoofdmaaltijd; **~mann** *m* (-*es*; *Hauptleute*) hoofdman; (*Offizier*) kapitein; **~postamt** *n* (het) hoofdpostkantoor; **~quartier** *n* (het) hoofdkwartier; **~reisezeit** *f* (het) toeristisch hoogseizoen; **~rolle** *f* hoofdrol; **~sache** *f* hoofdzaak; ⚲**sächlich** voornaamst; *Adv* hoofdzakelijk; **~saison** *f* (het) hoogseizoen; **~satz** *m* hoofdzin; **~schulabschluß** *m* (het) mavodiploma; **~schule** *f* mavo(school); **~stadt** *f* hoofdstad; **~straße** *f* hoofdstraat; hoofdweg; **~teil** *m* (het) hoofddeel.
Hauptverkehrs|straße *f* hoofdstraat; doorgaande weg; **~zeit** *f* (het) spitsuur.
Haupt|versammlung *f* algemene vergadering; **~verwaltung** *f* hoofddirectie; centrale administratie; **~wohnsitz** *m* eerste woonplaats; **~wort** *n* (-*es*; *~er*) (het) zelfstandig naamwoord.
Haus *n* (-*es*; *~er*) (het) huis; (*Firma a.*) zaak, firma; **nach ~e** naar huis; **nach ~e kommen** thuiskomen; **zu ~e** thuis; **außer ~** buitenshuis; **frei ~** franco thuis; **~apotheke** *f* huisapotheek; **~arbeit** *f* (het) huishoudelijk werk; (*Schüler* ⚲) (het) huiswerk; **~arrest** *m* (het) huisarrest; **~arzt** *m* huisarts; **~aufgaben** *f/pl* (het) huiswerk; ⚲**backen** *fig* alledaags, duf; **~besetzer** *m* kraker; **~besetzung** *f* kraakactie; **~besitzer** *m* huiseigenaar; **~besuch** *m* visite; **~boot** *n* woonboot.
Häus·chen *n* (het) huisje.
hausen (-*t*) huizen; (*verwüsten*) huishouden.
Häuser·meer *n* huizenzee.
Haus|flur *m* hal; **~frau** *f* huisvrouw; **~friedens·bruch** *m* huisvredebreuk; **~gast** *m* gast (van het huis); ⚲**gemacht** eigengemaakt, zelf bereid.
Haushalt *m* (-*es*; -*e*) (het) huishouden;

Heilbad

(*Tätigkeit a.*) huishouding; (*Etat*) begroting; ⚹en (*mit D*) zuinig zijn (met).
Haushälterin *f* huishoudster.
Haushalts|defizit *n* (het) begrotingstekort; ⚹geld *n* (het) huishoudgeld; ⚹jahr *n* (het) begrotingsjaar; ⚹plan *m* begroting.
Haus|haltung *f* huishouding; ⚹herr(in *f*) *m* heer (vrouw *f*) des huizes; ²hoch *fig* huizehoog.
hausier|en (-) (*mit*) venten (met), leuren (met); ²er *m* venter, leurder.
häuslich huiselijk; (*gemütlich a.*) gezellig.
Haus|macherwurst *f* zelfgemaakte worst; ⚹mann *m* huisman; ⚹mannskost *f* dagelijkse pot; ⚹marke *f* (het) huismerk; ⚹meister *m* conciërge, huismeester; ⚹mittel *n* (het) huismiddel(tje); ⚹ordnung *f* (het) (huis)reglement; ⚹rat *m* (het) huisraad, inboedel; ⚹ratversicherung *f* inboedelverzekering; ⚹schlüssel *m* huissleutel; ⚹schuhe *m/pl* pantoffels *pl.*
Hausse *f* hausse.
Haus|suchung *f* huiszoeking; ⚹tier *n* (het) huisdier; ⚹tür *f* huis-, voordeur; ⚹vater *m* huisvader; ⚹wart *m* conciërge; ⚹wirt(in *f*) *m* huisbaas *m*, huisbazin *f*; ⚹wirtschaft *f* huishouding; ⚹zelt *n* tent (met puntdak).
Haut *f* (-; ⚹e) huid, (het) vel; (*Häutchen*) (het) vlies; *aus der ⚹ fahren* uit zijn vel springen; *bis auf die ⚹* tot op zijn huid.
Haut|- *in Zssgn mst* huid-; ⚹abschürfung *f* schaafwond; ⚹arzt *m* huidarts; ⚹ausschlag *m* huiduitslag.
Häutchen *n* (het) vliesje; (het) velletje.
Hautcreme *f* huidcrème.
häuten: *sich* ⚹ vervellen.
haut|eng nauwsluitend, strak; ²farbe *f* huid(s)kleur; ²krankheit *f* huidziekte.
Havarie *f* averij.
Hbf. *Abk für* **Hauptbahnhof.**
Hearing *n* (-s; -s) hoorzitting.
Heb|amme *f* vroedvrouw.
Hebe|bühne *f* (hef)brug; ⚹l *m* hefboom.
heben* (op)heffen, (op)tillen; *Hand, Finger* opsteken; (*steigern*) verhogen; *Glas* heffen; *Schätze* opgraven; *Schiff, aus den Angeln, aus dem Sattel* lichten; *sich* ⚹ omhooggaan; *fig* stijgen.
hebräisch Hebreeuws.
Hebung *f* (ver)heffing; (het) lichten; (het) opgraven; *Geogr* hoogte; (*Steigerung*) vergroting.
Hecht *m* (-*e*s; -e) snoek; ⚹sprung *m* snoeksprong.
Heck *n* (-*e*s; -e *od* -s) achterkant; *mar* achtersteven.
Hecke *f* haag, heg; ⚹n-rose *f* wilde roos; ⚹n-schütze *m* sluipschutter.
Heck|fenster *n* achterruit; ⚹motor *m* motor vanachter; ⚹scheibe *f* achterruit; ⚹scheibenwischer *m* ruitewisser op de achterruit.
Heer *n* (-*e*s; -e) (het) leger (*a. fig*); *mil bsd* landmacht.
Hefe *f* gist; ⚹kuchen *m* gegiste pannekoek; ⚹teig *m* (het) gistdeeg.
Heft *n* (-*e*s; -e) (het) schrift; (*Lieferung*) (het) nummer, aflevering; (*Fahrschein*²; *Büchlein*) (het) boekje; (*fig u. Degen*²) (het) heft; (*Griff*) steel; ²en (*befestigen*) (vast)hechten, vastmaken, nieten; (*nähen*) rijgen; *Blick* vestigen, richten; ⚹er *m* nietmachine.
heftig heftig, hevig; (*aufbrausend*) heftig, vinnig, fel; *Schmerz u. Wettererscheinung:* hevig; ²keit *f* heftigheid, hevigheid; vinnigheid, felheid.
Heft|klammer *f* paperclip; (het) nietje; ⚹pflaster *n* hechtpleister; ⚹zwecke *f* punaise.
Hegemonie *f* hegemonie.
hegen koesteren; (*pflegen*) verzorgen.
Hehl *n: kein ⚹ machen aus* (*D*) geen geheim maken van.
hehl|en helen; ²er *m* heler; ²erei *f* heling; ²erin *f* heelster.
hehr verheven, hoog, heilig.
Heide 1. *m* (-n) heiden; **2.** *f* heide; ⚹kraut *n* hei, heidekruid.
Heidelbeere *f* blauwe bosbes.
Heiden|angst *f* doodsangst; ⚹geld *n: ein* ⚹ een hoop (*od* bom) geld; ⚹lärm *m* (het) heidens (*od* hels) lawaai; ⚹tum *n* (-s; 0) (het) heidendom.
Heide(n)-röschen *n* wilde roos.
Heid|in *f* heidin; ²nisch heidens.
heikel netelig, hachelijk.
heil heel, gaaf, ongeschonden; *Pers:* heelhuids, ongedeerd; genezen.
Heil *n* (-*e*s; 0) (het) heil; (*Glück a.*) (het) geluk; ⚹and *m* (-*e*s; 0) Heiland; ⚹anstalt *f* (het) herstellingsoord, (het) sanatorium; ⚹bad *n* (het) geneeskrachtig bad; (*Ort*) badplaats met geneeskrach-

heilbar

tige bronnen; ⁂bar geneeslijk; ⁂en v/i (sn) u. v/t genezen, helen (bsd fig); ⁂froh ziels-, dolblij; ⁂gymnastik f heilgymnastik.

heilig heilig; (geheiligt a.) gewijd; ⁂abend m kerstavond; ⁂e(r) heilige; ~en heiligen (a. Mittel); wijden; ⁂en·schein m stralenkrans, aureool; ⁂keit f heiligheid; ~sprechen heilig verklaren; ⁂sprechung f heiligverklaring; ⁂tum n (-s; ~er) (het) heiligdom.

Heil|kraft f geneeskracht; ~los enorm, ongelooflijk; (verhängnisvoll) noodlottig; ~methode f geneesmethode; ~mittel n (het) geneesmiddel; ~pflanze f geneeskrachtige plant; ~praktiker m geneeskundige; ~quelle f geneeskrachtige bron; ~sam heilzaam.

Heils·armee f (het) Leger des Heils.

Heilung f genezing; ~s·prozeß m (het) genezingsproces.

Heil|verfahren n geneesmethode, therapie; ~wirkung f geneeskracht.

heim 1. naar huis; (~kommen, zu Hause) thuis; 2. ⁂ n (-es; -e) (het) tehuis; (Familien⁂) (het) huis, thuis; (Vereins⁂) (het) gebouw, (het) huis; ⁂arbeit f thuiswerk; huisindustrie.

Heimat f geboortestreek, geboortegrond; (het) vaderland; ~adresse f (het) thuisadres; ~hafen m thuishaven; ~kunde f heemkunde; ~land n (het) vader-, geboorteland; ⁂lich van de geboortegrond; vaderlands; ⁂los ontheemd, zwervend; ~vertriebene(r) ontheemde.

heim|bringen thuisbrengen; ⁂chen n huiskrekel; ~fahren naar huis rijden (Schiff: varen); ⁂fahrt f thuis-, terugreis; ~gehen naar huis gaan; ~isch inheems; sich ~ fühlen zich thuis voelen.

Heimkehr f terugkomst; (Ankunft) thuiskomst; ⁂en (sn) (naar huis) terugkeren; thuiskomen.

heim|kommen thuiskomen; ⁂leiter m leider van een tehuis.

heimlich heimelijk, F stiekem; ⁂keit f geheimzinnigheid; (Geheimnis) (het) geheim; ⁂tuer m stiekemerd.

Heim|reise f thuis-, terugreis; ⁂suchen teisteren, treffen; ⁂tückisch geniepig, vals; Krankheit: verraderlijk; ⁂wärts huiswaarts; ~weg m weg naar huis, terugweg; ~weh n (het) heimwee;

402

~werker m doe-het-zelver; ⁂zahlen betaald zetten.

Heirat f (het) huwelijk; ⁂en trouwen (met), huwen (met).

Heirats|antrag m (het) huwelijksaanzoek; ~anzeige f huwelijksaankondiging; (Annonce) huwelijksadvertentie; ~pläne m/pl trouwplannen n/pl; ~schwindler m huwelijkszwendelaar; ~urkunde f trouwakte; ~vermittlung f huwelijksbemiddeling.

heiser hees, schor; ⁂keit f hees-, schorheid.

heiß heet (a. fig); (inbrünstig) vurig.

heiß|en* 1. v/i heten; (bedeuten) betekenen; (lauten) luiden; wie heißt das auf ...? hoe zeg je dat in ...?; was soll das ~? wat moet dat betekenen?; es heißt men zegt, er wordt gezegd; s.a. das; 2. v/t noemen; ~laufen (sich) warmlopen; ⁂luftheizung f heteluchtverwarming; ⁂sporn m (het) heethoofd.

heiter helder; Met a. zonnig; fig vrolijk; ⁂keit f helderheid; vrolijk-, blijheid; (Gelächter) hilariteit, (het) gelach.

Heiz|anlage f verwarmingsinstallatie; ~bar te verwarmen; ⁂en (-t) Ofen stoken; Zimmer verwarmen; ~kessel m verwarmingsketel; ~kissen n (het) verwarmingskussen; ~körper m radiator; (het) verwarmingselement; ~material n brandstof; ~öl n stookolie; ~sonne f straalkachel.

Heizung f verwarming; ~s·monteur m verwarmingsmonteur.

Hektar n od m (-s; -e) hectare.

Hekti|k f jachtigheid; ⁂sch jachtig.

Hekto|- in Zssgn mst hecto-, z.B. ~liter n od m hectoliter.

Held m (-en) held.

helden|haft heldhaftig; ⁂mut m heldenmoed; ⁂tat f heldendaad; ⁂tum n (-s; 0) heldhaftigheid.

Heldin f heldin.

helf|en* (D) helpen; sich zu ~ wissen zich weten te behelpen; es hilft nichts het mag niet baten; ⁂er(in f) m helper m, helpster f; ⁂ers·helfer m handlanger.

hell helder (a. Klang), licht (a. Farben); (gescheit) pienter; Begeisterung: laaiend; Tag: klaarlicht; es wird schon ~ het wordt al licht; ~blau lichtblauw; ~hörig gehorig; ~ werden zijn oren

spitsen; ⸺**ig·keit** f helderheid, (het) licht; ⸺**rot** lichtrood; ⸺**seher(in** f) m helderziende; ⸺**sichtig** scherpziend.
Helm m (-es; -e) helm; (Stiel) steel.
helvetisch Zwitsers.
Hemd n (-es; -en) (het) hemd; ⸺**bluse** f overhemdblouse; ⸺**chen** n (het) hemdje; ⸺**hose** f hemdbroek; ⸺**s-ärmel** m hemdsmouw.
Hemisphäre f (het) halfrond.
hemm|en tegenhouden, stuiten, remmen (a. fig j-n); ⸺**nis** n (-ses; -se) hindernis, (het) beletsel; ⸺**schuh** m remschoen; fig rem; ⸺**ung** f remming (a. fig); (Hindernis) belemmering; ⸺**ungs-los** ongeremd; pej bsd ongebreideld.
Hengst m (-es; -e) hengst.
Henkel m (het) hengsel, (het) oor.
henk|en ophangen; ⸺**er** m beul.
Henne f kip, hen.
her hier(heen); vandaan (in Verbindung mit von oft nicht übersetzt); **von dort** ⸺ van die kant, daarvandaan; **von oben** ⸺ van boven; s. a. **hersein**.
herab omlaag, naar beneden, neer; **von oben** ⸺ fig uit de hoogte; ⸺**hängen** neerhangen.
herablassen naar beneden laten, neerlaten, laten zakken; **sich** ⸺ **zu** + Inf zich verwaardigen te + Inf; ⸺**d** minzaam; pej neerbuigend, uit de hoogte.
herab|sehen (**auf** A) neerzien (op), neerkijken (op) (a. pej); ⸺**setzen** verlagen; j-n (kränken) kleineren; ⸺**setzung** f verlaging; (kleinering) kleinering; ⸺**steigen** af-, neerdalen; ⸺**würdigen** vernederen, kleineren; in diskrediet brengen.
heran nader(bij), hierheen, aan; ⸺**näher** ⸺ dichterbij; ⸺**bringen** dichterbij brengen; ⸺**gehen an** (A) aanpakken; ⸺**fahren** komen aanrijden (Schiff: aanvaren); ⸺**holen** erbij halen; ⸺**kommen** naderen; (an A) fig evenaren; ⸺**machen: sich** ⸺ **an** (A) j-n aanklampen; Mädchen trachten te versieren; etw aanpakken, beginnen met; ⸺**nahen** naderen; ⸺**schaffen** aanvoeren; ⸺**treten: an j-n** ⸺ iem benaderen.
heranwachsen opgroeien; ⸺**de(r)** adolescent(e f).
heranziehen v/t aantrekken; (großziehen) opvoeden; (ausbilden) opleiden; (zu Rate ziehen) erbij halen.
herauf naar boven, omhoog, op (-waarts); ⸺**beschwören** bezweren, oproepen; (verursachen) veroorzaken; ⸺**bringen** naar boven brengen; ⸺**holen** omhooghalen, naar boven brengen; ⸺**kommen** naar boven komen; ⸺**schauen** (zu D) omhoog-, opkijken (naar); ⸺**setzen** verhogen; ⸺**ziehen** v/t op-, omhoogtrekken; v/i naderen; Gewitter: komen opzetten.
heraus eruit, naar buiten, uit; **von innen** ⸺ van binnen uit; **aus mir** ⸺ van mijzelf uit; ⸺**bekommen** eruit krijgen (a. Fleck); Geld terugkrijgen; (erfahren) te weten komen; ⸺**bringen** buitenbrengen; Erzeugnis op de markt brengen; Buch uitgeven; ⸺**fallen** eruit vallen, vallen uit; ⸺**finden** de weg vinden; fig een uitweg vinden; (erfahren) te weten komen.
Herausforder|er m uitdager; ⸺**n** (zu D) uitdagen (tot); ⸺**ung** f uitdaging.
Heraus|gabe f teruggave; (Buch⸺) uitgave; ⸺**geben** (zurückgeben) teruggeven; Buch uitgeven; ⸺**geber** m bewerker; e-r Zeitschrift uitgever; ⸺**greifen** nemen (uit); ⸺**haben** eruit hebben; **ich hab's heraus!** ik ben eruit!; ⸺**halten: sich** ⸺ zich erbuiten houden; ⸺**holen** eruit halen, halen (uit) (a. fig); ⸺**kommen** eruit komen, naar buiten komen; Buch, Erzeugnis: uitkomen; ⸺**lassen** eruit laten; ⸺**nehmen** eruit nemen, nemen uit; **sich etw** ⸺ zich iets aanmatigen; ⸺**platzen** (mit D) eruit flappen; ⸺**putzen** (sich) (zich) mooi maken, (zich) tooien; ⸺**ragen** uitsteken; ⸺**reden: sich** ⸺ zich eruit praten; ⸺**reißen** uitscheuren, uittrekken; ⸺**rücken** Geld geven, te voorschijn halen; v/i (mit D) voor de dag komen (met); ⸺**schmeißen** eruit gooien (a. fig); ⸺**sein** vaststaan, bekend zijn; Buch: uit(gekomen) zijn; **fein** ⸺ goed af zijn; ⸺**springen** (Vorteil bringen) opleveren; ⸺**stellen** buiten plaatsen (od zetten); (betonen) naar voren brengen; **sich** ⸺ blijken; **es stellte sich als falsch heraus** het bleek verkeerd te zijn; ⸺**strecken** uitsteken; ⸺**streichen** (hervorheben) doen uitkomen; ⸺**suchen** uitzoeken; ⸺**tragen** naar buiten dragen.
herb wrang, zuur, bitter (a. fig) Wein: rins, droog; Duft: scherp, pittig.
herbei hier(heen), erbij, naderbij; ⸺**eilen** toesnellen, toeschieten; ⸺**führen** fig

herbeiholen

teweegbrengen, veroorzaken, bewerkstelligen; **~holen** erbij halen; **~rufen** erbij roepen; **~schaffen** bezorgen.
Herberg|e f herberg; **~s·ausweis** m jeugdherbergkaart.
her|bitten laten komen; **~bringen** (hierheen) brengen.
Herbst m (-es; -e) herfst; **~ferien** pl herfstvakantie; ℒ**lich** herfstachtig, herfst-.
Herd m (-es; -e) haard; (Kochℒ) (het) fornuis.
Herde f kudde.
herein (naar) binnen, erin; **~!** binnen!; **~bitten** vragen om binnen te komen; **~brechen** binnendringen; Nacht: invallen; **~ über** (A) overvallen; **~bringen** binnenbrengen; **~dringen** binnendringen; **~dürfen** binnen mogen; **~fallen**: fig **~ auf** (A) etw (erin) trappen in, erin lopen; j-n erin trappen bij; **~kommen** binnenkomen; **~lassen** binnenlaten; **~legen** erin leggen; fig erin laten lopen, beetnemen; **~regnen** binnenregenen; **~stürmen** binnenstormen.
her|fallen: **~ über** j-n iem overvallen; fig zich op iem storten; ℒ**gang** m toedracht, (het) verloop; **~geben** (terug)geven; **sich ~ zu** (D) zich lenen tot; **~gebracht** traditioneel; **~gehen** komen, lopen; es geht da lustig, ... her het gaat er (hier) ... aan toe; hinter j-m ~ achter iem aanlopen; vor j-m ~ voor iem uitlopen; **~haben**: wo hast du das her? waar heb je dat vandaan?; **~holen** erbij halen; **~hören** luisteren.
Hering m (-s; -e) haring (a. Zeltℒ); grüner ~ groene haring; **~s·salat** m haringsla.
herkommen (hier) komen; **~ von** (D) vandaan komen van; wo kommen Sie her? waar komt U vandaan?
herkömmlich traditioneel, gebruikelijk.
Herkunft f (-; 0) af-, herkomst, afstamming, oorsprong; **~s·land** n (het) land van herkomst.
her|laufen: hinter j-m ~ achter iem aanlopen; **~machen**: sich ~ über (A) afvliegen op.
hermetisch hermetisch.
Heroin n (-s; 0) heroïne.
heroisch heroïsch, heldhaftig.
Herr m (-n; -en) heer; (Anrede) mijnheer, meneer; (Herrscher) heerser; (Chef)

meester, baas; **e-r S.** (G) ~ werden (sein) een zaak meester worden (zijn); **~n Jansen** (Anschrift) Aan de Heer Jansen, Dhr. Jansen.
Herrchen n (het) baasje.
Herren|- in Zssgn mst heren-, z.B. **~anzug** m (het) herenkostuum; **~bekleidung** f herenkleding; **~friseur** m herenkapper; ℒ**los** onbeheerd; **~toilette** f (het) herentoilet.
Herrgott m Onze-Lieve-Heer; ~ (noch mal)! P verdorie!
her·richten klaarmaken; (ordnen) in orde brengen.
Herr|in f meesteres; ℒ**isch** heerszuchtig; Ton: gebiedend; ℒ**lich** heerlijk, zalig; **~lichkeit** f heerlijkheid.
Herrschaft f heerschappij; **~en** f/pl dames en heren pl; meine ~! dames en heren!; ℒ**lich** voornaam, deftig.
herrsch|en heersen; ℒ**er** m heerser; (Fürst) vorst; ℒ**er·haus** n dynastie; ℒ**erin** f heerseres; vorstin; ℒ**sucht** f heerszucht; **~süchtig** heerszuchtig.
her|rühren (von D) afkomstig zijn (van), komen (van); **~sagen** opzeggen; **~schauen** (naar hier) kijken; **~sein**: lange ~ lang geleden zijn; (herstammen) vandaan komen; hinter j-m ~ iem achternazitten; Mädchen: achter iem aanzitten; nicht weit ~ niet veel bijzonders (od zaaks) zijn.
herstell|en maken, produceren, voortbrengen; Verbindung tot stand brengen; ℒ**er** m producent, maker; ℒ**ung** f (het) maken, produktie, vervaardiging; (het) tot stand brengen.
herüber erover; (hierher) hier(heen), over; **~kommen** overkomen; **~reichen** v/t aanreiken.
herum rond(om), om(heen), in het rond; um ... (A) ~ rond(om) ..., om ... (heen); **~drehen** (sich) (zich) omdraaien; **~fahren** v/t rondrijden; v/i Schiff: rondvaren; **~führen** v/t rondleiden; v/i ~ um (A) om ... heen gaan; **~fummeln** F friemelen; **~irren** ronddwalen; **~kommen** reizen; weit ~ veel van de wereld zien; um etw nicht ~ fig iets niet kunnen omzeilen; **~kriegen** j-n overpraten; **~laufen** rondlopen; ~ um (A) om ... heen lopen; **~liegen** rondslingeren; **~lungern** rondhangen, lanterfanten; **~rätseln** (zitten te) raden; **~reichen**

hierneben

rondgeven, ronddienen; ~reisen rondreizen; ~reißen Steuer omgooien; ~schlagen: sich ~ mit (D) j-m vechten met; etw zich aftobben met; ~schnüffeln rondneuzen; ~sein Zeit: voorbij (od om) zijn; ~sprechen: sich ~ de ronde doen; ~stehen eromheen staan; rondhangen; ~ um (A) om ... heen staan; ~treiben: sich ~ rondzwerven; pej rondhangen, rondscharrelen.

herunter naar beneden, omlaag, neer, af; s. a. herab; ~bringen (naar) beneden brengen; ~fallen (naar) beneden vallen; ~ von (D) (af)vallen van; ~hauen: j-m e-e ~ iem er een geven; ~klappen neerslaan; ~kommen naar beneden komen; fig in verval (ge)raken, aan lager wal geraken; ~lassen S. neerlaten, laten zakken; j-n naar beneden laten; ~leiern opdreunen; ~machen fig afkammen, afkraken; (zurechtweisen) kapittelen; ~rutschen (af)zakken; ~schlucken = hinunterschlucken.

hervor te voorschijn, voor de dag; (nach vorn) naar voren; hinter ... (D) ~ van achter ... te voorschijn; ~bringen voortbrengen; Worte uitbrengen; ~gehen (aus D) voortkomen (uit); (sich herausstellen) blijken (uit), volgen (uit); ~heben doen uitkomen, de nadruk leggen op; ~holen te voorschijn halen; ~quellen uitstromen; ~ragen uitsteken (a. fig); ~ragend fig uitstekend, prima; ~rufen fig veroorzaken, uitlokken, wekken; ~stechend fig opvallend; ~treten naar voren komen (a. fig); Augen: uitpuilen; ~tun: sich ~ zich onderscheiden, uitmunten.

Herz n (-ens; -en) (het) hart (a. fig); Karte: harten; ans ~ legen op het hart drukken; sich zu ~en nehmen ter harte nemen, zich aantrekken; ein ~ und eine Seele twee handen op één buik.

Herz|- in Zssgn mst hart-, ~anfall m hartaanval; ~beschwerden f/pl hartklachten pl; ~chen n (het) hartje.

her|**zeigen** laten zien, tonen.

Herzens|**angelegenheit** f hartsaangelegenheid; ~lust f hartelust; ~wunsch m hartewens.

herz|**ergreifend** hartroerend; 2fehler m hartafwijking; ~haft dapper, fiks; (würzig) hartig, pittig; ~ig lief; 2infarkt m (het) hartinfarct; 2klopfen n hart-kloppingen pl; ~krank met een hartkwaal; 2leiden n hartkwaal; ~lich hartelijk; 2lichkeit f hartelijkheid; ~los harteloos; 2losig·keit f harteloosheid.

Herzog m (-(e)s; ~e od -e) hertog; ~en·busch n 's-Hertogenbosch n, Den Bosch n; ~in f hertogin; ~tum n (-s; ~er) (het) hertogdom.

Herz|**schlag** m hartslag; Med hartverlamming; ~schrittmacher m pacemaker; 2stärkend hartversterkend; 2zerreißend hartverscheurend.

Hessen n Hessen n.

heterogen heterogeen.

Hetz|e f jacht; fig ophitsing, (het) gestook; (Eile) F drukte, gejaagdheid; ~ gegen (A) bsd campagne tegen; 2en (-t) v/t vervolgen, jagen; v/i (sich beeilen) zich afjakkeren, jakkeren; fig ophitsen; ~ gegen (A) stoken tegen; ~kampagne f lastercampagne.

Heu n (-es; 0) (het) hooi.

Heuchel|**ei** f huichelarij, (het) gehuichel; 2n huichelen, veinzen.

Heuchler|(**in** f) m huichelaar(ster f); 2isch huichelachtig.

heuer dit jaar.

Heuer f (-; -n) gage; 2n aanmonsteren.

heulen huilen; Wind a.: loeien.

heurig: zum 2en gehen nieuwe wijn gaan drinken.

Heu|**schnupfen** m hooikoorts; ~schrecke f sprinkhaan.

heut|e vandaag, heden; ~ morgen (nacht) vanmorgen (vannacht); ~ in e-r Woche vandaag over een week; ~ig van vandaag, van heden; (jetzig) huidig, hedendaags; der ~e Tag vandaag; ~zutage tegenwoordig, heden ten dage.

Hexe f heks; 2n (-t) heksen; ~n·jagd f heksenjacht (a. fig); ~n·schuß m (het) spit (in de rug); ~rei f hekserij, (het) heksenwerk.

hfl. = holländischer Gulden.

Hieb m (-(e)s; -e) slag, klap, stoot; fig steek (onder water); ~e pl klappen pl.

hier hier; ~ und da (od dort) hier en daar; ~ Schmidt! Tel (U spreekt) met Schmidt!; ~auf hier-, daarop; (zeitl a.) toen; ~aus hieruit; ~bei hierbij; ~durch hier-, daardoor; ~für hiervoor; ~her hierheen; bis ~ tot hier(toe); ~hin hierheen; ~mit hierme(de); ~nach hier-, daarna; ~neben hiernaast.

Hieroglyphen

Hieroglyphen f/pl hiëroglyfen pl.
hier|über hierover; (oben) hierboven; **~von** hiervan; hierover; **~zu** hiertoe; **~zulande** hier te lande.
hiesig van hier, van deze plaats, alhier.
Hilfe f hulp (a. Pers), bijstand; **j-m ~ leisten** iem hulp verlenen; **Erste ~** eerste hulp bij ongevallen (Afk E.H.B.O.); **mit ~ von etw** (D) met behulp van; **(zu) ~!** help!; **~leistung** f hulp; **~(en** pl) allg hulpverlening, (het) hulpbetoon; **~ruf** m hulpkreet.
hilflos hulpeloos; **2ig·keit** f hulpeloosheid.
hilfreich Pers: behulpzaam; S.: nuttig.
Hilfs|- in Zssgn mst hulp-, z.B. **~aktion** f hulpactie; **~arbeiter** m ongeschoold arbeider; **~bedürftig** hulpbehoevend; **2bereit** hulpvaardig; **~dienst** m hulpdienst; **~kraft** f hulpkracht, assistent(e f); **~mittel** n (het) hulpmiddel; **~verb** n (het) hulpwerkwoord; **~werk** n hulporganisatie.
Himbeer|e f framboos; **~saft** m (het) frambozesap.
Himmel m hemel (a. fig); (Luft a.) lucht; **unter freiem ~** in de open lucht, onder de blote hemel; **um ~s willen!** in 's hemelsnaam!; **~bett** n (het) hemelbed; **2blau** hemelsblauw; **~fahrt** f Hemelvaart; **2schreiend** hemeltergend; **~s-körper** m (het) hemellichaam; **~s·richtung** f hemelstreek; **in allen ~en** in alle windrichtingen; **2weit** fig hemelsbreed.
himmlisch hemels (a. Geduld), zalig.
hin heen, weg; (auf etw zu) naar toe; **nach Norden ~** naar het noorden toe; **bis zu** (D) **...** ~ tot aan; ~ **und her** heen en weer; **das 2 und Her** het komen en gaan; ~ **und wieder** af en toe; ~ **und zurück** heen en weer; Esb retour; **vor sich ~** voor zich uit.
hinab naar beneden, omlaag; **den Fluß ~** de rivier af; **~fahren** omlaagrijden, naar beneden rijden (Schiff: varen); Berg afrijden.
hinauf naar boven, omhoog; **den Fluß ~** de rivier op; **~gehen** oplopen; **~steigen** (er)op klimmen; Berg beklimmen.
hinaus (naar) buiten, eruit; ~ **(mit dir)!** buiten (jij)!, eruit!; **zur Tür ~** de deur uit; **über ~** (A) (räumlich) over iets heen; (zeitl) (voor) langer dan iets; fig boven iets (uit); **~blicken** naar buiten kijken; ~ **auf** (A) uitkijken op; **~gehen** naar buiten gaan, uitgaan; ~ **auf** (A) Fenster: uitkijken op; ~ **über** (A) fig uitgaan boven; **~laufen** naar buiten lopen; ~ **auf** (A) neerkomen op; **~lehnen: sich ~** naar buiten leunen; **~schieben** fig uitstellen; **~werfen** buitengooien; **~wollen** eruit willen, naar buiten willen; ~ **auf** (A) fig bedoelen; **~zögern** uitstellen.
Hinblick m: **im ~ auf** (A) met het oog op.
hinbringen erheen brengen.
hinder|lich hinderlijk, lastig; **~n**: j-n **an etw** (D) ~ iem iets beletten; **2nis** n (-ses; -se) hindernis; fig a. hinderpaal; **2nis·rennen** n steeple-chase.
hindeuten auf (A) wijzen op (a. fig), aanwijzen.
hindurch doorheen, erdoor(heen).
hinein (naar) binnen, erin; **~denken: sich ~ in** (A) zich indenken in; **~fallen** erin vallen; **~gehen** binnengaan, (er-)ingaan; **~geraten** (in A) betrokken raken (bij); **~lassen** binnenlaten.
hinfahr|en erheen rijden (Schiff: varen); **2t** f heenreis; (Kurzfahrt) heenrit.
hin|fallen (neer)vallen; **~fällig** zwak, broos, wankel; (nichtig) vervallen; **2flug** m heenvlucht; **~führen** leiden; **2gabe** f overgave, toewijding; **~geben** (sich) (D) (zich) geven; Genuß zich overgeven aan; **~gegen** daarentegen; **~gehen** erheen gaan; **~gehören** (er) horen, thuishoren; **~gerissen** verrukt, gefascineerd; **~halten** j-m A toesteken, aanreiken; fig j-n aan 't lijntje houden; **... ~hauen** F (glücken) lukken; (klappen) gaan; **~hören** luisteren.
hinken hinken; Vergleich: mank gaan.
hin|kommen (er) komen; **~kriegen** F klaarspelen, fiksen; **~länglich** voldoende; **~laufen** erheen lopen; **~legen** (neer)leggen; **sich ~** gaan liggen; **~nehmen** (dulden) slikken; (sich gefallen lassen) zich laten welgevallen.
hinreichen v/i voldoende (od toereikend) zijn; **~d** voldoende, toereikend.
Hinreise f heenreise.
hinreißen fig meeslepen; (entzücken) in verrukking brengen; **~d** meeslepend.
hinricht|en j-n terechtstellen; **2ung** f terechtstelling.
hin|schicken (erheen) sturen; **~schmeißen = hinwerfen**; **~schreiben** (op-)

hochachtungsvoll

schrijven; erheen schrijven; ~**setzen** neerzetten; *sich* ~ gaan zitten.

Hinsicht f (het) opzicht; *in dieser* ~ in dit opzicht; *in* ~ *auf* (A), 2**lich** (G) met betrekking tot (*Abk* m.b.t.), ten aanzien van (*Abk* t.a.v.).

Hin|spiel n uitwedstrijd; 2**stellen** neerzetten, plaatsen; ~ *als Vorbild* stellen als; *Betrüger* ~ noemen; *sich* ~ gaan staan; 2**steuern** *auf* (A) sturen naar; *fig* aansturen op.

hinten achter(aan); *von* ~ van achter(en), ~**herum** achterom; *fig* langs een omweg, clandestien.

hinter (A, D) achter; ~ *sich bringen* tot een goed eind brengen; ~ *sich* (*gebracht*) *haben* achter de rug hebben; 2**backe** f bil; 2**bein** n *Tier:* achterpoot; 2**bliebene(n)** *pl* nabestaanden *pl*; 2**deck** n (het) achterdek; ~**e** achterste; ~**einander** achter elkaar, achtereen; 2**gedanke** m bijgedachte, ~**gehen** (-) *j-n* bedriegen, misleiden; *etw* omzeilen; 2**grund** m achtergrond (*a. fig*); *im* ~ op de achtergrond; 2**halt** m hinderlaag; ~**hältig** achterbaks; ~**her** achterna, erachter; (*später*) achteraf, naderhand; 2**hof** m binnenplaats; 2**kopf** m (het) achterhoofd; 2**land** n (het) achterland.

hinterlassen (-) achterlaten, *bsd beim Tod:* nalaten; 2**schaft** f nalatenschap.

hinterleg|en (-) deponeren; 2**ung** f (het) deposito, deponering.

hinter|listig achterbaks, arglistig; 2**mann** m achterman; *fig* man achter de schermen; 2**n** m F (het) achterste; 2**rad** n (het) achterwiel; 2**radantrieb** m achterwielaandrijving; 2**reifen** m achterband; ~**rücks** van achteren, in de rug; *fig* achterbaks; 2**seite** f achterkant, -zijde; 2**teil** n F (*Gesäß*) (het) achterste; ~**treiben** (-) dwarsbomen; 2**treppe** f achtertrap; 2**tür** f achterdeur (*a. fig*); ~**ziehen** (-) *Steuern* ontduiken.

hintun (weg)doen.

hinüber erheen, naar de andere kant; (*über etw*) erover(heen); ~**fahren** erheen rijden; ~**gehen** naar de overkant gaan; ~ *über* (A) oversteken; ~**reichen** aanreiken, aangeven.

Hin- und Rückfahr|schein m (het) retourtje; ~**t** f heen- en terugreis.

hinunter naar beneden, omlaag, neer; ~**schlucken** doorslikken; *fig* (weg)slikken; ~**würgen** naar binnen werken.

hinweg weg, van hier; *über* (A) ~ ... over ... heen.

Hinweg m heenweg.

hinweg|kommen *über* (A) heenkomen over; ~**sehen** *über* (A) over ... heen kijken; *fig* geen aandacht schenken aan; ~**setzen:** *sich* ~ *über* (A) heenstappen over, zich niet storen aan.

Hinweis m (*-es; -e*) ver-, aanwijzing; (*Ratschlag*) tip, wenk; 2**en** (*auf* A) wijzen (naar; *fig* op), *fig* a. verwijzen (naar); ~**schild** n (het) (aanwijzings-) bord.

hin|werfen neergooien; *j-m* A toegooien; ~**ziehen:** *sich* ~ (*räumlich*) zich uitstrekken; *fig* aanslepen, lang duren; ~**zielen** *auf* (A) doelen op, beogen.

hinzu erbij; ertoe; erheen; ~**fügen** toevoegen (aan); ~**kommen** erbij komen; ~**rechnen** erbij rekenen; ~**zählen** erbij tellen; ~**ziehen** erbij halen.

Hiobs·botschaft f jobstijding.

Hirn n (*-(e)s; -e*) hersenen *pl*; (*Verstand a.*) (het) brein; ~**gespinst** n hersenschim; ~**haut** f (het) hersenvlies; 2**verbrannt** krankzinnig, onzinnig.

Hirsch m (*-es; -e*) hert; ~**geweih** n (het) hertegewei; ~**kuh** f hinde.

Hirse f gierst.

Hirt m (*-en*) herder; ~**in** f herderin.

hissen (*-ßt*) hijsen.

Histor|ie f historie; ~**iker(in**f) m historicus m, historica f, geschiedkundige (*a. f*); 2**isch** historisch.

Hit m (*-[s]; -s*) hit.

Hitze f hitte; *fig bsd* (het) vuur; 2**beständig** hittebestendig; ~**welle** f hittegolf.

hitzig heet, vurig; (*aufbrausend*) driftig.

Hitz|kopf m (het) heethoofd, driftkop; ~**schlag** m zonnesteek.

HIV-negativ *Med* HIV-negatief; ~**positiv** *Med* HIV-positief.

Hobby n (*-s; -s*) hobby.

Hobel m schaaf; ~**bank** f (*-; -¨e*) schaafbank; 2**n** schaven.

hoch. 1. (*höher; ~st*) hoog; (*nach oben*) omhoog; (*erhaben bsd*) verheven; (*vornehm bsd*) voornaam; *drei Treppen* ~ drie hoog; *das ist mir zu* ~ dat gaat me boven de pet; **2.** 2 n (*-s; -s*) (het) hoera; *Met* (het) hogedrukgebied.

hochacht|en (*-*) hoogachten; 2**ung** f hoogachting; ~**ungs·voll** hoogachtend.

Hoch|amt *n* hoogmis; **~bau** *m* hoogbouw; (*Gebäude*) (het) hoog gebouw; **♀begabt** zeer begaafd; **~betrieb** *m* grote drukte, topdrukte; **~burg** *f* (het) bolwerk, (het) centrum.
hochdeutsch 1. Hoogduits; **2.** ♀ *n* (het) Hoogduits, (het) Duits.
Hochdruck *m* hoge druk; **~gebiet** *n* (het) hogedrukgebied.
Hoch|ebene *f* hoogvlakte; **♀empfindlich** zeer gevoelig; **~form** *f* topvorm; **~frequenz** *f* hoge frequentie; **~gebirge** *n* (het) hooggebergte; **♀gehen** omhooggaan; (*explodieren*) ontploffen; **♀gestellt** hooggeplaatst; **♀giftig** zeer giftig; **♀halten** omhooghouden; *fig* hooghouden; **~haus** *n* (hoog) flat, (het) flat-, torengebouw; **♀heben** omhoogheffen, (hoog) optillen; **♀herzig** edel, grootmoedig; **♀interessant** zeer interessant; **♀klappen** opklappen; **♀kommen** omhoogkomen; (*hinaufkommen*) naar boven komen; **~konjunktur** *f* hoogconjunctuur; **~land** *n* (het) hoog-, bergland; **~mut** *m* hoogmoed; **♀mütig** hoogmoedig; **♀näsig** verwaand, arrogant; **♀nehmen** opnemen; *fig* bij de neus nemen; **~ofen** *m* hoogoven; **♀prozentig** sterk; **~rechnung** *f* extrapolatie; **~ruf** *m* (het) hoezee; **~saison** *f* hoog-, topseizoen; **♀schätzen** hoogschatten, hoogachten.
Hochschul|abschluß *m* (het) diploma van een hogeschool (*od* universiteit); **~e** *f* hogeschool, universiteit; **~reife** *f* (het) recht op het volgen van hoger onderwijs; **~wesen** *n* (het) hoger onderwijs.
Hoch|seefischerei *f* visserij op de open zee; **~sommer** *m* (het) hartje van de zomer; **~spannung** *f* hoogspanning; **♀spielen** opschroeven, veel ophef maken van; **~sprache** *f* algemeen beschaafd; **~sprung** *m* (het) hoogspringen.
höchst hoogst; *Adv a. u. aufs* **~e** ten zeerste; **am ~en** het hoogst.
Höchst- *in Zssgn* maximum-, top-.
Hochstapler *m* oplichter, flessentrekker; **~in** *f* oplichtster.
Höchstbetrag *m* (het) maximum(bedrag).
hochstellen omhoog-, opzetten.
höchstens ten hoogste, hoogstens, op zijn hoogst.

Höchst|geschwindigkeit *f* maximumsnelheid; **~leistung** *f* topprestatie; (*Rekord bsd*) (het) record; **~maß** *n* (het) maximum; **~preis** *m* maximumprijs; **~satz** *m* (het) maximumtarief; **~stand** *m* (het) maximum, hoogste stand; **♀wahrscheinlich** hoogstwaarschijnlijk.
hoch|trabend hoogdravend; **~verrat** *m* (het) hoogverraad; **♀wald** *m* (het) hoogopgaand bos; **♀wasser** *n* (het) hoogwater; (*Überschwemmung*) overstroming; **~wertig** hoogwaardig.
Hochzeit *f* bruiloft; **~s-feier** *f* (het) bruiloftsfeest; **~s-kleid** *n* bruidsjurk; **~s-nacht** *f* huwelijksnacht; **~s-reise** *f* huwelijksreis; **~s-tag** *m* trouwdag.
hochziehen optrekken.
hocke|n hurken; *fig* hokken; **♀r** *m* kruk.
Höcker *m* bult, bochel.
Hockey *n* (-s; 0) (het) hockey.
Hode|(n) *m* teelbal, testikel; **~n-sack** *m* balzak.
Hof *m* (-es; ~e) (*Platz*) (binnen)plaats, (het) erf; (*Bauern*♀) boerderij, hoeve; (*Königs*♀) (het) hof; *j-m den ~ machen* iem het hof maken; **~dame** *f* hofdame.
hoffen (*auf A*) hopen (op); *ich will es ~!* ik hoop het!; **~t-lich** hopelijk.
Hoffnung *f* hoop; *j-m ~en pl machen* iem hoop geven; *pej* iem voorspiegelen.
hoffnungs|los hopeloos; **♀schimmer** *m* (het) straaltje hoop; **~voll** hoopvol.
höflich beleefd, wellevend; **♀keit** *f* beleefdheid.
Hof-lieferant *m* hofleverancier.
Höhe *f* hoogte (*a. Hügel etc.*); (*Höhepunkt*) (het) hoogtepunt; *in ~ von* (*D*) *Summe:* ter grootte van; *auf der ~ von* (*D*) *Geogr* ter hoogte van.
Hoheit *f* (*Staats*♀) soevereiniteit; *Pers:* hoogheid; **~s-gebiet** *n* (het) grondgebied, (het) territorium; **~s-gewässer** *n/pl* territoriale wateren *n/pl*.
Höhen|flug *m* hoogtevlucht; (*Gedanken*♀) vlucht; **~lage** *f* hoogteligging; **~sonne** *f* hoogtezon; **~unterschied** *m* (het) hoogteverschil.
Höhepunkt *m* (het) hoogte-, toppunt.
höher hoger.
hohl hol.
Höhle *f* (het) hol; *Hohlraum u. Med* holte.
Hohl|kopf *m* (het) leeghoofd; **~körper** *m* (het) hol voorwerp; **~raum** *m* holle ruimte; **~spiegel** *m* holle spiegel.

Hohn *m* (-*es*; *0*) spot, hoon, smaad.
höhnen honen.
Hohngelächter *n* (het) hoongelach.
höhnisch honend, schamper.
Holdinggesellschaft *f* holding company.
holen halen; *sich ~ Krankheit* opdoen.
Holland *n* Holland *h* (*bsd hist*); (*Niederlande bsd*) Nederland *n*.
Holländ|er *m* Hollander; Nederlander; *~ Käse* Hollandse kaas; **~erin** *f* Hollandse; Nederlandse; **2isch** Hollands; Nederlands.
Höll|e *f* hel; **~en·lärm** *m* (het) hels lawaai (*od* kabaal); **2isch** hels, duivels.
holp|(e)rig hobbelig; *Sprache*: hakkelend; **~ern** hobbelen, schokken; (*gehen*) strompelen.
holterdiepolter holderdebolder.
Holunder *m* vlier; **~tee** *m* vlierthee.
Holz *n* (-*es*; *~er*) (het) hout; (*Wald*) (het) bos; *aus ~* van hout.
Holz|- in *Zssgn mst* hout-; *bei Material aus Holz mst* houten (*Adj*), *z.B.* **~art** *f* houtsoort; **~bank** *f* (-; *~e*) houten bank; **~bearbeitung** *f* houtbewerking.
hölzern houten; *fig* houterig.
Holz|fäller *m* houthakker; **~faserplatte** *f* (het) board; **~hammer** *m* houten hamer; **2ig** houtachtig; *Frucht*, *Gemüse*: stokkerig; **~industrie** *f* houtindustrie; **~kohle** *f* houtskool; **~leim** *m* houtlijm; **~scheit** *n* (het) houtblok; **~schnitt** *m* houtsnede; **~schuh** *m* klomp; **~schuppen** *m* houten schuur; **~verkleidung** *f* betimmering; **~wand** *f* houten wand; **~weg** *m*: *auf dem ~ sein* op de verkeerde weg zijn; **~wolle** *f* houtwol.
homogen homogeen.
Homöopathie *f* homeopathie.
homosexuell homoseksueel.
Honig *m* (-*s*; *0*) honi(n)g; **~biene** *f* honingbij; **~kuchen** *m* ontbijtkoek; **~wabe** *f* honi(n)graat.
Honorar *n* (-*s*; *-e*) (het) honorarium.
Honoratioren *m/pl* notabelen *pl*.
honorieren (-) honoreren.
Hopfen *m* hop; **~stange** *f* hopstaak; *fig Pers*: bonestaak.
hopsen (-*t*) huppelen.
hörbar hoorbaar.
horchen luisteren.
Horde *f* horde.
hör|en horen; *Vorlesung* volgen, bijwonen; **~ auf** (*A*) luisteren naar; **schwer ~** slecht horen; **2en·sagen** *n*: *vom ~* van horen zeggen; **2er** *m* toehoorder; *Rf mst* luisteraar; *Tel* hoorn; **2erin** *f* toehoorster; luisteraarster; **2fehler** *m Med* slechthorendheid; **2funk** *m* radio; **2gerät** *n* (het) hoorapparaat.
hörig horig (*a. fig*).
Horizont *m* (-*es*; *-e*) horizon; *das geht über s-n ~* daar kan hij niet bij; **2al** horizontaal; **~ale** *f* horizontale lijn.
Hormon *n* (-*s*; *-e*) (het) hormoon.
Horn *n* (-*es*; *~er*) hoorn (*a. Mus*), horen; **~brille** *f* hoornen bril.
Hörnchen *n* (het) hoorntje.
Hornhaut *f* (het) hoornvlies; (*Schwiele*) (het) eelt.
Hornisse *f* horzel.
Hornist *m* (-*en*) hoornblazer.
Horoskop *n* (-*s*; *-e*) horoscoop.
horrend (*übermäßig*) exorbitant, buitensporig.
Hör|saal *m* collegezaal; **~spiel** *n* (het) hoorspel.
Horst *m* (-*es*; *-e*) (het) roofvogelnest; (*Flieger* 2) vliegbasis.
Hort *m* (-*es*; *-e*) (*Zuflucht*) (het) toevluchtsoord; (*Kinder* 2) crèche.
horten hamsteren; *Geld* oppotten.
Hortensie *f* hortensia.
Hörweite *f* gehoorsafstand.
Hös·chen *n* (het) broekje; (*Damen* 2 *bsd*) (het) slipje.
Hose *f* broek; (*lang a.*) pantalon.
Hosen|anzug *m* (het) broekpak; **~bein** *n* broekspijp; **~bund** *m* broeksband; **~schlitz** *m* gulp; **~tasche** *f* broekzak; **~träger** *m/pl* bretels *pl*.
Hospital *n* (-*s*; *-e od* *~er*) (het) hospitaal.
hospitieren (-) hospiteren.
Hostess *f* hostess; stewardess.
Hostie *f* hostie.
Hotel *n* (-*s*; *-s*) (het) hotel.
Hotel|- in *Zssgn mst* hotel-; **~besitzer** *m* hôtelier, hoteleigenaar; **2eigen** van het hotel; **~fachschule** *f* hotelschool; **~gewerbe** *n* (het) hotelbedrijf, hotellerie; **~halle** *f* hotelhal, lounge; **~verzeichnis** *n* hotelgids; **~zimmer** *n* hotelkamer.
hüben aan deze kant, hier; *~ und drüben* hier en ginds, aan beide kanten.
Hubraum *m* cilinderinhoud.
hübsch mooi, leuk, knap.

Hubschrauber m helikopter; ~**landeplatz** m landingsplaats voor helikopters.

huckepack op de rug; ⎣**verkehr** m (het) gecombineerd weg-/railvervoer.

Huf m (-es; -e) hoef; ~**eisen** n (het) hoefijzer; ~**schmied** m hoefsmid.

Hüft|e f heup; ~**gelenk** n (het) heupgewricht; ~**halter** m step-in.

Hügel m heuvel; ⎣**ig** heuvelachtig.

Hugenotte m (-n) hugenoot.

Huhn n (-es; ~er) (het) hoen; (Henne u. kul.) kip.

Hühnchen n (het) kippetje.

Hühner|auge n (het) eksteroog; ~**brühe** f kippebouillon; ~**ei** n (het) kippeëi; ~**farm** f kippenfarm; ~**hof** m (het) hoenderhof; ~**stall** m (het) kippenhok.

huldig|en (D) huldigen (a. Ansicht); ⎣**ung** f huldiging, hulde.

Hülle f (het) omhulsel; (Schallplatten⎣) hoes; ~**n** pl (Kleider) kleren pl; **in ~ und Fülle** in overvloed, bij de vleet; ⎣**n: (sich) ~ in** (A) (zich) hullen in (a. fig).

Hülse f dop, peul; Tech huls; ~**n·früchte** f/pl peulvruchten pl.

human humaan, menselijk; ~**itär** humanitair; ⎣**ität** f humaniteit, menselijkheid; ⎣**medizin** f geneeskunde.

Hummel f (-; -n) hommel.

Hummer m kreeft.

Humor m (-s; -e) humor; ⎣**istisch** humoristisch.

humpeln hompelen, hinken.

Humus m (-; 0) humus.

Hund m (-es; -e) hond (a. fig); **auf den ~ kommen** aan lager wal raken.

Hunde|futter n (het) hondevoer; ~**hütte** f (het) hondehok; ~**kuchen** m (het) hondebrood; ~**leine** f (honde)lijn; ⎣**müde** hondsmoe; ~**rasse** f (het) honderas.

hundert 1. honderd; **2.** ⎣ n (-s; -e) honderd; ~**e** pl **von Menschen** honderden mensen pl; **zu ~en** bij honderden; ⎣**er** m (het) honderdtal; (Schein) (het) briefje van honderd (mark); ~**fach** honderdvoudig; ⎣**jahrfeier** f (het) eeuwfeest; ~**jährig** honderdjarig; ~**prozentig** voor honderd procent;

~**ste(r)** honderdste; ⎣**stel** n (het) honderdste (deel).

Hündin f teef.

hunds|miserabel allerberoerdst; ⎣**tage** m/pl hondsdagen pl.

Hüne m (-n) reus; ~**n·grab** n (het) hunebed.

Hunger m honger; ~**lohn** m (het) hongerloon; ⎣**n** honger lijden; ~ **nach** (D) hongeren naar; ~**s·not** f hongersnood; ~**streik** m hongerstaking.

hungrig hongerig; ~ **sein** honger hebben.

Hupe f toeter, claxon; ⎣**n** toeteren, claxonneren.

hüpfen huppelen.

Hupverbot n (het) claxonneerverbod.

Hürde f horde; ~**n·lauf** m hordenloop.

Hure f hoer; ⎣**n** hoer(er)en.

Husar m (-en) huzaar; ~**en·streich** m, ~**en·stück** n (het) huzarenstukje.

huschen (sn) glippen, glijden.

hüsteln kuchen.

husten 1. hoesten; **2.** ⎣ m hoest; ⎣**bonbon** m hoestpastille; ⎣**saft** m (het) hoestdrankje.

Hut 1. m (-es; ~e) hoed; **2.** f: **auf der ~ sein (vor** D**)** op zijn hoede zijn (voor); ~**ablage** f hoedenplank.

hüten hoeden, passen op; Bett houden; **sich ~ vor** (D) oppassen voor, zich hoeden voor, zich wachten voor.

Hüter m hoeder; ~**in** f hoedster.

Hütte f hut (a. mar); (Keramik⎣) glasfabriek; Tech = ~**n·werk** n (het) hoogovenbedrijf.

Hyäne f hyena.

Hyazinthe f hyacint.

Hydrant m (-en) brandkraan.

hydraulisch hydraulisch.

Hygien|e f hygiëne; ⎣**isch** hygiënisch.

Hymne f hymne.

Hyper|- in Zssgn hyper-; ~**bel** f (-; -n) hyperbool; ⎣**modern** hypermodern.

Hypno|se f hypnose; ⎣**tisieren** (-) hypnotiseren.

Hypothek f hypotheek.

Hypotheken|brief m hypotheekakte; ~**zinsen** m/pl hypotheekrente.

Hypothese f hypothese.

Hyster|ie f hysterie; ⎣**isch** hysterisch.

I

i. A. *Abk für* **im Auftrag** *s.* **Auftrag.**
ich 1. ik; **2.** ♀ *n* (-[s]; -[s]) (het) ik.
ideal 1. ideaal; **2.** ♀ *n* (-s; -e) (het) ideaal; **~isieren** (-) idealiseren.
Idealis|mus *m* (-; *0*) (het) idealisme; **~t(in** *f*) *m* idealist(e *f*).
Idee *f* (het) idee, (het) denkbeeld; ***fixe*** **~** idee-fixe (*a.* het).
ident|ifizieren (-) identificeren; **~isch** identiek; ♀**ität** *f* identiteit.
Ideolog|e *m* ideoloog; **~ie** *f* ideologie; ♀**isch** ideologisch.
Idiot *m* (-en) idioot; **~ie** *f* idiotie, (het) idiotisme (*a. fig*); ♀**isch** idioot.
Idol *n* (-s; -e) (het) idool.
Idyll|(e *f*) *n* (-s; -e) idylle; ♀**isch** idyllisch.
IG *f* (-; -s) *Abk für* **Industriegewerkschaft** *u.* **Interessengemeinschaft.**
Igel *m* egel; **~stellung** *f* egelstelling.
ignorieren (-) negeren, ignoreren.
ihm hem, aan hem.
ihn hem.
ihnen ze; (*Pers a.*) hun, aan hen; ♀ (aan) U, u.
ihr *sg* ze; (*Pers a.*) (aan) haar; *pl* jullie; (*possessiv*) *sg* haar, *pl* hun; ♀ Uw, uw.
ihrer *sg* (van) haar; *pl*(van) hen, hunner; ♀ (van) U (*od* u); **~seits** van haar kant; (*von ihnen aus*) van hun kant; ♀ Uwer-, uwerzijds, van Uw (*od* uw) kant.
ihres·gleichen *sg* haarsgelijke; *pl* hunsgelijke; ♀ Uws-, uwsgelijke.
ihret|halben, ~wegen, um ~willen om haar, om harentwil; (*ihnen zuliebe*) om hun, om hunnentwille; ♀ om U, om u, om Uwent-, uwentwil.
ihrige: ***der, die*** **~** *sg* de hare; *pl* de hunne; ***das*** **~** *sg* het hare; *pl* het hunne; ***der, die*** ♀ de Uwe (*od* uwe); ***das*** ♀ het Uwe (*od* uwe).
illeg|al illegaal; **~itim** illegitiem.
illoyal deloyaal.
Illus|ion *f* illusie, ♀**orisch** illusoir.
Illustr|ation *f* illustratie, **~ieren** (-) illustreren; **~ierte** *f* (het) geïllustreerd tijdschrift.
Image *n* (-[s]; -s) (het) image; **~pflege** *f* imagebuilding.
imaginär imaginair, denkbeeldig.

Imbiß *m* lichte maaltijd, (het) hapje; **~bude, ~stube** *f* snackbar.
Imitation *f* imitatie, nabootsing.
imitieren (-) imiteren, nabootsen.
Imker *m* imker, bijenhouder.
Immatrikul|ation *f* inschrijving; ♀**ieren** (-) (*sich*) (zich) inschrijven.
immens immens, onmetelijk.
immer altijd, steeds, immer; ***auf*** (*od für*) **~** voor altijd; ***wer*** (**wo**) **~** wie (waar) ook; **~ *besser*** (*schlechter*, ...) steeds; **~fort** altijd, voortdurend, al maar door; ♀**grün** *n* maagdenpalm; **~hin** (*schließlich*) tenslotte; (*zumindest*) tenminste; (*jedenfalls*) in elk geval; (*trotzdem*) toch (maar); **~zu = immerfort.**
Immigr|ant(in *f*) *m* (-en) immigrant(e *f*); ♀**ieren** (-) immigreren.
Immission *f* immissie; **~s·schutz** *m* bescherming tegen immissie.
Immobilien *pl* (het) onroerend goed; **~makler** *m* makelaar in onroerend goed.
immun immuun; **~isieren** (-) immuniseren; ♀**ität** *f* immuniteit; *Pol a.* onschendbaarheid.
Imperativ *m* (-s; -e) imperatief, gebiedende wijs; **~fekt** *n* (-s; -e) (het) imperfect(um), onvoltooid verleden tijd.
Imperialis|mus *m* (-;*0*) (het) imperialisme; ♀**tisch** imperialistisch.
impf|en (*gegen A*) inenten (tegen); *Bot* enten; ♀**paß,** ♀**schein** *m* (het) inentingsbewijs; ♀**stoff** *m* (het) vaccin; ♀**ung** *f* inenting, vaccinatie; enting.
implizieren (-) impliceren.
imponieren (-) (*D*) imponeren.
Import *m* (-*es*; -e) import, invoer; **~beschränkung** *f* invoerbeperking; **~eur** *m* (-s; -e) importeur; ♀**ieren** (-) importeren, invoeren.
impo|sant imposant; **~tent** impotent.
imprägnieren (-) impregneren.
Impressionis|mus *m* (-; *0*) (het) impressionisme; ♀**tisch** impressionistisch.
improvisieren (-) improviseren.
Impuls *m* (-*es*; -e) impuls; ♀**iv** impulsief.
imstande: **~ *sein* (*zu*)** in staat zijn (te).
in (*D*) in; (*binnen*) binnen; (*A*) in (*u. a. Theater, Schule, Stadt*); **~ *drei***

Inanspruchnahme 412

Tagen (*Wochen*) over drie dagen (weken).
Inanspruchnahme f belasting (*a. Tech*); *e-r S.*: gebruikmaking, (het) gebruik.
Inbegriff *m* essentie; (het) prototype; (*das Höchste*); (het) toonbeeld; 2en inbegrepen, inclusief.
Inbetriebnahme f ingebruikneming; inbedrijfstelling.
inbrünstig vurig.
indem (*dadurch, daß*) doordat, door ... te + *Inf*; (*während*) terwijl.
Inder *m* Indiër; **~in** f Indische.
indessen in-, ondertussen; (*aber*) evenwel, maar; (*dennoch*) nochtans, toch.
Index *m* (-[*es*]; -*e od Indizes*) index.
Indianer(*in* f) *m* Indiaan(se f).
Indien *n* Indië *n*; *Pol bsd* India *n*.
Indi|kativ *m* (-*s*; -*e*) indicatief, aantonende wijs; 2**rekt** indirect.
indisch Indisch; *Pol bsd* Indiaas.
indiskret indiscreet; 2**ion** f indiscretie.
Individu|alismus *m* (-; ∅) (het) individualisme; 2**ell** individueel; **~um** *n* (-*s*; *Individuen*) (het) individu, enkeling.
Indizien *n/pl* aanwijzingen *pl*.
Indones|ien *n* Indonesië *n*; **~ier**(**in** f) *m* Indonesiër *m*, Indonesische f.
Induktion f inductie.
industrialisieren (-) industrialiseren.
Industrie f industrie, nijverheid.
Industrie- *in Zssgn mst* industrie-, *z.B.* **~abfälle** *m/pl* industrieafval (*a. het*); **~anlage** f (het) industriecomplex; **~arbeiter** *m* industriearbeider; **~gebiet** *n* (het) industriegebied; **~gewerkschaft** f industriebond; **~kaufmann** *m* (**~kauffrau** f) commercieel-administratief medewerker *m* (medewerkster f) in de industrie.
industriell industrieel; 2**e**(**r**) industrieel.
Industrie|staat *m* industriestaat; **~ und Handelskammer** f Kamer van Koophandel en Fabrieken; **~zweig** *m* bedrijfstak.
ineinander in elkaar, ineen; **~greifen** in elkaar grijpen.
infam infaam, schandelijk.
Infanterie f infanterie.
Infarkt *m* (-*es*; -*e*) (het) infarct.
Infektion f infectie, besmetting; **~skrankheit** f besmettelijke ziekte.
in|filtrieren (-) infiltreren; 2**finitiv** *m* (-*s*; -*e*) infinitief, onbepaalde wijs.

infizieren (-) infecteren, besmetten.
Inflation f inflatie; **~s·rate** f (het) inflatiepercentage.
infolge (*G*) tengevolge van; **~dessen** dientengevolge, bijgevolg.
Informatik f informatica.
Information f informatie; **~s·büro** *n* (het) informatiebureau; **~s·material** *n* (het) informatiemateriaal; **~s·schalter** *m* informatiebalie.
informieren (-) informeren; *sich* **~** (*über A*) zich op de hoogte stellen (van).
Infrastruktur f infrastructuur.
Infusion f (het) infuus, infusie.
Ingenieur *m* (-*s*; -*e*) ingenieur.
Ingredienzien f/pl ingrediënten *n/pl*.
Ingwer *m* gember.
Inhaber *m* eigenaar, bezitter; (*Konto*2, *Rekord*2, *Paß*2) houder; (*Wechsel*2) toonder; (*Amts*2) bekleder; **~in** f eigenares; houdster; toonster; bekleedster.
in|haftieren (-) in hechtenis nemen, arresteren; **~halieren** (-) inhaleren.
Inhalt *m* (-*es*; -*e*) inhoud; 2**lich** inhoudelijk; **~s·angabe** f inhoud(sopgave); 2**s·los** zonder inhoud; waardeloos, nietszeggend; **~s·verzeichnis** *n* inhoudsopgave.
Initiale f initiaal, beginletter.
Initiativ|e f (het) initiatief; **~recht** *n* (het) recht van initiatief.
Injektion f injectie, inspuiting.
inklusiv|(**e**) (*G*) inclusief; 2**preis** *m* all-inprijs.
inkonsequent inconsequent.
Inkrafttreten *n* inwerkingtreding.
Inland *n* (het) binnenland; **~flug** *m* binnenlandse vlucht.
inländisch binnenlands.
Inlands|geschäft *n* omzet in het binnenland; **~gespräch** *n* *Tel* (het) binnenlands telefoongesprek; **~markt** *m* binnenlandse markt.
inmitten (*G*) te midden van.
innehaben hebben, bezitten; *Amt* bekleden.
innen binnen; 2**antenne** f binnenantenne; 2**architekt** *m* binnenhuisarchitect; 2**minister** *m* minister van binnenlandse zaken; 2**ministerium** *n* (het) ministerie van binnenlandse zaken; 2**politik** f binnenlandse politiek; **~politisch** de binnenlandse politiek betreffend, bin-

nenlands; 2seite f binnenkant; 2stadt f binnenstad.
inner binnenst; *Med bsd* inwendig; *fig* innerlijk; (*inländisch*) binnenlands; **~betrieblich** bedrijfsintern; 2e(s) (het) binnenste, (het) inwendige; *fig* (het) innerlijk; **~halb** (*G*) binnen; **~lich** innerlijk; inwendig.
innig innig; 2keit f innigheid.
Innovation f innovatie.
Innung f vakvereniging.
inoffiziell inofficieel.
ins = *in das*.
Insasse m (-n) inzittende; bewoner; **~n-versicherung** f inzittendenverzekering.
insbesondere in 't bijzonder, inzonderheid, vooral.
Inschrift f (het) opschrift.
Insekt n (-es; -en) (het) insekt.
Insekten|pulver n insektenpoeder (a. het); **~schutzmittel** n (het) insekticide; **~stich** m insektebeet.
Insel f (-; -n) (het) eiland.
Inser|at n (-es; -e) advertentie; **~ent** m (-en) adverteerder; 2ieren (-) adverteren.
insgeheim in het geheim, heimelijk.
insgesamt in totaal.
insofern *Adv* in zoverre; *Ko* voor zover.
insolvent insolvent; 2z f insolventie.
insoweit = *insofern*.
In|spektion f inspectie; *Auto*: (controle)beurt; 2spirieren (-) inspireren; 2spizieren (-) inspecteren.
Install|ateur m (-s; -e) installateur; (*Klempner bsd*) loodgieter; 2ieren (-) installeren.
instand: **~ halten** in orde houden, onderhouden; **~ setzen** in staat stellen; (*reparieren*) herstellen, opknappen.
Instandhaltung f (het) onderhoud.
inständig dringend.
Instandsetzung f herstelling, reparatie.
Instantgetränk n instant-drank.
Instanz f instantie; **~en-weg** m: *auf dem* **~** langs de hiërarchieke weg.
In|stinkt m (-es; -e) (het) instinct; 2stinktiv instinctief; **~stitut** n (-es; -e) (het) instituut; **~stitution** f instelling; **~struktion** f instructie; **~strument** n (-es; -e) (het) instrument; **~sulin** n (-s; 0) insuline; 2szenieren (-) ensceneren (*a. fig*); **~tegration** f integratie.

intell|ektuell intellectueel; **~igent** intelligent, verstandig; 2igenz f intelligentie; (*die Intellektuellen*) intelligentsia.
Intendant m (-en) schouwburgdirecteur; *Rf* directeur van een omroep.
Intens|ität f intensiteit; 2iv intens(ief); **~iv-station** f intensive care.
Intercity m (-s; -s) intercity; **~netz** n (het) intercitynet; **~zug** m intercitytrein; **~zuschlag** m intercitytoeslag.
interess|ant interessant; 2e n (-s; -n) interesse, belangstelling; (het) belang; 2en·gemeinschaft f belangengemeenschap; 2ent(in f) m (-en) belangstellende (*a. f*), geïnteresseerde (*a. f*); (*Bewerber, Kauflustiger a.*) gegadigde (*a. f*); **~ieren** (-) interesseren; *sich ~ für* (A) zich interesseren voor, belangstellen in.
international internationaal.
Interpret|ation f interpretatie; 2ieren (-) interpreteren.
Inter|punktion f interpunctie; **~railkarte** f interrailkaart; 2venieren (-) tussenbeide komen, interveniëren; **~vention** f interventie.
Interview n (-s; -s) (het) interview, (het) vraaggesprek; 2en (-) interviewen.
intim intiem; 2ität f intimiteit.
In|toleranz f intolerantie, onverdraagzaamheid; **~tonation** f intonatie; 2transitiv intransitief, onovergankelijk; **~trige** f intrige; 2trigieren (-) intrigeren; **~tuition** f intuïtie; **~valide** m (-n) invalide; **~vasion** f invasie.
Inventar n (-s; -e) inventaris.
inventarisieren (-) inventariseren.
Inventur f inventarisatie.
investieren (-) investeren.
Investition f investering.
Investitions|güter n/pl investeringsgoederen n/pl; **~hilfe** f investeringshulp; investeringssubsidie; **~programm** n (het) investeringsprogramma.
inwie|fern, ~weit in hoever(re).
inzwischen in-, ondertussen, inmiddels.
Irak m: *der* **~** Irak n; 2isch Iraaks.
Iran m: *der* **~** Iran n; 2isch Iraans.
irdisch aards.
Ire m (-n) Ier.
irgend enigszins; **~ etwas** = *irgendwas*; **~ jemand** de een of ander; **~ein(er)** een of ander(e); **~wann** ooit; **~was** iets, het een of ander; **~welch** een of ander, bepaald, de een of ander(e);

irgendwie

~wie op de een of andere manier, enigszins; **~wo(hin)** ergens (heen).
Ir|in f Ierse; **2isch** Iers.
Iron|ie f ironie; **2isch** ironisch.
irre gek (*a. erregt*), waanzinnig; (*verwirrt*) verward; F enorm; fantastisch, te gek; 2(**r**) krankzinnige; **~führen** misleiden, op een dwaalspoor brengen; **2führung** f misleiding; **~machen** van de wijs brengen, gek maken.
irren dwalen, zwerven, dolen; *sich ~* zich vergissen; **2anstalt** f (het) krankzinnigengesticht; **2haus** n (het) gekkenhuis.
irreparabel onherstelbaar.
Irr|garten m doolhof; **2ig** verkeerd.

irritieren (-) irriteren.
Irr|licht n (het) dwaallicht; **~sinn** m waanzin; **2sinnig** waan-, krankzinnig; **~tum** m (-*s*; *~er*) vergissing; *im ~ sein* zich vergissen; **2tümlich(er·weise)** bij vergissing, abusievelijk; **~weg** m dwaalweg; *fig bsd* (het) dwaalspoor.
Ischias f *od* m (-; 0) ischias.
Islam m (-*s*; 0) islam; **2isch** islamitisch.
Is|land n IJsland n; **2ländisch** IJslands.
Isol|ation f isolatie; **~ierband** n (het) isolatieband; **2ieren** (-) isoleren.
Israeli m (-[*s*]; -[*s*]) Israëli; **2sch** Israëlisch.
Italien n Italië n; **~er(in** f) m Italiaan(se f); **2isch** Italiaans.

J

ja 1. ja; (*erklärend*) *du kennst ihn ~* immers, toch; (*unbedingt*) vooral; *~ doch!, ~ freilich!* ja zeker!, maar zeker!; *er nicht, ich ~* wel; **2.** 2 n (-[*s*]; 0) (het) ja.
Jacht f (het) jacht.
Jacke f (het) colbert(jasje); (het) jek; (*Damen*2) (het) vest; **~n·kleid** n (het) mantelpakje.
Jackett n (-*s*; -*s*) (het) colbert(jas)je.
Jagd f jacht (*a. fig*); *auf die ~ gehen* op jacht gaan.
Jagd|- *in Zssgn mst* jacht-, *z.B.* **~aufseher** m jachtopziener; **~bomber** m jachtbommenwerper; **~flugzeug** n (het) jachtvliegtuig; **~hund** m jachthond; **~revier** n (het) jachtterrein; **~schein** m jachtakte.
jagen jagen; (*sn; eilen a.*) jachten.
Jäger m jager (*a. Flgw*); **~in** f jaagster.
Jaguar m (-*s*; -*e*) jaguar.
jäh plots(eling), onverwacht; (*steil*) steil.
Jahr n (-*es*; -*e*) (het) jaar; *im ~e 1992* in (het jaar) 1992; *von ~ zu ~* van jaar tot jaar; *in den neunziger ~en* in de jaren negentig; *~ für ~*, *2aus, 2ein* jaar in, jaar uit; **~buch** n (het) jaarboek.
Jährchen f (het) jaartje.
jahre·lang jarenlang.

Jahres|abonnement n (het) jaarabonnement; **~abschluß** m *Hdl* jaarbalans; **~anfang** m (het) begin van het jaar; **~ausgleich** m belastingaangifte; **~bericht** m (het) jaarverslag; **~bilanz** f jaarbalans; **~einkommen** n (het) jaarlijks inkomen; **~ende** n (het) einde van het jaar; **~hauptversammlung** f jaarlijkse algemene vergadering; **~tag** m verjaardag, jaarlijkse herdenkingsdag; **~umsatz** m jaaromzet; **~urlaub** m jaarlijkse vakantie; **~wechsel** m jaarwisseling; **~zeit** f (het) jaargetijde.
Jahrgang m jaargang; (*Studenten*2, *Wein*2) (het) jaar; *mil* lichting.
Jahrhundert n eeuw; **~wende** f eeuwwisseling.
jährlich jaarlijks.
Jahrmarkt m jaarmarkt; kermis.
Jahrtausend n (het) millennium; **~wende** f wisseling van het ene millennium naar het andere.
Jahrzehnt n (-*s*; -*e*) (het) decennium.
jähzornig opvliegend, driftig.
Jalousie f jaloezie.
Jammer m ellende; (*Kummer*) (het) verdriet; (*Klage*) (het) gejammer; *es ist ein ~* het is treurig.
jämmerlich jammerlijk.

jammer|n jammeren; **~schade** vreselijk jammer, doodjammer.
Januar *m* (-[s]; -e): *der* **~** januari.
Japan|er(in *f*) *m* Japanner *m*, Japanse *f*; **℧isch** Japans.
japsen (*-t*) hijgen.
Jargon *m* (-s; -s) (het) jargon.
Ja-stimme *f* ja-stem.
jäten wieden.
Jauche *f* vloeibare mest, gier.
jauchz|en (*-t*) juichen; **℧er** *m* juichkreet.
jaulen janken, huilen.
Jause *f* tussenmaaltijd; (het) vieruurtje.
jawohl jawel.
Jawort *n* (*-es*; *-e*) (het) jawoord.
Jazz *m* (-; 0) jazz.
je ooit; (*pro*) per; **~ ... desto** (*od* **umso**) hoe ... hoe; **~ nach** (*D*) al naar, naargelang (van); **~ nachdem** naargelang.
jede(r, -s) elk(e), ieder(e).
jedenfalls in ieder geval.
jeder|mann iedereen; **~zeit** altijd, steeds, te allen tijde.
je|desmal elke keer, telkens; **~ wenn** telkens als; **~doch** echter, toch.
jedwede(r, -s), jegliche(r, -s) elk(e), ieder(e); (*irgendein*) enig.
jeher: *von* (*od* **seit**) **~** van oudsher.
jemals ooit.
jemand iemand.
jene|(r) die (daar); *Su* (*der zuerst Erwähnte*) eerstgenoemde; **~s** dat (daar); (het) eerstgenoemde.
jenseit|ig aan de andere kant, aan de overkant; *Ufer:* ander; **~s 1.** (*G*, **von** *D*) aan de andere kant (van); **2.** **℧** *n* (-; 0) (het) hiernamaals.
jetzig tegenwoordig, huidig.
jetzt nu, nou, thans.
jeweil|ig van dat ogenblik; desbetreffend, respectief; **~s** telkens op een gegeven ogenblik.
Job *m* (-s; -s) job (*a. EDV*); **℧ben** een job hebben; werken; **~ber** *m* (*Student*) werkstudent; *Hdl* jobber; **~killer** *m* vernietiger van arbeidsplaatsen; **~sharing** *n* (-[s]; 0) duobaan; **~vermittlung** *f* jobbemiddeling.
Joch *n* (*-es*; *-e*) (het) juk (*a. fig*).
Jod *n* (-s; 0) jodium.
jodeln jodelen.
Jodtinktur *f* jodiumtinctuur.
Joghurt *m* (-s; -s) yoghurt.
Johannisbeere *f* aalbes.

johlen joelen.
Joint-venture *n* (-[s]; -s) joint venture.
Jolle *f* jol.
jonglieren (-) jongleren.
Jot *n* (-[s]; -s) (de letter) j.
Journalis|mus *m* (-; 0) journalistiek; **~t(in** *f*) *m* (*-en*) journalist(e *f*).
Jubel *m* (-s; 0) (het) gejuich, (het) gejubel; **℧n** juichen, jubelen.
Jubilar *m* (-s; -e) jubilaris.
Jubiläum *n* (-s; *Jubiläen*) (het) jubileum.
juck|en 1. jeuken; **2.** **℧** *n*, **℧reiz** *m* jeuk.
Jude *m* (-*n*) jood.
Jüd|in *f* Joodse; **℧isch** joods.
Judo *n* (-[s]; 0) (het) judo.
Jugend *f* jeugd; *von* **~** *auf* van jongs af aan.
Jugend|- *in Zssgn mst* jeugd-; **~amt** *n* (het) bureau voor jeugdzorg; **~arbeitslosigkeit** *f* jeugdwerkloosheid; **℧frei** (toegankelijk) voor alle leeftijden; **~herberge** *f* jeugdherberg; **~kriminalität** *f* jeugdcriminaliteit; **℧lich** jeugdig; **~liche(n)** *pl* jongeren *pl*; **~stil** *m* Jugendstil, art nouveau; **~verbot** *n* (het) verbod voor personen beneden de 18 jaar; **~zentrum** *n* (het) jeugdcentrum.
Jugoslaw|e *m* (-*n*) Joegoslaaf; **~ien** *n* Joegoslavië *n*; **℧isch** Joegoslavisch.
Juli *m* (-[s]; -s): *der* **~** juli.
Jumbo-Jet *m* jumbojet.
jung (*er, ~st*) jong; **~e Leute** *pl* jongelui *pl*, jongeren *pl*; **℧e** *m* (-*n*) jongen; **℧e(s)** (het) jong; **~en-haft** jongensachtig.
jünger 1. jonger; (*ziemlich jung*) nog(al) jong; **2.** **℧** *m* discipel, volgeling; **℧in** *f* volgelinge, leerlinge.
Jung|fer *f:* **alte ~** oude vrijster; **~fernfahrt** *f* maiden-trip; **~frau** *f* maagd; *Rel* Maagd; **℧fräulich** maagdelijk (*a. fig*); **~geselle** *m* vrijgezel; **~gesellin** *f* vrijgezellin.
Jüngling *m* (-s; -e) jongeling, jongeman.
jüngst 1. *Adj* jongst; *in* **~er Zeit** (in) de laatste tijd; **2.** *Adv* onlangs, laatst.
Jungunternehmer *m* jonge ondernemer.
Juni *m* (-[s]; -s): *der* **~** juni.
junior| junior; **2.** **℧** *m* (-s; *-en*) junior.
Junior|chef *m* jongere chef; **~partner** *m* jongere medefirmant.
Jura *n/pl* rechten *n/pl*.
Juris|prudenz *f* rechtsgeleerdheid; **~t(in** *f*) *m* (*-en*) jurist(e *f*); **℧tisch** juridisch.

Jury

Jury *f* (-; -s) jury.
just juist, net.
Justitiar *m* (-s; -e) juridisch adviseur.
Justiz *f* justitie; ~**beamte(r)** rechterlijk ambtenaar; ~**minister** *m* minister van justitie.

Jute *f* jute; ~**sack** *m* jutezak.
Juwel *n* (-s; -en; *fig pl* -e) (het) juweel (*a. Pers*); ~**ier** *m* (-s; -e) juwelier.
Jux *m* (-*es*; -e) grap, lol; **aus** ~ F voor de grap (*od* lol).

K

Kabarett *n* (-s; -e *od* -s) (het) cabaret; ~**ist(in** *f*) *m* (-en) cabaretier *m*, cabaretière *f*.
Kabel *n* kabel; ~**anschluß** *m* kabelaansluiting; ~**fernsehen** *n* kabeltelevisie.
Kabeljau *m* (-s; -e *od* -s) kabeljauw.
Kabelnetz *n* (het) kabelnet.
Kabine *f* cabine; *mar* hut, kajuit; (*Bade*♀) (het) badhokje.
Kabinett *n* (-s; -e) (het) kabinet.
Kabrio(lett) *n* (-s; -s) cabriolet.
Kachel *f* (-; -n) tegel; ♀**n** betegelen.
Kacke *f* V kak, stront.
Kadaver *m* (het) kadaver.
Kader *m* (het) kader.
Kadett *m* (-en) kadet.
Kadmium *n* (-s; 0) (het) cadmium.
Käfer *m* kever, tor.
Kaff *n* (-*es*; -s *od* -e) *pej* (het) gat.
Kaffee *m* (-s; -s) koffie; ~ **kochen** (*od aufbrühen*) koffie zetten.
Kaffee|- *in Zssgn mst* koffie-, *z.B.* ~**automat** *m* koffieautomaat; ~**fahrt** *f* (het) uitstapje met reclamedoeleinden; ~**kanne** *f* koffiekan; ~**maschine** *f* (het) koffiezetapparaat; ~**mühle** *f* koffiemolen; ~**satz** *m* (het) koffiedik; ~**tasse** *f* (het) koffiekopje; ~**tisch** *m* koffietafel.
Käfig *m* (-s; -e) kooi, (het) hok.
kahl kaal hoofd; *Pers:* kaalkop; ~**köpfig** kaalhoofdig; ♀**schlag** *m* kaalslag.
Kahn *m* (-*es*; ⁻e) roeiboot; (*Lastschiff*) aak, schuit.
Kai *m* (-s; -s) kade, kaai, wal.
Kaiser|(in *f*) *m* keizer(in *f*); ♀**lich** keizerlijk; ~**reich** *n* (het) keizerrijk; ~**schnitt** *m* keizersnede.
Kajüt|boot *n* kajuitboot; ~**e** *f* kajuit, hut.

Kakao *m* (-s; 0) cacao; **e-e Tasse** ~ een kop chocola; *j-n* **durch den** ~ **ziehen** erdoor halen; ~**butter** *f* cacaoboter.
Kakerlak *m* (-en) kakkerlak.
Kak|tee *f*, ~**tus** *m* (-; *Kakteen*) cactus.
Kalauer *m* flauwe mop.
Kalb *n* (-*es*; ⁻er) (het) kalf; ~**fleisch** *n* (het) kalfsvlees.
Kalbs|braten *m* (het) kalfsgebraad; ~**hachse** *f* kalfsschenkel; ~**medaillon** *n* kalfsoester; ~**milch** *f* (kalfs)zwezerik; ~**schnitzel** *n* kalfsschnitzel.
Kalender *m* kalender; ~**jahr** *n* (het) kalenderjaar.
Kali *n* (-s; -s) kali.
Kaliber *n* (het) kaliber (*a. fig*).
Kalk *m* (-*es*; -e) kalk; ~**boden** *m* kalkgrond; ♀**en** kalken; ♀**haltig** kalkhoudend; ~**stein** *m* kalksteen (*a. het*).
Kalkul|ation *f* calculatie; ♀**ieren** (-) calculeren, berekenen.
kalt (⁻er; ⁻est) koud; *fig bsd* koel; **mir ist** ~ ik heb het koud; ~**blütig** koelbloedig.
Kälte *f* kou(de); ~**einbruch** *m* koudegolf; ~**periode** *f* koudeperiode; ~**welle** *f* koudegolf.
Kalt|front *f* (het) koufront; ~**luft** *f* koude lucht; ~**miete** *f* kale huur; ♀**schnäuzig** gevoelloos; ♀**stellen** *fig* aan de dijk zetten.
Kalvinis|mus *m* (-; 0) (het) calvinisme; ♀**tisch** calvinistisch.
Kalzium *n* (-s; 0) (het) calcium.
Kamel *n* (-*es*; -e) kameel; *fig* ezel.
Kamera *f* (-; -s) camera.
Kamerad *m* (-en) kameraad; ♀**schaftlich** kameraadschappelijk.
Kameramann *m* cameraman.
Kamille *f* kamille.

Kamin *m* (-s; -e) open haard; (*Schornstein*) schoorsteen.
Kamm *m* (-*es*; ⁓e) kam (*a. Hahnen*2 *etc.*).
kämmen (*sich*) (zich) kammen.
Kammer *f* (-; -n) kleine kamer, (het) kamertje; (*Lagerraum*) bergruimte; *Herz*2, *Schatz*2, *jur u. Pol* kamer; **⁓musik** *f* kamermuziek.
Kammgarn *n* (het) kamgaren.
Kampagne *f* campagne.
Kampf *m* (-*es*; ⁓e) (het) gevecht (*bsd Schlacht*), strijd; *Sp* wedstrijd; 2**bereit** gevechtsklaar; strijdvaardig.
kämpfen vechten, strijden.
Kampfer *m* kamfer.
Kämpfer *m* vechter, strijder; **⁓in** *f* vechtster, strijdster; 2**isch** strijdlustig.
Kampf|flugzeug *n* (het) gevechtsvliegtuig; **⁓handlung** *f* gevechtshandeling; **⁓kraft** *f* gevechtskracht; 2**los** zonder strijd; 2**lustig** strijdlustig; **⁓richter** *m* kamprechter; **⁓stoffe** *m/pl*: *chemische* ⁓ chemische wapens *n/pl*; 2**unfähig:** ⁓ *machen* buiten gevecht stellen.
kampieren (-) kamperen.
Kanad|ier(in *f*) *m* Canadees *m*, Canadese *f*; 2**isch** Canadees.
Kanal *m* (-s; ⁓e) (het) kanaal (*a. Rf u. fig*); (*Stadt*2) gracht; (*Abfluß*) riool; **⁓isation** *f* kanalisatie; riolering; 2**isieren** (-) kanaliseren (*a. fig*); rioleren.
Kanarienvogel *m* kanarie.
Kandare *f*: *j-n an die* ⁓ *nehmen* iem onder handen nemen.
Kandelaber *m* kandelaber.
Kandid|at(in *f*) *m* (-en) kandidaat *m*, kandidate *f*; **⁓atur** *f* kandidatuur; 2**ieren** (-) kandideren.
kand|iert gekonfijt; 2**is** *m* (-; *0*) kandij.
Kaneel *m* (-s; *0*) kaneel (*a. het*).
Känguruh *n* (-s; -s) kangoeroe.
Kaninchen *n* (het) konijn.
Kanister *m* kan, bus, (het) blik.
Kännchen *n* (het) kannetje.
Kanne *f* kan, pot.
Kannibale *m* (-n) kannibale.
Kanone *f* (het) kanon; F *Pers:* kei, crack; **⁓n·schuß** *m* (het) kanonschot.
Kant|e *f* kant, rand, boord; *auf die hohe* ⁓ *legen* opzij leggen; 2**en** op zijn kant zetten; *nicht* ⁓*!* niet kantelen!; 2**ig** kantig; *fig bsd* hoekig.
Kantine *f* kantine.

Kanton *m* (-s; -e) (het) kanton.
Kanu *n* (-s; -s) kano.
Kanz|el *f* (-; -n) kansel, preekstoel; **⁓lei** *f* kanselarij; *jur* griffie; **⁓ler** *m* kanselier.
Kap *n* (-s; -s) kaap.
Kapazität *f* capaciteit; *Pers:* autoriteit; **⁓s·auslastung** *f* *Hdl* bezettingsgraad; **⁓s·erweiterung** *f* capaciteitsvergroting.
Kapell|e *f* kapel (*a. Mus*); **⁓meister** *m* kapelmeester, dirigent.
kapern kapen.
Kapern *f/pl* kappertjes *n/pl*.
kapieren (-) F snappen.
Kapital *n* (-s; -e *od* -ien) (het) kapitaal; **⁓anlage** *f* kapitaalbelegging; **⁓aufwand** *m* kapitaalinzet; **⁓ertrag** *m* kapitaalopbrengst; **⁓ertragssteuer** *f* couponbelasting; **⁓flucht** *f* kapitaalvlucht; **⁓hilfe** *f* financiële hulp; 2**isieren** (-) kapitaliseren; **⁓is·mus** *m* (-; *0*) (het) kapitalisme; 2**istisch** kapitalistisch; 2**kräftig** kapitaalkrachtig; **⁓markt** *m* kapitaalmarkt.
Kapitän *m* (-s; -e) kapitein.
Kapitel *n* (het) hoofdstuk.
Kapitul|ation *f* capitulatie; 2**ieren** (-) capituleren.
Kaplan *m* (-s; ⁓e) kapelaan.
Kappe *f* kap; *Kleidung a.* pet, muts; (*Schuh*2) neus; *auf seine* ⁓ *nehmen* voor zijn verantwoording nemen.
Kapsel *f* (-; -n) capsule; (*Etui*) (het) foedraal; *Anat* (het) kapsel.
kaputt kapot (*a. müde*); **⁓gehen** kapotgaan; **⁓lachen:** *sich* ⁓ zich een ongeluk lachen.
Kapuze *f* kap, capuchon.
Ka|rabiner *m* karabijn; **⁓raffe** *f* karaf; **⁓rambolage** *f* carambolage (*a. Auto*2).
Karamellen *f/pl* karamels *pl*.
Karat *n* (-*es*; -e) (het) karaat.
Karate *n* (-[*s*]; *0*) (het) karate.
Karawane *f* karavaan.
Karbonade *f* karbonade.
Kardanwelle *f* cardanas.
Kardinal *m* (-s; ⁓e) kardinaal; **⁓zahl** *f* (het) hoofdtelwoord.
Kardiogramm *n* (het) cardiogram.
Karfreitag *m* Goede Vrijdag.
karg (⁓er; ⁓st) karig (*a. Worte*), schraal.
kärglich karig, armoedig, schraal.
kariert geruit.
Karies *f* (-; *0*) cariës.

Karikatur 418

Karik|atur f karikatuur; ℒ**ieren** (-) karikaturiseren.
Karneval m (-s; -e od -s) (het) carnaval.
Kärnten n Karinthië n.
Karo n (-s; -s) ruit; *Karte*: ruiten.
Karosserie f carrosserie.
Karotte f wortel.
Karpfen m karper.
Karre(n m) f kar; handkar; (*Schub*ℒ) kruiwagen.
Karree n (-s; -s) (het) vierkant.
Karriere f carrière, loopbaan.
Karte f kaart; (*Fahr*ℒ) (het) kaartje, (het) ticket (a. *Flug*ℒ); **nach der ~** à la carte; **~n** pl **spielen** kaarten.
Kartei f (het) kaartsysteem, kaartenbak; **~karte** f systeemkaart, fiche (a. het); **~kasten** m kaartenbak; **~leiche** f kaart met achterhaalde gegevens.
Kartell n (-s; -e) kartel; **~amt** n (het) kartelbureau; **~gesetz** n wet op de kartelvorming.
Karten|haus n (het) kaartenhuis (*je fig*); **~legerin** f kaartlegster; **~spiel** n (het) kaartspel; **~spieler** m kaartspeler, kaarter; **~telefon** n telefoon met telecard; **~verkauf** m kaartverkoop; **~vorverkauf** m voorverkoop van kaarten.
Kartoffel f (-; -n) aardappel; **~brei** m aardappelpuree; **~klöße** m/pl aardappelknoedels pl, aardappelballen pl; **~puffer** m aardappelpannekoek; **~salat** m aardappelsla; **~schäler** m dunschiller.
Karton m (-s; -s) (het) karton; (*Schachtel*) (kartonnen) doos; ℒ**ieren** (-) kartonneren.
Karussell n (-s; -s od -e) carrousel (a. het), draaimolen.
Karwoche f goede week.
Käse m kaas; F (*Unsinn*) onzin, flauwe kul; **~kuchen** m kwark-, kaastaart; **~messer** n (het) kaasmes.
Kaserne f kazerne.
käsig kaasachtig; (*bleich*) doodsbleek, flets.
Kasino n (-s; -s) (het) casino.
Kaskoversicherung f *Auto*: all-riskverzekering.
Kasperle·theater n poppenkast.
Kasse f kas; (*Zahlstelle*) kassa; (*Kranken*ℒ) (het) (zieken)fonds; (*Spar*ℒ) spaarbank.

Kassen|arzt m fondsdokter; **~bestand** m (het) kassaldo; **~bon** m kassabon; **~patient** m ziekenfondspatiënt; **~schlager** m (het) kassucces; **~wart** m penningmeester; **~zettel** m kassabon.
Kasserolle f kastrol, kasserol.
Kassette f cassette; **~n·recorder** m cassetterecorder.
kassier|en (-) incasseren; *Geld* innen; ℒ**er(in** f) m kassier(ster f), caissière f.
Kastanie f kastanje.
Kästchen n (het) kistje, (het) bakje, (het) doosje; (*auf Formularen*) (het) hokje.
Kasten m (-s; ⁎ od -s) kist, bak, doos; (*Bier*ℒ) (het) krat; **~wagen** m (gesloten) bestelwagen.
kastrieren (-) castreren.
Kasus m (-; -) casus; *Gr a*. naamval.
Kat m (-s; -s) katalysator.
Katakombe f catacombe.
Katalog m (-s; -e) catalogus; **~preis** m catalogusprijs.
Katalysator m (-s; -en) katalysator; **~auto** m auto met katalysator.
Katapult m od n katapult.
Kataster·amt n (het) kadaster.
katastroph|al catastrofaal, rampzalig; ℒ**e** f catastrofe, ramp; ℒ**en·gebiet** n (het) rampgebied.
Kategor|ie f categorie; ℒ**isch** categorisch, beslist.
Kater m kater (a. *fig*).
Kathedrale f kathedraal.
Katheter m catheter.
Kathol|ik m (-en) katholiek; ℒ**isch** katholiek; **~izismus** m (-; 0) (het) katholicisme.
Kätzchen n (het) katje (a. *Bot*), (het) poesje.
Katze f kat, poes; **~n·auge** n (het) kattoog (a. *Reflektor*); **~n·sprung** m boogscheut, (het) klein eindje; **~n·wäsche** f (het) kattewasje.
Kauderwelsch n (-[s]; 0) (het) koeterwaals.
kauen kauwen.
kauern hurken; *sich* **~** neerhurken.
Kauf m (-es; ⁎e) koop; **e·n ~ abschließen** een koop sluiten; **in ~ nehmen** *fig* op de koop toe nemen.
Kauf/- in *Zssgn* mst koop-; **~anreiz** m prikkel tot kopen; ℒ**en** kopen.
Käufer(in f) m koper m, koopster f.

Kauf|frau f handelaarster, zakenvrouw; ⁓**haus** n (het) warenhuis; ⁓**kraft** f koopkracht; 2**kräftig** koopkrachtig.
käuflich te koop; (bestechlich) omkoopbaar.
kauf|lustig kooplustig; 2**mann** m (-es; Kaufleute) koopman; (Angestellter) commercieel medewerker; ⁓**männisch** commercieel, handels-; ⁓**e Lehre** handelsopleiding; 2**preis** m koopprijs; 2**vertrag** m (het) koopcontract.
Kaugummi m (-s; -s od -) kauwgom.
Kaulquappe f (het) kikkervisje.
kaum nauwelijks, amper.
Kautabak m pruimtabak.
Kaution f borg(tocht), waarborg(som).
Kautschuk m (-s; -e) rubber (a. het), caoutchouc (a. het).
Kauz m (-es; ⁓e) uil; Pers: (komischer) ⁓ (rare) kwibus, rare snuiter.
Kavalier m (-s; -e) cavalier.
Kavallerie f cavalerie.
Kaviar m (-s; -e) kaviaar.
keck vrijmoedig, (charmant) vlot, (frech) vrijpostig.
Kegel m kegel; ⁓**bahn** f kegelbaan; 2**förmig** kegelvormig; 2**n** kegelen; ⁓**spieler** m kegelaar.
Kehl|e f keel, strot (meist pej); ⁓**kopf** m (het) strottehoofd.
Kehr|e f (Kurve) scherpe bocht; Turnen: keersprong; 2**en** v/t keren, wenden; Rücken toedraaien; (fegen) vegen; sich ⁓ (zich) keren, omdraaien; ⁓**icht** m (-s; 0) vuilnis (a. het); ⁓**reim** m (het) refrein; ⁓**seite** f keerzijde.
kehrt|machen rechtsomkeert maken; 2**wendung** f rug ommekeer.
keifen kijven.
Keil m (-es; -e) wig (a. fig); ⁓**er** m ever, (het) everzwijn; ⁓**erei** f F vechtpartij; 2**förmig** wigvormig; ⁓**riemen** m V-snaar; ⁓**schrift** f (het) spijkerschrift.
Keim m (-es; -e) kiem (a. fig); im ⁓ ersticken in de kiem smoren; 2**en** (ont)kiemen (a. fig); 2**frei** kiemvrij; 2**tötend** antiseptisch; ⁓**träger** m bacillendrager; ⁓**zelle** f kiemcel; fig kiem.
kein geen; ⁓ **bißchen** (kein) helemaal geen; (nicht) helemaal niet; (nichts) helemaal niets; ⁓**er** niemand; ⁓**erlei** generlei, geen enkel(e); ⁓**esfalls**, ⁓**eswegs** in geen geval, geenszins; ⁓**mal** geen enkele keer.

Keks m (-es; -e) (het) koekje, (het) biscuit(je).
Kelch m (-es; -e) kelk.
Kelle f pollepel; (Maurer 2) troffel, (het) truweel.
Keller m kelder; ⁓**ei** f wijnkelder(s pl); ⁓**loch** n (het) keldergat; ⁓**meister** m bottelier; ⁓**wohnung** f kelderwoning.
Kellner m kelner, ober; ⁓**in** f kelnerin, serveerster.
Kelter f (-; -n) wijnpers; 2**n** persen.
kennen* kennen; wie ich ihn kenne hem kennende; sich ⁓ (einander) elkaar kennen; ⁓**lernen** leren kennen.
Kenner m kenner; ⁓**blick** m kennersblik.
kenntlich: ⁓ machen aanduiden, kenbaar maken.
Kenntnis f (-; -se) kennis; zur ⁓ bringen ter kennis brengen; zur ⁓ nehmen voor kennisgeving aannemen; ⁓**se** pl kennis; ⁓**nahme** f kennisneming.
Kennzeich|en n (het) kenteken (a. Auto); Pers bsd: (het) kenmerk; 2**nen** kenmerken, karakteriseren; Weg aanduiden; 2**nend** typisch, kenmerkend.
Kennziffer f (het) kencijfer; in Anzeige: (het) nummer.
kentern (sn) kenteren, kapseizen.
Keramik f keramiek.
Kerbe f keep, kerf.
Kerbel m kervel.
Kerker m kerker.
Kerl m (-es; -e) kerel, vent; ⁓**chen** n (het) kereltje, (het) ventje.
Kern m (-es; -e) kern; (Obst 2) pit; ⁓**energie** f kernenergie; ⁓**forschung** f (het) kernonderzoek; ⁓**fusion** f kernfusie; ⁓**gehäuse** n (het) klokhuis; 2**gesund** kerngezond; 2**ig** kernachtig; Pers: krachtig; ⁓**kraftgegner** m tegenstander van kernenergie; ⁓**kraftwerk** n kerncentrale; ⁓**obst** n pitvruchten pl; ⁓**physik** f kernfysica; ⁓**punkt** m kern, (het) hoofdpunt; ⁓**reaktor** m kernreactor; ⁓**seife** f harde zeep; ⁓**spaltung** f kernsplitsing; ⁓**stück** n kern; ⁓**technik** f kerntechniek; ⁓**waffen** f/pl atoom-, kernwapens n/pl; 2**waffenfrei** vrij van atoomwapens.
Kerze f kaars; (Zünd 2) bougie; 2**n-gerade** kaarsrecht; ⁓**n-licht** n (het) kaarslicht; ⁓**n-ständer** m kandelaar.
keß (-sser, -ssest) (frech) brutaal; (flott) vlot; Kleidung a.: koket.

Kessel *m* ketel; (*Tal* 2) kom, (het) keteldal; ~**treiben** *n* klopjacht (*a. fig*).
Ketchup *m od n* (-[s]; -s) ketchup.
Kette *f* ketting; (*Reihe*) keten, reeks.
ketten ketenen; 2**armband** *n* schakelarmband; 2**fahrzeug** *n* (het) rupsvoertuig; 2**glied** *n* schakel; 2**raucher** *m* kettingroker; 2**reaktion** *f* kettingreactie (*a. fig*).
Ketzer *m* ketter; 2**isch** ketters.
keuch|en hijgen; 2**husten** *m* kinkhoest.
Keule *f* knots, knuppel; *kul* bout.
keusch kuis; 2**heit** *f* kuisheid.
Kfz|(-) *Abk für* **Kraftfahrzeug** (-); ~**Werkstatt** *f* (auto)garage.
kichern giechelen.
Kidnapper *m* kidnapper.
Kiebitz *m* (-es; -e) *Zool* kievit.
Kiefer 1. *m* kaak; **2.** *f* (-; -n) grove den, pijnboom; ~**höhle** *f* kaakholte; ~**knochen** *m* (het) kaak(s)been.
Kiel *m* (-*e*s; -e) *mar* kiel; ~**wasser** *n* (het) kielwater, (het) (kiel)zog (*a. fig*).
Kiemen *f*/*pl* kieuwen *pl*.
Kies *m* (-es; -e) (het) grind, kiezel; P (*Geld*) poen, centen *pl*; ~**el** *m* kiezelsteen, (het) kiezelsteentje; ~**grube** *f* grindgroeve; ~**weg** *m* grindweg.
kikeriki! kukeluku!
Kilo(gramm) *n* (-s; -s *od* -) kilo(gram).
Kilometer *m* kilometer; ~**stein** *m* kilometerpaal; ~**zähler** *m* kilometerteller.
Kilowatt *n* kilowatt; ~**stunde** *f* (het) kilowattuur.
Kind *n* (-*e*s; -er) (het) kind; *von* ~ *auf* (*od an*) van jongs af (aan).
Kinder|- *in Zssgn mst* kinder-, *z.B.* ~**arzt** *m* kinderarts; ~**betreuung** *f* kinderopvang; ~**ei** *f* kinderachtigheid; ~**fahrkarte** *f* kinderkaart; ~**freibetrag** *m* (het) belastingvrij bedrag per kind; 2**freundlich** kindvriendelijk; ~**garten** *m* kleuterschool; ~**gärtnerin** *f* kleuterleidster; ~**geld** *n* kinderbijslag; ~**heim** *n* (het) kindertehuis; ~**hort** *m* (het) kinderdagverblijf; ~**krankheit** *f* kinderziekte (*a. fig*); ~**lähmung** *f* kinderverlamming; 2**leicht** doodgemakkelijk; 2**lieb**: ~ *sein* van kinderen houden; 2**los** kinderloos; 2**reich**: ~*e Familie* (het) groot gezin; ~**schutz** *m* kinderbescherming; ~**sitz** *m* (het) kinderstoeltje.
Kinderspiel *n* (het) kinderspel (*a. fig*); ~**platz** *m* kinderspeelplaats.
Kinder|stube *f* goede manieren *pl*; ~**tagesstätte** *f* = **Kinderhort**; ~**teller** *m* (het) kindermenu; ~**wagen** *m* kinderwagen; ~**zimmer** *n* kinderkamer.
Kindes|alter *n* kinderjaren *n*/*pl*; ~**mißhandlung** *f* kindermishandeling.
kind|haft kinderlijk; 2**heit** *f* kinderjaren *n*/*pl*, kindsheid; ~**isch** kinderachtig; *alte Leute*: kinds; ~**lich** kinderlijk.
Kinn *n* (-*e*s; -e) kin; ~**bart** *m* sik; ~**haken** *m* hoekslag (op de kin); ~**lade** *f* kinnebak.
Kino *n* (-s; -s) bioscoop; *ins* ~ *gehen* naar de bioscoop gaan.
Kiosk *m* (-es; -e) kiosk.
Kippe *f* (*Zigaretten* 2) (het) peukje; 2**n** kippen, kantelen; *v*/*i a.* tuimelen.
Kippfenster *n* (het) tuimelraam.
Kirche *f* kerk.
Kirchen|- *in Zssgn mst* kerk-; ~**diener** *m* koster; ~**gemeinde** *f* gemeente; *römisch-katholisch*: parochie; ~**schiff** *n* (het) kerkschip; ~**steuer** *f* kerkbelasting; ~**tag** *m* (het) kerkelijk congres.
Kirch|gänger(in *f*) *m* kerkganger *m*, kerkgangster *f*; ~**geld** *n* gezinsbijdrage; 2**lich** kerkelijk; ~**turm** *m* kerktoren.
Kirmes *f* (-; -sen) kermis.
Kirsch *m* (-*e*s; 0) kirsch, kersenbrandewijn; ~**baum** *m* kerseboom; ~**e** *f* kers.
Kissen *n* (het) kussen; ~**bezug** *m* kussensloop.
Kiste *f* kist (*a. Flgw*); (*Zigarren* 2) (het) kistje; (*Latten* 2) (het) krat; F (*Auto*) bak.
Kitchenette *f* (-; -s) kitchenette.
Kitsch *m* (-es; 0) kitsch; 2**ig** kitscherig.
Kitt *m* (-*e*s; -e) kit (*a. he*); (*Glaser* 2) stopverf; ~**chen** *n* F nor, bak.
Kittel *m* kiel; (*Mantel bsd*) stofjas.
kitten kitten, lijmen.
Kitz|el *m* kitteling, kriebel(ing), jeuk; *fig* prikkeling; 2**eln** kietelen; ~**ler** *m* kittelaar; 2**lig** kietel-, kittelachtig; *fig* (*heikel*) netelig, hachelijk.
Klacks *m* (-*e*s; -e) klodder, (het) hoopje.
Kladde *f* (het) kladboek.
klaffen gapen (*a. Wunde*).
kläffen keffen (*a. fig*).
Klage *f* klacht; *jur a.* aanklacht; ~ *auf* (*A*) eis tot; *e-e* ~ *einreichen* een (aan)klacht indienen; 2**n** klagen, zich

beklagen; *jur* een (aan)klacht indienen; ~ *auf* (A) een eis tot ... instellen.

Kläg|er *m jur* eiser, klager; **~erin** *f jur* eiseres, klaagster; ♀**lich** zielig, deerlijk; (*gering*) armzalig; beschamend.

klamm klam, klef; *vor Kälte*: verkleumd.

Klammer *f* (-; -n) klem; (*Wäsche*♀) wasknijper; (*Büro*♀) paperclip; *in* ~*n Typ.* tussen haakjes; ♀**n** klemmen; *Med a.* krammen; *sich* ~ *an* (A) zich vastklampen aan.

Klamotten *f|pl* F spullen *n|pl*.

Klang *m* (-*es*; -*e*) klank; **~farbe** *f* klankkleur; ♀**voll** klankvol; *fig* klinkend.

Klapp|bett *n* (het) opklapbed; **~e** *f* klep; (*Deckel*) (het) deksel; F (*Mund*) smoel; ♀**en** klappen; (*gelingen*) lukken; *es klappt* (*nicht*) het gaat (*od* lukt) (niet).

klapper|ig = klapprig; **~n** klapperen, klepperen; *mit den Zähnen* ~ klappertanden; ♀**schlange** *f* ratelslang; ♀**storch** *m* ooievaar.

Klapp|fahrrad *n* vouwfiets; **~fenster** *n* (het) tuimelraam; **~messer** *n* (het) knipmes; ♀**rig** rammelend, gammel; **~sitz,** **~stuhl** *m* vouwstoel; **~tisch** *m* klaptafel.

Klaps *m* (-*es*; -*e*) tik, klap.

klar klaar, helder; (*verständlich a.*) duidelijk; *sich über etw* (A) *im* **~en sein** iets duidelijk inzien; **~!** natuurlijk!; o.k.!

Klär|anlage *f* zuiveringsinstallatie; ♀**en** zuiveren; (*lösen*) opheldren, oplossen; *sich* ~ opgehelderd worden.

klargehen F in orde komen; ♀**heit** *f* klaar-, helderheid; *fig a.* duidelijkheid.

Klarinette *f* klarinet.

klar|kommen *mit* (D) F klaarspelen; **~machen** *j-m etw* duidelijk maken; **~sehen** doorhebben; **~stellen** duidelijk maken; (*richtigstellen*) rechtzetten.

Klärung *f* zuivering; opheldering.

Klasse *f* klas(se); *erster* ~ eerste klas (*a. fig*); *zweiter* ~ tweede klas; *fig* tweederangs; **~!** F prima!

Klassen|arbeit *f* (*Prüfung*) (het) proefwerk; **~fahrt** *f* (het) schoolreisje; **~gesellschaft** *f* klassenmaatschappij; **~kampf** *m* klassenstrijd; **~lotterie** *f* klassenloterij; **~zimmer** *n* (het) klaslokaal.

klassifizieren (-) classificeren.

Klassik *f* klassieke tijd; (*Stil*) klassieke stijl; **~er** *m Autor*: klassiek schrijver.

klassisch klassiek.

Klatsch *m* (-*es*; *0*) (het) geklets, kletspraat; **~base** *f* kletstante, kletskous; ♀**en** kletsen (*a. schwätzen*); (*in die Hände*) klappen; *Beifall* ~ applaudisseren, in zijn handen klappen; **~maul** *n* kletskous; ♀**naß** kletsnat.

klauben plukken; (*sortieren*) sorteren.

Klaue *f* klauw; *bei Vieh*: hoef.

klauen F gappen, jatten.

Klausel *f* (-; -*n*) clausule, bepaling.

Klausur *f* afgeslotenheid, afzondering; (*Schulprüfung*) (het) tentamen; **~tagung** *f* besloten vergadering.

Klavier *n* (-*s*; -*e*) piano, (het) klavier; **~spielen** pianospelen; **~konzert** *n* (het) pianoconcert; **~spieler(in** *f*) *m* pianist(e *f*).

Kleb|e·band *n* (het) plakband; ♀**en** plakken, kleven; **~e-streifen** *m* plakband; ♀**rig** kleverig; **~stoff** *m* (het) plakmiddel.

kleckern F morsen, knoeien.

Klecks *m* (-*es*; -*e*) vlek, klad; ♀**en** (-*t*) kladden, vlekken maken.

Klee *m* (-*s*; *0*) klaver; **~blatt** *n* (het) klaverblad (*a. fig*).

Klei *m* (-*es*; *0*) klei.

Kleid *n* (-*es*; -*er*) jurk, japon; **~er** *pl* kleren *n|pl*; ♀**en** (*sich*) (zich) kleden; *gut, schlecht*: staan, passen.

Kleider|ablage *f* garderobe; **~bügel** *m* klerenhanger; **~bürste** *f* kleerborstel; **~haken** *m* klerenhaak; **~schrank** *m* kleerkast; **~ständer** *m* kapstok.

kleidsam gekleed, goed kledend.

Kleidung *f* kleding, kledij; **~s-stück** *n* (het) kledingstuk.

klein klein; *von* ~ *auf* van jongs af (aan); *bis ins ~ste* tot in de kleinste details.

Klein|anzeige *f* kleine advertentie; **~asien** *n* Klein-Azië *n*; **~betrieb** *m* (het) kleinbedrijf; **~bildkamera** *f* kleinbeeldcamera; ♀**bürgerlich** kleinburgerlijk; **~bus** *m* minibus; **~e(r)** (het) kleintje; **~gedruckte(s)** kleine lettertjes *n|pl*; **~geld** *n* (het) kleingeld; **~holz** *n* (het) brandhout; **~ig·keit** *f* kleinigheid; **~kind** *n* kleuter; **~kram** *m* rommel; (*Arbeit*) (het) klusje; **~krieg** *m* guerrilla; *fig* (het) gehakketak; ♀**laut** schuchter, bedeesd; ♀**lich** kleingeestig, bekrompen; (*knauserig*) krenterig.

Kleinod *n* (-*s*; -*ien od* -*e*) (het) kleinood.

Klein|stadt f kleine stad; **städtisch** kleinsteeds; **wagen** m kleine auto.
Kleister m (het) stijfsel, stijfselpap; **n** plakken, stijfselen.
Klemme f klem; *in der ~ sitzen* in het nauw zitten; **n** klemmen; *v/i a.* knellen.
Klempner m loodgieter.
Klerus m (-; ∅) clerus.
Klette f klis, klit; *fig wie e-e ~ hängen an* (D) als een klit hangen aan.
kletter|n (sn) klauteren, klimmen; **pflanze** f klimplant; **tour** f klimtocht.
Klettverschluß m klitteband.
klicken klikken.
Klient(in f) m (-en) cliënt(e f).
Klima n (-s; -s) (het) klimaat; *fig bsd* sfeer; **anlage** f airconditioning; **katastrophe** f klimatologische ramp; **tisch** klimatisch, klimatologisch; **veränderung** f klimaatverandering.
klimpern rinkelen; (*schlecht spielen*) tingelen.
Klinge f kling, (het) lemmer, (het) lemmet; (*Rasier*) (het) scheermesje.
Klingel f (-; -n) bel; **knopf** m belknop; **n** bellen; *es klingelt* er wordt gebeld.
klingen* klinken.
Klini|k f kliniek; **sch** klinisch.
Klinke f klink.
klipp: *~ und klar* klaar en duidelijk.
Klippe f klip (*a. fig*).
klirren rinkelen, kletteren, rammelen; *Kaltes:* kraken.
Klischee n (-s; -s) (het) cliché (*a. fig*); **vorstellung** f (het) stereotiep idee.
Klistier n (-s; -e) (het) lavement.
klitschnaß kletsnat.
Klo n (-s; -s) (het) toilet, W.C.
klopfen kloppen; *es hat geklopft* er werd geklopt.
Klöppel m (*Glocken*) klepel; **n** (kant-)klossen.
Klops m (-es; -e) (het) balletje gehakt.
Klosett n (-s; -s) W.C.; **papier** n (het) closetpapier.
Kloß m (-es; e) kul knoedel, bal.
Klöß·chen n (het) balletje.
Kloster n (-s;) (het) klooster.
Klotz m (-es; e) (het) blok; *Pers:* lomperd, kinkel; *ein ~ am Bein* een blok aan het been.
Klub m (-s; -s) club; **sessel** m clubfauteuil.

Kluft f (-; e) kloof, spleet; F (*Anzug*) (het) kostuum, (het) pak.
klug (er; st) verstandig, schrander, slim; *nicht ~ werden aus* (D) niet wijs worden uit; **heit** f (het) verstand, schranderheid.
klumpen 1. klonteren; **2.** **** m klomp, klonter; (*Erd*) kluit.
knabbern (*an* D) knabbelen (aan).
Knabe m (-n) knaap, jongen.
Knäckebrot n (het) knäckebrood.
knack|en kraken (*a. Auto etc.*); **s** m (-es; -e) knak (*a. fig*); (*Riß*) barst; **wurst** f knakworst.
Knall m (-es; -e) knal, klap; *e-n ~ haben* F niet goed wijs zijn; **effekt** m (het) knaleffect; **en** knallen; *j-m e-e ~* een klap geven; *es hat geknallt* F *Autos:* er is een botsing geweest; **ig** *Farbe:* fel, schreeuwend; **körper** m (het) stuk vuurwerk; **rot** knalrood.
knapp (*eng*) krap, nauw; (*spärlich*) schaars, krap; (*gerade noch*) net, op het nippertje; *mit er Not* ternauwernood; *unser Geld wird ~* is bijna op; *e-e ~e Stunde* een klein uurtje; **heit** f schaarste; (*Kürze*) bondigheid.
Knarre f F (*Gewehr*) spuit.
knarren kraken, knarsen.
Knast m (-es; -e *od* e) F (*Gefängnis*) nor.
knattern knetteren.
Knäuel m *od* n (het) kluwen, prop.
Knauf m (-es; e) knop; *Arch* (het) kapiteel.
knauser|ig krenterig, vrekkig, pinnig; **n** krenterig zijn (*a. mit Lob*).
knautsch|en kreuk(el)en, *v/t a.* verkreukelen; **zone** f *Auto:* kreukelzone.
Knebel m (mond)prop; **n** knevelen (*a. fig*).
Knecht m (-es; -e) knecht; **en** knechten; **schaft** f (het) knechtschap.
kneif|en* *v/t* knijpen; *v/i* knellen; *fig* achteruitkrabbelen; **zange** f nijptang.
Kneipe f (het) café; *pej* kroeg.
knet|en kneden; **massage** f kneedmassage; **masse** f plasticine.
Knick m (-es; -e) barst, knak; (*Kurve*) scherpe bocht; (*Falte*) kreuk; **en** knikken, knakken; *Papier a.* kreuken; (*falten*) vouwen; **fuß** m knikvoet.
Knicks m (-es; -e) révérence.
Knie n (-s; -) knie; *in die ~ gehen fig*

door de knieën gaan; **~beuge** f kniebuiging; **~fall** m knieval; **~kehle** f knieholte; **⒉n** knielen; **~scheibe** f knieschijf; **~strümpfe** m/pl kniekousen pl.

Kniff m (-*es*, -*e*) kneep; (Trick a.) truc; (Falte) vouw; **⒉ig** lastig; (heikel) netelig.

knipsen (-t) knippen; Foto: kieken.

Knirps m (-*es*, -*e*) peuter, dreumes.

knirschen knarsen; Schnee: knarsen; mit den Zähnen ~ knarsetanden.

knistern ritselen; Brennendes: knetteren, knappen.

knitter|frei kreukvrij; **~n** kreuken.

knobeln dobbelen.

Knoblauch m knoflook (a. het).

Knöchel m knokkel; (Fuß⒉) enkel.

Knochen m (het) been, knook, (het) bot; **~bruch** m beenbreuk, fractuur; **~mark** n (het) beendermerg.

knochig benig, knokig.

Knödel m bal, knoedel.

Knolle f knol.

Knopf m (-*es*, -̈e) knop; Kleidung: knoop; **~batterie** f knoopcel.

Knöpf|chen n (het) knopje; (het) knoopje; **⒉en** knopen.

Knopfloch n (het) knoopsgat.

Knorpel m (het) kraakbeen.

Knospe f knop; **~n treiben**, **⒉n** (uit)botten, knoppen, uitlopen.

knoten 1. knopen, een knoop leggen in; **2.** ⒉ m knoop (a. mar); (Verdickung) knobbel; (Haar⒉) wrong; **⒉punkt** m (het) knooppunt.

Knüller m (het) succes(nummer).

knüpfen knopen, (ver)binden; fig Bande aanknopen; **(sich) ~ an** (A) (zich) verbinden met.

Knüppel m knuppel; (Schalt⒉) (het) pookje; (Steuer⒉) stuurknuppel; **~schaltung** f vloerschakeling.

knurren knorren (a. Magen), grommen.

knusprig knappend, croquant, bros.

knutschen F knuffelen; pej vrijen.

koalieren (-) een coalitie aangaan.

Koalition f coalitie; **~s‑regierung** f coalitieregering.

Kobalt n (-*s*; 0) (het) kobalt.

Kobold m (-*es*, -*e*) kabouter.

Koch m (-*es*; -̈e) kok.

Koch|- in Zssgn mst kook-, z.B. **~buch** n (het) kookboek; **⒉en** koken (a. fig); Kaffee zetten; **~er** m (het) kookstel.

Köcher m koker.

koch|fest kookecht; **⒉gelegenheit** f kookgelegenheid; **⒉geschirr** n (het) kookgerei; **⒉herd** m (het) fornuis.

Köchin f kokkin.

Koch|kunst f kookkunst; **~löffel** m pollepel; **~nische** f kookhoek; **~platte** f kookplaat; **~salz** n (het) keukenzout; **~topf** m kookpot, kookpan.

Kode m (-*s*; -*s*) code.

Köder m (het) lokaas, (het) lokmiddel (a. fig); **⒉n** lokken.

Koeffizient m (-*en*) coëfficiënt.

Koffein n (-*s*; 0) coffeïne, cafeïne; **⒉frei** coffeïnevrij.

Koffer m koffer; **~kuli** m (het) bagagewagentje; **~radio** n draagbare radio; **~raum** m Auto: koffer(bak).

Kognak m (-*s*; -*s*) cognac.

Kohl m (-*es*, -*e*) kool.

Kohle f kool; F (Geld) poen; *wie auf (glühenden) ~n sitzen* op hete kolen zitten; **~hydrat** n (het) koolhydraat.

Kohlen|bergwerk n kolenmijn; **~flöz** n kolenlaag; **~förderung** f steenkoolwinning; **~monoxyd** n (het) koolmonoxyd(e); **~revier** n (het) kolenbekken.

Kohlensäure f (het) koolzuur; **⒉haltig** koolzuurhoudend.

Kohlenwasserstoff m koolwaterstof.

Kohle|papier n (het) carbonpapier; **~tablette** f koolstoftablet; **~zeichnung** f houtskooltekening.

Kohl|kopf m kool, kool; **~meise** f koolmees; **~rabi** m (-*s*; -*s*) koolrabi.

Koje f kooi, hut.

Kokain n (-*s*; 0) cocaïne.

kokett koket; **~ieren** (-) koketteren.

Kokos|nuß f kokosnoot; **~raspeln** f/pl geraspte kokos.

Koks m (-*es*, -*e*) cokes.

Kolben m kolf; Tech zuiger.

Kolibri m (-*s*; -*s*) kolibrie.

Kolik f koliek (a. het).

Kollaps m (-*es*; -*e*) débâcle (a. het); Med collaps.

Kolleg n (-*s*; -*s* od -*ien*) college; (Kurs) leergang; **~e** m (-*n*) collega; **~in** f vrouwelijke collega; **~ium** n (-*s*; Kollegien) (het) college; **~stufe** f bovenbouw van het VWO.

Kollekte f inzameling, collecte.

Kollektion f collectie.

kollektiv 1. collectief; 2. ♀ *n* (*-s*; *-e od -s*) (het) collectief.

kollidieren (-) (op elkaar) botsen; in botsing komen (*a. fig*).

Kollision *f* botsing; *Schiff:* aanvaring.

Köln *n* Keulen *n*; **♀isch** Keuls; **~ischwasser** *n* eau de cologne.

Kolon|ialismus *m* (*-; 0*) (het) kolonialisme; **~ie** *f* kolonie; **♀isieren** (-) koloniseren.

Kolonne *f* colonne; (*Autoschlange a.*) file.

Kolo|ß *m* (*-sses*; *-sse*) kolos (*a. Pers*), (het) gevaarte; **♀ssal** kolossaal.

Kolumbien *n* Colombia *n*.

Kombi *m* (*-s*; *-s*) stationcar; **~nation** *f* combinatie; **♀nieren** (-) combineren; **~wagen** *m* stationcar.

Komet *m* (*-en*) komeet, staartster.

Komfort *m* (*-s*; *0*) (het) comfort; **♀abel** comfortabel.

Komi|k *f* (het) komische; **~ker** *m* komiek; **♀sch** komisch; (*eigenartig*) raar.

Komitee *n* (*-s*; *-s*) (het) comité.

Komma *n* (*-s*; *-s od -ta*) komma.

Kommand|ant *m* (*-en*) commandant; **~eur** *m* (*-s*; *-e*) commandeur; (*Ordens ♀*) commandeur; **♀ieren** (-) commanderen, bevelen; **~it-gesellschaft** *f* commanditaire vennootschap; **~o** *n* (*-s*; *-s*) (het) commando.

kommen* (*sn*) komen; **~** *lassen* laten komen; *angelaufen* **~** komen aanlopen; *zu etw* (*D*) **~** (*erlangen*) aan iets komen; *wie kommst du dazu?* hoe kom je erbij?; *zu sich* **~** tot zichzelf komen; *um etw* (*A*) **~** (*verlieren*) verliezen; **~d** komend, aanstaand.

Komment|ar *m* (*-s*; *-e*) commentaar (*a.* het); **~ator** *m* (*-s*; *-en*) commentator; **♀ieren** (-) commentariëren.

Kommerz *m* (*-es*; *0*) commercie; **♀ialisieren** (-) commercialiseren; **♀iell** commercieel.

Kommiliton|e *m*, **~in** *f* medestudent(e *f*).

Kommissar *m* (*-s*; *-e*) commissaris.

Kommission *f* commissie; **~s-gebühr** *f* commissie, provisie.

Kommode *f* commode.

kommunal gemeentelijk; **♀behörde** *f* gemeentelijke overheid; **♀politik** *f* gemeentelijke politiek; **♀verwaltung**, **♀wahl** *f* = *Gemeindeverwaltung*, *~wahl*.

Kommun|e *f* commune; (*Gemeinde*) gemeente; **~ikation** *f* communicatie; **~ion** *f* communie; **~iqué** *n* (*-s*; *-s*) (het) communiqué.

Kommunis|mus *m* (*-; 0*) (het) communisme; **~t(in** *f*) *m* (*-en*) communist(e *f*); **♀tisch** communistisch.

kommunizieren (-) communiceren.

Komöd|iant(in *f*) *m* (*-en*) komediant(e *f*); **~ie** *f* komedie; *Thea a.* (het) blijspel.

Kom|pagnon *m* (*-s*; *-s*) compagnon, vennoot; **♀pakt** compact; **~panie** *f* compagnie; **~parativ** *m* (*-s*; *-e*) comparatief, vergrotende trap.

Kompaß *m* (*-sses*; *-sse*) (het) kompas; **~nadel** *f* kompasnaald.

kompatib|el *EDV* compatibel; **♀ilität** *f* *EDV* compatibiliteit.

Kompensation *f* compensatie; **~s-geschäft** *n* compensatiehandel; compensatietransactie.

kompensieren (-) compenseren.

kompetent competent, bevoegd.

Kompetenz *f* bevoegdheid; **~bereich** *m* (het) gebied van bevoegdheid.

kom|plett compleet, volledig; **♀plex** *m* (*-es*; *-e*) (het) complex (*a. Psych*).

Kompli|kation *f* complicatie; **~ment** *n* (*-és*; *-e*) (het) compliment; **~ze** *m* (*-n*) medeplichtige; **♀zieren** (-) compliceren; **♀ziert** *Adj* gecompliceerd, ingewikkeld; **♀zin** *f* medeplichtige.

Kom|plott *n* (*-és*; *-e*) (het) komplot; **♀ponieren** (-) componeren; **~ponist(in** *f*) *m* (*-en*) componist(e *f*); **~post** *m* (*-és*; *-e*) compost (*a.* het); **~pott** *n* (*-és*; *-e*) compote; **~presse** *f* (het) kompres, omslag; **~pression** *f* compressie; **~pressor** *m* (*-s*; *-en*) compressor; **♀primieren** (-) comprimeren.

Kompromiß *m* (*-sses*; *-sse*) (het) compromis; **♀los** onverzettelijk.

kompromittieren (-) compromitteren.

Kondens|ation *f* condensatie; **~ator** *m* (*-s*; *-en*) condensator; **♀ieren** (-) condenseren; **~milch** *f* gecondenseerde melk; **~wasser** *n* (het) condenswater.

Kondition *f* conditie (*a. Sp*); **~s-training** *n* conditietraining.

Konditor *m* (*-s*; *-en*) banketbakker; **~ei** *f* banketbakkerij; (*mit Kaffeehaus*) lunchroom.

kondolieren (-) (*D*) condoleren.

Kondom *n od m* (*-s*; *-e*) (het) condoom.

Konfekt n (-¢s; -e) (het) suikergoed.
Konfektion f confectie; ~s-anzug m (het) confectiepak.
Konferenz f conferentie.
Konfession f (het) geloof, gezindte; ~ell confessioneel; ~s-los niet-confessioneel, neutraal; ~s-schule f confessionele school.
Konfirm|and(in f) m aannemeling(e f); ~ation f Rel confirmatie, aanneming; ~ieren (-) confirmeren, aannemen.
kon|fiszieren (-) confisqueren, verbeurdverklaren; ♀fitüre f jam; ♀flikt m (-¢s; -e) conflict, (het) geschil.
Konfront|ation f confrontatie; ~ieren (-) confronteren.
konfus confuus, verward.
Kongreß m (-sses; -sse) (het) congres; ~teilnehmer m congressist.
König m (-s; -e) koning; Karte: heer; ~in f koningin; ♀lich koninklijk; ~reich n (het) koninkrijk; ~s-haus n (het) koningshuis; ~tum n (-s; 0) (het) koningschap.
Kon|jugation f vervoeging; ♀jugieren (-) vervoegen; ~junktion f conjunctie; Gr bsd (het) voegwoord; ~junktiv m (-s; -e) conjunctief, aanvoegende wijs.
Konjunktur f conjunctuur; ~politik f (het) conjunctuurbeleid.
konkret concreet.
Konkurrent(in f) m (-en) concurrent(e f).
Konkurrenz f concurrentie; ♀fähig in staat te concurreren; Preis: concurrerend; ~kampf m concurrentiestrijd; ♀los buiten (alle) concurrentie.
konkurrieren (-) concurreren.
Konkurs m (-es; -e) faillissement; *in ~ gehen* failliet gaan; ~ anmelden faillissement aanvragen; ~masse f failliete boedel; ~verfahren n faillissementsprocedure; ~verwalter m curator (bij een faillissement).
könn|en 1. * kunnen; (wissen) kennen; *Deutsch ~* Duits kennen; **(es) kann sein** dat kan; **2.** ♀ n (het) kunnen, bekwaamheid, kunde; ♀er m kei, expert.
konsequen|t consequent; ♀z f consequentie.
konservat|iv conservatief; ♀ive(r) m conservatief; ♀orium n (-s; -rien) (het) conservatorium.
Konserve f Med fles bloed; ~n pl conserven pl; ~n-büchse f (het) conservenblik(je).
konservier|en (-) conserveren, bewaren; ♀ungs-mittel n (het) conserveringsmiddel.
kon|solidieren (-) consolideren; ♀sonant m (-en) consonant, medeklinker; ♀sortium n (-s; -tien) (het) consortium; ~stant constant; ~statieren (-) constateren.
Konstitution f constitutie; (Körper a.) (het) gestel; ♀ell constitutioneel; Pol a. grondwettelijk.
konstruieren (-) construeren.
Konstruk|teur m (-s; -e) constructeur; ~tion f constructie; ♀tiv constructief.
Konsul m (-s; -n) consul; ~at n (-¢s; -e) (het) consulaat.
konsultieren (-) consulteren.
Konsum m (-s; 0) (het) verbruik, consumptie; ~artikel m (het) consumptieartikel; ~ent(in** f) m (-en) consument(e f); ~genossenschaft f coöperatieve verbruiksvereniging; ~gesellschaft f consumptiemaatschappij; ~güter n/pl consumptiegoederen n/pl; ♀ieren (-) consumeren, verbruiken.
Kontakt m (-¢s; -e) (het) contact; ♀freudig op contact met anderen gesteld, sociaal; ~linsen f/pl contactlenzen pl.
kontern Sp counteren; fig terugslaan.
Kontext m context.
Kontinent m (-¢s; -e) (het) continent, (het) vasteland.
kontinental continentaal; ♀europa n (het) continentaal Europa; ♀klima n (het) continentaal klimaat.
Kontingent n (-¢s; -e) (het) contingent.
kontinuierlich continu.
Konto n (-s; Konten) rekening; ~auszug m (het) rekeningafschrift; ~inhaber m rekeninghouder; ~nummer f (het) rekeningnummer; ~rist(in** f) m (-en) kantooremployé(e f); ~stand m stand van de rekening, (het) saldo.
kontra (A) contra, tegen; ♀hent m (-en) tegenstander; Hdl, jur contractant.
Kontrast m (-¢s; -e) (het) contrast; ♀ieren (-) (mit D) contrasteren (met), afsteken (tegen).
Kontroll|ampe f (het) controlelampje; ~e f controle; ~eur m (-s; -e) controleur; ♀ieren (-) controleren; ~punkt m controlepost.

Kontroverse f controverse.
Kontur f contour, omtrek.
Konvention f conventie (a. Brauch); ~**strafe** f contractuele boete; ℒ**ell** conventioneel.
Konversation f conversatie.
konvertierbar Währung: converteerbaar; ℒ**keit** f converteerbaarheid.
Konvoi m (-s; -s) (het) konvooi.
Konzentration f concentratie; ~**s·lager** n (het) concentratiekamp.
kon|zentrieren (-) concentreren; ℒ**zept** n (-es; -e) (het) concept; ℒ**zern** m (-s; -e) (het) concern; ℒ**zert** n (-es; -e) (het) concert; **ins ~ gehen** naar het concert gaan; ~**zertiert** op elkaar afgestemd; ℒ**zession** f toegeving, concessie; ℒ**zil** n (-s; -e od -ien) (het) concilie; ~**zipieren** (-) concipiëren.
Kooper|ation f coöperatie, samenwerking; ℒ**ativ** coöperatief, tot samenwerking bereid; ℒ**ieren** (-) samenwerken, coöpereren.
Koordin|ation f coördinatie, ℒ**ieren** (-) coördineren.
Kopf m (-es; -̈e) kop; Mensch u. Brief ℒ: (het) hoofd; **sich den ~ zerbrechen über** (A) zich het hoofd breken over; **den ~ verlieren** de kluts kwijt raken; **das will mir nicht in den ~** dat wil er bij mij niet in; **von ~ bis Fuß** van kop tot teen; ~**bahnhof** m (het) kopstation; ~**ball** m kopbal; ~**bedeckung** f (het) hoofddeksel.
Köpf|chen n (het) kopje, (het) hoofdje; ℒ**en** j-n onthoofden; Sp koppen.
Kopf|ende n (het) hoofdeinde; ~**haut** f hoofdhuid; ~**hörer** m hoofd-, koptelefoon; ~**kissen** n (het) hoofdkussen; ~**kissenbezug** m (kussen)sloop; ℒ**los** fig radeloos; ~**rechnen** n (het) hoofdrekenen; ~**salat** m kropsla.
Kopfschmerz|en m/pl hoofdpijn; ~**tablette** f tablet tegen de hoofdpijn.
Kopf|schütteln n (het) hoofdschudden; ~**steuer** f hoofdelijke omslag; ~**stütze** f hoofdsteun; ~**tuch** n hoofddoek; ℒ**über** voorover, hals over kop; ~**zerbrechen** n (het) hoofdbrekens n/pl.
Kopie f kopie; (het) afschrift; ℒ**ren** (-) kopiëren; ~**rer** m, ~**r·gerät** n (het) kopieerapparaat.
Kopilot m tweede piloot.

Koppel 1. n koppel(riem); **2.** f (-; -n) weide; ℒ**n** koppelen.
Koralle f koraal (a. het); (Schmuck) kraal; ~**n·insel** f (het) koraaleiland.
Koran m (-s; -e) koran.
Korb m (-es; -̈e) korf, mand; **e-n ~ bekommen (geben)** een blauwtje lopen (laten lopen); ~**ball** m (het) korfbal; ~**stuhl** m rieten stoel.
Kord m (-es; -e) (het) ribfluweel; ~**hose** f ribfluwelen broek.
Korean|er(in f) m Koreaan(se f); ℒ**isch** Koreaans.
Korinthe f krent.
Kork m (-es; -e) kurk; ℒ**en** kurken.
Korken m kurk; ~**zieher** m kurketrekker.
Korn 1. n (-es; -̈er) (het) koren, (het) graan; (Bröckchen) korrel; **j-n aufs ~ nehmen** iem op de korrel nemen; **2.** ~**(branntwein)** m (-es; -e) jenever, borrel; ~**blume** f korenbloem.
Körnchen n (het) korreltje.
Kornfeld n (het) korenveld.
körnig korrelig, gekorreld.
Körper m (het) lichaam; S. a.: (het) voorwerp; ~**bau** m lichaamsbouw; ~**behinderte(r)** lichamelijk gehandicapte; invalide; ~**größe** f lichaamslengte; ~**kraft** f lichaamskracht; ℒ**lich** lichamelijk; ~**pflege** f persoonlijke hygiëne, lichaamsverzorging.
Körperschaft f vereniging; Pol u. jur (het) lichaam; ~**s·steuer** f belasting op het inkomen van rechtspersonen.
Körper|teil m (het) lichaamsdeel; ~**verletzung** f (het) toebrengen van lichamelijk letstel; (Wunde selbst) (het) lichamelijk letsel.
Korps n (-; -) (het) korps (a. mil), (het) corps.
korpulent corpulent, zwaarlijvig.
korrekt correct, juist.
Korrektur f correctie, juist; ~**band** n (het) correctielint; ~**fahne** f drukproef.
Korrespond|ent(in f) m (-en) correspondent(e f); ~**enz** f correspondentie; ℒ**ieren** (-) corresponderen.
Korridor m (-s; -e) gang.
korrigieren (-) corrigeren, verbeteren.
korrumpieren (-) corrumperen.
korrupt corrupt; ℒ**ion** f corruptie.
Korsett n (-es; -e od -s) (het) korset (a. fig).

Kosename *m* vlei-, troetelnaam.
Kosmetik *f* kosmetiek; **~erin** *f* schoonheidsspecialiste; **~koffer** *m* beauty-case; **~salon** *m* schoonheidssalon.
kos|metisch kosmetisch; **~misch** kosmisch; **2monaut(in** *f*) *m* (*-en*) kosmonaut(e *f*); **2mos** *m* (*-; 0*) kosmos, ruimte.
Kost *f* kost.
kostbar kostbaar; **2keit** *f* kostbaarheid.
kosten *v/t* (*probieren*) proeven; *v/i* (*wert sein*) kosten; *wieviel* (*od was*) *kostet ...?* hoeveel (*od* wat) kost ...?
Kosten *pl* (on)kosten *pl*; *auf* ~ (G) op kosten van; *fig* ten koste van; **~aufwand** *m* (on)kosten *pl*, uitgaven *pl*; **~dämpfung** *f* kostenbesparingen *pl*; **2deckend** de kosten dekkend; **~erstattung** *f* kostenvergoeding; **~explosion** *f* kostenexplosie; **~faktor** *m* kostenfactor; **2günstig** goedkoop; **2los** kosteloos; **2pflichtig** met verplichte betaling van de kosten, tegen betaling; **~voranschlag** *m* kostenraming.
köstlich kostelijk (*a. fig*), heerlijk.
Kost|probe *f* (het) (voor)proefje (*a. fig*); **2spielig** duur, kostbaar.
Kostüm *n* (*-s; -e*) (het) kostuum; (*Damen* 2) (het) mantelpak(je).
Kot *m* (*-¢s; 0*) modder, (het) vuil; (*Exkremente*) uitwerpselen *n/pl*.
Kotelett *n* (*-¢s; -s*) kotelet; **~en** *pl* bakkebaarden *pl*.
Köter *m* F (het) mormel, (het) beest.
Kotflügel *m* (het) spatbord.
kotzen (*-t*) P kotsen.
Krabbe *f* krab; (*Garnele*) garnaal; **2n** kruipen; (*kitzeln*) kriebelen.
Krach *m* (*-¢s; ~e*) herrie; (*Lärm a.*) (het) lawaai; (*Streit a.*) ruzie; (*Knall a.*) dreun, smak; *Hdl* krach, crash; **~ machen** herrie schoppen; **2en** kraken; (*prallen*) knallen, smakken.
krächzen (*-t*) krassen; *S.*: knarsen.
kraft (*G*) krachtens.
Kraft *f* (*-; ~e*) kracht (*a. Pers*), sterkte; *in* (*außer*) ~ *setzen* in (buiten) werking stellen; *in* ~ *treten* van kracht worden; *mit aller* ~ uit alle macht; **~anstrengung** *f* krachtsinspanning; **~brühe** *f* bouillon; **~fahrer** *m* automobilist.
Kraftfahrzeug *n* (het) (motor)voertuig; **~brief** *m* (het) eigendomsbewijs van een auto; **~papiere** *n/pl* autopapieren

n/pl; **~schein** *m* (het) kentekenbewijs; **~steuer** *f* wegenbelasting; **~versicherung** *f* autoverzekering.
kräftig krachtig, sterk; *fig a.* fel, stevig, fors; **~en** (ver)sterken.
kraft|los krachteloos; **2probe** *f* krachtproef; **2stoff** *m* motorbrandstof; *s. a. Benzin*(-); **~voll** krachtig; **2wagen** *m* auto; **2werk** *n* elektrische centrale.
Kragen *m* kraag, boord; **~weite** *f* boordwijdte.
Krähe *f* kraai; **2n** kraaien.
krakeelen (-) krakelen, ruzie maken.
Kralle *f* klauw.
Kram *m* (*-¢s; 0*) rommel, spullen *n/pl*; (*Angelegenheiten*) boel, santenkraam.
kramen (*stöbern*) rommelen, scharrelen.
Krampf *m* (*-¢s; ~e*) kramp; stuip(trekking); **~adern** *f/pl* spatraders *pl*; **2haft** krampachtig.
Kran *m* (*-¢s; ~e*) kraan.
Kranich *m* (*-¢s; -e*) kraanvogel.
krank (*~er; ~st*) ziek; ~ *schreiben* ziek verklaren; **2e(r)** zieke.
kränkeln sukkelen.
kranken an (*D*) lijden aan (*a. fig*).
kränken krenken, grieven.
Kranken|- *in Zssgn mst* zieken-; **~bett** *n* (het) ziekbed; **~geld** *n* (het) ziekengeld; **~haus** *n* (het) ziekenhuis; **~kasse** *f* (het) ziekenfonds; (*in Belgien*) mutualiteit; **~pfleger** *m* ziekenverpleger; **~schein** *m* (het) ziekenfondsbriefje; **~schwester** *f* (zieken)verpleegster; **~versicherung** *f* ziekte(kosten)verzekering; **~wagen** *m* ziekenauto.
krank|haft ziekelijk; **2heit** *f* ziekte; **2heitserreger** *m* ziekteverwekker.
kränklich ziekelijk, sukkelend.
Krankmeldung *f* ziekmelding.
Kränkung *f* krenking.
Kranz *m* (*-es; ~e*) krans (*a. fig*).
Krapfen *m* beignet, oliebol.
kraß kras; *Gegensatz*: schril.
Krater *m* krater.
Krätze *f* *Med* schurft.
kratz|en (*-t*) krabben; *auf der Geige u. Feder*: krassen; *Wolle*: schuren; **2er** *m* kras; schram; **2wunde** *f* schram, krab.
kraulen krauwen, krabbelen; (*schwimmen*) crawlen.
kraus *Haar*: kroes, krullend; *fig* (*wirr*) verward.
kräuseln (*sich*) krullen, kroezen.

Krauskopf *m* krullebol.
Kraut *n* (-*es*; ~*er*) (het) kruid; (*Kohl*) kool; (*Gemüse* ⚹) (het) loof; (*Bohnen* ⚹, *Spargel* ⚹) (het) lof.
Kräuter|käse *m* kruidenkaas; **~tee** *m* kruidenthee.
Krawall *m* (-*s*; -*e*) rel, (het) opstootje; (*Lärm*) (het) lawaai.
Krawatte *f* das.
Kreatur *f* (het) creatuur (*a. pej*).
Krebs *m* (-*es*; -*e*) kreeft; *Med* kanker; **⚹erregend** kankerverwekkend; **~geschwulst** *f* (het) kankergezwel; **⚹krank** aan kanker lijdend.
Kredit *m* (-*es*; -*e*) (het) krediet; **~ gewähren** krediet verlenen; **⚹fähig** kredietwaardig; **~hai** *m* F afzetter; **⚹ieren** (-) crediteren; **⚹institut** *n* kredietinstelling; **~karte** *f* creditcard, kredietkaart; **~rahmen** *m* kredietruimte; **⚹würdig** kredietwaardig.
Kreide *f* (het) krijt; **⚹bleich** spierwit.
kreieren (-) creëren.
Kreis *m* (-*es*; -*e*) kring (*a. Gruppe*), cirkel; (*Land* ⚹) (het) kanton, (het) district; *Verkehr*: rotonde.
kreischen krijsen, gillen.
Kreis|el *m* (draai)tol; *Tech* gyroscoop; **⚹en** (-*t*) (rond)draaien, cirkelen; *Blut*: circuleren; **⚹förmig** cirkelvormig.
Kreislauf *m* kringloop; *Med* bloedsomloop; **~mittel** *n* (het) middel voor de bloedsomloop; **~störung** *f* storing van de bloedsomloop.
Kreissäge *f* cirkelzaag.
Kreißsaal *m* verloskamer.
Kreisverkehr *m* (het) rondgaand verkeer.
Krem *f* (-; -*s*) = *Creme*; **~atorium** *n* (-*s*; -*rien*) (het) crematorium.
Kreml *m* (-[*s*]; *0*): **der ~** het Kremlin.
Krempel *m* F rommel, boel.
Kren *m* (-*s*; *0*) mierik(swortel).
krepieren (-; *sn*) creperen (*a.* P); (*explodieren*) ontploffen.
Krepp *m*(-*s*; -*e od* -*s*) crêpe, (het) floers.
Kreppapier *n* (het) crêpepapier.
Kreppsohle *f* crêpezool.
Kresse *f* sterkers.
Kreuz *n* (-*es*; -*e*) (het) kruis (*a. Anat*); *Karte*: klaveren; (*Autobahn* ⚹) (het) knooppunt; ⚹ **und ⚹** kruiskras.
kreuz|en (-*t*) (*sich*) (elkaar) kruisen; **⚹er** *m* kruiser; **⚹fahrt** *f* kruisvaart; cruise;

⚹feuer *n* (het) kruisvuur (*a. fig*); **~igen** kruisigen; **⚹otter** *f* adder; **⚹schmerzen** *m/pl* pijn in het kruis; **⚹ung** *f* kruising; *Verkehr*: (het) kruispunt; **⚹worträtsel** *n* (het) kruiswoordraadsel, puzzel; **⚹zug** *m* kruistocht (*a. fig*).
kribbel|ig kribbig, kregel; **~n** kriebelen; (*wühlen*) krioelen, wriemelen.
kriech|en* (*sn*) kruipen; **~erisch** kruiperig; **⚹spur** *f* kruipstrook; **⚹tempo** *n* slakkegang; **⚹tier** *n* (het) reptiel.
Krieg *m* (-*es*; -*e*) oorlog; **~ führen** oorlog voeren.
kriegen F krijgen.
Krieger *m* krijger, krijgsman; **⚹isch** oorlogszuchtig.
kriegführend oorlogvoerend.
Kriegs|beil *n* strijdbijl (*a. fig*); **~beschädigte(r)** oorlogsinvalide.
Kriegsdienst *m* militaire dienst; **~verweigerer** *m* dienstweigeraar; **~verweigerung** *f* dienstweigering.
Kriegs|erklärung *f* oorlogsverklaring (*a. fig*); **~fall** *m* (het) geval van oorlog; **~gefangene(r)** krijgsgevangene; **~gericht** *n* krijgsraad; **~recht** *n* (het) krijgsrecht; **~schiff** *n* (het) oorlogsschip; **~verbrecher** *m* oorlogsmisdadiger.
Krimi *m* (-*s*; -*s*) *s. Kriminalfilm*, *-roman*.
Kriminal|beamte(r) rechercheur; **~film** *m* misdaadfilm; **~ität** *f* misdadigheid, criminaliteit; **~polizei** *f* recherche; **~roman** *m* detective(roman).
kriminell crimineel.
Krimskrams *m* (-[*es*]; *0*) F rommel.
kringeln: *sich* ~ kringelen.
Kripo *f* (-; -*s*) recherche.
Krise *f* crisis; **⚹In: es kriselt** er zijn tekenen *n/pl* van een crisis.
krisen|fest crisisbestendig; **⚹situation** *f* crisissituatie; **⚹stab** *m* (het) crisisteam; **⚹zeit** *f* crisistijd.
Kristall *m od n* (-*s*; -*e*) (het) kristal; **~glas** *n* (het) kristalglas.
kristallisieren (-) kristalliseren.
Kristallzucker *m* kristalsuiker.
Kriterium *n* (-*s*; -*rien*) (het) criterium.
Kritik *f* kritiek; **~ üben an** (*D*) kritiek uitoefenen op; **~er** *m* criticus; **⚹los** kritiekloos.
kriti|sch kritisch; (*gefährlich*) kritiek; **~sieren** (-) kritiseren.
kritzeln krabbelen, kriebelen.
Krokodil *n* (-*s*; -*e*) krokodil.

kundig

Krone f kroon (a. Zahn² u. fig); (Baum²) kruin.
krönen kronen; fig bekronen.
Kron|leuchter m kroonluchter; **~prinz(essin** f) m kroonprins(es f).
Krönung f kroning; fig bekroning.
Kronzeuge m kroongetuige.
Kropf m (-es; ⸚e) krop (a. Anat).
Kröte f pad; **~n** pl P (Geld) poen.
Krücke f kruk.
Krug m (-es; ⸚e) kruik; (Bier²) pul.
Krümel m kruimel; ²**n** kruimelen.
krumm krom; fig (unehrlich) louche, slinks.
krümm|en (**sich**) (zich) krommen; (sich winden) kronkelen; (vor Schmerzen) ineenkrimpen; ²**ung** f kromming; (Weg² bsd) bocht.
Krüppel m invalide.
Kruste f korst; **~n-tier** n (het) schaaldier.
Kruzifix n (-es; -e) (het) crucifix, (het) kruisbeeld.
Krypta f (-; Krypten) crypte.
Kubaner(in f) m Cubaan(se f).
Kübel m bak, kuip; (Eimer) emmer; **~wagen** m Esb ketelwagen; mil jeep.
Kubik|- in Zssgn mst kubiek (Adj), z.B. **~meter** m kubieke meter; **~zahl** f (het) kubiekgetal.
Küche f keuken; **kalte ~** koude schotels pl.
Kuchen m koek; (größeres Gebäck) taart, (het) gebak.
Küchen|- in Zssgn mst keuken-; **~chef** m chef-kok.
Kuchenform f bak-, cakevorm.
Küchen|geschirr n (het) keukengerei; **~herd** m (het) (keuken)fornuis; **~schrank** m keukenkast.
Kuckuck m (-s; -e) koekoek; **weiß der ~!** Joost mag het weten!
Kufe f (Schlitten²) (het) ijzer; Flgw schaats.
Kugel f (-; -n) kogel (a. Geschoß u. Anat), bol; **~förmig** kogel-, bolvormig; **~kopf** m schrijfkop; **~kopfmaschine** f schrijfmachine met schrijfkop; **~lager** n (het) kogellager; **~rund** kogelrond; **~schreiber** m balpen; **~sicher** kogelvrij; **~stoßen** n (het) kogelstoten.
Kuh f (-; ⸚e) koe (a. P Schimpfwort); **~handel** m fig koehandel.
kühl koel (a. fig), fris; (unangenehm kalt)

kil; ²**anlage** f koelinstallatie; ²**e** f koelte; **~en** (af)koelen.
Kühler m koeler; Auto: radiator; **~haube** f motorkap.
Kühl|flüssigkeit f koelvloeistof; **~raum** m koelruimte, koelcel; **~schrank** m koelkast, ijskast; **~tasche** f koelbox; **~truhe** f diepvrieskist; **~ung** f koeling (a. Vorrichtung), afkoeling; (Kühle) koelte; **~wasser** n (het) koelwater.
Kuhmilch f koemelk.
kühn (stout)moedig, koen; ²**heit** f stoutmoedigheid, koenheid.
Küken n (het) kuiken.
kulant coulant.
Kuli m (-s; -s) **1.** koelie; **2.** F balpen.
kulinarisch culinair.
Kulisse f coulisse; **hinter den ~n** fig achter de schermen.
kullern rollen.
Kult m (-es; -e) cultus (a. fig); ²**ivieren** (-) cultiveren; ²**iviert** gecultiveerd.
Kultur f cultuur; (Zivilisation a.) beschaving; **~abkommen** n (het) cultureel verdrag; **~angebot** n (het) cultureel aanbod; **~austausch** m culturele uitwisseling; **~beutel** m toilettas.
kulturell cultureel.
Kultur|film m documentaire; ²**historisch** cultuurhistorisch; **~programm** n (het) cultureel programma; **~schock** m cultuurschok; **~zentrum** n (het) cultureel centrum.
Kultusminister m minister van onderwijs (en wetenschappen).
Kümmel m kummel (a. Schnaps), komijn; **~käse** m komijnekaas.
Kummer m (het) verdriet; **j-m ~ bereiten** iem verdriet aandoen.
kümmer|lich armzalig; (gering) pover, schamel; **~n: sich ~ um** (A) zich bekommeren om; **sich nicht ~ um** (A) a. zich niets aantrekken van.
Kumpan m (-s; -e) makker.
Kumpel m kompel, mijnwerker; (Freund) kameraad, maat.
kündbar opzegbaar.
Kunde m klant, cliënt; F (Kerl) kerel.
Kunden|dienst m (klanten)service; **~kreditbank** f (-; -en) bank voor consumentenkredieten.
Kund|gebung f betoging, demonstratie, manifestatie; ²**ig** kundig; **e-r S.** (G) **~ sein** iets kennen, iets meester zijn.

kündigen 430

kündig|en opzeggen; *j-m* ontslaan; ⚖ung *f* opzegging; (het) ontslag.
Kündigungs|frist *f* opzeggingstermijn; ~**schutz** *m* bescherming tegen ontslag.
Kund|in *f* cliënte; ~**schaft** *f* klandizie, cliëntèle.
künftig komend, toekomstig; *Adv* voortaan.
Kunst *f* (-; ⁓e) kunst.
Kunst|- *in Zssgn mst* kunst-, *z.B.* ~**akademie** *f* kunstacademie; ~**ausstellung** *f* kunsttentoonstelling; ~**dünger** *m* kunstmest; ~**faser** *f* kunstvezel; ⚖**fertig** kunstvaardig, bedreven; ~**flieger** *m* kunstvlieger; ~**gegenstand** *m* (het) kunstvoorwerp; ⚖**gerecht** volgens de regels van de kunst; ~**geschichte** *f* kunstgeschiedenis; ~**gewerbe** *n* kunstnijverheid; ~**griff** *m* kunstgreep; ~**händler** *m* kunsthandelaar; ~**handlung** *f* kunsthandel; ~**leder** *n* (het) kunstleer.
Künst|ler(in *f*) *m* kunstenaar *m*, kunstenares *f*; ⚖**lerisch** artistiek; ⚖**lich** kunstmatig.
Kunst|sammlung *f* kunstverzameling; ~**seide** *f* kunstzijde; ~**stoff** *m* kunststof; ~**stück** *n* (het) kunststuk; ⚖**voll** kunstig; ~**werk** *n* (het) kunstwerk.
kunterbunt (kriskras) door elkaar; (*farbig*) kakelbont.
Kupfer *n* (het) koper.
Kupfer|- *in Zssgn mst* koper-, *bei Material aus Kupfer oft* koperen (*Adj*), *z.B.* ~**münze** *f* koperen munt; ⚖**n** koperen; ~**stich** *m* kopergravure.
Kupon *m* (-s; -s) coupon.
Kuppe *f* top (*a. Finger*⚖); (*Nadel*⚖) kop.
Kuppel *f* (-; -n) koepel; ~**ei** *f* koppelarij; ⚖**n** koppelen (*a. Tech*).
Kupplung *f* koppeling.
Kur *f* kuur; *e-e* ~ *machen* een kuur doen, kuren.
Kür *f Sp* vrij gekozen oefening.
Kur|aufenthalt *m* (het) verblijf in een kuuroord; ~**bad** *n* (het) kuuroord.
Kurbel *f* (-; -n) kruk, zwengel; ⚖**n** draaien, zwengelen; ~**welle** *f* krukas.
Kürbis *m* (-ses; -se) kalebas, pompoen.
Kur|gast *m* badgast; ~**haus** *n* (het) kurhaus, (het) badhotel.
Kurier *m* (-s;-e) koerier; ⚖**en** (-) genezen.
kurios curieus; ⚖**um** *n* (-s; *Kuriosa*) (het) curiosum.

Kur|ort *m* badplaats, (het) kuuroord; ~**pfuscher** *m* kwakzalver.
Kurs *m* (-es; -e) koers (*a. Hdl u. fig*); (*Lehrgang*) cursus; ~**abfall** *m* koersdaling; ~**anstieg** *m* koersstijging; ~**buch** *n* (het) spoorboekje.
Kürschner *m* bontwerker.
Kursgewinn *m* koerswinst.
kursieren (-) in omloop zijn, circuleren.
Kurswagen *m* (het) doorgaand rijtuig.
Kurtaxe *f* toeristenbelasting.
Kurve *f* curve; *Straße*: bocht; ⚖**n-reich** bochtig.
kurz (⁓er, ⁓est) kort; (*kurzum*) kortom, *Adv* (*mal*) even; *den kürzeren ziehen* aan het kortste eind trekken; *sich* ~ *fassen* kort zijn; *über* ~ *oder lang* vroeg of laat; *vor* ~**em** onlangs; ⚖**arbeit** *f* verkorte werktijden *pl*; ~**arbeiten** korter werken; ~**ärmlig** met korte mouwen; ~**atmig** kortademig.
Kürze *f* kortheid; (*zeitl bsd*) korte duur; (*Bündigkeit*) beknoptheid; *in* ~ binnenkort; ⚖**n** (-*t*) verkorten; verminderen; *Text* inkorten.
kurzerhand kortweg, resoluut.
Kurz|film *m* korte film; ⚖**fristig** op korte termijn; ~**geschichte** *f* (het) kort verhaal; ⚖**lebig** met geringe levensduur.
kürzlich onlangs, kortelings; *Adj* recent.
ˈ**Kurz|parker** *m* kortparkeerder; ~**parkzone** *f* blauwe zone; ~**schluß** *m* kortsluiting; ~**schrift** *f* stenografie; ⚖**sichtig** bijziend; *fig* kortzichtig; ~**streckenläufer** *m* korte-afstandloper, sprinter; ⚖**um** kortom.
Kürzung *f* verkorting; inkorting.
Kurz|waren *f*/*pl* fournituren *pl*; ⚖**weilig** vermakelijk, onderhoudend; ~**welle** *f* korte golf; ~**wellensender** *m* kortegolfzender.
Kusine *f* nicht.
Kuß *m* (-*sses*; ⁓*sse*) kus, zoen; ⚖**echt** kissproof.
küssen (-*ßt*) (*sich*) (elkaar) kussen, (elkaar) zoenen.
Küste *f* kust.
Küsten|- *in Zssgn mst* kust-, *z.B.* ~**gewässer** *n*/*pl* kustwateren *n*/*pl*; ~**schutz** *m* kustverdediging; ~**straße** *f* kustweg; ~**schiffahrt** *f* kustvaart.
Kutsche *f* koets; ~*r m* koetsier.
kutschieren (-) rijden (met de koets).

Landbevölkerung

Kutte *f* (monniks)pij.
Kutteln *f/pl* pens.
Kutter *m* kotter.

Kuvert *n* (-*s*; -*s*) (het) couvert (*a. Brief* 2).
Kybernetik *f* cybernetica.
KZ *n* (-; -*s*) = **Konzentrationslager**.

L

laben (*sich*) (zich) laven.
labil labiel.
Labor *n* (-*s*; -*s od* -*e*) (het) laboratorium; **~ant(in** *f*) *m* (-*en*) laborant(e *f*); **~versuch** *m* laboratoriumproef.
Labyrinth *n* (-*s*; -*e*) (het) labyrint, doolhof.
Lache *f* plas; *groß*: poel.
lächeln 1. glimlachen; **2.** 2 *n* glimlach.
lachen 1. lachen; *aus vollem Halse* ~ schateren; *zum* 2 *bringen* doen lachen; *daß ich nicht lache!* laat me niet lachen!; **2.** 2 *n* (het) gelach; *vor* ~ van het lachen.
lächerlich belachelijk, bespottelijk.
lach|haft belachelijk; **2lust** *f* lachlust.
Lachs *m* (-*es*; -*e*) zalm; **~schinken** *m* fijne ham.
Lack *m* (-*es*; -*e*) lak (*a. het*); **~farbe** *f* lakverf; **2ieren** (-) lakken.
Lade|fläche *f* laadvloer; **~gewicht** *n* (het) laadgewicht; **~mast** *m* laadmast.
laden* laden (*a. mil u. El*).
Laden *m* (-*s*; -̈) winkel; (*Fenster* 2) (het) (venster)luik; **~dieb** *m* winkeldief; **~diebstahl** *m* winkeldiefstal; **~hüter** *m* winkeldochter, (het) onverkoopbaar artikel; **~preis** *m* winkelprijs; **~schluß** *m* winkelsluiting; **~schlußgesetz** *n* winkelsluitingswet; **~schlußzeit** *f* winkelsluitingstijd; **~tisch** *m* toonbank.
Lade|rampe *f* (het) laadperron; **~raum** *m* laadruimte.
Ladung *f* lading; *jur* dagvaarding.
Lage *f* ligging; (*Situation*) toestand; (*Schicht*) laag; (*Getränkerunde*) (het) rondje; *in bester* ~ zeer gunstig gelegen; *nicht in der* ~ *sein, zu* + *Inf* niet in staat zijn te + *Inf*.
Lager *n* (-*s*; -) kamp; *Hdl* (het) magazijn, (het) pakhuis; *Tech* (het) (kogel)lager; *auf* ~ *haben* in voorraad hebben; **~bestand** *m* (magazijn)voorraad; **~bier** *n* (het) lagerbier; **~feuer** *n* (het) kampvuur; **~haltung** *f* opslag; **~haltungskosten** *pl* opslagkosten *pl*; **~haus** *n* (het) magazijn, (het) pakhuis; 2n *v/i* kamperen; *Hdl* opgeslagen liggen, in voorraad zijn; *v/t* opslaan; (*betten*) (neer)leggen; **~raum** *m* opslagruimte, opslagplaats; **~ung** *f Hdl* opslag; **~verwalter** *m* magazijnmeester.

Lagune *f* lagune.
lahm kreupel; (*gelähmt*) lam; *fig* lamlendig; (*müde a.*) moe.
lähmen verlammen (*a. fig*).
lahmlegen verlammen, lamleggen; *Verkehr* stremmen.
Lähmung *f* verlamming.
Laib *m* (-*es*; -*e*): *ein* ~ *Brot* een brood; *ein* ~ *Käse* een kaas.
laichen kuit schieten.
Laie *m* (-*n*) leek; 2n**·haft** amateuristisch; **~n·spiel** *n* (het) lekespel.
Laken *n* (-*s*; -) laken.
Lakritze *f* drop; **~n·stange** *f* pijp drop.
lallen lallen, stamelen.
Lamelle *f* lamel(le).
lamentieren (-) lamenteren.
Lamm *n* (-*es*; -̈*er*) (het) lam (*a. fig*); **~fleisch** *n* (het) lamsvlees.
Lampe *f* lamp; **~n·fassung** *f* lampfitting; **~n·fieber** *n* plankenkoorts; **~n·schirm** *m* lampekap.
Lampion *m* (-*s*; -*s*) lampion.
lancieren (-) lanceren (*a. fig*).
Land *n* (-*es*; -̈*er*) (het) land; (*Bundes* 2) deelstaat; (*Ggs Stadt*) (het) platteland; *auf dem* ~ op het platteland, buiten; *aufs* ~ *ziehen* (*um zu wohnen*) buiten gaan wonen; *außer* ~*es* in het buitenland; *zu* ~*e* te land; **~arbeiter** *m* landarbeider; **~arzt** *m* plattelandsdokter; **~bevölkerung** *f* plattelandsbevolking.

Lande|bahn f landingsbaan; **~erlaubnis** f toestemming om te landen.
land-einwärts landinwaarts.
landen v/i (sn) landen; fig belanden, terechtkomen; v/t mar aan land zetten.
Land|enge f landengte; **~e-platz** m (het) landingsterrein.
Länder|eien f/pl landerijen pl; **~kampf** m, **~spiel** n landenwedstrijd.
Landes|farben f/pl nationale kleuren pl; **~grenze** f landsgrens; **~innere(s)** (het) binnenland; **~kunde** f kennis van land en volk; **~sprache** f landstaal; **2üblich** in een land gebruikelijk; **~verrat** m (het) landverraad; **~verteidigung** f landsverdediging.
Land|flucht f trek naar de stad; **~gemeinde** f plattelandsgemeente; **~gericht** n arrondissementsrechtbank; **~haus** n (het) landhuis; **~karte** f landkaart; **~kreis** m (het) (plattelands)district; **2läufig** gangbaar, (algemeen) gebruikelijk; **~leben** n (het) buitenleven.
ländlich landelijk; (einfach) eenvoudig.
Landratte f landrot.
Landschaft f (het) landschap; (Gegend) streek, (het) gewest; **2lich** landschappelijk, landschaps-; gewestelijk.
Lands|mann m (-es; Landsleute) landgenoot; **~männin** f landgenote.
Land|straße f gewone weg; **~streicher** m landloper, zwerver; **~tag** m hist landdag; (e-s Bundeslandes) (het) parlement van een deelstaat; **~ung** f landing.
Landungs-brücke f aanlegsteiger.
Land|weg m: auf dem ~(e) over land; **~wein** n m landwijn.
Landwirt m landbouwer; (Wissenschaftler) landbouwkundige; **~schaft** f landbouw; landbouwkunde; (Hof) (het) landbouwbedrijf; **2schaftlich** agrarisch, landbouw-; landbouwkundig.
Land|wirtschaftsminister m minister van landbouw; **~zunge** f landtong.
lang (~er, ~st) lang; zwei Jahre ~ twee jaar lang; seit ~em sinds (od sedert) lang; **~atmig** langdradig; **~e** Adv lang.
Länge f lengte; zeitl bsd duur; in die ~ ziehen laten aanslepen.
langen (genügen) voldoende zijn; (lang sein) reiken; (nach D) grijpen (naar).
Längen|grad m lengtegraad; **~maß** n lengtemaat.

länger langer; (von zwei) langste; seit **~em** sinds geruime tijd.
Langeweile f verveling.
lang|fristig op (de) lange termijn; **2lauf** m langlauf; **2laufski** m langlaufski; **~lebig** S.: duurzaam.
länglich langwerpig.
Langmut f lankmoedigheid.
längs (G) langs; Adv in de lengte.
lang|sam langzaam, traag; **2schläfer** m langslaper; **2spielplatte** f langspeelplaat, LP.
längsseits langszij.
längst Adv allang.
Languste f langoest.
langweil|en (sich) (zich) vervelen; **~ig** vervelend, saai.
Lang|welle f lange golf; **2wierig** langdurig; (schwierig bsd) moeizaam.
Lanze f lans.
Lappalie f bagatel (a. het), futiliteit.
Lappe m (-n) Lap(lander).
Lappen m lap (a. Anat), vod (a. het); (Lumpen a.) (het) lor.
läppisch onnozel; (kindisch a.) flauw.
Lärche f lariks.
Lärm m (-es; 0) (het) lawaai; (Getöse, Geschrei a.) (het) spektakel; **~belästigung** f geluidshinder; **2en** lawaai maken; **2end** lawaaierig; **~schutz** m geluidsisolatie; bescherming tegen lawaai; **~schutzwall** m geluidswal.
Larve f Zool larve.
lasch laks, slap.
Lasche f lus; (Schuh2) tong; (Klappe) klep.
Laserstrahl m laserstraal.
lassen* laten; (veranlassen a.) doen; (zulassen) (toe)laten; holen ~ laten halen; laß das! laat dat!; das muß man ihm ~ dat moet men hem nageven.
lässig nonchalant, achteloos; **2keit** f nonchalance, achteloosheid.
Last f last (a. fig), vracht; zur ~ fallen (D) (stören) lastig vallen; (j-m A) zur ~ legen ten laste leggen, aanwrijven; **~auto** n vrachtwagen.
lasten (auf D) drukken (op).
Lasten-aufzug m goederenlift.
Laster¹ n zonde, ondeugd.
Laster² m F vrachtwagen.
Lästerer m lasteraar, kwaadspreker.
lasterhaft verdorven, slecht.
läster|n lasteren; (über A) j-n roddelen

Lebensmittelpreise

(over); *etw* schelden (op); **2zunge** *f* kwatong, lastertong.

lästig lastig, hinderlijk.

Last|kahn *m* (het) vrachtschip; **~kraftwagen** *m* vrachtwagen; **~schrift** *f* debitering; (*Mitteilung*) debetnota.

Lastwagen *m* vrachtwagen; **~fahrer** *m* vrachtwagenchauffeur.

Lastzug *m* vrachtwagencombinatie.

Latein *n* (-*s*; *0*) (het) Latijn; **~amerika** *n* Latijns-Amerika; **2isch** Latijns.

Laterne *f* lantaarn; **~n-pfahl** *m* lantaarnpaal.

Latrine *f* latrine, pot.

latschen (*sn*) F sloffen.

Latte *f* lat; **~n-kiste** *f* (het) krat.

Lätz·chen *n* (het) slabbetje.

Latzhose *f* tuinbroek.

lau lauw (*a. fig*).

Laub *n* (-*es*; *0*) (het) loof, (het) gebladerte; **~baum** *m* loofboom; **~e** *f* (het) prieel, (het) tuinhuisje; **~säge** *f* figuurzaag; **~wald** *m* (het) loofbos.

Lauch *m* (-*es*; -*e*) (het) look; prei.

Lauer *f*: **auf der ~ liegen** op de loer liggen; **2n** (**auf** *A*) loeren (naar); (*erwarten*) wachten (op).

Lauf *m* (-*es*; *e*) loop; (*Verlauf bsd*) (het) verloop; (*Bein*) poot; **im ~e** (*G*) in de loop van; **~bahn** *f* loopbaan (*a. Astr*); **~bursche** *m* loopjongen.

laufen* (*mst sn*) lopen (*a. gehen*); *Faß*: lekken; *Film*: draaien; **~d** *fig* doorlopend; **auf dem ~en** op de hoogte; **~lassen** laten lopen.

Läufer *m* loper (*a. Schach u. Teppich*); **~in** *f* loopster.

Lauf|feuer *n* (het) lopend vuurtje; **~gitter** *n* box; **~graben** *m* loopgraaf.

läufig loops.

Lauf|masche *f* ladder; **~paß** *m*: *j-m den ~ geben* iem de bons geven; **~planke** *f* loopplank; **~schritt** *m* looppas; **~stall** *m* (*Baby* 2) box; **~steg** *m* loopplank; **~werk** *n* *EDV* drive, aandrijfeenheid; **~zeit** *f* looptijd.

Lauge *f* loog (*a.* het); (*Seifen* 2) (het) sop.

Lauheit *f* lauwheid (*a. fig*).

Laun|e *f* (het) humeur; (*Einfall*) gril, kuur; *gute* (*schlechte*) **~ haben** goed (slecht) gehumeurd zijn; **2en-haft** humeurig, grillig; **2isch** nukkig.

Laus *f* (-; *e*) luis; **~bub** *m* kwajongen.

lausch|en (*D*) luisteren (naar); (*spionieren*) afluisteren; **~ig** knus, behaaglijk.

lausig (*schäbig*) armzalig; (*widerwärtig*) beroerd, rot.

laut 1. luid(ruchtig); (*Adv a.*) hardop; **~ werden** *fig Stimmen*: opgaan; **2.** *Präp* (*G*) volgens.

Laut *m* (-*es*; -*e*) (het) geluid; (*Einzel* 2) klank; **2en** luiden; klinken.

läuten luiden; (*klingeln*) bellen.

lauter 1. *Adj* zuiver; echt; (*aufrichtig*) oprecht; **2.** *Adv* louter, slechts.

läutern zuiveren; *fig* louteren.

laut|hals luidkeels; **2lehre** *f* klankleer; **~los** geluidloos, stil; **2sprecher** *m* luidspreker; **~stark** *Adv* luidkeels; **2stärke** *f* geluidssterkte.

lauwarm lauw(warm).

Lava *f* (-; *Laven*) lava.

Lavendel *m* lavendel.

lavieren (-) laveren (*a. fig*).

Lawine *f* lawine; **~n-gefahr** *f* (het) lawinegevaar.

lax laks, **2heit** *f* laksheid.

Lazarett *n* (-*es*; -*e*) (het) lazaret.

Lebemann *m* bon-vivant.

leben leven; *lebe wohl!* vaarwel!; *es lebe ...* leve ...; **~d** levend.

Leben *n* (het) leven; *am ~ sein* (*bleiben*) in leven zijn (blijven).

lebendig levend; *fig* levendig; **2keit** *f* levendigheid.

Lebens|- *in Zssgn mst* levens-, *z.B.* **~abend** *m* levensavond; **~alter** *n* leeftijd; **~art** *f* leefwijze; (*Umgangsformen*) (goede) manieren *pl*; **~bedingungen** *f/pl* levensvoorwaarden *pl*; **~dauer** *f* levensduur; **2echt** levensecht; **~erfahrung** *f* levenservaring; **~erwartung** *f* levensverwachting; **2fähig** levensvatbaar; **~frage** *f* levenskwestie; **2fremd** levensvreemd; **2froh** levenslustig; **~gefahr** *f* (het) levensgevaar; **2gefährlich** levensgevaarlijk; **~gefährtin** *f* levensgezel(lin *f*); **~haltungskosten** *pl* kosten *pl* van levensonderhoud; **~lage** *f* levensomstandigheid; **2länglich** levenslang; **~lauf** *m* levensloop; (*bei Bewerbung*) (het) curriculum vitae; **2lustig** levenslustig.

Lebensmittel *n/pl* levensmiddelen *n/pl*; **~abteilung** *f* afdeling levensmiddelen; **~geschäft** *n* levensmiddelenzaak, kruidenier; **~preise** *m/pl* prijzen *pl* van de

10 Eurowtb. Niederl.

Lebensmittelvergiftung 434

levensmiddelen; **~vergiftung** f voedselvergiftiging.
lebens|notwendig = lebenswichtig; **⁀qualität** f leefbaarheid; **⁀raum** m leefruimte; **⁀standard** m levensstandaard; **⁀stellung** f levenspositie; **⁀unterhalt** m (het) levensonderhoud; **⁀versicherung** f levensverzekering; **⁀weise** f leefwijze; **⁀wichtig** vitaal, van levensbelang; **⁀zeichen** n (het) teken van leven; **⁀zeit** f: **auf ~** voor het leven.
Leber f (-; -n) lever; **~fleck** m levervlek; **~pastete** f leverpastei; **~tran** m levertraan; **~wurst** f leverworst.
Lebewesen n (het) levend wezen.
Lebewohl n (het) vaarwel.
lebhaft levendig; *Geschäft, Straße*: druk; **⁀ig·keit** f levendigheid, drukte.
Lebkuchen m taai-taai (a. het).
leb|los levenloos; **⁀zeiten** f/pl: **zu ~ s-s Vaters** bij het leven van zijn vader.
lechzen (-t) **(nach** D) snakken (naar).
leck 1. lek; 2. **⁀** n (-es; -s) (het) lek.
lecken 1. likken; 2. *(tropfen)* lekken.
lecker lekker; **⁀bissen** m, **⁀ei** f lekkernij, versnapering.
Leder n (het) le(d)er.
Leder|- *in Zssgn mst* le(d)er-, *bei Material aus Leder mst* leren *(Adj)*, *z.B.* **~hose** f leren broek; **~jacke** f leren jek; **⁀n** leren; **~waren** f/pl le(d)erwaren *pl*.
ledig *(unverheiratet)* ongehuwd, ongetrouwd; **⁀lich** alleen, slechts.
leer leeg; **⁀e** f leegte; **⁀en** leegmaken, ledigen; *Briefkasten* lichten; **sich ~** leeglopen; **⁀gut** n verpakking, emballage; *(Flaschen)* lege flessen *pl*; **⁀lauf** m vrijloop; *Auto a.*: (het) stationair draaien; *fig* leegloop; (het) nutteloos werk; **~stehend** leegstaand; **⁀taste** f spatiebalk; **⁀ung** f *Post*: lichting.
legal wettig, legaal; **~isieren** (-) legaliseren.
Legasthenie f dyslexie.
Legation f legatie.
legen leggen; **sich ~** gaan liggen (a. *Wind*); *Zorn*: bedaren.
legend|är legendarisch; **⁀e** f legende.
Legierung f legering.
Legion f (het) legioen; *(große Zahl)* (het) legio; **~är** m (-s; -e) legioensoldaat.
Legislat|ive f wetgevende macht; *(Versammlung)* wetgevende vergadering; **~ur·periode** f legislatuurperiode.
legitim legitiem; **⁀ation** f legitimatie; **⁀ität** f legitimiteit, wettigheid.
Lehm m (-es; -e) leem (a. het), klei; **⁀ig** leemachtig.
Lehn|e f leuning; **⁀en**: **(sich) ~ (an** A) leunen (tegen); **~stuhl** m leun(ing)stoel.
Lehr|buch n (het) leerboek; **~e** f leer; *(Lektion)* les; *(Ausbildung)* leertijd; *(Meßinstrument)* mal, (het) kaliber.
lehr|en *(j-n) etw* leren; *j-n od ein Fach* onderwijzen; *an höheren Schulen bsd* doceren; **⁀er(in** f) m leraar *m*, lerares *f*; *(Grundschul ⁀ bsd)* onderwijzer(es *f*); *(an höheren Schulen bsd)* docent(e *f*); **⁀gang** m leergang; **⁀herr** m leermeester; **⁀körper** m (het) onderwijzend personeel; docenten *pl*; **⁀kraft** f leerkracht; **⁀ling** m (-s; -e) leerjongen; **~plan** m (het) leerplan; **~reich** leerrijk; **⁀satz** m leerstelling; **⁀stelle** f plaats als leerjongen; **⁀stuhl** m leerstoel; **⁀vertrag** m (het) leercontract; **⁀zeit** f leertijd.
Leib m (-es; -er) (het) lijf; *(Bauch)* buik; **am eigenen ~e** aan den lijve.
Leibes|erziehung f lichamelijke opvoeding; **~übungen** f/pl lichaamsoefeningen *pl*; **~visitation** f fouillering.
Leib|gericht n (het) lievelingsgerecht; **⁀haftig** in levenden lijve; **~lich** lichamelijk; *(verwandt)* lijfelijk, eigen; **~rente** f lijfrente; **~schmerzen** m/pl buikpijn; **~wache** f, **~wächter** m lijfwacht.
Leiche f (het) lijk.
leichen|blaß lijk-, doodsbleek; **⁀halle** f (het) lijkenhuis; **⁀verbrennung** f lijkverbranding; **⁀wagen** m lijkwagen; **⁀zug** m lijkstoet.
Leichnam m (-es; -e) (het) lijk.
leicht licht (a. *fig*); *Ggs schwierig*: (ge)makkelijk; **⁀athletik** f atletiek; **⁀er** m lichter; **⁀fertig** lichtvaardig, lichtzinnig; **⁀fuß** m losbol; **⁀gewicht** n (het) lichtgewicht; **⁀gläubig** lichtgelovig; **~hin** luchtigjes, zomaar; **⁀ig·keit** f (het) gemak; **⁀metall** n (het) licht metaal; **~nehmen** luchtig opnemen.
Leichtsinn m lichtzinnigheid, **⁀ig** lichtzinnig.
leid: **es tut mir ~** het spijt mij; **er tut mir ~** ik heb met hem te doen.
Leid n (-es; 0) (het) leed; *(Kummer a.)* (het) verdriet; **⁀en*** *(an D)* lijden (aan); *(nicht)* **~ können** (niet) mogen (*od* kun-

Leute

nen) lijden; ~en n (het) lijden; (Krankheit) kwaal.
Leidener Adj Leids.
Leidenschaft f hartstocht; ⚧**lich** hartstochtelijk.
Leidens·weg m lijdensweg.
leid|er helaas, jammer genoeg; ~**ig** naar, vervelend; ~**lich** tamelijk, redelijk.
Leid|tragende(r) f(m) dupe, (het) slachtoffer; ⚧**voll** droevig, treurig; ~**wesen** n (het) leedwezen, spijt.
Leierkasten m (het) draaiorgeltje; ~**mann** m orgelman.
Leih|arbeit f uitzendarbeid; ~**bibliothek**, ~**bücherei** f uitleenbibliotheek; ⚧**en*** (sich) lenen (a. Ohr etc.); (mieten) huren; ~**gebühr** f huurprijs; ~**haus** n bank van lening, lommerd; ~**mutter** f draagmoeder; ~**wagen** m huurauto; ⚧**weise** te leen, in bruikleen.
Leim m (-es; -e) lijm; ⚧**en** lijmen.
Lein|e f lijn (a. Hunde⚧), (het) koord, (het) touw; ~**en 1.** n (het) linnen; **2.** ♀ Adj linnen; ~**samen** m (het) lijnzaad; ~**wand** f (het) linnen; Kino: (het) witte doek, (het) scherm.
leise zacht; fig licht; Adv zacht(jes).
Leiste f lijst; rand; Anat lies.
leisten verrichten, doen, presteren; Widerstand bieden; Eid afleggen; Hilfe verlenen; Dienst bewijzen; sich ~ zich permitteren, zich veroorloven.
Leistenbruch m liesbreuk.
Leistung f prestatie, verrichting; Phys (het) vermogen.
Leistungs|bilanz f Hdl lopende rekening op de betalingsbalans; ~**bilanzdefizit** n (het) tekort op de lopende rekening van de betalingsbalans; ~**druck** m prestatiedruk; ⚧**fähig** sterk; produktief; ~**fähigkeit** f (het) prestatievermogen, capaciteit; (het) produktievermogen; ~**gesellschaft** f prestatiemaatschappij; ~**prinzip** n (het) prestatieprincipe; ~**sport** m wedstrijdsport.
Leit|artikel m (het) hoofdartikel; ~**bild** n (het) voorbeeld, (het) ideaal.
leiten leiden; Phys geleiden; ~**d** leidend; Pers a.: leidinggevend.
Leiter¹ f (-; -n) ladder.
Leiter² m leider; (het) hoofd; directeur; Phys geleider; ~**in** f leidster; directrice.
Leit|faden m leidraad; ~**gedanke** m lei-

dende gedachte; ~**motiv** n (het) leidmotief; ~**planke** f vangrail.
Leitung f leiding (a. El); Tel lijn; ~**s·wasser** n (het) leidingwater.
Leit|währung f sleutelvaluta; ~**zins** m basisrente.
Lek|tion f les (a. fig); ~**türe** f lectuur.
Lende f lende; ~**n·braten** m (het) lendestuk, filet (a. het).
lenk|en (be)sturen; Menschen, Wirtschaft leiden; ⚧**er** m bestuurder; (Steuer) (het) stuur; ⚧**erin** f bestuurster.
Lenkrad n (het) stuur; ~**schaltung** f stuurschakeling; ~**schloß** n (het) stuurslot.
Lenk|stange f stuurstang; ⚧**ung** f leiding, besturing; (Steuer) (het) stuur.
Leopard m (-en) luipaard (a. het).
Lerche f leeuwerik.
lernen leren; **kochen (laufen)** ~ leren koken (lopen).
Les|art f variant; (Deutung) versie; ⚧**bar** leesbaar.
Lesbierin f lesbische.
Lese|- in Zssgn mst lees-, z.B. ~**buch** n (het) leesboek; ~**lampe** f leeslamp.
lesen* lezen; (ernten bsd) oogsten; ~**s·wert** lezenswaardig.
Leser|(in f) m lezer(es f); ⚧**lich** leesbaar; ~**schaft** f lezers pl.
Lese·saal m leeszaal.
Lesung f lezing (a. Pol); Rel les.
Lett|e m (-n) Let(lander); ⚧**isch** Lets.
letzt laatst; (vergangen) verleden; **am ~en Dienstag** verleden dinsdag; **zu guter** ⚧ **ten langen laatste**; ~**endlich** uiteindelijk, tenslotte; ~**ens** ten laatste; (kürzlich) onlangs, laatst; ~**ere(r)** laatstgenoemde; ~**hin** laatst, onlangs; ~**lich** tenslotte, uiteindelijk.
Leucht|boje f lichtboei; ~**e** f (het) licht (a. Pers); (Lampe) lamp; ⚧**en** schijnen; (glänzen) schitteren, glanzen; j-m bijschijnen; ⚧**end** Farbe: fel; ~**er** m luchter; (Kerzen⚧) kandelaar; ~**farbe** f lichtgevende verf; ~**reklame** f lichtreclame; ~**röhre** f neonbuis; ~**schiff** n (het) lichtschip; ~**turm** m vuurtoren.
leugnen loochenen, ontkennen.
Leukämie f leukemie.
Leumund m naam, reputatie.
Leutchen pl F luitjes pl.
Leute pl mensen pl, lieden pl, lui pl; **junge** ~ jongelui pl, jongeren pl.

Leutnant

Leutnant m (-s; -s) luitenant.
leutselig minzaam, vriendelijk.
Lexikon n (-ka od -ken) (het) lexicon.
libanesisch Libanees; **⸿on** m (-[s]; 0): *der* ⸌ Libanon n.
Libelle f libel; *Tech* (het) waterpas.
liberal liberaal; **⸿e(r)** liberaal; **⸌isieren** (-) liberaliseren; **⸿ismus** m (-; 0) (het) liberalisme.
Libyen n Libië n; **⸿ysch** Libisch.
Licht n (-es; -er) (het) licht; **⸌ machen** het licht aandoen; *bei* ⸌ met het licht aan; *(tagsüber)* overdag; *bei* ⸌e *betrachtet* op de keper beschouwd; *hinters* ⸌ *führen* om de tuin leiden.
Licht- *in Zssgn mst* licht-, *z.B.* **⸌anlage** f lichtinstallatie; **⸌bild** n foto; **⸌bildervortrag** m voordracht met dia's; **⸌blick** m (het) lichtpunt(je); **⸌empfindlich** (licht)gevoelig.
lichten *Wald* dunnen; *Anker* lichten; *sich* ⸌ dunner worden; *(heller werden)* lichten; *Nebel:* optrekken.
lichterloh: ⸌ *brennen* in lichte(r)laaie staan *(a. fig)*.
Licht|filter m lichtfilter (*a.* het); **⸌geschwindigkeit** f lichtsnelheid; **⸌hupe** f (het) lichtsignaal; seinlichtschakelaar; **⸌maschine** f dynamo; **⸌schalter** m lichtschakelaar; **⸿scheu** lichtschuw; **⸌schutzfaktor** m beschermingsfactor; **⸌strahl** m lichtstraal; **⸌ung** f open plek.
Lid n (-es; -er) (het) (oog)lid; **⸌schatten** m oogschaduw.
lieb lief; (*nett a.*) aardig; (*freundlich a.*) vriendelijk; *Briefanfang:* beste, *intimer a.:* lieve; *es wäre mir* ⸌ het zou mij aangenaam zijn; *am* ⸌*sten* het liefst.
Liebchen n (het) liefje.
Liebe f liefde (*a. Pers*); **⸿n** houden van; *j-n a.* liefhebben.
liebenswürdig lief, vriendelijk; *sehr* ⸌! heel vriendelijk!; **⸿keit** f vriendelijkheid.
lieber *Adv* liever.
Liebes|brief m liefdesbrief; **⸌erklärung** f liefdesverklaring; **⸌kummer** m (het) liefdesverdriet; **⸌lied** n (het) liefdeslied; **⸌paar** n (het) verliefd paar.
lieb|evoll liefdevol, liefderijk; **⸌gewinnen** gaan houden van, lief krijgen.
liebhab|en liefhebben, houden van; **⸿er** m liefhebber; *(Geliebter)* minnaar; **⸿erei** f liefhebberij; **⸿erin** f liefhebster.

lieb|kosen (-*t*) liefkozen; **⸿kosung** f liefkozing; **⸌lich** liefelijk.
Liebling m (-s; -e) lieveling (*a. f*); **⸌s-beschäftigung** f lievelingsbezigheid; **⸌s-speise** f (het) lievelingsgerecht.
lieb|los liefdeloos; **⸿losigkeit** f lieftalligheid, bekoorlijkheid; **⸿schaft** f liefdesverhouding, vrijage; **⸿ste(r)** liefste.
Lied n (-es; -er) (het) lied; **⸌er-abend** m liederavond.
liederlich liederlijk; *(unordentlich)* slordig.
Liefer|ant m (-en) leverancier; **⸿bar** leverbaar; **⸌bedingungen** f/pl leveringsvoorwaarden pl; **⸌frist** f levertijd; **⸿n** leveren; **⸌schein** m (het) afleveringsbewijs, (het) reçu; **⸌ung** f levering, leverantie; *(Buch* 2) aflevering; **⸌wagen** m bestelwagen; **⸌zeit** f levertijd.
Liege f ligstoel; stretcher; **⸌geld** n (het) liggeld; **⸿n*** (*a. sn*) liggen; *mir liegt (viel) daran* er is mij veel aan gelegen; **⸿n-bleiben** blijven liggen; *Auto:* blijven steken; **⸿n-lassen** laten liggen; **⸌stuhl** m ligstoel; **⸌stütz** m (-es; -e) ligsteun; **⸌wagen** m (het) couchetterijtuig; **⸌wiese** f lig-, zonneweide.
Lift m (-es; -e od -s) lift.
Liga f (-; *Ligen*) liga; *Sp* afdeling.
Likör m (-s; -e) likeur.
lila lila, paars.
Lilie f lelie; **⸿n-weiß** lelieblank.
Limit n (-s; -s od -e) limiet; **⸿ieren** (-) limiteren, begrenzen.
Limonade f limonade.
Limousine f limousine.
Linde f linde; **⸌n-blütentee** m lindebloesemthee.
linder|n verzachten; **⸿ung** f verzachting.
Lineal n (-s; -e) liniaal; **⸿r** lineair.
Linguistik f linguïstiek.
Linie f lijn, streep; *mil* linie; *in erster* ⸌ in de eerste plaats.
Linien|bus m lijnbus; **⸌flug** m lijnvlucht; **⸌maschine** f (het) lijntoestel; **⸌richter** m grensrechter; **⸌schiff** n (het) lijnschip; **⸌taxi** n lijntaxi; **⸌verkehr** m (het) lijnverkeer.
lini(i)eren (-) liniëren.
link linker-, links; *die* ⸌e *Hand* de linkerhand; **⸿e** f linkerhand; *Pol* linkerzijde; *zur* ⸌n links; **⸌isch** links, onhandig.
links links (*a. Pol*); *nach* ⸌ naar links, linksaf; **⸿abbieger** m links afslaande

losgehen

auto; 2**außen** m linksbuiten; **~extrem** extreem links; 2**extremismus** m (het) links extremisme; 2**händer(in** f) m linkshandige (a. f); **~radikal** ultralinks; 2**steuerung** f (het) stuur links; 2**verkehr** m (het) links rijdend verkeer.

Linse f linze; Optik: lens; **~n·suppe** f linzensoep.

Lippe f lip; **~n·bekenntnis** n lippendienst; **~n·stift** m lippenstift.

Liquid|ation f liquidatie; (Rechnung) nota; 2**ieren** (-) liquideren; in rekening brengen.

lispeln lispelen; fluisteren.

List f list.

Liste f lijst.

listig listig, sluw.

Litanei f litanie (a. fig).

litauisch Litouws.

Liter n od m liter.

literarisch literair, letterkundig.

Literatur f literatuur, letterkunde; **~geschichte** f literatuurgeschiedenis; **~preis** m literaire prijs.

Litfaßsäule f reclamezuil.

Liturgie f liturgie.

Lizen|tiat m (-en) licentiaat; **~z** f licentie.

Lkw m (-[s]; -s) vrachtwagen; **~Fahrer** m vrachtwagenchauffeur.

Lob n (-es; -e) lof.

Lobby f (-; -s) lobby.

lob|en prijzen, loven; **~ens·wert** lofwaardig, loffelijk; 2**gesang** m lofzang.

Lob|lied n (het) loflied; **~rede** f lofrede.

Loch n (-es; ̈er) (het) gat; (Vertiefung a.) kuil, put; (Höhle) (het) hol; (Elendswohnung) (het) krot; 2**en** perforeren; Fahrkarte knippen; Tech ponsen; **~er** m perforator; **~karte** f ponskaart; **~streifen** m ponsstrook.

Locke f lok, krul; 2**n** (aan)lokken; Haare krullen; **~n·kopf** m krullebol; **~n·wickler** m krulspeld.

locker los (a. fig); Stimmung: luchtig; bei Pers, Leben: losbandig; **~lassen** (nachgeben) opgeven; **~n** losmaken; Vorschrift etc. versoepelen; **sich ~** losgaan, losraken; fig zich ontspannen; 2**ungs·übung** f ontspanningsoefening.

lockig gekruld.

Lockmittel n (het) lokmiddel.

Lodenmantel m loden.

lodern laaien, (op)vlammen.

Löffel m lepel (a. Ohr); 2**n** lepelen.

Logbuch n (het) logboek.

Loge f loge; **~n·bruder** m vrijmetselaar.

Logik f logica.

Logis n (-; -) (het) logies.

logisch logisch; **~er·weise** logischerwijs, logisch gesproken.

Lohn m (-es; ̈e) (het) loon; beloning; **~ausfall** m loonderving; **~empfänger** m loontrekkende; 2**en** Besuch, Aufwand waard zijn; **sich ~** de moeite waard zijn; 2**end** lonend (a. fig); **~erhöhung** f loonsverhoging; **~forderung** f looneis; **~gruppe** f loongroep.

Lohnsteuer f loonbelasting; **~jahres·ausgleich** m = **Jahresausgleich**; **~karte** f loonkaart.

Lohnstopp m loonstop.

lokal 1. lokaal, plaatselijk; **2.** 2 n (-s; -e) (het) lokaal; (het) restaurant; (Kneipe) (het) café; 2**blatt** n (het) plaatselijk dagblad; rubriek plaatselijk nieuws; **~isieren** (-) lokaliseren; 2**presse** f plaatselijke pers; 2**verbot** n (het) verbod om een gelegenheid te betreden.

Lokführer m machinist.

Lokomotive f locomotief.

London n Londen n; **~er 1.** Londens; **2.** m Londenaar.

Lorbeer m (-s; -en) laurier; fig lauwer; **~blatt** n kul (het) laurierblad.

Lore f lorrie.

los (verloren) kwijt; **~!** vooruit!; **was ist ~?** wat is er (aan de hand)?; **~ sein** (verloren) kwijt zijn; (befreit) af zijn van.

Los n (-es; -e) (het) lot (a. Schicksal); **das Große ~** de hoofdprijs.

lösbar oplosbaar.

losbinden losbinden.

Lösch|apparat m (het) blusapparaat; 2**en** Feuer blussen; Licht uitdoen; Tonband (uit)wissen; Durst lessen; Ladung lossen; **~kalk** m gebluste kalk.

lose los.

Lösegeld n (het) losgeld.

losen (-t) loten.

lösen (-t) (trennen) losmaken; Aufgabe, Frage u. Chem oplossen; Fahrkarte kopen, nemen; Verlobung, Beziehung verbreken; Ehe ontbinden; **sich ~** losraken, losgaan; Chem oplossen; Problem: opgelost worden; **sich ~ von** (D) zich losmaken van.

los|fahren wegrijden; Schiff: wegvaren; **~gehen** weggaan; beginnen; **~ auf** (A)

loskommen 438

afgaan op; ~**kommen** loskomen; vrijkomen; ~**lassen** loslaten; (*freilassen*) vrijlaten; ~**legen** beginnen.
löslich oplosbaar.
los|lösen losmaken; *Briefmarke* losweken; ~**machen** losmaken; ~**reißen** losscheuren; (*sich*) ~ (zich) losrukken; ~**sagen: sich ~ von** (*D*) breken met; ~**schlagen** *Ware* verkopen, van de hand doen; *aufeinander* ~ met elkaar op de vuist gaan; ~**schrauben** losschroeven; ~**stürmen** (*sn*) **auf** (*A*) afstormen op; ~**trennen** lostornen.
Losung *f* (het) wachtwoord, leus, leuze.
Lösung *f* oplossing (*a. Chem*); verbreking; ontbinding; (het) losmaken; ~**s-mittel** *n* (het) oplossingsmiddel.
los|werden kwijtraken; ~**ziehen** *v/i* erop uittrekken.
Lot *n* (-*es*; -*e*) (het) lood; (*Senk* 2) (het) schietlood.
löten solderen.
Lotion *f* (-; -*en od* -*s*) lotion.
Lötkolben *m* soldeerbout.
Lotse *m* (-*n*) loods; 2**n** (-*t*) loodsen; ~**n-dienst** *m* loodsdienst.
Lotterie *f* loterij; ~**gewinn** *m* prijs in de loterij; ~**los** *n* (het) lotje.
Lotto *n* (-*s*; -*s*) (het) lotto; ~**schein** *m* (het) lottobriefje.
Löwe *m* (-*n*) leeuw.
Löwen *n* Leuven *n*.
Löwen|anteil *m* (het) leeuweaandeel; ~**maul** *n Bot* (het) leeuwebekje; ~**zahn** *m Bot* paardebloem.
Löwin *f* leeuwin.
Loyalität *f* loyaliteit.
Luchs *m* (-*es*; -*e*) lynx.
Lücke *f* gaping; *fig* leemte, lacune, hiaat (*a. het*); ~**n-büßer** *m Pers*: invaller; *S.*: opvulling; 2**n-haft** gebrekkig, onvolledig; 2**n-los** volledig.
Luder *n Pers*: (het) loeder, (het) kreng.
Luft *f* (-; *⁺e*) lucht; *aus der ~ gegriffen* uit de lucht gegrepen; *etw liegt in der ~* iets zit in de lucht.
Luft|- *in Zssgn mst* lucht-, *z.B.* ~**angriff** *m* luchtaanval; ~**ballon** *m* luchtballon; ~**blase** *f* luchtbel; ~**brücke** *f* luchtbrug; 2**dicht** luchtdicht.
Luftdruck *m* luchtdruk; ~**bremse** *f* luchtdrukrem.
lüften (ver)luchten; *Geheimnis* ontsluieren; *Hut* afnemen.

Luftfahrt *f* luchtvaart; ~**gesellschaft** *f* luchtvaartmaatschappij.
Luft|feuchtigkeitsmesser *m* vochtigheidsmeter; ~**filter** *m* luchtfilter (*a. het*); ~**fracht** *f* luchtvracht; ~**gewehr** *n* (het) luchtgeweer; 2**ig** luchtig; ~**kissenboot** *n* (het) luchtkussenvaartuig; ~**kurort** *m* (het) luchtkuuroord; 2**leer** luchtledig; ~**linie** *f*: *in ~* hemelsbreed, in vogelvlucht; ~**loch** *n* (het) luchtgat; *Flgw* luchtzak; ~**matratze** *f* (het) luchtbed; ~**post** *f* luchtpost; ~**raum** *m* (het) luchtruim; ~**röhre** *f* luchtpijp; ~**schloß** *n* (het) luchtkasteel; ~**temperatur** *f* luchttemperatuur.
Lüftung *f* verluchting, ventilatie.
Luft|veränderung *f* verandering van lucht; ~**verkehr** *m* (het) luchtverkeer; ~**verschmutzung** *f* luchtverontreiniging; ~**waffe** *f* luchtmacht; ~**weg** *m*: *auf dem ~* per vliegtuig; ~**widerstand** *m* luchtweerstand; ~**zug** *m* tocht.
Lüg|e *f* leugen; *j-n ~n strafen* logenstraffen; 2**en*** liegen; *er lügt wie gedruckt* hij liegt dat hij zwart ziet; ~**ner(in** *f*) *m* leugenaar(ster *f*).
Luke *f* (het) luik.
lukrativ lucratief, winstgevend.
Lümmel *m* lummel, vlegel; 2**n**: *sich ~* ongegeneerd gaan zitten (*od* liggen).
Lump *m* (-*en*) ploert, schoft; ~**en** *m* lomp, vod (*a. het*), lor (*a. het*); ~**en-gesindel** *n* (het) gespuis (het) gepeupel, 2**ig** schofterig; *fig* armzalig.
Lunch *m* (-[*és*]; -*es od* -*s*) lunch; ~**paket** *n* (het) lunchpakket.
Lunge *f* long; ~**n-entzündung** *f* longontsteking; ~**n-krebs** *m* longkanker.
lungern lanterfanten.
Lunte *f* lont; ~ *riechen* lont ruiken.
Lupe *f* loep, (het) vergrootglas.
Lupine *f* lupine.
Lust *f* (-; *⁺e*) (het) plezier; (*Verlangen*) lust, zin; (*Wollust*) wellust; *~ haben zu* (*D*) zin hebben in.
lüstern begerig; wellustig; 2**heit** *f* begerigheid; wellust.
Lust|gefühl *n* (het) lustgevoel; 2**ig** vrolijk; (*komisch*) grappig; *sich ~ machen über* (*A*) zich vrolijk make over.
Lüstling *m* (-*s*; -*e*) wellusteling.
lust|los lusteloos; 2**mord** *m* lustmoord; 2**spiel** *n* (het) blijspel.
Lutheraner(in *f*) *m* lutheraan(se *f*).

lutsche|n zuigen; *Bonbon* zuigen op; *am Daumen* ~ (op zijn) duim zuigen; **⒭r** *m* speen, tut; (*Stielbonbon*) lolly.
Lüttich *n* Luik *n.*
Luv(seite) *f* loef(zijde).
Luxemburg|er(in *f*) *m* Luxemburger *m*, Luxemburgse *f*; **⒭isch** Luxemburgs.
luxuriös luxueus, weelderig.

Luxus *m* (-; *0*) luxe, weelde.
Luxus|- *in Zssgn mst* luxe-, *z.B.* **~artikel** *m* (het) luxeartikel; **~dampfer** *m* luxeboot; **~hotel** *n* (het) luxehotel.
Lymphknoten *m* lymfeklier.
Lyr|ik *f* lyriek; **~ker(in** *f*) *m* lyrisch dichter *m*, lyrische dichteres *f*; **⒭sch** lyrisch.

M

Maas *f*: *die* ~ de Maas.
Mach|art *f* makelij; **⒭bar** realiseerbaar.
mach|en maken (*a. Platz etc.*); (*tun, beschäftigt sein*) doen; *Licht* aandoen; *Kaffee, Tee* zetten; *Bett* opmaken; *Angst* aanjagen; *Hoffnung, Mut* geven; *Arbeit* bezorgen; *laß mich nur* ~! laat mij maar begaan!; *2 und 2 macht 4* is; *das macht (zusammen)* 5 *Mark* dat is (samen); *wieviel macht es?* hoeveel kost het?; *das macht nichts* dat hindert niet; *sich* ~ *Pers*: het goed doen; *Kleidung*: staan; *sich nichts* ~ *aus* (*D*) zich niets aantrekken van; **⒭er** *m* doortastend figuur, drijvende kracht; krachtig (*od* energiek) leider.
Macht *f* (-; *-e*) macht; (*Kraft bsd*) kracht; (*Autorität*) (het) gezag; (*Staat*) mogendheid; **~apparat** *m* (het) machtsapparaat; **~befugnis** *f* bevoegdheid; **~bereich** *m* machtssfeer; **~haber** *m* machthebber, bewindvoerder.
mächtig machtig; (*sehr, gewaltig*) geweldig; *e-r S.* (*G*) ~ *sein* iets machtig zijn.
Macht|kampf *m* machtsstrijd; **⒭los** machteloos; **~probe** *f* krachtproef; **~übernahme** *f* machtsovername; **~wort** *n* (-*es*; *-e*) (het) machtwoord.
Mädchen *n* (het) meisje (*a. Dienst* ⒭); **⒭haft** meisjesachtig; **~name** *m* meisjesnaam.
Made *f* made, larve.
Madeira *m* (-*s*; *-s*) madera(wijn).
Mädel *n* (het) meisje.
madig vol maden, madig.
Magazin *n* (-*s*; *-e*) (het) magazijn; (*Zeitschrift*) (het) magazine.

Magen *m* (-*s*; -) maag; *schwer im* ~ *liegen* zwaar op de maag liggen.
Magen|- *in Zssgn mst* maag-, *z.B.* **~beschwerden** *f/pl* maagklachten *pl*; **~geschwür** *n* maagzweer; **~krampf** *m* maagkramp; **~schmerzen** *m/pl* maagpijn; **~verstimmung** *f* indigestie.
mager mager; **⒭keit** *f* magerheid; **⒭milch** *f* tapte-, ondermelk.
Mag|ie *f* magie; **~ier** *m* magiër; **⒭isch** magisch; **~istrat** *m* (-*es*; *-e*) (het) stadsbestuur, (het) college van Burgemeester en Wethouders.
Magnesium *n* (-*s*; *0*) (het) magnesium.
Magnet *m* (-*en*) magneet; **~band** *n EDV* magneetband; **⒭isch** magnetisch; **~platte** *f EDV* magneetplaat.
Magnolie *f* magnolia.
Mahagoniholz *n* (het) mahoniehout.
Mäh|drescher *m* maaidorser; **⒭en** maaien; **~er** *m* maaimachine; maaier.
Mahl *n* (-*es*; *-e od* ~*er*) (het) maal, maaltijd.
mahlen* malen.
Mahlzeit *f* maaltijd; ~! (eet) smakelijk!; goedemiddag!
Mahnbescheid *m* aanmaning.
Mähne *f* manen *pl*.
mahn|en manen; ~ *an* (*A*) herinneren aan; **⒭gebühr** *f* aanmaningskosten *pl*; **⒭mal** *n* (-*s*; *-e od* ~*er*) (het) gedenkteken; **⒭ung** *f* aanmaning; waarschuwing.
Mai *m* (-[*es*]; *-e*): *der* ~ mei; **~glöckchen** *n* (het) lelietje-van-dalen; **~käfer** *m* meikever.
Mailand *n* Milaan *n.*

Mais *m* (-es; -e) mais, maïs; **~kolben** *m* mais-, maïskolf.

Majestät *f* majesteit; **2isch** majestueus.

Major *m* (-s; -e) majoor.

Majoran *m* (-s; -e) marjolein.

Majuskel *f* (-; -n) hoofdletter.

makaber macaber.

Makel *m* smet, vlek; **2los** vlekkeloos, onberispelijk.

mäkeln (*an D*) vitten (op).

Make-up *n* (-s; -s) make-up.

Makkaroni *pl* macaroni.

Makler *m* makelaar; **~gebühr** *f* (makelaars)courtage, makelaarsprovisie.

Makrele *f* makreel.

Makro- *in Zssgn mst* macro-.

Makrone *f* (het) bitterkoekje.

mal eens, een keertje; *Math* maal.

Mal *n* **1.** (-es; -e) maal, keer; *mit e-m* ~ opeens; *nächstes* ~ de volgende keer; *zum ersten* ~ voor de eerste keer; **2.** (*pl a.* ~er) vlek; (*Zeichen*) vlek, (het) teken.

Malaria *f* (-; 0) malaria.

mal|en schilderen; **2er(in** *f*) *m* schilder(es *f*); **2erei** *f* schilderkunst; **~erisch** schilderachtig; **2kasten** *m* verfdoos.

malnehmen vermenigvuldigen.

Malz *n* (-es; 0) mout (*a.* het); **~bier** *n* (het) moutbier; **~kaffee** *m* moutkoffie.

Mama *f* (-; -s) mama.

man men, je; (*die Leute*) ze, zij *pl*.

Manag|ement *n* (-s; -s) (het) management; **2en** managen; **~er** *m* manager; **~er-krankheit** *f* managerziekte.

manch|e(r, -s) menig(e); *Su* menigeen; **~e** *pl* sommige *pl*, verscheidene *pl*; **~erlei** velerlei, heel wat; **~mal** soms.

Mandant(in *f*) *m* (-en) *jur* cliënt(e *f*).

Mandarine *f* (het) mandarijntje.

Mandat *n* (-es; -e) (het) mandaat.

Mandel *f* (-; -n) amandel (*a. Anat*); **~entzündung** *f* amandelontsteking; **~kuchen** *m* (het) amandelgebak.

Manege *f* manege.

Mangel *m* (-s; ~) (het) gebrek; (*Fehler a.*) tekortkoming; (*Knappheit a.*) tekort; *aus* ~ *an* (*D*) bij gebrek aan; **~beruf** *m* (het) beroep waarin een tekort (aan arbeidskrachten) bestaat; **2haft** gebrekkig, onvoldoende (*a. Note*); **2n** ontbreken; *es mangelt mir an etw* (*D*) ik mis iets, het ontbreekt mij aan iets; **2s** (*G*) bij gebrek aan; **~ware** *f* (het) schaars artikel; *... ist* ~ ... is schaars.

Manie *f* manie.

Manier *f* manier, wijze; **~en** *f*/*pl* manieren *pl*; **2lich** welopgevoed.

Manifest *n* (-es; -e) (het) manifest; **2ieren** (-) (*sich*) (zich) manifesteren.

Maniküre *f* manicure; **2n** (-) (*sich*) (zich) manicuren.

Manipul|ation *f* manipulatie; **2ieren** (-) manipuleren.

Manko *n* (-s; -s) (het) manco, (het) tekort.

Mann *m* (-es; ~er) man (*a. Ehe2*); *an den* ~ *bringen* aan de man brengen.

Männchen *n* (het) mannetje (*a. Zool*).

Mannequin *n* (-s; -s) mannequin.

Männer|- *in Zssgn mst* mannen-, *z.B.* **~sache** *f* mannenaangelegenheid.

mannhaft manhaftig, manmoedig.

mannig|fach, ~faltig veelvuldig, veelsoortig; **2faltigkeit** *f* verscheidenheid.

männlich mannelijk.

Mannschaft *f* bemanning; *mil* manschappen *pl*; *Sp* ploeg, (het) team; **~s-geist** *m* teamgeest.

Manöv|er *n* manoeuvre (*a.* het); **2rieren** (-) manoeuvreren.

Mansarde(n-zimmer *n*) *f* mansarde.

Manschette *f* manchet; **~n-knopf** *m* manchetknoop.

Mantel *m* (-s; ~) mantel (*a. Tech*); *Kleidung bsd:* jas; (*Reifen2*) buitenband; **~tarif(vertrag)** *m* collectieve arbeidsovereenkomst.

manu|ell manueel, met de hand (uitgevoerd); **2faktur** *f* manufactuur (het) met de hand gemaakt produkt; **2skript** *n* (-es; -e) (het) manuscript.

Mappe *f* map, tas.

Marathonlauf *m* marathonloop.

Märchen *n* (het) sprookje; **2haft** sprookjesachtig.

Marder *m* marter.

Margarine *f* margarine.

Margerite *f Bot* margriet.

Marienkäfer *m* (het) lieveheersbeestje.

Marihuana *n* (-s; 0) marihuana.

Marine *f* marine, zeemacht; (*Handels2*) koopvaardijvloot.

marinieren gemarineerd.

Marionette *f* marionet (*a. fig*).

maritim maritiem.

Mark 1. *f* (*Geld*) mark; **2.** *n* (-es; 0) (het) merg.

Marke f (het) merk; (*Lebensmittel*&) bon; (*Brief*&) postzegel.
Marken|artikel m (het) merkartikel; **~bewußtsein** n (het) merkbewustzijn; **~erzeugnis** n (het) merkartikel; **~image** n (het) image van een merk; **~treue** f merkvastheid; **~zeichen** n (het) handelsmerk.
Marketing n (-[s]; 0) marketing; **~abteilung** f marketingafdeling.
markier|en (-) markeren (*a. Weg*); (*vortäuschen*) simuleren, spelen; **&ung** f markering.
markig kernachtig, krachtig.
Markise f markies, (het) zonnescherm.
Markt m (-es; ⁓e) markt.
Markt|- *in Zssgn mst* markt-, *z.B.* **~analyse** f marktanalyse; **~anteil** m (het) marktaandeel; **&beherrschend** de markt beheersend; **~forschung** f (het) marktonderzoek; **~frau** f marktvrouw; **~führer** m marktleider; **~lücke** f (het) gat in de markt; **~platz** m (het) marktplein; **~wert** m marktwaarde.
Marktwirtschaft f (vrije) markteconomie; **&lich** met betrekking tot de (vrije) markteconomie.
Marmelade f jam.
Marmor m (-s; -e) (het) marmer; **&n** marmeren.
marode ziek, aan lager wal geraakt.
Marokkan|e(in f) m Marokkaan(se f); **&isch** Marokkaans.
Marsch¹ m (-es; ⁓e) u. **2.** f mars.
Marschall m (-s; ⁓e) maarschalk.
marsch|ieren (-) marcheren; **&verpflegung** f (mil) proviand (voor de mars).
Marter f (-; -n) marteling, foltering; **&n** martelen, folteren.
Märtyrer m martelaar; **~in** f martelares.
Marxis|mus m (-; 0) (het) marxisme; **&tisch** marxistisch.
März m (-[es]; -e): *der* ~ maart.
Marzipan n (-s; -e) marsepein (*a.* het).
Masche f maas (*a.* fig); (*Lauf*&) ladder; *die neueste* ~ F de nieuwste truc; **~n-draht** m (het) draadgaas.
Maschine f machine; (*Motor bsd*) motor; (*Flugzeug*) (het) toestel.
maschinell machinaal.
Maschinen|- *in Zssgn mst* machine-, *z.B.* **~bau** m machinebouw; **~bauingenieur** m werktuigkundig ingenieur; **~fabrik** f machinefabriek; **~gewehr** n (het) machinegeweer, mitrailleur; **~öl** n machineolie; **~pistole** f (het) machinepistool; **~schaden** m (het) machine-, motordefect; **~schlosser** m machinebankwerker.
maschineschreiben tikken, typen.
Maschinist m (-en) machinist.
Masern pl mazelen *pl.*
Mask|e f (het) masker (*a.* fig); **~en-ball** m (het) gemaskerd bal; **~en-bildner** m grimeur; **&ieren** (-) maskeren; *fig a.* camoufleren.
Maß¹ n (-es; -e) maat; (*Grad*) mate; *in hohem* ~*e* in hoge mate; *nach* ~ op maat; *in dem* ~*e, wie* ... naarmate ...
Maß² f (bier)pul (van 1 liter).
Massage f massage.
Massaker n (het) bloedbad.
Maß-anzug m (het) maatkostuum.
Masse f massa (*a. Phys*), hoop, menigte; *Hdl* boedel.
Massen|- *in Zssgn mst* massa-, *z.B.* **~abfertigung** f massabediening; **~absatz** m massaverkoop; **~andrang** m massale drukte (*od* toeloop); **~arbeitslosigkeit** f massawerkloosheid; **~entlassung** f (het) massaal ontslag; **&haft** massaal; **~karambolage** f kettingbotsing; **~kundgebung** f massabijeenkomst; **~medium** n (het) massamedium; **~mord** m massamoord; **~tourismus** m (het) massatoerisme; **~verkehrsmittel** n (het) massaverkeersmiddel; **&weise** massaal.
Masseu|r m (-s; -e) masseur; **~se** f masseuse.
maß|gebend, **~geblich** beslissend; (*einflußreich*) toonaangevend; **~halten** maathouden.
massieren (-) masseren.
massig omvangrijk.
mäßig matig; (*enthaltsam bsd*) sober; **~en** (*sich*) (zich) matigen; **&ung** f matiging.
massiv **1.** massief; (*grob*) grof; *Kritik*: zwaar; **2.** **&** n (-s; -e) (het) massief.
maß|los mateloos; **&nahme** f maatregel; **&nahmen-katalog** m (het) pakket maatregelen; **&stab** m maatstaf; *Geogr* schaal; **~voll** gematigd.
Mast¹ m (-es; -e *od* -en) mast.
Mast² f (het) mesten; **~darm** m endeldarm.
mästen (vet)mesten.

Masthähnchen n slachtkip.
masturbieren (-) masturberen.
Match n od m (-*es*; -*s* od -*e*) match.
Material n (-*s*; -*ien*) (het) materiaal; (*Gerät*) (het) materiaalfout; **~fehler** m materiaalfout; **~ismus** m (-; *0*) (het) materialisme; **⎯istisch** materialistisch.
Materie f materie, stof; **⎯ll** materieel; (*stofflich a.*) stoffelijk.
Mathe f (-; *0*) F, **~matik** f wiskunde; **~matiker(in** f) m wiskundige (a. f); **⎯mathisch** mathematisch, wiskundig.
Matinee f matinee.
Matjeshering m maatjesharing.
Matratze f matras.
Matrize f matrijs (a. *Typ.*); (*Papier*⎯) stencil (a. het).
Matrose m (-*n*) matroos.
Matsch m (-*es*; -*e*) blubber, modder; **⎯ig** blubberig, modderig.
matt mat (a. *Schach*), dof.
Matte f mat.
Matt|ig‧keit f matheid; **~scheibe** f (*Fernseh*⎯) (het) (televisie)scherm.
Matura f (-; *0*) = **Abitur**.
Mauer f (-; -*n*) muur; **⎯n** metselen; **~werk** n (het) muur-, metselwerk.
Maul n (-*es*; *-er*) muil; (*Schnauze*) snuit, bek; *das ~ halten* P zijn bek houden; **~beerbaum** m moerbeiboom; **⎯en** F mokken, pruilen; **~esel** m muilezel; **~korb** m muilkorf; **~wurf** m mol; **~wurfs‧hügel** m molshoop.
Maurer m metselaar; **~kelle** f troffel.
Maus f (-; *-e*) muis (a. *EDV*); **~cursor** m *EDV* muiscursor; **~e‧falle** f muizeval.
Mausern f (-; *0*) rui; **⎯n**: *sich ~* in de rui zijn; *fig* zich ontwikkelen.
Maut f tol; **~gebühr** f (het) tolgeld; **~stelle** f (het) tolhuisje; **~straße** f tolweg.
Max m: *strammer ~ kul* uitsmijter.
maxim|al maximaal; **~ieren** (-) maximaliseren; **⎯ierung** f maximalisering; **⎯um** n (-*s*; *Maxima*) (het) maximum.
Mayonnaise f mayonaise.
Mäzen m (-*s*; -*e*) mecenas.
m.E. *Abk für meines Erachtens.*
Mechan|ik f mechanica; (*Mechanismus*) mechaniek; **~iker** m werktuigkundige, mecanicien; **⎯isch** mechanisch; *fig a.* werktuiglijk; **~isierung** f mechanisering; **~ismus** m (-; *Mechanismen*) (het) mechanisme.

meckern blaten; *fig* F kankeren, zeuren.
Medaill|e f medaille; **~on** n (-*s*; -*s*) (het) medaillon (a. *kul*).
Media‧abteilung f media-afdeling.
Medien *pl* media *pl*; **~landschaft** f (het) medialandschap, **~rummel**, **~spektakel** m (het) mediaspektakel.
Medikament n (-*es*; -*e*) (het) medicament; **⎯ös** medicamenteus.
meditieren (-) mediteren.
Medium n (-*s*; *Medien*) (het) medium.
Medizin f geneeskunde, medicijnen *pl*; (*Arznei*) medicijn; **~er(in** f) m medicus m, medica f; **⎯isch** geneeskundig, medisch.
Meer n (-*es*; -*e*) zee; **~blick** m (het) uitzicht op zee; **~busen** m baai, golf; **~enge** f zeeëngte.
Meeres|früchte f/*pl* zeevruchten *pl*; **~spiegel** m zeespiegel.
Meer|rettich m mierik(swortel); **~schaum** m (het) meerschuim; **~schweinchen** n (het) Guinees biggetje, cavia; **~wasser** n (het) zeewater.
Mehl n (-*es*; -*e*) (het) meel; **⎯ig** melig, meelachtig; **~speise** f meelspijs; (*Süßspeise*) (het) (zoet) toetje.
mehr 1. meer; *~ oder weniger* min of meer; *um so ~* des te meer; **2.** **⎯** n (-[*s*]; *0*) (het) extra, (het) surplus; **⎯arbeit** f (het) overwerk; (het) extra werk; **⎯aufwand** m extra kosten *pl*; extra moeite; **~deutig** dubbelzinnig; **⎯einnahme** f hogere ontvangst; **⎯en** vermeerderen; *sich ~* toenemen; zich vermeerderen.
mehrere verschillende, verscheidene, meerdere.
mehr|fach meervoudig; veelvuldig; meermaals, herhaaldelijk; **⎯gewicht** n (het) over(ge)wicht.
Mehrheit f meerderheid; **⎯lich** bij meerderheid, meerderheids-; **~s‧wahlrecht** n (het) kiesrecht op basis van de meerderheid van de stemmen.
Mehr|kosten *pl* extra kosten *pl*; **⎯mals** meermaals, herhaaldelijk; **~parteien‧system** n (het) meerpartijenstelsel; **~preis** m toeslag; **⎯stimmig** meerstemmig; **⎯tägig** meerdaags; **~wert** m meerwaarde; **~wertsteuer** f belasting op de toegevoegde waarde (*Abk* BTW); **~zahl** f (het) merendeel, meerderheid; *Gr* (het) meervoud; **~zweckhalle** f multifunctionele hal.

meiden* (ver)mijden; *j-n* ontwijken, mijden.

Meile *f* mijl; **~n·stein** *m* mijlpaal.

mein mijn; *das 2e* het mijne; *die 2en pl* de mijnen *pl.*

Meineid *m* meineed; **2ig** meinedig.

meinen bedoelen; (*denken*) menen, denken; *es gut, ... ~* menen, bedoelen.

meinerseits mijnerzijds, van mijn kant.

meinetwegen ter wille van mij; (*von mir aus*) vooruit dan maar.

meinige: *der, die (das)* 2 de (het) mijne; *die 2n* de mijnen *pl.*

Meinung *f* mening, opinie; *meiner ~ nach* volgens mijn mening, volgens mij; *der ~ sein* van mening zijn.

Meinungs|austausch *m* gedachtenwisseling; **~forschung** *f* (het) opinieonderzoek; **~forschungs·institut** *n* (het) instituut voor opinieonderzoek; **~freiheit** *f* vrijheid van mening(suiting); **~umfrage** *f* opiniepeiling, enquête; **~verschiedenheit** *f* (het) meningsverschil.

Meise *f* mees.

Meißel *m* beitel; **2n** beitelen.

meist meest; *Adv* meestal; *am ~en* het meest; **~ens, ~en·teils** meestal; **2begünstigungs·klausel** *f* meestbegunstigingsclausule; **~bietend** meestbiedend.

Meister *m* meester (*a. Lehr2*), baas; *Sp* kampioen; **~haft** meesterlijk; **~in** *f* meesteres; bazin; kampioene; *In* aankunnen, de baas worden; **~schaft** *f* (het) meesterschap; *Sp* (het) kampioenschap; **~stück** *n* (het) meesterstuk; **~werk** *n* (het) meesterwerk.

melancholisch melancholiek.

Melde|amt *n*, **~behörde** *f* (het) bevolkingsbureau; **2n** melden, berichten, meedelen; (*anzeigen*) aangeven; *sich ~* zich melden; **~pflicht** *f* aanmeldingsplicht; **~schluß** *m* sluiting van de aanmeldingstermijn; **~zettel** *m* (het) inschrijvingsformulier.

Meldung *f* (het) bericht, melding, mededeling; aanmelding; aangifte.

meliert gemêleerd; *Stoffe:* gespikkeld; *Haar:* grijzend.

melken* melken (*a. j-n*).

Melodie *f* melodie, wijs; **2sch** melodieus, melodisch.

melodramatisch melodramatisch.

Melone *f* meloen; (*Hut*) bolhoed.

Membrane *f* membraan (*a.* het).

Memoiren *pl* memoires *pl.*

Menge *f* hoeveelheid; (*Menschen2*) menigte; *e-e ganze ~* F een heleboel.

mengen (ver)mengen; *sich ~ in/unter* (*A*) zich mengen in/onder.

Mengen|lehre *f* verzamelingenleer; **~rabatt** *m* quantumkorting.

Mennige *f* menie.

Mensa *f* (-; *Mensen*) (het) studentenrestaurant, mensa.

Mensch *m* (*-en*) mens; *ein netter ~* een aardige man.

Menschen|alter *n* mensenleeftijd; **~feind** *m* mensenhater; **~fresser** *m* menseneter; **~kenntnis** *f* mensenkennis; **~leben** *n* (het) mensenleven; **2leer** verlaten, leeg; **~liebe** *f* menslievendheid; **~menge** *f* menigte mensen, mensenmassa; **~rechte** *n/pl* mensenrechten *n/pl*; **2scheu** mensenschuw; **2unwürdig** mensonwaardig; **~verstand** *m* (het) menselijk verstand; *gesunder ~* gezond verstand; **~würde** *f* menselijke waardigheid.

Mensch|heit *f* mensheid; **2lich** menselijk; **~lichkeit** *f* menselijkheid.

Menstruation *f* menstruatie.

Mentalität *f* mentaliteit.

Menthol *n* (*-s; 0*) menthol.

Menü *n* (*-s; -s*) (het) menu (*a. EDV*).

Meridian *m* (*-s; -e*) meridiaan.

Merk|blatt *n* (het) blad met toelichtingen, folder; **2en** merken, gewaarworden; *sich ~* onthouden; **2lich** merkbaar, aanmerkelijk; (*erheblich a.*) aanzienlijk; **~mal** *n* (*-s; -e*) (het) kenmerk, (het) kenteken.

merkwürdig merkwaardig, vreemd, raar; **~er·weise** vreemd genoeg.

Meß|band *n* (het) meetlint; **2bar** meetbaar; **~becher** *m* maatbeker.

Messe *f Rel* mis; *Hdl* (jaar)beurs; (*Offiziers2*) mess; **~ausweis** *m* (het) toegangsbewijs voor een (jaar)beurs; **~besucher** *m* beursbezoeker; **~gelände** *n* (het) jaarbeursterrein.

messen* meten.

Messe·neuheit *f* (het) nieuwtje op de beurs.

Messer *n* (het) mes; **~held** *m* messetrekker; **2scharf** vlijmscherp (*a. fig*); **~spitze** *f* mespunt; **~stecherei** *f* (het) messengevecht; **~stich** *m* messteek.

Messestadt

Messe|stadt f stad met een (jaar)beurs; **~stand** m stand op de jaarbeurs.
Meßgerät n (het) meetinstrument.
Messing n (-s; 0) (het) messing.
Messung f meting.
Metall n (-s; -e) (het) metaal.
Metall|- in Zssgn mst metaal-, z.B. **~arbeiter** m metaalarbeider; **~bearbeitung** f metaalbewerking; ♀**en** metalen; **~industrie** f metaalindustrie; ♀**isch** metalen, metalliek; metaalachtig; ♀**verarbeitend** metaalverwerkend.
Metapher f (-; -n) metafoor.
Meteor m (-s; -e) meteoor.
Meteorolog|ie f meteorologie; ♀**isch** meteorologisch.
Meter n od m meter; **~maß** n centimeter.
Methode f methode.
metrisch metrisch; *Maßsystem*: metriek.
Metro f (-; -s) metro; **~pole** f metropool.
Mettwurst f metworst.
Metzger m slager; **~ei** f slagerij.
Meute f meute, bende; **~rei** f muiterij; **~rer** m muiter; ♀**rn** muiten.
Mexikan|er(in f) m Mexicaan(se f); ♀**isch** Mexicaans.
MEZ Abk für *mitteleuropäische Zeit* Middeneuropese tijd.
MG n (-s; -s) = *Maschinengewehr*.
mich mij, me.
mick(e)rig petieterig.
Mieder n foundation.
Miene f gelaatsuitdrukking, (het) gezicht; *ohne e-e ~ zu verziehen* zonder een spier te vertrekken.
mies F beroerd; ♀**macher** m kankeraar.
Miesmuschel f mossel.
Miet|auto n huurauto; **~dauer** f huurperiode; **~e** f huur; *zur ~ wohnen* gehuurd wonen; ♀**en** huren; **~er(in** f) m huurder, huurster f; **~er-schutz** m huurbescherming; **~kauf** m huurkoop; **~preis** m huurprijs; **~vertrag** m (het) huurcontract; **~wagen** m huurauto; **~wohnung** f huurwoning; (*Haus*) (het) huurhuis; **~zins** m huur.
Migräne f migraine.
Mikro- in Zssgn micro-.
Mikrobe f microbe.
Mikro|chip m *EDV* microchip; **~elektronik** f micro-elektronika; **~fiche** m od n (-s; -s) microfiche; **~film** m microfilm; **~phon** n (-s; -e) microfoon; **~skop** n

(-s; -e) microscoop; **~welle** f microgolf; **~wellen-herd** m magnetron.
Milch f melk; **~flasche** f melkfles; (*Baby*♀) (zuig)fles; **~gebiß** n (het) melkgebit; **~geschäft** n zuivelhandel; **~glas** n (het) melkglas; ♀**ig** melkachtig; **~kaffee** m koffie verkeerd; **~mann** m melkboer; **~mixgetränk** n milk-shake; **~produkt** n (het) melk-, zuivelproduct; **~pulver** n (het) melkpoeder; **~reis** m rijstepap; **~schokolade** f melkchocola(de); **~straße** f melkweg; **~tüte** f (het) pak melk; **~zahn** m melktand.
mild mild (*a. gnädig u. Gabe*), zacht; *Speise*: licht; ♀**e** f mildheid, zachtheid; **~ern** verzachten, verlichten; **~d** jur verzachtend; ♀**erung** f verzachting, verlichting; **~tätig** liefdadig, vrijgevig.
Milieu n (-s; -s) (het) milieu.
Militär n (-s; 0) militaire dienst; (*Heer*) militairen pl, (het) leger; **~dienst** m militaire dienst; **~diktatur** f militaire dictatuur; ♀**isch** militair.
Milliarde f miljard.
Millimeter n od m millimeter.
Million f (het) miljoen; **~är(in** f) m miljonair(e f); ♀**ste(r)** miljoenste.
Milz f milt; **~brand** m (het) miltvuur.
Mimik f mimiek.
minder minder, geringer; ♀**einnahme** f geringere ontvangst; ♀**heit** f minderheid; ♀**heits-regierung** f minderheidsregering; **~jährig** minderjarig; ♀**e(r)** minderjarige; **~n** (ver)minderen; ♀**ung** f (ver)mindering.
minderwertig minderwaardig; ♀**keits-komplex** m (het) minderwaardigheidscomplex.
mindest minst; *nicht das ~e* niet het minste.
Mindest|- in Zssgn minimum-, z.B. **~betrag** m (het) minimumbedrag.
mindestens minstens, op zijn minst.
Mindest|gebot n (het) minimumbod; **~lohn** m (het) minimumloon; **~maß** n (het) minimum; **~umtausch** m (het) minimaal te wisselen bedrag.
Mine f mijn; (*Kugelschreiber*♀) stift.
Mineral n (-s; -e od -ien) (het) mineraal, delfstof; **~bad** n (het) mineraal bad; ♀**isch** mineraal; **~öl** n aardolie; **~ölsteuer** f accijns op olie en benzine; **~quelle** f minerale bron; **~wasser** n (het) bron-, mineraalwater.

Mini|atur f miniatuur; **~golf** n (het minigolf, (het) midget-golf; **~golfanlage** f (het) minigolfterrein; **2mal** minimaal, miniem; **~mum** n (-s; Minima) (het) minimum; **~rock** m minirok.

Minister m minister; 2iell ministerieel; **~ium** n (-s; Ministerien) (het) ministerie, (het) departement; **~präsident** m minister-president, eerste minister, premier; **~rat** m ministerraad.

minus 1. min(us); **2.** 2 n (-; -) (het) minus, (het) tekort; 2**betrag** m (het) tekort; 2**zeichen** n (het) minteken.

Minute f minuut.

mir mij, me, aan mij, aan me; s.a. **aus**.

Mirabelle f mirabel.

Misch|batterie f mengkraan; **~brot** n (het) rogge-tarwe-brood; **~ehe** f (het) gemengd huwelijk; 2**en** (ver)mengen; Karten schudden; *sich ~ in (A)* zich mengen in; **~gemüse** n gemengde groenten pl; **~masch** m (-es; -e) (het) allegaartje, mengelmoes (a. het); **~ung** f menging, mengeling, (het) mengsel.

miser|abel miserabel; 2**e** f misère.

mißacht|en (-) minachten; (nicht beachten) zich niet houden aan; 2**ung** f minachting; veronachtzaming.

Mißbehagen n (het) onbehagen, (het) misnoegen; **~bildung** f misvorming.

mißbillig|en (-) afkeuren; 2**ung** f afkeuring.

Mißbrauch m (het) misbruik; 2**en** (-) misbruiken.

miß|bräuchlich verkeerd; **~deuten** (-) verkeerd uitleggen; 2**erfolg** m mislukking; 2**ernte** f misoogst; **~fallen 1.** (-) (D) mishagen, niet aanstaan; **2.** 2 n (het) ongenoegen, (het) misnoegen; 2**geschick** n tegenslag, tegenspoed; **~glücken** (-) mislukken; **~gönnen** (-) misgunnen; **~griff** m misgreep; **~gunst** f afgunst; **~günstig** afgunstig.

mißhand|eln (-) mishandelen; 2**lung** f mishandeling.

Mission f missie; Rel a. zending; **~ar** m (-s; -e) missionaris, zendeling.

Miß|klang m wanklank; **~kredit** m (het) diskrediet; 2**lich** hachelijk, netelig.

mißliebig onbemind, niet erg gezien.

mißlingen* (-; sn) (D) mislukken.

Mißmut m ontstemming, wrevel; 2**ig** wrevelig, mismoedig, ontstemd.

miß|raten 1. (-; sn) mislukken; **2.** Adj bedorven; 2**stand** m wantoestand.

mißtrauen 1. (-) (D) wantrouwen; **2.** 2 n (het) wantrouwen, argwaan; 2**s-votum** n (het) votum van wantrouwen.

miß|trauisch wantrouwig; 2**vergnügen** n (het) misnoegen, ontstemming.

Miß|verhältnis n wanverhouding; **~verständnis** n (het) misverstand; 2**verstehen** verkeerd begrijpen; **~wirtschaft** f (het) wanbeheer, (het) wanbeleid.

Mist m mest; fig F rommel; (Unsinn) kletskoek.

Mistel f (-; -n) mistel, maretak.

Misthaufen m mesthoop.

mit 1. Präp (D) met; **~ 10 Jahren** op tienjarige leeftijd; **2.** Adv me(d)e, ook; **~ dabeisein** er ook bij zijn; **~ der Beste** één van de besten.

Mitarbeit f medewerking; 2**en** meewerken; **~er(in** f) m medewerker m, medewerkster f; **~er-stab** m medewerkersstaf.

mit|bekommen meekrijgen; fig F kunnen volgen; 2**benutzung** f (het) medegebruik; 2**bestimmung** f medezeggenschap, inspraak; 2**bewohner** m medebewoner; **~bringen** meebrengen; 2**bringsel** n (het) cadeautje; (het) souvenir; 2**bürger** m medeburger; 2**eigentümer** m medeëigenaar; **~einander** met elkaar, met mekaar; **~erleben** meemaken; 2**esser** m meeëter (a. Med).

mitfahr|en meerijden; Schiff: meevaren; 2**er** m meerijder; 2**er-zentrale** f meerijcentrale; 2**gelegenheit** f gelegenheid tot meerijden.

mit|geben meegeven; 2**gefühl** n (het) medeleven; **~gehen** meegaan.

Mitglied n (het) lid; **~s-ausweis** m (het) lidmaatschapsbewijs; **~s-beitrag** m contributie; **~schaft** f (het) lidmaatschap; **~s-karte** f lidmaatschapskaart; **~s-land** n lidstaat.

mit|haben bij zich hebben; 2**hilfe** f hulp; **~hin** bijgevolg, dus; **~hören** meeluisteren; 2**inhaber** m medeëigenaar; Hdl bsd compagnon, associé; 2**kämpfer** m medestrijder; **~kommen** meekomen; fig kunnen volgen; **~kriegen** = *mitbekommen*; 2**läufer** m meeloper.

Mitleid n (het) medelijden; **~en-schaft** f: *in ~ ziehen* meeslepen, erin betrekken; beschadigen; 2**ig** medelijdend; 2**(s)-los** zonder medelijden.

mit|machen meedoen; (*erleben*) meemaken; ⚶**mensch** *m* medemens; **~nehmen** meenemen; *j-n* (*zurichten*) aangrijpen; *Krankheit*: aanpakken; (*erschöpfen*) vermoeien; **~nichten** helemaal (*od* volstrekt) niet; **~reden** meepraten; ⚶**reisende(r)** medereiziger *m*, medereizigster *f*; **~reißen** meesleuren (*a. fig*); **~samt** (*D*) samen met; **~schneiden** opnemen; **~schreiben** opschrijven; ⚶**schuld** *f* medeplichtigheid; **~schuldig** (**an** *D*) medeplichtig (aan); ⚶**schüler** *m* medeleerling; **~spielen** meespelen; ⚶**spieler** *m* medespeler; ⚶**spracherecht** *n* inspraak.

Mittag *m* (-*es*; -*e*) middag; *heute* ⚶ vanmiddag; *gestern* (*Dienstag*) ⚶ gister(en)middag (dinsdagmiddag); **~essen** *n* (het) middageten.

mittags 's middags; ⚶**hitze** *f* middaghitte; **~pause** *f* middagpauze; ⚶**schlaf** *m* (het) middagslaapje; **~zeit** *f* (het) middaguur.

Mitte *f* (het) midden; **~ März** half maart; **~ Achtzig** midden tachtig.

mittei|len en(e)delen; **~sam** medezaam; ⚶**ung** *f* mededeling.

Mittel *n* (het) middel; *pl* (*Geld*⚶) middelen *n/pl*; **~alter** *n* middeleeuwen *pl*; **~alterlich** middeleeuws; **~amerika** *n* Midden-Amerika *n*; ⚶**bar** indirect, onrechtstreeks; **~ding** *n* (het) middending; **~finger** *m* middenvinger; ⚶**fristig** op de middellange termijn; **~gebirge** *n* (het) middelgebergte; **~gewicht** *n* (het) middengewicht; ⚶**groß** middelgroot.

Mittelklasse *f* middenklasse; **~wagen** *m* middenklasser, middenklassewagen.

mittel|los onbemiddeld; ⚶**maß** *n* middelmaat; **~mäßig** middelmatig.

Mittelmeer *n* Middellandse Zee; **~klima** *n* (het) Middellandse-Zeeklimaat; **~länder** *n/pl* Middellandse-Zeelanden *n/pl*; **~raum** *m* (het) Middellandse-Zeegebied.

Mittel|ohrentzündung *f* middenoorontsteking; **~punkt** *m* (het) middelpunt; ⚶**s** (*G*) door middel van, met behulp van; **~schule** *f* havo(school); **~s•mann** *m* bemiddelaar, tussenpersoon; **~stand** *m* middenstand; ⚶**ständisch** middenstands-; **~streckenrakete** *f* middellange-afstandsraket; **~streifen** *m* middenberm; **~stufe** *f* middelste klassen *pl*;

~stürmer *m* midvoor; **~weg** *m* middenweg; **~welle** *f* middengolf.

mitten: **~ in ...** (*D*) midden in ...; **~drin** (er)middenin; **~durch** middendoor.

Mitternacht *f* middernacht.

Mittler(in *f*) *m* bemiddelaar(ster *f*).

mittler|e middelste; middelbaar; (*durchschnittlich*) gemiddelde; **~weile** inmiddels, ondertussen.

Mittwoch *m* (-*es*; -*e*) woensdag.

mit-unter nu en dan, soms.

mitverantwort|lich medeverantwoordelijk; ⚶**ung** *f* medeverantwoordelijkheid.

Mitwirk|ende(r) medewerker; *Thea, Mus bsd* speler; **~ung** *f* medewerking.

Mitwisser *m* medeweter.

Mix|becher *m* shaker; ⚶**en** (-*t*) mixen; **~er** *m* mixer; **~getränk** *n* cocktail.

Möbel *n/pl* meubels *n/pl*, meubelen *n/pl*; **~spediteur** *m* verhuizer; **~stück** *n* (het) meubel(stuk); **~wagen** *m* verhuiswagen.

mobil mobiel; (*munter*) kwiek; ⚶**iar** *n* (-*s*; -*e*) (het) meubilair; **~isieren** (-) mobiliseren (*a. fig*); ⚶**machung** *f* mobilisatie.

möbliert gemeubileerd.

Mode *f* mode; *in* **~** *sein* in de mode zijn.

Mode|- *in Zssgn mst* mode-, *z.B.* **~artikel** *m* (het) modeartikel; **~farbe** *f* modekleur; **~geschäft** *n* modezaak.

Modell *n* (-*s*; -*e*) (het) model; **~eisenbahn** *f* modelspoorweg; ⚶**ieren** (-) modelleren; *in Ton od Wachs* boetseren.

Mode|macher *m* modemaker; **~(n)schau** *f* modeshow.

Moder|ator(in *f*) *m* moderator (*a. f*); *Rf* presentator *m*, presentatrice *f*; ⚶**ieren** (-) *Rf* presenteren.

modern *Adj* modern; **~isieren** (-) moderniseren.

Mode|schmuck *m* modieuze sieraden *n/pl*; **~schöpfer** *m* modeontwerper; **~waren** *f/pl* modeartikelen *n/pl*.

modisch modieus.

Modul *n* (-*s*; -*e*) module (*a.* het).

Modus *m* (-; *Modi*) modus (*a. Gr*).

Mofa *n* (-*s*; -*s*) snorfiets.

mogeln F vals spelen, knoeien.

mögen* houden van; *j-n a.* mogen; *Speise a.* lusten; (*wollen*) (graag) willen; (*möglich sein*) kunnen, mogen; *ich möchte ...* ik zou graag ... (willen).

möglich mogelijk; *so schnell, ... wie* **~** zo

... mogelijk; **wenn ~** zo mogelijk; **alles ~e** (*allerlei*) van alles; **~er·weise** mogelijk; **2keit** *f* mogelijkheid; **~st: ~ bald** (*viel*) zo vlug (veel) mogelijk.
Mohammedan|er(in *f)* *m* mohammedaan(se *f)*; **2isch** mohammedaans.
Mohn *m* (-*es*; -*e*) papaver, klaproos; **~samen** *m* (het) maanzaad.
Möhre, Mohrrübe *f* wortel, (het) worteltje.
Mokka *m* (-*s*; -*s*) mokka.
Mole *f* (het) (haven)hoofd, pier.
Molekül *n* (-*s*; -*e*) molecule.
Molkerei *f* melkerij, zuivelfabriek; **~produkte** *n/pl* zuivelprodukten *n/pl*.
mollig mollig; (*weich*) zacht.
Moment 1. *m* (-*es*; -*e*) (het) moment, (het) ogenblik; *im ~* op het moment; **2.** *n* (-*es*; -*e*) (het) moment (*a. Tech*); **2an** momenteel; (*vorübergehend*) voorbijgaand, kortstondig.
Monarch *m* (-*en*) monarch; **~ie** *f* monarchie; **~in** *f* vorstin; **~ist(in** *f)* *m* (-*en*) monarchist(e *f)*.
Monat *m* (-*es*; -*e*) maand; **2lich** maandelijks; **~s·binde** *f* (het) maandverband; **~s·einkommen** *n* (het) maandelijks inkomen; **~s·karte** *f* maandkaart; **~s·rate** *f* maandelijkse termijn.
Mönch *m* (-*es*; -*e*) monnik.
Mond *m* (-*es*; -*e*) maan; **~finsternis** *f* maansverduistering; **~landung** *f* maanlanding; **~schein** *m* maneschijn; **~viertel** *n* (het) kwartier van de maan.
monet|är monetair; **2en** *pl* F poen.
Monitor *m* (-*s*; -*en*) monitor.
Mono- *in Zssgn mst* mono-.
Monolog *m* (-*s*; -*e*) monoloog.
Monopol *n* (-*s*; -*e*) (het) monopolie; **2isieren** (-) monopoliseren; **~kapital** *n* (het) monopoolkapitaal.
monoton monotoon, eentonig; **2ie** *f* monotonie, eentonigheid.
Monster *n* (het) monster.
monströs monsterachtig.
Montag *m* maandag.
Montage *f* montage.
montags maandags.
Montan|industrie *f* mijn- en staalindustrie; **~union** *f* Europese Gemeenschap voor Kolen en Staal (*Abk* E.G.K.S.).
Mont|eur *m* (-*s*; -*e*) monteur; **2ieren** (-) monteren.
Monument *n* (-*es*; -*e*) (het) monument.

Moor *n* (-*es*; -*e*) (het) veen; **~bad** *n* (het) modderbad.
Moos *n* (-*es*; -*e*) (het) mos; F poen.
Moped *n* (-*s*; -*s*) bromfiets, brommer.
Mops *m* (-*es*; ⸚e) *Zool* mopshond.
Moral *f* moraal; (*Selbstvertrauen*) (het) moreel; **2isch** moreel, zedelijk.
Morast *m* (-*es*; -*e*) (het) moeras.
Morchel *f* (-; -*n*) morille.
Mord *m* (-*es*; -*e*) moord; **2en** moorden.
Mörder(in *f)* *m* moordenaar *m*, moordenares *f*; **2isch** moordend (*a. fig*).
Mordkommission *f* moordbrigade.
Mords|glück *n* F (het) reuzegeluk; **~hunger** *m* F razende honger; **~kerl** *m* F reuzevent; **~krach** *m* F reuzeherrie.
Mordversuch *m* poging tot moord.
morgen morgen; **~ abend** (*früh*) morgenavond (-vroeg, -ochtend).
Morgen *m* morgen, ochtend; *guten ~!* goedemorgen!; **~grauen** *n* ochtendschemering; **~gymnastik** *f* ochtendgymnastiek; **~rock** *m* peignoir, ochtendjas; **~röte** *f* (het) morgenrood; **2s** 's morgens; **~zeitung** *f* ochtendkrant.
morgig van morgen.
Morphium *n* (-*s*; *0*) morfine.
morsch bouwvallig, gammel; *Holz*: vermolmd; *fig a*. voos.
Mörser *m* mil mortier.
Morse-zeichen *n* (het) morseteken.
Mörtel *m* mortel.
Mosaik *n* (-*s*; -*e*) (het) mozaïek.
Moschee *f* moskee.
Mosel *f*: *die ~* de Moezel.
Moskau *n* Moskou *n*.
Moskito *m* (-*s*; -*s*) moskito.
Moslem *m* (-*s*; -*s*) moslem.
Most *m* (-*es*; -*e*) most.
Mostrich *m* (-*es*; *0*) mosterd.
Motel *n* (-*s*; -*s*) (het) motel.
Motiv *n* (-*s*; -*e*) (het) motief; **~ation** *f* motivatie; **2ieren** (-) motiveren.
Motor *m* (-*s*; -*en*) motor (*a. fig*).
Motor|- *in Zssgn mst* motor-, *z.B.* **~boot** *n* motorboot; **~en-öl** *n* motorolie; **~haube** *f* motorkap; **~isierung** *f* motorisering; **~panne** *f* motorpech; **~rad** *n* motor(fiets); **~radfahrer** *m* motorrijder; **~roller** *m* scooter; **~säge** *f* motorzaag; **~schaden** *m* (het) motordefect.
Motte *f* mot; **~n·kugel** *f* mottebal.
Motto *n* (-*s*; -*s*) (het) motto.
moussieren (-) mousseren, schuimen.

Möwe f meeuw.
Mücke f mug; **~n-stich** m muggebeet.
müde moe, vermoeid.
Müdigkeit f moeheid, vermoeidheid.
Muffel m F brompot; (*Gleichgültiger*) koude kikker; ²**ig** muf, duf; (*mürrisch*) knorrig.
Mühe f moeite, last; *sich ~ geben* moeite doen; *der ~ wert sein* de moeite waard zijn; *mit ~ und Not* met veel moeite; ²**los** moeiteloos.
muhen loeien.
mühevoll lastig, moeilijk.
Mühle f molen.
Müh|sal f (-; -e) moeite, last; ²**sam**, ²**selig** moeizaam, lastig.
Mulde f bak, trog; (*Tal*) (dal)kom.
Mull m (-*es*; -e) neteldoek (*a.* het); (*Verband*²) (het) verbandgaas.
Müll m (-*s*; 0) afval (*a.* het), (het) huisvuil; **~abfuhr** f vuilophaaldienst, reinigingsdienst.
Mullbinde f zwachtel.
Müll|container m afvalcontainer; **~deponie** f (vuil)stortplaats; **~eimer** m vuilnisemmer.
Müller m molenaar.
Müll|fahrer m vuilnisman; **~haufen** m vuilnishoop; **~platz** m stortplaats, vuilnisbelt; **~schlucker** m vuilniskoker; **~tonne** f vuilnisbak; **~verbrennung** f vuilverbranding; **~verbrennungs-anlage** f vuilverbrandingsinstallatie.
mulmig vermolmd; *fig* bedenkelijk, hachelijk; (*unbehaglich*) onbehaaglijk.
Multi m (-*s*; -*s*) multinational.
multi|- *in Zssgn mst* multi-, *z.B.* **~kulturell** multicultureel; **~lateral** multilateraal; **~national** multinationaal.
Multipli|kation f vermenigvuldiging; ²**zieren** (-) vermenigvuldigen.
Mumie f mummie.
Mumm m (-*s*; 0) F fut; (*Mut*) lef (*a.* het).
Mumps m (-; 0) bof.
Mund m (-*es*; *~er*) mond; *den ~ halten* zijn mond houden; **~art** f (het) dialect.
munden smaken.
münden uitmonden (*a. Fluß*), uitlopen; *Straße*: uitkomen.
Mund|geruch m slechte adem; **~harmonika** f mondharmonika; **~höhle** f mondholte.
mündig mondig; *jur bsd* meerderjarig; ²**keit** f meerderjarigheid, mondigheid.

mündlich mondeling.
M-und-S-Reifen m sneeuwband.
Mundstück n (het) mondstuk.
Mündung f monding.
Mund|wasser n (het) mondwater; **~werk** n mond; **~zu-Mund-Beatmung** f mond-op-mond-beademing.
Munition f munitie.
munkeln fluisteren.
Münster n dom(kerk), (het) munster.
munter (*heiter*) vrolijk, opgewekt; (*wach*) wakker; (*frisch*) opgeknapt; ²**keit** f vrolijkheid, opgewektheid.
Münz|e f munt; ²**en** (-*t*) munten (*a. fig*); **~fernsprecher** m telefoonautomaat; **~sammlung** f munt(en)verzameling; **~tankstelle** f (het) pompstation met muntautomaat.
mürbe zacht, bros; *fig* murw.
Murmel f (-; -n) knikker; ²**n** mompelen; **~tier** n marmot.
murren morren, mopperen, tegensputteren.
mürrisch nors, knorrig, kribbig.
Mus n (-*es*; -e) (het) moes.
Muschel f (-; -n) mossel; (*Schale u. Ohr*²) schelp; *Tel* hoorn.
Museum n (-*s*; *Museen*) (het) museum.
Musik f muziek; *heiße ~* popmuziek; ²**alisch** muzikaal; **~ant** m (-*en*) muzikant; **~box** f jukebox; **~er(in** f) m musicus m, musicienne f; **~instrument** n (het) muziekinstrument; **~kassette** f muziekkassette; **~lehrer** m muziekleraar; **~stunde** f muziekles.
musi|sch muzisch, kunstzinnig; **~zieren** (-) musiceren.
Muskateller m muskaatwijn.
Muskatnuß f nootmuskaat.
Muskel m (-*s*; -*n*) spier; **~kater** m spierpijn; **~zerrung** f spierverrekking.
muskulös gespierd.
Muß n (-; 0) dwang, must.
Muße f vrije tijd.
müssen* moeten; *ich habe lachen ~* ik heb moeten lachen.
müßig werkeloos, vrij; nutteloos; ²**gang** m (het) nietsdoen; *pej* leegloperij.
Muster n (het) monster, (het) staal; (*Zeichnung*) (het) patroon, (het) dessin; *fig* (het) voorbeeld, (het) model; *ohne Wert* (het) monster zonder waarde; ²**gültig** voorbeeldig; **~kollektion** f monster-, stalencollectie; ²**n** monste-

ren; *mil* keuren; *Truppen* inspecteren; ~**ung** *f* keuring (*a. fig*); inspectie; (*Muster*) (het) patroon, (het) dessin.
Mut *m* (-*es*; *0*) moed; ⩪**ig** moedig, dapper; ⩪**los** moedeloos; ⩪**losigkeit** *f* moedeloosheid.
mutmaß|en (-*t*) vermoeden, gissen; ~**lich** vermoedelijk; ⩪**ung** *f* (het) vermoeden, gissing.
Mutter *f* **1.** (-; ⸚) moeder; **2.** (-; -*n*) *Tech* moer; ~**boden** *m* teelaarde.
mütterlich moederlijk; ~**erseits** van moeders kant.
Mutter|liebe *f* moederliefde; ~**mal** *n* (-*s*; -*e*) moedervlek; ~**milch** *f* moedermelk.

Mutterschaft *f* (het) moederschap; ~**s·urlaub** *m* (het) moederschapsverlof.
Mutter|schutz *m* moederschapszorg; ~**söhnchen** *n* (het) moederskindje; ~**sprache** *f* moedertaal; ~**tag** *m* moederdag.
Mutti *f* mammie, (het) moesje.
mutwillig moedwillig, opzettelijk.
Mütze *f* muts; (*Schirm*⩰) pet; kap.
myster|iös mysterieus; ⩪**ium** *n* (-*s*; *Mysterien*) (het) mysterie.
Myst|ik *f* mystiek; ⩪**sch** mystiek.
Mytho|logie *f* mythologie; ⩪**logisch** mythologisch; ~**s** *m* (-; *Mythen*) mythe.

N

na! nou!; ~ *also!* nou dan!; ~ *sowas!* nee maar!
Nabe *f* naaf.
Nabel *m* navel; ~**schnur** *f* navelstreng.
nach 1. *Präp* (*D*) (*zeitl*) na; (*Richtung*) naar; (*zufolge*) volgens, naar; **2.** *Adv: mir* ~*!* volg me!; ~ *und* ~ langzamerhand, stilaan; ~ *wie vor* nog altijd.
nach- *in Zssgn mst* na-, *z.B.* ~**äffen** naäpen.
nachahm|en nabootsen; ~**ens·wert** navolgenswaard(ig); ~**er(in** *f*) *m* nabootser *m*, nabootster *f*; ⩰**ung** *f* nabootsing.
Nachbar *m* (-*s od* -*n*; -*n*) buur(man); ~**in** *f* buurvrouw; ~**land** *n* (het) buurland; ⩰**lich** als (*od* tussen) buren; ~**schaft** *f* buurt; (*Verhältnis*) nabuurschap.
nachbessern verbeteren, bijwerken.
nachbestell|en bij-, nabestellen; ⩰**ung** *f* bij-, nabestelling.
Nach|bildung *f* namaak, kopie; ⩰**blicken** (*D*) nakijken; ⩰**dem** nadat; *je* ~ al naar(gelang).
nachdenk|en (*über A*) nadenken (over); ~**lich** ernstig, nadenkend.
Nach|druck *m* nadruk; ⩰**drücklich** met klem, nadrukkelijk; ⩰**eifern** (*D*) navolgen; ⩰**einander** naar elkaar; (*hinter*-

einander) na elkaar, achtereen; ⩰**erzählen** navertellen; ~**fahre** *m* (-*n*) nakomeling, nazaat.
Nachfolge *f* opvolging; ⩰**n** (*D*) (na)volgen; (*im Amt*) opvolgen; ~**r(in** *f*) *m* opvolger *m*, opvolgster *f*.
Nachforderung *f* navordering.
nachforsch|en (*D*) navorsen; ⩰**ung** *f* navorsing.
Nachfrage *f* *Hdl* vraag; ⩰**n** navraag doen, informeren.
nach|fühlen *j-m A* navoelen; ~**füllen** bijvullen; ~**geben** (*weichen*) meegeven; (*zustimmen*) toegeven; *Kurs:* dalen; ⩰**gebühr** *f* strafport (*a.* het); ~**gehen** (*D*) volgen; (*untersuchen*) nagaan, onderzoeken; *Arbeit* doen; *Uhr:* achterlopen; ⩰**geschmack** *m* nasmaak.
nachgiebig toegeeflijk, meegaand, inschikkelijk; ⩰**keit** *f* toegevendheid, inschikkelijkheid.
nach|gucken nakijken; ~**haltig** blijvend, duurzaam; ~**her** later, naderhand; *bis* ~*!* tot straks!
Nachhilfe *f* hulp; ~**stunde** *f* bijles; ~**unterricht** *m* bijlessen *pl*.
nach|hinein: *im* ~ achteraf; ~**holen** *Versäumtes* inhalen.
Nachkomme *m* (-*n*) nakomeling; ⩰**n** (*D*) nakomen (*a. Verpflichtung*); *Befehl* op-

Nachkommenschaft 450

volgen; ~n·schaft f nakomelingschap, (het) nageslacht.
Nach|kriegszeit f naoorlogse jaren n/pl; ~laß m (-sses; ~sse) Hdl reductie, vermindering; (Erbschaft) nalatenschap.
nachlassen 1. v/t (hinterlassen) na-, achterlaten; Schulden, Strafe kwijtschelden; vom Preis laten vallen; **2.** v/i (geringer werden) afnemen, verminderen; Kraft, Eifer bsd verslappen.
nachlässig nonchalant (a. gleichgültig), nalatig, slordig; ~keit f nonchalance, slordigheid.
Nach|laßverwalter m boedelbeheerder, curator; ℒlaufen (D) (achter)nalopen; ℒlesen na-, overlezen; ℒliefern naleveren; ℒlösen Fahrkarte en kaartje in de trein nemen; (hinzuzahlen) bijbetalen; ℒmachen namaken (a. fälschen); (ein Verhalten, z.B. Stimme, Mode) nadoen.
Nachmittag m (na)middag; am ~, ℒs 's (na)middags.
Nachnahme f (het) rembours; gegen ~ onder rembours; ~gebühr f remburskosten pl.
Nach|name m achter-, familienaam; ~porto n strafport (a. het); ℒprüfen nazien, controleren; ℒrechnen narekenen; ~rede f: üble ~ achterklap; jur smaad; ℒreisen (D) (achter)nareizen; ℒrennen (D) (achter)narennen.
Nachricht f (het) bericht, tijding, (het) nieuws; ~en f/pl (het) nieuws, nieuwsberichten n/pl.
Nachrichten|dienst m Rf nieuwsdienst; mil inlichtingendienst; ~satellit m communicatiesatelliet; ~sendung f nieuwsuitzending; (Fernseh ℒ) (het) journaal; ~sprecher(in f) m nieuwslezer(es f); ~technik f communicatietechniek.
nach|rücken (aufrücken) opschuiven, aansluiten; (auf e-e Stelle) (op)volgen; ℒruf m (het) in memoriam; ~sagen na zeggen; j-m A vertellen over; ℒsaison f (het) naseizoen; ~schicken nasturen; ℒschlagen naslaan, opzoeken; ℒschlagewerk n (het) naslagwerk; ℒschlüssel m valse sleutel; ℒschub m bevoorrading; ~sehen nakijken; j-m etw ~ iets van iem door de vingers zien; das ℒ haben het nakijken hebben.
Nachsende|antrag m aanvraag tot na zending van de post; ℒn nazenden, nasturen; Post: doorzenden.
Nachsicht f toegeeflijkheid, toegevendheid, consideratie; ℒig toegeflijk, inschikkelijk.
nach|sitzen na-, schoolblijven; ℒspeise f (het) dessert, (het) nagerecht; ℒspiel n (het) naspel; (Folgen) nasleep; ~spionieren (D) bespioneren; ~sprechen naspreken.
nächst Präp (D) na; (neben) naast; ~e(r, -s) volgend, aanstaand; (räumlich) dichtstbijzijnd; Verwandte: naast; nächste Woche volgende week; in den nächsten Tagen eerstdaags; der nächste, bitte! de volgende alstublieft!; s. a. nahe; ℒe(r) naaste.
nach|stehen: j-m nicht ~ (an D) niet voor iem onderdoen (in); ~d volgend, onderstaand; ~stellen (D) achternazitten; Uhr terugzetten.
Nächstenliebe f naastenliefde.
nächstens binnenkort, weldra.
nachsuchen: ~ um (A) verzoeken om.
Nacht f (-; ~e) nacht; gute ~! welterusten!, goedenacht!; über ~ fig onverwachts, plotseling; über ~ bleiben overnachten; ~dienst m nachtdienst.
Nachteil m (het) nadeel; ℒig nadelig.
nächte·lang nachtenlang.
Nacht|fahrverbot n (het) nachtrijverbod; ~flug m nachtvlucht; ~frost m nachtvorst; ~hemd n nachtjapon, (het) nachthemd.
Nachtigall f nachtegaal.
Nachtisch m (het) nagerecht, (het) dessert, (het) toetje.
Nachtleben n (het) nachtleven.
nächtlich nachtelijk.
Nacht|lokal n nachtclub, bar; ~portier m nachtportier.
Nachtrag m (-es; ~e) aanvulling, (het) toevoegsel; ℒen (hinzufügen) (later) bij-, toevoegen; j-m etw ~ jegens iem wrok koesteren over iets, iem iets blijven kwalijk nemen; ℒend haatdragend.
nachträglich (später) toegevoegd; Adv achteraf, alsnog.
Nacht|ruhe f nachtrust; ℒs 's nachts; ~schicht f nachtploeg; nachtdienst; ~tisch m (het) nachtkastje, (het) nachttafeltje; ~tischlampe f (het) nachtkastlampje; ~wache f nachtwacht; (Kranken ℒ) ℒe(r) naaste; ~wächter m nacht-

Nacht|untersuchung f (medische) controle; **2wachsen** bijgroeien.

Nachweis m (-es; -e) (het) bewijs; **2bar** bewijsbaar, aantoonbaar; **2en** bewijzen, aantonen, staven; (*angeben*) aanwijzen; (*vermitteln*) bezorgen; **2lich** aantoonbaar, aanwijsbaar.

Nach|welt f (het) nageslacht; **2wirken** na-, doorwerken; **~wirkung** f nawerking; **~wort** n (-es; -e) (het) nawoord; **~wuchs** m fig (het) aankomend geslacht, jongeren pl; (*Lernende*) aankomende krachten pl; (*Kinder*) kinderen n/pl, (het) kroost; **2zahlen** bijbetalen; **2zählen** natellen; **~zahlung** f bij-, nabetaling; **~zügler(in** f) m achterblijver m, achterblijfster f, nakomer m; (*später Geborener*) (het) nakomertje.

Nacken m nek.

nackt naakt, bloot; **2baden** n (het) naaktzwemmen; **2bade-strand** m (het) naaktstrand; **2heit** f naaktheid.

Nadel f (-; -n) naald; (*Steck2*) speld; **~baum** m naaldboom; **~öhr** n (het) oog van de naald; **~stich** m speldeprik (a. fig); (*Nähstich*) naaldsteek; **~wald** m (het) naaldbos.

Nagel m (-s; ⸚) spijker; (*Finger2*) nagel; **~bürste** f nagelborstel; **~feile** f nagelvijl; **~lack** m nagellak (a. het); **2n** nagelen, spijkeren; **2neu** (spik)splinternieuw, gloednieuw.

nage|n (*an D*) knagen (a. fig); **2r** m, **2tier** n (het) knaagdier.

Nah|aufnahme f close-up; **~bereich** m omgeving.

nahe (*⸚r*; *nächst*) **1.** Adj nabij(gelegen), naburig; (*bevorstehend*) nabij, nakend; *Verwandte*: naast; *Freund*: nauw; **2.** Präp (D) u. Adv na-, dichtbij; **ganz ~** vlak bij; **etw (D) ~ sein** iets nabij zijn.

Nähe f nabijheid; **in nächster ~** in de onmiddellijke nabijheid, vlak bij.

nahe|gehen (D) na aan 't hart gaan; **~kommen** (D) etw benaderen; j-m nader komen tot; **~legen** (dringend) aanraden, in overweging geven; **~liegen** voor de hand liggen.

nahen (sn), sich ~ (D) naderen.

nähen naaien.

näher nader; (*räumlich bsd*) dichterbij; **2e(s)** nadere bijzonderheden pl.

Nah-erholungsgebiet n (het) recreatiegebied in de onmiddellijke omgeving.

näherkommen = nahekommen.

nähern: sich ~ (D) naderen.

nahe|stehen (D) in nauwe betrekking staan met; **~zu** nagenoeg, vrijwel.

Näh|garn n (het) naaigaren, **~maschine** f naaimachine.

Nähr|boden m voedingsbodem (a. fig); **2en** voeden; fig versterken.

nahrhaft voedzaam.

Nahrung f (het) voedsel; **~s-mittel** n/pl voedingsmiddelen n/pl.

Naht f (-; ⸚e) naad; *Arch a.* voeg; **2los** naadloos; **~ braun** helemaal bruin; **~stelle** f naad; fig grens.

Nahverkehr m (het) streekvervoer, (het) buurtverkeer; **~s-zug** m lokaaltrein.

Nähzeug n (het) naaigerei.

naiv naïef; **2ität** f naïviteit.

Name m (-ns; -n) naam; **im ~n** (G) in naam van, namens; (*nur*) **dem ~n nach** (alleen) van naam.

namen|los naamloos; fig nameloos; **~s** genaamd; **2s-tag** m naamdag; **2s-vetter** m naamgenoot.

nam|ent·lich met name; (*besonders*) voornamelijk; *Abstimmung*: hoofdelijk; **~haft** bekend, vermaard.

nämlich namelijk (*Abk* nl.).

nanu! nou (nou)!

Napf m (-es; ⸚e) nap, (het) bakje; **~kuchen** m tulband.

Narbe f (het) litteken; (*Leder2, Gras2*) nerf.

Narkose f narcose.

Narr m (-en) gek, dwaas; **zum ~en halten** voor de gek houden; **2en-sicher** F absoluut zeker (*od* veilig).

Närr|in f gekkin, zottin; **2isch** dol, zot.

Narzisse f narcis.

nasch|en snoepen; **2er(in** f) m snoeper m, snoepster f; **~haft** snoepgraag.

Nase f neus; **sich die ~ putzen** de neus snuiten; **die ~ voll haben** F zijn buik vol hebben (van), balen (van).

Nasen|bluten n neusbloeding, bloedneus; **~loch** n (het) neusgat; **~spitze** f punt van de neus; **~tropfen** m/pl neusdruppels pl.

Naseweis m (-es; -e) wijsneus.

Nashorn n neushoorn.

naß (⸚sser *od* -sser; ⸚ssest *od* -ssest) nat; **~ machen** natmaken.

Nässe

Nässe f nat(tig)heid.
naßkalt kil, waterkoud.
Nation f natie.
national nationaal; **2elf** f (het) nationaal elftal; **2feiertag** m nationale feestdag; **2gericht** n (het) nationaal gerecht; **2getränk** n nationale drank; **2hymne** f (het) volkslied.
national|isieren (-) nationaliseren; **2ismus** m (-; 0) (het) nationalisme; **~istisch** nationalistisch; **2ität** f nationaliteit; **2mannschaft** f nationale ploeg; **2park** m (het) nationaal park; **2sozialismus** m (-; 0) (het) nationaal-socialisme; **2tracht** f nationale klederdracht.
NATO f (-; 0) Navo, Nato.
Natrium n (-s; 0) (het) natrium.
Natter f (-; -n) adder.
Natur f natuur; (*Charakter a.*) aard; *von ~ aus* van nature; **2alisieren** (-) naturaliseren; **~alismus** m (-; 0) (het) naturalisme; **~ereignis** n (het) natuurverschijnsel; **~forscher** m natuuronderzoeker; **~freund** m natuurliefhebber; **2gemäß** natuurlijk; *Adv* uiteraard; **~gesetz** n natuurwet; **2getreu** natuurgetrouw; **2katastrophe** f natuurramp.
natürlich natuurlijk (*a. Adv*).
Natur|park m (het) landschaps-, natuurpark; **~produkt** n (het) natuurprodukt; **2rein** zuiver, natuurlijk; **~schutz** m natuurbescherming; **~schützer(in** f) m natuurbeschermer m, natuurbeschermster f; **~schutzgebiet** n, **~schutzpark** m (het) natuurreservaat; **~wissenschaft** f natuurwetenschap.
Nautik f zeevaartkunde.
Navigation f navigatie.
Nazismus m (-; 0) (het) nazisme.
Neapel n Napels n.
Nebel m nevel, mist; **~bank** f (-; -e) mistbank; **~scheinwerfer** m mistlamp; **~schlußleuchte** f (het) mistachterlicht.
neben (*A, D*) naast; **~an** hiernaast; **2bedeutung** f bijbetekenis; **~bei** daarnaast, bovendien; (*beiläufig*) terloops; **2beschäftigung** f bijbaantje, bijbetrekking; **~einander** naast elkaar; **2einkünfte**, **2einnahmen** f/pl, **2erwerb** m bijverdienste(n) pl; **2fach** n (het) bijvak; **2fluß** m zij-, bijrivier; **2gebäude** n (het) bijgebouw; **~her** daarnaast; (*beiläufig*) terloops; **2kosten** pl extra (od bijkomende) kosten pl;

2mann m buurman; **2produkt** n (het) bijprodukt; **2raum** m (het) zijvertrek; **2sache** f bijzaak; **~sächlich** bijkomstig; **2satz** m bijzin; **2straße** f zijstraat; **2strecke** f zijlijn; **2wirkung** f (het) bijverschijnsel; **2zimmer** n aangrenzende kamer.
neblig nevelig, mistig; *es ist* **~** het mist.
nebst (*D*) benevens, (samen) met.
neck|en (*sich*) (elkaar) plagen; **~isch** plagend, schalks.
Neffe m (-n) neef.
negativ 1. negatief; **2. 2** n (-s; -e) (het) negatief.
Neger|(in f) m neger(in f); **~kuß** m kul negerzoen.
Negligé n (-s; -s) (het) negligé.
nehmen* nemen; *j-m A* af-, ontnemen; (*fordern*) berekenen, vragen; (*auffassen*) opnemen; *an sich ~* toe-eigenen; *etw zu sich ~* iets gebruiken.
Neid m (-es; 0) nijd, afgunst; **2isch** jaloers, afgunstig.
Neige f: *zur ~ gehen* opraken.
neig|en neigen, hellen; **~ zu** (*D*) geneigd zijn tot, neigen tot; **2ung** f helling; *fig* neiging; (*Sympathie*) genegenheid.
nein 1. nee(n); **2. 2** n (-[s]; 0) (het) neen.
Nektar m (-s; 0) nectar.
Nelke f anjer; (*Gewürz 2*) kruidnagel.
nenn|en* noemen; **~ens|wert** noemenswaardig; **2er** m noemer; *auf e-n ~ bringen* onder één noemer brengen; **2ung** f (het) noemen; **2wert** m nominale waarde.
Neo- *in Zssgn* neo-.
Neon|licht n (het) neonlicht; **~reklame** f neonreclame; **~röhre** f neonbuis.
Nepp m (-s; 0) F nep, afzetterij; **2en** F neppen, afzetten; **~lokal** n F neptent.
Nerv m (-s; -en) zenuw; (*Blatt 2*) nerf; *j-m auf die ~en gehen* iem op zijn zenuwen werken; *die ~en pl behalten* zijn zenuwen pl de baas blijven; **2en** *j-n* op zijn zenuwen werken.
Nerven|arzt m zenuwarts; **2aufreibend** zenuwslopend; **~belastung** f psychische belasting; **~kitzel** m zenuwprikkeling; **2krank** zenuwziek; **~krieg** m zenuw(en)oorlog; **~säge** f F zeurpiet; **~schock** m zenuwschok; **~system** n (het) zenuwstelsel; **~zusammenbruch** m zenuwcrisis, zenuwinzinking.
nervlich psychisch, met de zenuwen.

nerv|ös nerveus, zenuwachtig; **2osität** f nervositeit, zenuwachtigheid.
Nerz m (-es; -e) (het) nerts; (Tier) nerts.
Nessel f (-; -n) netel; **~fieber** n netelroos; **~tuch** n neteldoek (a. het).
Nest n (-es; -er) (het) nest (a. fig).
nett leuk, aardig; (liebenswürdig a.) lief, vriendelijk; **sehr ~ von Ihnen!** heel aardig van U!
netto netto.
Netto|- in Zssgn netto-, z.B. **~einkommen** n (het) netto-inkomen.
Netz n (-es; -e) (het) net; **~haut** f (het) netvlies; **~karte** f netkaart; **~werk** n (het) netwerk (a. EDV).
neu nieuw; **von ~em, aufs ~e** opnieuw; **~artig** nieuw; **2auflage** f herdruk.
Neubau m nieuwbouw; (Gebäude) het nieuw gebouw; **~gebiet, ~viertel** n nieuwbouwwijk; **~wohnung** f (het) nieuwbouwhuis; nieuwbouwflat.
neuer|dings in de laatste tijd; **2er** f vernieuwer; **2ung** f nieuwigheid, hervorming; (das Erneuern) vernieuwing.
neu|geboren pasgeboren; **2gestaltung** f vernieuwing, hervorming.
Neugier(de) f nieuwsgierigheid; **2ig** nieuwsgierig.
Neuheit f nieuwheid; (etw Neues) nieuwigheid; **~ig-keit** f (het) nieuwtje.
Neujahr n (het) nieuwjaar; **Prosit ~!** gelukkig nieuwjaar!; **~s·wunsch** m nieuwjaarswens.
neu|lich onlangs; **2ling** m (-s; -e) nieuweling(e) f; **~modisch** nieuwmodisch, nieuwerwets; **2mond** m nieuwe maan.
neun 1. u. **2. 2** f negen; **~te(r)** negende; **2tel** n (het) negende (deel); **~zehn** negentien; **~zig** negentig.
Neuordnung f herordening, reorganisatie; **~regelung** f nieuwe regeling.
Neuro|se f neurose; **~tiker(in** f) m neuroticus m, neurotica f.
Neuschnee m verse sneeuw; **2sprachlich** van (od in) de moderne talen.
neutral neutraal; **~isieren** (-) neutraliseren; **2ität** f neutraliteit.
Neutr|on n (-s; -en) (het) neutron; **~um** n (-s; Neutren od Neutra) (het) neutrum.
neu|vermählt pasgehuwd; **2wahl** f nieuwe verkiezing; **~wertig** zo goed als nieuw; **2zeit** f nieuwere tijd.
nicht niet; **~ doch!** asjeblief(t) niet!; **~ wahr?** nietwaar?

Nicht|- in Zssgn mst niet-, z.B. **~beachtung** f niet-inachtneming.
Nichte f nicht.
Nicht·einmischung f niet-inmenging.
nichtig nietig (a. jur); **2keit** f nietigheid.
Nichtraucher m niet-roker; **~abteil** n coupé niet-roken; **~zone** f rookvrije ruimte.
nichts 1. niets, F niks; **für ~ und wieder ~** voor niemendal; **2. 2** n (-; 0) (het) niets.
Nichtschwimmer m niet-zwemmer; **~becken** n (het) pierenbad.
nichts|destoweniger (desal)niettemin; **2könner** m stumper; **2nutz** m (-es; -e) nietsnut; **~sagend** nietszeggend; **2tuer** m leegloper.
Nichtzutreffende(s) wat niet van toepassing is.
Nickel n (-s; 0) (het) nikkel.
nick|en knikken; (schlummern) een dutje doen; **2erchen** n (het) dutje.
nie nooit; **~ und nimmer** nooit ofte nimmer; **~ wieder** nooit meer.
nieder laag, lager; Adv ne(d)er.
nieder|- in Zssgn mst ne(d)er-; **~brennen** afbranden; **2gang** m (het) verval; **~gehen** neerkomen; Vorhang, Regen: vallen; **~geschlagen** terneergeslagen, neerslachtig, verslagen; **~knien** neerknielen; **2lage** f nederlaag; **2lande** n/pl Nederland n; **2länder(in** f) m Nederlander m, Nederlandse f; **~ländisch** Nederlands; **auf ~** in het Nederlands.
niederlass|en neerlaten, laten zakken; **sich ~** Vögel: neerstrijken; (sich setzen) gaan zitten; (sich ansiedeln) zich vestigen; **2ung** f vestiging (a. Filiale); **2ungs·freiheit** f vrijheid van vestiging.
nieder|legen neerleggen (a. Amt etc.); **~metzeln** afmaken, afslachten; **~reißen** afbreken; fig bsd omverhalen; **2sachsen** n Neder-Saksen n.
Niederschlag m neerslag (a. Chem u. fig); **Niederschläge** pl neerslag; **2en** neerslaan; Prozeß seponeren; **2s·arm** regenarm; **2s·reich** regenrijk.
Nieder|schrift f (Geschriebenes) (het) stuk; **2trächtig** gemeen, laaghartig; **~ung** f laagte (a. fig); **2werfen** neerwerpen, -gooien; Aufstand neerslaan.
niedlich aardig, lief, schattig.
niedrig laag; fig a. gemeen.
niemals nooit.

niemand niemand; ♀s-land *n* (het) niemandsland.

Niere *f* nier; ~n-stein *m* niersteen.

niesel|n: *es nieselt* het motregent; ♀regen *m* motregen.

niesen (*-t*) niezen.

Niet *m* (*-es*; *-e*) klinknagel; ~e *f Tech* klinknagel; (*Los*) niet; (*Fehlschlag*) flop; *Pers*: nul; ♀en (vast)klinken; (*heften*) nieten; ~hammer *m* klinkhamer.

Nikolaus-tag *m* Sinterklaas.

Nikotin *n* (*-s*; *0*) nicotine; ♀arm nicotinearm.

Nil *m*: *der* ~ de Nijl; ~pferd *n* (het) nijlpaard.

Nimwegen *n* Nijmegen *n*.

nipp|en nippen; ♀sachen *f/pl* snuisterijen *pl.*

nirgend|s, ~wo nergens.

Nische *f* nis.

nisten nestelen.

Nitroglyzerin *n* nitroglycerine.

Niveau *n* (*-s*; *-s*) (het) niveau.

Nixe *f* waternimf.

nobel nobel; (*großzügig*) royaal; ♀hotel *n* (het) chique hotel.

Nobelpreisträger *m* Nobelprijswinnaar.

noch 1. *Adv* nog; **2.** *Ko* noch; *weder ...* ~ noch ... noch; ~malig herhaald; ~mals nogmaals, nog eens.

Nockenwelle *f* nokkenas.

Nomade *m* (*-n*) nomade.

Nominal|einkommen *n* (het) nominaal inkomen; ~wert *m* nominale waarde.

Nominativ *m* (*-s*; *-e*) nominatief.

nominieren (*-*) (*ernennen*) benoemen.

No-name-Produkt *n* (het) wit produkt.

Nonne *f* non.

Nonsens *m* (*-*; *0*) nonsens.

Nonstopflug *m* non-stop-vlucht.

Nord *m* (*-es*; *0*) noorden; (*nach Ortsnamen*) Noord.

Nord|- *in Zssgn mst* noord-; *in Namen* Noord-, *z.B.* ~afrika *n* Noord-Afrika *n*; ~deutschland *n* Noord-Duitsland *n*; ~en *m* (het) noorden; ♀isch noords.

nördlich noordelijk; ~ (*G*) *od von* (*D*) ten noorden van.

Nord|licht *n* (het) noorderlicht; ~ost (*-en*) *m* noordoost, (het) noordoosten; ♀östlich noordoostelijk; ~pol *m* noordpool; ~rhein-Westfalen *n* Noordrijn-Westfalen *n*; ~see *f* Noordzee; ~seite *f* noordkant, -zijde; ~west(en) *m* noordwest, (het) noordwesten; ~wind *m* noordenwind.

nörgel|n kankeren, pruttelen, mopperen; ♀ler(in *f*) *m* mopperaar(ster *f*).

Norm *f* norm.

normal normaal; ♀benzin *n* gewone benzine; ~isieren (*-*) (*sich*) (zich) normaliseren; ♀verbraucher *m* doorsneeconsument.

normen, normieren (*-*) normeren.

Norweg|en *n* Noorwegen *n*; ~er(in *f*) *m* Noor(se *f*); ♀isch Noors.

Not *f* (*-*; *⸚e*) nood; (*Mangel a.*) (het) gebrek; *ohne* ~ zonder noodzaak; *zur* ~ desnoods.

Not- *in Zssgn mst* nood-.

Notar *m* (*-s*; *-e*) notaris; ♀iell notarieel.

Not|arzt *m* dienstdoende arts; ~arztwagen *m* ziekenwagen (van de G.G.D.); ~ausgang, ~ausstieg *m* nooduitgang; ~behelf *m* (het) hulp-, redmiddel; ~bremse *f* noodrem; ~dienst *m* nooddienst; ~durft *f*: *seine* ~ *verrichten* zijn behoefte doen; ♀dürftig gebrekkig.

Note *f Mus* noot; (*Zensur*) cijfer; *Pol* nota; (*Bank* ♀) biljet; *fig* (het) cachet, noot.

Noten|bank *f* (*-*; *-en*) circulatiebank; ~schlüssel *m* muzieksleutel.

Notfall *m* (het) geval van nood; *im* ~ in geval van nood; ♀s desnoods.

notgedrungen noodgedwongen.

notier|en (*-*) noteren; ♀ung *f* notering.

nötig nodig; ~en dwingen, noodzaken; ~en·falls desnoods; ♀ung *f* dwang (*a. jur*).

Notiz *f* notitie, aantekening; (*Beachtung*) nota; ~block *m* blocnote; ~buch *n* (het) notitieboekje.

Not|lage *f* noodsituatie; ♀landen een noodlanding maken; ~landung *f* noodlanding; ♀leidend noodlijdend; ~lüge *f* leugen om bestwil.

notorisch notoir.

Notruf *m* alarmroep; *Tel =* ~nummer *f* (het) algemeen alarmnummer; ~säule *f* praatpaal.

Notsignal *n* (het) noodsignaal.

Notstand *m* noodsituatie; *jur* noodtoestand; ~s-gebiet *n* (het) nood-, rampgebied.

Not|verband *m* (het) noodverband; ~wehr *f* noodweer.

notwendig noodzakelijk; ⚡keit f noodzaak.
Notzucht f verkrachting.
Nougat m (-s; 0) noga.
Novell|e f novelle; jur aanvullingswet; ⚡ieren (-) Gesetz wijzigen.
November m: der ~ november.
Nu m: im ~ in een wip, in een oogwenk.
Nuance f nuance.
nüchtern nuchter; auf ~en Magen op de nuchtere maag; ⚡heit f nuchterheid.
Nudel|n f/pl macaroni, vermicelli; ~suppe f vermicellisoep.
Nudist(in f) m (-en) nudist(e f).
nuklear nucleair.
null 1. nul; ~ und nichtig van generlei waarde; **2.** ⚡ f nul (a. Pers); ⚡punkt m (het) nulpunt; ⚡tarif m (het) nultarief; ⚡wachstum n nulgroei.
numerieren (-) nummeren.
Nummer f (-; -n) (het) nummer; (Größe) maat; ~n-konto n geheime bankrekening op nummer; ~n-schild n (het) nummerbord.
nun nu, nou (bsd Int); von ~ an van nu af; ~mehr (en) nu; voortaan.

nur maar, alleen, slechts; ~ zu! toe maar!, vooruit!; ~ noch nog maar.
Nuß f (-; ¨sse) noot; (Fleisch) kogel, van de haas; ~baum m noteboom; ~knacker m notekraker; ~schale f notedop (a. fig).
Nüstern f/pl neusgaten n/pl.
Nutte f P snol, slet.
nutz: zu nichts ~ sein tot niets dienen; ~bar nuttig, bruikbaar; sich ~ machen zich ten nutte maken; ~bringend nuttig; Geld: winstgevend.
nutzen, nützen (-t) v/t gebruik maken van, gebruiken; v/i (D) baten, van nut zijn, helpen; es nützt nichts het dient tot niets, het baat niet.
Nutz|en m (het) nut, (het) voordeel; (Gewinn) profijt; ~fahrzeug n bedrijfswagen; ~last f nuttige last.
nützlich nuttig; ⚡keit f nuttigheid, (het) nut.
nutz|los nutteloos; ⚡losigkeit f nutteloosheid; ⚡nießer m begunstigde; pej profiteur; ⚡ung f (het) gebruik, gebruikmaking.
Nylon n (-s; 0) nylon (a. het); ~strümpfe m/pl nylonkousen pl.
Nymphe f nimf.

O

o! o!; ~ weh! o wee!
Oase f oase.
ob Ko of; als ~ alsof; und ~! en of!
Obdach n (het) onderdak; ⚡los dakloos; ~lose(r) dakloze.
Obduktion f lijkschouwing.
oben boven; ~ ohne topless; ~an bovenaan; ~auf bovenop; ~drein bovendien, daarenboven; ~genannt bovengenoemd; ~hin oppervlakkig.
Ober m ober; Herr ~! Ober!
Ober|arm m bovenarm; ~bayern n Opper-Beieren n; ~befehl m (het) opperbevel; ~begriff m (het) overkoepelend begrip; ~bekleidung f bovenkleding; ~bürgermeister m burgemeester (van een grote stad); ~deck n (het) opperdek.

obere(r, -s) bovenste; fig hoogste, hogere.
Oberfläch|e f oppervlakte, (het) oppervlak; ⚡lich oppervlakkig.
Ober|geschoß n bovenverdieping; ⚡halb (G) boven; ~hand f fig overhand; ~haupt n (het) opperhoofd; ~hemd n (het) overhemd; ~herrschaft f opperheerschappij; ~in f Rel overste; ⚡irdisch bovengronds; ~kellner m eerste kelner; ~kiefer m bovenkaak; ~körper m (het) bovenlichaam; ~licht n (het) bovenlicht; ~lippe f bovenlip; ~schenkel m dij, (het) dijbeen; ~schule f middelbare school; ~schwester f hoofdzuster; ~seite f bovenkant, bovenzijde.

Oberst *m* (*-en*) kolonel.
oberste(r, -s) bovenste; *fig* opperste.
Ober|stufe *f* bovenbouw; **~tasse** *f* (het) kopje; **~teil** *m od n* (het) bovendeel; **~weite** *f* bovenwijdte.
obgleich ofschoon, (al)hoewel, al.
Obhut *f* hoede, bescherming; *in der* (*od die*) *~* (*G*) onder de hoede van.
obig bovenstaand.
Objekt *n* (*-es; -e*) (*a. Gr*) (het) object, (het) voorwerp.
objektiv 1. objectief; **2.** ~ *n* (*-s; -e*) (het) objectief; **~ität** *f* objectiviteit.
Obligat|ion *f* obligatie; **~orisch** obligatoir, verplicht.
Oboe *f* hobo.
Obrigkeit *f* overheid.
obschon ofschoon, (al)hoewel, al.
Observ|atorium *n* (*-s; -rien*) (het) observatorium; **~ieren** (-) observeren.
Obst *n* (*-es; 0*) (het) fruit; **~bau** *m* fruitteelt; **~baum** *m* fruitboom; **~garten** *m* boomgaard; **~händler** *m* fruithandelaar; **~kuchen** *m* vruchtentaart; **~plantage** *f* fruitplantage; **~saft** *m* (het) fruitsap.
obszön obsceen.
obwohl al, (al)hoewel, ofschoon.
Ochse *m* (*-n*) os; F (*Dummkopf*) stommeling; **~n-schwanzsuppe** *f* ossestaartsoep.
öde 1. woest, doods; *fig* dor, saai; **2.** ~ *f* woestenij; saaiheid.
oder of; *~ aber* ofwel.
Ofen *m* (*-s; ~*) kachel; *Tech u. Brat* ~ oven; **~rohr** *n* kachelpijp.
offen open; (*unverhüllt*) openlijk; (*freimütig*) rondborstig; (*ehrlich*) openhartig; *Stelle*: vacant; *Wein*: van het vat.
offenbar klaarblijkelijk; *Adv bsd* blijkbaar; **~en** (-) openbaren; **~ung** *f* openbaring.
offen|bleiben openblijven (*a. fig*) **~heit** *f* open(hartig)heid; **~herzig** openhartig; **~kundig** duidelijk, klaarblijkelijk; **~lassen** openlaten (*a. fig*); **~legen** blootleggen; **~sichtlich** klaarblijkelijk.
Offensive *f* (het) offensief.
offenstehen openstaan (*a. fig*).
öffentlich publiek, openbaar; *Adv* in het openbaar; **~e** *Meinung f* publieke opinie, openbare mening.
Öffentlichkeit *f* openbaarheid; (het)

publiek, publieke opinie; **~s-arbeit** *f* (het) public-relations-werk.
Offerte *f* offerte.
offiziell officieel.
Offizier *m* (*-s; -e*) officier.
offiziös officieus.
öffn|en openen, opendoen; **~er** *m* opener; **~ung** *f* opening (*a. Loch*); **~ungs-zeiten** *f*/*pl* openingsuren *n*/*pl*.
oft (*~er*; *~est*) dikwijls, vaak.
öfter(s), *des öfteren* herhaaldelijk, vaak, vaker.
oftmals = **oft**.
ohne *Präp* (*A*) *u. Ko* zonder; *~ weiteres* zonder meer; **~dies** toch al; **~gleichen** zonder weerga; **~hin** toch al.
Ohnmacht *f* onmacht, machteloosheid; (*Bewußtlosigkeit*) bewusteloosheid, bezwijming; *in ~ fallen* flauwvallen.
ohnmächtig machteloos; bewusteloos; *~ werden* flauwvallen.
Ohr *n* (*-es; -en*) (het) oor; *übers ~ hauen* erin luizen; (*finanziell*) afzetten.
ohren|betäubend oorverdovend; **~entzündung** *f* oorontsteking.
Ohrfeige *f* oorvijg, oorveeg; **~n** om de oren slaan.
Ohr|läppchen *n* (het) oorlelletje; **~muschel** *f* oorschelp; **~ring** *m* oorring.
oje! o jee!
Öko|bewegung *f* ecologische beweging; **~laden** *m* winkel met milieuvriendelijke artikelen; **~loge** *m* (*-n*) ecoloog; **~logie** *f* ecologie; **~logisch** ecologisch.
Ökonom *m* (*-en*) econoom, **~ie** *f* economie; **~in** *f* econome; **~isch** economisch.
Ökosystem *n* (het) ecosysteem.
Oktanzahl *f* (het) octaangetal.
Oktave *f* octaaf (*a. het*).
Oktober *m*: *der ~* oktober.
ökumenisch oecumenisch.
Öl *n* (*-es; -e*) olie; **~en** smeren, oliën; **~farbe** *f* olieverf; **~gemälde** *n* olieverfschilderij (*a. het*); **~gesellschaft** *f* oliemaatschappij; **~heizung** *f* oliestook; **~ig** olieachtig.
Olive *f* olijf; **~n-öl** *n* olijfolie.
Öl|krise *f* oliecrisis; **~leitung** *f* olieleiding; **~ofen** *m* oliekachel; **~pest** *f* oliepest; **~quelle** *f* oliebron; **~sardinen** *f*/*pl* sardines *pl* in blik; **~stand** *m* (het) oliepeil; **~teppich** *m* (het) olietapijt; **~ung** *f* (het) oliën; *Rel* zalving; **~ver-**

schmutzung f olieverontreiniging; **~wechsel** m (het) olie verversen.
Olympiade f olympiade; **~ia-stadion** n (het) olympisch stadion; ℒ**isch: ~e Spiele** n/pl Olympische Spelen n/pl.
Oma f (-; -s) oma.
Omelett n (-*e*s; -e) omelet.
Omnibus m (auto)bus.
Onkel m oom.
OP m (-[s]; -[s]) operatiekamer.
Opa m (-s; -s) opa.
Oper f (-; -n) opera.
Operation f operatie (a. mil u. fig); **~s-saal** m operatiekamer.
Operette f operette.
operieren (-) opereren.
Opernsänger(in f) m operazanger(es f).
Opfer n (het) slachtoffer; (Gabe) offer; ℒ**bereit** in offervaardig; ℒ**n** offeren; fig opofferen; **sich ~** zich opofferen; **~ung** f offering; opoffering.
Opium n (-s; 0) opium (a. het).
opportun opportuun.
Opposition f oppositie; ℒ**ell** oppositioneel; **~s-partei** f oppositiepartij.
optieren (-) opteren.
Optik f optiek (a. fig), optica; **~er(in** f) m (vrouwelijke f) opticien.
optimal optimaal; ℒ**is-mus** m (-; 0) (het) optimisme; ℒ**ist(in** f) m (-en) optimist(e f); **~istisch** optimistisch.
Option f optie (a. Hdl); ℒ**isch** optisch.
orange 1. oranje; **2.** ℒ f sinaasappel; ℒ**ade** f orangeade, sina(a)s; ℒ**n-saft** m (het) sinaasappelsap, jus d'orange.
Oranien n Oranje n.
Orchester n (het) orkest.
Orchidee f orchidee.
Orden m orde; (Medaille) onderscheiding.
ordentlich ordelijk, ordentelijk; (rechtschaffen) keurig; (gewöhnlich) gewoon (a. Professor); (kräftig) flink, stevig; (ziemlich, sehr) behoorlijk.
Order f (-; -s od -n) order (a. Hdl); ℒ**n** bestellen.
ordinär ordinair.
ordnen ordenen; (rang)schikken; regelen; ℒ**er** m ordebewaarder; (Mappe) ordner; ℒ**ung** f orde; (Reihenfolge) volgorde; (das Ordnen) ordening; **in ~!** in orde!, o.k.!; **in ~ bringen** in orde maken.
ordnungs|gemäß volgens de regels,

reglementair; ℒ**strafe** f disciplinaire straf; **~widrig** in strijd met de voorschriften; ℒ**zahl** f (het) rangtelwoord.
Organ n (-s; -e) (het) orgaan; **~bank** f (-; -en) bank voor lichaamsorganen.
Organisation f organisatie; **~s-struktur** f organisatiestructuur.
Organ|isator(in f) m (-s; -en) organisator m, organisatrice f; ℒ**isch** organisch; ℒ**isieren** (-) organiseren; **~is-mus** m (-; -men) (het) organisme.
Organ|spender m orgaandonor; **~transplantation** f orgaantransplantatie.
Orgasmus m (-; -men) orgasme.
Orgel f (-; -n) (het) orgel.
Orgie f orgie.
Orient m: **der ~** de Oriënt, het Oosten; ℒ**alisch** oosters.
orientier|en (-) (sich) (zich) oriënteren; ℒ**ung** f oriëntering; ℒ**ungs-sinn** m (het) oriënteringsvermogen.
original 1. origineel; **2.** ℒ n (-s; -e) (het) origineel; Pers: zonderling; ℒ**ausgabe** f originele uitgave; ℒ**(ver)packung** f originele verpakking.
originell origineel.
Orkan m (-*e*s; -e) orkaan.
Ornament n (-*e*s; -e) (het) ornament.
Ort m (-*e*s; -e) plaats; **an ~ und Stelle, vor ~** ter plaatse; ℒ**en** lokaliseren.
ortho|dox orthodox; ℒ**graphie** f spelling, orthografie; ℒ**päde** m orthopedist; **~pädisch** orthopedisch.
örtlich plaatselijk.
orts-ansässig ter plaatse wonend.
Ortschaft f plaats; **geschlossene ~** bebouwde kom.
Orts|gespräch n (het) lokaal (telefoon)gesprek; **~kenntnis** f plaatselijke bekendheid; **~krankenkasse** f (het) (plaatselijk) ziekenfonds; ℒ**kundig** ter plaatse bekend; **~name** m plaatsnaam; **~netz** n (het) plaatselijk net; **~tarif** m Tel (het) tarief voor lokale gesprekken; **~verkehr** m (het) plaatselijk (Tel: lokaal) verkeer; **~zeit** f plaatselijke tijd.
Öse f (het) oog.
Ost|- in Zssgn mst oost-; in Namen Oost-, z.B. **~block** m (het) oostblok.
Osten m (het) oosten; **Naher** (**Mittlerer, Ferner**) **~** (het) Nabije (Midden-, Verre) Oosten; **nach ~** naar het oosten.
Oster|- in Zssgn mst paas-, z.B. **~blume**

Osterei

f paasbloem; **~ei** *n* (het) paasei; **~ferien** *pl* paasvakantie; **~hase** *m* paashaas.
Ostern *n* (-; *0*) Pasen; **zu ~** met Pasen.
Österreich *n* Oostenrijk *n*; **~er(in** *f*) *m* Oostenrijker *m*, Oostenrijkse *f*; **2isch** Oostenrijks.
östlich oostelijk; **~** (*G*) *od* **von** (*D*) ten oosten van.
Ost|see *f* Oostzee; **~wind** *m* oostenwind.

Otter 1. *m* otter; **2.** *f* (-; -*n*) adder.
Ouvertüre *f* ouverture (*a. fig*).
oval 1. ovaal; **2.** **2** *n* (-*s*; -*e*) (het) ovaal.
Overall *m* (-*s*; -*s*) overall.
oxydieren (-) oxyderen.
Ozean *m* (-*s*; -*e*) oceaan; **2isch** oceanisch.
Ozon|loch *n* (het) gat in de ozonlaag; **~schicht** *f* ozonlaag.

P

paar 1. paar; *ein* **~** een paar; **2.** **2** *n* (-*es*; -*e*) (het) paar; **~en** (**sich**) paren; **2lauf** *m* (het) kunstrijden voor paren; **~mal**: *ein* **~** een paar maal (*od* keer); **2ung** *f* paring; **~weise** paarsgewijs, per paar.
Pacht *f* pacht; **2en** pachten.
Pächter *m* pachter; **~in** *f* pachtster.
Pachtvertrag *m* (het) pachtcontract.
Päckchen *n* (het) pakje.
pack|en pakken (*a. fig*), grijpen; (*ein~*) (in)pakken; **sich ~** 'm smeren; **2en** *m* (het) pak; **~end** pakkend; **2er(in** *f*) *m* inpakker *m*, inpakster *f*, emballeur *m*; **2papier** *n* (het) (in)pakpapier; **2ung** *f* verpakking; (*Schachtel*) (het) pakje; *Med* (het) kompres; *Tech* pakking.
Pädagog|ik *f* pedagogie(k), opvoedkunde; **2isch** pedagogisch.
Paddel *n* paddel, peddel; **~boot** *n* kano; **2n** pagaaien, paddelen.
paffen F paffen.
Page *m* (-*n*) page; (*Hotel* **2**) piccolo; **~n-kopf** *m* (het) pagekopje.
Paket *n* (-*es*; -*e*) (het) pakket, (het) pak; **~annahme**, **~ausgabe** *f* (het) loket voor postpakketten; **~karte** *f* adreskaart; **~post** *f* pakketpost; **~zustellung** *f* bezorging van postpakketten.
pakistanisch Pakistaans.
Pakt *m* (-*es*; -*e*) (het) pact.
Palast *m* (-*es*; ~*e*) (het) paleis.
Palästinenser(in *f*) *m* Palestijn(se *f*).
palavern (-) palaveren, kletsen.
Palette *f* (het) palet (*a. fig*).

Palisander(holz *n*) *m* (het) palissander(hout).
Palm|e *f* palm; (*Baum bsd*) palmboom; **~sonntag** *m* Palmzondag.
Pampelmuse *f* pompelmoes.
Pamphlet *n* (-*es*; -*e*) (het) pamflet.
panier|en (-) paneren; **2mehl** *n* (het) paneermeel; **~t** gepaneerd.
Pani|k *f* paniek; **2sch** panisch.
Panne *f* panne; (*Motor* **2**) pech; **~n-dienst** *m*, **~n-hilfe** *f* wegenwacht.
Panorama *n* (-*s*; -*men*) (het) panorama.
panschen verdunnen, vervalsen.
Pantoffel *m* (-*s*; -*n*) pantoffel, slof; (*Damen* **2** *a.*) (het) muiltje; **~held** *m* pantoffelheld.
Panther *m* panter.
Panzer *m* (het) pantser; (*Kampfwagen*) tank; **2n** pantseren; **~schrank** *m* brandkast; **~ung** *f* pantsering.
Papa *m* (-*s*; -*s*) papa.
Papagei *m* (-*en od* -*s*; -*en*) papegaai.
Papier *n* (-*es*; -*e*) (het) papier (*a. Dokument*); **zu ~ bringen** op papier zetten; **2en** papieren; **~geld** *n* (het) papiergeld; **~korb** *m* prullenmand; **~krieg** *m* bureaucratische rompslomp; **~serviette** *f* (het) papieren servet(je); **~taschentuch** *n* (het) papieren zakdoekje.
Pappe *f* (het) karton; (*Kleister*) (het) plaksel.
Pappel *f* (-; -*n*) populier.
pappen (*kleben*) plakken.
Paprika(schote *f*) *m* (-*s*; -*s*) paprika.
Papst *m* (-*es*; ~*e*) paus.

päpstlich pauselijk.
Parabel *f* (-; -n) parabel, gelijkenis; *Math* parabool.
Parad|e *f* parade; **♀ieren** (-) paraderen.
Paradies *n* (-es; -e) (het) paradijs; **♀isch** paradijselijk; (*herrlich a.*) verrukkelijk.
paradox paradox(aal), tegenstrijdig.
Paraffin *n* (-s; -e) paraffine (*a.* het).
Paragraph *m* (-en) paragraaf; (*Gesetzes♀*) (het) artikel.
parallel (**zu** *D*) parallel (met), evenwijdig (met); **♀e** *f* parallel (*a. fig*).
para|lysieren (-) paralyseren, verlammen; **♀sit** *m* (-en) parasiet (*a. fig*).
Pärchen *n* (-s) paartje.
Pardon *m* (-s; 0) (het) pardon.
Parfüm *n* (-s; -e *od* -s) (het) parfum; **~erie** *f* parfumerie.
parieren (-) pareren; (*gehorchen*) gehoorzamen.
Paris *n* Parijs *n*; **~er 1.** *m* Parijzenaar; P (*Kondom*) (het) kapotje. **2.** *Adj* Parijs.
Parität *f* pariteit; **♀isch** paritair.
Park *m* (-s; -s *od* -e) (het) park.
Park-and-ride-System *n* (het) park-and-ride-systeem.
Park|anlage *f* (het) plantsoen, (het) park; **♀en** parkeren; **~ verboten!** niet parkeren!
Parkett *n* (-*es*; -e) (het) parket.
Park|gebühr *f* (het) parkeergeld; **~(hoch)haus** *n* parkeergarage; **~kralle** *f* parkeerklem; **~lücke** *f* parkeerruimte; **~möglichkeit** *f* parkeergelegenheid; **~platz** *m* parkeerplaats; (*Gelände*) (het) parkeerterrein; **~scheibe** *f* parkeerschijf; **~uhr** *f* parkeermeter; **~verbot** *n* (het) parkeerverbod.
Parlament *n* (-*es*; -e) (het) parlement; **♀arisch** parlementair.
Parmesankäse *m* Parmezaanse kaas.
Parodie *f* parodie; **♀ren** (-) parodiëren.
Parole *f* (het) parool, (het) wachtwoord; (*Schlagwort*) leus.
Part *m* (-s; -e) *Mus* stem; *Thea* rol.
Partei *f* partij; **~ ergreifen für** (**gegen**) (*A*) partij kiezen voor (tegen); **~genosse** *m* partijgenoot; **♀isch**, **♀lich** partijdig; **♀los** partijloos; **~mitglied** *n* (het) partijlid; **~tag** *m* (het) partijcongres.
Parterre *n* (-*s*; -*s*) parterre (*a.* het); (*Erdgeschoß a.*) benedenverdieping.
Partie *f* partij (*a. Mus u. Hdl*); (*Teil*) (het) gedeelte; (*Spiel*) (het) partijtje.

Partisan *m* (-en *od* -s; -en) partizaan.
Partitur *f* partituur.
Partizip *n* (-s; -ien) (het) participium, (het) deelwoord.
Partner|(in *f*) *m* (vrouwelijke *f*) partner; **~schaft** *f* (het) partnership; samenwerking; **~stadt** *f* partnergemeente.
Party *f* (-; -s) party, fuif.
Parzelle *f* (het) perceel.
Paß *m* (-*sses*; *ü*sse) pas (*a. Gebirgs♀*), (het) paspoort.
Passage *f* passage (*a. mar*).
Passagier *m* (-s; -e) passagier; **~flugzeug** *n* (het) passagiersvliegtuig; **~in** *f* passagiere; **~liste** *f* passagierslijst.
Passant *m* (-en) voorbijganger, passant.
Paßbild *n* pasfoto.
passen (-*ßt*) passen; (*genehm sein a.*) schikken; **~ zu** (*D*) passen bij; **~d** passend; *Geld*: gepast.
passier|en (-) *v/t* passeren, voorbijgaan; *v/i* (*sn*) gebeuren; *j-m* overkomen; **♀schein** *m* (het) doorlaatpasje.
Passion *f* passie (*a. Rel*); **♀iert** gepassioneerd; **~s-zeit** *f* passietijd.
passiv 1. passief, lijdelijk; **2. ♀** *n* (-*es*; -e) *Gr* (het) passief, lijdende vorm; **♀a** *pl* passiva *pl*; **♀ität** *f* passiviteit.
Paß|kontrolle *f* pascontrole; **~stelle** *f* (het) passenbureau.
Paßstraße *f* weg over een bergpas.
Passus *m* (-; -) passage.
Past|e *f* pasta; **~ell** *n* (-*es*; -e) (het) pastel; **~ete** *f* pastei; **♀eurisiert** gepasteuriseerd.
Pastor *m* (-s; -en) *s.* **Pfarrer**.
Pate *m* (-n) peter, peetoom; **~nkind** *n* (het) petekind; **~n-schaft** *f* (het) peetschap.
Patent *n* (-*es*; -e) patent, (het) octrooi; **~amt** *n* octrooiraad; **♀ieren** (-) patenteren.
Pater *m* (-s; *Patres od* -) pater.
path|etisch pathetisch; **~ologisch** pathologisch; **♀os** *n* (-; 0) (het) pathos.
Patient(in *f*) *m* (-en) patiënt(e *f*).
Patin *f* meter, peettante.
Patriarch *m* (-en) patriarch; **♀alisch** patriarchaal.
Patriot *m* (-en) patriot; **♀isch** patriottisch; **~is-mus** *m* (-; 0) (het) patriottisme.
Patron *m* (-s; -e) patroon (*a. Rel*); **~e** *f*

Patronin

patroon; **~in** f patrones; (*Schirmherrin bsd*) beschermvrouwe.
Patrouille f patrouille.
patsch! pats!
Patschle f: *in der ~ sitzen* F in de knoei zitten; 2**n** patsen; 2**naß** kletsnat.
Patzler m (*Fehler*) fout; 2**ig** brutaal.
Pauke f pauk; 2**n** (*lernen*) blokken.
pausbäckig met bolle wangen.
pauschal globaal, all-in; 2**e** f (het) bedrag ineens; 2**preis** m totale prijs, all-inprijs; 2**reise** f geheel verzorgde reis, all-invakantie; 2**urteil** n (het) globaal oordeel.
Pause f 1. pauze, rust; 2. calque, doordruk; 2**n** (-*t*) calqueren, overtrekken; 2**n·los** ononderbroken.
pausieren (-) pauzeren.
Pauspapier n (het) calqueerpapier.
Pavian m (-*s*; -*e*) baviaan.
Pavillon m (-*s*; -*s*) paviljoen.
Pazifik m: *der ~* de Stille Oceaan; 2**isch** van (*of in*) de Stille Oceaan; **~is·mus** m (-; *0*) (het) pacifisme; **~ist**(**in** f) m pacifist(e f); 2**istisch** pacifistisch.
Pech n (-*es*; -*e*) (*Teer*) pek (*a. het*), pik (*a. het*); *~ haben* pech hebben; *so ein ~!* wat een pech!; **~strähne** f voortdurende pech; **~vogel** m pechvogel.
Pedal n (-*s*; -*e*) pedaal (*a. het*).
pedantisch pedant.
Pediküre f pedicure.
Pegel m (het) peil; **~stand** m (het) peil, waterstand.
peilen peilen.
peinigen pijnigen, kwellen.
peinlich pijnlijk (*a. fig*); *~ genau* angstvallig (precies), secuur.
Peitsche f zweep; 2**n** geselen (*a. fig*).
Pelikan m (-*s*; -*e*) pelikaan.
Pellle f schil; 2**en** schillen, pellen; **~kartoffeln** f/pl in de schil gekookte aardappelen pl, gepofte aardappelen pl.
Pelz m (-*es*; -*e*) pels; (*Mantel*) bontjas; **~mantel** m bontjas; **~werk** n (het) bontwerk.
Pendel m slinger; 2**n** slingeren; (*reisen*) pendelen; **~verkehr** m (het) pendelverkeer.
Pendler(**in** f) m pendelaar(ster f).
penibel penibel, pijnlijk.
Penis m (-; -*se od Penes*) penis.
Penizillin n (-*s*; *0*) penicilline.
pennen F maffen.

Pension f (het) pensioen; (*Fremdenheim*) (het) pension; **~är**(**in** f) m gepensioneerde (*a. f*); (*Gast*) pensiongast (*a. f*); 2**ieren** (-) pensioneren; **~ierung** f pensionering; **~s·gast** m pensiongast.
Pensum n (-*s*; *Pensa od Pensen*) taak, portie werk.
per (*A*) per.
perfekt 1. perfect; (*abgemacht*) rond; 2. 2 n (-*es*; -*e*) *Gr* (het) perfectum, voltooid tegenwoordige tijd.
Pergament n (-*es*; -*e*) (het) perkament.
Periodle f periode; 2**isch** periodiek.
Peripherie f periferie; **~geräte** n/pl *EDV* randapparatuur.
Perlle f parel; 2**en** parelen; **~en·kette** f parelcollier (*a. het*); **~huhn** n (het) parelhoen; **~mutt** n (-*s*; *0*) (het) paarlemoer; **~zwiebel** f (het) zilveruitje.
Perser m *Pers*; (*Teppich*) pers, (het) Perzisch tapijt; **~ianer** m (het) astrakan; **~ien** n Perzië n.
Person f persoon; (*Figur*) personage (*a. het*); *ich für meine ~* ik voor mij.
Personal n (-*s*; *0*) (het) personeel; **~abbau** m afvloeiing van personeel; **~abteilung** f afdeling personeel(szaken); **~ausweis** m (het) persoonsbewijs, identiteitskaart; **~chef** m personeelschef; **~ien** pl personalia pl; **~mangel** m (het) personeelsgebrek; **~pronomen** n (het) persoonlijk voornaamwoord; **~vertretung** f personeelsvertegenwoordiging.
Personen|beschreibung f (het) signalement, persoonsbeschrijving; **~(kraft-)wagen** m personenauto; **~zug** m stoptrein.
persönlich persoonlijk; 2**keit** f persoonlijkheid.
Perspektive f perspectief (*a. fig*).
Peruaner(**in** f) m Peruaan(se f).
Perücke f pruik.
pervers pervers.
Pessimis|mus m (-; *0*) (het) pessimisme; **~t**(**in** f) m (-*en*) pessimist(e f); 2**tisch** pessimistisch.
Pest f pest (*a. fig*).
Petersilie f peterselie.
Petroleum n (-*s*; *0*) petroleum; **~kocher** m (het) petroleum(toe)stel.
petze|n (-*t*) F klikken; 2**r** m F klikspaan.
Pfad m (-*es*; -*e*) (het) pad (*a. fig*); **~finder**

Phase

m padvinder; ~**finderin** *f* padvindster, gids.

Pfahl *m* (-*es*; ~e) paal.

Pfalz *f*: *die* ~ de Palts.

Pfand *n* (-*es*; ~er) (het) (onder)pand; (*Flaschen*&) (het) statiegeld; *ohne* ~ zonder statiegeld; ~**brief** *m* pandbrief.

pfänd|en beslag leggen op; &**er·spiel** *n* (het) pandverbeuren, (het) pandspel.

Pfand|flasche *f* fles met statiegeld.

Pfändung *f* beslaglegging.

Pfann|e *f* pan; ~**kuchen** *m* pannekoek.

Pfarr|bezirk *m* parochie; ~**er** *m* pastoor; *evangelisch*: dominee, predikant; ~**erin** *f* predikante; ~**kirche** *f* parochiekerk.

Pfau *m* (-*s*, -*en*) pauw; ~**en·feder** *f* pauweveer.

Pfeffer *m* peper; ~**korn** *n* peperkorrel; ~**kuchen** *m* peperkoek; ~**minze** *f* pepermunt; &*n* peperen; ~**streuer** *m* (het) pepervaatje.

Pfeife *f* fluit; (*Tabaks*&, *Orgel*&) pijp; &*n** fluiten; *ich pfeife darauf* daar heb ik maling (*od* lak) aan; ~**n·tabak** *m* pijptabak.

Pfeil *m* (-*es*; -*e*) pijl.

Pfeiler *m* pijler, pilaar.

Pfennig *m* (-*s*; -*e*) pfennig; *allg* cent.

pferchen persen, proppen.

Pferd *n* (-*es*; -*e*) (het) paard.

Pferde|fleisch *n* (het) paardevlees; ~**geschirr** *n* (het) paardetuig; ~**rennbahn** *f* hippodroom (*a.* het), renbaan; ~**rennen** *n/pl* (hard)draverijen *pl*, paardenrennen *pl*; ~**stall** *m* paardestal; ~**stärke** *f* (*Abk PS*) paardekracht (*Abk* pk).

Pfiff *m* (-*es*; -*e*) (het) gefluit, (het) fluitje; (*Kniff*) kneep; (*Reiz*) chic.

Pfiff|er·ling *m* (-*s*; -*e*) dooierzwam, cantharel; &**ig** kien; (*gerissen*) leep.

Pfingst|en *n* (-; -) *od pl* Pinksteren; ~**rose** *f* pioen(roos).

Pfirsich *m* (-*s*; -*e*) perzik; ~**baum** *m* perzikboom.

Pflanz|e *f* plant; &**en** (-*t*) planten; ~**en·fett** *n* (het) plantevet; ~**en·schutzmittel** *n* (het) pesticide; &**lich** plantaardig; ~**ung** *f* (aan)planting, plantage.

Pflaster *n Med* pleister; (*Straßen*&) (het) plaveisel, bestrating; ~**maler** *m* trottoirschilder; &*n* plaveien, bestraten; ~**stein** *m* straatsteen.

Pflaume *f* pruim; ~**n·baum** *m* pruimeboom; ~**n·mus** *m* pruimengelei.

Pflege *f* verzorging; *Med* verpleging; *Tech u. Garten*& (het) onderhoud; (*Denkmals*&) zorg; *Kunst, Wissenschaft*: beoefening; (*Förderung*) bevordering; *in* ~ *geben* uitbesteden; &**bedürftig** hulpbehoevend; ~**eltern** *pl* pleegouders *pl*; ~**fall** *m* hulpbehoevende persoon; ~**heim** *n* verpleeginrichting; (*für Alte*) (het) verzorgingstehuis; ~**kind** *n* (het) pleegkind; &**leicht** gemakkelijk te onderhouden; &*n v/i* plegen, gewoon zijn; *v/t* verzorgen; verplegen; onderhouden; beoefenen; bevorderen; *sich* ~ zich verzorgen; ~**r** *m* verpleger; verzorger; ~**rin** *f* verpleegster; verzorgster.

Pflicht *f* plicht; &**bewußt** plicht(s)getrouw; ~**bewußtsein** *n* (het) plichtsbesef; ~**erfüllung** *f* plichtsbetrachting; ~**fach** *n* (het) verplicht vak; &**gemäß** overeenkomstig de plicht; ~**umtausch** *m* (het) verplicht wisselen; &**vergessen** plichtvergeten; ~**versicherung** *f* verplichte verzekering.

Pflock *m* (-*es*; ~e) (houten) pen, pin.

pflücken plukken.

Pflug *m* (-*es*; ~e) ploeg.

pflügen ploegen (*a. fig*).

Pforte *f* poort.

Pförtner *m* portier.

Pfosten *m* post, stijl.

Pfote *f* poot (*a. P Hand*).

Pfriem *m* (-*es*; -*e*) priem, els.

Propf *m* (-*es*; -*e*) prop; ~**en** *m* (*Korken*) kurk; (*Zapfen*) stop; &**en** proppen; kurken; *Baum* enten.

pfui! foei!

Pfund *n* (-*es*; -*e*) (het) pond (*a. Währung*), (het) halve kilo; *ein halbes* ~ een half pond.

pfusch|en knoeien, prutsen; &**er** *m* knoeier, beunhaas; &**erei** *f* (het) geknoei, knoeierij.

Pfütze *f* plas.

Phänomen *n* (-*s*; -*e*) (het) fenomeen, (het) verschijnsel; &**al** fenomenaal.

Phantasie *f* fantasie; &**los** fantasieloos; ~**ren** (-) fantaseren; &**voll** fantasierijk.

Phantast|(in *f*) *m* fantast(e *f*); &**isch** fantastisch.

Phantom *n* (-*s*; -*e*) (het) fantoom.

pharmazeutisch farmaceutisch.

Phase *f* fase.

Philatelie

Phil|atelie f filatelie; **~harmonie** f (het) filharmonisch orkest.
Philippinen pl: **die ~** de Filippijnen pl.
Philolog|e m (-n) filoloog; **~ie** f filologie; **~in** f filologe.
Philosoph m (-en) filosoof, wijsgeer; **~ie** f filosofie, wijsbegeerte; **2ieren** (-) filosoferen; **~in** f filosofe; **2isch** filosofisch.
phlegmatisch flegmatisch, flegmatiek.
Phonetik f fonetiek, klankleer.
Phosphat n (-es; -e) (het) fosfaat; **2frei** fosfaatvrij.
phosphoreszieren (-) fosforesceren.
Photo n etc. s. **Foto**.
Phrase f frase.
pH-Wert m pH-waarde.
Physik f fysica, natuurkunde; **2alisch** natuurkundig; **~er(in** f) m fysicus m, natuurkundige (a. f).
physisch fysisch; (körperlich) fysiek.
Pianist(in f) m (-en) pianist(e f).
Pickel m Med (het) puistje, pukkel; (Werkzeug) (het) (pik)houweel.
picken pikken.
Picknick n (-s; -e od -s) picknick; **2en** picknicken.
picobello F tiptop.
Piepen pl F (Geld) centen pl, duiten pl.
Pier m (-s; -e od -s) pier.
piesacken F treiteren.
Pietät f piëteit.
Pigment n (-es; -e) (het) pigment.
Pik n (-s; -s) Karte: schoppen.
pik|ant pikant (a. fig); **~iert** gepikeerd.
Pilger m pelgrim; **~fahrt** f pelgrimstocht, bedevaart; **~erin** f bedevaartgangster; **2n** (sn) op bedevaart gaan, een bedevaart doen; fig trekken.
Pille f pil.
Pilot|(in f) m (-en) (vrouwelijke f) piloot; **~projekt** n (het) proef-, piloot project.
Pilsener n pils (a. het).
Pilz m (-es; -e) paddestoel.
pingelig pietluttig.
Pinguin m (-s; -e) pinguïn.
Pinie f pijnboom.
pinkeln P plassen.
Pinsel m (het) penseel; (größer) kwast; fig F sul; **2n** penselen (a. Med), schilderen; pej kladden.
Pinzette f pincet (a. het).
Pionier m (-s; -e) pionier (a. fig).
Pirat m (-en) piraat.

pissen (-ßt) P pissen, piesen.
Pistazie f pistache.
Piste f piste; Sp a. (het) parcours; Flgw startbaan.
Pistole f (het) pistool.
Pkw m (-s; -s) personenauto.
placieren (-) **(sich)** (zich) plaatsen.
Plackerei f (het) gezwoeg, (het) getob.
pläd|ieren (-) pleiten; **2oyer** n (-s; -s) (het) pleidooi.
Plage f plaag, kwelling; (Mühe) moeite, last; **2n** plagen, kwellen; **sich ~** zwoegen, zich afsloven.
Plakat n (-es; -e) affiche (a. het), (het) plakkaat; **~säule** f aanplakzuil.
Plakette f plaket.
Plan m (-es; "e) (het) plan; (Grundriß) plattegrond; (Entwurf) (het) ontwerp.
Plane f (het) (dek)zeil, huif.
plan|en plannen, plannen maken voor; **2er** m planoloog, plannenmaker.
Planet m (-en) planeet.
planier|en (-) egaliseren, effenen; **2raupe** f bulldozer.
Planke f plank.
plan|los onsystematisch, lukraak; **~mäßig** volgens plan; (systematisch) stelselmatig; Esb volgens de dienstregeling.
Plansch|becken n (het) pierenbad; **2en** plassen, ploeteren.
Planstelle f formatieplaats.
Plantage f plantage.
Plan|ung f planning; **~wirtschaft** f geleide economie, planeconomie.
plappern babbelen; pej bsd kletsen.
plärren blèren, janken.
Plastik 1. f plastiek; **2.** n (-s; 0) (het) plastic; **~beutel** m, **~tüte** f plastic zak.
plastisch plastisch (a. fig).
Platane f Bot plataan.
Platin n (-s; 0) (het) platina.
plätschern plassen; Regen: ruisen; Bach: kabbelen.
platt 1. plat (a. fig), vlak; **e-n 2en haben** een lekke band hebben; **2.** 2 n (-[s]; 0) (het) Platduits; **~deutsch** Platduits.
Platte f plaat (a. Schall2); kul schotel; **kalte ~** koude schotel.
plätten (bügeln) strijken.
Plattenspieler m pick-up, platenspeler.
Platt|form f (het) platform; **~fuß** m platvoet; **~heit** f platheid (a. fig).
Platz m (-es; "e) plaats; (Fläche: Markt2 etc.) (het) plein; (Gelände) (het) terrein,

portugiesisch

(het) veld; ~ **nehmen** plaats nemen, gaan zitten; **~anweiserin** f ouvreuse.
Plätzchen n kul (het) koekje.
platz|en (-t; sn) springen, barsten; (explodieren) ontploffen; **♀karte** f (het) plaatsbewijs, toegangskaart; **♀regen** m stortregen; **♀verweis** m (het) uit het veld sturen; **♀wunde** f open wond.
Plauder|ei f (het) praatje; **♀n** babbelen, praten.
Pleite 1. f (het) bankroet, (het) faillissement; fig strop, (het) fiasco; **2.** ♀ failliet, bankroet; ~ **gehen** failliet gaan.
Plenarsitzung f plenaire vergadering.
plissiert geplisseerd.
Plomb|e f Zahn: (tand)vulling; Hdl (het) loodje; **♀ieren** f plomberen.
plötzlich plotseling; Adv a. plots, eensklaps.
plump plomp, onbehouwen, bot, lomp; (schwerfällig a.) log.
plumps! plof!; (ins Wasser) plons!
plumps|en (-t) ploffen; (ins Wasser) plonzen; **♀klo** n tonnetjes-plee.
Plunder m F rommel, prullen n/pl.
Plünder|er m plunderaar; **♀n** plunderen; **~ung** f plundering.
Plural m (-s; -e) (het) pluralis, (het) meervoud.
plus 1. plus; **2.** ♀ n (-; -) plus (a. het).
Plüsch m (-es; -e) pluche (a. het).
Plus·punkt m (het) pluspunt.
Po m (-s; -s) F billen pl, bibs.
Pöbel m (het) gepeupel.
pochen kloppen; (auf A) pochen (op).
Pocken f/pl pokken pl.
Podest n (-es; -e) (Podium) verhoging, (het) opstapje.
Podium n (-s; Podien) (het) podium.
Poe|sie f poëzie; **♀tisch** poëtisch.
Pointe f pointe.
Pokal m (-s; -e) beker; **~spiel** n bekerwedstrijd.
Pökel|hering m pekelharing; **♀n** pekelen.
Poker n (-s) poker; **♀n** pokeren.
Pol m (-es; -e) pool (a. El u. fig).
Polarkreis m poolcirkel.
Polder m polder.
Pole m (-n) Pool.
Polem|ik f polemiek; **♀isch** polemisch.
Polente f P smerissen pl.
Police f polis.

polier|en (-) polijsten (a. fig); Möbel bsd opwrijven; **♀tuch** n poetsdoek.
Poliklinik f polikliniek.
Polin f Poolse.
Politesse f hulppolitieagente.
Polit|ik f politiek; **~iker(in)** m (vrouwelijke f) politicus; **♀isch** politiek.
Politur f politoer (a. het).
Polizei f politie; **~aufsicht** f (het) politietoezicht; **~beamte(r)** politieambtenaar; **~gewahrsam** m verzekerde bewaring; **~kommissar** m inspecteur van politie; **♀lich** politie-, politi(on)eel; **~präsident** m hoofdcommissaris van politie; **~revier** n politiewijk; (Gebäude) (het) politiebureau; **~staat** m politiestaat; **~streife** f politiepatrouille; **~stunde** f (het) sluitingsuur; **~wache** f (het) politiebureau, politiepost.
Polizist(in f) m (-en) politieagent(e f).
polnisch Pools.
Polster n (het) kussen; (Möbel♀) (gevulde) bekleding; **~garnitur** f bankstel; **~möbel** n/pl gestoffeerde meubelen n/pl; **♀n** stofferen, bekleden; **~ung** f bekleding, capitonnering.
poltern stommelen; (rumpeln; fallen) donderen; (rasen) bulderen.
Polyp m (-en) poliep; F smeris.
Pommes (frites) pl friet(en pl), patates frites pl, F patat.
Pomp m (-es; 0) pracht, staatsie, praal; **♀ös** pompeus.
Pony n (-s; -s) pony (a. m Frisur).
Pool m (-s; -s) pool; **~billard** n (het) Amerikaans biljart.
Popmusik f popmuziek.
Popo m (-s; -s) billen pl, bibs.
popul|är populair; **♀arität** f populariteit.
Pore f porie.
Porno- in Zssgn porno-.
porös poreus.
Porree m (-s; -s) prei.
Portal n (-s; -e) (het) portaal.
Portemonnaie n (-s; -s) portemonnee.
Portier m (-s; -s) portier; (Hauswart) conciërge.
Portion f portie.
Porto n (-s; -s od Porti) port(o) (a. het); **♀frei** portvrij.
Porträt n (-s; -s) (het) portret.
Portugies|e m (-n) Portugees; **~in** f Portugese; **♀isch** Portugees.

Portwein *m* port(wijn).
Porzellan *n* (-*s*; -*e*) (het) porselein.
Posaune *f* bazuin.
Pos|e *f* pose; **~ieren** (-) poseren.
Position *f* positie; (*Einzelposten*) post; **~s-leuchte** *f mar* (het) navigatielicht.
positiv positief.
Posse *f* klucht; **~n** *m* poets, grap.
Possessiv(pronomen *n*) *n* (-*s*; -*e*) (het) bezittelijk voornaamwoord.
possierlich potsierlijk, koddig.
Post *f* post; (*Einrichtung a.*) posterijen *pl*; *auf die* **~** *bringen* naar de post brengen; *per* **~** per post; **~alisch** postaal, post-; **~amt** *n* (het) postkantoor; **~anweisung** *f* postwissel; **~beamte(r)** postbeambte; **~bote** *m* postbode.
Posten *m* postbe; *Hdl* partij.
Postfach *n* postbus.
Postgiro|amt *n* postcheque- en girodienst; **~konto** *n* postrekening.
postieren (-) posteren, plaatsen.
Post|karte *f* briefkaart; **~lagernd** poste restante; **~leitzahl** *f* postcode; **~scheck** *m* postcheque; **~skriptum** *n* (-*s*; -*ta*) (het) postscriptum; **~sparbuch** *n* (het) postspaarboekje; **~sparkasse** *f* postspaarbank; **~stempel** *m* poststempel; **~wendend** per omgaande (*Abk* p.o.), per kerende post; **~wertzeichen** *n* postzegel; **~wurfsendung** *f* (het) huis aan huis bezorgd (reclame)drukwerk; **~zustellung** *f* postbestelling.
Potenz *f* potentie; *Math bsd* macht.
Pott|asche *f* potas; **~wal** *m* potvis.
Präambel *f* (-; -*n*) preambule.
Pracht *f* pracht, praal, luister.
prächtig, prachtvoll prachtig.
Prädikat *n* (-*es*; -*e*) (het) predikaat; *Gr a.* (het) gezegde.
Prag *n* Praag *n*.
präg|en *Münze* slaan; *fig* zijn stempel drukken op; *Wort* maken, vormen; **~ung** *f* stempeling; vorming; (*Art*) aard, geaardheid.
prahl|en (*mit D*) pralen (met); **~er, ~hans** *m* snoever, opschepper.
Praktik *f* praktijk (*a. pej*); **~ant(in** *f*) *m* stagiair(e *f*); **~um** *n* (-*s*; *Praktika*) (het) practicum, stage.
praktisch praktisch; *s. a.* **Arzt**.
praktizieren (-) *v/i* praktizeren; *v/t* in praktijk brengen, aanwenden.
Praline *f* bonbon.

prall strak, vol; *Sonne*: fel.
prallen (*sn*) stoten; (*kollidieren*) botsen; *Sonne*: branden.
Prämi|e *f* premie; **~ieren** (-) met een premie belonen.
prangen prijken; (*leuchten*) schitteren.
Pranger *m*: *an den* **~** *stellen* aan de kaak stellen.
Pranke *f* klauw, poot.
Präpar|at *n* (-*es*; -*e*) (het) preparaat; **~ieren** (-) (*sich*) (zich) prepareren.
Prä|position *f* (het) voorzetsel; **~sens** *n* (-; *Präsentia*) (het) presens, tegenwoordige tijd; **~sentieren** (-) presenteren; **~senz** *f* presentie; **~servativ** *n* (-*s*; -*e*) (het) condoom.
Präsid|ent(in *f*) *m* (-*en*) president(e *f*); **~ieren** (-) (*D*) presideren, voorzitten; **~ium** *n* (-*s*; -*dien*) (het) presidium.
prass|eln kletteren; *Feuer*: knetteren; **~en** (-*βt*) brassen, zwelgen.
Präteritum *n* (-*s*; -*ta*) verleden tijd.
Praxis *f* (-; *Praxen*) praktijk.
Präzedenzfall *m* (het) precedent.
präzis|e precies; **~ieren** (-) preciseren, **~ion** *f* precisie, nauwkeurigheid.
predig|en preken, prediken; **~er** *m* predikant; **~t** *f* preek (*a. fig*), predikatie.
Preis *m* (-*es*; -*e*) prijs; *um jeden* **~** tot elke prijs; *um keinen* **~** voor geen geld; *zum* **~** *von* (*D*) voor de prijs van.
Preis- *in Zssgn mst* prijs-, *z.B.* **~angabe** *f* prijsopgave; **~anstieg** *m* prijsstijging; **~ausschreiben** *n* prijsvraag.
Preiselbeere *f* (rode) bosbes, vossebes.
preisen* prijzen, loven.
Preis|erhöhung *f* prijsverhoging; **~ermäßigung** *f* prijsverlaging, reductie; **~gabe** *f* (het) prijsgeven; **~geben** prijsgeven; **~gebunden** met vastgestelde prijs; **~gekrönt** bekroond; **~gericht** *n* jury; **~klasse** *f* prijsklasse; **~lage** *f* (het) prijsniveau; **~lich** qua (*od* in) prijs; **~liste** *f* prijslijst; **~nachlaß** *m* korting, reductie; **~niveau** *n* (het) prijsniveau, -peil; **~richter** *m* (het) jurylid; **~schild** *n* (het) prijskaartje; **~senkung** *f* prijsverlaging; **~träger** *m* prijswinnaar; **~wert** voordelig, goedkoop.
Prell|bock *m* (het) stootblok; **~en**: *j-n* *um* (*A*) iem afzetten voor; **~ung** *f* (*Wunde*) kneuzing.
Premier *m* (-*s*; -*s*) premier; **~e** *f* pre-

Prophetin

mière; ~**minister**(**in** f) m (vrouwelijke f) premier.
Presse f pers (a. Werkzeug).
Presse|- in Zssgn mst pers-; ~**amt** n regeringsvoorlichtingsdienst; ~**freiheit** f persvrijheid; ~**konferenz** f persconferentie; ~**meldung**, ~**mitteilung** f (het) persbericht; ⩘**n** (-ßt) persen; (drücken; zwingen) pressen; ~**stelle** f voorlichtingsdienst.
Preßluft f perslucht; ~**hammer** m pneumatische hamer.
Preßwurst f preskop.
Prestige n (-s; 0) (het) prestige.
Preuß|**en** n Pruisen n; ⩘**isch** Pruisisch.
prickeln prikkelen.
Priester m priester; ~**amt** n (het) priesterambt; ~**in** f priesteres; ⩘**lich** priesterlijk; ~**weihe** f priesterwijding.
prima prima; F a. tof.
primär primair.
Primel f (-; -n) primula, sleutelbloem.
primitiv primitief.
Prinz m (-en) prins; ~**eß·bohne** f (het) sperzieboontje; ~**essin** f prinses; ~**gemahl** m prins-gemaal.
Prinzip n (-s; -ien) (het) principe, (het) beginsel; ⩘**iell** principieel.
Priorität f prioriteit.
Prise f (het) snuifje, (het) snufje.
Prisma n (-s; Prismen) (het) prisma.
Pritsche f brits; Auto: laadvloer; ~**n·wagen** m platte vrachtauto.
privat privé, particulier; ⩘**besitz** m (het) particulier bezit; ⩘**eigentum** n (het) particulier eigendom; ⩘**fernsehen** n commerciële televisie; ⩘**initiative** f (het) privé-initiatief; ⩘**leben** n (het) privé-leven; ⩘**patient**(**in** f) m particulier patiënt(e f); ⩘**quartier** n, ⩘**unterkunft** f (het) onderdak bij particulieren; ~**versichert** particulier verzekerd; ⩘**weg** m particuliere weg; ⩘**wirtschaft** f (het) particulier bedrijfsleven; ⩘**wohnung** f particuliere (od eigen) woning; ⩘**zimmer** n kamer bij particulieren.
Privileg n (-es; -ien) (het) privilege; ⩘**iert** bevoorrecht.
pro (A) per; ~ **Person** per persoon.
Probe f proef; Thea repetitie; (Muster) (het) monster, (het) staal; (Beweis) proeve; ⩘**fahren** een proefrit maken; ~**fahrt** f proefrit; ⩘**n** Thea repeteren; ~**weise** op proef; ~**zeit** f proeftijd.

probieren (-) proberen; (kosten) proeven.
Problem n (-s; -e) (het) probleem; ⩘**atisch** problematisch.
Produkt n (-es; -e) (het) produkt.
Produktion f produktie; ~**s·kosten** pl produktiekosten pl; ~**s·menge** f geproduceerde hoeveelheid.
produktiv produktief; ⩘**ität** f produktiviteit.
Produz|**ent** m (-en) producent; ⩘**ieren** (-) produceren.
professionell professioneel.
Profess|**or**(**in** f) m (-s; -en) (vrouwelijke f) professor; ~**ur** f (het) professoraat.
Profi m (-s; -s) Sp prof(essional).
Profil n (-s; -e) (het) profiel (a. Reifen ⩘); ⩘**iert** vooraanstaand, markant.
Profit m (-es; -e) (het) profijt; ⩘**abel** lucratief; ⩘**ieren** (-) profiteren; ⩘**orientiert** op winst gericht.
Prognose f prognose.
Programm n (-s; -e) (het) program(ma); erstes etc. ~ (het) eerste etc. net.
programmier|**en** (-) programmeren (a. EDV); ⩘**er**(**in** f) m programmeur m, programmeuse f; ⩘**sprache** f programmeertaal.
progressiv progressief.
Projekt n (-es; -e) (het) project; ~**ion** f projectie; ~**or** m (-s; -en) projector.
pro|**jizieren** (-) projecteren; ~**klamieren** (-) proclameren; ⩘**kurist** m (-en) procuratiehouder; ⩘**menade** f promenade.
Proletar|**iat** n (-es; -e) (het) proletariaat; ~**ier** m proletariër; ⩘**isch** proletarisch.
Prolog m (-es; -e) (het) proloog.
Promille n (-s; -) (het) pro mille, (het) promillage; ~**grenze** f promillegrens.
prominen|**t** prominent, vooraanstaand; ⩘**z** f prominenten pl.
Promo|**tion** f promotie; ⩘**vieren** (-) promoveren.
prompt prompt.
Pronomen n (-s; - od Pronomina) (het) voornaamwoord, (het) pronomen.
Propag|**anda** f propaganda; ⩘**ieren** (-) propageren.
Propangas n (het) propaangas.
Propeller m propeller; mar schroef; ~**maschine** f Flgw (het) propellervliegtuig.
Prophe|**t** m (-en) profeet; ~**tin** f profetes;

prophetisch 466

~tisch profetisch; ~zeien (-) voorspellen; ~zeiung f voorspelling.
Proportion f proportie (a. fig); ~al proportioneel, evenredig.
Proporz m (-es; -e) evenredige verdeling.
Prosa f (het) proza; ~isch prozaïsch.
pros(i)t! gezondheid!, prosit!, proost!
Prospekt m (-es; -e) prospectus (a. het), folder.
Prostituierte f prostituée; ~tion f prostitutie.
Proǀtein n (-s; -e) proteïne (a. het); ~tektionismus m (-; 0) (het) protectionisme.
Protest m (-es; -e) (het) protest; ~ant(in f) m (-en) protestant(e f); ~antisch protestants; ~ieren (-) protesteren.
Prothese f prothese.
Protokoll n (-s; -e) (het) protocol; (Niederschrift) notulen pl; (van het) proces-verbaal; **zu ~ geben** in de notulen (jur in het proces-verbaal) laten opnemen; ~ieren (-) notuleren; jur proces-verbaal opmaken.
Prototyp m (het) prototype.
protzǀen (-t) opscheppen, bluffen; ~ig protserig, opschepperig.
provenzalisch Provençaals.
Proviant m (-s; -e) proviand (a. het).
Provinz f provincie; ~iell provinciaal.
Provisǀion f provisie; ~orisch provisorisch, voorlopig.
Provoǀkation f provocatie; ~zieren (-) provoceren.
Prozedur f procedure.
Prozent n (-es; -e) (het) procent, (het) percent; ~satz m (het) percentage; ~ual procentueel.
Prozeǀß m (-sses; -sse) (het) proces (a. jur); ~ssieren (-) procederen.
Prozession f processie.
prüde preuts; ~rie f preutsheid.
prüfǀen toetsen, keuren, nakijken, controleren; examineren; (heimsuchen) beproeven; ~er m examinator; controleur, onderzoeker; ~ling m (-s; -e) kandidaat m, kandidate f, examinandus m; ~stein m toetssteen.
Prüfung f keuring, (het) onderzoek; (het) examen; beproeving; ~s-angst f examenvrees.
Prügel pl (het) pak slaag, klappen pl; ~ei f vechtpartij; ~knabe m zondebok; ~n slaan, afranselen; **sich ~** (met elkaar) vechten; ~strafe f stokslagen pl.
Prunk m (-es; 0) pronk, (pracht en) praal; ~en pronken, pralen; ~voll luisterrijk.
PS Abk für **Pferdestärke, Postskriptum.**
Psalm m (-s; -en) psalm.
Pseudonym n (-s; -e) (het) pseudoniem.
Psychǀiater m psychiater; ~iatrisch psychiatrisch; ~isch psychisch.
Psychoǀloge m (-n) psycholoog; ~logie f psychologie; ~login f psychologe; ~logisch psychologisch; ~path m (-en) psychopaat; ~se f psychose.
Pubertät f puberteit.
Publiǀkation f publikatie; ~kum n (-s; 0) (het) publiek; ~zieren (-) publiceren.
Pudding m (-s; -e od -s) pudding.
Pudel m poedel; ~naß kletsnat.
Puder m poeder (a. het), poeier (a. het); ~dose f poederdoos; ~n poederen.
Puff m (-s; -s) P (het) bordeel.
Puffer m buffer; (Kartoffel~) aardappelpannekoek.
Pulk m (-es; -s od -e) Sp (het) peloton.
Pullǀi m (-s; -s) F, ~over m pullover, trui.
Puls m (-es; -e) pols(slag).
Pult n (-es; -e) lessenaar.
Pulver n poeder (a. het); mil (het) (bus)kruit; ~faß n (het) kruitvat; ~ig poeierig, poedervormig; ~kaffee m oploskoffie; ~schnee m poedersneeuw.
Pumpe f pomp; ~n pompen; **sich ~** F (leihen) poffen, lenen.
Pumpernickel m pompernikkel.
Punkt m (-es; -e) (het) punt; (Satzzeichen) punt; **~ zwei Uhr** klokslag twee uur; **nach ~en** Sp op punten.
pünktlich stipt; ~keit f stiptheid.
Punsch m (-es; -e) punch.
Pupille f pupil.
Puppe f pop; ~n-spiel n (het) poppenspel; ~n-theater n poppenkast.
pur puur.
Püree n (-s; -s) puree.
Purzelǀbaum m buiteling, tuimeling; **e-n ~ machen** kopje duikelen; ~n buitelen, tuimelen; fig Kurs: kelderen.
Puste f: **aus der ~** F buiten adem.
Pustel f (-; -n) pukkel, (het) puistje.
pusten blazen.
Puteǀ f kalkoen; ~r m kalkoense haan.
Putsch m (-es; -e) putsch, staatsgreep; ~en een staatsgreep ondernemen.

Putz m (-es; 0) Arch (het) pleister; ⚥**en** (-t) poetsen (a. Schuhe), schoonmaken; **~frau** f werkster; ⚥**ig** koddig, grappig; **~lappen** m poetslap; (Scheuer⚥) dweil; **~tuch** n poetsdoek.

Puzzle n (-s; -s) puzzel.
Pyjama m (-s; -s) pyjama.
Pyramide f piramide.
Pyrenäen pl Pyreneeën pl.

Q

qm Abk für **Quadratmeter**.
Quacksalber m kwakzalver.
Quadrat n (-es; -e) (het) kwadraat, (het) vierkant.
Quadrat|- in Zssgn mst vierkant (Adj); ⚥**isch** kwadratisch, vierkant; **~meter** m vierkante meter; **~meterpreis** m prijs per vierkante meter; **~wurzel** f vierkantswortel.
quaken kwaken, kwekken (a. fig).
quäken janken, blèren.
Qual f kwelling, kwal.
quäl|**en** kwellen, pijnigen; (ärgern) plagen; **sich ~** zich afsloven; ⚥**erei** f (het) gekwel, kwelling; plagerij.
Quali|**fikation** f kwalificatie; ⚥**fizieren** (-) (**sich**) (zich) kwalificeren; ⚥**fiziert** gekwalificeerd; **~tät** f kwaliteit; ⚥**tativ** kwalitatief; **~täts-ware** f (het) kwaliteitsprodukt.
Qualle f kwal.
Qualm m (-es; 0) walm, damp; ⚥**en** walmen, dampen; F Pers: paffen.
qualvoll pijnlijk.
Quantit|**ät** f kwantiteit; ⚥**ativ** kwantitatief.
Quappe f (Kaul⚥) (het) kikkervisje.
Quarantäne f quarantaine.
Quark m (-s; 0) kwark; F onzin.
Quartal n (-s; -e) (het) kwartaal.
Quartett n (-és; -e) (het) kwartet.
Quartier n (-s; -e) (het) kwartier, (het) onderdak; (Viertel) wijk.
Quarz m (-es; -e) (het) kwarts; **~uhr** f (het) kwartshorloge.
quasseln F kletsen, zwammen.
Quaste f kwast.
Quatsch m (-es; 0) F flauwe kul, kletskoek; (**ach**) **~!** onzin!; ⚥**en** F kletsen.
Quecksilber n (het) kwik(zilver).
Quell|**e** f bron (a. fig); ⚥**en 1. *** (sn) opborrelen, -wellen; (schwellen) zwellen; Augen, Menschen: uitpuilen; **2.** v/t in de week zetten; **~en-angabe** f bronvermelding; **~en-steuer** f belasting aan de bron; **~wasser** n (het) bronwater.
quengel|**ig** jengelend; **~n** zaniken, zeuren, jengelen.
quer dwars, schuin(s); verkeerd; ⚥**balken** m dwarsbalk; ⚥**e** f: j-m **in die kommen** dwarsbomen, in de wielen rijden; **~feld-ein** het land in, dwars door het veld; ⚥**flöte** f dwarsfluit; ⚥**paß** m Sp breedtepass; ⚥**schnitt** m dwarse doorsnede; ⚥**schnitts-lähmung** f dwarslaesie; ⚥**straße** f dwarsstraat.
quetsch|**en** kneuzen; (pressen) persen, platdrukken; ⚥**ung** f kneuzing.
quicklebendig springlevend.
quieken, quietschen piepen; Pers, Tier a.: gillen.
Quirl m (-es; -e) (eier)klutser, gard(e); ⚥**en** klutsen, kloppen, roeren.
quitt: ~ sein kiet zijn, quitte zijn.
Quitte f kwee(peer).
quitt|**ieren** (-) voor ontvangst tekenen, kwiteren; Dienst verlaten; F beantwoorden; ⚥**ung** f kwitantie.
Quiz n (-; -) quiz; **~sendung** f (het) quizprogramma.
Quote f (het) quotum, (het) contingent; **~n-regelung** f contingentering van arbeidsplaatsen ten voordele van vrouwen (bij sollicitaties).
Quotient m (-en) (het) quotiënt.

Rabatt 468

R

Rabatt *m* (-*es*; -*e*) korting.
Rabauke *m* (-*n*) rabauw.
Rabbiner *m* rabbijn.
Rabe *m* (-*n*) raaf.
rabiat rabiaat, woedend.
Rache *f* wraak.
Rachen *m* keelholte; (*Maul*) muil.
rächen (*sich*) (zich) wreken; *sich ~ an* (*D*) zich wreken op; **2er** *m* wreker; **2erin** *f* wreekster.
rachsüchtig wraakzuchtig.
Rad *n* (-*es*; ⸚*er*) (het) wiel; (*Treib*2) (het) rad; (*Fahr*2) fiets.
Radar *m od n* (-*s*; -*e*) radar; *~falle* *f* (verdekt opgestelde) radarcontrole; *~gerät* *n* (het) radarapparaat; *~kontrolle* *f* radarcontrole.
Radau *m* (-*s*; *0*) F (het) kabaal, herrie; *~bruder* *m* herrieschopper.
radebrechen radbraken.
radeln (*sn*) fietsen.
Rädelsführer *m* raddraaier, belhamel.
Räderwerk *n* (het) raderwerk (*a. fig*).
radfahr|en fietsen; **2er** *m* fietser, wielrijder; **2erin** *f* fietsster, wielrijdster; **2weg** *m* (het) rijwiel-, fietspad.
Radiator *m* (-*s*; -*en*) radiator.
radier|en (-) gummen, uitgommen; *Kunst*: etsen, raderen; **2gummi** *m* vlakgom (*a. het*), gum; **2ung** *f* ets.
Radies-chen *n* (het) radijsje.
radikal radicaal; **2is-mus** *m* (-; *0*) (het) radicalisme.
Radio *n* (-*s*; -*s*) radio; *im ~* op de radio; *2aktiv* radioactief; *~aktivität* *f* radioactiviteit; *~apparat* *m* (het) radiotoestel; *~sendung* *f* radiouitzending.
Radius *m* (-; *Radien*) straal.
Rad|kappe *f* wieldop; *~ler*(*in f*) *m = Radfahrer*(*in*); *~rennbahn* *f* wielerbaan; *~rennen* *n* (het) wielrennen; wielerwedstrijd; *~sport* *m* wielersport; *~tour*, *~wanderung* *f* fietstocht; *~weg* *m* (het) fietspad.
raffen grijpen, graaien, pakken; (*bauschen*) opnemen; *an sich ~* grissen.
Raffgier *f* hebzucht.
Raffin|erie *f* raffinaderij; *~esse* *f* raffinement; **2iert** geraffineerd.

Rage *f*: *in ~ kommen* (*bringen*) woedend worden (maken).
ragen oprijzen, uitsteken.
Ragout *n* (-*s*; -*s*) ragoût.
Rahe *f mar* ra.
Rahm *m* (-*es*; *0*) room.
Rahmen *m* lijst; (*Fenster*2) (het) kozijn; (*Gestell*) (het) chassis; (*Fahrrad*2) (het) frame; *fig* (het) kader, (het) raam; *~bedingungen* *f*/*pl* randvoorwaarden *pl*; *~gesetz* *n* raamwet; *~richtlinie* *f* algemene richtlijn.
rahm|ig romig; **2käse** *m* roomkaas; **2soße** *f* roomsaus.
Rakete *f* raket; *~n-antrieb* *m* raketaandrijving; *~n-triebwerk* *n* raketmotor.
Rallye *f* (-; -*s*) rally.
ramm|eln rammelen; *~en* rammen.
Rampe *f* (het) laadperron; (*Start*2) (het) platform; *Thea* (het) voetlicht; *~n-licht* *n* (het) voetlicht.
Ramsch *m* (-*es*; *0*) ramsj, rommel.
ran(-) F = *heran*(-).
Rand *m* (-*es*; ⸚*er*) rand; (*Kante a.*) boord, kant; (*Buch*2) marge; *am ~e bemerken* terloops.
randalier|en (-) herrie schoppen; **2er** *m* herrieschopper.
Rand|bemerkung *f* kanttekening; *~gebiet* *n* (het) randgebied (*a. fig*); *~gruppe* *f* randgroep; *2los* zonder rand(en *pl*); *~löser* *m* kantlijnopheffer; *~notiz* *f* kanttekening; *~streifen* *m* vluchtstrook; *2voll* boordevol.
Rang *m* (-*es*; ⸚*e*) rang (*a. mil*); *Thea a.* (het) voetlicht; *den ~ ablaufen* de loef afsteken; *~folge* *f* rang-, volgorde.
Rangier|bahnhof *m* (het) rangeerstation; **2en** (-) rangeren.
Rangordnung *f* rang-, volgorde.
Ranke *f* rank; **2n**: *sich ~* (zich) slingeren.
Ranzen *m* ransel, rugtas; (*Bauch*) (het) buikje.
ranzig ranzig.
rapide vlug, snel.
rappeln rammelen, ratelen.
Raps *m* (-*es*; -*e*) *Bot* (het) koolzaad.
rar zeldzaam, schaars; **2ität** *f* rariteit.
rasant (pijl)snel.
rasch snel, vlug.

rascheln ritselen.
Rasen m (het) grasveld, (het) gazon.
rasen (-t) razen (a. fahren); **~d** razend.
Rasenmäher m grasmaaier.
Raserei f razernij; (Fahren) (het) geraas.
Rasier|apparat m (het) scheerapparaat; **~en** (-) (sich) (zich) scheren; **~klinge** f scheermesje; **~krem** f scheercrème; **~pinsel** m scheerkwast; **~wasser** n (vor der Rasur) (het) scheerwater; (nach der Rasur) after-shave.
Raspel f (-; -n) rasp; **~n** raspen.
Rasse f (het) ras.
rasseln ratelen, rammelen.
Rassen|diskriminierung f rassendiscriminatie; **~unruhen** f/pl rassenonlusten pl; **~wahn** m rassewaan.
rass|ig van (goed) ras; (feurig) pittig, temperamentvol; **~isch** van het ras, ras-; **~ismus** m (-; 0) het racisme.
Rast f rust, pauze; **~ machen**, **~en** pauzeren, (uit)rusten; **~haus** n (het) motel, (het) wegrestaurant; **~los** rusteloos; **~platz** m rustplaats; (Park2) parkeerplaats; **~stätte** f = **Rasthaus**.
Rasur f (het) scheren.
Rat m **1.** (-es; 0) raad(geving), (het) advies; *sich bei j-m ~ holen* iemands raad inwinnen; **2.** (-es; ~e) Pers: adviseur; Pol (het) raadslid; (Körperschaft) raad, (het) raadscollege.
Rate f termijn; *in ~n* in termijnen, op afbetaling.
raten* j-m A (aan)raden, raad geven; (mutmaßen) raden.
Raten|kauf m koop op afbetaling; **2weise** in termijnen, op afbetaling; **~zahlung** f termijnbetaling, afbetaling.
Rate·spiel n (het) raadselspelletje.
Rat|geber(in f) m raadgever m, raadgeefster f, raadsman m; **~haus** n (het) stad-, gemeente-, raadhuis.
ratifizieren (-) ratificeren.
Ration f (het) rantsoen, portie; **2al** rationeel; **2alisieren** (-) rationaliseren; **~alisierung** f rationalisering, **2ell** rationeel; **2ieren** (-) rantsoeneren; **~ierung** f rantsoenering, distributie.
rat|los radeloos; **2losig·keit** f radeloosheid; **~sam** raadzaam; **2schlag** m raad(geving), (het) advies.
Rätsel n (het) raadsel; **2haft** raadselachtig; **2n** gissen, raden.
Rats·keller m raadskelder.

Ratte f rat; **~n-gift** n (het) rattenvergif.
rattern (a. sn) ratelen, rammelen.
Raub m (-es; 0) roof; (Beute) buit, prooi; **~bau** m roofbouw; **2en** roven.
Räuber m rover; **~bande** f roversbende.
Raub|gier f roofzucht; **~mord** m roofmoord; **~tier** n (het) roofdier; **~überfall** m roofoverval.
Rauch m (-es; 0) rook; **2en** roken; **~ verboten!** verboden te roken!; **~er** m roker.
Räucher·aal m gerookte paling.
Raucher|abteil n rookcoupé; **~in** f rookster.
räuchern roken.
Rauch|fahne f rookpluim; **~fleisch** n (het) rookvlees; **2ig** rokerig; **~verbot** n (het) rookverbod; **~waren** f/pl rookwaren pl; (Pelze) pelterijen pl, (het) pelswerk.
Räud|e f schurft; **2ig** schurftig.
rauf(-) F = **herauf** (-), **hinauf** (-).
Rauf|bold m (-es; -e) vechtersbaas; **2en:** *sich ~* (met elkaar) vechten; **~erei** f vecht-, kloppartij; **2lustig** vechtlustig.
rauh ruw (a. Benehmen); ruig; Stimme: schor, rauw; Wetter: guur, ruw.
Rauheit f ruwheid; rauwheid; guurheid.
rauhen kaarden, ruig maken.
Rauhreif m rijp.
Raum m (-es; ~e) ruimte; fig a. gelegenheid; Geogr (het) gebied, regio; (Zimmer) kamer, (het) vertrek; (Saal) zaal, (het) lokaal; mar (het) ruim.
Raum|- in Zssgn mst ruimte-, z.B. **~anzug** m (het) ruimtepak.
räumen (op)ruimen; (verlassen) (ont)ruimen; v/t Stadt, Saal ontruimen.
Raum|fähre f (het) ruimteveer; **~fahrer(in** f) m ruimtevaarder m, ruimtevaarster f; **~fahrt** f ruimtevaart; **~fahrzeug** n (het) ruimtevaartuig; **~kapsel** f ruimtecapsule.
räumlich ruimtelijk, qua ruimte; **2keit** f ruimte, lokaliteit.
Raum|ordnung f ruimtelijke ordening; **~pflegerin** f schoonmaakster, werkster; **~schiff** n (het) ruimteschip; **~station** f (het) ruimtestation.
Räumung f opruiming; ontruiming; **~s·verkauf** m totale uitverkoop.
raunen fluisteren.
Raupe f rups; Tech rupsband; **~n-fahrzeug** n rupswagen.

raus(-) F = *heraus*(-), *hinaus*(-).

Rausch *m* (-*es*; ⁓e) roes (*a. fig*); ⚯**end** *Fest*: schitterend; *Beifall*: daverend.

Rauschgift *n* verdovende middelen *n/pl*, drugs *pl*; ⚯**bekämpfung** *f* drugsbestrijding; ⚯**handel** *m* drughandel; ⚯**kriminalität** *f* drugscriminaliteit.

räuspern: *sich* ⚯ de keel schrapen.

Rausschmeißer *m* F uitsmijter.

Raute *f* ruit.

Razzia *f* (-; *Razzien*) razzia.

Reagenzglas *n* (het) reageerbuisje.

reagieren (-) reageren.

Reaktion *f* reactie; ⚯**är 1.** *u.* **2.** ⚯ *m* (-*s*; -*e*) reactionair.

Reaktor *m* (-*s*; -*en*) reactor.

real reëel; ⚯**einkommen** *n* (het) reëel inkomen; ⚯**isieren** (-) realiseren; *Hdl a.* te gelde maken; ⚯**isierung** *f* realisatie, realisering; ⚯**is·mus** *m* (-; *0*) (het) realisme; ⚯**istisch** realistisch; ⚯**ität** *f* realiteit; ⚯**schule** *f* havoschool.

Rebe *f* wijnstok.

Rebell *m* (-*en*) rebel; ⚯**ieren** (-) rebelleren; ⚯**ion** *f* rebellie; ⚯**isch** rebels.

Rebhuhn *n* patrijs.

rechen 1. harken; **2.** ⚯ *m* hark.

Rechen|- *in Zssgn mst* reken-, *z.B.* ⚯**aufgabe** *f* (reken)som; ⚯**fehler** *m* rekenfout; ⚯**maschine** *f* rekenmachine.

Rechenschaft *f* rekenschap; ⚯ *ablegen* rekenschap afleggen; *zur* ⚯ *ziehen* ter verantwoording roepen; ⚯**s·bericht** *m* rekening en verantwoording.

recherchieren (-) navorsen, onderzoeken.

rechn|en rekenen (*auf* (*A*), *mit* (*D*) op); ⚯**er** *m* rekenaar; rekenmachine; computer; ⚯**erisch** rekenkundig.

Rechnung *f* rekening; *Hdl a.* factuur; *in* ⚯ *stellen* in rekening brengen; *auf eigene* ⚯ voor eigen rekening.

Rechnungs|ablage *f* (het) archief voor rekeningen; ⚯**hof** *m* rekenkamer; ⚯**jahr** *n* (het) boekjaar; ⚯**prüfer** *m* accountant.

recht¹ (*Ggs link*) rechts (*a. Pol*), rechter-; *die* ⚯*e Hand* de rechterhand.

recht² (*richtig*) juist, goed; (*mit Recht*) recht(matig); *Adv* (*sehr*) heel, erg; (*ganz*) helemaal; ⚯ *haben* (*behalten*) gelijk hebben (krijgen); *j-m* ⚯ *geben* iem gelijk geven; *zur* ⚯*en Zeit* (juist) op tijd; *so ist es* ⚯ zo is het goed; *es ist mir* ⚯ ik vind het goed.

Recht *n* (-*es*; -*e*) (het) recht; *mit* ⚯ terecht; *von* ⚯*s wegen* van rechtswege; *im* ⚯ *sein* gelijk hebben.

Rechte *f* rechterhand; *Pol* rechterzijde.

Rechteck *n* (-*es*; -*e*) rechhoek; ⚯**ig** rechthoekig.

rechtfertig|en rechtvaardigen; ⚯**ung** *f* rechtvaardiging.

recht|gläubig rechtzinnig; ⚯**haberisch** betweterig; ⚯**lich** juridisch; (*gesetzlich*) wettelijk; ⚯**los** rechteloos; ⚯**mäßig** rechtmatig.

rechts rechts (*a. Pol*); ⚯**abbieger** *m* rechts afslaande auto; ⚯**anspruch** *m* wettige aanspraak, (het) recht; ⚯**anwalt** *m* advocaat; ⚯**auskunft** *f* juridische informatie; ⚯**außen** *m* rechtsbuiten; ⚯**berater** *m* rechtskundig adviseur; ⚯**bruch** *m* inbreuk op het recht.

rechtschaffen rechtschapen.

Rechtschreibung *f* spelling.

Rechts|empfinden *n* (het) rechtsgevoel; ⚯**extrem** extreem rechts; ⚯**extremismus** *m* (het) rechts extremisme; ⚯**gültig** rechtsgeldig; ⚯**händer(in** *f*) *m* rechtshandige (*a. f*); ⚯**hilfe** *f* rechtsbijstand; ⚯**kräftig** rechtsgeldig; ⚯**kurve** *f* bocht naar rechts; ⚯**lage** *f* rechtspositie; ⚯**ordnung** *f* rechtsorde; ⚯**pflege** *f* rechtspleging.

Recht·sprechung *f* rechtspraak.

rechts|radikal ultrarechts; ⚯**schutz** *m* rechtsbescherming; ⚯**schutzversicherung** *f* rechtsbijstandverzekering; ⚯**staat** *m* rechtsstaat; ⚯**steuerung** *f* rechtse besturing; ⚯**streit** *m* (het) rechtsgeding; ⚯**um!** rechtsom!; ⚯**verkehr** *m* (het) rechts(houdend) verkeer; ⚯**weg** *m* gerechtelijke weg; ⚯**widrig** in strijd met het recht, onwettig; ⚯**wissenschaft** *f* rechtswetenschap.

rechtwinklig rechthoekig.

rechtzeitig tijdig; *Adv bsd* op tijd.

Reck *n* (-*es*; -*e*) rekstok.

recken (*sich*) (zich) (uit)rekken.

Redakt|eur(in *f*) *m* (-*s*; -*e*) redacteur *m*, redactrice *f*; ⚯**ion** *f* redactie; ⚯**ionell** redactioneel.

Rede *f* rede; (*Ansprache a.*) redevoering; (*Worte*) woorden *n/pl*, praatjes *n/pl*; (*Gerücht*) (het) gerucht; (*in*)*direkte* ⚯ *Gr* (in)directe rede; *davon kann keine*

~sein daar kan geen sprake van zijn; **nicht der ~ wert** het moeite niet waard; **zur ~ stellen** ter verantwoording roepen; **2gewandt** welbespraakt.

reden spreken, praten; **von sich ~ machen** van zich doen spreken.

Redens·art f zegswijze, uitdrukking.

Redewendung f zegswijze.

redlich braaf, rechtschapen; *Adv (sehr)* erg; **2keit** f braaf-, rechtschapenheid.

Redner m spreker, redenaar; **~in** f spreekster; **~pult** n (het) spreekgestoelte.

red·selig spraakzaam, praatlustig.

reduzieren (-) reduceren.

Reede f rede; **~r** m reder; **~rei** f rederij.

reell reëel.

Refer|at n (*-es*; *-e*) (het) referaat; (*Dienststelle*) afdeling, (het) bureau; **~endar(in)** f m (*Gerichts2*) (vrouwelijke f) kandidaat-rechter; (*Studien2*) kandidaat-leraar (-lerares f); **~ent(in)** m referent(e f); afdelingschef (*a. f*); **~enz** f referentie; **2ieren** (-) refereren.

reflektieren (-) reflecteren.

Reflex m (*-es*; *-e*) reflex; **2iv** *Gr* reflexief, wederkerend.

Reform f hervorming; **~ation** f reformatie, hervorming; **~ator** m (*-s*; *-en*) reformator; **~er** m hervormer; **~haus** n (het) reformhuis; **2ieren** (-) hervormen; **~politik** f hervormingspolitiek.

Refrain m (*-s*; *-s*) (het) refrein.

Regal n (*-s*; *-e*) (het) rek.

Regatta f (-; *Regatten*) regatta.

rege levendig, druk; (*rührig*) kwiek.

Regel f (-; -n) regel; *Med* regels *pl*; **in der ~** in de regel; **2mäßig** regelmatig, geregeld; **2n** regelen; **2recht** echt, compleet; **~ung** f regeling; **2widrig** tegen de regel(s *pl*), in strijd met de regel(s *pl*).

regen (sich) (zich) bewegen, (zich) verroeren; *Gefühl:* opkomen.

Regen m regen; **~bogen** m regenboog.

Regen|fälle m/pl regenval; **~guß** m regenbui; **~mantel** m regenjas; **~schauer** m regenbui; **~schirm** m paraplu; **~tag** m regendag; **~tropfen** m regendruppel; **~wetter** n (het) regenweer; **~wurm** m regenworm, pier; **~zeit** f regentijd.

Regie f regie.

regier|en (-) regeren; **2ung** f regering.

Regierungs|bezirk m (het) district van een deelstaat; **2feindlich** anti-regeringsgezind; **~form** f regeringsvorm; **2freundlich** regeringsgezind; **~partei** f regeringspartij; **~sprecher** m regeringswoordvoerder; **~wechsel** m regeringswisseling.

Regim|e n (-s; -) (het) regime, (het) bewind; **~ent** n (*-es*; *-er*) (het) bewind; *mil* (het) regiment.

Region f streek, (het) gewest; (*Bezirk a.*) regio; **2al** regionaal.

Regisseur m (*-s*; *-e*) regisseur; **~in** f regisseuse.

Register n (het) register.

registrier|en (-) registreren; **2ung** f registratie.

Reglement n (*-s*; *-s*) (het) reglement; **2ieren** (-) reglementeren.

Regler m regelaar.

regn|en regenen; *es regnet* het regent; **~erisch** regenachtig.

Regreß m (*-sses*; *-sse*) (het) regres, (het) verhaal(recht); **2pflichtig** verplicht tot schadevergoeding, aansprakelijk.

regul|är regulier, normaal; **~ierbar** regelbaar; **~ieren** (-) reguleren.

Regung f beweging; (*Gefühls2*) opwelling; **2s-los** onbeweeglijk, roerloos.

Reh n (*-es*; *-e*) ree.

rehabilitieren (-) rehabiliteren.

Reib|e·kuchen m (*Kartoffel2*) (het) aardappelpannekoekje; **2en*** wrijven; (*zerkleinern*) raspen; **~ung** f wrijving (*a. fig*); **2ungs·los** *fig* vlot.

reich rijk; *die* **2en** *pl* de rijken *pl*.

Reich n (*-es*; *-e*) (het) rijk.

reichen v/i reiken; (*genügen*) voldoende (*od* genoeg) zijn; v/t (*geben*) aanreiken.

reich|haltig rijk, ruim; **~lich** rijkelijk, overvloedig; *Adv (sehr)* erg; (*ziemlich*) nogal; (*viel*) volop.

Reichs·tag m rijksdag.

Reich|tum m (*-s*; *~er*) rijkdom; **~weite** f reikwijdte, (het) bereik; *Flgw* (het) vliegbereik.

reif rijp (*für (A), zu (D)*) voor.

Reif m (*-es*; 0) rijp, rijm.

Reife f rijpheid; *mittlere ~* (het) havodiploma; **2n** (*a. sn*) rijpen (*a. fig*).

Reifen m hoepel; ring; (*Auto2*) band; **~druck** m bandenspanning; **~panne** f lekke band, bandepech; **~wechsel** m (het) (ver)wisselen van een band.

Reife|prüfung f (het) (VWO-)eindexamen; **~zeugnis** n (het) einddiploma.
reiflich rijp; *Adv* grondig.
Reigen m rei(dans).
Reihe f rij; (*Serie*) reeks, serie; *der ~ nach* om de beurt, beurtelings; *an der ~ sein* aan de beurt zijn.
Reihen|folge f volgorde; **~haus** n (het) rijtjeshuis; **2weise** in rijen; F (*sehr viel*) bij de vleet, bij bosjes.
Reiher m reiger.
Reim m (-*es*; -*e*) (het) rijm; **2en:** *sich ~* rijmen.
rein schoon, zuiver; (*moralisch*) rein; (*lauter, vollkommen*) zuiver; *Adv* (*ganz*) totaal; (*nur*) puur; *ins ~e schreiben* in het net schrijven; *ins ~e bringen* in het reine brengen.
rein(-) F = *herein(-)*, *hinein(-)*.
Rein|erlös m netto-opbrengst; **~fall** m F flop, teleurstelling; **~gewinn** m nettowinst; **~heit** f zuiverheid, reinheid.
reinig|en reinigen, schoonmaken; *Wunde u. fig* zuiveren; **2ung** f reiniging, schoonmaak; (*Anstalt*) stomerij; **2ungs·mittel** n (het) schoonmaak-, reinigingsmiddel.
reinlich zindelijk, proper; *fig* zuiver; **2keit** f zindelijkheid; zuiverheid.
Reinschrift f (het) net(schrift).
Reis m (-*es*; -*e*) rijst; **~brei** m rijstebrij, rijstepap.
Reise f reis; *gute ~!* goede reis!; *auf ~n (gehen)* op reis (gaan).
Reise|- *in Zssgn mst* reis-; **~andenken** n (het) souvenir; **~apotheke** f reisapotheek; **~bekanntschaft** f kennis van op reis; **~büro** n (het) reisbureau; **~bus** m touringcar; **~fieber** n reiskoorts; **~führer** m reisgids (*a. Buch*); **~gepäck** n (reis)bagage; **~gepäckversicherung** f bagageverzekering; **~geschwindigkeit** f kruissnelheid; **~gesellschaft** f (het) reisgezelschap; **~kosten** pl reiskosten pl; **~leiter** m reisleider; **~lektüre** f reislectuur; **2lustig** reislustig.
reisen (-*t*; sn) reizen; **2de(r)** reiziger m, reizigster f.
Reise|paß m reispas; **~prospekt** m toeristische brochure; **~route** f reisroute; **~ruf** m radio-oproep; **~scheck** m reischeque; **~spesen** pl reiskosten pl; **~tasche** f reistas; **~veranstalter** m tour-operator; **~verkehr** m (het) reizigersverkeer; (het) toeristisch verkeer; **~versicherung** f reisverzekering; **~wetterbericht** m (het) weerbericht voor vakantiegangers; **~ziel** n (het) reisdoel.
Reisig n (-*s*; 0) (het) rijs-, sprokkelhout.
Reiskorn n rijstkorrel.
Reißbrett n tekenplank.
reiß|en* 1. *v/t* scheuren; (*ziehen*) rukken, trekken; *Wild* verscheuren; *Witze* tappen; *an sich ~* naar zich toe trekken; *in Stücke ~* stukscheuren; *sich ~ um* (*A*) vechten om; **2.** *v/i* (sn) breken; *Stoff, Papier*: scheuren; *Geduld*: ten einde zijn; **~end** *Strom*: snelstromend; *Absatz*: gretig; *Schmerz*: vlijmend; **2er** m *Thea* (het) kasstuk; (*Buch*) bestseller; (*Ware*) (het) succesartikel.
Reiß|verschluß m ritssluiting; **~zwecke** f punaise.
reit|en* *v/i* (*a.* sn) rijden; *v/t* berijden; **2en** n (het) paardrijden; **2er** m ruiter; **2erin** f paardrijdster; **2hose** f rijbroek; **2pferd** n (het) rijpaard; **2schule** f manege; **2sport** m ruitersport; **2stiefel** m/pl rijlaarzen pl; **2turnier** n springconcours (*a.* het); **2weg** m (het) ruiterpad.
Reiz m (-*es*; -*e*) prikkel(ing); *fig bsd* bekoorlijkheid, charme, aantrekkelijkheid; **2bar** prikkelbaar; **2en** (-*t*) prikkelen; (*ärgern a.*) tergen; (*verlocken*) bekoren, strelen; **~end** bekoorlijk, leuk, lief; *Lage*: riant; **~klima** n (het) sterk wisselend klimaat; **2los** onaantrekkelijk; **~mittel** n (het) opwekkend middel, (het) pepmiddel; **~ung** f prikkeling, opwekking; **2voll** aantrekkelijk; **~wäsche** f sekslingerie.
rekeln: *sich ~* zich ongegeneerd uitrekken.
Reklam|ation f reclamatie; **~e** f reclame; **2ieren** (-) reclameren.
rekonstruieren (-) reconstrueren.
Rekord m (-*es*; -*e*) (het) record; **~zeit** f recordtijd.
Rekrut m (-*en*) rekruut; **2ieren** (-) rekruteren.
Rektor m (-*s*; -*en*) (*Schul*2) (het) (school)hoofd; (*Hochschul*2) rector (magnificus); **~in** f directrice.
relativ relatief, betrekkelijk; **~ieren** (-) relativeren.
relevan|t relevant; **2z** f relevantie.
Relief n (-*s*; -*s od* -*e*) (het) reliëf.

Religion f religie, godsdienst; ~s-unterricht m (het) godsdienstonderwijs.
religiös religieus, godsdienstig; **2iosität** f godsdienstigheid, religiositeit.
Relikt n (-es; -e) (het) relict, (het) overblijfsel.
Reling f (-; -s) reling.
Reliquie f relikwie.
Rempelei f (het) geduw; 2n (weg)duwen.
Renaissance f renaissance (a. fig).
Rendezvous n (-; -) (het) rendez-vous.
Rendite f (het) rendement.
Renn|bahn f renbaan; ~boot n raceboot; **2en*** (sn) rennen (a. Sp), hollen; ~en n wedstrijd; (*Laufen a.*) wedloop; ~er m (*Ware*) (het) succesartikel; ~fahrer m coureur; (*Rad* 2 a.) wielrenner; ~rad n racefiets; ~sport m rensport; ~stall m renstal; ~strecke f (het) parcours; ~wagen m raceauto.
renommiert gerenommeerd, befaamd.
renovier|en (-) vernieuwen; *Wohnung* renoveren; 2ung f vernieuwing; renovatie.
rentab|el rendabel; 2ilität f rentabiliteit.
Rente f rente; (*Alters* 2) (het) pensioen. ~n-versicherung f pensioenverzekering, (het) pensioenfonds.
rentieren (-); *sich* ~ renderen.
Rentner(in f) m rentenier(ster f); (*Alters* 2) gepensioneerde (*a. fig*).
Reparatur f reparatie, herstelling; ~werkstatt f herstelplaats; (*Auto* 2) garage.
reparieren (-) repareren, herstellen.
Repertoire n (-s; -s) (het) repertoire.
Report|age f reportage; ~er(in f) m (vrouwelijke f) reporter.
Repräsent|ant(in f) m (-en) representant(e f); 2ativ representatief; 2ieren (-) representeren.
Repressalien f/pl represailles pl.
reprivatisier|en (-) reprivatiseren; 2ung f reprivatisering.
Reproduktion f reproduktie.
Reptil n (-s; -ien) (het) reptiel.
Republik f republiek; ~aner m republikein; 2anisch republikeins.
Reservat n (-es; -e) (het) reservaat.
Reserve f reserve.
Reserve|- *in Zssgn* reserve-, *z.B.* ~rad n (het) reservewiel; ~tank m reservetank.

reservier|en (-) reserveren; ~t gereserveerd; 2ung f reservering.
Reservoir n (-s; -e) (het) reservoir.
Residenz f residentie.
Resign|ation f berusting, gelatenheid; 2ieren (-) zich erbij neerleggen, berusten; 2iert berustend, gelaten.
resolut resoluut; 2ion f resolutie.
Resonanz f resonantie; *fig* weerklank.
resozialisieren (-) reclasseren.
Respekt m (-es; 0) (het) respect, (het) ontzag, eerbied; 2ieren (-) respecteren; 2los respectloos; 2voll eerbiedig.
Ressort n (-s; -s) (het) gebied; afdeling.
Ressourcen f/pl hulpbronnen pl.
Rest m (-es; -e) rest, (het) overschot; *Hdl* (het) restant.
Restaurant n (-s; -s) (het) restaurant.
restaurieren (-) restaureren (*a. fig*).
Rest|bestand m restanten n/pl; ~betrag m (het) resterend bedrag; 2lich resterend, overblijvend; 2los volkomen, totaal; ~posten m (het) restant; ~urlaub m nog resterende vakantiedagen pl.
Resultat n (-es; -e) (het) resultaat.
Resümee n (-s; -s) (het) resumé.
Retortenbaby n reageerbuisbaby.
rett|en redden (*vor* (*D*) van); *sich* ~ *vor* (*D*) weten te ontkomen aan; 2er m redder; 2erin f redster.
Rettich m (-s; -e) rammenas.
Rettung f redding.
Rettungs|- *in Zssgn mst* reddings-, *z.B.* ~aktion f reddingsactie; ~boot n reddingsboot; ~dienst m reddingsdienst; 2los reddeloos; ~mannschaft f reddingsploeg; ~ring m reddingsboei; ~schwimmer m reddingszwemmer; ~station, ~stelle f reddingspost; ~wagen m ambulance; ~weste f (het) reddingsvest.
Reu|e f (het) berouw, spijt; 2en: *etw reut mich* ik heb spijt van iets; 2e-voll, 2ig, 2mütig berouwvol, rouwmoedig.
Revanch|e f revanche; 2ieren (-): *sich* ~ zich revancheren.
Revers n *od* m (-; -) revers.
revidieren (-) (*ändern*) herzien.
Revier n (-s; -e) (het) gebied, (het) terrein, (het) district; (*Polizei* 2) (het) politiebureau.
Revision f revisie, herziening; *jur* cassatie.

Revolte 474

Revolt|e f revolte, opstand; ⁀**ieren** (-) revolteren.
Revolution f revolutie; ⁀**är 1.** u. **2.** ⁀ m (-s; -e) revolutionair.
Re|volver m revolver; ⁀**vue** f revue.
rezens|ieren (-) recenseren, bespreken; ⁀**ion** f recensie, bespreking.
Rezept n (-es; -e) (het) recept; ⁀**frei** zonder recept verkrijgbaar.
Rezeption f receptie.
rezeptpflichtig alleen op recept verkrijgbaar.
Rezession f recessie.
R-Gespräch n (het) b.o.-gesprek.
Rhabarber m rabarber.
Rhein m: der ⁀ de Rijn; ⁀**isch** van (od aan) de Rijn; ⁀**länder(in** f) m Rijnlander m, Rijnlandse f.
rhetorisch retorisch.
Rheuma n (-s; 0) (het) reuma; ⁀**tisch** reumatisch; ⁀**tismus** m (-; 0) reumatiek.
Rhythmus m (-; Rhythmen) (het) ritme.
richten richten; (zurechtmachen) klaarmaken; jur vonnissen; ⁀ **an** (A) Frage, Brief etc. richten tot; sich ⁀ **nach** (D) zich richten naar.
Richter|(in f) m (vrouwelijke f) rechter; ⁀**lich** rechterlijk.
Richtgeschwindigkeit f aanbevolen maximumsnelheid.
richtig juist, goed; (echt) echt; ⁀ **gehen** Uhr: goed lopen; ⁀**keit** f juistheid.
richtigstell|en rechtzetten; ⁀**ung** f rechtzetting.
Richt|linie f richtlijn; ⁀**preis** m adviesprijs; ⁀**schnur** f (het) richtsnoer.
Richtung f richting; ⁀**s-anzeiger** m richting(aan)wijzer.
riechen* ruiken (a. fig).
Riege f (turn)ploeg.
Riegel m grendel; (Schokolade) reep.
Riemen m riem (a. Ruder⁀).
Riese m (-n) reus.
rieseln ruisen; stromen; (regnen) motregenen.
Riesen|- in Zssgn mst reuzen-; F (enorm) reuze-, z.B. ⁀**erfolg** m (het) reuzesucces; ⁀**groß,** ⁀**haft** reusachtig; ⁀**rad** n (het) reuzenrad; ⁀**skandal** m (het) enorm schandaal; ⁀**stark** F reuzesterk.
ries|ig reusachtig; ⁀**in** f reuzin.
Riesling m (-s; -e) riesling.
Riff n (-es; -e) (het) rif.

rigoros rigoureus.
Rille f voor, groef.
Rind n (-es; -er) (het) rund.
Rinde f schors, bast; (von Nahrungsmitteln) korst.
Rind|er-braten m (het) gebraden rundvlees; ⁀**fleisch** n (het) rundvlees; ⁀**s-leder** n (het) rundle(d)er; ⁀**vieh** n (het) rundvee; P stommeling, (het) beekje.
Ring m (-es; -e) ring (a. Sp u. fig); ⁀**eln**: sich ⁀ krullen; ⁀**el-natter** f ringslang.
ring|en* wringen; Sp u. fig worstelen; **nach Atem** ⁀ naar adem snakken; ⁀**en** n worsteling; fig a. strijd; Sp worstelwedstrijd; ⁀**er** m worstelaar.
Ring|finger m ringvinger; ⁀**förmig** ringvormig; ⁀**kampf** m worstelwedstrijd; ⁀**richter** m scheidsrechter.
rings: ⁀ **um** (A) om ... heen, rondom.
Ringstraße f ringweg.
rings-um rondom, in het rond.
Rinn|e f geul; (Abfluß) goot; (Regen⁀) pijp; ⁀**en*** (sn) vloeien, stromen; ⁀**sal** n (-es; -e) (het) stroompje, (het) beekje.
Ripp|chen n kul kotelet; ⁀**e** f rib.
Rippen|fellentzündung f borstvliesontsteking; ⁀**speer** m od n (-es; 0) gezouten varkenskotelet; ⁀**stoß** m stoot (od por) in de ribben.
Risiko n (-s; -s od Risiken) (het) risico.
risk|ant gewaagd, riskant; ⁀**ieren** (-) riskeren.
Riß m (-sses; -sse) scheur (a. im Stoff), spleet, barst; (Haut⁀) kloof; (Bruch, a. fig) scheur(ing).
rissig gebarsten, gescheurd; Haut: gesprongen.
Rist m (-es; -e) wreef; (Hand⁀) rug.
Ritt m (-es; -e) rit.
Ritter m ridder; ⁀**lich** ridderlijk.
rittlings schrijlings.
Ritual n (-s; -e od -ien) (het) ritueel.
Ritze f spleet, reet; ⁀**n** (-t) krassen; Haut schrammen.
Rival|e m (-n) rivaal; ⁀**in** f rivale; ⁀**ität** f rivaliteit.
Rizinusöl n wonderolie.
Roastbeef n (-s; -s) rosbief (a. het).
Robbe f rob, zeehond.
Roboter m robot.
robust robuust.
röcheln reutelen, rochelen.
Rochen m Zool rog.
Rock m (-es; ⁀e) rok.

rodel|n (*a. sn*) sleeën, rodelen; ⚖**schlitten** *m* (rodel)slee.
roden rooien.
Rogen *m* (vis)kuit.
Roggen *m* rogge; **~brot** *n* (het) roggebrood.
roh rauw; *Mineral u. fig* ruw; ⚖**bau** *f* ruwbouw.
Roheit *f* rauwheid; ruwheid.
Roh|kost *f* rauwkost; **~ling** *m* (-s; -e) bruut; **~material** *n* (het) ruw (*od* onbewerkt) materiaal; **~öl** *n* ruwe olie.
Rohr *n* (-*es*; -*e*) buis, pijp; *Bot* (het) riet; (*e-r Waffe*) loop.
Röhre *f* buis, pijp; (*Back*⚖) oven; *Rf* lamp, buis.
Rohr|leitung *f* pijp-, buisleiding; **~post** *f* buispost; **~zucker** *m* rietsuiker.
Rohstoff *m* grondstof; ⚖**arm** (⚖**reich**) arm (rijk) aan grondstoffen.
Rolladen *m* (-*s*; - *od* **~**) (het) rolluik.
Roll|bahn *f* *Flgw* startbaan; **~braten** *m* rollade; **~e** *f* rol (*a. Thea*); (*Kugel, Rad a.*) (het) rolletje; (*Garn*⚖) (het) klosje; ⚖**n rollen**; *Flugzeug*: taxiën; *Wagen bsd*: rijden; **ins** ⚖ **bringen** aan het rollen brengen; **~kragen** *m* rolkraag; **~kragenpullover** *m* coltrui; **~er** *m* step, autoped; (*Motor*) scooter; **~mops** *m* rolmops.
Rollo *n* (-*s*; -*s*) (het) rolgordijn, rouleau.
Roll|schinken *m* blaasham; **~schuhe** *m/pl* rolschaatsen *pl*; **~schuhläufer(in** *f*) *m* rolschaatser *m*, rolschaatster *f*; **~stuhl** *m* rolstoel; **~stuhlfahrer** *m* persoon in een rolstoel; **~treppe** *f* roltrap.
Rom *n* Rome.
Roman *m* (-*s*; -*e*) roman; **~ik** *f* Romaanse kunst; ⚖**isch** Romaans; **~tik** *f* romantiek; ⚖**tisch** romantisch.
Romanze *f* romance.
Römer(in *f*) *m* Romein(se *f*).
römisch Romeins; **~-katholisch** rooms-katholiek.
röntgen röntgenen; ⚖**aufnahme** *f* röntgenfoto.
rosa 1. roze; **2.** ⚖ *n* (-*s*; -*s*) (het) roze.
Rös|chen *n* (het) roosje.
Rose *f* roos (*a. Med*).
Rosen|kohl *m* spruitjes *n/pl*; **~kranz** *m* rozenkrans; **~montag** *m* carnavalsmaandag; **~stock**, **~strauch** *m* rozestruik.
rosig roze(kleurig); *fig* rooskleurig.

Rosine *f* rozijn; (*klein*) krent.
Roß *n* (-*sses*; -*sse od* **~***sser*) (het) ros, (het) paard; **~haar** *n* (het) paardehaar.
Rost *m* **1.** (-*es*; *0*) roest; **2.** (*Gitter, a. Brat*⚖) (-*es*; -*e*) rooster (*a.* het); **~braten** *m* (het) geroosterd vlees.
rosten (*a. sn*) roesten.
röst|en *kul* roosteren; *Kaffee* branden; ⚖**er** *m* (*Brot*⚖) broodrooster.
rost|frei roestvrij; ⚖**ig** roestig; ⚖**schutzmittel** *n* (het) roestwerend middel.
rot 1. (**~***er od* -*er*; **~***est od* -*est*) rood (*a. Pol*); ⚖**es Kreuz** (het) Rood Kruis; **2.** ⚖ *n* (-*s*; -[*s*]) (het) rood.
Röte *f* roodheid; (*Wangen*⚖) blos.
Röteln *pl* rodehond.
röten: sich ~ rood worden (*a. fig*).
rot|glühend roodgloeiend (*a. fig*); **~haarig** roodharig; ⚖**haut** *f* roodhuid.
Rot|käppchen *n* Roodkapje *n*; **~kehlchen** *n* (het) roodborstje; **~kohl** *m* rodekool.
rötlich roodachtig; *Haar*: ros(sig).
Rot|licht *n* (het) rood licht; **~stift** *m* (het) rood potlood (*a. fig*); **~wein** *m* rode wijn; **~wild** *n* (het) rood wild.
Rotznase *f* P snotneus (*a. fig*).
Roulade *f* blinde vink.
Roulett *n* (-*es*; -*e od* -*s*) roulette.
Route *f* route.
Routine *f* routine; **~kontrolle** *f* routinecontrole.
routiniert geroutineerd.
Rowdy *m* (-*s*; -*s*) relschopper.
Rübe *f* raap (*a. P Kopf*); **gelbe ~** wortel; (*rote*) **~** biet.
Rubel *m* roebel.
rüber(-) F = *herüber* (-), *hinüber* (-).
Rubin *m* (-*s*; -*e*) robijn.
Ruck *m* (-*es*; -*e*) ruk.
Rück|ansicht *f* (het) achteraanzicht; **~antwort** *f* (het) antwoord; *Post*: antwoordkaart.
ruck-artig met een ruk (*od* schok).
Rück|blende *f* flash-back; **~blick** *m* terugblik; ⚖**blickend** terugblikkend; (*hinterher*) achteraf (gezien); ⚖**datieren** (-) antedateren.
rücken (op)schuiven; (*ziehen, marschieren*) trekken.
Rücken *m* rug; **~deckung** *f* rugdekking; **~lage** *f* rugligging; **~lehne** *f* rugleuning; **~mark** *n* (het) ruggemerg; **~schmerzen** *m/pl* rugpijn, pijn in de

Rückenschwimmen

rug; ~schwimmen *n* rugslag; ~wind *m* wind in de rug, wind mee (*a. fig*).

rückerstatt|en, ~ung *f* = zurückerstatten, Zurückerstattung.

Rückfahr|karte *f* (het) retourkaartje; ~scheinwerfer *m* (het) achteruitrijlicht.

Rück|fahrt *f* terugreis; ~fall *m* terugval; *Med* inzinking; *jur* recidive; 2fällig ~werden recidiveren; ~flug *m* retourvlucht; ~frage *f* vraag om nadere inlichtingen; (*Gegenfrage*) wedervraag; ~gabe *f* teruggave; ~gang *m* achteruitgang; (*Preis*2, *Umsatz*2) daling; 2gängig: ~ machen tenietdoen, ongedaan maken; ~gewinnung *f* terug-, herwinning; ~grat *m* ruggegraat (*a. fig*); ~halt *m* ruggesteun; 2haltlos zonder (enig) voorbehoud; ~hand *f Sp* backhand; ~kauf *m* terugkoop; ~kehr *f* terugkeer; ~kopplung *f* terugkoppeling; ~lagen *f*/*pl* reserves *pl*; 2läufig teruglopend, dalend, achteruitgaand; ~licht *n* (het) achterlicht; 2lings ruggelings, achterover; (*von hinten*) in de rug, van achteren; ~nahme *f* terugneming; ~porto *n* porto (*a.* het) voor antwoord.

Rückreise *f* terugreis; ~verkehr *m* (het) terugkerend (toeristisch) verkeer.

Rucksack *m* rugzak; ~tourismus *m* (het) rugzaktoerisme; ~tourist *m* rugzaktoerist.

Rück|schlag *m* terugslag; *fig* tegenslag; ~schluß *m* gevolgtrekking; ~schritt *m* stap achteruit, achteruitgang; ~seite *f* achterkant, achter-, ommezijde; ~sendung *f* terug-, retourzending.

Rücksicht *f* inachtneming, overweging, consideratie; achting; ~ nehmen auf (*A*) rekening houden met; mit ~ auf (*A*) met het oog op; ohne ~ auf (*A*) zonder te letten op; ~nahme *f* consideratie.

rücksichts|los niets ontziend, meedogenloos; 2losigkeit *f* meedogenloosheid; (*Grobheit*) grofheid; ~voll attent.

Rück|sitz *m* achterbank; (*Motorrad*2) duozitting; ~spiegel *m* achteruitkijkspiegel; ~sprache *f* ruggespraak, (her)overleg; ~stand *m* achterstand; (*Rest*) rest; 2ständig achtergebleven; *pej* achterlijk; *Zahlung*: achterstallig; ~stau *m Verkehr*: staart van de file, verkeersopstopping; ~tausch *m* omruiling; (*Geld*2) (het) terugwisselen; ~tritt *m* (het) aftreden, (het) ontslag; *Hdl* terug-

treding; ~trittbremse *f* terugtraprem; ~vergütung *f* terugbetaling, teruggave; ~versicherung *f* herverzekering; ~wand *f* achterwand.

rückwärt|ig achterwaarts; ~s achteruit; 2s-gang *m* achteruit.

Rück|weg *m* terugweg; 2wirkend met terugwerkende kracht; ~wirkung *f* (*Folge*) repercussie; ~zahlung *f* terugbetaling; ~zieher *m*: e-n ~ machen terugkrabbelen; ~zug *m* terug-, aftocht.

rüde ruw, grof.

Rüde *m* (-n) (*Hund*) reu.

Rudel *n* kudde, troep (*a. fig*).

Ruder *n* roeiriem, -spaan; (*Steuer*) (het) roer; ~boot *n* roeiboot; ~er *m* roeier; ~in *f* roeister; 2n roeien.

Ruf *m* (-*es*, -*e*) roep, schreeuw, kreet; (*Leumund*) reputatie, naam; *Tel* (het) telefoonnummer.

rufen* roepen (nach (*D*) om).

Rüffel *m* (het) standje, uitbrander; 2n een uitbrander geven.

Ruf|name *m* voornaam; ~nummer *f* (het) telefoonnummer.

Rüge *f* berisping; 2n berispen; *etw* afkeuren, laken.

Ruhe *f* rust; (*Gleichmut*) kalmte; in ~ lassen met rust laten; sich zur ~ setzen met pensioen gaan; ~! stilte!; 2los rusteloos; 2n rusten; (*aus*~ *a.*) uitrusten; *Arbeit, Verkehr, Verhandlungen*: stilliggen; ~pause *f* rustpauze; ~stand *m* (het) pensioen; ~störung *f* rustverstoring; ~tag *m* rustdag.

ruhig rustig, kalm.

Ruhm *m* (-*es*; *0*) roem.

rühm|en roemen; sich ~ (*G*) zich beroemen op; ~lich prijzenswaardig.

ruhm|los roemloos; ~reich roemrijk.

Ruhr *f Med* dysenterie.

Rühr|ei *n* (het) roerei; 2en 1. *v*/*t* roeren; *fig* ontroeren; sich ~ bewegen, zich verroeren; 2. *v*/*i* (*hervorgehen*) voortspruiten (uit), komen (van); 2end ontroerend, aandoenlijk.

Ruhrgebiet *n* (het) Ruhrgebied.

rühr|ig bedrijvig, actief; ~selig sentimenteel; 2ung *f* ontroering.

Ruin *m* (-*s*; *0*) ondergang, (het) verval, (het) failliet; ~e *f* ruïne; 2ieren (-) ruïneren.

rülps|en (-*t*) oprispen, F boeren; 2er *m* oprisping, F boer.

rum(-) F = **herum.**
Rum *m* (*-s*; *-s*) rum.
Rumän|ien *n* Roemenië *n*; **2isch** Roemeens.
Rummel *m* (het) gedoe, drukte; **~platz** *m* kermis; (het) lunapark.
rumoren (-) rommelen.
Rumpel|kammer *f* rommelkamer; **2n** (*a. sn*) rommelen; *Wagen*: hobbelen.
Rumpf *m* (*-es; ~e*) romp.
rümpfen *Nase* optrekken.
Rumpsteak *n* rumpsteak.
rund rond (*a. fig*); **~ um** (*A*) rond(om); **2blick** *m* (het) panorama; **2e** *f* ronde (*a. Sp*); (*Kreis*) (het) rond; (*Getränke*2) (het) rondje; **~en** (*sich*) (zich) ronden; **2fahrt** *f* rondrit; (*Schiffs*2) rondvaart.
Rundfunk *m* radio; (*Anstalt*) radio-omroep; *im* ~ op de radio.
Rundfunk|- *in Zssgn mst* radio-, *z.B.* **~anstalt** *f* radio-omroep; **~gebühr** *f* (het) luistergeld; **~gerät** *n* (het) radiotoestel; **~hörer** *m* luisteraar; **~sender** *m* radiozender, (het) omroepstation; **~sendung** *f* radiouitzending.
Rund|gang *m* ronde, rondgang; **2heraus** ronduit; **2herum** = **rundum; 2lich** rondachtig; (*dick*) mollig, gezet; **~reise** *f* rondreis; **~schreiben** *n* circulaire, (het) rondschrijven; **2um** rondom, in het rond; **~ung** *f* ronding (*a. Körper*2); **~wanderweg** *m* (het) wandelparcours; **2weg** ronduit, rondweg.
runter(-) F = **herunter**(-), **hinunter**(-).
Runz|el *f* (-; -*n*) rimpel, plooi; (*Stirn*2 *bsd*) frons; **2(e)lig** rimpelig, gerimpeld; gefronst; **2eln** rimpelen, plooien; fronsen.
Rüpel *m* kinkel, lummel, vlegel; **2haft** lomp, vlegelachtig.
rupfen plukken (*a. fig*), rukken; uittrekken.
ruppig ruig; *Pers*: onbehouwen.
Ruß *m* (*-es; 0*) (het) roet.
Russe *m* (-*n*) Rus.
Rüssel *m* slurf; (*Schweine*2, *Insekten*2) snuit.
Russ|in *f* Russin; **2isch** Russisch.
Rußland *n* Rusland *n*.
rüsten *mil* zich bewapenen; (*sich*) ~ (*zu D*) (zich) gereedmaken (voor).
rüstig flink, kras.
rustikal rustiek.
Rüstung *f* uitrusting; *mil* bewapening; **~s-industrie** *f* wapenindustrie; **~s-kontrolle** *f* wapenbeheersing.
Rüstzeug *n fig* vakkennis, bagage.
Rute *f* roede (*a. Maß u. Anat*); (*Zweig a.*) twijg.
Rutsch|bahn, **~e** *f* glij-, roetsjbaan; **2en** (*a. sn*) glijden, schuiven; *Auto*: slippen; **2fest** antislip; **2ig** glad; **~partie** *f* glijpartij; slippartij.
rütteln schudden; *v/i a.* schokken; ~ *an* (*D*) rukken aan; *fig* tornen aan.

S

Saal *m* (*-es; Säle*) zaal.
Saat *f* (het) zaad; (*das Säen*) (het) zaaien; **~gut** *n* (het) zaaigoed.
Säbel *m* sabel.
Sabot|age *f* sabotage; **~eur** *m* (*-s; -e*) saboteur; **2ieren** (-) saboteren.
Sach|bearbeiter(in *f*) *m* (ter zake) bevoegd ambtenaar (ambtenares *f*); **~beschädigung** *f* materiële beschadiging; **~buch** *n* (het) populair-wetenschappelijk boek; **2dienlich** ter zake dienend, desbetreffend.
Sache *f* zaak (*a. jur*), (het) ding; **~n** *pl* F (*Besitz, Kleider*) spullen *n/pl*; **e-e ~ für sich** een apart geval, een geval op zich(zelf); *zur ~* (**gehören, kommen**) ter zake (doen, komen).
sach|gemäß zakelijk, vakkundig; objectief; doelmatig; **2kenner** *m* deskundige; **2kenntnis** *f* kennis van zaken; **~kundig** des-, vakkundig; **2lage** *f* stand van zaken; **~lich** zakelijk, objectief; (*inhaltlich*) feitelijk, inhoudelijk.
sächlich *Gr* onzijdig.

Sach·schaden *m* materiële schade.
Sachse *m* (-n) Sakser.
sächsisch Saksisch.
sachte *Adv* zachtjes, stilletjes.
Sach|verhalt *m* (-*e*s; -*e*) toedracht; (*Lage*) stand van zaken; **~verstand** *m* kennis van zaken, deskundigheid; **~verständige(r)** deskundige; **~wert** *m* reële waarde; **~e** *pl* voorwerpen *pl* van waarde; **~zwang** *m* feitelijke noodzaak.
Sack *m* (-*e*s; *ⁿe*) zak; **~gasse** *f* doodlopende straat; *fig* (het) slop, impasse; **~hüpfen** *n* (het) zaklopen.
Sadis|mus *m* (-; 0) (het) sadisme; **~t(in** *f*) *m* (-*en*) sadist(e *f*); **2tisch** sadistisch.
sä|en zaaien; **2er** *m* zaaier.
Safari *f* (-; *s*) safari.
Safe *m* (-*s*; -*s*) safe, brandkast.
Safran *m* (-*s*; -*e*) saffraan.
Saft *m* (-*e*s; *ⁿe*) (het) sap; (*Fleisch2*) jus; *Med* (het) drankje; *fig* (*Energie*) fut, pit; **2ig** sappig; *Fleisch*: mals; *fig* (*kräftig, kernig*) flink, pittig; (*derb*) pikant, schuin.
Sage *f* sage; (*Gerücht*) (het) gerucht.
Säge *f* zaag; **~blatt** *n* (het) zaagblad; **~mehl** *n* (het) zaagsel.
sagen zeggen; *etw* (*nichts*) *zu* **~** *haben* iets (niets) te vertellen hebben; *das hat nichts zu* **~** dat wil niets zeggen; *offen gesagt* eerlijk gezegd.
sägen zagen.
sagenhaft legendarisch; *fig* F geweldig, ongelofelijk.
Säge|späne *m/pl* (het) zaagsel; **~werk** *n* houtzagerij.
Sahne *f* room; (*Schlag2*) slagroom; **~eis** *n* (het) roomijs; **~torte** *f* slagroomtaart.
Saison *f* (-; -*s*) (het) seizoen; **2abhängig, 2al, 2bedingt** afhankelijk van het seizoen; **2bereinigt** voor het seizoen gecorrigeerd; **~zuschlag** *m* seizoentoeslag.
Saite *f* snaar; **~n-instrument** *n* (het) snaarinstrument.
Sakko *m od N* (-*s*; -*s*) (het) colbert(jas)je.
Sakrament *n* (-*e*s; -*e*) (het) sacrament.
Sakrileg *n* (-*s*; -*e*) heiligschennis.
Sakristei *f* sacristie.
Salamander *m* salamander.
Salami *f* (-; -*s*) salami(worst).
Salat *m* (-*e*s; -*e*) sla; **~kopf** *m* krop sla, slakrop; **~öl** *n* slaolie.

Salb|e *f* zalf; **2en** zalven; **~ung** *f* zalving; **2ungs·voll** zalvend.
Saldo *m* (-*s*; -*s od Saldi od Salden*) (het) saldo; **~übertrag** *m* (het) op nieuwe rekening overgebracht saldo.
Salmonellen *f/pl* salmonella's *pl*.
Salon *m* (-*s*; -*s*) salon (*a.* het); **2fähig** beschaafd; maatschappelijk aanvaard.
salopp nonchalant.
Salpeter *m* salpeter (*a.* het); **~säure** *f* (het) salpeterzuur.
Salto *m* (-*s*; -*s od Salti*) salto.
Salut *m* (-*e*s; -*e*) (het) saluut; **2ieren** (-) salueren.
Salve *f* (het) salvo.
Salz *n* (-*e*s; -*e*) (het) zout; **2arm** zoutarm; **2en** (-*t*) zouten; **~faß** *n* (het) zoutvaatje; **~hering** *m* pekelharing; **2ig** zout(ig); *Wasser a., Träne*: zilt; **~kartoffeln** *f/pl* gekookte aardappelen *pl*; **2los** zoutloos; **~säure** *f* (het) zoutzuur; **~stange** *f* zoute stengel; **~streuer** *m* (het) zoutvaatje; **~wasser** *n* (het) zout water.
Samariter *m* Samaritaan (*a. fig*).
Same *m* (-*ns*; -*n*), **~n** *m* (het) zaad.
Samen|erguß *m* zaadlozing; **~korn** *n* zaadkorrel; **~übertragung** *f* kunstmatige inseminatie.
sämig gebonden.
Sammel|büchse *f* collectebus; **~fahrschein** *m* (het) groepsbiljet; strippenkaart; **2n** verzamelen; inzamelen, collecteren; (*zusammenbringen*) bijeenbrengen; *sich* **~** bijeenkomen, zich verzamelen; *fig* bedaren; zich concentreren; **~punkt** *m*, **~stelle** *f* verzamelplaats; **~surium** *n* (-*s*; -*rien*) mengelmoes, (het) allegaartje; **~wut** *f* verzamelwoede.
Samm|ler(in *f*) *m* verzamelaar(ster *f*); collectant(e *f*); **~lung** *f* verzameling; (*das Sammeln*) (het) verzamelen; inzameling, collecte; *fig* zelfbeheersing; concentratie; (*Gedicht2*) bundel.
Samstag *m* zaterdag; *am* **~**, **2s** zaterdags.
samt (*D*) met (inbegrip van); **~** *und sonders* geheel en al, allemaal.
Samt *m* (-*e*s; -*e*) (het) fluweel; **~handschuh** *m* fluwelen handschoen (*a. fig*).
sämtlich *Adv* allemaal; (*vollständig*) compleet; **~e** *pl* alle *pl*, al de *pl*.

Sanatorium n (-s; -rien) (het) sanatorium.

Sand m (-es; -e) (het) zand.

Sandale f sandaal.

Sand|bank f (-; ⸚e) zandbank; **~boden** m zandgrond; **~burg** f (het) zandkasteel; ⸚**ig** zand(er)ig; **~kasten** m zandbak; **~körnchen** n zandkorrel; **~männchen** n (het) zandmannetje, Klaas Vaak; **~papier** n (het) schuurpapier; **~sack** m zandzak; **~stein** m zandsteen (a. het); **~strand** m (het) zandstrand; **~sturm** m zandstorm; **~uhr** f zandloper; **~weg** m zandweg.

Sandwich n (-[e]s od -; -[e]s) sandwich.

sanft zacht; (friedfertig) zachtaardig; ⸚**mut** f zacht(moedig)heid; **~mütig** zachtaardig, zachtmoedig.

Sänger(in f) m zanger(es f).

sanier|en (-) saneren; ⸚**ung** f sanering; ⸚**ungs·gebiet** n (het) saneringsgebied.

sanitär sanitair; ⸚**anlagen** f/pl (het) sanitair, sanitaire voorzieningen pl.

Sanitäter m E.H.B.O.-er; mil hospitaalsoldaat.

Sanitäts·raum m E.H.B.O.-kamer.

Sankt Sint; **~ Peter** Sint-Pieter.

Sanktion f sanctie; ⸚**ieren** (-) sanctioneren.

Saphir m (-s; -e) saffier.

Sardelle f ansjovis.

Sardinen f/pl sardines pl.

Sarg m (-es; ⸚e) doodkist.

Sarkas|mus m (-; -men) (het) sarcasme; ⸚**tisch** sarcastisch.

satanisch duivels, satans.

Satellit m (-en) satelliet (a. fig); **~enfernsehen** n satelliettelevisie; **~enstadt** f satellietstad.

Satin m (-s; -s) (het) satijn.

Satir|e f satire; ⸚**isch** satirisch.

satt verzadigd, zat; Farbe: vol, diep; **es ~ haben** het beu (od zat od moe) zijn; **etw ~ bekommen** genoeg krijgen van iets.

Sattel m (-s; ⸚) (het) zadel; ⸚**fest** zadelvast (a. fig); ⸚**n** zadelen; **~schlepper** m truck (met oplegger).

sättig|en verzadigen; ⸚**ung** f verzadiging.

sattsam voldoende, genoegzaam.

Satz m (-es; ⸚e) Gr zin; (Sprung) sprong, zet; (Garnitur) stel, serie, set; (Kaffee⸚) drab, (het) koffiedik; (Boden⸚) bezinksel; (Tarif) (het) tarief; (Tennis) set; Typ. (het) zetten; (Lehrsatz) stelling; **~lehre** f zinsleer.

Satzung f (het) statuut, (het) reglement; ⸚**s·widrig** in strijd met de statuten.

Sau f (-; ⸚e od -en) zeug; (Wildschwein) (het) (wild) zwijn; fig P smeerlap.

sauber schoon, net, zindelijk, zuiver; fig keurig (a. Adv); iron mooi, fraai; **~halten** schoonhouden; ⸚**keit** f zuiverheid (a. fig), zindelijkheid; (von Arbeit, Schrift) netheid; **~machen** schoonmaken, zuiveren (bsd fig), reinigen.

säuber|n = saubermachen; ⸚**ung** f reiniging, zuivering (a. fig).

saublöd P oerstom.

sauer zuur (a. Gesicht); fig F (böse) kwaad; **saurer Regen** zure regen; ⸚**braten** m (het) gemarineerd vlees.

Sauerei f P smeerlapperij.

Sauer|kirsche f morel; **~kraut** n zuurkool.

säuerlich zurig, zuur(achtig).

Sauer|milch f zure melk; **~stoff** m zuurstof; **~stoffmangel** m (het) zuurstofgebrek; ⸚**süß** zuurzoet; **~teig** m (het) zuurdeeg.

saufen* Tier: drinken; P zuipen.

Säufer m P zuiplap, dronkaard.

Sauferei f P zuiperij, (het) gezuip.

Säuferin f P zuipster.

saugen* zuigen.

säug|en zogen; ⸚**e·tier** n (het) zoogdier.

saug|fähig goed absorberend; ⸚**flasche** f zuigfles.

Säugling m (-s; -e) zuigeling; **~s·sterblichkeit** f zuigelingensterfte.

Säule f zuil, pilaar, kolom; fig steunpilaar; **~n·gang** m zuilengang.

Saum m (-es; ⸚e) zoom.

säumen v/t zomen; fig omzomen.

säumig nalatig, in gebreke blijvend.

Sauna f (-; -s od -nen) sauna.

Säure f (het) zuur; (Geschmack) zuurheid; ⸚**fest** zuurvast.

säuseln ritselen, suizelen.

sausen (-t; a. sn) suizen, gieren; F (eilen) stuiven.

Sau|stall m varkensstal (a. P fig); **~wetter** n P (het) rot-, hondeweer.

Savanne f savanne.

Saxophon n (-s; -e) saxofoon.

S-Bahn f = Schnell-, Stadtbahn; **~hof** m (het) stadsspoorstation; **~netz** n (het) stadsspoornet.

Schabe f Zool kakkerlak; (*Motte*) mot; ♀n schrapen; *Käse, Fleisch* raspen.

Schabernack m (-*es*; -*e*) poets, streek.

schäbig sjofel; (*gering*) schamel; (*gemein*) gemeen, beroerd; (*kleinlich*) krenterig, kleingeestig; ♀**keit** f sjofelheid; schamelheid; gemeenheid.

Schablone f sjabloon, (het) patroon.

Schach n (-*es*; 0) schaakspel; ~**spielen** schaken; **in ~ halten** in bedwang houden; ~**brett** n (het) schaakbord.

Schacher m (het) gesjacher; ~**er** m sjacheraar; ♀n sjacheren.

Schach|figur f (het) schaakstuk; *fig* pion; ♀**matt** schaakmat; ~**spiel** n (het) schaakspel.

Schacht m (-*es*; ⁓e) schacht (*a. Bgb*), koker.

Schachtel f (-; -n) doos.

Schachzug m zet (*a. fig*).

schade jammer, spijtig; (*wie*) ~**!** (wat) jammer!

Schädel m schedel, hersenpan; ~**bruch** m schedelbreuk.

schaden (*D*) schaden, schade berokkenen; (*benachteiligen a.*) benadelen; *das schadet nichts* dat geeft niets.

Schaden m (-*s*; ⁓) schade; (*Nachteil*) (het) nadeel; (*Verletzung*) (het) letsel; *zu ~ kommen* verlies lijden; (*verletzt werden*) gewond raken; ~**ersatz** m schadevergoeding; ~**freiheits-rabatt** m no-claim-korting; ~**freude** f (het) leedvermaak; ♀**froh** vol leedvermaak.

Schadens|anzeige f schadeaangifte; ~**fall** m (het) schadegeval; ~**regulierung** f schaderegeling.

schadhaft beschadigd, defect.

schädig|en benadelen, schade berokkenen; ♀**ung** f benadeling, schade.

schädlich schadelijk; nadelig.

Schädling m (-*s*; -*e*) (het) schadelijk dier; (*Pflanze*) schadelijke plant; *Pers*: (het) schadelijk individu; ~**s-bekämpfung** f bestrijding van schadelijke planten en dieren.

Schadstoff m schadelijke stof; ♀**arm** arm aan schadelijke stoffen; ♀**frei** vrij van schadelijke stoffen.

Schaf n (-*es*; -*e*) (het) schaap; *fig a.* sufferd; ~**bock** m ram.

Schäfer m schaapherder; ~**hund** m herdershond; ~**in** f herderin.

schaffen¹ (*arbeiten*) werken, bezig zijn; (*tun*) doen; (*ver⁓*) verschaffen, bezorgen; (*bewältigen*) klaarspelen; (*befördern*) vervoeren, brengen; *j-m zu ~ machen* iem veel last bezorgen.

schaffen²* scheppen, voortbrengen, tot stand brengen; *wie geschaffen sein zu* (*D*) in de wieg gelegd zijn voor.

Schaf-fleisch n (het) schapevlees.

Schaffner(in f) m conducteur m, conductrice f.

Schaft m (-*es*; ⁓e) schacht; (*Griff*) (het) heft, steel; ~**stiefel** m/pl kaplaarzen pl.

Schaf|wolle f schapewol; ~**zucht** f schapenteelt.

schal verschaald; *fig* flauw, laf.

Schal m (-*s*; -*e od* -*s*) sjaal.

Schale f schil; (*Nuß* ♀) bolster; (*Eier* ♀) schaal; (*Muschel* ♀) schaal, schelp; (*Gefäß*) schaal, kom, schotel.

schälen schillen; *Ei* pellen.

Schalentiere n/pl schelp- en schaaldieren n/pl.

schalkhaft schalks, guitig.

Schall m (-*es*; ⁓e od -*e*) (het) geluid, klank; (*Widerhall*) galm; ~**dämpfer** m geluiddemper; ♀**dicht** geluiddicht.

schallen* klinken; galmen; ~**d** *Beifall*: daverend; *Gelächter*: schaterend.

Schall|geschwindigkeit f geluidssnelheid; ~**mauer** f geluidsmuur.

Schallplatte f (grammofoon)plaat; ~**n-geschäft** n platenwinkel.

schalten schakelen (*a. Auto*); F (*begreifen*) snappen.

Schalter m schakelaar; (*Bank* ♀, *Post* ♀) (het) loket; ~**beamte(r)** loketbeambte; ~**halle** f, ~**raum** m lokettenhal; ~**schluß** m sluiting der loketten; ~**stunden** f/pl uren n/pl waarin de loketten geopend zijn.

Schalt|hebel m schakelhefboom; ~**jahr** n (het) schrikkeljaar; ~**knüppel** m *Auto*: pook; ~**tafel** f (het) schakelbord.

Schaltung f *Tech* schakeling; (*das Schalten*) (het) schakelen.

Schaluppe f sloep.

Scham f schaamte; *Anat* schaamdelen n/pl.

schämen: sich ~ (*G*) zich schamen (over).

Scham|gefühl n (het) schaamtegevoel; ~**haar** n (het) schaamhaar; ♀**haft** be-

Scheide

schaamd, bedeesd; (*sittsam*) zedig; ⚹**los** schaamteloos, onbeschaamd.
Schande *f* schande.
schänden schenden; (*vergewaltigen*) verkrachten.
Schand|fleck *m* schandvlek; **⚹tat** *f* schanddaad.
Schank|erlaubnis *f* (tap)vergunning; **⚹tisch** *m* (het) buffet.
Schanze *f* schans (*a. mar u. Sp*).
Schar *f* menigte, schare, schaar, groep.
scharen zich verzamelen.
scharf (*⚹er*; *⚹st*) scherp (*a. fig*); *Speise a.*: pikant; *Getränk*: sterk; *Kampf*: heftig; *Fahrt*, *Ritt*: snel; *Hund*: agressief; V (*geil*) heet; *bremsen*, *vorgehen* krachtig; ⚹ **sein auf** (*A*) etw verzot zijn op; *j-n* gek zijn op; *pej* willen versieren; ⚹**blick** *m* scherpzinnigheid.
Schärfe *f* scherpte (*a. fig*); (*Klarheit a.*) scherpheid; (*Geistes*⚹) scherpzinnigheid; ⚹**n** scherpen (*a. fig*), wetten; *sich* ⚹ scherp(er) worden.
scharf|kantig scherphoekig; ⚹**macher** *m* ophitser; (*Dogmatiker*, *Pedantischer*) scherpslijper; ⚹**schütze** *m* scherpschutter; ⚹**sinn** *m* scherpzinnigheid; ⚹**sinnig** scherpzinnig.
Schärfung *f* (het) scherpen; *fig bsd* verfijning.
Scharlach *m* (*-s*; *-e*) *Med* roodvonk.
Scharnier *n* (*-s*; *-e*) (het) scharnier.
scharren krabben, scharrelen; (*reiben a.*) schrapen.
Scharte *f* kerf, insnijding.
Schaschlik *m od n* (*-s*; *-s*) sjasliek.
Schatten *m* schaduw (*a. fig*); (*Geist*) schim; ⚹**kabinett** *n* (het) schaduwkabinet; ⚹**seite** *f* schaduwzijde (*a. fig*).
Schattierung *f fig* schakering, nuance.
schattig schaduwrijk.
Schatz *m* (*-es*; *⚹e*) schat (*a. Pers u. fig*); ⚹**anweisung** *f* (het) schatkistbiljet.
Schätz|chen *n* (het) schatje; ⚹**en** (*-t*) schatten; (*achten*) waarderen, op prijs stellen; ⚹**en·lernen** leren waarderen; **⚹er** *m* schatter, taxateur.
Schatzmeister *m* penningmeester.
Schätzpreis *m* geschatte prijs.
Schätzung *f* schatting; taxatie; (*Budget* ⚹ *bsd*) raming; (*Achtung*) waardering; ⚹**s·weise** naar schatting.
Schatzwechsel *m* schatkistpromesse.
Schätzwert *m* geschatte waarde.

Schau *f* (*Ausstellung*) tentoonstelling, vertoning; (*Revue*) show (*a. fig*), revue; **zur ⚹ stellen** uitstallen; *fig* te koop lopen met; ⚹**bild** *n* (het) diagram.
Schauder *m* huivering, rilling; ⚹**haft** huiveringwekkend; ⚹**n** huiveren, rillen; *mir* (*od mich*) **schaudert** (*vor D*) ik huiver (voor).
schauen kijken.
Schauer *m* rilling; (*Regen*⚹) bui, vlaag; ⚹**geschichte** *f* (het) griezelverhaal; ⚹**lich** akelig, ijselijk; ⚹**n** huiveren.
Schaufel *f* (*-*; *-n*) schop, schep; (*Rad*⚹, *Turbinen*⚹) schoep; ⚹**n** scheppen; (*graben*) graven.
Schaufenster *n* (het) uitstalraam, etalage; ⚹**bummel** *m* wandeling langs de etalages; *e-n* ⚹ **machen** langs de winkels flaneren, winkelen; ⚹**dekorateur** *m* etaleur.
Schaukel *f* (*-*; *-n*) schommel; ⚹**n** schommelen; *j-n* wiegen; ⚹**pferd** *n* (het) hobbelpaard; ⚹**stuhl** *m* schommelstoel.
Schaulustige(r) kijklustige.
Schaum *m* (*-es*; *⚹e*) (het) schuim.
schäumen schuimen; *Wein*: mousseren.
Schaum|gebäck *n* (het) schuimpje; ⚹**gummi** *m* schuimrubber; ⚹**ig** schuimend; ⚹**schläger** *m* praatjesmaker; ⚹**stoff** *m* schuimstof; ⚹**wein** *m* mousserende wijn.
Schau|platz *m* schouwplaats, (het) toneel; ⚹**prozeß** *m* (het) showproces.
schaurig huiveringwekkend, ijselijk.
Schauspiel *n* (het) schouwspel; *Thea* (het) toneelstuk; ⚹**er** *m* acteur, toneelspeler; ⚹**erin** *f* actrice, toneelspeelster; ⚹**kunst** *f* toneel(speel)kunst.
Scheck *m* (*-s*; *-s*) cheque; ⚹**gebühr** *f* chequekosten *pl*; ⚹**heft** *n* (het) chequeboekje.
scheckig gevlekt, bont.
Scheckkarte *f* (het) betaalpasje.
scheel scheel; (*neidisch*) afgunstig.
scheffeln *fig* bijeenschrapen.
Scheibe *f* schijf; (*Glas*⚹) ruit; (*Schnitte*) sne(d)e, plak; *e-e* ⚹ *Brot* een boterham.
Scheiben|bremse *f* schijfrem; ⚹**waschanlage** *f* ruitesproei-installatie; ⚹**wischer** *m* ruitewisser.
Scheich *m* (*-es*; *-e od -s*) sjeik.
Scheid|e *f* schede (*a. Anat*); ⚹**en*** scheiden; *sich* ⚹ **lassen** scheiden; *aus dem Amt* ⚹ ontslag nemen, aftreden; ⚹**ung** *f*

scheiding; ~ungs·klage f eis tot echtscheiding.

Schein m (-*es*; -*e*) schijn; (*Licht a.*) (het) schijnsel; (*Bescheinigung*) (het) bewijs, (het) document; (*Geld*♀) (het) (bank-)biljet; (*Studien*♀) (het) testimonium; **zum ~** voor de schijn.

Schein- in Zssgn mst schijn-; **~asylant** m asielzoeker om oneigenlijke redenen; **♀bar** schijnbaar; **♀en*** schijnen; *fig a.* lijken; **♀heilig** schijnheilig; **~werfer** m schijnwerper, (het) zoeklicht; (*Auto*♀) koplamp.

Scheiß|e f P stront; *fig* rotzooi; **~!** stik (de moord)!, shit!; **♀en*** P schijten; **~ auf** (*A*) schijt hebben aan.

Scheit n (-*es*; -*e*) (het) blok.

Scheitel m top, kruin; *Haar*: scheiding.

Scheiter|haufen m brandstapel; **♀n** (*sn*) mislukken, schipbreuk lijden.

Schelle f bel, schel; *Tech* zadelklem; **♀n** bellen, schellen.

Schellfisch m schelvis.

Schelm m (-*es*; -*e*) schelm (*a. Schurke*), guit, schalk; **~erei** f schelmenstreek, (het) kattekwaad; **♀isch** schalks, guitig.

Schelte f (het) standje, berisping; **♀n*** berispen, een standje geven, opspelen (tegen); (*schimpfen*) schelden.

Schema n (-*s*; -*s* od -*ta*) (het) schema; **♀tisch** schematisch.

Schemel m (het) krukje, taboeret; (*Fuß*♀) voetbank.

schemenhaft schimmig.

Schenke f (het) café.

Schenkel m dij; *Math* (het) been.

schenk|en schenken, geven; (*ein~*) (in-)schenken; *etw* **geschenkt bekommen** cadeau krijgen; **~ung** f schenking, gift; **~ungs·steuer** f (het) schenkingsrecht.

Scherbe f scherf; **in ~n gehen** aan diggelen vallen.

Schere f schaar.

scheren 1. * scheren; *Hecke* snoeien; **2.** kunnen schelen; **es schert mich nicht** het kan mij niets schelen; **sich ~ um** (*A*) zich bekommeren om.

Scherereien f/pl last, rompslomp, (het) geharrewar.

Scherz m (-*es*; -*e*) scherts, grap; **zum ~** voor de grap; **~artikel** m (het) schertsartikel; **♀en** (-*t*) schertsen, gekheid maken; **♀haft** schertsend.

scheu 1. schuw, beschroomd, schichtig (*bsd Tier*); **2.** ♀ f schuwheid, schroom; (*Ehrfurcht*) (het) ontzag.

scheuchen ver-, wegjagen.

scheuen schuwen, ontzien; *keine Mühen, Kosten* sparen; *Pferd*: schichtig worden; **sich ~ vor** (*D*) opzien tegen.

Scheuer|bürste f boender, borstel; **♀n** schuren; **~tuch** n dweil.

Scheuklappen f/pl oogkleppen pl (*a. fig*).

Scheune f schuur.

Scheusal n (-*s*; -*e*) (het) monster.

scheußlich afschuwelijk; **♀keit** f afschuwelijkheid.

Schi(-) *s.* **Ski**(-).

Schicht f laag (*a. fig*); (*Arbeits*♀) ploeg; (*Arbeitszeit*) werktijd; **~arbeit** f, **~dienst** m ploegendienst; **♀en** opstapelen, in lagen leggen; **~wechsel** m ploegenwisseling.

schick 1. chic; **2.** ♂ m (-*es*; 0) chic.

schicken sturen, zenden; **sich ~** passen, horen; (*sich fügen*) zich schikken, terechtkomen; **sich ~** (*in A*) zich schikken (in).

Schickeria f (-; 0) chic, jet-set.

Schickimicki m (-*s*; -*s*) modefan, modefreak; modesnufjes n/pl.

schicklich behoorlijk, betamelijk.

Schicksal n (-*s*; -*e*) (het) lot; *pej* (het) noodlot; **~e** pl lotgevallen n/pl; **♀haft** beslissend; *pej* fataal, noodlottig.

Schieb|e·dach n (het) schuifdak; **♀en*** schuiven; (*drücken bsd*) duwen; **~er** m schuiver, klep, schuif; (*Riegel*) grendel; F zwendelaar; **~e·tür** f schuifdeur; **~ung** f fig knoeierij, zwendel.

Schieds|gericht n (het) scheidsgerecht; **~richter** m scheidsrechter; **~spruch** m scheidsrechterlijke uitspraak; **~verfahren** n arbitrageprocedure.

schief scheef, schuin; (*krumm*) krom.

Schiefer m lei (*a. het*), leisteen (*a. het*); **~dach** n (het) leiendak.

schief|gehen mislopen; **~lachen: sich ~** F zich krom lachen.

schielen scheel zien; *fig* gluren.

Schienbein n (het) scheenbeen.

Schiene f rail, spoorstaaf; *Med* spalk; **♀n** *Med* spalken; **~n·bus** m railbus; **~n·verkehr** m (het) railverkeer.

schier *Adv* schier, welhaast.

Schieß|bude f schiettent; **♀en*** schie-

schlammig

ten; (*wachsen a.*) groeien; ~erei *f* (het) geschiet; (*Gefecht*) schietpartij; ~platz *m* (het) schietterrein; ~pulver *n* (het) buskruit; ~scheibe *f* (het) schietschijf; ~stand *m* schietbaan.

Schiff *n* (-*es*; -*e*) (het) schip; *mar a.* boot.

Schiffahrt *f* scheepvaart; ~s·linie *f* scheepvaartlijn.

schiff|bar bevaarbaar; ⩔bau *m* scheepsbouw; ⩔bruch *m* schipbreuk; ~ *erleiden* schipbreuk lijden (*a. fig*); ⩔brüchige(r) *m* schipbreukeling; ⩔er *m* schipper; ⩔er-klavier *n* (het) accordeon.

Schiffs|- *in Zssgn mst* scheeps-, *z.B.* ~ladung *f* scheepslading; ~raum *m* (het) (scheeps)ruim; ~reise *f* scheepsreis; ~werft *f* scheepswerft.

Schikan|e *f* chicane, pesterij; ⩔ieren (-) pesten, treiteren, sarren; ⩔ös pesterig.

Schild 1. *n* (-*es*; -*er*) (het) bord(je), plaat; (*Papier* ⩔) (het) etiket; (*Verkehrs* ⩔) (het) bord; **2.** *m* (-*es*; -*e*) (het) schild; *etw im ~e führen* iets in het schild voeren; ~drüse *f* schildklier.

schilder|n schilderen, beschrijven; ⩔ung *f* schildering, beschrijving.

Schildkröte *f* schildpad.

Schilf *n* (-*es*; -*e*) (het) riet, biezen *pl*; ~dach *n* (het) rieten dak.

schillern glinsteren.

Schilling *m* (-*s*; -*e*) schilling.

Schimmel *m* (*Pferd u. Bot*) schimmel; ⩔n beschimmelen.

Schimmer *m* glans, (het) schijnsel; *fig* (*Ahnung*) (het) idee, notie; (*Spur*) zweem, (het) zweempje; *keinen blassen ~ haben von* (*D*) geen flauw idee (*od* benul) hebben van.

schimmern glanzen, schijnen.

Schimpanse *m* (-*n*) chimpansee.

schimpf|en (*auf A*) schelden (op), kijven (op); *j-n etw ~* iem uitmaken voor iets; ⩔wort *n* (het) zweempje; scheldwoord.

schind|en *j-n u.* (**sich**) (zich) afbeulen; ⩔erei *f* (het) afbeulen; (*Arbeit*) (het) gezwoeg.

Schinken *m* ham; *fig* (*Buch*) pil.

Schippe *f* schop, schep; ⩔n scheppen.

Schirm *m* (-*es*; -*e*) (het) scherm; (*Regen* ⩔) paraplu; (*Sonnen* ⩔) parasol; (*Mützen* ⩔) klep; (*Lampen* ⩔) kap; *fig* (*Schutz*) bescherming; ~dach *n* luifel, (het) afdak; ~herrschaft *f* (het) beschermheerschap; ~lampe *f* schemerlamp; ~mütze *f* pet; ~ständer *m* paraplubak.

schizophren schizofreen.

Schlacht *f* (veld)slag; ⩔en slachten; ~en-bummler *m* meegereisd supporter.

Schlächter *m* slager; ~ei *f* slagerij.

Schlacht|feld *n* (het) slagveld; ~hof *m* slachterij, (het) abattoir; ~schiff *n* (het) slagschip; ~vieh *n* (het) slachtvee.

Schlacke *f* slak; (*Kohlen* ⩔ *bsd*) sintel.

Schlaf *m* (-*es*; *0*) slaap; ~abteil *n* slaapcoupé; ~anzug *m* pyjama.

Schläfe *f* slaap.

schlafen* slapen; *~ gehen, sich ~ legen* gaan slapen.

schlaff slap (*a. fig*).

Schlaf|lied *n* (het) slaapliedje; ⩔los slapeloos; ~losigkeit *f* slapeloosheid; ~mittel *n* (het) slaapmiddel; ~mütze *f* slaapmuts (*a. fig*).

schläfrig slaperig (*a. fig*).

Schlaf|sack *m* slaapzak; ~stadt *f* slaapstad; ~tablette *f* slaaptablet (*a. het*); ~wagen *m* slaapwagen.

schlafwand|eln slaapwandelen; ~ler(in *f*) *m* slaapwandelaar(ster *f*).

Schlafzimmer *n* slaapkamer.

Schlag *m* (-*es*; ~*e*) slag; (*Hieb a.*) klap; (*Auf* ⩔ *a.*) bons; *Med* beroerte; (*Art*) (het) slag, soort (*a.* het); *Schläge* *pl* (*Prügel*) slaag, klappen *pl*; ~ader *f* slagader; ~anfall *m* beroerte; ⩔artig plotseling; ~baum *m* slagboom; ~bohrer *m* klopboor; ⩔en* slaan; (*besiegen*) verslaan, kloppen; *sich ~* (*sich prügeln*) (met elkaar) vechten; ~end slaand; *Beweis:* afdoend.

Schlager *m* schlager, hit.

Schläger *m* (het) racket; (*Rowdy*) vechtersbaas; ~ei *f* vechtpartij.

schlag|fertig slagvaardig; ⩔instrument *n* (het) slaginstrument; ~kräftig slagvaardig; (*überzeugend*) overtuigend; ⩔loch *n* (het) gat (in het wegdek); ⩔sahne *f* slagroom; ⩔seite *f* slagzij; ⩔wort *n* leuze, slogan; ⩔zeile *f* (krante)kop; *~n pl machen* de voorpagina halen; ⩔zeug *n Mus* (het) slagwerk.

schlaksig slungelachtig.

Schlamassel *m od n* F (het) gedonder.

Schlamm *m* (-*es*; -*e*) slijk, modder; (*Ablagerung bsd*) (het) slib; ⩔ig slijkerig, modderig.

Schlampe 484

Schlamp|e f F slons, sloddervos; **≈en** F slonzen; **≈erei** f F slordigheid; **≈ig** slordig.
Schlange f slang (a. fig); (Reihe) rij; (Kolonne) file; **~ stehen** in de rij staan.
schlängeln: sich ~ kronkelen (a. Pers), slingeren; (durch e-e Menge) zich een weg banen.
Schlangen|gift n (het) slangegif; **~linie** f kronkellijn.
schlank slank; **≈heit** f slankheid; **≈heits-kur** f vermageringskuur.
schlapp slap (a. fig); **≈e** f f nederlaag; **~machen** F het opgeven; (ohnmächtig werden) flauwvallen; **≈schwanz** m F slappeling.
Schlaraffenland n (het) luilekkerland.
schlau slim; pej sluw, leep, F link; nicht **~ werden aus** (D) niet wijs kunnen worden uit.
Schlauch m (-es; ⁓e) slang; Auto: binnenband; **~boot** n rubberboot; **≈los** tubeless.
Schlauheit f slimheid; pej sluwheid.
schlecht slecht; **mir wird ~** ik word misselijk; **mir ist ~** ik voel me niet goed; **(das ist) nicht ~!** (dat is) niet gek!; **~er-dings** volstrekt, absoluut; (typisch) bij uitstek; **≈ig·keit** f slechtheid; **~machen** kwaadspreken over; **≈wetterperiode** f periode van slecht weer.
schlecken likken; (naschen) snoepen.
Schlegel m (Trommel≈) trommelstok; kul bout.
Schlehe f sleedoorn, sleepruim.
schleich|en* (sn) sluipen; **~end** sluipend; Krankheit: slepend; **≈weg** m sluipweg; **≈werbung** f sluikreclame.
Schleie f Zool zeelt.
Schleier m sluier (a. fig); (Dunst) (het) waas; **≈haft** onbegrijpelijk; (rätselhaft) raadselachtig.
Schleife f strik, lus; (Kurve) bocht.
schleif|en 1. slepen; (niederreißen) slopen, slechten; **2.** * Messer slijpen; **≈maschine** f slijpmachine.
Schleim m (-es; -e) (het) slijm; (~suppe) pap; **~haut** f (het) slijmvlies; **≈ig** slijmerig.
schlemm|en smullen; **≈er** m smuller, smulpaap; **≈erei** f smulpartij; **≈er-lokal** n (het) gastronomisch restaurant.
schlendern (a. sn) slenteren.

Schlendrian m (-es; 0) sleur.
schlenkern slingeren, zwaaien.
Schlepp|e f sleep; **≈en** slepen; (schwer tragen a.) sjouwen; (mit Gewalt ziehen a.) sleuren; **sich ~** zich slepen; **~er** m (Traktor) trekker, tractor; (Schiff) sleepboot; **~erei** f (het) gesleep; (het) gesjouw; (het) gesleur; **~lift** m sleeplift; **~seil** n sleepkabel; **~tau** n (het) sleeptouw; **j-n ins ~ nehmen** iem op sleeptouw nemen (a. fig); **≈zug** m sleep.
Schlesien n Silezië n.
Schleuder f (-; -n) slinger; (Wäsche≈) centrifuge; **~gefahr** f (het) slipgevaar; **≈n** slingeren, zwieren; Wäsche centrifugeren; **ins ≈ geraten** Auto: in een slip raken; **~preis** m afbraak-, spotprijs; **~sitz** m schietstoel.
schleunigst ten spoedigste, zo vlug mogelijk.
Schleuse f sluis; **≈n** (-t) schutten; fig loodsen.
schlicht eenvoudig, sober; (glatt) glad, sluik; **~en** (beilegen) beslechten, bijleggen; **≈er** m bemiddelaar; **≈heit** f eenvoud, soberheid; **≈ung** f bemiddeling, bijlegging, arbitrage.
Schlick m (-es; -e) (het) slijk, (het) slik.
schließ|en* sluiten; (folgern) afleiden, opmaken; (enden) Rede u. v/i eindigen; **~ auf** (A) concluderen tot, komen tot; **in sich ~** bevatten; **≈fach** n kluis, safe; **~lich** tenslotte; **≈ung** f sluiting; beëindiging.
Schliff m (-es; -e) (Edelstein≈) wijze van slijpen; (Lebensart) welgemanierdheid; **der letzte ~** de finishing touch.
schlimm erg, kwaad; Mensch, Nachricht: slecht; Lage: moeilijk, netelig; **das ist nicht ~** dat is niet erg; **~sten·falls** in het ergste geval.
Schlinge f lus, strik.
Schlingel m lummel, vlegel.
schling|en* slingeren, vlechten; (schlukken) slikken; (gierig essen) schrokken; **~ um** (A) slaan om, slingeren om; **~ern** slingeren; **≈pflanze** f slingerplant.
Schlips m (-es; -e) das.
Schlitten m sle(d)e; **~ fahren** sleeën.
schlittern (a. sn) glijden.
Schlittschuh m schaats; **~ laufen** schaatsen; **~läufer(in** f) m schaatser m, schaatsster f.

Schlitz *m* (-es; -e) gleuf, sleuf, spleet; (*Hosen*2) gulp; (*im Kleid*) split.
schlohweiß sneeuwwit.
Schloß *n* (-sses; ⸗sser) (het) slot; *Arch a.* (het) kasteel.
Schlosser *m* slotenmaker; bankwerker; (*Auto*2) monteur.
Schloß|park *m* (het) kasteelpark; ~**ruine** *f* kasteelruïne.
Schlot *m* (-(e)s; -e) schoorsteen.
schlottern (*a. sn*) beven, bibberen; *Kleidung:* flodderen, slobberen; *Knie:* knikken.
Schlucht *f* kloof, (het) ravijn.
schluchze|n (-*t*) snikken; ⸗**r** *m* snik.
Schluck *m* (-(e)s; -e) slok, teug; ~**auf** *m* (-; 0) hik; ⸗**en** slikken (*a. fig*); *Betrieb, Geld* opslokken; ~**impfung** *f* orale vaccinatie.
schlud|ern F slordig werken, knoeien; ~**(e)rig** slordig.
schlummern sluimeren.
Schlund *m* (-(e)s; ⸗e) (het) keelgat, slokdarm; strot; *fig* afgrond.
schlüpf|en (*sn*) glippen, slippen; *aus dem Ei* kruipen; ⸗**er** *m* slip, (het) slipje; ~**rig** glibberig; *fig* schuin.
Schlupfwinkel *m* schuilhoek.
schlurfen (*a. sn*) sloffen.
schlürfen slurpen.
Schluß *m* (-sses; ⸗sse) (het) slot, (het) einde; (*Folgerung*) gevolgtrekking, (het) besluit, conclusie; ~ **machen mit** (*D*) *etw* een eind maken aan; *j-m* het uitmaken met; ~ *jetzt!* en nou is het afgelopen!; **zum** ~ tenslotte; ~**bemerkung** *f* laatste opmerking; ~**bilanz** *f* slotbalans.
Schlüssel *m* sleutel (*a. Mus u. fig*); ~**bein** *n* (het) sleutelbeen; ~**blume** *f* sleutelbloem; ~**bund** *m od n* sleutelbos; ⸗**fertig** zo te aanvaarden; ~**industrie** *f* sleutel-, basisindustrie; ~**loch** *n* (het) sleutelgat; ~**stellung** *f* sleutelpositie; ~**wort** *n* (-(e)s; ⸗er) (het) codewoord; *fig* (het) sleutelwoord.
Schlußfolgerung *f* conclusie, gevolgtrekking.
schlüssig sluitend, kloppend; **sich ~ werden** tot een besluit komen.
Schluß|kurs *m* slotkoers; ~**licht** *n* (het) achterlicht; ~**notierung** *f* slotnotering; ~**pfiff** *m* *Sp* (het) eindsignaal; ~**strich** *m*: **e-n** ~ **ziehen unter** (*A*) *fig* een streep

zetten onder; ~**verkauf** *m* opruiming.
Schmach *f* smaad, schande.
schmachten smachten, snakken.
schmächtig tenger.
schmackhaft smakelijk, lekker.
schmäh|en smaden, honen; (*schlechtmachen*) verguizen, lasteren; ~**lich** smadelijk.
schmal (-*er od* ⸗*er*; -*st od* ⸗*st*) smal; (*dünn a.*) dun; (*eng a.*) eng; *fig* (*karg, knapp*) schraal, klein, gering.
schmälern verminderen; (*herabsetzen*) kleineren.
Schmal|film *m* smalfilm; ~**spur(bahn)** *f* (het) smalspoor.
Schmalz *n* (-es; -e) reuzel, (het) smout; ⸗**ig** vet(tig); *fig* sentimenteel.
schmarotz|en (-*t*; -) klaplopen, parasiteren; ⸗**er** *m* parasiet; *fig bsd* klaploper.
schmatzen (-*t*) smakken; (*küssen*) een klapzoen geven.
Schmaus *m* (-es; ⸗e) smulpartij; ⸗**en** (-*t*) smullen.
schmecken *v/i* (**nach** *D*) smaken (naar); *v/t* proeven.
Schmeich|elei *f* vleierij; ⸗**el-haft** vleiend; *Kleidung:* flatteus; ⸗**eln** (*D*) vleien; ~**ler(in** *f*) *m* vleier *m*, vleister *f*; ⸗**lerisch** vleiend; *pej* vleierig.
schmeiß|en* smijten, gooien; F *Runde* geven; ⸗**fliege** *f* brom-, vleesvlieg.
schmelz|en* smelten; ⸗**ofen** *m* smeltoven; ⸗**tiegel** *m* smeltkroes (*a. fig*).
Schmerz *m* (-es; -en) pijn; (*Kummer*) (het) verdriet, smart; ⸗**en** (-*t*) pijn doen; verdriet doen; ~**ens-geld** *n* (het) smartegeld; ⸗**frei** pijnloos; ⸗**haft** pijnlijk; ⸗**lich** smartelijk, pijnlijk; ⸗**lindernd** pijnstillend; ⸗**los** pijnloos; ⸗**stillend** pijnstillend; ~**tablette** *f* pijnstiller.
Schmetter|ball *m* smash; ~**ling** *m* (-s; -e) vlinder; ~**lings·stil** *m* *Sp* vlinderslag.
schmettern smijten, smakken; *Sp* smashen; (*singen, tönen*) schetteren; *Vogel:* kwetteren.
Schmied *m* (-(e)s; -e) smid; ~**e** *f* smidse, smederij; ~**e-arbeit** *f* (het) smeedwerk; ~**e-eisen** *n* (het) smeedijzer; ⸗**en** smeden (*a. fig*).
schmiegen| sich (**an** *A*) zich vlijen (tegen); ~**sam** buigzaam, soepel (*a. fig*); *Körper:* lenig.
Schmier|e *f* (het) vet, smeer (*a. het*); ⸗**en** smeren; (*klecksen*) morsen, knoeien;

Schmiererei

(*malen, schreiben*) kladden; (*bestechen*) omkopen; ~erei *f* (het) geknoei, (het) geklieder; ~geld *n* steekpenning; 2ig smerig (*a. fig*); (*fettig*) vettig; ~mittel *n* (het) smeermiddel; ~öl *n* smeerolie; ~seife *f* groene zeep.

Schminke *f* make-up, schmink; *Thea*. (het) grimeersel; 2n (*sich*) (zich) opmaken; *Thea* (zich) schminken, (zich) grimeren.

schmirgel|n schuren; 2papier *n* (het) schuurpapier.

Schmöker *m* F (het) ontspanningsboek; *pej* (het) prul; 2n met zijn neus in de boeken zitten.

schmollen pruilen.

Schmor|braten *m* (het) gestoofd vlees; 2en smoren (*a. fig*), stoven.

schmuck mooi, fraai; *Pers bsd*: knap.

Schmuck *m* (*-es; -e*) opschik, versiering; (*Juwelen*) sieraden *n/pl*.

schmücken (ver)sieren, tooien; *fig* opsmukken.

schmuck|los onopgesmukt, eenvoudig, sober; 2stück *n* (het) sieraad.

schmuddelig vuil, smoezelig, goor.

Schmugg|el *m* smokkel; 2eln smokkelen; ~el·ware *f* smokkelwaar, contrabande; ~ler *m* smokkelaar.

schmunzeln fijntjes lachen, gnuiven, zich verkneukelen.

schmusen (*-t*) knuffelen; *pej* vrijen; (*schmeicheln*) vleien.

Schmutz *m* (*-es; 0*) vuiligheid, (het) vuil; *fig bsd* smeerlapperij; ~fink *m* vuilik, viezerik (*a. fig*); ~fleck *m* vuile vlek; 2ig vuil, vies; *fig bsd* smerig.

Schnabel *m* (*-s; ¨*) snavel, bek.

Schnake *f* (*Mücke*) mug.

Schnalle *f* gesp; 2n gespen.

schnalzen (*-t*) klappen; (*mit Fingern*) knippen.

schnapp|en snappen; (*mit dem Mund*) happen; *Deckel*: springen; *Luft* ~ lucht happen; *e-n* pauze scheppen; 2schuß *m* snapshot, (het) kiekje.

Schnaps *m* (*-es; ¨e*) jenever, sterkedrank; (*ein Glas*) ~ borrel, (het) glaasje (jenever), neut; ~idee *f* F (het) gek idee.

schnarchen snurken, ronken.

schnattern snateren; *fig a.* kakelen, kwebbelen.

schnau|ben* *, ~fen snuiven (*a. erregt sein*), hijgen; (*schwer atmen a.*) puffen.

Schnauz|bart *m* snor; ~e *f* snuit, bek; P *a.* smoel; (*Ausguß*) tuit; **die ~ halten** zijn bek (*od* smoel) houden; 2en (*-t*) snauwen.

Schnecke *f* slak; (*Schraube*) schroef zonder einde; ~n·haus *n* (het) slakkehuis; ~n·tempo *n* (het) slakkegangetje.

Schnee *m* (*-s; 0*) sneeuw.

Schnee|- *in Zssgn mst* sneeuw-, *z.B.* ~ball *m* sneeuwbal; ~ballsystem *n* (het) sneeuwbalsysteem; 2bedeckt met sneeuw bedekt; ~besen *m* garde, eiwitklopper; ~decke *f* sneeuwlaag; ~fall *m* sneeuwval; ~flocke *f* sneeuwvlok; ~gestöber *n* sneeuwjacht; ~glätte *f* gladheid door sneeuw; ~glöckchen *n* (het) sneeuwklokje; ~grenze *f* sneeuwgrens; ~ketten *f/pl* *Auto*: sneeuwkettingen *pl*; ~mann *m* sneeuwman, -pop; ~matsch *m* sneeuwblubber; ~pflug *m* sneeuwploeg, -schuiver; ~regen *m* sneeuwregen; ~schmelze *f* (het) smelten van de sneeuw; 2sicher sneeuwzeker; ~sturm *m* sneeuwstorm; ~treiben *n* sneeuwjacht; ~verhältnisse *n/pl* toestand van de sneeuw; ~verwehung, ~wehe *f* opgewaaide sneeuw, sneeuwverstuiving; 2weiß sneeuw-, spierwit; ~wittchen *n* (het) Sneeuwwitje.

Schneid *m* (*-es; 0*) F durf, fut; ~brenner *m* snijbrander; ~e *f* sne(d)e, (het) scherp; 2en* snijden (*a. fig*); *Haar, mit Schere* knippen; (*mähen*) maaien; *Grimassen* trekken; *j-n* negeren; *sich ~ Straßen*: elkaar kruisen.

Schneider *m* kleermaker; ~in *f* naaister; 2n naaien, maken.

Schneide·zahn *m* snijtand.

schneidig energiek, flink, kranig.

schneien sneeuwen; *es schneit* het sneeuwt.

Schneise *f* sleuf; (*Wald*2 *bsd*) (het) gekapt pad.

schnell vlug, snel; *Adv a.* gauw; *Adv fahren bsd*: hard; *mach ~!* schiet op!; 2bahn *f* snelle tram; 2boot *n* raceboot; *mil* motortorpedoboot; ~en *v/i* (*sn*) op-, omhoogspringen; *in die Höhe Preise*: de hoogte inschieten; 2gaststätte *f* = Schnellimbiß; 2gericht *n* *kul* (het) snel gerecht; 2hefter *m* opbergmap; 2ig·keit *f* snel-, vlugheid; 2imbiß *m* snackbar, cafetaria, (het)

snelbuffet; **2kochtopf** *m* snelkookpan; **2kurs** *m* stoomcursus; **~stens** zo vlug mogelijk; **2straße** *f* weg voor snelverkeer; **2zug** *m* sneltrein.
Schnepfe *f* snip.
schneuzen (-*t*): *sich ~* (zijn neus) snuiten.
Schnickschnack *m* (-*es*; 0) F kletskoek, praatjes *n*/*pl*; (*Tand*) snuisterijen *pl*.
Schnippchen *n*: *j-m ein ~ schlagen* iem voor zijn.
schnippisch snibbig, vinnig, bits.
Schnipsel *m od n* snipper.
Schnitt *m* (-*es*; -*e*) (*das Schneiden*) (het) snijden; (het) knippen; (het) maaien; (*Ergebnis*) sne(d)e (*a. Wunde u. Buch*); (*Fasson*) snit, coupe; (*Film2*) montage; *im ~* gemiddeld; *s-n ~ machen* zijn slag slaan; **~blumen** *f*/*pl* snijbloemen *pl*; **~bohne** *f* snijboon; **~e** *f* sne(d)e, (het) sneetje; (*Käse*) plak; (*belegtes Brot*) boterham; **~fläche** *f* (het) snijvlak; **2ig** *fig* vlot, sierlijk; **~lauch** *m* (het) bieslook; **~muster** *n* (het) knippatroon; **~punkt** *m* (het) snijpunt; (*Kreuzung*) (het) kruispunt; **~stelle** *f* EDV interface; **~wunde** *f* snijwond(e).
Schnitz|el 1. *n od m* snipper; 2. *n* kul schnitzel; *Wiener ~* schnitzel, (het) gepaneerd kalfslapje; **2en** (-*t*) (in hout) snijden, houtsnijden; **~er** *m* houtsnijder; *fig* F flater, bok; **~erei** *f* (*Bild*) (het) houten beeld(je), (het) snijwerk; (*Kunst*) beeldsnijkunst.
schnöde snood, gemeen; (*geringschätzig*) minachtend.
Schnorchel *m* snorkel; **2n** met een snorkel duiken.
Schnörkel *m* krul, versiering.
schnorren P schooien.
schnüff|eln snuffelen; **2ler(in** *f*) *m* snuffelaar(ster *f*).
Schnuller *m* fopspeen, tut.
Schnulze *f* smartlap.
Schnupf|en *m* verkoudheid; *e-n ~ bekommen* kou vatten, verkouden worden; **~tabak** *m* snuif(tabak).
schnuppe F: *es ist ihm ~* het kan hem geen lor (*od* moer) schelen.
schnuppern snuffelen.
Schnur *f* (-; *~e od* -*en*) (het) snoer; (*Bindfaden*) (het) touw(tje), koord (*a.* het).
Schnür|chen *n*: *wie am ~* van een leien dakje; **2en** binden, snoeren.

schnurgerade lijnrecht.
Schnurr|bart *m* snor; **2en** snorren; *Katze*: spinnen.
Schnür|schuh *m* rijgschoen; **~senkel** *m* (schoen)veter.
schnur·stracks (regel-, lijn)recht.
Schock *m* (-*es*; -*s od* -*e*) schok; *Med* zenuwschok, shock; **2en, 2ieren** (-) schokken.
Schöffe *m* (-*n*) schepen; *jur* lekerechter.
Schokolade *f* chocolade.
Schokoladen|- *in Zssgn mst* chocolade-; **~plätzchen** *n* (het) flikje; **~streusel** *pl* (chocolade)hagelslag; **~tafel** *f* tablet (*a.* het) chocolade.
Scholle *f* 1. aardkluit, kluit (aarde); (*Gras2*) zode; (*Eis2*) (ijs)schots; 2. *Zool* schol.
schon al, reeds; (*wohl*) wel; *das ~!* dat wel!; *~ wieder* alweer.
schön mooi; *S. a.*: fraai; *Pers bsd*: knap; *Künste*: schoon; (*beträchtlich*) aardig; (*sehr*) heel, erg.
schonen (*sich*) sparen, (zich) ontzien; **~d** voorzichtig, met zachtheid.
Schön|färberei *f* rooskleurige voorstelling; **~heit** *f* schoonheid (*a. Pers*).
Schönheits|- *in Zssgn mst* schoonheids-, *z.B.* **~fehler** *m* schoonheidsfout; **~pflege** *f* schoonheidsverzorging; **~salon** *m* schoonheidssalon (*a.* het); **~wettbewerb** *m* schoonheidswedstrijd.
Schonkost *f* dieetkost, -voeding.
Schonung *f* omzichtigheid, (het) ontzien; (*Rücksichtnahme*) consideratie; **2s·los** meedogenloos, niets ontziend.
Schönwetter|lage *f* (het) aanhoudend mooi weer; **~periode** *f* periode van mooi weer.
Schonzeit *f* gesloten jachttijd.
Schopf *m* (-*es*; *~e*) haarbos, kuif.
schöpf|en scheppen (*a. Atem, Luft*), putten (*a. Kraft*); *Hoffnung, Argwohn, Vertrauen krijgen*; *Verdacht* gaan koesteren; **2er** *m* schepper; **~erisch** scheppend, creatief; **2kelle** *f*, **2löffel** *m* pol-, scheplepel; **2ung** *f* schepping.
Schoppen *m* (het) glas; (*Bier2 a.*) pot.
Schorf *m* (-*es*; -*e*) schurft; (*Kruste*) korst, roof; **2ig** korstig.
Schornstein *m* schoorsteen; **~feger** *m* schoorsteenveger.
Schoß *m* (-*es*; *~e*) schoot (*a. fig*);

Schoßhund

(*Rock* 2) pand (*a.* het); ~**hund** *m* (het) schoothondje.
Schote *f Bot* peul, dop.
Schotte *m* (-n) Schot.
Schotter *m* (het) steenslag.
Schott|**lin** *f* Schotse; 2**isch** Schots; ~**land** *n* Schotland n.
schraffieren (-) arceren.
schräg schuin, scheef; 2**heit** *f* schuinte.
Schramme *f* schram; (*Kratzer, Ritz*) kras.
Schrammelmusik *f* schrammelmuziek.
schrammen schrammen; krassen.
Schrank *m* (-*¢s*; -*e*) kast.
Schrank|**e** *f* slagboom; (*alle* versperring; (*Gerichts* 2) balie; *fig* grens, (het) perk; 2**weise** stap voor stap. 2**n·los** onbegrensd, onbeperkt.
Schrankwand *f* kastenwand.
Schraub|**deckel** *m* (het) schroefdeksel, sluitdop; ~**e** *f* schroef (*a. Sp etc.*).
schrauben schroeven (*a. fig*); 2**gewinde** *n* schroefdraad; 2**mutter** *f* (-; -*n*) moer; 2**schlüssel** *m* schroefsleutel; 2**zieher** *m* schroevedraaier.
Schraubstock *m* bankschroef.
Schrebergarten *m* (het) volkstuintje.
Schreck *m* (-*¢s*; -*e*) schrik; **vor** ~ van schrik; ~**bild** *n* (het) schrikbeeld; ~**en** *m* schrik; *des Krieges, Todes, Unwetters* verschrikking; ~**ens·herrschaft** *f* (het) schrikbewind; ~**gespenst** *n* (het) schrikbeeld; 2**haft** schrikachtig; 2**lich** verschrikkelijk, vreselijk, ontzettend.
Schrei *m* (-*¢s*; -*e*) schreeuw, kreet (*a. fig*), gil.
Schreib|- *in Zssgn mst* schrijf-, *z.B.* ~**arbeit** *f* (het) schrijfwerk; ~**block** *m* (het) schrijfblok, blocnote; ~**büro** *n* schrijfkamer; 2**en** **1.** * schrijven (*in f*) *m* schrijver, schrijfster *f*; ~**fehler** *m* schrijffout; ~**heft** *n* (het) schrift; ~**kraft** *f* typist(*e f*); ~**maschine** *f* schrijfmachine.
Schreibtisch *m* (het) bureau, schrijftafel; ~**lampe** *f* bureaulamp.
Schreibung *f* schrijfwijze, spelling.
Schreibwaren *f*/*pl* schrijfbehoeften *pl*; ~**geschäft** *n* kantoorboekhandel.
schrei|**en*** schreeuwen, gillen; ~**end** schreeuwend (*a. fig*).
Schreiner *m* schrijnwerker; ~**ei** *f* schrijnwerkerij.
schreiten* (*sn*) schrijden, stappen; (*dazu übergehen*) overgaan.

Schrift *f* (het) (hand)schrift; (*Text*) (het) geschrift; *die Heilige* ~ de Heilige Schrift; ~**deutsch** *n* Duitse schrijftaal; ~**führer** *m* secretaris; 2**lich** schriftelijk; ~**sprache** *f* schrijftaal; ~**steller** *m* schrijver, auteur; ~**stellerin** *f* schrijfster; 2**stellerisch** literair, letterkundig; ~**stück** *n* (het) geschrift, (het) stuk; ~**verkehr**, ~**wechsel** *m* briefwisseling; ~**zeichen** *n* (het) schriftteken.
schrill schril, schel.
Schritt *m* (-*¢s*; -*e*) stap, schrede, pas; ~ *fahren* stapvoets rijden; ~ *halten* gelijke tred houden (*a. fig*); *auf* ~ *und Tritt* overal; ~**macher** *m* gangmaker (*a. fig*); 2**weise** stap voor stap.
schroff steil; *fig* scherp, bars, ruw.
schröpfen F afzetten.
Schrot *n od m* (-*¢s*; -*e*) (het) schroot, hagel; (*Getreide* 2) (het) grof gemalen graan; ~**flinte** *f* (het) jachtgeweer.
Schrott *m* (-*¢s*; -*e*) (het) schroot, (het) oud ijzer; 2**reif** rijp voor de sloop.
schrubb|**en** schrobben; 2**er** *m* schrobber.
Schrulle *f* gril, kuur.
schrumpfen (*sn*) krimpen; *fig bsd* slinken; (*runzlig werden*) verschrompelen.
Schub *m* (-*¢s*; -*¢e*) (*Gruppe*) groep, drom; (*Antrieb*) stuwkracht; ~**karre** *f* kruiwagen; ~**kraft** *f* stuwkracht (*a. fig*); ~**lade** *f* la(de).
Schubs *m* (-*es*; -*e*) duw, (het) duwtje; 2**en** (-*t*) duwen, stoten.
schüchtern schuchter, bedeesd; 2**heit** *f* schuchterheid, bedeesdheid.
Schuft *m* (-*¢s*; -*e*) schoft, schavuit; 2**en** F zwoegen.
Schuh *m* (-*¢s*; -*e*) schoen.
Schuh|- *in Zssgn mst* schoen-, *z.B.* ~**anzieher** *m* schoenlepel; ~**bürste** *f* schoenborstel; ~**geschäft** *n* schoenwinkel, schoenenzaak; ~**größe** *f* schoenmaat; ~**krem** *f* schoencrème; ~**macher** *m* schoenmaker; ~**sohle** *f* schoenzool; ~**werk** *n* (het) schoeisel.
Schuko·steckdose *f* (het) veiligheidsstopcontact.
Schul|- *in Zssgn mst* school-, *z.B.* ~**abgänger** *m* schoolverlater; ~**abschluß** *m* (het) school-, einddiploma; ~**amt** *n* (*Behörde*) afdeling onderwijs; ~**arbeiten, ~aufgaben** *f*/*pl* (het) huiswerk;

~bildung f schoolopleiding, (het) onderwijs; **~buch** n (het) schoolboek.

schuld schuldig; **~ sein an** (D) schuld hebben aan; *du bist ~!* het is jouw schuld!

Schuld f schuld; **~bekenntnis** n schuldbekentenis; **♀en** j-m A schuldig zijn; (*verdanken bsd*) verschuldigd zijn.

Schulden|berg m berg schulden; **♀frei** vrij van schulden, onbezwaard; **~last** f schuldenlast.

Schuldfrage f schuldvraag.

Schul·dienst m (het) onderwijs.

schuldig schuldig; *j-m Dank, Rechenschaft, Achtung ~* sein *bsd* verschuldigd; **♀e(r)** schuldige; **♀keit** f plicht.

Schul·direktor m schooldirecteur, (het) schoolhoofd.

schuld|los onschuldig; **♀ner(in** f**)** m schuldenaar, schuldenares f; *Hdl bsd* debiteur m, debitrice f; **♀schein** m schuldbekentenis; **♀spruch** m (het) vonnis, schuldigverklaring.

Schule f school; *höhere ~* middelbare school; *in die ~ gehen* naar school gaan; **♀n** scholen, opleiden.

Schüler m leerling, scholier; **~austausch** m uitwisseling van scholieren; **~in** f leerlinge, scholiere; **~lotse** m verkeersbrigadier.

Schul|ferien pl schoolvakantie; **♀frei** vrijaf; **~funk** m schoolradio; **~hof** m speelplaats; **~jahr** n (het) schooljaar; **~junge** m schooljongen; **~kamerad** m schoolkameraad; **~leiter** m (het) schoolhoofd; **~mädchen** n (het) schoolmeisje; **~mappe** f school-, boekentas; **♀meistern** schoolmeesteren; **~pflicht** f leerplicht; **~reform** f onderwijshervorming; **~system** n (het) schoolsysteem; **~tasche** f school-, boekentas.

Schulter f (-; -n) schouder; **~blatt** n (het) schouderblad; **♀frei** schouderloos; **♀n** schouderen.

Schulung f scholing, opleiding.

Schul|wesen n (het) schoolwezen; **~zeugnis** n (het) schoolrapport.

schummeln F bedriegen, sjoemelen.

Schund m (-es; 0) bocht (*a.* het).

schunkeln meedeinen.

Schuppe f schub; (*Haut* ♀) schilfer; **~n** pl (*Haar* ♀) roos; *Zool* schubben pl.

Schuppen m loods, keet, (het) hok.

schuppig geschubd.

schüren *fig* aanwakkeren.

schürf|en graven, boren (*a. fig*); **♀wunde** f schaafwond(e).

Schurke m (-n) schurk.

Schurwolle f scheerwol.

Schürze f schort; **♀n** (-t) *Rock* opnemen; **~n-jäger** m rokkenjager.

Schuß m (-sses; ~sse) (het) schot (*a. Ball* ♀); *kul* scheut.

Schüssel f (-; -n) schotel (*a. Gericht*), schaal.

Schuß|waffe f (het) vuur-, schietwapen; **~wechsel** m (het) vuurgevecht; **~wunde** f schotwond(e).

Schuster m schoenmaker, -lapper.

Schutt m (-es; 0) (het) puin; (*Abfall*) afval (*a.* het).

Schüttelfrost m koude rillingen pl; **♀n** schudden (*a. Hand etc.*).

schütten storten; *Flüssigkeit* gieten; *es schüttet* het giet.

Schutthaufen m puinhoop.

Schutz m (-es; 0) bescherming; *mil bsd* beveiliging, verdediging; (*vor Unwetter*) beschutting; *fig a.* hoede; **~ suchen** beschutting zoeken, schuilen; **~blech** n (het) spatbord; **~brief** m reis- en kredietbrief; **~brille** f stof-, veiligheidsbril; **~dach** n (het) afdak.

Schütze m (-n) schutter.

schützen (-t): (*sich*) **~ vor** (D) (zich) beschermen (*od* beschutten) tegen.

Schutz·engel m beschermengel.

Schützen|graben m loopgraaf; **~könig** m schutterskoning.

Schutz|gebiet n (*Natur* ♀) (het) natuurreservaat; **~haft** f preventieve hechtenis; **~helm** m veiligheidshelm; **~herr(in** f**)** m beschermheer m, beschermvrouwe f; **♀impfen** (preventief) inenten; **~impfung** f (preventieve) inenting.

Schützling m (-s; -e) beschermeling(e f).

schutz|los onbeschermd, weerloos; **♀mann** m politieagent; **♀marke** f (het) handelsmerk; **♀maßnahme** f veiligheidsmaatregel; **♀zoll** m (het) beschermend recht.

Schwabe m (-n) Zwaab.

schwäbisch Zwabisch.

schwach (~er; ~st) zwak; (*dünn*) dun; *Getränk*: slap; *Gedächtnis*: slecht; *Börse, Nachfrage*: flauw.

Schwäche *f* zwakheid, zwakte; (*Neigung*) (het) zwak; ~**anfall** *m* flauwte.
schwächen verzwakken.
Schwach|heit *f* zwakheid, zwakte; ~**kopf** *m* stommeling.
schwäch|lich slap, teer; ♀**ling** *m* (*-s*; *-e*) zwakkeling; (*charakterlich*) slappeling.
Schwach|sinn *m* zwakzinnigheid; onzin, kletspraat; ~**sinnig** zwakzinnig; ~**strom** *m* zwakstroom.
Schwächung *f* verzwakking.
Schwaden *m* wasem, damp.
schwadronieren (-) grootspreken, zwetsen.
schwafeln F zwammen, bazelen, zwetsen.
Schwager *m* (*-s*; ⁇) zwager.
Schwägerin *f* schoonzus(ter).
Schwalbe *f* zwaluw.
Schwall *m* (*-es*; 0) vloed (*a. fig*), golf.
Schwamm *m* (*-es*; ⁇e) spons; *Bot* zwam; ♀**ig** sponsachtig; (*aufgedunsen*) opgezwollen; *fig* vaag, wazig.
Schwan *m* (*-es*; ⁇e) zwaan.
schwanger zwanger; ♀**e** *f* zwangere (vrouw).
Schwangerschaft *f* zwangerschap; ~**s-abbruch** *m*, ~**s-unterbrechung** *f* abortus (provocatus); ~**s-verhütung** *f* anticonceptie.
Schwank *m* (*-es*; ⁇e) klucht.
schwank|en schommelen (*a. Preise*); (*torkeln*) waggelen, wankelen; (*zaudern*) weifelen; ♀**ung** *f* schommeling.
Schwanz *m* (*-es*; ⁇e) staart; V (*Penis*) lul.
schwänzen (*-t*) spijbelen.
schwären zweren.
Schwarm *m* (*-es*; ⁇e) zwerm; (*Vogel* ♀ *a.*) vlucht; (*Fisch* ♀) school; (*Menschen* ♀) massa, drom; *Pers*: (het) idool, favoriet(e *f*).
schwärm|en zwermen; (**für** [*A*], **von** [*D*]) dwepen (met); ♀**er(in** *f*) *m* dweper *m*, dweepster *f*; ~**erisch** dweepziek.
Schwarte *f* (*Speck* ♀) (het) zwoerd; (*Buch*) (het) oud boek.
schwarz (⁇er; ⁇est) zwart (*a. fig*); (*verboten a.*) illegaal; ~ **auf weiß** zwart op wit.
Schwarz-arbeit *f* (het) zwart werk; ♀**en** zwart werken; ~**er(in** *f*) *m* zwartwerker *m*, zwartwerkster *f*.
Schwarzbrot *n* (het) roggebrood, (het) zwart brood.

Schwärze *f* zwartheid, (het) zwart; ♀**n** (*-t*) zwart maken.
Schwarze(r) zwarte (*a. f*), neger(in *f*).
schwarzfahr|en zwart rijden; ♀**er(in** *f*) *m* zwartrijder *m*, zwartrijdster *f*.
Schwarz|handel *m* zwarte handel; ~**händler** *m* zwart(e)handelaar; ~**hörer** *m* *Rf* clandestine luisteraar.
Schwarzmarkt *m* zwarte markt; ~**preis** *m* zwarte-marktprijs.
Schwarz|seher *m* zwartkijker (*a. Rf*), pessimist; ~**wald** *m*: **der** ~ het Zwarte Woud; ~**weißfilm** *m* zwart-witfilm; ~**wurzeln** *f/pl* schorseneren *pl*.
schwatzen (*-t*), **schwätzen** (*-t*) kletsen (*a. ausplaudern*), babbelen.
Schwätzer *m* babbelaar, kletskous, F kletsmajoor; ~**in** *f* kletskous.
schwatzhaft praatziek.
Schwebe *f*: **in der** ~ **lassen** in het onzekere laten; ~**bahn** *f* (het) zweefspoor; (*Seil* ♀) kabelbaan; ~**balken** *m* evenwichtsbalk; ♀**n** (*a. sn*) zweven; *Prozeß*: hangende zijn; ♀**nd** *Schuld*: vlottend.
Schwed|e *m* (*-n*) Zweed; ~**en** *n* Zweden *n*; ~**in** *f* Zweedse; ♀**isch** Zweeds.
Schwefel *m* zwavel; ♀**ig** zwavelig; ~**säure** *f* (het) zwavelzuur.
Schweif *m* (*-es*; *-e*) staart; ♀**en** *v/i* (*sn*) zwerven.
schweig|en 1. * zwijgen; **2.** ♀ *n* (het) zwijgen; ~**sam** zwijgzaam, stil.
Schwein *n* (*-es*; *-e*) (het) varken (*a. unreinlicher, unanständiger Mensch*); (*Wild* ♀) (het) zwijn; (*gemeiner Mensch*) smeerlap; ~ **haben** F boffen.
Schweine|- in *Zssgn mst* varkens-, *z.B.* ~**braten** *m* (het) varkensgebraad; ~**fleisch** *n* (het) varkensvlees; ~**hund** P smeerlap; ~**kamm** *m* schouderfricandeau (van het varken); ~**lende** *f* varkenshaasje; ~**rei** *f* P rotzooi; (*Unanständigkeit*) smeerlapperij; ~**schnitzel** *n* (het) gepaneerd varkenslapje; ~**stall** *m* varkensstal (*a. fig*).
Schweins|kopf *m* varkenskop (*a. fig*); ~**leder** *n* (het) varkensle(d)er.
Schweiß *m* (*-es*; 0) (het) zweet.
Schweiß|brenner *m* lasbrander; ♀**en** (*-t*) *Tech* lassen; ~**er** *m* *Tech* lasser.
schweiß|gebadet badend in het zweet; ♀**geruch** *m* zweetlucht.
Schweiz *f*: **die** ~ Zwitserland *n*; ~**er 1.** *m*

Zwitser; **2.** *Adj* Zwitsers; ~erin *f* Zwitserse; 2erisch Zwitsers.
schwelen smeulen (*a. fig*).
schwelgen (*in D*) zwelgen (in).
Schwell|e *f* drempel (*a. fig*), dorpel; *Esb* dwarsligger, biel(s); 2en **1.** *v/i* (*; *sn*) zwellen; **2.** *v/t* doen zwellen; ~**en-land** *n* (het) jong industrieland; ~**ung** *f* zwelling.
Schwemme *f fig* (*Flut*) vloed; *Hdl* overproduktie; 2n (*an*~) (aan)spoelen.
schwenken *v/i* zwenken; *v/t* zwaaien met (*a. Arme, Fahne*), wuiven met; (*spülen*) omspoelen; *kul* omschudden; sauteren.
schwer zwaar; (*ernst a*.) ernstig; *fig* (*schwierig*) moeilijk, lastig; *Zeit*: hard; **es ~ haben** het moeilijk hebben; 2**arbeit** *f* (het) zwaar werk; 2**behinderte(r)** zwaar gehandicapte, invalide; ~**blütig** flegmatisch, (*schwermütig*) zwaarmoedig; 2**e** *f* zwaarte, (het) gewicht; *Phys* zwaartekracht; ~**e-los** gewichtloos; ~**erziehbar** moeilijk opvoedbaar; ~**fallen** moeilijk vallen; ~**fällig** log, plomp; *geistig*: langzaam; 2**gewicht(ler** *m*) *n* (het) zwaargewicht; ~**hörig** hardhorig; 2**industrie** *f* zware industrie; 2**kraft** *f* zwaartekracht; ~**lich** bezwaarlijk, moeilijk; 2**metall** *n* (het) zwaar metaal; 2**mut** *f* zwaarmoedigheid; ~**mütig** zwaarmoedig; 2**punkt** *m* (het) zwaartepunt.
Schwert *n* (*-es*; *-er*) (het) zwaard.
schwer|tun: sich ~ het moeilijk hebben; 2**verbrecher** *m* gevaarlijk misdadiger; ~**verdaulich** moeilijk verteerbaar; ~**verletzt** zwaargewond; ~**verständlich** moeilijk te begrijpen; ~**wiegend** zwaarwegend, zwaarwichtig.
Schwester *f* (-; -n) zus(ter); *Rel* zuster; (*Kranken*2) zuster, verpleegster.
Schwieger|eltern *pl* schoonouders *pl*; ~**mutter** *f* schoonmoeder; ~**sohn** *m* schoonzoon; ~**tochter** *f* schoondochter; ~**vater** *m* schoonvader.
Schwiele *f* eelt.
schwierig moeilijk, lastig; 2**keit** *f* moeilijkheid.
Schwimm|bad *n* (het) zwembad; ~**becken** *n* (het) (zwem)bassin; 2**en*** (*a. sn*) zwemmen; (*treiben*) drijven; ~**er** *m* zwemmer; *Tech* vlotter; (*Angel*2) dobber; ~**erin** *f* zwemster; ~**flosse** *f* vin;

~**halle** *f* (het) overdekt zwembad; ~**lehrer** *m* zweminstructeur; ~**weste** *f* (het) zwemvest.
Schwindel *m Med* duizeling; *fig* zwendel, (het) (boeren)bedrog, oplichterij; F (*Kram*) rommel, handel, zooi; 2**erregend** duizelingwekkend; 2**frei** vrij van duizelingen; ~**gefühl** *n* duizeligheid; 2**n** duizelen; (*lügen*) jokken; *mir* (*od mich*) **schwindelt** ik ben duizelig.
schwinden* (*sn*) slinken, verminderen; (*ver*~) verdwijnen.
Schwind|ler *m* oplichter, zwendelaar; ~**lerin** *f* oplichtster, zwendelaarster; 2**lig** duizelig; *mir wird ~* ik word duizelig; ~**sucht** *f* tering, t.b.(c.).
schwing|en * zwaaien, zwieren; (*schaukeln a.*) schommelen; *beben u. Ton*: trillen; 2**ung** *f* trilling.
Schwips *m* (-*es*; -*e*) F: **e-n ~ haben** aangeschoten zijn.
schwirren (*a. sn*) gonzen (*a. fig*).
schwitzen (-*t*) zweten (*a. sich anstrengen*); *Pers bsd*: transpireren.
schwören* zweren; *Eid* afleggen.
schwul P homoseksueel.
schwül zwoel, benauwd, drukkend; 2**e** *f* zwoelheid (*a. fig*), zwoelte.
Schwulst *m* (-*es*; -*e*) *fig* gezwollenheid.
schwülstig gezwollen, bombastisch.
Schwund *m* (-*es*; 0) vermindering; *Hdl* (het) gewichtsverlies.
Schwung *m* (-*es*; ~e) zwaai; *fig* élan, fut; **in ~ bringen** op gang brengen; **in ~ sein** (**kommen**) op dreef komen (zijn); 2**haft** *fig* levendig; ~**rad** *n* (het) vliegwiel; 2**voll** zwierig; (*feurig*) gloedvol.
Schwur *m* (-*es*; ~e) eed; ~**gericht** *n* jury.
Schwyzerdütsch *n* (het) Zwitsers Duits.
sechs 1. *u*. **2.** 2 *f* zes; *zu* ~(*t*) met zijn zessen; 2**erpack** *m* (-*s*; -*s od* -*e*) (het) pak van zes (stuks); ~**fach** zesvoudig; ~**hundert** zeshonderd; 2**tage-rennen** *n* zesdaagse; ~**te(r)** zesde; 2**tel** *n* (het) zesde (deel).
sechzehn zestien; ~**te(r)** zestiende.
sechzig zestig; 2**er(in** *f*) *m* zestiger *m*, zestigjarige (*a. f*); ~**ste(r)** zestigste.
See 1. *m* (-*s*; -*n*) (het) meer; **2.** *f* zee; *an der ~* aan zee; *an die ~ fahren* naar zee gaan; *auf hoher ~* in volle zee; *in ~ stechen* in zee steken; ~**bad** *n* badplaats; ~**blick** *m* (het) uitzicht op zee;

seefahrend

2fahrend zeevarend; ~fahrt f zeevaart; (*Reise*) zeetocht; ~fisch m zeevis; ~fischerei f zeevisserij; ~gang m zeegang; ~hafen m zeehaven; ~handel m zeehandel; ~herrschaft f heerschappij ter zee; ~hund m zeehond; ~igel m zeeëgel; 2krank zeeziek; ~krankheit f zeeziekte; ~land n Zeeland n; (*dänisch*) Seeland n.

Seele f ziel (*a. fig*); *j-m aus der ~ sprechen* naar iemands hart spreken.

Seelen|heil n (het) zieleheil; 2los zielloos; ~ruhe f ziels-, gemoedsrust; 2vergnügt zielsblij.

See-leute pl zeelieden pl, zeelui pl.

seelisch psychisch.

See-löwe m zeeleeuw.

Seelsorge f zielzorg; ~r m zielzorger.

See|luft f zeelucht; ~macht f zeemogendheid; ~mann m (*-es; Seeleute*) zeeman; ~meile f zeemijl; ~not f nood (op zee); ~räuber m zeerover; ~recht n (het) zeerecht; ~reise f zeereis; ~schlacht f zeeslag; ~stern m zeester; ~streitkräfte f/pl zeestrijdkrachten pl; ~tang m (het) zeewier; 2tüchtig zeewaardig; ~verkehr m (het) verkeer op zee; 2wärts zeewaarts; ~weg m zeeweg, -route; ~zunge f zeetong.

Segel n (het) zeil; ~boot n zeilboot; ~fahrt f zeiltocht; ~flieger m zweefvlieger; ~flug m zweefvlucht; ~flugzeug n (het) zweefvliegtuig; ~jacht f (het) zeiljacht; 2n (*a. sn*) zeilen; (*durch die Luft*) zweven; ~regatta f zeilwedstrijd; ~schiff n (het) zeilschip; ~sport m zeilsport; ~tuch n (het) zeildoek.

Segen m zegen; 2s-reich zegenrijk.

Segler m zeiler; (*Schiff*) (het) zeilschip.

segnen zegenen.

sehen* zien; v/i u. v/t a. kijken; *sich ~ lassen* zich laten zien; *sich ~ lassen können* er mogen zijn; *vom 2 kennen* van gezicht kennen; ~s·wert bezienswaardig; 2s·würdigkeit f bezienswaardigheid.

Seher(in f) m ziener(es f).

Seh-kraft f (het) gezichtsvermogen.

Sehne f pees (*a. Bogen*2).

sehnen: *sich ~ nach* (*D*) hunkeren naar, verlangen naar.

Sehnenzerrung f peesverrekking.

sehnig pezig; (*kräftig a.*) gespierd.

sehn|lich vurig, smachtend; 2sucht f (het) (sterk) verlangen, hunkering; ~süchtig vurig, verlangend, smachtend.

sehr zeer, erg, heel; *~ gern* heel graag.

Seh|rohr n periscoop; ~schwäche f gezichtszwakte; ~test m oogtest.

seicht ondiep; *fig* oppervlakkig.

Seide f zij(de).

Seidel n (het) bierglas.

seiden zijden, van zijde; 2raupe f zijderups; 2stoff m zijden stof.

seidig zijdeachtig, zijig.

Seife f zeep; ~n·blase f zeepbel; ~n·lauge f (het) zeepsop; ~n·schaum m (het) zeepschuim.

seihen zeven, filtreren.

Seil n (*-es; -e*) (het) touw, lijn, koord (*a. het*); (*dickes ~*) kabel; ~bahn f (het) kabelspoor; ~schaft f groep bergbeklimmers; *fig* club, kliek; 2springen touwtjespringen; ~tänzer(in f) m koorddanser(es f).

sein¹ 1. * (*sn*) zijn; *mir ist warm (kalt)* ik heb het warm (koud); *das kann (doch nicht) ~!* dat kan (toch niet)!; **2.** 2 n (het) zijn; (*Dasein*) (het) bestaan.

sein², ~e zijn; *das* 2e het zijne.

seiner|seits zijnerzijds, van zijn kant; ~zeit indertijd, destijds.

seines-gleichen zijnsgelijke.

seinet·wegen om hem, om zijnentwille.

seit (*D*) sinds, sedert; ~(**dem**) *Ko* sinds, sedert; ~ **dem** *Adv* sindsdien.

Seite f kant, zij(de); (*Blatt*) bladzijde; *auf (von)* 2n (*G*) aan (van) de kant van.

Seiten|ansicht f (het) zijaanzicht; ~ausgang m zijuitgang; ~hieb m fig steek onder water; 2lang bladzijdenlang.

seitens (*G*) van de kant van, vanwege.

Seiten|sprung m (*Ehe*2) (het) slippertje; ~stechen n steek in de zij; ~straße f zijstraat; ~streifen m vluchtstrook; ~wind m zijwind.

seither sindsdien, sedert die tijd.

seit|lich 1. zijdelings, opzij; **2.** (*G*) naast, opzij van; ~wärts zijwaarts.

Sekret|är m (*-s; -e*) secretaris; ~ariat n (*-es; -e*) (het) secretariaat; ~ärin f secretaresse.

Sekt m (*-es; -e*) champagne.

Sekt|e f sekte; ~ierer m sektariër; ~ion f sectie; *Anat a.* lijkopening; ~tor m (*-s; -en*) sector.

sekund|är secundair; 2e f seconde; 2en·zeiger m secondewijzer.

selber zelf.
selbst zelf; *Adv (sogar)* zelfs; *von ~* vanzelf; *(freiwillig)* uit zichzelf.
Selbst|- *in Zssgn mst* zelf-, *z.B.* **~achtung** *f* (het) zelfrespect.
selb·ständig zelfstandig; **2e(r)** zelfstandige; **2keit** *f* zelfstandigheid.
Selbstauslöser *m* zelfontspanner.
Selbstbedienung *f* zelfbediening; **~s·laden** *m* zelfbedieningswinkel; **~s·restaurant** *n* (het) zelfbedieningsrestaurant.
Selbst|**befriedigung** *f* zelfbevrediging; **~beherrschung** *f* zelfbeheersing; **~bestimmungsrecht** *n* (het) zelfbeschikkingsrecht; **~beteiligung** *f* (het) eigen risico; **2betrug** *m* (het) zelfbedrog; **2bewußt** zelfbewust; **~bewußtsein** *n* (het) zelfbewustzijn; **~erhaltungstrieb** *m* zucht tot zelfbehoud; **~erkenntnis** *f* zelfkennis; **~fahrer** *m* auto zonder chauffeur; **2gefällig** zelfvoldaan; **2gemacht** zelf gemaakt, eigengemaakt; **2genügsam** zelfgenoegzaam; **~gespräch** *n* alleenspraak; **2herrlich** eigenmachtig, autoritair; **~hilfe** *f* eigen hulp; **~hilfegruppe** *f* zelfhulpgroep; **~kosten** *pl* totale produktiekosten *pl*; **~kostenpreis** *m* kostende prijs; **~kritik** *f* zelfkritiek; **~los** onbaatzuchtig; **~mord** *m* zelfmoord; **~mörder** *m* zelfmoordenaar; **2mörderisch** *fig* levensgevaarlijk; **~mordversuch** *m* zelfmoordpoging; **2redend** vanzelfsprekend; **2sicher** zelfverzekerd; **2süchtig** zelfzuchtig; **2tätig** automatisch; zelf handelend, actief; **~täuschung** *f* (het) zelfbedrog; **~tor** *n* goal in eigen doel; **~überwindung** *f* zelfoverwinning; **~verpfleger** *m* persoon die voor eigen proviand zorgt; **~verpflegung** *f* (het) eigen proviand; **~versorger** *m* zelfverzorger; **~versorgung** *f* zelfverzorging.
selbstverständlich vanzelfsprekend; **2keit** *f* vanzelfsprekendheid.
Selbst|**verteidigung** *f* zelfverdediging; **~vertrauen** *n* (het) zelfvertrouwen; **~verwaltung** *f* (het) zelfbestuur; **~verwirklichung** *f* zelfverwezenlijking; **~wählverkehr** *n* *Tel* automatische telefoondienst; **2zufrieden** zelfvoldaan; **~zweck** *m* (het) doel op zich(zelf).
selchen roken.
selektieren (-) selecteren.

selig zalig, gelukzalig.
Sellerie *f* (-; -*n*) *od m* (-*s*; -[*s*]) selderij, selderie.
selten zeldzaam; *Adv* zelden; **2heit** *f* zeldzaamheid, rariteit.
Selters·wasser *n* (het) spuitwater.
seltsam eigenaardig, vreemd, zonderling, raar; **~er·weise** eigenaardig (*od* vreemd) genoeg; **2keit** *f* eigenaardigheid.
Semantik *f* semantiek.
Semester *n* (het) semester; **~ferien** *pl* collegevrije periode.
Semikolon *n* (-*s*; -*s od* -*la*) puntkomma.
Seminar *n* (-*s*; -*e*) (het) seminarie; (*Institut a.*) (het) instituut; (*Unterrichts*2) (het) werkcollege; **~arbeit** *f* (het) werkstuk.
Semmel *f* (-; -*n*) (het) broodje, (het) kadetje.
Senat *m* (-*es*; -*e*) senaat; **~or** *m* (-*s*; -*en*) senator.
Sende|**gebiet** *n* (het) zendbereik; **2n 1.** * zenden, sturen; **2.** *Rf* uitzenden; **~r** *m* zender; **~reihe** *f* reeks uitzendingen.
Sendung *f* zending; *Rf* uitzending.
Senf *m* (-*es*; -*e*) mosterd; **~glas** *n* mosterdpot; **~gurke** *f* augurk in mosterdsaus.
sengen schroeien, zengen.
senil seniel.
Senior *m* (-*s*; -*en*) senior; (*Rentner*) vijfenzestig-plusser; **~en·heim** *n* (het) bejaardentehuis; **~en·paß** *m* seniorenkaart.
Senke *f* laagte, (het) dal; **2n** neerlaten, laten zakken; *Preise, Steuern* verlagen; *Augen* neerslaan; *sich* ~ dalen, zakken.
senkrecht loodrecht; **2e** *f* loodlijn; **2starter** *m* (het) loodrecht opstijgend vliegtuig; *fig Pers*: iem met een bliksemcarrière.
Senkung *f* daling; verlaging; neerlating.
Sensation *f* sensatie; **2ell** sensationeel.
Sense *f* zeis.
sensib|**el** gevoelig, sensibel; **~ilisieren** (-) sensibiliseren; **2ilität** *f* sensibiliteit.
sentimental sentimenteel; **2ität** *f* sentimentaliteit.
separat separaat, afzonderlijk; **2is·mus** *m* (-; *0*) (het) separatisme.
September *m*: *der ~* september.
Serbien *n* Servië *n*.
Serenade *f* serenade.

Serie f serie, reeks; ~n·**anfertigung** f serieproduktie; 2n·**mäßig** in serie; standaard-; 2n·**reif** geschikt om in serie geproduceerd te worden; ~n·**reife** f geschiktheid voor serieproduktie; 2n·**weise** in serie; (*zahlreich*) massaal.

seriös serieus.

Serpentine f kronkelige weg; haarspeldbocht.

Serum n (-s; *Seren od Sera*) (het) serum.

Service 1. n (-[s]; -) (het) servies; **2.** m (-; -s) service; ~**netz** n (het) servicenet.

servier|en (-) serveren, opdienen; 2**erin** f dienster, serveerster.

Serviette f (het) servet.

Servo·lenkung f servobesturing.

Servus! dag!

Sessel m zetel; (*Polster* 2) fauteuil; ~**lift** m stoeltjeslift.

seßhaft woonachtig, gevestigd; ~ *werden* zich (metterwoon) vestigen.

Set n od m (-s; -s) set.

setzen (-t) zetten (*a. Typ., wetten etc.*); (*hinstellen a.*) plaatsen; *beim Spiel* inzetten; *v*/*i* (*a. sn*) springen; *sich* ~ gaan zitten; *Flüssigkeit*: neerslaan; *Erde*: zich zetten, verzakken.

Setzer m *Typ.* zetter.

Seuche f epidemie; ~n·**gefahr** f (het) gevaar voor een epidemie.

seufz|en (-t) zuchten; 2**er** m zucht.

Sex m (-es; 0) seks; ~**is·mus** m (-; 0) (het) seksisme; ~**ualität** f seksualiteit.

Sexual|leben n (het) seksueel leven; ~**verbrecher** m zedendelinquent.

sex|uell seksueel; ~**y** sexy.

sezieren (-) opensnijden, ontleden.

Sherry m (-s; -s) sherry.

Shorts pl short(s pl).

Show f (-; -s) show.

Sibirien n Siberië n.

sich zich; (*einander*) elkaar; ~ *selbst* zichzelf; *an* ~ op zichzelf beschouwd; (*eigentlich*) als zodanig; *von* ~ *aus* zelf, op eigen initiatief.

Sichel f (-; -n) sikkel.

sicher zeker; (*geschützt*) veilig; (*zuverlässig*) betrouwbaar; *Hand*: vast; ~ *sein vor* (*D*) veilig zijn voor; *sich s-r S.* ~ *sein* zeker zijn van zijn zaak; *ich bin* (*mir*) (*nicht*) *ganz* ~ ik ben er (niet) helemaal zeker van; *aber* ~! maar ja (of zeker)!; ~**gehen** zeker zijn.

Sicherheit f zekerheid; (*Schutz*) veiligheid; betrouwbaarheid; (*Bürgschaft*) waarborg, borgstelling.

Sicherheits|- *in Zssgn mst* veiligheids-, *z.B.* ~**gurt** m veiligheidsgordel; 2**halber** veiligheidshalve; ~**leistung** f borgtocht, waarborgsom; 2**maßnahme** f veiligheidsmaatregel; ~**nadel** f veiligheidsspeld; ~**rat** m Veiligheidsraad; ~**schloß** n (het) veiligheidsslot.

sicherlich zeker, stellig, voorzeker.

sicher|n (*schützen*) beveiligen; (*verschaffen*) verzekeren; ~**stellen** (*beschlagnahmen*) in beslag nemen; (*garantieren*) waarborgen; 2**ung** f beveiliging; verzekering; *El* zekering, stop; (*Garantie*) waarborging.

Sicht f (het) zicht; *fig* (het) standpunt, visie; *auf* ~ *Hdl* op zicht; *auf lange* ~ op lange termijn; *in* ~ *sein* in zicht zijn; 2**bar** zichtbaar; 2**en** zien, in zicht krijgen; (*prüfen*) schiften; 2**lich** duidelijk, kennelijk; ~**vermerk** m (het) visum; ~**weite** f (het) zicht; *in* (*außer*) ~ in (buiten) het gezicht.

sickern (*sn*) sijpelen.

sie 1. *3. Pers sg u. pl* zij, ze; **2.** *3. Pers sg* (*A*) ze; *Pers a.*: haar; **3.** *3. Pers pl* (*A*) ze; *Pers a.*: hen; **4.** 2 U, u.

Sieb n (-*es*; -*e*) zeef.

sieben[1] zeven, ziften; *fig* schiften.

sieben[2] **1.** *u.* **2.** 2 f (-; -) zeven; ~**hundert** zevenhonderd; ~**tägig** zevendaags.

sieb(en)|te(r) zevende; 2**el** n (het) zevende (deel).

siebzehn zeventien; ~**te(r)** zeventiende.

siebzig zeventig; 2**er(in** f) m zeventiger m, zeventigjarige (*a. f*); ~**ste(r)** zeventigste.

siedeln zich vestigen.

siede|n* zieden (*a. Seife*), koken; 2**punkt** m (het) kookpunt.

Siedl|er m bewoner; kolonist; ~**ung** f nederzetting; (*Viertel*) wijk; (*das Siedeln*) vestiging.

Sieg m (-*es*; -*e*) overwinning, zege.

Siegel n (het) zegel; ~**ring** m zegelring.

sieg|en (*über A*) zegevieren (over), overwinnen; *Sp bsd* winnen (van); 2**er(in** f) m (over)winnaar m, (over)winnares f; ~**es·sicher** zeker van de overwinning; ~**reich** zegevierend.

siezen (-*t*) met U aanspreken.

Signal n (-*s*; -*e*) (het) sein; (het) signaal; 2**isieren** (-) signaleren.

signieren (-) tekenen.
Silbe f lettergreep; **~n·trennung** f afbreking.
Silber n (het) zilver.
Silber|- in Zssgn mst zilver-; bei Material aus Silber mst zilveren (Adj), z.B. **~hochzeit** f zilveren bruiloft; **~möwe** f zilvermeeuw; **2n** zilveren.
Silhouette f silhouet (a. het).
Silizium n (-s; 0) (het) silicium.
Silo m od n (-s; -e) silo.
Silvester n od m oudejaarsdag, (het) oudjaar; **~abend** m oudejaarsavond.
simpel simpel; (einfältig a.) onnozel.
simplifizieren (-) vereenvoudigen.
Sims m od n (-es; -e) lijst; (Fenster 2) vensterbank.
Simul|ant(in f) m (-en) simulant(e f); **~ation** f simulatie; **2ieren** (-) simuleren, veinzen.
simultan simultaan; **2dolmetscher(in** f) m simultaantolk.
Sinfonie f symfonie.
singen* zingen.
Singular m (-s; -e) (het) enkelvoud.
Singvogel m zangvogel.
sinken* (sn) zinken; (niedriger werden bsd) zakken, dalen.
Sinn m (-es; -e) (het) zintuig; (Bedeutung) zin; (Empfänglichkeit) zin, (het) gevoel; *im ~ haben* van zins (od plan) zijn; *von ~en sein* buiten zichzelf zijn; *das hat keinen ~* dat heeft geen zin.
Sinnbild n (-es; -er) zinnebeeld, (het) symbool; **2lich** zinnebeeldig, symbolisch.
Sinnes|täuschung f zinsbegoocheling; **~wandel** m verandering van mening.
sinn|gemäß volgens de betekenis; **~lich** zinnelijk; **~los** zinloos; **2spruch** m zinspreuk; **~verwandt** zinverwant, synoniem; **~voll** zinvol.
Sintflut f zondvloed.
Siphon m (-s; -s) sifon.
Sippe f familie, clan; pej kliek.
Sirene f sirene.
Sirup m (-s; -e) stroop; (Saft) siroop.
Sitte f zede (bsd moralisch), (het) gebruik, gewoonte; manier.
Sitten|losigkeit f zedeloosheid; **2widrig** in strijd met de goede zeden.
sittlich zedelijk, moreel; **2keit** f zedelijkheid; **2keits·verbrechen** n (het) zedenmisdrijf.
sittsam zedig.

Situation f situatie.
Sitz m (-es; -e) zitplaats; (Stuhl a.) stoel, plaats; (Sitzfläche) zitting; (Körperhaltung) zit; (e-r Firma etc.) zetel; **~bad** n (het) zitbad; **~ecke** f zithoek, (het) zitje; **2en*** (a. sn) zitten; *das saß!* F de zat!; **2en·bleiben** blijven zitten; **2en·lassen** laten zitten; *etw nicht auf sich ~ lassen* iets niet op zich laten zitten.
Sitz|ordnung f plaatsing; **~platz** m zitplaats; **~streik** m zitstaking.
Sitzung f zitting, vergadering; **~s·protokoll** n (het) verslag van een vergadering, notulen pl; **~s·saal** m vergaderzaal.
Sizili|aner(in f) m Siciliaan(se f); **~en** n Sicilië n.
Skala f (-; -len) schaal; Mus toonladder.
Skandal m (-s; -e) (het) schandaal; **2ös** schandalig; **~presse** f schandaalpers.
Skandinavie|n n Scandinavië n; **~r(in** f) m Scandinaviër m, Scandinavische f.
Skat m (-es; -e) (het) skaat.
Skelett n (-es; -e) (het) skelet, (het) geraamte.
Skep|sis f (-; 0) scepsis; **2tisch** sceptisch.
Ski m (-s; -er od -) ski; **~ laufen** skiën.
Ski|- in Zssgn mst ski-, z.B. **~ausrüstung** f ski-uitrusting; **~fahrer(in** f) m skiër m, skiester f; **~gebiet** n (het) skigebied; **~gymnastik** f skigymnastiek; **~kurs** m skicursus; **~laufen** n (het) skiën; **~läufer(in** f) m skiër m, skiester f; **~lehrer** m skileraar; **~lift** m skilift; **~springen** n (het) skispringen; **~stiefel** m/pl skilaarzen pl; **~tour** f skitocht; **~urlaub** m skivakantie; **~wachs** n skiwas (a. het).
Skizze f schets; **2n·haft** schetsmatig.
skizzieren (-) schetsen.
Sklav|e m (-n) slaaf; **~erei** f slavernij; **~in** f slavin; **2isch** slaafs.
skont|ieren (-) korting (voor contant) aftrekken; **2o** m od n (-s; -s) korting voor contant.
Skorpion m schorpioen.
Skrupel m/pl scrupules pl, gewetensbezwaren n/pl; **2los** gewetenloos.
Skulptur f sculptuur.
Slalom m (-s; -s) slalom.
Slaw|e m (-n) Slaaf; **~in** f Slavische; **2isch** Slavisch.
Slip m (-s; -s) slip; **~einlage** f (het) inlegkruisje; **~per** m slipper.
Slogan m (-s; -s) slogan, slagzin.

Slum *m* (-s; -s) slum, slop.
Smaragd *m* (-*es*; -*e*) smaragd.
Smog *m* (-[s]; -s) smog; **~warnstufe** *f* waarschuwingsfase wegens smogvorming.
Smoking *m* (-s; -s) smoking.
Snob *m* (-s; -s) snob; **~is·mus** *m* (-; -*men*) (het) snobisme; **Sis·tisch** snobistisch.
so zo; **~!** (zie)zo!; **~ oder** ~ hoe dan ook; **~ daß** zodat; **~ ein** zo een, zo'n; **dem ist nicht ~** dat is niet zo; **aber ~ was!** nee maar!; **~ groß wie** even groot als.
s.o. *Abk für* **siehe oben** zie boven.
sobald zodra.
Söckchen *n* (het) sokje.
Socke *f* sok.
Sockel *m* sokkel (*a. El*), (het) voetstuk.
Soda *n* (-s; *0*) soda; **~wasser** *n* (het) sodawater.
Sodbrennen *n* (het) zuur.
so-eben zoëven, zopas, zojuist.
Sofa *n* (-s; -s) sofa, canapé.
sofern in zoverre, als, voor zover.
sofort onmiddellijk, meteen, aanstonds, terstond; **~ig** onmiddellijk.
Software *f* (-; -s) *EDV* software.
Sog *m* (-*es*; -*e*) (het) (kiel)zog; *fig* aantrekkings-, zuigkracht.
sog. *Abk für* **sogenannt** zgn.
so|gar zelfs; **~genannt** zogenaamd; **~gleich** onmiddellijk, meteen, direct.
Sohle *f* zool; (*Boden*) bodem.
Sohn *m* (-*es*; -*e*) zoon.
Sojabohne *f* sojaboon.
solange zolang.
Solar·energie *f* zonneënergie.
solch zulk, dergelijk; **~ ein** zo'n, zo een; **~er·art** *Adv* dus-, zodanig.
Sold *m* (-*es*; -*e*) soldij; (*Dienst*) dienst.
Soldat *m* (-*en*) soldaat.
Söldner *m* huurling.
Sole *f* (het) zout water.
solidar|isch solidair; **Sität** *f* solidariteit.
solide solide, degelijk.
Solist(in *f*) *m* (-*en*) solist(e *f*).
Soll *n* (-[s]; -[s]) (produktie)norm; *Hdl* (het) debet; **~ und Haben** debet en credit.
soll|en* moeten; **nicht ~** (*nicht dürfen*) niet mogen, niet zullen; **sollte er kommen,** ... mocht er ..., ...; **ich sollte eigentlich böse sein,** *es ihm sagen* ik zou ... moeten, ik moest; **was soll das?** wat moet dat?; **was soll's?** wat zou het?; **Sseite** *f* debetzijde; **Szinsen** *m/pl* debetrente.
Solo *n* (-s; -*s od Soli*) solo (*a*. het).
Solvenz *f* solvabiliteit.
somit bijgevolg, dus.
Sommer *m* zomer; **im ~** zomers, in de zomer.
Sommer|- *in Zssgn mst* zomer-, *z.B.* **~abend** *m* zomeravond; **~anfang** *m* (het) begin van de zomer; **~fahrplan** *m* zomerdienst; **~ferien** *pl* zomervakantie; **~frische** *f* (het) zomerverblijf; (*Ort*) (het) vakantieoord; **Slich** zomers; **~reifen** *m* zomerband; **~schlußverkauf** *m* zomeropruiming; **~sprossen** *f|pl* zomersproeten *pl*; **~urlaub** *m* zomervakantie; **~zeit** *f* zomertijd.
Sonate *f* sonate.
Sonde *f* sonde.
Sonder|- *in Zssgn mst* extra-, speciale; **~angebot** *n* speciale aanbieding.
sonderbar zonderling, vreemd; **~erweise** vreemd genoeg.
Sonder|beauftragte(r) bijzonder gevolmachtigde; **~fahrt** *f* extrarit; **~fall** *m* (het) speciaal geval; **~genehmigung** *f* speciale vergunning; **Sgleichen** zonder weerga, weergaloos; **Slich** *Adv* bijzonder, erg; **~ling** *m* (-s; -*e*) zonderling; **~maschine** *f* (het) speciaal vliegtuig.
sondern *Ko* maar; **nicht nur ..., ~ auch** niet alleen ... maar ook.
Sonder|preis *m* speciale prijs; **~recht** *n* (het) privilege; **~schule** *f* school voor buitengewoon onderwijs; **~tarif** *m* (het) speciaal tarief; **~zug** *m* extratrein.
sondieren (-) *fig* peilen, polsen.
Sonn·abend *m* zaterdag.
Sonne *f* zon; **an** (*od in*) **der ~** in de zon; **Sn: sich ~** (zich) zonnen.
Sonnen|- *in Zssgn mst* zonne-, zeltener zons- *u.* zon-, *z.B.* **~anbeter(in** *f*) *m* zonaanbidder *m*, zonaanbidster *f*; **~aufgang** *m* zonsopgang; **~bad** *n* (het) zonnebad; **~blume** *f* zonnebloem; **~brand** *m* zonnebrand; **~brille** *f* zonnebril; **~creme** *f* zonnecrème; **~deck** *n* (het) zonnedek; **~energie** *f* zonneënergie; **~finsternis** *f* zonsverduistering; **Sklar** zonneklaar; **~licht** *n* (het) zon(ne)licht; **~öl** *n* zonnebrandolie; **~schein** *m* zonneschijn (*a. fig*); **~schirm** *m* parasol; **~seite** *f* zonzijde (*a. fig*); **~stich** *m* zonnesteek; **~uhr** *f*

Sparpolitik

zonnewijzer; ~untergang m zonsondergang; ~wende f zonnewende.
sonnig zonnig (a. fig).
Sonn|tag m zondag; **am ~** zondags; **an Sonn- und Feiertagen** op zon- en feestdagen; 2täglich zondags; Adv op zijn zondags; 2tags zondags, op zondag.
Sonntags|dienst m zondagsdienst; ~fahrer m zondagsrijder.
sonst anders; (wie immer) vroeger; (außerdem) overigens, anders, verder; ~ **jemand?** nog iemand?; ~ **niemand** (nichts) anders niemand (niets); ~ **noch etw?** nog iets?; ~ig ander, overig; ~was gelijk wat; (alles mögliche) nog van alles; ~wer iem anders; (irgendeiner) gelijk wie; ~wie op een of andere wijze; ~wo ergens anders, elders.
so-oft zo dikwijls; (immer wenn) telkens als.
Sopran m (-s; -e) sopraan.
Sorge f zorg; wegen etw bsd bezorgdheid; **sich ~n pl machen um** (A) bezorgd zijn om.
sorgen (für A) zorgen (voor); **sich ~** (um A) bezorgd zijn (om od over); ~frei onbezorgd, vrij van zorgen; ~kind n (het) zorgenkind (a. fig); ~voll bezorgd, vol zorg.
Sorg|falt f zorg(vuldigheid); 2fältig zorgvuldig; ~los zorgeloos (a. unachtsam), onbezorgd, onbekommerd; ~losigkeit f zorgeloosheid.
Sort|e f soort (a. het); Pers a.: (het) slag; 2ieren (-) sorteren; ~iment n (-es; -e) (het) assortiment.
so|sehr hoezeer (ook); ~so zozo.
Soße f saus, jus; ~n-löffel m juslepel.
Soufflé n (-s; -s) soufflé.
Souffl|eur m (-s; -e) souffleur; ~euse f souffleuse; 2ieren (-) souffleren.
Souper n (-s; -s) (het) souper.
Souvenir n (-s; -s) (het) souvenir.
souverän soeverein; 2ität f soevereiniteit.
so|viel zoveel; ~weit zover; (in dem Maße, wie) voor (od in) zover; ~wie evenals; (sobald) zodra; ~wieso in elk geval, toch al.
sowjet|isch Sovjetrussisch; 2union f: **die ~** de Sovjetunie.
sowohl ~ ... **als auch** zowel ... als.
sozial sociaal; 2abbau m sociale demontage; 2abgaben f/pl sociale lasten pl; 2amt n sociale dienst; 2arbeiter m maatschappelijk werker.
Sozialdemokrat m sociaal-democraat; 2isch sociaal-democratisch.
Sozial|hilfe f bijstand; 2isieren (-) socialiseren; ~is·mus m (-; 0) (het) socialisme; ~ist(in f) m (-en) socialist(e f); 2istisch socialistisch; ~lasten f/pl sociale lasten pl; ~politik f (het) sociaal beleid; ~produkt n (het) nationaal produkt; ~staat m verzorgingsstaat; ~versicherung f sociale verzekering.
Soziolog|ie f sociologie; 2isch sociologisch.
Sozius m (-; -se) compagnon, vennoot; (Beifahrer) duorijder, ~sitz m duozitting.
sozusagen om zo te zeggen.
Spachtel f (-; -n) spatel; 2n spatelen; Arch plamuren; F (essen) bikken.
Spaghetti pl spaghetti.
spähen spieden, loeren; (heimlich) gluren, turen.
Spalier n: ~ **bilden** zich in twee rijen opstellen.
Spalt m (-es; -e) spleet, reet, kier; 2bar splijtbaar; ~e f spleet, kloof; Text: kolom; 2en* splijten, splitsen; Holz kloven, klieven; ~ung f splitsing (a. fig), splijting.
Span m (-es; -e) spaander; ~ferkel n (het) speenvarken.
Spange f spang, gesp; (Haar2) speld; (Arm2) band; (Zahn2) beugel.
Spaniel m (-s; -s) spaniël.
Span|ien n Spanje n; ~ier(in f) m Spanjaard m, Spaanse f; 2isch Spaans.
Spann m (-es; -e) wreef; ~e f spanne; Hdl marge; 2en spannen; 2end spannend; ~kraft f spankracht; fig veerkracht; ~ung f spanning (a. El u. fig); ~weite f spanwijdte.
Spanplatte f spaan(der)plaat.
Spar|buch n (het) spaarboekje; ~büchse f spaarpot; ~einlage f inleg, (het) spaargeld; 2en sparen; (an D) bezuinigen (op); ~er m spaarder; ~flamme f waakvlam; fig (het) laag pitje.
Spargel m asperge.
Spar|kasse f spaarkas; ~konto n spaarrekening.
spärlich schaars (a. Haar u. Adv), karig.
Spar|maßnahme f bezuinigingsmaatregel; ~politik f (het) bezuinigingsbeleid.

spar|sam zuinig, spaarzaam; **²samkeit** *f* zuinig-, spaarzaamheid; (*Beschaffenheit*) soberheid; **²schwein** *n* spaarpot.
Sparte *f* tak, (het) gebied; (*Zeitungs*²) rubriek.
Sparzins *m* spaarrente.
Spaß *m* (*-es*; *⁻e*) grap, scherts, F (het) geintje; (*Vergnügen*) (het) plezier, pret; *es macht mir ~* ik vind het leuk; *zum* (*od im*) *~* voor de grap; (*zum Vergnügen*) voor zijn plezier; **²en** (*-t*) gekheid maken, schertsen; *damit ist nicht zu ~* daarmee valt niet te spotten; **²haft**, **²ig** grappig, lollig; **~macher**, **~vogel** *m* grappenmaker.
spät laat; *wie ~ ist es?* hoe laat is het?; *zu ~* te laat.
Spaten *m* schop, spade.
spät|er later; **~estens** op zijn laatst, uiterlijk; **²herbst** *m* naherfst; **²lese** *f* late pluk; (*Wein*) Spätlese; **²nachmittag** *m* late namiddag; **²sommer** *m* nazomer.
Spatz *m* (*-en*) mus.
Spätzle *n/pl* (soort) macaroni.
spazier|en (*-*; *sn*) wandelen, kuieren, **~en-fahren** toeren, uit rijden gaan; **~en-gehen** gaan wandelen; **²fahrt** *f* pleziertocht, (het) toertje; **²gang** *m* wandeling; **²gänger(in** *f*) *m* wandelaar(ster *f*); **²stock** *m* wandelstok.
Specht *m* (*-es*; *-e*) specht.
Speck *m* (*-es*; *-e*) het) spek; **²ig** vettig.
Spediteur *m* (*-s*; *-e*) expediteur, verzender; **~ion** *f* expeditie.
Speer *m* (*-es*; *-e*) speer; **~werfen** *n* (het) speerwerpen.
Speiche *f* spaak.
Speichel *m* (het) speeksel.
Speicher *m* (het) pakhuis, (het) magazijn; (*Dachboden*) zolder; (*Wasser*²) (het) reservoir; (*Warmwasser*²) boiler; *EDV* (het) geheugen; **~kapazität** *f* opslagruimte; *EDV* geheugenruimte; **²n** opslaan (*a. EDV u. fig*).
speien* spuwen; (*sich erbrechen*) overgeven, spugen.
Speise *f* (het) voedsel, spijs; (*Gericht*) (het) gerecht, schotel; **~eis** *n* (het) consumptieijs; **~karte** *f* (het) menu; **~kartoffel** *f* consumptieaardappel; **~lokal** *n* (het) restaurant; **²n** (*-t*) eten; (*versorgen*) voeden; **~öl** *n* slaolie; **~röhre** *f* slokdarm; **~saal** *m* eetzaal; **~wagen** *m* restauratiewagen.

Spek|takel *m* herrie, (het) spektakel; **²takulär** spectaculair; **~trum** *n* (*-s*; *-tra od -tren*) (het) spectrum.
Spekul|ant(in *f*) *m* speculant(e *f*); **~ation** *f* speculatie; **~atius** *m* (*-*; *-*) speculaas; **²ieren** (*-*) speculeren.
Spelunke *f* spelonk.
spend|abel F royaal; **²e** *f* gift; **~en** schenken, geven; *Lob* toezwaaien; **²en-konto** *n* rekening voor giften; **²er** *m* schenker, gever; (*Blut*², *Organ*²) donor; **~ieren** (*-*) *j-m etw* trakteren (op).
Spengler *m* loodgieter.
Sperber *m* sperwer.
Sperling *m* (*-s*; *-e*) mus.
sperr|angelweit wagenwijd; **²e** *f* afsluiting, versperring; (*Verbot*) (het) verbod; (*Bahnsteig*²) controle; **~en** afsluiten (*a. Straße, Strom*), versperren; (*ein~*) opsluiten; *Grenze* sluiten; *Konto* blokkeren; *Urlaub* intrekken; *Sp* schorsen; **²gebiet** *n* (het) afgesloten gebied; **²gut** *n* (het) volumegoed; **²holz** *n* triplex (*a. het*); **~ig** veel ruimte beslaand; **²konto** *n* geblokkeerde rekening; **²müll** *m* (het) grof vuil; **²sitz** *m* stalles *pl*; **²stunde** *f* (het) sluitingsuur; **~ung** *f* afsluiting, versperring; (het) verbod; blokkering; schorsing.
Spesen *pl* onkosten *pl*; **~rechnung** *f* onkostenrekening.
Spezi *m* (*-s*; *-s*) (boezem)vriend.
Spezial- *in Zssgn mst* speciaal (*Adj*); **~geschäft** *n* speciaalzaak; **²isieren** (*-*): (*sich*) *~ auf* (*A*) (zich) specialiseren in; **~ist(in** *f*) *m* specialist(e *f*).
Spezialität *f* specialiteit; **~en-restaurant** *n* (het) specialiteitenrestaurant.
spezi|ell speciaal; **~fisch** specifiek; **~es Gewicht** (het) soortelijk gewicht; **~fizieren** (*-*) specificeren.
Sphäre *f* sfeer.
Sphinx *f od m* (*-*; *-e*) sfinx (*a. fig*).
spick|en larderen, *fig* spekken; (*bestechen*) omkopen; **²zettel** *m* (het) spiekbriefje.
Spiegel *m* spiegel; **~bild** *n* (het) spiegelbeeld; **²blank** spiegelblank; **~ei** *n* (het) spiegelei; **²glatt** spiegel-, spekglad; **²n** (*sich*) (zich) spiegelen; **~ung** *f* spiegeling.
Spiel *n* (*-es*; *-e*) (het) spel; (*Wett*² *bsd*) wedstrijd; *Tech* speling; *aufs ~ setzen*

(*auf dem ~ stehen*) op het spel zetten (staan).

Spiel|- *in Zssgn mst* speel-, *z.B.* **~bank** *f* (-; -en) speelbank; **~chen** *n* (het) spelletje; **2en** spelen; **~end** *Adv fig* spelenderwijs; **~er** *m* speler; **~erei** *f* (het) spel; (*Kinderei*) beuzelarij; (*Leichtes*) (het) kinderspel; **~erin** *f* speelster; **2erisch** speels; qua spel; **~feld** *n* (het) speelterrein; **~halle** *f* speel(automaten)hal; **~hölle** *f* (het) speelhol; **~karte** *f* speelkaart; **~kasino** *n* (het) casino; **~leiter** *m* spelleider; regisseur; **~marke** *f* fiche; **~platz** *m* (het) speelplein, speelplaats; **~raum** *m* speelruimte, speling; *fig* a. armslag; **~regel** *f* spelregel; **~sachen** *f/pl* (het) speelgoed; **~verderber** *m* spelbreker; **~warengeschäft** *n* speelgoedwinkel; **~zeug** *n* (het) speelgoed.

Spieß *m* (-*es*; -*e*) spies; (*Brat*2) (het) spit; *am ~* aan het spit; (*Brat*2) (het) spit; **~bürger, ~er** *m* (het) (bekrompen) burgermannetje; **2ig** kleinburgerlijk, bekrompen.

Spinat *m* (-*es*; -*e*) spinazie.

Spind *n od m* (-*es*; -*e*) kast.

Spindel *f* (-; -*n*) spil; (*Spinnrad*2) klos.

Spinn|e *f* spin(nekop); **2en*** spinnen; *fig* F van lotje getikt zijn; **~er** *m* F fantast; **~erei** *f* spinnerij; **~(ge)webe** *n* (het) spinneweb; **~rad** *n* (het) spinnewiel.

Spion *m* (-*s*; -*e*) spion; **~age** *f* spionage; **2ieren** (-) spioneren; **~in** *f* spionne.

Spiral|e *f* spiraal; **2förmig** spiraalvormig.

Spiritismus *m* (-; 0) (het) spiritisme.

Spirituosen *pl* sterke drank(en *pl*); **~geschäft** *n* (drank)slijterij.

Spiritus *m* (-; -*se*) spiritus; **~kocher** *m* (het) spiritusstel.

Spital *n* (-*s*; -*er*) (het) hospitaal.

spitz spits, puntig, scherp (*a. Winkel u. fig*); *fig a.* snibbig.

Spitz|bogen *m* spitsboog; **~bube** *m* spitsboef; **2e** *f* spits, punt; (*Gewebe*) kant; (*Berg*2) top; (*Baum*2) kruin, top; (*Stichelei*) steek onder water; **~n** *pl* (*Führer*) leiders *pl*; *an der ~ stehen* aan de top; *marschieren* aan het hoofd, voorop; **2!** F fantastisch!

Spitzel *m* (politie)spion.

spitzen (-*t*) spitsen (*a. Ohren*), punten; *Lippen* tuiten; **2erzeugnis** *n* (het) kwaliteitsprodukt; **2geschwindigkeit** *f* topsnelheid; **2kandidat** *m* lijstaanvoerder; **2klasse** *f* eerste klas, topklasse; **2leistung** *f* topprestatie; **2reiter** *m* *fig* topper, nummer één; *Sp* koploper.

spitz|findig spitsvondig; **2findigkeit** *f* spitsvondigheid; **2hacke** *f* (het) pikhouweel; **2name** *m* bijnaam.

Splitt *m* (-*es*; -*e*) (het) split.

Splitter *m* splinter; (*Granat*2) scherf; **2(faser)nackt** spiernaakt; **2frei** splintervrij; **2n** (*a. sn*) splinteren.

spons|ern sponsoren; **2or** *m* (-*s*; -*en*) sponsor.

spontan spontaan; **2eität** *f* spontaneïteit.

Spore *f* spore.

Sporn *m* (-*es*; *Sporen*) spoor.

Sport *m* (-*es*; -*e*) sport; *~ treiben* aan sport doen.

Sport|- *in Zssgn mst* sport-, *z.B.* **~angler** *m* sportvisser; **~anlage** *f* (het) sportcomplex; *pl a* sportaccommodatie; **~art** *f* sport(tak); **~freund** *m* sportliefhebber; **~geschäft** *n* sportzaak; **~halle** *f* sporthal; **~hotel** *n* (het) sporthotel; **~klub** *m* sportclub; **~ler(in *f*)** *m* sportbeoefenaar(ster *f*), sportman *m*, sportster *f*; **2lich** sportief; **~lichkeit** *f* sportiviteit; **~möglichkeiten** *f/pl* mogelijkheden *pl* om te sporten, sportvoorzieningen *pl*; **~nachrichten** *f/pl* (het) sportnieuws; **~platz** *m* (het) sportterrein; **~veranstaltung** *f* sportmanifestatie; **~verein** *m* sportvereniging; **~wagen** *m* sportwagen; (*Kinder*2) wandelwagen.

Spott *m* (-*es*; 0) spot, bespotting; **~bild** *n* karikatuur; **2billig** spotgoedkoop.

spötteln (*über A*) (fijntjes) spotten (met), de draak steken (met).

spotten (*über A*) spotten (met), de spot drijven (met).

Spött|er(in *f*) *m* spotter *m*, spotster *f*, spotvogel; **2isch** spottend.

Spottpreis *m* spotprijs.

Sprache *f* taal; (*Gabe a.*) spraak; *zur ~ bringen (kommen)* ter sprake brengen (komen); *heraus mit der ~!* spreek op!; **~n-schule** *f* (het) taleninstituut.

Sprach|fehler *m* (het) spraakgebrek; taalfout; **~führer** *m* taalgids; **~gebiet** *n* (het) taalgebied; **~gebrauch** *m* (het) taalgebruik; **~kenntnisse** *f/pl* talenkennis; **~kurs** *m* taalcursus; **~labor** *n* (het) talenpracticum; **~lehre** *f* spraak-

sprachlich

kunst; ℒlich taalkundig, talig, taal-; ℒlos sprakeloos; ~reise f taalreis; ~rohr n spreekbuis (a. fig); ~unterricht m (het) taalonderwijs; ~wissenschaft f taalwetenschap.

Spray m od n (-s; -s) spray.

Sprech|- in Zssgn mst spreek-; ~blase f tekstballon; ~chor m (het) spreekkoor; ℒen* spreken; *etw spricht für (gegen) j-n* iets pleit voor (tegen) iem; ℒer(in f) m spreker, spreekster f; (Wortführer) woordvoerder m, woordvoerster f; ~funk(gerät n) m mobilofoon; ~stunde f (het) spreekuur; ~stundenhilfe f praktijkassistente; ~zimmer n spreekkamer.

spreizen (-t) spreiden.

spreng|en v/t opblazen; (aufbrechen) openbreken; *Versammlung* uiteenjagen; *mit Wasser* besproeien, sprenkelen; ℒkörper m (het) explosief; ℒkraft f explosieve kracht; ℒladung f springlading; ℒstoff m springstof; ℒung f (het) opblazen; (het) openbreken; (het) uiteenjagen; besproeiing.

sprenkeln (be)spikkelen.

Spreu f (het) kaf.

Sprich|wort n (-¢s; ¨er) (het) spreekwoord; ℒwörtlich spreekwoordelijk.

sprießen* (a. sn) ontspruiten, (ont-) kiemen.

Spring|brunnen m fontein; ℒen* (a. sn) springen; (bersten a.) barsten; *der ~de Punkt* het kardinale punt; ~er m Sp springer; *Schach:* (het) paard; ~erin f springster; ~flut f springvloed (a. fig).

Sprinkler m sprinkler.

Sprint m (-s; -s) sprint; ℒen sprinten; ~er(in f) m sprinter, sprintster f.

Sprit m (-¢s; -e) F benzine.

Spritz|e f spuit; *Med a.* (het) spuitje, injectie; ℒen (-t) spuiten; (*Flecken machen*) spatten; *Med j-n* inspuiten; ~er m spat; (*kleine Menge*) scheut; ℒig *Wein:* mousserend; *fig* vlot, pittig; ~kuchen m sprits; ~pistole f (het) spuitpistool; ~tour f (het) uitstapje.

spröd|e bro(o)s; *Haut:* gekloofd; *Haar:* stug, *fig (abweisend)* stug; (*prüde*) preuts; ℒheit f bro(o)sheid; stugheid; preutsheid.

Sproß m (-sses; -sse) spruit; *Pers a.:* telg; *Bot bsd* loot.

Sprosse f sproet; (*Leiter* ℒ) sport.

Sprößling m (-s; -e) spruit, afstammeling.

Sprotte f sprot.

Spruch m (-¢s; ¨e) spreuk; *jur* (het) vonnis; ~band n (het) spandoek.

Sprudel(wasser n) m (het) spuitwater.

sprudeln (op)borrelen, opbruisen; *fig (vor D)* sprankelen (van).

Sprüh|dose f spuitbus; ℒen spatten (*a. v/t*), vonken; (*spritzen*) spuiten; *fig* fonkelen; *fig (vor D)* sprankelen (van); ~regen m motregen.

Sprung m (-¢s; ¨e) sprong; (*Riß*) barst, scheur; ~brett n springplank; ℒhaft sprongsgewijs, met sprongen; (*unstet*) wispelturig; ~schanze f springschans.

Spucke f (het) speeksel; ℒn spuwen, spugen.

Spuk m (-¢s; -e) (het) spook(beeld); (het) spoken; ℒen spoken.

Spülbecken n gootsteen, afwasbak.

Spule f spoel (*a. El u. Tech*), klos.

Spüle f = **Spülbecken**.

spulen spoelen, opwinden.

spül|en spoelen; *Geschirr* afwassen; ℒmittel n (het) afwasmiddel; ℒung f spoeling.

Spur f (het) spoor (*a. fig*).

spür|bar voelbaar, tastbaar; ~en (be-) speuren, voelen.

spur|los spoorloos; ℒrillen f/pl spoorvorming.

Spürsinn m speurzin (*a. fig*).

Spurt m (-¢s; -e od -s) spurt; ℒen (a. sn) spurten.

Spurweite f spoorbreedte.

sputen: *sich ~* zich spoeden.

Staat m (-¢s; -en) staat; (*Prunk*) staatsie; ~enbund m statenbond; ℒenlos statenloos; ℒlich van de staat, staats-, rijks-.

Staats|- in Zssgn mst staats-, in den Niederlanden oft rijks-.

Staats·angehörig|e(r) staatsburger, onderdaan; ~keit f nationaliteit.

Staats·anwalt m officier van justitie; (*in Belgien*) procureur; ~schaft f (het) openbaar ministerie.

Staats|beamte(r) staats-, rijksambtenaar; ~besuch m (het) staatsbezoek; ~bürger m staatsburger; ~chef m (het) staatshoofd; ~dienst m staats-, rijksdienst; ℒeigen van de staat, staats-,

rijks-; **~eigentum** *n* staatseigendom (*a. het*); **~feind** *m* staatsvijand; **⒉feindlich** vijandig gezind jegens de staat; **~form** *f* staatsvorm; **~haushalt** *m* staatshuishouding; (*Etat*) staats-, rijksbegroting; **~kasse** *f* staatskas, schatkist; **~mann** *m* staatsman; **~oberhaupt** *n* (het) staatshoofd; **~räson** *f* (het) staatsbelang; **~sekretär** *m* staatssecretaris; **~streich** *m* staatsgreep; **~vertrag** *m* (het) staatsverdrag.

Stab *m* (*-es; ~e*) staf (*a. mil*), stok; (*Stange*) staaf.

Stäbchen *n* (het) stokje.

Stabhochsprung *m* (het) polsstokhoogspringen.

stabil stabiel; **~isieren** (-) stabiliseren.

Stabilität *f* stabiliteit; **~s·politik** *f* politiek van (economische) stabiliteit.

Stabs·chef *m* chef-staf.

Stachel *m* (*-s; -n*) stekel; (*Insekten⒉*) angel; *fig* prikkel; **~beere** *f* kruisbes; **~draht** *m* prikkeldraad; **⒉ig** stekelig; **~schwein** *n* (het) stekelvarken.

Stadion *n* (*-s; Stadien*) (het) stadion.

Stadium *n* (*-s; Stadien*) (het) stadium.

Stadt *f* (*-; ~e*) stad; **~autobahn** *f* autosnelweg door de stad; **~bahn** *f* stadstram; **~bezirk** *m* stadswijk, (het) stadsdeel; **~bild** *n* (het) stadsbeeld; **~bummel** *m* wandeling door de stad.

Städtchen *n* (het) stadje.

Städte|bau *m* stedebouw; **~partnerschaft** *f* jumelage.

Städt|er(in *f*) *m* stedeling(*e f*); **⒉isch** stedelijk, steeds.

Stadt|kern *m* stadskern; **~mitte** *f* (het) (stads)centrum; **~plan** *m* plattegrond (van een stad); **~rand** *m* rand van de stad; **~rundfahrt** *f* rondrit door de stad; **~teil** *m* (het) stadsdeel, stadswijk; **~theater** *n* stadsschouwburg; **~viertel** *n* stadswijk; **~zentrum** *n* (het) stadscentrum.

Staffel *f* (*-; -n*) ploeg; (*~lauf*) estafette(ploeg); *Flgw* (het) squadron; **~ei** *f* schildersezel; **~lauf** *m* estafetteloop; **⒉n** onderverdelen, indelen; **gestaffelte Steuern** *f/pl* progressieve belastingen *pl.*

Stagn|ation *f* stagnatie; **⒉ieren** (-) stagneren.

Stahl *m* (*-es; -e od ~e*) (het) staal.

Stahl|- *in Zssgn mst* staal-; *bei Material aus Stahl mst* stalen (*Adj*); **⒉blau** staalblauw; **~blech** *n* staalplaat.

stähl|en stalen; *fig a.* harden; **~ern** stalen.

Stahl|kammer *f* safe; **~möbel** *n/pl* stalen meubelen *n/pl*; **~schrank** *m* brandkast; **~werk** *n* staalfabriek; **~wolle** *f* staalwol.

Stall *m* (*-es; ~e*) stal (*a. fig*); (*Kleintiere*) (het) hok; **~hase** *m* (het) tam konijn.

Stamm *m* (*-es; ~e*) stam; **~aktie** *f* (het) gewoon aandeel; **~aktionär** *m* gewoon aandeelhouder; **~baum** *m* stamboom.

stammeln stamelen, hakkelen.

stamm|en stammen; (**von** *D*) afstammen (van); (**aus** *D*) zijn, komen (uit); **⒉gast** *m* stamgast; **⒉gericht** *n* dagschotel; **⒉kapital** *n* stam-, grondkapitaal; **~verwandt** stamverwant.

stämmig potig, stoer.

Stamm|kneipe *f*, **~lokal** *n* (het) stamcafé; **~kunde** *m* vaste klant.

stampf|en stampen (*a. mar*); **⒉er** *m* stamper.

Stand *m* (*-es; ~e*) stand; (*Zustand bsd*) staat, toestand; (*Verkaufs⒉*) stand (*a. Messe⒉*), (het) kraampje.

Standard *m* (*-s; -s*) standaard; **⒉isieren** (-) standaardiseren.

Standbild *n* (het) standbeeld.

Ständchen *n* serenade.

Ständer *m* stander; (*Fahrrad⒉*) (het) rek.

Standes|amt *n* (het) bureau van de burgerlijke stand; **⒉amtlich** *Trauung*: voor de wet; **~beamte(r)** ambtenaar van de burgerlijke stand; **⒉gemäß** volgens zijn stand.

stand|haft standvastig; **~halten** (*D*) standhouden (tegen).

ständig permanent, vast; (*ununterbrochen*) voortdurend, onafgebroken.

Stand|licht *n* (het) parkeerlicht; **~ort** *m* standplaats; **~punkt** *m* (het) standpunt; **~spur** *f* vluchtstrook.

Stange *f* stang, staaf; (*Vorhang⒉*) roede; (*Kleider⒉*) (het) rek; (*Zigaretten⒉*) slof; *e-e ~ Geld* F een hoop geld; **~n·bohne** *f* klimboon.

stänkern F kankeren.

stanzen (*-t*) ponsen.

Stapel *m* stapel, hoop; *vom ~ laufen* (*lassen*) van stapel (laten) lopen; **~lauf** *m* (het) van stapel lopen, tewaterlating.

stapeln (op)stapelen.

stapfen

stapfen (sn) stappen.
Star m 1. (-*es*; -*e*) *Zool* spreeuw; *Med* staar; 2. (-*s*; -*s*) (*Film*⚯) filmster.
stark (*~er*; *~st*) sterk (*a. Getränk etc.*); *Adv a.* fors; (*dick*) dik, zwaar; *Regen, Schmerzen*: hevig; *Verkehr*: druk.
Stärke f sterkte; (*Dicke*) dikte; *fig* (*Fähigkeit*) sterke zijde; (*Anzahl*) getalsterkte; *kul* (het) zetmeel; (*Wäsche*⚯) (het) stijfsel; **~mehl** n (het) zetmeel.
stärken versterken; *Wäsche* stijven; *sich ~ (essen)* zich sterken.
Stark·strom m sterkstroom.
Stärkung f versterking; **~s-mittel** n (het) versterkend middel.
starr star; *Charakter a.*: koppig; *Blick bsd*: strak; (*steif*) stijf, verstijfd, stram; **~ vor** (*D*) stijf van; **⚯e** f = **Starrheit**; **~en** (*auf A*) staren (naar); **~ vor** (*od von D*) stijf staan van; **⚯heit** f starheid; strakheid; koppigheid; **⚯kopf** m stijfkop; **~köpfig** koppig, stijfhoofdig; **⚯sinn** m koppigheid.
Start m (-*es*; -*e od* -*s*) start; **~automatik** f automatische choke; **~bahn** f startbaan; **⚯bereit** startklaar; **⚯en** (*v*/*i a. sn*) starten; **~er** m starter; **~hilfe-kabel** n startkabel; **~und-Lande-Bahn** f starten landingsbaan; **~zeichen** n (het) startsein.
Statik f statica.
Station f halte(plaats); *Rf u. Beobachtungsstelle* (het) station; (*Krankenhaus*⚯) afdeling (in ziekenhuis); **⚯är** stationair; *Med* klinisch; **⚯en** (-) stationeren; **~s-arzt** m afdelingsarts.
statisch statisch.
Statist|(in f) m (-en) figurant(e f); **~ik** f statistiek; **⚯isch** statistisch.
Stativ n (-*s*; -*e*) (het) statief.
statt *Präp* (*G*) *u. Ko* in plaats van; **~ dessen** in plaats daarvan; **~ daß** in plaats dat.
Stätte f plaats, plek.
statt|finden plaatsvinden; *nicht ~ bsd* niet doorgaan; **~haft** geoorloofd; **~lich** imposant, statig; (*groß*) fors.
Statue f (het) standbeeld.
Status m (-; -) status; **~symbol** n (het) statussymbool.
Statur f gestalte.
Statut n (-*es*; -*en*) (het) statuut.
Stau m (-*es*; -*e od* -*s*) (*Verkehrs*⚯) file, opstopping.

502

Staub m (-*es*; *0*) (het) stof; **⚯en** stuiven.
Stau·berater m hulpverlener bij files.
Staub|fänger m (het) stofnest; **⚯ig** stoff(er)ig, bestoft; **⚯saugen** stofzuigen; **~sauger** m stofzuiger; **~tuch** n stofdoek; **~wolke** f stofwolk.
Staudamm m stuwdam.
Staude f heester, struik.
stauen (op)stuwen; *Ladung* stouwen; *sich ~ Verkehr*: vastlopen.
staunen 1. (*über A*) verbaasd (*od* versteld) staan (over), opkijken (van), zich verbazen (over); 2. ⚯ n verbazing.
Stau|see m (het) stuwmeer; **~ung** f stuwing (*a. Med*); = **a. Stau**.
Steak n (-*s*; -*s*) biefstuk, steak.
stech|en* steken; (*leicht mit e-m Gegenstand*) prikken; *Kunst*: graveren; **~end** stekend; **⚯fliege** f steekvlieg; **⚯mücke** f steekmug; **⚯uhr** f prikklok.
Steck|brief m (het) signalement met verzoek tot opsporing; **~dose** f (het) stopcontact; **⚯en** 1. *v*/*t* steken; (*hinein~ a.*) stoppen; 2. *v*/*i* (*a. **) steken, zitten; **⚯en-bleiben** blijven steken; **~en-pferd** n (het) stokpaardje; **~er** m stekker; **~nadel** f speld.
Steg m (-*es*; -*e*) loopplank; (*Landungs*⚯) steiger; **~reif** m: *aus dem ~* voor de vuist (weg).
stehen* (*a. sn*) staan; (*still~ bsd*) stilstaan; **~ auf** (*A*) F weg zijn van; *wie steht's mit ihm?* hoe gaat het met hem?; *es steht gut* (*schlecht*) *um j-n* iem staat er goed (slecht) voor; *im* ⚯ (al) staande; *zum* ⚯ *bringen* tot staan brengen; **~bleiben** blijven staan; **~lassen** laten staan.
Steh|kragen m staande boord; **~lampe** f staande lamp; **~leiter** f trapladder.
stehlen* stelen; *er kann mir gestohlen bleiben* hij kan mij gestolen worden.
Stehplatz m staanplaats.
Steiermark f: *die ~* Stiermarken n.
steif stijf (*a. fig*); *Glieder a.*: stram; **⚯heit** f stijfheid.
Steig m (-*es*; -*e*) (het) smal paadje; (*Gebirgs*⚯) (het) bergpaadje; **~bügel** m stijgbeugel; **~eisen** n (het) klimijzer.
steigen* (sn) stijgen; (*klettern bsd*) klimmen; F (*stattfinden*) plaatsvinden; **~ auf** (*A*) *Berg* bestijgen, beklimmen; *Stuhl, Pferd* klimmen op; *Fahrrad* stappen op; *Leiter* opgaan; *Baum* klimmen

Steuererklärung

in; ~ *aus* (D) Esb u. Auto(bus) stappen uit; *Wasser* komen uit; *aus dem Bett* ~ uit bed stappen.
steiger|n verhogen; *Geschwindigkeit a.* opvoeren; (*vergrößern*) vergroten, vermeerderen; *sich* ~ groter worden, stijgen; ⌾**ung** f verhoging; opvoering; vergroting, vermeerdering; *Gr* comparatie, trappen *pl* van vergelijking; ⌾**ungsrate** f (het) stijgings-, groeipercentage.
Steigung f stijging; (*Hang*) helling.
steil steil; ⌾**hang** *m* steile helling; ⌾**heit** f steilheid, steilte; ⌾**küste** f steile kust; ⌾**wandzelt** n bungalowtent.
Stein *m* (-es; -e) steen; (*Obst* ⌾) pit.
Stein|- *in Zssgn mst* steen-; *bei Material aus Stein mst* stenen (*Adj*); ⌾**alt** stokoud; ~**bock** *m* steenbok; ~**bruch** *m* steengroeve; ~**butt** *m* tarbot; ~**ern** stenen; *Herz*: van steen; ~**gut** *n* (het) geglazuurd aardewerk; ⌾**hart** keihard.
steinig steenachtig, vol stenen; *fig* moeizaam; ~**en** stenigen.
Steinkohle f steenkool; ~**n·bergwerk** *n* (steen)kolenmijn.
Stein|metz *m* (-en) steenhouwer; ~**pilze** *m/pl* (het) eekhoorntjesbrood; ⌾**reich** schatrijk; ~**schlag** *m* (het) steenslag; ~**zeit** f (het) stenen tijdperk.
Stelldichein *n* (-[s]; -[s]) (het) rendez-vous.
Stelle f plaats; (*Beruf a.*) betrekking, baan; (*Text* ⌾ *bsd*) passage; (*Amt, Behörde*) instantie, (het) bureau; *an erster* ~ op (*fig* in) de eerste plaats; *an deiner* ~ in jouw plaats; *auf der* ~ onmiddellijk, terstond.
stellen 1. stellen (*a. Frage etc.*); (*hin*~) zetten, plaatsen; *Uhr* gelijkzetten; *Wecker* zetten; *Antrag* indienen; *in Rechnung, vor Gericht* brengen; (*verhaften*) arresteren, aanhouden; 2. *sich* ~ *der Polizei* zich melden bij; (*vortäuschen*) zich houden; *Frage*: rijzen.
Stellen|angebot *n* aangeboden betrekking(en *pl*); ~**gesuch** *n* sollicitatiebrief; (*Zeitungsrubrik*) advertentie 'betrekking gezocht'; ~**markt** *m* arbeidsmarkt; ~**vermittlung** f (het bureau voor) arbeidsbemiddeling; ⌾**weise** hier en daar.
Stellplatz *m* staanplaats.
Stellung f positie; (*Dienst* ⌾ *a.*) betrekking; (*Haltung*) houding; *mil* stelling; ~

nehmen zu (D) zijn standpunt bepalen ten aanzien van; ~**nahme** f stellingname; ⌾**s·los** zonder betrekking; ~**s·suche** f (het) zoeken naar een baan.
stellvertrete|nd plaatsvervangend; ⌾**r(in** f) *m* plaatsvervanger *m*, plaatsvervangster f.
Stelze f stelt; (*auf*) ~**n laufen** steltlopen.
Stemm-eisen *n* steekbeitel.
stemmen duwen; (*heben*) opheffen, tillen; *Gewichte* drukken; *Ellbogen* steunen; *sich* ~ zich schrap zetten (*a. fig*).
Stempel *m* stempel (*a. fig*); (*Waren* ⌾ *bsd*) (het) merk; *Bot* stamper; ~**geld** *n* F werkloosheidsuitkering; ⌾**n** stempelen (*a. F*).
Stengel *m* stengel.
Steno 1. f (-; -) steno(grafie); 2. *n* (-s; -s) steno(gram); ~**gramm** *n* (het) stenogram; ~**graph** *m* (-en) stenograaf; ~**graphie** f stenografie; ⌾**graphieren** stenograferen; ⌾**graphin** f stenografe; ~**typistin** f stenotypiste.
Stepp|decke f gestikte deken; ~**e** f steppe; ⌾**en** stikken.
Sterbe|bett *n* (het) sterfbed; ~**fall** *m* (het) sterfgeval; ⌾**n*** (*sn*) sterven, overlijden, doodgaan; *im* ⌾ *liegen* op sterven liggen; ⌾**ns·krank** doodziek.
Sterbe|sakramente *n/pl* sacramenten *n/pl* der stervenden; ~**urkunde** f overlijdensakte.
sterblich sterfelijk; ~**e Hülle** f (het) stoffelijk overschot; ⌾**e(r)** sterveling(e f).
Stereo|- *in Zssgn mst* stereo-, *z.B.* ~**anlage** f stereoinstallatie; ⌾**typ** stereotiep.
steril steriel; ~**isieren** (-) steriliseren.
Stern *m* (-es; -e) ster; ~**bild** *n* (het) sterrebeeld; ~**deuter** *m* sterrenverklaar.
Sternenbanner *n* Amerikaanse vlag.
Stern|fahrt f rally; ⌾**hagelvoll** F stomdronken; ~**schnuppe** f meteoor, vallende ster; ~**warte** f sterrenwacht.
stet(ig) aanhoudend, bestendig, gestadig; ⌾**ig·keit** f bestendigheid, vastheid; ~**s** steeds, altijd.
Steuer 1. f (-; -n) belasting; 2. *n* (-s) stuur; (*Schiffs* ⌾ *a.*) (het) roer; ~**aufkommen** *n* belastingopbrengst; ~**beamte(r)** belastingambtenaar; ~**befreiung** f belastingvrijstelling; ~**berater** *m* belastingconsulent; ~**bord** *n* (het) stuurboord; ~**einnahmen** f/pl belastingopbrengst; ~**erklärung** f belasting-

steuerfrei 504

aangifte; 2frei belastingvrij; ~freibetrag *m* belastingvrije voet; ~hinterziehung *f* belastingontduiking; ~knüppel *m* stuurknuppel; ~lich fiscaal; ~los stuurloos (*a. fig*); ~mann *m* stuurman; 2n sturen; *v/t a.* besturen; *Ton* regelen; 2pflichtig *Pers*: belastingplichtig; *S.*: belastbaar; ~rad *n* (het) stuurwiel (*a. Auto*); ~reform *f* belastinghervorming; ~rückvergütung *f* belastingteruggaaf; ~senkung *f* belastingverlaging; ~ung *f* (be)sturing; (*Eindämmung*) (het) tegengaan, bestrijding; regeling; (*Vorrichtung*) stuurinrichting, (het) stuur; ~vergünstigung *f* belastingfaciliteit; ~vorauszahlung *f* voorlopige aanslag; ~zahler *m* belastingbetaler.

Steward *m* (*-s*; *-s*) steward; ~eß *f* (*-*; *-ssen*) stewardess.

stibitzen (*-t*; *-*) F gappen, jatten.

Stich *m* (*-es*; *-e*) steek (*a. Näh*& *etc.*); (*leichter* ~) prik; (*Kupfer*&) gravure; (*Karten*&) slag; *im* ~ *lassen* in de steek laten; ~**elei** *f* stekeligheid, hatelijkheid; ~**eln** steken *pl* onder water geven; ~**flamme** *f* steekvlam; ~**haltig** steekhoudend; ~**probe** *f* steekproef; ~**tag** *m* uiterste datum, teldag; ~**waffe** *f* steekwapen; ~**wahl** *f* herstemming; ~**wort** *n* (het) trefwoord; ~**wunde** *f* steekwond(e).

sticke|n borduren; 2rei *f* (het) borduursel; ~**rin** *f* borduurster.

stick|ig benauwd, bedompt; 2stoff *m* stikstof.

Stief- in Zssgn stief-, *z.B.* ~**bruder** *m* stiefbroer.

Stiefel *m* laars; 2n (*sn*) F stappen.

Stief|eltern *pl* stiefouders *pl*; ~**mutter** *f* stiefmoeder; ~**mütterchen** *n* (het) driekleurig viooltje.

Stiel *m* (*-es*; *-e*) steel; (*Stengel a.*) stengel.

Stier *m* (*-es*; *-e*) stier; 2en (*blicken*) staren, star kijken; ~**kampf** *m* stieregevecht; ~**kämpfer** *m* stierenvechter.

Stift 1. *m* (*-es*; *-e*) stift; *Tech a.* pen, pin; **2.** *n* (*-es*; *-e*) sticht; (*Heim*) (het) gesticht.

stift|en stichten (*a. Frieden, Unheil etc.*); schenken, geven (*a.* F *Runde*); 2**er(in** *f*) *m* stichter *m*, stichtster *f*; schenker *m*, schenkster *f*; 2**ung** *f* stichting, (het) fonds; schenking.

Stil *m* (*-es*; *-e*) stijl (*a. fig*); (*Art a.*) trant;

~**blüte** *f* (het) stijlbloempje; 2**isieren** (*-*) stileren; 2**istisch** stilistisch.

still stil; (*lautlos a.*) zacht; (*ruhig a.*) rustig, kalm; 2**e** *f* stilte; *in der* (*od aller*) ~ in alle stilte.

Stilleben *n* (het) stilleven.

stilleg|en stilleggen; 2**ung** *f* stillegging; (*Betriebs*&) (bedrijfs)sluiting.

stillen *Kind* de borst geven; *Durst* lessen; *Hunger, Schmerz* stillen; *Blut* stelpen.

stillhalten rustig blijven.

stil-los stijlloos (*a. fig*).

Stillschweigen *n* (het) stilzwijgen; 2**d** stilzwijgend.

still|sitzen stilzitten; 2**stand** *m* stilstand; ~**stehen** stilstaan.

Stil|möbel *n/pl* stijlmeubelen *n/pl*; 2**voll** stijlvol.

Stimm- in Zssgn mst stem-, *z.B.* ~**bänder** *n/pl* stembanden *pl*; 2**berechtigt** stemgerechtigd; ~**bruch** *m* stemwisseling; ~**e** *f* stem (*a. Wahl*&); 2**en** stemmen (*a. Mus etc.*); (*richtig sein*) kloppen; *es stimmt* (*nicht*) het klopt (niet).

Stimmenmehrheit *f* meerderheid van stemmen.

Stimm|enthaltung *f* onthouding; ~**gabel** *f* stemvork; 2**haft** stemhebbend; 2**los** stemloos; ~**recht** *n* (het) stemrecht; ~**ung** *f* stemming (*a. fig*).

Stimmungs|mache *f* stemmingmakerij; 2**voll** sfeervol, stemmig.

Stimmzettel *m* (het) stembiljet.

stimulieren (*-*) stimuleren.

stink|en* stinken; ~**ig** stinkend.

Stipendi|at(in *f*) *m* (*-en*) beursstudent(e *f*); ~**um** *n* (*-s*; *Stipendien*) studiebeurs.

stipp|en dopen, soppen; 2**visite** *f* (het) kort bezoek.

Stirn *f* (het) voorhoofd; *Arch* voorzijde; *j-m die* ~ *bieten* iem het hoofd bieden; ~**höhle** *f* voorhoofdsholte; ~**seite** *f* voorzijde.

stöbern snuffelen, rommelen.

stochern porren, peuteren; *im Feuer* poken.

Stock *m* (*-es*; "*e*) stok; (*Hockey*&) stick; (*Druck*&) (het) cliché; (*Vorrat*) voorraad, stock; (*Bienen*&) bijenkorf; (*Kapital*) (het) stamkapitaal; (~*werk*) etage, verdieping; *im 2.* ~ op de 2e etage; 2**dunkel** pik(ke)donker, stikdonker.

Stöckelschuh *m* schoen met hoge hak.

stocken (*a. sn*) stokken, blijven steken,

Strandnähe

haperen; *Verkehr*: vastlopen; *Flüssigkeit*: stremmen; *Blut*: stollen; **ins 2 geraten** vastlopen, blijven steken.
Stock|fisch *m* stokvis; **~ung** *f* stilstand, stagnatie; stremming (*a. Verkehr*); hapering; **~werk** *n* etage, verdieping.
Stoff *m* (-*es*; -*e*) stof (*a. fig*); **2lich** stoffelijk; (*materiell a.*) materieel; (*inhaltlich*) inhoudelijk; **~tier** *n* (het) stoffen beest; **~wechsel** *m* stofwisseling.
stöhnen kreunen, steunen.
Stollen *m Bgb* mijngang; (*Weihnachts2*) (het) kerstbrood.
stolpern (*a. sn*) strompelen; (*über A*) struikelen (over).
stolz 1. trots (*a. hochmütig*), fier; **~ sein auf** (*A*) trots zijn op; **2. 2** *m* (-*es*; *0*) trots, fierheid.
stopf|en stoppen (*a. ausbessern*), proppen; **2garn** *n* (het) stopgaren; **2nadel** *f* stopnaald.
Stopp 1. *m* (-*s*; -*s*) halte; **2. 2!** stop!
Stoppel *f* (-; -*n*) stoppel; **2ig** stoppelig.
stopp|en *v*/*i* (*anhalten*) stoppen; *v*/*t etw* stopzetten; *j-n* tegenhouden; *Zeit* opnemen; **2er** *m Sp* stopper; **2schild** *n* (het) stopbord; **2straße** *f* stopstraat; **2uhr** *f* chronometer, stopwatch.
Stöpsel *m* stop, kurk; **2n** kurken, met een stop (af)sluiten.
Stör *m* (-*es*; -*e*) steur.
Storch *m* (-*es*; *e*) ooievaar.
stören storen; *etw bsd* verstoren; **2fried** *m* (-*es*; -*e*) rustverstoorder; *fig* spelbreker.
Stores *m*/*pl* glasgordijnen *n*/*pl*.
stornier|en (-) storneren; (*rückgängig machen*) annuleren; **2ungs·gebühr** *f* annuleringskosten *pl*.
Storno *m od n* (-*s*; *Storni*) storno (boeking).
störrisch stug, koppig, weerbarstig.
Störung *f* storing; verstoring; **2s·frei** storingvrij.
Stoß *m* (-*es*; *e*) stoot; (*Schub a.*) duw; (*Erschütterung*) schok; (*Zusammen2*) botsing, schok; *Sp* trap; (*Stapel*) stapel, hoop; **~dämpfer** *m* schokbreker; **2en* 1.** *v*/*t* stoten; (*schieben*) duwen; (*treten*) trappen; **2.** *v*/*i* (*a. sn*) (*rütteln*) schokken; (*zu~*) stoten; **~ auf** (*A*) *etw* stuiten op; *j-n* tegen het lijf lopen; **sich ~ an** (*D*) zich stoten aan (*a. fig*); **2fest** schokvrij; **~gebet** *n* (het) schietgebedje; **~kraft** *f* stootkracht (*a. fig*); **~seufzer** *m* diepe zucht; **~stange** *f Auto*: bumper; **~verkehr** *m* = **Stoßzeit**; **~zahn** *m* slagtand; **~zeit** *f* (het) piek-, spitsuur, grote drukte.
Stotter|er *m*, **~in** *f* stotteraar(ster *f*); **2n** stotteren; *Motor*: sputteren.
Straf- *in Zssgn mst* straf-, *z.B.* **~anstalt** *f* strafinrichting; **~anzeige** *f* klacht; **~arbeit** *f* (het) strafwerk; **2bar** strafbaar; **~befehl** *m* (het) vonnis.
Strafe *f* straf; (*Geld2*) boete; **zur ~** als straf; **2n** (be)straffen.
straff strak (*a. fig*), straf.
straffällig: ~ werden zich strafbaar maken.
straffen strak maken, spannen; **sich ~** strak worden; zich oprichten.
straf|frei zonder straf, ongestraft; **2gefangene(r)** (straf)gevangene; **2gesetzbuch** *n* (het) strafwetboek; **2kammer** *f* strafkamer.
sträflich onverantwoord, ongeoorloofd.
Sträfling *m* (-*s*; -*e*) (straf)gevangene.
straf|los straffeloos, ongestraft; **2mandat** *n* bekeuring; **~mildernd** *Umstände*: verzachtend; **2porto** *n* strafport (*a.* het); **2predigt** *f* strafpreek; **2prozeß** *m* (het) strafproces; **2punkt** *m* (het) strafpunt; **2raum** *m Sp* (het) strafschopgebied; **2recht** *n* (het) strafrecht; **2register** *n* (het) strafregister (het*)* strafblad; **2stoß** *m Sp* strafschop; **2tat** *f* (het) delict, (het) strafbaar feit; **2täter** *m* dader, delinquent; **2verfahren** *n* (het) strafproces; **2zettel** *m* bekeuring.
Strahl *m* (-*es*; -*en*) straal; **2en** stralen; schitteren; **~en-behandling** *f* stralenbehandeling; **2end** stralend; **~en-schutz** *m* stralingsbescherming; **~ung** *f* straling; *fig* uitstraling.
Strähne *f* streng; (*Haar2*) sliert.
stramm strak, gespannen; (*gesund*) kloek, flink; *Zucht*: streng; **~stehen** in de houding staan.
Strampel|höschen *n* (het) kruippakje; **2n** trappelen.
Strand *m* (-*es*; *e*) (het) strand; **am ~** op het strand.
Strand|- *in Zssgn mst* strand-, *z.B.* **~bad** *n* (het) strandbad; **2en** (*sn*) stranden (*a. fig*); **~gut** *n* (het) strandgoed; **~korb** *m* strandstoel; **~nähe** *f* nabijheid van het

Strandpromenade

strand; **~promenade** *f* strandboulevard.
Strang *m* (-*es*; ⁼e) streng; (*Seil*) koord (*a. het*); (*Galgen*♀) strop; *Esb* spoorlijn; **am gleichen ~ ziehen** één lijn trekken.
Strapa|ze *f* inspanning, vermoeienis; **♀zieren** (-) veel vergen van; *j-n a.* afbeulen; (*abnutzen*) verslijten; **♀zierfähig** (oer)sterk, onverslijtbaar; **♀ziös** zwaar, inspannend.
Straps *m* (-*es*; -*e*) jarretel(le).
Straßburg *n* Straatsburg *n*.
Straße *f* straat (*a. See*♀); (*Verkehrsweg*) weg; **auf offener ~** op de openbare weg; **auf die ~ setzen** op straat zetten.
Straßen|arbeiten *f/pl* wegwerkzaamheden *pl*; **~bahn** *f* tram; **~bahnhaltestelle** *f* tramhalte; **~bau** *m* wegenbouw; **~beleuchtung** *f* straatverlichting; **~benutzungs-gebühr** *f* wegentol; **~café** *n* lunchroom met terras; **~graben** *m* sloot, greppel; **~händler** *m* straatdelaar; **~kampf** *m* (het) straatgevecht; **~karte** *f* wegenkaart; **~kreuzer** *m* (grote) slee; **~kreuzung** *f* (het) kruispunt; **~lage** *f* wegligging; **~laterne** *f* straatlantaarn; **~name** *m* straatnaam; **~rennen** *n* wegwedstrijd; **~schäden** *m/pl* weg in slechte staat; **~schild** *n* (het) straatnaambord; wegwijzer; **~verhältnisse** *n/pl* toestand van de wegen.
Straßenverkehr *m* straatverkeer; **~s·ordnung** *f* (het) verkeersreglement.
Straßen|wacht *f* wegenwacht; **~zustand** *m* toestand van de wegen; **~zustands-bericht** *m* verkeers-, wegeninformatie.
Strategie *f* strategie; **♀isch** strategisch.
sträuben: sich ~ *Haare:* te berge rijzen; *fig* tegenstribbelen, tegenspartelen; (*gegen A*) zich verzetten (tegen).
Strauch *m* (-*es*; ⁼er) struik.
straucheln (*sn*) struikelen.
Strauß *m* **1.** (-*es*; -*e*) *Zool* struisvogel; **2.** (-*es*; ⁼e) (*Blumen*♀) bos, ruiker, (het) boeket.
streb|en 1. (*nach D*) streven (naar); **2.** ♀ *n* (het) streven; **♀er** *m* streber; **~sam** ijverig.
Strecke *f* (het) traject, route, (het) eind weegs; (*Entfernung*) afstand (*a. Sp*); *Esb* (het) baanvak, lijn; **auf der ~ bleiben** blijven steken; *fig* het slachtoffer worden; *En* strekken, (*dehnen*) uitrek-

ken; (*verdünnen*) aanlengen; *Vorrat, Ration* (over een langere tijd) uitsmeren; *Waffen* neerleggen; **sich ~** zich strekken, zich rekken; **~en·netz** *n* *Esb* (het) spoorwegnet; *Flgw* (het) luchtnet; **♀en-weise** hier en daar; *fig a.* gedeeltelijk; **~verband** *m* (het) rekverband.
Streich *m* (-*es*; -*e*) *fig* streek, poets; **j-m e-n ~ spielen** iem een poets bakken; **auf e-n ~** met één slag; **♀eln** strelen, aaien; **♀en*** strijken (*a. Flagge etc.*); (*umherirren*) zwerven; *Brot* smeren; (*durch~*) doorhalen, schrappen; (*an~*) schilderen; **~holz** *n* lucifer; **~käse** *m* smeerkaas; **~ung** *f* schrapping; (*Gestrichenes a.*) doorhaling.
Streife *f* patrouille.
streifen *v/t* (*berühren*) even (aan)raken; (*erwähnen*) even aanroeren, aanstippen; (*verwunden*) schampen; *v/i* (*sn*) (*ziehen*) trekken.
Streif|en *m* (*Linie*) streep; (*schmales Stück*) strook, reep; (*Film*) film; **~en·wagen** *m* patrouilleauto; **~schuß** *m* (het) schampschot; **~zug** *m* zwerftocht; *fig* verkenning, sprokkeling.
Streik *m* (-*s*; -*s*) staking; **~brecher** *m* onderkruiper; **♀en** staken; **~ende(r)** staker; **~parole** *f* (het) stakingsparool; **~posten** *m* stakerspost; **~recht** *n* (het) stakingsrecht.
Streit *m* (-*es*; -*e*) ruzie, twist, (het) geschil; *fig* (*Kampf*) strijd; **♀bar** strijdbaar, weerbaar; **♀en*** strijden; (*sich*) **~** twisten, ruzie maken, kibbelen; **~erei** *f* ruzie, (het) geruzie, (het) gekibbel; **~frage** *f* strijdvraag, (het) geschilpunt; **~gespräch** *n* (het) twistgesprek, (het) dispuut; **♀ig: j-m etw ~ machen** iem iets betwisten; **~ig-keiten** *f/pl* geschillen *n/pl*, oneningheid; **~kräfte** *f/pl* strijdkrachten *pl*; **♀süchtig** twistziek.
streng streng; *Kälte:* bar; **♀e** *f* strengheid; (*Unerbittlichkeit a.*) gestrengheid; **~genommen** strikt genomen; **~gläubig** strenggelovig, orthodox.
Streß *m* (-*sses*; -*sse*) stress.
stress|en (-*ßt*) zwaar belasten; **~ig** (zwaar) belastend.
Streu *f* (het) stro; **♀en** strooien; *fig* spreiden; **~er** *m* strooier, strooibus.
streunen (*mst sn*) F struinen, (rond-) zwerven.
Streuselkuchen *m* snipperkoek.

Streuung f spreiding; *Phys* verstrooiing.

Strich m (-*es*; -*e*) streek, haal; (*Linie*) lijn, streep; P prostitutie; *ein ~ durch die Rechnung* een streep door de rekening; *auf den ~ gehen* P tippelen; *gegen den ~* tegen de draad; ⟨*eln* stippelen; (*schraffieren*) arceren; **~junge** m tippelende homoseksueel; **~mädchen** n tippelaarster; **~punkt** m kommapunt; ⟨*weise* plaatselijk.

Strick m (-*es*; -*e*) (het) touw, koord (*a. het*); strik; (*Galgen*⟨) strop; ⟨*en* breien; **~jacke** f (het) gebreid jasje; **~leiter** f touwladder; **~nadel** f breinaald, -pen; **~waren** f/pl (het) gebreid goed; **~weste** f (het) gebreid vest; **~wolle** f breiwol.

Strieme f, **~n** m striem.

strikt strikt.

Strippe f F Tel lijn.

Striptease n od m (-; 0) striptease.

strittig betwist, omstreden.

Stroh n (-*es*; 0) (het) stro; **~dach** n (het) strodak; **~halm** m (*zum Trinken*) (het) rietje; **~hut** m strohoed, strooien hoed; **~mann** m stroman (*a. fig*); **~witwe** f onbestorven weduwe; **~witwer** m onbestorven weduwnaar.

Strolch m (-*es*; -*e*) schooier, landloper; (*Gauner*) schurk.

Strom m (-*es*; ⁓*e*) stroom (*a. El*).

Strom|- *in Zssgn mst* stroom-, *z.B.* ⟨*abwärts* stroomafwaarts; **~anschluß** m stroomaansluiting; ⟨*aufwärts* stroomopwaarts; **~ausfall** m (het) uitvallen van de stroom, stroomstoring.

strömen (*a. sn*) stromen.

strom|linienförmig gestroomlijnd; ⟨*schnelle* f stroomversnelling; ⟨*stoß* m stroomstoot.

Strömung f stroming.

Strom|verbrauch m (het) stroomverbruik; **~zähler** m elektriciteitsmeter.

Strophe f strofe, (het) couplet.

strotzen (-*t*) *von* (*od vor*) (*D*) *Gesundheit, Energie etc.* blaken van; *Fehlern* wemelen van.

Strudel m draaikolk, maalstroom (*a. fig*); (*Gebäck*) flap, koek.

Struktur f structuur; **~ieren** (-) structureren; **~wandel** m structuurverandering(*en pl*).

Strumpf m (-*es*; ⁓*e*) kous; **~band** n kouseband; **~halter** m jarretel(le); **~hose** f (het) maillot; (*Nylon*⟨) panty.

struppig ruig, borstelig.

Stube f kamer, (het) vertrek.

Stuben|hocker m huismus, thuisblijver; ⟨*rein* zindelijk.

Stuck m (-*es*; 0) (het) stuc, pleisterkalk.

Stück n (-*es*; ⁓*e*) (het) stuk; *aus freien ~en* uit eigen beweging.

Stuck-arbeit f (het) stukadoorswerk, (het) stucwerk.

Stück|arbeit f (het) stukwerk; **~chen** n (het) stukje; **~gut** n (het) stukgoed; ⟨*weise* bij stukjes en beetjes; per stuk; **~werk** n (het) stukwerk (*a. fig*).

Student(in f) m (-*en*) student(*e* f).

Studenten|- *in Zssgn mst* studenten-, *z.B.* **~austausch** m studentenuitwisseling; **~ausweis** m studenten-, collegekaart; **~heim** n (het) studentenhuis.

Studie f studie.

Studien|- *in Zssgn mst* studie-, *z.B.* **~abbrecher** m studiestaker; **~abschluß** m (het) einddiploma; studierichting; **~aufenthalt** m (het) studieverblijf; **~fach** n (het) studievak; **~platz** m studieplaats; **~rat** m docent, leraar; **~rätin** f docente, lerares; **~reise** f studiereis.

studieren (-) studeren; (*untersuchen*) bestuderen; ⟨*de(r)* studerende (*a. f*).

Studi|o n (-*s*; -*s*) studio; (*Arbeitsraum a.*) (het) atelier; (*Wohnung*) éénkamerflat, studio; **~um** n (-*s*; *Studien*) studie.

Stufe f trap, trede; *fig* trap, (het) peil; ⟨*n-weise* trapsgewijs.

Stuhl m (-*es*; ⁓*e*) stoel; **~gang** m stoelgang.

Stulle f F boterham.

stülpen omkeren, omslaan.

stumm stom.

Stummel m stomp; (*Zigaretten*⟨) (het) peukje.

Stummfilm m stomme film.

Stümper m knoeier, prutser; **~ei** f (het) geknoei; (*Arbeit*) (het) prutswerkje; ⟨*haft* klungelig, knoeierig; **~in** f knoeister; ⟨*n* knoeien, prutsen, F hannesen.

Stumpf m (-*es*; ⁓*e*) stomp.

stumpf stomp; (*Ggs scharf, bsd Messer*) bot (*a. Verstand*); (*ohne Glanz, fig*) dof; ⟨*sinn* m stompzinnigheid; **~sinnig** stompzinnig.

Stündchen n (het) uurtje.

Stunde

Stunde f (het) uur; (Schul&) les; **zur ~ op dit ogenblik**.
stunden uitstel geven.
Stunden|geschwindigkeit f snelheid per uur; **~kilometer** m/pl kilometer(s) pl per uur; **~lang** urenlang; **~lohn** m (het) uurloon; **~plan** m les(sen)rooster (a. het); &weise per uur; (für Stunden) enkele uren n/pl; **~zeiger** m uurwijzer.
stündlich elk uur, van uur tot uur; per uur.
Stundung f (het) uitstel (van betaling).
Stunk m (-es; 0) F ruzie, heibel.
stups|en (-t) porren; **&nase** f wipneus.
stur stug, stijf; (starrsinnig) koppig, keihard.
Sturm m (-es; ~e) storm; Sp voorhoede; (Angriff) aanval; fig stormloop.
stürm|en v/t bestormen; v/i (a. sn) stormen; **&er** m Sp aanvaller.
Sturmflut f stormvloed.
stürmisch stormachtig (a. fig).
Sturm|schäden m/pl stormschade; **~warnung** f stormwaarschuwing; **~wind** m stormwind.
Sturz m (-es; ~e) val (a. fig).
stürzen (-t) 1. v/t storten, werpen; (um~) kantelen; (absetzen) ten val brengen; mit Gewalt: Regierung, Regime omverwerpen; **sich ~ auf** (A) zich werpen op; 2. v/i (sn) vallen, storten; (eilen) snellen, rennen.
Sturz|flug m duikvlucht; **~helm** m valhelm; **~see, ~welle** f stortzee, breker.
Stute f merrie.
Stütze f steun (a. fig), stut.
stutzen (-t) v/i versteld staan (van); (Verdacht schöpfen) achterdochtig worden; v/t (bij)knippen; Bäume, Hecken snoeien.
stützen (-t) steunen (a. helfen), stutten; **sich ~ auf** (A) steunen op; fig zich baseren op.
stutzig wantrouwig, achterdochtig; **j-n machen** de achterdocht van iem wekken.
Stütz|pfeiler m steunpilaar (a. fig); **~punkt** m (het) steunpunt; mil basis.
sub- in Zssgn mst sub-.
Subjekt n (-es; -e) (het) subject; Gr a. (het) onderwerp; &iv subjectief.
sub|skribieren (-) intekenen; **&skriptions-preis** m intekenprijs.

substan|tiell substantieel; **&tiv** n (-s; -e) (het) substantief, (het) zelfstandig naamwoord; **&z** f substantie.
sub|trahieren (-) aftrekken: **&unternehmer** m onderaannemer.
Subvention f subsidie (a. het); &ieren (-) subsidiëren.
subversiv subversief.
Such|aktion f zoekactie; **~e** f (het) zoeken; (Fahndung bsd) opsporing; **auf der** (od **die**) **~** op zoek; **&en** zoeken; (versuchen a.) trachten; **hier hast du nichts zu ~!** hier heb je niets verloren!; **~er** m zoeker (a. Foto); **~erei** f (het) gezoek.
Sucht f (-; ~e) zucht; pej (z.B. Drogen&) verslaving; (Krankheit) ziekte.
süchtig verslaafd.
Süd|- in Zssgn mst zuid-; in Namen Zuid-, z.B. **~amerika** n Zuid-Amerika n; **~deutschland** n Zuid-Duitsland n.
Süd|en m (het) zuiden; **~früchte** f/pl zuidvruchten pl; **&ländisch** zuiders; **&lich** zuidelijk; **~** (G) od **von** (D) ten zuiden van; **~osten** m (het) zuidoosten; **~pol** m zuidpool; **&wärts** zuidwaarts; **~westen** m (het) zuidwesten; **&westlich** zuidwestelijk; **~wind** m zuidenwind.
süffig lekker, goed (drinkbaar).
sugge|rieren (-) suggereren; **~stiv** suggestief.
Sühne f boete, vergelding; (Versöhnung) verzoening; &n boeten (voor).
Suite f suite.
Sülze f (het) vlees in aspic; (Preßkopf) zult, hoofdkaas.
summarisch summier.
Summe f som (a. fig).
summe|n gonzen, zoemen; Melodie neuriën; &r m zoemer.
summieren (-): **sich ~** oplopen, stijgen.
Sumpf m (-es; ~e) (het) moeras (a. fig); **~land** n (het) moerasland.
Sünd|e f zonde; **~en-bock** m zondebok; **~en-fall** m zondeval; **~er(in** f) m zondaar m, zondares f; &haft zondig; F (sehr) schandalig; &igen zondigen.
Super- in Zssgn mst super-, z.B. **~benzin** n super(benzine); **~lativ** m (-s; -e) superlatief (a. fig); **~markt** m supermarkt.
Suppe f soep.
Suppen|fleisch n (het) soepvlees; **~grün**

Tagessuppe

n soepgroente; ~löffel *m* soeplepel; ~schüssel *f* soepterrine.

Supplement *n* (-*es*; -*e*) (het) supplement.

Surf|brett *n* surfplank; ~en (*a. sn*) surfen; ~er(in *f*) *m* surfer *m*, surfster *f*.

surren snorren, zoemen.

suspekt suspect, verdacht.

suspendieren (-) suspenderen (*a. Chem*), schorsen.

süß zoet; F (*reizend*) lief, snoezig, beeldig; ~e *f* (het) zoete, zoetheid; ~en (-*t*) zoet maken, zoeten; ~ig·keiten *f/pl* snoep, zoetigheden *pl*; ~lich zoetig; *fig* zoetelijk, zoetsappig; ~sauer zoetzuur; ~speise *f* (het) zoet toetje; ~stoff *m* (het) zoetmiddel, zoetstof; ~waren *f/pl* (het) snoepgoed, snoep.

Süß|wasser *n* (het) zoet water; ~fisch *m* zoetwatervis.

Swimmingpool *m* (-*s*; -*s*) swimmingpool.

Symbol *n* (-*s*; -*e*) (het) symbool; ~ik *f* symboliek; ~isch symbolisch; ~isieren (-) symboliseren.

Symmetr|ie *f* symmetrie; ~isch symmetrisch.

Sympath|ie *f* sympathie; ~isch sympathiek; ~isieren (-) sympathiseren.

Symphonie *f* symfonie.

Symptom *n* (-*s*; -*e*) (het) symptoom, (het) verschijnsel.

Synagoge *f* synagoog.

synchronisier|en (-) synchroniseren (*a. Film*); ~ung *f* synchronisering.

Synode *f* synode.

Synonym *n* (-*s*; -*e*) (het) synoniem.

synta|ktisch syntactisch; ~x *f* syntaxis.

Synthe|se *f* synthese; ~tisch synthetisch.

Syphilis *f* (-; 0) syfilis.

Syrien *n* Syrië *n*.

System *n* (-*s*; -*e*) (het) systeem; ~atisch systematisch.

Szene *f* scène (*a. Zank*), (het) toneel; (*Anblick bsd*) (het) tafereel; (*Scene, Milieu*) (het) wereldje; **in ~ setzen** ensceneren (*a. fig*); ~rie *f* scenerie.

T

Tabak *m* (-*s*; -*e*) tabak; ~laden *m* tabakswinkel; ~(s)pfeife *f* tabakspijp; ~waren *f/pl* rookwaren *pl*.

tabell|arisch tabellarisch; ~e *f* tabel.

Tablett *n* (-*es*; -*s od* -*e*) (het) dien-, presenteerblad; ~e *f* tablet (*a.* het).

tabu 1. taboe; **2.** ~ *n* (-*s*; -*s*) taboe (*a.* het).

Tacho(meter *m od n*) *m* (-*s*; -*s*) snelheidsmeter; kilometerteller.

Tadel *m* berisping, blaam; ~los onberispelijk, keurig; ~n *etw* afkeuren, laken; *j-n* berispen; ~ns·wert afkeurenswaardig, laakbaar.

Tafel *f* (-; -*n*) (het) bord; (*Tabelle*) tabel; (*Gedenk~, Illustration*) plaat; (*Schokolade*) tablet (*a.* het); (*Tisch*) tafel; ~n tafelen, dineren.

täfel|n betimmeren, lambrizeren; ~ung *f* betimmering, lambrizering.

Tafelwein *m* tafelwijn.

Taft *m* (-*es*; -*e*) taf (*a.* het).

Tag *m* (-*es*; -*e*) dag; **guten ~!** goedendag!; **am ~e** overdag; **eines ~es** op zekere dag; **den ganzen ~** de hele dag; **am ~e vor (nach)** (*D*) (op) de dag vóór (na); ~ **für** ~ dag aan dag; ~**aus:** ~ **tagein** dag in, dag uit.

Tage|bau *m* dagbouw; ~buch *n* (het) dagboek; ~lang dagenlang; ~n *Versammlung:* vergaderen.

Tages|ablauf *m* (het) verloop van de dag, dagindeling; ~anbruch *m* dageraad; ~ausflug *m* dagtocht, (het) daguitstapje; ~fahrt *f* dagtocht; ~gericht *n* dagschotel; ~gespräch *n* (het) gesprek van de dag; ~karte *f* menukaart van de dag; dagkaart; ~kurs *m* dagkoers; ~licht *n* (het) daglicht; ~ordnung *f* agenda; **an der ~ sein** aan de orde van de dag; ~presse *f* dagbladpers; ~rückfahrkarte *f* (het) dagretourtje; ~schau *f* (het) journaal; ~suppe *f* soep van de

Tageszeit

dag; **~zeit** f tijd van de dag; **zu jeder ~** op elk uur van de dag; **~zeitung** f (het) dagblad.

-tägig in Zssgn -daags, z.B. **viertägig** vierdaags.

täglich dagelijks; zweimal, ... **~** per dag, daags.

tags: ~ darauf (**zuvor**) daags daarna (tevoren); **~über** overdag.

Tagung f vergadering, (het) congres.

Taifun m (-s; -e) taifoen, tyfoon.

Taille f taille; **~n-weite** f taillemaat.

Takel|age f takelage, (het) takelwerk; **2n** takelen.

Takt m (-es; -e) Mus maat; (Benehmen) tact; **~gefühl** n tact, kiesheid; **~ik** f tactiek; **2isch** tactisch; **2los** tactloos; **~losigkeit** f tactloosheid; **2voll** tactvol.

Tal n (-es; ˝er) (het) dal; **~enge** f dalengte.

Talent n (-es; -e) (het) talent; **2iert**, **2voll** talentvol, getalenteerd, begaafd.

Talfahrt f tocht bergaf; fig inzinking.

Talg m (-es; -e) talk.

Talisman m (-s; -e) talisman.

Tal|kessel m dalketel; **~sperre** f stuwdam; **~station** f (het) dalstation.

Tamburin n (-s; -e) tamboerijn.

Tampon m (-s; -s) tampon.

Tand m (-es; 0) snuisterij(en pl); (Kram) rommel, (het) spul.

Tandem n (-s; -s) tandem.

Tang m (-es; -e) (het) (zee)wier.

tangieren (-) raken (a. fig).

Tango m (-s; -s) tango.

Tank m (-s; -s) tank; **~anzeige** f benzinemeter; **2en** tanken; **~er** m, **~schiff** n tanker, (het) tankschip; **~stelle** f (het) benzinestation; **freie ~** witte pomp; **~wagen** m tankwagen; **~wart** m pompbediende, pomphouder.

Tanne f, **~n-baum** m spar; allg denneboom; **~n-zapfen** m sparappel.

Tante f tante; **~-Emma-Laden** m buurtwinkel.

Tantieme f tantième.

Tanz m (-es; ˝e) dans.

Tanz|- in Zssgn mst dans-, z.B. **~abend** m dansavond.

tänzeln trippelen.

tanzen (-t; a. sn) dansen.

Tänzer(in f) m danser(es f).

Tanz|fläche f dansvloer; **~kapelle** f (het) dansorkest; **~kurs** m danscursus; **~lokal** n dansgelegenheid, dancing; **~musik** f dansmuziek; **~schritt** m danspas; **~schule** f dansschool.

Tape|te f (het) behang(sel); **2zieren** (-) behangen.

tapfer dapper; **2keit** f dapperheid.

Tapioka f (-; 0) tapioca.

tappen (a. sn) tasten.

Tarif m (-s; -e) (het) tarief; (~lohn) (het) CAO-loon; **~autonomie** f contractvrijheid der sociale partners; **~erhöhung** f tariefverhoging; **~konflikt** m (het) loonconflict; **2lich** volgens tarief; volgens de CAO; **~lohn** m (het) CAO-loon; **~partner** m/pl sociale partners pl; **~verhandlung** f CAO-onderhandeling; **~vertrag** m collectieve arbeidsovereenkomst, CAO.

tarn|en (sich) (zich) camoufleren (a. mil), (zich) vermommen; **2ung** f camouflage, vermomming.

Tasche f tas; (Hosen2, Mantel2) zak.

Taschen|buch n (het) pocketboek, pocket; **~dieb** m zakkenroller; **~geld** n (het) zakgeld; **~lampe** f zaklantaarn; **~messer** n (het) zak-, knipmes; **~rechner** m zakrekenmachine; **~tuch** n zakdoek.

Täß-chen n (het) kopje.

Tasse f kop, (het) kopje.

Tast|atur f (het) toetsenbord; **2bar** tast-, voelbaar; **~e** f toets, knop; **2en** tasten; (fühlen a.) voelen; **~en·telefon** n (het) druktoetstoestel.

Tat f daad; **in der ~** inderdaad; **auf frischer ~** op heterdaad.

Tatar(beefsteak) n (-s; 0) (biefstuk à la) tartare.

Tatbestand m feiten n/pl, (ware) toedracht; (het) feitenmateriaal.

tatenlos passief, werkeloos.

Täter|(in f) m dader(es f); **~schaft** f (het) daderschap.

tätig actief, werkzaam; **~en** verrichten, verwezenlijken, bewerkstelligen; Einkauf doen; **2keit** f bezigheid, (het) werk; activiteit; (Beruf) werkzaamheden pl; **2keits·bereich** m (het) werkterrein.

Tat|kraft f daadkracht, energie; **2kräftig** energiek, krachtdadig.

tätlich handtastelijk; **2keit** f handtastelijkheid.

Tat-ort m plaats van het misdrijf.

tätowieren (-) tatoeëren.
Tat|sache f (het) feit; ⁀**sächlich** feitelijk, werkelijk; *Adv a.* inderdaad; **~?** echt (waar)?, heus?
tätscheln liefkozen, strelen, aaien.
Tatze f poot (*a.* F *Hand*), klauw.
Tau 1. *n* (-*es*; -*e*) (het) touw; **2.** *m* (-*es*; *0*) dauw.
taub doof; (*leer*) loos; (*gefühllos*) gevoelloos.
Täubchen *n* (het) duifje (*a. Pers*).
Taube f duif.
Tauben·schlag *m* duiventil (*a. fig*).
Täuberich *m* (-*s*; -*e*) doffer, mannetjesduif.
Taub|heit f doofheid; gevoelloosheid; ⁀**stumm** doofstom.
tauch|en (*h. sn*) duiken; *v/t* dompelen, dopen; ⁀**er(in** f) *m* duiker *m*, duikster *f*; ⁀**sieder** *m* dompelaar; ⁀**sport** *m* duiksport.
tauen (*schmelzen*) (ont)dooien.
Tauf|becken *n* doopvont; **~e** f (het) doopsel, doop; ⁀**en** dopen; **~pate** *m* peetoom, peter; **~patin** f peettante, meter.
tau-frisch bedauwd; *fig* heerlijk fris.
Taufschein *m* doopakte.
taug|en (*zu D*) deugen (voor), geschikt zijn (voor); **... deugt nichts ...** deugt niet; ⁀**e-nichts** *m* (-[*es*]; -*e*) nietsnut; **~lich** (*zu D*) geschikt (voor); *S. a.:* bruikbaar (voor); ⁀**lichkeit** f geschiktheid, deugdelijkheid, bruikbaarheid.
Taumel *m* duizeligheid, duizeling; (*Rausch*) roes; ⁀**n** (*a. sn*) wankelen; (*vor Trunkenheit*) zwijmelen.
Tausch *m* (-*es*; -*e*) ruil; *im ~ gegen* (*A*) in ruil voor; ⁀**en** ruilen.
täuschen misleiden, bedriegen; *sich ~* zich vergissen; **~d** bedrieglijk; *Ähnlichkeit:* sprekend.
Tausch|geschäft *n* ruil(transactie); **~handel** *m* ruilhandel.
Täuschung f misleiding, (het) bedrog; (*Irrtum*) vergissing.
tausend 1. duizend; **2.** ⁀ *n* (-*s*; -*e*) (het) duizend; **~e** *pl* **von Menschen** duizenden mensen *pl*; ⁀**er** *m* (*Geldschein*) (het) duizendje; ⁀**füß**, ⁀**füßler** *m* duizendpoot; **~jährig** duizendjarig; **~ste(r)** duizendste; ⁀**stel** *n* (het) duizendste (deel).
Tauwetter *n* (het) dooiweer, dooi.

Tauziehen *n* (het) touwtrekken (*a. fig*).
Taxe f taxatie, schatting; (*Gebühr*) heffing, taks.
Taxi *n* (-*s*; -*s*) taxi.
taxieren (-) taxeren.
Taxi|fahrer *m* taxichauffeur; ⁀**stand** *m* taxistandplaats.
Techn|ik f techniek; **~iker** *m* technicus; ⁀**isch** technisch.
Technologie f technologie; **~park** *m* (het) technologiepark; **~transfer** *m* technologietransfer.
technologisch technologisch.
Techtelmechtel *n* F (het) flirten; *pej* (het) gescharrel.
Tee *m* (-*s*; -*s*) thee; **~beutel** *m* (het) theezakje; **~gebäck** *n* theekoekjes *n/pl*; **~haube** f theemuts; **~kanne** f theepot; **~löffel** *m* theelepel.
Teer *m* (-*es*; -*e*) teer (*a.* het); ⁀**en** teren; *Straße bsd* asfalteren.
Tee|sieb *n* (het) theezeefje; **~tasse** f theekop; **~wurst** f (het) theeworstje.
Teich *m* (-*es*; -*e*) vijver.
Teig *m* (-*es*; -*e*) (het) deeg; ⁀**ig** deegachtig; (*schwammig*) papperig; **~waren** f/pl meelprodukten *n/pl*.
Teil 1. *m* (-*es*; -*e*) (het) deel, (het) gedeelte; (*Anteil a.*) (het) aandeel; *zum ~* gedeeltelijk, ten dele; **2.** *n* (-*es*; -*e*) (het) stuk, (het) deel; (*Ersatz* ⁀, *Maschinen* ⁀) (het) onderdeel; ⁀**bar** deelbaar; **~chen** *n* (het) deeltje; ⁀**en** delen; (*zer~*, *ver~*) verdelen; *sich etw ~* iets (onder elkaar) delen; **~ergebnis** *n* (het) deelresultaat; ⁀**haben** (*an D*) deelnemen (in); **~haber** *m* deelgenoot; (*Gesellschafter bsd*) vennoot; **stiller ~** stille vennoot; **~haberin** f deelgenote; (vrouwelijke) vennoot; **~kaskoversicherung** f W.A.-verzekering met beperkte cascodekking.
Teilnahm|e f deelneming (*a. Mitgefühl*), deelname; ⁀**s-los** onverschillig, ongeïnteresseerd.
teilnehm|en (*an D*) deelnemen (aan); *mitfühlen*: in); ⁀**er** *m* deelnemer; *Tel* abonnee; ⁀**erin** f deelneemster; ⁀**erzahl** f (het) aantal deelnemers.
teil|s deels, ten dele; ⁀**strecke** f (het) traject; ⁀**stück** *n* (het) gedeelte, (het) onderdeel; ⁀**ung** f deling; verdeling; **~weise** gedeeltelijk; ⁀**zahlung** f betaling in termijnen; (*Rate*) termijn; ⁀**zeitarbeit** f (het) part-timewerk.

Teint *m* (-s; -s) teint.
Tele *n* (-[s]; -[s]) telelens; ~**fax** *n* (-; *0*) (tele)fax.
Telefon *n* (-s; -e) telefoon; *s. a. Fernsprech-*; ~**anruf** *m*, ~**at** *n* (-es; -e) (het) telefoontje, (het) telefoongesprek; ~**anschluß** *m* telefoonaansluiting; ~**buch** *n* telefoongids, (het) telefoonboek; ~**gebühr** *f* telefoonkosten *pl*; (het) telefoontarief; ~**gespräch** *n* (het) telefoongesprek; 2**ieren** (-) telefoneren; 2**isch** telefonisch; ~**istin** *f* telefoniste; ~**karte** *f* telefoonkaart, telecard; ~**leitung** *f* telefoonlijn; ~**marke** *f* telefoonmunt; ~**nummer** *f* (het) telefoonnummer; ~**zelle** *f* telefooncel; ~**zentrale** *f* telefooncentrale.
Telegrafie *f* telegrafie; 2**ieren** (-) telegraferen; 2**isch** telegrafisch.
Tele|**gramm** *n* (het) telegram; ~**kommunikation** *f* telecommunicatie; ~**objektiv** *n* telelens; ~**skop** *n* (-s; -e) telescoop; ~**x** *n* (-; -[e]) telex.
Teller *m* (-s; -) bord; (*Schale*) schaal; (*Hand* 2) palm.
Tempel *m* tempel.
Temperament *n* (-es; -e) temperament; 2**los** zonder (enig) temperament; 2**voll** temperamentvol.
Temperatur *f* temperatuur; ~**schwankung** *f* temperatuurschommeling.
Tempo *n* (-s; -s *od Tempi*) (het) tempo; ~**limit** *n* snelheidsbeperking.
Tendenz *f* tendens (*a. Börsen* 2), tendentie, strekking; 2**iös** tendentieus.
tendieren (-) tenderen, neigen.
Tennis *n* (-; *0*) (het) tennis; ~ *spielen* tennissen; ~**ball** *m* tennisbal; ~**platz** *m* (het) tennisveld, (het) tennisbaan; ~**schläger** *m* tennisracket (*a*. het); ~**spieler**(**in** *f*) *m* tennisser *m*, tennisster *f*.
Tenor *m* (-s; ⸚e) *Mus* tenor.
Teppich *m* (-s; -e) (het) tapijt, (het) vloerkleed; ~**boden** *m* (het) vast tapijt, vloerbedekking.
Termin *m* (-s; -e) (*Zeitpunkt*) tijdstip; (*Verabredung*) afspraak; (*Frist*) termijn; *jur* (rechts)zitting; 2**gerecht** op tijd; ~**kalender** *m* agenda.
Terminus *m* (-; *Termini*) term.
Terpentin *n* (-s; -e) terpentijn.
Terrain *n* (-s; -s) (het) terrein.
Terrasse *f* (het) terras; 2**n-förmig** terrasvormig.

Terrine *f* terrine.
Territori|**al-gewässer** *n/pl* territoriale wateren *n/pl*; ~**um** *n* (-s; *Territorien*) (het) grondgebied, (het) territorium.
Terror *m* (-s; *0*) terreur; 2**isieren** (-) terroriseren; ~**is·mus** *m* (-; *0*) (het) terrorisme; ~**ist**(**in** *f*) *m* terrorist(e *f*); 2**istisch** terroristisch.
Test *m* (-es; -s *od* -e) test, toets.
Testament *n* (-es; -e) (het) testament; *das Alte* (*Neue*) ~ (het) Oude (Nieuwe) Testament; 2**arisch** testamentair; ~**s-eröffnung** *f* opening van het testament.
testen testen, toetsen.
Tetanus *m* (-; *0*) tetanus.
teuer (*teurer*) duur; *fig* dierbaar; *j-n* (*od j-m*) ~ *zu stehen kommen* iem duur te staan komen; 2**ung** *f* duurte; prijsstijging(en *pl*); 2**ungs·rate** *f* (het) inflatiecijfer; 2**ungs·welle** *f* duurtegolf.
Teufel *m* duivel; *armer* ~ arme drommel, stakker(d); *sich zum* ~ *scheren* F naar de duivel lopen, opdonderen; *pfui* ~*!* bah!; ~**s·kerl** *m* drommelse (*od* dekselse) kerel; ~**s·kreis** *m* vicieuze cirkel.
teuflisch duivels.
Text *m* (-es; -e) tekst.
Texter *m* tekstschrijver.
Textil|- *in Zssgn mst* textiel-; ~**ien** *pl* textiel (*a*. het); ~**industrie** *f* textielindustrie.
Textverarbeitung *f* tekstverwerking; ~**s·system** *n* (het) tekstverwerkingssysteem.
Theater *n* (het) theater (*a*. *Getöse*), schouwburg; (*Bühne bsd*) (het) toneel; ~**aufführung** *f* theatervoorstelling; ~**karte** *f* (het) theaterkaartje; ~**kasse** *f* kassa van de schouwburg; ~**stück** *n* (het) toneelstuk; ~**vorstellung** *f* toneelvoorstelling.
theatralisch theatraal.
Theke *f* tapkast, bar, toog, (het) buffet; (*Laden* 2) toonbank.
Thema *n* (-s; *Themen*) (het) thema, (het) onderwerp; ~**tik** *f* thematiek.
Theologe *m* (-n) theoloog; ~**ie** *f* theologie; ~**in** *f* theologe; 2**isch** theologisch.
Theor|**etiker** *m* theoreticus; 2**etisch** theoretisch; ~**ie** *f* theorie.
Therap|**eut**(**in** *f*) *m* (*-en*) therapeut(e *f*); ~**ie** *f* therapie.
Thermalbad *n* (het) bad in een warme

Toilettenpapier

bron; (*Ort*) badplaats met warme bronnen.

thermo|- *in Zssgn mst* thermo-, *z.B.* **~meter** *n* thermometer; **~s-flasche** *f* thermosfles; **~stat** *m* (-es *od* -en; -e[n]) thermostaat.

These *f* stelling, thesis.

Thrombose *f* trombose.

Thron *m* (-es; -e) troon; **~en** tronen; **~folge** *f* troonopvolging; **~folger** *m* troonopvolger.

Thunfisch *m* tonijn.

tibetanisch Tibetaans.

Tick *m* (-es; -e) tic (*a. fig*), tik; **~en** tikken.

Ticket *n* (-s; -s) (het) ticket.

tief diep; *Ton*: laag.

Tief *n* (-s; -s) (het) lagedrukgebied, depressie; **~bau** *m* weg- en waterbouw, wegenbouw; **~blau** diep-, donkerblauw; **~blick** *m fig* (het) diep inzicht; **~druckgebiet** *n* = **Tief**; **~e** *f* diepte (*a. fig*); laagte; **~ebene** *f* laagvlakte; **~flug** *m* scheervlucht, (het) laagvliegen; **~gang** *m* diepgang (*a. fig*); **~garage** *f* ondergrondse garage; **~gehend** diepgaand; **~gekühlt** diepgevroren, diepvries-; **~greifend** diepgaand, grondig.

Tiefkühl|fach *n* (het) diepvriesvak(je); **~kost** *f* diepvriesprodukten *n/pl*; **~truhe** *f* diepvrieskist.

Tief|land *n* (het) laagland; **~punkt** *m* (het) dieptepunt; **~schlag** *m* stoot onder de gordel (*a. fig*); **~see** *f* diepzee; **~sinnig** diepzinnig; zwaarmoedig; **~stand** *m* lage stand; *fig* (het) dieptepunt, (het) laag niveau.

Tier *n* (-es; -e) dier; *hohes ~ fig* F hoge piet.

Tier|- *in Zssgn mst* dieren-; **~art** *f* diersoort; **~arzt** *m* dieren-, veearts; **~freund** *m* dierenvriend; **~garten** *m* dierentuin; **~halter** *m* dierenbezitter; **~isch** dierlijk; *fig* beestachtig; **~kreiszeichen** *n* (het) teken van de dierenriem; **~quälerei** *f* dierenkwelling; **~reich** *n* (het) dierenrijk; **~schutz** *m* dierenbescherming; **~schutzverein** *m* vereniging voor dierenbescherming; **~versuch** *m* dierproef; **~welt** *f* dierenwereld.

Tiger(in *f*) *m* tijger(in *f*).

tilg|en delgen; *Schuld bsd* aflossen; (*auslöschen*) tenietdoen, (uit)wissen; **~ungs-fonds** *m* (het) amortisatiefonds.

Tinktur *f* tinctuur.

Tinte *f* inkt; **~n-fisch** *m* inktvis; **~n-fleck** *m* inktvlek, klad.

Tip *m* (-s; -s) tip.

tipp|en tippen (*a. im Lotto*); (*berühren*) tikken; (*schreiben*) typen, tikken; **~fehler** *m* tikfout; **~topp** F tiptop.

Tiroler 1. *m* Tiroler; **2.** *Adj* Tirools.

Tisch *m* (-es; -e) tafel; *bei ~, zu ~* aan tafel.

Tisch|- *in Zssgn mst* tafel-, *z.B.* **~bein** *n* tafelpoot; **~decke** *f* (het) tafelkleed; **~gebet** *n* (het) tafelgebed; **~ler** *m* schrijnwerker, meubelmaker; **~lerei** *f* meubelmakerij; **~tennis** *n* (het) tafeltennis; **~tuch** *n* (het) tafellaken.

Titel *m* titel; (*Überschrift a.*) (het) opschrift.

Titel|- *in Zssgn mst* titel-, *z.B.* **~blatt** *n* (het) titelblad; **~geschichte** *f* (het) cover-, omslagverhaal; **~verteidiger** *m* titelverdediger.

Toast *m* (-es; -e *od* -s) toost (*a. Trinkspruch*); **~brot** *n* (het) toostbrood; **~en** toosten; (*rösten a.*) roosteren; **~er** *m* tooster, broodrooster (*a. het*).

tob|en razen; *Sturm a., Schlacht*: woeden; (*wütend sein*) razen, tieren; *Kinder*: ravotten; **~sucht** *f* razernij, dolheid; **~süchtig** razend, dol.

Tochter *f* (-; ~) dochter; **~gesellschaft** *f* dochtermaatschappij.

Tod *m* (-es; -e) dood; *sich zu ~e arbeiten* (*lachen*) zich doodwerken (doodlachen); **~ernst** doodernstig.

Todes|- *in Zssgn mst* doods-, *z.B.* **~anzeige** *f* (het) doodsbericht; **~gefahr** *f* (het) doodsgevaar; **~kampf** *m* doodstrijd; **~opfer** *n* (het) (dodelijk) slachtoffer; **~stoß** *m* doodsteek (*a. fig*); **~strafe** *f* doodstraf; **~ursache** *f* doodsoorzaak; **~urteil** *n* (het) doodvonnis (*a. fig*).

Tod|feind *m* doodsvijand; **~krank** doodziek.

tödlich dodelijk.

tod|müde doodmoe; **~schick** F poepchic; **~sicher** heel zeker; *Adv bsd* vast en zeker; **~sünde** *f* doodzonde.

Toilette *f* (het) toilet; **~n-artikel** *m/pl* toiletartikelen *n/pl*; **~n-papier** *n* (het) toilet-, closetpapier.

---

17 Eurowtb. Niederl.

toleran|t tolerant, verdraagzaam; ≈z f tolerantie, verdraagzaamheid.

tolerieren (-) tolereren.

toll dol, gek; F (*großartig*) fantastisch, mieters, geweldig; **~en** *Kinder*: ravotten; (*herumrennen*) wild rennen; **~kühn** roekeloos, vermetel; **~wut** f hondsdolheid; **~wütig** dol, razend.

Tolpatsch m (-*es*; -*e*) hannes; ≈ig onhandig, lomp.

Tölpel m lummel, lomperd.

Tomate f tomaat; **~n-saft** m (het) tomatensap.

Ton m **1.** (-*es*; *0*) (*Lehm*) klei, leem (a. het); **2.** (-*es*; *-e*) toon, klank; (*Farb*2) tint; *den* **~** *angeben* de toon aangeven; ≈angebend toonaangevend; **~art** f toonaard (*a. fig*), toonsoort.

Tonband n (geluids)band; **~gerät** n bandrecorder, bandopnemer.

tönen v/i klinken, luiden; (*prahlen*) opscheppen; v/t (*färben*) kleuren, verven.

tönern lemen (*a. fig*), van klei.

Ton|fall m intonatie, stembuiging; **~film** m geluidsfilm; **~ingenieur** m geluidsingenieur; **~leiter** f toonladder; ≈los toonloos.

Tonnage f tonnage, tonnenmaat.

Tonne f ton; (*Faß a.*) (het) vat; **2 (3) ~** *n* *Kohle* 2 (3) ton.

Tonstörung f geluidsstoring.

Tönung f schakering, tint.

Tonverstärker m geluidsversterker.

Tonwaren f/pl (het) aardewerk.

Topf m (-*es*; *-e*) pot; (*Koch*2 *bsd*) (kook)pan; **~blume** f potbloem.

Topfen m kwark.

Töpfer m pottenbakker; **~ei** f pottenbakkerij; **~waren** f/pl (het) aardewerk.

Tor 1. m (-*en*) dwaas, gek; **2.** n (-*es*; -*e*) poort; *Sp* (het) doel, goal; (*~punkt*) (het) doelpunt; *ein* **~** *schießen* een doelpunt maken.

Torf m (-*es*; *0*) turf; **~moor** n (het) (turf)veen.

Torheit f dwaasheid, stommiteit.

Torhüter m *Sp* = **Torwart.**

töricht dwaas, mal.

Torjäger m topscorer.

torkeln waggelen, zwaaien, tollen.

Tor|latte f doellat; **~lauf** m slalom; **~linie** f doellijn.

Tornado m (-*s*; -*s*) tornado.

torpedieren (-) torpederen (*a. fig*).

Torpedo m (-*s*; -*s*) torpedo; **~boot** n torpedoboot.

Tor|pfosten m doelpaal; **~schuß** m (het) doelschot; **~schütze** m doelpuntenmaker.

Törtchen n (het) taartje, (het) gebakje.

Torte f taart; **~n-schnitte** f taartpunt.

Torwart m keeper, doelman.

tosen (-*t*; *a. sn*) bruisen, razen; **~d** *Beifall*: daverend.

tot dood (*a. Last etc.*).

total totaal; ≈ausverkauf m algehele (*od* totale) uitverkoop; **~itär** totalitair; ≈schaden m total loss.

Tote(r) dode.

töten doden.

toten|blaß, ~bleich doodsbleek; ≈gräber m doodgraver (*a. fig*); ≈kopf m doodskop; ≈maske f (het) dodenmasker; ≈messe f lijkdienst, uitvaart; ≈schein m overlijdensverklaring; ≈sonntag m dodenherdenkingsdag; ≈stille f doodse stilte; ≈tanz m dodendans.

tot|geboren doodgeboren (*a. fig*); **~lachen:** *sich* **~** zich dood-, kapotlachen.

Toto m (-*s*; -*s*) voetbaltoto.

tot|schießen doodschieten; ≈schlag m doodslag; **~schlagen** doodslaan; *Zeit* doden; **~schweigen** doodzwijgen; **~stellen:** *sich* **~** zich dood houden.

Tötung f (het) doden, doding.

Toup|et n (-*s*; -*s*) toupet; **~ieren** (-) touperen.

Tour f toer (*a. Tech*), tocht, (het) uitstapje; *auf* **~en** *kommen* op toeren komen (*a. fig*); **~en-zähler** m toerenteller.

Touris|mus m (-; *0*) (het) toerisme; **~t** m (-*en*) toerist.

Touristen|klasse f toeristenklas(se); **~ort** m toeristische plaats.

Tourist|in f toeriste; ≈isch toeristisch.

Tournee f tournee.

Trab m (-*es*; *0*) draf.

Trabantenstadt f satellietstad.

trab|en (*a. sn*) draven; ≈er m (*Pferd*) draver; ≈rennbahn f renbaan, hippodroom (*a. het*); ≈rennen n harddraverij.

Tracht f klederdracht; **~** *Prügel* (het) pak slaag.

trachten trachten, streven.

Trachten|anzug m (het) kostuum in klederdracht; **~fest** n (het) folkloris-

tisch feest; ~**gruppe** f folkloristische groep.
trächtig drachtig.
Tradition f traditie; ⒉**ell** traditioneel.
Trafo m (-[s]; -s) transformator, trafo.
Trag|bahre f draagbaar, brancard; ⒉**bar** draagbaar; fig draaglijk; Pers: aanvaardbaar, te handhaven.
träge traag; Pers a.: sloom.
tragen* dragen; (ertragen a.) verdragen; etw bei sich ~ iets bij zich hebben.
Träger m Pers: drager; (Balken) draagbalk, ligger; (am Kleid) (het) (schouder)bandje; (Hosen⒉) bretel; (Preis⒉) houder; (Körperschaft) verantwoordelijke instantie; s. a. Gepäckträger; ~**in** f draagster; houdster; ~**rakete** f draagraket.
Trage·tasche f draagtas.
tragfähig fig draagkrachtig; ⒉**keit** f (het) draagvermogen, draagkracht (bsd fig).
Trag|fläche f (het) draagvlak; ~**flächenboot**, ~**flügelboot** n draagvleugelboot.
Trägheit f traagheid (a. Phys); sloomheid.
Trag|ik f tragiek; ⒉**isch** tragisch; ~**ödie** f tragedie; Thea a. (het) treurspel.
Tragweite f draagwijdte (a. fig).
Train|er m trainer; ⒉**ieren** (-) trainen; ~**ing** n (-s; -s) training; ~**ings·anzug** m (het) trainingspak.
Trakt m (-es; -e) (Gebäude⒉) vleugel.
Traktor m (-s; -en) tractor.
trällern neuriën.
trampeln trappelen.
tram|pen (sn) liften; ⒉**per(in)** f(m) lifter m, liftster f.
Trampolin n (-s; -e) trampoline.
Tran m (-es; -e) traan.
tranchieren (-) trancheren, voorsnijden.
Träne f traan; in ~n ausbrechen in tranen uitbarsten; ⒉**n** tranen; ~**n·gas** n (het) traangas.
Tränke f drenk-, drinkplaats, (het) wed; ⒉**n** doordrenken; Tiere drenken, te drinken geven.
Trans|aktion f transactie; ~**fer** m (-s; -s) transfer; ⒉**ferieren** (-) transfereren; ~**formator** m (-s; -en) transformator; ~**fusion** f transfusie.
Transistorradio n transistor(radio).
Transit m (-s; -e) transito (a. het); ⒉**iv** Gr transitief, overgankelijk; ~**strecke** f transitoweg; ~**verkehr** m (het) transitoverkeer; ~**visum** n (het) transitvisum.
Transmissions·welle f transmissie-as.
transparen|t 1. transparant (a. fig); **2.** ⒉ n (-es; -e) (Spruchband) (het) spandoek; ⒉**z** f transparantie (a. fig).
Transplantation f transplantatie.
Transport m (-es; -e) (het) transport, (het) vervoer; ~**er** m (het) transportvoertuig; (het) transportschip; (het) transportvliegtuig; ~**eur** m (-s; -e) transporteur; ⒉**fähig** vervoerbaar; ⒉**ieren** (-) vervoeren, transporteren; ~**kosten** pl transportkosten pl; ~**mittel** n (het) transport-, vervoermiddel; ~**unternehmen** n transportonderneming; ~**unternehmer** m transportondernemer, transporteur; ~**wesen** n (het) transportwezen.
Trapez n (-es; -e) (het) trapezium; (Turnen) (het) zweefrek, trapeze.
Trass|e f (het) tracé; ⒉**ieren** (-) traceren.
tratschen F kletsen, roddelen.
Traube f tros; (Wein⒉) druif; ~**n·saft** m (het) druivesap; ~**n·zucker** m druivesuiker.
trauen 1. v/i (D) vertrouwen; den Augen geloven; sich (nicht) ~ (niet) durven; **2.** v/t Brautpaar in de echt verbinden.
Trauer f droefheid; (im Todesfall) rouw; ~**fall** m (het) sterfgeval; ~**feier** f rouwplechtigheid; ~**gottesdienst** m rouwdienst; ~**marsch** m treurmars; ⒉**n** (um A) treuren (om); rouwen (om); ~**spiel** n (het) treurspel; ~**weide** f treurwilg; ~**zug** m rouwstoet.
träufeln druppelen.
Traum m (-es; ~e) droom.
traumatisch traumatisch.
träum|en (von D) dromen (van); ⒉**er** m dromer; ⒉**erei** f dromerij; ⒉**erin** f droomster; ~**erisch** dromerig.
traumhaft fig fantastisch, sprookjesachtig.
traurig treurig, bedroefd, droevig; S.: droevig, zielig, triest; ⒉**keit** f droefheid, treurigheid; triestheid.
Trau|ring m trouwring; ~**schein** m trouwakte; ~**ung** f huwelijksvoltrekking; ~**zeuge** m trouwgetuige.
Travellerscheck m traveller's cheque.
Trecker m tractor, trekker.
Treff[1] n (-s; -s) (Karten) klaveren.

Treff² *m* (-s; -s) F ontmoeting; (*Ort*) (het) trefpunt.

treff|en 1. * treffen; (*Ziel, verletzen a.*) raken; *j-n* ontmoeten, treffen; **sich ~** elkaar ontmoeten; *das trifft sich gut* dat komt goed uit; **2.** ⚥ *n* (*Versammlung*) samenkomst; (*Begegnung, a. Sp*) ontmoeting; *mil* (het) gevecht; **~end** treffend; (*richtig*) juist; **⚥er** *m* treffer; (*Los*) prijs; *Sp* (het) doelpunt; **~lich** voortreffelijk; **⚥punkt** *m* (het) rendez-vous; plaats van samenkomst; **~sicher** trefzeker (*a. fig*).

Treib|eis *n* (het) drijfijs; **⚥en 1.** * *v/t u. v/i* (*a. sn*) drijven (*a. Handel etc.*); (*tun*) doen; (*ausüben*) doen aan, uitoefenen, (*an~*) *j-n* aanzetten, drijven; *Knospen, Blüten krijgen*; **2.** ⚥ *n* (*Geschäftigkeit*) bedrijvigheid, drukte; **~haus** *n* (broeikas, serre; **~holz** *n* (het) drijfhout; **~jagd** *f* klop-, drijfjacht; **~sand** *m* (het) drijfzand; **~stoff** *m* (motor)brandstof.

Trekking *n* (-s; -s) georganiseerde bergtocht.

Trend *m* (-s; -s) trend.

trenn|en scheiden; *Naht* lostornen; **sich ~** scheiden, uit (*Pers a.*: van) elkaar gaan; **⚥ung** *f* scheiding (*a. Abschied*); (*Spaltung*) splitsing; **⚥wand** *f* scheidingsmuur.

Treppe *f* trap; **~n-absatz** *m* overloop; **~n-geländer** *n* trapleuning; **~n-haus** *n* (het) trappenhuis.

Tresen *m* toonbank; (*Schank⚥*) bar.

Tresor *m* (-s; -e) safe, brandkast, kluis; **~raum** *m* kluis.

Tretboot *n* waterfiets.

treten*1. * *v/t* trappen; *j-n a.* schoppen; **2.** *v/i* (*a. sn*) treden, stappen; **~ auf** (*A*) treden op, trappen op; *ins Zimmer ~* de kamer binnenkomen; *über die Ufer ~* buiten de oevers treden.

Tretmühle *f* F tredmolen.

treu trouw, getrouw; *auf ⚥ und Glauben* op goed geloof (*od* vertrouwen); **⚥e** *f* trouw; **⚥hand-** *in Zssgn* trust-; **⚥händer** *m* trustee; **⚥handgesellschaft** *f* trustmaatschappij; **~herzig** trouwhartig, argeloos; **~los** trouweloos.

Tribunal *n* (-s; -e) (het) tribunaal.

Tribüne *f* tribune.

Tribut *m* (-*es*; -e) tribuut (*a.* het), cijns; (*Respekt*) waardering, (het) respect.

Trichter *m* trechter (*a. Bomben⚥*).

Trick *m* (-s; -s) truc; **~film** *m* trucfilm.

Trieb *m* (-*es*; -e) (*Drang*) drang, neiging; (*Verlangen, Instinkt*) drift, (het) instinct; *Bot* loot, scheut; **~feder** *f* drijfveer; **~kraft** *f* drijfkracht (*a. fig*); *Bot* groeikracht; **~wagen** *m* motor(spoor)wagen; **~werk** *n* (vliegtuig)motor.

triefen* (*a. sn*) druipen.

triftig afdoend, gegrond.

Trikot *n* (-s; -s) tricot, trui.

Triller *m* triller.

Trimm-dich-Pfad *m* (het) trimparcours.

trimmen (*sich*) trimmen (*a. mar etc.*).

trink|bar drinkbaar; **⚥becher** *m* drinkbeker; **~en*** drinken; **⚥er** *m* drinker; **⚥erin** *f* drinkster; **⚥geld** *n* fooi; **⚥halm** *m* (het) rietje; **⚥spruch** *m* toost, heildronk; **⚥wasser** *n* (het) drinkwater.

Trio *n* (-s; -s) (het) trio.

trippeln (*sn*) trippelen.

Triptyk *n* (-s; -s) triptiek.

trist triest.

Tritt *m* (-*es*; -e) stap, tred, pas; (*Fuß⚥*) trap, schop; **~brett** *n* treeplank; **~leiter** *f* trapladder.

Triumph *m* (-*es*; -e) triomf; **⚥al** triomfantelijk; **⚥bogen** *m* triomfboog; **⚥ieren** (-) triomferen, zegevieren.

trivial triviaal, plat.

trocken droog (*a. fig*); **⚥blume** *f* droogbloem; **⚥dock** *n* (het) droogdok; **⚥gestell** *n* (het) droogrek; **⚥haube** *f* droogkap; **⚥heit** *f* droogheid (*a. fig*); (*Dürre*) droogte; **~legen** droogleggen (*a. fig*); *Kind* verschonen; **⚥milch** *f* (het) melkpoeder; **⚥rasierer** *m* (het) scheerapparaat.

trocknen *v/i* (*sn*) *u. v/t* drogen.

Tröd|el *m* rommel; **~el-markt** *m* rommel-, voddenmarkt; **⚥eln** treuzelen; **~ler(in** *f*) treuzelaar *m*, treuzelaarster *f*; (*Händler*) uitdrager *m*, uitdraagster *f*.

Trog *m* (-*es*; ⁻e) trog, bak.

Trommel *f* (-; -n) trommel, trom; **~bremse** *f* trommelrem; **~fell** *n Med* (het) trommelvlies; **⚥n** trommelen.

Trommler *m* trommelslager, tamboer.

Trompete *f* trompet; **⚥n** (-) trompetten; **~r** *m* trompetter.

Tropen *pl* tropen *pl.*

Tropf *m* (-*es*; ⁻e) sukkel, sul.

tröpfeln = **tropfen.**

tropfen 1. *v/i* (*a. sn*) *u. v/t* druppelen; **2.** ⚥ *m* druppel; **~weise** druppelsgewijs.

Trophäe f trofee.
tropisch tropisch.
Trost m (-es; 0) troost; *nicht ganz bei ~ sein* F niet goed wijs zijn.
tröst|en (sich) (zich) troosten; ⁃**er(in** f) m trooster(es f); ⁃**lich** troostend.
trost|los troosteloos; *Pers bsd*: ontroostbaar; ⁃**preis** m troostprijs; ⁃**reich** troostrijk.
Tröstung f (ver)troosting, troost.
Trott m (-es; 0) (het) sukkeldrafje; *fig* sleur; *im alten ~* in de oude sleur.
Trottel m sukkel; ⁃**ig** suf(fig).
trotten (sn) sjokken.
trotz (G) ondanks, in weerwil van, niettegenstaande; *~ allem, ~ alledem* ondanks alles, met dat al.
Trotz m (-es; 0) koppigheid, eigenzinnigheid, stijfhoofdigheid; ⁃**dem** nochtans, toch, desondanks, niettemin; ⁃**en** (-*t*) (D) trotseren; het hoofd bieden; ⁃**ig** weerbarstig, stug, stroef, koppig.
trübe troebel; *Himmel, Wetter*: betrokken; (*glanzlos*) dof; (*bedrückt*) somber.
Trubel m drukte.
trüb|en troebel maken, vertroebelen (a. *fig*); *Blick* benevelen; *sich ~* troebel worden; dof worden; *Himmel*: betrekken; *fig* vertroebelen, verslechteren; ⁃**heit** f troebelheid; dofheid; ⁃**sal** f (-; *-e*) droefheid, droefenis; (*Elend*) ellende; ⁃**selig**, ⁃**sinnig** droef-, naargeestig.
Trüffel f (-; -n) truffel.
Trugbild n (het) drogbeeld.
trüg|en* bedriegen (a. *Schein*), misleiden; ⁃**erisch** bedrieglijk.
Trugschluß m verkeerde gevolgtrekking (*od* conclusie).
Truhe f kist, koffer.
Trümmer pl brokstukken n/pl; (*Schutt*) (het) puin; ⁃**haufen** m puinhoop.
Trumpf m (-es; ⁃e) troef (a. *fig*).
Trunk m (-es; ⁃e) dronk; ⁃**en** dronken (a. *fig*); ⁃**en-bold** m (-es; -e) dronkaard; ⁃**en-heit** f dronkenschap; ⁃**sucht** f drankzucht; ⁃**süchtig** drankzuchtig.
Trupp m (-s; -s) troep, menigte, groep; ⁃**e** f troep; *Thea bsd* (het) gezelschap.
Truppen|gattung f (het) wapen; ⁃**teil** m (het) legeronderdeel; ⁃**übungs-platz** m (het) (militair) oefenterrein.
Trust m (-es; -e *od* -s) trust.
Trut|hahn m kalkoen; ⁃**henne** f kalkoense hen.

tschech|isch Tsjechisch; ⁃**o-slowakei** f: *die ~* Tsjecho-Slowakije n.
tschüs! dag!
Tube f tube.
Tuberkulose f tuberculose.
Tuch n (-es; ⁃er) doek; (*Gewebe*) doek (a. het), (het) laken (a. *Bett* 2).
tüchtig bekwaam (*bsd im Beruf*), kranig, knap; (*gehörig, ordentlich*) flink; ⁃**keit** f bekwaamheid; flinkheid; (*Tauglichkeit*) geschiktheid.
Tücke f arglist, boosaardigheid; (*Streich*) geniepigheid, geniepige streek; *e-r S.*: kuur, nuk.
tuckern (a. *sn*) tuffen, puffen.
tückisch boosaardig, geniepig; *Krankheit*: kwaadaardig; *S.*: verraderlijk.
tüft|eln knutselen, peuteren; *pej* piete-peuteren; ⁃**er** m knutselaar, peute-raar; *pej* pietepeuteraar, pietlut.
Tugend f deugd; ⁃**haft** deugdzaam.
Tulpe f tulp; ⁃**n-zucht** f tulpenkwekerij; ⁃**n-zwiebel** f tulpebol.
tummel|n: sich ~ stoeien, ravotten, ronddartelen; ⁃**platz** m speelplaats.
Tumor m (-s; -en) tumor, (het) gezwel.
Tümpel m plas, poel.
Tumult m (-es; -e) (het) tumult, (het) rumoer; (*Aufruhr*) rel, (het) opstootje; ⁃**uös** tumultueus, rumoerig.
tun* doen; *nichts (viel) zu ~ haben* niets (veel) te doen hebben; *es zu ~ haben mit* (D) te maken hebben met; *da tut sich was!* daar is wat aan de hand!
Tünche f witkalk; *fig* (het) vernisje; ⁃**n** witten, kalken.
Tunesi|en n Tunesië n; ⁃**isch** Tunesisch.
Tunke f saus, jus; ⁃**n** dopen, soppen.
Tunnel m tunnel.
tupfen tikken, aanraken, aanstippen; *Med* betten; (*tüpfeln*) (be)spikkelen.
Tupfen m stip.
Tür f deur; *Tag der offenen ~* open dag; ⁃**angel** f (het) deurhengsel.
Tur|ban m (-s; -e) tulband; ⁃**bine** f turbine; ⁃**bulent** turbulent, woelig.
Türgriff m deurgreep.
Türk|e m (-n) Turk; ⁃**ei** f: *die ~* Turkije n; ⁃**in** f Turkse.
Türkis m (-es; -e) turkoois.
türkisch Turks.
Tür-klinke f deurknop, deurklink.
Turm m (-es; ⁃e) toren (a. *Schach*).
türmen (sn) F 'em smeren.

Turm·uhr f torenklok.
Turn|anzug m (het) turnpak; ~en 1. turnen; 2. ⚗ n (het) turnen; **~er(in** f) m turner m, turnster f; **~gerät** n (het) gymnastiektoestel; **~halle** f turn-, gym(nastiek)zaal.
Turnier n (-s; -e) (het) toernooi.
Turnschuh m gymschoen.
Turnus m (-; -se) (Abfolge) (het) rooster, cyclus; (Wechsel) beurt; **im ~,** ⚗**mäßig** om de beurt, volgens rooster.
Turn|verein m turnvereniging; **~zeug** n F gympullen n/pl.
Tür|pfosten m deurpost, -stijl; **~rahmen** m (het) deurkozijn; **~schwelle** f drempel, dorpel.

Turteltaube f tortelduif.
Tusche f tekeninkt, Oostindische inkt.
tuscheln fluisteren, smoezen.
Tüte f (papieren) zak; (spitze ~) puntzak.
tuten toeten, blazen; Auto: toeteren.
TÜV m (-; 0) Abk für **Technischer Überwachungs-Verein** technische keuringsdienst.
Typ m (-s; -en) (het) type (a. Pers).
Type f (het) type; **~n·rad** n (het) margriet-, daisywiel; **~n·reiniger** m letterreiniger.
Typhus m (-; 0) tyfus.
typisch typisch.
Tyrann m (-en) tiran; **~ei** f tirannie; ⚗**isieren** (-) tiranniseren.

U

u.a. Abk für **unter anderem** onder andere (Abk o.a.); **und andere(s)** en andere (Abk e.a.).
u.ä. Abk für **und ähnliche(s)** s. **ähnlich**.
u.A.w.g Abk für **um Antwort wird gebeten** verzoeke antwoord.
U-Bahn f metro, ondergrondse; **~hof** m (het) metrostation; **~netz** n (het) metronet.
übel 1. slecht, kwaad, kwalijk; (krank) naar, onwel, misselijk; **mir wird ~** ik word misselijk; **nicht ~!** niet kwaad!; 2. ⚗ n (het) kwaad; (Krankheit) kwaal; **~gelaunt** slechtgehumeurd; ⚗**keit** f misselijkheid, onpasselijkheid; **~nehmen** kwalijk nemen; **~riechend** slecht ruikend; ⚗**täter** m misdadiger, boosdoener.
üben oefenen; Mus instuderen; **sich ~ in** (D) zich oefenen in.
über 1. Präp (A, D) over (a. mehr als); (oberhalb mst) boven; (während) gedurende; **~ hundert** over de honderd; **~ Berlin** fahren, ... via Berlijn; 2. Adv F (übrig) over; **~ und ~** door en door, geheel en al.
über|- in Zssgn mst over-.
über·all overal, alom.
über·altert verouderd.

Über·angebot n (het) te groot aanbod.
über·anstreng|en (-) te veel vergen van; **sich ~** zich overwerken; ⚗**ung** f overspanning, bovenmatige inspanning.
über|arbeiten (-) om-, bewerken; **sich ~** zich overwerken; **~aus** zeer, ongemeen; **~backen** (-) gratineren; **~belasten** overbelasten; **~belegen** overbevolken; **~belichten** overbelichten; **~bewerten** overwaarderen; **~bieten** (-) hoger bieden; (übertreffen) overtreffen; ⚗**bleibsel** n (het) overblijfsel, rest.
Überblick m (het) overzicht; ⚗**en** (-) overzien.
überbring|en (-) overbrengen; (geben) overhandigen; ⚗**er** m (over)brenger; (Scheck⚗) toonder.
über|brücken (-) overbruggen (a. fig); **~dachen** (-) overkappen; **~dauern** (-) overleven; **~denken** (-) overdenken; **~dies** bovendien, daarenboven; ⚗**dosis** f overdosis.
Über|druß m (-sses; 0) verveling, tegenzin; (Ekel) afkeer; ⚗**drüssig: e-r S. ~ sein** genoeg van iets hebben; ⚗**durchschnittlich** boven het gemiddelde liggend; ⚗**eifrig** overijverig.
übereil|en (-): **(sich) ~** (zich) overhaasten; **~t** overhaast, overijld.

übereinander boven elkaar; over elkaar; ~**schlagen** over elkaar slaan.
überein|kommen overeenkomen; 2**kommen** n, 2**kunft** f (-; ˝e) overeenkomst.
übereinstimm|en (mit D) overeenstemmen (met); overeenkomen (met); (sich einig sein) het eens zijn (met); 2**ung** f overeenstemming, overeenkomst.
über-empfindlich overgevoelig.
überfahr|en (-) j-n overrijden; Verkehrszeichen negeren; 2**t** f overtocht.
Überfall m overval; 2**en** (-) overvallen.
über|fällig verlaat, over tijd; Wechsel: vervallen; ~**fliegen** (-) overvliegen; (lesen) even doorlezen; ~**fließen** overlopen (a. fig); ~**flügeln** (-) overvleugelen; 2**fluß** m in overvloed; im ~ in overvloed; 2**flußgesellschaft** f consumptiemaatschappij; ~**flüssig** overbodig, overtollig; ~**fluten** (-) overstromen (a. fig); 2**flutung** f overstroming; ~**fordern** (-) te veel vergen van, te hoge eisen pl stellen aan.
überführ|en (-) overbrengen; j-n e-r S. (G) ~ de schuld van iem aan iets bewijzen; 2**ung** f overtuigende bewijsvoering; (Transport) overbrenging; Verkehr: viaduct (a. het).
über|füllt overvol; 2**gabe** f overhandiging; mil overgave.
Übergang m overgang; (Bahn2) overweg; (Überquerung) overtocht; ~**s·lösung** f voorlopige oplossing; ~**s·zeit** f overgangstijd.
Über|gardinen f/pl overgordijnen n/pl; 2**geben** (-) overhandigen; (beauftragen) opdragen; sich ~ overgeven; 2**gehen 1.** (in A) overgaan (in); **2.** (-) overslaan, over het hoofd zien; ~**gepäck** n overbagage; 2**geschnappt** F niet goed snik; ~**gewicht** n (het) overgewicht; fig (het) overwicht; 2**gießen 1.** (-) u. **2.** overgieten; 2**glücklich** overgelukkig; 2**greifen** Feuer: overslaan; ~**griff** m inbreuk, overtreding; (Gewalttakt) overval; (Einmischung) inmenging; 2**größe** f extra grote maat; 2**haben** F Kleidung om hebben; (satt haben) moe zijn; (übrig haben) overhebben; 2**handnehmen** veld winnen, hand over hand toenemen; 2**hängen** overhangen; v/i a. overhellen; v/t a. omhangen; 2**häufen** (-) j-n overstelpen.

überhaupt over 't algemeen; eigenlijk; (ganz und gar) helemaal; ~ **nicht** helemaal niet; **wenn** ~ indien dan al.
überheblich aanmatigend, verwaand, arrogant; 2**keit** f aanmatiging, verwaandheid, arrogantie.
überhitzen (-t; -) oververhitten (a. fig).
überhol|en (-) inhalen, passeren; (ausbessern) nazien, opknappen; 2**spur** f inhaalstrook; ~**t** verouderd; 2**verbot** n (het) inhaalverbod.
über|hören (-) niet horen; doen alsof men niet hoort, niet willen horen; ~**irdisch** bovenaards; ~**kleben** (-) overplakken; ~**kochen** (sn) overkoken; ~**kommen** Adj traditioneel, overgeleverd; ~**laden 1.** (-) **2.** overladen; ~**lagern** (sich) fig (elkaar) overlappen; 2**landbus** m streekbus.
überlass|en (-) (geben bsd) afstaan; sich ~ (D) Gefühl zich overgeven aan; 2**ung** f (het) overlaten; afstand.
überlast|en (-) overbelasten (a. Pers); ~**et** overbelast (a. Straße).
über|laufen 1. (sn) overlopen; **2.** (-) j-n lopen over; Empfindung overvallen; ~ **sein** overvol zijn; 2**läufer** m overloper.
überleben (-) overleven; **de(r)** overlevende; ~**s·groß** meer dan levensgroot.
überlegen 1. (-) overleggen, overdenken; sich etw ~ iets overdenken; **2.** Adj superieur; (überheblich a.) hautain; j-m ~ **sein** (an D) iem de baas zijn (in); 2**heit** f superioriteit, (het) overwicht; (Mehrheit) meerderheid.
überleg|t met overleg, weloverwogen; 2**ung** f (het) overleg, overweging.
überleiten (zu D) overgaan (tot).
überliefer|n (-) overleveren; 2**ung** f overlevering.
über|listen (-) verschalken, te slim af zijn; 2**macht** f overmacht; ~**mächtig** oppermachtig; ~**malen** (-) overschilderen; 2**maß** n overmaat; im ~; ~**mäßig** bovenmatig, buitensporig.
Übermensch m supermens, Übermensch; 2**lich** bovenmenselijk.
übermittel|n (-) overbrengen; Grüße bsd overmaken; (senden) zenden; 2**ung** f overbrenging; overmaking; (senden) zenden.
über|morgen overmorgen; ~**müdet** oververmoeid; 2**müdung** f overver-

Übermut

moeidheid; ⟨Ωmut *m* overmoed; ~**mütig** overmoedig; ~**nächst** daaropvolgend, tweede.

übernacht|en (-) overnachten; Ωung *f* overnachting; ~ **und Frühstück** overnachting met ontbijt.

Übernahme *f* overname; aanvaarding; ~**angebot** *n* (het) overnamebod.

über|national supranationaal; ~**natürlich** bovennatuurlijk; ~**nehmen** overnemen; op zich nemen; *Amt* aanvaarden; Ωproduktion *f* overproduktie; ~**prüfen** (-) controleren, nazien; Ωprüfung *f* controle, (het) onderzoek; ~**queren** (-) oversteken.

überragen (-) uitsteken boven, *fig a.* overtreffen; ~d uitmuntend, superieur.

überrasch|en (-) verrassen; ~**end** verrassend; Ωung *f* verrassing.

überred|en (-) (*zu D*) overreden (tot), overhalen (tot); Ωung *f* overreding.

über|regional landelijk, supraregionaal; ~**reichen** (-) overhandigen; *Urkunde* uitreiken; Ωreichung *f* overhandiging; uitreiking; ~**reizt** overprikkeld; ~**rennen** (-) onder de voet lopen; Ωrest *m* rest, (het) overblijfsel; ~**rumpeln** (-) overrompelen; ~**runden** (-) *Sp* een ronde voorsprong krijgen; *fig* inhalen, overtroeven; ~**sättigt** oververzadigd; Ωschallflugzeug *n* (het) supersonisch vliegtuig; Ωschallgeschwindigkeit *f* supersonische snelheid; ~**schatten** (-) overschaduwen (*a. fig*); ~**schätzen** (-) overschatten; ~**schaubar** te overzien, overzichtelijk; ~**schlagen** (-) (*beim Lesen*) overslaan; (*berechnen*) ramen; *sich* ~ over de kop slaan; *Stimme*: overslaan; ~**schnappen** (*a. sn*) F gek worden; *Stimme*: overslaan; ~**schneiden** (-): *sich* ~ *fig* elkaar overlappen; ~**schreiten** (-) overschrijden; *Gesetz* overtreden; Ωschrift *f* (het) opschrift; Ωschuß *m* (het) overschot; (*Gewinn*) (het) batig saldo; ~**schüssig** overtollig; Ωschußproduktion *f* overproduktie; ~**schütten** (-) (*Flüssigkeit* uitgieten; *fig* overstelpen, overladen; Ωschwang *m* (-*es*; *0*) overdaad.

überschwemm|en (-) overstromen; Ωung *f* overstroming.

überschwenglich uitbundig.

Übersee *f* overzee; *nach* (*von*) ~ naar (van) overzee; Ωisch overzees.

überseh|bar overzienbaar, te overzien; ~**en** (-) overzien; (*nicht bemerken*) over het hoofd zien.

übersenden (-) over-, toezenden.

übersetz|en 1. (-) vertalen; **2.** *v/t mit Fähre* overzetten; *v/i* (*sn*) overvaren; Ωer(in *f*) *m* vertaler *m*, vertaalster *f*; Ωung *f* vertaling; *Tech* overbrenging; Ωungs-büro *n* (het) vertaalbureau.

Übersicht *f* (het) overzicht; Ωlich overzichtelijk; ~**s-karte** *f* overzichtskaart.

über|siedeln (*sn*) verhuizen; ~**sinnlich** bovenzinnelijk; ~**spannt** *Pers* geëxalteerd; ~**spitzt** overdreven, overtrokken; ~**springen 1.** (*sn*) overspringen; **2.** (-) springen over; (*auslassen*) overslaan; ~**stehen** (-) doorstaan, te boven komen; ~**steigen** (-) *fig* overtreffen, te boven gaan; ~**stimmen** (-) overstemmen.

Überstunden *f*/*pl* overuren *n*/*pl*; ~ *machen* overwerken, overuren maken; ~**zuschlag** *m* overurentoeslag.

überstürz|en (-) overhaasten; *sich* ~ *Ereignisse*: snel op elkaar volgen; ~**t** overhaast.

über|teuert te duur; ~**tönen** (-) overstemmen (*a. fig*).

Übertrag *m* (-*es*; *-̈e*) (het) transport; Ωbar overdraagbaar; *Krankheit*: besmettelijk; ~**en 1.** (-) overbrengen; *Hdl a.* transporteren; *Rf* uitzenden; (*abtreten*) overdragen; (*auftragen*) opdragen; **2.** *Adj* overdrachtelijk; Ωung *f* overbrenging; (het) transport; overdracht; uitzending.

übertreffen (-) overtreffen; *Erwartung*(*en pl*) ~ *a.* meevallen.

übertreib|en (-) overdrijven; Ωung *f* overdrijving.

übertret|en 1. (*sn*) overgaan; **2.** (-) overtreden; Ωung *f* overtreding.

über|trieben overdreven; Ωtritt *m* overgang; ~**trumpfen** (-) overtroeven (*a. fig*); ~**völkert** overbevolkt; Ωvölkerung *f* overbevolking; ~**vorteilen** (-) afzetten, bedriegen, oplichten.

überwach|en (-) bewaken, toezicht houden op; observeren; Ωung *f* bewaking, (het) toezicht; observering.

überwältigen (-) overweldigen (*a. fig*); *Schlaf*: overmannen.

überweis|en (-) *Geld* overmaken, overschrijven; *Patienten* doorverwijzen;

umgehen

₂ung f overschrijving; doorverwijzing; **₂ungs-formular** n (het) overschrijvingsformulier.
überwerfen (-): *sich ~* (*mit D*) overhoop raken (met), ruzie krijgen (met).
überwiegen (-) overwegen; **~d** overwegend.
überwind|en (-) overwinnen, te boven komen; **₂ung** f overwinning; (*Sichüberwinden*) zelfoverwinning.
über|wintern (-) overwinteren; **₂zahl** f meerderheid, overmacht; **~zählig** overtollig.
überzeug|en (-) (*sich*) (*von D*) (zich) overtuigen (van); **₂ung** f overtuiging.
überzieh|en 1. aantrekken, aandoen; **2.** (-) overtrekken; *Bett* verschonen; *Konto* overschrijden; **₂er** m overjas; **₂ungs-krediet** m (het) krediet in rekening-courant.
Überzug m overtrek, hoes; (*Schicht*) laag.
üblich gebruikelijk, gewoon.
U-Boot n duikboot.
übrig overig; *~ sein* over zijn; *im ~en* voor het overige.
übrig|- *in Zssgn mst* over-, *z.B.* **~bleiben** overblijven, overschieten; **₂ens** overigens, trouwens; **~lassen** overlaten.
Übung f oefening; **~s-gelände** n (het) oefenterrein.
UdSSR f: *die ~ de* USSR.
Ufer n oever, wal; *über die ~ treten* buiten de oevers treden; **₂los** oeverloos; **~promenade** f boulevard langs de oever; **~straße** f weg (*od* straat) langs de oever.
Uhr f (het) horloge, (het) uurwerk; (*Steh*₂, *Wand*₂) klok; (*Zeitpunkt*) (het) uur; *um sechs ~* om zes uur; *wieviel ~ ist es?* hoe laat is het?; *es ist sechs ~* het is zes uur; **~en-armband** n (het) horlogebandje; **~en-geschäft** n horlogezaak; **~macher** m horlogemaker; **~werk** n (het) uurwerk; **~zeiger** m wijzer; **~zeigersinn** m richting van de wijzers van de klok; **~zeit** f tijd.
Uhu m (-s; -s) oehoe.
UKW FM, ultrakorte golf.
Ulk m (-*es*; -e) grap, scherts, lol; **₂ig** grappig, komiek.
Ulme f olm, iep.
Ultimatum n (-s; -*ten od* -s) (het) ultimatum.
ultra|- *in Zssgn mst* ultra-, *z.B.* **₂kurzwellen** f/pl ultrakorte golven pl; **₂schall** m ultrasone trillingen pl.
um 1. (*A*) om; (*räumlich a.*) rond(om) (*ungefähr, a. zeitl*) rond, omstreeks, omtrent; *verlängern, erhöhen ~ 2 Meter, 2 Mark* met; *~ ... herum* (*räumlich*) rondom; (*zeitl*) rond, ongeveer; **2.** *~ ... willen* (*G*) ter wille van; **3.** *Adv* (*vorbei*) om, voorbij; *~ so besser* des te beter; **4.** *Ko ~ zu* (+ *Inf*) om te.
um|- *in Zssgn mst* ver-; **~ändern** veranderen; *Kleidung* vermaken; **~arbeiten** omwerken.
umarm|en (-) (*sich*) (elkaar) omarmen, (elkaar) omhelzen; **₂ung** f omarming, omhelzing.
Umbau m verbouwing; *fig* reorganisatie, hervorming; **₂en** verbouwen.
um|bilden veranderen, reorganiseren (*a. Pol*); **~binden** ombinden, omdoen; **~blättern** (een blad) omslaan; **~blikken:** *sich ~* omkijken; **~bringen** ombrengen, van kant maken.
umbuch|en overboeken (*a. Reise*); **₂ung** f overboeking.
um|datieren de datum veranderen van; **~disponieren** anders disponeren, anders te werk gaan.
umdreh|en (*sich*) (zich) omdraaien, (zich) omkeren; **₂ung** f omwenteling; **₂ungs-zahl** f (het) toerental.
um|einander om elkaar; **~fahren 1.** (*umwerfen*) omverrijden; **2.** (-) rijden om; *Schiff:* varen om; **~fallen** omvallen; (*ohnmächtig werden*) flauwvallen; *fig* van mening veranderen.
Umfang m omvang (*a. fig*); (*Umriß*) omtrek; **₂reich** omvangrijk.
umfassen (-) omvatten; **~d** veelomvattend; grondig.
Um|feld n (het) milieu; **~frage** f rondvraag; enquête; **₂füllen** overgieten; **₂funktionieren** omturnen; **~gang** m omgang; **₂gänglich** aangenaam in de omgang.
Umgangs|formen f/pl omgangsvormen pl; **~sprache** f omgangstaal; **₂sprachlich** van (*od* in) de omgangstaal.
umgeb|en (-) omgeven, omringen; **₂ung** f omgeving.
Umgegend f omstreken pl, omgeving.
umgeh|en 1. rondgaan; *Gespenst:* rondwaren; *~ mit* (*D*) omgaan met; **2.** (-)

umgehend 522

ontduiken, omzeilen; ~**end** *Adv* per omgaande, onmiddellijk; ⚄**ung** *f* vermijding; ontduiking, omzeiling; ⚄**ungs-straße** *f* rond-, ringweg.
um|gekehrt omgekeerd; *Adv a.* andersom; ~**gestalten** hervormen, reorganiseren; ~**graben** omspitten; ~**gucken:** *sich* ~ rondkijken; *(rückwärts)* omkijken; ~**haben** om hebben; ~**hacken** omhakken; ⚄**hang** *m Kleidung:* cape.
umhänge|n omhangen; *Bild* verhangen; ⚄**tasche** *f* schoudertas.
um|hauen omhakken, omhouwen; *etw haut j-n um* F *fig* iem slaat achterover van iets; ~**her** rond(om).
umher|- *in Zssgn mst* rond-, *z.B.* ~**blicken** rondkijken; ~**streifen,** ~**wandern** rondzwerven; ~**ziehen** rondtrekken.
um|hinkönnen: *nicht* ~ niet anders kunnen; ~**hören:** *sich* ~ informeren.
umhüll|en (-) omhullen; *etw bsd* omwikkelen; ⚄**ung** *f* (het) omhulsel; verpakking.
Umkehr *f* ommekeer *(a. fig);* ⚄**en** *v|i (sn) u. v|t* omkeren *(a. fig),* omdraaien; *v|i a.* terugkeren; ~**ung** *f* omkering.
um|kippen omkantelen, F omkiep(er)en; *Biol* afsterven; ~**klammern** (-) omklemmen, omvatten; ~**klappen** *v|t* omklappen.
Umkleide|kabine *f* (het) kleedhokje; ⚄**n 1. (sich)** (zich) ver-, omkleden; **2.** (-) omkleden *(bsd fig),* bekleden; ~**raum** *m* kleedkamer.
um|kommen omkomen; ⚄**kreis** *m* omtrek; *(Umgebung a.)* omgeving; *im* ~ *von (D)* in een omtrek van; ~**kreisen** (-) draaien om; ~**laden** overladen; ⚄**lage** *f* (hoofdelijke) omslag; ⚄**land** *n* omgevin.
Umlauf *m* omloop, circulatie; *(Rundschreiben a.)* circulaire; *im* ~ *sein* in omloop zijn; ~**bahn** *f* baan; ⚄**en** *(sn)* circuleren, in omloop zijn.
Umlaut *m* umlaut; ⚄**legen** neerleggen *(a.* F *töten); Kleidung* omdoen; *(verlegen)* verleggen; *Kosten* omslaan.
umleit|en omleiden, omleggen; ⚄**ung** *f* omleiding, wegomlegging; ⚄**ungs-schild** *n* (het) omleidingsbord.
um|liegend omliggend, naburig; ~**pflanzen** verplanten; ~**quartieren** (-) elders onderbrengen; ~**rahmen** (-) omlijsten *(a. fig);* ~**randen** (-) omranden.

~**räumen** veranderen, anders inrichten; *(an e-n anderen Ort)* verplaatsen.
umrechn|en omrekenen; ⚄**ungs-kurs** *m* omrekeningskoers.
um|reißen 1. omrukken; *Mauer bsd* omverhalen; *Pers* omvertrekken; **2.** (-) schetsen *(a. fig);* ~**rennen** omverlopen; ~**ringen** (-) omringen; ⚄**riß** *m* omtrek, omlijning; *Umrisse pl* lijnen *pl (bsd fig),* omtrek; ~**rühren** omroeren.
ums = *um das.*
umsatteln *fig* veranderen, omschakelen.
Umsatz *m Hdl* omzet; ~**provision** *f* omzetprovisie; ~**rückgang** *m* daling van de omzet; ~**steigerung** *f* omzetvergroting, -stijging; ~**steuer** *f* omzetbelasting.
umschalt|en omschakelen *(a. fig); Rf u. fig* overschakelen; ⚄**ung** *f* omschakeling; overschakeling.
umschauen *s.* **umsehen.**
Umschlag *m* omslag *(a.* Med *etc.); (Brief* ⚄ *bsd)* enveloppe; *(Buch*⚄ *a.)* kaft *(a.* het); *Med a.* (het) kompres; *(Güter* ⚄) overslag; ⚄**en** *v|i (sn) u. v|t* omslaan *(a. Seite etc.); Güter* overslaan; ~**hafen** *m* overslaghaven.
um|schließen (-) omsluiten; ~**schlingen** (-) *etw* omslingeren; *j-n* de armen *pl* heen slaan om; ~**schmeißen** F omgooien; ~**schnallen** omgespen.
umschreib|en (-) omschrijven; ⚄**ung** *f* omschrijving.
umschuld|en de schulden omzetten *(od* saneren); ⚄**ung** *f* omzetting van de schulden, schuldsanering.
um|schulen om-, herscholen; ~**schütten** *Glas* om(ver)gooien; ~**schwärmen** (-) omzwermen; ⚄**schweife** *m/pl: ohne* ~ zonder omhaal; ~**schwenken** omzwenken *(a. fig);* ⚄**schwung** *m fig* ommekeer; ~**sehen:** *sich* ~ *(rückwärts)* omkijken, omzien; *(besichtigen)* rondkijken; *sich* ~ *nach (D) (suchen)* uitzien naar; ~**sein** om zijn; ~**seitig** aan omezijde; ~**setzen** omzetten *(a. Hdl etc.).*
Umsicht *f* omzichtigheid, (het) overleg; ⚄**ig** omzichtig.
um|siedeln *v|i (sn)* verhuizen; emigreren; *v|t* een andere woonplaats geven; evacueren; ~**sonst** gratis, voor niets; *(vergebens)* (te)vergeefs; ~**springen** *mit (D)* omspringen met.

Umstand *m* omstandigheid; (*Tatsache a.*) (het) feit.

Umständ|e *m/pl* omstandigheden *pl*; **unter ~n** eventueel, bij gelegenheid; **unter diesen ~n** in de gegeven omstandigheden; **unter allen ~n** in ieder geval; **in anderen ~n** in verwachting; **machen Sie sich keine ~!** doet U geen moeite!; **2lich** omslachtig.

Umstandskleid *n* positiejurk.

umstehend (*her~*) omstaand; (*rückseitig*) omstaand; *Adv* aan ommezijde.

Umsteige|fahrschein *m* (het) overstap(kaart)je; **2n** overstappen.

umstell|en 1. verplaatsen, verzetten, reorganiseren, omschakelen; *sich ~* (*auf A*) zich aanpassen (aan); **2.** (-) omsingelen; **2ung** *f* verplaatsing; reorganisatie, omschakeling; aanpassing.

um|stimmen *j-n* tot een andere mening brengen, van mening doen veranderen; **~stoßen** omstoten, omverstoten (*a. Pol*), omvergooien (*a. Pol u. Plan*); **~stritten** omstreden, betwist.

umstrukturier|en herstructureren; **2ung** *f* herstructurering.

Um|sturz *m Pol* omverwerping, omwenteling; **2stürzen** *v/t* omgooien; *Pol* omverwerpen; *v/i* omvallen.

Umtausch *m* omruil(ing), omwisseling (*a. Geld*2); **2en** omruilen; *Geld* (om)wisselen; **~kurs** *m* wisselkoers.

umwälz|en omwentelen, omrollen; **2ung** *f Pol* omwenteling.

umwand|eln veranderen, omzetten; **2lung** *f* verandering, omzetting.

Umweg *m* omweg.

Umwelt *f* (het) milieu; **2bedingt** door het milieu veroorzaakt; **~belastung** *f* milieubelasting; **~bewußtsein** *n* (het) milieubewustzijn; **~einfluß** *m* milieuinvloed; **2feindlich** schadelijk voor het milieu; **2freundlich** milieuvriendelijk; **~politik** *f* (het) milieubeleid; **~schäden** *m/pl* schade aan het milieu; **2schädlich** schadelijk voor het milieu; **~schutz** *m* milieubescherming; **~schützer** *m* milieubeschermer.

Umweltverschmutz|er *m* milieuvervuiler; **~ung** *f* milieuverontreiniging.

um|wenden omkeren; **~werfen** om(ver)werpen, omgooien; *sich etw ~ Kleidung* iets omslaan; **~wohnend** omwonend; **~zäunen** (-) omheinen; **~ziehen** *v/t* om(ver)trekken; *v/i* (*sn*) verhuizen; *sich ~* zich ver-, omkleden; **~zingeln** (-) omsingelen.

Umzug *m* verhuizing; (*Festzug*) optocht; **~s·kosten** *pl* verhuiskosten *pl*.

un- *in Zssgn mst* on-.

un-ab|änderlich onveranderlijk; (*unwiderruflich*) onherroepelijk; **~dingbar** absoluut noodzakelijk; **~hängig** onafhankelijk; **2keit** *f* onafhankelijkheid.

un-ab|kömmlich onmisbaar; **~lässig** onophoudelijk; **~sehbar** onafzienbaar; (*unvorhersehbar*) onoverzienbaar; **~sichtlich** onopzettelijk, zonder opzet; **~wendbar** onafwendbaar.

un-achtsam onachtzaam, onoplettend; **2keit** *f* onachtzaam-, onoplettendheid.

un-an|fechtbar onbetwistbaar; **~gebracht** misplaatst; **~gefochten** onbetwist; **~gemessen** inadequaat; (*ungebührlich*) ongepast; **~genehm** onaangenaam, onprettig; **~greifbar** onaantastbaar.

un-annehm|bar onaanvaardbaar; **2lichkeit** *f* onaangenaamheid; **~en** *pl bsd* last, narigheid.

un-an|sehnlich onooglijk; **~ständig** onfatsoenlijk, onwelvoeglijk; **~tastbar** onaantastbaar.

un-appetitlich onsmakelijk, vies.

Un-art *f* hebbelijkheid; **2ig** stout, onhebbelijk.

un-auf|dringlich niet opdringerig; **~fällig** onopvallend; **~gefordert** ongevraagd; (*von sich aus*) uit eigen beweging; **~haltsam** onstuitbaar; **~hörlich** onophoudelijk; **~lös-bar, ~löslich** onoplosbaar (*a. fig*); **~merksam** onoplettend; **~richtig** onoprecht.

un-aus|führbar onuitvoerbaar; **~löschlich** onuitwisbaar; **~rottbar** onuitroeibaar; **~sprechlich** onuitsprekelijk; **~stehlich** onuitstaanbaar.

un|bändig onbedwingbaar; (*riesig*) enorm; **~barmherzig** onbarmhartig.

unbe|absichtigt onopzettelijk; **~achtet** onopgemerkt; **~ lassen** geen acht slaan op; **~dacht** onbedachtzaam, onnadenkend; **~denklich** zonder bezwaar, gerust; (*ohne Einwendung*) onbedenkelijk; **~deutend** onbeduidend, onbelangrijk, onbenullig; **~dingt** volstrekt,

unbefahrbar

onvoorwaardelijk; *Adv* beslist, in ieder geval; ~**fahrbar** onberijdbaar; *Gewässer*: onbevaarbaar; ~**fangen** onbevangen; *(vorurteilslos)* onbevooroordeeld.

unbefriedigend onbevredigend; ~**t** onvoldaan.

unbe|fugt onbevoegd; ~**greiflich** onbegrijpelijk; ~**grenzt** onbegrensd, grenzeloos; ~**gründet** ongegrond, ongemotiveerd; ~**haart** onbehaard.

Unbehag|en *n* (het) onbehagen; ♀**lich** onbehaaglijk.

unbe|helligt ongehinderd, ~**holfen** onbeholpen; ~**irrt** vastberaden.

unbekannt onbekend; ♀**e(r)** onbekende *(a. Math)*.

unbe|kleidet ongekleed; ~**kümmert** onbezorgd, onbekommerd; ~**lebt** levenloos, onbezield; ~**lehrbar** hardleers.

unbeliebt impopulair, onbemind; ♀**heit** *f* impopulariteit.

unbe|mannt onbemand; ~**merkt** ongemerkt; ~**mittelt** onbemiddeld; ~**nutzt** ongebruikt.

unbequem ongemakkelijk; *(lästig)* lastig; ♀**lichkeit** *f* (het) ongemak.

unbe|rechenbar onberekenbaar; ~**rührt** onaangeroerd; *Natur*: ongerept; ~**schadet** *(G)* onverminderd, ongeacht; ~**schädigt** onbeschadigd; ~**scheiden** onbescheiden; ~**scholten** onbesproken; ~**schränkt** onbeperkt; ~**schreiblich** onbeschrijfelijk; ~**sehen** ongezien; ~**siegbar** onoverwinnelijk; ~**soldet** onbezoldigd; ~**sonnen** onbezonnen, onbesuisd; ~**sorgt** onbezorgd, gerust; ~**ständig** onbestendig; *Pers a.*: onstandvastig, wispelturig; ~**stätigt** onbevestigd; ~**stechlich** onomkoopbaar; ~**stimmt** onbepaald *(a. Gr)*; *(ungenau)* vaag, onduidelijk; *(unsicher)* onzeker; ~**streitbar** onbetwistbaar; ~**stritten** onbetwist; ~**teiligt** ongeïnteresseerd; *(an D)* niet betrokken (bij).

unbeugsam onbuigzaam.

unbe|wacht onbewaakt; ~**waffnet** ongewapend; ~**weglich** onbeweeglijk; ~**wohnt** onbewoond; ~**wußt** onbewust; ~**zahlbar** onbetaalbaar.

Un|bilden *f* ruwheid; *fig* beproevingen *pl*; ♀**brauchbar** onbruikbaar.

und en; ~ *zwar* en wel; *na* ~**?** nou en?; ~ *so weiter (Abk usw.)* enzovoort(s) *(Abk* enz.*).*

Undank *m* ondank; ♀**bar** ondankbaar.

un|definierbar ondefinieerbaar; ~**denkbar** ondenkbaar; ~**deutlich** onduidelijk; ~**dicht** lek, ondicht; ♀**ding** *n* (het) onding; ~**diszipliniert** ongediscuplineerd; ~**duldsam** onverdraagzaam.

undurch|dringlich ondoordringbaar; ~**führbar** onuitvoerbaar; ~**lässig** ondoordringbaar; *(licht~, wasser~ a.)* niet-doorlatend; ~**sichtig** ondoorzichtig *(a. fig).*

uneben oneffen, ongelijk; ♀**heit** *f* oneffenheid.

un|echt onecht, vals; ~**ehelich** onecht, onwettig, buitenechtelijk; *Mutter*: ongehuwd; ~**ehrlich** oneerlijk; ~**eigennützig** belangeloos, onbaatzuchtig; ~**eigentlich** oneigenlijk; ~**eingeschränkt** onbeperkt.

un-einig oneens; *(miteinander)* ~ *sein (über A)* het (onder elkaar) oneens zijn (over); ♀**keit** *f* onenigheid.

un|einnehmbar onneembaar; ~**empfindlich** *(gegen A)* ongevoelig (voor).

un-endlich oneindig.

un-ent|behrlich onontbeerlijk, onmisbaar; ~**geltlich** kosteloos, gratis; ~**schieden 1.** onbeslist; **2.** ♀ *n Sp* (het) gelijkspel; ~**schlossen** besluiteloos; ~**schuldbar** niet te verontschuldigen; ~**wegt** *(unaufhörlich)* onophoudelijk.

un-er|bittlich onverbiddelijk; ~**fahren** onervaren; ~**forschlich** ondoorgrondelijk; ~**freulich** onaangenaam; *(unerquicklich)* onverkwikkelijk; ~**füllbar** onvervulbaar; ~**giebig** weinig opleverend, schraal; ~**gründlich** ondoorgrondelijk; ~**heblich** onbelangrijk; ~**hört** ongehoord; ~**kannt** zonder herkend te worden; ~**klärlich** onverklaarbaar; ~**läßlich** noodzakelijk; ~**laubt** ongeoorloofd; ~**ledigt** onafgedaan, niet afgemaakt; ~**meßlich** onmetelijk; ~**müdlich** onvermoeibaar; ~**quicklich** onverkwikkelijk; ~**reichbar** onbereikbaar; *(Pers: unzugänglich)* ongenaakbaar; ~**sättlich** onverzadigbaar, onverzadelijk; ~**schlossen** (nog) niet ontsloten; ~**schöpflich** onuitputtelijk; ~**schrocken** onverschrokken, onversaagd; ~**schütterlich** onwrikbaar, onwankelbaar; ~**schwinglich** onbetaalbaar, niet op te brengen; ~**setzlich** onvervangbaar; *S. bsd*: onherstelbaar;

unglleichmäßig

~träglich on(ver)draaglijk; *Pers* a.: onuitstaanbaar; **~wartet** onverwacht; *Adv bsd* onverwachts; **~wünscht** ongewenst; **~zogen** onopgevoed.

unfähig onbekwaam; **~** *sein (nicht imstande)* niet in staat zijn; ♀**keit** *f* onbekwaamheid.

unfair unfair.

Unfall *m* (het) ongeval, (het) ongeluk; **~flucht** *f* (het) doorrijden na een ongeval, (het) vluchtmisdrijf; ♀**frei** schadevrij, zonder ongevallen; **~hergang** *m* toedracht van een ongeval; **~meldung** *f* aangifte van een ongeval; **~station** *f* post voor eerste hulp, E.H.B.O.-post; **~versicherung** *f* ongevallenverzekering.

un|faßbar onbegrijpelijk; **~fehlbar** onfeilbaar; *Adv (unweigerlich)* onvermijdelijk; **~flätig** vies, smerig; **~förmig** vorm(e)loos; *(mißgestaltet)* wanstaltig; **~frankiert** ongefrankeerd; **~frei** onvrij; *Post*: ongefrankeerd; **~freiwillig** onvrijwillig; **~freundlich** onvriendelijk; *Wetter*: guur; ♀**friede(n)** *m* onvrede; *(Uneinigkeit)* onenigheid; **~fruchtbar** onvruchtbaar (*a. fig*) *m* (*-es*; *0*) (*Straßen*♀) baldadigheid, straatschenderij; *(Unsinn)* onzin; *(Schabernack)* (het) kattekwaad; *(grober)* **~** *jur* verstoring van de openbare orde.

Ungar|(in *f*) *m* (*-n*) Hongaar(se *f*); **~n** *n* Hongarije *n*; ♀**isch** Hongaars.

ungastlich ongastvrij.

unge|achtet *(G)* ondanks, niettegenstaande; **~ahnt** onvermoed, ongekend; **~beten** ongevraagd; **~bildet** onontwikkeld, onbeschaafd; **~bräuchlich** ongebruikelijk; **~bührlich** onbetamelijk, ongepast; *(unangemessen)* onredelijk; **~bunden** ongebonden (*a. Chem u. fig*); **~deckt** ongedekt.

Ungeduld *f* (het) ongeduld; ♀**ig** ongeduldig.

unge|eignet ongeschikt; **~fähr** ongeveer, omtrent, omstreeks; *(mit Zahlen* *a.)* -tal, een stuk of; *Adj* bij benadering, globaal; **~fährlich** ongevaarlijk; **~halten** boos, kwaad; **~heizt** onverwarmd, **~hemmt** onbelemmerd; *pej* ongeremd.

ungeheuer 1. kolossaal, ontzaglijk, enorm (*a. Adv*); **2.** ♀ *n* (het) monster; **~lich** ongehoord, monsterachtig.

unge|hindert ongehinderd; **~hobelt** *fig* onbehouwen, lomp; **~hörig** onbehoorlijk; **~horsam 1.** ongehoorzaam; **2.** ♀ *m* ongehoorzaamheid; **~kocht** ongekookt; **~kündigt** in vaste dienst; **~künstelt** ongekunsteld; **~kürzt** onverkort; **~legen** ongelegen; **~lenk(ig)** stijf, niet soepel; *(unbeholfen)* onhandig, stuntelig; **~lernt** *Arbeiter*: ongeschoold; **~löst** onopgelost; **~mein** gemeen, buitengewoon; **~mütlich** ongezellig; *Gefühl*: onbehaaglijk; *(grob)* nijdig, nors; **~nannt** ongenoemd.

ungenau onnauwkeurig, vaag; ♀**ig·keit** *f* onnauwkeurigheid.

ungeniert ongegeneerd.

unge|nießbar ongenietbaar; *Speise*: oneetbaar; *Getränk*: ondrinkbaar; **~nügend** onvoldoende; **~nutzt, ~nützt** ongebruikt; *Augenblick, Chance etc.*: onbenut; **~pflegt** onverzorgd; **~rade** *Zahl*: oneven.

unge|recht onrechtvaardig; **~fertigt** ongerechtvaardigd; ♀**ig·keit** *f* onrechtvaardigheid.

Ungereimtheit *f* ongerijmdheid.

ungern ongaarne, niet graag, node.

unge|rührt onbewogen; **~salzen** ongezouten; **~schehen**: *etw* **~** *machen* iets ongedaan maken; ♀**schick(lichkeit** *f)* *n* onhandigheid; **~schickt** onhandig, lomp; **~schminkt** ongeschminkt; *fig* onbewimpeld; **~setzlich** onwettig; **~spritzt** onbespoten; **~stört** ongestoord; **~straft** ongestraft; **~stüm** onstuimig; **~sund** ongezond; **~trübt** *fig* ongestoord; ♀**tüm** *n* (*-es*; *-e*) (het) monster, (het) (wan)gedrocht; **~übt** ongeoefend, onbedreven.

ungewiß onzeker, ongewis; *(vage)* onbepaald, vaag; ♀**heit** *f* onzekerheid.

unge|wöhnlich ongewoon; *Adv a.* buitengewoon; **~wohnt** ongewoon; **~wollt** ongewild; **~zählt** talloos, ontelbaar; **~zähmt** ongetemd; ♀**ziefer** *n* (het) ongedierte; **~zogen** ondeugend, stout, brutaal; **~zügelt** teugelloos, tomeloos; **~zwungen** ongedwongen.

Unglaub|e *m* (het) ongeloof; ♀**haft** ongeloofwaardig.

ungläubig ongelovig; ♀**e(r)** ongelovige.

unglaub|lich ongelofelijk (*a. fig*); **~würdig** ongeloofwaardig.

ungleich ongelijk; ♀**heit** *f* ongelijkheid; **~mäßig** ongelijkmatig.

Unglück *n* (-*es*; -*e*) (het) ongeluk; (*widriges Schicksal*) tegenspoed; (*Pech*) tegenslag; ⁀**lich(erweise)** ongelukkig (genoeg); ⁀**selig** ongelukkig; *S. a.*: rampzalig; ⁀**s·fall** *m* (het) ongeluk.
Ungnade *f* ongenade.
ungültig ongeldig, nietig; **für ⁀ erklären** ongeldig verklaren; ⁀**keit** *f* ongeldigheid.
Un|gunst *f*: **zu Ihren ⁀en Saldo**: te Uwen laste; ⁀**günstig** ongunstig; ⁀**gut** slecht, niet goed, onaangenaam; *nichts für ⁀!* neem me niet kwalijk!; ⁀**haltbar** onhoudbaar; ⁀**handlich** onhandig.
Unheil *n* (het) onheil, rampspoed; (*Unglück*) ramp; ⁀**bar** ongeneeslijk; ⁀**voll** rampzalig, noodlottig.
unheimlich naar, akelig, eng; *Adv* **⁀** (*sehr*) enorm, erg.
unhöflich onbeleefd; ⁀**keit** *f* onbeleefdheid.
un|hörbar onhoorbaar; ⁀**hygienisch** onhygiënisch.
Uni *f* (-; -*s*) F universiteit.
Uniform *f* (het) uniform.
Unikum *n* (-*s*; -*ka*) (het) unicum.
un-interess|ant oninteressant; ⁀**iert** ongeïnteresseerd.
Union *f* unie.
univers|al, ⁀**ell** universeel.
Universität *f* universiteit; ⁀**s·bibliothek** *f* universiteitsbibliotheek.
Universum *n* (-*s*; *0*) (het) universum, (het) heelal.
Unke *f* vuurbuikpad; (*Pessimist*) ongeluksprofeet; ⁀**n** onheil voorspellen.
unkennt|lich onherkenbaar; ⁀**nis** *f* onwetendheid; onkunde.
unklar onduidelijk; (*trübe*) troebel; ⁀**heit** *f* onduidelijkheid; troebelheid.
un|klug onverstandig; ⁀**kosten** *pl* onkosten *pl*; ⁀**kraut** *n* (het) onkruid; ⁀**kündbar** onopzegbaar; ⁀**längst** onlangs; ⁀**lauter** onzuiver; (*unsportlich*) onsportief, unfair; *Wettbewerb*: oneerlijk; ⁀**leserlich** onleesbaar; ⁀**logisch** onlogisch; ⁀**lösbar,** ⁀**löslich** onoplosbaar; (*untrennbar*) onscheidbaar.
Unlustgefühl *n* (het) onlustgevoel.
unmanierlich ongemanierd.
unmäßig buitensporig, overdadig.
Un|menge *f* enorme massa; ⁀**mensch** *m* onmens; ⁀**menschlich** onmenselijk; ⁀**merklich** onmerkbaar; ⁀**mißver-**

ständlich ondubbelzinnig; ⁀**mittelbar** onmiddellijk, direct; **⁀ danach** (*vorher*) vlak daarna (ervoor), vlak daarop (ervoor); ⁀**möbliert** ongemeubileerd.
unmöglich onmogelijk; ⁀**keit** *f* onmogelijkheid.
un|moralisch immoreel, onzedelijk; ⁀**mündig** onmondig; *jur bsd* minderjarig; ⁀**musikalisch** onmuzikaal.
Unmut *m* wrevel, ontstemming; ⁀**ig** wrevelig, misnoegd.
unnach|ahmlich onnavolgbaar; ⁀**giebig** ontoegeeflijk, onbuigzaam; ⁀**sichtig** streng, ontoegeeflijk; *Strenge*: onverbiddelijk.
un|nahbar ongenaakbaar; ⁀**natürlich** onnatuurlijk; ⁀**nötig** onnodig, nodeloos; ⁀**nütz** nutteloos.
UNO *f* (-; *0*) UNO, VN.
un-ordentlich wanordelijk; *Pers bsd, Arbeit*: slordig.
Un-ordnung *f* wanorde; *in ⁀* in de war.
unparteiisch onpartijdig; ⁀**lichkeit** *f* onpartijdigheid.
un|passend ongepast; ⁀**passierbar** onbegaanbaar; (*mit Fahrzeug*) onberijdbaar; ⁀**päßlich** onpasselijk, onwel; ⁀**persönlich** onpersoonlijk; ⁀**politisch** on-, apolitiek; ⁀**populär** im-, onpopulair; ⁀**praktisch** onpraktisch; ⁀**produktiv** onproduktief; ⁀**pünktlich** (altijd) te laat (komend), vaak op tijd.
Unrat *m* (het) vuil, vuilnis (*a.* het).
unrecht 1. verkeerd; **⁀ haben** (*bekommen*) ongelijk hebben (krijgen); **2.** ⁀ *n* (het) onrecht; **zu ⁀** ten onrechte; ⁀**mäßig** onrechtmatig.
unregelmäßig onregelmatig; (*nicht geregelt*) ongeregeld; ⁀**keit** *f* onregelmatigheid; ongeregeldheid.
un|reif onrijp (*a. fig*); ⁀**rein** onzindelijk, onrein (*bsd fig*) onzuiver; ⁀**rentabel** onrendabel; ⁀**rettbar** reddeloos.
unrichtig onjuist, verkeerd, fout; ⁀**keit** *f* onjuistheid.
Unruh|e *f* onrust; (*Besorgnis*) ongerustheid; ⁀**n** *pl* onlusten *pl*; ⁀**ig** onrustig; ongerust, bezorgd.
uns ons; (*einander*) elkaar.
un|sagbar, ⁀**säglich** onuitsprekelijk, onnoemelijk; ⁀**sanft** onzacht, hard; ⁀**sauber** onzindelijk, vuil; *fig* smerig; ⁀**schädlich** onschadelijk; ⁀**scharf** onscherp; ⁀**schätzbar** onschatbaar; ⁀

scheinbar nietig, onooglijk; **~schicklich** ongepast, onbehoorlijk, onbetamelijk; **~schlagbar** onoverwinnelijk; **~schlüssig** besluiteloos.

Unschuld *f* onschuld; **♀ig** onschuldig.

un|selbständig onzelfstandig; **~selig** onzalig, noodlottig.

unser onze; *sg n* ons; *der, die (das)* **~e** de (het) onze; **~einer, ~eins** mensen *pl* als wij; **~(er)seits** onzerzijds, van onze kant.

unsicher onzeker; *(gefährdet)* onveilig; **♀heit** *f* onzekerheid; onveiligheid.

unsichtbar onzichtbaar.

Unsinn *m* onzin, nonsens; **♀ig** onzinnig, dwaas.

Unsitt|e *f* slechte gewoonte; *(Charakter♀ a.)* hebbelijkheid; **♀lich** onzedelijk.

un|sozial asociaal; **~sportlich** onsportief.

unsr|e *s. unser;* **~ige: *der, die (das)* ♀** de (het) onze; *die* **♀n** *pl* de onzen *pl*.

un|sterblich onsterfelijk; **~stillbar** onstilbaar; **♀stimmigkeit** *f (Widerspruch)* tegenstrijdigheid; *(Fehler)* fout; *(Meinungs♀)* meningsverschil; **~sympathisch** onsympathiek; **~tadelig** onberispelijk; **♀tat** *f* wandaad; **~tätig** werkeloos, ledig; **~tauglich** *(zu D)* ongeschikt (voor); *Mittel, Objekt bsd:* ondeugdelijk; **~teilbar** ondeelbaar.

unten beneden, onder(aan); *von (nach)* **~** van (naar) beneden; **~stehend** onderstaand.

unter *(A, D)* onder; *(räumlich a.)* beneden; *(zwischen a.)* tussen; **~** 2 *Mark, 2 Jahren* ... onder de; **♀arm** *m* onderarm; **~belichtet** onderbelicht; **♀bewertung** *f* onderwaardering; **♀bewußtsein** *n* (het) onderbewustzijn; **~bieten** (-) biljven beneden; **~binden** (-) *fig* tegengaan, een einde maken aan; **~bleiben** (-) achterwege blijven.

unterbrech|en (-) onderbreken; *j-n a.* in de rede vallen; **♀er** *m Auto:* onderbreker; **♀ung** *f* onderbreking.

unter|breiten (-) voorleggen; **~bringen** *j-n* huisvesten, onderbrengen; *etw* bergen, plaatsen; **♀bringung** *f* onderbrenging; *(Unterkunft)* (het) onderkomen; **♀deck** *n* (het) benedendek; **♀deckung** *f* (het) dekkingstekort; **~derhand** onderhands; **~des(sen)** onder-, intussen.

unterdrück|en (-) onderdrukken *(a. fig)*; **♀ung** *f* onderdrukking.

unter|e(r, -s) onderste, laagste; **~einander** onder elkaar, onderling.

unter|entwickelt onderontwikkeld; **~ernährt** ondervoed; **♀fangen** *n* (het) waagstuk; **♀führung** *f* tunnel, onderdoorgang; **♀gang** *m* ondergang *(a. fig)*; **♀gebene(r)** ondergeschikte; **~gehen** ondergaan; *Schiff a.:* vergaan; **~geordnet** ondergeschikt *(a. Gr)*; **♀gewicht** *n* (het) onder(ge)wicht; **~graben** (-) ondergraven; *fig bsd* ondermijnen.

Untergrund *m* ondergrond; *Pol* ondergrondse; *fig bsd* underground; **~bahn** *f s. U-Bahn;* **~bewegung** *f* ondergrondse (beweging), illegaliteit.

unterhalb *(G)* beneden, onder.

Unterhalt *m* (het) onderhoud; *(Lebens♀)* (het) levensonderhoud; **♀en** (-) *(sich)* (zich) onderhouden; (zich) amuseren; **♀end, ♀sam** onderhoudend, amusant; **~s-beitrag** *m* alimentatie; **~s-pflicht** *f* onderhoudsplicht.

Unterhaltung *f* (het) onderhoud, conversatie; *(Zerstreuung)* ontspanning, (het) amusement; **~s-lektüre** *f* ontspanningslectuur; **~s-musik** *f* amusementsmuziek, lichte muziek.

Unter|händler *m* onderhandelaar; **~haus** *n Pol* (het) Lagerhuis; **~hemd** *n* (het) onderhemd; **~hose** *f* onderbroek, slip; **♀irdisch** onderaards, ondergronds; **~kiefer** *m* onderkaak; **♀kommen** *n* onderkomen vinden; **♀kriegen** F kleinkrijgen; **~kunft** *f* (-; **~e**) (het) onderkomen, (het) onderdak; (het) logies, (het) logement; **~ und Verpflegung** kost en inwoning; **~lage** *f* onderlegger; *Tech* ondergrond; *fig* basis, grondslag; **~n** *pl* (bewijs)stukken *n/pl*, documenten *n/pl*.

unterlass|en (-) (achterwege) laten; *(versäumen)* nalaten; **♀ung** *f* (het) ophouden; (het) nalaten; (het) verzuim.

Unterlauf *m* benedenloop.

unterlegen *Adj* minder, zwakker; *j-m* **~ sein** de mindere van iem zijn, het tegen iem moeten afleggen; **♀heit** *f* inferioriteit, minderwaardigheid.

Unter|leib *m* onderlijf; **♀liegen** (-; *sn*) *(D)* onderhevig *(od* onderworpen) zijn aan; *(verlieren)* (moeten) onderdoen voor, het moeten afleggen tegen; *Sp* verliezen van; ~**lippe** *f* onderlip.

unterm = *unter dem.*

unter|mauern (-) *fig* staven; ⩘**mieter** *m* onderhuurder.

unternehm|en (-) ondernemen; ⩘**en** *n* onderneming; ⩘**ens·berater** *m* bedrijfsadviseur; ⩘**ens·beratung** *f* bedrijfsadvisering; ⩘**er** *m* ondernemer; (*Bau*⩘) aannemer; ⩘**erin** *f* onderneemster; ~**erisch** ondernemers-, als een ondernemer; ⩘**ertum** *n* (*-s*; *0*) (het) ondernemerschap; ⩘**ung** *f* onderneming; ~**ungs·lustig** ondernemend.

Unter|offizier *m* onderofficier; ~**ordnung** *f* onderschikking (*a. Gr*), onderwerping; ~**pfand** *n* (het) onderpand; ~**redung** *f* onderhoud.

Unterricht *m* (*-es*; *0*) (het) onderwijs; (*Stunde*) les; ⩘**en** (-) onderwijzen, les geven; (*informieren*) op de hoogte brengen, inlichten, onderrichten; ~**s·stunde** *f* les, (het) lesuur.

Unter|rock *m* onderrok; ⩘**sagen** (-) verbieden; ~**satz** *m* onderzetter; (*Sockel*) (het) voetstuk; (*Platte*) (het) blad; ⩘**schätzen** (-) onderschatten.

unterscheid|en (-) onderscheiden; *sich* ~ (*von D*) verschillen (van); ⩘**ung** *f* onderscheiding.

Unterschenkel *m* (het) onderbeen.

Unterschied *m* (*-es, -e*) (het) verschil, (het) onderscheid; ⩘**lich** verschillend; ⩘**s·los** zonder onderscheid.

unterschlag|en (-) verduisteren, verdonkeremanen; *Brief*, *Nachricht* achterhouden; ⩘**ung** *f* verduistering.

Unter|schlupf *m* (*-es*, *-e*) (het) onderkomen, schuilplaats; ⩘**schreiben** (-) ondertekenen; ~**schrift** *f* handtekening. ~**seeboot** *n s. U-Boot*; ~**seeisch** onderzees; ~**seite** *f* onderkant, -zijde; ⩘**setzt** gedrongen; ~**stand** *m* schuilplaats; ⩘**ste(r, -s)** (*niedrigst a.*) laagste; ⩘**stehen** (-) (*D*) staan (*od* vallen) onder; *sich* ~ wagen, durven; ⩘**stellen 1.** (-) veronderstellen, aannemen; *j-m etw* ~ iem de leiding geven over iets; (*zur Last legen*) iem iets toedichten; **2.** zetten (*od* plaatsen) onder; *Auto, Fahrrad* stallen; ⩘**streichen** (-) onderstrepen; ⩘**stufe** *f* (*Schul*⩘) onderbouw.

unterstütz|en (-) ondersteunen; *j-n a.* helpen, bijstaan; *mit Geld a.* subsidiëren; ⩘**ung** *f* ondersteuning, steun; bijstand; subsidie (*a.* het).

untersuchen (-) onderzoeken.

Untersuchung *f* (het) onderzoek; *jur bsd* instructie; ~**s·haft** *f* voorlopige hechtenis, (het) voorarrest; ~**s·richter** *m* rechter van instructie.

Unter|tagebau *m* ondergrondse winning; ~**tan** *m* (*-en*) onderdaan; ~**tasse** *f* (het) schoteltje; ⩘**tauchen** *v/t* onderdompelen; *v/i* onderduiken; ~**teil** *n od m* (het) onderste deel; ⩘**teilen** (-) onderverdelen; ~**titel** *m* ondertitel (*a. Film*⩘); ~**ton** *m* ondertoon (*a. fig*); ~**treibung** *f* understatement; ⩘**vermieten** onderverhuren; ⩘**wandern** (-) infiltreren (in), ondergraven; ~**wäsche** *f* (het) ondergoed; ~**wassermassage** *f* onderwatermassage.

unterwegs onderweg, op weg.

unterweis|en (-) onderrichten, onderwijzen; ⩘**ung** *f* (het) onderricht, instructie.

Unter|welt *f* onderwereld; ⩘**werfen** (-) onderwerpen; ~**werfung** *f* onderwerping; ⩘**würfig** onderdanig.

unterzeichn|en (-) ondertekenen; ⩘**er** *m* ondertekenaar; ⩘**ete(r)** ondergetekende; ⩘**ung** *f* ondertekening.

unterziehen (-): *sich* ~ (*D*) zich onderwerpen aan.

Untiefe *f* ondiepte; enorme diepte.

un|tragbar ondraaglijk; ~**trainiert** ongetraind; ~**trennbar** onscheidbaar; *Pers bsd*: onafscheidelijk.

untreu ontrouw; ⩘**e** *f* ontrouw.

un|trinkbar ondrinkbaar; ~**tröstlich** ontroostbaar; ~**trüglich** (*unfehlbar*) onfeilbaar; *Beweis*: onmiskenbaar; ⩘**tugend** *f* ondeugd, slechte gewoonte.

un·über|brückbar onoverbrugbaar; ~**hörbar** onmiskenbaar; ~**legt** ondoordacht, onbezonnen; ~**sehbar** onafzienbaar, niet te overzien; ~**sichtlich** onoverzichtelijk; ~**trefflich** onovertrefbaar; ~**troffen** onovertroffen; ~**windlich** onoverwinnelijk; *fig bsd* onoverkomelijk.

un·üblich ongebruikelijk.

un·um|gänglich onvermijdelijk; ~**schränkt** onbeperkt; ~**stößlich** onomstotelijk; ~**stritten** onomstreden, onbetwist; ~**wunden** onomwonden.

un·unterbrochen ononderbroken, onafgebroken.

unver|änderlich onveranderlijk; **~antwortlich** onverantwoordelijk; **~besserlich** onverbeterlijk; **~bindlich** vrijblijvend; **~bleit** ongelood; **~brüchlich** onverbrekelijk; (*a. fig*) **~daulich** onverteerbaar (*a. fig*); **~dient** onverdiend; **~dorben** onbedorven (*a. fig*); **~drossen** onverdroten; **~einbar** (*mit D*) onverenigbaar (met); **~fälscht** onvervalst; **~fänglich** onschuldig; **~froren** brutaal, driest; *Adv* brutaalweg; **~gänglich** onvergankelijk; **~geßlich** onvergetelijk; **~gleichlich** onvergelijkelijk, ongeëvenaard; **~heiratet** ongetrouwd, ongehuwd; **~hofft** onverhoopt; **~hohlen** onverholen; **~käuflich** onverkoopbaar; (*nicht zum Verkauf bestimmt*) niet te koop; **~kennbar** onmiskenbaar; **~letzlich** onschendbaar; **~letzt** ongedeerd; **~meidlich** onvermijdelijk; **~mittelt** opeens, onverhoeds; 2**mögen** *n* (het) onvermogen; **~mutet** onvermoed; 2**nunft** *f* (het) onverstand; **~nünftig** onverstandig, onredelijk.

unverrichteterdinge onverrichter zake.

unverschämt onbeschaamd, brutaal, onbeschoft; *Adv* (*sehr*) F schandalig; 2**heit** *f* onbeschaamdheid, brutaliteit, onbeschoftheid.

unver|sehens onverhoeds, onvoorziens; **~sehrt** ongedeerd (*a. Pers*), ongeschonden; **~sichert** onverzekerd; **~söhnlich** onverzoenlijk.

Unverstand *m* (het) onverstand; 2**en** onbegrepen.

unverständ|lich onverstaanbaar; onbegrijpelijk; **~nis** *n* (het) onbegrip.

unver|steuert niet aangegeven voor de belasting; (*steuerfrei*) onbelast; **~sucht** onbeproefd; **~träglich** onverenigbaar; *Speise*: onverteerbaar; **~wüstlich** onverwoestbaar; **~zagt** onversaagd, onbevreesd; **~zeihlich** onvergeeflijk; **~zollt** niet aangegeven; (*zollfrei*) onbelast, vrij van rechten; **~züglich** onverwijld.

unvoll·endet onvoltooid.

unvollkommen onvolmaakt, onvolkomen; 2**heit** *f* onvolmaaktheid, onvolkomenheid.

unvollständig onvolledig, incompleet.

unvor|bereitet onvoorbereid; **~eingenommen** onbevooroordeeld, onvooringenomen; **~hersehbar** niet te voorzien; **~hergesehen** onvoorzien; **~sichtig** onvoorzichtig; **~stellbar** onvoorstelbaar; **~teilhaft** onvoordelig.

unwahr onwaar; 2**heit** *f* onwaarheid; **~scheinlich** onwaarschijnlijk.

un|wegsam onbegaanbaar; **~weigerlich** onvermijdelijk; **~weit** (*G od von D*) niet ver van; **~wesentlich** onbelangrijk; 2**wetter** *n* (het) noodweer; **~wichtig** onbelangrijk, onbeduidend.

unwider|legbar onweerlegbaar; **~ruflich** onherroepelijk; **~stehlich** onweerstaanbaar.

unwiederbringlich onherstelbaar, onherroepelijk.

Unwill|e *m* ontstemming, (het) misnoegen; 2**ig** ontstemd, misnoegd; (*widerwillig*) onwillig, met tegenzin; 2**kürlich** onwillekeurig.

un|wirklich onwerkelijk, onwezenlijk; **~wirsch** nors, stuurs; **~wirtlich** ongastvrij; *Natur*: onherbergzaam; *Wetter*: guur; **~wirtschaftlich** oneconomisch; **~wissend** onwetend; 2**wissenheit** *f* onwetendheid.

unwohl onwel, onpasselijk; 2**sein** *n* onpasselijkheid.

un|würdig onwaardig; 2**zahl** *f* (het) groot aantal; **~zählbar, ~zählig** ontelbaar, talloos.

unzer|brechlich onbreekbaar; **~reißbar** niet scheurend; **~störbar** onverwoestbaar; **~trennlich** onafscheidelijk.

un|ziemlich = **unschicklich**; 2**zucht** *f* ontucht; **~züchtig** ontuchtig, onkuis.

unzufrieden ontevreden; 2**heit** *f* ontevredenheid.

unzu|gänglich ontoegankelijk; *fig* ongenaakbaar; **~länglich** onvoldoende, ontoereikend; **~lässig** ontoelaatbaar, ongeoorloofd; **~rechnungsfähig** ontoerekeningsvatbaar; **~reichend** ontoereikend, onvoldoende; **~sammenhängend** onsamenhangend; **~treffend** onjuist, niet ter zake dienend; 2**es bitte streichen** S.v.p. schrappen wat niet van toepassing is; **~verlässig** onbetrouwbaar.

un|zweideutig ondubbelzinnig; **~zweifelhaft** ontwijfelbaar; ongetwijfeld.

üppig welig (*a. Haar*), weelderig (*a. Körper*); *Mahl*: overvloedig.

ur|- *in Zssgn mst* oer-, *z.B.* **~alt** oeroud.
Uran *n* (-s; 0) (het) uranium.
Ur|aufführung *f* première; ♀**bar:** *~ machen* ontginnen; ♀**eigen** (hoogst)eigen; **~enkel** *m* (het) achterkleinkind; ♀**gemütlich** oergezellig.
Urgroß|mutter *f* overgrootmoeder; **~vater** *m* overgrootvader.
Urheber *m* veroorzaker, grondlegger; (*Schöpfer*) schepper; (*Verfasser*) auteur; **~recht** *n* (het) auteursrecht.
Urin *m* (-s; -e) urine; ♀**ieren** (-) urineren, wateren.
Urkunde *f* oorkonde, (het) document; (*Vertrag, z.B. Ernennungs*♀) akte; **~n-fälschung** *f* valsheid in geschrifte.
Urlaub *m* (-*es*; -e) (het) verlof; (*Ferien bsd*) vakantie; **bezahlter** *~* betaald verlof; **~er** *m* vakantieganger; *mil* verlofganger; **~erin** *f* vakantiegangster; **~erstrom** *m* stroom vakantiegangers.
Urlaubs|anschrift *f* (het) vakantieadres; **~geld** *n* (het) vakantiegeld; **~ort** *m* vakantieplaats, (het) vakantieoord; **~reise** *f* vakantiereis; **~vertretung** *f* (het) invallen in de vakantie; *Pers:* vervanger in de vakantie; **~zeit** *f* vakantietijd.

Urne *f* urn; (*Wahl*♀) stembus.
urplötzlich heel plotseling.
Ursache *f* oorzaak; **keine** *~!* niets te danken!
Ur|sprung *m* oorsprong; ♀**sprünglich** oorspronkelijk; **~sprungs·land** *n* (het) land van herkomst.
Urteil *n* (het) oordeel; *jur* (het) vonnis; ♀**en** (*über A*) oordelen (over); **~s·kraft** *f* (het) oordeel, (het) beoordelingsvermogen.
ur|tümlich oorspronkelijk, authentiek, (*unberührt*) ongerept; primitief; ♀**wald** *m* (het) oerwoud; **~wüchsig** ongerept, natuurlijk; primitief; authentiek, origineel, echt; ♀**zustand** *m* oertoestand.
Usance *f* usance, (het) gebruik.
US|-Kat *m* katalysator volgens de Amerikaanse normen; **~-Norm** *f* Amerikaanse norm.
usw. *Abk für* **und so weiter**; *s.* **und.**
Utensilien *f/pl* benodigdheden *pl*; (*Werkzeuge bsd*) gereedschappen *n/pl*.
Utop|ie *f* utopie; ♀**isch** utopisch.
u.U. *Abk für* **unter Umständen**; *s.* **Umstand.**

V

Vagabund *m* (-en) vagebond.
vag|e vaag; ♀**heit** *f* vaagheid.
Vakuum *n* (-s; *Vakua od Vakuen*) (het) vacuüm; ♀**verpackt** vacuümverpakt.
Valuta *f* (-; *Valuten*) valuta.
Vampir *m* (-s; -e) vampier.
Vanille *f* vanille; **~eis** *n* (het) vanille-ijs.
varia|bel variabel; ♀**nte** *f* variant.
Varieté *n* (-s; -s) (het) variété.
vari-ieren (-) variëren.
Vasall *m* (-en) vazal.
Vase *f* vaas.
Vaseline *f* vaseline.
Vater *m* (-s; ⁀) vader; **~land** *n* (het) vaderland; ♀**ländisch** vaderlands; **~lands·liebe** *f* vaderlandsliefde.
väterlich vaderlijk.

Vater|schaft *f* (het) vaderschap; **~unser** *n* (het) onzevader.
Vati *m* (-s; -s) pappie.
Vatikan *m*: *der ~* het Vaticaan.
Veget|arier *m* vegetariër; ♀**arisch** vegetarisch; **~ation** *f* vegetatie, plantengroei; ♀**ieren** (-) vegeteren.
vehemen|t vehement; ♀**z** *f* felheid.
Vehikel *n* (het) vehikel.
Veilchen *n* (het) viooltje.
Vene *f* ader.
Venedig *n* Venetië *n*.
Ventil *n* (-s; -e) (het) ventiel, klep; **~ation** *f* ventilatie; **~ator** *m* (-s; -en) ventilator; ♀**ieren** (-) ventileren (*a. fig*).
ver·abred|en (-) afspreken; *sich ~ mit* (*D*) afspreken met, een afspraak maken met; ♀**ung** *f* afspraak.

Verbrennungsmotor

ver·ab|reichen (-) geven; *Med* verstrekken, toedienen; **~scheuen** (-) verafschuwen, verfoeien.
ver·abschied|en (-) (*entlassen*) ontslaan; *Gesetz* aannemen; **(sich) ~ (von** D) afscheid nemen (van); ⒉**ung** f (het) afscheid; (het) ontslag; aanvaarding.
ver|achten (-) verachten; **~ächtlich** verachtelijk; ⒉**achtung** f ver-, minachting; **~allgemeinern** (-) veralgemenen; **~altet** verouderd.
Veranda f (-; *Veranden*) veranda.
ver·änder|lich veranderlijk; **~n** (-) **(sich)** ~ veranderen, (zich) wijzigen; ⒉**ung** f verandering, wijziging.
ver·anlag|en (-) aanslaan; **~t** aangelegd, begaafd; ⒉**ung** f aanleg; (*Steuer*⒉) aanslag.
ver·anlass|en (-*ßt*; -) aanleiding geven tot; **j-n ~ zu** (D) iem bewegen tot; **sich veranlaßt sehen** zich genoodzaakt zien; ⒉**ung** f aanleiding, reden; (het) toedoen; **auf ~** (G) *od* **von** (D) door toedoen van; op last van.
ver·an|schaulichen (-) veraanschouwelijken; **~schlagen** (-) ramen, begroten; (*bewerten*) aanslaan.
ver·anstalt|en (-) organiseren, op touw zetten; ⒉**er** (in f) m organisator m, organisatrice f; ⒉**ung** f manifestatie, organisatie; ⒉**ungs·kalender** m (het) evenementenprogramma.
ver·antwort|en (-) **(sich)** (zich) verantwoorden; **~lich** verantwoordelijk.
Ver·antwortung f verantwoording; verantwoordelijkheid; ⒉**s·bewußt** verantwoord(elijk); ⒉**s·los** onverantwoord; ⒉**s·voll** verantwoordelijk.
ver|arbeiten (-) verwerken (*a. fig*); **~ärgern** (-) ergeren, kwaad maken; **~armen** (-; *sn*) verarmen; **~äußern** (-) verkopen; *jur* vervreemden, overdragen.
Verb n (-*s*; -*en*) (het) werkwoord.
Verband m *Med* (het) verband; (*Verein*) bond, federatie; *mil* eenheid, formatie; **~kasten** m verbandtrommel; **~zeug** n (het) verbandmateriaal.
verbann|en (-) verbannen; ⒉**ung** f verbanning; (*Verbanntsein*) ballingschap.
ver|barrikadieren (-) barricaderen; **~bergen** (-) **(sich)** (zich) verbergen.
ver|bessern (-) verbeteren; (*berichtigen*) corrigeren; ⒉**besserung** f verbetering; correctie; **~beugen** (-): **sich ~** een

buiging maken, buigen; ⒉**beugung** f buiging; **~biegen** (D) ver-, krombuigen; **~bieten** (-) verbieden; **~bilden** (-) misvormen, bederven; (*falsch erziehen*) verkeerd opvoeden.
verbillig|en (-): **sich ~** goedkoper worden; **~t** goedkoper; ⒉**ung** f (prijs)verlaging.
verbind|en (-) verbinden (*a. Med u. Tel*); **~lich** beleefd, voorkomend; bindend; ⒉**lichkeit** f beleefdheid; verplichting (*a. Schuld*); *Tel a.* aansluiting; (*Beziehung*) relatie, connectie; **mit j-m in ~ stehen** in verbinding staan; **sich in ~ setzen** zich in verbinding stellen, contact opnemen.
ver|bissen verbeten; (*grimmig*) nijdig; **~bitten** (-): **sich etw ~** van iets verschoond wensen te blijven; (*nicht dulden*) iets niet dulden.
verbitter|n (-) verbitteren; **~t** verbitterd; ⒉**ung** f verbittering.
ver|blassen (-*ßt*; -; *sn*) verbleken; **~bleiben** (-) verblijven (*a. im Brief*); (*übrigbleiben*) overblijven; **~bleit** gelood; **~blenden** (-) blinderen; *fig* verblinden.
verblüff|en (-) ver-, overbluffen; **~t** verbluft; ⒉**ung** f verbluffing.
ver|bluten (-; *sn*) doodbloeden; **~bohrt** vastgeroest; eigenzinnig; **~borgen** (*versteckt*) verborgen.
Verbot n (-*es*; -*e*) (het) verbod; ⒉**en** verboden; **~s·schild** n (het) verbodsbord.
Verbrauch m (-*es*; 0) (het) verbruik; (*Verzehr a.*) consumptie; (*Verschleiß*) slijtage; ⒉**en** (-) verbruiken; verslijten.
Verbraucher|(in f) m verbruiker m, verbruikster f, consument(e f); **~markt** m (het) cash and carrybedrijf, supermarkt; **~schutz** m bescherming van de consument; **~verband** m consumentenorganisatie.
Verbrauchs·güter n/pl verbruiksgoederen n/pl; **~steuer** f verbruiksbelasting.
Verbrech|en n misdaad, (het) misdrijf; **~er(in** f) m misdadiger m, misdadigster f; ⒉**erisch** misdadig.
verbreit|en (-) **(sich)** (zich) verspreiden; *Krankheit*: (zich) uitbreiden; **~ern** (-) verbreden.
verbrenn|en (-) v/i (*sn*) u. v/t verbranden; ⒉**ung** f verbranding; (*Brandwunde*) brandwonde; ⒉**ungs·motor** m verbrandingsmotor.

ver|bringen (-) doorbrengen, slijten (*bsd Leben*); ⁀**brüderung** *f* verbroedering; ⁀**buchen** boeken (*a. fig*).

Ver|bund *m* eenheid; verbinding; ⁀**bunden** verbonden; *falsch* ⁀ *Tel* verkeerd verbonden; ⁀**bünden** (-): *sich* ⁀ (*mit j-m*) een verbond sluiten (met iem); ⁀**bunden·heit** *f* verbondenheid; ⁀**bündete(r)** bondgenoot.

Verbund|glas *n* (het) veiligheidsglas; ⁀**system** *n* (het) geïntegreerd systeem.

ver|bürgen (-) waarborgen, garanderen; *sich* ⁀ *für* (*A*) instaan voor; ⁀**büßen** (-) *Strafe* uitzitten.

Verdacht *m* (-*es; 0*) verdenking; *im* ⁀ *stehen* verdacht worden (van).

verdächtig verdacht; ⁀**en** (-) *j-n e-r S.* (*G*) verdenken van; ⁀**ung** *f* verdachtmaking.

verdamm|en (-) verdoemen, vervloeken; veroordelen; ⁀**nis** *f* (-*; 0*) verdoemenis; ⁀**t** F verdomd; ⁀**ung** *f* verdoeming, vervloeking; veroordeling.

ver|dampfen (-) *v/i* (*sn*) *u. v/t* verdampen; ⁀**danken** (-) *j-m A* te danken hebben (aan); ⁀**dattert** F beteuterd.

verdau|en (-) verteren (*a. Buch*); *fig bsd* verwerken; ⁀**lich**: *leicht* (*schwer*) ⁀ licht (moeilijk) verteerbaar; ⁀**ung** *f* spijsvertering; *fig* verwerking; ⁀**ungsbeschwerden** *f/pl* moeilijke spijsvertering, indigestie.

Verdeck *n* (-*es; -e*) *Auto*: kap; *Schiff*: (het) dek; ⁀**en** (-) bedekken; (*zudecken*) toedekken; (*verbergen*) verbergen; *Aussicht* benemen.

verdenken (-) *j-m A* ten kwade duiden, kwalijk nemen.

verderb|en 1. * (-) *v/i* (*sn*) *u. v/t* bederven; *es mit j-m* ⁀ het bij iem verkerven; **2.** ⁀ *n* (het) bederf; (*Untergang*) ondergang; (*moralisch*) (het) verderf; ⁀**lich** bederfelijk, aan bederf onderhevig; *fig* verderfelijk.

ver|deutlichen (-) verduidelijken; ⁀**dichten** (-) verdichten, samenpersen; *fig* comprimeren; ⁀**dicken** (-) (*sich*) verdikken.

verdien|en (-) verdienen (*a. fig*); ⁀**er** *m* kostwinner; ⁀**st 1.** (-*es; -e*) **1.** *m* verdienste; (*Gewinn a.*) winst; **2.** *n* verdienste; ⁀**st·lich**, ⁀**st·voll** verdienstelijk; ⁀**t** verdienstelijk; *Sp* verdiend.

ver|doppeln (-) (*sich*) verdubbelen;

⁀**dorben** bedorven; *fig* verdorven; ⁀**dorren** (-; *sn*) verdorren.

verdräng|en (-) verdringen (*a. fig*); ⁀**ung** *f* verdringing; (*Wasser*⁀) waterverplaatsing.

ver|dreckt smerig; ⁀**drehen** (-) verdraaien (*a. fig*); *j-m den Kopf* ⁀ iem het hoofd op hol brengen; ⁀**dreifachen** (-) (*sich*) verdrievoudigen; ⁀**drießlich** ontstemd, verdrietig, *S.*: ergerlijk, vervelend; ⁀**drossen** geërgerd, misnoegd; ⁀**druß** *m* (-*sses; -sse*) ergernis, (het) misnoegen; ⁀**dunkeln** (-) (*sich*) (zich) verdonkeren; ⁀**dünnen** (-) verdunnen; *Flüssigkeit* bij aanlengen; ⁀**dunsten** (-; *sn*) verdampen, vervliegen; ⁀**dursten** (-; *sn*) verdorsten; dorst lijden; ⁀**düstern** (-): *sich* ⁀ verduisteren; *Gesicht*: versomberen; ⁀**dutzt** verbouwereerd, onthutst; ⁀**edelung** *f* veredeling.

ver|ehr|en (-) vereren; *Pers bsd* aanbidden; ⁀**er** *m* vereerder; (*Mädchen*⁀) aanbidder; ⁀**erin** *f* vereerster; ⁀**ung** *f* verering; *fig a.* bewondering.

ver·eidigen (-) beëdigen.

Ver·ein *m* (-*es; -e*) vereniging.

ver·einbar verenigbaar; ⁀**en** (-) overeenkomen; *sich* ⁀ *lassen mit* (*D*) zich in overeenstemming laten brengen met; ⁀**ung** *f* overeenkomst, afspraak, *nach* (*od laut*) ⁀ volgens afspraak.

ver·einen (-) verenigen.

ver·einfach|en (-) vereenvoudigen; ⁀**ung** *f* vereenvoudiging.

ver·einheitlich|en (-) uniform maken, eenheid brengen in; ⁀**ung** *f* uniformering.

ver·einig|en (-) verenigen; ⁀**t**: *die* ⁀**en Staaten** *m/pl* (*von Amerika*) de Verenigde Staten *pl* (van Amerika); ⁀**ung** *f* vereniging; (*das Vereinigen a.*) fusie.

ver·ein|samen (-; *sn*) vereenzamen; ⁀**t** vereingd; *Kräfte*: vereend; *die* ⁀**en Nationen** *f/pl* de Verenigde Naties *pl*; ⁀**zelt** sporadisch, afzonderlijk.

ver·eiteln (-) verijdelen.

ver·eng|en (-) (*sich*) (zich) vernauwen; *Straße*: (zich) versmallen; ⁀**ung** *f* vernauwing, versmalling.

ver|erben (-) vermaken, nalaten; *sich* ⁀ overerven; ⁀**erbung** *f* overerving, erfelijkheid; ⁀**ewigen** (-) vereeuwigen.

verfahren (-) *v/i* (*sn*) te werk gaan, han-

delen; **mit** *j-m* ~ iem behandelen, met iem omgaan; **sich** ~ verkeerd rijden.
Verfahren *n* handel-, werkwijze; *Tech* (het) procédé; *jur* (het) rechtsgeding.
Verfall *m* (het) verval; *Hdl* vervaldag; ⚷**en** (-) vervallen (*a. ungültig werden*); ~ **auf** (*A*) komen op; ~ **in** (*A*) vervallen in; ~**s-datum** *n* vervaldag.
ver|fälschen (-) vervalsen; ~**fänglich** netelig, pijnlijk; ~**färben** (-): **sich** ~ verkleuren, verschieten; *Pers*: verbleken.
verfass|en (-) opstellen, schrijven; ⚷**er** *m* schrijver; (*Schreiber a.*) opsteller; ⚷**erin** *f* schrijfster; opstelster.
Verfassung *f* gesteldheid, toestand; (*Gemüts*⚷) gemoedsgesteldheid, stemming; *jur* grondwet, constitutie; ⚷**s-gemäß**, ⚷**s-mäßig** grondwettig, constitutioneel; ⚷**s-widrig** ongrondwettig.
verfaulen (-; *sn*) verrotten.
verfecht|en (-) voorstaan, bepleiten; ⚷**er** *m* voorstander, voorvechter; ⚷**erin** *f* voorstandster, voorvechtster.
verfehl|en (-) missen; *j-n* (*nicht finden*) mislopen; ~**t** verkeerd, mis.
ver|feindet sein overhooppliggen; ~**feinern** (-) verfijnen; ~**feuern** (-) (ver)stoken; *Munition* verschieten; ~**filmen** (-) verfilmen; ~**finstern** (-): **sich** ~ = **verdüstern**; ⚷**flechtung** *f* samen-, vervlechting; *Hdl* fusie; ~**fliegen** (-; *sn*) vervliegen (*a. fig*); ~**flixt** F drommels, verduiveld; (*ärgerlich*) vervelend; ~ (*nochmal.*)! wel alle duivels!; ~**fluchen** (-) vervloeken, verwensen; ~**flüchtigen** (-) (**sich**) vervluchtigen; ~**flüssigen** (-) vloeibaar maken.
verfolg|en (-) vervolgen (*a. jur u. Pol*), achtervolgen; *Ereignisse, Spur* volgen; *Ziel* nastreven, beogen; ⚷**er** *m* vervolger; achtervolger; ⚷**ung** *f* vervolging; achtervolging.
ver|formen (-) vervormen; ~**frachten** (-) verladen; ~**fressen** F *Adj* gulzig; ~**früht** voorbarig.
verfüg|bar beschikbaar; ~**en** (-) bepalen; ~ **über** (*A*) beschikken over; ⚷**ung** *f* beschikking; (*Anordnung a.*) bepaling, (het) besluit; **zur** ~ ter beschikking.
verführ|en (-) verleiden; ⚷**er**(in *f*) *m* verleider *m*, verleidster *f*; ~**erisch** verleidelijk; ⚷**ung** *f* verleiding.
Vergabe *f* gunning, toekenning.

vergangen verleden, voorbij; ⚷**heit** *f* (het) verleden.
vergänglich vergankelijk.
vergas|en (-*t*; -) vergassen (*a. töten*); ⚷**er** *m* carburator.
vergeb|en (-) (weg)geven, schenken; (*verteilen*) toekennen; (*übertragen*) gunnen; (*verzeihen*) vergeven; ~**ens** (te)vergeefs; ~**lich** vergeefs, vruchteloos; *Adv a.* tevergeefs; ⚷**ung** *f* vergeving, vergiffenis; toekenning; gunning.
ver|gegenwärtigen (-): **sich** ~ zich voor de geest halen; ~**gehen 1.** (-) voorbijgaan, vergaan (*a. Appetit, Lachen*), verlopen; ~ **vor** (*D*) vergaan van; **sich** ~ **an** (*D*) zich vergrijpen aan, aanranden; **2.** ⚷ *n* overtreding, (het) misdrijf.
vergelt|en (-) vergelden; ⚷**ung** *f* vergelding; ⚷**ungs-maßnahme** *f* vergeldingsmaatregel.
Vergesellschaftung *f* socialisatie.
ver|gessen* vergeten; ⚷**gessen-heit** *f* vergetelheid; ~**geßlich** vergeetachtig.
vergeud|en (-) verkwisten (*bsd Geld*), verspillen (*bsd Energie, Zeit*); ⚷**ung** *f* verkwisting, verspilling.
ver|gewaltigen (-) verkrachten; *fig bsd* geweld aandoen; ~**gewissern** (-): **sich** ~ (*G*) zich vergewissen (van); ~**gießen** (-) *Blut, Tränen* vergieten.
vergift|en (-) vergiftigen; ⚷**ung** *f* vergiftiging.
Ver|gißmeinnicht *n* (-*es*; -[*e*]) (het) vergeet-mij-nietje; ⚷**gittern** (-) traliën; ⚷**glasen** (-*t*; -) beglazen.
Vergleich *m* (-*es*; -*e*) vergelijking; *jur* (het) vergelijk, schikking; (*statt Konkurs*) surséance van betaling; **im** ~ **zu** (*D*) in vergelijking met; ⚷**bar** vergelijkbaar; ⚷**en** (-) vergelijken; ~**s-verfahren** *n* surséance van betaling; ⚷**s-weise** bij wijze van vergelijking; (*relativ*) relatief (gezien).
verglühen (-; *sn*) vergloeien.
vergnüg|en (-) (**sich**) (zich) amuseren, (zich) vermaken; ⚷**en** *n* (het) plezier, pret, (het) vermaak; **mit wem habe ich das ~?** met wie heb ik het genoegen?; **mit** ~! met alle plezier!; **zum** ~ voor zijn plezier; **viel** ~! veel plezier!; ~**lich** genoeglijk, prettig; ~**t** vergenoegd, in zijn schik; *S.*: genoeglijk, prettig; ⚷**ung** *f* (het) genoegen, vermakelijkheid.
Vergnügungs|fahrt *f* pleziertocht; ~**lo-**

Vergnügungspark 534

kal *n* amusementsgelegenheid; ~park *m* (het) pret-, lunapark; ~reise *f* plezierreis; ~steuer *f* vermakelijkheidsbelasting; ~viertel *n* (het) uitgaanscentrum.

ver|golden (-) vergulden (*a. fig*); ~göttern (-) verafgoden; ~graben (-) (*sich*) (zich) begraven (*a. fig*); ~greifen (-): *sich ~ an* (*D*) zich vergrijpen aan; ~griffen *Buch*: uitverkocht.

vergrößer|n (-) vergroten (*a. Foto*); *Betrieb u. räumlich a.* uitbreiden; *sich ~* groter worden; ℒung *f* vergroting; uitbreiding; ℒungs-glas *n* (het) vergrootglas.

Ver|günstigung *f* (het) voordeel; (het) voorrecht; (*Ermäßigung*) korting; ℒgüten (-) vergoeden; ~gütung *f* vergoeding; ℒhaften (-) arresteren, aanhouden; ~haftung *f* arrestatie.

verhalten 1. (-): *sich ~* zich gedragen; + *Adv* (*sich halten*) zich houden; *S*.: zijn, in elkaar zitten; (*vergleichend*) zich verhouden; 2. ℒ *n* (het) gedrag, houding; ℒs-weise *f* (het) gedrag, handelwijze.

Verhältnis *n* (-*ses*; -*se*) verhouding (*a. Liebschaft*); *im ~ zu* (*D*) in verhouding tot; ~se *pl* omstandigheden *pl*; *über s-e ~se leben* boven zijn stand leven; ℒmäßig betrekkelijk; ~wahl *f* evenredige verkiezing; ~wahlrecht *n* (het) kiesrecht met evenredige vertegenwoordiging.

verhand|eln (-) onderhandelen; *jur* behandelen; ℒung *f* onderhandeling; *jur* (behandeling van een) rechtszaak, zitting; ℒungs-bereitschaft *f* bereidheid tot onderhandelen.

verhäng|en (-) bedekken; (*verfügen*) afkondigen; *Strafe* opleggen; ℒnis *n* (-*ses*; -*se*) (het) noodlot; ~nis-voll noodlottig.

ver|harmlosen (-*t*; -) bagatelliseren; ~harren (-) *auf* (*od bei*) (*D*) blijven bij; ~härten (-) (*sich*) verharden (*a. fig*); ~haßt gehaat; ~hauen (-) F *j-n* afranselen; *etw* verprutsen; ~heddern (-): *sich ~* F in de war raken.

verheeren (-) verwoesten; ~d verwoestend, vernietigend; (*scheußlich*) vreselijk.

ver|hehlen (-) verhelen; ~heilen (-; *sn*) genezen; ~heimlichen (-) verheimelijken, geheimhouden.

verheirat|en (-): *sich ~* huwen, trouwen; ~et getrouwd, gehuwd.

ver|heißungs-voll veelbelovend; ~helfen (-) *zu* (*D*) helpen aan; ~herrlichen (-) verheerlijken; ~hexen (-) beheksen.

verhinder|n (-) verhinderen, beletten; *verhindert sein* verhinderd zijn; ℒung *f* verhindering.

ver|höhnen (-) honen, bespotten; ~hökern (-) versjacheren.

Verhör *n* (-*es*; -*e*) (het) verhoor; ℒen (-) verhoren, ondervragen; *sich ~* verkeerd horen.

ver|hüllen (-) omhullen, bedekken; *fig* verhullen; ~hungern (-; *sn*) verhongeren; honger lijden.

verhüt|en (-) voorkomen, verhoeden; ℒung *f* voorkoming; ℒungs-mittel *n* (het) voorbehoedmiddel.

verifizieren (-) verifiëren.

ver|irren (-): *sich ~* verdwalen; ℒirrung *f* dwaling; ~jagen (-) verjagen.

Verjährung *f* verjaring; ~s-frist *f* verjaringstermijn.

ver|jüngen (-) (*sich*) verjongen; ~kabeln (-) bekabelen, met een kabelnet uitrusten; ~kalkt verkalkt (*a. fig*); ~kalkulieren: *sich ~* zich misrekenen; ~kannt miskend; ~kappt verkapt.

Verkauf *m* verkoop; ℒen (-) verkopen; *zu ~* te koop.

Verkäuf|er(in *f*) *m* verkoper *m*, verkoopster *f*; ℒlich te koop; *gut, schlecht ...* verkoopbaar.

Verkaufs|- *in Zssgn mst* verkoop-; ~abteilung *f* afdeling verkoop; ~anreiz *m* verkoopstimulans; ~leiter *m* verkoopleider, sales manager; ℒoffen: *~er Samstag* zaterdag waarop de winkels de hele dag geopend zijn; ~preis *m* verkoopsprijs.

Verkehr *m* (-*es*; *0*) (het) verkeer; (*Kontakt*) omgang; ℒen (-) verkeren, omgaan; (*zu Gast sein bij*) te gast zijn; *sexuell* vrijen; (*umdrehen*) verdraaien; (*Liniendienst*) rijden.

Verkehrs|- *in Zssgn mst* verkeers-, *z.B.* ~ader *f* verkeersader; ~ampel *f* (het) verkeerslicht; ~amt *n s. Fremdenverkehrsamt*; ~aufkommen *n* (het) verkeersaanbod; ℒberuhigt van verkeer verregaand ontlast; ~chaos *n* verkeerschaos; ~delikt *n* (het) verkeersdelict; ~dichte *f* verkeersdichtheid; ~flug-

Verlobung

zeug n (het) verkeersvliegtuig; **~funk** m verkeersradio; **~insel** f vluchtheuvel; **~meldung** f (het) verkeersbericht; pl bsd verkeersinformatie; **~minister** m minister van verkeer (en waterstaat); **~mittel** n (het) verkeersmiddel; **~ordnung** f (het) verkeersreglement; **~politik** f (het) verkeersbeleid; **~polizei** f verkeerspolitie; **~polizist** m verkeersagent; **~regel** f verkeersregel; 2**reich** druk; **~rowdy** m wegpiraat; **~schild** n (het) verkeersbord; **~sicherheit** f verkeersveiligheid; **~stockung** f verkeersopstopping; **~sünder** m verkeersovertreder; **~teilnehmer** m weggebruiker; **~unfall** m (het) verkeersongeluk, -ongeval; **~verbindungen** f/pl wegverbindingen pl; **~verbund** m (het) geïntegreerd verkeerssysteem; **~verein** m s. *Fremdenverkehrsamt*; **~vorschrift** f verkeersregel; 2**widrig: ~es Verhalten** (het) zich niet houden aan de verkeersregels, verkeersovertreding; **~zeichen** n (het) verkeersteken.
verkehrt verkeerd (a. *falsch*), averechts.
ver|kennen (-) miskennen; 2**kettung** f aaneenschakeling; fig bsd samenloop; **~klagen** (-) aanklagen; **~klären** (-) fig idealiseren; **~kleben** (-) dichtplakken.
ver|kleiden (-) bekleden; (**sich**) ~ (zich) verkleden; 2**kleidung** f bekleding; verkleding; **~kleinern** (-) verkleinen; 2**kleinerung** f verkleining.
ver|knallen (-): **sich ~ in** (A) F verliefd worden op; 2**knappung** f schaarste.
verknüpf|en (-) verbinden (a. fig), vastknopen; 2**ung** f verbinding.
verkommen 1. (-) v/i vervallen; *Pers*: aan lager wal geraken; **2.** *Adj* vervallen, verwaarloosd; *Pers*: verlopen; 2**heit** f (het) verval, verwaarlozing; (*moralisch*) verdorvenheid.
ver|korksen (-t; -) F verknoeien; **~körpern** (-) belichamen; **~kraften** (-) aankunnen, te boven komen.
verkrampf|en (-): **sich ~** zich krampachtig sluiten; 2**t** krampachtig.
ver|kriechen (-): **sich ~** wegkruipen; **~krüppelt** misvormd, vergroeid; invalide, verminkt; **~kümmern** (-; *sn*) wegkwijnen (a. fig).
verkünd(ig)|en (-) verkondigen; *Urteil* uitspreken; 2**ung** f afkondiging; afkondiging; uitspraak.

ver|kürzen (-) verkorten; 2**kürzung** f verkorting; **~lachen** (-) uitlachen.
Verlad|e-brücke f laadbrug; 2**en** (-) ver-, inladen; **~ung** f verlading.
Verlag m (-es; -e) uitgeverij; (*Bier*2) handel; 2**ern** (-) verplaatsen, verleggen.
verlangen 1. (-) verlangen, vorderen, eisen; *nach j-m* ~ naar iem vragen; (*sich sehnen*) naar iem verlangen; **2.** 2 n (het) verlangen.
verlänger|n (-) verlengen; *Film* prolongeren; 2**ung** f verlenging; prolongatie; 2**ungs-schnur** f (het) verlengsnoer.
ver|langsamen (-) vertragen, verlangzamen; **laß m: es ist kein ~ auf** (A) men kan niet vertrouwen op, men kan niet op aan van; **~lassen 1.** (-) verlaten; **sich ~ auf** (A) vertrouwen op, rekenen op; **2.** *Adj* verlaten; 2**enheit** f verlegenheid; 2**er** m uitgever.
verleiden (-) vergallen, bederven.
Verlauf m (het) verloop (a. *Grenz*2), loop (a. *Fluß*2), toedracht; 2**en** (-; *sn*) verlopen (a. *Zeit etc.*); **sich ~** verdwalen; (*sich auflösen*) zich verspreiden.
Verlaut|barung f bekendmaking, (het) communiqué; 2**en** (-): **wie verlautet** naar verluidt.
verleg|en 1. (-) verleggen, verplaatsen; (*legen*) leggen; (*zeitl*) verschuiven, uitstellen; *Buch* uitgeven; **sich ~ auf** (A) zich toeleggen op; **2.** *Adj* verlegen; 2**enheit** f verlegenheid; 2**er** m uitgever.
verleiden (-) vergallen, bederven.
Verleih m (-es; -e) verhuring; 2**en** (-) verlenen; (*vermieten*) verhuren; **~er** m verhuurder, uitlener.
ver|leiten (-) verleiden; **~lernen** (-) verleren; **~lesen** (-) voorlezen.
verletz|bar kwetsbaar; **~en** (-t; -) kwetsen (*bsd fig*), verwonden; *Gesetz, Vorschrift* overtreden; *Grenze, Vertrag* schenden; **~lich** kwetsbaar; 2**te(r)** gewonde; 2**ung** f verwonding, kwetsuur; overtreding; schending; krenking.
verleugnen (-) verloochenen.
verleumd|en (-) belasteren, kwaadspreken van; 2**er(in** f) m lasteraar(ster f); 2**ung** f laster, belastering.
verlieb|en (-): **sich ~ (in** A) verliefd worden (op); **~t** verliefd.
verlier|en* (-) verliezen; 2**er(in** f) m verliezer m, verliesster f.
verlob|en (-): **sich ~** zich verloven; 2**te(r** m) f verloofde m u. f; 2**ung** f verloving.

verlocken 536

verlock|en (-) verlokken, verleiden; **~end** aanlokkelijk; ℒ**ung** *f* verleiding.
verlogen leugenachtig.
verloren verloren; (*vergeblich*) vergeefs; *Eier*: gepocheerd; **~gehen** verloren gaan, zoek raken.
verlos|en (-) verloten; ℒ**ung** *f* verloting.
verludern (-; *sn*) verloederen.
Verlust *m* (*-es; -e*) (het) verlies; **~anzeige** *f* aangifte van verlies; ℒ**reich** verliesgevend, met grote verliezen.
Ver|mächtnis *n* (*-ses; -se*) erfenis; (het) testament; ℒ**mählung** *f* (het) huwelijk; **~markten** (-) op de markt brengen; **~masseln** (-) F verknoeien.
vermehr|en (-) (*sich*) (zich) vermeerderen; ℒ**ung** *f* vermeerdering.
vermeid|bar vermijdbaar; **~en** (-) vermijden; ℒ**ung** *f* vermijding.
ver|meintlich vermeend; **~mengen** (-) (ver)mengen; *fig* door elkaar halen.
Vermerk *m* (*-es; -e*) aantekening, notitie; ℒ**en** (-) noteren (*a. zur Kenntnis nehmen*), aantekenen.
vermess|en 1. (-) *v/t* (op)meten; **2.** *Adj* vermetel; ℒ**en-heit** *f* vermetelheid; ℒ**ung** *f* (op)meting.
vermiet|en (-) verhuren; ℒ**er(in** *f*) *m* verhuurder *m*, verhuurster *f*; ℒ**ung** *f* verhuring.
vermindern (-) (**sich**) verminderen; ℒ**ung** *f* vermindering.
vermisch|en (-) (**sich**) (zich) vermengen; **~t:** ℒ**es** (*Zeitung*) Diversen *pl*, Varia *pl*; ℒ**ung** *f* vermenging.
ver|missen (-) missen (*verloren wähnen*) j-n vermissen; **~mißt** vermist.
vermitt|eln (-) *v/t* j-m A bezorgen, helpen aan; (*zustande bringen*) tot stand brengen; *v/i* (**zwischen** *D*) bemiddelen (tussen); ℒ**ler(in** *f*) *m* bemiddelaar(ster *f*), tussenpersoon; ℒ**lung** *f* bemiddeling; bezorging; *Tel* telefooncentrale.
vermodern (-; *sn*) verrotten, vergaan.
vermögen 1. (-) vermogen, kunnen; **2.** ℒ *n* (het) vermogen, (*Reichtum a.*) (het) fortuin; ℒ**d** vermogend, gefortuneerd.
Vermögens|beratung *f* beleggingsadvisering; **~steuer** *f* vermogensbelasting; **~verhältnisse** *n/pl* financiële positie; **~werte** *m/pl* vermogensbestanddelen *n/pl*.
vermummen (-) (**sich**) (zich) vermommen.

vermut|en (-) vermoeden, gissen; **~lich** vermoedelijk; ℒ**ung** *f* (het) vermoeden.
vernachlässigen (-) verwaarlozen.
vernehm|en (-) vernemen; (*ausfragen, a. jur*) verhoren, ondervragen; **dem** ℒ **nach** naar verluidt; **~lich** hoorbaar; ℒ**ung** *f* ondervraging, (het) verhoor.
ver|neigen (-): *sich* ~ een buiging maken; **~neinen** (-) ontkennen; **~neinend** ontkennend; ℒ**neinung** *f* ontkenning.
vernicht|en (-) vernietigen, verwoesten; **~end** vernietigend (*a. fig*); ℒ**ung** *f* vernietiging, verwoesting.
verniedlichen (-) bagatelliseren.
Vernunft *f* (het) verstand, rede; (*Besonnenheit*) (het) gezond verstand; **zur** ~ **bringen** tot rede brengen.
vernünftig verstandig, redelijk.
ver-öden (-; *sn*) doods worden.
ver-öffentlich|en (-) publiceren; ℒ**ung** *f* publikatie.
ver-ordn|en (-) verordenen, gelasten; *Med* voorschrijven; ℒ**ung** *f* verordening; (het) voorschrift.
verpacht|en (-) verpachten; ℒ**ung** *f* verpachting.
verpack|en (-) ver-, inpakken; ℒ**ung** *f* verpakking; ℒ**ungs-material** *n* (het) verpakkingsmateriaal.
ver|passen (-) missen (*a. Zug, Chance, Ball*); *Schlag* geven, toedienen; **~patzen** (-*t*; -) F verprutsen; **~pesten** (-) verpesten; **~pfänden** (-) verpanden; **~pfeifen** (-) F verklikken; **~pflanzen** (-) verplanten; *Med* transplanteren.
verpfleg|en (-) te eten geven, maaltijden *pl* verstrekken; ℒ**ung** *f* kost, voeding; (*Proviant*) proviand (*a.* het).
verpflicht|en (-) verplichten; (*einstellen*) engageren; *sich* ~ zich verbinden; ℒ**ung** *f* verplichting; (*Verbindlichkeit bsd*) verbintenis; (het) engagement.
ver|puschen (-) verknoeien; **~plempern** (-) F verkwisten; *Zeit* verspillen; **~pönt: es ist** ~ het is uit den boze; **~prassen** (-) verbrassen; **~prügeln** (-) afranselen, afrossen; **~pulvern** (-) F verkwisten; ℒ**putz** *m* beraping, pleisterlaag; **~putzen** (-) bepleisteren; F (*essen*) verorberen; **~quickung** *f* versmelting; **~quollen** gezwollen; *Gesicht*: opgezwollen; **~ramschen** (-) verramsjen.
Verrat *m* (het) verraad; ℒ**en** (-) verraden.

Verräter|(in f) m verrader m, verraadster f; ⚶**isch** verraderlijk.

verrechn|en (-) verrekenen; *sich* ~ zich misrekenen; ⚶**ung** f verrekening; ⚶**ungs·scheck** m verrekeningscheque.

ver|recken (-; *sn*) P verrekken, creperen; **~regnen** (-; *sn*) verregenen.

verreis|en (-; *sn*) op reis gaan; **~t** op reis.

verrenk|en (-) ontwrichten, verrekken; *Fuß* verzwikken; ⚶**ung** f ontwrichting; verzwikking.

ver|richten (-) verrichten, doen (*a. Gebet*); **~riegeln** (-) ver-, afgrendelen.

verringer|n (-) (**sich**) verminderen; ⚶**ung** f vermindering.

ver|rosten (-; *sn*) verroesten; **~rotten** (-; *sn*) verrotten; **~rucht** snood.

verrückt gek, mal; **~ total** ~ F stapelgek; ⚶**e(r)** gek; ⚶**heit** f gek-, dwaasheid; krankzinnigheid.

Verruf m: *in* ~ *bringen* een slechte naam bezorgen; ⚶**en** *Adj* berucht.

verrutschen (-; *sn*) verschuiven.

Vers m (*-es*; *-e*) (het) vers.

versag|en 1. (-) *j-m A* weigeren; (*mißlingen*) falen, te kort schieten; (*nicht funktionieren*) weigeren, defect zijn; **2.** ⚶ n weigering; (het) falen, mislukking; (het) defect; ⚶**er** m mislukkeling; *S.*: flop, fiasco.

versalzen (-) verzouten; *fig* bederven.

versamm|eln (-) bijeenroepen, verzamelen; *sich* ~ zich verzamelen, bijeenkomen; ⚶**lung** f (*Sitzung*) vergadering; (*Treffen*) bijeenkomst.

Versand m (*-es*; *0*) verzending; **~abteilung** f expeditieafdeling.

versanden (-; *sn*) verzanden.

Versand|handel m verzendhandel; **~haus** n (het) postorderbedrijf; **~hauskatalog** m catalogus van een postorderbedrijf.

versäum|en (-) verzuimen; (*verpassen*) missen; ⚶**nis** n (*-ses*; *-se*) (het) verzuim.

ver|schachern (-) versjacheren, verkwanselen; **~schaffen** (-) verschaffen, bezorgen; ⚶**schalung** f betimmering; bekisting; **~schämt** beschaamd; **~schandeln** (-) ontsieren, verknoeien; **~schanzen** (-*t*; (*sich*) (zich) verschansen (*a. fig*); **~schärfen** (-) verscherpen; *Tempo* opvoeren; **~schätzen** (-): *sich* ~ verkeerd inschatten; **~schenken** (-) weggeven, -schenken; **~scherzen** (-): *sich etw* ~ iets verspelen; **~scheuchen** (-) verjagen; **~scheuern** (-) F voor een appel en een ei verkopen; **~schicken** (-) verzenden; *Med Pers* sturen.

Verschiebe·bahnhof m (het) rangeerstation; ⚶**en** (-) verschuiven; (*aufschieben bsd*) uitstellen; ⚶**ung** f verschuiving; (het) uitstel.

verschieden verschillend, verscheiden; (*nicht gleich a.*) onderscheiden; ⚶**artig** verschillend, uiteenlopend; ⚶**heit** f verscheidenheid, (het) verschil; **~t·lich** meermalen, herhaaldelijk.

ver|schiffen (-) verschepen; **~schimmeln** (-; *sn*) beschimmelen; **~schlafen 1.** (-) (*sich*) (zich) verslapen; **2.** *Adj* slaperig; *Pers a.*: slaapdronken.

Verschlag m (het) schuurtje, (het) hok; (*Raum*) afgeschoten ruimte; ⚶**en** **1.** (-) *werden* (*gelangen*) belanden, terechtkomen; **2.** *Adj* sluw, listig, geslepen.

verschlechter|n (-) (**sich**) verslechteren, verergeren; ⚶**ung** f verslechtering, verergering.

verschleiern (-) *fig* bemantelen, camoufleren.

Verschleiß m (*-es*; *-e*) slijtage; ⚶**en*** *v/i* (*sn*) *u*. *v/t* (ver)slijten.

ver|schleppen (-) op de lange baan schuiven; deporteren; *Krankheit* laten aanslepen; **~schleudern** (-) verkwisten; *Waren* onder de prijs verkopen.

verschließ|bar afsluitbaar; **~en** (-) afsluiten; (*wegschließen*) wegsluiten; *sich e-r S.* (*D*) ~ niets willen weten van iets.

ver|schlimmern (-) (**sich**) verergeren, verslechteren; **~schlingen** (-) ver-, ineenstrengelen; (*fressen*) verslinden (*a. fig*); **~schlossen** gesloten (*a. fig*); *hinter* ~*en Türen* met gesloten deuren.

ver|schlucken (-) inslikken; *sich* ~ zich verslikken; ⚶**schluß** m sluiting; *Foto*: sluiter; **~schmähen** (-) versmaden.

verschmelz|en (-) versmelten; ⚶**ung** f ver-, samensmelting; (*Fusion a.*) fusie.

ver|schmerzen (-) te boven komen; **~schmieren** (-) volsmeren; *Löcher* dichtsmeren; (*bekritzeln*) besmeuren, volkladden; **~schmitzt** leep; *lächeln* fijntjes.

verschmutz|en (-) vervuilen; ⚶**ung** f vervuiling; (*Umwelt* ⚶, *Luft* ⚶ *bsd*) verontreiniging.

verschnaufen

ver|schnaufen (-): *sich* ~ uitblazen; ~**schneit** onder-, ingesneeuwd; **♀schnitt** *m* (*Wein*) versneden wijn; ~**schnupft** verkouden; *fig* gepikeerd; ~**schnüren** (-) dichtbinden; ~**schollen** (spoorloos) verdwenen, vermist; ~**schonen** (-) verschonen, sparen; ~**schönern** (-) verfraaien, mooier maken; ~**schrauben** (-) dichtschroeven.

ver|schreib|en (-) *Med* voorschrijven; *sich e-r S.* (*D*) ~ zich wijden aan iets; **♀ung** *f* (het) voorschrijven; (*Schuld* ♀) verbintenis; ~**ungs·pflichtig** = *rezeptpflichtig*.

ver|schroben zonderling; ~**schrotten** (-) slopen; ~**schüchtert** verlegen; geïntimideerd.

verschuld|en (-) *v/t* de schuld hebben van, veroorzaken; *v/i u. sich* ~ schulden *pl* maken; **♀ung** *f* (het) schulden maken; schuldenlast.

ver|schütten (-) bedelven; *Flüssigkeit* morsen; ~**schwägert** aangetrouwd; ~**schweigen** (-) verzwijgen.

verschwend|en (-) verspillen, verkwisten; **♀er(in** *f*) *m* verkwister *m*, verkwistster *f*; ~**erisch** kwistig; **♀ung** *f* verspilling, verkwisting.

verschwiegen zwijgzaam; *S.*: stil; **♀heit** *f* zwijgzaamheid, geheimhouding.

ver|schwinden 1. (-) verdwijnen; **2.** ♀ *n* verdwijning; ~**schwommen** vaag, wazig.

verschwör|en (-): *sich* ~ samenzweren, samenspannen; **♀er(in** *f*) *m* samenzweerder *m*, samenzweerster *f*; **♀ung** *f* samenzwering, (het) komplot.

versehen 1. (-) (*ausüben*) waarnemen, vervullen; ~ *mit* (*D*) voorzien van; *sich e-r S.* (*G*) ~ iets voorzien, op iets voorbereid zijn; **2.** ♀ *n* vergissing, fout; *aus* ~, ~**tlich** bij vergissing, per ongeluk, abusievelijk.

versend|en (-) verzenden; **♀ung** *f* verzending.

ver|sengen (-) (ver)schroeien; ~**senken** (-) tot zinken brengen; ~**sessen** (*auf A*) verzot, stapel, dol (op).

versetz|en (-) verplaatsen, verzetten; *j-n* overplaatsen; *Schüler* bevorderen; (*verpfänden*) belenen; (*antworten*); *Schlag* geven, toedienen; F (*nicht erscheinen*) in de steek laten; ~ *mit* (*D*) vermengen met; *sich in jemands Lage* ~ zich in iemands situatie verplaatsen; **♀ung** *f* verplaatsing; overplaatsing; bevordering; belening.

verseuch|en (-) besmetten; *fig* verpesten; **♀ung** *f* besmetting; verpesting.

Versicher|er *m* verzekeraar; **♀n** (-) verzekeren (*a. beteuern*); ~**te(r)** verzekerde; ~**ung** *f* verzekering.

Versicherungs|- *in Zssgn mst* verzekerings-, *z.B.* ~**agent** *m* verzekeringsagent; ~**beitrag** *m* verzekeringspremie; ~**gesellschaft** *f* verzekeringsmaatschappij; ~**karte** *f* verzekeringskaart; ~**nehmer** *m* verzekerde; **♀pflichtig** verzekeringsplichtig; ~**vertreter** *m* verzekeringsagent.

ver|sickern (-; *sn*) wegsijpelen; ~**siegeln** (-) verzegelen; ~**siegen** (-; *sn*) opdrogen; *fig* uitgeput raken; ~**siert** ervaren; ~**silbern** (-) verzilveren (*a. fig*); ~**sinken** (-) verzinken (*a. fig*), wegzinken; *Schiff*: zinken; ~**sinnbildlichen** (-) symboliseren.

Version *f* versie.

versöhn|en (-) (*sich*) (zich) verzoenen; ~**lich** verzoenend; **♀ung** *f* verzoening.

versorg|en (-) verzorgen; (*mit D*) voorzien (van); **♀er** *m* verzorger; (*Familien* ♀) kostwinner; **♀ung** *f* verzorging; voorziening; bevoorrading, aanvoer.

Versorgungs|engpaß *m* (het) knelpunt in de bevoorrading (*od* aanvoer); ~**lücke** *f* (het) tekort in de bevoorrading (*od* aanvoer); ~**schwierigkeiten** *f/pl* bevoorradings-, aanvoerproblemen *n/pl*.

verspät|en (-): *sich* ~ zich verlaten; *S.*: vertraging hebben; ~**et** verlaat, te laat; **♀ung** *f* vertraging.

ver|speisen (-) opeten, oppeuzelen; ~**sperren** (-) versperren; (*zuschließen*) afsluiten; *Aussicht* belemmeren.

verspiel|en (-) verspelen; ~**t** speels.

verspotten (-) bespotten.

versprech|en (-) beloven; *sich* ~ zich verspreken; **♀en** *n*, **♀ung** *f* belofte.

ver|sprühen (-) verstuiven; ~**spüren** (-) voelen, bespeuren, gewaarworden.

verstaatlich|en (-) nationaliseren, naasten; **♀ung** *f* nationalisering.

Verstädterung *f* verstedelijking.

Verstand *m* (*-es*; 0) (het) verstand; *den* ~ *verlieren* zijn verstand verliezen.

verständig verstandig, met verstand;

Vertrauensfrage

~en (-) op de hoogte brengen, in kennis stellen; *Polizei* waarschuwen; **sich ~** zich verstaanbaar maken; *(sich einigen)* het eens worden; **℔ung** *f* in kennis stelling; waarschuwing; verstaanbaarmaking; *(Einigung)* overeenkomst; *(Einigkeit)* verstandhouding.

verständlich verstaanbaar; *(begreiflich)* begrijpelijk; **℔keit** *f* verstaanbaarheid; begrijpelijkheid.

Verständnis *n* (-ses; -se) (het) begrip; *(Gefühl)* (het) gevoel; **℔los** zonder begrip; zonder gevoel; **℔voll** begrijpend.

verstärk|en (-) (*sich*) versterken; **℔er** *m* versterker; **℔ung** *f* versterking.

ver|staubt onder het stof, stoffig; **~stauchen** (-): **sich den Fuß ~** zijn voet verstuiken; **~stauen** (-) verstouwen.

Versteck *n* (-*es*; -e) schuilplaats; **~ spielen** verstoppertje spelen (*a. fig*); **℔en** (-) (*sich*) (zich) verstoppen; **~spiel** *n* (het) verstoppertje; **℔t** verborgen; *(angedeutet)* bedekt, verkapt; *(heimlich)* heimelijk, stiekem.

verstehen (-) verstaan; begrijpen; *(können nen a.)* kunnen, kennen; **sich ~** elkaar verstaan; elkaar begrijpen; **sich** (*mit j-m*) **~** (*auskommen*) met elkaar (met iem) (goed) overweg kunnen; *das versteht sich* dat spreekt vanzelf.

versteif|en (-) verstijven (*a. Arch*); **sich ~** stijf worden; *fig* verharden.

versteiger|n (-) veilen, bij opbod verkopen; **℔ung** *f* veiling, verkoop per opbod.

versteinern (-; *sn*) verstenen.

verstell|bar verstelbaar; **℔en** (-) verplaatsen; (*in e-e andere Stellung bringen*) verzetten; *Weg* versperren; **sich ~** simuleren, veinzen; **℔ung** *f* (*Heuchelei*) veinzerij, huichelarij.

versteuern (-) belasting betalen over.

verstimm|t ontstemd; *Magen:* van streek; **℔ung** *f* ontstemming.

ver|stockt verstokt; **~stohlen** heimelijk, verstolen, steels.

verstopf|en (-) verstoppen; *(zustopfen)* dicht-, toestoppen; **℔ung** *f* verstopping.

verstorben overleden; **℔e(r)** overledene.

verstört ontdaan; *(verstimmt)* ontstemd.

Verstoß *m* (*gegen A*) overtreding (van), (het) vergrijp (tegen), fout (tegen); **℔en** (-) verstoten; **~ gegen** (*A*) zondigen tegen, overtreden.

ver|streichen (-) *v*/*t* uitsmeren; *v*/*i* (*sn*) verstrijken; **~streuen** (-) uit-, rondstrooien; **~stricken** (-): **sich ~ in** (*A*) verstrikt raken in.

verstümmel|n (-) verminken (*a. etw*); **℔ung** *f* verminking.

verstummen (-; *sn*) verstommen.

Versuch *m* (-*es*; -e) poging; *(Probe)* proef; *Phys* proefneming; **e-n ~ machen** een poging doen; **℔en** (-) proberen, pogen, trachten; *Heil, Glück, Mittel* beproeven; **~s-ballon** *m* proefballon; **~s-kaninchen** *n* (het) proefkonijn; **℔s-weise** bij wijze van proef; **~ung** *f* verzoeking, bekoring.

ver|sunken: ~ sein in (*A*) *fig* verzonken (*od* verdiept) zijn in; **~süßen** (-) verzoeten (*a. fig*); **~tagen** (-) verdagen, uitstellen; **℔tagung** *f* verdaging; **~tauschen** (-) verwisselen; *(austauschen)* verruilen.

verteidig|en (-) verdedigen; **℔er(in** *f*) *m* verdediger *m*, verdedigster *f*; **℔ung** *f* verdediging; **℔ungs-minister** *m* minister van defensie.

verteil|en (-) verdelen; *(austeilen bsd)* uitdelen; **℔ung** *f* verdeling; uitdeling.

Verteuerung *f* prijsverhoging, -stijging.

verteufelt verduiveld, drommels.

vertief|en (-) (*sich*) (zich) verdiepen (*a. fig*); **℔ung** *f* uitdieping; (*Loch a.*) diepte, inzinking; *fig* verdieping.

vertikal verticaal, loodrecht.

vertilg|en (-) verdelgen, uitroeien; **℔ung** *f* verdelging, uitroeiing.

ver|tonen (-) op muziek zetten; **~trackt** lastig, ingewikkeld; *(ärgerlich)* ellendig.

Vertrag *m* (-*es*; *~*e) (het) contract; *Pol* (het) verdrag; **℔en** (-) verdragen, kunnen tegen; **sich ~ mit** *j-m* overweg kunnen met; *etw* passen bij; **℔lich** contractueel; door een verdrag.

verträglich licht verteerbaar; *(tolerant)* verdraagzaam.

Vertrags|bruch *m* contractbreuk; schending van een verdrag; **~händler** *m* (officiële) dealer; **~strafe** *f* contractuele boete; **~werkstatt** *f* dealer.

vertrauen 1. (-) (*D*) vertrouwen; **2.** **℔** *n* (het) vertrouwen; **~erweckend** vertrouwenwekkend.

Vertrauens|arzt *m* controlerend geneesheer; **~frage** *f* vertrouwenskwestie

Vertrauenssache

(*a. Pol*); ~**sache** *f* zaak van vertrouwen; ~**stellung** *f* vertrouwenspositie; ²**voll** vol vertrouwen, vertrouwend; ²**würdig** betrouwbaar.
ver|traulich vertrouwelijk; (*familiär bsd*) gemeenzaam; ~**träumt** dromerig.
vertraut vertrouwd; ~ **machen** (**sein**) **mit** (*D*) vertrouwd maken (zijn) met; ²**e**(**r**) vertrouweling(*e f*); ²**heit** *f* vertrouwdheid; vertrouwelijkheid.
vertreib|en (-) verdrijven (*a. fig*), verjagen; (*verkaufen*) verkopen; **sich die Zeit** ~ (**mit** *D*) de tijd verdrijven (met); ²**ung** *f* verdrijving, verjaging.
vertret|bar verdedigbaar; ~**en** (-) vertegenwoordigen; (*ersetzen*) vervangen; (*bekennen*) verdedigen, voorstaan, uitspreken; *Interessen* behartigen; ²**er** *m* vertegenwoordiger; (*Stell*²) (plaats-)vervanger; verdediger, voorstander; ²**erin** *f* vertegenwoordigster; (plaats-)vervangster; verdedigster; ²**ung** *f* vertegenwoordiging; (*Handels*² *a.*) (het) agentschap; vervanging; **in** ~ (*Abk* **i.V.**) namens, voor.
Vertrieb *m* verkoop; ~**ene**(**r**) verdrevene, ontheemde; ~**s·abteilung** *f* afdeling verkoop; ~**s·leiter** *m* verkoopleider.
ver|trinken (-) verdrinken; ~**trocknen** (-; *sn*) ver-, uitdrogen; ~**trödeln** (-) F verbeuzelen; ~**trösten** (-) aan 't lijntje houden, paaien; ~**tun** (-) verdoen; *Geld* verkwisten; **sich** ~ zich vergissen; ~**tuschen** (-) verdoezelen, in de doofpot stoppen; ~**übeln** (-) kwalijk nemen; ~**üben** (-) *Anschlag* plegen; *Verbrechen* begaan; ~**unglimpfen** (-) belasteren, zwartmaken; beledigen; ~**unglücken** (-; *sn*) een ongeluk krijgen; *tödlich u. fig* verongelukken; ~**unreinigen** (-) verontreinigen; ~**unsichern** (-) onzeker maken; ~**unstalten** (-) ontsieren, misvormen; ~**untreuen** (-) verduisteren; ~**ursachen** (-) veroorzaken.
ver·urteil|en (-) veroordelen; ²**ung** *f* veroordeling.
verviel|fachen veelvoudigen, vermenigvuldigen; ~**fältigen** (-) vermenigvuldigen; ²**fältigungs·apparat** *m* (het) kopieerapparaat.
vervierfachen (-) (**sich**) verviervoudigen.
vervoll|kommnen (-) vervolmaken, perfectioneren; ~**ständigen** (-) vervolledigen, completeren.
verwackelt *Foto*: bewogen.
verwahr|en (-) bewaren, (veilig) opbergen; **sich** ~ **gegen** (*A*) protesteren tegen, opkomen tegen; ~**losen** (-*t*; -) verwaarlozen; ~**lost** verwaarloosd; ²**ung** *f* bewaring; (het) protest, (het) verzet; **in** ~ **geben** in bewaring geven.
verwaist ouderloos; *S*.: verlaten.
verwalt|en (-) beheren (*a. Geld*), besturen (*a. Pol*); *Amt* bekleden; ²**er** *m* beheerder, bestuurder (*a. Leiter*), administrateur; ²**erin** *f* beheerster, bestuurster, administratrice.
Verwaltung *f* (het) beheer, (het) bestuur; (*Behörde bsd*) administratie; ~**s·beamte**(**r**) bestuursambtenaar; ~**s·bezirk** *m* (het) bestuursdistrict; ~**s·gebühr** *f*, ~**s·kosten** *pl* administratiekosten *pl*.
verwand|eln (-) (**sich**) veranderen; ²**ung** *f* verandering, metamorfose.
verwandt verwant; ~ **sein** (**mit** *D*) verwant zijn (aan); *Pers*: familie zijn (van); ²**e**(**r**) verwante (*a. f*); ²**schaft** *f* verwantschap; (*Verwandte*) familie.
Verwarnung *f* waarschuwing.
verwässern (-) verwateren (*a. fig*).
verwechs|eln (-) verwisselen; *fig bsd* verwarren; ²**ung** *f* verwisseling; verwarring.
ver|wegen vermetel, roekeloos; ~**wehren** (-) verbieden, beletten; ~**weigern** (-) weigeren; ~**weilen** (-) blijven, vertoeven.
Verweis *m* (-es; -e) verwijzing; (*Tadel*) berisping; **~en** (-) berispen, vermanen; verbieden; ~ **an** *od* **auf** (*A*) verwijzen naar.
verwelken (-) verwelken (*a. fig*), verleppen (*a. fig*).
verwend|bar bruikbaar, geschikt; ~**en** (-) gebruiken, aanwenden; ~ **auf** (*A*) besteden aan; ²**ung** *f* (het) gebruik, aanwending.
verwerf|en (-) verwerpen, afwijzen; ~**lich** verwerpelijk.
verwert|bar bruikbaar; ~**en** (-) gebruiken, verwerken; ²**ung** *f* (het) gebruik, verwerking, toepassing.
verwes|en (-*t*; -; *sn*) vergaan, verrotten; ²**ung** *f* verrotting, ontbinding.
verwick|eln (-) verwarren; (**in** *A*) ver-

wikkelen (in); ***sich ~ in*** (*A*) verward raken in (*a. fig*); **~elt** (*schwierig*) ingewikkeld; (*wirr*) verward; **2lung** *f* verwikkeling.

ver|wildern (-; *sn*) verwilderen (*a. fig*); **~winden** (-) te boven komen.

verwirklich|en (-) verwezenlijken, realiseren; ***sich ~*** uitkomen; **2ung** *f* verwezenlijking.

verwirr|en (-) verwarren; *j-n bsd* in de war brengen; **~t** verward, in de war; **2ung** *f* verwarring.

ver|wischen (-) uitwissen (*a. fig*), uitvegen; **~wittern** (-; *sn*) verweren; **~witwet** weduwnaar *m* (weduwe *f*) geworden; **~wöhnen** (-) verwennen; **~worren** warrig.

verwund|bar kwetsbaar (*a. fig*); **~en** (-) verwonden, kwetsen (*bsd fig*).

verwunder|lich verwonderlijk; **~n** (-) verwonderen; **2ung** *f* verwondering.

verwund|et gewond; **2ete(r)** gewonde; **2ung** *f* verwonding.

Ver|wünschung *f* verwensing, vervloeking; **2wurzeln** (-; *sn*) wortelen (*a. fig*).

verwüst|en (-) verwoesten, vernielen; **2ung** *f* verwoesting, vernieling.

ver|zagen (-) versagen, de moed verliezen; **~zählen** (-): ***sich ~*** zich vertellen; **2zahnung** *f Tech* vertanding; *fig* (het) in elkaar grijpen; **~zapfen** (-) tappen (*a. Witz*); *Unsinn* verkopen; **~zärteln** (-) vertroetelen; **~zaubern** (-) betoveren; omtoveren; **~zehnfachen** (-) (***sich***) vertienvoudigen.

Verzehr *m* (*-ęs*; *0*) (het) verbruik, consumptie(s *pl*); **2en** (-) verorberen, opeten; *Geld, fig u. in Gaststätte* verteren; *in Gaststätte a., Vorrat* verbruiken; ***sich ~*** wegkwijnen, verteerd worden.

verzeichn|en (-) optekenen, noteren; *Erfolg* boeken; **2is** *n* (*-ses*; *-se*) lijst, opgave, (het) register.

verzeih|en* (-) vergeven; ***~ Sie!*** pardon!; **~lich** vergeeflijk; **2ung** *f* vergeving, vergiffenis; ***~!*** pardon!; ***um ~ bitten*** excuus vragen.

ver|zerren (-) vertrekken, verwringen; *Ton, Gestalt* vervormen; *fig* vertekenen; **~zerrt** verwrongen, vertrokken; **2zerrung** *f* verwringing; vervorming; vertekening; **2zicht** *m* (*-ęs*; *-e*) afstand, (het) afzien; **~zichten** (-) (***auf*** *A*) afstand doen (van), afzien (van).

verziehen (-) *v/t* vertrekken; *Kind* verwennen, bederven; *v/i* (*sn*) verhuizen; ***sich ~*** *Mund, Holz*: scheeftrekken; *Gewitter, Schmerz*: wegtrekken; *Schmerz a., Pers*: verdwijnen.

verzier|en (-) versieren, verfraaien, opsieren; **2ung** *f* versiering, verfraaiing; (*Zierat*) (het) versiersel.

verzins|en (*-t*; -): ***j-m etw mit 7% ~*** iem 7% rente over iets betalen; ***sich*** (***mit 7%***) ***~*** (7%) rente opbrengen; **~lich** rentegevend; **2ung** *f* rente(betaling).

verzöger|n (-) vertragen; (*hinauszögern*) op de lange baan schuiven; ***sich ~*** vertraging ondervinden; **2ung** *f* vertraging.

verzoll|en (-) (invoer)rechten *n/pl* betalen voor; aangeven, declareren; ***etw zu ~?*** iets aan te geven?; **2ung** *f* betaling van rechten, inklaring; aangifte.

verzück|en (-) verrukken, in vervoering brengen; **~t** in extase; **2ung** *f* vervoering, extase.

Verzug *m* vertraging, achterstand; ***in ~ geraten*** achter raken; ***im ~ sein*** in gebreke zijn.

verzweif|eln (-) (***an*** *D*) wanhopen (aan); **~elt** wanhopig, vertwijfeld; **2lung** *f* wanhoop, vertwijfeling.

ver|zweigen (-): ***sich ~*** zich vertakken; *Weg bsd*: zich splitsen; **~zwickt** ingewikkeld, netelig.

Veteran *m* (*-en*) veteraan.

Veterinär *m* (*-s*; *-e*) dierenarts; **~medizin** *f* diergeneeskunde.

Veto *n* (*-s*; *-s*) (het) veto.

Vetter *m* (*-s*; *-n*) neef; **~n·wirtschaft** *f* vriendjespolitiek.

vgl. *Abk für* **vergleiche** vergelijk (*Abk* vgl.).

v.H. *Abk für* **vom Hundert** procent.

Viadukt *m* (*-ęs*; *-e*) viaduct (*a.* het).

Vibration *f* vibratie, trilling.

Video *n* (*-s*; *-s*) video; **~film** *m* videofilm; **~kamera** *f* videocamera; **~kassette** *f* videocassette; **~recorder** *m* videorecorder; **~thek** *f* videotheek.

Viech *n* (*-ęs*; *-er*) (het) beest (*a. Rohling*).

Vieh *n* (*-ęs*; *0*) (het) vee.

Vieh|- *in Zssgn mst* vee-, *z.B.* **~bestand** *m* veestapel; **~futter** *n* (het) veevoer; **2isch** beestachtig; **~zucht** *f* veeteelt.

viel veel; ***um ~es*** veel; **~beschäftigt** druk bezet; **~besucht** druk bezocht;

vieldeutig 542

~deutig voor verschillende uitleg vatbaar, dubbelzinnig; ~er·lei velerlei; ~fach veelvuldig; *Adv* (*oft*) dikwijls, vaak; *das* 2e het veelvoud; 2falt *f* verscheidenheid; ~fältig veelvuldig, veelvoudig; ~farbig veelkleurig; 2fraß *m* (*-es; -e*) veelvraat; ~leicht misschien, wellicht; ~mals menigmaal, dikwijls; *danke ~!* dank U zeer!; ~mehr veeleer; ~sagend veelzeggend; ~seitig veelzijdig; ~versprechend veelbelovend; 2völkerstaat *m* multinationale staat; 2zahl *f* (het) groot aantal.

vier 1. *u.* 2. *§* f vier; *zu ~t* met z'n vieren; *auf allen ~en* op handen en voeten; 2eck *n* (-*es*; -*e*) vierhoek; ~eckig vierhoekig; ~fach viervoudig; 2füßer *m* viervoeter; ~hundert vierhonderd; ~mal viermaal; 2rad·antrieb *m* vierwielaandrijving; ~spurig: *~e Straße* vierbaansweg; 2taktmotor *m* viertaktmotor; ~tausend vierduizend; ~te(r) vierde.

Viertel *n* (het) kwart, (het) vierde (deel) (*Stadt*2) wijk, buurt; (*Mond*2) (het) kwartier; ~ *nach* (*vor*) *zwei* kwart over (voor) twee(ën).

Viertel- *in Zssgn mst* kwart-, *z.B.* ~drehung *f* kwartslag; ~finale *n* kwartfinale; ~jahr *n* (het) kwartaal; 2jährlich driemaandelijks; ~pfund *n* 125 gram; ~stunde *f* (het) kwartier.

vier|tens ten vierde; ~türig vierdeurs.

vierzehn veertien; ~te(r) veertiende.

vierzig veertig; 2er(in *f*) *m* veertiger *m*, veertigjarige (*a. f*); ~jährig veertigjarig; ~ste(r) veertigste.

Vierzimmerwohnung *f* vierkamerwoning.

Villa *f* (-; *Villen*) villa.

violett violet, paars.

Violine *f* viool.

Virtuos|e *m* (-*n*) virtuoos; ~in *f* virtuoze.

Virus *n* (-; *Viren*) (het) virus.

Visage *f* F tronie, facie (*a. het*).

Visier *n* (-*s*; -*e*) (het) vizier.

Vision *f* (het) visioen.

Visite *f* visite, (het) bezoek; ~n-karte *f* (het) visitekaartje.

visuell visueel.

Visum *n* (-*s*; *Visen*) (het) visum.

vital vitaal; 2lät *f* vitaliteit.

Vitamin *n* (-*s*; -*e*) vitamine (*a. het*).

Vitrine *f* vitrine.

Vize- *in Zssgn* vice--, *z.B.* ~präsident *m* vice-president.

v.J. *Abk für vorigen Jahres* van het vorig jaar.

Vogel *m* (-*s*; ⁵) vogel; *e-n ~ haben* F niet goed snik zijn.

Vogel- *in Zssgn mst* vogel-.

Vögelchen *n* (het) vogeltje.

vogel|frei vogelvrij; ~futter *n* (het) vogelvoer; 2haus *n* volière; 2käfig *m* vogelkooi.

vögeln V naaien, neuken.

Vogel|nest *n* (het) vogelnest; ~perspektive *f*: *aus der ~* in vogelperspectief; ~scheuche *f* vogelverschrikker; ~zug *m* vogeltrek.

Vokabel *f* (-; -*n*) (het) woord(je).

Vokal *m* (-*s*; -*e*) vocaal, klinker.

Volk *n* (-*es*; ⁵er) (het) volk.

Völker|kunde *f* volkenkunde; ~mord *m* volkerenmoord; ~recht *n* (het) volkenrecht; 2rechtlich volkenrechtelijk; ~schaft *f* (het) volk, volksgroep; ~verständigung *f* verstandhouding tussen de volkeren; ~wanderung *f* volksverhuizing (*a. fig*).

Volks|- *in Zssgn mst* volks-, *z.B.* ~abstimmung *f* volksstemming, (het) plebisciet; ~aktie *f* (het) aandeel voor de kleine spaarder; ~begehren *n* (het) petitionnement; 2eigen genationaliseerd; ~fest *n* (het) volksfeest; ~front *f* (het) volksfront; ~gunst *f* volksgunst; ~hochschule *f* volkshogeschool, -universiteit; ~lied *n* volkslied; ~partei *f* volkspartij; ~schule *f* lagere school, basisschool; ~tanz *m* volksdans; ~tracht *f* volksdracht; ~tum *n* (-*s*; *0*) volksaard; 2tümlich populair, volks; ~vertreter *m* volksvertegenwoordiger.

Volkswirt|(in *f*) *m* (nationale) econoom *m* (econome *f*); ~schaft *f* (nationale) economie; ~schaftler(in *f*) *m = Volkswirt(in)*; 2schaftlich economisch.

Volkszählung *f* volkstelling.

voll vol; *~ und ganz* geheel en al.

voll|- *in Zssgn mst* vol-, *z.B.* ~auf volop; ~automatisch volautomatisch; 2bart *m* volle baard; 2beschäftigung *f* volledige tewerkstelling; 2blüter *m* volbloed; ~bringen (-) volbrengen; 2dampf *m* volle kracht (*a. fig*).

voll·end|en (-) voltooien; ~et voltooid;

Vordach

(*vollkommen*) volmaakt; *Tatsache*: voldongen; ~s geheel, helemaal; 2ung f voltooiing; volmaaktheid.
voll|führen (-) vol-, uitvoeren, volbrengen; 2gas n: ~ (*geben*) (het) vol gas (geven); ~gießen volgieten.
völlig totaal, volslagen, volledig; *Adv a.* volkomen, helemaal.
voll|jährig meerderjarig; 2kaskoversicherung f all-riskverzekering; ~klimatisiert airconditioned.
vollkommen volmaakt; (*völlig*) volkomen; 2heit f volmaaktheid.
Voll|kornbrot n (het) volkorenbrood; 2machen vol maken, vol doen; ~macht f (-; -en) volmacht; *in* ~ (*Abk i.V.*) bij volmacht; ~milch f volle melk; ~milchschokolade f melkchocolade; ~mond m vollemaan; 2packen volpakken; 2pension f (het) vol pension; 2schlank volslank; 2ständig volledig, compleet; *Adv* (*ganz*) *a.* helemaal; 2stopfen volstoppen, volproppen.
vollstreck|bar uitvoerbaar; ~en (-) voltrekken; 2ung f voltrekking, executie.
voll|tanken voltanken; 2treffer m voltreffer (*a. fig*); 2versammlung f plenaire vergadering; ~wertig volwaardig; ~zählig voltallig; ~ziehen voltrekken (*a. Trauung*), ten uitvoer brengen; 2zug m voltrekking, uitvoering.
Volt n (-s; -) volt.
Volumen n (-s; - *od -mina*) (het) volume.
vom = *von dem*.
von (*D*) van; *vor Passivobjekt:* door; (*über oft*) over; ~ ... *an* vanaf, van ... af; ~ ... *aus* vanuit; ~ *mir aus* voor mijn part, wat mij betreft; ~ *sich aus* uit zichzelf; *Hunderte* ~ *Menschen* pl honderden mensen pl; ~einander van elkaar; (*auseinander*) vaneen; ~nöten nodig, van node; ~statten: ~ *gehen* plaatsvinden; vorderen.
vor 1. (*A, D*) voor; *zeitl bsd* vóór; (*ursächlich: aus*) van, *z.B.* ~ *Wut* van woede; *zeitl a.*: ~ (*e-r Woche*) (een week) geleden; ~ *allem* vooral; **2.** *Adv* voor (-waarts); ~ *nach wie* ~ nog altijd.
vor|- *in Zssgn mst* voor-, *z.B.* ~ab voor-af, (van) tevoren; 2abend m: am ~ (*G*) op de vooravond van; 2ahnung f (het) voorgevoel.
voran vooraan, voorop; (*nach vorne*) vooruit; ~gehen vooropgaan, -lopen; (*vorher stattfinden*) voorafgaan; (*fortschreiten*) opschieten; ~kommen vooruitkomen, opschieten.
Voran|meldung f voorlopige aanmelding; ~schlag m (kosten)raming.
Vorarbeit f (het) voorwerk, (het) voorbereidend werk; ~er m voorman.
voraus vooruit (*D, besser*), voorop; *im* ~ bij voorbaat, van tevoren, vooraf; ~bedenken vooraf bedenken; ~berechnen vooruitberekenen; ~datieren postdateren; ~fahren vooroprijden; ~gehen vooropgaan, -lopen; *zeitl* (*D*) voorafgaan (aan); ~gesetzt: ~, *daß* ... mits ..., aangenomen dat ...
Voraus|sage f voorspelling; 2sagen voorspellen; 2schauen vooruitzien; ~sehen vooruitzien; *etw* voorzien.
voraussetz|en (ver)onderstellen, aannemen; 2ung f (ver)onderstelling; (*Bedingung*) voorwaarde; *unter der* ~, *daß* ... op voorwaarde dat ...
voraussichtlich vermoedelijk.
vorauszahl|en vooruitbetalen; 2ung f vooruitbetaling, (het) voorschot.
Vorbedingung f (eerste) voorwaarde.
Vorbehalt m (het) voorbehoud; *ohne* (*unter*) ~ zonder (onder) voorbehoud; 2en (*sich*) (zich) voorbehouden; 2los zonder voorbehoud.
vorbei (*an D*) voorbij; *örtlich a.* langs; *Adv* voorbij; *zeitl a.* afgelopen, uit; *an* (*A, D*) ... ~ langs ...; ~fahren voorbij-, langsrijden; ~führen *an* (*D*) *v/i* gaan langs; ~gehen *an* (*D*) voorbijgaan (*a. zeitl*) (langs; *fig* gaan); ~kommen voorbijkomen; (*bei j-m*) ~ F (bij iem) langskomen, even (bij iem) aangaan; ~lassen langs laten, voorbijlaten.
Vorbe|merkung f voorafgaande opmerking; 2reiten voorbereiden; ~reitung f voorbereiding.
vorbestell|en bespreken, reserveren; 2ung f reservering, bespreking.
vorbestraft reeds eerder veroordeeld.
vorbeug|en (*D*) voorkomen; *sich* ~ vooroverbuigen; ~end preventief; 2ung f voorkoming; 2ungs-maßnahme f voorzorgsmaatregel.
Vorbild n (het) voorbeeld; 2lich voorbeeldig; ~ung f vooropleiding.
Vor|bote m voorbode (*a. fig*); 2bringen aanvoeren, uiten, te berde brengen.
Vordach n (het) afdak, luifel.

vordatieren postdateren; *(zurückdatieren)* antedateren.
vorder|- *in Zssgn mst* voor-, *z.B.* **≈achse** *f* vooras; **≈bein** *n* voorpoot; **≈e(r, -s)** voorste; **≈grund** *m* voorgrond; *im ~ op de voorgrond;* **≈mann** *m* voorman.
Vorderrad *n* (het) voorwiel; **≈antrieb** *m* voorwielaandrijving.
Vorder|seite *f* voorkant, voorzijde; **≈sitz** *m* zitplaats vóór.
vordrängen: *sich ~* naar voren dringen.
vordring|en (sn) doordringen; **≈lich** (zeer) dringend, urgent.
Vor|druck *m* (het) formulier; **≈ehelich** voorechtelijk; **≈eilig** voorbarig, overijld; **≈einander** voor elkaar.
voreingenommen vooringenomen, bevooroordeeld; **≈heit** *f* vooringenomenheid.
vor|enthalten onthouden; **≈entscheidung** *f* voorlopige beslissing; **≈erst** vooreerst; **≈fahr** *m* (-en) voorvader.
vorfahren (sn) voorrijden.
Vorfahrt *f,* **≈s·recht** *n* voorrang; **≈s·schild** *n* (het) voorrangsbord; **≈s·straße** *f* voorrangsweg.
Vorfall *m* (het) voorval, gebeurtenis; **≈en** voorvallen, gebeuren.
vor|finden aantreffen; **≈frage** *f* vraag vooraf; **≈freude** *f* voorpret.
vorführ|en tonen, demonstreren, laten zien; *Film* draaien,vertonen; *jur j-n* voorleiden; **≈ung** *f* demonstratie; vertoning; voorleiding; **≈ungs·raum** *m* toonzaal.
Vor|gabe *f allg* richtlijn; **≈gang** *m (Ablauf)* toedracht; *(Ereignis)* (het) voorval, gebeurtenis; *Phys, Chem u. fig* (het) proces; *jur* (het) dossier; **≈gänger(in)** *f) m* voorganger *m,* voorgangster *f;* **≈garten** *m* voortuin; **≈gaukeln** voorspiegelen; **≈geben** voorgeven *(a. Sp),* voorwenden; **≈gebirge** *n* (het) voorgebergte; **≈geblich** zogenaamd, beweerd; **≈gefaßt** *Meinung:* vooropgezet; **≈gefühl** *n* (het) voorgevoel; **≈gehen** *(handeln)* optreden, te werk gaan; *(Vorrang haben)* voorgaan; *(geschehen)* gebeuren; *Uhr:* voorlopen; **≈gericht** *n* (het) voorgerecht; **≈geschichte** *f* voorgeschiedenis; *(Urgeschichte a.)* prehistorie; **≈geschmack** *m* (het) voorsmaakje; **≈gesetzte(r)** meerdere *(a. f),* superieur(e *f);* **≈gestern** eergisteren; **≈greifen** *(D)* vooruitlopen (op); *j-m* vóór zijn; **≈haben 1.** van plan zijn, voorhebben *(a. Schürze);* **2.** **≈** *n* (het) voornemen, (het) plan; **≈halle** *f* (het) voorportaal; vestibule; **≈halten** voorhouden *(a. vorwerfen);* *v/i* duren, aanhouden; **≈haltung** *f* verwijt.
Vorhand *f* voorhand; *Tennis* forehand.
vorhanden voorhanden, aanwezig; **≈sein** *n* aanwezigheid.
Vor|hang *m* gordijn (*a. het);* *Thea* (het) doek; **≈hängeschloß** *n* (het) hangslot.
vorher van tevoren, vooraf; **≈bestimmen** vooraf bepalen; *(prädistinieren)* voorbeschikken; **≈gehen** voorafgaan; **≈gehend,** **≈ig** voorafgaand.
Vorherrsch|aft *f* hegemonie, (het) overwicht, suprematie; **≈en** overheersen, domineren; *Meinung, Mode:* heersen.
Vorhersage *f* voorspelling; **≈n** voorspellen.
vorherseh|bar voorzienbaar, te voorzien; **≈en** voorzien.
vorhin zoëven, (daar)net, daarstraks.
Vor|hof *m* voorhof *(a. het) (a. Anat);* **≈hut** *f* voorhoede *(a. fig).*
vorig vorig.
Vor|jahr *n* (het) vorig jaar; **≈kämpfer(in** *f) m* voorvechter *m,* voorvechtster *f;* **≈kasse** *f Hdl* vooruitbetaling; **≈kaufsrecht** *n* (het) recht van voorkoop; **≈kehrung** *f* voorzorg(smaatregel); **≈kenntnisse** *f/pl* reeds verworven kennis, vooropleiding; **≈knöpfen:** *sich j-n ~* iem onder handen nemen.
vorkomm|en 1. voorkomen. **2. ≈** *n* (het) voorkomen, aanwezigheid; *Bgb* vindplaats; **≈nis** *n* (-*ses;* -*se)* (het) voorval.
Vorkriegszeit *f* vooroorlogse tijd.
vor|laden dagvaarden; **≈ladung** *f* dagvaarding; **≈lage** *f* (het) voorstel; (het) voorbeeld; *Sp* voorzet; **≈lassen** voor laten gaan; *(empfangen)* binnenlaten; **≈lauf** *m Sp* serie; **≈läufer(in** *f) m* voorloper *m,* voorloopster *f;* **≈läufig** voorlopig; **≈laut** *(dreist)* vrijpostig; *(naseweis)* eigenwijs.
vorlege|n voorleggen; overleggen; **≈r** *m* (het) kleedje, (het) matje.
vorles|en voorlezen; **≈ung** *f* (het) college; **≈ungs·verzeichnis** *n* studiegids.
vor|letzte(r, -s) voorlaatste; **≈liebe** *f* voorliefde, voorkeur; **≈liebnehmen:** *mit etw (j-m) ~* iets (iem) voor lief ne-

vorstoßen

men; ~**liegen** ter tafel liggen; *(vorhanden sein)* aanwezig *(od* er) zijn; *(zur Bearbeitung)* af te handelen zijn; *was liegt gegen mich vor?* wat is er tegen mij ingebracht?; ~*d Fall*: onderhavig; ~**lügen** voorliegen.
vorm = *vor dem.*
vor|machen voordoen; *(täuschen)* wijsmaken; 2**macht(stellung)** *f* hegemonie, (het) overwicht; ~**mals** vroeger, eertijds; 2**marsch** *m* opmars; *auf dem* ~ in opmars (*a. fig*); ~**merken** noteren.
Vormittag *m* voormiddag; *am* ~, 2**s** voormiddags.
Vormund *m* (-*es*; -*e od* ~*er*) voogd; ~**schaft** *f* (het) voogdijschap, voogdij.
vorn vooraan; *nach (von)* ~ naar (van) voren; *von* ~ *anfangen* van voren af aan beginnen.
Vorname *m* voornaam.
vornehm voornaam; *(elegant a.)* deftig; ~**en** doen, verrichten; *sich* ~ zich voornemen; *j-n* onder handen nemen; ~**lich** voornamelijk, vooral.
vornherein: *von* ~ van tevoren, a priori.
vorn·über voorover.
Vor·ort *m* voorstad; ~**bahnhof** *m* (het) voor(stad)station; ~**zug** *m* lokaaltrein.
Vor|posten *m* voorpost; ~**rang** *m* voorrang; ~**rat** *m* voorraad; 2**rätig** voorradig, in voorraad; ~**recht** *n* (het) voorrecht; ~**rede** *f* voorrede; *(einleitende Rede bsd)* inleiding; ~**richtung** *f* installatie, inrichting; (het) apparaat, (het) toestel; ~**rücken** *v/t* vooruitschuiven; *v/i (sn)* vorderen, vooruitgaan, opschieten; *mil* oprukken; *in e-e Stelle* opklimmen, bevorderd worden.
Vor|ruhestand *m* vervroegde pensionering, VUT; 2**sagen** voorzeggen; ~**saison** *f* (het) voorseizoen; ~**satz** *m* (het) voornemen, (het) plan; *jur* (het) opzet; 2**sätzlich** opzettelijk; *jur* met voorbedachten rade; ~**schau** *f* (het) programma-overzicht; ~**schein** *m*: *zum* ~ *kommen* te voorschijn komen; 2**schieben** vooruitschuiven; schuiven voor; *(vorgeben)* voorwenden; 2**schießen** voorschieten; ~**schiff** *n* (het) voorschip.
Vorschlag *m* (het) voorstel; 2**en** voorstellen; ~**s-liste** *f* voordracht.
vor|schnell voorbarig, overijld; ~**schreiben** voorschrijven.
Vorschrift *f* (het) voorschrift; 2**s-ge-mäß**, 2**s-mäßig** volgens voorschrift, reglementair; 2**s-widrig** in strijd met de voorschriften.
Vor|schub *m*: *e-r S.* (*D*) ~ *leisten* iets begunstigen, iets in de hand werken; ~**schule** *f* kleuterschool; ~**schuß** *m* (het) voorschot; 2**schützen** voorwenden; 2**schweben** voor de geest staan; 2**schwindeln** wijsmaken, op de mouw spelden.
vorseh|en voorzien, plannen; *sich* ~ op zijn hoede zijn; 2**ung** *f* voorzienigheid.
vorsetzen voorzetten, aanbieden; *(vorrücken)* vooruitzetten.
Vorsicht *f* voorzichtigheid; ~*!* pas op!; 2**ig** voorzichtig; 2**s-halber** voorzichtigheidshalve; ~**s-maßnahme** *f* voorzorgsmaatregel.
Vor|silbe *f* (het) voorvoegsel; 2**singen** voorzingen; 2**sintflutlich** *fig* totaal verouderd.
Vorsitz *m* (het) voorzitterschap; 2**en** (*D*) voorzitten; ~**ende(r)** voorzitter *m*, voorzitster *f*.
Vor|sorge *f* voorzorg; 2**sorglich** uit voorzorg; ~**spann** *m* (*Film* 2) gegevens *n/pl*; ~**speise** *f* (het) voorgerecht; 2**spiegeln** voorspiegelen.
Vor|spiel *n* (het) voorspel; 2**spielen** voorspelen; 2**springen** vooruitspringen; ~**sprung** *m* voorsprong (*a. Teil*); ~**stadt** *f* voorstad.
Vorstand *m* (het) bestuur, directie (*a. Hdl*); *Pers*: bestuurder, directeur; ~**s-etage** *f* directie-etage; ~**s-vorsitzende(r)** voorzitter van het bestuur.
vorsteh|en (voor)uitsteken, vooruitspringen; (*D*) aan het hoofd staan van, leiden; ~**end** bovenstaand; *wie* ~ als boven; 2**er** *m* (het) hoofd; *Hdl bsd* directeur; 2**er-drüse** *f* prostaat; 2**erin** *f* (het) (vrouwelijk) hoofd, directrice.
vorstell|bar voorstelbaar; ~**en** (*sich*) (zich) voorstellen (*a. sich denken*).
Vorstellung *f* voorstelling; *(Idee a.)* (het) denkbeeld; *(Einwand)* (het) bezwaar; *(Ermahnung)* vermaning; ~**s-gespräch** *n* (het) kennismakingsgesprek; ~**s-vermögen** *n* (het) voorstellingsvermogen.
Vorstoß *m* aan-, uitval; *fig* aanval, poging; 2**en** *v/i (sn)* doordringen; *mil* aanvallen, oprukken.

Vorstrafe 546

Vor|strafe *f* vroegere veroordeling; **˜strecken** *Geld* voorschieten; **˜stufe** *f* (het) voorstadium, eerste fase; **˜täuschen** voorspiegelen; voorwenden.
Vorteil *m* (het) voordeel; **˜haft** voordelig.
Vortrag *m* (*-es; ˜e*) voordracht; (*wissenschaftliche Rede*) lezing; *Hdl* (het) transport; **˜en** voordragen; *Mus* ten gehore brengen; verslag uitbrengen; *Meinung* uiteenzetten; *Bitte, Beschluß* kenbaar maken; *Hdl* transporteren.
vortrefflich voortreffelijk, uitstekend.
Vortritt *m* voorrang; *j-m den ˜ lassen* iem laten voorgaan.
vorüber voorbij; *s. a. vorbei;* **˜gehen** voorbijgaan (*a. fig*); **˜gehend** tijdelijk, voorbijgaand.
Vor·untersuchung *f* (het) vooronderzoek.
Vor·urteil *n* (het) vooroordeel; **˜s·frei, ˜s·los** onbevooroordeeld.
Vorverkauf *m* voorverkoop; **˜s·kasse** *f* kassa voor de voorverkoop; **˜s·stelle** *f* (het) voorverkoopadres.
vor|verlegen vervroegen; **˜vorig** voorlaatst; **˜wahl,** **˜wählnummer** *f Tel* (het) netnummer, (het) kengetal; **˜wand** *m* (*-es; ˜e*) (het) voorwendsel, uitvlucht; **˜wärmen** voorverwarmen.
vorwärts vooruit, voorwaarts.

vorwärts|- *in Zssgn mst* vooruit-; **˜gang** *m* (versnelling) vooruit; **˜kommen** = *vorankommen.*
vorweg van tevoren, vooraf; (*voraus*) vooruit; vooral; **˜nahme** *f* (het) vooruitlopen op, anticipatie; **˜nehmen** vooruitlopen op, anticiperen op.
vor|weisen overleggen, tonen; *Kenntnisse* blijk geven van; **˜werfen** verwijten; **˜wiegend** overwegend; **˜wissen** *n* voorkennis; **˜witzig** vrijpostig; eigenwijs; **˜wort** *n* (het) voorwoord.
Vorwurf *m* (het) verwijt; **˜s·voll** verwijtend.
Vor|zeichen *n* (het) voorteken; **˜zeigen** tonen, laten zien; **˜zeitig** voortijdig, vervroegd; **˜ziehen** naar voren trekken, vooruittrekken; (*vor etw*) (er)voor trekken; (*lieber mögen*) verkiezen; (*begünstigen*) voortrekken; **˜zimmer** *n* wachtkamer; **˜zug** *m* (het) voordeel; voorkeur; *den ˜ geben* (*D*) de voorkeur geven aan; **˜züglich** uitstekend.
Vorzugs|aktie *f* (het) preferent aandeel; **˜preis** *m* speciale prijs; **˜weise** bij voorkeur.
vot|ieren (-) voteren, stemmen; **˜um** (*-s; Voten od Vota*) (het) votum.
vulgär vulgair.
Vulkan *m* (*-s; -e*) vulkaan; **˜isch** vulkanisch; **˜isieren** (-) vulcaniseren.

W

Waage *f* weegschaal; *Astr* Weegschaal; *sich die ˜ halten* tegen elkaar opwegen; **˜recht** horizontaal, waterpas.
Wabe *f* (honing)raat.
wabern flakkeren.
wach wakker; (*rege*) pienter, levendig; **˜boot** *n* patrouilleboot; **˜dienst** *m* wacht(dienst); (*Personen*) bewakingsdienst; **˜e** *f* wacht; (*Polizei˜*) politiepost; *˜ stehen* op wacht staan; **˜en** waken; **˜halten** levendig houden; **˜hund** *m* waakhond; **˜mann** *m* bewaker; (*Polizist*) politieagent.
Wacholder *m* (*Getränk*) jenever.

wach|rufen wakker roepen, wekken, oproepen; **˜rütteln** wakker schudden.
Wachs *n* (*-es; -e*) was.
wachsam waakzaam; **˜keit** *f* waakzaamheid.
wachs|en 1. * (*sn*) *v/i* groeien; (*steigen a.*) toenemen; **2.** *v/t* in de was zetten.
Wachs|figur *f* (het) wassen beeld; **˜kerze** *f* waskaars.
Wachstum *n* (*-s; 0*) groei; **˜s·rate** *f* (het) groeicijfer; **˜s·schub** *m* groei-impuls.
Wachtel *f* (-; *-n*) kwartel.
Wächter *m* wachter, bewaker.
Wach(t)turm *m* wachttoren.

Wach- und Schließgesellschaft f nachtveiligheidsdienst.

wack|e|lig wankel; *Zahn*: loszittend; *Stuhl*: gammel; **⁓el-kontakt** m (het) loszittend contact; **⁓eln** wankelen (a. fig), waggelen; *etw a.*: wiebelen; *Zahn*: loszitten.

wacker flink (a. Adv), wakker.

Wade f kuit; **⁓n-bein** n (het) kuitbeen.

Waffe f (het) wapen (a. fig).

Waffel f (-; -n) wafel.

Waffen|- *in Zssgn mst* wapen-; **⁓gattung** f (het) wapen; **⁓gewalt** f (het) wapengeweld; **⁓schein** m wapenvergunning; **⁓stillstand** m wapenstilstand.

Wagemut m durf, moed; **ig** gedurfd, moedig.

wagen durven, wagen; *etw* wagen, riskeren; **sich ⁓** zich wagen.

Wagen m wagen (a. Auto), (het) rijtuig; *Esb a.* wagon; **⁓heber** m krik; **⁓ladung** f wagenlading; *Esb bsd* wagonlading; **⁓papiere** n/pl autopapieren n/pl; **⁓schlag** m (het) portier.

Waggon m (-s; -s) wagon.

wag|halsig waaghalzig, roekeloos; **nis** n (-ses; -se) (het) waagstuk; (het) risico.

Wahl f keuze, keus; *Pol* verkiezing; **nach (freier) ⁓** naar (eigen) keuze.

wählbar verkiesbaar.

wahl|berechtigt kiesgerechtigd; **beteiligung** f opkomst (bij de verkiezingen); **bezirk** m (het) kiesdistrict.

wähl|en kiezen (a. j-n), verkiezen; *Tel* draaien; **er(in** f) m kiezer(es f).

Wahl-ergebnis n verkiezingsuitslag.

wähler|isch kieskeurig; **schaft** f kiezers pl, (het) kiezerskorps.

Wahl|fach n (het) keuzevak; **⁓heimat** f (het) tweede vaderland; **⁓kampf** m verkiezingsstrijd; **⁓kreis** m (het) kiesdistrict; **⁓lokal** n (het) stembureau; **los** blindelings, willekeurig; **⁓plakat** n verkiezingsaffiche (a. het); **⁓recht** n (het) kiesrecht; **⁓sieg** m verkiezingsoverwinning; **⁓spruch** m (het) devies, leus; **⁓urne** f stembus; **weise** naar keuze.

Wahn m (-es; 0) waan.

wähnen (sich) (zich) wanen.

Wahn-idee f (het) waanidee.

Wahnsinn m waanzin; **ig** waanzinnig, F (*außerordentlich*) ontzettend.

wahr waar; (*wirklich a.*) echt; **nicht ⁓?** nietwaar?

wahren bewaren, handhaven; *Interessen* behartigen; *Rechte* verdedigen.

währen duren.

während 1. *Präp (G)* gedurende, tijdens; **2.** *Ko* terwijl; **⁓dessen** onder-, intussen.

wahrhaft *Adv* waarlijk, werkelijk; **ig** waarachtig, oprecht; *Adv* werkelijk, heus.

Wahrheit f waarheid; **s-gemäß**, **s-getreu** waarheidsgetrouw; **⁓s-liebe** f waarheidsliefde.

wahrlich waarlijk, heus.

wahr|nehmbar waarneembaar; **⁓nehmen** waarnemen (a. nutzen); *Interessen* behartigen; **nehmung** f waarneming; behartiging; **⁓sagen** waarzeggen; *etw* voorspellen; **sagerin** f waarzegster.

wahrscheinlich waarschijnlijk; **keit** f waarschijnlijkheid.

Wahrung f handhaving, (het) behoud; behartiging.

Währung f munt, valuta.

Währungs|fonds m (het) monetair fonds; **⁓kurs** m wissel-, valutakoers; **⁓politik** f (het) monetair beleid; **⁓reform** f geldzuivering; **⁓schlange** f monetaire slang, muntslang; **⁓system** n (het) monetair stelsel.

Wahrzeichen n (het) herkenningsteken, (het) symbool.

Waise f wees; **⁓n-haus** n (het) weeshuis.

Wal m (-es; -e) walvis.

Wald m (-es; ⁻er) (het) bos; *fig (Menge)* u. großer **⁓** (het) woud.

Wald|- *in Zssgn mst* bos-, *z.B.* **⁓brand** m bosbrand; **⁓hüter** m boswachter; **ig** bosrijk; **⁓lauf** m bosloop; **⁓lichtung** f open plek in het bos; **⁓rand** m bosrand; **reich** bosrijk; **⁓sterben** n (massale) bossterfte; **⁓weg** m (het) bospad, bosweg; **⁓wirtschaft** f bosbouw.

Wal|fang m walvisvangst; **⁓fisch** m walvis.

Walkman m (-s; Walkmen) walkman.

Wall m (-es; ⁻e) wal.

Wallach m (-es; -e) ruin.

wallen (a. sn) (sieden) koken; (sprudeln) borrelen, bruisen.

Wallfahrer(in f) m bedevaartganger m, bedevaartgangster f.

Wallfahrt f bedevaart, pelgrimstocht; **⁓s-ort** m (het) bedevaartsoord.

Wallon|e m (-n) Waal; **⁓ien** n Wallonië n; **⁓in** f Waalse; **isch** Waals.

Walnuß *f* wal-, okkernoot.
Walroß *n* (*-sses; -sse*) walrus.
walten heersen; (*gebieten a.*) besturen.
Walze *f* rol; (*große ~*) wals; **2en** (*-t*) walsen; rollen, pletten.
wälzen (*-t*) wentelen, rollen; *Schuld* schuiven; *sich ~* zich wentelen.
Walzer *m* wals.
Walzwerk *n* pletterij.
Wand *f* (*-; ~e*) wand (*a. Gefäß* 2), muur.
Wandalismus *m* (*-; 0*) (het) vandalisme.
Wandel *m* verandering, wijziging; **2bar** veranderlijk; **~halle** *f* wandelgangen *pl*; *Thea* foyer.
wandeln *v*/*t u. sich ~* veranderen; *v*/*i* (*sn*) wandelen, schrijden.
Wander|ausstellung *f* reizende tentoonstelling; **~düne** *f* (het) stuifduin; **~er** *m* trekker; wandelaar; **~fahrt** *f* trektocht; **~in** *f* trekster; wandelaarster; **~karte** *f* wandelkaart; **~lied** *n* (het) trekkerslied; **2n** (*sn*) trekken (*a. Tiere*), een trektocht maken; *fig* (*umherschweifen*) dwalen; (*gelangen*) terechtkomen; **~preis** *m* wisselprijs; **~sport** *m* wandelsport; **~ung** *f* (trek)tocht; migratie; **~weg** *m* wandelweg.
Wandklappbett *n* (het) opklapbed.
Wandlung *f* verandering, ommekeer.
Wand|schrank *m* muurkast; **~tafel** *f* (het) (school)bord; **~teppich** *m* wandtapijt; **~uhr** *f* hangklok; **~zeitung** *f* muurkrant.
Wange *f* wang; (*Seitenteil*) zijkant.
Wankel|mut *m* wankelmoedigheid; **2mütig** wankelmoedig.
wanken (*a. sn*) wankelen, waggelen; *fig Pers:* weifelen.
wann wanneer; *~ immer* wanneer ... maar.
Wanne *f* kuip.
Wanst *m* (*-es; ~e*) pens, buik.
Wanze *f* wandluis.
Wappen *n* (het) wapen; **~tier** *n* (het) wapendier.
wappnen (*sich*) (zich) wapenen (*a. fig*).
Ware *f* waar; (*Kauf* 2 *a.*) koopwaar; *~n pl* waren *pl*, goederen *n/pl*.
Waren|angebot *n* (het) goederenaanbod; **~ausfuhr** *f* goederenexport; **~automat** *m* verkoopautomaat; **~haus** *n* (het) warenhuis; **~lager** *n* (het) magazijn, (het) pakhuis; **~muster** *n*, **~probe** *f* (het) monster, (het) staal; *Post:* (het) monster zonder waarde; **~sendung** *f* goederenzending; **~test** *f* warenkeuring; **~zeichen** *n* (het) handelsmerk.
warm (*~er; ~st*) warm (*a. fig*); (*herzlich a.*) hartelijk; **~blütig** warmbloedig.
Wärme *f* warmte; *fig a.* hartelijkheid.
Wärme|- *in Zssgn mst* warmte-, *z.B.* **~einheit** *f* warmte-eenheid; **~kraftwerk** *n* thermische centrale; **2n** verwarmen; **~pumpe** *f* warmtepomp; **~regler** *m* warmteregelaar, thermostaat.
Wärmflasche *f* warmwaterkruik.
Warm|front *f* (het) warmtefront; **2herzig** hartelijk; **2laufen** *= lassen Auto* laten warmlopen; **~luft** *f* warme lucht; **~luftheizung** *f* heteluchtverwarming.
Warmwasser|bereiter *m* (het) heetwaterapparaat; **~speicher** *m* boiler; **~versorgung** *f* warmwatervoorziening.
Warn|anlage *f* alarminstallatie; **~blinkanlage** *f*, **~blinker** *m* waarschuwingsknipperlichtinstallatie; **~dreieck** *n* gevarendriehoek; **2en** (*vor D*) waarschuwen (voor); **~schild** *n* (het) waarschuwingsbord; **~schuß** *m* (het) waarschuwingsschot; **~signal** *n* (het) waarschuwingssein; **~streik** *m* waarschuwingsstaking; **~ung** *f* waarschuwing; **~zeichen** *n* (het) waarschuwingsteken.
Warte|geld *n* (het) wachtgeld; **~liste** *f* wachtlijst; **2n** *v/i* (*auf A*) wachten (op); *v/t* (*pflegen*) onderhouden.
Wärter *m* opzichter, oppasser; (*Pfleger*) verzorger, verpleger.
Warte·raum *m* wachtkamer.
Wärterin *f* oppasster, opzichteres; verzorgster, verpleegster.
Warte|saal *m* wachtkamer, **~zeit** *f* wachttijd; **~zimmer** *n* wachtkamer.
Wartung *f* (het) onderhoud; verzorging.
warum waarom.
Warze *f* wrat; (*Brust* 2) tepel.
was wat; (*etw a.*) iets; *~ für* (*ein*) wat voor (een).
Wasch|anlage *f* autowasinstallatie; **2bar** *m* wasbeer; **~becken** *n* (vaste) wastafel; **~benzin** *n* wasbenzine.
Wäsche *f* was; (*Unter* 2) (het) ondergoed; (*Bett* 2, *Tisch* 2) (het) linnen (-goed); *schmutzige ~ waschen* vuile was doen (*a. fig*); **~beutel** *m* waszak.
wasch·echt wascht; *fig* rascht.

Wäsche|klammer f wasknijper; **~leine** f waslijn.
waschen* (*sich*) (zich) wassen.
Wäsche|rei f wasserij; **~schleuder** f centrifuge; **~schrank** m linnenkast; **~trockner** m droogtrommel; (*Gestell*) (het) droogrek.
Wasch|korb m wasmand; **~lappen** m (het) washandje; *fig* F slappeling; **~maschine** f wasmachine; **~mittel** n (het) wasmiddel; **~pulver** n waspoeder (*a.* het); **~raum** m wasgelegenheid; **~salon** m wasserette; **~schüssel** f waskom; **~straße** f (auto)wasstraat.
Wasser n (-s; - od ⸚) (het) water; **Kölnisch ~** eau de cologne.
Wasser|- *in Zssgn mst* water-, *z.B.* **~abfluß** m waterafvoer; **~ball** m (het) waterpolo; **~bau** m waterbouwkunde; **~becken** n (het) waterbekken; **~behälter** m (het) waterreservoir; waterbak; **~bett** n (het) waterbed; **⸚dicht** waterdicht; **~druck** m waterdruk; **~fall** m waterval; **~farbe** f waterverf; **~floh** m watervlo; **~flugzeug** n (het) watervliegtuig; **~graben** m sloot, greppel, gracht; **~hahn** m waterkraan; **~haushalt** m waterhuishouding.
wässerig waterig.
Wasser|jungfer f *Zool* libel, waterjuffer; **~kessel** m waterketel; **~klosett** n (het) watercloset, W.C.; **~kraftwerk** n waterkrachtcentrale; **~kühlung** f waterkoeling; **~leitung** f waterleiding; **~linie** f waterlijn; **⸚löslich** in water oplosbaar; **~mangel** m (het) watergebrek; **~melone** f watermolen; **⸚n** (*a. sn*) op het water landen.
wässern *Speise* in het water leggen; *Film* spoelen; (*begießen*) besproeien.
Wasser|nixe f waternimf; **~orgel** f (het) waterorgel; **~pest** f waterpest; **~pflanze** f waterplant; **~polizei** f waterpolitie; **~ratte** f waterrat (*a. fig*); **~rohr** n waterbuis; **~schaden** m waterschade; **⸚scheu** waterschuw; **~scheu** f watervrees; **~ski** m/pl, **~ski** m/pl waterski's pl; **~spiegel** m waterspiegel; **~sport** m watersport; **~spülung** f waterspoeling; **~stand** m waterstand.
Wasserstoff m waterstof; **~bombe** f waterstofbom; **~peroxyd** n (het) waterstofperoxyde.
Wasser|strahl m waterstraal; **~straße** f

waterweg; **~tank** m (het) waterreservoir, watertank; **~tier** n (het) waterdier; **~uhr** f (*Messer*) watermeter; **~verdrängung** f waterverplaatsing; **~versorgung** f watervoorziening; **~vogel** m watervogel; **~waage** f (het) waterpas; **~weg** m waterweg; **~welle** f watergolf (*a. Haar* ⸚); **~werk** n (*Betrieb*) (het) waterleidingbedrijf; **~zeichen** n (het) watermerk.
wäßrig waterig.
waten (*a. sn*) waden.
watscheln (*sn*) waggelen.
Watt n 1. (-s; -) *El* watt; 2. (-*e*s; -*en*) (het) wad.
Watte f watten pl; **~bausch** m dot watten.
Wattenmeer n Waddenzee.
wattieren (-) watteren.
wau, wau! woef woef!
WC n (-[s]; -[s]) W.C.
web|en* weven; **⸚er** m wever; **⸚erei** f weverij; **⸚erin** f weefster; **⸚stuhl** m weefstoel.
Wechsel m wisseling; (*Umtausch*) (het) wisselen; *Hdl* wissel; **~beziehung** f wederzijdse betrekking; **~geld** n (het) wisselgeld; **⸚haft** wisselvallig; **⸚jahre** n/pl overgangsjaren n/pl; **~kurs** m wisselkoers; **⸚n** wisselen (*a. Geld u. v/i*); (*tauschen bsd*) verwisselen; ([*sich*] *ändern a.*) veranderen (van); *Öl* verversen; **⸚seitig** wederzijds, wederkerig; **~strom** m wisselstroom; **~stube** f (het) wisselkantoor; **⸚weise** afwisselend, beurtelings; **~wirkung** f wisselwerking.
Weck|auftrag m (het) verzoek om gewekt te worden; **~dienst** m wekdienst; **⸚en** wekken (*a. fig*), wakker maken; **~er** m wekker.
wedeln *Skisport* wedelen; (*mit D*) kwispel(staart)en (met).
weder: **~ ... noch** noch ... noch.
weg weg; **weit ~** ver weg; **... ist ~ ...** is weg; (*verloren a.*) ... is kwijt; **Hände ~!** handen thuis!
Weg m (-*e*s; -*e*) weg; **auf dem ~ nach** (*D*) op weg naar; **auf halbem ~e** halverwege; **sich auf den ~ machen** op weg gaan; **j-m aus dem ~ gehen** iem uit de weg gaan (*a. fig*); **aus dem ~ räumen** uit de weg ruimen.
weg|- *in Zssgn mst* weg-, *z.B.* **~blasen** wegblazen; **~bleiben** wegblijven;

wegblicken

~**blicken** wegkijken; ~**bringen** wegbrengen.
wegen (G; a. D) wegens, vanwege; (um ... willen bsd) omwille van; **von** ~! F geen sprake van!
weg|fahren wegrijden; Schiff: wegvaren; ~**fallen** weg-, vervallen; ~**geben** weggeven; ~**gehen** weggaan; ~**jagen** wegjagen; ~**kommen** wegkomen; (verlorengehen) zoek raken; (hinwegkommen) te boven komen; gut (schlecht) ~ bei (D) goed (slecht) afkomen van; ~**lassen** weglaten; ~**laufen** weglopen; ~**legen** wegleggen; 2**nahme** f (het) wegnemen; ~**nehmen** wegnemen; j-m etw a. afpakken van; ~**räumen** weg-, opruimen; ~**reißen** wegrukken; ~**schaffen** wegdoen; ~**schenken** weggeven; ~**schicken** wegsturen; ~**schmeißen** wegsmijten; ~**schnappen** wegpikken, -kapen; ~**sehen** = **wegblicken, hinwegsehen**; ~**stecken** wegstoppen, -doen; ~**tragen** wegdragen; ~**treten** wegtrappen, -schoppen; v/i mil inrukken; ~**tun** wegdoen.
Wegweiser m wegwijzer.
Wegwerf|- in Zssgn wegwerp-; 2**en** wegwerpen, -gooien; ~**gesellschaft** f wegwerpmaatschappij.
weg|wischen wegvegen; ~**ziehen** wegtrekken (a. v/i).
weh 1. ~ **tun** (D) pijn doen; **mir tut der Arm** ~ mijn arm doet pijn, ik heb pijn aan mijn arm; (o) ~! (o) wee!; **2.** 2 n (-es; -e) (het) verdriet; 2en pl weeën pl.
wehen waaien; (flattern) wapperen.
Wehklage f wee-, jammerklacht; 2n weeklagen, jammeren.
weh|leidig kleinzerig; 2**mut** f weemoed; ~**mütig** weemoedig.
Wehr¹ n (-es; -e) stuw, waterkering.
Wehr² f: **sich zur ~ setzen** zich te weer stellen.
Wehrdienst m militaire dienst; ~**verweigerer** m dienstweigeraar; ~**verweigerung** f dienstweigering.
wehr|en: sich ~ zich (ver)weren; ~**fähig**, ~**haft** weerbaar; ~**los** weerloos; 2**paß** m (het) zakboekje; 2**pflicht** f dienstplicht; ~**pflichtig** dienstplichtig.
Weib n (-es; -er) vrouw; P (het) wijf; ~**chen** n Zool (het) wijfje; ~**er-held** m vrouwenjager; 2**isch** verwijfd; 2**lich** vrouwelijk.

550

weich week (a. fig), zacht (a. Haut, Bett); Fleisch: mals; Ei: zacht gekookt; ~ **werden** (nachgeben) toegeven.
Weiche f Esb wissel.
weichen 1. * (sn) (vor D) wijken (voor), zwichten (voor); **2.** v/t u. v/i (a. sn) weken.
weich|gekocht zacht gekookt; 2**heit** f weekheid, zachtheid; malsheid; ~**herzig** week-, teerhartig; 2**käse** m zachte kaas; ~**lich** wekelijk, slap; 2**ling** m (-s; -e) slappeling, wekeling; 2**tier** n (het) weekdier.
Weide f **1.** (Gras2) wei(de), (het) weiland; **2.** Bot wilg; 2n weiden; v/i bsd grazen; **sich ~ an** (D) zich verlustigen in; ~**n-kätzchen** n (het) wilgekatje.
weidlich flink, danig.
weiger|n: sich ~ weigeren; 2**ung** f weigering.
Weihe f wijding; e-r S. inwijding, inzegening; 2**n** wijden (a. Pers u. widmen); (in Gebrauch nehmen) inwijden (a. allg), inzegenen.
Weiher m vijver.
weihe·voll plechtig.
Weihnachten n (-; 0) Kerstmis; **fröhliche ~!** prettige kerstdagen!, vrolijk kerstfeest!; **zu** ~ met Kerstmis.
weihnachtlich kerst-.
Weihnachts|- in Zssgn mst kerst-, z.B. ~**abend** m kerstavond; ~**baum** m kerstboom; ~**feier** f (het) kerstfeest; ~**ferien** pl kerstvakantie; ~**fest** n (het) kerstfeest; ~**geld** n kerstgratificatie; ~**geschäft** n kerstdrukte; omzet (od verkoop) vóór Kerstmis; ~**geschenk** n (het) kerstgeschenk; ~**mann** m kerstman; ~**stollen** m kerststol, (het) kerstbrood; ~**zeit** f kersttijd.
Weih|rauch m wierook; ~**wasser** n (het) wijwater.
weil omdat, daar.
Weilchen n: **ein ~** eventjes, een poosje.
Weile f poos, tijd; **e-e ~** een tijdje, een poosje; 2**n** vertoeven, verblijven.
Weiler m (het) gehucht.
Wein m (-es; -e) wijn; Bot wijnstok(ken pl); (Trauben) wijndruiven pl.
Wein|- in Zssgn mst wijn-, z.B. ~**bau** m wijnbouw; ~**beere** f wijndruif; ~**berg** m wijnberg, -gaard; ~**brand** m (Duitse) cognac.
weinen huilen, schreien.

Wein|ernte f wijnoogst; **~essig** m wijnazijn; **~flasche** f wijnfles; **~gegend** f wijnstreek; **~glas** n (het) wijnglas; **~gut** n wijngaard; **~handlung** f wijnhandel; **~karte** f wijnkaart; **~keller** m wijnkelder.

Weinkrampf m huilbui.

Wein|kühler m wijnkoeler; **~lese** f wijnoogst; **~lokal** n (het) wijnhuis; **~probe** f wijnproef; **~rebe** f wijnstok; **~stube** f (het) wijnhuisje; **~trauben** f/pl wijndruiven pl, druiventros.

weise wijs, verstandig.

Weise f manier, wijze; (Lied) wijs, melodie; *auf diese ~* op de manier, zodoende.

weisen* (*auf A*) wijzen (op); *von sich ~* afwijzen, van de hand wijzen.

Weisheit f wijsheid; **~s·zahn** m verstandskies.

weis·machen j-m A wijsmaken.

weiß 1. wit; *Rasse:* blank; *ein ²er* een blanke; **2.** ² n (-[es]; -) (het) wit; **²bier** n (het) witbier; **²brot** n (het) wit brood, (het) wittebrood; **~en** (-t) witten; **~glühend** witgloeiend; **²glut** f fig razernij; **²kohl** m witte kool; **~lich** witachtig; **~waschen** (*sich*) (zich) wit wassen (*a. fig*); **²wein** m witte wijn; **²wurst** f witte worst.

Weisung f order, instructie.

weit ver; (*ausgedehnt, lose, groß*) wijd, ruim; *~ und breit* wijd en zijd; *bei ~em* verreweg, veruit; *bei ~em nicht* op verre na niet, (nog) lang niet; *~ab* veraf; *~aus* verreweg, veruit; **²blick** m vooruitziende (*od* ruime) blik; **²e** f verte; (*Ausdehnung*) uitgestrektheid, wijdte; (*Abstand*) afstand; (*Durchmesser*) diameter; **~en** (*sich*) (zich) verwijden.

weiter verder; (*hinzukommend a.*) bijkomend; *Adv* verder, voort(s), vervolgens; (*außerdem a.*) bovendien; *das ²e* het overige; *bis auf ~es* tot nader order; *s. ohne u. und*; **~arbeiten** doorwerken; **~bestehen** voortbestaan.

weiterbild|en verder opleiden, bijscholen; *sich ~* verder studeren; **²ung** f verdere ontwikkeling, bijscholing.

weiter·erzählen verder vertellen.

weiterfahr|en verder rijden, doorrijden; **²t** f voortzetting van de reis, verdere reis.

Weiter|flug m voortzetting van de vlucht; **²geben** doorgeven; **²gehen** verder gaan, doorgaan; **²helfen** (*D*) vooruithelpen; **²hin** voortaan, in het vervolg; (*außerdem*) verder; **²kommen** vooruitkomen; **²laufen** doorlopen (*a. fig*); **²machen** doorgaan; **~reise** f voortzetting van de reis; **²reisen** verder reizen; **²verkaufen** doorverkopen.

weit|gehend verregaand, verstrekkend, omvangrijk; *Adv* ruim; **~her** van ver(re); **~hin** ver weg, in de wijde omtrek; (*allgemein*) in sterke mate; **~läufig** uitgestrekt; (*ausführlich*) uit-, breedvoerig; *Verwandter:* ver; **~reichend** verreikend; *fig* verstrekkend; **~schweifig** omslachtig; breedvoerig, langdradig; **~sichtig** verziend; *fig* vooruitziend; **²sprung** m (het) verspringen; **~verbreitet** wijdverbreid; **²winkelobjektiv** n groothoeklens.

Weizen m tarwe; **~brot** n (het) tarwebrood.

welch 1. welk, wat; *~ ein Mann (eine Frau)* wat een man (vrouw); **2. ~e, ~er, ~es** welke; welk n; *Relativpronomen* welke, die; dat n; (*einige*[s]) enige, er; pl bsd sommige; *ich gebe dir der welche(s)* ik geef er je wat; *was für welche?* wat voor?

welk verwelkt, verlept (*a. fig*); **~en** (*sn*) verwelken (*a. fig*), verleppen (*a. fig*).

Well|blech n (het) golfblik plaatijzer; **~e** f golf (*a. fig*); *Tech* as; *grüne ~* groene golf; **²en** *Haar* onduleren; *sich ~* golven.

Wellen|- *in Zssgn mst* golf-, *z.B.* **~bad** n (het) golf(slag)bad; **~brecher** m golfbreker; **²förmig** golfvormig; **~gang** m golfslag; **~länge** f Rf golflengte; **~reiten** n (het) surfen; **~sittich** m parkiet.

Well|fleisch n (het) gekookt varkensvlees; **²ig** golvend; **~pappe** f (het) golfkarton.

Welt wereld; *alle ~* iedereen; *aus aller ~* uit de hele wereld; *aus der ~ schaffen* uit de wereld helpen; *zur (od auf die) ~ kommen* ter wereld komen; *zur ~ bringen* ter wereld brengen.

Welt|- *in Zssgn mst* wereld-; **~all** n (het) heelal; **~anschauung** f wereldbeschouwing; **~ausstellung** f wereldtentoonstelling; **~bank** f Wereldbank; **²berühmt** wereldberoemd; **²fremd** wereldvreemd; **~frieden** m wereldvre-

weltgewandt 552

de; ⚡gewandt wereldwijs, vlot in de omgang; ~handel *m* wereldhandel; ~herrschaft *f* wereldheerschappij; ~krieg *m* wereldoorlog; ⚡lich werelds; (*nicht kirchlich*) wereldlijk; ~macht *f* wereldmacht; ~markt *m* wereldmarkt.

Weltmeister|(in *f*) *m* wereldkampioen(e *f*); ~schaft *f* (het) wereldkampioenschap; ~titel *m* wereldtitel.

Weltraum *m* ruimte, kosmos.

Weltraum|- *in Zssgn mst* ruimte-, *z.B.* ~flug *m* ruimtevlucht; ~forschung *f* (het) ruimteonderzoek.

Welt|reich *n* (het) wereldrijk; ~reise *f* wereldreis; ~rekord *m* (het) wereldrecord; ~ruf *m* wereldfaam; ~sprache *f* wereldtaal; ~stadt *f* wereldstad; ~teil *m* (het) werelddeel; ⚡weit wereldwijd; ~wirtschaft *f* wereldeconomie.

wem (aan) wie; ~ *gehört das?* van wie is dat?; ⚡fall *m* derde naamval.

wen wie.

Wende *f* wending, om(me)keer; (~punkt) (het) keerpunt; (*Umschwung a.*) kentering; ~kreis *m* keerkring; *Auto*: draaicirkel.

Wendeltreppe *f* wenteltrap.

wende|n* *v/t u. v/i* wenden, keren, draaien; *sich ~ Pers*: zich omdraaien; *Wind*: draaien; *sich ~ an* (*A*) zich wenden tot; ⚡punkt *m* (het) keerpunt.

wend|ig *Pers*: beweeglijk, vlot; *Fahrzeug*: wendbaar; ~ung *f* wending, draai, keer; (*Rede*⚡) zegswijze, zinswending.

wenig weinig; *ein (klein) ~* een (klein) beetje; ~e *pl* weinig(e) *pl*; ~er minder; ~ste: *der, die (das) ~ de* (het) minste; *am ~en* het minst, allerminst; ~stens minstens, tenminste, althans.

wenn als, wanneer, indien; ~ *auch* hoewel, al; ~ *möglich* zo mogelijk.

wer wie; (*jemand*) iemand.

Werbe|- *in Zssgn mst* reclame-, *z.B.* ~abteilung *f* reclameafdeling; ~agentur *f* (het) reclamebureau; ~film *m* reclamefilm; ~funk *m* radioreclame; ~geschenk *n* (het) relatiegeschenk; ⚡n* werven; (*um A*) dingen (naar), trachten te winnen; (*für A*) reclame maken (voor); ~slogan *m* reclameslogan, -leus; ~spot *m* (-s; -s) reclamespot.

Werbung *f* reclame; werving; ~s·kosten *pl* kosten *pl* van verwerving.

Werde·gang *m* ontwikkeling(sgang); (*Laufbahn*) loopbaan.

werden* (*sn*) worden; (*Futur*) zullen; *ich würde* ik zou; *im* ⚡ in wording.

werfen* werpen (*a. Junge*), gooien; *sich ~* (*auf A*) zich werpen (op).

Werft *f* werf.

Werk *n* (-*es*; -*e*) (het) werk; (*Fabrik*) fabriek; ~bank *f* (-; -*e*) werkbank; ~meister *m* (ploeg)baas; ~s·arzt *m* bedrijfsarts; ⚡s·eigen van de fabriek, fabrieks-; ~s·leiter *m* fabrieksdirecteur; ~statt *f* (-; -*en*) werkplaats; (*Auto*⚡) garage; ~stoff *m* grondstof; ~tag *m* werkdag; ⚡täglich door-de-weeks; ⚡tags door de week, op werkdagen; ⚡tätig werkend.

Werkzeug *n* (het) gereedschap; (*einzelnes ~*) (het) werktuig, *fig* (het) instrument; ~kasten *m* gereedschapskist.

Wermut *m* (-*es*; *0*) (*Getränk*) vermout.

wert waard; (*lieb*) dierbaar; *e-r S.* (*G*) (*nicht*) ~ *sein* iets (niet) waard zijn.

Wert *m* (-*es*; -*e*) waarde; ~ *legen auf* (*A*) prijs stellen op, waarde hechten aan; ~angabe *f* aangegeven waarde; ⚡beständig waardevast; ~brief *m* brief met aangegeven waarde; ⚡en waarderen, taxeren; (*beurteilen bsd*) beoordelen; ~gegenstand *m* (het) voorwerp van waarde; ⚡los waardeloos; ~marke *f* waardebon; ~papier *n* (het) waardepapier; *pl a.* effecten *n/pl*; ~sachen *f/pl* voorwerpen *n/pl* van waarde; ⚡schätzen waarderen; ~ung *f Sp* (het) klassement; ~urteil *n* (het) waardeoordeel; ⚡voll waardevol, kostbaar.

Wesen *n* (het) wezen; (*Natur a.*) aard, natuur; (*Charakter bsd*) (het) karakter; (*Geschöpf bsd*) (het) schepsel.

Wesens·zug *m* karaktertrek.

wesentlich wezenlijk, essentieel; *Adv bsd* aanzienlijk; (*wichtig a.*) belangrijk.

weshalb waarom.

Wespe *f* wesp; ~n·nest *n* (het) wespennest (*a. fig*).

wessen wiens, van wie.

Wessi- *in Zssgn* west-; *in Eigennamen* West--; ~afrika *n* West-Afrika *n*; ~deutschland *n* West-Duitsland *n*.

Weste *f* (het) vest.

West|en *m* (het) westen; ⚡europäisch Westeuropees; ~küste *f* westkust; ⚡lich westelijk; *Pol* westers; ~ (*G*) od

von (D) ten westen van; ~**wärts** westwaarts; ~**wind** *m* westenwind.
weswegen waarom.
Wettbewerb *m* (-*es*; -*e*) *Sp* wedstrijd, competitie; *Hdl u. fig* concurrentie, mededinging; prijsvraag; ~**er(in** *f*) *m* mededinger *m*, mededingster *f*, concurrent(e *f*).
Wett|büro *n* bookmaker; ~**e** *f* weddenschap; **um die** ~ om het hardst, om strijd; ~**eifer** *m* wedijver; 2**eifern** wedijveren; 2**en** wedden.
Wetter *n* (het) weer.
Wetter|- *in Zssgn mst* weer-; ~**amt** *n* (het) meteorologisch instituut; ~**aussichten** *f/pl* weersverwachting; ~**bericht** *m* (het) weerbericht; ~**dienst** *m* weerdienst; 2**fest** weerbestendig; 2**fühlig** op weersveranderingen reagerend; ~**karte** *f* weerkaart; ~**lage** *f* weersgesteldheid; ~**leuchten** *n* (het) weerlichten.
wettern (*schimpfen*) razen, tieren.
Wettervorhersage *f* weer(s)voorspelling.
Wett|kampf *m* wedstrijd; ~**kämpfer** *m* deelnemer aan een wedstrijd; ~**lauf** *m* wedloop (*a. fig*); ~**läufer** *m* hardloper; 2**machen** goedmaken; ~**rennen** *n* wedren, race; ~**rüsten** *n* bewapeningswedloop; ~**streit** *m* wedijver.
wetzen (-*t*) *v*/*t* wetten, slijpen.
Whisky *m* (-*s*; -*s*) whisky.
wichtig belangrijk, gewichtig; ~ **nehmen** zwaar nemen; 2**keit** *f* (het) belang, belangrijkheid; 2**tuer** *m* gewichtigdoenerig iem; 2**tuerei** *f* gewichtigdoenerij; ~**tuerisch** gewichtigdoenerig.
wickeln (-) *Kind* een luier omdoen; *Haar* krullen.
Widder *m* ram; *Astr* Ram.
wider (*A*) tegen, in strijd met.
wider|- *in Zssgn mst* weer-; ~**fahren** (-) overkomen, wedervaren; 2**haken** *m* weerhaak; 2**hall** *m* weerklank (*a. fig*), weergalm; ~**hallen** weerklinken; ~**legen** (-) weerleggen; ~**lich** walgelijk (*a. gemein*), weerzinwekkend; *Pers a.*: onguur; ~**rechtlich** wederrechtelijk; 2**rede** *f* tegenspraak; 2**ruf** *m* herroeping; ~**rufen** (-) herroepen; (*dementieren*) tegenspreken; 2**sacher(in** *f*) *m* tegenstander *m*, tegenstandster *f*; ~**setzen** (-): **sich** ~ (D) zich verzetten (tegen); ~**sinnig** ongerijmd, onzinnig, tegen-
strijdig; ~**spenstig** weerspannig, weerbarstig; ~**spiegeln** weerspiegelen; ~**sprechen** (-) (D) tegenspreken; 2**spruch** *m* tegenspraak; (*Einspruch bsd*) (het) protest, (het) verzet; (*Gegensatz*) tegenstrijdigheid; ~**sprüchlich**, ~**spruchs-voll** tegenstrijdig.
Widerstand *m* weerstand (*a. El u. Phys*), tegenstand, (het) verzet.
widerstands-fähig resistent; *S. a.*: stevig; 2**keit** *f* (het) weerstandsvermogen.
Widerstands|kämpfer *m* verzetsstrijder; 2**los** zonder tegenstand.
wider|stehen (-) (D) weerstaan, zich verzetten tegen; ~**streben** (-) (D) weerstreven; **es widerstrebt mir** het staat mij tegen; ~**strebend** tegenspartelend; ~**wärtig** weerzinwekkend, walgelijk; (*unangenehm*) naar, akelig.
Widerwill|e *m* tegenzin, afschuw; 2**ig** onwillig, met tegenzin.
widm|en wijden; *j-m A* opdragen; **sich** ~ (D) zich wijden (aan); 2**ung** *f* opdracht.
widrig ongunstig, vijandig, naar.
wie 1. hoe?; (*bei Vergleich*) als; (*am Anfang e-s Satzes*: [*so*] ~) zoals; **2.** 2 *n* (-; *0*) (het) hoe, manier waarop.
wieder weer, terug.
wieder|- *in Zssgn ост* weer-, -*a.* we(d)er; 2**aufbau** *m* wederopbouw.
wieder-aufbereit|en recyclen; *Nukleares* opwerken; 2**ung** *f* recycling; opwerking; 2**ungs-anlage** *f* opwerkingsfabriek.
Wieder|aufnahme *f* *jur* revisie; 2**aufnehmen** hervatten; 2**bekommen** terugkrijgen; 2**beleben** reanimeren; *fig* doen herleven; ~**belebungsversuche** *m/pl* reanimatiepogingen *pl*; 2**bringen** terugbrengen; 2**entdecken** herontdekken; ~**eroberung** *f* herovering; 2**erkennen** herkennen; 2**finden** terugvinden; ~**gabe** *f* weergave; (*Rückgabe*) teruggave; 2**geben** weergeven (*a. darbieten*); teruggeven; ~**geburt** *f* wedergeboorte; 2**gewinnen** terug-, herwinnen; ~**gutmachung** *f* schadeloosstelling.
wiederherstell|en herstellen (*a. Kranker*); 2**ung** *f* (het) herstel, herstelling, reparatie.
wiederhol|en (-) herhalen; ~**t** herhaald; *Adv* herhaaldelijk; 2**ung** *f* herhaling.
Wieder|hören *n*: **auf** ~! daag!; 2**käuen** herkauwen (*a. fig*); ~**kehr** *f* terugkeer,

wiederkehren

-komst; 2kehren terugkeren; *(sich wiederholen bsd)* zich herhalen; 2kommen terugkomen; 2sehen weer-, terugzien; *auf 2!* tot (weer)ziens!, daag!; 2um wederom, opnieuw; *(andererseits)* anderzijds; ~vereinigung *f* hereniging; 2verheiraten: *sich* ~ hertrouwen; ~verwendung, ~verwertung *f* (het) hergebruik, recycling; ~wahl *f* herkiezing.
Wiege *f* wieg *(a. fig)*.
wiegen 1. *Kind* wiegen; *(schwingen)* wiegelen, deinen; **2.** *(Gewicht)* wegen.
wiehern hinniken.
Wien *n* Wenen *n*; 2erisch Weens.
Wiese *f* wei(de).
Wiesel *n* wezel.
wieso hoezo, hoe zo.
wieviel hoeveel; ~mal hoeveel keren; ~te(r, -s) hoeveelste.
wie|weit (in) hoever(re); ~wohl (al)hoewel, ofschoon.
Wikinger *m* viking.
wild wild *(a. fig)*; *(wütend a.)* woedend; ~ *sein auf (A)* F wild zijn op.
Wild *n* (-*es*; 0) (het) wild.
Wild|- *in Zssgn mst* wild-, z.B. ~bret *n* (het) wild(braad); ~dieb *m* stroper; ~ente *f* wilde eend; ~erer *m* stroper; 2ern stropen; 2fremd wildvreemd; ~heit *f* wild-, woestheid; ~hüter *m* jachtopziener; ~leder *n* (het) wildle(d)er; ~nis *f* (-; -se) wildernis; ~schutzgebiet *n* (het) wildreservaat; ~schwein *n* (het) everzwijn; ~westfilm *m* wild-westfilm.
Wille *m* (-*ns*; -*n*), ~n *m* wil; *beim besten* ~n met de beste wil (van de wereld).
willen: *um ... (G)* ~ ter wille van.
willen-los willoos.
willens geneigd; 2kraft *f* wilskracht; ~stark wilskrachtig.
will|fährig gewillig; ~ig gewillig, inschikkelijk; ~kommen welkom.
Willkür *f* willekeur; 2lich willekeurig.
wimmeln *(von D)* wemelen (van), krioelen (van).
wimmern jammeren, kermen.
Wimpel *m* wimpel.
Wimper *f* (-; -*n*) wimper; ~n-tusche *f* mascara.
Wind *m* (-*es*; -*e*) wind; ~ *bekommen von (D)* F lucht krijgen van.
Winde *f* windas, lier; *Bot* winde.

554

Windel *f* (-; -*n*) luier; ~höschen *n* (het) luierbroekje.
winden* winden, draaien; *(hoch~)* ophijsen; *(wickeln a.)* wikkelen; *sich* ~ (zich) kronkelen.
Wind|fahne *f* windwijzer; ~fang *m* windvang; 2geschützt beschermd tegen de wind; ~hose *f* windhoos; ~hund *m* windhond; 2ig winderig; *(unsicher)* bedenkelijk; *(leer)* nietszeggend; ~jakke *f* windjekker; ~mühle *f* windmolen; ~pocken *pl* windpokken *pl*; ~richtung *f* windrichting; ~schutzscheibe *f* voorruit; ~stärke *f* windkracht; 2still windstil; ~stille *f* windstilte; ~stoß *m* rukwind; ~surfing *n* (het) windsurfen.
Windung *f* kromming, kronkeling.
Wink *m* (-*es*; -*e*) wenk *(a. fig)*.
Winkel *m* hoek; 2ig hoekig; *Straße:* bochtig; ~züge *m*/*pl* slinkse streken *pl*.
winken wenken *(a. fig)*; *(mit e-m Tuch; nach~)* wuiven, zwaaien.
winklig = **winkelig**.
winseln janken; *Pers:* kermen.
Winter *m* winter; *im* ~ 's winters.
Winter|- *in Zssgn mst* winter-, z.B. ~abend *m* winteravond; ~anfang *m* (het) begin van de winter; ~einbruch *m* plotselinge inval van de winter; ~fahrplan *m* winterdienst(regeling); ~garten *m* wintertuin; ~gast *m* wintergast; ~kurort *m* (het) winterkuuroord; 2lich winters; ~mantel *m* winterjas; ~reifen *m* winterband; ~schlaf *m* winterslaap; ~schlußverkauf *m* winteropruiming; ~sport *m* wintersport; ~urlaub *m* wintervakantie.
Winzer *m* wijnbouwer.
winzig nietig, petieterig.
Wipfel *m* top, kruin.
Wippe *f* wip; 2n wippen.
wir wij, we.
Wirbel *m Anat* wervel; *(Drehung)* werveling, dwarreling; *(Luft2 a.)* wervelwind; *(Wasser2)* draaikolk; *(Trommel2)* roffel; *fig (Aufeinanderfolge)* maalstroom; *(Aufsehen)* herrie, drukte.
wirbel|n *v/i (a. sn)* wervelen, tollen, (d)warrelen; *Trommel:* roffelen; *v/t* opjagen; 2säule *f* wervelkolom; 2sturm *m* wervelstorm; 2tier *n* (het) gewerveld dier; 2wind *m* wervelwind.
wirken werken *(a. Arznei etc.)*; *(erscheinen)* aandoen; *(zur Geltung kommen)*

Wohlbefinden

uitkomen; ~ *auf* j-n indruk maken op; *etw* invloed uitoefenen op.

wirklich werkelijk, heus, echt; ⚷**keit** f werkelijkheid.

wirk|sam effectief, doeltreffend; *Pers*: werkzaam; ⚷**samkeit** f doeltreffendheid, effectiviteit; ⚷**stoff** m werkzame stof.

Wirkung f werking; (*Effekt*) uitwerking, (het) effect; (*Folge*) (het) gevolg; **~s-grad** m (het) nuttig effect, (het) rendement; ⚷**s-los** zonder uitwerking (*od* effect); ⚷**s-voll** effectief, doeltreffend; (*beeindruckend*) indrukwekkend.

Wirkwaren f/pl machinaal gebreide stoffen pl.

wirr verward; ⚷**en** f/pl troebelen pl, onlusten pl; ⚷**kopf** m (het) warhoofd; ⚷**warr** m (-s; 0) warboel, verwarring; (*Labyrinth*) wirwar.

Wirsing(kohl m) m (-s; 0) savooiekool.

Wirt m (-es; -e) waard, kastelein; restaurateur; hôtelier; (*Haus* ⚷) huisbaas; **~in** f waardin; (*Zimmer* ⚷) hospita.

Wirtschaft f economie; (*Haushalt*) huishouding, (het) huishouden; (*Landwirtschaftsbetrieb*) (het) landbouwbedrijf; (*Lokal*) (het) café; ⚷**en** huishouden; (*mit Geld a.*) omgaan; (*beschäftigt sein*) werken, bezig zijn; **~erin** f huishoudster; **~ler(in** f*)* m econoom m, econome f; ⚷**lich** economisch; (*sparsam*) zuinig; ⚷**lichkeit** f efficiency, rendabiliteit; zuinigheid.

Wirtschafts|abkommen n (het) handelsverdrag; **~asylant** m asielzoeker om economische redenen; **~aufschwung** m economische opleving; **~beziehungen** f/pl economische betrekkingen pl; **~jahr** n (het) bedrijfsjaar; **~krise** f economische crisis; **~minister** m minister van economische zaken; **~politik** f (het) economisch beleid; **~prüfer** m accountant; **~raum** m (het) economisch gebied; **~wachstum** n economische groei; **~wissenschaften** f/pl economische wetenschappen pl; **~wunder** n (het) economisch wonder.

Wirts-haus n (het) café-restaurant, herberg.

wisch|en vegen, wissen; *Staub* afnemen; ⚷**tuch** n stofdoek; (*Geschirr* ⚷) vaatdoek.

wispern fluisteren.

wißbegierig weetgierig.

wissen 1. * weten; *j-n etw ~ lassen* iem iets laten weten; *was weiß ich!* F wat ik veel!; **2.** ⚷ n (het) weten, kennis; *ohne mein ~* buiten mijn weten; *meines ~s* bij mijn weten.

Wissenschaft f wetenschap; **~ler** m wetenschapsman, wetenschapper; **~lerin** f wetenschapsbeoefenaarster; ⚷**lich** wetenschappelijk.

wissen|s-wert wetenswaardig; **~t-lich** welbewust, willens en wetens.

witter|n ruiken (*a. fig*); ⚷**ung** f (het) weer, weersgesteldheid; (*Geruch*) reuk; (*Sinn*) reukzin; ⚷**ungs-verhältnisse** n/pl weersomstandigheden pl.

Witwe f weduwe; **~r** m weduwnaar.

Witz m (-es; -e) mop, grap; (*Lustigkeit*) geestigheid; **~e** pl *reißen* moppen pl tappen; **~blatt** n (het) moppenblaadje; **~bold** m (-es; -e) grappenmaker, grapjas; ⚷**eln** (*über A*) grapjes n/pl maken (over); ⚷**ig** geestig, humoristisch; ⚷**los** F (*zwecklos*) zinloos, nutteloos.

wo waar; *~ auch immer* waar ... ook; **~anders** elders, ergens anders; **~bei** waarbij.

Woche f week; *in 2* (3) *~n pl* over 2 (3) weken pl; **~n-arbeitszeit** f wekelijkse arbeidstijd; **~n-bett** n (het) kraambed.

Wochenend|- *in Zssgn mst* weekend-, *z.B.* **~ausflug** m (het) weekenduitstapje; **~e** n (het) weekend, (het) weekeinde; **~haus** n (het) weekendhuisje.

Wochen|karte f weekkaart; ⚷**lang** wekenlang; **~markt** m weekmarkt; **~schau** f (het) filmjournaal; **~tag** m weekdag.

wöchentlich wekelijks.

Wochenzeitung f (het) weekblad.

Wodka m (-s; -s) wodka.

wo|durch waardoor; **~für** waarvoor.

Woge f golf (*a. fig*); ⚷**n** golven (*a. fig*).

wo|her waar ... vandaan, vanwaar; **~hin** waarheen.

wohl 1. wel (*a. vermutlich*), goed; *sich nicht ~ fühlen* zich niet wel (*od* lekker) voelen; *mir ist nicht (recht) ~ bei dem Gedanken* ik voel me onbehaaglijk bij; *leben Sie ~!* vaarwel!; *~ oder übel* goedschiks of kwaadschiks; **2.** ⚷ n (-es; 0) (het) welzijn; *das ~ und Wehe* het wel en wee; *zum ~!* prosit!; **~auf: ~ sein** het goed maken; ⚷**befinden** n goede

Wohlbehagen 556

gezondheid, (het) welzijn; ⚹**behagen** n (het) welbehagen; **~behalten** behouden; ⚹**ergehen** n (het) welzijn; ⚹**fahrt** f welvaart; (*Fürsorge*) bijstand, sociale dienst; ⚹**fahrts-staat** m welvaartsstaat; ⚹**gefallen** n (het) welgevallen, (het) welbehagen; **~gemerkt** welteverstaan, let wel; **~genährt** welgevoed; **~gesinnt** welgezind; **~habend** gegoed, welgesteld, welvarend; **~ig** behaaglijk, weldadig; ⚹**klang** m welluidendheid; **~riechend** welriekend; **~schmeckend** smakelijk; ⚹**sein** n (het) welzijn.

Wohlstand m welstand; (*e-s Landes*) welvaart; **~s-gesellschaft** f welvaartsmaatschappij.

Wohl|tat f weldaad; **~täter(in** f) m weldoener m, weldoenster f; ⚹**tätig** liefdadig; **~tätigkeit** f liefdadigheid.

wohl|tuend weldoend; **~tun** (*D*) deugd (*od* goed) doen; **~überlegt** goed doordacht; **~unterrichtet** welingelicht; ⚹**verhalten** n (het) goed gedrag.

Wohlwollen n welwillendheid; **~d** welwillend.

Wohn|- *in Zssgn mst* woon-; **~anhänger** m caravan; **~block** m (-*es*; -*s*) (het) woningblok; ⚹**en** wonen; (*als Gast*) logeren; **~gemeinschaft** f woongemeenschap; ⚹**haft** (*in D*) woonachtig (in); **~haus** n (het) woonhuis; **~heim** n (het) tehuis; ⚹**lich** gezellig, geriefelijk; **~mobil** n camper; **~ort** m woonplaats; **~raum** m woonruimte; **~sitz** m (het) domicilie; (*Ort*) woonplaats; **~ung** f woning; (*Etagen*⚹ *bsd*) flat.

Wohnungs|- *in Zssgn mst* woning-, *z.B.* **~bau** m woningbouw; **~not** f woningnood; **~suche** f (het) zoeken van een woning; **~wechsel** m verhuizing.

Wohn|viertel n woonwijk; **~wagen** m woonwagen; (*Autoanhänger*) caravan; **~zimmer** n huis-, woonkamer.

wölb|en (**sich**) (zich) welven; **~ung** f welving.

Wolf m (-*es*; *ü*e) wolf.

Wölfin f wolvin.

Wölkchen n (het) wolkje.

Wolke f wolk.

Wolken|bruch m wolkbreuk; **~kratzer** m wolkenkrabber; ⚹**los** onbewolkt.

wolkig bewolkt.

Woll|- *in Zssgn mst* wol-; *bei Material aus Wolle mst* wollen (*Adj*), *z.B.* **~deke** f wollen deken; **~e** f wol; ⚹**en** wollen.

wollen* willen; (*beabsichtigen a.*) zullen; *ich will nichts gesagt haben* ik heb niets gezegd; *wir ~ sehen!* wij zullen (nog) zien!; *zu wem ~ Sie?* wie wil U spreken?, wie moest U hebben?

woll|ig wollig; ⚹**kleid** n wollen jurk; ⚹**stoff** m wollen stof.

Wol|lust f wellust; ⚹**lüstig** wellustig.

wo|mit waarmee; **~möglich** zo mogelijk; (*vielleicht*) misschien, eventueel, wellicht; **~nach** waarnaar; *zeitl* waarna; (*laut welchem*) volgens welk(e).

Wonne f gelukzaligheid, (het) genot.

wor|an waaraan; **~auf** waarop; **~aus** waaruit; **~in** waarin.

Wort n (-*es*; -*e*; *einzelne Vokabeln*: *ü*er) (het) woord; **~für ~** woord voor woord; *in ~en* in letters, voluit; *mit e-m ~* in één woord; *j-n beim ~ nehmen* iem aan zijn woord houden; **~art** f woordsoort; **~bruch** m woordbreuk.

Wörterbuch n (het) woordenboek.

Wort|führer(in f) m woordvoerder m, woordvoerster f; ⚹**karg** zwijgzaam, weinig spraakzaam, kortaf; **~laut** m woordelijke inhoud.

wörtlich woordelijk, letterlijk.

wort|los woordeloos, zonder woorden; ⚹**meldung** f (het) verzoek om het woord; ⚹**schatz** m woordenschat; ⚹**sinn** m woordbetekenis; ⚹**spiel** n woordspeling; ⚹**verdrehung** f woordverdraaiing; ⚹**wechsel** m woordenwisseling; **~wörtlich** woordelijk, letterlijk.

wor|über waarover; **~um** waarom.

wo|von waarvan; waardoor; **~vor** waarvoor; **~zu** waartoe, -voor, waarom.

Wrack n (-*es*; -*s od* -*e*) (het) wrak.

wringen* wringen.

Wucher m woeker; **~er** m woekeraar; ⚹**n** woekeren (*a. wachsen u. fig*); **~preis** m woekerprijs; **~ung** f woekering (*a. Med*); **~zins** m woekerrente.

Wuchs m (-*es*; *ü*e) groei; gestalte.

Wucht f kracht; (het) gewicht, zwaarte; ⚹**ig** zwaar, massief; *Gebäude*: imposant; *Schlag*: hard.

wühl|en woelen (*a. fig*), wroeten (*a.* F *arbeiten*), scharrelen; ⚹**maus** f woelmuis.

Wulst f (-; *ü*e) *od* m (-*es*; *ü*e) knobbel, verdikking, bobbel.

wund gewond; *(aufgescheuert)* stuk; *sich ~ reiben* kapotwrijven.
Wunde f wonde, verwonding, kwetsuur.
Wunder n (het) wonder; *~ pl wirken* wonderen n/pl doen; *(es ist) kein ~, daß ...* (het is) geen wonder dat ...; ℒ**bar** wonderbaar(lijk); *(herrlich)* heerlijk, prachtig; **~kind** n (het) wonderkind; ℒ**lich** wonderlijk, vreemd, zonderling; ℒ**n** verwonderen; *sich ~ (über A)* zich verwonderen (over), verwonderd zijn (over), zich verbazen (over); ℒ**schön** wondermooi, prachtig; ℒ**voll** prachtig.
wund|liegen: *sich ~* doorliggen; ℒ**starrkrampf** m tetanus.
Wunsch m (-es; ̈e) wens; *auf ~* desgewenst; *auf allgemeinen (vielfachen) ~* op algemeen (veelvuldig) verzoek.
wünschen wensen; *(verlangen a.)* verlangen; **~s-wert** wenselijk.
wunsch|gemäß naar wens; ℒ**konzert** n (het) verzoekprogramma; ℒ**traum** m wensdroom; ℒ**zettel** m (het) verlanglijstje.
Würde f waardigheid; *(Amt bsd)* rang, (het) ambt; ℒ**los** onwaardig; **~n-träger** m waardigheidsbekleder; ℒ**voll** waardig, statig.
würdig waardig; *e-r S. (G) ~ sein* iets waard(ig) zijn; **~en** waarderen, naar waarde schatten; *j-n e-r S. (G) ~* iem iets waardig achten; ℒ**ung** f waardering, appreciatie; *(Beurteilung)* beoordeling.
Wurf m (-es; ̈e) worp (a. Zool), gooi; *(Falten*ℒ*)* val, plooi; **~anker** m (het) werpanker.

Würfel m Math kubus; *(Stückchen)* (het) blok(je); *(Spiel*ℒ*)* dobbelsteen; ℒ**förmig** kubusvormig; in blokjes; ℒ**n** dobbelen; **~spiel** n (het) dobbelspel; **~zukker** m klontjessuiker.
Wurf|geschoß n (het) projectiel; **~scheibe** f discus; **~sendung** f (het) huis aan huis verspreid drukwerk.
würgen wurgen; *v/i (an D)* kokhalzen (bij); *(hinunter~)* met moeite naar binnen werken.
Wurm m (-es; ̈er) worm.
Würmchen n (het) wormpje; *(Kind bsd)* (het) wurmpje.
wurm(stich)ig wormstekig.
Wurst f (-; ̈e) worst; *das ist mir ~* F dat kan mij niets schelen.
Würstchen n (het) worstje; *Pers*: sukkel.
wursteln F klungelen; *(weiter~)* voortsukkelen.
württembergisch Württembergs.
Würze f specerij; (het) aroma; *fig (Reiz)* bekoring.
Wurzel f (-; -n) wortel *(a. fig)*; **~n** pl *schlagen* wortel schieten *(a. fig)*; ℒ**n** wortelen, geworteld zijn *(a. fig)*.
würz|en (-t) kruiden; **~ig** gekruid, pittig, kruidig.
Wust m (-es; 0) warboel, rotzooi.
wüst woest; *(roh, sittenlos a.)* wild; *(wirr)* wanordelijk; ℒ**e** f woestijn; ℒ**ling** m (-s; -e) woesteling.
Wut f woede *(a. Lese*ℒ* etc.)*, razernij; *in ~ geraten (bringen)* woedend worden (maken); **~anfall** m woedeaanval.
wüten woeden *(a. Seuche)*, razen; **~d** woedend, razend.

X

Xanthippe f fig xantippe, feeks.
X-Beine n/pl x-benen n/pl.
x-beliebig willekeurig.

x-mal F duizendmaal, tig keer.
Xylophon n (-s; -e) xylofoon.

Y

Yacht *f* jacht.
Yoghurt *m od n* (*-s; 0*) yoghurt.
Ypern *n* Ieper *n*.

Ypsilon *n* (*-[s]; -s*) ypsilon.
Yuppie *m* (*-s; -s*) yuppie.

Z

Zack|e *f* tand; (*Berg* 2) punt, spits; 2**ig** getand, gekarteld; *fig* kranig.
zaghaft bedeesd, schroomvallig, beschroomd; (*zögernd*) weifelend; 2**igkeit** *f* schroom, bedeesdheid.
zäh|(e) taai; (*ausdauernd a.*) volhardend; **~flüssig** taai; *fig a.* stroef; *Verkehr:* langzaam rijdend; 2**ig·keit** *f* taaiheid (*a. fig*).
Zahl *f* (het) getal; (*Anzahl*) (het) aantal; *in großer ~* in groten getale.
zahlbar betaalbaar.
zahlbar telbaar.
zahlen betalen; (*ich möchte*) *~!* kan ik (met U) afrekenen?
zählen tellen (*a. gelten*); *auf j-n ~* op iem rekenen; *~ zu* (*D*) behoren tot.
Zahlen|angaben *f/pl* cijfers *n/pl*; 2**mäßig** numeriek.
Zähler *m* teller; *El, Gas:* meter.
Zahl|grenze *f* zonegrens; **~karte** *f* (het) stortingsformulier; 2**los** talloos; 2**reich** talrijk, tal van; **~stelle** *f* kassa; **~tag** *m* betaaldag; **~ung** *f* betaling.
Zählung *f* telling.
Zahlungs|anweisung *f* (het) betalingsmandaat, cheque; **~aufforderung** *f* (het) verzoek om te betalen; aanmaning; **~aufschub** *m* (het) uitstel van betaling; **~bedingungen** *f/pl* betalingsvoorwaarden *pl*; **~befehl** *m* (het) dwangbevel.
Zahlungsbilanz *f* betalingsbalans; **~defizit** *n* (**~überschuß** *m*) (het) deficit ([het] overschot) op de betalingsbalans.
zahlungs|fähig solvent; **~frist** *f* betalingstermijn; 2**mittel** *n* (het) betaalmiddel; 2**schwierigkeiten** *f/pl* betalingsmoeilijkheden *pl*; **~unfähig** insolvent; 2**verkehr** *m* (het) betalingsverkeer.
Zahlwort *n* (*-es; "er*) (het) telwoord.
zahm tam, mak; *Pers:* gedwee.
zähmen temmen (*a. Pers*); *sich ~* zich intomen.
Zahn *m* (*-es; "e*) tand (*a. Zacke*); (*Backen* 2) kies.
Zahn|- *in Zssgn mst* tand-, *z.B.* **~arzt** *m* tandarts; **~ärztin** *f* (vrouwelijke) tandarts; 2**ärztlich** tandheelkundig; **~bürste** *f* tandenborstel; **~creme** *f* tandpasta.
Zähne-klappern *n* (het) klappertanden.
Zahn|ersatz *m* valse tand(en *pl*), (het) kunstgebit; **~fleisch** *n* (het) tandvlees; **~klinik** *f* tandheelkundige kliniek; **~medizin** *f* tandheelkunde; **~pasta** *f* tandpasta; **~pflege** *f* tandverzorging.
Zahnrad *n* (het) tandwiel, -rad; **~bahn** *f* tandradbaan.
Zahn|schmelz *m* (het) tandglazuur; **~schmerzen** *m/pl* kies-, tandpijn; **~spange** *f* beugel; **~stein** *m* tandsteen (*a. het*); **~stocher** *m* tandenstoker; **~techniker** *m* tandtechnicus.
Zander *m* snoekbaars.
Zange *f* tang.
Zank *m* (*-es; 0*) twist, ruzie; **~apfel** *m* twistappel; 2**en:** *sich ~* (*mit D*) twisten (met), ruzie maken (met), kibbelen (met).
Zänk|erei *f* (het) geruzie, (het) gekrakeel, (het) gekibbel; 2**isch** twistziek.
Zäpfchen *n Anat* huig; *Med* zetpil.
zapfen tappen.
Zapfen *m Tech* tap, pin, spon; (*Tannen* 2) denneappel; **~streich** *m* taptoe.

Zapf|hahn *m* tapkraan; **~säule** *f* (benzine)pomp.

zapp|(e)lig woelig, spartelend; *(nervös)* nerveus; **~eln** spartelen.

Zar *m* (-en) tsaar.

zart teer; *(dünn, zerbrechlich; Pers)* tenger; *Speise*: mals; *(einfühlend)* (fijn)gevoelig; *(leise)* zacht; **~fühlend** teer-, fijngevoelig; **♀gefühl** *n* fijngevoeligkiesheid; **♀heit** *f* teerheid; tengerheid; malsheid; fijngevoeligheid; zacht-, tederheid.

zärtlich teder, liefdevol; **♀keit** *f* tederheid; liefkozing.

Zauber *m* betovering; *(Reiz a.)* bekoring, bekoorlijkheid; **~ei** *f* toverij; **~er** *m* tovenaar; *(Künstler)* goochelaar; **~formel** *f* toverformule; **~haft** toverachtig; *(bezaubernd bsd)* betoverend; **~in** *f* tovenares; goochelaarster; **~kraft** *f* toverkracht; **~künstler** *m* goochelaar; **~kunststück** *n* goocheltoer; **♀n** toveren; goochelen; **~spruch** *m* toverspreuk; **~stab** *m* toverstaf; **~wort** *n* (-es; -e) (het) toverwoord.

zaudern dralen, talmen, weifelen.

Zaum *m* (-es; *w*e) toom, teugel; *im ~ halten* in toom houden.

Zaun *m* (-es; *w*e) omheining, schutting, (het) hek; *(Hecke)* heg, haag; **~könig** *m* (het) winterkoninkje.

z.B. *Abk für* **zum Beispiel;** *s. Beispiel.*

Zebra *n* (-s; -s) zebra; **~streifen** *m* (het) zebrapad.

Zebu *m od n* (-s; -s) zeboe.

Zech|bruder *m* drinkebroer; **~e** *f* (het) gelag; *Bgb* mijn; **♀en** pimpelen, fuiven; **~preller** *m* flessentrekker, oplichter.

Zecke *f* teek.

Zedern|holz *n* (het) cederhout.

Zeh *m* (-s; -en), **~e** *f* teen; *große(r) (kleine[r]) ~* grote (kleine) teen; *auf den ~en op zijn tenen;* **~en-spitzen** *f/pl: auf ~* op zijn tenen.

zehn 1. *u.* **2.** ♀ *f* tien.

Zehner *m* tiental; *(Groschen)* (het) 10-pfennigstuk, **~karte** *f* (*Fahrkarte*) tienrittenkaart; *(zum Eintritt)* (knip-)kaart voor tien beurten; **~packung** *f* (het) pak(je) van tien.

zehn|fach tienvoudig; **~jährig** tienjarig; **♀kampf** *m* *Sp* tienkamp; **~mal** tienmaal; **♀pfennigstück** *n* (het) 10-pfennigstuk; **~te(r)** tiende; **♀tel** *n* (het) tiende (deel).

zehren: *~ von (D)* teren op.

Zeichen *n* (het) teken; *(Kenn♀ bsd)* (het) kenteken, (het) kenmerk.

Zeichen|- *in Zssgn mst* teken-, *z.B.* **~block** *m* (-*es*; -s) (het) tekenblok; **~brett** *n* tekenplank; **~film** *m* tekenfilm; **~papier** *n* tekenpapier; **~setzung** *f* interpunctie; **~sprache** *f* gebarentaal; **~stift** *m* (het) tekenpotlood; **~trickfilm** *m* tekenfilm.

zeichn|en tekenen; *(unter~ a.)* ondertekenen; *Wäsche* merken; *e-e Anleihe ~ op een lening inschrijven;* **♀er** *m* tekenaar; *(Aktien♀, Anleihen♀)* intekenaar; **~erin** *f* tekenaarster; intekenaarster; **♀ung** *f* tekening, ondertekening, inschrijving, intekening; **~ungs-berechtigt** bevoegd tot ondertekenen.

Zeige|finger *m* wijsvinger; **♀n** laten zien, tonen; *(angeben, Weg, deuten)* wijzen; *(beweisen)* aantonen, bewijzen; *auf j-n ~* naar iem wijzen; *sich ~* zich vertonen; *(deutlich werden)* blijken.

Zeiger *m* wijzer.

Zeile *f* regel; *(Reihe)* rij.

Zeisig *m* (-s; -e) (het) sijsje.

Zeit *f* tijd *(a. Gr etc.)*; *zu jeder ~* te allen tijde; *zur ~* op het ogenblik, nu; *zu der ~* in die tijd, toen; *zur gleichen ~* tegelijker tijd; *es ist höchste ~* het is hoog tijd; *es ist (an der) ~* het is tijd; *(keine) ~ haben* (geen) tijd hebben; *in letzter ~* (in) de laatste tijd.

Zeit|- *in Zssgn mst* tijd-, *a.* tijds-; **~abschnitt** *m* (het) tijdvak, periode; **~alter** *n* (het) tijdperk, -vak; **~angabe** *f* tijdaanduiding; **~ansage** *f* tijdmelding; **~arbeit** *f* (het) tijdelijk werk; **~aufnahme** *f* *Foto*: tijdopname; **~aufwand** *m* benodigde tijd; **~bombe** *f* tijdbom *(a. fig)*; **~fahren** *n* *Sp* tijdrit; **~frage** *f* kwestie van tijd; actuele zaak; **~geist** *m* tijdgeest; **♀gemäß** modern, actueel; **~genosse** *m* tijdgenoot; **♀genössisch** eigentijds, contemporain; **~geschichte** *f* contemporaine geschiedenis; **~gewinn** *m* tijdwinst; **♀ig** vroeg; **~karte** *f* abonnementskaart; **~lang:** *e-e ~* een tijdlang; **♀lebens** zijn (mijn *etc.*) leven lang; **♀lich** wat de tijd betreft, qua tijd; *(vergänglich)* tijdelijk; **~lohn** *m* (het) tijdloon; **~los** tijdeloos; **~lupe** *f* slow-

Zeitmangel 560

-motion; ~**mangel** m (het) tijdsgebrek; ~**plan** m (het) tijdschema; ~**punkt** m (het) tijdstip; ~**raffer** m versnelde weergave; 2**raubend** tijdrovend; ~**raum** m (het) tijdsbestek, tijdsruimte; ~**rechnung** f jaartelling; ~**schrift** f (het) tijdschrift; ~**spanne** f tijdsspanne.

Zeitung f krant, (het) dagblad.

Zeitungs|abonnement n (het) abonnement op een krant; ~**anzeige** f (krante)advertentie; ~**artikel**, ~**bericht** m (het) krantebericht; ~**händler** m krantenverkoper; ~**kiosk** m (het) krantenstalletje; ~**notiz** f (het) krantebericht; ~**papier** n (het) krantenpapier; ~**stand** m (het) krantenstalletje.

Zeit|unterschied m (het) tijdsverschil; ~**verlust** m (het) tijdsverlies; ~**verschwendung** f tijdverspilling; ~**vertreib** m (-es; -e) (het) tijdverdrijf; 2**weilig** tijdelijk; Adv bsd van tijd tot tijd; 2**weise** tijdelijk; (manchmal) soms; ~**wort** n (-es; ~er) (het) werkwoord; ~**zeichen** n (het) tijdsein; ~**zone** f tijdzone.

Zell|e f cel (a. Anat etc.); ~**gewebe** n (het) celweefsel; ~**stoff** m celstof.

Zelluloid n (-es; 0) (het) celluloid.

Zelt n (-es; -e) tent; 2**en** kamperen; ~**lager** n (het) tentenkamp; ~**platz** m (het) kampeerterrein, camping; ~**verleih** m tentenverhuur.

Zement m (-es; 0) cement (a. het); 2**ieren** cementeren.

Zenit m (-es; 0) (het) zenit (a. fig).

zens|ieren (-) beoordelen; (der Zensur unterwerfen) censureren; 2**ur** f censuur; (Note) (het) cijfer.

Zentimeter(maß n) m od n centimeter.

Zentner m vijftig kilo; 2**schwer** loodzwaar (a. fig).

zentral centraal; 2**bank** f (-; -en) centrale bank; 2**e** f centrale; 2**gewalt** f centrale macht; 2**heizung** f centrale verwarming; ~**isieren** (-) centraliseren; 2**is-mus** m (-; 0) (het) centralisme.

Zentrifug|al-kraft f middelpuntvliedende kracht; ~**e** f centrifuge.

Zentrum n (-s; Zentren) (het) centrum (a. Stadt2), (het) middelpunt.

Zepter n scepter.

zerbeißen (-) stukbijten.

zerbrech|en (-) (stuk)breken (a. v/i); ~**lich** breekbaar, broos (a. fig), teer (a. fig).

zer|bröckeln (-) v/i (sn) u. v/t verbrokkelen, verkruimelen (bsd Brot); ~**drükken** (-) platdrukken, verpletteren; (zerknittern) verkreukelen, kreuken.

Zeremonie f ceremonie, plechtigheid; 2**ll** ceremonieel, plechtig.

Zerfall m (het) verval; 2**en** (-) uiteenvallen; (verfallen bsd) vervallen.

zer|fetzen (-t; -) aan flarden scheuren; ~**fleischen** (-) verscheuren; ~**fließen** (-) vervloeien; (flüssig werden) vloeibaar worden; ~**fressen** (-) wegvreten, ~**gehen** (-) smelten; ~**kauen** (-) fijnkauwen; ~**kleinern** (-) kleinmaken; Fleisch, Gemüse fijnhakken; (schneiden) fijnsnijden; ~**klüftet** gespleten; ~**knirscht** berouwvol; 2**knirschung** f wroeging; ~**knittern** (-) verkreuk(el)en, verfrommelen (bsd Papier); ~**knüllen** (-) verfrommelen; ~**kratzen** (-) stukkrabben; ~**lassen** (-) laten smelten.

zerleg|bar uit elkaar te nemen (a. Tech), ontleedbaar (bsd Chem u. Gr); ~**en** (-) uit elkaar nemen, ontleden; Fleisch in stukken snijden, trancheren.

zer|lumpt haveloos, in lompen gehuld; ~**mahlen** (-) fijn-, vermalen; ~**malmen** (-) verbrijzelen, vermorzelen; ~**mürben** (-) vermurwen; (ermüden) afmatten; ~**platzen** (-) uiteenspatten, openbarsten; (explodieren) ontploffen; ~**quetschen** (-) verpletteren.

Zerrbild n karikatuur.

zerreiß|en (-) scheuren; v/t a. verscheuren; 2**probe** f fig zware belasting.

zerren (an D) rukken (aan), sleuren (aan); **sich etw** ~ Med iets verrekken.

zerrinnen (-) weg-, vervloeien; Zeit: vergaan; (zergehen) wegsmelten.

Zerrissen-heit f verscheurdheid, verdeeldheid.

Zerrung f Med (spier)verrekking.

zerrütt|en (-) schokken, ontwrichten (a. Ehe); Gesundheit ondermijnen; 2**ung** f (het) schokken, ontwrichting; (das Zerrüttetsein) geschoktheid, ontwrichting, ontreddering.

zer|sägen (-) stukzagen; ~**schellen** (-; sn) te pletter slaan; ~**schlagen** (-) stukslaan, verpletteren (a. fig); **sich** ~ mislukken, schipbreuk lijden (a. Hoffnung, Plan), afspringen; ~**schmettern** (-) verbrijzelen; ~**schneiden** (-) stuksnijden.

zersetz|en (-) ontbinden; *Chem bsd* ontleden; (*untergraben*) ondermijnen; *sich ~* oplossen; (*verwittern*) verweren, tot ontbinding overgaan; *fig* ondermijnd worden; ⟂**ung** *f* ontbinding; ontleding; ondermijning; ⟂**ungs-prozeß** *m* (het) ontbindingsproces (*a. fig*).
zer|splittern (-) versplinteren (*a. fig*); ⟂**springen** (-; *sn*) barsten, springen.
Zerstäuber *m* verstuiver, vaporisator.
zerstör|en (-) vernielen, verwoesten; ⟂**er** *m mil* torpedojager; ⟂**erisch** destructief, vernietigend; ⟂**ung** *f* vernieling, verwoesting; ⟂**ungs-wut** *f* vernielzucht.
zerstreu|en (-) verstrooien; *j-n a.* afleiden; *Menge* uiteendrijven, verspreiden; *Bedenken, Verdacht* uit de weg ruimen; *Angst* wegnemen; *sich ~* (*sich unterhalten*) zich verstrooien; *Menge:* uiteengaan; ⟂**t** verstrooid; ⟂**t-heit** *f* verstrooidheid; ⟂**ung** *f* verstrooiing; (*Unterhaltung a.*) afleiding.
zer|stückeln (-) in stukken snijden, verbrokkelen (*bsd fig*); ⟂**teilen** (-) verdelen, splitsen; (*zerlegen*) uit elkaar nemen.
Zertifikat *n* (-*es*; -*e*) (het) certificaat.
zer|trampeln (-) vertrappelen; ⟂**treten** (-) vertrappen; (*niedertreten*) plattrappen; (*tottreten*) doodtrappen; ⟂**trümmern** (-) verbrijzelen, vernielen.
Zervelatwurst *f* cervelaat(worst).
Zer|würfnis *n* (-*ses*; -*se*) onenigheid, onmin, tweedracht; ⟂**zaust** verward, wanordelijk.
Zettel *m* (het) papiertje, (het) blaadje; (*Karteikarte*) fiche (*a.* het), kaart.
Zeug *n* (-*es*; -*e*) (*Stoff*) (het) goed; F (*Kram*) rommel; (*Sachen*) spullen *n/pl;* *dummes ~* F kletspraat; *das ~ haben zu* (*D*) de capaciteiten *pl* hebben voor.
Zeug|e *m* (-*n*) getuige; ⟂**en** *v/i* getuigen; *v/t Kind* verwekken; ⟂**en-aussage** *f* getuigenverklaring; ⟂**in** *f* (vrouwelijke) getuige; ⟂**nis** *n* (-*ses*; -*se*) getuigenis (*a.* het); (*Gutachten*) (het) attest, (het) rapport; (*Schul*⟂) (het) schoolrapport; (*Diplom*) (het) diploma; (*Zertifikat*) (het) getuigschrift; ⟂**ung** *f* verwekking.
z. H(d). *Abk für zu Händen* (*G, von D*) ter attentie van (*Abk* t.a.v.).
Zick|e *f* = *Ziege;* ⟂**ig** F truttig.
Zickzack *m* (-*es*; -*e*): *im ~* zigzag.

Ziege *f* geit; F (*Weib a.*) trut.
Ziegel *m* baksteen; (*Dach*⟂) dakpan; ⟂**dach** *n* (het) pannendak; ⟂**ei** *f* steenbakkerij, steenfabriek.
Ziegen|bart *m* sik; ⟂**bock** *m* geitebok; ⟂**peter** *m Med* bof.
Zieh|brunnen *m* (water)put; ⟂**en*** trekken (*a. v/i*); *Bilanz* opmaken; *es zieht hier* het tocht hier; *nach sich ~* tot gevolg hebben; ⟂**harmonika** *f* harmonika; ⟂**ung** *f* trekking.
Ziel *n* (-*es;* -*e*) (het) doel; *Sp* finish, eindstreep; *sich zum ~ setzen* zich ten doel stellen; ⟂**bahnhof** *m* (het) station van bestemming; ⟂**bewußt** doelbewust; ⟂**en** (*auf A*) mikken (op); (*anspielen*) doelen (op); ⟂**fernrohr** *n* richtkijker; ⟂**gerade** *f* laatste rechte lijn; ⟂**gruppe** *f* doelgroep; ⟂**hafen** *m* bestemmingshaven; ⟂**linie** *f* finish; ⟂**los** doelloos; ⟂**markt** *m* doelmarkt; ⟂**scheibe** *f* schietschijf; *fig* (het) mikpunt; ⟂**setzung** *f* doelstelling; ⟂**sprache** *f* doeltaal; ⟂**strebig** doelbewust.
ziemen: *sich ~* betamen, passen.
ziemlich *Adv a.* nogal, vrij; *Adj bsd* redelijk, vrij aanzienlijk, flink.
Zier|de *f* (het) sieraad; ⟂**en** sieren; *sich ~* zich aanstellen; ⟂**leiste** *f* sierlijst; ⟂**lich** sierlijk, bevallig (*a. Pers*); ⟂**pflanze** *f* sierplant.
Ziffer *f* (-; -*n*) (het) cijfer; (*Anzeigen*⟂) (het) nummer; ⟂**blatt** *n* wijzerplaat.
zig F tig, tientallen *n/pl.*
Zigarette *f* sigaret; ⟂**n-automat** *m* sigarettenautomaat; ⟂**n-schachtel** *f* (het) sigarettenpakje; ⟂**n-stummel** *m* (het) (sigarette)peukje.
Zigarillo *m od n* (-*s;* -*s*), *f* (-; -*s*) cigarillo.
Zigarre *f* sigaar.
Zigeuner(in *f*) *m* zigeuner(in *f*).
Zimmer *n* kamer.
Zimmer|- *in Zssgn mst* kamer-; ⟂**decke** *f* (het) plafond; ⟂**einrichtung** *f* kamerinrichting, meubilering; ⟂**kellner** *m* etagekelner; ⟂**mädchen** *n* (het) kamermeisje; ⟂**mann** *m* (-*es;* -*leute*) timmerman; ⟂**n** timmeren; ⟂**nachweis** *m* (het) kamerbemiddelingsbureau; ⟂**nummer** *f* (het) kamernummer; ⟂**pflanze** *f* kamerplant; ⟂**schlüssel** *m* kamersleutel; ⟂**service** *m* kamerservice; ⟂**temperatur** *f* kamertemperatuur; ⟂**vermieter** *m* kamerverhuurder.

zimperlich (*empfindlich*) overgevoelig, kleinzerig; (*sittsam*) preuts, aanstellerig.

Zimt *m* (-*es*; -*e*) kaneel (*a.* het).

Zink *n* (-*es*; *0*) (het) zink.

Zinke *f*, ~n *m* tand.

Zinn *n* (-*es*; *0*) (het) tin.

Zinne *f* tinne, (het) kanteel.

zinnern tinnen.

Zins *m* (-*es*; -*en*) (*Steuer*) belasting, *hist* cijns; (*Miet*2) huur; (*Pacht*2) pacht; **~(en** *pl*) rente, interest; **zu 6% ~en** tegen 6% rente; **~es-zins** *m* samengestelde interest; **~fuß** *m* rentevoet; **2günstig** tegen een voordelige rente; **2los** renteloos; **~satz** *m* rentevoet, rentestand.

Zipfel *m* punt, slip; **~mütze** *f* puntmuts.

zirka circa.

Zirkel *m* (-*s*; -) passer; (*Gruppe*) kring.

zirkulieren (-) circuleren.

Zirkus *m* (-; -*se*) (het) circus.

zirpen tjirpen.

zischeln sissen, fluisteren.

zischen sissen; *Gans*: blazen.

ziselieren (-) ciseleren.

Zitadelle *f* citadel.

Zitat *n* (-*es*; -*e*) (het) citaat.

Zither *f* (-; -*n*) citer.

zitieren (-) citeren, aanhalen.

Zitrone *f* citroen; **2n-gelb** citroengeel; **~n-limonade** *f* citroenlimonade; **~n-presse** *f* citroenpers.

Zitrusfrüchte *f*/*pl* citrusvruchten *pl*.

Zitter|aal *m* sidderaal; **2n 1.** sidderen, beven, trillen, bibberen; **2.** *2 n* siddering, (het) beven; **~rig** beverig.

zivil 1. civiel, burgerlijk; *Preis*: redelijk, schappelijk; **2.** *2 n* (-*s*; *0*) burgerkleding; **in ~** in burger; **2bevölkerung** *f* burgerbevolking; **2courage** *f* zedelijke moed; **2dienst** *m* vervangende dienstplicht; **2isation** *f* beschaving, civilisatie; **~isieren** (-) civiliseren; **2ist** *m* (-*en*) burger; **2prozeß** *m* civiel proces; **2recht** *n* (het) burgerlijk recht.

zögern 1. aarzelen, talmen; (*zaudern a.*) weifelen; **2.** *2 n* aarzeling.

Zögling *m* (-*s*; -*e*) kweekling, leerling.

Zölibat *n od m* (-*es*; *0*) (het) celibaat.

Zoll[1] *m* (-*es*; -) duim; **4 ~** zoll.

Zoll[2] *m* (-*es*; ¨*e*) invoerrechten *n*/*pl*, tol (*bsd hist*); (*Behörde*) douane.

Zoll|- *in Zssgn mst* douane-; **~abfertigung** *f* inklaring; (*Amt*) douanedienst; **~amt** *n* (het) douanekantoor; **~beamte(r)** douanebeambte, douanier; **~bescheinigung** *f* douaneverklaring; **~bestimmungen** *f*/*pl* douanevoorschriften *n*/*pl*; **~erklärung** *f* douaneverklaring; **2frei** vrij van invoerrechten; **~grenze** *f* douane-, tolgrens; **~kontrolle** *f* douanecontrole.

Zöllner *m* douanebeambte.

Zoll|papiere *n*/*pl* douanedocumenten *n*/*pl*; **2pflichtig** aan tol onderhevig; **~schranke** *f* douanebarrière.

Zollstock *m* duimstok.

Zoll·union *f* douane-unie.

Zone *f* zone.

Zoo *m* (-*s*; -*s*) dierentuin, diergaarde.

Zoolog|e *m* (-*n*) zoöloog, dierkundige; **~ie** *f* zoölogie, dierkunde; **~in** *f* zoöloge, dierkundige; **2isch** zoölogisch, dierkundig.

Zopf *m* (-*es*; ¨*e*) vlecht; (*Gebäck*) (het) luxebroodje.

Zorn *m* (-*es*; *0*) toorn, drift; **2ig** toornig, driftig.

Zote *f* schuine mop.

z.T. *Abk für* **zum Teil;** *s.* **Teil.**

zu 1. *Präp* (*D*) te; (*gegen* [*über*], *in*) tot; (*Richtung*) naar; (*hinzu*) bij; (*zeitl: an*) met, op; (*anläßlich bsd*) voor; **bis ~** tot (aan); **eins ~ null** één - nul; **~ zweit** (*dritt*) met zijn tweeën (drieën); **2.** *Adv* te; **~ viel** te veel; (*geschlossen*) toe, dicht; *Tür ~!* deur dicht!; **3.** *Ko beim Inf* te, *z.B.* **nichts ~ sehen** niets te zien.

zu-aller|erst allereerst; **~letzt** in (*od* op) de allerlaatste plaats.

Zubehör *n* (-*es*; *0*) (het) toebehoren, onderdelen *n*/*pl*, accessoires *pl*.

zubereit|en (toe)bereiden, klaarmaken; **2ung** *f* (toe)bereiding.

zu|billigen toekennen; **~binden** dichtbinden; **~bleiben** dichtblijven; **~blinzeln** (*D*) knipoogjes *n*/*pl* geven, knipogen naar; **~bringen** (*verbringen*) doorbrengen.

Zubringer *m* (*Autobahn*2) toevoerweg; **~(auto)bus** *m* pendelbus; **~dienst** *m* pendel-, besteldienst; **~straße** *f* toegangs-, verbindingsweg.

Zucht *f* (*Auf*2) fokkerij; (*Pflanzen*2) kwekerij, teelt; (*Disziplin*) tucht.

züchten kweken, fokken, telen; **2er** *m* fokker (*a. Vieh* 2), kweker.

Zuchthaus *n* (het) tuchthuis; (*Strafe*) tuchthuisstraf; **~hengst** *m* dekhengst.

züchtigen tuchtigen, kastijden.
Zuchtperle *f* gekweekte parel.
Züchtung *f* (het) kweken, teelt, fokkerij.
zuckeln sjokken.
zucken (stuip)trekken; *Blitz*: flitsen; *Flammen*: flakkeren.
zücken trekken; *Bleistift*, *Portemonnaie a.* nemen, voor de dag halen.
Zucker *m* suiker.
Zucker|- *in Zssgn mst* suiker-, *z.B.* **~dose** *f* suikerpot; **~erbse** *f* suikererwt; **~guß** *m* (het) suikerglazuur; **~hut** *m* (het) suikerbrood; **²krank** suikerziek; **~krankheit** *f* suikerziekte; **²n** suikeren; (*bestreuen*) met suiker bestrooien; **~rohr** *n* (het) suikerriet; **~rübe** *f* suikerbiet; **~wasser** *n* (het) suikerwater; **~zange** *f* suikertang.
Zuckungen *f/pl* trekkingen *pl*; (*Sterbe²*, *epileptische ~*) stuiptrekkingen *pl*.
zudecken toedekken (*a. j-n*), bedekken.
zudem bovendien, daarenboven.
zudrehen toedraaien (*a. Rücken*), dichtdraaien.
zudringlich opdringerig; **²keit** *f* opdringerigheid.
zu|drücken toedrukken; (*schieben*) toeduwen; **~einander** tot (*od* naar *od* bij) elkaar; **~erkennen** toekennen; (*bei Versteigerung u. jur*) toewijzen; **~erst** eerst; (*als erste*[*r*, *-s*] *bsd*) het eerst.
zufahren ***auf*** (*A*) af-, toerijden op.
Zufahrt *f* oprit, toegang; **~s·straße** *f*, **~s·weg** *m* toegangsweg.
Zu|fall *m* (het) toeval; ***durch ~*** bij toeval; **²fallen** toe-, dichtvallen; *j-m* ten deel vallen; **²fällig(er·weise)** toevallig; **²fassen** aanpakken (*a. fig*); toegrijpen; **²fließen** (*D*) *fig* gaan naar, ten goede komen aan; **~flucht** *f* toevlucht; **~fluß** *m* zijrivier; (*das Einströmen*) (het) toestromen, toevloed (*a. fig*); **²flüstern** toefluisteren.
zufolge (*G od D*) volgens, naar, op grond van.
zufrieden tevreden, voldaan; **~geben:** ***sich ~*** tevreden zijn; ***sich ~ mit*** (*D*) zich tevredenstellen met; **²heit** *f* tevredenheid, voldoening; **~stellen** tevredenstellen, bevredigen; **~d** bevredigend.
zu|frieren (*sn*) dichtvriezen; **~fügen** *j-m A* toebrengen; *Schaden* berokkenen; **²fuhr** *f* toe-, aanvoer.
Zug *m* (*-es*; *⸚e*) *Esb* trein; (*Wandern*; *Charakter²*, *Gesichts²*; *Vogel²*) trek; (*Wandern bsd*, *Fahrt*; *Luft²*) tocht; (*Schrift²*; *beim Rauchen*) haal; (*Gruppe Personen*, *z.B. Fest²*) stoet; (*Spiel²*) zet; (*Zugkraft*) trekkracht; ***am ~(e) sein*** aan de beurt zijn (*a. fig*); ***im ~e*** (*G*) (*im Laufe*) in het kader van; ***in e-m ~*** in één teug; (*ununterbrochen*) in één ruk; ***in groben*** (*od* ***großen***) ***Zügen*** in grote trekken (*od* lijnen).
Zugabe *f* toegift.
Zug·abteil *n* treincoupé.
Zu|gang *m* toegang; (*Eingang bsd*) ingang; **²gänglich** toegankelijk (*a. verständlich*); *Pers*: open, toeschietelijk.
Zug|anschluß *m* (trein)aansluiting; **~begleiter** *m* treinbeambte; (het) vouwblad met reisschema; **~brücke** *f* ophaalbrug.
zu|geben toegeven; (*hinzufügen bsd*) toevoegen; **~gegen** aanwezig.
zugehen toegaan (*a. geschehen*), dichtgaan; (*überbracht werden*) toekomen; (*geschehen a.*) gebeuren, gaan; **~ *auf*** (*A*) af-, toegaan op, toelopen op.
Zugehörigkeit *f* (het) toebehoren; (*Mitgliedschaft*) (het) lidmaatschap.
Zügel *m* teugel (*a. fig*); **²los** teugelloos; *fig a.* tomeloos; **²n** de teugel aandoen; *fig* beteugelen, intomen.
Zuge|reiste(r) persoon die van buiten komt, allochtoon; **~ständnis** *n* toegeving, concessie; **²stehen** toestaan, geven; (*eingestehen*) toegeven; **²tan** (*D*) toegedaan, genegen.
Zugführer *m* hoofdconducteur; *mil* pelotonscommandant.
zugig tochtig.
zügig vlot; **²keit** *f* vlotheid.
Zug|kraft *f* trekkracht; *fig* aantrekkingskracht; **²kräftig** *fig* attractief.
zu·gleich tegelijk(ertijd).
Zug|luft *f* tocht; **~maschine** *f* tractor; **~personal** *n* (het) treinpersoneel.
zu|greifen toetasten (*bsd beim Essen*), toegrijpen; (*helfen*) (mee) aanpakken; (*eingreifen*) ingrijpen; **²griff** *m* (het) toegrijpen, greep; (het) toetasten.
zugrunde: ***~ gehen*** (***richten***) te gronde gaan (richten); ***~ legen*** (***liegen***) (*D*) ten grondslag leggen (liggen) (aan).
Zug|schaffner *m* treinconducteur; **~telefon** *n* telefoon in de trein.
zu·gunsten (*G*) ten gunste van.

zu·gute ten goede.
Zug|verbindung f treinverbinding; **~verkehr** m (het) treinverkeer; **~vogel** m trekvogel.
zu|halten dicht-, toehouden; ~ *auf* (A) aanhouden op; afgaan op; **2hälter** m souteneur, pooier; **~hauf** heel veel, te hoop.
zuhör|en (D) luisteren naar, toehoren; **2er(in** f) m toehoorder m, toehoorster f, luisteraar(ster f); **2er·schaft** f (het) gehoor, toehoorders pl.
zu|jubeln (D) toejuichen; **~kehren** toekeren; **~kleben** dichtplakken; **~knallen** v/i (sn) u. v/t (hard) dichtslaan; **~knöpfen** dichtknopen; **~kommen** toekomen; ~ *auf* (A) toe-, afkomen op; ~ *lassen* j-m A doen toekomen.
Zukunft f toekomst; *Gr* toekomende tijd; *in* ~ in de toekomst.
zukünftig toekomstig.
Zukunfts·musik f toekomstmuziek.
zulächeln (D) glimlachen tegen.
Zulage f toelage, toeslag.
zu|lassen toelaten; *Tür a.* dichtlaten; **~lässig** geoorloofd, toelaatbaar (*a. Tech*); **2lassung** f toelating, vergunning; *Auto:* (het) kentekenbewijs.
Zu|lauf m toeloop; **2legen** (*hin~*) toevoegen, erbij doen; *Geld* bijleggen; *sich etw* ~ (zich) iets aanschaffen.
zuleide: *j-m etw* ~ *tun* iem kwaad doen.
zuletzt het laatst; (*schließlich*) tenslotte; *nicht* ~ niet in de laatste plaats.
zuliebe (D) ter wille van.
Zuliefer|er m toeleverancier; **~industrie** f toeleveringsindustrie.
zum = *zu dem*.
zumachen dichtdoen, sluiten (*a. v/i*).
zu|mal vooral, bovenal; (*vor allem da, weil*) temeer daar; **~meist** meestal; (*zum größten Teil*) voor het merendeel; **~mindest** tenminste, op zijn minst.
zumut|bar draaglijk, redelijk; **~e:** ~ *sein* (D) zich voelen; **~en:** *j-m etw* ~ iets vergen (*od* eisen) van iem; **2ung** f onbehoorlijke (*od* onredelijke) eis.
zunächst allereerst; in het begin, eerst; (*einstweilen*) voorlopig.
zu|nageln dichtspijkeren; **~nähen** dichtnaaien; **2nahme** f toename, toeneming; **2name** m familie-, achternaam; (*Beiname*) bijnaam.
zünd|en v/t ont-, aansteken; v/i vuur vatten, ontbranden; *fig* (*begeistern*) u. *Motor:* aanslaan; *fig a., Blitz:* inslaan; **2er** m ontsteker; **2holz** n lucifer; **2kerze** f bougie; **2schloß** n (het) contactslot; **2schlüssel** m contactsleutel; **2schnur** f lont; **2spule** f bobine; **2stoff** m springstof; *fig* conflictstof; **2ung** f ontsteking (*a. Auto* 2); ontbranding.
zu·nehmen toenemen; (*dicker werden*) aankomen; *Mond:* wassen.
zu·neig|en: *j-m zugeneigt sein* iem genegen zijn; **2ung** f genegenheid.
Zunft f (-; *·e*) gild(e) (*a.* het).
Zunge f tong (*a. Fisch*); **~n·spitze** f punt van de tong.
zu|nichte: ~ *machen* tenietdoen; **~nikken** (D) toeknikken; **~nutze:** *sich etw* ~ *machen* zich iets ten nutte maken.
zu|ordnen indelen bij, toevoegen; **2ordnung** f indeling; **~packen** aanpakken.
zupfen trekken, plukken; (*aus~*) uitrafelen; (*ausklauben*) uitpluizen; *Saiten* tokkelen op.
zur = *zu der*.
zu·rechnungsfähig toerekenbaar.
zurecht|finden: *sich* ~ de weg vinden, het wel vinden; *fig* zich redden; (*sich eingewöhnen*) wennen, thuis raken; **~kommen:** ~ *mit* j-m het kunnen vinden met; *etw* aankomen, klaarspelen; **~legen** klaarleggen; **~machen** klaarmaken; *sich* ~ zich opmaken; **~weisen** terechtwijzen, berispen.
zu|reden (D) toespreken; aandringen (bij); **~richten** klaarmaken; *Speisen* bereiden; (*verarbeiten*) bewerken; (*beschädigen, a. j-n*) toetakelen.
zurück terug; (*rückwärts*) achteruit; ~ *sein* terug (*im Rückstand*): achter) zijn.
zurück|- *in Zssgn mst* terug-, z.B. **~behalten** achterhouden; **~bekommen** terugkrijgen; **~bleiben** (*hinter* D) achterblijven (bij); **~blicken** terugblikken, -zien; **~bringen** terugbrengen; **~datieren** antedateren; **~denken** terugdenken; **~drängen** terugdringen, achteruitdringen; **~erobern** heroveren.
zurück·erstatt|en teruggeven, restitueren, vergoeden; **2ung** f terugbetaling, teruggaaf, restitutie.
zurück|fahren v/i (sn) terugrijden; (*rückwärts*) achteruitrijden; v/t terugbrengen; **~fallen** terugvallen (*a. fig*); **~fordern** terugeisen, -vorderen; **~füh-**

ren terugleiden, -brengen; **~ auf** (A) herleiden tot, toeschrijven aan; **~geben** teruggeven; **~geblieben** achtergebleven; **~gehen** teruggaan; (sich vermindern) teruglopen, dalen (a. Wasser, Preise), teruglopen; **~gezogen** teruggetrokken; **~greifen** (auf A) zijn toevlucht nemen (tot); **~haben** F terughebben;

zurückhalt|en tegenhouden; etw achterhouden; (beherrschen, z.B. Tränen) inhouden; **sich ~** zich inhouden, terughoudend zijn; **~end** terughoudend, gereserveerd; **2ung** f terughoudendheid.

zurück|holen terughalen; **~kehren** (sn) terugkeren; **~kommen** (fig auf A) terugkomen (op); **~lassen** achterlaten; **~laufen** teruglopen; **~legen** terugleggen; (reserviren) opzij leggen; (aufbewahren) bewaren; Weg afleggen; **~nehmen** terugnemen; (widerrufen bsd) herroepen; mil terugtrekken; **~prallen** (sn) terugspringen, -kaatsen; **~rufen** Tel terugbellen; **~schicken** terugsturen; **~schlagen** terugslaan; Gardine opzij schuiven; Angriff afslaan; **~schrecken** (sn) terugschrikken, terugdeinzen; **~sehen** terugzien; **~senden: sich ~** terugverlangen; **-sturen**, **~setzen** terugzetten; (nach hinten) achteruit-, wegzetten; Fahrzeug achteruitrijden; fig in achterstellen, verongelijken; **~springen** (sn) achteruit-, terugspringen; **~stecken** v/i inbinden; **~stehen** naar achteren staan; (hinter D) achterstaan (bij); **~stellen** terugzetten (a. Uhr); fig (hintansetzen) opzij zetten; (aufschieben) opschorten, uitstellen; **~treten** (sn) achteruitgaan (a. fig); (von Amt) aftreden; **~weisen** afwijzen, van de hand wijzen; **~werfen** terugwerpen; Strahlen terugkaatsen; **~zahlen** terugbetalen; **~ziehen** (sich) (zich) terugtrekken; (widerrufen bsd) intrekken.

Zuruf m toeroep; **durch ~** bij acclamatie; **2en** toeroepen.

Zusage f toezegging; **2n** toezeggen; (gefallen) (D) bevallen, aanstaan.

zusammen- in Zssgn mst samen-.

zusammen| - in Zssgn mst samen-.

Zusammenarbeit f samenwerking; **2en** samenwerken.

Zusammen|ballung f concentratie; **2bauen** bouwen, monteren, in elkaar zetten; **2beißen** op elkaar bijten; **2bekommen** bij elkaar krijgen; **2binden** bijeenbinden; **2bleiben** bijeenblijven; **2brechen** instorten, in elkaar zakken (bsd Pers), ineenzakken; (sich auflösen) te gronde gaan; **2bringen** bijeenbrengen, bij elkaar brengen; **~bruch** m instorting; ineenstorting, val; Med inzinking; **2drücken** samendrukken; **2fahren** (sn) (zucken) ineenkrimpen; **2fallen** instorten; zeitl (mit D) samenvallen (met); **2falten** opvouwen.

zusammenfass|en samenvatten; **2ung** f samenvatting.

zusammen|flicken in elkaar flansen (a. fig); **2fluß** m samenloop, -vloeiing; **~fügen** samenvoegen.

zusammengehör|en bijeenhoren, bij elkaar horen; **2ig-keits-gefühl** n (het) saamhorigheidsgevoel.

Zusammenhalt m fig verbondenheid, samenhang; **2en** v/t samenhouden, bij elkaar houden; v/i (haften) houden; fig elkaar trouw zijn, bij elkaar blijven.

Zusammen|hang m (het) verband, samenhang; **2hängen** (mit D) in verband staan (met), samenhangen (met); **2hanglos** onsamenhangend; **2klappbar** opklapbaar, opvouwbaar; **2kommen** bijeen-, samenkomen; **2kratzen** bijeenschrapen; **~kunft** f (-; -e) bijeenkomst, samenkomst; **2leben** samenleven; **2legen** bij elkaar leggen (a. Geld); (falten) opvouwen; (vereinigen) samenvoegen, verenigen; **2nehmen: sich ~** zich beheersen, zich vermannen; **2passen** bij elkaar passen.

Zusammenprall m botsing (a. fig); **2en** (sn) (mit D) botsen (op).

zusammen|pressen samenpersen; **~rechnen** (bij elkaar) optellen; **~reißen: sich ~** F zich vermannen; **~rollen** oprollen; **2rottung** f samenscholing; **~rücken** v/t (sn) u. v/i bij elkaar schuiven, opschuiven; **~rufen** bijeenroepen; **~schlagen** (zertrümmern) stukslaan, kort en klein slaan; j-n afrossen; **~schließen: sich ~** zich verenigen, zich aaneensluiten; **2schluß** m vereniging, samensmelting, fusie; **~schrumpfen** verschrompelen; (abnehmen) slinken.

zusammensetz|en samenstellen; **sich ~**

(*aus D*) samengesteld zijn (uit); ung *f* samenstelling (*a. Gr*).
zusammen|sitzen bij elkaar zitten; spiel *n* (het) samenspel; stellen bij elkaar zetten; (*schreiben, aufstellen, vereinigen*) samenstellen; stoß *m* botsing (*a. fig*); Auto a.: aanrijding; Schiff: aanvaring; stoßen *v/i* (*sn*) botsen (*a. fig*); streichen flink schrappen (*a. fig*); stürzen instorten; *fig* ineenstorten; suchen bij elkaar zoeken.
zusammentreffen 1. (*übereinstimmen, a. zeitl*) samenvallen; *mit j-m* iem ontmoeten; **2.** *n* ontmoeting; samenloop, (het) samenvallen.
zusammen|treten (*sn*) bijeenkomen; zählen optellen; ziehen samentrekken (*a. mil*); *in ein Haus* gaan samenwonen; *sich* (*zich*) samentrekken.
Zu|satz *m* toevoeging; (*Hinzugefügtes a.*) (het) toevoegsel; (*Nachtrag*) (het) aanhangsel, aanvulling; sätzlich aanvullend, bijkomend; satzversicherung *f* aanvullende verzekering.
zuschauen|en (*D*) toekijken, -zien; *j-m* kijken naar; er *m* kijker (*bsd Fernseh*); toeschouwer; erin *f* kijkster, toeschouwster; er-raum *m* zaal.
zuschicken toesturen.
Zuschlag *m* toeslag, (het) supplement; (*bei Auktion, e-s Auftrags*) toewijzing; en *v/t u. v/i* toeslaan; (*schließen bsd*) dichtslaan; (*bei Auktion*) toewijzen; karte *f* toeslagkaartje; pflichtig met (verplichte) toeslag.
zu|schließen sluiten; schnappen (*a. sn*) toevallen, in het slot vallen; (*beißen*) toehappen; schneiden knippen; *fig* afstemmen; schnitt *m* (het) model, coupe, snit; *fig* (het) formaat; (*Art*) stijl, aard; schnüren dichtbinden; *Schuh* toerijgen; *fig* toesnoeren; schreiben (*D*) toeschrijven (aan); *pej bsd* wijten (aan); schrift *f* brief, (het) antwoord; schulden: *sich etw* *kommen lassen* zich schuldig maken aan iets.
Zuschuß *m* toelage, subsidie (*a.* het); betrieb *m* (het) gesubsidieerd bedrijf.
zuschütten dichtgooien.
zusehen = **zuschauen**; , *daß* ... er op toezien dat ...; ds ziender ogen.
zu|senden toezenden, -sturen; setzen *v/t* bij-, toevoegen; *Geld* erbij inschieten; *v/i j-m* in 't nauw brengen; (*mitnehmen*) erg aangrijpen.
zusichern|n vast beloven, toezeggen, verzekeren; ung *f* vaste belofte, toezegging, verzekering.
zu|spielen toespelen (*a. fig*); spitzen: *sich* *fig* zich toespitsen; sprechen *Mut* inspreken; (*D*) toespreken; spruch *m* bemoedigende woorden *n/pl*, troost; (*Besuch*) toe-, aanloop; (*Anklang*) (het) succes, bijval.
Zustand *m* toestand (*bsd Lage*); (*Beschaffenheit bsd*) staat; e: *bringen* (*kommen*) tot stand brengen (komen).
zuständig (*für A*) bevoegd (voor), competent (voor); (*betreffend*) betrokken, aangewezen; keit *f* bevoegdheid, competentie.
zu|statten: *kommen* (*D*) van pas komen; stehen (*D*) toekomen; steigen (onderweg) instappen.
zustell|en bezorgen, doen toekomen; gebühr *f* port (*a.* het); bezorgingskosten *pl*; ung *f* bezorging.
zustimm|en (*D*) instemmen met, toestemmen; ung *f* in-, toestemming (*zu* [*D*] met).
zu|stoßen (*sn*) (*D*) overkomen; strom *m* toevloed; tage te voorschijn, aan het licht (*a. fig*); *bringen* (*od fördern*) (*treten*) aan het licht brengen (komen); taten *f/pl* bestanddelen *n/pl*, ingrediënten *n/pl*.
zuteil: *werden* (*D*) ten deel vallen; en toebedelen, -wijzen; ung *f* toewijzing; distributie; (*Ration*) (het) rantsoen.
zu|tiefst ten zeerste; tragen (*erzählen*) overbrieven; *sich* zich toedragen; träglich (*D*) bevorderlijk (voor), nuttig (voor); (*heilsam*) gezond (voor).
zutrau|en 1. *j-m etw* iem in staat achten tot iets, iets verwachten van iem; *sich* aandurven; *sich zuviel* te veel vergen van zichzelf; **2.** *n* (het) vertrouwen; lich vertrouwelijk, vol vertrouwen; (*zahm*) mak.
zutreffen kloppen, uitkomen; *auf* (*A*) van toepassing zijn op; d juist, goed; e (*s*) wat van toepassing is.
zu|trinken (*D*) toedrinken, op de gezondheid drinken van; tritt *m* toegang; tun *n* (het) toedoen; ungunsten (*G*) ten nadele van; unterst helemaal onderaan.

zuverlässig betrouwbaar; **2keit** f betrouwbaarheid.
Zuversicht f (het) (vast) vertrouwen; **~lich** vol vertrouwen, optimistisch.
zuviel 1. te veel; **2.** 2 n (-s; 0) (het) teveel.
zuvor (van) tevoren, vooraf; *am Tage ~* daags tevoren; *im Jahr ~ ...* ervóór.
zuvorkommen (D) voorkomen; *j-m* vóór zijn; **~d** voorkomend.
Zuwachs m (-es; ¨-e) groei, aanwas; **2en** dichtgroeien; **~rate** f (het) groeicijfer.
Zu|wanderer m nieuweling, nieuwe inwoner; immigrant; **2weilen** soms.
zuweis|en toewijzen; **~ung** f toewijzing; (het) contingent.
zuwend|en toekeren; (*Aufmerksamkeit, Liebe*) richten op; *sich ~* (D) zich richten op; **2ung** f schenking, gift; (*Zuschuß, Zahlung*) uitkering; (*Liebe*) toewijding, aandacht.
zu|wenig te weinig; **~werfen** dichtgooien (*a. füllen*); *j-m A* toewerpen (*a. Blick*), toegooien.
zuwider (D) tegen, in strijd met; *~ sein* (D) tegenstaan; *er ist mir ~* ik heb een hekel aan hem.
zuwiderhand|eln (D) handelen in strijd met, overtreden; **2ung** f overtreding.
zuwiderlaufen (D) indruisen tegen.
zu|winken (D) toewuiven; **~zahlen** bijbetalen; **~ziehen** dichttrekken; (*Knoten*) aantrekken; *j-n* erbij halen, raadplegen; *sich ~* zich op de hals halen (*a. fig*), opdoen, oplopen; **2zügler** m nieuwe inwoner; **~züglich** (G) vermeerderd met.
Zwang m (-es; ¨-e) dwang, (het) geweld; verplichting; *Zwänge pl* noodwendigheden pl.
zwängen persen.
zwang|haft dwangmatig; **~los** ongedwongen.
Zwangs|arbeit f dwangarbeid; **~herrschaft** f dwingelandij, tirannie; **~jacke** f (het) dwangbuis; **~lage** f dwangpositie; **2läufig** automatisch, onvermijdelijk; **~maßnahme** f dwangmaatregel; **~umtausch** m = *Pflichtumtausch*; **~versteigerung** f openbare verkoop; **~vollstreckung** f executie; **2weise** gedwongen, onder dwang.
zwanzig twintig; **~ste(r)** twintigste.
zwar weliswaar; *und ~* en wel.

Zweck m (-es; -e) (het) doel, (het) oogmerk; (*Absicht bsd*) bedoeling; *es hat keinen ~* het heeft geen zin; *zu diesem ~* te dien einde; **2dienlich** dienstig, geschikt; **2entfremdet** van het oorspronkelijk doel afwijkend; **2los** doelloos; zinloos; **2mäßig** doelmatig; **2s** (G) ten behoeve van, met het oog op, voor.
zwei 1. *u.* **2.** 2 f twee; **2bettzimmer** n tweepersoonskamer; **~deutig** dubbelzinnig; **~erlei** tweeërlei; **~fach** dubbel, tweevoudig.
Zweifel m twijfel; *im ~ sein* in twijfel staan; **2haft** twijfelachtig; **2los** ongetwijfeld, zonder twijfel; **2n** (*an D*) twijfelen (aan); **~s·fall** m (het) twijfelgeval; *im ~* in geval van twijfel; **2s·ohne** = *zweifellos*.
Zweig m (-es; -e) twijg, tak (*a. fig*); **~geschäft** n (het) filiaal.
Zweig|niederlassung, **~stelle** f (het) filiaal; **~stellenleiter(in** f) m filiaalhouder m, filiaalhoudster f.
zwei|hundert tweehonderd; **~jährig** tweejarig; **2kampf** m (het) tweegevecht; **~mal** tweemaal; **~motorig** tweemotorig; **2rad** n fiets; **~reihig** *Jacke*: met twee rijen knopen; **~schneidig** tweesnijdend (*a. fig*); **~seitig** tweezijdig; **2sitzer** m tweezitter; **~sprachig** tweetalig; **~spurig**: *~e Straße* f tweebaansweg; **~stellig** van twee cijfers; **~stöckig** met twee verdiepingen; **~t** *s. zu*; **~tägig** tweedaags; **2taktmotor** m tweetaktmotor.
zweit|beste(r) op één na de beste; **~e(r)** tweede.
zweiteil|ig tweedelig; **2ung** f verdeling (in tweeën).
zweit|ens ten tweede; **~größte(r)** op één na de grootste; **~klassig**, **~rangig** tweederangs; **2wagen** m tweede auto; **2wohnung** f tweede woning
Zwei-zimmerwohnung f tweekamerwoning.
Zwerchfell n (het) middenrif.
Zwerg m (-es; -e) dwerg (*a. Mensch*), kabouter.
Zwetsch(g)e f pruim, kwets.
zwick|en knijpen; (*schmerzen*) knellen; **2mühle** f fig knel.
Zwieback m (-es; -e) beschuit.
Zwiebel f (-; -n) ui; (*Blumen*2) bloembol.
Zwie|gespräch n dialoog, tweespraak;

Zwielicht

~**licht** *n* schemering, (het) halfdonker; geheimzinnigheid; ℒ**lichtig** onguur, duister; ~**spalt** *m* tweespalt, -strijd; ℒ**spältig** (innerlijk) verdeeld, tegenstrijdig; ~**tracht** *f* tweedracht, verdeeldheid.

Zwilling *m* (-s; -e), ~**e** *pl* tweeling; *Astr* Tweelingen *pl.*

zwing|en* dwingen; ℒ**er** *m* (*Käfig*) kooi; (*Hunde*ℒ) kennel.

zwinkern knipogen.

Zwirn *m* (-*es*; -*e*) (het) getwijnd garen.

zwischen (*D, A*) tussen.

zwischen|- *in Zssgn mst* tussen-; ℒ**aufenthalt** *m* halte, (het) oponthoud; ℒ**deck** *n* (het) tussendek; ℒ**ding** *n* (het) tussen-, middending; ~**durch** tussendoor; *zeitl a.* nu en dan; ℒ**ergebnis** *n* (het) tussentijds resultaat; ℒ**fall** *m* (het) incident; ℒ**händler** *m* tussenhandelaar; ℒ**landung** *f* tussenlanding; ℒ**lösung** *f* tussenoplossing; ℒ**raum** *m* tussenruim-te; ℒ**ruf** *m* interruptie; ℒ**spiel** *n* (het) tussenspel; ~**staatlich** internationaal; ℒ**station** *f* (het) tussenstation; ℒ**stufe** *f* tussenfase; ℒ**wand** *f* tussenmuur; ℒ**zeit** *f*: **in der** ~ in de tussentijd.

Zwist *m* (-*es*; -*e*) twist, onenigheid.

zwitschern tjilpen, sjilpen.

Zwitter *m* (het) tweeslachtig wezen.

zwo *etc.* = **zwei** *etc.*

zwölf **1.** *u.* **2.** *f* twaalf; ℒ**fingerdarm** *m* twaalfvingerige darm; ~**stündig** twaalfurig; ~**te(r)** twaalfde.

Zyankali *n* (-s; *0*) cyaankali.

Zyklus *m* (-; *Zyklen*) cyclus.

Zylinder *m* cilinder; (*Hut*) hoge hoed.

zylindrisch cilindrisch.

Zyni|ker *m* cynicus; ℒ**sch** cynisch; ~**s·mus** *m* (-; -*men*) (het) cynisme.

Zypern *n* Cyprus *n*.

Zypresse *f* cipres.

Zyste *f* cyste.

z.Z(t). *Abk für* **zur Zeit**; *s.* **Zeit**.

Liste der starken und unregelmäßigen niederländischen Verben

bakken – bakte – gebakken
barsten – barstte – gebarsten
bederven – bederf, bederft, bederft – bederf! – bedierf – bedorven
bedriegen – bedroog – bedrogen
beginnen – begon – begonnen
bergen – borg – geborgen
bevelen – beveel, beveelt, beveelt – beveel! – beval – bevolen
bezwijken – bezweek – bezweken
bidden – bad – gebeden
bieden – bood – geboden
bijten – beet – gebeten
binden – bond – gebonden
blazen – blaas, blaast, blaast – blaas! – blies – geblazen
blijken – bleek – gebleken
blijven – blijf, blijft, blijft – blijf! – bleef – gebleven
blinken – blonk – geblonken
braden – braad, braadt, braadt – braad! – braadde – gebraden
breken – breek, breekt, breekt – breek! – brak – gebroken
brengen – bracht – gebracht
brouwen – brouwde – gebrouwen
buigen – boog – gebogen
delven – delf, delft, delft – delf! – dolf (delfde) – gedolven
denken – dacht – gedacht
dingen – dong – gedongen
doen – doe, doet, doet – doe! – deed – gedaan
dragen – draag, draagt, draagt – draag! – droeg – gedragen
drijven – drijf, drijft, drijft – drijf! – dreef – gedreven
dringen – drong – gedrongen
drinken – dronk – gedronken
druipen – droop – gedropen
duiken – dook – gedoken
durven – durf, durft, durft – durf! – durfde (dorst) – gedurfd
dwingen – dwong – gedwongen
eten – eet, eet, eet – eet! – at – gegeten

fluiten – floot – gefloten
gaan – ga, gaat, gaat – ga! – ging – gegaan
gelden – gold – gegolden
genezen – genees, geneest, geneest – genees! – genas – genezen
genieten – genoot – genoten
geven – geef, geeft, geeft – geef! – gaf – gegeven
gieten – goot – gegoten
glijden – gleed – gegleden
glimmen – glom – geglommen
graven – graaf, graaft, graaft – graaf! – groef – gegraven
grijpen – greep – gegrepen
hangen – hing – gehangen
hebben – heb, heeft (hebt), heeft – had – gehad
heffen – hief – geheven
helpen – hielp – geholpen
heten – heet, heet, heet – heette – geheten
hijsen – hees – gehesen
houden – hou(d), houdt, houdt – hou(d)! – hield – gehouden
houwen – hieuw – gehouwen
jagen – jaag, jaagt, jaagt – jaag! – jaagde (joeg) – gejaagd
kiezen – kies, kiest, kiest – kies! – koos – gekozen
kijken – keek – gekeken
kijven – kijf, kijft, kijft – kijf! – keef – gekeven
klimmen – klom – geklommen
klinken – klonk – geklonken
kluiven – kluif, kluift, kluift – kluif! – kloof – gekloven
knijpen – kneep – geknepen
komen – kwam – gekomen
kopen – koop, koopt, koopt – koop! – kocht – gekocht
krijgen – kreeg – gekregen
krijsen – krijste (krees) – gekrijst (gekresen)
krimpen – kromp – gekrompen

kruipen – kroop – gekropen
kunnen – kan, kunt (kan), kan – kon – gekund
kwijten – kweet – gekweten
lachen – lachte – gelachen
laden – laad, laadt, laadt – laad! – laadde – geladen
laten – laat, laat, laat – laat! – liet – gelaten
lezen – lees, leest, leest – lees! – las – gelezen
liegen – loog – gelogen
liggen – lag – gelegen
lijden – leed – geleden
lijken – leek – geleken
lopen – loop, loopt, loopt – loop! – liep – gelopen
malen – maal, maalt, maalt – maal! – maalde – gemalen
melken – molk (melkte) – gemolken
meten – meet, meet, meet – meet! – mat – gemeten
mijden – meed – gemeden
moeten – moest – gemoeten
mogen – mag, mag (moogt), mag – mocht – gemogen
nemen – neem, neemt, neemt – neem! – nam – genomen
ontginnen – ontgon – ontgonnen
ontluiken – ontlook – ontloken
plegen – pleeg, pleegt, pleegt – placht (pleegde) – gepleegd
prijzen – prijs, prijst, prijst – prijs! – prees (prijsde) – geprezen (geprijsd)
raden – raad, raadt, raadt – raad! – raadde (ried) – geraden
rijden – reed – gereden
rijgen – reeg – geregen
rijzen – rijs, rijst, rijst – rijs! – rees – gerezen
roepen – riep – geroepen
ruiken – rook – geroken
scheiden – scheidde – gescheiden
schelden – schold – gescholden
schenden – schond – geschonden
schenken – schonk – geschonken
scheppen – schiep (schepte) – geschapen (geschept)
scheren – scheer, scheert, scheert – scheer! – schoor (scheerde) – geschoren (gescheerd)
schieten – schoot – geschoten
schijnen – scheen – geschenen
schijten – scheet – gescheten
schrijden – schreed – geschreden
schrijven – schrijf, schrijft, schrijft – schrijf – schreef – geschreven
schrikken – schrok (schrikte) – geschrokken (geschrikt)
schuilen – school (schuilde) – gescholen (geschuild)
schuiven – schuif, schuift, schuift – schuif! – schoof – geschoven
slaan – sla, slaat, slaat – sla! – sloeg – geslagen
slapen – slaap, slaapt, slaapt – slaap! – sliep – geslapen
slijpen – sleep – geslepen
slijten – sleet – gesleten
slinken – slonk – geslonken
sluipen – sloop – geslopen
sluiten – sloot – gesloten
smelten – smolt – gesmolten
smijten – smeet – gesmeten
snijden – sneed – gesneden
snuiten – snoot – gesnoten
snuiven – snuif, snuift, snuift – snuif! – snoof – gesnoven
spannen – spande – gespannen
spijten – speet – gespeten
spinnen – spon – gesponnen
splijten – spleet – gespleten
spreken – spreek, spreekt, spreekt – spreek! – sprak – gesproken
springen – sprong – gesprongen
spruiten – sproot – gesproten
spugen – spuug, spuugt, spuugt – spuug! – spuugde (spoog) – gespuugd (gespogen)
spuiten – spoot – gespoten
staan – sta, staat, staat – sta! – stond – gestaan
steken – steek, steekt, steekt – steek! – stak – gestoken
stelen – steel, steelt, steelt – steel! – stal – gestolen
sterven – sterf, sterft, sterft – sterf! – stierf – gestorven
stijgen – steeg – gestegen
stijven – stijf, stijft, stijft – stijf! – steef (stijfde) – gesteven (gestijfd)
stinken – stonk – gestonken
stoten – stoot, stoot, stoot – stoot! – stootte (stiet) – gestoten
strijden – streed – gestreden
strijken – streek – gestreken
stuiven – stuif, stuift, stuift – stuif! – stoof – gestoven

treden – treed, treedt, treedt – treed! – trad – getreden
treffen – trof – getroffen
trekken – trok – getrokken
vallen – viel – gevallen
vangen – ving – gevangen
varen – vaar, vaart, vaart – vaar! – voer – gevaren
vechten – vocht – gevochten
verdwijnen – verdween – verdwenen
verbannen – verbande – verbannen
vergeten – vergeet, vergeet, vergeet – vergeet! – vergat – vergeten
verkerven – verkerf, verkerft, verkerft – verkerf! – verkorf – verkorven
verliezen – verlies, verliest, verliest – verlies! – verloor – verloren
verslinden – verslond – verslonden
vinden – vond – gevonden
vlechten – vlocht – gevlochten
vliegen – vloog – gevlogen
vouwen – vouwde – gevouwen
vragen – vraag, vraagt, vraagt – vraag! – vroeg – gevraagd
vreten – vreet, vreet, vreet – vreet! – vrat – gevreten
vriezen – vries, vriest, vriest – vries! – vroor – gevroren
waaien – waaide (woei) – gewaaid
wassen – waste (wies) – gewassen
wegen – weeg, weegt, weegt – weeg! – woog – gewogen
werpen – wierp – geworpen
werven – werf, werft, werft – werf! – wierf – geworven
weten – weet, weet, weet – weet! – wist – geweten
weven – weef, weeft, weeft – weef! – weefde – geweven
wezen – wees! – was – geweest
wijken – week – geweken
wijten – weet – geweten
wijzen – wijs, wijst, wijst – wijs! – wees – gewezen
willen – wil, wil(t), wil – wou (wilde) – gewild
winden – wond – gewonden
winnen – won – gewonnen
worden – werd – geworden
wreken – wreek, wreekt, wreekt – wreek! – wreekte – gewroken
wrijven – wrijf, wrijft, wrijft – wrijf! – wreef – gewreven
wringen – wrong – gewrongen
zeggen – zei (zegde) – gezegd
zenden – zond – gezonden
zieden – ziedde – gezoden
zien – zie, ziet, ziet – zie! – zag – gezien
zijgen – zeeg – gezegen
zijn – ben, bent, is – wees! – was (*pl* waren) – geweest
zingen – zong – gezongen
zinken – zonk – gezonken
zitten – zat – gezeten
zoeken – zocht – gezocht
zouten – zoutte – gezouten
zuigen – zoog – gezogen
zuipen – zoop – gezopen
zullen – zal, zal (zult), zal – zou
zwelgen – zwolg – gezwolgen
zwellen – zwol – gezwollen
zwemmen – zwom – gezwommen
zweren – zweer, zweert, zweert – zweer! – zwoer (zwoor, zweerde) – gezworen
zwerven – zwerf, zwerft, zwerft – zwerf! – zwierf – gezworven
zwijgen – zweeg – gezwegen

Lijst der sterke en onregelmatige Duitse werkwoorden

backen – backe, bäckst (backst), bäckt (backt) – backte – *conj* backte – gebacken
befehlen – befehle, befiehlst, befiehlt – befahl – *conj* befähle – befiehl! – befohlen
beginnen – beginne, beginnst, beginnt – begann – *conj* begänne – begonnen
beißen – beiße, beißt – biß, bissest – *conj* bisse – gebissen
bergen – berge, birgst, birgt – barg – *conj* bärge – birg! – geborgen
bersten – berste, birst – barst, barst(e)st – *conj* bärste – birst! – geborsten
bewegen – bewege, bewegst, bewegt – bewegte (*fig* bewog) – *conj* bewegte

(fig bewöge) – bewegt (fig bewogen)
biegen – biege, biegst, biegt – bog – *conj* böge – gebogen
bieten – biete, bietest, bietet – bot, bot(e)st – *conj* böte – geboten
binden – binde, bindest, bindet – band, band(e)st – *conj* bände – gebunden
bitten – bitte, bittest, bittet – bat, bat(e)st – *conj* bäte – gebeten
blasen – blase, bläst, bläst – blies, bliesest – *conj* bliese – geblasen
bleiben – bleibe, bleibst, bleibt – blieb, bliebst – *conj* bliebe – geblieben
braten – brate, brätst, brät – briet, briet(e)st – *conj* briete – gebraten
brechen – breche, brichst, bricht – brach – *conj* bräche – brich! – gebrochen
brennen – brenne, brennst, brennt – brannte – gebrannt
bringen – bringe, bringst, bringt – brachte – *conj* brächte – gebracht
denken – denke, denkst, denkt – dachte – *conj* dächte – gedacht
dreschen – dresche, drischst, drischt – drosch, drosch(e)st – *conj* drösche – drisch! – gedroschen
dringen – dringe, dringst, dringt – drang, drangst – *conj* dränge – gedrungen
dürfen – darf, darfst, darf – durfte – *conj* dürfte – gedurft
empfangen – empfange, empfängst, empfängt – empfing – *conj* empfinge – empfangen
empfehlen – empfehle, empfiehlst, empfiehlt – empfahl – *conj* empföhle (empfähle) – empfiehl! – empfohlen
empfinden – empfinde, empfindest, empfindet – empfand, empfand(e)st – *conj* empfände – empfunden
erlöschen – erlösche, erlischst, erlischt – erlosch, erlosch(e)st – *conj* erlösche – erlisch! – erloschen
erschrecken – erschrecke, erschrickst, erschrickt – erschrak, erschrakst – *conj* erschräke – erschrick! – erschrocken
erwägen – erwäge, erwägst, erwägt – erwog, erwöge – erwogen
essen – esse, ißt – aß, aßest – *conj* äße – iß! – gegessen
fahren – fahre, fährst, fährt – fuhr, fuhrst – *conj* führe – gefahren

fallen – falle, fällst, fällt – fiel – *conj* fiele – fall(e)! – gefallen
fangen – fange, fängst, fängt – fing – *conj* finge – gefangen
fechten – fechte, fichtst, ficht – focht, focht(e)st – *conj* föchte – ficht! – gefochten
finden – finde, findest, findet – fand, fand(e)st – *conj* fände – gefunden
flechten – flechte, flichtst, flicht – flocht, flocht(e)st – *conj* flöchte – flicht! – geflochten
fliegen – fliege, fliegst, fliegt – flog, flogst – *conj* flöge – geflogen
fliehen – fliehe, fliehst, flieht – floh, flohst – *conj* flöhe – geflohen
fließen – fließe, fließ(e)st, fließt – floß, flossest (floßt) – *conj* flösse – geflossen
fressen – fresse, frißt – fraß, fraß(es)t – *conj* fräße – friß! – gefressen
frieren – friere, frierst, friert – fror – *conj* fröre – gefroren
gären – gäre, gärst, gärt – gor (gärte) – *conj* göre (gärte) – gegoren (gegärt)
gebären – gebäre, gebärst (gebierst), gebärt (gebiert) – gebar – *conj* gebäre – gebär(e) (gebier)! – geboren
geben – gebe, gibst, gibt – gab – *conj* gäbe – gib! – gegeben
gedeihen – gedeihe, gedeihst, gedeiht – gedieh – *conj* gediehe – gediehen
gehen – gehe, gehst, geht – ging – *conj* ginge – geh(e)! – gegangen
gelingen – es gelingt – es gelang – *conj* es gelänge – gelungen
gelten – gelte, giltst, gilt – galt, galt(e)st – *conj* gölte (gälte) – gilt! – gegolten
genesen – genese, genest – genas, genast – *conj* genäse – genesen
genießen – genieße, genießt – genoß, genossest – *conj* genösse – genossen
geschehen – es geschieht – es geschah – *conj* es geschähe – geschehen
gewinnen – gewinne, gewinnst, gewinnt – gewann, gewannst – *conj* gewönne (gewänne) – gewonnen
gießen – gieße, gieß(e)st, gießt – goß, gossest (goßt) – *conj* gösse – gegossen
gleichen – gleiche, gleichst, gleicht – glich, glichst – *conj* gliche – geglichen
gleiten – gleite, gleitest, gleitet – glitt, glitt(e)st – *conj* glitte – geglitten
glimmen – glimme, glimmst, glimmt –

glomm – *conj* glömme – geglommen

graben – grabe, gräbst, gräbt – grub, grubst – *conj* grübe – gegraben

greifen – greife, greifst, greift – griff, griffst – *conj* griffe – gegriffen

haben – habe, hast, hat – hatte – *conj* hätte – gehabt

halten – halte, hältst, hält – hielt, hieltst – *conj* hielte – gehalten

hängen – hänge, hängst, hängt – hing – *conj* hinge – gehangen

hauen – haue, haust, haut – hieb (haute) – *conj* hiebe (haute) – gehauen

heben – hebe, hebst, hebt – hob, hobst – *conj* höbe – gehoben

heißen – heiße, heißt – hieß, hieß(es)t – *conj* hieße – geheißen

helfen – helfe, hilfst, hilft – half, halfst – *conj* hülfe (hälfe) – hilf! – geholfen

kennen – kenne, kennst, kennt – kannte – *conj* kennte – gekannt

klingen – klinge, klingst, klingt – klang, klangst – *conj* klänge – geklungen

kneifen – kneife, kneifst, kneift – kniff, kniffst – *conj* kniffe – gekniffen

kommen – komme, kommst, kommt – kam – *conj* käme – komm! – gekommen

können – kann, kannst, kann – konnte – *conj* könnte – gekonnt

kriechen – krieche, kriechst, kriecht – kroch – *conj* kröche – gekrochen

laden – lade, lädst, lädt – lud, lud(e)st – *conj* lüde – geladen

lassen – lasse, läßt, ließ, ließ(es)t – *conj* ließe – laß! – gelassen

laufen – laufe, läufst, läuft – lief, liefst – *conj* liefe – gelaufen

leiden – leide, leidest, leidet – litt, litt(e)st – *conj* litte – gelitten

leihen – leihe, leihst, leiht – lieh, liehst – *conj* liehe – geliehen

lesen – lese, liest – las, las(es)t – *conj* läse – lies! – gelesen

liegen – liege, liegst, liegt – lag, lagst – *conj* läge – gelegen

lügen – lüge, lügst, lügt – log, logst – *conj* löge – gelogen

mahlen – mahle, mahlst, mahlt – mahlte – *conj* mahlte – gemahlen

meiden – meide, meidest, meidet – mied, mied(e)st – *conj* miede – gemieden

melken – melke, melkst, melkt – melkte – *conj* melkte – melk(e)! – gemolken

messen – messe, mißt – maß, maß(es)t – *conj* mäße – miß! – gemessen

mißlingen – es mißlingt – es mißlang – *conj* es mißlänge – mißlungen

mögen – mag, magst, mag – mochte – *conj* möchte – gemocht

müssen – muß, mußt, muß – mußte – *conj* müßte – gemußt

nehmen – nehme, nimmst, nimmt – nahm, nahmst – *conj* nähme – nimm! – genommen

nennen – nenne, nennst, nennt – nannte – *conj* nennte – genannt

pfeifen – pfeife, pfeifst, pfeift – pfiff, pfiffst – *conj* pfiffe – gepfiffen

preisen – preise, preist – pries, pries(es)t – *conj* priese – gepriesen

quellen v/i – quelle, quillst, quillt – quoll – *conj* quölle – quill! – gequollen

raten – rate, rätst, rät – riet, riet(e)st – *conj* riete – geraten

reiben – reibe, reibst, reibt – rieb, riebst – *conj* riebe – gerieben

reißen – reiße, reißt – riß, rissest (rißt) – *conj* risse – gerissen

reiten – reite, reitest, reitet – ritt, ritt(e)st – *conj* ritte – geritten

rennen – renne, rennst, rennt – rannte – *conj* rennte – gerannt

riechen – rieche, riechst, riecht – roch – *conj* röche – gerochen

ringen – ringe, ringst, ringt – rang – *conj* ränge – gerungen

rinnen – rinne, rinnst, rinnt – rann, rannst – *conj* ränne – geronnen

rufen – rufe, rufst, ruft – rief, riefst – *conj* riefe – gerufen

saufen – saufe, säufst, säuft – soff – *conj* söffe – gesoffen

saugen – sauge, saugst, saugt – sog (saugte) – *conj* söge (saugte) – gesogen (gesaugt)

schaffen (er~) – schaffe, schaffst, schafft – schuf, schufst – *conj* schüfe – geschaffen

schallen – schalle, schallst, schallt – schallte (scholl) – *conj* schallte (schölle) – geschallt

scheiden – scheide, scheidest, scheidet – schied, schied(e)st – *conj* schiede – geschieden

scheinen – scheine, scheinst, scheint –

schien, schienst – *conj* schiene – geschienen
scheißen – scheiße, scheißt – schiß, schissest (schißt) – *conj* schisse – geschissen
schelten – schelte, schiltst, schilt – schalt, schalt(e)st – *conj* schölte – schilt! – gescholten
scheren – schere, scherst, schert – schor, schorst – *conj* schöre – geschoren
schieben – schiebe, schiebst, schiebt – schob, schobst – *conj* schöbe – geschoben
schießen – schieße, schießt – schoß, schossest (schoßt) – *conj* schösse – geschossen
schinden – schinde, schindest, schindet – schindete (schund) – *conj* schindete (schünde) – geschunden
schlafen – schlafe, schläfst, schläft – schlief, schliefst – *conj* schliefe – geschlafen
schlagen – schlage, schlägst, schlägt – schlug, schlugst – *conj* schlüge – geschlagen
schleichen – schleiche, schleichst, schleicht – schlich, schlichst – *conj* schliche – geschlichen
schleifen – schleife, schleifst, schleift – schliff, schliffst – *conj* schliffe – geschliffen
schließen – schließe, schließt – schloß, schlossest (schloßt) – *conj* schlösse – geschlossen
schlingen – schlinge, schlingst, schlingt – schlang, schlangst – *conj* schlänge – geschlungen
schmeißen – schmeiße, schmeißt – schmiß, schmissest (schmißt) – *conj* schmisse – geschmissen
schmelzen – schmelze, schmilzt – schmolz, schmolz(es)t – *conj* schmölze – schmilz! – geschmolzen
schnauben – schnaube, schnaubest, schnaubt – schnaubte (schnob) – *conj* schnaubte (schnöbe) – geschnaubt (geschnoben)
schneiden – schneide, schneidest, schneidet – schnitt, schnitt(e)st – *conj* schnitte – geschnitten
schreiben – schreibe, schreibst, schreibt – schrieb, schriebst – *conj* schriebe – geschrieben

schreien – schreie, schreist, schreit – schrie – *conj* schriee – geschri(e)en
schreiten – schreite, schreitest, schreitet – schritt, schritt(e)st – *conj* schritte – geschritten
schweigen – schweige, schweigst, schweigt – schwieg, schwiegst – *conj* schwiege – geschwiegen
schwellen – schwelle, schwillst, schwillt – schwoll, schwollst – *conj* schwille – schwill! – geschwollen
schwimmen – schwimme, schwimmst, schwimmt – schwamm, schwammst – *conj* schwömme (schwämme) – geschwommen
schwinden – schwinde, schwindest, schwindet – schwand, schwand(e)st – *conj* schwände – geschwunden
schwingen – schwinge, schwingst, schwingt – schwang, schwangst – *conj* schwänge – geschwungen
schwören – schwöre, schwörst, schwört – schwor, schworst – *conj* schwöre (schwüre) – geschworen
sehen – sehe, siehst, sieht – sah, sahst – *conj* sähe – sieh(e)! – gesehen
sein – bin, bist, ist, sind, seid, sind – war, warst, war, waren, wart, waren – *conj* sei, sei(e)st, sei, seien, seiet, seien – *conj* wären – sei!, seid! – gewesen
senden – sende, sendest, sendet – sandte (sendete) – *conj* sendete – gesandt (gesendet)
sieden – siede, siedest, siedet – sott (siedete) – *conj* sötte (siedete) – gesotten (gesiedet)
singen – singe, singst, singt – sang, sangst – *conj* sänge – gesungen
sinken – sinke, sinkst, sinkt – sank, sankst – *conj* sänke – gesunken
sitzen – sitze, sitz(es)t, sitzt – saß, saß(es)t – *conj* säße – gesessen
sollen – soll, sollst, soll – sollte – *conj* sollte – gesollt
spalten – spalte, spaltest, spaltet – spaltete – *conj* spaltete – gespalten
speien – speie, speist, speit – spie, spiest – *conj* spiee – gespie(e)n
spinnen – spinne, spinnst, spinnt – spann, spannst – *conj* spönne (spänne) – gesponnen
sprechen – spreche, sprichst, spricht – sprach, sprachst – *conj* spräche – sprich! – gesprochen